Geschichte und System

der

Mittelalterlichen Weltanschauung.

Von

Dr. Heinrich v. Eicken,

Staatsarchivar in Aurich.

Stuttgart.

Verlag der J. G. Cotta'schen Buchhandlung.

1887.

Druck von Gebrüder Kröner in Stuttgart.

Vorwort.

Indem ich die vorliegende Arbeit, welche mich viele Jahre fast unausgesetzt begleitet hat, der Oeffentlichkeit übergebe, möchte ich eine kurze Auskunft über die Entstehung und den leitenden Gedanken derselben vorausschicken.

Ursprünglich war es meine Absicht, den Nachweis zu liefern, daß die beiden in der Kirche des Mittelalters sich mit gleicher Macht hervordrängenden Bestrebungen der Weltverneinung und Weltbeherrschung, welche doch völlig entgegengesetzter Natur zu sein und sich gegenseitig auszuschließen scheinen, ihrem Wesen und Zweck nach eins waren, daß der Uebergang von der weltflüchtigen Lehre des Christentums zu der weltherrschaftlichen Politik des römischen Papsttums von dem Augenblicke an, in welchem die Kirche als eine sakramentale Heilsanstalt begriffen wurde, ein logisch notwendiger Vorgang war, daß demnach die Machtansprüche der mittelalterlichen Hierarchie ihren Grund keineswegs in der Willkür einzelner Persönlichkeiten, sondern in der Logik des religiösen Systems hatten. Daß der landläufige Liberalismus der Gegenwart für den religiösen Ernst der mittelalterlichen Kirche kaum ein besseres Verständnis hat als der philosophische Rationalismus des achtzehnten Jahrhunderts und demnach ebenso wie

dieser die asketischen Grundsätze der großen Hierarchen des Mittelalters kurzweg für eine ihre persönlichen Machtzwecke verdeckende
Heuchelei nimmt, braucht selbstverständlich nicht weiter in Betracht
gezogen zu werden. Aber auch die wissenschaftliche Forschung ist
sich über diese Frage keineswegs klar geworden, indem dieselbe die
Lehre des ursprünglichen Christentums als Maßstab für die Beurteilung der mittelalterlichen Hierarchie anzunehmen pflegt, ohne
die Wendung, welche durch die Entstehung der Kirche in der Geschichte des Abendlandes eingetreten war, genügend zu berücksichtigen.

Einige Stellen aus den hervorragenderen Werken der geschichtlichen Litteratur werden die in der letzteren vorherrschenden Anschauungen über das Verhältnis von Askese und hierarchischer
Politik am besten erkennen lassen. Dieselben umfassen die ganze
Reihenfolge der Urteile von der der rationalistischen Ansicht nicht
viel nachgebenden Geschichtsauffassung bis zum richtigen Verständnisse der Frage.

R. Baxmann nimmt in seinem Werke: „Die Politik der
Päpste von Gregor I. bis auf Gregor VII." die weltherrschaftlichen Bestrebungen der Kirche als Aeußerungen der Selbstsucht
und die asketischen Lehren der Hierarchen als eine heuchlerische
Maske des Ehrgeizes an. Er sagt [1]: „In dem pfäffischen Wesen,
das unter dem Scheine des Heiligen, angeblich von Antipathie
gegen alles Irdische, dennoch das Weltliche sucht und der Selbstsucht dient, ist Hildebrand ein getreuer Spiegel Gregors I."

Für diese Betrachtung, welche im letzten Grunde Kirche und
Papsttum als eine Erfindung des Ehrgeizes und der Herrschsucht
auffaßt, ist die Frage über das Verhältnis von Askese und
Hierarchie ein vollständig gelöstes Problem. Das letztere findet

---

[1] a. a. O. Buch 3, S. 327.

derselben zufolge in den persönlichen Beweggründen der Päpste seine genügende Erklärung. Es läßt sich jedoch nicht verkennen, daß diese Beurteilung sich längst in der Minderheit befindet. Im allgemeinen neigt man der Ansicht zu, beide, Askese und hierarchische Politik, als zwei sich gegenseitig widerstreitende Erscheinungen der mittelalterlichen Kirche aufzufassen, ohne daß man jedoch eine vermittelnde Ursache zwischen denselben aufzufinden vermöchte. Erst mit dieser Beurteilung stellte die Geschichtsschreibung ein der Lösung noch harrendes Problem auf.

Der oben erwähnten Auffassung am nächsten steht noch Wattenbach in seiner „Geschichte des römischen Papsttumes", wenn derselbe an einer Stelle den Papst Innocenz III. zwar als persönlich sittenrein, dennoch aber seine Politik aus dem Streben nach Herrschaft ableitet. Er sagt daselbst[1]): „Aber wenn auch persönlich sittenrein und vorwurfsfrei, verlor er doch die eigentliche sittliche Aufgabe der Kirche aus den Augen über dem Streben nach Herrschaft. Ganz allgemein sehen wir diesen Beruf der sittlichen Einwirkung in den Hintergrund treten; im Vordergrund steht der Besitz und die Macht." — „Von der Reform ist die Richtung ausgegangen, welche in der Kirche die Oberhand behalten hatte; darin bestand ihre Stärke, aber nur fanatische Orthodoxie und hierarchisches Streben blieben übrig."

Mehr als Wattenbach bringt W. Gaß in seiner „Geschichte der christlichen Ethik"[2]) die problematische Natur jenes Verhältnisses zum Ausdruck. Gaß äußert sich in dem genannten Werke über die Frage mit den Worten: „Wie Rittertum und Mönchstum einen Bund für höhere Zwecke schlossen, so gehen ähnliche Verknüpfungen durch das ganze Leben; Entgegengesetztes

---

[1]) S. 189.
[2]) Bd. 1. S. 273.

tritt in unmittelbare Nähe, Weltsucht und Weltflucht, Entsagung
und wildeste Lust, Liebe und entsetzliche Grausamkeit, Barmherzig=
keit und richterliche Härte, trockener Verstand und Ueberfluß des
Gefühls, Eindrücke der Gottesnähe und Gottesverlassenheit —
aber alle diese Richtungen befanden sich in weitem Umfange unter
dem Einfluß einer kirchlichen Gesamtmacht, an deren Werken sie
sich beteiligen konnten."

Giesebrecht umschreibt das Problem bei der Charakter=
zeichnung Gregors VII. mit den Worten: „Denn wo hat sich je
eine gleiche Verbindung religiöser Devotion mit irdischer Betrieb=
samkeit, mönchischer Weltverachtung mit imperatorischem Triebe,
idealen Aufschwungs mit berechnender Staatskunst gefunden" ¹)?
Er bezeichnet die Politik der Kurie sodann als die letzten Kon=
sequenzen von Ideen, welche für den Entwicklungsgang der Kirche
und der Staaten seit Jahrhunderten maßgebend geworden waren ²).
Doch hinderte ihn dies nicht, ein „Weltregiment vor einem Stand=
punkte gleichsam außer der Welt" als einen inneren Widerspruch
anzusehen ³).

In gleichem Sinne urteilt Herzog in seinem „Abriß der
gesamten Kirchengeschichte" ⁴) über Gregor VII. mit den Worten:
„Doch derselbe, der sich darauf berief, daß Jesus das weltliche
Regiment, worauf die Kinder der Welt so trotzig sind, verschmäht
habe und zum Priestertum des Kreuzes aus freier Willensbestim=
mung gekommen, derselbe machte Anspruch auf die Oberherrlichkeit
über die meisten europäischen Staaten, indem er einige bereits als
Eigentum des Petrus betrachtete (Corsica, Sardinien, Spanien,

---

¹) Geschichte der deutschen Kaiserzeit 3. Bd., 1. Tl., S. 406, 3. Aufl.
²) L. c. S. 580.
³) Bd. 4, S. 367.
⁴) 2. Tl., S. 131.

Ungarn, Sachsen, Rußland, Provence), oder sie zum Eigentum
Petri zu machen suchte (Dänemark, Dalmatien und andere Länder),
oder sie wenigstens als zinspflichtig gegen das Papsttum behan=
delte, so Frankreich. Gregor mochte vielleicht diese Discrepanz
mit dem Stifter des Christentums rechtfertigen durch die Ver=
derbnis der Zeit, die ein so ausgerüstetes geistliches Regiment
nötig machte."

Dem Historiker O. Lorenz, welcher sonst nicht abgeneigt ist,
die hierarchische Politik als einen Uebergriff der geistlichen Amts=
gewalt anzusehen, drängt sich die Verbindung von politischer
Herrschermacht und asketischer Weltverachtung gelegentlich doch als
ein unverständliches psychologisches Problem auf. In seiner „Ge=
schichte Deutschlands im dreizehnten und vierzehnten Jahrhundert"[1])
sagt er über Papst Innocenz III., der bekanntlich die Schrift: „De
contemptu mundi sive de miseria humanae conditionis libri tres"
verfaßt hatte: „Wer hätte am Beginne des Jahrhunderts sagen
können, daß der kleine, kaum vierzigjährige Mann in Rom, der
ein Buch geschrieben über die Verachtung der Welt, mit durch=
bringendem Witz und asketischem Geist sich über die Erbärmlich=
keit der irdischen Dinge erhob und den Menschen von seiner
Geburt bis zu seinem Tode durch alle Lagen des Lebens begleitet
hat, um zu zeigen, wie nichtig doch dieses ganze menschliche
Treiben sei, daß dieser selbe philosophische Verächter der Welt
an einer weltbeherrschenden Politik soviel Geschmack finden und
dieselbe so musterhaft durchführen werde, daß er dem Jahrhundert
seinen Stempel aufdrücken konnte."

Länger weilt L. von Ranke bei diesem seltsamen Problem.
In seinem Werke: „Die römischen Päpste, ihre Kirche und ihr

---

[1]) S. 17.

Staat im sechzehnten und siebzehnten Jahrhundert" [1]) äußert er
sich über das Zeitalter Gregors VII. mit folgenden Worten:
„Wunderbare Physiognomie jener Zeiten, die noch niemand in
ihrer ganzen Fülle und Wahrheit vergegenwärtigt hat. Es ist die
außerordentlichste Kombination von innerem Zwist und glänzendem
Fortgang nach außen, von Autonomie und Gehorsam, von geist=
lichem und weltlichem Wesen. Wie hat doch die Frömmigkeit
selbst einen so widersprechenden Charakter! Zuweilen zieht sie
sich in das rauhe Gebirg, in das einsame Waldthal, um alle
ihre Tage in harmloser Andacht der Anschauung Gottes zu wid=
men; in Erwartung des Todes verzichtet sie schon auf jeden
Genuß, den das Leben barbietet; — wie bemüht sie sich, wenn
sie unter den Menschen weilt, jugendlich warm, das Geheimnis
das sie ahndet, die Idee, in der sie lebt, in heiteren Formen
auszusprechen — aber gleich daneben finden wir eine andere,
welche die Inquisition erdacht hat und die entsetzliche Gerechtigkeit
des Schwertes gegen die Andersgläubigen ausübt; ‚keines Ge=
schlechtes,‘ sagt der Anführer des Zuges wider die Albigenser,
‚keines Alters, keines Ranges haben wir verschont, sondern jeder=
mann mit der Schärfe des Schwertes geschlagen.‘ Zuweilen er=
scheinen beide in dem nämlichen Moment. Bei dem Anblick von
Jerusalem stiegen die Kreuzfahrer von den Pferden und entblößten
ihre Füße, um als wahre Pilger an den heiligen Mauern anzu=
langen; in dem heißesten Kampfe meinten sie die Hilfe der Heiligen
und Engel sichtbar zu erfahren. Kaum aber hatten sie die Mauern
überstiegen, so stürzten sie fort zu Raub und Blut, auf der Stelle
des salomonischen Tempels erwürgten sie viele tausend Sarazenen;
die Juden verbrannten sie in ihrer Synagoge; die heiligen Schwel=
len, an denen sie anzubeten gekommen waren, befleckten sie erst

---

[1]) Bd. 1, 1. Aufl., S. 31 f.

mit Blut. — Ein Widerspruch, der jenen religiösen Staat durch=
aus erfüllt und sein Wesen bildet."

Auch H. Reuter faßt in einem Aufsatze über „Bernhard
von Clairvaux" in Briegers Zeitschrift für Kirchengeschichte [1]) die
Neigung Bernhards zur asketischen Beschauung als im Widerspruch
stehend mit seiner hierarchischen Politik auf, wenn er schreibt:
„Neben jenem spiritualistisch gedeuteten Primat erhält sich selbst
in seiner theoretischen Lehre der gewöhnlich hierarchische; neben
der Vorstellung von dem Petrinischen Priestertum der Demut die
andere von der Vollmacht zur theokratischen Weltherrschaft. Voll=
ends wo es gilt zu handeln, da zerrinnen jene Ideale gleich Nebel=
gebilden vor dem sinnlichen Glanze der in ihren Domen, in der
Großartigkeit der Institutionen, in dem Gange durch die Jahr=
hunderte als Realität sich aufbringenden römisch=katholischen Kirche.
Diese, nicht jene, zieht ihn durch die Uebermacht des Zaubers in
ihren Dienst. Brechen ernste Gefahren heran, er wird, alle Mystik,
alle Askese, alle Kritik vergessend, ihr Herold und Retter."

Schließlich fehlt es auch nicht an solchen Historikern, welche
die Lösung dieses Problemes fanden, indem sie völlig zutreffend
gerade die transcendent=asketische Lehre der Kirche, welche bisher
als der größte Widerspruch gegen die weltherrschaftliche Politik
der römischen Kurie galt, als die eigentliche Ursache der letzteren
erkannten. Da dieselben jedoch diese Frage nur flüchtig, oder
nur in der Grenze eines einzelnen Zeitraumes behandelten, so
waren auch sie nicht in der Lage, eine erschöpfende Lösung des
Problemes bieten zu können.

Am richtigsten hat Hefele in seiner „Konziliengeschichte" [2])
die Politik Gregors VII. und seiner Nachfolger beurteilt. Er

---

[1]) Bd. 1, 1877, S. 44.
[2]) Bd. 5, S. 16 f.

betont, daß die Grundlage der weltherrschaftlichen Papstpolitik des
Mittelalters in der Idee des christlichen Gottesstaates, der res-
publica christiana, gegeben sei, daß die Politik der deutschen
Kaiser wie der römischen Päpste sich aus dieser Idee bestimmt
habe, daß jene dieses Gottesreich als eine staatliche, diese aber
als eine kirchliche Institution aufgefaßt hätten. Er bezeichnet es
richtig als eine konsequente Folgerung der religiösen Idee dieses
Gottesstaates, wenn Gregor VII. bestrebt war, alles irdische Leben,
„Klerus und Laienschaft, Priester und Fürsten ihm als Stellvertreter Gottes auf Erden" zu unterwerfen. Allerdings hat der
Verfasser dieses Verhältnis nicht weiter entwickelt und würde derselbe auch bei seiner dogmatisch-kirchlichen Gesinnung selbstverständlich eine objektive Würdigung des mittelalterlichen Gottesstaates
nicht haben erreichen können. Hefele gelangte zu diesem Urteile
weniger von dem Bestreben aus, ein wissenschaftliches Problem
zu lösen, als vielmehr von der Absicht aus, Gregor VII. und
die römische Kirche vor dem Vorwurfe der Herrschsucht zu rechtfertigen.

Für eine einzelne Erscheinung der mittelalterlichen Geschichte
hat man den ursächlichen Zusammenhang von Askese und Priesterherrschaft allerdings schon in vollem Umfange anerkannt, nämlich
für die Kreuzzüge, in welchen derselbe freilich so augenfällig her-
vorspringt, daß er sich der Wahrnehmung unmöglich entziehen
konnte.

Der erste Geschichtschreiber, welcher die kriegerische Bewegung der Kreuzzüge auf den asketischen Geist der kirchlichen
Religiösität zurückführte, war H. von Sybel, dessen im Jahre
1841 erschienene „Geschichte des ersten Kreuzzuges" das Verständnis der Kreuzzüge überhaupt erst erschlossen hat und ebensowohl durch ihre Auffassung als durch ihre quellenkritischen Untersuchungen von bahnbrechender Bedeutung gewesen ist. Seit dem

Vorgang von Sybels hat sich das richtige Verständnis der Kreuz=
züge allgemein eingeführt. So schließt sich beispielsweise S. D.
Riezler in „Der Kreuzzug Kaiser Friedrichs I." [1] der Ansicht
von Sybels an, indem er dieselbe mit kurzen und treffenden
Worten weiter entwickelt [2]. Desgleichen bezeichnet B. Kugler
in seiner im Jahre 1880 erschienenen „Geschichte der Kreuzzüge",
welche den fünften Teil der von Oncken herausgegebenen „All=
gemeinen Geschichte in Einzeldarstellungen" bildet, die Askese als
die Haupttriebfeder des Kampfes gegen den Islam. „Das Streben
nach Errichtung der Theokratie wäre," sagt Kugler [3], „völlig
aussichtslos gewesen ohne die tiefe religiöse Erregung der Volks=
massen, während diese wiederum durch die neue Machtstellung der
Kirche gesteigert wurde" [4]. Aber freilich bleibt der Zusammen=
hang von Askese und Priesterherrschaft hier lediglich auf die Kreuz=
zugsbewegung beschränkt. Derselbe wird demgemäß nur als ein
einzelnes und zeitweiliges, nicht aber als ein in dem System der
mittelalterlichen Weltanschauung und in der Idee der Kirche be=
gründetes allgemeines, das ganze Mittelalter beherrschendes Ver=
hältnis aufgefaßt.

Diese Belege, welche mit Leichtigkeit beliebig vermehrt werden
könnten, möchten genügen, um zu erweisen, daß eine eingehendere
Untersuchung jener Frage sich wohl verlohnt. Denn es begreift
sich, daß je nach der Beantwortung der letzteren die Urteile über
Persönlichkeiten und Verhältnisse des Mittelalters verschieden aus=
fallen müssen.

Unter der Arbeit nun wuchs mir das Material zu einer
größeren Ausdehnung an, als ich anfänglich geahnt hatte. Da

---

[1] Forschungen zur deutschen Geschichte Bd. 10, 1870.
[2] Vgl. namentlich S. 5.
[3] S. 9.
[4] Vgl. auch S. 10 und 25.

meine Frage den innersten Kern der mittelalterlichen Weltanschauung
berührte, so wäre die Behandlung derselben ohne die Darstellung
der letzteren nicht verständlich gewesen. Darum erweiterte sich
meine Aufgabe bald zu einer Geschichte der mittelalterlichen Welt=
anschauung. Ich machte den Versuch, die christliche Weltanschauung
in ihrem ganzen Entwicklungsprozeß zu verfolgen, von ihrer Vor=
geschichte im Altertum, ihrer Ausbildung und Vollendung in der
klassischen Zeit des Mittelalters bis zu ihrer Auflösung am Aus=
gange des letzteren. An das eigentliche Thema meiner Arbeit
schloß sich also einerseits der Umsetzungsprozeß der antiken Welt=
anschauung in die mittelalterliche und andererseits der Umsetzungs=
prozeß der letzteren in die moderne an. Jenen wie diesen Vor=
gang habe ich nur in großen Zügen entworfen, soweit es eben
das Verständnis meiner Hauptaufgabe erforderte. Ich habe daher
auch für den ersteren Zweck nur diejenigen Völker des Altertums,
welche für die Entstehung der christlichen Weltanschauung von un=
mittelbarer Bedeutung gewesen sind, Juden, Griechen und Römer,
in Betracht gezogen. Eben deshalb, weil es sich mir lediglich
um die Bedeutung der antiken Völker für die Entwicklung der
christlichen Erlösungslehre handelte, habe ich auch die Aufeinander=
folge der genannten drei Nationen nach Maßgabe dieser Beziehung
bemessen. Ich habe daher Juden, Griechen und Römer in einer
Reihenfolge behandelt, welche in umgekehrtem Verhältnisse zu dem
zeitlichen Anfangspunkte ihrer Kultur steht, da sich in dieser Folge
eine stetige Annäherung an die christliche Weltanschauung voll=
zieht. Ich glaubte zu dieser Umstellung um so mehr berechtigt zu
sein, als ja die Einwirkung dieser drei Nationen auf die Ent=
stehung der christlichen Glaubenslehre der Zeit nach völlig zu=
sammenfällt und demnach die Beachtung der zeitlichen Aufeinander=
folge hier gegenstandslos gewesen sein würde. Ueberdies hätte sich
auch die Zeitfolge nicht ohne lästige Wiederholungen einhalten lassen.

So sehr sich aber auch der Umkreis der Arbeit erweiterte, die Frage nach dem Verhältnis von Weltverneinung und Weltbeherrschung, von Askese und Hierarchie, ist der Mittelpunkt derselben verblieben. Daß meine Arbeit durchgehends auf sorgfältigen Quellenstudien beruht, dürfte die Prüfung derselben genügend erweisen. Selbstverständlich gilt dies in besonderem Maße von dem Hauptteile derselben. Doch wird man bei der großen Ausdehnung und Verschiedenartigkeit des Stoffes auch für die einzelnen Abschnitte dieses letzteren Teiles die Ausführlichkeit monographischer Abhandlungen billigerweise nicht erwarten dürfen. Es war mir nur darum zu thun, den ursächlichen Zusammenhang von Askese und Priesterherrschaft, sowie andererseits auch den von Seiten der Weltlichkeit gegen beide Bestrebungen auf allen Gebieten erhobenen Widerspruch in großen Zügen nachzuweisen. Für weitergehende Ansprüche möge man mich nicht verantwortlich machen.

Aurich, im Mai 1887.

H. von Eicken.

Inhalt.

Einleitung.

Die Geschichte der Menschheit gliedert sich in drei großen Perioden. Die erste, deren Anfänge in der Tiefe der sogenannten vorgeschichtlichen Zeit verborgen liegen, deren Ausgang die antike Welt bildete, war die Periode der unterschiedslosen Einheit von Gott, Mensch und Natur. Die gegen Ende der alten Welt sich auflösende Einheit der mythischen Zeit hat das Mittelalter zu einem Gott und Welt als Gegensätze begreifenden Dualismus entwickelt. Nachdem sich an dieser Gegenstellung das Bewußtsein der Verschiedenartigkeit von Geist und Materie befestigt hatte, sucht die Gegenwart in der Verschiedenartigkeit die Einheit beider zu begreifen. Der bewegende Gedanke der neuen Zeit ist die in der Verschiedenheit ihrer einzelnen Momente begriffene Einheit von Gott, Mensch und Natur. Nur dadurch, daß der Mensch sich aus dem unbewußten Frieden mit seinem sinnlichen Dasein löste und sich in Gegensatz zu dem letzteren stellte, konnte er sich seiner geistigen Persönlichkeit bewußt werden und, nachdem er das Bewußtsein seiner geistigen Individualität als einen bleibenden Besitz in sich aufgenommen hatte, wieder in den Frieden mit seiner sinnlichen Natur zurückkehren. Die Trilogie der menschlichen Geschichte kehrt zu ihrem Ausgang zurück, nachdem sich das naive Empfinden der Vorzeit durch den Dualismus des Mittelalters zur selbstbewußten Erkenntnis erhoben hat. Die Gegensätze der antiken und der mittelalterlichen Geschichte finden ihre Auflösung in der Kultur der Gegenwart. Die letztere ist die Synthese der beiden ersteren.

Der Ausgangspunkt der antiken Völker war die nationale Staatsidee. Die letztere begrenzte zunächst das ganze Gebiet der antiken Kultur, sie war der beherrschende Gedanke der Politik, wie der religiösen und sittlichen Vorstellungen. Jede Nation betrachtete sich beziehentlich ihr Staatsgebiet als das Centrum des Erdkreises. Die Aegypter gruppierten alle Länder um den Nilstrom, die Assyrer und Babylonier um den Euphrat und Tigris, die Griechen sahen

die Tempelstadt Delphi als den Mittelpunkt der Erde an, die
Juden Jerusalem. Demgemäß betrachtete eine jede Nation sich
allein zum Besitze von Macht und Geltung berechtigt und strebte
nach dem Maße ihrer Kraft danach, ihren Ansprüchen Anerkennung
zu verschaffen. Die für die Geschichte des Altertums bedeutungs=
vollsten Träger dieses Kulturprinzips waren die römische, griechische
und jüdische Nation, von welchen eine jede die nationale Idee nach
einer verschiedenen Richtung hin entwickelte. Die nationale Bildung
der Römer hatte ihren Schwerpunkt im Staate, die der Griechen
in der Kunst und Wissenschaft, die der Juden in der religiösen
Glaubenslehre. Die Geschichte der Römer war im wesentlichen
ein politischer, die der Griechen ein ästhetisch=philosophischer, die
der Juden ein religiöser Prozeß.

Der Abschluß der alten Geschichte aber war die alle Nationen
zusammenfassende, alle irdischen Interessen verneinende christliche
Erlösungslehre, ein Ergebnis, das also im vollkommenen Gegensatze
zu dem Ausgangspunkte der antiken Geschichte stand. Die christ=
liche Lehre war das Gesamtergebnis, die höhere Einheit der
römischen, griechischen und jüdischen Geschichte. Der verschiedenen
Naturanlage der drei Nationen entsprechend, war der Anteil des
Römertums an diesem gemeinsamen Ergebnisse ein politischer, der
des Griechentums ein philosophischer, der des Judentums ein
religiöser. Die kriegerische Eroberungspolitik der Römer durchbrach
die Schranken der Nationalität und schloß alle Völker der alten
Welt in einem einzigen Staate zusammen. Die Griechen öffneten
jene Kluft zwischen Gottheit und Welt, Geist und Materie, welche
die platonische, neupythagoreische und neuplatonische Philosophie
zur Annahme eines dieselbe überbrückenden Mittelwesens veranlaßte.
Indem die von der griechischen Philosophie erstrebte Versöhnung
des Menschen mit Gott zu der allgemeinen religiösen Frage des
Abendlandes wurde, hat die erstere in den von dem Römertum
gespannten Rahmen das religiöse Problem der Menschheit gestellt.
Die Juden gaben die geschichtliche Persönlichkeit, welche als die
Lösung dieses Problems begriffen wurde und in dieser Stellung
den Gang der Weltgeschichte bis zur Gegenwart bestimmt hat.

Erster Teil.

Die christliche Erlösungslehre und ihre Vorgeschichte.

I. Das Römertum.

———

I. Das Römertum.

Die feste Grundlage der römischen Kultur war der nationale Staat. Keine Nation hat ihre Kultur mit solcher Thatkraft und berechnenden Klugheit aus dem Gesichtspunkte des staatlichen Interesses heraus erarbeitet wie die römische. Um die Erhaltung und Erweiterung des staatlichen Machtbesitzes bewegte sich der ganze Verlauf der römischen Geschichte. „Alles," sagte Vergil über seine Nation, „übertrifft die Vaterlandsliebe und unbegrenzte Ruhmesbegier"[1]). Der Lebensgedanke der Römer war es, die benachbarten Völker in immer weiterem Umkreise sich zu unter= werfen und ihre eigene Nationalität zu der alleinherrschenden zu machen. Von Rom aus eroberte es die Landschaft Latium, von dieser aus Italien, von Italien aus Karthago und endlich alle Länder, deren Ufer das Mittelmeer bespülte. Die römische Geschichte war eine ununterbrochen fortgesetzte Steigerung der nationalen Staatsidee. Je mehr aber das Römertum diesen Gedanken zu Ende führte, je mehr es seine Grenzen erweiterte, desto mehr fremde Elemente mußte es in sein politisches System aufnehmen und in demselben Verhältnisse über seine eigene Nationalität hinausgehen. Die nationale Staatsidee setzte sich durch ihre eigene Steigerung in ihr Gegenteil, in die Idee eines allgemeinen Weltbürgertums um. Die Römer widerstrebten zwar dieser Verflüchtigung ihrer Nationalität und waren mit großem Eifer bemüht, den nationalen Charakter ihres Staates festzuhalten. Da sie aber auf der anderen Seite mit gleichem Eifer an ihrer überlieferten Eroberungspolitik festhielten, so war das Wider=

[1]) Aen. 6, 823.

streben gegen die unvermeidlichen Folgen derselben vergeblich.
Dies Bemühen, den nationalen Charakter des Staates zu erhalten,
indes sie zugleich ihre ganze Kraft für die möglichst große Aus=
dehnung desselben einsetzten, bildete den tragischen Konflikt in dem
Drama der römischen Geschichte. Der Entwicklungsprozeß von der
nationalen zur universalen Idee und der vergebliche Widerstreit
der ersteren gegen die letztere wiederholte sich gleichmäßig auf allen
einzelnen Gebieten des römischen Lebens. Der Ausgangspunkt war
überall die nationale Idee, in dem religiösen Kultus, im Staats=
und Heeresdienste, im bürgerlichen Rechte, in den wirtschaftlichen
Besitzverhältnissen wie in der staatlichen Verfassung.

Die Religion war eine staatliche Einrichtung und bildete als
solche einen Teil des öffentlichen Rechts. Die Götter waren Staats=
götter. Darum war nur die Verehrung der nationalen Götter ge=
stattet. Die Verehrung fremder Gottheiten bedurfte einer besonderen
Anerkennung derselben von seiten des Senates. Wie der Staat als
Ganzes, so waren auch die hervorragendsten Vertreter desselben
geheiligt. Der römische König besaß einen priesterlichen Charakter.
Er war der Vorsteher des Religionswesens. Die Konsuln beteten
und opferten für das Volk und erforschten den Willen der Götter.
Die Person des Volkstribunen war durch heilige Eide gesichert. Ein
Angriff auf dieselbe war ein todeswürdiges Verbrechen. Seit der
Gründung des Kaisertums war der Kaiser zugleich der oberste Priester.
Seinem Genius wurden göttliche Ehren erwiesen. Seit Diocletian
wurden die Kaiser als Gottheiten verehrt. Die Idee des Staates
erschien in ihnen verkörpert. Wie die höchsten Staatsbeamten einen
sakralen Charakter besaßen, so die Priester einen politischen. Die
Priesterkollegien waren staatliche Behörden. Auch die Kongregation
der vestalischen Jungfrauen war eine staatliche Institution. Der
Dienst der Priesterkollegien war staatlichen Zwecken gewidmet.
Ihres Amtes Aufgabe war es, die Auspizien und die sibyllinischen
Bücher zu befragen, um die zukünftigen Geschicke des Reiches zu
erfahren. Sie hatten den Göttern Gaben und Opfer darzubringen,
um dieselben dem Staate gnädig zu erhalten.

Infolge der kriegerischen Eroberungen aber, welche zahl=
reiche fremde Volkselemente mit dem römischen Staate verbanden,

strömten auch die religiösen Vorstellungen desselben mit denen des römischen Volkes zusammen. Griechische, ägyptische, jüdische und phrygische Gottheiten wurden mit den einheimischen Göttern in Verbindung gebracht. Die Römer nahmen die ersteren auf, indem sie in denselben ihre eigenen Gottheiten wiederzufinden glaubten. Der Kultus der griechischen Gottheiten, des Apollo, der Venus, des Neptun u. s. f., fand in den letzten Jahrhunderten der Republik bei den Römern Aufnahme, orientalische Kulte seit dem zweiten punischen Kriege. In dem Serapis erkannten die Römer den Pluto, in der Isis die Proserpina, in dem Mithras und Elagabal von Emesa den Sol, in der Astarte von Karthago die Juno, in den Göttern von Heliopolis und Doliche den Jupiter. Selbst in den Göttern der Kelten fanden sie ihre eigenen Götter wieder, in dem Grannus des Elsaß den Apollo, in dem Leherennus und Albiorix des südlichen Frankreichs den Mars, in der Abnoba des Schwarzwaldes die Diana u. s. f.[1]) Tacitus glaubte selbst bei den Germanen den Kultus des Merkur, des Herkules, des Mars und der Isis zu finden. Freilich machten sich bei der Umdeutung der ausländischen Gottheiten in die einheimischen sehr verschiedene Auffassungen geltend.

Diese internationale Göttermischung, welche zunächst den polytheistischen Charakter des Volksglaubens zu verstärken schien, hatte auf die Dauer eine Entwicklung der monotheistischen Gotteserkenntnis zur Folge. Indem die Römer in der Naivetät ihres nationalen Selbstbewußtseins ihre eigenen Götter in den Göttern der unterworfenen Völker wiederzufinden glaubten, flossen ihnen die Gottheiten der verschiedenen Nationen allmählich in den einen Begriff des Göttlichen zusammen. Sie begriffen schließlich die Einzelgötter als die vielfältigen Wirkungsweisen einer einzigen, alles umfassenden höchsten Gottheit. Schon in den Worten Vergils: „von Jupiter ist alles erfüllt"[2]), machte sich die monotheistische Richtung des religiösen Glaubens bemerkbar. Varro nannte den höchsten Gott

---

[1]) Vgl. Friedländer, Darstellungen aus der Sittengeschichte Roms, Band 3.

[2]) Ecl 3, 60.

ſtreben gegen die unvermeidliche
Dies Bemühen, den nationalen Cha
indes ſie zugleich ihre ganze Kraf
dehnung desſelben einſetzten, bild
Drama der römiſchen Geſchichte.
nationalen zur univerſalen Idee
der erſteren gegen die letztere wieder
einzelnen Gebieten des römiſchen Leb
überall die nationale Idee, in dem
und Heeresdienſte, im bürgerlichen
Besitzverhältniſſen wie in der ſtaatli

Die Religion war eine ſtaatliche
ſolche einen Teil des öffentlichen Recht
götter. Darum war nur die Verehru
ſtattet. Die Verehrung fremder Gotth
Anerkennung derſelben von ſeiten des
Ganzes, ſo waren auch die hervorra
geheiligt. Der römiſche König besaß
Er war der Vorſteher des Religionsw
und opferten für das Volk und erforſ
Die Perſon des Volkstribunen war
Angriff auf dieſelbe war ein todeswür
Gründung des Kaiſertums war der Kaiſe
Seinem Genius wurden göttliche Ehre
wurden die Kaiſer als Gottheiten vere
erſchien in ihnen verkörpert. Wie die h
ſakralen Charakter besaßen, ſo die Prie
Prieſterkollegien waren ſtaatliche Behörd
der veſtaliſchen Jungfrauen war eine
Dienſt der Prieſterkollegien war ſtaa
Ihres Amtes Aufgabe war es, die Auf
Bücher zu befragen, um die zukünftig
erfahren. Sie hatten den Göttern Staa
um dieſelben dem Staate gnädig zu
Infolge der kriegeriſchen Erob
reiche fremde Volkselemente mit ihen

Indem man nun in allen Religionen den Glauben an ein und dasselbe göttliche Wesen entdeckte, mußten die örtlichen und natio= nalen Besonderheiten der Götter als menschliche Dichtung erscheinen. Das Göttliche, an sich weseneins, erschien nur in der menschlichen Auffassung vielartig. Die nationalen Besonderheiten, welchen keine objektive Wirklichkeit entsprach, sanken in Nichts zurück, indes das Eine und allgemeine Göttliche in unberührbarer Majestät hoch über alles Irdische und Menschliche emporgehoben wurde. Bereits Cicero spottete über den traditionellen Götterglauben, der genau Bescheid wisse über die Gestalt, das Alter, die Kleidung, die Verwandtschaften und selbst über die Familienzwiste der Götter[1]. Der Pontifex Scävola lehrte, daß der wahre Gott nicht Geschlecht, noch Alter, noch körperliche Glieder habe[2]. Auch Varro bezeichnete die reli= giösen Vorstellungen der Dichter als unwürdig der Unsterblichen[3]. „Wer der Gottheit menschliche Bedürfnisse beilegt," bemerkte Plu= tarch, „der scheut nicht die Majestät derselben und beachtet nicht die Würde und Erhabenheit ihrer Macht"[4]. Der Glaube an die Ein= heit der Gottheit führte zu dem Glauben an die Geistigkeit und Jen= seitigkeit derselben. Zwar ließ man die Götter des alten Volks= glaubens auch fernerhin noch bestehen. Man sah in ihnen aber nicht mehr Götter, sondern Genien oder Dämonen, welche eine Mittelstufe zwischen Gottheit und Menschheit darstellen sollten. Auf die Dämonen wurde die Vorstellung des Mythus von den Göttern übertragen. „Was die Mythen und Hymnen erzählen von Ent= führungen, Abenteuern, Heimlichkeiten, Verbannungen und Thätig= keit der Götter, sind nicht die Leiden und Schicksale der letzteren, sondern der Dämonen[5]." Diese vom Platonismus und Stoicis= mus aufgestellte Dämonenlehre bildete gewissermaßen die Vermitt=

---

[1] e deorum natura II, 20, 67 ff.
[2] gustin l. c. l. 4, c. 27.
[3] gustin l. c. l. 6, c. 5.
[4] oracul. defectu c. 9.
[5] tarch l. c. c. 14.

„die Seele der Welt [1])". Der Stoiker Seneca erklärte die ver=
schiedenen Götter des Volksglaubens nur als die verschiedenen
Benennungen der einen, allwaltenden Gottheit. „Man mag," sagte
er, „Gott anrufen als Jupiter, Liber, Herkules oder Merkur, man
mag ihn Natur, Schicksal oder Glück heißen, so sind dies alles nur
Namen einer und derselben Gottheit, welche nur ihre Macht ver=
schieden äußert" [2]). Mit gleicher Klarheit kam diese Entwicklung der
monotheistischen Erkenntnis aus der internationalen Göttermischung
in der Schrift des Plutarch „über Isis und Osiris" zum Ausdruck.
Plutarch gelangte, nachdem er den Mythus von Isis und Osiris
erklärt hatte, zu der Schlußfolgerung, daß die anderen Völker
ihren Göttern zwar andere Namen beigelegt, daß sie aber das
Wesen der von den Aegyptern verehrten Götter gleichfalls von
Anfang an erkannt und verehrt hätten. „Keineswegs," heißt es
weiter, „sind die Götter bei den verschiedenen Völkern verschieden;
weder die Griechen, noch die Barbaren, noch die Völker des Nor=
dens oder des Südens haben ihre besonderen Götter; sondern
wie die Sonne, der Mond, der Himmel, die Erde und das Meer
allen gemeinsam und von den verschiedenen Nationen nur ver=
schieden bezeichnet sind, so ist das Weltall von Einer Vernunft
geleitet, von Einer Vorsehung beherrscht und von dienenden Kräften,
welche allen Dingen angewiesen sind, durchwaltet, nur daß die
Verehrung und Bezeichnung derselben bei den einzelnen Nationen
je nach den Gesetzen verschieden ist" [3]). Der Kaiser Marc Aurel
verglich in seinen „Selbstbetrachtungen" die Welt dem Organismus
des Individuums, welcher nur Eine Substanz und nur von Einer
Seele belebt sei [4]). „Denn überall," sagte er ebendort, „ist nur
Eine Welt, überall nur Ein Gott, nur Ein Stoff, nur Ein Gesetz,
nur eine allen denkenden Wesen gemeinschaftliche Vernunft und
Eine Wahrheit" [5]). Die Vermehrung der Gottheiten auf der einen
und die Vereinigung derselben in dem Einen Urquell des höchsten

---

[1]) Augustin, De civitate Dei l. 7, c. 6.
[2]) De benef. IV, 7 und 8.
[3]) De Iside et Osiride, c. 67.
[4]) L. IV, 40.
[5]) L. VII, 9.

Gottes bildeten den eigentümlichen Charakter der antiken Religiosität in dem Zeitalter des römischen Kaisertums.

Indem man nun in allen Religionen den Glauben an ein und dasselbe göttliche Wesen entdeckte, mußten die örtlichen und nationalen Besonderheiten der Götter als menschliche Dichtung erscheinen. Das Göttliche, an sich weseneins, erschien nur in der menschlichen Auffassung vielartig. Die nationalen Besonderheiten, welchen keine objektive Wirklichkeit entsprach, sanken in Nichts zurück, indes das Eine und allgemeine Göttliche in unberührbarer Majestät hoch über alles Irdische und Menschliche emporgehoben wurde. Bereits Cicero spottete über den traditionellen Götterglauben, der genau Bescheid wisse über die Gestalt, das Alter, die Kleidung, die Verwandtschaften und selbst über die Familienzwiste der Götter[1]). Der Pontifer Scävola lehrte, daß der wahre Gott nicht Geschlecht, noch Alter, noch körperliche Glieder habe[2]). Auch Varro bezeichnete die religiösen Vorstellungen der Dichter als unwürdig der Unsterblichen[3]). „Wer der Gottheit menschliche Bedürfnisse beilegt,“ bemerkte Plutarch, „der scheut nicht die Majestät derselben und beachtet nicht die Würde und Erhabenheit ihrer Macht“[4]). Der Glaube an die Einheit der Gottheit führte zu dem Glauben an die Geistigkeit und Jenseitigkeit derselben. Zwar ließ man die Götter des alten Volksglaubens auch fernerhin noch bestehen. Man sah in ihnen aber nicht mehr Götter, sondern Genien oder Dämonen, welche eine Mittelstufe zwischen Gottheit und Menschheit darstellen sollten. Auf die Dämonen wurde die Vorstellung des Mythus von den Göttern übertragen. „Was die Mythen und Hymnen erzählen von Entführungen, Abenteuern, Heimlichkeiten, Verbannungen und Thätigkeiten der Götter, sind nicht die Leiden und Schicksale der letzteren, sondern der Dämonen[5]).“ Diese vom Platonismus und Stoicismus aufgestellte Dämonenlehre bildete gewissermaßen die Vermitt-

---

[1]) De deorum natura II, 20, 67 ff.
[2]) Augustin l. c. l. 4, c. 27.
[3]) Augustin l. c. l. 6, c. 5.
[4]) De oracul. defectu c. 9.
[5]) Plutarch l. c. c. 14.

lung zwiſchen Vernunft und Glauben, zwiſchen der monotheiſtiſchen
Philoſophie und dem polytheiſtiſchen Volksglauben.

Doch gaben die Römer nicht ohne Widerſtreben ihren natio=
nalen Götterglauben preis. Im Jahre 58 v. Chr. verbot der
Senat die Verehrung der ägyptiſchen Gottheiten als „ſchänblichen
Aberglauben" und ließ ihre Altäre umſtürzen. Auguſtus wieder=
holte ſpäter das Verbot der ägyptiſchen Kulte. Doch wirkte er
der Entnationaliſierung auch durch poſitive Maßregeln entgegen,
indem er den Kultus der einheimiſchen, altrömiſchen Gottheiten
durch neue prachtvolle Tempelbauten zu heben ſuchte. Auch Habrian
war kein Freund der fremden Kulte. Selbſt die Männer, welche
den mythiſchen Volksglauben verachteten, wollten denſelben doch
aus politiſchen Gründen erhalten wiſſen. Varro fand die philo=
ſophiſche Weltanſicht wohl für die Schule, nicht aber für die Oeffent=
lichkeit geeignet, weil der Widerſtreit der Meinungen das Volk
ungläubig machen würde. Er forbert die Erhaltung der Religion
als eine im Intereſſe des Staates gelegene bürgerliche Pflicht[1].
Seneca, der die traditionelle Gottesverehrung einen „eitlen Wahn"
nannte, deſſen man ſich ſchämen müſſe, forderte dennoch die Be=
folgung deſſelben, weil das Geſetz es befehle, nicht als ob es den
Göttern angenehm ſei[2]. Auch Polybius befürwortete die nationale
Gottesverehrung, weil ſie das Mittel ſei, die Menge in den
Schranken der ſtaatlichen Ordnung zu halten[3]. Ebenſo dachte
Strabo. Aber die künſtliche Erhaltung des nationalen Götter=
glaubens konnte die Kraft der inneren Ueberzeugung nicht erſetzen.
Der Polytheismus mußte mehr und mehr ſeinen Halt in dem
Glauben des Volkes verlieren.

Innerhalb des römiſchen Heerweſens wiederholte ſie derſelbe
Entwicklungsgang. Während der Republik beſtand in Rom die
allgemeine Wehrpflicht. Das römiſche Heer war ein nationales
Volksheer. Es wurde aus der dienſtfähigen Bürgerſchaft berufen.
Bei der wachſenden Ausdehnung des Reiches indes, welche die
Abſendung der Mannſchaften nach weitentlegenen Gegenden erfor=

---

[1] Aug. l. c. l. 6, c. 6.
[2] L. c., c. 10.
[3] Polybius VI, 56.

berte und zugleich eine langdauernde Abwesenheit derselben von der Heimat bedingte, war dieses Bürgerheer kein geeignetes Kriegs= instrument. Der Kriegsdienst der römischen Eroberungspolitik for= derte auf die Dauer ein stehendes, aus Berufssoldaten gebildetes Heer. Augustus hob daher, um diesem Bedürfnisse zu genügen, die bisherige Form der Wehrpflicht auf und bildete sich ein vertrags= mäßig verpflichtetes, stehendes Söldnerheer. Der Zusammenhang zwischen Bürgerschaft und Heer wurde noch mehr dadurch gelöst, daß die Anwerbung barbarischer Volkselemente notwendig wurde, weil die Zahl und die Kräfte der einheimischen Mannschaften den gesteigerten Ansprüchen des Kriegsdienstes nicht mehr genügen konnten. Schon Cäsar hatte germanische Söldner in seinen Dienst gezogen. Augustus bildete einen Teil seiner Leibwache gleichfalls aus ger= manischen Söldnern. Marcus Aurelius nahm Mannschaften aus= ländischer Herkunft in großer Menge in die Armee auf. Die nach= folgenden Kaiser folgten seinem Beispiele. Konstantin nahm mit einemmale 40000 Goten in Kriegsdienste. Schließlich bildeten die germanischen Truppen den größten und besten Teil des römischen Heeres. Das nationale Volksheer war durch seine siegreichen Erfolge in ein internationales Söldnerheer umgewandelt. Dieses Uebermaß der in römischen Diensten stehenden Goten rief die größte Besorg= nis der römischen Patrioten wach, welche um so begründeter war, als das gegen die Grenzen des Reiches andrängende Germanentum eine immer wachsende Macht und Nachhaltigkeit entwickelte. Gegen Ende des vierten Jahrhunderts, unter den Kaisern Arkadius und Honorius, brach endlich im Osten wie im Westen eine kurzlebige Reaktion des nationalen Römertums gegen die fremden Volks= elemente aus, welche sich unter anderen Vorgängen in dem Auf= stande zu Thessalonich, in der Hinrichtung des weströmischen Feld= herrn Stilicho und in der an die letztere sich anschließenden Ermordung der Frauen und Kinder der in römischen Diensten stehenden germanischen Krieger entlud. Der Heeres= und Staats= dienst sollte, wie der oströmische Bischof Synesius in seiner an den Kaiser Arkadius gerichteten Schrift περὶ βασιλείας forderte, wieder auf das nationale Römertum beschränkt werden, ein Gedanke, der an der staatlichen und militärischen Untüchtigkeit des letzteren scheiterte.

Ebenso wie das Heer trug auch das bürgerliche Recht der Römer ursprünglich einen ausschließlich nationalen Charakter, insofern es durchaus auf den Umkreis der römischen Nation beschränkt war. Der Fremde galt dem Römer als rechtlos. Durch die Ausbreitung des römischen Staates entstand aber seit dem 5. Jahrhundert der Stadt neben dem nationalen Rechte, welches das Ehe-, Familien- und Erbrecht, die dinglichen Rechte und das Legisaktionen-Verfahren (d. i. den altrömischen Civilprozeß) entwickelt hatte, ein internationales Recht, das jus gentium, welches in dem Verkehr mit den Peregrinen zur Anwendung kam. Die freiere Gestaltung des jus gentium und die Entscheidung nach den Grundsätzen desselben war in den Provinzen den römischen Statthaltern und für Italien dem Prätor Urbanus übertragen. Aber gerade die nationale Eifersucht, mit welcher Rom die Rechtsprechung in den Provinzen, wenigstens in wichtigen Sachen, den römischen Magistraten vorbehielt, führte am schnellsten die Entwicklung des internationalen Rechtes weiter. Das jus gentium, welches seit dem 6. Jahrhundert d. St. auch auf die Beziehungen der Römer untereinander Anwendung fand, wurde allmählich zu einem internationalen Obligationsrecht ausgebildet. Die Ausbreitung der libertas latina, die Verleihung des vollen und nicht-vollen römischen Bürgerrechts führte schließlich eine Vermischung und Verschmelzung des proprium jus Romanorum und des jus gentium herbei, welcher die alten Institute, das dominium ex jure Quiritium, die Usucapion, die Sponsionen u. s. w. zum Opfer fielen. Seit Konstantin wurden Sätze des jus gentium als solche des Civilrechts recipiert. Justinian nahm endlich eine grundsätzliche Ausscheidung der abgestorbenen altrömischen Elemente aus dem Civilrechte vor, so daß das justinianeische Recht von der alten Sakralehe, dem alten Testaments- und Erbrecht, den dinglichen und obligatorischen altrömischen Instituten nichts mehr enthielt. Dieselbe Erscheinung wiederholte sich im Prozeßrechte. Auch das prozessualische Verfahren war für die Provinzialen ursprünglich ein anderes als für die Römer. Der altrömische formalistische Prozeß wurde den Provinzialen ebensowenig bewilligt wie das römische Bürgerrecht. Während nach dem ersteren der Prozeß von dem Magistrate eingeleitet und durch den für die einzelnen Fälle speziell beauftragten Richter (Geschworenen) entschieden wurde, war für die Provinzialen das ganze Verfahren dem arbiträren Ermessen des römischen Statthalters vorbehalten. Gegen Ende des 3. Jahrhunderts wurde durch Diocletian diese Prozeßform auf das ganze Reich übertragen. Wie das jus gentium an die Stelle der altrömischen Rechtsinstitute trat, so verdrängte die allgemeine und freie Form der extraordinaria cognitio die alte nationale Prozeßform. Doch vollzog sich diese Entwicklung des römischen Rechts durchaus nicht in ruhigem und gleichmäßigem Flusse. Vielmehr widerstrebte das nationale Bewußtsein der Römer zeitweilig sehr heftig dem universalen Zuge der Rechtsentwicklung, indem es den strengen Unterschied der Rechtsfähigkeit zwischen Bürgern und Bundesgenossen gewahrt wissen wollte. Wiederholt verweigerten die Römer die Verleihung des Bürgerrechtes an letztere. Der Anspruch der Latiner, mit den römischen Bürgern rechtlich gleichgestellt zu werden, wurde mit dem Schwerte vernichtet. Die Anträge des Gajus Gracchus und des M. Livius Drusus, den italischen Bundesgenossen das Bürgerrecht zu verleihen, wurden mit großer Leidenschaft zurückgewiesen. Beide Männer fielen diesem Bestreben zum Opfer. Die italischen Bundesgenossen versuchten schließlich die Verleihung des Bürgerrechts durch eine kriegerische Empörung von den Römern zu ertrotzen. Aber auch jetzt gewährten die letzteren ihnen nur das latinische, nicht das volle römische Bürgerrecht. Auch die Bürgerrechtsverleihungen Cäsars fanden heftigen Widerspruch im Senate und bei Pompejus. Erst der Kaiser Caracalla verlieh zwei und ein halb Jahrhunderte später allen freigeborenen Provinzialen das römische Bürgerrecht.

In gleicher Weise gestaltete die nationale Eroberungspolitik die wirtschaftlichen Verhältnisse und die staatliche Verfassung um. Aus den unterworfenen Ländern strömten drei Dinge in Italien zusammen, welche in gleichem Maße den römischen Bauern- und Mittelstand zerrütteten, Kriegsgefangene, Korn und Geld. Durch die Gefangenen, welche als Sklaven in die Dienste der großen Kapitalisten und Grundbesitzer gezogen wurden, verloren die ländlichen wie die städtischen Arbeiter ihre Dienste bei den

erfteren. Auch ließ die billige Sklavenarbeit einen tüchtigen,
wohlhabenden Handwerkerstand nicht aufkommen und richtete den
bereits vorhandenen zu Grunde. Die großen Getreidezufuhren
ferner, welche jährlich aus Sizilien und später auch aus Afrika
nach Italien geliefert wurden, machten die Feldarbeit des einheimischen Bauern nutzlos, da der letztere für sein Getreide keine
Abnahme finden konnte. Die Reichtümer endlich, welche einige
wenige Familien durch glückliche Spekulation oder Beraubung der
Provinzen erwarben, häuften allen Grundbesitz in die Hände derselben, so daß der kleine Grundbesitz völlig aufgesogen wurde. Unter
den Gracchen brach eine wirtschaftliche Reaktion aus, welche die
Erwerbung des Grundbesitzes auf ein höchstes Maß beschränken
und durch diese Beschränkung den alten Bauernstand erhalten
wollte. Nach dem Untergange der Gracchen wurden wiederholt
Gesetze erlassen, welche den kleinen Grundbesitz zu heben versuchten,
ohne daß dieselben jedoch Erfolge gehabt hätten. Später suchten
Sulla und Pompejus durch Ansiedelung alter Soldaten einen
neuen tüchtigen und zugleich wehrhaften Bauernstand zu schaffen.
Cäsar erstrebte das gleiche Ziel und wollte außerdem der über-
wuchernden Sklavenwirtschaft dadurch entgegenwirken, daß er die
großen Grundbesitzer zwang, den dritten Teil ihrer Hirten und
Ackerbauern aus dem römischen Arbeiterstande zu nehmen. Da
aber die Ursache dieser wirtschaftlichen Entwicklung, die Erweiterung des römischen Staates zu einem Weltreiche, nicht aufgehoben wurde, so konnte die Reaktion gegen dieselbe auch zu keinem
dauernden Ziele führen. Die Auffaugung des kleinen Grundbesitzes durch die Latifundienwirtschaft war deshalb durch jene
Maßregeln nicht zu verhindern. Die Militärkolonien, welche
Octavian und die nachfolgenden Kaiser anlegten, hatten lediglich
militärische Zwecke. Sie sollten nicht der Heranbildung eines
tüchtigen Bauernstandes, sondern eines tüchtigen Kriegerstandes
dienen. Indes die Römer die Herren der Welt wurden, besaß
die Mehrheit ihrer Bürger kaum eine Scholle Land, die sie ihr
eigen hätten nennen können.

Die wirtschaftliche Zersetzung des römischen Volkes, welche
die Entstehung eines zahlreichen Proletariats in Stadt und Land,

namentlich aber in Rom selber zur Folge hatte, ferner die Ver=
bindung so vieler ungleichartiger Völkerschaften unter der römischen
Herrschaft und die fortdauernden Kriegsunruhen in den neu=
eroberten Provinzen, machten den Fortbestand der bisherigen
republikanischen Staatsform unmöglich. In dem letzten Jahr=
hundert der Republik waren alle Elemente des römischen Staats=
lebens in Gärung begriffen. Optimaten und Demokraten wüteten
in grausamer Härte gegeneinander. Bald fiel den einen, bald
den andern der Sieg zu. Schließlich aber hob sich aus dieser
allgemeinen Verwirrung ein fester Zielpunkt hervor. Der Kampf
der Optimaten und Demokraten wurde zu einem Kampf um die
Begründung einer monarchischen Gewalt. In Marius und Sulla
standen sich noch Demokraten und Optimaten gegenüber. Pompejus,
Cäsar und Octavian kämpften mit gesteigerten Zwecken und Er=
folgen um die Alleinherrschaft. Der Sieg des Octavian bei
Actium schloß den Kampf der beiden Parteien endgültig ab. In
dem Kaisertum hatte der Gegensatz der Stände seine dauernde
Versöhnung gefunden. Der Kaiser stand gleichmäßig über Opti=
maten und Demokraten. Auf ihn wurden alle Rechte des Senates
wie des Volkes übertragen. Der Princeps vereinigte in seiner
Person das Amt des Konsuls und Prokonsuls, des Censors, des
Tribunen, des Imperators und des Oberpriesters. Die Wahlen
zu den städtischen Magistraturen wurden seit Tiberius von den
Volkskomitien auf den Senat übertragen. Da jedoch der letztere
dem kaiserlichen Willen ergeben war, so lagen auch die ersteren
in den Händen des Kaisers. Die Gesetzgebung und Rechtsprechung,
welche während der Republik durch den Senat und die Komitien
der Centurien, ferner durch die Volkstribunen und die Komitien
der Tribus vollzogen wurden, gingen gleichfalls auf den Kaiser
über. Zwar wurde noch mehrere Jahrhunderte hindurch die Mit=
wirkung des Senates beibehalten. Doch war auch diese nur eine
scheinbare, indem die Beschlüsse des letzteren nur die Ausführung
eines kaiserlichen Antrags waren. Seit dem britten Jahrhundert
n. Chr. wurde auch dieser Schein einer gesetzgeberischen Autorität
des Senates aufgegeben, so daß die Kaiser unmittelbar als Gesetz=
geber auftraten. Diese Entwickelung des kaiserlichen Imperiums

gipfelte ſchließlich in dem Satze des Kaiſers Juſtinian: „Was der
Princeps für gut befindet, hat geſetzliche Kraft" [1]). Daß der Kaiſer
ausſchließlich die Leitung der auswärtigen politiſchen Geſchäfte
beſaß und über Krieg und Frieden entſchied, über welche in der
Zeit der Republik Senat und Volk gemeinſam beſchloſſen hatten,
verſtand ſich bei einer ſolchen Machtfülle von ſelbſt.

In dem Kaiſerſtaate erreichte das Römertum den Höhepunkt
ſeiner Entwicklung, inſofern der weltumſpannende Staatsgedanke,
auf welchen die ganze römiſche Geſchichte hindrängte, in ihm ſeine
höchſte Verwirklichung fand. Unter der Kaiſerherrſchaft vollendete
ſich der Entnationaliſierungsprozeß des Römertums in Religion,
Heerweſen, Recht, Wirtſchaftspolitik und Verfaſſung. Unter ihr
erlangte das Reich ſeine weiteſte Ausdehnung. Das Lebensprinzip
des antiken Römertums, die nationale Staatsidee hatte ſich durch
ſich ſelbſt, durch ihre eigene Steigerung vernichtet. Das nationale
Prinzip hatte ſich in ein Weltbürgertum verflüchtigt. In der
Schöpfung eines in Rechtsformen geſtalteten Weltbürgertums lag
die Klaſſizität des Römertums. Die römiſche Geſchichte ſchloß
mit einem Ergebniſſe ab, welches im äußerſten Gegenſatz zu dem
Anfangspunkt derſelben ſtand. Keine Nation hat ihre ſtaatlichen
Intereſſen mit einer ſolchen Ausſchließlichkeit und Rückſichtsloſigkeit
behauptet wie die Römer. Ihr Schwert hatte alle das Mittel=
meer umgrenzenden Staaten zertrümmert, um an die Stelle der
letzteren ihre eigene Herrſchaft zu ſetzen. Und eben dieſe Politik
erweiterte den römiſchen Staat allmählich zu einem Gemeinweſen,
welches hinſichtlich der Allgemeingültigkeit ſeiner geſetzlichen Ein=
richtungen alle Staaten des Altertums weit übertraf und mit
ſeinem weltbürgerlichen Privatrechte bis zur Gegenwart hin be=
ſtimmend geweſen iſt. Das von den engherzigſten nationalen
Staatszwecken ausgehende Römertum wurde der Träger einer auf
der Gleichberechtigung aller Nationen beruhenden Reichseinheit und
in dieſer Rolle der Vermittler einer weit über ſeine Zeitdauer
hinausreichenden allgemein menſchlichen Staatsidee.

---

[1]) Instit. I. tit. 3. 6.

II. Das Griechentum.

Während sich die Selbstbewegung des antiken Kulturprinzips bei den Römern als ein politischer Vorgang abspielte, war dieselbe bei den Griechen im wesentlichen ästhetisch = philosophischer Natur. Dort stand der Staat, hier die Wissenschaft und Kunst an der Spitze der Entwicklung. Wohl regte sich auch in den Griechen das Empfinden einer nationalen Zusammengehörigkeit. Seinen Höhepunkt erreichte dasselbe in dem Zeitalter der Perserkriege, deren Heldenkämpfe die ruhmwürdigsten Thaten der griechischen Geschichte bildeten. Auch machten die Griechen zwischen sich und anderen Nationen einen ebenso scharfen Unterschied wie nur irgend eine Nation des Altertums. Sie waren nach ihrer Ansicht die zur Freiheit und Herrschaft geborene Nation, indes ihnen die anderen Völker ursprünglich als rechtlose Barbaren erschienen. „Es geziemt sich, daß der Grieche über die Barbaren, nicht aber, daß die Barbaren über die Griechen herrschen. Der Barbar ist Sklave, der Grieche frei," sagte Euripides in seiner Iphigenia in Aulis [1]). Aristoteles bemerkte in seiner Politik: „Die Griechen halten sich selbst nicht nur in ihrer Heimat für edelgeboren, sondern allerorten, die Barbaren aber nur zu Hause" [2]).

Aber das nationale Bewußtsein der Griechen hat niemals eine ihm angemessene staatliche Gestalt, eine die ganze Nation umschließende, einheitliche staatliche Organisation erreichen können.

[1]) B. 1400 f.
[2]) B. 1, K. 2, 19.

Vielmehr hat sich das Griechentum niemals über die kleinsten
kantonalen Staatsbildungen erhoben. Noch mehr lag ihm eine
im großen Stile gedachte Ausdehnung seines Staatsgebietes über
die Nachbarvölker fern. Sowohl Plato als Aristoteles verwarfen
einen solchen Gedanken [1]) und betrachteten eine mäßige Größe
des Staates als eine Bedingung seines Wohlbefindens [2]). Der
Pythagoreer Hippodamos von Milet wollte sogar die Zahl der
Staatsbürger auf Zehntausend beschränkt wissen [3]). Bei einer so
engen räumlichen Fassung konnte der staatliche Gedanke keine aus=
schließliche Bedeutung gewinnen. Die nationale Staatsidee faßte
also bei den Griechen nicht im entferntesten den Inhalt der Kultur
so vollständig in sich zusammen, wie dies bei den Römern der Fall
war. Der Staat war wenigstens dem jonischen Griechentum nur die
materielle Grundlage einer höheren geistigen Kultur. Nicht jener,
sondern diese war der höchste Lebenszweck des Griechentums. Zwar
hatten auch die politischen Machtfragen einen entscheidenden Anteil
an der Entwicklung der griechischen Geschichte. Allein die Klassizi=
tät des Griechentums beruhte nicht sowohl auf der Ausbildung der
nationalen Staatsidee, als vielmehr auf der Entwicklung der Wissen=
schaft und Kunst. Der weltumspannende Geist der letzteren stand
in einem auffallenden Widerstreit mit der engherzigen Gesinnung
der griechischen Politik. Nicht in der staatlichen Gestaltung, son=
dern in der künstlerischen Anschauung und dem geistigen Verständ=
nisse der Welt lag der eigentliche Schwerpunkt der griechischen Ge=
schichte. Der Weg von der naiven Weltfreude des homerischen
Mythus zu der asketischen Ethik der neuplatonischen Philosophie
bildete gewissermaßen die Axe der griechischen Geschichte.

Die unter diesem Gesichtspunkt betrachtete Geschichte des
Griechentums gliederte sich in fünf Perioden. Die Weltauffassung
der ersten Periode war ganz im Kreise der sinnlichen Natur be=
schlossen. Es war das Zeitalter des dichterischen Mythus, welcher
die Naturkräfte als göttliche Wesen personifizierte. Auch die zweite

---

[1]) Platos Staat 1, 22; Aristoteles, Politik 7, K. 27, Kap. 33, 4.
[2]) Aristoteles, Politik 7, K. 4, 6.
[3]) l. c. 2, K. 5, 2.

Periode des griechischen Denkens, mit welcher die philosophische
Spekulation anhob, die Zeit der jonischen Naturphilosophie, blieb
an der Sinnenwelt haften. Doch führte dieselbe bereits die Er=
scheinungen auf eine einheitliche Ursache zurück und faßte die letz=
tere als einen elementaren, aber von göttlichem Leben beseelten
Stoff auf. In der dritten Periode, der Zeit der sophistischen,
sokratischen und platonischen Philosophie, wurde die wirkende Ur=
sache und die sinnlichen Erscheinungen als wesensverschieden, jene
als Geist, diese als Materie begriffen. Gott wurde von der
Sinnenwelt geschieden und als ein übersinnliches, geistiges Wesen
gedacht. Demgemäß wandte sich die Philosophie von der Be=
trachtung der Natur ab und dem Selbststudium der menschlichen
Persönlichkeit zu. Die Verähnlichung des Menschen mit dem
transcendenten Wesen Gottes, d. h. die Verneinung des Sinn=
lichen wurde der leitende Gedanke der philosophischen Bildung.
Der Schwerpunkt des menschlichen Daseins wurde in ein außer=
halb der irdischen Körperwelt gedachtes Jenseits verlegt. Einen
systematischen Ausdruck fand diese Denkweise in der platonischen
Philosophie. Die vierte Periode des griechischen Geistes bestand
im wesentlichen in einer Gegenbewegung gegen die der gesamten
Tradition des griechischen Geistes widerstreitende transcendente
Metaphysik des Platonismus. Die aristotelische, die stoische und
die epikureische Philosophie lehrten in steigendem Maße zu dem
immanenten Prinzip des klassischen Griechentums zurück. Nach=
dem aber diese Reaktion der Philosophie im Skepticismus zu einer
völligen Zersetzung der immanenten Weltanschauung geführt hatte,
wandte sich die Philosophie in der fünften Periode wieder zu der
transcendenten Weltanschauung zurück. Die Entwicklung des grie=
chischen Geistes endete in der religiösen Metaphysik des Neupytha=
goreismus und des Neuplatonismus. Ursprünglich ganz in der
sinnlichen Natur befangen, überwand der griechische Geist die letz=
tere immer mehr, um sie schließlich von sich abzustoßen und sich
zur Welt des Uebersinnlichen zu erheben.

Die Geschichte des Griechentums nahm also nicht minder als
die des Römertums ihren Ausgang von dem Bestreben nach einer
größtmöglichen Befriedigung des irdischen Daseins. Sie begann

mit der Vorstellung eines idyllischen Friedens zwischen Gott, Mensch
und Natur. Die Natur war ein von göttlichen Wesen beseelter
Kosmos. Himmel, Erde, Meer und Unterwelt waren die Wohn=
sitze der Unsterblichen, deren Beherrscher der Gott des alles um=
spannenden Himmels war. Die Natur war göttlich und die Gott=
heit natürlich. In gleichem Zusammenhange stand die letztere mit
dem Menschen. Wohl keinem Volke flossen die Grenzen zwischen
dem Göttlichen und Menschlichen so zusammen wie den Griechen.
Eine Wesensverschiedenheit zwischen beiden war nicht vorhanden.
Das erstere besaß dieselben Eigenschaften und Leidenschaften wie
das letztere. Es war nur eine höhere Potenz des Menschlichen
und zwar hinsichtlich der zum Genuß des Lebens befähigenden
Eigenschaften. Die Göttlichkeit war eine im Besitze ewiger Jugend
und Schönheit befindliche Menschlichkeit. Götter und Menschen
lebten in vielseitigem Verkehr. Jene stiegen vom Himmel nieder,
um sich an den Streitigkeiten der Menschen zu beteiligen und sich
in Liebe mit ihnen zu vereinigen. Die Kinder der von Gott be=
glückten Sterblichen stiegen zu den Göttern auf, um als Heroen
und Halbgötter im Kreise der Seligen zu wandeln. „Eines ist
das Geschlecht der Menschen, Eines der Götter, von Einer Mutter
atmen wir beide," sang Pindar[1]. Heraklit nannte die Menschen
sterbliche Götter, die Götter unsterbliche Menschen. Der griechische
Mythus war das Idealbild irdischer Glückseligkeit und hat sich
als solches durch alle Zeiten hindurch in Geltung erhalten.

Nach dem Maße der schönen Sinnlichkeit hatte sich die
Götterwelt des griechischen Olymps gestaltet. Die sinnlichen
Affekte spielten in dieser Götterwelt dieselbe Rolle wie in der
Menschenwelt, nur daß sie sich hier in dem vollendeten Eben=
maße des Schönen bewegten. In dieser letzteren Hinsicht waren
die Götter des Olymps die sittlichen Ideale des Griechentums.
Nicht eine abstrakte Heiligkeit, sondern ewige Jugend und ewige
Schönheit waren die auszeichnenden Eigenschaften der griechischen
Göttlichkeit. Das sittliche Prinzip des Griechentums war dem=
nach das ästhetisch Schöne. Die griechische Sittlichkeit erstrebte

---

[1] Nem. 6, 1.

das harmonische Gleichmaß aller Seelenstimmungen, die Inne=
haltung aller Empfindungen in den Schranken der Ordnung und
des Maßes. Der Begriff des Unrechten fiel dem Griechentum
demnach zusammen mit dem Begriffe des Maßlosen, des Leiden=
schaftlichen. Dieser, das ästhetische Gleichmaß der Empfindungen
erstrebenden Sittlichkeit des Griechentums war es entsprechend,
wenn die bildende Kunst den idealen Ausdruck der Menschlichkeit
vor allem in der Skulptur suchte. Die letztere war die herr=
schende Kunst des Griechentums eben weil dieselbe es nicht mit der
Darstellung der von dem allgemeinen sittlichen Typus abweichen=
den Spielarten der Individualität, sondern vielmehr mit der
Wiedergabe einer typischen Idealität zu thun hatte. Dieses, das
sittliche Bewußtsein des Griechentums bestimmende Schönheits=
gesetz der Skulptur hinterließ seine Spuren selbst in der grie=
chischen Dramatik, insofern die Charaktere der letzteren sich mehr
den abstrakten Idealgestalten der Skulptur als den Individual=
gestalten des wirklichen Lebens näherten. Der Genuß des Erden=
lebens innerhalb des schönen Ebenmaßes der seelischen Affekte war
das sittliche Ideal des Griechentums. Der Widerstreit des sitt=
lichen Bewußtseins mit der sinnlichen Natur war dem Jugendalter
des klassischen Griechentums unbekannt, da das letztere nicht die
Verneinung, sondern die ästhetische Veredelung der Sinnlichkeit
als seine Aufgabe betrachtete. In der farbenreichen Sinnen=
welt war alle Wirklichkeit des Lebens beschlossen. Die Unterwelt,
das Reich der abgeschiedenen Seelen, war nur das wesenlose
Schattenbild der warmen, lichtvollen Erdenwelt. Der größte
Held der trojanischen Kämpfe, Achilles, wollte bekanntlich lieber
der ärmste Tagelöhner auf Erden, als König im Reiche der
Schatten sein.

Nachdem aber das entwickeltere staatliche Leben die Aufstellung
gesetzlicher Ordnungen veranlaßt hatte, welche das Thun und
Lassen der Staatsbürger zur Rechenschaft zogen, nahm die griechische
Sittlichkeit den Begriff der Gerechtigkeit in sich auf und stellte
denselben mehr und mehr in den Vordergrund. Da nun die
religiösen Vorstellungen des Mythus sich zunächst unverändert fest=
hielten, so gerieten dieselben in einen Widerstreit mit den durch

die höheren Anforderungen des staatlichen Lebens gereifteren sitt=
lichen Begriffen. Es mußte Anstoß erregen, daß das menschliche
Thun strengen Pflichten unterworfen war, während die Götter,
obwohl sie als höhere Wesen verehrt wurden, sich so zahlreicher
Uebertretungen ihrer eigenen Gesetze schuldig gemacht haben sollten,
wie der Mythus behauptete. Die Göttergeschichten des Mythus
erschienen den Griechen der klassischen Zeit als ein Hohn auf die
Idee des Sittlichen. Dieser Widerstreit zwischen dem sittlichen und
religiösen Bewußtsein führte allmählich zu einer Zersetzung der
bisherigen Götterlehre, sowie zu reineren und höheren Vorstellungen
über das Wesen des Göttlichen. Pindar wehrte die Vorstellungen
des Mythus, welche den Göttern menschliche Leidenschaften und
Untugenden beilegten, ab. Der Sage vom Tode des Pelops,
welcher von seinem Vater Tantalus geschlachtet und den Göttern
zum Mahle vorgesetzt sein sollte, gab er eine andere Deutung, da
dieselbe ihm als eine Lästerung der Götter erschien. „Dem Men=
schen geziemt es, von den Göttern nur Gutes zu reden," fügte er
seiner Umbeutung der Legende hinzu [1]).
Mit der das Göttliche als den Inbegriff der Heiligkeit und
Gerechtigkeit auffassenden religiösen Erkenntnis erschien vor allem
die Schicksalsidee des Mythus unvereinbar, jene Vorstellung also,
welche nicht die sittliche Gerechtigkeit, sondern die den Lebenswandel
des Menschen völlig unbeachtet lassende persönliche Gunst und Un=
gunst der Götter als die letzte ausschlaggebende Macht in der
Weltordnung dachte. Der Mythus nahm dieses Verhältnis als
etwas Gegebenes, Notwendiges hin, ohne sich der sittlichen Unvoll=
kommenheit eines solchen Zustandes bewußt zu werden und gegen
die Götter den Vorwurf der Ungerechtigkeit zu erheben. Mit den
Worten: „Denn die Götter bestimmten den beklagenswerten Sterb=
lichen unter Seufzern zu leben, sie selbst aber sind ohne Sorge,"
tröstete Achilles den um die Leiche seines Sohnes flehenden
Priamus [2]). Erst die spätere, staatlich entwickeltere Zeit, welche
ihre eigene Gesetzgebung auf sittliche Grundsätze aufbaute, erkannte,

---

[1]) Olymp. A, Str. β.
[2]) Ilias, B. 24 B. 525 f.

daß eine solche Vorstellung, welche das Schicksal des Menschen mehr oder weniger unabhängig dachte von dem sittlichen Lebens= wandel desselben, den Forderungen der Gerechtigkeit widerstreitend sei. Der Athenienser Solon, durch welchen der athenisische Staat eine dauernde gesetzliche Ordnung empfing, betrachtete das Regiment der Götter als ein willkürliches und ungerechtes, wenn er den Lyderkönig Kroesos an den Neid und die Unbeständigkeit der Götter gemahnte [1]). Dieser Widerstreit zwischen den sittlichen Begriffen und den religiösen Vorstellungen und die Empfindung für die sittliche Unzulänglichkeit des mythischen Schicksalsglaubens fanden ihren vollständigen Niederschlag in der dramatischen Lite= ratur des Griechentums. Die griechische Dramatik der klassischen Zeit wurzelte zwar noch ganz in den Göttersagen des Mythus und zwar um so mehr, als sie hinsichtlich ihrer Stoffe sich ausschließ= lich auf den Mythus beschränkte. Dennoch regte sich allmählich in ihr eine wachsende Neigung zu einer kritischen Betrachtung des Mythus, indem sie die menschlichen Vorstellungen des letzteren vom Göttlichen mehr und mehr abstreifte und eine abstraktere, idealere Auffassung desselben lehrte.

Aeschylus stand dem Mythus am nächsten. Der Götter Gunst und Ungunst galten ihm als die Schicksalsmächte des menschlichen Lebens, ohne daß er sich eines Widerstreites derselben mit den Forderungen der sittlichen Gerechtigkeit bewußt wurde. Der sich über das Haus des Atreus und des Oedipus entladende Fluch der Götter bildete den Gegenstand der Tragödien „Agamemnon", „Das Totenopfer" und „Die Sieben von Theben". Der Schick= salsspruch der Götter war es, der die Glieder dieser Häuser ver= folgte, ohne daß sie selber sich eines Verbrechens schuldig gemacht hatten. Agamemnon opferte seine Tochter auf das Gebot der Götter und Orestes mordete seine Mutter auf den Befehl des Apollo. Jenen verfolgte der Neid der Götter, wie diesen der Zorn der Eumeniden. Der mutige Eteokles fiel mehr dem auf seinem ganzen Hause lastenden Fluche als seiner eigenen Verschul= dung zum Opfer. Dem Dichter gab dieses Verhältnis aber ebenso=

---

[1]) Herodot, B. 1, K. 32.

wenig als dem Mythus Veranlaffung, an der Gerechtigkeit der göttlichen Weltordnung irgendwie zu zweifeln. „Gerecht zu denken ist eine von Gott stammende Kraft" [1]. Der Prometheus scheint freilich dieser Ansicht durchaus zu widersprechen. Derselbe hat sogar in der Darstellung des der Gerechtigkeit widerstreitenden, gewaltthätigen Regimentes des Zeus seine eigentliche Spitze. Der wegen seiner Verdienste um das Menschengeschlecht auf Befehl des Zeus an den Felsen geschmiedete Prometheus erschien als der Vertreter einer höheren, edleren Gesittung und ihm gegenüber Zeus als ein Recht und Gesetz nicht achtender Gewalthaber. Aber hier handelte es sich nicht um das Verhältnis der Götter- und Menschenwelt, sondern um einen innerhalb der ersteren ausge= brochenen Gegensatz. Dieser Zwiespalt wurde auf jenen Kampf zurückgeführt, in welchen Zeus seinen Vater Kronos mit seinem Anhang gestürzt hatte, so daß also der Prometheus den Gegensatz zwischen den Anhängern des alten und denen des neuen, von Zeus begründeten Weltregimentes darstellte. Derselbe Gedanke lag auch dem Dispute Apollos mit den Eumeniden zu Grunde, welche die neuen Götter haßten und dem ersteren eine Verletzung der alten Urgesetze vorwarfen, bis sie durch Athene mit der neuen Ordnung der Dinge versöhnt wurden. Auf die Menschenwelt hat Aeschylus jedenfalls diese Anschauung über das Walten der Götter nicht übertragen.

Der erste Dramatiker, der die sittliche Unzulänglichkeit des traditionellen Schicksalsglaubens empfand, war Sophokles. Ein hoher, sittlicher Ernst durchzieht die Tragödien des letzteren. Der Dichter sprach es in seinem „Oedipus in Colonos" wiederholt mit klarer Erkenntnis aus, daß eine gegen die Sittengesetze verstoßende Handlung dem Thäter erst dann zur Last gelegt werden könne, wenn sie mit dem Bewußtsein des Unrechtes geschehen sei. Die Vor= stellung aber, welche der Dichter von dem Walten der Götter hatte, stand durchaus nicht im Einklang mit dieser sittlichen Erkenntnis. Zwar hatte Sophokles eine höhere Vorstellung von der Erhabenheit und Heiligkeit des Göttlichen als der Mythus. Aber Neid, Zorn und

---

[1] Die Schutzflehenden, V. 420.

Haß der Götter griffen auch nach seiner Meinung ebenso wie nach
den Erzählungen des Mythus gewaltsam in die Geschicke der
Menschen ein, ohne Verdienst und Schuld der letzteren abzuwägen.
Indem nun der Dichter die sittliche Lauterkeit und Schuldlosigkeit
seiner Charaktere so ausdrücklich und wiederholt betonte, bekundete
er, daß er ein ahnendes Bewußtsein von dem Mißverhältnisse
zwischen dem sittlichen Wandel und dem von den Göttern ver=
hängten Lebensschicksale des Menschen besaß. Wenn also auch,
wie der Dichter im „König Ödipus" sagte, die Urgesetze „hoch=
wandelnd vom himmlischen Aether herstammen"[1]), so erschien
dennoch das Regiment der Götter keineswegs immer als ein ge=
rechtes und den sittlichen Begriffen völlig verständliches. Jede
Tragödie des Dichters war gewissermaßen eine neue Darstellung
dieses Welträtsels, eine neue Frage an das unverständliche Walten
der Götter.

„König Ödipus", „Ödipus in Kolonos" und „Antigone"
bilden eine Trilogie des unverschuldeten Unglücks. Der Fluch der
Götter machte den Ödipus zum Werkzeug gesetzwidriger Thaten,
ohne daß Ödipus dieses wußte und wollte, um alsdann den Un=
glücklichen und sein Haus zu vernichten. Antigone handelte aller=
dings dem Gesetze des rachsüchtigen Kreon zuwider. Aber dieses
Gesetz selber war ein frevelhaftes, während Antigones That dem
Willen der Götter entsprach. Nicht wegen einer Schuld, sondern
vielmehr infolge einer frommen That ging die edle Tochter des
Ödipus zu Grunde. In den Worten der Jungfrau: „Wie darf
ich Unselige die Götter noch anschaun, wen mir zum Helfer rufen,
wen zum Bundesgenossen, da ich den Fluch der Gottlosigkeit durch
Gottesfurcht mir zuzog?"[2]), sprach der Dichter auch hier seine
Zweifel an der Gerechtigkeit der Weltordnung aus. Der unglück=
liche Philoktet klagte mit bitteren Worten über die Ungerechtigkeit
der Götter, welche die Guten fallen ließen und die Bösen be=
schützten und kam zu dem Schluß: „Was soll ich dazu sagen, wie
loben, wenn ich, bereit, das Göttliche zu loben, die Götter schlecht

---

[1]) B. 866 f.
[2]) B. 922—924.

erfinde?" [1]). Auch dem Geschick, welches die Götter über Ajax
verhingen, fehlt eigentlich eine zureichende sittliche Begründung.
Die Absicht des Helden, die Atriden und den Odysseus zu morden,
blieb eben nur Absicht, da die Göttin Athene ihn mit Wahnsinn
schlug. Der Selbstmord des Helden endlich wird nicht auf jenes
frevelhafte Vorhaben, sondern lediglich auf das Schamgefühl des
zum Bewußtsein erwachten Helden über die im Wahnsinn began=
gene Thorheit zurückgeführt. In dem Gefühl der von den Göttern
unverdient zugefügten Schmach wagte auch Ajax den Göttern zu
trotzen: „Kränke mich nicht so, weißt du nicht, daß ich den Göttern
nicht mehr schuldig bin, dir beizustehen?" [2]), sprach in bitterem
Unmut der zum Selbstmord entschlossene Held zu seiner klagenden
Gattin. In den „Trachinerinnen" ist ebensowenig eine böse That
die Quelle des Unheils, das sich über Deianeira und Herakles
entladet. Das Verhältnis des letzteren zur Jole enthielt nach
griechischen Begriffen keine Verschuldung. Beide Gatten erlagen
der gewaltthätigen Schicksalsmacht. In dem Sohne des Herakles
aber erweckte das Leid des Vaters einen bitteren Groll gegen
die Himmlischen: „Erkennet," wandte Hyllos sich zum Chor, „die
große Nachsichtslosigkeit der Götter in den geschehenen Dingen; sie,
die ihn erzeugt haben und sich Väter nennen, sehen dies ruhig
an. Das Zukünftige erschaut keiner. Was aber jetzt geschieht,
bringt uns Leid, jenen aber Schmach [3])." Der Chor antwortete,
indem er die Spitze dieser gegen die Götter im allgemeinen er=
hobenen Klage gegen die höchste Gottheit richtete und schloß mit
den Worten: „Und alles dieses ist allein das Werk des Zeus."

Dennoch hielt der Dichter andererseits fest an dem volks=
tümlichen Götterglauben und bekundete überall eine große Ehrfurcht
vor der Macht und den Ordnungen der Götter. Auf den Spruch
der Götter wird die Handlung jeder Tragödie im letzten Grunde
zurückgeführt. Wiederholt trat das Eingreifen der Gottheit an
die Stelle der psychologischen Charakterentwicklung. Der Wahn=
sinn des rasenden Ajax wird nicht aus dem gekränkten Ehrgeiz

---

[1]) V. 451 f.
[2]) V. 589 f.
[3]) V. 1266—1272.

des Helden erklärt, sondern durch den Zauber der Athene bewirkt. Der Entschluß des Philoktet, zu den Troja belagernden Griechen zurückzukehren, wird nicht durch eine Sinnesänderung desselben, sondern durch die Erscheinung des Herakles veranlaßt. Der Widerstreit zwischen den sittlichen und religiösen Begriffen hatte sich in Sophokles noch nicht so zugespitzt, daß er ihm seinen Glauben an die Wirklichkeit der Volksgötter benommen hätte. In jedem Falle aber läßt sich in der Sophokleischen Dramatik das Vorhandensein einer im Rahmen des mythischen Götterglaubens gelegenen, deutlich ausgesprochenen Empfindung für die sittliche Unzulänglichkeit des letzteren nicht verkennen.

Ein nicht minder eifriger Vertreter des Volksglaubens war der im Jahre 406 v. Chr. verstorbene Euripides. Mehrere Dichtungen desselben waren ihrem ganzen Umfange nach als dramatische Apologien der nationalen Götterlehre verfaßt, so z. B. „Der Kyklops". Das gefräßige, plumpe Ungetüm, welches die Donner des Zeus verlachte und seinen Magen als die höchste Gottheit bezeichnete, war eine Satire auf den atheistischen Materialismus, welchen der berühmte Zeitgenosse des Dichters, Demokrit von Abdera, in ein philosophisches System brachte. Desgleichen erhielten „Die Bacchantinnen", welche zunächst nur dem Bacchuskulte gewidmet waren, eine so breite Ausladung, daß sie zugleich als eine allgemeine dramatische Apologie des Götterglaubens gelten konnten. Der Dichter zeigte in dieser Tragödie, welche zu den bedeutendsten Leistungen seiner Muse gehörte, wie der religiöse Unglaube die Strafe der Götter auf ein ganzes Königshaus mit vernichtendem Schlage herabzog. Die tragische Kollision der „Phädra" ferner wurde durch die von Hippolytos mißachtete Göttin Aphrodite herbeigeführt. Insofern war auch diese Tragödie der Verehrung der Götter gewidmet. Nicht selten läßt der Dichter in einzelnen Stellen die Absicht, dem religiösen Unglauben seiner Zeit entgegenzutreten, ziemlich deutlich durchblicken. Fast alle Dramen des Dichters sind voll von Mahnungen zur Gottesfurcht.

Obwohl aber Euripides ein so entschiedener Apologet des Volksglaubens war, so stand er dem letzteren doch keineswegs kritiklos gegenüber. Vielmehr nahm auch er Anstoß an den mensch-

lichen Mißgeſtaltungen des Göttlichen und ſuchte das letztere dem
abſtrakten Begriff der Vollkommenen zu nähern. Wie Pindar, ſo
bezeichnete auch er in der Iphigenia das Gaſtmahl des Tantalos,
bei welchem derſelbe ſeinen eigenen Sohn den Göttern zur Speiſe
vorſetzte, als eine Fabel. Die Menſchenopfer ferner, welche Iphi=
genia in Tauris der Göttin Artemis bringen mußte, erklärte die=
ſelbe aus dem blutbürſtigen Sinn der Taurier, welche ihre eigene
Grauſamkeit als ein Gebot der Göttin Artemis betrachteten [1]).
Der Dichter erweiterte dieſe an Einzelfällen geübte Kritik bei einer
anderen Gelegenheit zu einem allgemeinen Urteile über die Götter=
geſchichten des Mythus. Als Theſeus den Herakles auf die Lieb=
ſchaften und Zwiſtigkeiten der Götter hinwies, bezeichnete Herakles
dieſe Geſchichten als „klägliche Erzählungen der Dichter" [2]). „Der
Gott," ſagte er, „der wahrhaft Gott iſt, hat kein Bedürfnis" [3]).

Da Euripides aber im allgemeinen an der nationalen Götter=
lehre feſthielt, ſo war er ſelbſtverſtändlich ein Anhänger der Schick=
ſalsidee. Gunſt und Ungunſt der Götter waren auch nach ſeiner
Meinung die entſcheidenden Faktoren des menſchlichen Lebens.
Auf den Willen der Götter wurden alle Handlungen der Menſchen
zurückgeführt, der Mord der Klytemnäſtra von Seiten des Oreſtes
auf den Willen des Apollo, der Wahnſinn des Herakles auf die
Eiferſucht der Hera, die Aufgaben, welche Euryſtheus dem Hera=
kles auferlegte, gleichfalls auf die letztere, die Liebesneigung der
Phädra zu ihrem Stiefſohn auf Aphrobite, die Opferung der
Iphigenie auf die Artemis und ſofort. Selbſt Helena rechtfertigte
ihre Flucht mit Paris durch den Hinweis auf den Zorn eines
Gottes, der ſie von ihrem Gatten weggetrieben habe [4]).

Aber auch Euripides hatte ebenſo wie Sophokles eine Em=
pfindung für die der ſittlichen Gerechtigkeit ſo häufig wider=
ſtreitende göttliche Schickſalsmacht. Er äußerte dieſe Empfindung
wiederholt in Wendungen, welche an Schärfe des Ausdrucks die

---

[1]) V. 388 ff.
[2]) Der raſende Herakles, V. 1346.
[3]) V. 1345.
[4]) Oreſtes, V. 79.

Aeußerungen des Sophokles noch weit überbieten. Den dem Haffe der Aphrodite erliegenden Hippolyt läßt er in Gegenwart der Artemis ausrufen: „O könnte doch das Geschlecht der Sterblichen den Göttern fluchen"[1]. Herakles, der von der eifersüchtigen Hera mit Wahnsinn geschlagen war und in dem letzteren sein Weib und seine Kinder getötet hatte, äußerte seinen Ingrimm über diese schreiende Ungerechtigkeit der Hera mit den Worten: „Wer sollte zu einer solchen Gottheit noch beten"[2]. Die von Apollo verführte Kreusa klagte: „Wo sollen wir Gerechtigkeit erlangen, wenn wir durch die Ungerechtigkeiten der Herrschenden umkommen"[3]. Ihr Sohn Ion warf den Göttern ihre Ungerechtigkeit mit gleich scharfen Worten vor: „Wie ist es billig, daß ihr, die ihr den Sterblichen Gesetze vorschreibt, euch selber der Ungerechtigkeit schuldig macht?"[4]. Der Vater des Herakles, Amphitryon, äußerte sich in sehr despektierlichen Worten über den sittlichen Lebens= wandel des Zeus. Er warf dem letzteren vor, daß er es zwar verstehe, sich heimlich zu dem Lager fremder Frauen zu schleichen, daß er jedoch nicht zu finden sei, wenn seine Getreuen des Schutzes bedürften[5]. Auch in der „Elektra" kam eine ähnliche Ansicht über die Schicksalsmacht der Götter zum Ausdruck. Der an Orestes ergangene Auftrag des Apollo, seine Mutter zu töten, wird am Schlusse des Stückes von den Dioskuren Castor und Polydeukes wiederholt getadelt und als ein unweiser Befehl be= zeichnet[6]. In seinem „Orestes" wird die Ungerechtigkeit des gött= lichen Befehles mit noch stärkerem Ausdruck betont.

Mit Euripides, der freilich weder hinsichtlich der einheitlichen Durcharbeitung des Stoffes, noch der sprachlichen Schönheit die beiden älteren Tragiker erreichte, trat aber ein bisher fast gänzlich unbekannter Gesichtspunkt in die Dramatik, der psychologische Konflikt. Während Aeschylus und Sophokles die dramatische

---

[1] Phädra, V. 1415.
[2] V. 1307 f.
[3] Jon. V. 253 f.
[4] Jon. V. 442 f.
[5] Der rasende Herakles, V. 344 ff.
[6] V. 1246 und 1302.

Kolliſion lediglich als einen objektiven Vorgang behandelten, indem
ſie nur den Widerſtand darſtellten, welchen die objektiven Mächte
eines Götterbeſchluſſes oder des Staates ihrem Helden entgegen=
ſtellten, führte Euripides dieſen Konflikt in die Seelen ſeiner
Helden hinein, indem er den Widerſtreit darſtellte, welchen jener
Gegenſatz in der Seele der letzteren hervorrief. Der Götterwille,
welcher bei Aeſchylus und Sophokles als eine von dem Willen
der Helden völlig unabhängige Schickſalsmacht über der Handlung
ſchwebte, ſpielte ſich bei Euripides als ein pſychologiſcher Prozeß
ab. Die Helden des Euripides gewinnen einen perſönlichen Anteil
an dem tragiſchen Ausgang ihres Geſchickes. Das letztere wird
auf eine perſönliche Verſchuldung, welche bei Aeſchylus und
Sophokles ganz zurücktrat oder nur flüchtig angedeutet wurde,
zurückgeführt. Euripides hat dieſe, aus dem Rahmen des mythi=
ſchen Schickſalsglaubens ganz heraustretende Auffaſſung freilich
keineswegs durchgehends, ſondern nur in drei Fällen, in der
Medea, der Phädra und in der Iphigenia auf Aulis und voll=
ſtändig eigentlich nur in der erſten durchgeführt. Die Charaktere
des Aeſchylus und Sophokles treten mit fertigen Entſchließungen
in das Drama ein. Es handelt ſich bei denſelben alſo nicht mehr
um eine allmähliche Entwicklung und Verwicklung ſeeliſcher Triebe,
ſondern lediglich um die Ausführung bereits fertiger Zwecke. Den
Tragödien des Aeſchylus wie des Sophokles iſt eine pſychologiſche
Charakterentwicklung ſo gut wie unbekannt. Die Klytemnäſtra
des Aeſchylus im „Agamemnon“ kennt keinen ſeeliſchen Widerſtreit
zwiſchen der Treue zu ihrem Gatten und der Liebe zu ihrem
Buhlen. In die Seele des Oreſtes wirft der blutige Auftrag des
Apollo nur einen ſchnell vorüberziehenden Schatten. Seine Schweſter
Elektra ſchwankt keinen Augenblick in dem Haſſe gegen ihre ver=
brecheriſche Mutter. Nicht innere Gewiſſensbiſſe ſind es, welche
den erſteren nach ſeiner That aus ſeiner Heimat treiben, ſondern
die Eumeniden. Ebenſo tritt in den Dichtungen des Sophokles
das ſubjektive Seelenleben vor der von außen drängenden Schick=
ſalsmacht zurück. Seine Antigone hat in ſich ſelber keinen Zwie=
ſpalt zwiſchen der religiöſen Pflicht der Totenbeſtattung und dem
geſetzlichen Verbote der letzteren zu überwinden. Sie iſt von

Anfang zur Ausübung der ersteren fest entschlossen und keine Bitten ihrer Schwester können sie in ihrem Entschlusse bewegen. Auch sein Orestes und seine Elektra zeigen keine Schwankungen zwischen der Liebe zu ihrer Mutter und der Rachepflicht für ihren ge= morbeten Vater. Sie halten sich von Anfang an unentwegt auf Seite der letzteren.

Wesentlich anders aber verfuhr Euripides in den drei oben bezeichneten Tragödien. Die Helden derselben treten nicht von vorn= herein mit fertigen Entschließungen auf. Vielmehr gestalten sich die letzteren erst unter dem Gewicht der von außen auf sie einbringen= den Verhältnisse. In der Medea erscheint die Schicksalsidee völlig aufgehoben. Die Grundlage der tragischen Kollision ist hier nicht ein die handelnden Persönlichkeiten treibender Götterbeschluß, sondern die Treulosigkeit des Jason. Die letztere ist die Ursache der von Medea begangenen Mordthaten. Medea aber, zwar schnell zum Morde ihrer Kinder entschlossen, schwankt doch in ihrem Vorhaben desto mehr, je näher sie der Ausführung desselben tritt. Ihre Mutterliebe siegt sogar wiederholt über ihren Haß gegen Jason. Noch im letzten Augenblick bebt ihr Herz vor der That zurück. Den Schmerz aber über den Mord läßt der Dichter noch in den Verwünschungen ausklingen, welche sie dem Jason zum Abschied zuruft. Der Seelenkampf der Medea zwischen der Liebe zu ihren Kindern und dem Hasse gegen ihren treuvergessenen Gatten bildet den Schwerpunkt der tragischen Kollision. In der Phädra, in welcher der Ausgangspunkt der Verwicklung wieder der Neid der Götter war, ließ der Dichter das Opfer des letzteren der göttlichen Schicksalsmacht wenigstens einen ernsten, wenn auch vergeblichen Widerstand entgegen setzen. Aphrodite entflammte die Phädra zur Liebe für ihren Stiefsohn Hippolyt, um den letzteren zu vernichten. Die unglückliche Phädra aber sucht ihre sündhafte Neigung gewaltsam niederzukämpfen und will lieber sterben als ihrem Gatten untreu werden. Nur durch die Schwatzhaftigkeit der Amme gelingt es schließlich der Aphrodite, zu ihrem Ziele zu kommen. Auch hier also stellte der Dichter einen psychologischen Konflikt dar. Der Seelenkampf der Phädra zwischen ihrer schicksals= mächtigen Neigung und der Treupflicht zu ihrem Gatten ist mit

großer Breite vom Dichter ausgeführt. Noch reichhaltiger als in
diesen beiden Tragödien ist der psychologische Konflikt in der
„Iphigenia auf Aulis" gezeichnet. Agamemnon, zuerst zur Opferung
seiner Tochter bereitwillig, bereut bald nachher seinen Entschluß,
als die Liebe zu seinem Kinde den Trieb seines kriegerischen Ehr=
geizes überwog. Menelaos, der zuerst erzürnt war über die
Wankelmütigkeit des Bruders, steht ab von seiner Forderung, als
er den Schmerz des Vaters sah. Iphigenia, die zuerst den Vater
um Schonung ihres jungen Lebens anflehte, faßt nachher, als
sie die Verwicklung erkannte, welche eine Weigerung ihrer Opferung
zur Folge haben würde, den heldenmütigen Entschluß, für das
Heil des Griechenvolkes zu sterben. Mit Recht hat schon Schiller
diesen Umschwung der Seelenbestimmungen, in welchen Aristoteles
einen Fehler fand, als einen „vorzüglich schönen Zug" der Tra=
gödie bezeichnet[1]). Der düstere Hintergrund der Tragödie ist
freilich wieder ein Götterspruch. Aber die handelnden Persönlich=
keiten lassen sich nur mit Rücksicht auf das gesamte Interesse des
Volkes zur Ausführung des letzteren bestimmen. Dennoch fühlte
sich Agamemnon keineswegs frei von Schuld. Er selbst sah sein
Anfangs gegebenes Wort als einen Frevel gegen sein eigenes
Blut an.

Wenn nun auch Euripides einen psychologischen Konflikt
nirgend mehr in dieser Breite ausgeführt hat, wie in der Medea,
Phädra und Iphigenia auf Aulis, so hat er doch auch sonst noch
wohl einen solchen in engeren Grenzen versucht. So ließ er in
Orestes und in der Elektra, welche anfänglich zwar ebenso wie
bei Aeschylus und Sophokles zur Ausführung ihrer Rache ent=
schlossen sind, doch unmittelbar vor und nach der That den Konflikt
zwischen ihrer religiösen Pflicht und ihrer Kindesliebe in schmerzlichen
Tönen ausklingen. In seinem Orestes mißt der Dichter zwar dem
Apollo die Hauptschuld an dem Muttermorde bei. Doch läßt er den
Orestes nicht so frei von eigener Schuld erscheinen, wie die älteren
Tragiker. Als die Urheber des Wahnsinns, der Orestes befallen,
werden nicht allein die Eumeniden, sondern auch das eigene Gewissen

---

[1]) Anmerkungen zur Uebersetzung der Iphigenia.

bezeichnet. Als Menolaos den Orestes nach der Ursache seines Leides fragte, antwortete der letztere: „Bewußtsein, daß ich wissend eine Greuelthat verübt habe" [1]).

Obgleich nun Euripides durch die Voranstellung der menschlichen Verschuldung keineswegs einen Bruch mit der Schicksalsidee beabsichtigte, sondern vielmehr in der Mehrheit seiner Stücke an der letzteren festhielt, so war gleichwohl in seiner Tragik der Ansatz zu einer Auflösung derselben und zu einer ganz außerhalb des Mythus gelegenen Gotteserkenntnis gegeben.

Diese aus allgemeinen sittlichen Anschauungen geschöpfte Kritik des Mythus von Seiten der dramatischen Dichter ergänzte der Geschichtsschreiber Herodot durch eine historische Kritik. Herodot stand auf einem ganz ähnlichen Standpunkte wie die Tragiker Sophokles und Euripides. Er war ein Verehrer der Götter ebenso wie diese. Der Götter Gunst und Ungunst erschienen auch ihm als die ausschlaggebende Macht in den so mannigfaltig ineinander greifenden, wechselvollen Schicksalen der Völker. Die im Beginn seiner Darstellung mitgeteilte Unterredung zwischen dem athenienfischen Gesetzgeber Solon und dem lydischen Könige Krösos, in welcher der erstere den letzteren auf die neidische und unbeständige Gesinnung der Götter und die aus derselben folgende Unberechenbarkeit des menschlichen Schicksals verwies, spricht einen Gedanken aus, welcher sich gewissermaßen als das leitende Motiv in dem vielverschlungenen Gewebe der in den folgenden Büchern dargestellten Begebenheiten festhält. Doch stand Herodot trotz seiner Gläubigkeit dem Mythus keineswegs kritiklos gegenüber. Er prüfte denselben vielmehr mit freiem Geiste, indem er die geschichtlichen Ursprünge desselben zu ermitteln und aus dem Ergebnisse seiner Forschung ein Urteil über die Glaubwürdigkeit desselben zu gewinnen suchte. Die von ihm geäußerten Ansichten sind aber um so beachtenswerter, als er den ausgesprochenen Grundsatz befolgte, die göttlichen Dinge möglichst vorsichtig zu behandeln und sich nur auf das Notwendigste zu beschränken [2]).

---

[1]) B. 395.
[2]) B. 2, K. 65.

Sein Werk beginnt gleich mit einer, den Mitteilungen der Perfer und Phönizier entnommenen Erzählung der Jo= und Europaſage, welche den griechiſchen Mythus auf ſehr einfache und glaubhafte geſchichtliche Vorgänge zurückführte. Als „thöricht" bezeichnete er den helleniſchen Mythus von der Fahrt des Herakles nach Aegypten, wo derſelbe zur Opferung geführt worden ſei, am Altare aber an= gelangt, alle anweſenden Aegypter erſchlagen habe [1]). Die beiden ſchwarzen Tauben, welche der Sage nach die Stiftung des Orakels zu Ammon und zu Dobona veranlaßt hatten, deutete er als ägyptiſche Weiber, deren Sprache den Dobonäern unverſtändlich geweſen ſei wie die Sprache der Vögel. Die dunkle Hautfarbe der Frauen aber ſei die Veranlaſſung geweſen, dieſelben als ſchwarze Tauben zu bezeichnen [2]). Auch war es ſeiner Beobachtung nicht entgangen, daß ſo manche Orakelſprüche troß ihrer dunklen Rede ſich nicht erfüllt hatten, wenn gleich er aus Pietät vor dem Göttlichen eine nähere Erörterung dieſer Frage vermeiden wollte [3]). Die einzelnen Aeußerungen über den griechiſchen Göttermythus gewannen ein größeres Gewicht dadurch, daß ſie ihm die Grund= lage zu einem allgemeinen Urteile über den erſteren boten. Herodot kam auf Grund ſeiner Forſchungen zu dem Schluß, daß die Griechen faſt alle ihre Götter von den Aegyptern übernommen hätten. Die beſondere Geſtaltung jeder Gottheit wurde ſodann, wie er ſagte, von Heſiod und Homer ausgebildet: „Dieſe haben den Hellenen ihre Theogonie geſchaffen, den Göttern Namen ver= liehen, Ehrenbezeigungen und Künſte zuerteilt und die Geſtalt der= ſelben angegeben" [4]).

Eine noch freiere Stellung als Herodot nahm der einige Jahrzehnte jüngere, im Jahre 471 v. Chr. geborene Thukydides zu der Götterlehre des Mythus ein. Er thut des leßteren freilich nur in ganz vereinzelten Fällen Erwähnung, ſo daß ſein Urteil über denſelben kaum einen unmittelbaren Ausdruck erhielt. Die

[1]) B. 2, K. 45.
[2]) K. 57.
[3]) B. 8, K. 77.
[4]) B. 2, K. 52.

Auffassung des Thukydides machte sich nur insofern geltend, als der letztere die Ereignisse des von ihm behandelten peloponnesischen Krieges als eine rein menschliche Tragödie darstellte. Er führte die zahlreichen Katastrophen dieses Krieges nicht auf die willkür= lichen Eingriffe der Götter, sondern auf die Gesinnung und Hand= lungsweise der beteiligten Personen zurück. Nicht der Neid und der Zorn der Götter, sondern die Selbstverschuldung der Menschen waren nach seinem Urteil der Angelpunkt der kriegerischen Ver= wicklungen. Die Parteizwiste der Griechen bezeichnete er als die Ursache ihres Verfalles. „Durch die Parteizwiste nahm Entfitt= lichung aller Art unter den Griechen überhand[1].“ Die Partei= verbindungen wurden geschlossen, nicht um im Einklange mit den bestehenden Gesetzen Gewinne zu erzielen, sondern zu selbstsüchtigen Zwecken im Widerspruch mit den bestehenden Ordnungen. Eid= schwüre wurden nur so lange geachtet, als es der eigene Vorteil erheischte. Die Führer der Parteien, welche sich in ihren Reden den Anschein einer uneigennützigen, staatlichen Gesinnung gaben, folgten thatsächlich nur dem Interesse ihrer eigenen Herrschsucht. Eigennutz und Ehrgeiz brachten alles in Verwirrung. „Die Ur= sache von allem diesem,“ sagte Thukydides, „lag in der Herrsch= sucht, welche aus Eigennutz und Ehrgeiz hervorging[2].“ Thukydides stand also auf dem gleichen Standpunkte wie Euripides in den oben bezeichneten Tragödien, in welchen er die tragische Verwicklung auf eine persönliche Verschuldung begründete[3]. Wenn er dem= nach auch den Schicksalsglauben des Mythus nicht ausdrücklich verneinte, so hatte er sich doch thatsächlich vollkommen von dem= selben gelöst. Die ganze Darstellung ist von einer höheren, der Idee der sittlichen Gerechtigkeit mehr entsprechenden Ansicht über das Göttliche und die göttlichen Ordnungen bestimmt.

Dichtung und Geschichtschreibung machten sich mehr und mehr von dem mythischen Götterglauben und der Schicksalsidee des letzteren frei und suchten nach einer höherer Erkenntnis des Göttlichen. In=

---

[1] B. 3, K. 83.
[2] B. 3, K. 82.
[3] Vgl. Ranke, Weltgesch. Bd. 1, Abt. 2, S. 47.

dem man aber die Leiden des Daseins auf eine menschliche Schuld und nicht auf den Zorn und Neid der Götter zurückführte, rückte man einerseits das Menschliche eine Stufe niedriger, andererseits aber das Göttliche um ebensoviel höher als im Mythus. Hier lag der Zeitpunkt, in welchem sich dem griechischen Geiste die im Mythus zu einer kaum unterscheidbaren Verbindung zusammen= fließenden Grenzlinien des Göttlichen und Menschlichen scharf von= einander sonderten und das erstere sich zum Begriff des Vollkom= menen entwickelte, dieses aber tief unter die vom Mythus gedachte, dem Göttlichen so nahe Höhelage zurücksank. Mit dieser Kritik des Göttlichen und der Annahme eines in der göttlichen Weltordnung enthaltenen Widerspruches zwischen dem sittlichen Lebenswandel und den persönlichen Lebensgeschicken des Menschen war der idyllische Einklang des Mythus zwischen Gott, Mensch und Natur zerstört. Das irdische Dasein hatte von dem Werte, welchen es vormals besaß, wesentlich verloren. Die irdische Glückseligkeitslehre des alten Griechentums war in ihren Grundlagen erschüttert. Die Ungerechtigkeit der Weltordnung verkümmerte dem Sophokles alle Freude am Erdenleben so sehr, daß er in seinem „Oedipus in Kolonos" den Chor die Worte sprechen ließ: „Nie geboren zu sein ist das Beste, wenn du aber lebst, so schnell als möglich dort= hin zu gehen, woher du kamst, das Zweitbeste[1]." Der über die Ungerechtigkeit des Schicksals in gleichem Maße betrübte Elegiker Theognis von Megara klagte in fast wörtlicher Uebereinstimmung mit jenen Versen des Sophokles: „Das Beste von allem ist den Menschen nicht geboren zu werden und das Licht der eiligen Sonne nicht zu schauen, einmal geboren aber, so schnell als mög= lich in die Pforten des Hades einzugehen und tief im Schoße der Erde zu ruhen[2]."

Das sittliche Bewußtsein suchte nun, indem es die ihm wider= sprechenden mythischen Gottesbegriffe zersetzte, mit seinen Forde= rungen übereinstimmende Ansichten über das Göttliche und die göttliche Gerechtigkeit zu gewinnen. Die Idee des Göttlichen

---

[1] B. 1225 f.
[2] Sent. B. 425 ff.

wurde aus der Idee des Vollkommenen begriffen. Da das letztere nur Eines sein konnte und über der menschlichen Beschränktheit der Zeit und des Raumes erhaben sein mußte, so näherte sich die von dieser Voraussetzung bestimmte griechische Weltanschauung immer mehr einem jenseitigen Eingottglauben. Indem die Philosophie das Göttliche der Sphäre der Sinnenwelt enthob, wurde dasselbe von der eigentlichen Substanz seiner Vielgestaltung befreit und als eine einheitliche Idee begriffen.

Schon die jonische Naturphilosophie hatte, freilich mehr durch physikalische als durch sittliche Beweggründe veranlaßt, die Vielheit der Erscheinungen auf eine einheitliche Ursache zurückgeführt. Allerdings war die letztere stofflicher Natur, indem ein bestimmter Stoff als die gemeinsame Ursache aller Dinge angenommen wurde. Thales von Milet, welcher um 640 v. Chr. geboren wurde, und Hippon betrachteten das Wasser oder die Feuchtigkeit als den Urgrund, das Prinzip der Dinge. Anaximander nahm einen Urstoff, welcher alle einzelnen Stoffe der Kraft nach in sich enthalte, als die Ursache der Dinge an. Anaximenes von Milet und Diogenes von Apollonia führten alles auf die Luft zurück. Indem aber dieser Urstoff als beseelt gedacht wurde, näherte sich bereits diese Naturphilosophie einer eingöttlichen Auffassung. Anaximenes dachte die Luft als beseelt und der um 475 v. Chr. gestorbene Heraklit von Ephesus stellte den einheitlichen, alles durchwaltenden göttlichen Feuergeist an die Spitze seines Systems. Anaxagoras aus Klazomenä nannte den Geist, welchen er als das ordnende Prinzip der Welt betrachtete, „das Feinste und Reinste von allen Dingen". In abgezogener Weise konstruierten sich die Pythagoreer die Ordnung der Welt. Sie sahen die Substanz der Dinge nicht wie die Jonier in dem Stoffe, sondern in dem mathematischen Begriffe der Zahl. Sie waren, wie Aristoteles sagte, so begeisterte Mathematiker, daß sie die Prinzipien der Mathematik als die Prinzipien des Seins ansahen und alle Dinge in abgezogene Zahlenverhältnisse auflösten[1]). Der um 569 v. Chr. geborene Xenophones aus Kolophon, der Stifter der eleatischen

---

[1]) Aristoteles, Metaphys. 1, 5.

Schule, nannte Gott die ewig unbewegte, sich stets gleiche Einheit, oder kurzweg „Das Eine". Der leitende Gedanke der Philosophie war offenbar das Bestreben, die Vielheit der Erscheinungen auf eine einheitliche Ursache zurückzuführen und diese letztere der Stofflichkeit immer mehr zu entziehen und als ein immaterielles Wesen zu begreifen. Die Gottheit des in den Jahren 471—469 v. Chr. geborenen Sokrates war die nach Analogie des menschlichen Selbstbewußtseins gedachte Vernunft der Welt, welche nach allumfassenden, ewigen Zwecken die Ordnung der Dinge gestaltet habe. Mit einem gewissen Spott gedachte Sokrates kurz vor seinem Tode des blinden Schicksalsglaubens. Als er im Gefängnisse unmittelbar vor dem Gifttranke ein Bad nehmen wollte, bemerkte er seinen Freunden: „Mich ruft jetzt," so würde ein Tragiker sagen, „das Schicksal" [1]. Die alle Dinge mit zwecksetzendem Bewußtsein erhaltende und gestaltende göttliche Weltvernunft war aber nur als ein außerhalb und über der Sinnenwelt stehendes Wesen denkbar. Mit der Gottheit wurde auch der Wert des menschlichen Lebens der Sinnenwelt entrückt und in ein außerhalb der Körperwelt gedachtes Jenseits verlegt. Das irdische Leben hatte, insofern Plato die Ansichten seines Lehrers richtig wiedergegeben hat, für Sokrates nur einen erzieherischen Wert. Es erschien ihm als eine Vorbereitung auf das nach dem Tode folgende unsterbliche Leben der Seele [2]. Die Erkenntnis der Natur, das die mechanischen Bewegungen der Stoffe erforschende physikalische Studium eines Anaxagoras erschien ihm deshalb als zwecklos [3]. Der Mensch selbst und seine Vorbereitung auf die jenseitige Welt war der Gegenstand seiner Forschungen. Sie waren das Ziel der von ihm geforderten begrifflichen Erkenntnis und des von ihm wiederholten Wortes des delphischen Apollo: „Erkenne dich selbst".

Einen umfassenden und systematischen Ausdruck fand dieser Entwicklungsprozeß der Philosophie zuerst in der platonischen Lehre. Der Unterschied von Begriff und Erscheinung, welche Sokrates be-

---

[1] Phädon, K. 63.
[2] Phädon, K. 30—32.
[3] Phädon, K. 45—47.

tont hatte, wurden von der letzteren verschärft und in seinen Folgerungen entwickelt. Die Ideenwelt Platos war eine rein transcendente Konstruktion. Plato legte den allgemeinen Begriffen, den Ideen, welche er als das wahre Wesen und die wirkenden Ursachen der Dinge betrachtete, eine immaterielle und selbständige Wirklichkeit bei. Das Wesen der Ideen bestimmte er aus der Verneinung sinnlicher Eigenschaften. Die Ideen, als deren höchste und allgemeinste er die Idee des Guten bezeichnete, sind die zeit- und raumlosen, von allen individuellen Fehlern freien Urbilder der Dinge. Der Ideenwelt entgegen stellte er die Erscheinungswelt. Die Bestimmung der ersteren als des allein Wirklichen und Wesenhaften hätte ihn zu der Schlußfolgerung führen müssen, die letztere als das schlechthin Unwirkliche, Wesenlose aufzufassen. Aber der auch ihm eigentümliche künstlerische Geist des Griechentums hielt ihn von dieser Schlußfolgerung zurück. Vielmehr erschien ihm die Sinnlichkeit als ein Gemisch von positiven und negativen Eigenschaften, von ersteren, insofern sie den Abglanz der Ideen bildete, von letzteren, insofern sie nur ein trübes und schattenhaftes Abbild der Ideen zurückstrahle. Die tiefe Kluft, welche hierdurch zwischen Gott und Welt aufgerissen wurde, veranlaßte Plato nach einer Vermittlungsinstanz zwischen der transcendenten Ideenwelt und der sichtbaren Körperwelt zu suchen. Er fand dieselbe in der Weltseele, welche der Welt vorausgeschaffen sei und alle Elemente derselben in sich begreife.

Die transcendente Gotteslehre bedingte eine transcendente Ethik. Das Prinzip der letzteren war die Verähnlichung des Menschen mit Gott als der Idee des Guten. Da nun die letztere jenseits der Sinnenwelt thronte, so mußte das Hinstreben zu derselben zugleich die Flucht aus der Sphäre der Sinnenwelt bedingen. „Die Flucht (d. h. von der Welt)," sagte Plato im Theätet[1], „ist die möglichste Verähnlichung mit Gott." Der Leib erschien ihm als ein Kerker, der Tod als die Befreiung der Seele aus der Gefangenschaft[2] und als der Eingang zu der

---

[1] S. 176a.
[2] Phädon, K. 11, 12.

reinen und vollkommenen Erkenntnis. Der Lebenswandel des Menschen war um so vollkommener, je mehr er von allen Neigungen zum Körperlichen frei war. Die Ethik des Platonismus bezeichnete also ebenso wie die Gotteslehre desselben einen vollständigen Bruch mit den Ueberlieferungen des klassischen Griechentums. Allerdings stellte Plato in seinem Idealstaate das staatliche Gemeinwohl als das leitende Prinzip der bürgerlichen Tugendhaftigkeit auf. Aber dieser platonische Staat war nicht der wirkliche griechische Staat, sondern vielmehr ein abgezogenes, aus der Idee der Gerechtigkeit konstruiertes Idealbild. Plato stellte im Dialoge seines ersten Buches über den Staat [1]) den nur vom Gesichtspunkt seines eigenen Interesses ausgehenden Staat in Gegensatz zu dem, nur von der Idee der Gerechtigkeit geleiteten Staate und wies in breiter Ausführung die Unhaltbarkeit des erstern nach. Das politische Prinzip der platonischen Ethik war also keineswegs gleichbedeutend mit der lediglich von den Zwecken des Staates ausgehenden Sittlichkeit des klassischen Griechentums. Jenes war vielmehr im Grunde transcendenter Natur und daher von der letzteren durchaus verschieden. Der eigentliche Zweck des ersteren war nicht die Macht und Wohlfahrt der griechischen Nation, sondern die Verwirklichung des Guten an und für sich. Deshalb sollte die Leitung des platonischen Staates in den Händen der Philosophen beruhen. Die Verwirklichung des abstrakt Guten war so sehr der bestimmende Zweck des platonischen Idealstaates, daß Plato die beiden oberen Stände desselben, die Philosophen und Krieger, sogar von der Ehe und dem Privateigentum auszuschließen und an Stelle der letzteren die Frauen- und Gütergemeinschaft einzuführen beabsichtigte; damit jene Stände, von keinem eigenen Interesse abgezogen, sich lediglich dem Staate und seinen Aufgaben widmen konnten [2]), daß er ferner der Dichtung und der Musik [3]), diesen eigentlichen Lebenselementen des Griechentums, in seinem Staate nur insoweit Einlaß gewährte, als sie eine Nach-

---

[1]) K. 20 ff.
[2]) 3, K. 22; 4, K. 1 ff.
[3]) 2, K. 17 ff.; 3, K. 10; 10, K. 1 ff.

ahmung des Guten erstrebten. Die Unterrichtsgegenstände ferner, welche sein Idealstaat für die Jugenderziehung vorschrieb, die Arithmetik, Geometrie, Astronomie, Musik und Dialektik, sollten nicht die Erkenntnis der sinnlichen Erscheinungen, sondern des ewigen Seins der Dinge bezwecken[1]). Zum Schlusse seines Buches erzählte Plato das Gesicht eines in einer Schlacht gefallenen, aber zum Leben zurückgekehrten Kriegers, welcher das Leben der Seelen im Jenseits, der gerechten wie der ungerechten enthüllte[2]). Das Jenseits war der Endpunkt und gewissermaßen der Hintergrund seiner ganzen Erörterungen über den Idealstaat.

Das irdische Dasein hatte ihm ebenso wie seinem Lehrer Sokrates nur insofern Bedeutung, als es eine Erziehung auf das jenseitige Leben sein sollte. Auch nach dem Tode setzte sich die Erziehung der Seele fort. Plato war ein Anhänger der von Pythagoras gelehrten Seelenwanderung. Und zwar faßte er die letztere nach dem Vorgange des Pythagoras als einen Läuterungsprozeß der menschlichen Seele auf. Nur diejenigen Seelen, welche sich in ihrem Erdenleben rein von aller Neigung zum Körperlichen gehalten hatten, waren von diesem Prozesse befreit. Sie gelangten gleich nach ihrer Trennung vom Leibe zu den Göttern[3]). Die andern aber kamen erst zu den Göttern, nachdem sie ihre Läuterung vollendet hatten. Die unheilbaren Seelen indes wurden auf ewig in den Tartarus verbannt[4]). Die Erzählungen der Dichtung über den Hades, welche den letzteren als die schreckensvolle Kluft lebloser Schatten schilderten, verwarf er ebenso wie die Erzählungen derselben von dem unsittlichen Lebenswandel der Götter[5]). Die Unsterblichkeitslehre Platos hatte ihren Ursprung in dem Glauben an die göttliche Gerechtigkeit. Das jenseitige Leben sollte den Ausgleich bringen für die dem Erdenleben anhaftende Ungerechtigkeit. Der Zweifel an der göttlichen Gerechtigkeit, welcher in der tragischen

---

[1]) 7, K. 6 ff.
[2]) 10, K. 13 ff.
[3]) Phädon, K. 30—32.
[4]) Phädon, K. 62.
[5]) Der Staat, 3, K. 1 und 2.

Dichtung so vielfach zum Ausdruck gelangte, war durch die Vor=
stellung einer jenseitigen Vergeltung vollständig gelöst.

Mit der individuellen jenseitigen Glückseligkeitslehre stellte in=
des die griechische Philosophie ein sittliches Prinzip auf, welches
von dem nationalen Prinzip des klassischen Griechentums durchaus
verschieden war. Das Individuum wurde aus der absoluten Ge=
bundenheit an den Staat gelöst und ihm ein selbständiger Wert
beigelegt. Die Tugendhaftigkeit und Glückseligkeit des Individu=
ums wurde das eigentliche Ziel der philosophischen Sittenlehre.
Der Stifter der kynischen Schule, Antisthenes von Athen, ein
Schüler des Sokrates, stellte bereits die Tugendhaftigkeit und
die staatliche Gehorsamspflicht einander gegenüber und lehrte, daß
der Weise sich lediglich der Tugend, nicht aber den Staatsgesetzen
zu unterwerfen habe. „Der Weise," sagte er, „sei kein Bürger
nach den bestehenden Staatsgesetzen, sondern nach dem Gesetze der
Tugend[1]." Die subjektive Tugendhaftigkeit bezeichnete er als das
höchste Ziel des menschlichen Lebens. „Den Weisen gilt Gesetzes=
zwang für Sklaverei," ließ auch Euripides den König Menelaos
im Orestes sagen[2].

Die griechische Bildung gewann durch diese Durchbrechung
der nationalen Schranke einen weltbürgerlichen Charakter und zwar
um so mehr als mit der Ueberwindung des Polytheismus und der
Entwicklung der monotheistischen Erkenntnis die wesentliche Ursache
der nationalen Abschließung des Griechentums gegen die anderen
Völker beseitigt und in der einen, die ganze Welt umspannenden
Gottheit ein einheitlicher Zusammenhang aller Nationen gefunden
war. Diejenigen Philosophen, welche den monotheistischen Glauben im
Gegensatz zu den polytheistischen Vorstellungen des Volkes vertraten,
waren meist ausgesprochene Gegner der nationalen Abschließung und
die Vertreter einer kosmopolitischen Gesinnung. Schon Demokrit von
Abbera, der um 460 v. Chr. geboren wurde, ging über den natio=
nalen Gedanken hinaus, wenn er erklärte, „dem weisen Mann ist
die ganze Erde zugänglich" und „das Vaterland der guten Seele ist

---

[1] Antisth. bei Diogenes B. VI, 11.
[2] B. 479.

die ganze Welt". Auch die Philosophie der Sophisten und der Cyrenaifer, welche mit der Glanzzeit Athens zusammenfiel, neigte weltbürgerlichen Ansichten zu. Der Sophist Hippias von Elis bezeichnete das Gesetz als den Tyrannen der Menschen, welches sie zu vielem, der Natur Widerstreitendem zwinge. Er fand es natur= widrig, daß die Verschiedenheit der Staaten und ihrer Gesetze die Gebildeten, welche doch „der Natur nach desselben Geschlechts" seien, sich gegenseitig entfremde. Der im Jahre 444 v. Chr. geborene Kyniker Antisthenes von Athen nannte sich, ebenso wie Sokrates, einen „Weltbürger". „Für den Weisen gibt es," wie er sagte, „keine Fremde, keine Verlassenheit[1])." Im wesentlichen hatte die weltbürgerliche Gesinnung dieser Philosophen, wie aus jenen Aeußerungen hervorgeht, allerdings weniger eine positive, als vielmehr eine negative Bedeutung, insofern der Weise mit derselben nicht seine gleichmäßige Verpflichtung gegen alle Menschen, sondern nur seine Unabhängigkeit von einer besonderen Verpflichtung gegen einen einzelnen Staat ausdrücken wollte. Doch gewann dieselbe inso= fern auch bereits einen positiven Inhalt, als sie mehrere Philosophen zur Verwerfung der Sklaverei, dieser wirtschaftlichen Grundlage des antiken Staates, veranlaßte. Der Sophist Alkidamos bezeich= nete dieselbe beispielsweise als einen Widerspruch gegen die Natur. „Gott," sagte er, „ließ alle Menschen frei, die Natur schuf keinen Sklaven." Ebenso lehrte der eben erwähnte Antisthenes, daß „dem Gesetze nach der eine ein Sklave, der andere ein Freier sei, daß der Natur nach aber kein Unterschied zwischen beiden bestehe[2])".

Das Griechentum war in folgerichtiger Entwicklung seines Kul= turprinzips zu einer Weltansicht gelangt, welche mit seinen ursprüng= lichen Voraussetzungen in äußerstem Widerspruch stand. Das dies= seitige Kulturprinzip, welches seine Grundlage in der immanenten Gottesidee hatte und in der nationalen Staatsidee gipfelte, war in der platonischen Philosophie in sein Gegenteil umgeschlagen. An die Stelle des immanenten Polytheismus hatte diese Philosophie einen transcendenten Monotheismus gesetzt. Vom Standpunkte des

---

[1]) Antisth. bei Diog. B. VI, 12.
[2]) Aristoteles, Politik I, 3.

letzteren aus setzte der Platonismus die politische Sittlichkeit des
Griechentums in eine transcendent=religiöse um. Das sittliche
Prinzip des Platonismus, die Verähnlichung mit Gott, mußte
unter der Voraussetzung eines jenseitigen Gottes die Verneinung
der Sinnlichkeit zum Ziel nehmen. Beides, die monotheistische
Erkenntnis, sowie die jenseitige individuelle Glückseligkeitslehre
gaben ferner die Anregung zu einer, die Schranken der Nationalität verneinenden, allgemeinen menschlichen Gesinnung, zu welcher sich die hervorragendsten Philosophen ausdrücklich bekannten.
Als die leitenden Gedanken der geistigen Entwicklung des Griechentums, welches seinen Ursprung in der Idee der göttlichen Immanenz, der immanenten Sittlichkeit und des in sich abgeschlossenen
nationalen Staates hatte, traten mit zunehmender Klarheit die
Idee der göttlichen Transcendenz, der transcendenten Askese und
des allgemeinen Menschentums in den Vordergrund.

Die Entwickelung dieser auf einen völligen Umsturz hin-
zielenden philosophischen Ideen vollzog sich freilich nicht ohne den
entschiedenen Widerstand des an seinen überlieferten religiösen
Anschauungen und der nationalen Staatsidee festhaltenden Griechentums. Da nach den Traditionen des letzteren der religiöse Glaube
mit der nationalen Staatsidee unlösbar verbunden war, so mußte
den an diesem Standtpunkte festhaltenden Griechen die Gegnerschaft gegen ihre Götter auch als eine solche gegen den Staat
erscheinen. Deshalb verfolgten sie die Gegner des nationalen
Volksglaubens mit den härtesten Strafen, mit Tod und Verbannung. Die Zahl der Philosophen und Dichter, welche wegen
ihres Unglaubens gegenüber den Göttern des nationalen Mythus
mit dem Gesetze in Konflikt kamen, war keineswegs eine geringe.
Der in den Jahren 500—496 v. Chr. geborene Philosoph
Anaxagoras wurde von den Atheniensern der Gottlosigkeit an-
geklagt und konnte sich nur durch die Flucht vor den Folgen der
Anklage retten. Daß Empedokles sein Leben in der Verbannung
beschloß, ist, wenn auch nicht gewiß, so doch wahrscheinlich.
Protagoras wurde im Jahre 411 v. Chr. wegen seiner Schrift
über die Götter verurteilt. Der Vollstreckung des Urteils gelang
es ihm, sich durch die Flucht zu entziehen. Seine Schrift aber

wurde von Staats wegen verbrannt. Theodorus wurde als Atheist
verfolgt. Auf den Kopf des Dichters Diagoras von Melos wurde
ein Preis gesetzt. Aeschylos wurde wegen angeblicher Entweihung
der Mysterien mit dem Tode bedroht und nur mit Rücksicht auf
seine großen Verdienste freigesprochen. Euripides wurde wegen
seiner vermeintlichen Gottlosigkeit mit einer Anklage bedroht.
Sokrates mußte im Jahre 399 v. Chr. den Giftbecher trinken
und Aristoteles floh von Athen, weil er Ursache hatte, für sich
ein gleiches Schicksal zu befürchten. Auch ein Schüler des letzteren,
Theophrast, der im Jahre 288 oder 287 v. Chr. starb, wurde
wegen seiner Lehrthätigkeit angefochten. Die Anklage, welche
Aristophanes in den „Wolken" gegen Sokrates formulierte, sprach
den Gesichtspunkt aus, unter welchen die Griechen die Lehren der
Philosophen betrachteten. Die Anklage lautete: „Sokrates thut
Unrecht, indem er die Götter, welche der Staat annimmt, nicht
gelten läßt, sondern neue dämonische Wesen einführt, er thut auch
Unrecht, indem er die Jugend verdirbt."

Doch beschränkte sich das Griechentum nicht auf diese gesetz=
lichen Maßregeln gegen die von dem nationalen Volksglauben
so weit abbiegenden Lehrsätze der Philosophie. Auch die letztere
machte einen Versuch, das platonische System, in welchem die
von dem Volksglauben abstrebenden Lehren der Philosophie eine
systematische Zusammenfassung gefunden hatten, zu überwinden
und das immanente Prinzip der griechischen Bildung der trans=
cendenten Metaphysik Platos gegenüber zu behaupten. Aristotelis=
mus, Stoicismus und Epikureismus bildeten die Reihenfolge dieser
dem Platonismus entgegengesetzten Systeme. Je weiter aber die
philosophische Reaktion das immanente Prinzip der griechischen
Bildung entwickelte und je mehr sie von dem letzteren aus eine
Annäherung an den Volksglauben versuchte, desto mehr bewirkte
dieselbe die innere Zersetzung beider. Nachdem dieser Weg in der
Skepsis mit dem Zweifel an aller Wahrheitserkenntnis sein Ende
gefunden hatte, kehrte die Philosophie wieder zu den metaphysischen
Spekulationen des Platonismus zurück.

Den Anfang dieser rückläufigen Bewegung machte das groß=
artigste philosophische System des klassischen Altertums, die aristo=

teliſche Philoſophie, welche von dem Gedanken ausging, die Grund=
lage der platoniſchen Philoſophie, die transcendente Ideenwelt zu
widerlegen. Ariſtoteles beſtritt zunächſt die von Plato behauptete
Wirklichkeit der Ideen außerhalb der Einzelweſen [1]). Er erkannte
die allgemeinen Prinzipien vielmehr als das den Dingen ſelbſt
einwohnende Weſen derſelben und gelangte von dieſem Stand=
punkte aus in ſeiner Naturlehre zu der Anſicht einer der geſamten
Natur innewohnenden Zweckmäßigkeit. Die Frage, ob die Zweck=
mäßigkeit der Natureinrichtung ſich ohne eine nach Zweckbegriffen
wirkende Naturkraft denken laſſe, beantwortete er verneinend.
„Gott und die Natur thun, wie er ſagte, nichts ohne Grund [2]).“
Dieſe Auffaſſung, welche dem Geiſte des klaſſiſchen Griechentums
näher ſtand als die platoniſche Metaphyſik, ermöglichte dem
Ariſtoteles, ſich auch in ſeiner Sittenlehre mehr als die letztere
dem nationalen Volksglauben zu nähern. Das Prinzip des ſitt=
lichen Handelns war auf Grund jener immanenten Ideenlehre
nicht transcendenter, ſondern immanenter Natur. Es beſtand
nicht, wie das platoniſche, in der Flucht vor der Welt, ſondern in
der vernunftgemäßen Lebensweiſe, einem Prinzip, welches im
Grunde wieder auf das äſthetiſche Prinzip der nationalen Sittlich=
keit, das harmoniſche Gleichmaß der Seelenſtimmungen auslief [3]).

Das tugendhafte Leben mußte durch Uebung erlernt werden.
Die letztere aber zu erzwingen, war die Aufgabe des Staates,
da das väterliche Gebot nicht die erforderliche Autorität beſitze [4]).
Die Ethik des Ariſtoteles mündete in die Politik. Ariſtoteles be=
zeichnete die erſtere als einen Teil der letzteren [5]). Darum entwarf
er ebenſo wie Plato die Grundzüge eines Idealſtaates. Aber die
Arbeit des erſteren war von der des letzteren hinſichtlich ihres Zweckes
wie ihrer Methode durchaus verſchieden. Ariſtoteles konſtruierte
ſeinen Staat nicht wie Plato aus der abſtrakten Gerechtigkeitsidee,

---

[1]) Metaphyſ. 1, 9; 13, 4 ff.
[2]) De coelo 1, 4; ähnlich in ſeiner Politik 1, K. 1, 10.
[3]) Nikomach. Ethik 2, K. 6 ff. u. a.
[4]) Nikomach. Ethik 10, K. 9, 11—12.
[5]) L. c. 1, K. 2, 9.

noch überhaupt lediglich aus einer Idee. Die Gerechtigkeit war ihm nicht der eigentliche Zweck des Staates. Sie galt ihm vielmehr nur als das regulative Prinzip desselben [1]). Der positive Zweck des aristotelischen Staates war das höchstmögliche Wohl aller Staatsbürger. Das Allgemeinwohl war der leitende Gesichtspunkt seiner Erörterungen. Aber diese Aufgabe behandelte er nicht als ein abstraktes logisches, sondern als ein empirisch-politisches Problem. Aristoteles hatte deshalb die Verfassungszustände der griechischen Staaten wie des Auslandes sehr eingehend und mit sehr kritischem Urteile studiert, um auf Grund dieser empirischen Studien das Bild seines Idealstaates zu zeichnen. Er suchte also seine Aufgabe im engsten Anschluß an die bestehenden natürlichen und gesetzlichen Ordnungen zu lösen und stellte sich in einen ausgesprochenen Gegensatz zu den, den letzteren so mannigfach widerstreitenden Ansichten Platos, insbesondere zu der von dem letzterem geforderten Frauen-, Kinder- und Gütergemeinschaft[2]). Es kam ihm nicht darauf an, die an und für sich beste, sondern die unter den gegebenen Verhältnissen bestmögliche Verfassung zu finden. „Es ist," sagte er, „vielmehr die Aufgabe, eine solche politische Ordnung einzuführen, welche sich auf dem Grunde der bestehenden Verhältnisse empfiehlt und für welche eine Teilnahme leicht zu finden ist[3])." Aristoteles rekonstruierte den Staat in dem absoluten Sinne der klassischen Zeit, insofern sein Idealstaat wieder die ganze Persönlichkeit des Menschen ohne Abzug einschließen sollte. Er verneinte daher zunächst die in der Philosophie seiner Zeit vielfach vertretene weltbürgerliche Gesinnung, welche zwischen der menschlichen und bürgerlichen Tugendhaftigkeit unterschied und das Individuum als Selbstzweck betrachtete, indem er für seinen Idealstaat die Identität der menschlichen und bürgerlichen Tugendhaftigkeit in Anspruch nahm[4]) und die Vorstellung, „daß jeder Bürger nur sich selbst angehöre", als einen Irrtum bezeichnete[5]).

---

[1]) Politik 1, K. 1, 12.
[2]) Politik 2, K. 1, 2 ff.; K. 2 ff.
[3]) 4, K. 1, 3.
[4]) Politik 3, K. 2 ff.; K. 12, 1.
[5]) 8, K. 1, 2.

Desgleichen behauptete er derselben humanistischen Auffassung
seiner Zeit entgegen, welche die Sklaverei als naturwidrig be=
trachtete, die Notwendigkeit und Natürlichkeit der letzteren.[1]) Der
staatsbildende Trieb erschien ihm als eine den Menschen von allen
anderen Wesen unterscheidende Eigenschaft. Er definierte den
Menschen als ein „seiner Natur nach staatsbildendes Wesen"[2]).
Der höchste und beste Zweck des menschlichen Lebens war ihm
die Wissenschaft vom Staate[3]).   Den metaphysischen Voraus=
setzungen seiner Philosophie entsprechend, war auch die Jugend=
erziehung, welche Aristoteles in seinem Idealstaate einführen wollte,
nicht, wie bei Plato, von transcendenten, sondern lediglich von
ästhetisch=sittlichen Zwecken geleitet[4]).   Wenn die aristotelische
Polemik gegen die abstrakte Politik der platonischen Philosophie,
sowie gegen den unstaatlichen, weltbürgerlichen Geist der zeit=
genössischen Philosophie überhaupt, sich nicht zu bestimmteren,
näher ausgeführten Vorschlägen gestaltete und den nationalen Ge=
danken nicht unmittelbarer und energischer betonte, so hatte dies
seinen Grund in dem Umstande, daß Aristoteles sein Werk un=
vollendet hinterlassen hat.   Daß eine einheitlichere, nationale Zu=
sammenfassung des Griechentums sein Ideal war, sprach er
wenigstens an einer Stelle seiner Politik mit deutlichen Worten
aus.   Er äußerte dort die Meinung, daß die Griechen die Natur=
anlagen der nördlichen und orientalischen Völker, Tapferkeit und
Klugheit zugleich besäßen und daß sie demnach alle Völker be=
herrschen könnten, „wenn sie in einem Staate vereinigt wären"[5]).
Bei dem vorwiegend ästhetischen Leben des Griechentums war es
für das letztere von gleichem Werte, daß Aristoteles auch in seiner
Kunstlehre wieder in die Anschauungen der klassischen Zeit zurück=
lenkte.   Während die platonische Philosophie sich zur Kunst im
wesentlichen verneinend verhielt, wurde Aristoteles der Begründer

---

[1]) 1, K. 2.
[2]) Politik 1, K. 1, 9.
[3]) Nikomach. Ethik 1, K. 9, 8.
[4]) Politik 8.
[5]) 7, K. 6, 1.

einer wissenschaftlichen Kunsttheorie, welche in ihren wichtigsten
Bestimmungen eine dauernde Bedeutung behalten hat.

Aber der mit der Gottheit verbundene Begriff des absolut
Vollkommenen hielt auch Aristoteles an der transcendenten Gottesidee des in so vielen Beziehungen von ihm bekämpften Platonismus
fest. Da die Gottheit das beste und schönste Wesen sein müsse,
so folgert daraus, daß es, wie er sagte, „eine ewige, unbegrenzte,
von dem Sinnlichen abgesonderte Substanz gibt" [1]. Die Gottheit
war die reine Form, die zweckbestimmende und bewegende Kraft.
Indem Aristoteles nun diesem Prinzipe der reinen Form den
Stoff als das an sich Unbestimmte, Bewegte gegenüberstellte und
jene als das allgemeine Wesen der Einzeldinge, als das dem
Werte nach Höherstehende und als den eigentlichen Gegenstand
der Erkenntnis, den Stoff aber als das individualisierende und
alle individuellen Unvollkommenheiten des allgemeinen Wesens
verursachende Prinzip auffaßte, löste er die von ihm behauptete
Immanenz der Ideen wieder auf und fiel in den platonischen
Dualismus der Ideen und der Individuen zurück. Die Gotteslehre des Aristoteles, welche dem Ausgangspunkte seines Systems
zufolge eigentlich eine pantheistische hätte sein müssen, war deshalb
auch eine ebenso transcendente wie die platonische.

Einzelne Schüler des Aristoteles, wie z. B. Theophrast von
Lesbos und namentlich Straton aus Lampsakus, suchten späterhin
diesen Widerspruch in dem System ihres Lehrers zu beseitigen,
indem sie die immanente Ideenlehre des letzteren folgerichtig weiter
entwickelten und an die Stelle der transcendenten Gottesidee die
naturalistisch-pantheistische setzten. Der Physiker Straton soll nach
der Aussage Ciceros gelehrt haben, „daß alle göttliche Kraft in
der Natur gelegen sei" [2] und daß demnach die Bildung des
Kosmos durch das Wirken der Naturkräfte sich vollzogen habe.
Durch diese Fortbildung hatte sich das aristotelische System dem
immanenten Prinzip der nationalen Anschauung so sehr genähert,

---

[1] Metaphys. 12, 7.

[2] Cicero, de nat. deorum 1, 13, 35.

daß es gewiſſermaßen als die philoſophiſche Abſtraktion der letz=
teren gelten konnte.

Der Stoicismus entwickelte die ariſtoteliſche Polemik gegen
die platoniſche Ideenlehre weiter, indem er die Ideen, welche
Plato als das außerhalb der Einzelerſcheinungen beſtehende all=
gemeine Weſen, Ariſtoteles als die in den Dingen ſelber beſtehende
Wirklichkeit aufgefaßt hatte, als ſubjektive Abſtraktionen des menſch=
lichen Verſtandes bezeichnete. Es gibt demnach nur Einzelweſen
und auf dieſe, das heißt alſo auf die ſinnliche Erſcheinungswelt,
iſt die Erkenntnis beſchränkt. Die Stoiker behaupteten dieſen
Standpunkt ſo folgerichtig, daß ſie alles Wirkliche als körperlich
und auch die Gottheit als einen feinſten, durch das All verbreiteten
Stoff und zwar als das Urfeuer auffaßten. Sie waren die Ver=
treter des pantheiſtiſchen Monismus im Sinne der heraklitiſchen
Lehre. Die Gottheit verhielt ſich ihrer Lehre nach zur Welt wie
die Seele zum Körper. Der Stifter der ſtoiſchen Schule, Zeno,
ſoll das Naturgeſetz als ein göttliches Geſetz bezeichnet haben[1]).
Chryſippus nannte Zeus das Naturgeſetz[2]). Der letztere wie auch
Kleanthes lehrten, daß die Welt Gott ſei[3]). Gott war der alles
durchwaltende, alles in ſich zuſammenfaſſende Lebenshauch. Dieſe
dem naturaliſtiſchen Geiſte des Volksglaubens ſo naheſtehende
Lehre trat mit dem letzteren in eine unmittelbare Berührung da=
durch, daß die Stoiker die nationalen Volksgötter in ihr Syſtem
aufnahmen, indem ſie dieſelben gleichſam als Individuationen des
göttlichen Urfeuers betrachteten oder ihnen eine allegoriſche Be=
deutung beilegten. Zeus war gleichbedeutend mit dem Urfeuer
und die anderen Götter waren aus ihm entſtanden. Die letzteren
wurden als die Perſonifikationen der verſchiedenen kosmiſchen
Wirkſamkeiten des erſteren gedacht. Die dem Haupte des Zeus
entſproſſene Athene war die durch den Aether verbreitete Grund=
kraft des erſteren. Hera war die zwiſchen dem Aether und dem
Waſſer befindliche Luft. Dionyſos war der Wein, Hephäſtos die

---

[1]) Cicero, de nat. deorum 1, 14, 36; de offic. III, 5, 23.
[2]) Philodem., II εὐσεβ. S. 81, 7 G; Cicero, de nat. deorum 18, 41.
[3]) Cicero, de nat. deorum 14, 37.

Flamme u. f. f. Durch diese natur=philosophische Allegorisierung
der homerischen und hesiodischen Götterlehre suchten sie sowohl
diese zu retten als für ihre eigenen Behauptungen Wahrheits=
beweise zu liefern.

Desgleichen führte die Sittenlehre des Stoicismus die von
Aristoteles eingeleitete Gegenbewegung gegen den transcendenten
Platonismus weiter, indem dieselbe den Zweck der Philosophie
hauptsächlich in die praktische Tugendlehre legte und sich demnach
in einen scharfen Gegensatz gegen die das theoretische Leben als
das Höchste preisende platonische Philosophie stellte. Der Stoiker
Ariston betrachtete sogar den gesamten Inhalt des Lebens nur
unter dem Gesichtspunkt der Tugend und des Lasters und be=
zeichnete das von diesen beiden nicht umschlossene Gebiet als völlig
gegenstandslos. Er verwarf demnach die der Ethik fernliegenden
Studien der Dialektik und Physik. Das Prinzip dieser praktischen
Sittenlehre war das der Natur gemäße, mit dem ewigen Welt=
gesetz übereinstimmende Leben. Das Naturgesetz war das Sitten=
gesetz. Die Natur zu betrachten und nachzuahmen, war, wie
Chrysippus lehrte, der Zweck des menschlichen Daseins [1]).

Anstatt aber eine Erneuerung der nationalen Bildung in
Glauben und Sitte zu erwirken, beförderte das pantheistisch=natu=
ralistische Prinzip des Stoicismus vielmehr die weitere Zersetzung
derselben. Die allegorischen Gedankenbilder desselben konnten dem
die Götterwelt als lebendige Wirklichkeit begreifenden Glauben des
Volkes keine Stütze bieten. Vielmehr mußten dieselben den Volks=
glauben untergraben, indem sie die Persönlichkeiten der Götter in
elementare Stoffe auflösten. In diesem Sinne beurteilte bereits
Cicero die stoische Götterlehre [2]), sowie der christliche Apologet
Minucius Felix in seinem Dialog „Octavius" [3]). Indem ferner
die Stoiker das Sittengesetz mit dem Naturgesetz gleichstellten,
konnten sie nur zu einem über die Schranken der Nationalität
weit hinausgreifenden, allgemein menschlichen Sittengesetz gelangen.

---

[1]) Cicero, de nat. deorum II, 14, 37.
[2]) De nat. deorum c. 14, 36.
[3]) K. 19.

Die Stoiker waren benn auch ausgesprochene Anhänger des Welt=
bürgertums, ber allgemeinen Menschenliebe. Die letztere wurde
freilich in einem der christlichen Nächstenliebe verwandten Sinne
erst von der späteren Stoa der römischen Kaiserzeit ausgebildet,
wie benn auch jene religiöse Vertiefung, welche sich in den Schriften
eines Seneka, Epittet und Marc Aurel bekundet, in den Lehren
des älteren Stoicismus noch nicht nachweisbar ist. Wenn der
jüngere, in der römischen Kaiserzeit entwickelte Stoicismus den
Sätzen der älteren Stoa zunächst auch nicht widerstreitend war,
so hat berselbe den Charakter der stoischen Philosophie doch wesent=
lich umgestaltet, indem er, offenbar unter der Einwirkung der sein
Zeitalter beherrschenden religiösen Stimmung, seine Ethik in eine
engere Verbindung mit der religiösen Metaphysik brachte und die
Gottheit persönlicher auffaßte, als die ältere Stoa. Hierdurch
aber erhielt der Stoicismus einen schon bei Seneca und noch mehr
bei Marc Aurel ausgesprochenen dualistischen Charakter, welcher
der pantheistischen Auffassung der älteren Stoa fremd war und
seiner Ethik einen der platonischen Sittenlehre verwandten trans=
cendenten Zug verlieh.

Noch weiter als der Stoicismus führte der Epikureismus
vom Volksglauben ab, obwohl derselbe einerseits in einen noch
schärferen Gegensatz zum Platonismus trat und andererseits dem
Volksglauben noch mehr Zugeständnisse machte als jener. Hatten
die Stoiker die Philosophie zu dem pantheistischen Monismus des
Heraklit zurückgeführt, so gingen die Epikureer auf den Materialis=
mus des Demokrit zurück. Im Anschluß an den letzteren erklärten
sie die Entstehung der Dinge aus der mechanischen Bewegung der
Atome. Die sinnliche Erscheinungswelt war das allein Wirkliche
und die sinnliche Wahrnehmung die einzig sichere Grundlage der
menschlichen Erkenntnis. Die Epikureer verneinten jede zweck=
bestimmende göttliche Thätigkeit bei der Bildung des Weltganzen.
Obwohl aber der Epikureismus die Götter von jeder Wirkung auf
die irdischen Dinge ausschloß, so kam er dennoch dem Volksglauben
noch mehr entgegen als der Stoicismus, indem er an der Wirk=
lichkeit berselben festhielt. Und zwar that er das letztere, um die
Götter als die idealen Vorbilder der Glückseligkeit zu feiern. Dieser

Zweck ermöglichte dem Epikureismus, jene beiden einander wider=
streitenden Vorstellungen, die mechanische Naturerklärung und den
Glauben an die Götter, zu vereinen. Denn das Interesse der
Glückseligkeit hielt eben die Götter von jedem Eingriffe in die
Sphäre der irdischen Dinge ab. Da nach der Meinung des
Epikur [1]) Arbeiten und Sorgen, Zorn und Gunst die Glückseligkeit
der Götter trüben würde, so hielten sich die letzteren eben deshalb
von dem Getriebe der Welt fern. Auf ihren seligen Höhen küm=
merten sich die Götter nicht um die Menschen und deren Schicksale.

Die individuelle Glückseligkeit war eben der leitende Gesichts=
punkt des Epikureismus hinsichtlich seiner Metaphysik, seiner Moral
wie seiner wissenschaftlichen Studien. Auf der Höhe der Weisheit
stand der um die Außenwelt unbekümmerte, sich selbst genügende
Philosoph, der die vollkommene Ruhe, das harmonische Gleichmaß
der Seelenstimmungen allen Vorgängen des Lebens gegenüber be=
wahrte, mit einem von allen Erregungen freien Interesse die Er=
eignisse der Außenwelt wie ein Schauspiel an sich vorüberziehen
ließ. Einen klassischen Ausdruck fand diese selbstsüchtige Glück=
seligkeitslehre in dem Lehrgedichte des im Jahre 52 v. Chr. ge=
storbenen Epikureers Lukrez, „über die Natur der Dinge". Der
Dichter begann das zweite Buch des Werkes mit den Worten:
„Süß ist's, bei hochgehender See, wenn Stürme die Fluten an=
schwellen, vom festen Lande aus die Drangsal eines andern zu
schauen, nicht weil es an sich ein Vergnügen bereitet, wenn jemand
in Not sich befindet, sondern weil es süß ist, ein Uebel zu schauen,
von welchem man selber frei ist. Süß auch ist es, die großen
Feldschlachten des Krieges zu schauen, wenn auf eigener Seite
keine Gefahr ist. Nichts aber ist süßer, als auf der heiteren
Tempelhöhe der von weisen Männern gelehrten wissenschaftlichen
Erkenntnisse zu stehen und von dort auf diejenigen hinabzuschauen,
welche in der Irre gehen und den Weg ihres unsicheren Lebens
aufsuchen." .

Das Ende des eigenen Lebens suchten sie mit der gleichen
Gelassenheit zu betrachten wie das Schicksal dritter Personen.

---

[1]) Diogenes, L. X, 76 f.

Der Tod gehe, lehrten sie, uns nichts an; denn solange wir leben,
ist der Tod nicht da, ist aber der Tod da, so sind wir nicht mehr
da. Insoweit nun der alles beherrschende Zweck ihres Lebens,
die subjektive Glückseligkeit, durch ein tugendhaftes Leben erreichbar
war, redeten sie auch dem letzteren das Wort. Auch die Tugend
war ihnen also nicht Zweck, sondern nur ein Mittel im Dienste
des höchsten Zweckes, der individuellen Glückseligkeit. Epikur
empfahl die Genügsamkeit in allen sinnlichen Genüssen nicht
darum, weil er die letzteren verwarf, sondern weil das Uebermaß
derselben der Gesundheit unzuträglich sei und infolge dessen die
Fähigkeit des Genusses vermindere. Auch die Wissenschaft hatte
für ihn nur insoweit Interesse, als sie der subjektiven Glückselig=
keit förderlich sein könnte. Mathematik, Rhetorik, Dialektik und
Poetik erschienen ihm aus diesem Gesichtspunkte als wertlos. Als
das größte Uebel betrachteten die Epikureer die Religion, den
Glauben an ein thätiges Eingreifen der Götter in den Weltlauf,
weil dieser Glaube die Menschen in Furcht und Schrecken halte
und darum ihnen mehr als alles andere den Genuß des Lebens
und den Frieden der Seele verkümmere[1]). Auch der Staat hatte
für sie nur insofern ein Interesse, als er der Glückseligkeit des
Individuums dienlich war. Das sittliche Prinzip des Epikureismus
war also die vollständige Umkehrung des klassischen Moralprinzips,
insofern es nicht wie dieses das Individuum als Mittel für die
großen Zwecke des Staates, sondern den Staat als Mittel für die
Zwecke des Individuums darstellte.

Hatte das Griechentum in dem Stoicismus und Epikureismus
die Grundlage seiner klassischen Bildung, den Staat, aufgegeben,
so gab es nun in der Skepsis auch die letzte Grundlage der Er=
kenntnis, die sinnliche Wahrnehmung, preis. Die letztere, welche
der Epikureismus als die einzige Quelle der Erkenntnis betrachtet
hatte, wurde von der Skepsis verworfen. Die Skeptiker zweifelten
an der Wirklichkeit der Dinge wie an der Zuverlässigkeit der sub=
jektiven Wahrnehmung. Der Verstand wie die Sinne erschienen
ihnen als gleich trügerisch. Dieselben konnten ihrer Ansicht nach

---

[1]) Vgl. Lukrez, de rer. nat. 1, 63 ff.

wohl den Schein, nicht aber die Wirklichkeit der Dinge erkennen.
Sie behaupteten, daß sich von jeder Sache mit demselben Rechte
widersprechende Urteile aussagen ließen, daß Satz und Gegensatz
gleich richtig seien. In breiter Ausführlichkeit suchten sie darzu=
legen, daß alle Begriffe des menschlichen Verstandes, der Begriff
der Ursache, des Körpers, des Raumes, der Zeit, des Guten und
Bösen, der Glückseligkeit u. s. w. unhaltbar und unbeweisbar seien.
Mit Geringachtung urteilten sie über die Philosophen und den
guten Glauben derselben an die Erkenntnisfähigkeit der Vernunft.
Nur in dem Grade des Zweifels bestand zwischen den verschiedenen
Schulen der Skeptiker ein Unterschied, insofern die pyrrhonische
Schule die Zuverlässigkeit der Wahrnehmungen vollkommen ver=
neinte, während der akademische Skepticismus doch noch eine Wahr=
scheinlichkeit der Erkenntnis bestehen ließ.

Mit dem Skepticismus hatte sich das naturalistische Prinzip
der griechischen Weltanschauung erschöpft. Der Versuch, dasselbe
gegenüber dem transcendenten Prinzip des Platonismus zu be=
haupten, hatte erst recht die Zersetzung des ersteren bewirkt. Die
Gegenbewegung gegen die transcendente Metaphysik des Platonis=
mus, welche ursprünglich eine höhere Wertschätzung des Staates
und des irdischen Lebens bezweckte, fand ihren Abschluß in einer
gänzlichen Entwertung der letzteren. Seitdem flüchtete die Philo=
sophie aufs neue zu der Idealwelt des Uebersinnlichen. Sie kehrte
seit etwa der zweiten Hälfte des ersten Jahrhunderts vor Christus
zu der pythagoreischen und platonischen Philosophie zurück, indem
sie auf eine Verschmelzung beider Philosopheme abzielte, in welcher
das platonische Element allerdings bei weitem überwog. Die Ver=
bindung, in welche die griechische Philosophie nach der Einverleibung
Griechenlands in das römische Reich mit der morgenländischen,
insbesondere der jüdisch=alexandrinischen Religionslehre trat, ver=
stärkte die transcendente Richtung derselben, wie denn auch Alex=
andrien die Heimat der neuen Philosophie gewesen zu sein scheint.
Der Gegensatz zwischen Gott und Welt wurde zu einem sittlichen
entwickelt. Die Materie galt als unrein im Gegensatz zu dem
reinen, vollkommenen Wesen Gottes. Mit der pythagoreischen
Zahlenlehre wurden die Begriffe des Guten und Bösen verbunden.

Gott, lehrten die Neupythagoreer, sei die Einzahl und als solche das Prinzip des Guten, die Welt sei die Zweizahl und als solche das Prinzip der Materie und des Bösen. Die Aufgabe der Philosophie war es, diesen Gegensatz zu vermitteln, die Verbindung zwischen der jenseitigen Gottheit und dem an die unreine Materie gefesselten Menschen wieder zu gewinnen. Die Versöhnung der Menschheit mit Gott wurde von jetzt ab das Problem, welches die griechische Philosophie bis zu ihrem Erlöschen beherrschte. Dem Neupythagoreismus zufolge wurde dieselbe durch gottgesandte Propheten vollzogen, welche die an die Sinnlichkeit gebundene und darum für die Erkenntnis der göttlichen Wahrheit nicht befähigte menschliche Vernunft in der Wahrheit unterweisen sollten. Die Neupythagoreer besaßen zwei solcher Propheten, den Stifter der alten Schule, Pythagoras, und den Apollonius von Tyana. Beide waren Vorbilder eines enthaltsamen, asketischen Lebens, beiden wurde die Gabe der Weissagung und der Wunderthätigkeit zuge= sprochen. Sie wurden als gottbegnadete und selbst als göttliche Wesen verehrt. Apollonius wurde, wie sein dem dritten Jahr= hundert angehöriger Biograph Philostratus erzählt[1]), von den Bewohnern seiner Vaterstadt für einen Sohn des Zeus gehalten.

Noch schärfer als von den Neupythagoreern wurde der Gegensatz von Gott und Welt durch die Neuplatoniker gespannt. Darum machte sich den letzteren noch mehr als den ersteren die Notwendigkeit geltend, die Vermittlung zwischen Gott und Welt, das stufenweise Hinabsteigen des ersteren in die Materie und um= gekehrt die Erhebung des Menschen zur überweltlichen Gottheit zu begreifen. Der bedeutendste Neuplatoniker, welcher die Lehren derselben zuerst systematisch zusammenfaßte, war der in den ersten Jahren des dritten Jahrhunderts geborene Plotinus. Er rückte die Gottheit über die Vernunft und das Denken hinaus, weil das letztere eine Zweiheit, das denkende Subjekt und das gedachte Objekt, voraussetze, die Gottheit aber nur eine Einheit sein könne. Desgleichen hat die Gottheit keinen Willen, da auch dieser den Unterschied des Wollenden und des Gewollten bedingt und dem=

---

[1]) I, 4.

nach die Einheit derselben aufheben würde. Sie läßt sich selbst nicht als das Sein bezeichnen, da auch dieses eine Vielheit umfaßt. Man kann der Gottheit überhaupt keine Eigenschaft beilegen, da jede Eigenschaft eine Grenzbestimmung enthalten würde. Sie ist nicht die Vernunft, nicht das Gute, nicht das Sein, sondern über demselben. „Es ist nicht das Sein, denn dieses hat eine bestimmte Gestalt des Seins." — „Es ist nicht Denken, nicht Seele, es wird nicht bewegt, noch ruht es, es ist nicht im Raum, noch in der Zeit, sondern es ist in sich selbst einheitlich und gestaltlos, erhaben über jeder Form, Bewegung und Gestalt" [1]). — „Das Eine hat auch, da es das Einfachste von allen ist, kein Selbstbewußtsein" [2]). „Wir können daher nur sagen, was es nicht ist, was es aber ist, keineswegs" [3]). Auf die Frage, was das Eine denn eigentlich sei, antwortete Plotin: „Es ist in Wahrheit die Kraft aller Dinge, wenn es diese nicht wäre, so würden auch die übrigen Dinge nicht sein" [4]). Der Philosoph glaubte in dem Begriff der wirkenden Kraft aller Dinge diejenige positive Bezeichnung für das höchste Wesen gefunden zu haben, welche der rein verneinenden Bestimmung desselben nicht widerstreitend sei.

Das übersinnliche Wesen der Gottheit bildete den einen Endpunkt des Systems, den anderen die Materie. Die letztere hat ihm zufolge überhaupt keine Wirklichkeit, „sie besteht nur der Möglichkeit nach und ist ein mattes, nicht gestaltbares Schattenbild." Es ist also nicht einmal ein wirkliches Bild, sondern eine „Täuschung" [5]). Die Materie ist das Nichtseiende, „der äußerste Mangel" und dieses ihres negativen Charakters wegen das Böse [6]). Sie ist böse, „weil sie keine Eigenschaft hat" [7]). Die Materie ist der Ursprung des Bösen und zwar in solchem Maße, „daß sie schon

---

[1]) Ausgabe der Werke Plotins von Marsilius Ficinus, Basilae 1580, Ennead VI, 9, 3, p. 760 F, G.

[2]) E. V, 3, 13, p. 511 D.

[3]) E. V, 3, 14, p. 511 A.

[4]) E. III, 8. 9, p. 351 E.

[5]) E. II, 5, 5, p, 176 C.

[6]) E. I, 8, 3, p. 73.

[7]) L. c. K. 10.

dasjenige, was noch nicht in ihr ist, sondern nur ihr zuneigt, mit
ihrem Bösen erfüllt" [1]). Der Neuplatonismus verschärfte also den
platonischen Dualismus von Gott und Welt dadurch, daß er einer=
seits die höchste Ursache der Dinge noch über die außerweltlichen
Ideen hinausrückte und andererseits die Materie gleich den Neu=
pythagoreern mit dem Begriff des Bösen verband. Plotin fand
für die beiden Endpunkte seines Systems nur negative Bestim=
mungen. Beide waren also eigentlich von der zwischen ihnen
liegenden Welt ausgeschlossen.

Aber das Bedürfnis des Neuplatonismus nach einer Vermitt=
lung dieser beiden Gegensätze war so groß, daß er die Materie
trotz ihres sündigen Charakters nicht als ein selbständiges Prin=
zip neben der Gottheit bestehen ließ, sondern vielmehr aus der
letzteren herleitete. Die Welt erschien ihm als eine Stufenreihe
göttlicher Wirksamkeiten, welche sich in einer stetig abschwächen=
den Folge von der höchsten Gottheit bis zu der formlosen Ma=
terie abwickelte. Des Widerspruches zwischen dieser Vorstellung
und der negativen Begriffsbestimmung der beiden Endpunkte dieser
Kette wurde sich der Neuplatonismus über dem Verlangen nach
der Versöhnung zwischen Gott und Mensch nicht bewußt. Das
letztere Problem bildete den Mittelpunkt der neuplatonischen Philo=
sophie. Die Stufen nun, durch welche das Eine seine Kraft aus=
strahlte, waren das Denken, die Seele und die Körperlichkeit.
Durch diese Stufen bewegte sich der Strom der göttlichen Kraft,
während die ersteren in umgekehrter Folge zu dem Urquell ihres
Seins zurückstrebten. Je weiter sich die Stufen von der Gottheit
entfernten, desto mehr entfernten sie sich auch von der Vollkommen=
heit der letzteren. „Je weiter sich die fortschreitende Form in die
Materie ausdehnt, um so mehr schwächt sie sich ab im Verhältnis
zu dem, was in dem Einen bleibt [2]." Aus dem Einen ist zunächst
das Denken hervorgegangen. Das Denken schließt das Sein in sich [3]).

---

[1]) L. c. K. 4 und 5.
[2]) E. V, 8, 1, p. 542 C.
[3]) E. V, 4, p. 485 D; V, 9. 5, p. 558 und a. a. O.

„Sein und Denken sind einerlei Natur" [1]). Doch sind unter
diesem Sein nicht die körperlichen Dinge, sondern die Idealbilder
aller Wesen zu verstehen. Es ist die transcendente Ideenwelt
Platos, welche der Neuplatonismus an diesem Punkte seines Systems
einstellte. Der Nous erzeugte die Weltseele wie jenen das Eine.
Sie steht zwischen der intelligiblen Welt des Nous und der körperlichen Erscheinungswelt. Sie ist außerhalb der letzteren und
enthält doch dieselbe in sich [2]). „Sie ist nicht in der Welt, sondern die Welt ist in ihr." Indem sich die Weltseele mit der Materie verbindet, entsteht die Erscheinungswelt. Durch diese Verbindung wird einerseits „die Materie erleuchtet, indem sie sich jener
unterwirft." Andererseits aber hat dieselbe für die Seele einen
Fall zur Folge, aus welchem sie geschwächt hervorgeht [3]). Die Erscheinungswelt ist daher eine Mischung von Vernunft und Notwendigkeit, in welcher bald jene, bald diese vorwiegt [4]). Sie besitzt kein wahres Sein, sondern befindet sich in ruhelosem Flusse
des Werdens.

Der Mensch, dessen Seele ein Teil der Weltseele ist, besteht
demnach gleichfalls aus einer Verbindung des Uebersinnlichen mit
dem Sinnlichen. Seine Seele entstammt ursprünglich der Sphäre
des Uebersinnlichen [5]). Indem sich aber die Seele dem Körperlichen
zuneigte, wurde sie von diesem mit „magischen, unwiderstehlichen
Anziehungskräften bewegt und fortgetragen" [6]). Diejenigen Seelen,
welche sich von diesen Fesseln nicht lösen können, versinken in die
Materie. Die Verderbnis dieser Seelen steigert sich alsdann so
sehr, daß die letzteren in eine niedere Natur eingehen [7]). Sie
gehen in Tierleiber ein und zwar eine jede in dasjenige Tier,
dessen Charakter ihren Begehrungen am meisten entsprechend ist.

[1]) E. V, 9, 8.
[2]) E. V, 9, 4, p. 558.
[3]) E. I, 8, 13, p. 81 F.
[4]) E. III, 2, 2, p. 256 C.
[5]) E. V, 4, 14, p. 657 B.
[6]) E. IV, 3, 13, p. 382 D.
[7]) E. I, 8, 13, p. 80 F.

Andere ſinken ſelbſt in das Pflanzenreich hinab [1]).   Diejenigen
aber, welche nach ihrem urſprünglichen Zuſtande zurückverlangen,
kehren heim in den Himmel und zu den Geſtirnen, welche Plotin
für Götter hielt [2]).   Die Sittenlehre, welche ſich dem Neuplatonismus aus dieſen metaphyſiſchen Vorausſetzungen ergab, war
eine asketiſche.   Zu dem urſprünglichen körperloſen Zuſtande
konnte die Seele nur dann gelangen, wenn ſie ſich von jeder Neigung zum Sinnlichen abkehrte.   „Da die Seele ſchlecht wird, wenn
ſie mit dem Körper verbunden iſt, mit ihm leidet und in jeder
Hinſicht mit ihm übereinſtimmt, ſo wird ſie andererſeits gut und
tugendhaft, wenn ſie nicht mit ihm ſympathiſiert, ſondern ſich
ſelbſtändig verhält, nicht mitleidend, ſondern enthaltſam iſt, den
Austritt aus dem Körper nicht fürchtet, ſondern ſtark iſt" [3]).   Das
Prinzip der neuplatoniſchen Sittenlehre war gleich der platoniſchen
Ethik die Verähnlichung des Menſchen mit Gott, die Erhebung
der Seele zur überſinnlichen Welt [4]).   Da nun die höchſte Urſache
aller Dinge das eigenſchaftsloſe Eine war, ſo galt als letztes
Ziel dieſer Ethik das von allem Denken und Wollen ſich abziehende
Verſenken der Seele in das Göttliche, der Zuſtand der Ekſtaſe.
„Dann ſieht ſie (die Seele) alle die Dinge, an welchen ſie ſich vorher erfreute, Reichtum, Schmuck, Schönheit, wiſſenſchaftliche Lehr-
ſätze als gänzlich nichtig an [5])."   Dann ſteht keine Mittelinſtanz
mehr zwiſchen ihr und der Gottheit, „beide ſind nicht mehr von
einander verſchieden, ſondern beide ſind eins" [6]).
    Für eine ſo rein transcendente Richtung der Philoſophie
mußten die irdiſchen Beziehungen des Menſchen jeden Wert verlieren.   Plotin meinte, daß derjenige, welcher um das Wohl ſeiner
Seele bemüht ſei, nicht nach dem Beſitze obrigkeitlicher Aemter
trachten könne [7]), ein ſolcher werde ſelbſt den Prinzipat nieder-

---

[1]) E. III, 4, 2, p. 284 A.
[2]) E. III. 4, 6, p. 286 E.
[3]) E. I, 2, 3, p. 13 D.
[4]) E. I, 6, 6, p. 55 C.
[5]) E. VI, 7, 34, p. 726 B.
[6]) L. c. p. 725 C.
[7]) E. III, 2, 9, p. 262 D.

legen [1]). Selbst dem Untergange seiner Vaterstadt werde der Weise mit Gleichmut zuschauen. „Denn da er die äußern Güter, worin sie auch bestehen mögen, ein Königreich, eine Herrschaft über Städte und Völker nicht hoch achtet, wie wird er den Verlust der Herrschaft oder den Untergang des Vaterlandes für ein schweres Un= heil halten?" — „da wir ja den Tod dem körperlichen Leben weit vorziehen" [2]). Ebenso dachte Plotin über das Verhältnis des Weisen zur Familie. Er selbst wollte niemals seine Eltern, noch den Ort seiner Geburt nennen, weil er, wie sein Schüler Porphyr in der Lebensbeschreibung seines Lehrers [3]) erzählt, „eine gewisse Scham darüber zu empfinden schien, daß seine Seele in einem Körper stecke". Porphyr, der hinsichtlich der asketischen Moral noch weiter ging als Plotin, betrachtete jeden geschlechtlichen Genuß als eine Verunreinigung der Seele und war demnach auch ein Gegner der Ehe. Dieselbe Enthaltsamkeit forderte er gegenüber den materiellen Genüssen, indem er die Fleischnahrung verwarf und nur die ein= fachsten und zum Lebensunterhalte notwendigsten Speisen gestattete.

Die von Plotin vorgezeichneten Grundzüge des Neuplatonismus wurden auch von den Nachfolgern desselben im allgemeinen festge= halten, wenngleich dieselben von Jamblich durch die Einstellung eines zweiten Urwesens zwischen dem Einen und dem Nous, sowie durch Vermehrung der vom Nous und der Weltseele umfaßten Götter und Dämonen, ferner von dem im Jahre 485 verstorbenen Proklus durch die zwischen dem Einen und dem Nous eingeschalteten gött= lichen Einheiten und durch die Annahme verschiedener Sphären inner= halb der einzelnen Stufen des abgeleiteten Seins viel verwickelter gestaltet wurden. In den religiösen Träumereien der neuplato= nischen Metaphysik erlosch der Geist der griechischen Philosophie. Als die klassische Bildungsstätte der letzteren, die Schule zu Athen, durch das Edikt des Kaisers Justinian vom Jahre 529 geschlossen wurde, war der schöpferische Geist derselben schon längst er= storben.

---

[1]) E. I, 4, 14, p. 38, A.
[2]) E. I, 4, 7, p. 34 B, C.
[3]) K. 1.

Der naive Genuß des irdischen, auf der Idee des nationalen
Staates sich aufbauenden Lebens und die Vermenschlichung des
Göttlichen war der Ausgangspunkt des Griechentums, die Verneinung des irdischen, aus der Enge des nationalen Staates zur
Erkenntnis des allgemein menschlichen erweiterten Lebens und die
Verähnlichung des Menschen mit dem transcendenten Wesen Gottes
war der Endpunkt desselben. Die Durchmessung dieses weiten,
zwei äußerste Gegensätze mit einander verbindenden Weges vollzog
sich in folgerichtiger Abwicklung des ursprünglichen, immanenten
Kulturprinzips. Das letztere setzte sich durch seine eigene Steigerung in sein Gegenteil um. Die von Aristoteles eingeleitete und
nach ihm fortgeführte Gegenbewegung gegen die transcendente
Ideenlehre des Platonismus entwickelte das immanente Kulturprinzip des klassischen Griechentums bis zu der materialistisch-
mechanischen Naturerklärung des Epikureismus. Nachdem aber
der Skepticismus die Unzuverlässigkeit der sinnlichen Wahrnehmung nachgewiesen hatte, wurde der immanenten Weltanschauung
des Griechentums ihre Grundlage entzogen. Mit diesem Ergebnis mußte die Sinnenwelt jeden Wert für die Erkenntnis verlieren, so daß die übersinnliche Ideenwelt Platos als die einzige
Zuflucht des philosophischen Denkens verblieb. Keiner Nation war
das Erdenleben so heiter und sonnig aufgegangen wie der griechischen in den Jugendtagen ihres geschichtlichen Daseins. Der
griechische Mythus hatte die Welt zu einem Idyll verklärt, in welchem Götter und Menschen wie gleichartige Wesen mit einander
verkehrten. Die Götter dieses dichterischen Idylls waren die Idealbilder des Menschen nicht wegen der sittlichen und geistigen Vollkommenheit ihres Wesens, sondern wegen der vollkommenen Schönheit und unerschöpflichen Fülle ihres sinnlichen Lebensgenusses.
Der Schauplatz der Götter wie der Menschen waren die sonnen-
beglänzten Räume der irdischen Welt. Keine Nation hat aber ihre
Ansicht über den Wert des Lebens schließlich so völlig umgewandelt
wie die griechische. Das in der religiösen Spekulation des Neupythagoreismus und Neuplatonismus endigende Griechentum betrachtete dieselbe Welt, welche ihm einst so licht und freudig erschienen
war, als eine Stätte des Dunkels und des Irrsals. Während

das Griechentum ehedem mit Furcht jenem Tage entgegensah, an wel=
chem die unerbittliche Parze den goldenen Lebensfaden durchschnitt,
betrachtete es jetzt das irdische Dasein als eine Prüfungszeit, die
man nicht schnell genug durchlaufen könne und den Tod als die
Geburtsstunde der Seele. Die Nation, welche einst wie keine an=
dere das höchste Glück in dem ästhetisch=sinnlichen Lebensgenusse
gesucht hatte, wurde jetzt vor allen der Träger einer asketischen,
weltverneinenden Sittenlehre. Wie sie im Beginn ihrer geschichtlichen
Entwicklung für das immanente Prinzip den schönsten Ausdruck
fand, so hat sie am Ausgang ihrer Lebenszeit den Dualismus von
Gott und Welt, Geist und Materie so scharf ausgesprochen, daß
sie ihre Hauptaufgabe darin finden mußte, eine Vermittlung zwi=
schen diesen Gegensätzen wieder herzustellen. Die Befreiung des
Menschen von der Sünde und Zeitlichkeit und seine Versöhnung
mit Gott, dieses allgemeine Schlußergebnis der alten Geschichte,
war auch das Endziel des griechischen Geistes.

III. Das Judentum.

Der goldene Schöpfungsmorgen des Weltalls begann in der jüdischen wie in der griechischen Sage mit dem seligen Frieden zwischen Gott, Mensch und Natur. Der Mensch war der jüdischen Kosmologie zufolge nach dem Bilde Gottes geschaffen und von göttlichem Odem belebt. Wie in der griechischen Mythologie die Götter mit den Menschen verkehrten, so stieg in dem hebräischen Schöpfungsmythus der Eine Gott zu dem ersten Menschenpaar nieder. Die Erde war ein Garten, in welchem Gott und Menschen mit einander wandelten. Gott war ebenso menschlich gedacht, wie der Mensch göttlich. Auch auf den Jugendtagen des jüdischen Volkes lag der Sonnenglanz der epischen Dichtung. Das erste Erwachen des Menschen aus diesem Traume, durch welches er sich von der Naturwelt ablöste und zu einer selbstbewußten Persön= lichkeit entwickelte, bezeichnete die jüdische Sage als einen Abfall von Gott. Seitdem wandelte Gott nicht mehr mit den Menschen, die Erde brachte Dornen und Disteln und der Mensch war dem Zwange der Arbeit und dem Tode verfallen. Der selige Frieden der Urzeit zwischen Gott, Mensch und Natur war für immer zerstört. Aber ein Nachklang desselben war die Patriarchenzeit, in deren heiterem Idyll Gott wenigstens mit seinen Auserwählten verkehrte. Alle Wirklichkeit, alles Glück der Menschen blieb aber nach wie vor in dem Kreise des irdischen Lebens beschlossen.

Der Segensspruch, mit welchem Jehova dem Menschen die Erde übergab [1]): „Seid fruchtbar und mehret euch und erfüllet

---

[1]) Gen. I, B. 28.

die Erde und macht sie euch unterthan," beschränkte die Aufgabe
des Menschen allein auf das irdische Dasein. Der Gedanke eines
Jenseits lag dem alten Judentum völlig fern und wurde sogar
ausdrücklich in den Worten Jehovas ausgeschlossen: „Nicht soll
mein Geist im Menschen walten ewiglich wegen seiner Vergehung.
Er ist Fleisch und es seien seine Tage hundertundzwanzig Jahre"[1]).
Auch der 115. Psalm begrenzte den Zweck des Menschen auf
das irdische Leben. „Der Himmel ist Jehovas Himmel, aber die
Erde gab er den Menschenkindern. Nicht die Toten loben Jah,
noch alle die zur Stille hinabgesunken[2])." Noch der König Hiskia
begründete sein Gebet um Verlängerung seines Lebens mit den
Worten: „Denn nicht die Unterwelt preiset dich, der Tod nicht
lobsingt dir; nicht harren die in die Grube sanken auf deine
Treue. Der Lebende, der Lebende, er preiset dich, wie ich
heute"[3]). Ebenso heißt es in Jesus Sirach[4]): „Wer kann den
Höchsten in der Unterwelt preisen anstatt der Lebendigen und
ihm lobsingen? Für den Toten, als der nicht mehr ist, hat Lobsingen ein Ende. Wer lebt und gesund ist, kann den Herrn
loben." Aehnlich heißt es im Buche Baruch[5]): „Denn nicht die
Verstorbenen in der Unterwelt, deren Geist aus ihrem Eingeweide
genommen ist, geben dem Herrn Ehre und Gebühr." Das jüdische
Scheol, eigentlich Grab bedeutend, war das Reich wesenloser
Schatten, wie der Hades der Griechen. Da es in demselben kein
wahres Leben, keine Belohnung der Gerechten, keine Bestrafung
der Gottlosen gab,[6]) so konnte es für das sittliche Leben des
Judentums auch nicht die geringste Bedeutung gewinnen. Die
irdische Wohlfahrt des Menschen war darum der Zweck der
jüdischen Gottesverehrung, indem die letztere von der Voraussetzung ausging, daß es in dem irdischen Leben einen vollen Ausgleich gebe zwischen Tugendhaftigkeit und Glückseligkeit, zwischen

[1]) 1. Mos. K. 6, V. 3.
[2]) V. 16, 17.
[3]) Jesaias K. 38, V. 18, 19.
[4]) K. 17, V. 25—27, V. 27 und 28 nach dem griechischen Texte.
[5]) K. 2, V. 17.
[6]) Vgl. hierzu 1. Sam. 22, V. 19.

Verschuldung und Bestrafung. Als ein göttliches Gesetz war dieses irdische Gerechtigkeitsprinzip in dem ersten der zehn mosaischen Gebote mit den Worten ausgesprochen: „Ich Jehova dein Gott bin ein eifriger Gott, ahndend das Vergehen der Väter an den Söhnen, am dritten und vierten Geschlechte derer, die mich hassen; aber Gnade übend an Tausenden derer, die mich lieben und meine Gebote beobachten" [1]. In gleichem Sinne heißt es in den Sprüchen Salomonis: „Jehovas Fluch ruht auf dem Hause des Frevlers, aber die Wohnung der Gerechten segnet er" [2]. „Nicht hungern läßt Jehova den Gerechten, aber der Frevler Gier weist er ab" [3]. — „Siehe dem Gerechten wird auf Erden vergolten, wie viel mehr dem Frevler und Sünder" [4]. — „Das Haus der Frevler wird vertilgt, aber die Hütte der Frommen grünet" [5]. Der alte Tobit ermahnte seinen Sohn Tobia zur Gerechtigkeit mit den Worten: „Denn wenn du Redlichkeit übest, so wirst du glücklich sein in all deinem Thun, so wie alle, die Gerechtigkeit üben" [6]. Vor Hoffahrt und Schlechtigkeit verwarnte er ihn mit den Worten: „Denn bei Hoffahrt ist Verderben und viel Zer= rüttung und bei Schlechtigkeit ist Verarmung und große Dürftig= keit. Ja, Schlechtigkeit ist die Mutter des Hungers" [7].

Das jüdische Volk schloß auf die Bedingung der irdischen Wohlfahrt einen förmlichen Vertrag mit Jehova. Die Grundlage der jüdischen Religiosität war der Vertrag Abrahams mit Jehova, welcher dem ersteren die Nachkommenschaft eines großen Volkes zusicherte. Jakob erneuerte das Bündnis seines Großvaters mit Jehova, indem er für seine Verehrung die Gewährung von Speise, Kleidung und friedlicher Heimkehr von seiten Jehovas als Gegen= leistung forderte. Als er von seinem Traume erwachte, sprach er: „Wenn Gott mit mir ist und mich behütet auf diesem Wege,

---

[1] 2. Mof. K. 20, V. 5 f.
[2] K. 3, V. 33.
[3] K. 10, V. 3.
[4] K. 11, V. 31.
[5] K. 14, V. 11.
[6] Buch Tobia K. 4, V. 6.
[7] K. 4, V. 13.

welchen ich ziehe und mir Brot gibt zu essen und Kleider anzu=
ziehen und ich glücklich zurückkehre zum Hause meines Vaters, so
soll Jehova mein Gott sein[1]).

Langes Leben, Reichtum, Ehre, Gesundheit und Nachkommen=
schaft waren die Gegenstände der irdischen Wohlfahrt und die
maßgebenden Gesichtspunkte der jüdischen Gottesverehrung. Die
Sprüche Salomonis rühmten von der Gottesfurcht: „Langes
Leben ist in ihrer Rechten, in ihrer Linken Reichtum und Ehre"[2]).
— Die Weisheit sprach: „Ja durch mich mehren sich deine Tage
und es nehmen bir zu die Jahre des Lebens"[3]). — „Furcht
Jehovas vermehrt die Lebenstage, aber die Jahre der Frevler
sind kurz"[4]). — „Wer Wohlthätigkeit und Gerechtigkeit übt, wird
mit langem Leben gesegnet" heißt es im Buche Tobia[5]). Langes
Leben wurde von den mosaischen Geboten auch als Zweck und
Folge der Elternliebe verheißen: „Ehre deinen Vater und Mutter,
auf daß du lange lebest im Lande, das Jehova, dein Gott bir
gibt"[6]). Auch Jesus Sirach stellte für die Elternliebe den gleichen
Gewinn in Aussicht"[7]).

Ebenso wurden Wohlstand und Reichtum als Folge der Gottes=
furcht gepriesen: „Ehre Jehova mit deinem Reichtum und mit
dem Ersten deines ganzen Ertrages, so werden deine Scheuern
sich füllen mit Ueberfluß und von Most deine Kufen überfließen"[8]).
Die Gottesfurcht sagte von sich: „Auf dem Wege der Gerechtigkeit
wandle ich, mitten auf den Pfaden des Rechts, um denen, die
mich lieben, Habe zu verleihen und ihre Vorratskammern voll zu
machen"[9]). — „Der Frevler erwirbt nichtigen Lohn, aber wer
Gerechtigkeit säet, sicheren Gewinn"[10]). — „Im Hause des Ge=

---

[1]) 1. Mos. K. 28, V. 20, 21.
[2]) K. 3, V. 16.
[3]) K. 9, V. 11.
[4]) K. 10, V. 27.
[5]) K. 12, V. 9.
[6]) 2. Mos. K. 20, V. 12.
[7]) K. 3, V. 6 und 7, bezw. 5 und 6.
[8]) Spr. Salom. K. 3, V. 9 und 10.
[9]) L. c. K. 8, V. 21.
[10]) L. c. K. 11, V. 18.

rechten ist viel Einkommen, aber im Einkommen des Frevlers ist Zerrüttung" [1]). Nach Jesus Sirach machte die Gottesfurcht die Menschen „trunken von ihren Früchten. Sie füllet ihr ganzes Haus mit köstlichen Gütern und die Vorratskammern mit ihren Erzeugnissen" [2]). Derselbe verhieß Wohlstand auch für die Elternliebe: „Denn der Segen des Vaters befestiget die Häuser der Kinder; aber der Mutter Fluch reißt sie bis auf den Grund nieder" [3]). — „Denn Güte gegen den Vater wird nicht vergessen werden und anstatt Sündenstrafen wird dir Wohlstand werden" [4]).

Desgleichen wurden Ehre und Gesundheit als die Folgen der Gottesfurcht verheißen: „Reichtum und Ehre ist bei mir, glänzender Wohlstand und Wohlthätigkeit" [5]). — Die Furcht des Herrn „läßt Frieden und frische Gesundheit blühen" [6]). Große Nachkommenschaft aber galt dem Judentum zu jeder Zeit als höchster Beweis der göttlichen Gnade.

So stellte sich der Mosaismus als die Religion der berechnenden, praktischen Lebensklugheit dar. In den Sprüchen Salomonis wie im Buche der Weisheit wird die Gottesfurcht auf eine Linie mit der Weisheit gestellt, im Jesus Sirach als „Fülle der Weisheit" [7]) oder als „Krone der Weisheit" [8]) bezeichnet. Und zwar wurde diese Weisheit nicht etwa im Sinne einer philosophischen Erkenntnis, sondern einer praktischen Lebensklugheit aufgefaßt, wie denn das Buch der Weisheit das Nachdenken über die Weisheit auch „Vollendung der Klugheit" nennt [9]).

Seit Moses, dem Schöpfer der jüdischen Nationalität, wurde die irdische Glückseligkeitslehre auf die Wohlfahrt der gesamten Nation bezogen. Die letztere wurde in den von den Stamm-

---

[1]) Spr. Salom. K. 15, B. 6.
[2]) K. 2, B. 20 (16) und 21 (17).
[3]) K. 3, B. 11 (9).
[4]) K. 3, B. 16 (14).
[5]) Spr. Salom. K. 8, B. 18.
[6]) Jesus Sirach K. 2, B. 23 (18).
[7]) K. 2, B. 10 (16).
[8]) K. 2, B. 22 (18).
[9]) K. 6, B. 15.

vätern mit Jehova geschlossenen Bund einbegriffen gedacht. Von
jetzt ab forderte Jehova vom ganzen Volke Gehorsam gegen seine
Gebote, während er als Gegenleistung gelobte, das jüdische Volk
von allen Völkern der Erde zu seinem besonderen Volke aus=
zuerwählen. „Und nun, wenn ihr meiner Stimme gehorcht und
meinen Bund beobachtet, so sollt ihr mein Eigentum sein aus
allen Völkern"[1]). Religiöse und nationale Idee waren seit dem
Bunde auf Sinai untrennbar verbunden. Der religiöse Glaube
wurde zu einem politischen Prinzip und umgekehrt die nationale
Wohlfahrt zu einer religiösen Idee. Jehova, der Gott der Stamm=
väter Abraham, Isaak und Jakob, wurde zum Gott der Nation,
zum Gott Israels. Der Gottesglaube der Juden war auf dieser
Entwicklungsstufe ein nationaler Monotheismus. Den Göttern
der anderen Völker wurde eine wirkliche Existenz keineswegs ab=
gesprochen. Dieselben erschienen den Juden nur machtloser als
Jehova. „Wer ist wie du unter den Göttern Jehova?" heißt es
in dem Triumphgesang der Juden, nachdem die Macht Pharaos
im Meere versunken war[2]). Als Josua sein Ende nahen fühlte,
forderte er das Volk auf, sich noch einmal zu entscheiden, ob es
den Göttern der Aegypter, der Amoriter oder Jehova dienen
wollte. „Jehova euer Gott ist der Gott der Götter und der
Herr der Herrn," heißt es noch in dem der Zeit des Königs Josia
angehörigen fünften Buch Moses[3]).

In diesem Einen Gott war die nationale Kraft des Juden=
tums gleichsam gebunden. Wie Jehova das nationale Heiligtum
Israels, so war Israel das „heilige Volk" Jehovas[4]), „das Volk
seiner Weide"[5]). Wie nur die Juden den wahren Gott hatten,
so hatte dieser Gott nur das Volk der Juden zum Gegenstande
seiner Weltregierung. „Nur euch hab ich erkannt von allen Ge=
schlechtern der Erde," sprach Jehova im Propheten Amos[6]). Die

---

[1]) 2. Mos. K. 19, V. 5.
[2]) 2. Mos. K. 15, V. 11.
[3]) K. 10, V. 17.
[4]) 2. Mos. K. 19, V. 6.
[5]) Ps. 95, V. 7.
[6]) K. 3, V. 2.

anderen Völker bildeten die dunkle Folie, auf welcher sich die
überlegene Macht Israels und Jehovas siegreich offenbaren sollte.
Das mosaische Gebiet der Nächstenliebe galt daher selbstverständlich
nur für den Kreis der eigenen Volksgenossen und hatte nicht im
entferntesten eine allgemeine Menschenliebe im Sinne. Der Zu=
sammenhang der Worte, in welchen die Nächstenliebe geboten
wird, weist ausdrücklich auf die nationale Beschränkung der letzteren
hin. „Du sollst nicht rachgierig und nachtragend sein gegen die
Söhne deines Volkes und liebe deinen Nächsten wie dich selber"[1]).
Das ausschließliche Volk Jehovas und Jehova der ausschließliche
Gott Israels, das waren die festen, unermüdlich wiederholten
Grundgedanken des Mosaismus. Die in dem Deuteronomium
sich vorfindenden Aeußerungen eines universalen Monotheismus
gehörten, wie das fünfte Buch Moses überhaupt, der nacherilischen
Zeit an[2]). Der Mosaismus war der Ausdruck eines felshart
ausgeprägten nationalen Monotheismus.

In diesem Zusammenwachsen der nationalen und der religiösen
Idee, welche allen Völkern der alten Welt, keinem einzigen aber
in diesem Maße eigentümlich war, lag die unerschütterliche Lebens=
kraft des jüdischen Volkes. In dem assyrischen und babylonischen
Exil steigerte sich der nationale Charakter der jüdischen Religiosität
zu leidenschaftlicher Schärfe. Die Wiederaufrichtung des nationalen
Staates war der Lebensgedanke der in der Gefangenschaft befind=
lichen Juden. Dieses gesteigerte nationale Bewußtsein fand dann
nach der Rückkehr aus dem Exil seinen Ausdruck in der Be=
gründung jener, von dem Pentateuch bereits auf Moses zurück=
geführten einheitlichen hierarchischen Verfassung, welche ihren Mittel=
punkt in dem jerusalemischen Tempel hatte. In dem letzteren ge=
wann der nationale Gedanke eine einheitliche Kultusstätte. Auch
nahm das jüdische Nationalbewußtsein seit dem Exil eine sehr
feindselige Haltung gegen die fremden Nationen an. Der Ge=
danke, Rache an den Völkern zu nehmen, durch welche die Juden
Leid erfahren hatten, wurde von den prophetischen Schriften in

---

[1]) 3. Mos. K. 19, B. 18.
[2]) Vgl. 5. Mos. K. 4, B. 35.

allen Tonarten behandelt. Derselbe wurde in dem nationalen
Schutzgott gewissermaßen personifiziert. Jehova wird nach den
Vorstellungen der Propheten bereinst Gericht halten über alle,
welche sein Volk verachtet haben [1]. „Siehe der Name Jehovas
kommt von fern, in brennendem Zorn und gewaltigen Flammen;
seine Lippen sind voll Grimmes und seine Zunge wie freffend
Feuer und sein Zornhauch wie ein überflutender Bach, der bis
an den Hals reicht, um zu schwingen die Völker in der Schwinge
der Vernichtung und den Zaum des Irrsals zu legen an die
Backen der Nationen," rief der Prophet Jesaias [2] den Aegyptern
und Assyrern zu. „Jehova brüllt aus Zion und aus Jerusalem
donnert er und es beben Himmel und Erde [3], wenn der Tag des
Gerichts über die Heidenvölker gekommen ist. Dann wird er alle
Völker im Thale Josaphat versammeln und sie zur Rechenschaft
ziehen über das, was sie seinem Volke gethan [4]. Wie Feuer das
Holz, so soll Israel alsbann „freffen zur Rechten und zur Linken
alle Völker ringsum" [5]. Jehova wird Israel beistehen „zu vertilgen alle Völker, die wider Jerusalem auszogen" [6]. Mit Lobpreisungen Gottes im Munde werden die Juden Rache an den
Völkern üben, ihre Könige mit Ketten binden und ihre Edeln mit
eisernen Fesseln [7]. Ueber alle Völker wird Jehova die Glut
seines Zornes ausgießen und von seines „Eifers Feuer soll alle
Welt verzehrt werden" [8]. Von Babel wird er „Namen und
Rest und Sprößling und Stamm" ausrotten [9] und es zur ewigen
Wüste [10], zum Steinhaufen [11] machen. Auch das Land der Edo-

---

[1] Hesek. K. 28, V. 26.
[2] K. 30, V. 27.
[3] Joel K. 3, V. 21.
[4] Joel K. 3, V. 7.
[5] Sacharja K. 12, V. 6.
[6] Ebenda V. 9 und Micha K. 4, V. 13.
[7] Psalm 149, V. 6—8.
[8] Zephanja K. 3, V. 8.
[9] Jes. K. 14, V. 22.
[10] Jerem. K. 51, V. 26.
[11] Ebenda V. 37.

miter soll zur ewigen Wüste werden und Berg und Thal über=
häuft liegen von den Leichen der Erschlagenen [1]). In Aegypten
wird Jehova Mensch und Vieh ausrotten und es zur Wüste und
Einöde machen [2]). Pharao mit seinem ganzen Volke soll in die
Unterwelt sinken und „unter den Unbeschnittenen liegen" [3]).

Der Zweck dieses göttlichen Völkergerichts soll die Erhöhung
des Judenvolkes sein. Die Erinnerung an die große Vergangen=
heit der davidischen Herrschaft gestaltete sich zu der Hoffnung auf
eine noch glänzendere Zukunft. Der Glanz Israels soll sich in
einem Sproß des alten Königsgeschlechts, dem Messias, erneuern.
Der letztere war der goldene Stern, welcher den Juden in der
Nacht des Mißgeschicks leuchtete. Einst wird er als „ein großes
Licht" [4]) aufgehen und über Israel glänzen. „Sieh, es kommen Tage,
da ich aufkommen lasse von David einen gerechten Sproß, der als
König regieret mit Weisheit und Recht und Gerechtigkeit übet im
Lande" verkündete Jeremias [5]). Sein Königreich aber soll nicht
wieder untergehn wie das alte, sondern ewig bestehen [6]). Dann
baut Jehova das zerstörte Jerusalem wieder, von Rubin die
Zinnen, die Thore von Karfunkelsteinen [7]), die Türme und Boll=
werke von reinem Golde. Die Straßen werden gepflastert mit
Beryll und mit Karfunkel und den Steinen aus Ophir. Und
alle Gassen werden ertönen vom Hallelujahruf der Befreiten [8]).
Dann wird Friede und Freude ringsum herrschen. „Wolf und
Lamm weiden zusammen und der Löwe frißt Stroh wie das
Rind" [9]). Wie das Alter der Bäume soll das Alter der Juden
werden [10]), und „der Jüngling wird hundert Jahre alt ster=

---

[1]) Hesek. K. 35, V. 8 und 9; Joel K. 3, V. 24.
[2]) Hesek. K. 29, V. 8 und 9; Joel K. 3, V. 24.
[3]) Hesek. K. 31, V. 18.
[4]) Jes. K. 9, V. 1.
[5]) K. 23, V. 5; K. 33, V. 15.
[6]) Jes. K. 9, V. 6 u. a.
[7]) Jes. K. 54, V. 12.
[8]) Buch Tobia K. 13, V. 16—18.
[9]) Jes. K. 65, V. 25.
[10]) Ebenda V. 22.

ben"[1]). Der Glaube an die Wiederaufrichtung der erloschenen nationalen Herrlichkeit war der Gegenstand der jüdischen Religiosität in den Zeiten des Verfalles und der Gefangenschaft, der Inhalt der alttestamentlichen Messiasidee.

Israel erhielt also in diesem Zukunftsbilde der alttestamentlichen Prophetie eine herrschende Stelle unter allen Völkern der Erde. Mit blendenden Farben wurde das weltbeherrschende Judenreich der Zukunft in den prophetischen Schriften gemalt. Die Herrschaft des Davididen „reicht vom Meer zum Meer, und vom Strome zu der Erde Enden"[2]). Die Völker aber und Königreiche, welche den Juden „nicht dienen wollen, gehen unter und die Völker werden vertilgt[3]). Ringsum wird Israel die Völker vertreiben und die verlassenen Städte bewohnen[4]). Denn „die Zahl der Söhne Israels soll werden wie Sand des Meeres, welcher nicht gemessen noch gezählt wird"[5]). Aller Reichtum der Erde wird den Juden zufallen. Die Thore Jerusalems werden Tag und Nacht nicht geschlossen, damit beständig die Schätze der Völker einströmen können „und ihre Könige mit Gefolge"[6]). Die Juden werden den Reichtum der Völker verzehren und in ihre Herrlichkeit eintreten[7]). „Und du wirst saugen die Milch der Völker und die Brust der Könige," heißt es im Jesaias[8]). Die unterworfenen Völker werden hingegen alle Arbeit für die Juden verrichten müssen, sie werden ihre Knechte und Mägde sein[9]); sie werden ihre Herden weiden, ihre Aecker und Weingärten bestellen[10]). Denn Jehova gab seinen Auserwählten „die Länder der Völker und die Arbeit der Nationen nahmen sie ein"[11]).

---

[1]) Jes. K. 65, V. 20.
[2]) Sacharja K. 9, V. 10; Psalm 72, V. 8—11.
[3]) Jes. K. 60, V. 12.
[4]) Jes. K. 54, V. 3.
[5]) Hosea K. 1, V. 10.
[6]) Jes. K. 60, V. 11.
[7]) Jes. K. 6, V. 6; Sacharja K. 14, V. 14; Haggai K. 2, V. 7.
[8]) K. 60, V. 16.
[9]) Jes. K. 14. V. 2.
[10]) Jes. K. 61, V. 5.
[11]) Psalm 105, V. 44.

Aber eben infolge dieses durch die Notlage der Gefangenschaft
überreizten nationalen Empfindens kam der universale Mono=
theismus zum siegreichen Durchbruch. Aus der in der Zeit des
Exils entstandenen universalen Herrschaftsidee heraus erweiterte
sich der nationale Monotheismus zu einem universalen. Da die
zukünftige weltbeherrschende Machtstellung des Judentums auch die
allgemeine Einführung des Jehovakultus zur Folge haben sollte,
so mußte im letzten Grunde Jehova als der alleinige Gott er=
scheinen. Der Glaube an die nationale Zukunft Israels, welcher
ursprünglich dem nationalen Schutzgotte nur eine überlegene Macht
gegenüber den fremden Göttern zuschrieb, ließ die letzteren jetzt zu
wesenlosen Trugbildern herabsinken. Darum haben die Propheten,
welche jenes Zukunftsbild einer jüdischen Weltherrschaft entwarfen,
auch zuerst die universale Gottesidee erfaßt. Jehova galt ihnen
nicht mehr als der mächtigste Gott unter vielen Göttern, sondern
als der eine und einzige Gott überhaupt. Die Götter der
übrigen Völker hatten für sie keine Wirklichkeit, sondern lebten
nur in den irrigen Vorstellungen der Menschen. Von Jeremias
wurden ähnlich wie einst in dem Triumphgesang der Juden über
Pharao die Götter der anderen Völker Jehova gegenübergestellt,
aber mit dem Zusatze „und doch sind sie nicht Götter" [1]. Ebenso
heißt es im Psalm 96 [2]: „Denn alle Götter der Völker sind
Götzen." Der Siegeszug Israels gegen die fremden Nationen war
zugleich der Siegeszug Jehovas gegen die heidnischen Götter. Zu
diesem Zwecke gab Jehova seinem Volke den Auftrag, bei der
Eroberung Kanaans auch die Kulte der fremden Völker auszu=
rotten. „Reißt um ihre Altäre und zerbrecht ihre Säulen und
ihre Astarten verbrennt mit Feuer und die Bilder ihrer Götter
zerschlagt und vertilgt ihre Namen vom selbigen Orte" [3]. Jehova
machte Israel zum Licht der Nationen, damit sein Heil bis ans
Ende der Welt bringe, d. h. damit sein Kultus bei allen Völkern
eingeführt werde [4]. Die Nationen, heißt es in der Prophetie,

---

[1] K. 2, V. 11.
[2] V. 5.
[3] 5. Mos. K. 12, V. 3.
[4] Jes. K. 49, V. 6.

werben heranziehen zum Berge Jehovas, um anzubeten und Lauber=
hütten zu feiern [1]). „In selbigen Tagen, da ergreifen zehn Männer
aus allen Zungen der Völker den Zipfel eines Juden und sprechen,
wir wollen mit euch gehen, denn wir haben gehört, Gott ist mit
euch" [2]). Alle Völker werden sich sammeln zum Dienste Jehovas [3]).
„Die Könige von Tarsis und den Inseln zinsen Gaben, die Könige
von Sabäa und Meroe bringen Geschenke und vor ihm neigen
sich alle Könige, alle Völker dienen ihm" [4]). Auch die Aegypter
und Assyrer werden kommen und Jehova dienen [5]). „Der Völker
Fürsten versammeln sich als Volk des Gottes Abrahams" [6]). So
wird Israel „ein Segen inmitten der Erde" sein [7]). Und Jehova
ist König über die ganze Erde [8]).

Aber wie der nationaljüdische Charakter des Weltreiches, so
blieb der nationale Charakter des jüdischen Gottesbewußtseins auch
in diesem universalen Monotheismus bestehen. Der letztere konnte
den ersteren nicht überwinden. Der eine Gott blieb nach wie
vor der jüdische Jehova, für welchen die Menschheit nur insofern
einen Wert hatte, als sie der Verherrlichung der jüdischen Nation
dienen sollte. Er hielt daher auch nach wie vor seinen Wohnsitz
auf seinem heiligen Berge in Jerusalem [9]). „Zu Salem ist sein
Sitz und seine Wohnung auf Zion" [10]). Jerusalem wird der Thron
Jehovas heißen [11]) und ewig soll das Heiligtum Jehovas in der
Mitte der Juden bestehen bleiben [12]). Die religiöse Universalität
des Judentums bekundete sich also durchaus als eine höchste
Steigerung des exklusiven nationalen Prinzips, welches der Mosais=

---

[1]) Sacharja K. 14, V. 16, 18.
[2]) Sacharja K. 8, V. 23.
[3]) Pf. 102, V. 23.
[4]) Pf. 72. V. 10, 11.
[5]) Jef. K. 19, V. 21.
[6]) Pf. 47, V. 10.
[7]) Jef. K. 19, V. 24.
[8]) Sacharja K. 14, V. 9.
[9]) Sacharja K. 8, V. 3; Joel K. 3, V. 22.
[10]) Pf. 76, V. 3.
[11]) Jerem. K. 3, V. 17; Heseliel K. 43, V. 7.
[12]) Heseliel K. 37, V. 26; Joel K. 2, V. 27.

mus zur Grundlage des Judentums gemacht hatte. Das letztere
verstand unter der Universalität Gottes und des messianischen
Reiches nichts als die Universalität ihres nationalen Schutzgottes
und ihrer nationalen Weltherrschaft.

Der aus der Steigerung der nationalen Herrschaftsidee ent=
wickelte universale Monotheismus war indes in anderer Hinsicht
von tiefgreifendem Einfluß auf die jüdische Religiosität. Denn
in ihm war der Ausgangspunkt für eine festere Scheidung von
Diesseits und Jenseits gegeben. Während der Polytheismus
seinen verschiedenen Göttern eine verschiedene sittliche Qualität bei=
legen konnte, mußte der monotheistische Glaube die Gottheit als
das absolut Vollkommene begreifen, so daß also auch die voll=
kommene Gerechtigkeit im Begriffe des einen Gottes lag. Sobald
nun den Juden die Unvollkommenheit des irdischen Ausgleichs
zwischen Tugendhaftigkeit und Glückseligkeit, zwischen Verschuldung
und Bestrafung in das Bewußtsein getreten war, forderte die
Idee der Gerechtigkeit Gottes die Vorstellung eines Ausgleiches in
einem jenseitigen Leben. Die Idee der Gerechtigkeit Gottes war
die Entstehungsursache des jüdischen Unsterblichkeitsglaubens. Die
Schriften des alten Testaments lassen diesen, aus dem Konflikte
zwischen der Idee der vollkommenen göttlichen Gerechtigkeit und
der Erkenntnis der unvollkommenen Gerechtigkeit des Erdenlebens
veranlaßten Entwicklungsprozeß des Unsterblichkeitsglaubens in
deutlichen Zügen erkennen. Schon das Buch Hiob deutete den
Bruch mit der Glückseligkeitslehre des alten Judentums an. In
ihm tagte zuerst der Zweifel an der vollkommenen Gerechtigkeit des
irdischen Lebens. Das Gedicht stellte auf die eine Seite Hiob als
den Zweifler, auf die andere seine Freunde als die Anhänger der
traditionellen irdischen Glückseligkeits= und Gerechtigkeitslehre. Da
Hiob den Glauben an die letztere verloren hatte, ohne bereits die
Vorstellung eines jenseitigen Lebens zu besitzen, so zog er folge=
richtig die Gerechtigkeit Gottes in Zweifel. Als Hiob seine Kinder
und sein ganzes Vermögen verloren hatte und er selbst von Krank=
heit geplagt wurde, erkannten seine Freunde in diesem Schicksale,
ganz im Sinne der mosaischen Gesetzlichkeit, die Strafe einer
voraufgegangenen Verschuldung. Darum mahnten sie Hiob mit

den Worten: „Gedenke doch, wer kann unschuldig umkommen und wo wurden die Gerechten vernichtet"[1]? „Gehorchen sie (die Menschen) und unterwerfen sich, so enden sie ihre Tage in Glück und ihre Jahre in Wonne, gehorchen sie aber nicht, so fallen sie in das Schwert und kommen um durch Unverstand"[2]. „Weißt du nicht, daß es allezeit so gegangen ist, seit daß Menschen auf Erden gewesen sind"[3]? Ihnen gegenüber behauptete Hiob, schuld= los zu sein und mit Unrecht von Gott geschlagen zu werden: „Mein Antlitz ist gerötet vor Weinen und auf meinen Wimpern ruht Todesnacht, wiewohl kein Unrecht in meiner Hand und mein Gebet rein ist"[4]. „Mit Gerechtigkeit kleidete ich mich und sie kleidete mich. Wie Mantel und Kopfbund war mein Recht"[5]. Aber Gott „bringet um beide, den Frommen und Gottlosen"[6]. „Sage ich, daß ich gerecht bin, so verdammt er mich doch, bin ich fromm, so macht er mich doch zu Unrecht"[7]. „Warum leben denn die Gottlosen, werden alt und wachsen an Kraft?" — „Ihr Haus steht in Frieden ohne Furcht und Gottes Rute kommt nicht über sie." — „Sie jauchzen mit Pauken und Harfen und sind fröh= lich beim Klange der Schalmei"[8]. Zum Schlusse gab Gott dem Hiob Recht und erstattete ihm seine verlorenen Güter zweifach zu= rück. Mit diesem Ausgange aber hob Gott seine eigene Bestä= tigung der Worte Hiobs wieder auf. Er erkannte an, daß Hiob unverschuldet Unglück erduldet habe. Indem er aber demselben zum Lohne für seine Gerechtigkeit seine verlorenen Güter doppelt ersetzte, bestätigte er aufs neue jenen in der mosaischen Gesetzlich= keit bestehenden Kausalnexus zwischen Sünde und irdischem Un= glück, Frömmigkeit und irdischem Glück. So fiel das Buch Hiob zum Schluß in die alte Gerechtigkeitslehre des Judentums zurück,

---

[1] K. 4, B. 7.
[2] K. 36, B. 11 und 12.
[3] K. 20, B. 4.
[4] K. 16, B. 16 und 17.
[5] K. 19, B. 14.
[6] K. 9, B. 22.
[7] K. 9, B. 20.
[8] K. 21, B. 7, 9, 12.

obwohl es in seinem Grundgedanken eine Widerlegung derselben
beabsichtigte. Das Buch Hiob war die erste Regung eines neuen
Geistes, einer neuen Weltanschauung des Judentums, welche jedoch
nicht zum siegreichen Durchbruch gelangen konnte. Aber in dem
Zweifel Hiobs blitzte die Ahnung auf, daß die sittliche Gerechtig=
keit in den irdischen Schicksalen des Menschen nicht zur vollen
Geltung komme, daß es zwischen Tugend und Belohnung, Schuld
und Strafe auf der Erde einen vollkommenen Ausgleich nicht gebe.
In diesem ahnenden Bewußtsein lag die Bedeutung des Buches
Hiob für die sittlich=religiöse Entwicklung des Judentums.

Tiefer und schmerzvoller noch als in dem Buche Hiob wurde
der Widerstreit zwischen der Gerechtigkeit und der irdischen Glück=
seligkeit des Menschen in dem Prediger Salomonis ausgesprochen.
Der letztere besaß die volle Erkenntnis, daß es in dem Laufe der
Welt eine vollkommene Gerechtigkeit nicht gibt. „Alles wie allen;
einerlei Schicksal hat der Gerechte und der Frevler, der Gute und
der Reine wie der Unreine, der, welcher opfert, und der, welcher
nicht opfert. Wie der Gute, so auch der Sünder, der, welcher
schwört, wie der, welcher den Schwur fürchtet. Das ist ein böses
Ding unter allem, das unter der Sonne geschieht, daß es einem
geht wie dem anderen; daher auch das Herz der Menschen voll
Arges wird und Thorheit in ihrem Herzen ist" [1]). „Und wieder
sah ich alle die Bedrückungen, die geschehen unter der Sonne und
siehe, da waren Thränen derer, so Unrecht litten und hatten keinen
Tröster und die ihnen Unrecht thaten, waren zu mächtig, daß sie
keinen Tröster haben konnten" [2]). „Da haßte ich das Leben, denn
übel schien mir alles, was unter der Sonne geschieht, denn alles
ist eitel und nichtiges Streben" [3]). „Ich sah an alles Thun, das
unter der Sonne geschieht und siehe, es war alles eitles und
nichtiges Streben" [4]). Weiter kam jedoch auch der Prediger Sa=
lomonis nicht. Da er die Vorstellung eines jenseitigen Lebens

---

[1]) K. 9, B. 2 und 3.
[2]) K. 4, B. 1.
[3]) K. 2, B. 17.
[4]) K. 1, B. 14.

nicht befaß und doch die Unvollkommenheit der irdischen Gerechtig=
keit erkannte, so blieb ihm nichts übrig als der Zweifel an der
sittlichen Gerechtigkeit überhaupt. Der Tag der antiken Glück=
seligkeitslehre war versunken. Vereinzelt schimmerte wohl schon
die Hoffnung auf ein Jenseits, in welchem das Bruchstück des
Diesseits seine Vollendung finden sollte, um jedoch sofort wieder
in dem Dunkel des Zweifels zu verlöschen. So heißt es einmal
im Prediger Salomonis: „Der Staub muß wieder zu der Erde
zurückkehren, wie er gewesen ist und der Geist wieder zu Gott,
der ihn gegeben hat" [1]. Dann aber verhüllte sich dieses ferne
Dämmerlicht wieder, wenn es an einer anderen Stelle heißt:
„Denn es geht dem Menschen wie dem Tiere, wie dieses stirbt,
so stirbt auch jener. Ein Lebenshauch ist allen und einen Vorzug
des Menschen vor dem Tiere gibt es nicht; denn es ist alles eitel.
Es führet alles an einen Ort, es ist alles von Staub gemacht
und wird wieder zu Staub. Wer weiß, ob der Lebenshauch der
Menschen aufwärts fahre und der Lebenshauch des Tieres hinab=
fährt unter die Erde" [2]. Darum, weil er keinen Ausweg aus
der Unvollkommenheit der irdischen Gerechtigkeit erblickte, faßte er
den Entschluß, nicht weiter mehr über die Eitelkeit des Lebens
nachzudenken und sich seiner Tage, so gut es gehen mochte, zu
freuen. „Denn wo viel Weisheit ist, da ist viel Unmut und wer
Kenntnis mehret, der mehret den Schmerz" [3]. „Ich erkannte,
daß es für sie (die Menschen) nichts besseres gibt als fröhlich sein
und sich gütlich thun ihr Leben lang" [4]. „So freue dich, Jüng=
ling, deiner Jugend und laß dein Herz guter Dinge sein in deiner
Jugend — ehe denn losgekettet wird die silberne Schnur und
zertrümmert das goldene Oelgefäß und zerbrochen der Eimer an
der Quelle und zertrümmert das Schöpfrad am Brunnen" [5]. Aber
diese Lebensfreude war nicht mehr die Freude eines naiven Glaubens,

---

[1] K. 12, V. 7.
[2] K. 3, V. 19—21.
[3] K. 1, V. 18.
[4] K. 3, V. 12.
[5] K. 11, V. 9; K. 12, V. 6.

fonbern der Verzweiflung. Der Prediger Salomonis bezeichnete
in der fittlich=religiöfen Entwicklung des Judentums den Höhe=
punkt des Konfliktes zwifchen der überlieferten Idee einer voll=
kommenen göttlichen Gerechtigkeit und der Erkenntnis der unvoll=
kommenen Gerechtigkeit des irdifchen Lebens. Diefer Widerftreit,
welcher in dem Buch Hiob nur der vorübergehende Stimmungs=
ausbruck eines in fchweren Leiden verzweifelnden Menfchen war,
erfcheint hier als der Ausdruck eines wohl erwogenen, philofophi=
fchen Urteiles, einer gereiften, vieljährigen Erfahrung. In diefer
Erkenntnis aber lag der Angelpunkt einer neuen Weltanfchauung,
welche die volle Verwirklichung der göttlichen Gerechtigkeit in ein
Jenfeits nach dem Tode verlegte.

Der meffianifchen Weisfagung des Buches Daniel lag bereits
der Glaube an die Unfterblichkeit zu Grunde, ohne daß jedoch
Diesfeits und Jenfeits feft voneinander gefchieden wurden. Das
meffianifche Reich erfchien dem Daniel wie den anderen Propheten
als ein irdifches Königreich. Der Schauplatz desfelben blieb die
Erde. „Und Königtum und Herrfchaft und Gewalt aller Reiche
unter dem ganzen Himmel wird dem Volke der Heiligen des
Allerhöchften gegeben,“ heißt es dafelbft[1]). Aber in dem meffia=
nifchen Reiche Daniels lebten die Heiligen des Allerhöchften ewig,
während fie im Meffiasreiche des Jefaias noch altern und fterben
mußten. Das Meffiasreich des Daniel war ein irdifches Reich
von ewiger Dauer. Zeitlichkeit und Ewigkeit fließen in dem Zu=
kunftsbilde der banielifchen Prophetie zufammen.

Zum fiegreichen Durchbruch kam die transcendente Welt=
anfchauung in dem „Buche der Weisheit“, welches um die Zeit
Philos in Alexandrien verfaßt worden ift. Beide Vorftellungen,
diejenige, welche nur auf ein diesfeitiges Leben rechnete, und die=
jenige, welche auf ein zukünftiges Leben hoffte, wurden hier in
demfelben als Gegenfätze hingeftellt. Jene wurde aber als der
Glaube der Gottlofen, diefe als der Glaube der Gerechten be=
zeichnet. Die Gottlofen halten, wie es heißt, den Tod für ihren

---

[1]) K. 7, B. 27.

Freund und machen einen Bund mit ihm [1]). Sie sprechen unter einander: „Durch Zufall sind wir geboren und nach diesem werden wir sein, als wären wir nicht gewesen. Denn Dunst ist der Hauch in unserer Nase und der Gedanke ein Funke im Schlage unseres Herzens. Ist er erloschen, so wird der Leib zu Asche und der Geist verflieget wie dünne Luft. Auch unseres Namens wird mit der Zeit vergessen und niemand gedenket unserer Thaten und unser Leben geht vorüber wie die Spur einer Wolke" [2]). „So kommt denn und laßt uns genießen der gegen= wärtigen Güter und die Welt fleißig gebrauchen da wir jung sind! Wir wollen uns mit köstlichem Weine und mit Salben sättigen und nicht gehe an uns vorüber eine Blume des Lenzes! Wir wollen uns bekränzen mit Rosen, ehe sie welken" [3]). Diese Ge= sinnung sollte in der That auch die Strafe der Vernichtung zur Folge haben. Denn „die Gottlosen werden ihrer Gesinnung ge= mäß Strafe leiden" [4]). „Durch den Neid des Teufels ist der Tod in die Welt gekommen und ihn erfahren, die jenem ange= hören" [5]). „Ihre Arbeit ist ohne Nutzen und ungedeihlich sind ihre Werke" [6]). „Der Herr wird sie verlachen und sie werden nach diesem ein ehrloser Leichnam und zur Schmach unter den Toten sein in Ewigkeit" [7]). „Ja die Hoffnung des Gottlosen ist wie Spreu vom Winde fortgeführt und wie dünner Staub vom Sturme vertrieben und wie Rauch vom Winde zerstreuet wird und wie das Andenken an den eintägigen Gast vorübergeht" [8]). Die Unsterblichkeit erschien also selbst in dem Buche der Weisheit nicht als eine Wesenseigenschaft des menschlichen Geistes, sondern nur als eine besondere Vergünstigung der Gerechten und Auserwählten

---

[1]) K. 1, B. 16.
[2]) K. 2, B. 2—4.
[3]) K. 2, B. 6—8.
[4]) K. 3, B. 10.
[5]) K. 2, B. 24.
[6]) K. 3, B. 11.
[7]) K. 4, B. 18.
[8]) K. 5, B. 14.

Gottes. Das Buch der Weisheit kannte daher keinen ewigen
Strafort für die Gottlosen, sondern nur eine ewige Friedensstätte
für die Gerechten. „Die Gerechten aber," heißt es im Gegensatz
zu den der Vernichtung anheimfallenden Gottlosen, „leben ewig
und ihr Lohn ist im Herrn und die Sorge für sie beim Höchsten.
Darum werden sie erlangen das herrliche Reich und die Krone
der Schönheit aus der Hand des Herrn" [1]. Die Vorstellung, daß
nicht bloß die ewige Seligkeit, sondern auch die Unsterblichkeit nur
eine besondere Belohnung für die Gerechten sei, fand einen klaren
Ausdruck in den Worten: „Denn Gerechtigkeit ist dem Tode nicht
unterworfen" [2]. „Beobachtung der Gesetze ist Sicherung der Un=
sterblichkeit" [3]. Die Güter des irdischen Lebens konnten für diese
Auffassung begreiflicherweise nicht mehr den Wert haben wie in
der alten jüdischen Weltanschauung. Der Verfasser des genannten
Buches erklärte darum: „Ich gab ihr (d. ist der Weisheit) den
Vorzug vor Sceptern und Thronen und Reichtum achtete ich für
nichts im Vergleiche mit ihr, noch stellte ich ihr gleich unschätzbares
Gestein, denn alles Gold ist in Betracht derselben ein wenig Sand
und wie Kot ist Silber zu achten ihr gegenüber. Mehr als Ge=
sundheit und Schönheit liebte ich sie und zog sie dem Lichte vor,
weil unauslöschlich der Glanz vor ihr" [4]. Alle Güter, welche
dem Mosaismus als das Höchste galten, verschwanden hier in
nichts vor der Hoffnung auf das Jenseits. Darum war irdisches
Glück auch kein Maßstab mehr für die Gerechtigkeit der Menschen,
wie in dem Mosaismus. Irdisches Leid konnte auch den Gerechten
treffen, da Gott die innere Gesinnung desselben prüfen will.
Wenn also die Gerechten auch „nach Ansicht der Menschen gestraft
werden, so ist doch ihre Hoffnung der Unsterblichkeit voll. Nach
geringer Züchtigung werden sie reichlich beglückt werden, denn
Gott hat sie erprobt und seiner wert gefunden. Wie Gold im
Schmelzofen hat er sie geprüft und wie ein vollständiges Opfer

---

[1] K. 5, B. 15 und 16.
[2] K. 1, B. 15.
[3] K. 6, B. 18.
[4] K. 7, B. 8 · 10.

wohlgefällig angenommen"[1]). Er hat sie „als Vater ermahnt und geprüft"[2]).

Daß diese Wendung der jüdischen Religiosität die Denkweise weiterer Kreise aussprach, zeigten in gewissem Sinne die Pharisäer, welche seit etwa dem zweiten Jahrhundert vor Christus die einflußreichste Partei innerhalb des Judentums bildeten. Dieselben waren zwar eifrige Anhänger des alten Mosaismus, doch gingen sie wenigstens insoferne über den letzteren hinaus, als sie den Glauben an die Unsterblichkeit der Seele lehrten. Weit mehr als diese hatten sich, offenbar unter dem Einflusse der griechischen Philosophie, die um die Mitte des zweiten Jahrhunderts vor Christus entstandenen religiösen Sekten der Essener und Therapeuten von der mosaischen Religiosität und ihrer Gesetzlichkeit entfernt. Die religiösen Vorstellungen derselben beruhten auf dem Dualismus von Gott und Welt und dem Glauben an die persönliche Unsterblichkeit. Ihre Ethik war demnach eine streng asketische. Sie enthielten sich des Fleisches, des Weines und der Frauenliebe. Nur einzelnen Mitgliedern beider Orden war die Ehe gestattet. Der ältere Plinius nannte die Essener in seiner Naturgeschichte[3]) „ein wunderbares Geschlecht und vor allen anderen auf der ganzen Erde merkwürdig, ohne ein Weib, jeder Liebe abgeneigt, ohne Geld, nur mit den Palmen vertraut". Die Essener hatten sich in ihren Ansichten und Lebenssitten so sehr von dem Mosaismus entfernt und trugen einen dem späteren christlichen Mönchstume so verwandten Charakter, daß sie im Mittelalter bekanntlich für einen Mönchsorden gehalten wurden.

In dem Gegensatze von Diesseits und Jenseits war zugleich der Gegensatz von Gott und Welt enthalten. Der jüdische Gott war zwar von jeher als ein jenseitiger Gott gedacht worden: „Der Himmel ist Jehovas Himmel, aber die Erde gab er den Menschenkindern," heißt es im Psalm[4]). Die Erde zittert beim Anblicke

---

[1]) K. 3, B. 4—6.
[2]) K. 11, B. 10.
[3]) V, 17.
[4]) 115, B. 16.

Jehovas[1]). Doch wurde dieser älteren Gegenstellung von Gott
und Welt keine sittliche Wesensverschiedenheit zu Grunde gelegt.
Die Welt stand zu Gott lediglich in dem Abhängigkeitsverhältnisse
des Geschaffenen zum Schöpfer. Schärfer als bisher wurde der
Gegensatz von Gott und Welt in derjenigen alttestamentlichen
Schrift ausgesprochen, welche die Nichtigkeit des Irdischen am
tiefsten empfand, in dem Buche der Weisheit. Der hoch in seinem
heiligen Himmel thronende Gott wurde hier so erhaben über der
Welt gedacht, daß eine unmittelbare Beziehung desselben zur letzteren nicht mehr für möglich gehalten wurde. Da aber die Welt
ohne eine Beziehung zur Gottheit nicht begreiflich war und da
ferner das Heil der Menschen eine solche erforderte, so gelangte
auch die jüdische Religionsphilosophie nach dem Vorgange und
unter Anregung der platonischen Philosophie zur Annahme eines
Mittelwesens zwischen Gott und Welt. Die jüdische Religions=
philosophie nannte dasselbe, ihrer praktischen Lebensklugheit ent=
sprechend, die Weisheit. Nur durch die letztere, behauptete sie,
teilte der jenseitige Gott seinen Willen den Menschen mit[2]).
Allerdings hat die Personifizirung dieses Mittelwesens im Buche
der Weisheit noch keinen sicheren Ausdruck gewonnen, indem die
der Weisheit beigelegten Eigenschaften dieselbe ebenso sehr als
identisch mit der göttlichen Weisheit wie als eine von Gott verschiedene Persönlichkeit erscheinen lassen können. Doch hat der
Verfasser offenbar das Bestreben, die Weisheit im letzteren Sinne
aufzufassen.

Dennoch wurde auch in dem Buche der Weisheit der Gegen=
satz des Irdischen und Uebersinnlichen noch nicht zu einem sittlichen
ausgebildet. Zwar wurde die Sinnlichkeit in einer Stelle als
eine „irdische Hülle" bezeichnet, welche „den vielbenkenden Geist
belastet".[3]) Doch wurde zugleich die Vorstellung einer der Sinnen=
welt anhängenden Sündhaftigkeit und Unvollkommenheit ausdrück=
lich verworfen. Gott „hat ja alles zum Sein geschaffen und heil=

---

[1]) Pf. 104, B. 32.
[2]) K. 9, B. 17.
[3]) K. 9, B. 15.

sam ist alles, was in der Welt entstanden ist und es liegt darin
kein Gift des Verderbens, noch hat die Unterwelt ihr Reich auf
Erden" [1]). „Denn du liebest alles, was da ist, und verabscheust
nichts, was du gemacht, denn wenn du haßtest, so hättest du
nichts geschaffen" [2]).

Einen philosophisch durchdachten Ausdruck fand die Religiosität
des Judentums in den Schriften des einige Jahrzehnte vor Christus
geborenen alexandrinischen Juden Philo, eines Anhängers der
platonischen Philosophie. Die religiöse Metaphysik Philos ging
hinsichtlich der Transzendenz ihres Gottesbegriffs weit über den
bisherigen Standpunkt des Judentums hinaus. Gott, sagte er,
„sei besser als die Tugend oder das Wissen, ja selbst als das
Gute und das Schöne" [3]). Die vermenschlichenden Gottesbegriffe
der Genesis führte er auf den erzieherischen Zweck des Gesetzgebers
zurück, welcher durch eine bildliche Ausdrucksweise dem dürftigen
Vorstellungsvermögen der Menge habe Rechnung tragen müssen [4]).
Gott, „der allen vorangeht, steht außerhalb der geschaffenen Dinge".
Die erste Ursache ist nicht in der Zeit, noch im Raume, sondern
erhaben über beide. Gott ist überall und nirgends. Sein Wesen
ist daher völlig unbegreiflich [5]). Wenn Philo andererseits sagte,
daß Gott dem Weltganzen einwohne, wie die menschliche Seele
dem Leibe [6]), daß Gott die Welt mit seinem Wesen erfülle [7]), daß
er die Seele des Alls sei [8]), so trat er doch der pantheistischen
Vorstellung entgegen, welche die Welt als Gott anstatt als das
Werk Gottes ansehe [9]).

Dem überweltlichen Gott stellte er die Materie als das

---

[1]) K. 1, V. 14.

[2]) K. 11, V. 24.

[3]) Philos sämtliche Werke, herausg. von Pfeiffer, Erlangen 1785, de
mundi opif. S. 6.

[4]) Quod deus sit immutabilis S. 410 ff. und a. a. O.

[5]) De postr. Caini S. 258; de confus. ling. S. 374.

[6]) De migr. Abr. S. 498; de mund. opif. S. 44.

[7]) De postr. Caini S. 258.

[8]) Leg. alleg. l. 1, S. 172.

[9]) De migr. Abr. S. 494 und 500.

Prinzip des Leblosen, des Nichtseienden gegenüber. „Die Materie
ist tot, Gott aber ist mehr als das Leben, er ist, wie er selbst
sagt, die Quelle des Lebens"[1]. Gott war das schöpferische, die
Materie das leidende Prinzip[2]. Die letztere besitzt an sich nichts
Gutes, sie ist an sich ohne jede Eigenschaft, ungeordnet, leblos,
voll Unruhe, Verwirrung und Zwietracht." Erst durch Gott em=
pfing sie Leben, Ordnung, Zusammenhang und Einklang[3]. Das
Selbstlob Gottes nach der Vollendung seiner Schöpfung konnte
sich denn auch nicht auf die leblose, vergängliche Materie, sondern
nur auf die schöpferische Gestaltung derselben beziehen[4]. In
der Materie lag demnach der Grund aller irdischen Unvollkom=
menheit.

Diese scharfe Gegenstellung von Gott und Welt mußte dem
Philosophen die Frage nach einer Versöhnung der letzteren mit
Gott in den Mittelpunkt seiner Lehre rücken. Philo löste dieselbe
durch die Annahme von Mittelwesen, welche er in den Ideen der
platonischen Philosophie vorfand. Vor der Schöpfung der sicht=
baren Welt bildete Gott, wie er im Anschluß an die platonische
Philosophie behauptete, zuerst das ideale Urbild derselben, die in=
telligible Welt, und alsbann nach dem Vorbilde der letzteren die
Körperwelt[5]. Die überweltlichen Ideen bilden „einen heiligen
Chor unkörperlicher Seelen", welche die heiligen Schriften Engel
nennen. Sie sind die Kräfte, durch welche Gott die Welt gebildet
hat, durch deren Vermittlung er die Welt regiert[6]. Die Ideen,
deren Zahl unendlich groß ist[7], haben ihre Einheit in dem Logos.
Der Logos, das Wort Gottes, ist die „Idee der Ideen"[8]. In
ihm sind die Bildungen aller anderen Dinge vorgezeichnet[9]. Er

---

[1] De profugis S. 310.
[2] De mund. opif. S. 4.
[3] De mund. opif. S. 12.
[4] Quis rer. div. haer. S. 70.
[5] De mundi opif. S. 11 f.; leg. allegorum l. 1. S. 134.
[6] De confus. ling. S. 394.
[7] De confus ling. l. c.
[8] De mund. opif. S. 14.
[9] Leg. alleg. l. 1 S. 132.

ift die Metropolis, die rettende Zuflucht der Seele [1]), der fündenlofe
Hohepriefter [2]), der Stellvertreter und erftgeborene Sohn Gottes [3]),
weder ungefchaffen wie Gott, noch gefchaffen wie die Menfchen,
zwifchen beiden in der Mitte ftehend. Er fündet den Menfchen
das göttliche Wort, damit fie den rechten Glauben bewahren und
vertritt andererfeits durch feine Fürbitte die Kreatur beim Schöpfer,
damit diefer jene nicht verlaffe und verderbe [4]). Aber hinfichtlich
der Ideen im allgemeinen, wie hinfichtlich der Centralidee des
Logos fchwankte auch die Begriffsbeftimmung Philos zwifchen einer
perfönlichen und unperfönlichen Auffaffung, indem fie diefelben
einerfeits als Eigenfchaften und Kräfte Gottes, als identifch mit
der Weisheit Gottes, andererfeits aber als felbftändige, von Gott
verfchiedene Wefen hinftellte [5]).

Diefe metaphyfifchen Vorausfetzungen bildeten die Grundlage
der Anfichten Philos über den Menfchen. Die beiden Gegenfätze
Gott und Materie treffen im Menfchen zufammen. Der letztere
hat eine doppelte Natur, eine himmlifche und eine irdifche. Die
erftere, nach dem Bilde Gottes gefchaffen, ift unvergänglich und
frei von irdifcher Subftanz. Die zweite, aus Erde gebildet, ift
vergänglich [6]). Die eine ift vernünftig, die andere vernunftlos [7]).
Die eine zieht darum den Menfchen zur Erde nieder, die andere
ftrebt zum Himmel auf. Diejenigen Seelen, welche der erfteren
folgen, können fich, von der Laft des Fleifches niedergezogen, nicht
zum Himmel erheben, „fondern blicken mit gebeugten Nacken wie
die Tiere zur Erde nieder" [8]). Der Körper ift der Kerker, in
welchem die Seele nach frifcher Luft fchmachtet [9]). Er ift feiner

---

[1]) De prof. S. 264 f.

[2]) L. c. S. 270.

[3]) Parifer Ausgabe der Schriften Philos vom Jahre 1640, de somniis
S. 600; de confus. ling. S. 341.

[4]) Quis rer. div. haer., Ausgabe von Pfeiffer, S. 90.

[5]) Vgl. hierüber Zeller, Gefchichte der griechifchen Philofophie, 3. Tl.,
2. Aufl., S. 315 ff. und 324 ff.

[6]) L. alleg. l. 1, S. 138.

[7]) Quod det pot. insid. sol. S. 198.

[8]) De gigant. S. 370.

[9]) De temul., Parifer Ausgabe S. 255; de migr. Abr. S. 389.

Natur nach ein Uebel, ein Leichnam, welchen die Seele mit sich schleppen muß [1]). Solange wir leben, ist daher die Seele tot und wie in einer Gruft begraben. Erst wenn wir gestorben sind, erhebt sich die Seele zu eigenem, von allem Uebel freiem Leben [2]). Der leitende Grundsatz der philonischen Sittenlehre, welcher sich aus dieser Doppelnatur des Menschen ergeben mußte, war demnach die Befreiung der Seele von dem Schwergewicht des Körpers, die Verneinung der Sinnlichkeit. Der Freund der übersinnlichen Welt kann keine Neigung für die sinnlichen Dinge hegen [3]). Er wird vielmehr darauf bedacht sein, das Fleisch zu verachten und sich von den körperlichen Neigungen möglichst zu befreien. Gestattet ist dem Menschen nur die Befriedigung derjenigen körperlichen Bedürfnisse, welche der Gesundheit notwendig sind, aller Ueberfluß aber ist zu vermeiden [4]). Das Prinzip seiner Sittenlehre war die von Plato gelehrte Verähnlichung des Menschen mit Gott [5]). „Das höchste Gelübde und das Ziel der Glückseligkeit ist die Verähnlichung mit Gott" [6]).

Diese von dem Irdischen sich abwendende Weltanschauung Philos war nicht wohl mit der absoluten Wertschätzung der nationalen Idee vereinbar. Der stete Wechsel der Staaten, welchen Philo in Gegensatz stellte zu der ewigen Dauer der himmlischen Dinge, entfremdete ihn den politischen Interessen [7]). Er nannte den Weisen demgemäß einen Weltbürger [8]) und hielt einen die ganze Menschheit umfassenden, auf demokratischen Grundsätzen errichteten Staat für die beste Staatsform [9]). Er selbst war ein Freund der platonischen Philosophie und in der philosophischen und dichterischen Literatur der Griechen bewandert. Er hatte seine

---

[1]) Leg. alleg. l. 2, Pariser Ausg., S. 73.
[2]) Leg. alleg. l. 1, Pariser Ausg., S. 60.
[3]) De migr. Abr., Pariser Ausg., S. 390.
[4]) De gigant., Pariser Ausg., S. 288.
[5]) De mund. opif., Pariser Ausg., S. 33.
[6]) De decalog., Pariser Ausg., S. 754.
[7]) Quod deus sit immut., Pariser Ausg., S. 317 f.
[8]) De vit. Mos., Pariser Ausg., S. 626.
[9]) De Joseph, Pariser Ausg., S. 530.

Studien also weit über den engen Kreis der jüdischen Gelehrsamkeit ausgedehnt. Aber trotz seiner ausgesprochenen allgemein
menschlichen Gesinnung war er weit davon entfernt, den Glauben
an die vor allen Völkern bevorzugte Stellung, welche die alttestamentlichen Schriften den Juden beilegten, fallen zu lassen.
Er selbst war sich einer Abweichung von den mosaischen Schriften
so wenig bewußt, daß er seine ganze Metaphysik wie seine asketische Sittenlehre für die eigentliche Lehre des Pentateuchs hielt.
Mit dieser Stellung zu dem letzteren war freilich eine völlige
Gleichstellung der Nationen nicht vereinbar. Die häufige Bezugnahme auf die griechische Literatur, welche sich in seinen Schriften
findet, enthält denn auch weniger einen Beweis für seine allgemein
menschliche Gesinnung, als vielmehr für seinen festen Glauben an
die besondere göttliche Berufung seiner Nation. Denn er nahm
nur deshalb auf die Urteile griechischer Philosophen und Dichter
Bezug, um nachzuweisen, daß die richtigen Erkenntnisse derselben
den heiligen Schriften des jüdischen Volkes entnommen, daß diese
also die einzige Quelle der göttlichen Wahrheiten seien. Der nationale Charakter der jüdischen Religiosität blieb also auch noch
bei Philo als die überall durchscheinende Unterlage seiner religiösen
Metaphysik bestehen.

Die bewegenden Gedanken der antiken Geschichte, der Dualismus von Gott und Welt, die Einheit des göttlichen Wesens
und des menschlichen Geschlechtes, hatten sich aber dennoch auch
in der jüdischen Geschichte mit immer größerer Klarheit entwickelt.
Dieselben hatten auch das Judentum unter der Leitung der griechischen Philosophie zu dem Ziele hingeführt, in welches die Geschichte
der alten Welt ausmündete, zu dem Problem der Versöhnung
des Menschen mit Gott. So sichtbar aber auch der Fortschritt
in der Klarstellung dieser Frage hervortrat, so war die Lösung
der letzteren doch noch in keiner Beziehung zu einem sicheren Abschluß gebracht. Erst bei dem Nazarener Jesus Christus fand die
Geschichte des alten Judentums ihre Vollendung und zwar deshalb, weil dieser für das religiöse Problem seiner Zeit den einfachsten und klarsten Ausdruck fand und weil er seine Persönlichkeit als die lebendige Lösung desselben einstellte. Erst Jesus

Christus sprach die noch unklar und unsicher gebliebenen Gedanken
der jüdischen Entwicklung mit voller Klarheit und Schärfe aus
und machte dieselben zur Grundlage seiner erhabenen Lehre. Bis
auf ihn blieb die jüdische Religiösität in dem nationalen Ge=
danken gefesselt. Jehova war und blieb der Gott der Juden,
dessen ganze Weltregierung nur von dem Gesichtspunkte der jüdischen
Nationalität aus geleitet war. Der Kosmopolitismus der Juden
hatte nur die Universalherrschaft ihrer eigenen Nation zum End=
zwecke. Das messianische Reich war als ein nationales Weltreich
der Juden gedacht. Der persönliche Unsterblichkeitsglaube endlich
wurde von einem großen Teile der Juden, welcher unter der
Leitung der Sadducäer stand und an der alten mosaischen Auf=
fassung festhielt, verworfen. Die Religiösität der Juden war nach
wie vor eine irdische Glückseligkeitslehre verblieben. Die höhere
Auffassung der Weisheit Salomonis, sowie der platonisierenden
Metaphysik Philos stand nicht im Einklange, sondern vielmehr im
schroffsten Widerspruche mit dem Grundgedanken der mosaischen
Religiösität. Da aber die letztere in ihrem alten Ansehen verblieb
und selbst Philo das Ansehen derselben noch zu erhöhen suchte,
so konnten sich jene neuen Lehren um so weniger zu voller
Klarheit durchringen. Der Gedanke der Allgemeinheit des gött=
lichen und menschlichen Wesens, sowie der weltabgewandte Un=
sterblichkeitsglaube lagen vorläufig nur auf dem Umkreise der
jüdischen Weltanschauung, während die Idee der irdischen, natio=
nalen Wohlfahrt noch immer im Mittelpunkte derselben ver=
blieben war.

Christus kehrte dieses Verhältnis der älteren und der neueren
jüdischen Weltanschauung in sein Gegenteil um, indem er die letz=
tere in den Mittelpunkt des religiösen Glaubens stellte und alle
anderen Interessen auf den Umkreis verschob. Die Lehre Christi
stand ihrem Grundgedanken nach im äußersten Gegensatz zu den
Lehren des mosaischen Judentums. Anfänglich freilich ging auch
Christus von der nationalen Idee des Judentums aus, indem er
an die Messiasidee der alten Propheten anknüpfte. Im Beginn
seiner öffentlichen Lehrthätigkeit faßte auch er das messianische
Reich als ein diesseitiges, nationales jüdisches Weltreich und sich

selbst als den von Gott ausersehenen König desselben auf. Zu=
nächst wurde er sich über den jenseitigen Charakter des Messiasreiches
klar. Als er auf der Wende vom Jünglings= zum Mannesalter
in der Einsamkeit der Wüste über die Zwecke seines Lebens
nachsann, scheint sich diese Umwandlung in seiner Seele vollzogen
zu haben. Dort in der Wüste erwog er die Möglichkeit, der
nationale Held seines Volkes zu werden. Mit verführerischem Reize
trat dieser Gedanke ihm entgegen und einen Augenblick sah er sich
als den König seines Volkes und alle Länder huldigend zu seinen
Füßen liegen. Aber die Verhältnisse seiner Zeit, die politische
Schwäche der Juden und die gewaltige Macht der Römer mußten
ihm die Hoffnung auf eine solche Rolle sofort als eine Thorheit
erscheinen lassen. Der Zwang der bestehenden Machtverhältnisse
verschob ihm das messianische Reich aus dem Diesseits in das Jen=
seits. Mit dieser Erkenntnis hatte er sich über die Sendung seines
Lebens entschieden. Er fühlte sich zum König eines jenseitigen
Messiasreiches berufen und sah im Geiste bereits die Diener des=
selben vom Himmel niedersteigen und ihm ihre Huldigung dar=
bringen. Die Erzählung des Evangeliums hat diesen inneren
Zwiespalt seiner Seele, der Denkweise der Zeit, welche innere Vor=
gänge als äußere anschaute, entsprechend, in die Form eines Zwie=
gesprächs zwischen Christus und seinem Verführer, dem Teufel,
gekleidet. Die Tage in der Wüste bildeten die entscheidende Wen=
dung in dem Leben Christi. Von jetzt ab stand ihm fest, daß sein
Reich und das der Propheten nicht von dieser Welt war und daß
er der von den Propheten erhoffte Messias sei.

Wie sich die Umwandlung der politischen in die religiöse, der
diesseitigen in die jenseitige Messiasidee noch in dem Seelenleben
Christi wahrnehmen läßt, so auch die Verallgemeinerung des na=
tionalen Charakters des Messiasreiches in einen allgemein mensch=
lichen. Der Widerspruch des jüdischen Priestertums entfremdete
ihn seiner Nation, so daß er, der ursprünglich nur dem Hause
Israel das Heil bringen wollte, sich schließlich der ganzen Mensch=
heit zuwandte. Der Tag, an welchem er über Jerusalem weinte,
bildete in dieser Hinsicht den Wendepunkt seiner Auffassung. Mit
den Worten: „Das Reich Gottes wird von euch genommen und

ben Heiden gegeben werden" [1]), sprach er seinen grundsätzlichen
Bruch mit dem Judentum aus. Er, der im Beginne seiner Lehrthätigkeit seinen Jüngern gebot: „Ziehet nicht nach den Heiden
hin und in keine Stadt der Samariter ziehet ein, gehet vielmehr
zu den verlorenen Schafen des Hauses Israel" [2] ... „denn wahrlich sage ich euch, ihr werdet nicht alle Städte Israels durch-
gehen, bis daß der Menschen Sohn kommt" [3]), rief am Schlusse
seines Erdenlebens denselben Jüngern die weltgeschichtlichen Worte
zu: „Gehet hin und lehret alle Völker" [4]). Während die alte
Prophetie das messianische Reich als ein diesseitiges national-jüdisches Weltreich aufgefaßt hatte, während die danielische Prophetie
diesseits und jenseits in Eins zusammengezogen und das messianische Reich als ein national-jüdisches Weltreich von ewiger Dauer
erklärt hatte, löste Christus beides, Diesseits und Jenseits völlig
voneinander ab und bezeichnete das Messiasreich als das Reich
aller Gerechten ohne Unterschied ihrer Nationalität.

Mit dieser Verallgemeinerung des Messiasreiches hatte auch
die Gottesidee Christi den nationalen Monotheismus des Judentums
völlig überwunden. Gott war ihm nicht mehr der Jehova der
alten Prophetie, der sich ein einziges Volk auserwählt hatte und
die ganze Welt nur von dem Interesse dieses einzelnen Volkes aus
regierte. Er war ihm vielmehr der Vater aller Gerechten, der
Gott, der alle Menschen mit gleicher Liebe umfaßt. Gott hatte
darum auch, wie er sagte, seinen Wohnsitz nicht in Jerusalem,
wie in der alten Prophetie, noch an irgend einem Orte der Welt.
„Es kommt die Zeit," belehrte er das samaritische Weib, da „ihr
weder auf diesem Berge noch zu Jerusalem werdet den Vater
anbeten" [5]).

Das himmlische Reich bildete den Zielpunkt der Lehre Christi,
den ausschließlichen Maßstab seiner Sittenlehre. Alle Dinge

---

[1]) Matth. K. 21, V. 43.
[2]) Matth. K. 10, V. 5 und 6.
[3]) Ebenda V. 23.
[4]) Matth. K. 28, V. 19.
[5]) Evang. Joh. K. 4, V. 21.

mußten diesem einen Zwecke untergeordnet, alle demselben wider=
streitenden Interessen verneint werden. Das ewige Reich zu ge=
winnen, mahnte er alles Irdische zu verlassen und auf Familie,
Vaterland und materielles Gut verzichten. Das eigene Leben, Eltern
und Geschwister, Weib und Kind sollten sogar einen Gegenstand
des Hasses bilden für denjenigen, der auf sein ewiges Heil bedacht
war. „Nur derjenige," sagte er, „welcher sein Leben hasset in dieser
Welt, der wird es zum ewigen Leben bewahren"[1]. „Wenn jemand
zu mir kommt und nicht seinen Vater und Mutter und Weib und
Kinder und Bruder und Schwester, ja auch sogar sein Leben hasset,
so kann er nicht mein Jünger sein"[2]. Darum gab er auch der
Ehelosigkeit den Vorzug vor der Ehe[3]. Auch der Staat und seine
Pflichten mußten ihm von der erhabenen Warte des jenseitigen
Reiches aus unter den Begriff der irdischen Dinge fallen und
seiner nur auf das Ewige gerichteten Heilslehre als gegenstandslos
erscheinen. Darum ließ er die Beziehungen des Menschen zu den
staatlichen Aufgaben unberührt. Nur als er von seinen Gegnern zu
einer Erklärung gedrängt wurde, gedachte er jener Pflichten mit
einer kurzen bestätigenden Wendung[4]. Aber der Grund, welcher
ihn zu dieser Zustimmung veranlaßte, lag nicht in einer gewissen
Wertschätzung des Staates, sondern vielmehr in der vollkommenen
Gleichgültigkeit gegen denselben. Desgleichen lagen ihm die wirt=
schaftlichen Interessen außerhalb des alles beherrschenden Endzweckes
des Menschen und konnten darum gleichfalls keinen Gegenstand
einer ernstlichen Beschäftigung und Sorge bilden. Dem Jünglinge,
der das Reich Gottes erlangen wollte, antwortete Jesus, „geh
hin, verkaufe was du hast und gieb es den Armen, so wirst du
einen Schatz im Himmel haben und komm, trage mein Kreuz
und folge mir"[5]. Als einen allgemein gültigen Grundsatz sprach
er diese Auffassung mit den Worten aus: „Also kann keiner von

---

[1] Evang. Joh. K. 12, V. 25.
[2] Luk. K. 14, V. 26; Matth. K. 19, V. 29, Mark. K. 10, V. 29.
[3] Matth. K. 19, V. 12.
[4] Luk. K. 20, V. 22 ff.
[5] Mark. K. 10, V. 21; Matth. K. 19, V. 21.

euch, der sich nicht all seiner Habe lossagt, mein Schüler sein"[1]).
Das Wenige, was der Lebensunterhalt erfordere, sollte nach seiner
Verheißung durch göttliche Wunderkraft geschenkt werden[2]). Die
nach dem Tode Christi entstandenen biographischen Legenden ließen
ihn auch einen thatsächlichen Beweis für die Wahrheit dieser
Lehren geben, indem er, wie sie erzählen, durch ein Wunder den
Betrag der ihm abverlangten Steuer herbeischaffte, indem er ferner
mitten in der Wüste durch göttliche Wunderkraft der zahlreichen
Menge, welche ihm nachgefolgt war, Brot und Fische zur Nahrung
lieferte. Der Gipfelpunkt dieser Ethik der Welt- und Selbstverleugnung war das Gebot der Feindesliebe, welches nicht allein die
Rache für erlittenes Unrecht untersagte, sondern sogar die Liebe
gegen persönliche Feinde zur Pflicht machte. Von der Voraussetzung aus, daß der Haß gegen alle irdischen Werte die sittliche
Aufgabe des Menschen sei, ergab sich das Gebot, diejenigen zu
lieben, welche dem Menschen in diesem Berufe förderlich sein würden, allerdings als eine korrekte, logische Schlußfolgerung.

Die Tugendlehre Christi faßte sich also in die Forderung
einer bedingungslosen Welt- und Selbstverleugnung zusammen.
Diese, alle sinnlichen Begehrungen und äußeren irdischen Interessen verneinende transzendente Ethik mußte ihren Schwerpunkt
ganz in der inneren Gesinnung des Menschen suchen. Da die
irdischen Dinge als wertlos erkannt wurden, so verblieb für die
Rechtfertigung des Menschen die subjektive Gesinnung als einziger
Wert bestehen. Die Rechtfertigung konnte folglich nicht durch
äußere Werke, sondern nur durch die innere Bußfertigkeit erwirkt
werden. Nicht das Opfer eines an und für sich wertlosen äußeren
Gutes, sondern das in dem äußeren Werke sich vollziehende Opfer
des eigenen Willens bildete den Gegenstand der Bußlehre Christi.
Die Rechtfertigung vor Gott erforderte die vollkommene Verleugnung des eigenen Selbst. Mit dieser Forderung stellte sich Christus in den schärfsten Gegensatz gegen das mosaische Judentum,
welches vom Standpunkt seines religiösen Naturalismus aus den

---

[1]) Luk. K. 14, V. 33.
[2]) Matth. K. 6, V. 8 und 33; Luk. K. 12, V. 31.

Schwerpunkt der Rechtfertigung in eine äußere Werkthätigkeit legte. Dieser Gegensatz bildete das leitende Motiv in der Schicksals= tragödie des Lebens Christi. In ihm lag der Brennpunkt des Widerstreites zwischen Christus und dem Judentum.

Mit der Umwandlung der politischen und nationalen Messias= idee in eine religiöse und allgemein menschliche hatte Christus die erstere in das allgemeine religiöse Problem seiner Zeit, die Ver= söhnung des Menschen mit Gott, übergeführt. Der von der jüdi= schen Nation erhoffte politische Held war zu dem von der Mensch= heit gesuchten Vermittler zwischen ihr und Gott geworden. Die Lehre Christi bildete die Spitze in dem geschichtlichen Entwicklungs= gange der jüdischen Weltanschauung. Die Umwandlung der irdi= schen nationalen Glückseligkeitslehre war durch Christus zu Ende geführt. Das diesseitige nationale Prinzip hatte sich durch die Abwicklung seiner eigenen Folgerungen in sein Gegenteil verkehrt. Das alte Judentum hatte seinen Lebenstag mit den Worten Je= hovas begonnen: „Seib fruchtbar und mehret euch und füllet die Erde und macht sie euch unterthan" [1] und endigte mit dem Mahnrufe des Messias: „Thut Buße, denn das Himmelreich hat sich genaht."

Gerade diejenige Nation, welche den nationalen Charakter ihrer Gotteslehre weit bewußter und energischer behauptet hatte, als irgend eine andere, welche den nationalen Gedanken in den Mittelpunkt ihres religiösen Glaubens und ihren nationalen Gott in den feindlichsten Gegensatz gegen alle fremden Nationen und Götter gestellt hatte, entwickelte in der Lehre Christi einen über jede nationale Schranke erhabenen, allgemein menschlichen Gottes= glauben. Keine Nation hatte die Weitherzigkeit der Gotteslehre Christi erreicht und für den monotheistischen Glauben einen so klaren und einfachen Ausdruck gefunden wie Christus. Selbst der Gotteslehre der griechischen Philosophie war noch ein Rest= bestand des nationalen Polytheismus ankleben geblieben, wenn sie die Götter des letzteren als Untergötter der höchsten Gottheit be= stehen ließ. Hinsichtlich der nationalen Beschränktheit wie der uni=

---

[1] Gen. 1, B. 28.

verſalen Weite haben die Juden alle Völker des Altertums über=
boten. Es iſt kaum denkbar, daß der nationale Charakter des
Gottesglaubens in noch ſchärferem Ausdruck ausgeſprochen werden
könnte, als dies in den Schriften des alten Teſtaments geſchehen
iſt. Andererſeits läßt ſich die univerſale Gotteslehre Chriſti mit Be=
zug auf das Verhältnis zum Menſchen weder nach der Tiefe noch
nach der Breite hin ſteigern.

Auf dieſem Punkte aber, in welchem die Abweichung von der
moſaiſchen und prophetiſchen Lehre ſich zu einem offenen und grund=
ſätzlichen Bruch mit derſelben geſteigert hatte, erhob ſich der Wider=
ſpruch des in ſeinem Daſein bedrohten nationalen Judentums. Je
ſchärfer Chriſtus die Grundſätze der neuen Lehre ausſprach, deſto
entſchiedener kehrten die Juden zu ihrer moſaiſchen Geſetzlichkeit
zurück. Das Leben Chriſti war ein ununterbrochener Kampf mit
dem moſaiſchen Judentum. Die Juden ſtießen den neuen Lehrer
von ſich zurück und ſchlugen ihn ſchließlich ans Kreuz. Mit der=
ſelben Feindſchaft verfolgten ſie nach dem Tode des Meiſters die
Jünger und Anhänger desſelben. Die nationale Leidenſchaft aber,
welche durch die transzendente Lehre Chriſti und ſeiner Schüler
aufs neue erwacht war, ſchritt zu größeren Thaten weiter. Mit
der Verfolgung der Chriſten ſprachen die Juden zugleich ihre Ab=
neigung gegen das jenſeitige Meſſiasreich und die Abſicht aus, ihre
Hoffnung auf das diesſeitige politiſche Meſſiasreich der Propheten
nicht fahren zu laſſen. Noch einmal wagten ſie den Verſuch, die
nationale Selbſtändigkeit wieder zu gewinnen und das politiſche
Zukunftsbild der Propheten zu erfüllen. Die nationale Reaktion
der Juden, welche mit der Hinrichtung Chriſti und der Verfol=
gung ſeiner Schüler begonnen hatte, ſchloß mit den Aufſtänden
gegen die Römer in den Jahren 66—70 und in den Jahren 131
bis 133 ab. Als die Römer im Jahre 70 ſchon in die Mauern
der heiligen Stadt eingedrungen waren, ſchauten die Juden noch
erwartungsvoll zum Himmel auf, ob nicht der Meſſias niederfahren
und die alte Weisſagung wahr machen würde. Der nationale
Gedanke war der Anfangs= wie der Endpunkt, der Grund des
Aufganges wie des Niederganges der jüdiſchen Staatsentwicklung.
Aber unter den Trümmern des alten Jeruſalems wurde auch die

Hoffnung auf das neue Jerusalem der Propheten begraben, um in dem Jenseits seine Auferstehung zu feiern. Wie bei den Griechen die bunte Götterwelt des Homer in der neuplatonischen Philosophie zu einer leblosen Abstraktion verblaßte, so mußte das farbige Bild, welches die jüdischen Propheten von dem neuen Jerusalem ihres Volkes entworfen hatten, in der christlichen Glaubenslehre zu einem allegorischen Bilde des übersinnlichen Jerusalems verbleichen.

Die Lehre von dem Vermittler zwischen Gott und Menschheit hatte jedoch noch eine wesentliche Umwandlung zu durchlaufen, ehe sie ihre nationale Hülle völlig von sich abgestreift und eine für alle Völker gleich verständliche Gestalt gewonnen hatte. Christus hatte sich gegen Ende seiner Lehrthätigkeit an alle Menschen gewandt und alle in gleichem Maße zum himmlischen Reiche berufen erklärt. Aber er gründete seine Sendung und Lehre auf die jüdische Messiasidee und betrachtete sich selbst als identisch mit dem von den Propheten seines Volkes erhofften Messias. Da nun der letztere einen ausgesprochenen nationalen Charakter trug und gewissermaßen die Verkörperung des jüdischen Nationalbewußtseins war, so bestand zwischen der ideellen Begründung seiner Persönlichkeit und dem Charakter seiner Lehre eine offenbare Ungleichheit. Hier setzte die Christuslehre der späteren Zeit ein, indem sie die Persönlichkeit des Messias von jeder nationalen Beziehung ablöste und auf eine gleiche Höhe mit ihrer göttlichen Lehre hob.

IV. Die christliche Erlösungslehre.

„Als aber die Zeit erfüllet war, sandte Gott seinen Sohn.“

Galater 4, 4.

Die Gedanken, welche die Geschichte der Römer, Griechen und Juden bewegten, waren also im wesentlichen die nämlichen. Die Umsetzung des diesseitigen Kulturprinzips in ein jenseitiges bildete den Schwerpunkt in der Entwicklungsgeschichte aller drei Völker. Aus dem weltbejahenden, polytheistischen und nationalen Kulturprinzip der Urzeit hatte sich hier wie dort eine weltflüchtige, monotheistische und allgemein = menschliche Anschauung entwickelt, nur mit dem Unterschiede, daß jede dieser drei Nationen eine andere Seite dieses allen gemeinsamen Entwicklungsganges in den Mittelpunkt ihrer Geschichte gestellt hatte: die Römer den Staat, die Griechen die Wissenschaft und Kunst, die Juden die Religion. Jede dieser drei Nationen war also der Träger einer besonderen Aufgabe innerhalb dieser zu einem gemeinsamen Ziele führenden Entwicklung.

Das antike Kulturprinzip, die irdische Glückseligkeit, hatte sich bei der einen wie bei der anderen Nation durch seine eigene Steigerung in sein Gegenteil umgesetzt. Die ursprüngliche Einheit von Gott, Mensch und Natur war in den Dualismus von Gott und Welt, Geist und Sinnlichkeit zerklüftet. Gott und Welt standen im äußersten Gegensatze zu einander. In dem Menschen trat beides, Göttliches und Natürliches zusammen, insofern die mensch=

liche Perſönlichkeit als eine Verbindung des göttlichen und natür=
lichen Prinzips erklärt wurde. Indem alſo das Weſen des Menſchen
auf der Verbindung zweier ſich widerſtreitender Gegenſätze beruhte,
war ſein ganzes Leben ein fortgeſetzter Widerſtreit mit ſich ſelbſt.
Die göttliche Natur in ihm ſehnte ſich nach ihrem Urquell zurück,
indes das Schwergewicht der Sinnlichkeit dieſem Auffluge zum
Ueberſinnlichen widerſtrebte. Das religiöſe Problem, welches dem=
nach die Völker des ausgehenden Altertums bewegte, war die
Wiedervereinigung des Menſchen mit Gott auf der einen und die
Befreiung von der ſinnlichen Körperwelt auf der anderen Seite.
Die Vereinigung mit Gott hatte die Erlöſung von der Sinn=
lichkeit zur Vorausſetzung.

Die abendländiſchen wie die morgenländiſchen Völker haben
die Löſung dieſes Problems verſucht. Aegyptiſcher Serapisdienſt,
jüdiſcher Eſſäismus, griechiſcher Neuplatonismus und perſiſcher
Manichäismus waren die nach den verſchiedenen Volkscharakteren
verſchiedenen Abwandlungen dieſes Problems. Der Ausgangs=
punkt der antiken Völker war überall verſchieden, die Behauptung
des beſonderen, nach Ort und Charakteranlage differenzierten
nationalſtaatlichen Intereſſes. Der Endpunkt war überall der
gleiche. Die Verſöhnung des an die Materie gebundenen, ſchuld=
belabenen Menſchen mit dem immateriellen, heiligen Weſen der
Gottheit war das gemeinſame Ziel, in welchem die von ver=
ſchiedenen Anfangspunkten ausgehenden Linien der alten Geſchichte
zuſammentrafen.

Die Löſung dieſes Problems führte zunächſt zu der Vor=
ſtellung eines Mittelweſens zwiſchen Gottheit und Welt, welches
die zwiſchen beiden aufgeriſſene, unermeßliche Kluft ausfüllen ſollte.
Die platoniſche Philoſophie erkannte dasſelbe in der Weltſeele.
Von ihr ging dieſe Vorſtellung auf die jüdiſchen Philoſophen in
Alexandrien über. Das Buch der Weisheit Salomonis, welches
in Alexandrien unter der Einwirkung der griechiſchen Philoſphie
entſtand, fand das Mittelweſen in der Weisheit. Doch gibt die
Ausdrucksweiſe dieſer Schrift keine genügende Klarheit, ob die
Weisheit als ein beſonderes perſönliches Weſen oder als identiſch
mit der Weisheit Gottes zu denken ſei. Die Philoſophie des

alexandrinischen Juden Philo läßt hingegen über die persönliche Natur des von ihm konstruierten Mittelwesens keinen Zweifel. Philo verband den Logos Spermatikos des pantheistischen Stoicismus mit den außerweltlichen Ideen der platonischen Lehre, indem er die durch die ganze Welt verbreiteten göttlichen Kräfte als unsichtbare, geistige Wesen betrachtete, welche die Vermittler zwischen Gott und Welt seien. Diese vielen vermittelnden Wesen haben ihre Einheit in dem Logos, welcher alle einzelnen Ideen und Kräfte in sich begreift. Der Logos ist daher der allgemeine Vermittler zwischen Gott und Welt. Er ist das Werkzeug, durch welches Gott die ganze Welt geschaffen hat und der letzteren seinen Willen auslegt. Er ist andererseits der Stellvertreter der Welt bei Gott. Er ist der erstgeborene Sohn Gottes und zugleich das Urbild des Menschen, der Mensch Gottes.

Die jüdische Sekte der Essener nahm eine Mehrzahl von Mittelwesen an, indem sie die Engel als letztere betrachteten. Desgleichen behaupteten die Platoniker der Kaiserzeit eine Mehrzahl von Mittelwesen. Sie erkannten dieselben in den himmlischen Göttern und in den Dämonen. Göttern und Dämonen fiel die Aufgabe zu, die Wirkungen der jenseitigen, göttlichen Kräfte auf die irdischen Dinge zu vermitteln. Die Untergötter waren nach dem in der zweiten Hälfte des zweiten Jahrhunderts verstorbenen Maximus von Tyrus das Band zwischen der sinnlichen und übersinnlichen Welt. Der um 120 n. Chr. gestorbene Plutarch aus Chäronea fand die Mittelwesen gleichfalls in den Dämonen. Der Neupythagoreer Numenius aus Apamea, der in der zweiten Hälfte des zweiten Jahrhunderts n. Chr. lebte, nahm drei Götter an. Der erste Gott war die reine, transzendente Vernunft, der zweite das Prinzip des Werdens und der dritte die geschaffene Welt. Der zweite Gott war also der Vermittler zwischen jenem und diesem, insofern derselbe die göttliche Vernunft in die Materie hineinbildete. Der um das Jahr 269 n. Chr. verstorbene Neuplatoniker Plotinus faßte den Nous und die Weltseele als die Vermittlungsinstanzen zwischen dem göttlichen Urwesen und der sinnlichen Erscheinungswelt auf.

Aber das Problem der Wiedervereinigung Gottes mit dem

Menschen mußte einerseits näher zu Gott hin- und andererseits weiter von der Welt abführen als die Vorstellung eines Mittel= wesens ermöglichte. Die Versöhnung mit Gott war erst dann in vollem Maße gefunden worden, wenn dieselbe nicht durch die Ver= mittlung eines dritten Wesens, sondern durch Gott selber voll= zogen wurde. Erst die Offenbarung Gottes im Fleische war die erschöpfende Lösung jenes religiösen Problems. Die Vorstellung von der Sündhaftigkeit der Sinnlichkeit ferner drängte darauf hin, die letztere aus der Versöhnung mit Gott auszuscheiden. Denn indem die Sinnlichkeit als das Nichtseiende, als das Gottfeindliche, als das Grab des Geistes u. s. w. betrachtet wurde, konnte füglich die Versöhnung mit Gott nicht die Welt, sondern nur den Menschen zum Gegenstand haben. Die Idee der Wiedervereinigung mit Gott mußte in folgerichtiger Ausbildung jede kosmologische Be= deutung verlieren und einen rein anthropologischen Charakter ge= winnen. Die christliche Erlöseridee war es, welche beide Aufgaben löste, welche einmal den Fleisch gewordenen Gott an die Spitze ihres Systems stellte und welche zum anderen die irdische Sinn= lichkeit von der Teilnahme an der Versöhnung mit Gott ausschied. In ihr fand das religiöse Problem des Altertums seinen klarsten und einfachsten Ausdruck und darum auch seine endgültige Lösung.

Die Schüler Christi blieben freilich zunächst noch in dem engen Kreise der jüdischen Messiasidee befangen, indem sie ihren Lehrer nur als den Mittler zwischen Jehova und dem jüdischen Volke auffaßten und darum den Uebertritt zum Judentum zur Bedingung der Erlösung durch Christus machten. Doch erhoben schon die ersten Biographen Christi den letzteren weit über die Höhenlage der Menschlichkeit hinaus. Indem sie denselben zugleich als Gottessohn und Menschensohn bezeichneten, gaben sie der religiösen Vorstellung zunächst die Richtung auf jenes von allen Völkern gesuchte Mittelwesen zwischen Gott und Menschheit. Die Erzählungen über das Leben Christi, über seine Geburt, seine Wunderzeichen, seine Auferstehung und Himmelfahrt lassen ihn in ganz ungewöhnlichem, die alte Prophetie weit überragendem Maße mit göttlichem Geiste erfüllt erscheinen. Auch war der Ausdruck Gottessohn von den Evangelisten keineswegs in dem den Römern

und Griechen geläufigem Sinne verstanden worden. Vom Stand=
punkte des abstrakten jüdischen Monotheismus aus mußte die Gottes=
sohnesschaft Christi als ein viel idealeres Verhältnis erscheinen.
Daher faßten denn auch die Juden jene Bezeichnung als eine
Gotteslästerung auf. Andererseits waren die Evangelisten weit
entfernt davon, Christus Gott gleichzustellen. Sie bezeichnen den=
selben nicht nur niemals als letzteren, sondern stellen ihn genau
ebenso abhängig von Gott dar, wie jeden anderen Menschen, so
daß der Gedanke an eine Wesensgleichheit Christi mit Gott ihnen
völlig fern gelegen hat.

Klarer als in den älteren Evangelien wurde der übernatür=
liche Charakter des Mittelwesens in der Paulinischen Glaubens=
lehre ausgesprochen. Christus erschien der letzteren einerseits zwar
als eine Kreatur, aber doch als die erstgeborene aller Kreaturen[1]),
als der geistige, himmlische Mensch[2]), als der ideale Endzweck
der Weltschöpfung. Mit dieser Annäherung der Persönlichkeit
Christi an die Gottheit stellte die paulinische Lehre die erstere in
den Mittelpunkt des religiösen Glaubens. Paulus faßte nicht
wie die älteren Evangelien die Lehre, sondern die Persönlichkeit
Christi selber als den ersten und wichtigsten Gegenstand der christ=
lichen Heilslehre auf. Er gründete die Rechtfertigung des Menschen
ausschließlich auf den Glauben an die Persönlichkeit Christi. Eben
deshalb, weil Paulus die letztere so hoch über die Menschlichkeit
emporhob, erweiterte er ihre Bedeutung auch über die nationalen
Grenzen des Judentums hinaus und lehrte Christus als den
allgemeinen Vermittler zwischen Gottheit und Menschheit betrachten.
Der Hebräerbrief ferner nimmt auf das Mittelwesen der antiken,
im besonderen der jüdisch=alexandrinischen Religionsphilosophie einen
unmittelbaren Bezug, insofern er dieselben Worte, mit welchen die
Weisheit Salomonis die Weisheit bezeichnet hatte, auf Christus
anwendet: „Abglanz der Herrlichkeit,“ „Abbild seines Wesens“.
Christus erscheint dieser Auffassung nach über die Sphäre der
Menschlichkeit erhaben, doch der Gottheit untergeordnet. Er ist in

---

[1]) Kolosser 1, 15.
[2]) 1. Korinther 15, 47 und 48.

feinem vorgeschichtlichen Dasein weder Mensch noch Gott, jenes nicht, denn er war vor der Welt bei Gott, dieses nicht, denn er ift nicht die Herrlichkeit felbft, fondern nur ein Abglanz der= felben.

Das Evangelium des Johannes entwickelte den Mythus von der Mittelwesennatur Chrifti weiter. Während der Verfaffer des Hebräerbriefes feine Auffaffung von der Perfönlichkeit Chrifti mit der Weisheitslehre der jüdifch=alexandrinifchen Philofophie in Ver= bindung brachte, lehnte das univerfellere Johannesevangelium feine Chriftuslehre an die griechifche Philofophie an. Chriftus erfchien dem Verfaffer diefes Evangeliums als der von der platonifchen Philofophie gefuchte, göttliche Logos, als der von Anbeginn be= fchloffene Zweck aller Dinge, als die göttliche Idee der Welt= fchöpfung. Und zwar ift Chriftus hier nicht wie beim Paulus als das ideale Ziel, fondern als das thatfächliche, fchöpferifche Prinzip der Dinge gedacht. Wie die paulinifche Lehre, fo be= zeichnete auch Johannes die Perfönlichkeit Chrifti als den Inhalt und Zweck feiner Lehre. Während die älteren Evangelien den Widerfpruch des Judentums gegen Chriftus auf den Gegenfatz der gefetzlichen Werkgerechtigkeit gegen die feelifche Vertiefung des Glaubens und des fittlichen Handelns zurückführen, bewegt fich in dem johanneifchen Evangelium der Konflikt zwifchen Chriftus und den Juden lediglich um den Glauben an die Perfönlichkeit des erfteren als des im Fleifch geoffenbarten göttlichen Logos. Nicht die Lehre Chrifti an und für fich, fondern die Perfönlichkeit Chrifti felber war „das Licht der Welt" und „das Brot des Lebens". Chriftus hatte den Weg zu der Wiedervereinigung des Menfchen mit Gott und zur Erlangung des jenfeitigen Reiches nicht allein mit Worten gezeigt, fondern er felbft, feine gefchichtliche Perfön= lichkeit bildete diefen Weg. Er felber war der Weg, die Wahr= heit und das Leben. Nicht feine Lehre an und für fich brachte der Welt das ewige Leben, fondern er felbft war die Auferftehung und das Leben. Chriftus felber war der Inbegriff, die Wirklichkeit feiner Lehre. Mit diefer hohen Auffaffung der Perfönlichkeit Chrifti hatte das johanneifche Evangelium ebenfo wie die pauli= nifche Lehre jeden örtlichen und nationalen Charakter Chrifti,

welcher den älteren Evangelien eigentümlich war, völlig abgestreift
und den Konflikt zwischen dem letzteren und dem mosaischen Juden=
tum zu einem allgemein=menschlichen, weltgeschichtlichen Drama
erweitert. Mit dieser Auffassung, welche Christus ebenso sehr als
den Zweck wie als das Mittel der Erlösung hinstellte, hatte das
johanneische Evangelium ferner die Persönlichkeit Christi bereits
über die Natur eines Mittelwesens hinausgerückt und der völligen
Vergottung nahe gebracht.   Doch unterschied es noch deutlich
zwischen ihr und Gott und erklärte wiederholt, daß die Lehre
Christi nicht von dem letzteren, sondern von Gott stamme. Auch
war das Verhältnis der Unterordnung, in welches es Christus zu
Gott stellte, mit einer völligen Wesensgleichheit beider wie mit dem
Begriff der Gottheit nicht vereinbar.

Im Laufe des zweiten Jahrhunderts schloß sich die Ent=
wicklung der Christuslehre ab, indem dem Logos gleiche Wesenheit
mit Gott beigelegt wurde. Der „Hirt" des Hermas ist freilich
zu dunkel in der Ausdrucksweise, als daß sich aus demselben sichere
Schlüsse auf die Vorstellungen über die Persönlichkeit Christi folgern
ließen.   Doch nannte bereits der in den sechziger Jahren des
zweiten Jahrhunderts enthauptete Märtyrer Justin den in Christus
Fleisch gewordenen Logos „den anderen Gott," den aus dem
Schöpfer des Alls hervorgegangenen Gott [1]). Der im Jahre 202
verstorbene Bischof Irenäus von Lyon sowie sein Schüler Hippolyt
legten Christus gleiche Wesenheit mit Gott bei und verstanden
unter dem Sohne Gottes die zweite Person der Gottheit. Einen
allen Zweifel ausschließenden, klaren und bestimmten Ausdruck
fand die Christuslehre sodann in einem dem Bischof Felix von
Rom († 274) zugeschriebenen Briefe, welchen derselbe an Maximus
von Alexandrien gerichtet haben soll. Christus wird in diesem
Schreiben als „vollkommen Gott" und zugleich als „vollkommen
Mensch" seiend, als „Gottes ewiger Sohn und Logos" bezeichnet [2]).
Allerdings wird die Aechtheit dieses Schriftstückes wohl mit Recht
bezweifelt und dasselbe für eine Fälschung des 5. Jahrhunderts

---

[1]) Dial. c. Tryph. c. 48; Apol. I, c. 63.
[2]) Mansi, Conc. 1, 1114.

gehalten [1]). Jedenfalls erregte die Christuslehre noch im 3. Jahrhundert vielfachen Widerstreit und fand erst durch die großen Konzile des 4. und 5. Jahrhunderts ihre endgültige Feststellung. Das Problem der Wiedervereinigung Gottes mit dem Menschen hatte mit der von diesen Konzilien gegebenen, abschließenden Interpretation seine vollkommene Lösung gefunden. Der Mittler zwischen Gottheit und Menschheit, welcher bisher nur als eine philosophische Abstraktion unter dem Namen der Weltseele, des Logos oder der Weisheit existierte, war in Christus nunmehr zu einer geschichtlichen Persönlichkeit geworden. An die Stelle der philosophischen Dialektik stellte das Christentum ein Drama geschichtlicher Vorgänge. Christi Persönlichkeit war die Thatsache der vollzogenen Versöhnung zwischen Gott und Menschheit.

Das Problem der Wiedervereinigung des Menschen mit Gott hatte in seiner Abwicklung über die Vorstellung eines Mittelwesens hinaus und zur Gottheit selber hingeführt. Während die Weltseele der platonischen, die Götter und Dämonen der neupythagoreischen und die Weisheit der jüdisch=alexandrinischen Philosophie nur Mittelstufen bildeten zwischen dem höchsten Gott und der Menschheit und demnach von beiden gleichweit entfernt waren, wurde Christus beiden, Gott und Menschheit gleich nahestehend gedacht, insofern er als wahrer Gott auf der einen und zugleich als wahrer Mensch auf der anderen Seite vorgestellt wurde. Christus war in der seiner Persönlichkeit zu Grunde liegenden Vereinigung von Göttlichkeit und Menschlichkeit die zur Wirklichkeit gewordene Wiedervereinigung der Menschheit mit Gott. Seine Persönlichkeit selber war also die Lösung jenes Problems. Christus war die Personifikation der religiösen Idee seiner Lehre, der religiösen Idee überhaupt. Er selbst, sein persönliches Leben und Leiden war der Gegenstand der christlichen Glaubenslehren. Aus der Persönlichkeit Christi, ihrem Leben und Leiden wurde demnach das System der christlichen Weltanschauung entwickelt. Die Lehren Christi bildeten nur die Erläuterung und Bestätigung der in seiner Person geoffenbarten Wahrheit.

---

[1]) Jos. Langen, Geschichte der röm. Kirche, S. 360 f.

Wie durch die Vergottung Christi einerseits die religiöse Idee in dem letzteren personifiziert wurde, so wurde durch dieselbe andererseits die Persönlichkeit Christi zu religiösen Lehrbegriffen verallgemeinert. Der gekreuzigte Christus wurde der Angelpunkt des christlichen Lehrsystems. Christi Tod wurde einerseits als das Opfer erklärt, welches Gott eingesetzt hatte, um seine Versöhnung mit dem Menschen zu ermöglichen und andererseits als das Vorbild des Opfers hingestellt, welches die Menschen bringen mußten, um der von Gott angebotenen Versöhnung teilhaftig zu werden. Der Sündenfall im Paradiese bildete die Voraussetzung, die dunkle Folie der durch Christi Tod vollzogenen Erlösung. Die Sünde des ersten Menschen hatte den zeitlichen Tod aller Menschen zur Folge gehabt. Indem nun Christus freiwillig in den Tod ging, erlitt er die Strafe, welche die Sünde des Menschen nach sich gezogen hatte und erlöste durch dieses stellvertretende Leiden die Menschheit von dem Fluche der Sünde, dem Tode. Der Tod Christi war das freiwillige Sühnopfer, durch welches Gott selber seiner durch die Sünde des Menschen verletzten Gerechtigkeit Genugthuung leistete. An diesem Punkte erlitt freilich die Logik des Systems eine wesentliche Trübung, indem der zeitliche und ewige Tod miteinander verwechselt wurden. Der körperliche Tod Christi hätte die Menschen eigentlich nur von dem zeitlichen, nicht aber von dem ewigen Tode befreien können. Oder aber würde es die Logik eines stellvertretenden Leidens gefordert haben, daß Christus nicht den zeitlichen, sondern den ewigen Tod hätte erleiden müssen, um die Menschen von dem letzteren zu erretten. Statt dessen erwirkte der Tod Christi wohl die Befreiung des Menschen vom ewigen, nicht aber vom zeitlichen Tode. Vielmehr blieb der seit dem Sündenfalle des Menschen auf der ganzen sinnlichen Körperwelt lastende Fluch nach wie vor bestehen. Daher mußte denn die Versöhnung des Menschen mit Gott die Verneinung der noch im Zustande der Entfremdung von Gott verharrenden Sinnlichkeit von Seiten des Menschen zur Bedingung stellen. Der Kreuzestod Christi, in welchem Gott sich seiner eigenen Gerechtigkeit zum Opfer brachte, forderte demgemäß von der Menschheit ein gleiches Opfer. Wie Christus sich freiwillig ans Kreuz schlagen

ließ, so sollten die Menschen ihre irdische Existenz dem Erlöser
zum Opfer bringen, indem sie allen zeitlichen Interessen entsagten
und ihr Leben zu einem Martyrium gestalteten. Die Kreuzigung
des Fleisches war ebenso die Aufgabe der Nachfolger Christi wie
sie die des letzteren gewesen war. An dem Kreuze Christi waren
Gott und Welt ewig voneinander geschieden. An ihm erschien
dem Apostel Paulus die Welt gekreuzigt und er der Welt[1]). Die=
jenigen, welche Christus nachfolgen wollten, mußten, wie er sagte,
des letzteren Kreuz auf sich nehmen, der Welt absterben[2]) und
allezeit das Sterben des Erlösers an ihrem Leibe tragen[3]).

Die Wiedervereinigung des Menschen mit Gott und die Er=
lösung von Sünde und Welt bildeten die sich gegenseitig be=
dingenden Grundgedanken der christlichen Glaubenslehre. Das
Kreuz war das Sinnbild der Versöhnung mit Gott, „das Holz
des Lebens" und zugleich das Sinnbild der Weltverneinung,
„das Zeichen der Abtötung," wie es in der Sprache des Mittel=
alters hieß.

Christus war als der gottmenschliche Vermittler der Ver=
einigungspunkt der drei Kulturströme, welche ihren Quellpunkt in
Rom, Athen und Jerusalem hatten. Die geschichtliche Grundlage
des Christentums war die jüdische Messiasidee. Dieselbe wurde
jedoch unter der mittelbaren und unmittelbaren Einwirkung des
römisch=griechischen Abendlandes wesentlich umgestaltet. Die er=
drückende Weltmacht der Römer, welche einem anderen Staate
keinen Raum gestattete, war die Ursache, daß Christus das ur=
sprünglich als eine diesseitige, national=jüdische Weltherrschaft ge=
dachte messianische Reich in das Jenseits verlegen und die innere
Vorbereitung des Menschen auf dasselbe als den Zweck des in
ihm erschienenen Messias erklären konnte. Der Kampf des letzteren
gegen den römischen Kaiser wurde zu einem solchen gegen den
unsichtbaren „Fürsten dieser Welt," gegen Sünde und Teufel.
Nicht die Befreiung des Judentums von der Tyrannei der poli=

---

[1]) Gal. 6, 14.
[2]) Kol. 2, 20.
[3]) 2. Kor. 4, 10.

tischen Fremdherrschaft, sondern die der Menschheit von der Knecht=
schaft der Sünde wurde das Ziel des Messias. Unter dem Zwange
der römischen Weltherrschaft verwandelte sich der national-politische
Typus der jüdischen Messiasidee in einen universell-religiösen.
Durch die Verbindung endlich der zu einer allgemeinen religiösen
Lehre erweiterten Messiasidee des Judentums mit der Logoslehre
der platonischen Philosophie, welche der Evangelist Johannes voll=
zog, erwuchs der Messias allmählich zu der im Fleische geoffen=
barten göttlichen Weltidee, dem Mensch gewordenen Gott. Der
Anteil des Römertums bestand darin, daß es die Vorbedingungen
schuf, welche die Entwicklung und die einheitliche Durchbildung
der christlichen Religionslehre ermöglichten. Der Anteil des Grie=
chentums bestand darin, daß es das Suchen nach religiöser Wahr=
heitserkenntnis zu der Fragestellung nach der Versöhnung Gottes
mit der Menschheit und dem dieselbe erwirkenden Mittelwesen
zwischen beiden hinleitete. Aus dem Judentum endlich ging die
geschichtliche Persönlichkeit hervor, welche als die Lösung dieses
Problems begriffen werden konnte. Die weltgeschichtliche Bedeu=
tung der christlichen Religion beruhte nicht sowohl auf der jüdischen
Messiasidee und der geschichtlichen Persönlichkeit des Messias als
vielmehr auf der mythischen Umgestaltung derselben von Seiten
des Abendlandes. Nur aus dem vielseitigen Herüber= und Hinüber=
wirken des Abendlandes und Morgenlandes entwickelte sich die
Glaubenslehre des Christentums. In ihr vollzog sich die Ver=
schmelzung des römischen, griechischen und jüdischen Geistes. Sie
war der Vereinigungspunkt der abendländischen und morgen=
ländischen Geistesentwicklung des Altertums.

V. Das Christentum und der römische Staat.

Das Christentum bezeichnete seiner Entstehung wie seiner Idee nach den grundsätzlichen Bruch mit dem Götterglauben des antiken Mythus. Da nun der letztere eine staatliche Einrichtung bildete, so mußte jener Bruch mit dem antiken Mythus sich notwendig zu einem solchen mit dem Staate und, nach der Zusammenfassung der alten Staatenwelt in der Weltmacht des Römertums, zu einem Bruch mit der römischen Staatsmacht gestalten. Der Widerstreit zwischen dem Christentum und dem antiken Kulturprinzip gipfelte in dem Kampfe des ersteren mit dem römischen Staate.

Die Wahrung des von dem Christentum gefährdeten staatlichen Wohles war der entscheidende Grund für die feindliche Stellung der Römer gegen das Christentum. „Wir gelten nicht als Römer, weil wir den Gott der Römer nicht verehren", sagte der älteste christliche Apologet Minucius Felix in seiner während des letzten Viertels des zweiten Jahrhunderts verfaßten Schrift „Octavius"[1]. Die Worte aus dem Todesurteile des Bischofs Cyprian von Karthago vom Jahre 258: „Du hast dich als einen Feind der römischen Götter und der heiligen Gesetze erwiesen", sprachen gewissermaßen das Leitmotiv der Christenverfolgungen aus. Der im Jahre 185 geborene Origines suchte den gegen die Christen erhobenen Vorwurf der Staatsfeindlichkeit zum Teil fast mit denselben Worten zurückzuweisen, mit welchen einst Seneca die Philosophen gegen dieselbe Beschuldigung in Schutz genommen hatte.

---

[1] K. 24.

Origines erklärte, daß die Christen dem Kaiser gerne Hülfe leisten
würden, aber keine menschliche, sondern eine göttliche. Ihre Hülfe
bestände darin, daß sie für das Wohl ihrer Mitbürger beteten.
Kriegsdienste hingegen könnten die Christen nicht leisten, weil dieselben sich nicht mit dem priesterlichen Beruf der letzteren vereinigen ließen. Auch obrigkeitliche Aemter würden sie nicht übernehmen können, „um Kraft und Zeit zu sparen zu weit nötigeren
und heiligeren Pflichten, zu dem Dienste der Kirche, durch welche
der Menschen Seligkeit gefördert wird [1]). Die Beweisführung des
Origines war demnach ebenso wie die des Seneca mehr eine Bestätigung als eine Widerlegung jenes Urteiles der Römer über
die Christen. Die Staatsgefährlichkeit der Christen lag ebenso wie
die der griechischen Philosophen nicht darin, daß sie, wie das Volk
wähnte, geheime Verschwörungen gegen Kaiser und Reich anzet-
telten, sondern darin, daß sie sich der Teilnahme an den wichtigsten staatlichen Aufgaben möglichst zu entziehen suchten und dadurch dem Staatsdienste einen sehr erheblichen Abbruch thaten.
Nach der Theorie des Origines war der Bestand des Staates nur
so lange möglich, als die große Mehrzahl seiner Bürger im heidnischen Glauben verblieb, so daß also der Staat in demselben
Maße an Sicherheit verlieren mußte, als das Christentum an
Ausdehnung gewann.

Der Gegensatz zwischen Christentum und antikem Volkstum
nahm auf beiden Seiten mit der Zeit einen so allgemeinen und
grundsätzlichen Charakter an, daß derselbe sich schließlich in Ge-
waltthätigkeiten des letzteren gegen das erstere entlud. Kaiser
Nero machte den Anfang. Doch erfolgten die Grausamkeiten desselben gegen die Christen lediglich aus persönlichen Beweggründen.
Domitian sah sich gleichfalls nur aus persönlichen Beweggründen
veranlaßt, zeitweise gegen die Christen einzuschreiten. Beide erblickten in den letzteren nur eine besondere Sekte des ohnehin verachteten Judentums. Nachdem aber der jüngere Plinius als
Statthalter Bithyniens unter dem Kaiser Trajan erkannt hatte,
daß das Christentum keine jüdische Sekte, sondern eine neue eigen-

---

[1]) Vgl. Böhringer, Die Kirche Christi, Bd. 1, S. 133.

artige Lehre war, erhielt die Verfolgung der Christen insofern eine
öffentliche Veranlassung, als ihrem Kultus die staatliche Aner=
kennung fehlte. Darum forderte nunmehr der Staat von Seiten
der Christen die Verehrung der römischen Nationalgötter, sowie
des zu den letzteren gerechneten Genius des regierenden Kaisers.
Der Zuwiderhandelnde wurde von jetzt ab als Anhänger einer un=
erlaubten Religion und als Majestätsverbrecher vor Gericht gezogen.
Heftiger und ausgedehnter wurde die Verfolgung mit dem Be=
ginne des dritten Jahrhundert unter Septimius Severus. Nur
die christliche Gemeinde in Rom wurde von dieser Verfolgung
weniger betroffen.

Die verschärfte Gegenstellung des Römertums hatte auch auf
Seiten der Christen eine Schärfung des Gegensatzes zur Folge.
Während einst die Apostel den Gehorsam gegen die staatlichen Be=
hörden den Gläubigen zur Pflicht gemacht und jede Obrigkeit als
von Gott eingesetzt bezeichnet hatten, sahen die Christen bereits
seit der neronischen Verfolgung Rom als das Reich des Anti=
christen an. Die Christen des zweiten und dritten Jahrhunderts
brachen grundsätzlich mit dem römischen Staate und seiner ge=
schichtlichen Vergangenheit. In dem noch aus dem zweiten Jahr=
hundert stammenden Briefe an Diognet heißt es: „Sie (d. i. die
Christen) bewohnen ihr Vaterland, aber nur wie Beisassen. Sie
tragen alle Lasten der Staatsbürger und werden doch wie Fremde
behandelt. Jede Fremde ist ihr Vaterland und jedes Vaterland
ist ihnen fremd. Sie sind im Fleische, aber sie leben nicht nach
dem Fleische. Sie wandeln auf Erden, aber ihr Bürgertum ist
im Himmel. Sie gehorchen den eingeführten Gesetzen, aber ihr
Leben ist über den Gesetzen.“ Der sittliche Verfall der römischen
Gesellschaft gab den Christen keine Veranlassung, auf eine Neuge=
staltung derselben hinzuwirken, sondern bestärkte sie vielmehr in
dem Entschlusse, alle Teilnahme am öffentlichen Leben zu meiden.
Von der Höhe der christlichen Weltverachtung betrachtete der der
ersten Hälfte des dritten Jahrhunderts angehörende Cyprian mit
einem neu bekehrten Freunde die tief unter ihnen liegenden irdi=
schen Dinge. Er zeigte ihm die von gemeinen Trieben bewegte
Gesellschaft in Stadt und Land, im Zirkus, auf dem Forum, im

Hause. Er lehrte ihn aber nicht, nun von der Höhe hinabzu=
steigen und die in Verwirrung geratene Gesellschaft wieder in feste
Ordnungen zu fügen, sondern er mahnte ihn, sich von diesem An=
blick abzuwenden und sein Denken nur auf das Jenseits gerichtet
zu halten [1]. In seiner Schrift „Ueber die Sterblichkeit" sah er
den Untergang der Welt nahe bevorstehen. Rings um ihn wü=
tete die Pest und hielt die Menschen in der Qual einer beständigen
Todesfurcht gefesselt. Er aber fühlte keine Beziehung zu dem in
der Auflösung begriffenen Menschengeschlecht. Dem Zusammen=
sturze des letzteren sah er ohne Mitleid und Furcht zu, da er sich
auf dieser Welt nur wie ein Fremder erschien und da ihm der
leibliche Tod nur der Eingang zum ewigen Leben bedeutete.

Die römische Geschichte erschien den Christen als eine un=
unterbrochene Reihenfolge verbrecherischer Gewaltthaten. In diesem
Sinne entwarf Minucius Felix in seiner erwähnten apologetischen
Schrift Octavius eine kurze Skizze der römischen Geschichte, welche
in dem Satze gipfelte: „Die Römer sind nicht darum so groß,
weil sie fromm, sondern weil sie unbestraft gottlos waren" [2]. Ebenso
bezeichnete Tertullian in seinem Apologeticum nicht die Frömmig=
keit, sondern die Gottlosigkeit als die Ursache der Größe Roms,
insofern die letztere nur durch Kriege begründet sei [3]. „Nichts,"
erklärte er in derselben Schrift, „ist uns gleichgültiger als der
Staat" [4].

So war der Gegensatz zwischen Römern und Christen ein
vollständiger. Was jenen groß erschien, galt diesem als verächt=
lich und umgekehrt, die Tugenden der letzteren galten den ersteren
als Laster. Den geistigen Gottesbegriff der Christen faßten die
Römer als eine Leugnung des Göttlichen auf. Die Entschlossenheit,
mit welcher die Christen für ihren Glauben in den Tod gingen,
erschien einem Epiktet und Mark Aurel als hartnäckiger Trotz [5].

---

[1] Vgl. die Schrift desselben ad Donatum.
[2] K. 25.
[3] K. 25 f.
[4] K. 38.
[5] Epictet D. IV, 7; M. Anton. XI, 3.

Die Demut der Christen erschien einem Aristides als Niedrigkeit der Gesinnung [1]). Die Enthaltsamkeit derselben von allen geselligen Vergnügungen legte Tacitus als „Menschenhaß" aus [2]). Andererseits betrachten die Christen die Götter der Römer als teuflische Wesen, ihren Kultus als Götzendienst, ihre Großthaten als gottlosen, räuberischen Frevel.

Je mehr sich bei dieser gegenseitigen Spannung beider Parteien die Christen vom öffentlichen Leben lossagten, desto fester schlossen sie sich in sich selber zusammen. Die Einigung derselben, welche sich auf die Feststellung des religiösen Lehrbriffs wie auf die äußere Verwaltung der Gemeinden, auf Zucht und Sitte der Gläubigen bezog, war um so bringender, als das antike Volkstum seit dem zweiten Jahrhundert die christliche Religionslehre nicht allein mit seiner exekutiven Gewalt, sondern auch mit seiner philosophischen Bildung bedrohte. Aus der Vermischung der griechischen und morgenländischen Bildung entstanden die phantastischen Philosophemen der Gnosis, deren Gedanke es war, die Glaubenslehren des Christentums in sich aufzunehmen und in einen Mysterienkultus umzugestalten. Während die Staatsgewalt das Christentum von außen bedrängte, drohte die Häresie es von innen heraus zu zersetzen. Diesen drohenden Gefahren gegenüber waren die Christen zur Aufrichtung eines besonderen Lehramtes, eines mit der Wahrung und Pflege der Glaubenslehre besonders betrauten priesterlichen Amtes genötigt. In den Worten, mit welchen Christus seinen Jüngern, die Binde- und Lösegewalt über die Seelen verliehen hatte [3]), erkannte man jetzt den göttlichen Stiftungsakt eines priesterlichen Amtes. Die Binde- und Lösegewalt wurde seitdem als eine nur mit dem priesterlichen Lehramte verbundene Machtvollkommenheit angesehen. In diesem göttlichen Lehramte des Priestertums sollte die Gemeinschaft der Gläubigen ihren festen Mittelpunkt finden. Nur innerhalb der unter der Leitung des Priestertums stehenden kirchlichen Gemeinschaft war

---

[1]) Aristid. or. 46, p. 309.
[2]) Tac. hist. 5. 4.
[3]) Matth. 18, B. 18; Ev. Joh. 20, B. 22 f.

seitdem der rechte Glaube und die Erwerbung der göttlichen
Gnade möglich. Aus der, auf der Idee des allgemeinen Priester=
tums beruhenden Gemeinschaft der Gläubigen entwickelte sich die
sakramentale Heilsanstalt der Kirche, welche den Besitz und die
Verwaltung der göttlichen Gnadenmittel dem Priestertum vorbe=
hielt. Schon der im Beginn des zweiten Jahrhunderts zum Tode
verurteilte Bischof Ignatius von Antiochien machte die Erwerbung
der göttlichen Gnade von dem Gehorsam gegenüber dem Bischof
und dem treuen Festhalten an der kirchlichen Gemeinschaft ab=
hängig. „Die Gottes und Jesu sind," sagte er, „halten sich an
den Bischof und soviele sich bekehren und zur Einigkeit der Kirche
wenden, soviele werden Gottes sein" [1]. Cyprian verfaßte um die
Mitte des dritten Jahrhunderts unter dem Eindrucke der heftigsten
und ausgedehntesten Verfolgungen, welche die Christen bis dahin
zu erleiden gehabt hatten, eine Schrift „über die Einheit der ka=
tholischen Kirche", in welcher er in noch bestimmterer Ausdrucks=
weise als Ignatius das Beharren in der kirchlichen Gemeinschaft
und in dem Gehorsam gegen das Priestertum als die unumgäng=
liche Bedingung des ewigen Heilserwerbes bezeichnete. Er verglich in
dieser Schrift die Kirche mit der Arche Noahs, insofern jene ebenso
einzig vor dem ewigen Tode bewahre, wie diese vormals vor dem
leiblichen Tode errettet habe. Wer nicht in der Gemeinschaft ver=
bleibt, sagt er, „der hält auch nicht an Gottes Gebot" [2]. Denn
man kann Gott nicht zum Vater haben, wenn man die Kirche
nicht zur Mutter hat. Selbst das Martyrium war seiner Ansicht
nach fruchtlos, wenn es außerhalb der kirchlichen Gemeinschaft
erduldet würde. Es wird, erklärte Cyprian, nichts als die Strafe
des Unglaubens nach sich ziehen [3]. Kurzum, „wer sich von den
Priestern scheidet, der scheidet sich von Christus" [4].

Der apostolische Ursprung einzelner Gemeinden, sowie die
geschichtliche und politische Bedeutung ihrer Sitze gaben die Veran=

---

[1] Epist. ad Phil. K. 2, 3.
[2] K. 5.
[3] K. 12.
[4] K. 15.

laffung, daß diesen Gemeinden ein höheres Ansehen in dem all=
gemeinen Verbande der Kirche beigelegt wurde, daß dieselben, be=
ziehentlich ihre Bischöfe als Berufsinstanzen in allen zweifelhaften
Fragen des Glaubens und der Sitte anerkannt wurden. Es waren
dies die Gemeinden Jerusalem, Antiochien, Ephesus, Alexandrien,
Rom und Konstantinopel. Da nun die römische Gemeinde der be=
reits im zweiten Jahrhundert entstandenen Legende zufolge eine Stif=
tung des Apostels Petrus war, da außerdem der Apostel Paulus
in Rom den Tod erlitten hatte und da ferner die Stadt Rom an
geschichtlicher und politischer Größe alle anderen Städte weit über=
ragte, so glaubte man dieser Gemeinde ein allen andern vorangehen=
des Ansehen beilegen zu müssen. Schließlich führten die zahlreichen,
namentlich in der morgenländischen Kirche aufgeworfenen Streit=
fragen über die religiöse Glaubenslehre zur Anerkennung einer
letzten, für die gesamte Kirche maßgebenden schiedsrichterlichen
Autorität. Der Gedanke aber, gerade den römischen Bischof als
Schiedsrichter anzugehen, lag um so näher, da die abendländische
Kirche weit weniger durch religiöse Streitfragen beunruhigt wurde
als die morgenländische Kirche und da demnach der vornehmste
Bischof der ersteren als der zuverlässigste und unparteiischeste Richter
erscheinen mußte. Diese, aus den geschichtlichen Verhältnissen er=
wachsene Stellung des römischen Bischofs fand dann einen dog=
matischen Stützpunkt in den den Petrus vor den anderen Aposteln
auszeichnenden Worten Christi, in welchen der letztere jenen als
den Felsengrund seiner Gemeinde bezeichnete, ihm die Schlüssel
des Himmelreiches und zugleich eine allgemeine Binde= und Löse=
gewalt übergeben hatte. Wie Petrus, so erschien demnach auch
der Vorsteher der der Sage nach von ihm gestifteten römischen
Gemeinde als der Inhaber eines apostolischen Primates. Schon
gegen Ende des zweiten Jahrhunderts erhob der römische Bischof
Viktor I. den Anspruch auf den höchsten Episkopat der ganzen
Kirche und suchte von dem letzteren einen praktischen Gebrauch zu
machen, indem er in dem über die Osterfeier entstandenen Streite
die Kleinasiaten aus der kirchlichen Gemeinschaft ausschließen wollte,
ein Vorhaben, mit welchem er freilich nicht durchdrang. Zunächst
fand dieser Anspruch auf den höchsten Episkopat nur in der abend=

ländischen Kirche Geltung, jedoch auch hier nur allmählich. Bereits
der um die Mitte des zweiten Jahrhunderts geborene Bischof Irenäus von Lyon legte der römischen Gemeinde einen „höheren Vorrang" bei[1]). Tertullian wies auf die Gemeinden apostolischer Stiftung und vor allem auf Rom, als auf die angemessensten Instanzen
für die Entscheidung in zweifelhaften Glaubensfragen hin[2]). Cyprian nannte die Gemeinde des römischen Bischofs die vornehmste
Kirche, die ecclesia principalis, welcher „die Einheit des Priestertums entsprossen" sei[3]). Doch wurde dieser der römischen Gemeinde, beziehentlich dem römischen Bischof zugestandene Vorzug
nur als ein Ehrenvorrang unter Gleichberechtigten verstanden. Auch
Tertullian und Cyprian legten nur in dem letzteren Sinne dem
römischen Bischofe ein höheres Ansehen bei.

Die Abwehr des feindlich gesinnten römischen Staates und der
unter der Einwirkung der antiken Philosophie entstandenen christlichen Häresie war die Entstehungsursache des sakramentalen
Priestertums und des in dem römischen Bischof vertretenen einheitlichen Kirchenregimentes.

Da nun die bedrohte christliche Lehre in der Hierarchie ihren
sichersten Stützpunkt gefunden hatte, so faßten die römischen
Kaiser seit Maximin I. in ihren gegen die Christen gerichteten
Verfolgungsdekreten hauptsächlich den Klerus ins Auge. Maximin befahl im Jahre 235, wie Eusebius berichtet[4]), ausschließlich die Vorsteher der Kirchen hinzurichten. Der Kaiser Decius,
welcher die Vernichtung der christlichen Religion beabsichtigte,
glaubte gleichfalls dieses Ziel am besten durch die Verfolgung des
Klerus zu erreichen. Im Abendlande wie im Morgenlande richtete
die damalige Verfolgung ihre Spitze hauptsächlich gegen den Klerus
und vor allem gegen den Episkopat. Denselben Zweck wie Decius
erstrebte Kaiser Valerian in seinen Edikten aus den Jahren 257
und 258. Nach einer vierzigjährigen Ruhe veranlaßte Diocletian

---

[1]) Adv. haeres. K. 3, 3.
[2]) De praescript. haeretic. K. 21.
[3]) Ep. 52, S. 86, ed. Rig.
[4]) Hist. eccl. VI, 28.

im Jahre 303 eine neue Verfolgung, in welcher er mit systema-
tischer Gründlichkeit gegen die Christen als Majestätsverbrecher ein-
schritt. Am rücksichtslosesten verfolgte auch er den Klerus.

Dennoch war der Widerstand des antiken Volkstums gegen
das Christentum vergeblich. Das erstere suchte eine Erscheinung
gewaltsam zu unterdrücken, deren Ursache aufzuheben es nicht im
Stande war. Es suchte der im Christentum sich vollziehenden Entstaatlichung der Gesellschaft entgegenzuwirken, ohne doch der letzteren den längst verloren gegangenen Besitz des Staates wieder
gewinnen zu können. An diesem Widerspruche scheiterte die Reaktion des antiken Volkstums gegen das Christentum und die
Kirche. Die Teilnahme des Volkes an den Christenverfolgungen,
welche ursprünglich von leidenschaftlicher Heftigkeit war, nahm mehr
und mehr ab, bis sie zuletzt fast völlig erlosch. Das Christentum
gewann immer breiteren Boden in allen Kreisen der Gesellschaft.
Bereits Tertullian sprach die Siegesgewißheit der Christen mit.
den bekannten Worten aus: „Je mehr wir hingemäht werden,
desto mehr wächst unsere Zahl" [1]. Im Jahre 310 erließ endlich
Kaiser Galerius, müde der vergeblichen Anstrengungen, ein Tole-
ranzedikt, in welchem er dem Christentum die Rechte einer erlaubten Religion gewährte. Er gestand in demselben ein, daß
sein Bemühen, „nach den Sitten und Einrichtungen der Vorfahren
und der öffentlichen Disziplin der Römer alles wiederherzustellen"
und die Christen „zu den Gebräuchen und Einrichtungen der Vorfahren" zurückzuführen, vergeblich gewesen sei und daß er sich eben
deshalb entschlossen habe, den Christen die Ausübung ihres Gottesdienstes von jetzt ab zu gestatten [2]. Mit diesem Eingeständnisse
der Erfolglosigkeit aller Maßregeln gegen Christentum und Kirche
von Seiten der Staatsgewalt fand der Kampf der letzteren gegen
jene seinen Abschluß. Im Jahre 313 wurde durch Konstantin
und Licinius das Christentum der bisherigen Staatsreligion rechtlich gleichgestellt, indem dieselben einem jeden, den Christen wie
allen anderen gestatteten, „diejenige Religion zu haben, welche sie

---

[1] Apolog. 50.
[2] Euseb. hist. eccl. VIII, 17.

wollten" [1]). Die zwischen beiden Cäsaren ausbrechende Zwietracht
störte diesen Zustand auf kurze Dauer, indem Licinius in dem
Episkopat den Verbündeten seines Gegners erblickte und infolge
dessen die Existenz desselben zu erschüttern suchte. Der Sieg Kon=
stantins im Jahre 323 machte der Absicht des Licinius ein Ende.
Das Christentum wurde anerkannt und der Kaiser selber der neuen
Lehre gewonnen. Noch einmal freilich lebte der Geist des Alter=
tums in Julian dem Abtrünnigen wieder auf. Noch einmal war
es der antike Staatsgedanke, der in diesem Kaiser dem weltflüch=
tigen Christentum entgegentrat. Julian suchte aber auf einem
anderen Wege zu seinem Ziele zu gelangen, als seine Vorgänger.
Sein von weiter Hand angelegter Plan zielte nicht darauf hin,
Christentum und Kirche aufs neue zu unterbrücken, sondern die
gegnerische Macht derselben, den Kultus der alten Götter aufs
neue zu beleben und dem letzteren durch die Uebernahme christlicher
Einrichtungen eine verstärkte Machtstellung zu geben. Er übertrug
demgemäß die hierarchische Verfassung der Kirche, ferner die kirch=
lichen Bußübungen, das Klosterwesen und endlich auch die kirch=
liche Wohlthätigkeitspflege auf das römische Staatspriestertum.
Die ganze innere Politik ging in den Gedanken auf, durch eine
Reform des alten Kultus dem Christentum und der Kirche den
Boden zu entziehen und auf diesem Wege die antike Staatsidee
von ihrem drohenden Untergange zu retten. Sein Vorbild war
der größte Held des griechischen Altertums, Alexander der Große.
Der christliche Dichter Prudentius nannte Julian etwa hundert
Jahre später „einen Berater des Vaterlandes, nicht aber des
Glaubens, einen Verehrer unzähliger Gottheiten, treulos gegen
Gott, nicht aber gegen das Reich." Mit dem Tode Julians aber
erlosch das antike Volkstum in ewige Nacht. Die Widerstands=
kraft des letzteren war endgültig gebrochen. Die Christianisierung
des Staates konnte aber keine grundsätzliche Wandlung in dem
Verhältnisse der Kirche zu demselben herbeiführen. Denn da
Staat und Kirche in der Anschauung der letzteren zwei entgegen=
gesetzte Prinzipien, jener das Irdische, diese das Uebersinnliche ver=

---

[1]) Euseb. l. c. X, 5.

traten, so war die Kirche nicht allein dem heidnischen Staate, son=
dern dem Staate als solchem abgeneigt. Das bisherige Verhalten
der Christen zum letzteren wurde folglich durch den Uebertritt Kon=
stantins nicht erschüttert, sondern vielmehr befestigt. Sobald die
Kirche sich gesetzlich geschützt sah, gab sie ihrer Geringachtung gegen
den Staat einen noch offeneren, rückhaltsloseren Ausdruck als vordem.

Der Uebertritt Konstantins bedeutete nichts anderes als die
Niederlage des Staates und den Sieg der Kirche, die Niederlage
des irdischen Kulturprinzips der klassischen Zeit und den Sieg des
übersinnlichen Prinzips der neueren Zeit. Die Christianisierung
des Staates schloß den Untergang desselben in sich. Die welt=
verneinende Religiosität des Christentums hatte den weltherrschaft=
lichen Gedanken des römischen Reiches in sich aufgenommen. Aus
der Gegenwirkung des diesseitigen antiken Kulturprinzips und des
jenseitigen Christenglaubens war die römische Kirche erwachsen.
In der letzteren fanden beide Gegensätze ihre Versöhnung. In
ihr waren die Gegensätze des weltbejahenden antiken Staates und
des weltverneinenden Christentums aufgehoben, insofern dieselbe
beide, die weltverneinende Lehre des Christentums und den welt=
herrschaftlichen Gedanken des Römertums in sich vereinigte. Die
römische Kirche war die Einheit von Christentum und klassischem
Römertum.

Die Entwicklung der Kirche bildete den entscheidenden Wende=
punkt in der Geschichte der christlichen Glaubenslehre und der
abendländischen Kultur, indem mit der Entstehung derselben die
weltflüchtige Askese des Christentums ein positives weltliches Prin=
zip in sich aufnahm. Der Begriff der Kirche hatte sich zu dem
des Priestertums verengt. Seitdem war die Kirche zu einer Ver=
mittlungsanstalt zwischen Gott und Menschheit geworden. Die
Kirche war das Reich Gottes auf Erden, der Leib Christi oder
wie Chrysostomus sagte, „die Kirche ist Gott“. „Was die drei=
hundert Bischöfe in Nicäa beschlossen haben, ist nichts anderes als
Gottes Ratschluß“, schrieb Kaiser Konstantin in einem Briefe an
die Kirche zu Alexandrien [1]). Der metaphysische Dualismus von

---

[1]) Socr. 1. 9.

Gott und Welt war von jetzt ab gleichbedeutend mit dem Dua=
lismus von Kirche und Welt. Von diesem Zeitpunkte an, in wel=
chem durch die Dogmatisierung des Priestertums die religiöse Idee
des Christentums gleichgestellt wurde mit der Kirche, in welchem
die letztere ebenso wie ihr Stifter als die Offenbarung Gottes im
Fleische erschien, waren die Zwecke der Kirche der letzte und höchste
Maßstab für alle menschlichen Lebensverhältnisse, das Maß aller
Dinge. Demnach mußten alle irdischen Einrichtungen sich der
Kirche unterwerfen. Die göttlichen Zwecke waren die ideale Norm
für die staatliche Verwaltung und Gesetzgebung, für Recht, Sitte,
Wissenschaft und Kunst. Seitdem forderte die Kirche aus ihrer
übersinnlichen Idee mit gleicher logischer Notwendigkeit die Ver=
neinung der Welt auf der einen und die Beherrschung derselben
auf der anderen Seite. Beide, Weltverneinung und Weltbeherr=
schung erschienen seitdem als die sich gegenseitig bedingenden For=
derungen der christlichen Glaubenslehre. Die Verneinung der
Welt bethätigte sich in der Unterwerfung derselben unter die gött=
liche Autorität der Kirche und umgekehrt die kirchliche Beherr=
schung der Sinnenwelt in der Verneinung der letzteren. Die Kirche
verneinte die Welt, indem sie dieselbe eroberte, sie eroberte die
Welt, indem sie dieselbe verneinte. Die Kirche war der positive,
die Welt der negative Pol des menschlichen Lebens.

Unter dem Begriffe der Welt aber verstand die Kirche alle
irdischen Lebensbeziehungen, Staat und Vaterland, Ehe und Fa=
milie, materiellen Güterbesitz, weltliche Wissenschaft und Kunst.
In erster Linie wurde die Verleugnung dieser Dinge dem geist=
lichen Stande zur Pflicht gemacht, und zwar nicht deshalb bloß,
weil man in der Erfüllung weltlicher Berufspflichten ein mate=
rielles Hindernis für die sorgsame Wahrnehmung der geistlichen
Amtsgeschäfte erblickte, sondern weil man die ersteren mit der be=
sonderen Heiligkeit des Priestertums nicht vereinbar fand. Ins=
besondere wurde der Kriegsdienst den Geistlichen schon frühzeitig
von den Synoden verboten. Ebenso wie die Heiligkeit des priester=
lichen Standes dem letzteren die Uebernahme staatlicher Dienst=
leistungen verwehrte, stand dieselbe andererseits auch einem un=
mittelbaren Uebertritt weltlicher Berufsleute in den geistlichen

Stand entgegen. Die römische Synode vom Jahre 402 beschloß, daß keiner, der ein obrigkeitliches Amt bekleidet habe, in den geist= lichen Stand treten dürfe, ohne sich vorher einer Buße unter= zogen zu haben. Von der Voraussetzung der besonderen Heilig= keit des Priestertums aus wurde den Priestern ferner von den Synoden untersagt, sich gegenseitig vor den weltlichen Richter zu citieren. Es geschah dies von den Synoden zu Hippo im Jahre 393, zu Karthago im Jahre 407, zu Chalcedon im Jahre 451, zu Angers im Jahre 453, zu Vennes im Jahre 465 u. s. w. Das karthagenienisische Konzil des Jahres 401 untersagte den Priestern sogar, vor den weltlichen Gerichten als Zeugen zu erscheinen. Frei= lich wünschte die Kirche, daß der Staat sich ebenso sehr von ihren Angelegenheiten fernhielt, wie sie von den Interessen des Staates sich fernzuhalten behauptete. „Der Kaiser hat kein Recht in gött= lichen Dingen", erklärte Ambrosius [1]. Der Bischof Hosius von Korbova schrieb dem Kaiser Konstantius: „Mische dich nicht in kirchliche Angelegenheiten, gib uns hierin keine Befehle, lerne viel= mehr in dieser Beziehung von uns. Dir hat Gott das Reich über= geben, uns die Kirche anvertraut." Theodosius II. erkannte seiner= seits diesen Standpunkt der Kirche an, indem er im Jahre 431 seine Mitwirkung in kirchlichen Fragen für unzulässig erklärte. Die Kirche erstrebte also eine strenge Scheidung ihrer Sphäre von dem weltlichen Machtgebiete des Staates.

Indessen erschien der Staatsdienst nicht als ein lediglich den geistlichen Amtspflichten, sondern auch als ein den allgemeinen Christenpflichten entgegenstehendes Hindernis. Ambrosius bemerkte ganz allgemein: „Wer den Kampf des Glaubens kämpft, muß sich jeglichen Weltgeschäfts enthalten." Die Ansicht, daß der mit Blut befleckende Kriegsdienst nicht allein den Priestern, sondern den Gläubigen überhaupt nicht zieme, zählte viele Anhänger. Origines hatte in dem oben bezogenen Worte die Leistung des Kriegsdienstes von Seiten der Christen mit dem Hinweis auf den priesterlichen Beruf derselben für unmöglich erklärt. Der Glaubens= eifer der Bekehrten regte nicht zu thätigen Werken an, sondern trieb

---

[1] Ep. 33.

aus der menschlichen Gesellschaft hinaus in die Wüste oder in die
Einsamkeit der Klöster. Augustin legte nach seiner Bekehrung
sein staatliches Amt als Lehrer der Beredsamkeit nieder und
flüchtete sich in ein einsames Landhaus. Der Konsul Honoratus
verzichtete nach seiner Bekehrung auf seine Würde, wurde Mönch und
stiftete im Jahre 410 das nach ihm benannte Kloster St. Honoré.
Die Flucht aus der Gesellschaft in die Wüste war so stark, daß
Kaiser Valens ernstlich besorgte, es möchten sich keine geeigneten
Persönlichkeiten mehr für die Uebernahme der munizipalen Aemter
finden lassen und daß er schließlich im Jahre 365 ein Edikt er=
ließ, welches den Anschluß an die Anachoreten verbot. Als einst
im Jahre 384 der altgläubige Symmachus an den Kaiser Valen=
tinian II. eine Bittschrift für die Wiederherstellung der Sieges=
göttin im Senatssaale einreichte, begründete er dieselbe unter an=
derem mit den Worten: „Was liegt daran, in welcher Schule
jemand nach der Wahrheit forscht!" Augustin erklärte hingegen
in seiner Schrift „über den Gottesstaat" [1]): „Was liegt daran,
unter wessen Herrschaft der Sterbliche lebt, wenn die Regierenden
ihn nur nicht zur Gottlosigkeit und Ungerechtigkeit zwingen." Der
grundsätzliche Unterschied zwischen der heidnischen und christlichen
Ansicht über das Wertverhältnis von Staat und religiösem Glauben
war in diesen Worten mit epigrammatischer Schärfe ausgesprochen.
Jener war der Staat die Hauptsache und die religiöse Speku=
lation die Nebensache, dieser galt umgekehrt der religiöse Glaube
alles und der Staat nichts. Der im Jahre 347 geborene Chry=
sostomus bezeichnete den Staat und seine strafende Gerechtigkeit
als ein notwendiges Uebel. „Die Sünde", sagt er, „hat diese
Art der Herrschaft notwendig gemacht." Mit diesen Worten sprach
Chrysostomus die allgemeine, das ganze Mittelalter hindurch sich
erhaltende Ansicht der Kirche über den Ursprung und den Wert
des Staates aus.

Wie der Staatsdienst so galt auch die Ehe als ein dem Auf=
fluge zum Uebersinnlichen entgegenstehendes Hindernis und zwar
einmal deshalb, weil sie den Menschen mit irdischen Sorgen be=

---

[1]) L. 5, K. 17.

lastete und zum anderen und zwar hauptsächlich deshalb, weil sie
den Menschen mit sinnlicher Liebeslust befleckte. Als grundlegend
für die Beurteilung der Ehe betrachtete man die Worte Christi,
welche Mathäus mitteilt[1]), sodann vor allem das siebente Kapitel
des Korintherbriefes sowie die Worte der Offenbarung Johannis
K. 14, V. 4. Alle Kirchenlehrer ohne Ausnahme waren auf Grund
dieser biblischen Stellen einig in der Begeisterung für die Jung=
fräulichkeit. Tertullian meinte sogar, die Ehe sei „wesentlich das=
selbe wie die Hurerei"[2]). Soweit ging allerdings die Kirche nicht.
Doch fand die Ansicht des Tertullian immerhin so viele Anhänger,
daß das Konzil zu Gangra aus der Mitte des vierten Jahrhunderts
sich veranlaßt fand, die Meinung zu verwerfen, daß die Ehe ein
Hindernis der ewigen Seligkeit sei. Der Mönch Jovinian aber,
welcher behauptete, daß die Ehelosigkeit nicht verdienstvoller sei als
die Ehe, wurde im Jahre 390 auf zwei Synoden, zu Rom und
Mailand aus der Kirchengemeinschaft gestoßen. Man hielt in
Uebereinstimmung mit dem Apostel Paulus die Ehe an und für
sich nicht als sündhaft, die Ehelosigkeit hingegen als eine Tugend.
Allgemein wurde die letztere als eine Vorwegnahme des himm=
lischen Daseins angesehen. „Was wir einst sein werden, das habt
ihr schon angefangen zu sein," sagte Cyprian den auf irdische Liebe
verzichtenden Jungfrauen[3]). Ebenso bezeichnete Basilius das Leben
der Ehelosen als „ein Leben der Engel, welches die Grenzen der
menschlichen Natur überschritten und sich in die unkörperliche Lebens=
weise versetzt hat". Ambrosius rühmte von den Jungfrauen:
„sie leben das himmlische Leben auf Erden". Chrysostomus und
Augustin waren begeisterte Verehrer der Jungfräulichkeit. Hiero=
nymus erklärte, die Ehe bevölkere die Erde, die Jungfräulichkeit
den Himmel. Gregor von Nyssa, welcher selber verheiratet war,
betrachtete die Ehe als die Quelle alles Unglücks.

Bei solchen Vorstellungen über die Ehe wurde die letztere
denn auch dem geistlichen Stande, der sich einer vollkommenen

---

[1]) R. 19, 12.
[2]) De exhort. castitatis K. 1.
[3]) De habitu virginum K. 17.

Nachfolge Christi befleißigen sollte, verboten. Bereits seit dem
vierten Jahrhundert begannen die Verbote der Priesterehe. Die
Synoden unterschieden zwischen den Geistlichen der drei höheren und
denen der vier niederen Grade. Den ersteren, also den Bischöfen,
Presbytern und Diakonen wurde die Ehe untersagt, während sie
für die niederen Grade zugelassen wurde. So beschloß das Konzil
zu Elvira vom Jahre 305 oder 306. Der gegen Ende desselben
Jahrhunderts lebende römische Bischof Siricius bemühte sich, diese
Bestimmung in der abendländischen Kirche zur Geltung zu bringen.
Er fügte dem Beschluß jenes Konziles noch die verschärfende Be=
stimmung hinzu, daß den Subbiakonen wenigstens die Ehe mit
einer Witwe untersagt sein solle. Die Kirche sollte eine jungfräu=
liche Mutter sein wie die Jungfrau Maria [1]). Aber die Geltung
dieses asketischen Tugendideales erstreckte sich weit über den geist=
lichen Stand hinaus. Die kirchliche Legende weiß von zahlreichen
Beispielen keuscher Enthaltsamkeit zu erzählen. Die heilige Agna,
um deren Hand der Stadtpräfekt Symphronius anhielt, ging lieber
in den Tod, als daß sie ihre Jungfräulichkeit verlor. Die heil.
Lucia verschmähte aus demselben Grunde den ihr von den Eltern
bestimmten Gatten. Die heil. Agatha wies die Werbungen des
Prätors Quintianus zurück und blieb standhaft bei ihrem Ent=
schluß bis in den Tod. Selbst viele junge Eheleute lebten, wie
die Legende erzählt, in keuscher Enthaltsamkeit. Der eine Gatte,
der bereits vor der wider seinen Willen geschlossenen Verbindung
das Gelübde der Keuschheit abgelegt hatte, suchte den anderen mit
Thränen und beredten Worten zu dem gleichen Gelübde zu be=
wegen, so die heil. Cäcilia ihren Gatten Valerian, der heil. Aurelius
seine Gattin Natalia, der heil. Chrysanthus seine Gattin Daria u. a.

Selbst die Eltern= und Kindesliebe erschien nach den Worten
Christi, „wenn jemand zu mir kommt und nicht seinen Vater und
Mutter und Weib und Kinder und Brüder und Schwester, ja
auch sogar sein Leben hasset, der kann nicht mein Jünger sein,"
mit der Liebe zu Gott nicht vereinbar. Mit grausamer Herz=
losigkeit verließen „um Christi willen" Kinder ihre Eltern, diese

---

[1]) Augustin, de temp. serm. 16.

die ersteren, um sich in der Einsamkeit der Wüste oder des Klosters ausschließlich mit dem eigenen Seelenheile beschäftigen zu können. Vergeblich machte die Mutter des heil. Theodosius eine weite Reise, um ihren Sohn noch einmal in seiner Klosterzelle wiederzusehen. Der heil. Pömen und seine Brüder wiesen ihre alte Mutter, welche die mühevolle Reise in die ägyptische Wüste gemacht hatte, um ihre Kinder aufzusuchen, mit der Erklärung zurück, daß sie sich nach dem Tode wiedersehen würden. Eine Witwe Namens Paula verließ ihre Kinder, um sich zu den Mönchen in Jerusalem zu begeben. Hieronymus ermahnte den Heliodorus, seine Familie zu verlassen und Mönch zu werden mit den Worten: „Wenn auch dein kleiner Neffe seine Arme um deinen Hals schlingt, wenn auch deine Mutter mit aufgelöstem Haar ihr Kleid zerreißend auf die Brust zeigt, welche dich säugte, wenn auch dein Vater auf der Schwelle vor dir niederfällt — gehe über deines Vaters Körper hinweg, fliehe mit thränenlosen Augen zu dem Zeichen des Kreuzes. In dieser Angelegenheit ist die Grausamkeit die einzige Frömmig= keit" [1]). Denn, sagte derselbe in einem anderen Briefe: „wie viele Mönche haben ihre Seele verloren, während sie mit Vater und Mutter Mitleid empfanden" [2]).

Die Nachfolge Christi bedingte ferner den Verzicht auf den Besitz eigener Güter. Die Worte Christi zu dem Jüngling, der sein Schüler werden wollte, „gehe hin, verkaufe was du hast und gib es den Armen" und die Erklärung, daß niemand sein Schüler sein könne, „der sich nicht von aller seiner Habe lossagt," bildeten gewissermaßen den festen Grundtext der kirchlichen Lehre über den Erwerb und Besitz materieller Güter. Gregor von Nyssa nannte vom Standpunkte dieser Lehre aus „mein" und „dein" verderbliche Worte. Ambrosius bezeichnete das Privateigentum geradezu als Usurpation, als Diebstahl und Cassian nannte dasselbe „die Wurzel alles Uebels." Demnach galt auch alle, auf den Gewinn von Geld und Gut abzielende wirtschaftliche Thätigkeit als eine Ge= fährdung des ewigen Seelenheiles. Tertullian verwarf dieselbe

---

[1]) Hieron. ep. 14 ad Heliodorum.
[2]) Hieron. ep. 128.

mit den Worten: „Wenn man die Urſache des Erwerbes, die
Habgier, von ſich abwirft, ſo wird keine zwingende Veranlaſſung,
um Geſchäfte zu treiben, mehr übrig bleiben." Diejenigen aber,
welche durch eine geſchäftliche Unthätigkeit etwa brotlos werden
würden, vertröſtete er damit, daß der Hungertod wie jeder andere
Tod um Gottes willen erbuldet werden müſſe. „Der Glaube,
ſagte er, ſoll den Hunger nicht fürchten, denn er mag wiſſen, daß
der Hunger um Gottes willen ebenſo zu verachten iſt, wie jede
andere Todesart" [1]. Insbeſondere fanden dieſe ſtrengen Vor=
ſchriften auf die Geiſtlichkeit Anwendung. Das Konzil zu Karthago
aus den Jahren 345—48 ſowie das chalcebonenſiſche Konzil vom
Jahre 451 verboten den Geiſtlichen, in eigenem Intereſſe irgend
welche Geſchäfte zu betreiben. Insbeſondere erſchien das Ausleihen
von Geld auf Zinſen bereits der alten Kirche als ſündhaft, da
man dem Nächſten nicht um irdiſchen, ſondern um des himmliſchen
Gewinnes wegen Hilfe leiſten ſolle. Die Konzile von Elvira,
Nicäa und Laodicea unterſagten denn auch dem Klerus das Zins=
darlehn bei Strafe der Abſetzung. Den Prieſtern ſollte nach der
Vorſchrift des Salvian nicht der kleinſte Reſt irdiſcher Güter ver=
bleiben. Mit nackten Füßen ſollten ſie, wie er in ſeiner Schrift
„an die Kirche" erklärte, den Erdkreis durchwandern; nicht ein
Stab ſollte ihnen zu ihrer Stütze verbleiben.

Doch waren dieſe Vorſchriften auch für die Laienwelt bindend.
Hatte doch bereits die Synode von Elvira das Zinsverbot auch
auf die Laien ausgedehnt. Es blieb den Gläubigen nichts anderes
übrig, als Hab und Gut der Kirche oder den Armen zu ver=
ſchenken. Salvian redete in ſeiner erwähnten Schrift „an die
Kirche" denjenigen, welche nicht alle ihre Güter der Kirche geben
wollten, mit den Worten ins Gewiſſen: „Wer da meint, nicht
alles ſchuldig zu ſein, der braucht nicht alles zu geben." Er
warnte davor, über Hab und Gut anders als zu Gunſten der
Kirche und frommer Zwecke teſtamentariſch zu beſtimmen. Der=
jenige, der ſein Vermögen den Kindern hinterläßt, war nach ſeiner
Meinung kein Jünger Chriſti, denn ein ſolcher Erblaſſer beweiſt,

---

[1] De idol. K. 11 und 12.

daß er seine Kinder mehr liebt als Christus. Das Vermächtnis
an andere, insbesondere an nicht zur Verwandtschaft gehörige, er=
schien ihm gar als ein „Wahnsinn," für welchen der Erblasser
mit ewiger Verdammnis bestraft werde. Dieses Armutsevangelium
übte keine geringere Anziehungskraft aus, als die Keuschheitslehre
der Kirche. Die Griechen, sagte der Kirchenhistoriker Eusebius,
haben einen Einzigen, „welcher sein Vaterland verließ und aus
Liebe zur Philosophie ein Einsiedler wurde, nämlich den Demokrit.
Wir aber können nicht den Einen oder Anderen, sondern viele
Tausende anführen, welche ihre Güter verkauft, den Erlös den
Armen verteilt haben und Nachfolger Christi geworden sind" [1].
Daß der Kirche noch mehr als der Besitz der Genuß des Reich=
tums verhaßt war, lag auf der Hand. Cyprian eiferte in seiner
Schrift „über die Kleidung der Jungfrauen" mit heftigen Worten
gegen den Luxus. „Diejenigen, heißt es daselbst, welche mit Seide
und Purpur bekleidet sind, können Christus nicht anziehen" [2].
Gold und Perlenschmuck waren ihm eine Erfindung des Teufels [3],
das Färben des Haares, der Gebrauch der Schminke und des
Puders eine Gotteslästerung, da der Gebrauch solcher Dinge das
göttliche Ebenbild im Menschen entstelle [4]. Das Leben der
Gläubigen sollte nicht ein Genuß, sondern eine tägliche Kreuzigung
des Fleisches sein und sich namentlich hinsichtlich der Nahrung die
größten Einschränkungen auferlegen. Durch die Nahrungsentziehung
erhebe sich, meinte man, der Gläubige ebenso wie durch die ge=
schlechtliche Enthaltung zu einer überirdischen Daseinsweise. Chry=
sostomus nannte das Fasten „eine Nachahmung der Engel" [5].
Was also der Leib verlor, kam der Seele zu Nutze. Daher nannte
Chrysostomus das Fasten auch wohl „die Nahrung der Seele" [6].
Basilius und Papst Leo erklärten sogar den Sündenfall des ersten
Menschenpaares als eine Unterlassung des Fastens.

---

[1] Demonstr. evangel. 3, K. 3 und 6.
[2] K. 10.
[3] K. 11.
[4] K. 12.
[5] De jejun. serm. 1.
[6] Sup. Gen. 1 hom. 1.

Ebenso entschieden wie den Staatsdienst, Ehe und Familie und wirtschaftlichen Erwerb verneinte die Kirche schließlich auch die Wissenschaft, soweit die letztere irdische Dinge zum Gegenstand hatte. In den Worten des Paulus „die Weisheit dieser Welt ist Thorheit bei Gott" [1]), sah man das Verhältnis des Christen zu den weltlichen Studien grundsätzlich ausgesprochen. Tertullian äußerte die Geringachtung der Kirche gegen die Wissenschaft in jener bekannten Satire auf die menschliche Vernunftserkenntnis: „ich glaube, weil es unsinnig ist." Der Umstand also, daß die christliche Glaubenslehre der natürlichen Vernunft als widersinnig erscheinen mußte, war ihm gerade der beste Beweis für die Uebernatürlichkeit der ersteren. Lactantius sprach sich in seinem, während der diokletianischen Verfolgung geschriebenen Werke „sieben Bücher göttlicher Einrichtungen" über die Wertlosigkeit der weltlichen Wissenschaft am vollständigsten aus. Er sagte in demselben: „Denn nach den Ursachen der Naturerscheinungen zu fragen oder wissen zu wollen, ob die Sonne so groß ist wie sie uns scheint, oder ob sie weit größer ist als die ganze Erde, ferner ob der Mond kugelig oder konkav sei und ob die Sterne am Himmel festsitzen oder freien Laufes durch die Luft ziehen, wie groß der Himmel selbst und aus welchem Stoffe er ist', ob er unbeweglich feststehe oder sich mit unglaublicher Schnelligkeit bewegt, wie groß die Erde ist oder auf welcher Grundlage sie im Gleichgewicht gehalten werde, dies, sage ich, zu erörtern und durch Mutmaßungen begreifen zu wollen, das ist gerade als wollten wir eine Besprechung über die Beschaffung irgend einer weit entlegenen Stadt anregen, die wir niemals gesehen und von der wir nichts als den Namen gehört haben. Würde man uns nicht für verrückt halten, wollten wir uns Kenntnis über eine Sache anmaßen, von der wir nichts wissen können? Wie viel mehr sind diejenigen als wahnwitzig und rasend zu erachten, welche die Natur zu kennen vermeinen, von welcher doch die Menschen nichts wissen können" [2]). Die Behauptung, daß die Erde eine Kugel sei, von allen Seiten mit

---

[1]) 1. Korinth. 3, 19.
[2]) Divinarum institutionum lib. 3, K. 3.

Land und Meer bedeckt, von Menschen und Tieren bewohnt, erschien ihm zum Scherz und als ein Spiel des Witzes von den Philosophen aufgestellt zu sein. Jedenfalls verlohne es sich nicht, erklärte er, solche Thorheiten weiter zu besprechen [1]). Denn es erschien ihm völlig unverständlich, welchen Zweck ein solches Wissen von den Ursachen der Naturerscheinungen eigentlich haben solle. „Welche Seligkeit, fragte er, werde ich denn gewinnen, wenn ich weiß wo der Nil entspringt, oder was die Physiker vom Himmel faseln?" [2]). Auch Augustin legte der Naturwissenschaft nur insofern einen Wert bei, als sie zur Erkenntnis Gottes führe. Alle außerhalb dieses Zweckes liegende Erkenntnis der Natur erschien auch ihm unnütz zu sein [3]). In seinem „Gottesstaate" mahnte er, sich nicht der Weisheit dieser Welt, statt der Weisheit Gottes zu befleißigen [4]). Er gab der platonischen Philosophie vor jeder anderen weltlichen Weisheit nur darum den Vorzug, weil dieselbe sich nicht mit der Erkenntnis der Natur, sondern Gottes beschäftige.

Nicht wertvoller als die Naturwissenschaft erschienen die anderen Wissenschaften. Auch die letzteren wurden nur als Hemmnisse der religiösen Erbauung angesehen. Das aus der Mitte des dritten Jahrhunderts stammende apologetische Gedicht des Commodian warnte sehr vorsorglich selbst die gebildeten Heiden vor der Lektüre des Vergil, Cicero und Terenz, da das Studium derselben ihnen im Tode doch von keinem Nutzen sein könne [5]). Der heilige Hieronymus hatte viele und heftige Vorwürfe darüber zurückweisen müssen, daß er in seinen Schriften Stellen aus antiken Werken citiert hatte. Er selbst fühlte auch Gewissensbisse über seine profanen Studien und glaubte eines Nachts im Traume von den Engeln vor dem Richterstuhle Christi wegen seiner Vorliebe für Plautus und Cicero durchgepeitscht zu werden [6]). Die Ideal-

[1]) Divinarum institutionum lib. 3. K. 24.
[2]) L. c. lib. 3, K. 8.
[3]) Confess. 10, 55.
[4]) De civitate dei 8, K. 10.
[5]) Ad. Ebert, Commodians carmen apologeticum in den Abhandlungen der königl. sächs. Gesellsch. d. Wissensch. Bd. 12, S. 392.
[6]) Ep. 22 ad Eustochium.

bilder der christlichen Tugendhaftigkeit, die Wüstenheiligen, zeigten
denn auch teilweise eine so ausgesprochene Geringschätzung der
menschlichen Weisheit, daß sie die Unwissenheit als eine Bedingung
der Frömmigkeit betrachteten. Der heil. Antonius lernte, wie
Athanasius erzählt, als Knabe weder lesen noch schreiben, weil er
fürchtete, durch die Kenntnis desselben in Verkehr mit anderen
Knaben zu kommen und durch diese in seinen Andachtsübungen
gestört zu werden. Der heil. Paulus, von welchem Antonius
sagte, daß er alle Anachoreten durch seine Tugendhaftigkeit be-
schäme, war so unwissend, daß er nicht einmal wußte, ob Christus
vor oder nach den Propheten gelebt habe.

Die Leidensgestalt des Erlösers war demnach in jeder Beziehung der ideale Typus der kirchlichen Ethik. Wie Christus
ohne Heimat, ohne Weib, ohne eigenes Besitztum, ohne gelehrte
Bildung gelebt und gewirkt hatte, so sollten sich auch diejenigen,
welche ihm nachfolgen wollten, von allen Interessen der Sinnenwelt lösen. Der im vierten Jahrzehnt des vierten Jahrhunderts geborene Basilius der Große faßte die Aufgabe der Nachfolge Christi
in folgenden Worten zusammen: „Der Mensch kann, solange er
von zeitlichen Sorgen zerstreut ist, die Wahrheit nicht deutlich erkennen. Das einzige Mittel, diesen sich zu entziehen, ist die Los-
sagung von der ganzen Welt. Diese aber besteht nicht darin,
daß man nur dem Leibe nach außer ihr ist, sondern vielmehr
darin, daß man die Seele von der Gemeinschaft und den Empfindungen des Körpers löst und ohne Haus, ohne Heimat, ohne Genossen, ohne Güter und Landhäuser, ohne Eigentum, ohne Geschäfte, ohne Nahrungsmittel, ohne Gewerbe, ohne Kenntnis der
menschlichen Wissenschaften bleibt, hingegen bereit ist, die göttliche
Lehre in das Herz aufzunehmen." Zugleich entwarf Basilius ein
Bild von der äußeren Erscheinung des Jüngers Christi, welches
jenen inneren Seelenzustand der gänzlichen Weltverleugnung wieder-
spiegeln solle. Er forderte von demselben „ein trauriges und zur
Erde gerichtetes Auge, einen vernachlässigten Anzug, ein ungeord-
netes Haar und ein schmutziges Kleid".

Um diesem christlichen Tugendideale möglichst getreu nachleben
zu können, entzogen sich Tausende ihrer Heimat und Familie und

begaben sich in die Einsamkeit der Waldgebirge und Wüsten. Fern von allen Freuden und Zerstreuungen der Gesellschaft lebten diese Anachoreten, jeder für sich allein, oder zu gemeinsamen Gottes= dienste und asketischen Bußübungen in größerer Zahl vereinigt. Aus den Vereinigungen dieser Weltmüden bildeten sich in der zweiten Hälfte des vierten Jahrhunderts die klösterlichen Konvente. Mit staunenswerter, grausamer Härte ertöteten diese Anachoreten und Mönche ihr eigenes Fleisch durch Entbehrungen und Peinigungen aller Art. Der Eine stand mit Ketten angeschmiedet Jahrzehnte auf einer Säule, der Andere zerfleischte seine Haut mit rauhen Steinen, um seiner fleischlichen Neigungen Herr zu werden, ein Dritter lehnte sich an eine Wand, wenn ihn der Schlaf über= wältigte, ein Vierter schloß Hals und Leib an einer kurzen Kette zusammen, so daß er wie ein Tier mit zur Erde gesenktem Kopfe einherkriechen mußte. Alle suchten sich durch die härtesten Fasten zu kasteien. Manche aßen nur den zweiten, manche nur den britten Tag und auch dann nur das Allerdürftigste. Manche nahmen in noch größeren Zwischenräumen Speise zu sich. Solche Menschen waren die Ideale des ausgehenden Altertums. Chrysostomus ent= warf eine begeisterte Schilderung von dem Leben der Mönche in den Gebirgen Antiochiens. „Dort auf jenen Bergen, in jenen Wäldern ist die Stadt der Tugenden, sind die Hütten der Hei= ligen." In stillem Frieden verläuft der Tag dieser Glücklichen. Kein Zank um Mein und Dein trübt diesen wolkenlosen Himmel. Auch der Tod selbst bringt keinen Kummer, sondern nur die Er= füllung eines lang gehegten Wunsches. Mit derselben Begeisterung beschrieb Rufinus das „Leben der Väter" in der Thebais. „Keiner von ihnen, erzählt er, wird von den Leiden einer Krankheit be= troffen, sondern, wenn einem von ihnen das Ende naht, so sieht er es voraus und verkündet es seinen Brüdern, sagt allen Lebe= wohl, legt sich nieder und gibt fröhlich seinen Geist auf"[1]. In diesen Anachoreten hatte die transcendente Idee der christlichen Metaphysik ihren vollkommensten Ausdruck gefunden. Sie waren

---

[1] Vitae patrum R. 17.

die Heroen der Askese, die „Athleten Gottes". Ihr von allen leib=
lichen Bedürfnissen und Schwächen freies Leben erschien als eine
Vorwegnahme des körperlosen Daseins im Jenseits. Je mehr sie
die Sinnlichkeit in sich ertöteten, desto näher fühlten sie sich der
Gottheit. Der irdischen Welt abgestorben, verkehrten sie in ver=
trauter Weise mit der Geisterwelt des Jenseits. Sie hatten
wunderbare Erscheinungen himmlischer und höllischer Wesen und
waren mit göttlicher Wunderkraft begabt. „Sie sind so stark
durch die Tugenden des Geistes," sagte Rufinus von den Mönchen
der Thebais, „daß sie insgesamt Wunder thun [1])." Die Kirche hat
eine große Zahl dieser Büßer heilig gesprochen und dieselben damit
als Vorbilder der christlichen Lebensführung aufgestellt.

Die Sittenlehre der Kirche bildete in Summa die grundsätz=
liche und vollständige Umkehrung der sittlichen Begriffe des Alter=
tums. Der Verfall der letzteren hatte die erstere offenbar ver=
anlaßt, ihre Tugendlehre zu einer solchen äußersten Gegenstellung
zu verschärfen. Die alle Verhältnisse sich unterordnende und den
Genius des Kaisers als eine Gottheit verehrende Staatsidee des
Römertums veranlaßte die Christen zu ihrer so offen ausge=
sprochenen staatslosen Gesinnung. Der geschlechtlichen Verwilderung
der römischen Gesellschaft stellten die Christen ihre strenge, selbst
die Ehe nur ungern duldende Keuschheitslehre gegenüber. Der
den Reichtum als die höchste Glückseligkeit betrachtenden Genuß=
sucht der römischen Gesellschaft hielten sie ihr asketisches, auf allen
Besitz verzichtendes Armutsideal entgegen. Der ausschließlichen
Wertschätzung des Diesseits stellten sie mit derselben Ausschließ=
lichkeit das Jenseits als den einzigen Wert und Zweck des mensch=
lichen Lebens gegenüber.

Die transcendente Idee der christlichen Glaubenslehre forderte
also die völlige Absonderung von Diesseits und Jenseits, von
Welt und Kirche. Aber diese Scheidung beider Gebiete war eine
durchaus einseitige, insofern die Kirche zwar jeden Eingriff der
Welt, beziehentlich des Staates in ihre Sphäre zurückwies, hin=
gegen ihrerseits eine Einwirkung auf die staatliche Gesetzgebung

---

[1]) Vitae patrum K. 17.

und Politik nicht allein nicht unterließ, sondern sogar sehr eifrig begehrte. Denn derselbe Gedanke, aus welchem die Trennung von Kirche und Welt gefolgert wurde, der göttliche Charakter des Priestertums, nahm zugleich für die Kirche eine ungleich höhere Autorität in Anspruch, als irgend einer anderen Institution beigelegt wurde. Die Trennung von Kirche und Welt war nur das Uebergangsstadium zu der Herrschaft der ersteren über die letztere. Wer der Welt entfloh, that dies nur, um sich dem Dienst der Kirche zu widmen. Die Kirche war der positive Zweck der Weltverneinung. Sie zog alle Kräfte von der Welt ab, um dieselben in ihrem Dienste wieder zu vereinigen. Staat, Familie und Individuum fanden den wahren Zweck, den wahren Inhalt ihres Daseins nur in der Kirche. Die Nachfolge Christi bestand in der Machtvermehrung der Kirche. Die Verneinung des Staates hatte den Erfolg, daß Gesetzgebung und Machtmittel desselben den Geboten der Kirche unterstellt wurden, die Verneinung der irdischen Liebe den Erfolg, daß die rechtlichen und sittlichen Ordnungen des Familienlebens nach den Vorschriften der Kirche bestimmt wurden, die Verneinung des weltlichen Güterbesitzes den Erfolg, daß die Kirche durch fromme Schenkungen ein unermeßliches Vermögen erwarb, die Verneinung der weltlichen Wissenschaften den Erfolg, daß alle Erkenntnis und Kritik sich der kirchlichen Dogmatik unterwarf.

Kraft ihrer göttlichen Autorität forderte die Kirche vor allem, daß die weltliche Herrschergewalt ihr untergeben sein solle. Sie betrachtete den Staat als eine menschliche Einrichtung mit ausgesprochener Geringachtung. Nur unter der Bedingung, daß derselbe sich ihrer Leitung fügte, ließ sie auf ihn einen Abglanz ihres göttlichen Rechtes fallen. Unter dieser Bedingung erkannte die Kirche den Staat als eine von ihr abgeleitete göttliche Ordnung und seine Zwecke, welche alsdann ja mit ihren eigenen Zwecken übereinstimmten, als berechtigt an. Die Berufung der Kirche zur Herrschaft über den Staat auf Grund ihres göttlichen Charakters war seit der Christianisierung des römischen Staates durch Konstantin d. Gr. und seine Nachfolger ein feststehender Lehrsatz der kirchlichen Litteratur. In welchem Maße der Anspruch

der Kirche auf die Unterordnung des Staates unter ihre Zwecke
schon im vierten Jahrhundert erhoben wurde, geht aus den Worten
hervor, welche der Kirchenhistoriker Rufinus den Kaiser Konstantin
zu den in Nicäa versammelten Bischöfen sagen ließ. Als die
Bischöfe den Kaiser in einer Streitfrage um eine Entscheidung
angingen, sollte dieser, wie Rufinus erzählt, erwidert haben:
„Gott hat euch zu Priestern eingesetzt und gab euch die Macht
auch über uns zu Gericht zu sitzen. Und darum werden wir von
euch mit Recht gerichtet, ihr aber könnt von Menschen nicht ge=
richtet werden. Deshalb wartet ihr auf das göttliche Gericht,
eure Prozesse seien der göttlichen Prüfung vorbehalten. Denn ihr
seid uns von Gott als Götter gegeben. Es geziemt sich aber
nicht, daß ein Mensch über Götter zu Gericht sitzt" [1]). Gregor
von Nazianz, ein Zeitgenosse des Rufin, rief den staatlichen Ge=
walthabern zu: „Das Gesetz Christi unterwirft euch unserer Macht
und unserem Gericht. Denn auch wir herrschen und unsere Ge=
walt ist erhabener als die eurige. Oder soll der Geist der Materie
weichen, die himmlischen Dinge den irdischen?" [2]). Auch Chrysosto=
mus behauptete, daß zwischen Priestertum und Kaisertum ein
Unterschied sei wie zwischen Geist und Fleisch. „Der Kaiser regiert
das letztere, der Priester den ersteren. Darum muß der König
sein Haupt unter die Hand des Priesters beugen" [3]). Im Jahre
493, also etwa hundert Jahre später, schrieb der römische Bischof
Gelasius I. dem oströmischen Kaiser Anastasius die berühmten, im
Mittelalter oft bezogenen Worte: „Zwei Gewalten gibt es, erlauchter
Kaiser, von welchen die Welt geleitet wird, die heilige Autorität
der Priester und das Königtum. Von diesen ist aber die erstere
um so gewichtiger, als die Priester auch über die Könige vor dem
Richterstuhle Gottes Rechenschaft ablegen müssen."

Die Herrschaft der Kirche über den Staat machte sich praktisch
zunächst und am meisten in dem Verhältnisse des letzteren gegen
die Heiden und Häretiker geltend. Während der antike römische

---

[1]) Ruf., hist. eccl. l. 10, K. 2.
[2]) Orat. 17.
[3]) De sacerdote III, 1.

Staat, dem es lediglich um seine militärische und wirtschaftliche Machtstellung zu thun war, die fremden Kulte mit großer Duld= samkeit aufgenommen hatte, soweit dieselben ihm nicht wie die christliche Glaubenslehre für seinen Bestand gefährlich erschienen, bekundete der unter der Leitung der Kirche stehende römische Staat eine grausame Härte gegen alle von dem rechtgläubigen Bekennt= nisse abweichenden Gotteslehren. Die Vorstellung, daß das Heil der Menschheit lediglich von dem Bekenntnisse der von der Kirche gelehrten Glaubenswahrheiten abhinge, ließ die Unterdrückung aller fremden Kulte als eine im dringendsten Interesse der Menschheit gelegene Maßregel erscheinen. Denn da jener Vorstellung gemäß jedes akatholische Bekenntnis die ewige Verdammnis nach sich ziehen mußte, so würden bei der Duldung solcher Irrlehren Staat und Kirche sich zu Mitschuldigen an dem ewigen Verderben zahl= loser Seelen gemacht haben. Von diesem Standpunkte aus erschien nicht die Unterdrückung, sondern vielmehr die Duldung aller aka= tholischen Lehren als eine Grausamkeit gegen das menschliche Geschlecht. Darum wehrte bereits Hieronymus den gegen die Unduldsamkeit der Kirche erhobenen Vorwurf der Grausamkeit mit den Worten ab: „Die Frömmigkeit gegen Gott ist keine Grau= samkeit". Augustin bezeichnete ganz zutreffend die Duldung als grausam. Einen biblischen Beweis dafür, daß Gott selber einen Zwang der Seelen wolle, glaubte er in der Bekehrung des Paulus zu finden. „Wunderbar ist," sagte er mit Bezug auf die letztere, „wie der durch körperliche Strafe zum Evangelium Gezwungene mehr als die anderen, die durch das Wort berufen wurden, am Evan= gelium arbeitete." Wiederholt rief er die Hilfe des Staates gegen die Pelagianer und Donatisten an. Sein Wahlspruch gegenüber der Häresie waren die Worte des Evangelisten Lukas: „Nötige sie herein zu treten"[1]). Die karthagische Synode vom Jahre 401 beschloß den Kaiser aufzufordern, die in Afrika noch vorhandenen heidnischen Tempel zerstören und die Reste des alten Götzendienstes überall vernichten zu lassen. Der Staat leistete in der That auch sehr bald diesen Mahnungen der Kirche Gehör, indem er jedes

---

[1]) Luk. 14, K. 23.

akatholische Bekenntnis gewaltsam unterdrückte. Im Jahre 324
gewährte Konstantin dem alten Volksglauben noch Dulbung neben
dem Christentum. In dem Toleranzebikte besselben Jahres erklärte
er: „Um den Frieden im Volke vollkommen zu erhalten, gestatte
ich, daß diejenigen, welche noch in den Irrtümern des Heidentums
befangen sind, derselben Ruhe sich erfreuen wie die Gläubigen.
Mögen diejenigen, welche sich dem Gehorsam gegen Gott entziehen,
ihre der Lüge geweihten Tempel behalten, weil sie es so wollen."
Aber schon aus diesem Edikte ließ sich erkennen, daß die ver=
sprochene Dulbung des heidnischen Kultus nicht von langer Dauer
sein werde, insofern die Sprache desselben den letzteren sittlich
verwarf und demnach mit ihrem gesetzlichen Inhalte in einem
grundsätzlichen Widerspruch stand. Späterhin soll Konstantin denn
auch, wie berichtet wird, den alten Götterkultus verboten haben.
Sein Sohn Konstantius untersagte den letzteren jedenfalls im
Jahre 353 mit Androhung der Todesstrafe. Theodosius d. Gr.
setzte gleichfalls die Todesstrafe für diejenigen fest, welche den
Göttern opferten und ließ die Tempel der letzteren niederreißen.
Schon Konstantin ferner bestrafte den Uebertritt eines Christen
zum Judentum. Konstantius bestimmte als Strafe für einen
solchen Uebertritt die Vermögenskonfiskation. Die Manichäer be=
drohte Theodosius im Jahre 382 mit der Todesstrafe. Ebenso
gewaltsam verfolgte der Staat die christlichen Häretiker. Nach der
Verdammung des Arius gebot ein kaiserliches Edikt die Ver=
brennung aller Schriften desselben mit dem Zusatze: „Wer ein
Buch verhehlt, wird getötet" [1]. Die Kirchen der Arianer wurden
zerstört, ihre Versammlungen verboten. Die Priscillianisten wurden
im Jahre 380 durch ein Gesetz des Kaisers Gratian aus dem
Lande vertrieben. Im folgenden Jahre wurde das Gesetz freilich
wieder zurückgezogen. Im Jahre 385 aber, zwei Jahre nach dem
Tode Gratians, wurden auf Betreiben einiger Bischöfe der Stifter
der Priscillianisten nebst mehreren Anhängern hingerichtet. Im
Jahre 380 erschien ferner das berühmte Edikt des Kaisers Theo=
dosius, welches die christliche Glaubenslehre zur Staatsreligion

---

[1] Sokrates 1, 8.

machte, indem es das Bekenntnis derselben allen Völkern des
Reiches zur Pflicht machte und jeden anderen Glauben bei schwerer
Strafe verbot. Der Abfall vom Christentum wurde bald darauf
von Gratian mit dem Verluste des römischen Bürgerrechtes be=
straft. Die Pelagianer wurden durch ein Edikt des Kaisers
Honorius vom Jahre 418 mit Landesverweisung und Konfiskation
des Vermögens bestraft. Ein Gesetz vom Jahre 421 bestätigte
das Edikt. Mit derselben Strenge wurden die Donatisten ver=
folgt. Kaiser Marcian verbot durch ein Edikt vom Jahre 452
den Anhängern der monophysitischen Irrlehre alle Versammlungen;
ihre Geistlichen bedrohte er mit lebenslänglicher Verbannung und
Güterentziehung, ihre Schriften ließ er verbrennen.

So hatte die weltherrschaftliche Idee der Kirche sich den Staat
innerhalb weniger Jahrzehnte dienstbar gemacht. Jedoch blieb die
Führung der Kirche nicht auf eine mittelbare Beeinflussung des
Staates beschränkt. Vielmehr zog die Kirche einen gewichtigen
Teil der staatlichen Funktionen unmittelbar an sich. Mit dem
eigenen Gerichtsstande, durch dessen Verleihung eine Konstitution
Konstantius d. Gr. den Klerus von der staatlichen Gerichtsbarkeit
exmierte, wurde der Kirche zugleich eine richterliche Instanz auch
den Laien gegenüber zugesprochen. Die streitenden Parteien waren
berechtigt, sich an den geistlichen statt an den weltlichen Richter
zu wenden. Konstantin stellte es dem Belieben jeder einzelnen
Partei anheim eine streitige Sache dem geistlichen Gerichte selbst
in dem Falle zu übertragen, wenn der weltliche Richter bereits
angegangen war. Kaiser Valentinian beschränkte allerdings die
Kompetenz des geistlichen Gerichtes im Jahre 452 wieder, indem
er die Anrufung desselben nur bei dem Einverständnisse beider
Parteien gestattete und auch dies nur unter der Voraussetzung,
daß die Streitsache kirchlicher Natur wäre. Die Kompetenz der
Kirche gewann dadurch einen sehr menschenfreundlichen Charakter,
daß den gottesdienstlichen Gebäuden derselben das vormals mit
den heidnischen Tempeln verbundene Asylrecht übertragen wurde,
daß der Kirche ferner das Recht der Fürsprache bei dem weltlichen
Richter für die verurteilten Verbrecher verliehen wurde und vor
allem dadurch, daß ihr das volkstümlichste Gebiet der staatlichen

Verwaltung, die Wohlthätigkeitspflege, d. h. die Armen=, Kranken=, Witwen= und Waisenpflege, oder aber ein Beaufsichtigungsrecht über die staatliche Wohlthätigkeitspflege überwiesen wurde. Dem Staate war infolgedessen nur noch derjenige Teil der Verwaltung verblieben, welcher die Bürger mit Abgaben und Pflichten belastete, die Steuererhebung, die Strafjustiz, das Polizei= und das Militärwesen. Selbst die Gehässigkeit der harten Strafedikte gegen die Heiden und die christlichen Häretiker fiel zum größeren Teil auf den Staat, obwohl die Kirche die Urheberin derselben war, da ja der Staat diese Gesetze erließ und vollstreckte. Indem aber der Staat die Beziehungen zu seinen Untergebenen darauf beschränkte, daß er von den letzteren nurmehr die Erfüllung drückender Pflichten forderte, stellte er sich selber als den gewaltübenden Gebieter hin, indes er der Kirche alle Aufgaben der Liebe und Menschlichkeit überließ. Das Verhältnis von Geist und Materie, welches die Kirchenlehrer dem Verhältnisse von Kirche und Staat gleichstellten, war im großen und ganzen verwirklicht. Die Kirche war die leitende, der Staat die ausführende Gewalt. Der Kaiser Konstantius erkannte dieses Verhältnis seinerseits mit den an die zu Rimini im Jahre 359 versammelten Bischöfe gerichteten Worten an: „Es steht fest, daß das Heil aller Völker weit und breit auf diesem Grunde (d. i. der Kirche) beruht" [1]).

Wie die Beherrschung des Staates, so beanspruchte die Kirche gleichfalls auf Grund ihres sakramentalen Charakters eine autoritative Stellung bezüglich der rechtlichen und sittlichen Ordnungen der Familie, indem sie vor allem die gesetzliche Grundlage für die Gültigkeit der Ehe bestimmte. Zunächst veranlaßte die Geringachtung der letzteren von Seiten der Kirche bereits die Söhne Konstantins d. Gr., das noch zu Recht bestehende poppäische Gesetz, welches auf die Ehelosigkeit ein Strafgeld gesetzt hatte, aufzuheben. Um aber der Ehe den auf ihr ruhenden Makel der Sinnlichkeit zu nehmen, sowie um die in die Ehe tretenden Christen vor den Gefahren der Ungläubigkeit zu schützen, war es Sitte geworden,

---

[1]) Sacros. conc., herausg. von Ph. Labbi und Gabr. Gossart, Paris 1671, tom. 2, S. 793.

zur Eheschließung die Einwilligung des Bischofs einzuholen. Der
Brief des Ignatius an Polycarp, der wenn auch vielleicht unecht,
doch jedenfalls in eine frühe Zeit hinaufreicht, sagt: „Es geziemt
den in die Ehe tretenden Männern und Frauen ihr Bündnis nach
dem Rate des Bischofs zu schließen, damit ihr Bund im Herrn
und nicht im Fleische geschlossen werde." Tertullian behauptete
sogar, daß die der Kirche nicht mitgeteilten ehelichen Verbindungen
der Hurerei gleichgestellt würden [1]). Späterhin wurden die Ehen
mit Nichtkatholiken bei Strafe der Exkommunikation verboten. Tertullian bezeichnete auch diese als Hurerei [2]). Das Konzil zu Elvira
gestattete den Rechtgläubigen die Ehe mit Häretikern oder Juden
nur unter der Bedingung, daß der akatholische Teil das katholische
Glaubensbekenntnis annehme. Ebenso entschied das in die Jahre
343—381 fallende Konzil von Laodicäa. Das Konzil zu Chalcedon
machte die Beobachtung dieser Vorschrift ganz besonders den
niederen Kirchendienern zur Pflicht.

In größtem Maße wurde das Evangelium der freiwilligen
Armut eine Quelle der kirchlichen Macht, da alle Christus zum
Opfer gebrachten Güter der Kirche überwiesen wurden. Denn,
meinte Salvian, man könne nicht besser für das Seelenheil sorgen,
als wenn man der Kirche alles überließe. Auf diesem Wege erwarb die letztere durch ihre Armutslehre unermeßliche Reichtümer.
Der altgläubige Geschichtschreiber Zosimus spottete über die Mönche
mit den Worten: „daß sie seit ihrem Entstehen den einen Plan verfolgen, den größten Teil des Landbesitzes an sich zu bringen und
unter dem Vorgeben, mit den Armen zu teilen, alle zu Armen
gemacht haben" [3]).

Die Verneinung der weltlichen Wissenschaften zog endlich auch
alle geistige Bildung in den Dienst der Kirche. Da alle Erkenntnis
nur den einen Zweck haben sollte, den Menschen für das Jenseits
vorzubereiten und da über das letztere nur die Kirche den wahren
Aufschluß geben konnte, so hatte folglich alle menschliche Weisheit

---

[1]) De monogamia K. 11.
[2]) Ad uxorem lib. 2, 3.
[3]) Historiae 5, 23.

nur den einen Zweck, die Wahrheit der kirchlichen Lehren über
das Jenseits zu erweisen und verständlich zu machen. Nur von
dem Standpunkte der kirchlichen Glaubenslehre aus erschloß sich
das Verständnis der Welt und des menschlichen Lebens. Die
Glaubenslehre der Kirche war die Voraussetzung, die Grundlage
aller Erkenntnis. Wenn Lactantius, Commodian, Hieronymus und
Augustin in den oben angeführten Worten die weltlichen Studien
der Wissenschaften verwarfen, so erklärten sie sich auch zugleich
für die Beschränkung derselben auf die Erkenntnis der von der
Kirche gelehrten göttlichen Wahrheiten. Die Kirche bannte alles
Wissen, alles Erkennen auf den Umkreis ihres asketisch=hierarchischen
Systems. Philosophie, Geschichtschreibung, Naturforschung und
Kunst hatten ihren Zweck nicht in sich selbst, sondern in der Kirche
und ihrer Lehre.

Die Kirche war der Mittelpunkt aller Interessen, der Maßstab
aller Kritik geworden. Nicht der sittliche Charakter, sondern die
kirchliche Rechtgläubigkeit eines Menschen gab den Ausschlag für
die Beurteilung desselben. Die edelsten und tüchtigsten Persön=
lichkeiten wurden, insofern sie einer von der kirchlichen Lehre ab=
weichenden religiösen Anschauung huldigten, mit den heftigsten
Schmähworten beschimpft. „Kein wildes Tier," versicherte Ammi=
anus Marcellinus, „ist so wild wie die meisten Christen, wenn sie
im Glauben voneinander abweichen" [1]. Lactantius nannte den
trefflichen, aber altgläubigen Kaiser Decius eine „fluchwürdige
Bestie". Der vom Christentum abgefallene Kaiser Julian wurde
von seinem ehemaligen Mitschüler Gregor von Nazianz der ge=
meinsten Ausschweifungen beschuldigt, obwohl der Kaiser sich gleich
den Christen der strengsten Enthaltsamkeit befleißigte. Selbst der
Mord des Kaisers fand in dem Kirchengeschichtschreiber Sozomenos
einen Verteidiger. Indem der letztere berichtete, daß Julian nach
der Versicherung des Libanius während der Schlacht von einem
christlichen Soldaten ermordet sei, verglich er diesen den Tyrannen=
mördern des alten Griechenlandes mit dem Zusatze: „Noch weniger
verdient derjenige einen Tadel, der um Gottes und der Religion

---

[1] XXII 5, 4; XXVII 3, 12.

willen eine so kühne That vollbrachte" [1]). Arius wurde ein
„Scheusal" genannt, nachdem er bereits und zwar unter den An=
zeichen der Vergiftung gestorben war. Das Edikt des Kaisers
Theodosius vom Jahre 380, welches das Bekenntnis des christ=
lichen Glaubens zum Staatsgesetz erhob, bezeichnete alle Anders=
gläubigen als „Irrsinnige und Wahnwitzige". Andererseits war
man geneigt, dem katholischen Gläubigen eben seiner Recht=
gläubigkeit wegen alle sittlichen Verschuldungen nachzusehen, alle
Gewaltthaten zu gestatten. Rasende Mönchshaufen durchzogen die
Provinzen des Reiches, um die Tempel und Bildsäulen der alten
Götter zu stürzen. Bischöfe, wie beispielsweise die von Edessa,
von Apamea und Alexandrien, stellten sich an die Spitze fana=
tifierter Volkshaufen. Der Bischof Ambrosius warf sich zum An=
walt der Christen auf, welche zu Kallinikum in Mesopotamien
eine Synagoge verbrannt hatten. Als der Kaiser Theodosius
dem an der Zerstörung mitbeteiligten Bischof von Kallinikum be=
fahl, die Synagoge auf eigene Kosten wieder aufzubauen, erklärte
Ambrosius, der Bischof müsse ein Verräter an seinem Glauben
werden, wenn er diesem Befehle gehorche; er selbst würde sich
des gleichen Vergehens schuldig machen, wenn es in seiner
Diözese noch Synagogen gäbe. Das kaiserliche Edikt, welches den
Neubau der zerstörten Synagoge befahl, nannte er eine Schande
für die Kirche. Theodosius war schließlich genötigt, gegen diesen
seinen eigenen rechtgläubigen Eifer übertreffenden Fanatismus
einzuschreiten und die Zerstörung der Tempel zu verbieten. Au=
gustin sah sich sogar veranlaßt, die Behauptung zu widerlegen,
daß ein katholischer Christ, weil er den rechten Glauben habe,
nicht verdammt werden könne, auch wenn er ein verbrecherisches
Leben geführt habe [2]). Die edle Humanität der christlichen Sitten=
lehre war durch die kirchliche Dogmatik völlig vernichtet.

Die Kraft der vom römischen Reiche umschlossenen Nationen,
welche sich ehemals ganz in der Machtidee des Staates zusammen=

---

[1]) Sozomenos VI, 2.
[2]) De civitate Dei l. 21, K. 21 f.

faßte, hatte sich dem letzteren nunmehr völlig entzogen und mit
derselben Ausschließlichkeit dem weltflüchtigen religiösen Gedanken
der Kirche zugewandt wie ehemals dem Staate. Der Entwicklungsprozeß der römischen Kirche war darum zugleich der Auflösungs-
prozeß des römischen Reiches. Der innere Zusammenhang zwischen
beiden Erscheinungen erhellt wohl am klarsten aus einem Werke
des größten abendländischen Kirchenlehrers, in welchem die antike
Welt gewissermaßen ihre Schlußrechnung machte und das Facit
ihrer ganzen Geschichte zog. Es war dies die Schrift des heil.
Augustin „über den Gottesstaat", welche derselbe verfaßte, um
den Einwurf zu widerlegen, daß das Christentum den Untergang
des alten Reiches verursacht habe. Er behauptete, daß vielmehr
die Gottlosigkeit der Römer denselben verschuldet habe. Zum
Beweise dieses Satzes gab er einen kritischen Ueberblick über den
ganzen Verlauf der römischen Geschichte, in welchem er darlegte,
wie alle Bestrebungen der Römer von Anfang an auf Sünde
beruht hätten. Augustin brach in dieser Schrift grundsätzlich mit
der gesamten Tradition des klassischen Altertums. Und insofern
bekundete gerade diese Schrift, welche die Schuldlosigkeit der christlichen Lehre an dem Untergange des Reiches nachweisen sollte,
mehr als irgend eine andere Schrift des christlichen Altertums
den inneren Zusammenhang zwischen dem Verfall des Staates
auf der einen und dem Wachstum der Kirche auf der anderen
Seite. Das antike Volkstum jener Zeit bejahte in dieser Schrift
eines seiner größten Geister den inzwischen zur Thatsache gewordenen Zusammensturz des Reiches. Den eigentlichen Lebensnerv
der römischen Geschichte, die Eroberungspolitik, nannte Augustin
„einen großen Raub" [1]). Selbst in der besten Zeit der römischen
Sittenstrenge, welche er bis zur Zerstörung Karthagos rechnete,
fand Augustin nichts als eine Fülle von Ungerechtigkeit, Gewaltthaten und Lastern [2]). In viel höherem Grade galt dies von der
nachfolgenden Zeit. Er verglich den römischen Staat dem Hause
des Sardanapal. Die römische Geschichte seit dem Falle Kar-

---

[1]) L. 4, K. 6.
[2]) L. 2, K. 18.

thagos erschien ihm wie eine fortgesetzte wüste Orgie [1]). Die
Ausdehnung des römischen Staates zu einem Weltreiche, für
welches die Römer Jahrhunderte lang ihre ganze Kraft eingesetzt
hatten, bezeichnete er als die Ursache endlosen Unfriedens [2]). Der
römische Staat war, wie er sagte, streng genommen nicht einmal
ein Staat zu nennen, weil ihm die wesentliche Eigenschaft eines
solchen fehle, nämlich die Gerechtigkeit [3]). Rom war das zweite
Babylon [4]). Ebenso verwerfend lautete das Urteil Augustins über
die Persönlichkeiten, welche vorzugsweise als die Vorbilder des
römischen Heldentums angesehen wurden. Persönliche Ruhmbegier
schien ihm die Triebfeder ihrer Größe zu sein. Aus keinem anderen Beweggrunde als aus Ehrgeiz starben M. Scävola, M.
Curtius und die Decier für das Vaterland [5]). Den Selbstmord
des Cato, welcher den Untergang der römischen Staatsverfassung
nicht überleben wollte, fand er mehr thöricht als männlich [6]).
Denselben Vorwurf machte er allen Römern, welche sich den Tod
gegeben hatten, um nicht in die Hände der Feinde zu fallen.
Auch die weibliche Tugendhaftigkeit fand bei Augustin keine günstigere Beurteilung. Das altrömische Vorbild weiblicher Keuschheit, Lucretia, erschien ihm als ein schwachmütiges Weib, weil sie
nicht den Mut gehabt habe, ihre Schande zu überleben. Er fand
die Lobpreisungen der Römer auf diese edle Frau nicht begründet.
Er stellte ihr die wegen ihres Glaubens eingekerkerten christlichen
Frauen und Jungfrauen gegenüber, welche nicht Hand an sich
selbst gelegt hatten, auch wenn sie wie Lucretia gewaltsam entehrt
worden waren [7]). Nicht minder als mit der staatlichen und
bürgerlichen Sittlichkeit, brach Augustin mit der Dichtung und
Philosophie des Altertums. In dem Homer sah er nur den

---

[1]) L. 2, K. 20.
[2]) L. 3, K. 10.
[3]) L. 19, K. 21.
[4]) L. 18, K. 2.
[5]) L. 5, K. 14.
[6]) L. 1, K. 23.
[7]) L. 1, K. 19.

„Dichter der göttlichen Verbrechen" [1]). Die alte Philosophie erinnerte ihn wegen ihrer vielen Systeme, von welchen jedes eine andere Wahrheit lehre, an die babylonische Sprachverwirrung [2]).

Augustin betrachtete, den Anschauungen seiner Zeit gemäß, ben römischen Staat als den allgemeinen Staat, als den Staat an und für sich. In dem römischen Staate erschien ihm alle irdische Staatsordnung verkörpert. Dem im römischen Staate vertretenen irdischen Staate stellte er den Gottesstaat, d. h. die Kirche, gegenüber [3]). Jener war ihm der Inbegriff der Sinnlichkeit, dieser die Wirklichkeit des Uebersinnlichen. Der irdische Staat war das Ziel berer, welche nach dem Fleische, der Gottesstaat das Ziel berer, welche nach dem Geiste leben [4]). Die Kirche erschien ihm so hoch erhaben über den irdischen Staat, „wie der Himmel über die Erde, das ewige Leben über zeitliche Freude, dauernder Ruhm über nichtige Lobeserhebungen, die Gemeinschaft der Engel über die Gemeinschaft der Sterblichen" [5]). Ein Unterschied zwischen dem heidnischen und dem christianisierten römischen Staate war für Augustin nicht vorhanden. Er sah in diesem wie in jenem nur ben auf Sünde beruhenden weltlichen Staat. Die einzige, auf göttlichem Rechte beruhende Ordnung war ihm der Gottesstaat der Kirche.

Als Augustin sein großes Werk schrieb, welches die staatliche Größe Roms so vollständig verwarf, brach auch in der Welt der Wirklichkeit das Reich der Römer in Stücke. Rom selbst erlag im Jahre 410 dem Schwerte der Westgoten. Um dieselbe Zeit begann die Verteilung der Reichsländer unter die germanischen Völker. Gallien, Spanien, Britannien, Italien und Afrika fielen in die Hände der unaufhaltsam vordrängenden Germanen. Nach wenigen Jahrzehnten war der römische Erbkreis von einem neuen

---

[1]) L. 4, K. 26.
[2]) L. 18, K. 41.
[3]) L. 8, K. 24; l. 13, K. 16.
[4]) L. 14, K. 4.
[5]) L. 5, K. 12.

Völkergeschlecht in Besitz genommen. Das Wort des Horaz, daß dereinst die Rosse der Barbaren auf der Asche Roms stampfen würden, hatte sich erfüllt. Die alte Welt war versunken und über ihre Trümmer bewegte sich das dunkle Getümmel ziehender Barbaren, bis der Tag des Mittelalters heraufdämmerte. Das antike Volkstum ging also nicht eher zu Grunde, als bis es selber sein staatliches Dasein verneint hatte.

Wie aber jene Schrift Augustins, von dem versinkenden Römerreiche sich abwendend, auf den den Gläubigen in himmlischer Verklärung strahlenden Gottesstaat hinwies, so baute auch die Wirklichkeit mitten im Zusammenbruche der alten Ordnungen die Grundfesten der neuen Ordnung auf, indem sie das System der Kirche hinsichtlich der Lehre wie der Verfassung in seinen Hauptzügen endgültig feststellte. Unmittelbar vor dem Sturze des Reiches und mitten während der Hochflut der Völkerwanderung schlossen die großen Konzilien des Abend- und Morgenlandes den christlichen Mythus ab und begründeten sie zugleich den durchgreifenden Zusammenhang der kirchlichen Hierarchie. Das Konzil zu Nicäa erkannte die Provinzialeinteilung der Kirche an, welche sich im Anschluß an die bestehenden staatlichen Verhältnisse durch das Herkommen ergeben hatte. Spätere Konzilien vervollständigten dieselbe und erließen Vorschriften über das Verhältnis des Diöcesanklerus zum Bischof und der Bischöfe zum Metropoliten innerhalb des allgemeinen Schemas der kirchlichen Provinzialordnung. Als letzte Instanz, als Schlußstein in dem Gewölbe des hierarchischen Systems fand der römische Bischof immer weitere Anerkennung und dies um so mehr, als der letztere sich in den namentlich von der morgenländischen Kirche aufgeworfenen religiösen Streitfragen mit dem dem Römertume eingeborenen staatlichen Genie als der zuverlässigste Vertreter der Einheitlichkeit in Lehre und Sitte bewährte. Aus diesem Grunde wurde der römische Bischof denn auch von allen Seiten als die höchste schiedsrichterliche Instanz angegangen. Im Jahre 313 überwies Kaiser Konstantin die Entscheidung über die in der afrikanischen Kirche ausgebrochene donatistische Spaltung dem Bischof Miltiades von Rom. Das in derselben Angelegenheit

zu Arles versammelte Konzil übertrug die von ihm gefaßten, mit
dem Urteile des römischen Bischofs übereinstimmenden Beschlüsse
dem letzteren zur öffentlichen Bekanntmachung. Der bereits in
der zweiten Hälfte des zweiten Jahrhunderts entstandene Streit
über die Osterfeier wurde von dem Konzil zu Nicäa dadurch er=
ledigt, daß die in der römischen Kirche übliche Zeit der Osterfeier
in der ganzen Kirche eingeführt wurde. Die Synode zu Sardica
vom Jahre 343 oder 344 gestattete verurteilten Bischöfen zum
Schutze gegen die Arianer und Eusebianer die Berufung an den
römischen Bischof, welcher alsbann die Sache einer anderen Pro=
vinzialsynode zu einer neuen Prüfung unterbreiten sollte. Die
Stellung des römischen Bischofs gab in den wechselvollen Streitig=
keiten zwischen Arianern und Rechtgläubigen den Ausschlag.
Wiederholt wurde der römische Bischof in den durch den Arianis=
mus veranlaßten Wirren von Seiten der morgenländischen Kirche
um Beihilfe angerufen. Die Synode zu Antiochia vom Jahre
378 entschied sich für das Bekenntnis des römischen Bischofs. In
dem Streite zwischen der rechtgläubigen Kirche und den Pelagianern
gingen die Synoden zu Karthago und Milevä vom Jahre 416
den Bischof Innocenz I. um Entscheidung an. In dem Streite
über die Bezeichnung der Jungfrau Maria als der ϑεοδόχος oder
ϑεοτόκος, als der Empfängerin oder der Gebärerin Gottes, wandten
sich selbst der Patriarch Cyrill von Alexandrien und Nestorius
von Konstantinopel an den römischen Bischof Cölestin I., worauf
der letztere im Jahre 430 den Nestorius, welcher den Ausbruck
„Gebärerin Gottes" verwarf, für einen Ketzer erklärte. Die
Synode zu Ephesus bestätigte im folgenden Jahre das Urteil
Cölestins. Das Urteil Leos I. über die Monophysiten wurde im
Jahre 451 vom chalcedonensischen Konzile bestätigt.

Diese schiedsrichterliche Stellung des römischen Bischofs in
den zweifelhaften Fragen des Glaubens und der Sitte gab die
Veranlassung, daß der demselben bisher gewährte Ehrenvorrang,
seinem Anspruche gemäß, im Sinne eines bischöflichen Primates
anerkannt wurde. Kaiser Gratian erklärte in einem Gesetze vom
Jahre 375 den römischen Bischof mit seiner Synode als die höchste
richterliche Instanz für die abendländischen Bischöfe. Selbst die

morgenländische Kirche gestand auf dem Konzile zu Konstantinopel vom Jahre 381 dem römischen Stuhle wenigstens einen Ehren= vorrang vor allen Bischöfen zu. Kaiser Valentinian III. erkannte sodann in einem Edikte vom Jahre 445 den römischen Bischof als den „Rektor" der ganzen Kirche an.

Der römische Bischof war es, der auf hoher Warte mitten in den brandenden Fluten der Völkerwanderung die Heiligtümer der alten Welt bewahrte und der dieselben der neuen Welt, welche aus diesen Fluten heraufstieg, übermittelte und hierdurch die siegreichen Germanen doch schließlich dem Genius der Besiegten unterwarf. Der nationale Staat als die Wirklichkeit der dies= seitigen Glückseligkeitslehre bildete den Anfangspunkt, die universale Kirche als die Wirklichkeit der übersinnlichen Glückseligkeitslehre des Christentums, bildete den Endpunkt der alten Geschichte. Der jenseitige Gottesstaat der römischen Kirche war das Endergebnis der alten und das Thema der nachfolgenden mittelalterlichen Geschichte.

Zweiter Teil.

Das Mittelalter und der christliche Gottesstaat.

––––––

Einleitung.

Der Ausgang der antiken Welt war zugleich der Anfangs=
punkt der mittelalterlichen Geschichte. Jene endete ihren Lauf in
der transcendenten Glaubenslehre des Christentums, diese begann
mit der letzteren ihren Weg. Die Glaubenslehre des Christen=
tums bildete den Quellpunkt der mittelalterlichen Kultur. Der
ganze Inhalt des menschlichen Daseins wurde auf jenseits der
Erdenwelt gelegenen Zwecke zurückgeführt. Die christliche Lehre
war gewissermaßen die Achse, um welche sich die Geschichte des
Abendlandes im Mittelalter bewegte. Indem das letztere also die
christliche Lehre vom Altertum übernahm, setzte es an dem Punkte
ein, wo dieses seine Arbeit abgebrochen hatte. Der Aufbau des
christlichen Gottesstaates, mit welchem der Tag der alten Völker
sich geneigt hatte, wurde das Problem der mittelalterlichen Welt.
Der Zusammenhang beider Zeitalter wurde durch die römische Kirche
gewahrt. In der letzteren hatte sich der Geist des griechischen,
jüdischen und römischen Altertums zu einem einheitlichen System
zusammengefaßt. Die römische Kirche war die Synthese der abend=
ländischen und morgenländischen Bildung des Altertums. Indem
dieselbe also die germanischen Völker ihrer Autorität unterwarf,
wurde der religiöse Geist des Altertums zur Grundlage der mittel=
alterlichen Kultur. Altertum und Mittelalter reichten sich die
Hände in dem Gottesstaate der christlichen Kirche.

Die Kirche war in der That der Felsen der Verheißung,
welchen die Sturmfluten der germanischen Völkerwanderung nicht

zerbrechen konnten. Während das römische Reich zusammenstürzte, blieb die Kirche in dem Wechsel der Zeiten und Völker bestehen. Allerdings wurde auch sie durch die Völkerwanderung in ihrem Bestande verkürzt und zwar hinsichtlich des äußeren Umfanges wie der inneren Kraft ihrer Autorität. Einmal verlor sie ihre bisherige Machtstellung in den von den Germanen besetzten Provinzen des westfränkischen Reiches. Sodann mußte die Kirche, auch nachdem sie die germanischen Völker für sich gewonnen hatte, die praktische Geltung ihrer asketisch-hierarchischen Grundsätze, welche in der römischen Zeit längst bestanden hatte, aufs neue wieder erringen. Sie mußte nach der Beendigung der germanischen Völkerwanderung ihren Eroberungszug durch die abendländische Welt zum größten Teil wieder von vorn beginnen. Während sich aber in der römischen Zeit der Lehrbegriff der Kirche erst hatte entwickeln müssen, stand derselbe jetzt den Germanen gegenüber in seinen Grundzügen fertig ausgebildet da. Es handelte sich jetzt nicht um die Ausbildung einer neuen Religionslehre wie am Ausgange des Altertums, sondern nur um die Einführung einer bereits fest in sich abgeschlossenen Weltanschauung hochgebildeter Kulturvölker in den Vorstellungskreis der noch in unentwickelter Jugend stehenden germanischen Völkerschaften.

Zunächst war keiner der größeren Germanenstämme, welche die Provinzen des römischen Reiches besetzt hatten, der kirchlichen Lehre zugethan. Dieselben hingen vielmehr zum Teil noch ihrem alten Götterglauben, zum Teil aber dem arianischen Christentum an. Diejenigen, welche anfangs den katholischen Glauben angenommen hatten, wie Burgunden und Sueven, traten später zum Arianismus über. Das arianische wie das heidnische Germanentum behauptete sich aber in schroffem Gegensatze zu dem System der römischen Kirche. Während das letztere auf der Verneinung der Sinnenwelt beruhte, befand sich das Germanentum in dem Zeitalter seines epischen Heldentums und war mit voller Jugendkraft dem Genusse seines irdischen Daseins ergeben. Während die Disciplin der römischen Kirche die strengste Unterordnung des Einzelnen unter ihre Autorität forderte, war gerade den Germanen die schrankenlose Behauptung der eigenen Individualität mehr als

irgend einem Völkerstamme eigentümlich. So stand der germanische
Charakter in scharfem Gegensatze zu beiden Bestrebungen der Kirche,
der asketischen wie der weltherrschaftlichen. Gegen Ende des
fünften Jahrhunderts gelang es endlich der Kirche in der Ger-
manenwelt eine dauernde Stellung zu fassen und ihre Lehre in
letztere hineinzutragen. Der Widerstreit des weltlich und staatlich
gesinnten Germanentums gegen das asketische und kirchliche Prinzip
des Katholizismus und der Sieg des letzteren über das erstere
bildete den Schwerpunkt in dem folgenden Jahrtausend der mittelalterlichen Geschichte.

Die erste Verbindung fand die Kirche mit dem Frankenreiche
und drang von diesem aus und mit Hilfe desselben siegreich in die
germanischen Staaten ein. So günstig aber die Verbindung von
Staat und Kirche für die Entwicklung der letzteren auch wirkte,
so war sie von Seiten des Staates doch zunächst nicht zu diesem
Zwecke, sondern allein des eigenen Machtinteresses wegen geschlossen.
Das letztere war ursprünglich ausschließlich maßgebend für die Förderung des kirchlichen Wachstums von Seiten des Staates. Die
Kirche der Merovinger-Zeit stand unter der Herrschaft des Staates
und seiner Machtzwecke.

Unter den Pippiniden und Karolingern änderte sich dieses
Verhältnis, insofern für dieselben das Interesse der Kirche
ebenso maßgebend wurde wie dasjenige des Staates. Die Ausbildung und Befestigung der ersteren wurde mit demselben Eifer
betrieben wie diejenige des letzteren. Eben aus diesem Grunde
wurden durch die karolingische Gesetzgebung beide Gebiete, Geistliches und Weltliches, Staat und Kirche voneinander geschieden.
Die Trennung von Staat und Kirche war der leitende Gedanke
der karolingischen Gesetzgebung. Doch war diese Scheidung insofern eine sehr einseitige, als der Klerus wohl von der staatlichen Jurisdiktion eximiert, die Einwirkung der Kirche auf den
Staat hingegen im weitesten Umfange zugelassen wurde. Die
staatliche Gesetzgebung und Regierung wurde von kirchlichen Gesichtspunkten so sehr durchdrungen, daß die Kirche sich als der
eigentliche Inhalt und Zweck des Staatsregimentes darstellte. Die
karolingische Politik legte demnach den Grund zu dem späteren

weltherrschaftlichen Regimente der Kirche. Doch behielt sich in
dem Zeitalter der Karolinger die Krone noch das Recht vor, die
religiösen Zwecke der Gesetzgebung und Politik nach eigenem Er=
messen zu bestimmen. Die Krone hatte die Idee des christlichen
Gottesstaates recipiert, jedoch die Leitung des letzteren sich selber
vorbehalten. Da aber die übersinnliche Idee des Gottesstaates
nicht im weltlichen Staate, sondern in der Kirche vertreten war,
so stand jener Machtbesitz des Staates im Widerstreite mit dem
irdischen Charakter desselben, einem Widerstreite, dessen Lösung die
Aufgabe der nachfolgenden Zeit wurde.

　　Der Beruf der Kirche zur Leitung des Gottesstaates trat
dann überzeugend hervor, als bald nach dem Tode Kaiser Karls
des Großen das fränkische Reich zerfiel und als demnach nur die
Kirche als die höhere Einheit dieser Teile bestehen blieb. Das
Kaiserreich, welches hundert Jahre später Otto I. begründete,
konnte daher das Recht seines Bestehens und seines Machterwerbes
nur aus der universalen Idee der Kirche schöpfen, da der Staat
selbst seine Universalität längst verloren hatte. Die Kirche war seit
Otto I. thatsächlich die rechtliche Grundlage für die Existenz und
die Machtzwecke des Reiches. Dieses Verhältnis von Staat und
Kirche mußte den ersteren als die niedere menschliche, die letztere
als die höhere göttliche Ordnung erscheinen lassen und die Veran=
lassung geben, die in der karolingischen Zeit begonnene Trennung
beider Gebiete fortzuführen. Der letzte Akt dieses Trennungs=
prozesses, das kirchliche Verbot der geistlichen Investitur von Seiten
des Staates, war aber zugleich der erste Schritt zur Begründung
des kirchlichen Weltregimentes. Es war nur eine aus der von
den Karolingern begonnenen und den deutschen Kaisern vollendeten
Trennung von Staat und Kirche sich ergebende logische Schluß=
folgerung, wenn der Papst Gregor VII. den Anspruch der Kirche
über den Staat erhob. Da alle Weltverhältnisse nach der über=
sinnlichen Idee des Gottesreiches gestaltet werden sollten, so mußte
der weltliche Staat den göttlichen Zwecken der Kirche untergeben oder
der letzteren vollständig einverleibt werden. Der Sieg Gregors VII.
über Heinrich IV. entschied den Kampf der Kirche mit dem welt=
lichen Staate im allgemeinen, da der Kaiser der Vertreter der

höchsten weltlichen Macht und dem Rechte nach sogar der Inhaber aller weltlichen Gewalt überhaupt war. Mit jenem Siege war endlich der große Tag des Herrn erschienen, an welchem alle menschlichen Dinge dem göttlichen Geseße der Kirche sich unter= geordnet hatten. Die irdische Körperwelt verblaßte dem religiösen Bewußtsein zu einem großen allegorischen Lehrgedicht auf die Geisterwelt des Jenseits. „Es war", sagte der Cluniacensermönch Rudolf Glaber mit Bezug auf die religiöse Erweckung jener Zeit, „als ob die Welt das alte Gewand von sich abgeworfen und das weiße Kleid der Kirche angethan hätte" [1]). Was der heil. Au= gustin einst im Geiste geschaut hatte, war nun zur sichtbaren Wirk= lichkeit geworden. Das Werk, welches die alte Welt noch unfertig hatte zurücklassen müssen, war zu Ende geführt. Die ganze Welt der Christenheit war zur Kirche geworden. Das fränkische Königs= tum der Merovinger, das Kaisertum der Karolinger, das römisch= deutsche Kaisertum und das Papsttum Gregors VII. und seiner Nachfolger waren die vier Entwicklungsphasen der Idee des christ= lichen Gottesstaates.

Der Zeitraum von Gregor VII. bis zur zweiten Hälfte des dreizehnten Jahrhunderts war das klassische Zeitalter der mittel= alterlichen Geschichte, insofern die religiöse Idee derselben in diesen Jahrhunderten ihren vollendetsten Ausdruck fand. Askese und kirch= liche Weltherrschaft, diese beiden sich gegenseitig bedingenden Vor= aussetzungen des übersinnlichen Gottesstaates, waren innerhalb jenes Zeitraumes in noch ausgedehnterem Maße die bewegenden Mächte des Völkerlebens geworden als sie es im christlichen Alter= tum gewesen waren. Was das leßtere nur in seinen Grundzügen angelegt hatte, wurde durch das Mittelalter zu einem umfassenden System ausgebildet. Askese und kirchliche Weltherrschaft drangen bis in das innerste Leben der abendländischen Völker. Das poli= tische und wirtschaftliche Dasein der leßteren, Wissenschaft und Kunst waren bis in die kleinsten Beziehungen des alltäglichen Lebens gleichmäßig von diesen beiden Gedanken des kirchlichen Lehrbegriffs bestimmt. Das Mittelalter trug in seiner ganzen

---

[1]) Hist. lib. III, 4 bei D u c h e s n e, hist. Francor. script. t. IV, p. 27.

Bildung den Schmerzenszug der Weltverneinung auf der einen und
den gewaltthätigen Charakterzug der Welteroberung auf der andern
Seite.   Das Sinnbild der christlichen Religion, das Kreuz, war
dem Mittelalter zugleich das „Zeichen der Abtötung" wie der
„Weltüberwindung".   Das Mittelalter überwand und beherrschte
die Welt, indem es dieselbe verneinte.   Der Welt absterben be=
deutete soviel als der Kirche leben.   Die Erfüllung der drei aske=
tischen Tugenden Armut, Keuschheit und Gehorsam stellte also
die Aufgabe, die ganze Persönlichkeit mit ihren materiellen und
geistigen Interessen der Kirche zum Opfer zu bringen.   In dem=
selben Verhältnisse als auf der einen Seite die Welt verneint
wurde, mußte auf der andern Seite die Kirche bejaht werden.
Die Steigerung der Askese hatte die entsprechende Steigerung der
kirchlichen Weltmacht zur notwendigen Folge.   Beides, Weltver=
neinung und kirchliche Weltherrschaft waren in der Anschauung
des Mittelalters gleichbedeutende Begriffe.   In der erschöpfenden
Ausbildung dieser beiden sich gegenseitig bedingenden Strebungen
lag die Eigenart, das Wesen der mittelalterlichen Kultur.   Nur
unter dem Gesichtspunkte der gleichmäßigen Geltung von Askese
und priesterlichen Weltherrschaft ist der Geist der mittelalterlichen
Geschichte zu begreifen.

Indem nun der weltherrschaftliche Gedanke der Kirche alle
irdischen Dinge in den Wirkungskreis der letzteren zog, führte eben
die Kirche, welche auf der einen Seite in ihrer transcendenten
Metaphysik von der Erdenwelt abstrebte, auf der anderen Seite in
ihrem hierarchischen Prinzipe wieder mitten in die Welt und ihre
Interessen zurück.   Denn in demselben Maße als die Macht der
Kirche stieg, wurde die Kirche zur Welt.   Da es ihre Aufgabe
war, alle Güter und Kräfte der irdischen Welt unter ihrem Macht=
gebote zu vereinigen, so bildete die Welt den Gesamtinhalt ihres
Daseins.   Die Kirche war der Mittelpunkt, in welchem alle welt=
lichen Mächte zusammenströmten.   Durch die Tugend der Armut
erwarb die Kirche unermeßliche Reichtümer, durch die Tugend des
Gehorsams erwuchs sie zu dem größten und mächtigsten Staats=
wesen, welches es jemals gegeben hat, durch die Tugend der Keusch=
heit endlich gewann sie ein unvergleichlich bewegliches, zu jeder

Zeit und an jedem Ort kampfbereites Beamtenheer. Die übersinn=
liche Idee des Christentums setzte sich in der Kirche auf jedem
Gebiete ihrer Tugendlehre mit logischer Folgerichtigkeit in den
Gegensatz einer systematischen Bejahung der Sinnlichkeit um. Die
weltbeherrschende Tendenz der römischen Kirche hielt der asketisch=
übersinnlichen Idee der christlichen Metaphysik das Gegengewicht.
Indes das Mittelalter in Staat und Familie, in Wirtschaft, Recht,
Kunst und Wissenschaft sich von der Sinnenwelt abwandte, strebte
es in der Kirche mit demselben Eifer wieder zur Welt zurück.
In diesem Zirkel lag die Tragik der mittelalterlichen Geschichte.

Die Idee des Mittelalters, der übersinnliche Gottesstaat, wider=
legte sich durch die Folgerungen seines eigenen Prinzips. Die
größte Machtentwicklung desselben war zugleich die Ursache seiner
Auflösung. Gerade die Kreuzzüge, in welchen der Gottesstaat der
römischen Kirche seine höchste Verwirklichung erreichte, führten alle
Gebiete des Lebens, Staat, Wirtschaft, Kunst und Wissenschaft in
die Weltlichkeit zurück. Eben die Kreuzzüge, in welchen die Verbrü=
derung der christlichen Nationen und die Ergebenheit der Staats=
gewalten für die Zwecke der Kirche den Höhepunkt erreichten,
dienten dazu, die nationalen Gegensätze zu verschärfen und die
selbstherrlichen Machtansprüche der Staatsgewalten zu steigern.
Eben die Kreuzzüge ferner, in welchen die christlichen Völker mit
so freudiger Opferwilligkeit Gut und Blut hingaben, um das
heilige Land den Ungläubigen zu entreißen, wurden die Ursache
einer wirtschaftlichen Entwicklung, einer materiellen und geistigen
Bereicherung des Lebens, welche die christlichen Völker fester als
jemals an die Erdenwelt fesselte. Ein Gebiet nach dem andern
löste sich im Laufe der folgenden Jahrhunderte aus dem asketisch=
hierarchischen System des Gottesstaates ab, um sich selbständig
nach seinen eigenen Zwecken zu gestalten. Da nun diese Bestre=
bungen sich dem weltherrschaftlichen Gedanken der Kirche zu ent=
winden suchten, ohne doch zugleich die Grundlage desselben, den
sakramentalen Charakter des Priestertums zu beseitigen, so ent=
stand dadurch ein Widerstreit zwischen der praktischen Sittlichkeit
und dem religiösen System, ein Widerstreit, welcher in der Refor=
mation des 16. Jahrhunderts seine Lösung fand, indem dieselbe

die Lehre von dem sakramentalen Charakter des Priestertums ver=
neinte und infolgedessen der immanenten Ethik des praktischen
Lebens eine freie Bahn brach. Der Idee des mittelalterlichen
Gottesstaates wurde durch die Reformation ihre theoretische Grund=
lage entzogen und die transcendente Metaphysik der christlichen
Weltanschauung wurde in der ursprünglichen Gestalt, in welcher
sie vor der Entstehung der Kirche erschienen war, wiederhergestellt.
Indem aber die Reformation eine immanente Ethik in sich auf=
nahm, führte sie zugleich über die christliche Heilslehre hinaus und
zur antiken Welt zurück. Die Rückkehr zur evangelischen Lehre
Christi und zu der Bildung der antiken Welt waren die beiden
gleichmächtigen Strömungen des ausgehenden Mittelalters. Die
Verschmelzung von mittelalterlicher und antiker Bildung und die
Aufhebung beider Gegensätze in einer höheren Einheit waren das
Problem, welches das versinkende Mitteltalter der neueren Zeit
hinterlassen hat.

I. Das Germanentum.

Wie der religiöse Mythus der alten Völker, so ging auch der germanische Mythus von der Vorstellung der Einheit von Gott, Mensch und Natur aus. Die Götter der Germanen waren nach Maßgabe der menschlichen Persönlichkeit personifizierte Naturkräfte. Der in den Zeitmaßen der Jahreszeiten sich ewig wiederholende Rhythmus der Natur wurde in eine einmalige, die ganze Weltdauer umspannende Handlung des Götter-, Riesen- und Menschengeschlechts umgedichtet. Die Götter waren die Vertreter des fruchtbringenden Sommers, die Riesen die des erstarrenden Winters. Die Sommerzeit bedeutete also die Herrschaft der Götter, die Winterzeit die Herrschaft der Riesen. Den Wechsel beider Zeiten führte der personifizierende Mythus des Weltjahres auf sittliche Beweggründe zurück. Die Götter waren als die Vertreter der lebenschaffenden Wärme das Prinzip des Guten, die Riesen als die Vertreter des erstarrenden Frostes das Prinzip des Bösen. Da nun die Herrschaft der Götter in dem dem Jahreslaufe nachgebildeten Weltjahre ebenso wie der Sommer des Zeitjahres bereinst ihr Ende finden sollte, so konnte dieser Vorgang nur in einem Abfalle der Götter von sich selbst, in einer sittlichen Verschuldung derselben seine Erklärung finden. Das Weltjahr fand sein Ende in dem durch die Verschuldung der Götter bewirkten Siege der Riesen. Am Ende der Welt, in der Götterdämmerung werden die Götter und die gleichfalls schuldbeladenen Menschen im Kampfe mit den Riesen zu Grunde gehen. Aber auch die Riesen werden im Kampfe fallen. Zum Schluß dieser ungeheuren Katastrophe werden Sonne, Mond und Sterne auf

die Erde niederstürzen. Flammen fahren aus Muspelheim und
verzehren die Welt. Darauf aber bricht ein neuer Schöpfungs=
morgen an. Eine neue Erde taucht aus den Fluten des Welt=
meeres empor. Ein neues schuldloses Götter= und Menschen=
geschlecht ersteht, welche von dem aus Hels Hause zurückgekehrten
Baldur beherrscht werden. Ein ewiger Frühling beglückt Götter
und Menschen, denn die Frostriesen kehren nicht wieder.

Das Naturleben bildete also die Grundlage der germanischen
Weltanschauung. Sittliches und Natürliches blieben in eins ver=
schmolzen. Den Naturerscheinungen wurden sittliche Beweggründe
unterlegt, während sich andererseits die letzteren als Naturereig=
nisse abspielten. Das Gute und Böse blieben naturalistische Be=
griffe, insofern sie mit den Begriffen des dem materiellen Leben
Nützlichen und Feindlichen zusammenfielen. Das Gute führte auf
die Götter, diese aber auf die fruchtbringende Wärme zurück wie
das Böse auf die Riesen und den lebentötenden Frost. Freilich
waren die aus der sinnlichen Natur gehobenen Begriffe des Gött=
lichen und Guten bereits der erste Ansatz zu einem Bruch mit der
Natur. Das Prinzip des Natürlichen würde auch den germanischen
Mythus wie einst den griechischen über sich selbst hinaus geführt
haben. Das Naturleben war ja bereits in eine Tragödie umge=
dichtet und der Wechsel der Dinge auf eine sittliche Verschuldung zu=
rückgeführt. Die weitere Fortbildung des Mythus würde voraus=
sichtlich auch bei den Germanen eine grundsätzliche Verneinung der
Natur ergeben haben. Aber diese Entwicklung wurde durch die
Einführung des Christentums unterbrochen. Der Gedanke einer
Gegenstellung von Geist und Natur blieb unerschlossen in der
Tiefe des Mythus verborgen.

Dem Charakter des letzteren war der Charakter des geschicht=
lichen Germantums der Urzeit entsprechend. Die Germanen legten
den Naturkräften nur darum sittliche Motive unter und begriffen
dieselben nur darum als göttliche Persönlichkeiten, weil sie selber
noch nichts anderes waren als Natur. Daher waren auch die Inter=
essen, welche das Germanentum bewegten, andere als die Interessen
der vom Christentum beherrschten Völker der alten Welt. Der welt=
verneinende Geist der christlichen Lehre war dem Germanentum völlig

fremd. Das letztere war vielmehr ebenso wie einst die Völker der alten Welt im Beginne ihrer Entwicklung lediglich mit der Geltendmachung seiner weltlichen Interessen beschäftigt. Während die im römischen Reiche zusammengefaßten Völker in der Auflösung ihrer bisherigen staatlichen Ordnungen begriffen waren, standen die Germanen auf der Anfangsstufe ihrer staatlichen Zustände. Die Aufgabe, welche die Germanen beschäftigte, war darum nicht die Begründung eines auf jenseitige Zwecke gerichteten Gottesstaates, sondern vielmehr der erste Aufbau allgemeiner staatlicher Ordnungen innerhalb ihrer von individueller Willkür zersplitterten Gesellschaft. Die Konflikte, welche die germanische Welt durchzogen, bewegten sich nicht um den Gegensatz des Sinnlichen und Uebersinnlichen, sondern um den des Individuellen und Allgemeinen.

Von dem noch vom Halbdunkel des Mythus umschleierten Bewußtsein dieser Urzeit bis auf den lichten Tag der Gegenwart zieht sich durch die germanische Geschichte ein fast niemals ruhender Widerstreit zwischen dem individuellen Freiheitstriebe und den Bedingungen einer staatlichen Zusammenfassung der Kräfte. Der erstere nimmt in diesem Widerstreit das durchaus vorherrschende und maßgebende Interesse in Anspruch. Niemals kann das Germantum es genügend begreifen, daß das ewige Problem aller Staatsbildung in dem harmonischen Ausgleich zwischen der individuellen Freiheit und dem gesamtheitlichen Interesse besteht, daß eben die Erhaltung der ersteren den Verzicht auf einen Teil derselben zum Zwecke der staatlichen Gemeinschaft erfordert und daß eine schrankenlose Behauptung der individuellen Freiheit gerade den sicheren Untergang derselben zur Folge haben muß. Eben deshalb, weil der Ausgangspunkt des Germanentums fast ausschließlich die individuelle Freiheit ist, pflegt auch die Geschichte des deutschen Volkes, welches infolge seiner geographischen Lage dem Zusammenstoße mit feindlichen Mächten am meisten ausgesetzt ist, so oft in dem entgegengesetzten Extrem einer schmachvollen politischen oder geistigen Knechtschaft zu enden. Unfähig, sich selber zu bezwingen, muß der individualistische Freiheitstrieb feindlicher Gewalt unterliegen. Die individuelle Freiheit bleibt immer der einzige, aus dem eigenen Antriebe des Germanentums

hervorspringende Gesichtspunkt, während die staatsbildende Samm=
lung demselben nur durch die von außen drängende Notwendigkeit
gewaltsam aufgezwungen wird. An diesem Individualismus, wel=
cher die zu einer weltgeschichtlichen Machtstellung erforderliche Kraft=
sammlung fortwährend zerstörte, sind schließlich alle großen Unter=
nehmungen der deutschen Nation im Mittelalter wie in der Neu=
zeit gescheitert oder nur zu einer kümmerlichen Bedeutung gelangt.
Die einseitige Behauptung der individuellen Freiheit ist die Schick=
salsmacht, welche über dem Leben des Germanentums schwebt,
welche eine übermächtige Entwicklung desselben immer aufs neue
zerstört und das weltgeschichtliche Wachstum desselben auf immer
in engen Schranken gebunden hält.

Als ungebändigte Naturkraft trat dieser Individualismus in
den ersten Anfängen der germanischen Geschichte hervor. Der
Lebensdrang, die Leidenschaft der Germanen bewegte sich fast in
denselben Maßverhältnissen wie die Naturgewalt ihrer Götter.
Ihre persönliche Tapferkeit war unübertroffen. Sie schienen nach
Aussage der Römer die Schwäche der Todesfurcht nicht zu kennen.
Wie der Sturmwind fuhren sie gegen den Feind. Ihr Mut
und Ungestüm warf jeden Widerstand des Feindes nieder. Sie
waren „dem Feuer gleich an Raschheit und Gewandtheit", wie
Plutarch sagte [1]. Derselbe Schriftsteller verglich das Getöse ihres
Angriffes bei Vercellä mit einem wogenden, brausenden Meere.
Wie himmelstürmende Titanen erschienen sie in der Beschreibung,
welche Plutarch von dem Angriffe der Cimbren auf das jenseits
der Etsch errichtete Lager des Konsuls Catulus gibt. „Wie Gi=
ganten," schrieb er, „rissen sie die Höhen ringsherum nieder, ent=
wurzelten Bäume, Felsblöcke, ja ganze Erdhügel schleppten sie
zugleich in den Fluß und drängten das Wasser über die Ufer."
Die römischen Soldaten aber flüchteten vor Schrecken über diesen
Anblick aus dem Lager. In der Schlacht, welche Cäsar gegen
Ariovist schlug, fanden die römischen Legionen nicht Zeit, von ihren
Pilen Gebrauch zu machen wegen der Schnelligkeit des feindlichen

---

[1] Vita Marii K. 1.

Angriffs [1]). Der weibliche Charakter war in denselben Maß=
verhältnissen gestaltet wie der männliche. Groß und heldenhaft
wie die Walküren des Mythus erscheinen die germanischen Frauen.
In der Schlacht standen sie auf der Wagenburg und begeisterten
die kämpfenden Männer durch ihren Zuruf. Als den Frauen der
Teutonen nach der unglücklichen Schlacht bei Aquä Sextiä von
Marius die Bitte abgeschlagen wurde, sie den vestalischen Jung=
frauen zum Geschenk zu schicken, töteten sie sich selbst in der folgen=
den Nacht. Valerius Maximus fügte dem Bericht über diesen
Vorgang die Worte hinzu, daß, wenn die Männer die Tapferkeit
ihrer Frauen besessen hätten, es um die Trophäen des teutonischen
Sieges mißlich gestanden haben würde. Die Frauen der Cimbrer
traten mit den Waffen in der Hand den fliehenden Männern ent=
gegen und töteten viele von ihnen. Dann töteten sie ihre Kin=
der und schließlich sich selbst. Die Frauen der Sueven beschworen,
wie Cäsar erzählt, unter Thränen die in den Kampf ziehenden
Männer, sie nicht in die Knechtschaft der Römer fallen zu lassen [2]).
Wie Tacitus erzählt, sollen sogar wankende Schlachtreihen durch
die Frauen wieder zum Stehen gebracht worden sein [3]). In krie=
gerischer Heldengröße erscheinen auch die wenigen historischen
Frauengestalten, welche uns durch die römischen Geschichtsschreiber
bekannt geworden sind, so jenes Bructerermädchen, Namens Ve=
leda, deren Befehle die aufständischen Bataver als prophetische
Aussprüche befolgten [4]), so ferner jenes Weib von „übermenschlicher
Größe", welches dem Drusus an der Elbe mit den kühnen Worten
entgegentrat: „Wohin willst du, unersättlicher Drusus? Das
Geschick hat dir nicht bestimmt, alles dieses zu schauen. Ziehe
hin! denn das Ende deiner Thaten und deines Lebens ist herbei=
gekommen" [5]).

Aber diese wilde Tapferkeit war ohne nachhaltigen Wert,

---

[1]) Caes. I, 52.
[2]) Caes. d. b. g. 1, 51.
[3]) Tacit. Germ. K. 8.
[4]) Tacit. hist. IV, K. 61.
[5]) Cassius Dio l. 55, K. 1.

da sie nur auf einer schrankenlosen Behauptung der eigenen
Persönlichkeit beruhte und wohl den augenblicklichen Antrieben der
letzteren folgte, nicht aber der berechnenden Klugheit einer einheit=
lichen Leitung sich dienstbar machte. Darum waren die Germanen
ebenso widerstandslos in der Niederlage, wie sie unwiderstehlich
im Ansturm waren. Die römischen Geschichtschreiber Cäsar,
Plutarch, Tacitus u. s. w. waren einig in dem Urteile über die
geringe Nachhaltigkeit der Germanen. Die von dem Schlachtfelde
bei Aquä Sextiä flüchtenden Teutonen ließen sich würgen ohne
nur den Mut des Widerstandes zu finden. Dieselben Leiber,
welche zu Vercellä bei ihrem Angriffe wie eine Meereswoge auf=
rauschten, zerschmolzen wenige Stunden später in der Julisonne
desselben Tages wie Schnee. Darum endeten die Niederlagen der
germanischen Heere so häufig mit einer fast völligen Vernichtung
des ganzen Stammes. Die wilde Tapferkeit der Germanen ver=
schmähte zum eigenen Unheil den klugen Rat des Armin, mit dem
Angriffe auf die römischen Legionen so lange zu warten, bis die=
selben aus ihrem festen Lager ausgerückt und auf freies Terrain
gelangt sein würden [1]). Der ungebrochene Individualismus wider=
strebte jeder Zucht und Disciplin. Ein Führer der aufständischen
Bataver, namens Tutor, sagte von den Germanen, sie „kennten
keinen Befehl, keine Leitung, sondern thäten alles nach Willkür"[2]).
Als Naturmenschen, welche lediglich ihren eigenwilligen, augen=
blicklichen Antrieben zu folgen gewohnt waren, schilderte auch der
jüdische Geschichtschreiber Josephus die Germanen. Die Worte,
welche derselbe über die germanische Leibwache des Kaisers Gajus
äußerte, waren selbstverständlich mit allgemeiner Beziehung auf die
Germanen gesagt. „Es ist, sagte Josephus, ihnen eigen, dem
Zorne unbedingt zu folgen, was auch bei anderen Barbaren nicht
selten ist, weil sie nichts darauf geben, für das was sie thun, die
Vernunft walten zu lassen"[3]). Sie legten, wie er weiter bemerkte,
für die Wertschätzung der Menschen nicht die Tugendhaftigkeit der

---

[1]) Tacit. annal. I, 68.
[2]) Tacit. hist. IV, 76.
[3]) Antiq. Jud. XIX, 1, 15.

letzteren, sondern nur ihr eigenes, persönliches Interesse als Maß=
stab an. Jahrhunderte lang suchte ein großer Bruchteil der Ger=
manen denn auch den Kampf, ohne einen höheren Zweck mit dem=
selben zu verbinden als Ehre und Beute. Darum leisteten sie
bereitwillig Kriegsdienste in den Heeren der Römer, deren wichtigste
Aufgabe die Bekämpfung ihrer eigenen Volksgenossen war. Im
Kriegsdienste der Römer haben sie Jahrhunderte lang alle Ansätze
einer größeren staatlichen Machtentwicklung ihrer heimischen Volks=
genossen am eifrigsten zerstören helfen.

Aber die vielen, schweren Niederlagen, welche die Germanen
durch die Römer erlitten, sowie die durch die anschwellende Völker=
flut sich steigernde Bedrängnis ihrer Lage zwangen sie schließlich
dennoch dazu, ihre wilde Naturkraft zu bändigen und sich einer
gewissen staatlichen und militärischen Zucht zu fügen. Der Kampf
gegen das Römertum in Angriff und Abwehr hatte die Germanen
zu einer umfassenderen und festeren Sammlung ihrer Kräfte ge=
trieben. Ueber die freien Volksgenossen erhob sich die königliche
Gewalt und gewann im Laufe der Zeit immer mehr an Macht
und Selbständigkeit. Im Zusammenhang mit dieser inneren Samm=
lung stand die nach auswärts greifende Einigung der Kräfte. Die
vielen kleinen Völkerschaften begannen schon seit dem dritten Jahr=
hundert sich zu größeren Stämmen zusammenzuschließen. Es ent=
standen die großen Stämme der Franken, Sachsen und Alemannen.
In beiden Beziehungen bildete sich das staatliche Leben der Ger=
manen weiter aus, nachdem sie die Widerstandskraft des römischen
Staates gebrochen hatten und in den ehemaligen Provinzen des=
selben seßhaft geworden waren. Die ersten Gründer germanischer
Staaten, Alarich, Athaulf, Odovaker, Theoderich und Chlodovech,
waren groß angelegte politische Naturen, welche mit weitsichtiger
Klugheit verfuhren. Alarich verfolgte von dem Augenblicke seiner
Wahl bis zu seinem Tode den Gedanken, den Westgoten eine
selbständige, nationale Stellung im römischen Reiche zu erobern.
Athaulf hegte sogar eine Zeitlang die Absicht, das römische Im=
perium in ein gotisches zu verwandeln. Theoderich wollte Goten
und Römer zu einem einzigen Volke verschmelzen und erhielt seiner
staatsmännischen Einsicht wegen den Beinamen des Großen. Der

Frankenkönig Chlodovech endlich war zwar gewiſſenloſer, aber auch zugleich berechnender und klüger als alle. Die Befeſtigung und Vermehrung der königlichen Gewalt und die Einigung der ein= zelnen Stämme zu größeren ſtaatlichen Verbänden waren die leitenden Grundſätze der germaniſchen Staatsentwicklung vom dritten Jahrhundert bis zu dem Frankenkönige Karl d. Gr.

Dennoch pflanzte ſich der Widerſtreit zwiſchen dem individuellen Freiheitstriebe und den ſtaatlichen Geſamtzwecken auch auf dieſe epiſche Heldenzeit des Germanentums fort. Der erſtere ließ die Germanen auch in der weltgeſchichtlichen Wendung dieſer Zeit nicht das Ziel erreichen, welches ihnen bei einer energiſcheren ſtaat= lichen Geſinnung erreichbar geweſen wäre. König Athaulf mußte auf den Plan, ſeine Goten in die Weltſtellung des Römertums zu heben und das römiſche Reich in ein gotiſches zu verwandeln, verzichten, weil, wie er erklärte, die Erfahrung ihn belehrt habe, daß der zuchtloſe, barbariſche Sinn der Goten ſich den ſtaatlichen Geſetzen nicht unterzuordnen vermochte [1]). Das Heldentum jener Zeit erreichte eine rückſichtsloſe Härte, welche oft an die Geſtalten der epiſchen Dichtungen erinnerte. Der ſcharfe Witz des Lango= barden an der Tafel des Gepidenkönigs Turiſind, deſſen Sohn von dem Gefolgsherrn des erſteren, dem jungen Alboin, im Kampfe getötet war, bildete ein geſchichtliches Seitenſtück zu den aufreizenden Worten Hagens gegenüber dem Könige Etzel und ſeiner Feindin Kriemhild [2]). Auch das Laſter bewegte ſich in den Größenverhält= niſſen der epiſchen Menſchlichkeit. Die unerſättliche Eroberungsgier und die liſtige Bosheit des Frankenkönigs Chlodovech erreichte das größte Maß menſchlicher Niederträchtigkeit. Die geſchichtlichen Königinnen Brunichildis und Fredegunde waren in ihrer unge= heuren Laſterhaftigkeit und Wildheit das geſchichtliche Zerrbild der epiſchen Kriemhild. Der unbeugſame Eigenwille der einzelnen Perſönlichkeiten und der Sondertrieb der Stämme blieben nach wie vor das Verhängnis der germaniſchen Geſchichte. In ununter=

---

[1]) Orosius VII, 43.
[2]) Pauli hist. Langbard. 1, 24. M. G. scr. rer. langobard. et ital. p. 61 f.

brochenen Kämpfen vernichteten sie selber den größeren Teil ihres
Bestandes und ermöglichten dadurch dem romanischen Volkstum,
sich den übrig gebliebenen Rest ihrer Volksgenossen in Frankreich,
Spanien und Italien vollständig einzuverleiben. Der Ostgoten=
könig Theoderich vernichtete das Reich des Odovakers, die Lango=
barden kämpften in den Heeren des Narses gegen die Ostgoten.
Schließlich vernichtete der Frankenkönig Karl auch das Lango=
barbenreich. Die Eroberungspolitik der fränkischen Könige hatte
in demselben Verhältnisse die Vernichtung der germanischen Völker=
stämme wie die Ausdehnung ihrer eigenen Herrschaft zur Folge.
Der Umkreis des Germanentums, welcher anfänglich fast die ge=
samten europäischen Länder umspannte, verengte sich mehr und
mehr, bis er sich schließlich auf das fränkische Reich, England und
die skandinavischen Halbinseln beschränkte. Da aber die Franken
das Germanentum im Süden Galliens vernichtet hatten und sich
infolgedessen die germanische Bevölkerung Galliens fast ausschließ=
lich auf jene beschränkte, so war die Zahl des in Gallien ver=
bliebenen Germanentums zu gering geworden, um dem geistig
überlegenen Romanentum stand zu halten. Auch die Franken
mußten allmählich in der romanischen Bevölkerung untergehen.
So waren die Franken selber die Veranlassung, daß sie und ihr
Land, welches eine Zeitlang die Hauptmacht des Germanentums
bildeten, dem letzteren verloren gingen und daß das Germanentum
schließlich auf Deutschland, England und Skandinavien zurück=
gedrängt wurde.

Dieser Rest des Germanentums nun fand sich dem Romanen=
tum gegenübergestellt, welches seiner ganzen Naturanlage nach das
völkergeschichtliche Gegenbild desselben darstellte. In demselben
Maße, in welchem das Germanentum die unbeschränkte Freiheit
des Individuums behauptete, strebte das Romanentum nach einer
durchgreifenden Zusammenfassung der Individuen. Das Zusammen=
streben der letzteren bildete ebenso sehr die Naturbestimmtheit der
Romanen wie das Auseinanderstreben derselben die Charakter=
anlage der Germanen. Die letzteren waren das Volk der Persön=
lichkeit, die Romanen das Volk der ausgleichenden Einheit. Das
staatsbildende Genie des alten Römertums hatte sich auf die Nach=

kommen desselben, die Romanen des Mittelalters vererbt. In
der römischen Kirche fand das neue Geschlecht den Mittelpunkt
seines staatsbildenden Triebes. In anderen Formen bekundete sich
derselbe schöpferische Geist, der einst das weltgebietende römische
Reich erzeugt hatte. Das Werk des Enkelgeschlechts übertraf aber
hinsichtlich der Geschlossenheit und Dauerhaftigkeit seines Gefüges
die Leistung der Vorfahren noch um vieles. Auf diesem staatsbildenden Genie beruhte die unermeßliche Ueberlegenheit der Romanen gegenüber den Germanen. Das Werk des alten Römertums war dem Jahrhunderte fortdauernden Ansturme der Germanen
erlegen. Aber dem staatlichen Geiste des in der Kirche sich aufs
neue kräftigenden Romanentums war der durch keine Erfahrung
belehrbare Individualismus der Germanen nicht gewachsen. Der
einem thatkräftigen staatlichen Gemeinsinn entgegenstehende individualistische Freiheitstrieb hatte zur Folge, daß endlich auch das
noch verbliebene Germanentum, wenn es sich auch seinem äußeren
Bestande nach erhielt, doch wenigstens seiner inneren geistigen und
sittlichen Bildung nach dem Machtgebote des in der römischen Kirche
sich zusammenfassenden Romanentums unterliegen mußte.

II. Das fränkische Reich und die römische Kirche.

In den beherrschenden Mittelpunkt der neugegründeten ger=
manischen Staatenwelt trat seit der Regierung des Königs Chlo=
dovech das fränkische Reich. Chlodovech legte durch seine Erobe=
rungen den Grund zu der großen Machtstellung des Frankenreiches
und durch seinen Uebertritt zum römischen Katholizismus im Jahre
496 den Grund zu der Verbindung zwischen dem Germanentum
und der römischen Kirche. Beide Ereignisse, die Begründung des
Frankenreiches und die Verbindung desselben mit Rom wurden
die Angelpunkte der mittelalterlichen Geschichte. Das Frankenreich
wurde zum Träger der staatlichen Entwicklung des Germanentums.

Die räumliche Erweiterung des staatlichen Gebietes wie die
innere Zusammenschließung der Kräfte wurden von den Franken
mit größerer Thatkraft und klügerer Berechnung als von irgend
einem anderen Germanenstamme verfolgt. Eben diese Zwecke der
fränkischen Politik waren die Entstehungsursache der von den
Frankenkönigen gesuchten Verbindung mit Rom. Nur aus dem
Gesichtspunkte des politischen Machtinteresses hatte Chlodovech die
letztere geschlossen. Und in der That hatte die Verbindung mit
der römischen Kirche die außerordentliche Kraftentwicklung der
fränkischen Krone und des fränkischen Reiches sehr gefördert, ja
sogar überhaupt erst ermöglicht. Von entscheidender Bedeutung
für den Bestand und das Wachstum des Reiches war namentlich
die günstige Stellung, welche die fränkische Herrschaft durch den
Uebertritt des Königs zu der romanischen Bevölkerung gewann.
Chlodovech hatte durch seinen Sieg über Syagrius den letzten Rest

der römischen Herrschaft in Gallien vernichtet und das fränkische
Gebiet bis zur Loire ausgedehnt. Im Osten hatte er seine Herr=
schaft durch die Einverleibung der ripuarischen und unabhängigen
salischen Franken, ferner durch die Unterwerfung der linksrheini=
schen Thüringer und Alemannen erweitert. Im Süden hatte er
die Westgoten besiegt und alles Land bis zur Garonne erworben.
Aber nur durch sein Verhältnis zur römischen Kirche war es ihm
möglich, die Zuneigung der katholischen Romanen in diesen Land=
schaften zu gewinnen und dadurch den dauernden Bestand seiner
Eroberungen zu sichern. Ostgoten, Vandalen und Langobarden
gingen zu Grunde oder verloren ihre Selbständigkeit nur darum
so frühzeitig, weil sie ihres arianischen Glaubensbekenntnisses wegen
keine Fühlung mit den an Volkszahl wie an Bildung weit über=
legenen Romanen gewinnen konnten. Die katholischen Romanen
des südlichen Galliens, welche unter der Herrschaft der arianischen
Westgoten standen, sahen seit dem Uebertritt des Chlodovech einer
Einverleibung ihres Gebietes in das fränkische Reich verlangend
entgegen. „Viele Gallier wünschten sich schon damals die Franken
sehnsüchtig als Herren herbei", schrieb der Bischof Gregor von
Tours [1]). Die katholische Geistlichkeit innerhalb der von den West=
goten besetzten Gebiete war dem Frankenkönige am eifrigsten zu=
gethan. Der Bischof von Clermont, Sidonius Apollinaris, war
ein leidenschaftlicher Feind der Westgoten und sehr darum bemüht,
die Abtretung der Auvergne von Seiten des Kaisers Julius Nepos
an den Gotenkönig Eurich zu hintertreiben. Der letztere sah sich
wegen dieser feindlichen Gesinnung der katholischen Geistlichkeit
veranlaßt, die Wiederbesetzung mehrerer Bistümer nach dem Tode
der letzten Inhaber zu verbieten. Der Bischof Volusian von Tours
wurde seiner fränkischen Gesinnung wegen gefangen genommen.
Der Bischof Quintian von Rhodez mußte, um sich vor dem gleichen
Schicksale zu retten, zu den Franken flüchten.

Gestützt auf die von Chlodovech gewonnene sichere Grund=
lage, setzten die Söhne desselben die Eroberungspolitik ihres Vaters
fort. Sie unterwarfen die Thüringer, Burgunden, Alemannen,

---

[1]) L. 2, K. 35; vgl. K. 23.

eroberten Aquitanien und die Provence und brachten die Herzöge
von Baiern in Abhängigkeit von ihrem Machtgebote. Schon da=
mals konnte sich ein fränkischer König dem oströmischen Kaiser
Justinian gegenüber rühmen, daß sein Reich sich von der Donau
und der Grenze Pannoniens bis zu den Küsten des Ozeans er=
strecke. Nach dem Tode Chlotars I. im Jahre 561 wurde das
Reich freilich geteilt. Aber auch nach der Teilung desselben in
die drei Königreiche Austrasien, Neustrien und Burgund blieb die
Vorstellung von der Zusammengehörigkeit der Teile bestehen und
fand in den gegenseitigen Erbansprüchen der einzelnen Könige ihre
rechtliche und thatsächliche Anerkennung. Innerhalb seines Herr=
schaftsgebietes eignete sich das Königtum eine fast unumschränkte
Machtvollkommenheit an. Mit großer Willkür griff Chilperich I.
in alle Verhältnisse seines Reiches ein. Er belastete das Volk mit
Steuern, er zwang Freie und Unfreie zu persönlichen Dienst=
leistungen, er strafte nach eigenem Belieben diejenigen, welche seine
Befehle säumig vollzogen, er erließ nach eigenem Ermessen Vor=
schriften in kirchlichen Glaubensfragen und hob eigenmächtig testa=
mentarische Schenkungen an die Kirche auf. Die Worte des Gregor
von Tours, welche Chilperich als den Nero und Herodes seiner
Zeit bezeichneten[1]), können freilich nicht völlig maßgebend sein, da
Gregor den Charakter des Königs in erster Linie nach dem Ver=
halten desselben zu dem Klerus beurteilte.

Nicht minder als der Staat war unter dem Schutze des
letzteren auch die Kirche gewachsen und zwar hinsichtlich ihrer
äußeren Ausdehnung wie ihres inneren Ansehens. Seit dem Ende
des sechsten Jahrhunderts hatte die Kirche bedeutende Fortschritte
in der germanischen Welt gemacht. Es waren namentlich die
irisch=schottischen Mönche, welche unter dem Schutze der Franken=
könige die Missionierung der mitteleuropäischen Länder übernahmen.
In Burgund, Alemannien, Thüringen, Friesland und Norditalien
predigten sie die christliche Lehre und gründeten sie Klöster als
Stützpunkte ihrer Missionsarbeit. Wenn diese Mönche auch keinen
Zusammenhang mit dem römischen Stuhle hatten, so standen sie

---

[1]) L. 6, K. 46.

doch keineswegs in einem Gegensatze zu demselben. Vielmehr erkannten sie in der Mehrheit den römischen Bischof als das Haupt der christlichen Kirche an und zwar in dem Sinne wie etwa die Kirchenlehrer des christlichen Altertums im dritten Jahrhundert. „Ihr sind fast himmlischer Art und Rom ist das Haupt aller Kirchen der Welt und heiliger ist nur die Stätte der göttlichen Auferstehung", schrieb einst der Ire Columban dem Papst Bonifacius [1]). Uebrigens zog die römische Kirche aus der Missionsarbeit dieser Schottenmönche insofern einen sehr erheblichen Gewinn, als die letzteren den nach ihnen folgenden, den engsten Anschluß an die römische Kirche erstrebenden angelsächsischen Missionaren den Weg bereiteten. Zugleich mit ihrer äußeren Ausdehnung gewann die Kirche auch an innerer Festigkeit. Seit dem Ende des sechsten Jahrhunderts etwa begann die kirchliche Lehre sich dem Seelenleben der Germanen allmählich zu erschließen. Bisher war die Kirche und ihre Lehre nur durch die Romanen vertreten, indem die Geistlichkeit, namentlich die höhere, fast ausschließlich aus der gallischen Bevölkerung hervorging, während sich das Christentum der Germanen lediglich auf ein äußerliches Bekenntnis des kirchlichen Glaubens beschränkte, ohne das Innenleben derselben im mindesten ergreifen zu können. Seit jener Zeit aber nahmen auch die Germanen einen thätigen Anteil an der Kirche und viele von ihnen traten in den geistlichen Stand. Die Bischofsstühle von Mainz, Köln, Trier, Metz, Mastricht, Cambray, Verdun und Lorsch waren seit jener Zeit von Bischöfen germanischer Herkunft besetzt [2]). Selbst die Klöster wurden von germanischen

---

[1]) Ep. V ad Bonif. pap. ed Galland p. 355. Die Ueberschätzung des evangelischen Charakters der keltischen Kirche von Seiten Ebrards in dessen Schrift: „Die iroschottische Missionskirche des 6., 7. und 8. Jahrhunderts" findet sich nachgewiesen vom evangelischen Standpunkte aus in A. Werner: „Bonifacius, der Apostel der Deutschen, und die Romanisirung von Mitteleuropa"; ferner in Herzogs „Abriß der gesamten Kirchengeschichte" Teil I, S. 481 ff.; vom katholischen Standpunkte bei Friedrich: „Kirchengeschichte Deutschlands" Bd. 2, S. 136 ff.

[2]) Vgl. die series episcoporum bei Potthast, Bibl. hist. medii aevi. Supplement.

Männern und Frauen aufgesucht. Die Fürstinnen Rhabegundis, die Töchter der Könige Guntram und Dagobert nahmen den Schleier. Die Gesta Treverorum [1]) nennen mehrere germanische Männer, welche um das letzte Viertel des sechsten Jahrhunderts ein mönchisches Leben führten und im Rufe der Heiligkeit standen: Ingobert, Disibod, Wandelin, Carilelf, Vulfilaich und Banto. Freilich vollzog sich dieses Wachstum der Kirche schon damals nicht ohne Einbuße des Staates. König Chilperich I. klagte wenigstens über den durch die Kirche verursachten Ausfall des Staatsschatzes sowie über das auf Kosten der Krone gestiegene Ansehen der Bischöfe mit den Worten: „Siehe unser Schatz ist leer geworden, unser Reichtum ist an die Kirchen gefallen. Niemand herrscht als allein die Bischöfe. Unsere Hoheit ist dahin und an die Bischöfe der Städte übergegangen" [2]). Gleichwohl war der Gewinn, welchen die Krone aus dem Wachstum der Kirche zog, größer als der ihr durch das letztere entstandene Verlust. Denn solange noch die arianische Häresie und der germanische Götterglaube bestand, besaß die fränkische Krone in dem Klerus und insbesondere in den missionierenden Mönchen die geeignetsten und wirksamsten Vertreter ihrer Herrschaft.

Nach dem im Jahre 628 erfolgten Tode Chlotars II. jedoch trat eine Wendung in der Entwicklung des Frankenreiches wie der römischen Kirche ein. Während des siebenten Jahrhunderts befand sich das Reich im Zustande der Auflösung. Die Einzelreiche lagen in fortgesetzter Fehde miteinander. Das merovingische Königsgeschlecht entartete, indem es nur wilde, verbrecherische oder schwächliche Naturen hervorbrachte. Eine mächtige Aristokratie hob sich im Reiche empor, welche dem Königtum eine beengende Schranke entgegensetzte. Der Dienstadel, welchen die Könige selber geschaffen und in welchem sie zunächst auch eine wesentliche Stütze ihrer Macht gefunden hatten, war zu großem Besitz und zu einer dienstpflichtigen Gefolgschaft gelangt, welche ihn der Krone gegenüber ziemlich unabhängig stellte. Auf demselben Wege, auf welchem

---

[1]) C. 24. M. G. VIII, p. 159.
[2]) Greg. Tur. VI, 46.

die Könige sich vormals von Volk und Heerbann unabhängig ge=
macht hatten, machte sich nun der Adel unabhängig von der Krone,
mit Hilfe einer durch Güterverleihungen zu persönlichen Dienst=
leistungen verpflichteten Gefolgschaft. An der Spitze dieses Adels
stand der höchste Beamte des fränkischen Reiches und des könig=
lichen Hauses, der Majordomus. Auch die Herzöge der unter=
worfenen Stämme, welche bisher königliche Beamte waren, wan=
delten ihre Amtsgewalt allmählich in ein privatives Recht um, so
daß die territorialen Gewalten aufs neue in den Vordergrund
traten. Der Thüringerherzog Radulf empörte sich im Jahre 640
mit siegreichem Erfolge gegen den Frankenkönig Sigibert. Der
Friesenherzog Ratbod machte Friesland in den siebziger Jahren
desselben Jahrhunderts gleichfalls unabhängig von der Franken=
herrschaft. Desgleichen hatten sich die Alemannen unter ihrem
Herzog Gottfried der fränkischen Herrschaft entzogen.

Mit dem fränkischen Reiche war die Kirche in gleichem Ver=
hältnisse zurückgegangen. Die hohe Geistlichkeit hatte an der
Opposition der Großen gegen die königliche Gewalt bedeutenden
Anteil genommen und über ihre weltlichen Interessen ihre geist=
lichen Amtsgeschäfte vernachlässigt. Innerhalb achtzig Jahren,
schrieb Bonifacius im Jahre 742 dem Papste Zacharias, ist keine
Synode mehr zusammengetreten. Die Geistlichen hielten sich Kon=
kubinen, zogen zur Jagd und ins Feld wie weltliche Großen. Die
Aussagen des Bonifacius wurden von dem Abte Wido von St.
Vaast bestätigt, welcher erklärte, daß die Geistlichen sich mehr um
Jagd und Vogelfang bekümmert hätten, als um geistliche Studien
und Uebungen [1]. Der Biograph des Columban, der Mönch Jonas
schrieb [2], daß zu der Zeit als jener in Gallien landete, infolge
der vielen Kriege oder durch die Nachlässigkeit der Bischöfe das
christliche Leben daselbst beinahe verschwunden gewesen und nur
noch das äußere Bekenntnis desselben bestanden habe. Mit der
Disciplin des Klerus war auch das Ansehen und der Einfluß der
Kirche erschüttert. Bei den deutschen Völkerschaften der Thüringer

---

[1] Gest. abbat. font. c. 11. M. G. II, 284.
[2] K. 5.

und Baiern, unter welchen bereits die Schottenmönche missioniert hatten, wurde das Christentum wieder zurückgedrängt [1]). Der Friesenfürst Ratbod führte seit dem Jahre 679 zugleich gegen das Frankentum wie gegen das Christentum Krieg. Im Anfange des achten Jahrhunderts war die Machtsphäre des römischen Bischofs fast nur auf das mittlere und südliche Italien und die von römischen Missionaren gewonnenen angelsächsischen Königreiche beschränkt. Spanien war durch die Niederlage der unter Reccared katholisch gewordenen Westgoten in den Besitz der Araber gefallen. Die fränkische Kirche hatte nur geringe Beziehungen zu Rom, die deutschen Völkerstämme waren entweder von den Schottenmönchen, welche in völliger Unabhängigkeit von Rom standen, bekehrt, oder ihrem alten Glauben treugeblieben. Die britische Kirche hatte vollends keine Verbindung mit Rom. In Nordizalien endlich saßen die arianischen Langobarden, Rom wiederholt mit Eroberung bedrohend.

Die Machtstellung der Kirche war demnach im Zeitalter der Merovinger völlig abhängig von derjenigen des Staates. Eine Hebung des letzteren hatte auch eine solche der Kirche, ein Sinken des Staates auch ein solches der Kirche zu Folge. Diese Abhängigkeit der Kirche vom Staate hatte vor allem in dem engen Zusammenhange beider Gebiete ihre Ursache. In keinem Punkte bestand eine gegenseitige Abgrenzung der letzteren. Die Organe der staatlichen Gesetzgebung waren die nämlichen wie die der kirchlichen. Der Staat besaß sehr weitgehende Hoheitsrechte innerhalb des kirchlichen Verwaltungsgebietes. Die königliche Gewalt war der Mittelpunkt für die Angelegenheiten der Kirche wie des Staates. Der König berief die Konzilien oder genehmigte die Berufung derselben. König Sigibert verbot ausdrücklich den Besuch eines Konziles, dessen Berufung nicht von ihm genehmigt worden sei. Der König bestätigte die von Klerus und Volk vollzogene Bischofswahl oder er ernannte den Bischof aus eigener Machtvollkommenheit. Als einst der Bischof Emerius von Saintes von den Bischöfen der Provinz abgesetzt wurde, weil derselbe sich den genannten bischöf-

---

[1]) Vgl. Willibaldi vita S. Bonifacii K. 6, 23 und 26; K. 7, 28.

lichen Stuhl zwar mit Genehmigung des Königs Chlotar I. aber
ohne Zustimmung des Metropoliten angeeignet hatte, ließ der
Sohn Chlotars, Charibert, den Emerius in seine Würde wieder
einsetzen, schickte den von der Synode erwählten Nachfolger in
die Verbannung und bestrafte die beteiligten Bischöfe mit hohen
Geldstrafen [1]). Es gab ferner noch keine grundsätzlich geschiedene
kirchliche und politische Reichsversammlungen. An den Konzilien
nahmen Weltliche und Geistliche teil, weil weltliche wie geistliche
Angelegenheiten auf benselben beraten wurden [2]). Wie Laien an
der Berathung geistlicher Angelegenheiten teilnahmen, so wurden
andererseits die Bischöfe in den wichtigsten politischen Fragen zu
Rat gezogen. König Guntram berief die Bischöfe seines Reiches
im Jahre 573 nach Paris, damit sie einen Streit zwischen ihm
und dem Könige Sigibert entscheiden sollten [3]). Derselbe Guntram
forderte im Jahre 589 die Bischöfe auf, zwischen ihm und der
Königin Brunichilbis zu entscheiden [4]). Infolge dieses Zusammen=
fließens geistlicher und weltlicher Verhältnisse war es benn auch
keine Seltenheit, daß Laien, insbesondere hohe Staatsbeamte, zur
bischöflichen Würde berufen wurden [5]). Es kam vor, daß eine
und dieselbe Person beide Aemter, das gräfliche wie das bischöf=
liche Amt zu gleicher Zeit besaß [6]). Noch Bonifacius erklärte in
einem Schreiben an den Papst Zacharias vom Jahre 742, daß
im fränkischen Reiche nicht wenige Bischofssitze an Laien vergeben
würden. Auch hinsichtlich des sittlichen Lebenswandels hatte die
Praxis noch keine verschiedenen Grundsätze zwischen Geistlichen und
Laien gelten lassen. Verheiratete Geistliche waren fast die Regel.
Die Priestersöhne hatten sogar einen gewissen Vorzug vor den
Laien, indem es jenen gestattet war, ohne weiteres in den geist=
lichen Stand zu treten, während die Laien hierzu erst einer Er=

---

[1]) Greg. Tur. 4, K. 26.
[2]) Vgl. Waitz, Deutsche Verfassungsgeschichte Bd. 2, S. 465 ff.; S. 488,
Anm. 2.
[3]) Greg. Tur. IV, 47.
[4]) L. c. IX, 32. Vgl. Waitz Bd. 2, S. 489.
[5]) Vgl. Greg. Tur. VI, 38; VIII, 22.
[6]) Waitz l. c. S. 353.

laubnis von Seiten des Königs oder eines königlichen Beamten bedurften. Ein Sohn des Bischofs Arnulf war der dritte Nach= folger desselben auf dem Metzer Stuhle. Dem Bischof Gerold von Mainz folgte im Jahre 743 sein Sohn Gewielieb als Bischof derselben Diözese. „Es war bei euch kein Unterschied zwischen Laien und Priestern,“ schrieb der Papst Zacharias in einem Rund= schreiben vom Jahre 745 an die Geistlichen und Laien des frän= kischen Reiches [1]). Von dem Bischof Milo von Rheims, der zugleich Bischof von Trier war, erzählte Hinkmar, daß er sich nur durch die Tonsur von den Laien unterschieden habe.

Ebensowenig gab es eine feste Scheidung zwischen weltlicher und geistlicher Gerichtsbarkeit. Der weltliche Richter erkannte in geistlichen Angelegenheiten wie umgekehrt Geistliche in bürgerlichen Rechtsfragen. Wohl gingen die Geistlichen in gegenseitigen Streitig= keiten zunächst an das bischöfliche Gericht. Allein das letztere war kein öffentliches Gericht, dessen Schiedsspruch für die Parteien bindend gewesen wäre. Vielmehr trug das geistliche Gericht einen privaten Charakter und hatte allein die Aufgabe, die Parteien auf gütlichem Wege miteinander zu vergleichen. Wenn aber die Ver= mittlungsversuche des bischöflichen Gerichts zu keinem Ziele ge= führt hatten, mußten die Parteien sich an das weltliche Gericht wenden, um ein rechtskräftiges Urteil zu erlangen [2]). Das welt= liche Gericht entschied selbst in Streitigkeiten um die bischöflichen Rechte über ein Kloster, über die Entsetzung eines Presbyters durch seinen Bischof u. s. w. [3]). Nur in Strafsachen waren zu= nächst die Bischöfe von der weltlichen Gerichtsbarkeit exmiert. Hier fand das umgekehrte Verhältnis statt wie in Fragen des bürger= lichen Rechts. Während in letzteren der geistliche Richter die Vor= verhandlungen zu leiten hatte und der weltliche Richter das Urteil sprach, wurde in Fragen der peinlichen Gerichtsbarkeit die Unter=

---

[1]) Jaffé, Biblioth. rer. germanic. III, Nr. 52.

[2]) Vgl. R. Sohm, „Die geistliche Gerichtsbarkeit im fränkischen Reiche“, in der Zeitschrift für Kirchenrecht, herausgeg. von Dove und Friedberg, Bd. IX.

[3]) Sohm l. c. S. 236 ff.

suchung vom weltlichen Richter eingeleitet, das Urteil aber vom
geistlichen Richter erkannt. Seit dem Edikt des Königs Chlotar II.
vom Jahre 614 wurde dies Privilegium auch dem niederen Klerus
erteilt. Andererseits saßen Bischof und Klerus im Gericht des
Grafen und suchten das Recht zu finden wie die weltlichen Gerichts=
genossen. Gelegentlich wurde dem Bischof sogar ein Aufsichtsrecht
über den weltlichen Richter zuerkannt. So übertrug der König
Chlotar den Bischöfen in seiner Abwesenheit eine Strafgewalt
über den ungerechten Richter [1]).

Da die Kirche die Trennung ihres Rechtsgebietes von dem=
jenigen des Staates noch nicht begehrte, so lag ihr der Anspruch
auf eine Gerichtsbarkeit in den ihrer Natur nach dem Kreise der
staatlichen Ordnung unterliegenden bürgerlichen Rechtsfragen noch
viel ferner. Das Eherecht, welches später wegen des sakramentalen
Charakters der Ehe der Kirche überwiesen wurde, war in dieser
Zeit ein weltliches Recht, wenn auch die Grundsätze der Kirche
über die Hindernisse sowie über die Bedingungen der Eheschließung
der staatlichen Jurisdiktion bereits zu Grunde gelegt waren. Ebenso
unterstanden die Testamentssachen, ferner die Rechtssachen der
Armen, Witwen und Waisen, welche die Kirche später gleichfalls
vor ihr Forum zog, in der Merovingerzeit noch der Jurisdiktion
des weltlichen Richters, wenn auch schon Synoden des sechsten
Jahrhunderts die mitleidswerten Personen dem Schutze der Bischöfe
empfahlen.

War also die Kirche auch reich und mächtig geworden, so
hatte sie doch die Stellung, welche sie im römischen Reiche inne=
gehabt hatte, unter der germanischen Herrschaft nicht mehr be=
haupten können. Die Trennung vom Staate, welche die Kirche
mit Berufung auf ihren übersinnlichen Charakter im römischen
Reiche erzielt hatte, fand im Frankenreiche keine Anerkennung.
Noch viel weniger konnte die Kirche die herrschende Stellung,
welche sie bereits im römischen Reiche innegehabt hatte, im Mero=
vingerstaate behaupten. Während sich in den letzten Jahrhunderten
des Altertums Staat und Familie mehr und mehr der religiösen

---

[1]) Waitz l. c. S. 356 Anm.

Idee der Kirche unterstellt hatten, waren umgekehrt im Franken=
reiche die weltlichen Interessen in erster Linie maßgebend. Selbst=
verständlich waren auch die Eroberungskriege der Frankenkönige
gegen die arianischen Westgoten, welche Chlodovech einst in listiger
Verstellung für die Ausbreitung des katholischen Glaubens führen
zu wollen vorgab[1]), in Wahrheit nur aus politischen Gründen
unternommen. Die Angriffe der Franken gegen die Westgoten
wurden denn auch fortgesetzt zu einer Zeit, in welcher die letzteren
schon längst zur katholischen Kirche übergetreten waren. Die Ver=
bindung zwischen Staat und Kirche in der Merovingerzeit war
lediglich politischer Zwecke wegen erfolgt. Die Könige beschützten
und förderten die Kirche, insoweit es das Interesse ihrer Macht
erforderte. Die Erhöhung der staatlichen Macht war der bestim=
mende Gesichtspunkt für das Bündnis zwischen Staat und Kirche
von dem Uebertritt des Chlodovech bis zum Untergange seines
Hauses. Die kirchliche Gesinnung der Merovinger war eine Sache
der politischen Klugheit und Zweckmäßigkeit. Die Kirche war das
Mittel, die staatliche Macht der Zweck der merovingischen Politik.
Darum waren die Merovinger auch rücksichtslose Feinde des Klerus,
wenn der letztere sich ihren Interessen nicht fügen wollte, wie z. B.
der gewaltthätige Chilperich und die frevelhafte Brunichilbis.

Mit dem Ende des siebenten Jahrhunderts nahm das fränkische
Reich einen neuen Aufschwung und mit ihm die römische Kirche.
Und zwar ging diese Wendung der Dinge gerade von der Seite
aus, welche die Spitze des Widerstandes gegen die königliche Ge=
walt gebildet hatte, von dem fränkischen Majordomus. Nachdem
es dem Majordomus Pippin gelungen war, sich mit Hilfe der
Aristokratie in den Besitz der Regierungsgewalt für Austrasien
zu setzen, wurde er der thatkräftigste Vertreter der einheitlichen
Staatsgewalt gegenüber den partikularen Bestrebungen der Aristo=
kratie. Der Sieg bei Testri über die Aristokratie Neustriens
brachte auch dieses in seine Gewalt. Im Jahre 696 unterwarf
er den Friesenfürst Ratbod, in den Jahren 709—712 die Ala=
mannen. Pippins Sohn, Karl, mit dem Beinamen Martell, führte

---

[1]) Greg. Tur. l. 2, K. 37

unter den schwierigsten Verhältnissen das Werk seines Vaters fort. Friesen und Neustrier standen gegen ihn verbündet. Die letzteren unterwarf er im Jahre 716, die ersteren nach dem Tode Ratbods. Im Jahre 725 begann er mit der Rückeroberung Bayerns. In Aquitanien hatte er gegen die Araber und die aufrührerischen Herzöge zu kämpfen. Die ersteren vertrieb er nach mehreren glänzenden Siegen, den Herzog Chunold zwang er, sich der fränkischen Hoheit zu beugen. Vergebens verbündete sich gegen ihn die burgundische Aristokratie mit den Arabern und über= lieferte den letzteren die Stadt Avignon. Karl eroberte die Stadt im Jahre 737 und schlug das zum Entsatz herbeieilende arabische Heer. Seine Söhne Pippin und Karlmann hatten in derselben Weise wie ihr Vater mit dem Widerstande der terri= torialen Gewalten zu kämpfen. Aber es gelang auch ihnen, die Alamannen, Bayern und Sachsen wiederholt zu besiegen. Das alamannische Herzogtum wurde im Jahre 746 ganz aufgehoben. Im Jahre 751 endlich wurde Pippin in Soissons zum König er= wählt, nachdem sein Bruder Karlmann im Jahre 747 Mönch ge= worden und der letzte Merovingerkönig Childerich III. ins Kloster geschickt worden war. Die Einheit des Reiches war fester be= gründet als zuvor.

Mit der Wiederherstellung der staatlichen Ordnung regte sich auch in der Kirche unter dem Schutze der erstern das Streben nach einer Reform. Der Staat trat aufs neue in eine Verbindung mit dem römischen Stuhle. In diesem neuen Verhältnisse nahm die Kirche jedoch eine bedeutendere Stellung ein als unter den Merovingern. War unter diesen der staatliche Machtzweck der bestimmende Grund für die Verbindung des Frankenreiches mit der römischen Kirche ge= wesen, so handelte es sich unter den Karolingern ebenso sehr um kirchliche wie um staatliche Zwecke. Die Nachkommen Karl Martells erstrebten mit demselben Eifer die innere Reform und die äußere Machterweiterung der Kirche wie die Neubefestigung und Ausdeh= nung der Staatsgewalt. Die Kirche, welche unter den Merovingern einen Zweig der staatlichen Verwaltung gebildet hatte, wurde durch die Reformen der neuen Frankenkönige hinsichtlich ihres sittlichen wie rechtlichen Charakters mehr und mehr vom Staate gelöst, um als

eine in sich festgeschlossene, mit eigenen Rechten ausgestattete Kor=
poration dem Staate zur Seite zu treten. Die Trennung von
Staat und Kirche war der leitende Gedanke der staatlichen wie
der kirchlichen Gesetzgebung im Zeitalter der Karolinger. Die
Seele dieser Bewegung war der Angelsachse Bonifacius, welcher,
erfüllt von dem Glauben an die Göttlichkeit der römischen Kirche
und des päpstlichen Primates, im Jahre 718 sein Vaterland ver=
ließ, um auf dem Festlande für seinen Glauben zu wirken. In
dieser Absicht trat er mit Karl Martell und dessen Söhnen in
Verbindung, missionierte er unter den deutschen Stämmen der
Hessen, Thüringer, Sachsen und Bayern. Der Gegenstand seiner
Wirksamkeit war freilich mehr die hierarchische Disciplin des
Klerus als die religiöse Bekehrung des Volkes. Mehr als die
Bekehrung der noch heidnischen Volksstämme bezweckte er die Re=
form des Klerus in Sitte und Verfassung nach Maßgabe der römi=
schen Kirche. Bonifacius forderte für den Klerus eine von der
allgemeinen Volkssitte streng unterschiedene asketische Sittlich=
keit und zur Herstellung sowie zur Sicherung derselben eine
einheitliche hierarchische Organisation, welche in dem päpstlichen
Primate ihren Mittelpunkt haben sollte. Scheidung von Geist=
lichem und Weltlichem, von Kirche und Staat auf der einen und die
Feststellung der kirchlichen Disciplin und hierarchischen Ordnung auf
der andern Seite waren die leitenden Gedanken der von ihm ins
Leben gerufenen Reform. Die Kirche ging auf die strengen Sitten=
gesetze der großen Kirchenversammlungen des christlichen Altertums
zurück und gewann mit dieser asketischen Zucht auch die Macht=
stellung wieder, welche sie im west= und oströmischen Reiche vor
der germanischen Völkerwanderung eingenommen hatte. Die staat=
liche Gesetzgebung bestätigte ihrerseits jene Reform der Kirche und
die auf Grund der altchristlichen Konzilienbeschlüsse vollzogene
Scheidung von Staat und Kirche, welche alsdann die geschichtliche
Grundlage für die weltbeherrschende Machtstellung der Kirche in
den folgenden Jahrhunderten des Mittelalters werden sollte.

Das Verbot der Priesterehe, des Waffentragens, der Betei=
ligung am Kriege, an weltlichen Beschäftigungen und Vergnügungen,
der Anrufung des weltlichen Richters, sowie das Gebot des Ge=

horsams gegenüber dem Bischof und der Synode waren die haupt=
sächlichen Gegenstände der zum Zwecke der Reform des Klerus
von Bonifacius angeregten synodalen Gesetzgebung unter der Re=
gierung Karlmanns und Pippins. Dahingehende Beschlüsse
faßten die Synoden der Jahre 742, 44 und 55. Ein Brief des
Papstes Zacharias an den Majordomus Pippin, sowie an die
Bischöfe, Aebte und alle Großen, des Frankenreichs vom Jahre
747 genehmigte die Reformbestrebungen des Bonifacius. Die in
27 Abschnitten erörterten Bestimmungen des Briefes, welchem die
altchristlichen Konzilienbeschlüsse zu Grunde gelegt wurden, zielten
ebenso wie die Reformen Bonifacius auf die beiden Punkte hin,
Absonderung des Klerus vom bürgerlichen Leben und vom Staate
sowie die einheitliche, hierarchische Organisation desselben. Den
Priestern der drei höheren Grade wurde die Eingehung einer Ehe
verboten und der Zuwiderhandelnde mit Amtsentsetzung bedroht.
Bei Strafe der Exkommunikation wurde dem Klerus der Kriegs=
dienst oder die Führung eines weltlichen Amtes untersagt. Die=
selbe asketische Zucht wurde in noch höherem Maße von dem
Ordensklerus gefordert. Hinsichtlich der hierarchischen Disciplin
mahnte der Papst die Geistlichkeit zum Gehorsam gegen den Bischof,
welchem auch die Jurisdiktion über die Pfarrgeistlichen und Dia=
kone verliehen wurde. Ungehorsam wurde mit Exkommunikation
und Amtsentsetzung bedroht[1]). Die Bischöfe des fränkischen Reichs
bestätigten endlich auch ihrerseits diese Reformgesetze, indem sie
sich zum Gehorsam gegen den Papst verpflichteten. Auf einer von
Bonifacius geleiteten Synode erklärten sie, „in dem katholischen
Glauben, in der Einheit und in dem Gehorsam der römischen
Kirche bis zum Ende des Lebens zu beharren, dem heil. Petrus
und seinem Stellvertreter unterthänig zu sein"[2]).

Die Reformen des Bonifacius und des Papstes Zacharias
wurden von Karl dem Großen aufgenommen und weiter ent=

---

[1]) Monumenta dominationis pontificiae ed. Cajet. Cenni. Romae
1760, t. I, p. 41 ff.

[2]) Bonifacii ep. n. 70 bei Jaffé, bibl. rer. Germ.

wickelt. Die Kapitulare des letzteren wiederholten jene Bestim=
mungen und zwar gleichfalls mit Berufung auf die altchristlichen
Konzilienbeschlüsse. Immer wieder aufs neue wurden jene Grund=
sätze wiederholt, das Verbot der Priesterehe, des Kriegsdienstes,
des Waffentragens, des Jagens, der Betreibung weltlicher Ge=
schäfte u. s. w. Insbesondere wurde auch die Frage des geistlichen
Gerichtsstandes, die Exbimierung des Klerus vom weltlichen Richter
und die Zuständigkeit des geistlichen Richters von Karl dem Großen
entschieden. Die Kapitulare führten in diesen Beziehungen fast die
nämliche Sprache wie die päpstlichen Dekrete oder die synodalen
Beschlüsse, indem sie dem Klerus den besonderen Gerichtsstand nicht
etwa in der Form eines Privilegs, sondern einer gesetzlichen Vor=
schrift erteilten. Diese Eigentümlichkeit des gesetzlichen Aus=
drucks erklärt sich aus dem Umstande, daß diejenigen Großen,
welche sich an der Abfassung der Kapitularien beteiligten, dem
geistlichen Stande angehörten und weist dieselbe demnach zugleich
auf den überwiegenden Anteil hin, welchen der Klerus an der
karolingischen Gesetzgebung hatte. Dem Klerus wurde die An=
rufung des weltlichen Richters ausdrücklich untersagt und derselbe
auf das bischöfliche Gericht verwiesen. So gebot das Kapitular
von 789 den Geistlichen sich gegenseitig nicht vor den weltlichen
Richter, sondern vor den Bischof zu citieren. Dasselbe Gebot
wiederholten die Synode vom Jahre 799, die Kapitulare von 801
und 812, das letztere mit dem Zusatze, daß die Geistlichen, wenn sie
sich nicht einigen könnten, vor den König kommen sollten. Des=
gleichen sollte in Streitigkeiten zwischen Geistlichen und Laien das
bischöfliche Gericht entscheiden, wenn jene die Beklagten waren.
Endlich wurde es auch dem weltlichen Richter durch das Kapitular
vom Jahre 769 untersagt, einen Geistlichen ohne Wissen des
Bischofs zu citieren oder zu verurteilen. Die Geistlichen durften
überhaupt in keiner Weise an einer weltlichen Gerichtssitzung teil=
nehmen, es sei denn, daß dies ihre Angelegenheiten oder die der
mitleidswerten Personen, der Armen, Witwen und Waisen erfor=
derten. Die Exbimierung vom weltlichen Gerichtsstande wurde selbst
auf die kirchlichen Gebäude bezogen. Weder in den Kirchen noch in
den mit diesen zusammenhängenden Gebäuden durften öffentliche

Gerichtsverhandlungen stattfinden, wie die Kapitulare von 803 und 813 verordneten.

Diese durchgreifende Scheidung von Klerus und Laien wurde schließlich auch in den Reichsversammlungen zum Ausdruck gebracht. Zwar wurde auf den jährlichen Versammluugen nach wie vor ebenso über geistliche wie weltliche Fragen beraten. Während auf denselben aber bisher geistliche und weltliche Großen gemeinsam beraten hatten, schied Karl der Große die Versammlung in zwei Kurien, eine geistliche und eine weltliche. Zuerst geschah dies auf der Versammlung zu Aachen im Jahre 811. Seitdem wurde diese Scheidung beibehalten.

In demselben Maße aber, als die Kirche aus ihrer bisherigen Verbindung mit den weltlichen Verhältnissen und Interessen gelöst wurde, in demselben Maße wurden die religiösen Vorschriften derselben zum Gegenstande der staatlichen Gesetzgebung. Je mehr also die Kirche dem Wirkungskreise des Staates entzogen wurde, desto mehr wurde der letztere dem Wirkungskreise der ersteren unterstellt. Wie die Gebundenheit der Kirche in weltlichen Verhältnissen gleichbedeutend war mit ihrer Unterordnung unter den Staat, so war ihre Ablösung von jenem gleichbedeutend mit ihrer Ueberordnung über den Staat. Die Scheidung der Kirche von Welt und Staat bildete hier wie in der altchristlichen Zeit nur das Uebergangsstadium zu der Herrschaft der Kirche über die letzteren. Denn dieselbe wurde eben nur aus dem Grunde vollzogen, weil der Kirche eine göttliche, also eine ungleich höhere Autorität als der ihrem Ursprunge und Zwecke nach irdischen Ordnung des Staates beigelegt wurde. Da in der göttlichen Offenbarung die Zwecke aller irdischen Dinge enthalten waren, so mußten folgerichtig die Zwecke derjenigen Institution, in welcher die göttliche Offenbarung verkörpert erschien, die ideale Norm bilden für alle Beziehungen des menschlichen Lebens. Darum verfolgte die karolingische Gesetzgebung zugleich mit der Ausarbeitung des übersinnlich-asketischen Charakters der Kirche auch die Gestaltung der staatsbürgerlichen Verhältnisse nach Maßgabe der kirchlichen Lehre. Die Durchdringung des weltlichen Lebens mit den religiösen Zwecken der Kirche war die zweite, gleichzeitig mit

der kirchlichen Reform begonnene Aufgabe der karolingischen Ge=
setzgebung.

Schon die Synode vom Jahre 742 verband mit ihren den
Klerus betreffenden Reformgesetzen ein Verbot der heidnischen
Volkssitten. Der Graf, welcher als „der Verteidiger der Kirche"
bezeichnet wird, sollte dem Bischof in der Unterdrückung derselben
behilflich sein. Mit dem Verbote der altgermanischen Sitten und
der der römischen Kirche widerstreitenden religiösen Anschauungen
wurden zugleich positive Bestimmungen zur gesetzlichen Einführung
des römischen Christentums erlassen. Das ganze Leben sollte nach
Maßgabe des letzteren gestaltet werden. Karl dem Großen schwebte
der Augustinische Gottesstaat als das Ideal eines christlichen
Staates vor. Er liebte es, sich bei Tische aus diesem Buche
Augustins vorlesen zu lassen [1]). Zur Erreichung dieser Christiani=
sierung des Volkslebens regte Karl im Jahre 787 die Errichtung
von Dom= und Klosterschulen an. Im Jahre 789 erließ er die
Verfügung: „Es sollen an den einzelnen bischöflichen Sitzen und
Klöstern Schulen errichtet werden, in welchen die Knaben im Lesen,
in den Psalmen, Noten, im Gesang wie in der Kalenderrechnung
und in der Grammatik Unterricht erhalten." Im Jahre 802
wollte er die allgemeine Schulpflicht einführen und befahl dem=
gemäß, „daß jeder seine Kinder in die Schule schicken müsse und
daß die Kinder die letztere fleißig besuchen sollen bis sie genügend
unterrichtet" seien. Der Zweck des Schulunterrichts war in erster
Linie ein religiöser, insofern der Unterricht fast ausschließlich auf
religiöse Lehrgegenstände beschränkt blieb. Jeder sollte das Vater=
unser und das Glaubensbekenntnis lernen. Ein Brief des Kaisers
an den Bischof Garibald von Lüttich aus dem Jahre 804 wieder=
holte diese Bestimmung, desgleichen das Kapitular von 805. Ferner
wurde das Eherecht in Einklang gebracht mit den kanonischen
Bestimmungen. Das Kapitular vom Jahre 802 bestätigte das
von der römischen Synode des Jahres 743 erlassene Verbot der
Ehe bis zum vierten Verwandtschaftsgrade mit dem Zusatze, daß
keine Ehe geschlossen werden sollte, bevor sie nicht auf jene kano=

---

[1]) Einhardi vita Carol. imp. c. 24.   M. G. t. II, p. 456.

nischen Bestimmungen hin von dem Presbyter und dem Aeltesten geprüft worden sei. Das Kapitular von 813 erklärte, daß die Ehen, welche den Kanones zuwider seien, getrennt werden sollten.

Auch das tägliche Leben wurde hinsichtlich seines geschäftlichen Erwerbes, seiner Arbeit und Ruhe, den Vorschriften der Kirche unterstellt. Die Abneigung der alten Kirche gegen die Geld= geschäfte ging auch in die karolingische Gesetzgebung über. Da= her verbot die letztere ebenso wie jene das Zinsgeschäft. Das Kapitular von 806 bezeichnete das letztere mit Berufung auf einige Bibelstellen als sündhaft. Das für Italien erlassene Gesetz von 813 verbot das Zinsennehmen bei Strafe der Verbannung. Mit Strenge wurde die Heiligung der Sonn= und Festtage geboten. Die Kapitulare von 789, 794, 803 und 809 untersagten an solchen Tagen die Arbeit auf dem Felde, das Kapitular vom Jahre 813 verbot auch die Abhaltung von Märkten und Gerichts= versammlungen an den Sonntagen. Das Kapitular von 769 machte selbst die Innehaltung der kirchlichen Fasten zu einer ge= setzlichen Vorschrift. Der Kaiser ließ es aber bei diesen den Ge= horsam gegen die Kirche erfordernden Gesetzen nicht bewenden. Er verlangte sogar eine thätige und unmittelbare Unterstützung der Kirche, indem er allen Unterthanen die Entrichtung des Zehnten an die Kirche befahl. Es geschah dies in den Kapitularen von 794, 802 und 813. Bei den Sachsen waren unterschiedslos Edle, Freie und Unfreie zur Zahlung des Zehnten verpflichtet.

Da also die kirchlichen Vorschriften zu staatlichen Gesetzen wurden, so wurde die Nichtbeachtung der ersteren mit bürgerlichen Strafen geahndet. Der Grundsatz, daß die Ausschließung aus der kirchlichen Gemeinschaft auch die Ausschließung aus der bürger= lichen Gesellschaft nach sich ziehen solle, wurde von der karolin= gischen Gesetzgebung recipiert. Schon die Synode des Königs Pippin vom Jahre 755 bestimmte, daß der Exkommunizierte bei keinem Christen essen, trinken oder sich unterhalten dürfe. Der= jenige, der die Strafe des Bischofs nicht achten würde, sollte durch des Königs Gericht mit Verbannung gestraft werden. Die Kapi= tulare von 801 und 813 bestätigten diese Bestimmungen. Mit

grausamer Strenge wurde die Einführung christlicher Sitten und
Anschauungen in dem neu eroberten Sachsenlande erzwungen. Das
Paderborner Kapitular von 785 setzte die Todesstrafe für diejenigen fest, welche sich nicht taufen lassen würden. Selbst die
Nichtbeachtung der kirchlichen Fasten wurden hier mit dem Tode
bestraft, während die Verehrung der heidnischen Gottheiten nur
mit einer je nach dem Stande der Schuldigen bemessenen Geldbuße geahndet wurde. Falls der Verurteilte kein Vermögen besaß, mußte er so lange in die Dienstpflicht der Kirche treten, bis
die Straffsumme erlegt war.

Auch die auswärtige Politik des Kaisers war in erheblichem
Maße von der religiösen Idee der Kirche beeinflußt. Der Krieg
gegen die Sachsen war, wenn auch nicht aus religiösen Beweggründen unternommen, so doch jedenfalls im Sinne der Kirche
zu Ende geführt worden. Nur der unglückliche Ausgang des gegen
die Araber Spaniens unternommenen Feldzuges hinderte Karl, hier
mit dem gleichen Bekehrungseifer vorzugehen wie im Sachsenlande. Der Zug Karls gegen die Langobarden endlich war nur
auf Veranlassung und im Interesse der Kirche unternommen
worden.

Die thatsächlichen Zustände des Reiches blieben freilich weit
hinter dem von der karolingischen Politik vorgezeichneten idealen
Gottesstaate zurück. Der eigenwillige Geist des Germanentums
konnte sich in den asketischen Zwang der Kirche noch wenig hinein-
finden. Der Klerus selber wollte trotz aller gesetzlichen Vorschriften
nicht von den Lebensgewohnheiten der allgemeinen Volkssitte ab-
lassen. Gerade darin, daß die Gesetzgebung immer wieder Verfügungen gegen die weltlichen Neigungen des Klerus erlassen mußte,
zeigte sich, wie sehr der letztere der asketischen Zucht widerstrebte.
Der hohe wie der niedere Klerus, namentlich aber der erstere, liebte
es, seinen Reichtum in Leben und Kleidung zur Schau zu tragen,
glänzende Gastmähler zu veranstalten und sich mit fürstlichem Hof-
staate zu umgeben. Mit den Worten: „Die Bischöfe sollten die
Welt verachten und andere durch ihr Beispiel zur Erstrebung der
himmlischen Dinge auffordern", begann Karl d. Gr. eine Strafrede gegen einen Bischof, der sich durch seine prachtliebende Eitelkeit

besonders hervorgethan hatte[1]). Auch von der Jagd und der Teil=
nahme an Kriegsfahrten wollte sich die Geistlichkeit trotz aller ge=
setzlichen Verbote nicht abbringen lassen. Von der Geistlichkeit
Aquitaniens heißt es, daß sie vor Ludwig des Frommen Regierung
ihre Zeit mehr „dem Reiten, dem Kriegsdienst, dem Lanzenschwingen
als dem göttlichen Dienst" gewidmet hätte[2]). Mit Schild und
Speer begleitete der Mönch Ermoldus Nigellus den König Pippin
im Jahre 824 auf der Heerfahrt gegen die Bretonen. Kaiser
Ludwig brachte es wenigstens dahin, daß die Geistlichen für ge=
wöhnlich Stiefel und Sporen ablegten[3]). Mehrere Bischöfe fanden
ihren Tod auf dem Schlachtfelde mit den Waffen in der Hand[4]).
Nicht minder als der asketischen Zucht war der Klerus der kirch=
lichen Disciplin abgeneigt, wie daraus erhellt, daß die karolingische
Gesetzgebung den Diöcesanklerus immer aufs neue zum Gehorsam
gegen die bischöfliche Autorität ermahnen mußte.

Noch geringeres Verständnis als der Klerus zeigten selbst=
verständlich die Laien für die weltverneinende Tugendlehre der Kirche.
Daher war auch das Mönchstum, welches doch diese Tugendlehre in
ihrer höchsten Vollkommenheit darstellte, wenig geachtet. Bei dem
sächsischen Volksstamme, welcher erst kurze Zeit bekehrt war und
noch tief in seinen alten Anschauungen und Sitten wurzelte, war
dies begreiflich. Ein Beispiel für diese Abneigung der Sachsen
gegen das Mönchstum erzählt Paschasius Rabbert aus dem Leben
Walas, welcher von Karl dem Großen mit der Verwaltung des unter=
worfenen Sachsenlandes betraut war, später aber seinem Amte
entsagte und Mönch wurde. Als nun einst bei der Gründung
des Klosters Corvey eine Fehde ausgebrochen war, wollte Wala
die Aufständischen beruhigen. Nachdem die Menge ihn eine Weile

---

[1]) Monachi Sangali gest. Karol. l. 1, c. 17. M. G. t. 2, p. 738.

[2]) Vita Ludow. imp. c. 19.

[3]) l. c. c. 28.

[4]) Waitz zählt in seiner Verfassungsgeschichte Bd. 8 S. 131 acht Bischöfe
auf, welche in der Schlacht fielen. Dümmler macht in seiner Geschichte des
ostfränkischen Reiches Bd. 2, S. 637, Anm. 39 zehn Erzbischöfe und Bischöfe
namhaft, welche in dem Zeitraume von 880—908 dem gleichen Schicksale
unterlagen.

angehört hatte, fragte ihn einer aus derselben höhnisch: „Du also willst der sein, den unser ganzes Land als seinen Helden feiert?" Als Wala die Frage bejahte, erwiderte man ihm: „Du bist nicht so viel wert als der Nagel seines kleinen Fingers" [1]. Das Volk konnte nicht glauben, daß ein so edler und berühmter Mann wie Wala Harnisch und Schwert mit der Mönchskutte vertauscht haben sollte. Aber auch bei den übrigen Germanenstämmen war noch immer eine kaum geringere Abneigung gegen das Mönchstum vorhanden. Diese Abneigung des Volkes wurde von oben her dadurch genährt, daß gefährliche Große nicht selten zum Zwecke einer entehrenden Bestrafung öffentlich geschoren und alsdann in ein Kloster gesperrt wurden. Als der bayerische Herzog Tassilo im Jahre 788 besiegt und gefangen genommen war und nun zur Strafe für seinen Abfall vom Könige in ein Kloster geschickt werden sollte, bat er sich die Gnade aus, ihm wenigstens nicht im Angesicht der Franken sein Haar scheren zu lassen. Karl bewilligte ihm die Bitte und ließ ihn nach St. Goar bringen. Dort wurde Tassilo „zum Geistlichen gemacht", wie die sogenannten Nazarianischen Annalen berichten und in das Kloster Jumiege an der Seine verbannt. Ebenso wurden seine Frau und seine Söhne geschoren und ins Kloster geschickt. „Das alles nun geschah zu Ruhm und Ehren des Königs und zu Schmach und Schande seiner Feinde", fügen die Annalen hinzu. Selbst in den Kreisen der hohen Geistlichkeit hatte man kaum eine günstigere Meinung von dem Mönchstum, insofern auch diese die Einsperrung in ein Kloster zum Zwecke einer schimpflichen Bestrafung gelegentlich an hochstehenden Weltlichen in Anwendung brachten. Als der Erzbischof von Ravenna im Jahre 841 mit dem Kaiser Lothar gegen die Brüder desselben, Ludwig und Karl, ins Feld rückte, beabsichtigte er im Falle eines siegreichen Ausganges dem letzteren, um demselben einen ganz besonderen Schimpf anzuthun, zum Geistlichen scheren und in seine Diöcese abführen zu lassen.

Gleichwohl blieb die karolingische Politik nicht ohne tiefgreifende Einwirkung auf die kirchliche Gesinnung jener Zeit. Zahl-

---

[1] Ex vita Walae c. 7. M. G. t. II, p. 535.

reiche Kirchen und Klöster entstanden in allen Gebieten des Reiches.
Von allen Seiten flossen der Kirche reiche Schenkungen zu, welche
frommer Sinn ihr vermachte. Es kam vor, daß Eltern ihre
eigenen Kinder enterbten, um das Gut zum Heil ihrer Seele der
Kirche zu schenken. Die Kinder irrten dann wohl mittellos in
der Welt umher, um sich durch Raub und Freveltaten für die
ihnen entzogenen Güter schadlos zu halten. Karl der Große sah sich
genötigt, dies den Bischöfen auf dem Reichstage zu Aachen im
Jahre 811 vorzuhalten, da ihre Habgier solche Vorfälle verursacht
habe. Hatte doch die religiöse Idee der Kirche das Abendland,
insbesondere die höheren Kreise der Gesellschaft, bereits so mächtig
ergriffen, daß Edle und Fürsten im Kloster den Frieden ihrer
Seele suchten. Selbst der kriegstüchtige Majordomus Karlmann
wurde Mönch im Kloster Monte Cassino, wie gesagt wurde aus
Reue über das Blutbad, welches er im Jahre 746 unter den auf=
ständischen Alamannen hatte anrichten lassen. Einige Jahrzehnte
später als der oben erwähnte Wala legte auch der kriegerische
Herzog Wilhelm von Aquitanien sein Amt nieder und wurde
Mönch in einem von ihm selbst gegründeten Kloster. Im Jahre
855 entsagte Kaiser Lothar II. der Krone, um in der Abtei Prüm
als Mönch seine Tage zu beschließen.

Die Grundsätze der karolingischen Gesetzgebung waren also
die Scheidung von Geistlichem und Weltlichem, von Kirche und
Staat, das heißt die Ablösung des Klerus von Familie, Heerbann,
bürgerlichem Gerichtsstande und bürgerlichem Erwerbsleben auf der
einen Seite, die Aufstellung der kirchlichen Lehren zum leitenden
Prinzip der Schulbildung, der Eheschließung, der sittlichen und
wirtschaftlichen Beziehungen des täglichen Lebens auf der andern
Seite. Die gesetzliche Bestätigung des von der Kirche für sich
beanspruchten übersinnlichen Charakters und die Ausbildung der
weltlichen Verhältnisse im privaten und öffentlichen Leben nach
Maßgabe der göttlichen Idee der Kirche waren die wesentlichsten
Zwecke der karolingischen Regierung. Doch waren in der Hand
des Kaisers beide Gewalten, die geistliche und weltliche vereinigt.
In der höchsten Spitze der Reichsverwaltung fanden die beiden
Gebiete einen gemeinsamen Berührungspunkt. Die Vereinigung

dieser beiden, gesetzlich so durchgreifend von einander geschiedenen Gewalten in der Krone bildete die Eigentümlichkeit der karolingischen Periode. Durch die Zusammenfassung geistlicher und weltlicher Machtbefugnisse befand sich das fränkische Königtum im Besitze einer gewaltigen Machtstellung. Der König besaß den Heerbann, die Gerichtsgewalt, die Schulpflege, das Münz-, Markt- und Zollrecht. Er ernannte oder bestätigte ferner die Bischöfe, er erließ Vorschriften über die wissenschaftliche Bildung des Klerus und den kirchlichen Gottesdienst. Er war nach dem Ausdruck einer Synode vom Jahre 813 „der Leiter der Kirche" [1]. Kurz, die ganze Verwaltung des Reiches ruhte in der Hand des Königs. Wie an innerer Festigkeit so hatte das fränkische Reich auch an äußerem Umfange gewonnen. Das Reich Karls des Großen umfaßte nach der Unterwerfung der Sachsen und Langobarden den weitaus größten Teil der von den Germanen besetzten europäischen Gebiete. Es bildete hinsichtlich der inneren staatlichen Organisation wie der räumlichen Ausdehnung den Höhepunkt der germanischen Staatsentwicklung des Mittelalters. Mit Recht konnte Otfried in dem Vorgedichte zu seiner Evangelienharmonie von den Franken rühmen:

> „Kein Volk sich ihnen entzieht,
> das ihr Land berührt,
> nicht bei ihrer Tapferkeit
> ihnen zu dienen ja notgedrungen" [2].

Dieser Höhepunkt bildete aber auch zugleich den Wendepunkt in der staatlichen Entwicklung des Germanentums. Das siegreiche Vordringen des letzteren gegen die Staatenwelt des antiken Römertums, welches in der Kaiserkrönung des Frankenkönigs seinen höchsten Erfolg erreichte, fand eben mit der letzteren auch seinen Stillstand. Die in der Kaiserkrönung dem Frankenkönige über-

---

[1] Mansi Ampl. coll. concil. t. XIV, 75.
[2] „Líut sih in nintfúarit
    thaz iro land ruarit,
    ni sie bíro gúati
    in thíonon io zi noti."

tragene Schirmvogtei der Kirche bildete den Stützpunkt, von welchem aus das Römertum die Macht des Germanentums allmählich wieder bewältigte und die abendländische Welt aufs neue seinem Geiste und Gesetze unterwarf. Der Niedergang des germanischen und der Beginn des romanischen Mittelalters nahmen von jenem Ereignisse ihren gemeinsamen Ausgang.

Das Problem der mittelalterlichen Geschichte gewann unter dem Regimente Karls des Großen zum erstenmale einen klaren Ausdruck. Staat und Kirche, in ihrer äußeren Erscheinungs- und Wirkungsform zwar verschiedenartig, sollten unter einem und demselben göttlichen Gesetze stehend und denselben letzten Zwecken nachstrebend, in der Idee eines christlichen Gottesstaates ihre höhere Einheit finden. Mit der durch den Papst Leo III. am Weihnachtsfeste des Jahres 800 vollzogenen Kaiserkrönung Karls des Großen wurde dieser Gedanke in den Mittelpunkt der christlichen Kultur gerückt. In dem Kaisertum des großen Karolingers lebte die übersinnlich-weltherrschaftliche Idee der altchristlichen Kirche zum erstenmale nach dem gewaltigen Zwischenspiele der germanischen Völkerwanderung wieder auf. Das weltbeherrschende Kaisertum war in der Hauptsache eine geistliche Würde, weshalb auch dem erhabenen Träger desselben ein priesterlicher Charakter beigelegt wurde. Der Zweck des kaiserlichen Amtes war die Erhaltung und Ausbreitung der römischen Kirche. Der Kaiser war als solcher der Schirmvogt der Kirche, der „Förderer und Verteidiger der christlichen Religion", wie der Abt Theotmer ihn in einem Briefe anredete [1]. Schon im Jahre 795 hatte Karl sich über seine Regentenpflichten mit den an den damals neugewählten Leo III. gerichteten Worten geäußert: „Unser Amt ist es, mit Gottes Hilfe die Kirche nach außen gegen den Anfall der Heiden und die Verwüstung der Ungläubigen mit den Waffen zu schützen und nach innen durch die Aufrechterhaltung des katholischen Glaubens zu befestigen." Die Uebernahme der Kaiserwürde stellte diese Pflichten noch entschiedener als bisher in den Mittelpunkt seines Herrscheramtes. Nur dieser kirchlichen Aufgaben wegen erhob der Kaiser

---

[1] Vgl. Waitz, Deutsche Verfassungsgeschichte Bd. 3, S. 183, Anm. 1.

den Anspruch auf die Beherrschung des ganzen Erdkreises. Nur
weil die Bekehrung der ganzen Menschheit die Aufgabe der Kirche
war, besaß das Kaisertum ein göttliches Recht auf ein die ganze
Erde umschließendes Machtgebiet. Die universale Macht des
Kaisertums war auf die universale Sendung der Kirche begründet.
Alle Gläubigen mußten, wie Alcuin in einem Briefe erklärte, dem
Kaisertum ruhmreiche Erfolge wünschen, „damit der katholische
Glaube wahrhaft in einem und demselben Bekenntnisse allen Herzen
eingeprägt werde" [1]).

Aber mit dieser Verkirchlichung des fränkischen Königtums
wurde der Reichsgewalt der Keim der Zersetzung eingeimpft. Die
kaiserliche Advokatie war die begriffliche Zusammenfassung der
Ziele, welche die Politik der Karolinger Zeit seit der Missions=
thätigkeit des Bonifacius nach innen und außen erstrebt hatte, die
begriffliche Einheit des durch die fränkische Gesetzgebung geschaffe=
nen Verhältnisses von Staat und Kirche, nach welchem die letztere
als die höhere, der erstere aber als die abgeleitete niedere Ord=
nung erschien. Die Idee des christlichen Gottesstaates hatte in
der Kirche und nicht in dem Staate ihre Grundlage. Nicht dieser,
sondern jene war der Zweck, die eigentliche Substanz der kaiser=
lichen Schirmvogtei. Die weltliche Herrschaftsidee des Imperiums
ging seit dieser Christianisierung desselben allmählich völlig in der
Idee der kirchlichen Schutzpflicht auf, so daß die letztere nicht als
ein höherer, göttlicher Rechtstitel der ersteren, sondern daß viel=
mehr die weltliche Gewalt lediglich als ein Organ der kirch=
lichen Verwaltung erscheinen mußte. Das weltherrschaftliche Impe=
rium galt in der Tradition der Kirche als eine von der letzteren
und für ihre Zwecke begründete Einrichtung. Aus dieser Vor=
stellung über den Ursprung und Zweck des weltlichen Imperiums,
welche die Kaiser ihrerseits durch Wort und That vielfach be=
stätigten, konnte dann die Kirche den Anspruch auf ihre Oberhoheit
über die Staatsgewalt mit Recht herleiten. Aus der Schirmvogtei
ergab sich für den Kaiser die Pflicht, die Kirche in der Ausübung

---

[1]) Waitz l. c. Bd. 3, S. 182, Anm. 2.

ihres Amtes vor jeder Störung zu sichern. Doch war in der=
selben ein Rechtsanspruch auf die höchste leitende Stelle in dem
Regiment des Gottesstaates keineswegs enthalten. Vielmehr war
ein solcher dem Begriff der Schutzpflicht geradezu widersprechend.
Es lag in der Idee dieser Schutzpflicht, daß der Staat vorwiegend
mit Pflichten belastet, die Kirche aber lediglich mit Rechten aus=
gestattet wurde. Der Staat hatte den Schutz der Kirche auszu=
üben, ohne daß ihm aus dieser Verpflichtung andererseits irgend
welche Forderungen auf entsprechende Gegenleistungen von Seiten
der Kirche rechtmäßig hätten erwachsen können. Die Kirche hatte
bei der Uebertragung des Kaisertums auf den Frankenkönig keine
allgemeinen und dauernden Verpflichtungen gegenüber dem Staate
übernommen. Sie überließ demnach auch die Verwirklichung der
kaiserlichen Weltherrschaft stets der politischen Machtwirkung der
jeweiligen Kaiser. Die kaiserliche Schutzherrschaft enthielt nicht
ein Recht der Herrschaft des Staates über die Kirche, sondern
vielmehr nichts als eine Pflicht der Dienstbarkeit des ersteren
gegenüber der letzteren. Wenn der Kaiser bennoch auch in kirch=
lichen Angelegenheiten gewisse Hoheitsrechte ausübte, indem er
Bischöfe ernannte oder die Wahl derselben bestätigte u. s. w., so
konnte er diese Rechte doch durchaus nicht auf Grund seiner
Schirmvogtei beanspruchen. Vielmehr beruhten dieselben auf seinem
überlieferten königlichen Machtbesitz und waren in gleichem Um=
fange auch von seinen Vorgängern und den merowingischen Königen
ausgeübt worden. Jene Machtstellung des Kaisers, welche Geist=
liches und Weltliches umfaßte, stand nicht im Einklange, sondern
vielmehr im Widerspruche mit dem durch seine eigene Gesetzgebung
geschaffenen Verhältnisse von Kirche und Staat. Dieselbe hatte
ihren Grund nicht in der Idee des christlichen Gottesstaates, son=
dern in der bisherigen Tradition des fränkischen Königtums und
in der gewaltigen Persönlichkeit Karls des Großen. Nur die
letzteren Umstände ermöglichten es, daß die religiösen Grundsätze
der Kirche für das ganze Gebiet der staatlichen Verwaltung maß=
gebend waren, während die Beurteilung und praktische Anwendung
derselben dem freien Ermessen des Herrschers vorbehalten blieben.
Dieser innere Widerstreit zwischen der religiösen Idee und den

thatsächlichen Machtverhältnissen des karolingischen Reiches bildete
den dem letzteren von Anfang an anhaftenden Keim der Zersetzung,
welchem das Reich wenige Jahrzehnte nach seiner höchsten Macht=
stellung erlag. Da der ideelle Schwerpunkt jenes Gottesstaates
durch die Gesetzgebung Karls des Großen in die Kirche verlegt war,
so konnte die kommende Zeit die Lösung jenes Widerspruches nur
dadurch herbeiführen, daß sie auch das Regiment des Gottesstaates
der Kirche übertrug.

Die Regenten selber konnten sich dem logischen Zwange
dieser Schlußfolgerung nicht entziehen und erkannten die kirch=
lichen Interessen als die maßgebenden Zwecke ihres Regimentes
an. Ludwig der Fromme war so sehr von dem kirchlichen Berufe
des Kaisertums erfüllt, daß seine ganze Regierungsthätigkeit fast
nur auf die Angelegenheiten der Kirche und der Klöster gerichtet
war. Sein Biograph wollte ihn rühmen, indem er von ihm
sagte, er sei so sehr um die „Erhöhung der Kirche besorgt, daß
man ihn nicht einen König, sondern seinen Werken zufolge, eher
einen Priester nennen möchte"[1]. Weil das Interesse der Kirche
der beherrschende Zweck des kaiserlichen Amtes war, wurde seit
Ludwig II. die Verfügung über das letztere als ein dem Papste
zustehendes Recht anerkannt. Ludwig II. erklärte, daß nur die=
jenigen Kaiser seien, welche mit dem heiligen Oele dazu gesalbt
seien[2], eine Anschauung, an welcher das ganze Mittelalter seitdem
festhielt, obschon Ludwig der Fromme und Lothar die kaiserliche Würde
von ihren Vätern empfangen hatten. In einem Schreiben an den
griechischen Kaiser, welcher gegen die Rechtmäßigkeit des abend=
ländischen Imperiums Einspruch erhoben hatte, leitete Ludwig II.
die kaiserliche Würde mit ausdrücklichen Worten aus der Autorität
der Kirche her. „Er" (d. i. der Kaiser), schrieb derselbe, „erlangte
die Gewalt des römischen Prinzipates nicht, wie du vorgibst, durch
Usurpation, sondern durch den Befehl Gottes, das Urteil der
Kirche und durch Handauflegung und Salbung des obersten

---

[1] Vita Ludowici imp. c. 19. M. G. t. 2 p. 616.
[2] Waitz l. c. Bd. 5 S. 83 Anm. 1.

Priefters" [1]). Karl der Kahle bezeichnete die Bischöfe geradezu als „die Throne Gottes, auf welchen Gott ruht und durch welche er seine Gerechtigkeit übt, deren väterlichen Tadel und strafenden Gerichten ich mich zu unterwerfen bereit war und gegenwärtig bin" [2]).

Noch deutlicher sprach sich selbstverständlich der Klerus über das Verhältnis der Kirche zum Staate aus. Die im August des Jahres 829 zu Worms versammelten Bischöfe erklärten bereits die Kirche als eine über dem Staate stehende göttliche Autorität. Die ganze Kirche, sagten sie, sei ein Körper, welcher sich in zwei Gewalten, die priesterliche und die königliche, teile. Mit Bezugnahme auf einen um das Jahr 493 geschriebenen Brief des römischen Bischof Gelasius an den Kaiser Anastasius erklärten sie ferner, daß die priesterliche Gewalt erhabener sei als die königliche. Sie mahnten den Kaiser Ludwig an die Worte, welche Konstantin der Große einst auf dem Konzil zu Nicäa gesprochen haben sollte, in welchen er seinerseits auf eine richterliche Gewalt über die Priester verzichtet, hingegen den letzteren eine solche über sich und die Laien zugesprochen haben sollte [3]). In demselben Jahre erklärten die Bischöfe des zu Paris versammelten Konziles: „Kein König soll wähnen, daß ihm die Herrschaft von seinen Vorfahren übertragen sei, vielmehr soll er wahrhaft und demütig glauben, daß dieselbe ihm von Gott verliehen sei." Da nun aber die Priester sich selber, als „die Mittler zwischen Gott und den Menschen" [4]), als „die Stellvertreter Christi und die Schlüsselträger des himmlischen Reiches" [5]) bezeichneten, so war die Ableitung der Krone aus der Gnade Gottes gleichbedeutend mit der Ableitung derselben aus der Gnade der Kirche. Eine praktische Nutzanwendung fanden diese Ansichten über das Verhältnis der geistlichen zur weltlichen Gewalt, als eine Gesandtschaft von Bischöfen dem

---

[1]) Ludow. II epist. ad Basil. imp. a. 879.
[2]) Karoli II et Lotharii II etc. conv. apud. Saponarias a. 859, c. 3.
[3]) M. G. t. III, p. 333.
[4]) Cap. vom Dec. 828, c. 4.
[5]) Lotharii imp. conv. Compendiensis, Oct. 833.

Kaiser Ludwig dem Frommen im Jahre 833 erklärte, daß er seiner Macht „nach göttlichem Beschluſſe und der kirchlichen Autorität" entſetzt ſei [1] und als die Biſchöfe demſelben im folgenden Jahre nach voraufgegangener Abſolution die Inſignien der kaiſerlichen Würde zurückgaben. Auch die im Jahre 842 zu Aachen verſammelten Biſchöfe verfügten in dieſer Vorausſetzung über den Beſitz des ſtaatlichen Regimentes, indem ſie den Söhnen Ludwigs des Frommen, Karl und Ludwig, welche ihren Bruder Lothar aus der Stadt vertrieben hatten, ſagten: „Nach dem Willen Gottes bitten, vermahnen und befehlen wir euch, daß ihr dies Reich übernehmet und nach dem Willen Gottes regieret" [2]. Die Synode vom 14. Juni 859 ſtellte den allgemeinen Satz auf, daß die Biſchöfe mit gegenſeitigem Rat und Beiſtand die Könige, die Großen des Reiches und das Volk in Gott leiten und beſſern ſollten.

Bereits um die Mitte des neunten Jahrhunderts waren die Grundſätze der Kirche über ihr Verhältnis zu Welt und Staat fertig entwickelt und fanden eine Niederſchrift in den ſogenannten pſeudoiſidoriſchen Dekretalen, einer Sammlung von Konzilienbeſchlüſſen, von echten und unechten Briefen römiſcher Biſchöfe der altchriſtlichen Zeit. So ſehr nun die Sätze des Pſeudoiſidor den in der germaniſchen Welt bis dahin geltenden Anſchauungen fern lagen, ſo lehrten dieſelben über die biſchöfliche und päpſtliche Gewalt ſowie über das Verhältnis der Kirche zu Welt und Staat im weſentlichen doch nur daſſelbe, was die römiſche Kirche bereits am Ausgange der alten Welt behauptet hatte. Die Vorausſetzung des ganzen Gedankenganges dieſer Sammlung war der überſinnliche, göttliche Charakter der Kirche. Aus ihm folgerten die Dekretale noch entſchiedener als die karolingiſchen Kapitulare die Scheidung des Klerus von der Laienwelt in Sitte und Recht. Das Leben der Prieſter ſollte in allen Beziehungen verſchieden und geſondert von dem der Laien ſein [3]. Es mußte nach den in

---

[1] M. G. t. III, p. 367, 4.
[2] Nithard., hist. l. IV, c. 1.
[3] Ep. Telesphori 1, c. 1.

einem unechten Briefe des Bischof Clemens dem Apostel Petrus
in den Mund gelegten Worten, erhabener und heiliger sein als
das der Weltlichen[1]). Der Priester sollte in so unnahbarer Höhe
über den Laien stehen, daß den letzteren selbst das Recht verweigert
wurde, den ersteren gerichtlich zu belangen[2]). Schon die Apostel
hätten, behaupten die Dekretale, gewollt, daß den Weltlichen wegen
ihrer Schlechtigkeit die Klage gegen einen Priester möglichst erschwert, ja fast unmöglich gemacht werden sollte[3]). Derjenige
Laie, der es aber dennoch wagen sollte, einen Bischof zu beklagen,
mußte jedenfalls sich durch eine tadellose Lebensführung aus-
zeichnen, wenn die Klage überhaupt angenommen werden sollte[4]).
Daß es den Geistlichen aufs strengste verboten war, ihrerseits
diese zwischen ihnen und den Laien aufgerichtete Schranke zu durchbrechen, indem sie sich gegenseitig vor den weltlichen Richter citierten,
verstand sich hiernach von selbst[5]). Die Begründung einer festen,
hierarchischen Disciplin war der weitere Zweck des Pseudoisidor.
Vor allem suchte der letztere deshalb die Grundlage der kirchlichen
Ordnung, das bischöfliche Lehramt, gegen alle Störungen von Seiten
der unteren wie der höheren Rangstufen der kirchlichen Hierarchie
zu sichern. Nach unten hin verboten die Dekretale den Chor-
bischöfen, d. i. den Landbischöfen, sowie den Presbytern und Diakonen die Ausübung jeder gottesdienstlichen Funktion ohne Genehmigung ihres Bischofs. Insbesondere traten sie den ersteren,
welche eine den Bischöfen ebenbürtige Stellung beanspruchten,
entgegen. Sie verwiesen die Chorbischöfe in den Stand der
Presbyter und sprachen ihnen die Befugnisse des bischöflichen
Amtes ausdrücklich ab[6]). Mit derselben Energie wie die Autorität
der bischöflichen Würde gegenüber dem niederen Klerus wurde die
Selbständigkeit derselben gegenüber den Patriarchen und Metropoliten gesichert. Es sollte zwar ohne Wissen des Metropoliten

---

[1]) Ep. Clem. 1, c. 31.
[2]) Ep. Evarist. II, c. 9; Pii I, ep. 1, c. 4 u. a.
[3]) Ep. Fabiani II, c. 19; Stephani II, c. 12.
[4]) Dionysii II, c. 4 und a. a. O.
[5]) Ep. Clem. I, c. 8; Alex. ep. I, c. 7.
[6]) Decr. Leonis pap. de privil. chorepiscoporum etc.

kein Bischof orbiniert werden[1]). Doch wurde es dem Primas wie
dem Metropoliten untersagt, in die Angelegenheiten einer Diöcese
ohne die Zustimmung des Bischofs einzugreifen[2]). Kein Bischof
durfte ferner von den Metropoliten endgültig gerichtet werden.
Der letztere durfte vielmehr nur in Gegenwart der Provinzial=
bischöfe über einen Bischof zu Gericht sitzen[3]). Nur eine höhere
Würde gab es, welcher der Bischof sich unbebingt unterordnen
mußte, den römischen Stuhl. Die Autorität des letzteren konnte aber
eine besto willigere Anerkennung finden, als dieselbe den besten
Rückhalt bildete für die Selbständigkeit und Autorität des bischöf=
lichen Amtes. Von biesem Gesichtspunkte aus wurde den Bischöfen
das Recht der Berufung von dem Urteilsspruche des Metropoliten an
den römischen Stuhl verliehen[4]). Kein Bischof, ber an ben letzteren
appelliert hatte, sollte abgesetzt werden bürfen, bevor das Urteil des
Metropoliten durch ben römischen Stuhl bestätigt worden sei[5]). Die
Beweise für das Recht des päpstlichen Primates waren die näm=
lichen, welche der römische Stuhl bereits seit bem zweiten Jahr=
hundert für sich geltend gemacht hatte. Christus sollte bem Petrus,
ber letztere aber bem römischen Bischof die Leitung der Kirche über=
tragen haben. Der Pseudoisidor bichtete zu biesem allgemeinen
Schema nur die näheren geschichtlichen Ausführungen hinzu. Er
teilte sogar die Rede mit, welche Petrus bei der Orbination seines
ersten Nachfolgers gehalten haben sollte[6]). Der römische Stuhl
war bas Haupt, die Mutter der Kirche, durch beren Autorität
alle Kirchen regiert werden sollen[7]). Nur in ber Verbindung
mit ihm konnte die christliche Glaubenslehre rein erhalten bleiben,
benn er hatte niemals geirrt[8]).

Mit strenger Logik behanbelten endlich die pseuboisiborischen

---

[1]) Decr. Innoc. pap. ad Victoricum c. 1.
[2]) Ep. Calixt. II, c. 13.
[3]) Vigini ep. I, c. 2; Steph. II, c. 10.
[4]) Ep. Vict. c. 5; Sixti II ep. I, c. 2.
[5]) Ep. Felicis II c. 14; ep. Damasi c. 21.
[6]) Ep. Clem. I, c. 31.
[7]) Ep. Calixti I, c. 2.
[8]) Ep. Marci c. 2.

Dekretale das Verhältnis der Kirche zum Staate, insofern auch
sie aus dem göttlichen Charakter der ersteren nicht allein die
Trennung derselben von Staat und Welt, sondern zugleich ihre
Herrschaft über die letzteren folgerten. Nicht die Kirche sollte von
den irdischen Zwecken des Staates, sondern vielmehr umgekehrt
der Staat von den göttlichen Zwecken der Kirche geleitet werden.
Während die karolingische Gesetzgebung die Reform der Kirche
ebenfalls nach dem Vorbilde der altchristlichen Zeit, aber nach dem
freien Ermessen des weltlichen Regenten bewerkstelligt hatte, ging
das in den pseudoisidorischen Dekretalen von der Kirche selber
aufgestellte Reformprogramm auch bezüglich des Rangverhältnisses
von Kirche und Staat auf die strenge Logik der altchristlichen Zeit
zurück. Die pseudoisidorischen Dekretale waren insofern die logische
Fortbildung der von der karolingischen Gesetzgebung erstrebten
Reform. Die Kirche, welche die Binde= und Lösegewalt für Erde
und Himmel besaß, welche den Leib des Herrn machte und dem
Volke darreichte, war wie Gott selber zu achten. Christus selber,
behaupteten die Dekretale, hatte befohlen, „daß alle Fürsten der
Erde und alle Menschen den Bischöfen gehorchen und vor ihnen
ihr Haupt beugen sollten"[1]. Der Pseudoisidor nahm auch den
bereits erwähnten Brief des römischen Bischofs Gelasius an den
Kaiser Anastasius auf, welcher die bischöfliche Autorität über die
kaiserliche stellte. Um ihren Ansichten über das Verhältnis der
geistlichen und weltlichen Gewalt den Schein einer von Seiten des
Staates erfolgten gesetzlichen Bestätigung zu geben, hatte die Kirche
bereits kurze Zeit vor dem Pseudoisidor die Legende von der
konstantinischen Schenkung erfunden und urkundlich aufgezeichnet.
Der Machtanspruch, welchen das Papsttum offiziell erst Jahrhunderte
später erhob, war bis zu seiner letzten Folgerung, nämlich der
gänzlichen Aufhebung des Staates, bereits in dieser Legende ver=
anschaulicht. Der Papst tritt in der letzteren auf als „der Stell=
vertreter Christi auf Erden", welchem der höchste weltliche Regent
Szepter und Herrschaft demütig zu Füßen legt. In richtiger
Erkenntnis der dem Papste beiwohnenden göttlichen Hoheit ver=

---

[1] Ep. Clem. I, c. 39.

ließ der Kaiser Konstantin, wie die Urkunde erzählt, dem Papste Silvester die Insignien seiner eigenen Würde, Diadem, Szepter, Purpurmantel und alle kaiserlichen Ehren. Er selber hielt die Zügel des Pferdes, auf welchem der Papst ritt und machte es allen seinen Nachfolgern zur Pflicht dasselbe zu thun. Schließlich schenkte er dem Papste Italien und das ganze Westreich und verlegte seine eigene Residenz nach Byzanz, weil es, wie er erklärte, nicht recht ist, daß dort, wo nach dem Ratschlusse des himmlischen Herrn der Primat des Priestertums und das Haupt der Christenheit bestehen soll, ein irdischer Herrscher Gewalt besitze.

Unter dem Papste Nikolaus I. fanden die Sätze des Pseudoisidor über die kirchliche Disciplin und das Verhältnis von Kirche und Staat bereits eine praktische Anwendung. Nikolaus stellte die Autorität des päpstlichen Stuhles ebenso sehr in den Vordergrund wie der Pseudoisidor. Die ganze Kirche konnte ihm zufolge ihr göttliches Recht nur aus der Autorität des päpstlichen Stuhles ableiten. Die Beschlüsse der Konzilien sollten erst durch die päpstliche Bestätigung Rechtskraft erlangen können [1]). In Uebereinstimmung mit Pseudoisidor erklärte er ferner, daß die Bischöfe nur durch päpstlichen Urteilsspruch abgesetzt werden könnten, welcher Auffassung gemäß er thatsächlich auch die Kirche regierte. Er setzte die Bischöfe von Köln und Trier kraft apostolischer Machtvollkommenheit ab, weil sie sich an dem Ehebruche Lothars II. schuldig gemacht hatten. Auf Grund der göttlichen Hoheit der Kirche forderte er die Trennung derselben vom Staate. Im Jahre 865 schrieb er dem oströmischen Kaiser Michael: „In alten Zeiten gab es Könige, welche zugleich Priester waren. Dies nachahmend waren die heidnischen Kaiser zugleich die obersten Priester. Aber das Christentum hat beide Gewalten getrennt"[2]). Aus demselben Grunde aber stellte er zugleich die Kirche hoch über die weltliche Gewalt. Die Autorität des römischen Stuhles war, wie er in jenem Briefe an den oströmischen Kaiser weiter bemerkte, die höchste auf Erden. Der päpstliche Stuhl war, schrieb er auch

---

[1]) Mansi XV, 295.
[2]) Nicol. I ep. 8 bei Mansi t. XV, p. 187.

im Jahre 864 den fränkischen Bischöfen, das höchste Tribunal
der Gerechtigkeit, welches die ganze Christenheit zu richten habe,
ohne selber gerichtet werden zu können. In Anwendung dieses
Satzes bedrohte er den König Lothar II. mit dem Banne und
zwang ihn, seine Geliebte Walbraba zu entlassen und seine recht=
mäßige Gattin Teutberga wieder zu sich zu nehmen. Er war
kühn genug, die Macht der Frankenkönige als ein Benefizium der
Kirche hinzustellen, indem er an Karl den Kahlen schrieb: „Durch
den Gebrauch dieser (d. h. der von der Kirche verliehenen) Privi=
legien haben eure Väter alles Wachstum ihrer Würden und allen
Ruhm erlangt" [1]). Die Chronik des Regino widmete dem Papste,
nachdem derselbe im Jahre 867 gestorben war, den Nachruf: „Den
Königen und Tyrannen gebot er und beherrschte sie durch seine
Autorität, als ob er der Herr des Erdkreises gewesen wäre".

Das weltliche Regiment auf geistlicher Grundlage, welches
Karl der Große geführt hatte, war also schon unter seinen nächsten
Nachfolgern zu einem geistlichen Regiment auf weltlicher Grund=
lage geworden. Durch die Uebertragung der kirchlichen Schirm=
vogtei hatte die Stellung des Frankenkönigs einen so ausgesproche=
nen kirchlichen Charakter erhalten, daß nicht die eigene Macht,
sondern die Idee der römischen Kirche als das Recht des Kaiser=
tums erschien. Die Ableitung aus der göttlichen Gnade, welche
nach der Bekehrung Chlodovechs als ein Beweis für die Selbst=
herrlichkeit des Königtums gegenüber dem Volkswillen aufgefaßt
war, wurde nunmehr nach der Einführung des römischen Kaiser=
tums als ein Beweis für die Abhängigkeit desselben von der
Kirche angesehen. Das geschichtliche Verhältnis zwischen der königs=
lichen Gewalt und der kaiserlichen Schirmvogtei wurde von der
Kirche in sein Gegenteil verkehrt. Während thatsächlich der Machts=
besitz der ersteren die Kirche veranlaßt hatte, bei dem Königtum
Schutz zu suchen und zu diesem Zwecke demselben die kaiserliche
Würde zu übertragen, stellte nunmehr die kirchliche Theorie um=
gekehrt die Kirche als die Quelle der königlichen Gewalt hin.
Das kaiserliche Imperium der Karolingerzeit trug das päpstliche

---

[1]) Mansi XV, 298.

Imperium des klassischen Mittelalters als eine logische Folgerung in sich.

Es war das Verhängnis des Abendlandes, daß das letztere die römische Reichsidee zu einer Zeit übernahm, als es sich noch in den ersten Anfängen seiner staatlichen Entwicklung befand, während dieselbe im Altertum das Ergebnis einer Jahrhunderte alten, völlig gereiften Staatsbildung gewesen war. Die unbedingte Voraussetzung dieser universalen Staatsidee waren eine auf einer völlig entwickelten Geldwirtschaft beruhende staatliche Verwaltung, eine centralisierte Beamtenhierarchie, ein stehendes Heer und eine ausreichende und geordnete Verkehrsverbindung. Wenn gleich nun die staatliche Gewalt des Frankenreiches in einer einzigen Hand beruhte und das letztere demnach wenigstens zur Zeit Karls des Großen die Bedingungen einer einheitlichen Verwaltung einigermaßen erfüllte, so war dasselbe jedoch von jenen anderen Voraussetzungen weit entfernt. Das fränkische Reich kannte nur eine an die einseitigste Naturalwirtschaft gebundene Verwaltung; ein stehendes Heer blieb ihm völlig unbekannt und seine Verkehrsverbindungen waren äußerst unvollkommen. Die Zustände der germanischen Staatenwelt waren demnach für die Wiederaufnahme der altrömischen Eroberungspolitik völlig ungeeignet. Die letztere hatte infolgedessen auf die erstere den gerade entgegengesetzten Einfluß wie vormals auf die altrömische Verfassung. Während diese sich in demselben Verhältnisse monarchischer gestaltete, als das Reich an Ausdehnung wuchs und schließlich auf dem Höhepunkte des äußeren Machtbesitzes in dem absoluten Regimente der Cäsaren gipfelte, verlor die monarchische Gewalt des karolingischen und später des deutschen Reiches Recht und Macht in immer steigendem Maße an die Großen des Reiches. Die Folge der dem Staate von der Kirche unterstellten römischen Reichsidee war, daß der erste Ansatz einer einheitlichen Staatsbildung, welche die Germanen seit ihrer Ansiedelung auf dem europäischen Boden bereits gewonnen hatten, nunmehr zum größten Teile wieder verloren ging.

Staatliche und kirchliche Entwicklung standen seit der Begründung der kirchlichen Advokatie im umgekehrten Verhältnisse zueinander. War in der merovingischen Zeit die Stellung der

Kirche ganz von derjenigen des Staates bedingt, so hatte die erstere inzwischen ihren Macht= und Wirkungskreis so weit ausgespannt, daß sie den des Staates zu einem großen Teile aufzehrte und daß demnach ihr Wachstum gleichbedeutend war mit dem Nieder= gange des Staates. Unmittelbar nach dem Tode Karls des Großen, unter welchem die germanische Staatsentwicklung des Mittelalters ihren Höhepunkt erreicht hatte, ging das Reich desselben hinsichtlich seiner äußeren Ausdehnung wie seines inneren Verbandes einer schnellen Auflösung entgegen, während die Kirche an äußerem Wachstum und innerer Festigkeit fortgesetzt zunahm. Indem der Staat den göttlichen Zwecken der Kirche ergeben war und die Macht der letzteren vermehrte und befestigte, verlor er selber die Grundlagen seines Bestandes. Er stellte durch seine eigene Politik die Kirche in die leitende, sich selbst aber in die zweite Stelle des beide vereinigenden Gottesstaates. Das karolingische Kaiser= reich löste sich durch die Folgerungen seiner eigenen Politik in nationale Teilreiche und innerhalb der letzteren in territoriale Lehnsherrschaften auf, indes die Kirche durch die Wirkungen der= selben Politik zu einer das ganze Abendland umfassenden, fest in sich zusammengeschlossenen Beamtenhierarchie erwuchs.

Um dieselbe Zeit, in welcher der Pseudoisidor das System der kirchlichen Hierarchie aufstellte, brach unter den Nachfolgern des großen Karl das Reich in Stücke. Die nächste Veranlassung der Reichsteilungen gab das fränkische Erbrecht, welches die dynastische Erbfolge nach denselben Grundsätzen behandelte wie die private. Jedoch würden diese Teilungen schwerlich eine so dauernde und tiefgreifende Trennung der verschiedenen Gebiete zur Folge gehabt haben, wenn nicht ein anderer Umstand zur Vertiefung und Befestigung derselben mitgewirkt hätte. Es waren dies die in der Bildung begriffenen Nationalitäten. Die Erb= teilungen der Karolinger ließen den Gedanken der ursprünglichen Reichseinheit nicht fallen. Die kaiserliche Würde wurde eben deshalb bei allen Erbteilungen festgehalten, um an die Zusammen= gehörigkeit der Teile zu erinnern. Nach Ludwigs I. Tod erbte Lothar die Kaiserkrone, nach letzterem Ludwig II. und so fort. Aber die sich immer mehr entwickelnden nationalen Verschieden=

heiten waren mächtiger als das Bewußtsein der staatlichen Zu=
sammengehörigkeit. Das Kaisertum konnte zu keiner irgendwie
erheblichen Bedeutung mehr gelangen. Eben diese nationalen
Bildungen aber, welche aus einer Verschmelzung der germanischen
mit den romanischen Elementen hervorgingen, fanden zum minde=
sten eine sehr wesentliche Förderung durch die Verbindung des
Frankenreiches mit der römischen Kirche. Das Frankenreich hatte
durch diese Verbindung mit der letzteren zunächst allerdings eine
den anderen germanischen Reichen überlegene Stärke erlangt. Der
konfessionelle Zwiespalt zwischen der arianisch=germanischen und
der katholisch=romanischen Bevölkerung, welcher die übrigen Ger=
manenreiche allmählich zerrüttete, hat das Frankenreich nicht be=
rührt. Auch war ferner die universale Idee der Kirche ein fort=
gesetzter Antrieb der fränkischen Eroberungszüge gegen die um=
liegenden Germanenreiche gewesen. Das Frankenreich hatte somit
seine innere Festigkeit wie seine räumliche Ausdehnung wesentlich
durch die Verbindung mit der römischen Kirche gewonnen. Das=
selbe Bündnis wurde aber in seiner weiteren Entwicklung auch die
Ursache des staatlichen Verfalles. Denn indem die Gemeinsamkeit
des religiösen Bekenntnisses die Verschmelzung der Germanen mit
den Romanen begünstigte, wurde jenes Bündnis die Entstehungs=
ursache der verschiedenen Nationen und nationalen Staatsbildungen,
welche schließlich die Auflösung des Reiches zur Folge hatten. Die
Franken selber verloren allmählich ihren germanischen Charakter
und förderten zugleich die Auflösung der germanischen Volkselemente
Galliens, Spaniens und Italiens in der romanischen Bevölkerung.
Aquitanien verlor nach der Ueberwältigung und Verdrängung der
Westgoten den größten Teil seines germanischen Volksbestandes,
so daß es seitdem ein völlig romanisches Land wurde. Auch das
westgotische Reich auf der spanischen Halbinsel wurde durch die
mittelbare Einwirkung der Franken katholisiert und romanisiert.
Denn in der sehr begründeten Furcht, daß sich die Romanen des
westgotischen Reiches mit den katholischen Franken zu einem ge=
meinsamen Angriff gegen die Herrschaft der Westgoten verbinden
möchten, hatte der König Leovigild zwischen dem arianischen Be=
kenntnisse seiner Westgoten und dem katholischen Bekenntnisse

feiner romanischen Unterthanen zu vermitteln gesucht und war
sein Sohn Reccared schließlich im Jahre 586 zur römischen
Kirche übergetreten. Die nach diesem Uebertritt erfolgte Ver=
bindung beider Volkselemente machte auch solche Fortschritte, daß
schon um das Jahr 650 Goten und Römern ein gemeinsames
Gesetzbuch gegeben werden konnte, während bis dahin jeder Teil
sein besonderes Recht besessen hatte. Da die Franken jedoch ihre
Angriffe gegen die Westgoten auch nach der Katholisierung der=
selben fortsetzten und die aufrührerischen Großen des Westgoten=
reiches namentlich unter den Königen Suinthila und Wamba mit
Heeresmacht unterstützten, so haben sie nicht am wenigsten dazu
beigetragen, daß das Reich der Westgoten schließlich dem Angriffe
des arabischen Heeres im Jahre 711 erlag. Aehnlich erging es
in Burgund. Die drohende Uebermacht der Franken nötigte auch
die Burgunden zum katholischen Glauben überzutreten, wodurch
denn auch hier die Romanisierung derselben erfolgte. Die Unter=
werfung des Burgundenlandes unter die fränkische Herrschaft ver=
nichtete vollends die noch verbliebenen germanischen Reste. Ebenso
erloschen die Langobarden in der italischen Bevölkerung, nachdem
ihre staatliche Selbständigkeit durch Karl den Großen gebrochen
war. Die Verbindung der Franken mit der römischen Kirche
und die durch dieselbe wesentlich bestärkte Eroberungspolitik der
Franken hatte in allen diesen Fällen die Romanisierung des Ger=
manentums verursacht.

Es bildete sich demnach auf dem Boden des westfränkischen
Reiches eine Bevölkerung aus, welche von der des ostfränkischen
Gebietes in Sprache und Sitte völlig verschieden war. Im ost=
fränkischen Reiche erhielt sich der germanische Volkscharakter, weil
hier keine romanischen Elemente in erheblicher Zahl ansässig waren.
Zwischen diesen beiden Reichen zog sich ein Gebiet, das spätere
lothringische Reich, in welchem eine gemischte Bevölkerung bestehen
blieb, weil das romanische Element hier zu schwach vertreten war,
um das germanische völlig in sich aufzunehmen. Die nationalen
Verschiedenheiten machten sich in den Teilungsverträgen der Karo=
linger mit steigender Bedeutung geltend. Die erste Teilung, welche
Karl der Große im Jahre 806 testamentarisch verordnete, nahm

auf die nationalen Verschiedenheiten der Völkerschaften noch keine Rücksicht. Politische und nationale Grenzen wurden in derselben mannigfach durchkreuzt. Aber unter den Söhnen Ludwigs des Frommen erlangten die nationalen Verschiedenheiten mehr und mehr das Schwergewicht in den für die Teilungsverträge derselben maßgebenden Grundsätzen. Nachdem bereits in einem vielleicht aus den dreißiger Jahren stammenden Vertrage drei Ländergruppen unterschieden waren, die rein romanischen Länder Neustrien und Aquitanien, die rein deutschen Länder östlich des Rheines und die zwischen beiden liegenden, von einer gemischten Bevölkerung bewohnten Gebiete, wurde in der nach der Schlacht bei Fontenoy im Jahre 841 erfolgten Teilung ausdrücklich Bedacht genommen auf die Verwandtschaft und die passende Lage der Gebiete [1]). Auch der Vertrag zu Verdun vom Jahre 844 legte jene dreifache Sonderung der Reichsteilung zu Grunde. Noch klarer wurde der nationale Gedanke in dem Vertrage zu Meersen vom Jahre 870 ausgesprochen, indem derselbe nur zwei Ländergruppen unterschied und alle Gebiete mit rein oder vorwiegend romanischer Bevölkerung Karl dem Kahlen, alle Gebiete mit rein oder vorwiegend deutscher Bevölkerung Ludwig dem Deutschen überwies.

Da nun die Verteilung der germanischen und romanischen Bevölkerung namentlich im westfränkischen Reiche in den einzelnen Provinzen verschieden war, so mußten sich hier ferner aus der Vermischung beider Völkerstämme eine Reihe von provinziellen Spielarten der romanischen Gattung entwickeln. Es entstand außer der nationalen Sonderung auch eine territoriale Zergliederung, welche die Veranlassung zu kleineren Staatsbildungen innerhalb des Reiches gab. So entstanden um die Wende des neunten und zehnten Jahrhunderts im westfränkischen Reiche die Herzogtümer Franzien, Normandie, Bretagne, Aquitanien und Gascogne. Burgund hatte sich sogar völlig vom westfränkischen Reiche abgelöst und sich im Jahre 879 unter Boso zu einem selbständigen Königreiche erhoben. Allerdings wurden diese provinziellen Staatsbildungen durch die Machtbestrebungen der Großen vielfach durchkreuzt. Doch

---

[1]) Nithard IV, 1, S. 668.

bildeten die verschiedenen Mischungsverhältnisse der Rasse immerhin
die Grundlage der ersteren. In Deutschland lag eine solche terri=
toriale Differenzierung bei der Verschiedenheit der eingesessenen
Stämme bereits vor. Während aber unter den ersten Karolingern
die staatlichen Sonderungstriebe dieser einzelnen Stämme gewalt=
sam unterdrückt waren, machten sich dieselben jetzt bei der Auf=
lösung der einheitlichen Reichsgewalt aufs neue geltend. Franken,
Sachsen, Schwaben und Bayern, zu welchen später Lothringen
hinzutrat, waren die großen völkerschaftlichen Elemente, welche in
dem Entwicklungsgange der deutschen Nation deutlich unterscheidbar
blieben und niemals zu einer einheitlichen Verschmelzung gelangten.

　　Auf diese Zersetzung des staatlichen Verbandes blieben die
Folgen der universalen Eroberungspolitik der fränkischen Könige
und Kaiser indes nicht beschränkt. Dieselben drangen vielmehr
bis in die Tiefen der gesellschaftlichen Zustände, indem sie die
ursprünglich auch hier obwaltende gleichförmige Bildung mannig=
fach zergliederten. Die weiten und langwährenden Kriegszüge der
Frankenkönige waren die Ursache, daß auf der einen Seite große
Grundherrschaften entstanden, mit welchen allmählich öffentliche
Gerechtsame verwuchsen und daß auf der anderen Seite die öffent=
lichen Beamten des Reiches die hoheitlichen Rechte der Krone sich
zu einem privatrechtlichen Besitze aneigneten. Die Grundherr=
schaften wurden zu staatlichen Territorien, während andererseits
die staatlichen Amtsbezirke sich in Grundherrschaften umwandelten.
Die schweren Lasten an persönlichen Dienstleistungen, an Geld=
und Naturalabgaben, welche die universale Reichspolitik den Völkern
auflegte, begünstigte die Entstehung großer Grundherrschaften in
zweifacher Richtung. Von der einen Seite suchten die kleineren
Leute sich den Kriegsdiensten, während welcher in vielen Fällen ihr
Grund und Boden unbestellt und unbeschützt bleiben mußte, dadurch
zu entziehen, daß sie ihr Eigentum der Kirche oder mächtigeren
Grundherren auftrugen und demnach entweder Grundholden und
Vogteileute der Kirche oder der weltlichen Herren wurden. Von
der anderen Seite suchten die Grundherren die schwere Lage des
kleinen Grundbesitzes zu benutzen und den letzteren dort, wo keine
Neigung zur Kommendation vorhanden war, durch Gewalt in ihre

Hände zu ziehen. Dieser Zusammenhang zwischen der Kriegsdienst=
pflicht der Gemeinfreien und der Entstehung einer mächtigen
Aristokratie wird durch die Kapitularien der Frankenkönige bestätigt.
Die letzteren suchten wiederholt jenen beiden Strömungen, welche
die Ausbildung der Grundherrschaften verursachten, entgegenzutreten.
Das Kapitular vom Jahre 805 verbot den Freien, sich ohne Er=
laubnis des Kaisers in den Dienst der Kirche zu begeben, mit der
Erklärung, daß dies von vielen nicht aus Frömmigkeit, sondern
in der Absicht geschehe, sich der Heerespflicht oder anderen Dienst=
leistungen zu entziehen. „Viele commendieren sich den Senioren,
weil sie wissen, daß diese nicht an dem Feldzuge teilnehmen wer=
den." Im Jahre 825 verbot Ludwig der Fromme den Gemeinfreien,
ihren Grundbesitz der Kirche aufzutragen, um sich der Kriegspflicht
zu entziehen und gebot den Grafen, solche Männer trotz ihrer
Commendation zur Ableistung ihrer Pflichten zu zwingen. Das=
selbe Verbot erneuerte Lothar I. im Jahre 832, desgleichen Karl II.
im Jahre 864.

Nicht minder trat die Gesetzgebung den Bestrebungen der
großen Grundherren, den geringen Gemeinfreien zum Verkaufe
seines Besitzes zu zwingen, entgegen, damit der Königsdienst keine
Einbuße erleide. Solche Verboten enthielten die Kapitulare der
Jahre 805, 811, 813 und 827. Da nun aber die treibende
Ursache dieser Erscheinungen, die unausgesetzten Kriegsdienste,
welche die universale Reichspolitik der fränkischen Kaiser mit sich
brachte, nicht gehoben wurde, so konnte auch die Wirkung der=
selben nicht vermieden werden. Die der Vergewaltigung des
kleinen Grundbesitzes und der Bildung großer Grundherrschaften
entgegenstehenden gesetzlichen Bestimmungen mußten demgemäß
erfolglos bleiben. Darum waren die Kaiser genötigt, obschon sie
die Auftragung der Güter an die Lehnsherren verboten, die letzteren
andererseits in der Eigenschaft als Führer ihrer Vasallen anzu=
erkennen. Neben den königlichen Heerbann und die königlichen
Befehlshaber traten die militärischen Aufgebote der großen Grund=
herren und zwar unter der Führung der letzteren. Die Aus=
hebung und Führung der Kriegsmannschaften ging seitdem also

nicht mehr ausschließlich vom Könige aus, sondern geschah zum
Teil durch die Vermittlung der Grundherren, so daß die letzteren
mit der Ausübung des wichtigsten hoheitlichen Rechtes betraut
waren. Da demnach das Königtum wesentlich auf die Grund=
herren angewiesen war, so konnte es sich der Verleihung weiterer
hoheitlicher Rechte an letztere für besondere Dienstleistungen nicht
mehr entziehen. So trat beispielsweise schon Ludwig der Fromme
die wichtigsten Rechte der Krone im Jahre 815 an einen seiner
Getreuen Namens Johannes ab, indem er demselben für den Um=
fang seines Grundbesitzes von der gräflichen Gewalt eximierte und
ihm eine eigene Gerichtsbarkeit verlieh.

Wie sich in dieser Weise aus dem großen Grundbesitz Terri=
torialherrschaften entwickelten und also ein ursprünglich privat=
rechtlicher Besitz einen öffentlich=rechtlichen Charakter gewann, so
vollzog sich die Zergliederung des Staates und der Gesellschaft in
demselben Maße auch auf dem umgekehrten Wege, indem könig=
liche Beamte, Grafen, Hundertmänner und Vikare ihre amtlichen
Rechte in eigene, private Gerechtsame umwandelten. Auch hier
ging der erste Anstoß der Entwicklung von der Eroberungspolitik
der Krone aus. Die königlichen Beamten suchten ebenso wie die
Großgrundbesitzer die durch die vielen Kriegsdienste verursachte
Notlage der kleinen Gemeinfreien zu ihrem Vorteile auszunutzen.
Das Kapitular vom Jahre 811 gab den Klagen der letzteren einen
lebendigen Ausdruck. „Die Armen," heißt es in demselben, „schreien,
daß sie ihres Eigentumes beraubt seien und dies schreien sie gleicher=
maßen über Bischöfe, Aebte und Vögte, über Grafen und deren
Centenare. Sie sagen, daß Bischof, Abt, Graf, Richter und
Hundertmann nur nach einer Gelegenheit spähe, um den Unglück=
lichen, der sein Eigentum nicht abtreten wolle, zu bestrafen und
immer aufs neue gegen den Feind zu schicken, bis er so arm ge=
worden sei, daß er wider seinen Willen sein Eigentum auftragen
oder verkaufen müsse, indes diejenigen, welche es aufgetragen haben,
ohne irgend welche Belästigung zu Hause bleiben können." Mit
diesem Machterwerb der Grafen hing es zusammen, daß das Amt
derselben bereits in der zweiten Hälfte des neunten Jahrhunderts
erblich zu werden begann. Es erhellt dies aus dem Kapitular

Karls II. vom Jahre 877, welches Bestimmungen gibt für den Fall, daß der Sohn eines Grafen während des Ablebens seines Vaters abwesend sei, sowie für den Fall, daß ein Graf mit Hinterlassung eines unmündigen Sohnes versterben solle. Aus der Gewohnheit von Seiten der Krone wurde ein Rechtsanspruch von Seiten der Beamten. Schon neun Jahre vor dem Erlaß jenes Kapitulars mußte Karl der Kahle gegen den von ihm abgesetzten Grafen Gerhard von Bourges zu Felde ziehen, weil die Leute desselben den von ihm ernannten Nachfolger, einen Grafen Alfrid, erschlagen hatten. Der König mußte unverrichteter Sache zurückkehren. Die bisher im Namen und im Interesse des Königs ausgeübten hoheitlichen Rechte der Grafen, die militärische Aushebung, die Rechtsprechung, die Erhebung der gerichtlichen Strafgelder, die Einziehung der Zölle u. s. w. wuchsen mit dem als Benefizium verliehenen Grund und Boden zusammen und nahmen den Charakter eines von Seiten des Besitzers zu eigenem Gewinn ausgenutzten privatrechtlichen Besitzes an. Schon gegen Ende des neunten Jahrhunderts begannen die staatlichen Aemter zu herrschaftlichem Besitz, die Beamten zu Dynasten zu werden.

Die mehr oder weniger gleichartige Gesellschaft des altgermanischen Gemeinwesens wurde durch die Entstehung dieser großen Grundherrlichkeiten durchbrochen und an ihre Stelle eine vielfache Abstufung der Herrschaft und des Dienstes gesetzt. Neben den alten Gemeinfreien entstanden Grundherren auf der einen, Grundholden und Zinspflichtige auf der anderen Seite. Der Staatsverband der Karolinger löste sich in das lockere Gewebe des Lehnsstaates auf, in welchem der Zusammenhang zwischen dem einheitlichen Mittelpunkt der königlichen Gewalt und dem Volke in vielfältigster Weise durchbrochen war. Das große Reich hatte sich infolge seiner Verbindung mit der römischen Kirche und ihrer religiösen Idee in mehrere Nationen geteilt. Die letzteren wieder hatten sich in eine Reihe völkerschaftlich verschiedener Stämme, diese endlich in eine zahlreiche Menge größerer und kleinerer, mit den wichtigsten Hoheitsrechten ausgestatteter Grundherrschaften zergliedert.

Die Zerstörung des fränkischen Reiches auf der einen und die aufsteigende Weltmacht der Kirche auf der anderen Seite waren das Ergebnis der einst von dem Merovingerkönige Chlodovech mit dem römischen Stuhle geschlossenen Verbindung.

Die beiden Grundgedanken der altchristlichen Kirche, Askese und priesterliche Weltherrschaft, welche seit der germanischen Völker= wanderung Jahrhunderte lang unter den Trümmern des alten Römerreiches verschüttet gelegen hatten, waren zu neuem Leben erwacht. Die antike Geschichte hatte damit abgeschlossen, daß die Kirche als die Wirklichkeit des Uebersinnlichen und demnach als das bestimmende Prinzip für alle irdischen Verhältnisse anerkannt worden war. Die weitere Ausgestaltung der menschlichen Ver= hältnisse nach Maßgabe der weltverneinenden Idee der Kirche war durch die germanische Völkerwanderung unterbrochen worden. Nach= dem jetzt die germanisch=romanischen Völker auf dem Punkte an= gelangt waren, an welchem die antike Geschichte einst abgebrochen hatte, wurde das nicht zum Abschluß gelangte Problem der letzteren von jenen zu Ende geführt. Die folgenden Jahrhunderte des Mittelalters vollendeten das Werk, welches den müden Händen der antiken Welt noch unfertig entsunken war.

III. Das römisch-deutsche Kaiserreich.

1. Advokatie und Weltherrschaft.

Nach der Auflösung des karolingischen Reiches war die Kirche als das einzige gemeinsame Band der abendländischen Völker verblieben. Die letzteren bildeten jetzt nur noch eine Einheit, insofern sie sich als Christen in der Gemeinschaft einer und derselben Kirche befanden. Nicht mehr das Reich, wie in der Zeit des großen Karl, sondern die Kirche war das Einheitsprinzip der germanisch-romanischen Völker. Wohl wurde zunächst noch das Kaisertum als die höhere Einheit der einzelnen Reiche aufgefaßt. Aber die Notwendigkeit desselben wurde, wie beispielsweise in dem Vertrage von 817, auf die Kirche zurückgeführt. Daher wurde die Zwietracht der Söhne Ludwigs in erster Linie deshalb beklagt und als unnatürlich befunden, weil dieselbe Anhänger eines und desselben Glaubens miteinander entzweite. Die Schlacht zu Fontenoy vom Jahre 841, in welcher die kaiserliche Einheitsidee Lothars dem Teilungsprinzip unterlag, beklagte ein Annalist deshalb, weil sich in derselben christliche Völker gegenseitig niedergemetzelt hätten [1]. Andere Annalisten klagten in ähnlichen Ausdrücken über den gegenseitigen Mord der Christen [2]. Das Unglück jener Ereignisse wurde demnach nicht in dem Bruche der staatlichen, sondern der kirchlichen Gemeinschaft gesucht. Die Kirche war der gemeinsame Mittelpunkt aller Interessen geworden.

---

[1] Annal. Lugdunens. Scr. I, 110.
[2] Annal. Xantens. 841; Hincmari opp. II, 180.

„Während die Gewalt des römischen Reiches, welche einst auf dem Erdkreise als eine Monarchie bestand, jetzt in den verschiedenen Ländern in zahlreiche Herrschaften geteilt ist, besitzt der Stuhl Petri die Binde= und Lösegewalt im Himmel und auf Erden", schrieb im Jahre 1024 ein Abt an Papst Johann XIX. [1]).

Auf die universale Idee der Kirche mußte Otto I. zurückgehen, als er im Jahre 962 das Kaisertum mit dem deutschen Königstum verband. Im karolingischen Reiche war die staatliche Einigung der Germanen und Romanen der Uebernahme der kaiserlichen Würde voraufgegangen. Da jetzt aber ein einheitlicher, die ganze Christen= heit umfassender Reichsverband nicht mehr vorhanden war und die abendländischen Völker nur in der Kirche eine Einheit bildeten, so konnte Otto I. den Anspruch auf die Weltherrschaft nur aus der thatsächlichen Universalität der Kirche ableiten. Während Karl der Große den Titel eines Kaisers und Schutzherrn der Kirche an= nahm, nachdem er die demselben entsprechende Macht bereits besaß, war es das Bestreben der deutschen Könige, diese Macht auf Grund jenes Titels erst zu erwerben. Nicht mehr war das Reich die Grundlage der Kirche, sondern umgekehrt, die universale Idee der letzteren war die Grundlage des ersteren geworden. Lediglich als Vogt der Kirche war der Kaiser der höchste Herr der Christen= heit, welchem die Verpflichtung oblag, die Lehren der Kirche als das Gesetz der staatlichen Ordnung zu erhalten, beziehentlich zu demselben zu erheben. Er war ferner lediglich in jener kirchlichen Eigenschaft die Quelle alles Rechtes und aller Gewalt. Bei dem Kaiserreiche, sagte Cäsarius von Heisterbach, „befindet sich die Mo= narchie, auf daß, wie die Sterne ihr Licht haben von der Sonne, so die Könige ihre Herrschaft vom Kaiser haben" [2]). Der englische Geschichtsschreiber Roger von Hoveden nannte den Kaiser „den Herrn über alle". Des religiösen Charakters dieses Imperiums wegen wurden dem Kaiser Ehrentitel beigelegt, welche in derselben Weise auch dem Papste gegenüber üblich waren. Der Bischof Thietmar von Merseburg nannte König Heinrich II. in seiner

---

[1]) Hugon. Chronic. c. 17. M. G. VIII, 392.
[2]) Dialog. miracul. II, 235.

Chronik[1]) den „Stellvertreter Gottes auf Erden". In einer aus
dem elften Jahrhundert stammenden Klage über den Tod
Heinrichs II. wird derselbe „der Leiter der Kirche Gottes" genannt[2]). Als Konrad II. im Jahre 1024 gekrönt wurde, hielt
der Erzbischof Aribo von Mainz eine Ansprache an den König, in
welcher er denselben mit den Worten anredete: „Zur höchsten
Würde bist du emporgestiegen, du bist der Statthalter Christi"[3]).
Auch Heinrich III. wurde von dem Abte Ekbert „das Haupt der
Kirche" genannt[4]). Wipo bezeichnete König Heinrich III. in seinem
Tetralogus als die höchste, unmittelbar nach Gott und Christus
folgende Autorität mit den Worten: „Der du als der Zweite den
Erdkreis beherrschest, würdig, nächst dem Herrn des Himmels die
Welt zu beschützen"[5]).

Die älteren Kaiser sahen sich denn auch selber als die höchste
Autorität in dem Staat und Kirche umschließenden Gottesstaate
an. Selbst Heinrich II., welchen die Kirche später seiner Frömmigkeit wegen unter die Heiligen versetzte, gab dieser Auffassung einen
entsprechenden Ausdruck, als er die bekannte Briefstelle des römischen Bischofs Gelasius I. an den Kaiser Anastasius: „Zwei
Mächte sind es, erlauchter Kaiser, durch welche diese Welt regiert
wird, die heilige Autorität der Bischöfe und die königliche Gewalt"
u. s. w. dahin umänderte, daß er anstatt „diese Welt" die „heilige
Kirche" setzte und daß er ferner die königliche Autorität der priesterlichen voranstellte. Otto I. und Heinrich III. haben denn auch
in diesem Sinne regiert, wenn sie die höchste kirchliche Würde durch
den Beschluß der zu diesem Zwecke berufenen und unter ihrem
Vorsitze tagenden Synoden den jeweiligen Inhabern derselben entziehen und auf andere Persönlichkeiten übertragen ließen. Da
nun die Päpste in ihrer Eigenschaft als Statthalter Gottes sich

---

[1]) L. 6, c. 8.
[2]) Vgl. lateinische Gedichte des 10. und 11. Jahrhunderts, herausgeg.
von Grimm und A. Schmeller.
[3]) Wipon. vita Chuonr. imp. c. 3. M. G. XI, p. 260.
[4]) Pez. thesaur. anecd. noviss. VI. P. 1, p. 235.
[5]) B. 19, 99, 121 f.

gleichfalls als die Spitze der Christenheit ansahen, deren Amts=
befugnisse nicht nur die religiösen Obliegenheiten, sondern auch
alle irdische Gewalt umschlossen, da ferner alle bestehenden welt=
lichen Mächte, die Fürsten des Reiches wie der fremden Nationen
das Bestreben hatten, ihre Gewalt kraft eigenen Rechtes auszu=
üben, so war in der Idee des Kaisertums die ganze Fülle von
Streitfragen zwischen dem letzteren auf der einen, der Kirche, den
deutschen Fürsten wie den auswärtigen Mächten auf der anderen
Seite enthalten, welche die Geschichte des Kaisertums von Anfang
bis zu Ende bewegten. Aus der Idee der kaiserlichen Advokatie
ergab sich für die deutschen Kaiser die Aufgabe, einmal die reli=
giöse Idee der Kirche als die rechtliche Grundlage der staatlichen
Ordnungen zur Geltung zu bringen und sodann die zertrümmerte
universale Weltstellung des Kaisertums wiederherzustellen. Die
Befestigung und Ausdehnung der göttlichen Autorität der Kirche
und die Wiederherstellung der universalen Herrschaft des Reiches
waren die beiden Pole, um welche sich die deutsche Geschichte von
Otto I. bis zu dem Staufen Friedrich II. bewegte.

Durch die kaiserliche Schirmvogtei und durch die aus der Idee
derselben erwachsene Gesetzgebung des karolingischen Zeitalters
waren Staat und Kirche in das Verhältnis von Mittel und Zweck
getreten. Seit dieser Stellungnahme des Staates zur Kirche hatte
man beide als wesentlich verschiedenartige Gebiete erkannt und
bereits den ersten Versuch zu einer grundsätzlichen Scheidung der=
selben gemacht. In dem Staat und Kirche umschließenden Gottes=
staate sollte jener das weltherrschaftliche, diese das religiöse Prinzip
darstellen. Doch blieben beide Gebiete noch vielfach ineinander
verschlungen. Der Kaiser war ebenso sehr geistliches wie welt=
liches Oberhaupt in seinem Reiche; andererseits lebten die Geist=
lichen in vielfachen weltlichen Beziehungen. Während jene Schei=
dung beider Gebiete damals also mehr in der Idee als in der
Wirklichkeit der Dinge bestand, wurde dieselbe durch die Reichs=
politik der deutschen Kaiser thatsächlich durchgeführt und dadurch
der im karolingischen Reiche gelegene Widerspruch zwischen der Idee
und der Wirklichkeit des christlichen Gottesstaates zu lösen versucht.
Von Otto I. an waren die deutschen Kaiser in demselben Maße

bemüht, den übersinnlichen Charakter der Kirche zum Ausdruck zu bringen, wie die weltherrschaftliche Stellung des Reiches zu gewinnen, die göttliche Autorität der Kirche zu befestigen und zu erweitern wie die Völker des Abendlandes unter ihrem Regimente zu einem einheitlichen Reichsverbande zu vereinigen. Doch war diese Politik des deutschen Kaisertums nur eine halbe Lösung jenes Konfliktes. Eben durch die von dem deutschen Kaisertum erweiterte Trennung von Kirche und Staat, trat der in dem karolingischen Reiche gelegene Widerspruch zwischen der Idee und der Wirklichkeit des christlichen Gottesstaates nur noch sichtbarer hervor. Denn, indem durch die Scheidung beider Gebiete die Kirche als eine göttliche Ordnung aus den irdischen Verhältnissen herausgehoben wurde, mußte zugleich der Staat als eine irdische Ordnung vor der Kirche zurücktreten. Die Kirche wurde mehr und mehr als die Trägerin der religiösen Idee des Gottesstaates hingestellt und hierdurch dem Staate in demselben Verhältnisse die ideellere Grundlage seiner beanspruchten Machtstellung entzogen. Der religiöse Charakter des Königtums und der weltlichen Obrigkeit, welcher früher als eine denselben unmittelbar von Gott verliehene Gnade galt, wurde nunmehr als eine denselben nur durch die Vermittlung der Kirche übertragene Eigenschaft angesehen. Alle religiösen Motive des Staates wurden mit der Kirche als dem Quellpunkt derselben verbunden. Je mehr die Trennung von Kirche und Staat vollzogen wurde, desto mehr mußte also das Kaisertum seinen ursprünglichen religiösen Charakter verlieren und als eine lediglich weltliche Herrschergewalt erscheinen, indes andererseits die Kirche in derselben Steigerung als der Inbegriff der religiösen Idee, als die irdische Wirklichkeit des übersinnlichen Gottesstaates hervortrat. Mit dieser religiösen Grundlage verlor aber das Kaisertum jedes Recht auf eine selbständige Autorität gegenüber der Kirche. Darum war in der Scheidung beider Gebiete, welche die Kirche als eine dem Staate unendlich überlegene göttliche Autorität hinstellte, zugleich der Rechtsanspruch derselben auf die unbedingte Ueberordnung über den Staat enthalten. Die Scheidung von Staat und Kirche ließ sich nicht begründen und vollziehen, ohne daß sich nicht diese weitere Folgerung, die herrschaftliche

Stellung der letzteren über den ersteren, als eine logische Not=
wendigkeit ergeben hätte. Der übersinnliche Charakter der Kirche
trug den weltherrschaftlichen Beruf derselben in sich.

Sobald daher die Kirche den letzten Rest ihrer alten Verbin=
dung mit dem Staate, welcher darin bestand, daß die Kaiser einen
bestimmenden Einfluß auf die Papstwahl und die Besetzung der
bischöflichen Stühle ausübten, beseitigt hatte, mußte sie notwendig
zu der weiteren Forderung einer herrschaftlichen Stellung über die
höchste weltliche Macht gelangen. Der Papst Gregor VII., welcher,
ausgehend von dem göttlichen Charakter der Kirche, jenes letzte
zwischen Staat und Kirche bestehende Band zu lösen unternahm,
erhob zugleich den Anspruch, über die weltliche Staatsgewalt nach
eigenem Ermessen, d. h. den göttlichen Zwecken der Kirche ent=
sprechend, verfügen zu können. Der seitdem erfolgende Wettbewerb
des Papsttums mit dem Kaisertum um die Weltherrschaft entzweite
beide Mächte in töblicher Feindschaft. Hatte einst die Geschichte
des christlichen Gottesstaates in der mittelalterlichen Welt damit
begonnen, daß beide Mächte als die Leuchten der Christenheit,
als die von Gott eingesetzten Grundfesten der Weltordnung ge=
feiert wurden, so endete dieselbe damit, daß der Kaiser den
Papst als den Antichrist und dieser jenen als den Vorläufer
des Antichrists bezeichnete[1]) und den Kreuzzug gegen denselben
predigte[2]).

Mit diesem Entwicklungsgang der gottesstaatlichen Idee, den=
selben in allen Streitfragen zwischen Staat und Kirche entscheidend
beeinflussend, verflocht sich der Kampf des Kaisertums mit den
Fürsten des Reiches und den auswärtigen Mächten. Die Einheit
des Reiches, welche durch die territoriale und nationale Differenzie=
rung zerrissen war, wiederzuschaffen, war die weitere Aufgabe der
kaiserlichen Politik. „Allein das große Kaisertum konnte allerdings
nicht ohne Krieg behauptet werden," schrieb der Verfasser des
älteren Lebens der Königin Mathilde[3]), Worte, welche derselbe

---

[1]) Huill. Brèh. VI, 397 und V, 349.
[2]) L. c. VI, 433 und 646.
[3]) K. 16.

allerdings dem zweiten Dialoge des Sulpicius Severus[1]) ent=
lehnte, welche aber gleichwohl für das deutsche Kaisertum nicht
minder zutreffend waren als für das römische. Die Eroberungs=
politik der deutschen Kaiser erzielte jedoch ebenso wie die ihrer
karolingischen Vorgänger das Gegenteil des beabsichtigten Erfolges,
insofern gerade sie die Ursache war, daß sich die territorialen und
nationalen Gegensätze erweiterten und befestigten. Allerdings
nötigte die Herstellung des abendländischen Kaisertums die Krone,
eine festere Zusammenschließung der deutschen Volksstämme zu er=
wirken, da die nationale Macht des deutschen Königtums die
Grundlage des universalen Kaisertums bildete. Insofern hat
freilich die universale Politik des Kaisertums einen wesentlichen
Anteil an der nationalen Erziehung der deutschen Volksstämme
gehabt. Die letzteren sind sich durch die erstere ihrer nationalen
Gemeinschaft erst recht bewußt geworden. Diese nationale Be=
deutung des Kaisertums wurde aber dadurch wieder zerstört, daß
das letztere, seiner universalen Idee folgend, sich zugleich in eine
weitausgedehnte Eroberungspolitik begab. Die Folge war, daß
der eine Zweck durch den anderen vereitelt wurde, daß die Festi=
gung des nationalen Staatsverbandes an der auswärtigen Politik
und daß diese an dem im Inneren des Reiches sich gegen die
Krone erhebenden Widerstande scheiterte.

Auf die auswärtigen Mächte übte demnach die kaiserliche
Eroberungspolitik eine ähnliche Wirkung wie im Inneren des
Reiches aus. Die Machtansprüche, welche die deutschen Kaiser aus
der Universalität ihrer Schutzherrschaft ableiteten, hatten auf Seite
der auswärtigen Nationen sehr bald die Ausbildung eines von
dem erobernden Volke sich unterscheidenden nationalen Bewußtseins
zur Folge. Am frühesten und stärksten machte sich dieses nationale
Empfinden in Italien geltend, weil dieses Land von den Heer=
zügen der Kaiser am meisten betroffen wurde. Von den Italienern
wurde der Name deutsch als Gesamtname für die ostfränkischen
Stämme zuerst angewandt und zwar begann derselbe gebräuchlich

---

[1]) R. 6, 2.

zu werden, kurz nachdem Otto I. mit seinen Heeren den italieni=
schen Boden zur Erwerbung der kaiserlichen Würde betreten hatte.
Von den Italienern nahmen die Deutschen diese Bezeichnung an
und wurden sich in ihrem gemeinsamen Namen ihrer Nationalität
bewußt. Um dieselbe Zeit begann man die westfränkischen Stämme
unter dem Namen der Franken, die slavischen Stämme unter dem der
Slaven zusammenzufassen[1]). Die Eroberungszüge der Kaiser erregten
dann in den sich ihrer nationalen Eigenart bewußt gewordenen
Völkern oft einen leidenschaftlichen Haß gegen ihre Eroberer. Bei
den Italienern äußerte sich ein solcher bereits zur Zeit Ottos III.
und verfolgte den letzteren bekanntlich über seinen Tod hinaus.
Mit der Ausdehnung der deutschen Herrschaft über das südliche
Italien zeigte sich auch hier dieselbe Erscheinung. Als Heinrich VI.
gestorben war, erzählte der Abt Otto von St. Blasien in seiner
Chronik, erwachte in den Völkern Apuliens, Calabriens und
Siziliens ein glühender Deutschenhaß, welcher sich sogar gegen
die vom heiligen Lande zurückkehrenden deutschen Kreuzfahrer aus=
ließ[2]). Aus dem Königreich Sizilien wurden die Deutschen sofort
nach dem Tode des Kaisers ausgewiesen. Dieser Haß gegen die
deutsche Herrschaft verbreitete sich mit dem gleichen Erfolge über
ganz Mittelitalien. Der Papst Innocenz III. stellte sich an die
Spitze der nationalen Bewegung. Während Kaiser Friedrich II.
in Palästina weilte und das Gerücht von dem Tode desselben
umging, dachte man in Apulien daran, die dort befindlichen, sowie
die vom heiligen Lande zurückkehrenden Deutschen zu überfallen
und zu ermorden[3]). Bei den Böhmen regte sich der nationale
Haß gegen die Fremdherrschaft zur Zeit Heinrichs IV., obwohl
der damalige Herzog beziehentlich König von Böhmen ein treuer
Bundesgenosse des Kaisers war. Bekanntlich hat diese nationale
Abneigung der Böhmen in der Chronik des böhmischen Historio=
graphen Cosmas, eines Zeitgenossen Heinrichs IV. und V., ihren

---

[1]) Vgl. Dümmler, Kaiser Otto der Große S. 560 ff.; Giesebr. T. 1,
S. 853 f.

[2]) M. G. SS. XX, c. 45 p. 328.

[3]) Chron. Ursperg. M. G. SS. XXIII, p. 383.

Niederschlag gefunden. Selbst in bem von ber beutschen Herrschaft
wenig berührten arelatischen Reiche, über welches bie Kaiser seit
Friedrich I. ihre Lehnshoheit aufs neue zu behaupten suchten,
machte sich eine starke Abneigung gegen bie Deutschen geltenb.
Die provencalischen Dichter Peire be la Caravane und Peire Vibal
sprachen bieselbe in Versen aus[1]). Die Franzosen waren wenigstens
eifersüchtig auf bie Machtstellung bes Reiches, wie ber Cistercienserabt Joachim von Calabrien gegen Enbe bes zwölften Jahrhunberts
in seiner Schrift über ben Propheten Jeremias bemerkte. „Frankreich", sagte er in bie Zukunft schauenb, „wirb bas Imperium
ber Deutschen als einen Stachel empfinden"[2]). Die Franzosen
äußerten biese nationale Eifersucht bamals im Lager von Affon
gegen bie bürftigen unb völlig ermatteten Reste bes nach bem Tobe
Friedrichs I. zurückkehrenden beutschen Kreuzzugheeres in wenig
edelmütiger Weise. Als bie Engländer infolge ber Gefangennahme
ihres Königs Richarb Löwenherz im Jahre 1192 unb ber an bie
Freigebung bes letzteren geknüpften Bebingungen bie kaiserlichen
Machtansprüche auch ihrerseits kennen lernten, äußerten auch sie
einen in biesem Falle allerbings erklärlichen Haß gegen bie Deutschen. „O ungeschlachtes Volk! o rohes Lanb! Von jeher hast
bu Männer von riesenhaften Körperkräften aufgezogen, aber feige
an Seelentugend! von Wuchs schlank, aber stumpf in ber Rechtlichkeit. Wenn Richarb von seinem kriegerischen Heere umringt
gewesen wäre — ba hättest bu nie gewagt, ihn im Kampfe zu
reizen," schrieb in patriotischem Ingrimm Raoul von Cogges-
hale[3]). Mit gleichem Hasse äußerte sich bei bieser Gelegenheit ber
Dekan Raoul von St. Paul in London über bie Deutschen, insbesondere bie Oesterreicher[4]). Auch konnte ber nationale Stolz
ber Engländer sich nicht barin finden, ben von Richarb geleisteten
Lehnseib anzuerkennen. Mit Hinweis auf bie Zwangslage bes
Königs wurbe bie Gültigkeit bes Eibes bestritten unb ber König

---

[1]) Vgl. Th. Toeche, Kaiser Heinrich VI. S. 288 f.
[2]) In Jeremiam proph. interpret. p. 46, Colon. 1577.
[3]) Th. Toeche, Kaiser Heinrich VI, S. 272 f.
[4]) Ebenba S. 260.

nach seiner Rückkehr veranlaßt, sich zum Zeichen der Nicht=
anerkennung desselben nochmals feierlich krönen zu lassen.

Diese nationalen Gegensätze vereitelten das Zustandekommen
der kaiserlichen Universalmonarchie, obwohl drei Jahrhunderte um
den Aufbau derselben gerungen wurde. Die Macht der Krone
blieb auf den Umkreis der angrenzenden Länder Italien, Burgund,
Dänemark, Polen, Böhmen und Ungarn beschränkt. Aber auch
innerhalb dieses verhältnismäßig engen Kreises hat sich die Au=
torität der Krone niemals dauernd und sicher behaupten können.
In Italien beschränkte sich dieselbe zunächst auf die nördlichen und
mittleren Provinzen mit Ausschluß der zum Patrimonium Petri
gehörigen Gebiete. Als später unter Heinrich VI. auch das süd=
liche Italien und Sizilien erworben wurde, löste sich der Norden
Italiens fast gänzlich von der kaiserlichen Lehnshoheit ab. Burgund
stand immer in einer nur losen und lange Zeit ganz unterbrochenen
Verbindung mit dem Reiche. Dänemark erkannte nur zeitweilig
die Lehnshoheit des Kaisers an, desgleichen Polen und Ungarn.
Nur Böhmen wurde dem Reiche enger verbunden, aber auch dies
gelang nur unter festgesetzten Schwankungen seiner Herzöge und
Könige. Nur ganz vorübergehend wurde dieser Umkreis der vom
Reiche lehnsabhängigen Länder unter den Staufern erweitert, als
Heinrich VI. den englischen König Richard Löwenherz zur Huldigung
zwang und als Friedrich I. die palästinensische Krone erwarb. Aber
die Lehnsabhängigkeit Englands hatte weder einen längeren Bestand
noch eine thatsächliche Bedeutung. Von der palästinensischen Krone
endlich blieb dem Kaiser nach wenigen Jahren nichts als ein
inhaltsloser Titel übrig.

Durch die ganze Geschichte des deutschen Kaisertums wogte
der Kampf zwischen der einheitlichen Staatsgewalt einerseits und
den territorialen Interessen der Fürsten sowie den nationalen
Gegensätzen der angrenzenden Völker andererseits. Jedes einzelne
Regiment endete mit einer größeren oder geringeren Verwirrung
aller bestehenden Ordnungen, und jedes neue Regiment mußte mit
der Herstellung der letzteren von vorn wieder beginnen. Die
Fürsten suchten auswärtige Verwicklungen des Reiches für ihre
Zwecke auszunutzen, oder die auswärtigen Nationen nahmen die

Gelegenheit innerer Streitigkeiten zum Abfalle vom Reiche wahr.
Wiederholt schlossen deutsche Fürsten mit auswärtigen Feinden ein
Bündnis zum gemeinsamen Angriff auf die Reichsgewalt. Der
Kampf gegen die äußeren Feinde hinderte die Kaiser, eine dauernde
feste Gestaltung der inneren Verhältnisse zu schaffen, indes der
Kampf mit den inneren Gegnern es ihnen unmöglich machte, die
erstrebte universale Machtstellung zu erreichen. Vergeblich mühten
sich die Könige ab, beides, die Weltherrschaft und ein festes
monarchisches Staatsregiment, zu begründen. Hatten sie zur Verwirklichung der ersteren günstige Erfolge errungen, so hatten sie
oder ihre nächsten Nachfolger hinsichtlich des letzteren schwere und
unwiederbringliche Verluste zu erleiden. Befanden sie sich mit
Heeresmacht im Süden des Reiches, so fielen die slavischen Völker
ab, waren sie im Osten, um die letzteren niederzuwerfen, so entbrannte der Aufruhr an den südlichen Marken oder im Inneren
des Reiches. Es war demnach nicht die einheitliche Staatsgewalt
des Kaisertums, sondern es waren vielmehr die territorialen Gewalten innerhalb der Nation, welche den letzten Gewinn aus der
Eroberungspolitik der christlichen Reichsidee davontrugen und in
den Kämpfen gegen die letztere erstarkten.

Das ursprüngliche Verhältnis der einheitlichen Staatsgewalt
zu den territorialen Mächten kehrte sich im Verlaufe dieser Kämpfe
vollständig um. Während das Königtum ursprünglich als eine
erbliche, nur beim Aussterben des regierenden Hauses erledigte
Würde angesehen war, wandelte die Reichsversammlung zu Forchheim dasselbe in ein reines Wahlkönigtum um. Andererseits wurde
die Lehnsaristokratie immer zahlreicher und mächtiger und die Erblichkeit der Lehen gesetzlich oder thatsächlich anerkannt. Um den
mächtigen Herzögen ein Gegengewicht entgegenstellen zu können,
erhoben die sächsischen Kaiser die Bischöfe des Reiches durch Verleihung von Gütern und Privilegien zu mächtigen Territorialherren.
Aus demselben Grunde begünstigte Kaiser Konrad II. das Aufkommen der kleineren Dynasten und Grafengeschlechter und erkannte
in Deutschland thatsächlich, in Italien aber im Jahre 1037 gesetzlich
die Erblichkeit der Lehen für die Vasallen der geistlichen und weltlichen Großen an. Durch diese Politik erlitt allerdings die Macht

der alten Herzöge eine wesentliche Einschränkung. Doch wurden
durch die letztere die partikularen Bestrebungen nicht überwunden,
sondern vielmehr lediglich vervielfältigt, so daß die Macht der
Krone keinen Vorteil aus dieser Lage erzielen konnte. Schließlich
wurde in den Kämpfen Heinrichs IV. mit der Kurie von Seiten
der Fürsten die Erblichkeit der Reichslehen gefordert und unter
den nachfolgenden Kaisern mit Erfolg behauptet. Die Entwicklung
der Lehnsverfassung endete dann in der Gesetzgebung Friedrichs II.,
welche die Fürsten als die Landesherren ihrer Territorien anerkannte.
Seitdem waren dann die Fürsten aus der lehnshoheitlichen Gewalt
der Krone fast völlig ausgeschieden, so daß die letztere aus dem
Reichsboden entwurzelt war. Eine Wiederherstellung der einheit=
lichen Staatsgewalt war nunmehr nur dadurch möglich, daß die
Krone die universale Eroberungspolitik des alten Kaisertums auf=
gab und sich durch den Erwerb eines territorialen Hausbesitzes
eine neue Grundlage ihrer Machtstellung zueignete, eine Wendung,
welche mit der Wahl des Habsburger Grafen Rudolf eintrat.

So befand sich das Kaisertum nach allen Seiten hin in einem
fortdauernden Widerstreite zwischen der universalen Machtidee der
kirchlichen Advokatie und den notwendigen und thatsächlichen Folgen
der letzteren. Nach allen Seiten hin erzielte es das Gegenteil des
von ihm erstrebten Ideales. Indem die Kaiser auf der einen Seite
die höchste Leitung des Gottesstaates für sich in Anspruch nahmen
und also die Ueberordnung des Staates über die Kirche vertraten,
verfolgten sie auf der anderen Seite unausgesetzt eine Politik,
welche die Trennung beider Gebiete und hiermit die Unterordnung
des Staates unter die Kirche zur Folge hatte. Während sie ferner
die Machtfülle der altrömischen Imperatoren forderten, begünstigten
sie thatsächlich die partikularen Machtbestrebungen der Fürsten
sowie den nationalen Selbständigkeitstrieb der angrenzenden Völker.
Im Widerstreite mit dem logischen Zwang ihrer eigenen Politik
zersplitterten Kaisertum und Nation ihre Kraft, indes die Kirche
in demselben Maße erstarkte und sich mehr und mehr vom Staate
ablöste. Der vergebliche Kampf um die universale Machtstellung
des Kaisertums und die durch denselben verursachte innere Zer=
splitterung des Staates auf der einen Seite, das Wachstum der

Kirche und die Ablösung der kirchlichen Verhältnisse aus ihrer weltlichen Gebundenheit auf der anderen Seite bildeten den Schwer= punkt der geschichtlichen Entwicklung von Otto I. bis Heinrich IV. Sobald aber die Kirche dieses Ziel erreicht hatte, erhob sie kraft ihres göttlichen Stellvertretungsamtes den Anspruch auf die Be= herrschung des weltlichen Staates und nahm das bisher von dem Kaisertum geführte weltherrschaftliche Imperium in ihren Besitz. Der Kampf des Kaisertums um den ihm von der Kirche streitig gemachten Besitz des Imperiums und der schließliche Verlust des letzteren sowie der staatlichen Einheit der Nation bildeten den Inhalt der Kaisergeschichte seit den Tagen Heinrichs IV. bis Friedrich II.

Die Geschichte des deutschen Kaisertums gliederte sich dem= nach in drei Perioden. In der ersten, welche bis zur Regierung Heinrichs IV. währte, behauptete das Kaisertum das Uebergewicht über Papsttum und Fürstentum. In der zweiten, mit Heinrich IV. beginnenden Periode trat die große, durch die kirchliche Politik des Kaisertums vorbereitete Wendung in der Stellung des letzteren zur Kirche und zu den Fürsten ein. Der zwischen der Krone und der vereinigten Macht der Kirche und des Fürstentums entbrennende Kampf endete mit der Niederlage der ersteren. Gegenüber der Kirche verlor das Kaisertum seine bisherige leitende Stellung. Galt bisher der Kaiser als das Oberhaupt der Christenheit, so trat von jetzt ab der Papst an die Stelle des ersteren. Dennoch wurden, wenngleich der Idee des Papsttums widerstreitend, Reich und Kirche als verschiedenartige, aber als gleichberechtigte Mächte anerkannt. Nicht geringer war der Verlust der Krone gegenüber den Fürsten. Während die Erblichkeit der ersteren ausdrücklich verneint wurde, mußte andererseits die Krone die Erblichkeit der Reichslehen gewähren. In der dritten, mit Philipp von Schwaben beginnenden Periode endlich wurde die übergeordnete Stellung der Kirche gegenüber dem Reiche, welche Gregor VII. bereits behauptet hatte, thatsächlich erreicht und die Krone des Reiches den Zwecken der Kirche entsprechend vergeben. Die Fürsten endlich wurden aus dem Lehnsverhältnisse zur Krone gelöst, indem sie als Landes= herren ihrer Territorien anerkannt wurden.

In Erfüllung ihrer Schutzpflicht gegenüber der Kirche be=
trachtete die Krone es zunächst als ihre Aufgabe, die letztere mit
Gütern und hoheitlichen Rechten in so verschwenderischer Fülle
auszustatten, daß die materielle und autoritative Machtstellung der
Kirche die des Kaisertums bald weit überragte. Die Ausstattung
der Kirche mit Gütern und Rechten, die Befestigung der päpst=
lichen Autorität, die Verfolgung der der letzteren widerstrebenden
Häretiker, die Missionierung nichtchristlicher Völkerschaften und die
Begründung neuer Bistümer und Klöster waren die hauptsächlichen
Gesichtspunkte der kaiserlichen Politik. Die Kaiser selber bezeich=
neten die materielle Ausstattung der Kirche wiederholt als die
Pflicht ihres Amtes. Mit dahin zielenden Erklärungen leitete
Otto I. Schenkungsurkunden für die Abteien St. Maximin, Essen
und das Marienstift in Aachen u. s. w. ein[1]). Heinrich II. be=
gründete eine Schenkung für das Florinsstift in Koblenz vom Jahre
1016 mit der Erklärung, daß ihm Gott das kaiserliche Amt zu
dem Zwecke verliehen habe, damit er für alle unterworfenen Völker,
namentlich aber für die Kirche Sorge tragen solle. Auch Heinrich III.
bezeichnete in einer Schenkungsurkunde für die Abtei St. Maximin
vom Jahre 1044 die Freigebigkeit gegen die Kirche als „eine Amts=
pflicht der königlichen Würde". Doch beschränkten sich insbesondere
die Ottonen nicht darauf, der Kirche aus dem Reichsgut einzelne
Höfe zu opfern, sie schenkten derselben ganze Gaue und Graf=
schaften. Indem sie zugleich diesen Güterbesitz von der staatlichen
Besteuerung und Jurisdiktion exrimierten und demselben eine eigene
Jurisdiktion, Zollfreiheit, das Münz= und Markt=Regal verliehen,
erhoben sie die Bischöfe zu den mächtigsten Fürsten des Reiches.
Papst Paschalis II. hat diese verschwenderische Freigebigkeit der
sächsischen Kaiser späterhin in der Urkunde vom Jahre 1111, in
welcher er dem Kaiser Heinrich V. das Investiturrecht bestätigte,
lobend anerkannt. „Denn Eure Vorfahren," schrieb er, „haben
die Kirchen ihres Reiches mit so bedeutenden königlichen Rechten

---

[1]) Vgl. beispielsweise die Schenkungsurkunden für die Abtei St. Maxi=
min in Trier vom Jahre 965, für die Abtei Essen vom Jahre 966, für das
Marienstift in Aachen vom Jahre 972.

ausgestattet, daß das Reich selber vor allen auf den Bischöfen und Aebten als seinen Stützen beruht" [1]).

Nicht minder als der materielle Güterbesitz wurde auch die moralische Autorität der Kirche durch die Politik der deutschen Schirmherrschaft an innerer Stärke und äußerem Umfang bedeutend vermehrt. Wie einst Karl der Große das Papsttum vor den Langobarden geschützt hatte, so befreite Otto I. dasselbe durch die Gefangennahme Berengars aufs neue von der Gefahr eines das Patrimonium Petri bedrohenden weltlichen Staates. Otto II. und Otto III. bändigten die römischen Adelsfaktionen, welche in gewaltthätiger Weise über den päpstlichen Stuhl verfügten und dem Ansehen des letzteren schweren Schaden verursachten. Den gefährlichsten Parteiführer Crescentius ließ Otto III. hinrichten. Er selber erhob zwei Bischöfe auf den päpstlichen Stuhl, welche von den Ideen Pseudoisidors erfüllt waren und die hierarchischen Lehren desselben unter dem Schutze des Kaisers innerhalb der Kirche mit rücksichtsloser Energie zur Geltung brachten. Auch Heinrich II. unterdrückte durch seine Kämpfe gegen Arduin die neuen Ansätze eines nationalen italischen Königreiches und befreite den Papst von den drohenden Gefahren der Griechenherrschaft. Nur das Schwert der deutschen Kaiser hat Rom und die Päpste vor der Unterwerfung unter die Herrschaft der Griechen und Sarazenen geschützt. Heinrich III. brachte in die völlig verworrenen Verhältnisse der römischen Kirche eine feste Ordnung zu einer Zeit, in welcher die Grafen von Tuskulum den päpstlichen Stuhl vergaben, und in welcher drei Päpste zugleich den Anspruch auf den letzteren erhoben, von denen der beste die päpstliche Würde gekauft hatte.

Wie auf die Stärkung der kirchlichen Autorität waren die Kaiser auch auf die Erweiterung des derselben zustehenden äußeren Machtgebietes bedacht, indem sie die Christianisierung heidnischer Völkerschaften veranlaßten und begünstigten. Die Kämpfe Ottos I. gegen die Dänen, Slaven und Ungarn wurden nicht minder für die Christianisierung derselben als für die Sicherung und Erwei-

---

[1]) M. G. ll. 2, 73.

terung der Reichsgrenzen geführt. Darum war es überall, wo er
in Feindesland festen Fuß gefaßt hatte, sein erster Gedanke, daselbst
Bistümer zu gründen, um die Missionierung des Landes zu beginnen. Die Unterwerfung jener Völkerstämme unter seine Gewalt
und die Bekehrung derselben zur kirchlichen Glaubenslehre waren
in seiner Politik unzertrennlich verbunden. Gegen die Dänen
gründete er die Bistümer Schleswig, Liesbag und Aarhus, welche
er dem Erzstifte Hamburg unterstellte, gegen die Slaven die Bistümer Brandenburg, Havelberg, Meißen, Merseburg, Olbenburg,
Posen und Zeit und stellte dieselben unter die Oberhoheit des
ebenfalls von ihm errichteten Erzstiftes Magdeburg. Otto II.
stiftete das Bistum Prag. Sein Sohn Otto III. gründete im
Jahre 1000 das Erzbistum Gnesen als Mittelpunkt der kirchlichen
Mission für Polen. In Krakau, Kolberg und Breslau ferner
errichtete er Bistümer, welche dem Gnesener Stuhle unterstellt
wurden. Mit großem Eifer setzte Heinrich II. im Jahre 1007
die Errichtung des Bistums Bamberg auf der Synode zu Frankfurt durch, welches gleichfalls als Stützpunkt für die Missionierung
der Slaven dienen sollte. Zahlreiche Klöster wurden von den
Kaisern und ihren Familien in allen Teilen des Reiches gegründet.
Konrad II. bereitete durch die Unterwerfung der Wenden den
Boden für die Christianisierung derselben.

Das Kaisertum entzog sich freilich selber durch diesen Eifer
für die Kirche, insbesondere durch die Verschleuderung des Reichs-
gutes an die letztere, die materielle Grundlage seiner Macht, indes
es die Kirche in demselben Verhältnisse an Macht und Ansehen
erhöhte. Es war demnach eine bittere Selbstironie, wenn die
Kaiser ihre Schenkungsurkunden wohl mit der Erklärung begrün-
beten, daß durch ihre Sorgfalt für die Kirche ihre eigene Macht
vermehrt worden sei. „Da wir erkannt haben, daß durch die
Gründung und Erneuerung der Kirchen Gottes seit den Zeiten
unserer Vorfahren der Könige und Kaiser die kaiserlichen Rechte
vermehrt sind", bemerkte Otto II. in einer Schenkung an das
Kloster Echternach vom Jahre 980 [1]). Und Konrad III. leitete

---

[1]) Mittelrhein. Urkunden Bd. 1 Nr. 253.

eine für das Bistum Havelberg ausgestellte Urkunde mit den
Worten ein: „Wenn wir die Kirchen Gottes fördern und die
frommen Gelübbe der Bischöfe und insbesondere unserer Gläubigen
unterstützen, so wird dies, wie wir hoffen, zur Vermehrung unserer
Herrschaft und zum Heil unserer Seele dienen"[1]). Solche oder
ähnliche Worte brauchten gelegentlich alle Kaiser und Könige in
ihren zahlreichen Schenkungen, selbst derjenige, welcher am meisten
die der Krone verderbliche Macht der Kirche zu fühlen hatte,
Heinrich IV.

Mit gleichem Ernste und Erfolge wie Besitz, Macht und Ansehen der Kirche förderten die Kaiser die auf die Besserung der
inneren Disciplin und sittlichen Zucht gerichteten Bestrebungen des
Klerus. Fast gleichzeitig mit der Erneuerung des Kaisertums vollzog sich in der Kirche eine innere Erneuerung, welche mit einer
stärkeren Anspannung der asketischen Sittlichkeit begann und
schließlich in den weltherrschaftlichen Plänen Gregors VII. ihr
Ziel fand. Dieselben Grundsätze, welche einst die karolingische
Gesetzgebung vorgezeichnet hatte, die Ausscheidung des Klerus aus
den bürgerlichen Lebensordnungen und den weltlichen Interessen-
kreisen, waren die leitenden Gedanken dieser seit der Mitte des
zehnten Jahrhunderts von dem Ordensklerus angeregten reformatorischen Bewegung. Die Kaiser haben dann, ihrer kirchlichen Be-
rufspflicht folgend, der letzteren ihre eifrigste Unterstützung verliehen.
Nur mit ihrer Hilfe wurde die siegreiche Durchführung derselben
überhaupt ermöglicht.

Der Hauptgegenstand dieser religiösen Bewegung war die
Verschärfung der asketischen Lebensregeln Benedikts, die Verschärfung der Fasten, Nachtwachen, der mit körperlichen Martern verbundenen Bußübungen, der gottesdienstlichen Verrichtungen und
der geistlichen Disziplin[2]). Die bisherige Lebensweise der Mönche
erschien dem asketischen Eifer der Reformpartei als eine arge Verweltlichung. In dem Leben des Abtes Johannes von Gorze heißt
es: „Es gab kein Kloster in allen Ländern diesseits der Alpen,

---

[1]) Mecklenburg. Urkundenb. Bd. 1 Nr. 52.
[2]) Vita Joh. Gorz. c. 19. M. G. IV. 342.

ja selbst kaum in Italien, in welchem die Ordensregel streng beob=
achtet worden wäre"[1]). „Die Sündhaftigkeit der Welt hatte fast
alle Klosterkonvente befleckt"[2]). Es waren zunächst die Klöster
Gorze in Lothringen und Cluny in Burgund, welche gegen diese
Verweltlichung des Mönchslebens einschritten und in ihrem Bereiche
die strenge Regel Benedikts einführten. Von diesen beiden Klöstern
aus teilte sich die religiöse Bewegung allmählich fast allen Klöstern
Frankreichs, Italiens und Deutschlands mit. Doch vollzog sich
diese Reform nicht ohne heftigen Widerspruch der betreffenden
Konvente, welche sich keineswegs gutwillig in die Strenge der
Ordensregel fügen wollten. Unter der thätigen und entscheiden=
den Beihilfe der Krone hingegen, welche den Widerstand der
Mönche bändigte, wurden die strengen Grundsätze der Neuerer
überall eingeführt. Insbesondere war es Heinrich II., der sich in
dieser Hinsicht den Dank der Kirche verdiente. Auf Veranlassung
Heinrichs wurden Reichenau, Fulda, Corvey und Memleben refor=
miert. Die Mönche der Abtei Corvey brachen aber in offene
Rebellion gegen den reformierenden Abt aus, so daß der Kaiser
sich gezwungen sah, siebzehn derselben einsperren zu lassen. Er
setzte sodann den bisherigen Abt ab und berief einen Mönch aus
dem Lorscher Kloster, der „die Irrtümer bessern und die Ver=
irrten vorsichtiger auf dem Pfade der heiligen Regel" gehen lehren
sollte[3]). Auch in Memleben mußte er Gewaltmaßregeln anwen=
den, um die Reform des Klosters durchzusetzen[4]). Von den
Klöstern übertrug sich der religiöse Eifer auf den Weltklerus,
welcher bis dahin gleichfalls keineswegs in apostolischer Weltent=
sagung lebte. Der nächstliegende Gegenstand dieser auf den Welt=
klerus sich erstreckenden Reform betraf die Priesterehe. Auch in
dieser Frage stellte die Krone ihre Machtmittel der Kirche zur Ver=
fügung. Nachdem Papst Benedikt VIII. auf der Synode zu Pavia

---

[1]) Mon. Germ. IV, p. 342, c. 20.
[2]) Ebenda K. 34.
[3]) Annal. Quedlinb. 1014 und 1015; vgl. Thietm. VII, c. 9.
[4]) Thietm. VII, c. 22.

im Jahre 1018 das Verbot der Priesterehe mit strengen Straf=
bestimmungen erneut hatte, ließ Heinrich II. im folgenden Jahre
jene Beschlüsse auf einer zu Goslar abgehaltenen Synode wieder=
holen und bestätigen. Auch Heinrich III. ließ es sich angelegen
sein, die Priesterehe zu verbieten.

Mit diesem, den Ordens= und Weltklerus aus allen welt=
lichen Beziehungen heraushebenden asketischen Reformbestrebungen
war der Umstand unvereinbar, daß in der Gestaltung der inneren
kirchlichen Verhältnisse von Laien ein maßgebender Einfluß geübt
wurde. Ein solcher Einfluß der Laien bestand insofern, als die
geistlichen Amtsstellen vom Pfarrer und Abt bis hinauf zum
Stuhle Petri vielfach durch Laien, oder wenigstens unter Mit=
wirkung solcher vergeben wurden. Die weltlichen Grundherren
pflegten die Geistlichen der innerhalb ihres Herrschaftsbezirkes ge=
legenen Pfarrkirchen und Klöster zu berufen. Das Oberhaupt des
Reiches ferner pflegte Päpste, Bischöfe und Aebte zu berufen oder
wenigstens die von Seiten des Klerus zu diesen höchsten Würden
der Kirche vorgenommenen Wahlen zu bestätigen. Da demnach
die Verfügung über die geistlichen Amtsstellen in beträchtlichem
Umfange in Laienhänden lag, so kam es vielfach vor, daß Geist=
liche sich durch Geldzahlungen in den Besitz geistlicher Aemter
setzen konnten. Kaiser Heinrich III. erklärte sogar, daß alle geist=
lichen Grade „vom obersten Bischof bis zum Thürhüter herab"
durch Käuflichkeit entwürdigt seien[1]). Diesen Aemterkauf hatte
die Kirche von jeher unter dem Namen der Simonie verboten,
ohne jedoch viel erreichen zu können. Indem aber jetzt die Krone
der Kurie ihren Beistand lieh, drangen die gegen die Simonie
ergriffenen Maßregeln ebenso siegreich durch, wie die Verbote der
Priesterehe. Kaiser Heinrich III. erklärte im Jahre 1047 auf
einer Synode zu Mainz die Simonie für immer abgeschafft und
verpflichtete sich selber eiblich zur strengen Beobachtung dieses
Verbots. Den um ihn versammelten Bischöfen hielt er über dieses
Kapitel eine Strafrede, in welcher er die Simonie als eine „fluch=

---

[1]) Rod. Glaber V, 5. M. G. VII, 71.

würdige Habsucht" bezeichnete und die Bischöfe durch die Strenge
seiner Worte in große Angst setzte [1]).

Dieser Eifer gegen den namentlich von Laien betriebenen
Verkauf geistlicher Aemter verallgemeinerte sich bald zu einem
Kampfe gegen die Vergebung geistlicher Aemter von Seiten der
Laien überhaupt, auch wenn dieselbe mit keinem Geldgeschäft ver=
bunden war. Mit dieser Wendung aber begann die kirchliche Re=
form ihre Spitze gegen die Krone selber zu richten, obwohl jene
an dieser bisher ihren besten Bundesgenossen gefunden hatte.
Schon eine Synode zu Seligenstadt vom Jahre 1022 bestimmte
ganz allgemein: „Kein Laie darf einem Priester eine Kirche über=
tragen ohne Zustimmung des Bischofs" [2]). In gleichem Sinne
erklärte sich eine Synode zu Bourges vom Jahre 1031, sowie die
lateranensische Synode vom Jahre 1059, letztere in ihrem sechsten
Kanon mit den Worten: „Kein Kleriker oder Presbyter darf von
einem Laien eine Kirche annehmen, weder umsonst noch um Geld" [3]).
Andere Synoden wiederholten das Verbot. Schon um diese Zeit
richtete die Abstoßung der Laien ihre Spitze gegen die staatliche
Gewalt. Der im Jahre 1048 von Heinrich III. auf den päpst=
lichen Stuhl berufene Leo IX. betrachtete sich auf die Anregung
des Subdiakons Hildebrand nicht eher als rechtmäßigen Papst,
als bis die kaiserliche Ernennung in der Zustimmung des Klerus
und Volkes von Rom eine nachträgliche Bestätigung gefunden
hatte. Eine offene Aussprache erhielt diese gegen den Einfluß des
Kaisertums auf die Besetzung der bischöflichen Stühle gerichtete
Bestrebung in einer Schrift des Kardinals Humbert „wider die
Simonisten", in welcher derselbe erklärte: „aller Simonie ist der
Abschied zu geben, selbst das Investieren mit Ring und Stab
durch Laienhände ist ein Greuel" [4]). Einen gesetzlichen Ausdruck
erlangte diese Auffassung dann auf der von Nikolaus II. berufenen

---

[1]) Rod. Glab. l. c.
[2]) Hefele, Konziliengeschichte Bd. 4 S. 641.
[3]) L. c. S. 760.
[4]) Martene et Durand. thesaur. novus anecd. V. Migne 143,
col. 1006.

lateranenfifchen Synode des Jahres 1059 und zwar zunächst in
betreff der Papstwahl. Seit Otto I. war die Befetzung des päpst=
lichen Stuhles zumeift in der Weife gefchehen, daß die Kaifer den
von Klerus und Volk in Rom gewählten Papst nachträglich be=
ftätigten, oder umgekehrt, daß die Kaifer den Papst ernannten
unter Vorbehalt der nachfolgenden Zuftimmung des Klerus und
Volkes von Rom. Auf der genannten Synode wurde jedoch die Papst=
wahl dem Kardinalkollegium übertragen. Das letztere follte nach
dem Willen der Synode die Wahl vornehmen „unter Wahrung der
unferem geliebteften Sohne Heinrich und allen feinen Nachfolgern,
welche vom heiligen Stuhle diefes Recht perfönlich erlangt haben,
gebührenden Ehre und Achtung" [1]). Die Wahrung des dem
Kaifer vorbehaltenen Rechtes beftand darin, daß demfelben die Be=
ftätigung zu der von dem Kardinalkollegium vollzogenen Wahl
verblieb. Das Volk und die weiteren Kreife des Klerus hatten
der Wahl durch Acclamation ihre Zuftimmung zu geben. Die
Wahlhandlung felber war den Laien und zwar dem Kaifer wie
dem Volke entzogen und beiden in verfchiedenen Formen nur eine
nachträgliche Beftätigung einer abgefchloffenen Thatfache belaffen
worden. Die Acclamation des Klerus und des Volkes war felbft=
verftändlich vollftändig gegenftandslos. Auch der dem Kaifer be=
laffene Konfens zu der gefchehenen Wahl war kaum mehr als ein
formeller Achtungsbeweis. Denn da derfelbe in jedem einzelnen
Falle dem Kaifer von Seiten des päpftlichen Stuhles perfönlich
verliehen fein mußte, fo erfchien er nicht als ein Recht der Krone,
fondern als ein Benefizium des päpftlichen Stuhles, welches zu
jeder Zeit ebenfowohl verweigert als verliehen werden konnte.
Ueber das Verhältnis des Kaifers zu den Bifchofswahlen wurde
von der Synode ein befonderer Kanon nicht aufgeftellt. Doch war
in dem erwähnten fechften Kanon, welcher die Annahme eines
kirchlichen Amtes aus Laienhand verbot, bereits die allgemeine
Beftimmung gegeben, aus welcher fich jeder Zeit die befondere
Anwendung auf den Kaifer machen ließ. So lag es alfo feit
der Synode des Jahres 1059 in der Hand des römifchen Papftes,

---

[1]) M. G. ll. II p. altera p. 178.

den letzten Rest der in der Besetzung der bischöflichen Stühle noch
erhaltenen Verbindung von Kirche und Staat in jedem Augen=
blicke zu beseitigen.

Dieses wenige Jahre später erfolgende Verbot der Laien=
investitur bildete den Wendepunkt in dem Verhältnisse zwischen
Kirche und Staat, indem mit demselben die erstrebte Trennung
beider Gebiete in die Herrschaft der ersteren über den letzteren
überging. Gregor VII. war es, der im Jahre 1075 endlich
jenes letzte Band zwischen Staat und Kirche zu lösen unternahm.
Das Verbot der Laieninvestitur war der Ausgangspunkt der welt=
bewegenden Politik dieses Papstes, welche Staat und Kirche in
Verwirrung stürzte, aber schließlich den Triumph der letzteren er=
zielte. Auf der Synode des Jahres 1075 richtete Gregor das
Verbot der Laieninvestitur, welches bisher nur den allgemeinen
Ausdruck Laien gebraucht hatte, ohne denselben näher zu bestimmen,
ausdrücklich gegen den König und die weltlichen Fürsten. Nach=
dem er in dem betreffenden Dekrete zunächst die Geistlichen, welche
ein Bistum oder eine Abtei aus der Hand eines Laien annehmen
würden, mit der Exkommunikation bedroht hatte, verbot er sodann
andererseits den Laien die Vergebung geistlicher Aemter unter An=
drohung derselben Strafe und zwar mit den Worten: „Wenn
irgend ein Kaiser, Herzog, Markgraf, Graf oder irgend eine welt=
liche Behörde oder Person sich unterfangen sollte, die Investitur
eines Bistums oder einer anderen kirchlichen Würde zu verleihen,
so soll derselbe der gleichen Strafe unterliegen.“ Indem Gregor
mit diesem Verbot die Trennung von Staat und Kirche vollendete,
nahm er zugleich eine richterliche Autorität über die staatlichen
Gewalten in Anspruch. Der letzte Schritt der Trennung beider
Gebiete war zugleich der erste Schritt zu dem Herrschaftsanspruch
der Kirche über den Staat. Die Binde= und Lösegewalt Petri
wurde nunmehr für die großen hierarchischen Zwecke der Kirche
dienstbar gemacht. Kraft dieser priesterlichen Vollmacht wurde die
weltliche Gewalt der Könige und Fürsten gebrochen und der Kirche
unterworfen. In seiner Eigenschaft als „der Knecht Gottes“ betrach=
tete sich Gregor als den Herrn über alle Gewalten des Erdkreises.
Die Knechtschaft gegenüber Gott war der Rechtstitel seiner welt=

herrschaftlichen Gewalt. „Gregor der Knecht Gottes," schrieb er an König Heinrich IV., „dem Könige Heinrich Gruß und apostolischen Segen für den Fall, daß er dem apostolischen Stuhle gehorcht." Auf Grund seiner priesterlichen Gewalt drohte Gregor schon in einer Encyklika an die französischen Bischöfe vom Jahre 1074 dem Könige Philipp von Frankreich, im Falle er sich nicht freihielt von dem Verkaufe geistlicher Aemter, sein Land mit dem Interbikte zu belegen und ihn selber der Herrschaft zu entsetzen. Nur wenige Jahre vergingen, bis das Verbot der Laieninvestitur auch auf das Kaisertum seine verhängnisvolle Anwendung finden sollte.

Zu keinem befriedigenderen Ergebnisse als gegenüber der Kirche führten die universalen Machtbestrebungen des Kaisers gegenüber den deutschen Fürsten wie den auswärtigen Nationen. Die nationalen Einigungsbestrebungen wurden fortgesetzt durch die auswärtige Eroberungspolitik und umgekehrt diese durch jene vereitelt. Die Teilung der karolingischen Universalmonarchie, insbesondere der Merseuer Teilungsvertrag vom Jahre 870 hatte mit der Einigung der ostfränkischen Stämme unter einer einheitlichen staatlichen Gewalt den ersten Anfang gemacht. Den Traditionen des karolingischen Hauses folgend, hielten die nach dem Aussterben des letzteren in Ostfranken aufgestellten Könige den Gedanken einer Einigung der deutschen Stämme unter ihrem Scepter als den Zielpunkt ihrer Politik fest. Den Kern des neuen nationalen Königtums bildeten zunächst die beiden Stämme der Franken und Sachsen. Die Einigung der letzteren entschied im Jahre 911 die Königswahl Konrads von Franken. Auf Franken und Sachsen blieb denn auch die Macht des neuen Königtums vorläufig beschränkt. Vergeblich mühte sich Konrad ab, seiner Herrschaft auch Lothringen, Bayern, und Schwaben zu unterwerfen. Aber schon Heinrich I. gelang es, dem Vorhaben Konrads näher zu kommen, wenngleich die Einigung der deutschen Stämme auch unter ihm nur eine sehr lose verblieb. Doch überragte bereits zu Heinrichs Zeit die Macht des Deutschen Reiches die aller anderen Reiche. Heinrich erweiterte die Grenzen seiner Herrschaft nach Osten hin gegen die Wenden, nach Norden hin gegen die Dänen, begründete die Lehnspflicht der böhmischen Herzöge und behauptete mit seinem neugeschaffenen Reiterheer die Macht des Reiches siegreich gegen die Ungarn. Noch immer beruhte freilich die Königsgewalt hauptsächlich auf den beiden Stämmen der Sachsen und Franken. Ein über den Herzog Arnulf von Bayern erhaltenes Bruchstück berichtet den Zug Heinrichs nach Bayern mit den Worten: „Er betrat in feindlicher Absicht das Reich der Bayern, in welchem doch seine Vorfahren auch nicht einen Fuß breit Landes besessen hatten." Das Mißschick, welches dann den König im Anfang traf, bezeichnet dasselbe als ein göttliches Strafgericht für den von ihm begangenen Friedensbruch [1]).

Wie einst Konrad I. und Heinrich I. wurde auch der Nachfolger des letzteren, Otto, der älteste Sohn Heinrichs, von Sachsen und Franken als König anerkannt. Doch machte sich der erweiterte Reichsverband bereits insofern geltend, als sich nachträglich die Herzöge und Großen der Bayern, Schwaben und Lothringer im Jahre 936 in Aachen zur Huldigung und Krönung des neu gewählten Königs einfanden. Dennoch wurde das Königtum noch keineswegs als eine alle Stämme einigende Staatsgewalt, sondern als eine Herrschaft des sächsischen Stammes über die anderen aufgefaßt. Zunächst waren die Sachsen selber dieser Meinung. „Die Sachsen," erzählt Wibukind in seinen sächsischen Geschichten, „unter der Regierung ihres Königs mit Ruhm bedeckt, hielten es für unwürdig, anderen Stämmen zu dienen und verschmähten es, die Aemter, welche sie besaßen, der Gunst irgend eines anderen als der des Königs zu verdanken" [2]). Als die Empörung gegen Otto überhand nahm, fielen viele von ihm ab „und es schwand," erzählt derselbe Annalist, „alle Hoffnung, daß die Sachsen noch ferner die Herrschaft würden behaupten können" [3]). Nicht minder als bei den Sachsen war diese Auffassung des Königtums bei den übrigen Stämmen vorherrschend. „Welch anderer Grund als unsere Uneinigkeit zwingt uns denn den Sachsen zu dienen," schrieb einst im Jahre 939 der lothringische Graf Immo dem Neffen des Herzogs

---

[1]) M. G. XVII, 570.
[2]) M. G. III, 439.
[3]) L. c. 445.

Giselbert von Lothringen. Die Worte waren von Immos Seite freilich nur eine List, um die unzuverlässigen Großen in seine Gewalt zu
bekommen. Die beiden Lothringer aber folgten den Worten, stellten
sich an dem verabredeten Orte der Zusammenkunft ein, um eine Verschwörung gegen den König zu planen und fielen so in die Hände
des verschlagenen Immo[1]). Sobald daher die durch die Erfolge
Heinrichs sehr erstarkte königliche Gewalt den Herzögen gegenüber
ihr Machtgebot geltend machte, erhoben die letzteren zur Verteidigung ihrer Selbständigkeit die Waffen gegen die erstere. Das
Regiment Ottos I. bildete daher gewissermaßen die Krisis der
nationalen Entwicklung, insofern es sich unter ihm darum handelte, ob die Krone sich in ihrer Eigenschaft als die einheitliche
nationale Staatsgewalt gegenüber den partikularen Abstrebungen
der Stämme würde behaupten können oder nicht. Die Regierung
Ottos war namentlich in den ersten beiden Jahrzehnten von dieser
Frage fast völlig in Anspruch genommen. Den Bestrebungen der
herzoglichen Gewalt entgegen, betrachtete Otto die letztere als eine
amtliche, der freien Verfügung der Krone unterstellte Würde, so
daß zwischen beiden Mächten alsbald ein weitverzweigter und
heftiger Streit entbrannte. Um die Abhängigkeit des Herzogtums
zu erwirken, erkannte er die Erbfolge des letzteren nicht an und
beschränkte er dort, wo ein Widerstand gegen die Krone ihm die
Veranlassung zum Eingriff gab, die bisherige Macht desselben.
Als ein Sohn des Bayernherzogs Arnulf sich nach dem Tode
des letzteren gegen die Krone erhob, belehnte Otto der Erbfolge
entgegen einen Bruder des verstorbenen Herzogs mit Bayern und
setzte dem neuen Herzoge den zweiten Sohn Arnulfs als Pfalzgrafen zur Seite, welchem das königliche Gericht und die Verwaltung der Krongüter übertragen wurden. Außerdem behielt er
das bisher dem Herzoge zustehende Recht der Besetzung der bischöflichen Stühle der Krone vor. Im Jahre 944 ferner verlieh er
Bayern mit Uebergehung eines unmündigen Sohnes des letzt-
verstorbenen Herzogs seinem Bruder Heinrich. In Franken setzte er
nach dem Tode des aufsässigen Herzogs Eberhard überhaupt keinen

---

[1]) L. c. 445.

Herzog ein, sondern verband das Land unmittelbar mit der Krone. Lothringen wurde in ein oberes und niederes Herzogtum geteilt, das letztere aber später mit der Krone vereinigt. Auch das Herzog= tum Sachsen wurde geteilt, indem Otto dem zum Herzog eingesetzten Hermann Billing nur die östlichen Gebiete desselben verlieh, die westlichen hingegen der Krone vorbehielt. Otto glaubte dadurch am schnellsten zum Ziele zu kommen, daß er zwischen seinem Hause und den herzoglichen Familien verwandtschaftliche Be= ziehungen anknüpfte oder die herzogliche Gewalt an Mitglieder seines Hauses verlieh, daß er ferner die Vorsicht brauchte, zu der herzoglichen Würde nicht eingeborene Große, sondern auswärtige Große zu berufen. Er hat dann freilich mit seiner Familienpolitik bekanntlich die bittersten Enttäuschungen zu erleben gehabt.

Nachdem Otto die Einigung der deutschen Stämme und die Unterordnung der herzoglichen Gewalt unter die Krone erreicht hatte und er seitdem der mächtigste Monarch des Abendlandes geworden war, verließ er den Boden der nationalen Politik, um sich, begeistert für die seine Zeit beherrschende religiöse Idee eines christlichen Weltreiches, die römische Kaiserwürde anzueignen. Die Erwerbung des durch Karl den Großen in die abendländische Christenheit eingeführten Kaisertums bildete die verhängnisvolle Wende in der Entwicklungsgeschichte des deutschen Königtums und der deutschen Nation, indem von jetzt ab die so glücklich be= gonnene Ausbildung der einheitlichen nationalen Staatsgewalt durch die auf die äußere Machterweiterung des Reiches gerichtete Politik der Krone dauernd gehemmt wurde. Schon der erste im Jahre 951 unternommene Römerzug Ottos hatte eine Fülle von Verwicklungen zur Folge, welche alle bisherigen Errungenschaften der Krone aufs neue in Frage stellten. Es bedurfte eines fast zehnjährigen Kampfes, um die Ordnung des Reiches und die Macht der Krone wieder in jenen Zustand zurückzuführen, in welchem sich dieselben vor dem Antritt des ersten Römerzuges befanden. Erst ein zweiter Zug setzte Otto in den Besitz der von ihm begehrten Kaiserwürde. Aber noch mehrere Male mußte er die Heeresmacht des Reiches aufbieten, nur um den Widerstand der Römer gegen den von ihm anerkannten Papst zu brechen, um also die Autorität derjenigen Macht zu sichern, welche sich späterhin als die Todfeindin der deutschen Reichsgewalt enthüllen sollte. Die ihn seit der Erneuerung des Kaisertums immer mehr in Anspruch nehmenden italienischen Verhältnisse und die durch die letzteren ihm erwachsenen schweren inneren Verwirrungen veranlaßten Otto sogar, von seinem ursprünglichen Grundsatze, die herzogliche Gewalt als ein der freien Verfügung der Krone unterstelltes Amt zu behandeln, mehr und mehr abzustehen. Wenn er auch die Erblichkeit der herzoglichen Würde nicht grundsätzlich anerkannte, so wich er doch in den späteren Jahren seiner Regierung nur im Falle eines offenen Treubruches von derselben ab. Die engere Verbindung, in welche ihn die Wiederaufrichtung des abendländischen Kaisertums mit dem römischen Stuhle führte, veranlaßte ihn hingegen, die Stütze seiner Gewalt hauptsächlich bei der Kirche zu suchen. Wie bis dahin die herzogliche Gewalt, so übertrug er jetzt die ersten Bischofssitze im Reiche mit Vorliebe an Mitglieder seiner Familie. Den Kölner Stuhl erhielt sein Bruder Bruno, den Mainzer sein Sohn Wilhelm, den Trierer ein Verwandter seines Hauses. Durch verschwenderische Schenkungen von Kronrechten und Gütern suchte er den Welt- und Ordensklerus an sich zu fesseln. Das durch die universale Machtpolitik des Kaisertums begünstigte Wachstum der territorialen und kirchlichen Gewalten, welches später in so verhängnisvoller Weise hervortreten sollte, führte also bereits auf die ersten Anfänge jener Politik zurück. Die zwischen der Krone und den Herzögen schwebenden Streitfragen wurden demnach durch Otto I. insofern zu Gunsten der ersteren entschieden, als die staatliche Einigung der sämtlichen Stämme unter der Gewalt der Krone dauernd festgestellt wurde. Die von Otto I. erstrebte Verwandlung der herzoglichen Würde in ein von der Krone abhängiges Amt wurde jedoch weder von ihm noch von seinen Nachfolgern erreicht. Ueberhaupt wurde der Umfang hoheitlicher Rechte, welche das deutsche Königtum den partikularen und territorialen Mächten gegenüber bis zu Otto I. errungen hatte, in der nachfolgenden Zeit nicht mehr erweitert, so daß die Krone hinsichtlich ihrer staatlichen Gewalt sich bereits damals auf dem Höhepunkte ihrer Entwicklung befand. Vielmehr konnten sich die

Nachfolger Ottos I. nicht einmal in dem vollen Befiße ber von dem letzteren errungenen Machtstellung behaupten. Nur Heinrich III. ist es noch einmal gelungen, die überragende Macht, welche Otto am Ende seiner Regierung den Großen des Reiches gegenüber innegehabt hatte, zurückzugewinnen. Dieser frühzeitige Abschluß der staatlichen Machtentwicklung des Königtums hatte seinen Grund in der von Otto eingeschlagenen auswärtigen Politik. Derselbe Monarch, der die staatliche Einigung der Nation so mächtig förderte, leitete burch die Verbindung des abenbländischen Kaisertums mit der beutschen Krone die Politik der letzteren in Unternehmungen, welche die Fortbildung jenes glücklichen Ansatzes mehr und mehr verhinderten. Denn seit jener Zeit wurde die innere staatliche Entwicklung der Nation fortgesetzt durch die von der universalen Idee des Kaisertums vorgeschriebene auswärtige Eroberungspolitik durchkreuzt.

Die Regierungen der Kaiser waren infolgedessen eine fast ununterbrochene Herresfahrt. Während Otto II. im Jahre 974 am Danewirk gegen die Dänen kämpfte, empörten sich im Osten die Herzöge von Polen und Böhmen. Nachbem er von Böhmen zurückgekehrt war, mußte er im Jahre 976 gegen zwei aufständische Grafen in Lothringen zu Felde ziehen. Noch ehe er diese vertrieben hatte, brach in Bayern oer Herzog Heinrich in Aufruhr gegen ihn aus. Als er in Bayern Ruhe gestiftet, mußte er den vertriebenen lothringischen Grafen ihr väterliches Erbe zurückgeben, um ein Bündnis derselben mit dem Könige von Frankreich zu verhüten. Während er zum zweiten Male gegen Böhmen kämpfte, stand auch Bayern zum zweiten Male in Aufruhr. Kaum war er hier fertig geworden, als der König Lothar von Frankreich im Jahre 978 in das Reich einfiel und ihn beinahe in Aachen gefangen nahm. Von der Westgrenze mußte der Kaiser nach der Ostgrenze gegen den Polenherzog Mieczislaw zu Felde ziehen. Eben hatte er hier die Ruhe hergestellt, als die Eroberungen der Araber unter dem Emir Abulkasem den Kaiser im Jahre 980 nach Italien riefen. Noch auf dem Marsche gegen die Araber aber mußte er zurückeilen, um einen Aufstand in den langobardischen Fürstentümern zu bämpfen. Als er im Jahre 982 von den Arabern eine schwere

Niederlage erlitten hatte, griffen im Norden die Dänen und Wen=
den zu den Waffen. Während der nach dem Tode Ottos II. ein=
gesetzten vormundschaftlichen Regierung entbrannte der Krieg an
allen Außenpunkten des Reiches; Dänen, Wenden, Böhmen und
Franzosen fielen in das Land ein. Die Herzöge, welche durch
Otto I. und II. mit großer Mühe der kaiserlichen Gewalt unter=
worfen waren, gewannen aufs neue eine unabhängige Stellung.
Während der jugendliche Otto III. in dem Kaiserpalast auf dem
Aventin in Rom über große weltherrschaftliche Probleme sann
und sich mit dem Hofceremoniell des alten römischen Imperatoren=
tums umgab, löste sich der Polenherzog Boleslaw aus der Vasallen=
pflicht des Reiches und erhob das Polenland zu einem unab=
hängigen nationalen Slavenstaat. Zu derselben Zeit gründete der
Magyarenhäuptling Waik unter dem christlichen Namen Stephan
das Königreich Ungarn. Während Otto in Italien um die Aner=
kennung der kaiserlichen Gewalt ringen mußte, regte sich unter den
deutschen Fürsten eine starke Abneigung gegen die römischen Herr=
schaftsideen des Kaisers. „Unsere Herzöge und Grafen schmiedeten
nicht ohne Mitwissen der Bischöfe viele Pläne gegen ihn, wozu sie
bei Herzog Heinrich, seinem nachmaligen Nachfolger um Hilfe an=
hielten," erzählte Bischof Thietmar von Merseburg [1]. Ueberall
brach Unfrieden aus. In der von Konstantin verfaßten Lebens=
beschreibung Adalberos II. von Metz heißt es [2]: „Otto (III.) ver=
brachte fast die ganze Zeit seines Lebens in der Stadt Rom, wes=
halb das Reich so in Verwirrung geriet, daß es selbst den Fürsten,
Bischöfen und Großen des Reiches kaum möglich war, in Sicherheit
zu leben" [3]. Nicht minder als den Deutschen war den Römern
die Politik des Kaisers verhaßt. Sie belagerten Otto III. auf dem
Aventin und erschlugen viele seiner Getreuen. Als er im Jahre
1002 gestorben war, mußte selbst der Leichnam des Kaisers auf
dem Wege von Paterno bis Verona sieben Tage lang gegen die
Italiener verteidigt werden. Otto III. war sich des Zusammen=

---

[1] L. IV, c. 30.
[2] K. 25.
[3] M, G. IV, p. 667.

hanges zwischen seinen universalen Herrschaftsideen und der Ent=
fremdung der deutschen Völkerschaften wohl bewußt, als er die
aufständischen Römer mit den Worten anredete: „Um euretwillen,
weil ich euch vor allen den Vorrang gab, habe ich aller Neid und
Haß gegen mich aufgeregt" [1]).

Während der Nachfolger Ottos, Heinrich II. in Deutschland
bei den einzelnen Fürsten und Stämmen auf Grund seines Erb=
rechtes um die Krone werben mußte, setzte sich Arduin von Ivrea
in Pavia die italienische Königskrone auf und riß der Pole
Boleslaw Polen und Böhmen vom Reiche ab. Als der König
im Jahre 1007 an der Westgrenze mit Balduin von Flandern
kämpfte, brach Boleslaw nochmals in das Reich ein. Nachdem er
den ersteren überwunden hatte und er dem letzteren entgegenziehen
wollte, erhoben sich im Inneren die Bischöfe von Trier und Metz
gegen ihn. Als er endlich im Jahre 1012 nach einer zweimaligen
Belagerung Metz eingenommen hatte, fiel der Pole aufs neue ins
Land. Die schweren, fortgesetzten Kämpfe gegen diese inneren und
äußeren Feinde des Reiches gaben Heinrich II. nicht die Möglich=
keit, die einheitliche Staatsgewalt im Inneren des Reiches fester zu
begründen. Vielmehr gab er den unter der Regierung Ottos III.
aufs neue erstarkten territorialen Mächten eine nachträgliche Be=
stätigung. Mit den Sachsen mußte er in förmliche Verhand=
lungen eintreten und denselben die Erhaltung ihrer Rechte aus=
drücklich zusagen, um von ihnen als König anerkannt zu werden [2]).
Den Bayern gestand er das Recht zu, ihren Herzog selbst zu
wählen und erklärte, dieses Recht nicht eigenmächtig aufheben zu
wollen [3]). In einem für Italien erlassenen Gesetze erklärte er,
das was die Würde des Reiches erheische, „nach erfolgter Geneh=
migung der ehrbaren Vasallen" seiner Herrschaft bestimmen zu
wollen [4]). Die Erblichkeit der Lehen wurde von ihm, wenn
auch nicht gesetzlich, so doch thatsächlich fast durchgehends aner=

---

[1]) Vita Bernwardi ep. c. 25.
[2]) Thietm. V, 9.
[3]) Thietm. V, 8.
[4]) Mon. G. II. 38.

kannt. Nach dem Tode Heinrichs waren alle Errungenschaften
der Reichsgewalt mit einem Schlage wieder zu nichte geworden.
Als Heinrich II. die Augen geschlossen hatte, erzählt der Biograph
seines Nachfolgers, „begann die öffentliche Ordnung zu wanken" —
„denn da der Kaiser, ohne Kinder zu hinterlassen, gestorben war,
so strebten die mächtigen Fürsten mehr mit Gewalt als durch
geistige Kraft nach der höchsten Würde oder einem Platze zunächst
derselben. Deshalb durchtobte Mord, Raub und Brand fast das
ganze Reich" [1]). Nachdem Konrad II. zum Nachfolger gewählt
war, bestätigte derselbe im Jahre 1025 ebenso wie einst Heinrich II.
die besonderen Rechte der Sachsen. Er mußte seine Regierung
damit beginnen, daß er dem Dänenkönig Knub die Mark Schleswig abtrat, um denselben als Verbündeten gegen den aufständischen
Polenkönig Minczislaw II. zu gewinnen. Während er im Jahre
1026 in Italien weilte, stand Lothringen im Aufruhr unter dem
fränkischen Konrad dem Jüngeren und überfiel Graf Welf das
Bistum Augsburg und Herzog Ernst, der Stiefsohn des Kaisers,
das Elsaß und Burgund. Nachdem Konrad im Jahre 1029 einen
fruchtlosen Vorstoß gegen den Polenkönig gemacht hatte, war er
im folgenden Jahre zu einem Zuge gegen den Ungarnkönig
Stephan gezwungen, der ebenso erfolglos blieb. Als er im Anfang der dreißiger Jahre um die burgundische Krone kämpfte,
fielen die Wenden in Sachsen ein. Nachdem er diese bezwungen,
mußte er im Jahre 1037 gegen den Erzbischof Aribert von Mailand zu Felde ziehen. Während er auf italienischem Boden vergeblich um die Herstellung der kaiserlichen Autorität rang, fiel der
Graf Odo von Champagne verheerend in Lothringen ein.

Wohl erzielte sein Nachfolger Heinrich III. große Erfolge
nach innen und außen. Er behauptete die Macht der Krone siegreich über die aufsässigen Fürsten wie über die feindlichen Mächte
an den Grenzen des Reiches. Das letztere umspannte mit den
in seinem Lehnsverbande stehenden auswärtigen Territorien ein
Gebiet, welches von der Nordsee, der Eider und Ostsee bis südlich
des Tiberstromes, von den Ardennen, der Maas, der Saone und

---

[1]) Wipon. Vit. Chuonr. c. 1. Mon. Germ. XI p. 256.

Rhone bis zur Ober, ben Karpathen, ber unteren Donau unb bem
Abriatifchen Meere reichte. Dänen unb Ungarn erkannten bie
Lehnshoheit bes Kaifers an. Aber nirgenbs konnte bas kaiferliche
Machtgebot eine bauernbe unb fichere Grunblage gewinnen. Nur
burch fortgefetzte Kämpfe konnte Heinrich feine Autorität erhalten, fo
baß bie letztere lebiglich burch feine augenblicklichen Erfolge bedingt
war. Die Regierung Heinrichs III. war barum nicht minder als
bie feiner Vorgänger eine faft ununterbrochene Kriegsfahrt. Als
Konrab II. eben geftorben war, machte ber Böhmenherzog Breti=
flaw ben Verfuch, Polen zu unterwerfen unb ein Böhmen unb
Polen umfaffenbes Slavenreich zu begrünben. Der Böhme be=
gann biefen Verfuch mit einem Raubzug in bas polnifche Gebiet.
Kurz barauf machte ber König Peter von Ungarn einen Einfall in
bie bayrifche Oftmark. Mit ber Aufgabe, gegen beibe Fürften zu
Felbe zu ziehen, begann bie Regierung Heinrichs III. Erft nach
zwei Felbzügen befiegte er bie Böhmen. Mit ben Ungarn ftanb
er faft fortgefetzt auf bem Kriegsfuße. Nachbem er biefelben im
Jahre 1044 bekriegt hatte, mußte er fofort gegen ben Herzog Gott=
frieb von Oberlothringen ziehen, ber fich mit bem Könige von
Frankreich unb einigen Großen Burgunbs gegen bas Reich er=
hoben hatte. Eben hatte er bie Empörung niebergeworfen, als er
burch einen Aufftanb ber Liutizen nach bem Often gerufen wurbe.
Während er einen neuen Krieg gegen bie Ungarn plante, zog ihn
eine neue Verfchwörung bes Grafen Gottfrieb von Oberlothringen
nach bem Weften. Sobalb Gottfrieb losfchlug, erhoben fich bie eben
gebänbigten italienifchen Großen, Waimar von Salerno unb bie
Grafen von Tusculum. Im Jahre 1051 erhob fich alsbann ber
Graf Lambert von Löwen. Kaum hatte ber Kaifer ihn bezwungen,
als Balbuin von Flanbern in feinem Rücken rebellierte. Aber
ber Kaifer hatte bereits einen neuen Kriegszug gegen ben König
Anbreas von Ungarn ins Auge gefaßt, fo baß er zur Rückkehr
keine Zeit fanb. Der ungünftige Ausgang bes ungarifchen Krieges
nötigte ihn im folgenben Jahre zu einem zweiten Zuge. Nachbem
auch biefer Zug zu keinem Ziele führte, erhoben fich Konrab von
Bayern unb Balbuin von Flanbern. Schließlich verbünbete fich
ber erftere mit bem König von Ungarn zu gemeinfamem Aufruhr

gegen den Kaiser. Während der letztere im Jahre 1055 in Italien weilte, planten mehrere deutsche Fürsten unter der Führung
des Bischofs Gebhard von Regensburg eine Verschwörung gegen
Heinrich, welche den Zweck hatte, denselben auf der Heimkehr zu
ermorden. Zugleich fielen die Wenden ins Reich und schlugen
eine ihnen entgegenrückende sächsische Truppe. Die Nachricht von
einem zweiten größeren Siege der Wenden traf den Kaiser wenige
Wochen vor seinem Tode. Die Eroberungszüge gegen die äußeren
Feinde hielten ihn ab, die inneren Verhältnisse zu ordnen, indes
die Aufstände der Fürsten das Gelingen der ersteren verhinderten.
Eine gesetzliche Ordnung der Reichsverfassung, eine dauernde Befestigung der königlichen Gewalt, sowie eine feste Begrenzung der
herzoglichen Gewalt hat deshalb auch Heinrich III. nicht zu schaffen
vermocht. Wohl hat er die Vererblichung der letzteren zu verhindern gewußt. Da er aber keine gesetzlichen Grundsätze über
den Umfang und Inhalt der territorialen Gewalten aufstellte, so
haben die von ihm erzielten Erfolge seine Lebenszeit nicht über-
dauert.

Die Regierung Heinrichs IV. bildete die Wende in der Ge-
schichte des deutschen Kaisertums, welche durch die Verflechtung der
asketisch-hierarchischen Zwecke der Kirche mit den territorialen
Interessen der Fürsten und Völkerschaften herbeigeführt wurde.
Das Kaisertum wurde durch das Zusammenwirken der Kirche und
der Fürsten in die zweite Stelle gerückt, indes das Papsttum die
Leitung des Gottesstaates übernahm. Als unter der Regierung
Heinrichs IV. die von dem Kaisertum bisher begünstigte kirchliche
Reform an dem Punkte angelangt war, an welchem die in der
Idee des Papsttums gelegene Unvereinbarkeit desselben mit den
Lebensbedingungen des weltlichen Staates offen zu Tage trat,
machte allerdings das Kaisertum in der Förderung jener Reform
Halt, obwohl das Verbot der Laieninvestitur nur die logische
Folgerung der letzteren und der bisherigen kaiserlichen Politik war.
Da die Aufhebung der Laieninvestitur hinsichtlich der bischöflichen
Stühle die Folge gehabt haben würde, daß die Weihe des von
den betreffenden geistlichen Korporationen Gewählten zugleich die
Einführung des letzteren in den Besitz der Regalien bewirkt und

demnach die Kirche den freien Besitz der mit der bischöflichen Kirche verbundenen Reichsgüter erlangt hätte, so nahm Heinrich IV. lediglich die Rechte des Reiches und der Krone wahr, wenn er dem Verbote der Laieninvestitur einen entschiedenen Widerspruch entgegensetzte. Der Kaiser ließ demnach das letztere unbeachtet, indem er die erledigten Bistümer Spoleto, Fermo und Mailand eigenmächtig vergab. Als dann Gregor den Kaiser deshalb zur Rechenschaft zog und mit der Exkommunikation drohte, falls er seinen Mahnungen nicht gehorche, ließ der letztere jenen im Jahre 1076 auf einer Synode zu Worms absetzen. Nunmehr machte Gregor aus seinen Drohungen Ernst, indem er kraft seiner gött= lichen Amtsgewalt den Kaiser bannte und seiner Herrschaft entsetzte. Kaiser und Papst hatten sich gegenseitig ihres Amtes entsetzt. Hiermit war also die Frage, welche sich aus dem Scheidungsprozeß von Staat und Kirche immer klarer entwickelt hatte, die Frage nämlich, welcher Macht in dem christlichen Gottesstaate die höchste Instanz gebühre, in äußerster Schärfe gestellt. Die Krisis der staatlichen und kirchlichen Entwicklung hatte ihren Höhepunkt erreicht. Jetzt war an Weltliche und Geistliche die Aufgabe getreten, sich über das Verhältnis beider Gewalten Rechenschaft zu geben und in dem Kampfe derselben eine feste Stellung zu nehmen. Es war ebensowohl religiöser Eifer, als das der einheitlichen Staatsgewalt widerstrebende Machtinteresse der Fürsten, welche diese Frage zur Entscheidung brachten.

Anfänglich, bevor der Bann über den König verhängt war, hatte der letztere die Mehrzahl der Fürsten und fast den ganzen Klerus in Deutschland und Italien auf seiner Seite. Von 26 Bischöfen war Gregor auf der Synode zu Worms gebannt und abgesetzt worden. Als aber die Bannbulle des Papstes gegen den König bekannt wurde, fielen die Anhänger desselben einer nach dem anderen ab, die Herzöge Rudolf von Schwaben, Welf von Bayern, Berthold von Kärnten, Otto von Nordheim u. s. w., desgleichen die Bischöfe von Mainz, Metz, Trier, Würzburg u. s. w. Der Zwang der religiösen Ideen Gregors wurde verstärkt durch das partikulare Sonderinteresse der Fürsten, insbesondere der sächsischen, welche diese Gelegenheit benutzen wollten, um unter

dem Schutze der Kirche die einheitliche Staatsgewalt des Königtums
zu brechen. Die zweite nach Worms berufene Synode, welche
nach dem Willen des Königs einen neuen Papst erwählen sollte,
konnte wegen des Abfalles der Fürsten und Bischöfe nicht zustandekommen und mußte nach Mainz vertagt werden. Aber auch hier
war die Zahl der Erschienenen so gering, daß der Zweck der
Synode, die Neuwahl eines Papstes, gar nicht verhandelt werden
konnte. Hingegen versammelten sich die geistlichen und weltlichen
Fürsten noch in demselben Jahre zu Tribur, um hier die Entscheidung über des Königs Sache dem Papste zu übertragen und
ihrem Könige das Gelöbnis aufzulegen, „dem römischen Papste in
allem unterwürfig und seinem Befehle gehorsam zu sein"[1]).
Binnen Jahresfrist, wurde beschlossen, habe der König sich vom
Banne zu lösen, widrigenfalls „er das Reich nicht wieder antreten
könne, da die Gesetze dieses für denjenigen, der über ein Jahr im
Banne sei, verbieten"[2]). Der König legte in der That auch das
geforderte Gelöbnis in einem Schreiben an den Papst mit den
Worten ab: „Durch den Rat unserer Getreuen veranlaßt, ver-
spreche ich dem apostolischen Stuhle und Dir, Papst Gregor, in allen
Dingen den schuldigen Gehorsam leisten zu wollen und für alle
bisherige Beeinträchtigung dieses Stuhles oder Deiner Ehre Genugthuung zu leisten"[3]). Der letzte Rest der beabsichtigten
Demütigung, welcher die deutsche Krone vollends in den Staub
werfen sollte vor der göttlichen Majestät des päpstlichen Stuhles,
die Forderung des Papstes nämlich, daß Heinrich die Reichs-
insignien ihm übergeben und sich selbst des Königtums für unwürdig erklären solle, wurde dem König nur durch die bringende
Bitte der königlichen Gesandten erspart. Aber im Schloßhofe von
Canossa mußte er drei Tage lang, barfuß im Schnee stehend, mit
dem Büßergewande bekleidet, den Papst um Mitleid anflehen, daß
alle Anwesenden zu Thränen gerührt wurden, wie Gregor selber
in einem Schreiben an die Deutschen vom Jahre 1077 bemerkte.

---

[1]) M. G. V. Lamb. Annales p. 254.
[2]) L. c.
[3]) M. G. II, p. 49.

Nachdem er endlich dem Papſte urkundlich gelobt hatte, ſich in betreff ſeines Verhältniſſes zu den deutſchen Biſchöfen und Fürſten dem päpſtlichen Schiedsſpruche zu unterwerfen[1]), wurde er wieder in die Gnade des römiſchen Papſtes aufgenommen. Als aber der König, angeregt durch die italiſchen Städte und Fürſten, welche im Gegenſatz zu den Deutſchen empört waren über die dem erſteren zugefügte Schmach, die Krone ſich wieder auffetzte, Regierungs= handlungen vornahm, noch ehe der Papſt und die deutſchen Fürſten ſich über ihn entſchieden hatten, und auf der nach Forchheim aus= geſchriebenen Verſammlung nicht erſchien, ſetzten die deutſchen Fürſten auf jener Verſammlung unter dem Vorſitze der päpſtlichen Legaten Heinrich ab und an ſeine Stelle Rudolf von Schwaben zum König ein. Zugleich beſchloſſen die Fürſten, die bisher üblich geweſene Erblichkeit der Krone ein für allemal abzuſchaffen. „Das Königtum,“ erklärten ſie, „ſoll nicht, wie es bisher Gewohnheit geweſen, durch Erblichkeit vom Vater auf den Sohn übergehen, vielmehr ſoll es in des Volkes Gewalt ſtehen, wenn der Sohn unwürdig iſt oder das Volk ihn nicht will, zum König zu erwählen, welchen es will“[2]). Vergeblich hatte der König die zu Tribur verſammelten Fürſten an die Ehre des Reiches gemahnt. Er hielt ihnen entgegen, daß ſie ſich ſelbſt entehrten, wenn ſie ihm die rechtmäßig übertragene Krone entzögen; vergeblich bat er ſie, doch nicht zuzugeben, „daß der in allen früheren Jahrhunderten un= angetaſtete und unbefleckte Glanz des deutſchen Reiches in ihrer Zeit durch den Makel eines ſo ſchändlichen Vorganges beſchmutzt werde“. Mit großer Offenheit erwiderten die Fürſten den Ge= ſandten des Königs, jetzt, „da der römiſche Biſchof unſere Treue, womit wir an ihn (d. h. an den König) durch viele Eide geknüpft waren, kraft ſeiner apoſtoliſchen Vollmacht gelöſt hat, da wäre es wahrlich die äußerſte Thorheit, die von Gott uns dargebotene Gelegenheit zur Rettung nicht mit beiden Händen zu ergreifen und zu ſo günſtiger Zeit das zu unterlaſſen, deſſen Ausführung

---

[1]) M. G. II. p. 50.
[2]) Bruno bell. Sax. c. 91.

schon so lange erwogen wurde"[1]). Auch die auswärtigen Fürsten
benutzten diese Gelegenheit der inneren Verwirrung, die ohnehin
so lose Abhängigkeit des Lehensverbandes vollständig zu lösen und
als souveräne Fürsten aufzutreten. Boleslav II. von Polen setzte
sich die Krone aufs Haupt und maßte sich königliche Rechte an,
„weil er," erzählte Lambert von Hersfeld, „sah, daß die
deutschen Fürsten, mit inneren Zwistigkeiten beschäftigt, nicht Zeit
hatten, auswärtige Völker zu bekriegen"[2]). Mit seiner Hilfe wurde
der Schwager Heinrichs, König Salomo, aus Ungarn vertrieben
und das letztere zu einem von der deutschen Krone unabhängigen
Königreich erhoben. Schließlich, im Jahre 1086 mußte Heinrich IV.
auch den Böhmenherzog Wratislaw wegen der ihm gegen seine
Feinde geleisteten Dienste als König anerkennen. Er befreite das
Reich desselben von allen Dienstleistungen bis auf die Pflicht, zu
jedem Römerzuge dreihundert Ritter zu stellen. Diejenigen deutschen
Fürsten, „denen die Würde des Reiches am Herzen lag," erkannten
auch sehr wohl, daß ihr gegenseitiger Haber die Ursache dieser
auswärtigen Verluste war[3]).

So war also über das Verhältnis von Staat und Kirche
endgültig entschieden. Der erstere war der letzteren unterworfen
und der Papst war von den weltlichen und geistlichen Fürsten
ausdrücklich als die höchste Instanz in dem Gottesstaate der christ=
lichen Völker anerkannt worden. Dem Papste war auf den Reichs=
tagen zu Tribur und Forchheim, wenn auch nicht grundsätzlich, so
doch thatsächlich, das Recht zugesprochen worden, über die weltliche
Macht des Staates nach seinem Willen zu verfügen, die Krone
zu geben und zu nehmen, wie es die göttlichen Zwecke der Kirche
am besten erfordern würden. Die übersinnlich=weltverneinende
Idee des christlichen Gottesstaates war mit dieser Wendung der
Dinge zum Durchbruch gelangt. Jene höchste Stellung in dem
Verbande des christlichen Gottesstaates, welche die Kaiser bis auf
Heinrich IV. eingenommen hatten, ließ sich von nun ab nicht mehr

---

[1]) Lamb. Hersf. Annal. M. G. V, p. 253.
[2]) M. G. V, p. 255.
[3]) M. G. V. p. 255.

behaupten. Wohl versuchte später noch Friedrich I. mit dem Hin=
weis auf die einst von Otto I. behauptete Machtstellung, dem von
den Kardinälen erwählten Papste nacheinander verschiedene Gegen=
päpste entgegenzustellen. Aber schließlich mußte er sich zur An=
erkennung des ursprünglich von ihm verworfenen Alexanders III.
bequemen. Im allgemeinen begnügten sich die Nachfolger Heinrichs IV.
damit, die Gleichberechtigung der weltlichen Staatsgewalt mit der
Kirche zu fordern, obwohl sie thatsächlich selbst diesen Standpunkt
nicht mehr behaupten konnten.

Die Niederlage der Krone war durch ein gemeinsames Bündnis
der Kirche mit den Fürsten und den aufständischen Sachsen erzielt
worden, so daß mit dem Siege der Kirche zugleich die territoriale
Macht des Fürstentums die einheitliche Staatsgewalt des König=
tums überwunden hatte.

---

2. Kaisertum und Papsttum im Kampfe um die Weltherrschaft.

Nachdem sich unter dem Nachfolger Heinrichs IV. der Kampf
zwischen der Staatsgewalt und der vereinigten Macht der Fürsten
und des Papstes um die Laieninvestitur noch Jahre lang fortge=
setzt hatte, wurde endlich über die so lang umstrittene Scheidungs=
linie zwischen beiden Gebieten ein Uebereinkommen gefunden. Das
Ergebnis des Haders war das Wormser Konkordat vom Jahre 1122.
Demselben zufolge verzichtete Heinrich V. auf die Investitur mit
Ring und Stab und erhielt an die Stelle derselben die Investitur
mit dem Scepter. Und zwar sollte er die letztere in den deutschen
Landen dem erwählten Bischof vor der Weihe, in den außer=
deutschen Ländern des Reiches aber, in Italien und Burgund,
nach der Weihe erteilen. Außerdem erhielt er das Recht, bei den
Bischofs= und Abtswahlen gegenwärtig zu sein und streitige Wahlen
im Einvernehmen mit dem Metropoliten und den Bischöfen der
Provinz durch sein Votum zu entscheiden. Hatte demnach die
Kirche auch von ihrer früheren Forderung Abstand nehmen müssen,

so war doch der Verlust des Reiches ein viel bedeutenderer, da das
Recht der Regalienverleihung einen sehr zweifelhaften Wert hatte.
　　Der Theorie nach würde freilich die Verweigerung der In=
vestitur von Seiten der Krone wenigstens innerhalb der deutschen
Reichsländer die Weihe des gewählten Bischofs unmöglich gemacht
haben, da hier ja die erstere der letzteren voraufgehen sollte.　In
der Praxis gestaltete sich dies freilich ganz anders, da die Kirche sich
in streitigen Fällen gar nicht gewillt zeigte, die Weihe von der Investi=
tur abhängig zu machen.　Als Friedrich I. dem im Jahre 1164
zum Erzbischof von Salzburg erwählten Bischof Konrad von Passau
wegen der Anhänglichkeit desselben an Alexander III. die Regalien
verweigerte, entstanden die schwersten Wirren und Kämpfe inner=
halb der Salzburger Diöcese.　Schließlich behauptete sich Konrad
dem Kaiser zum Trotz im Besitze der mit seiner Kirche verbunde=
nen Güter.　Der Nachfolger Konrads, Erzbischof Adalbert, eignete
sich gleichfalls die Regalien an, ohne die Belehnung vom Kaiser
empfangen zu haben.　Er gab dieselben freilich im Jahre 1169
dem Kaiser zurück und verließ das Erzstift.　Aber Friedrich mußte
mit Heeresmacht in das letztere einrücken, um diesen Erfolg zu
erzielen.　Doch kehrte Adalbert bald darauf, als der Kaiser sich
zurückgezogen, nach Salzburg zurück und versuchte sich aufs neue
in den Besitz der Regalien zu setzen.　Im Jahre 1174 wurde
Adalbert dann freilich auf dem Reichstage zu Regensburg abge=
setzt und an seiner Stelle der Propst Heinrich von Berchtesgaden
erwählt.　Doch waren sechs Jahre vergangen, ehe diese Entschei=
dung erreicht wurde.　Und schließlich wurde dieselbe ebenso sehr
durch das unkluge Verhalten Adalberts gegenüber dem Salzburger
Klerus als durch den Willen des Kaisers möglich gemacht.　Auch
der nach dem Tode Arnolds II. von Trier im Jahre 1183 ent=
standene Wahlstreit zwischen Rudolf von Wied und dem Archi=
diakon Volmar hatte sehr langwierige und ernste Verwicklungen
für den Kaiser zur Folge.　Volmar konnte zwar nicht in den
Besitz der Regalien gelangen.　Doch entstanden die Schwierigkeiten
dadurch, daß derselbe von Lucius III. in seiner geistlichen Würde
belassen und von Urban III. als rechtmäßiger Erzbischof bestätigt
wurde.　Erst im Jahre 1189 wurde der Wahlstreit von Clemens III.

durch die Absetzung Volmars erledigt. Aber der Kaiser konnte
dieses Zugeständnis des Papstes nur dadurch erwirken, daß er
auch seinen Kandidaten fallen ließ. Dennoch würde Friedrich
schwerlich auch unter dieser Bedingung zum Ziele gekommen sein,
wenn nicht die Notlage des heiligen Landes und der von ihm
beschlossene Kreuzzug den Papst Clemens III. zu besonderer Nach=
giebigkeit bewogen hätte. Auch Friedrich II. versuchte es im
Jahre 1225, von dem ihm zustehenden Bestätigungsrechte der
geistlichen Wahlen Gebrauch machend, mehreren vom Papste für
das Königreich Sizilien ernannten Bischöfen seine Anerkennung
zu versagen. Aber schon im folgenden Jahre sah er sich genötigt,
dem Papste nachzugeben und die Bischöfe zu investieren.

Noch viel weniger aber als eine Vorenthaltung der Regalien
war der Krone eine spätere Entziehung der letzteren möglich, da
die geistliche Amtsführung durch eine solche nicht im mindesten
beeinträchtigt werden konnte und der Bischof demnach in seiner
geistlichen Würde nach wie vor verblieb. Auch mußte der Rechts=
grund des Treubruches in der Regel hinfällig werden, da der
letztere durch die der Kirche zustehende Binde= und Lösegewalt ge=
rechtfertigt werden konnte. Uebrigens waren die Machtverhältnisse
des Staates nicht derart, daß er eine Beschlagnahme der Regalien
auf die Dauer behaupten konnte. Friedrich I. entzog allerdings
im Jahre 1154 dem Erzbischof Hartwich von Bremen und dem
Bischof Ubalrich von Halberstadt die Regalien, weil sie ihm auf
seiner Romfahrt keine Heeresfolge geleistet hatten. Er ließ dann
die Güter beider Bischöfe in Beschlag nehmen und die Einkünfte
derselben einziehen. Aber er vermochte dies doch nur deshalb
durchzusetzen, weil Herzog Heinrich der Löwe in eigenem Macht=
verhältnisse den Erzbischof bemütigte. Als der letztere den Herzog
wieder für sich gewann, wurde ihm auch die Gnade des Kaisers
wieder zu teil. Desgleichen verzieh der Kaiser um dieselbe Zeit
auch dem Bischof von Halberstadt. Beide Prälaten befanden sich
kaum länger als ein halbes Jahr in der Regaliensperre. Denn
wenn die letztere auch bereits im Jahre 1154 verhängt war, so
konnte sie doch erst nach der im Herbste 1155 erfolgten Rückkehr
des Kaisers ausgeführt werden. Ferner konnte auch die Investie=

rung eines der Kurie mißliebigen Bischofs von Seiten des Kaiser=
tums auf die Dauer nicht behauptet werden. Philipp von Schwaben
versuchte dies zwar mit dem Bischof Lupold von Worms, den er
nach der Wahl desselben zum Erzbischof von Mainz mit den Re=
galien belehnte. Nach seinem Siege über den Gegenkönig Otto IV.
mußte er sich aber, um die Anerkennung seines Königtums von
Innocenz III. zu erlangen, in die Absetzung des Erzbischofs fügen
und den vom Papste bestätigten Sigfried von Eppstein anerkennen.

Ein Recht aber, dessen Geltendmachung jedesmal solche Wirren
verursachte, einen solchen Aufwand von Mitteln erforderte und
schließlich doch fast niemals behauptet werden konnte, diente mehr
zur Schwächung als zur Stärkung der staatlichen Gewalt.

Außer der Kirche war auch das Herzogtum in den langen
Kämpfen um die Investitur wesentlich erstarkt, sowohl dadurch,
daß dasselbe die von ihm umschlossenen weltlichen Grafen und
Dynasten der unmittelbaren Verbindung mit der Krone zu ent=
ziehen und sich selber lehnspflichtig zu machen wußte, als auch
dadurch, daß dasselbe die bisher nicht bestehende Erblichkeit er=
langte. In den zum Reichsverbande gehörigen Ländern Italien
und Burgund war die Geltung der Krone gleichfalls gesunken.
In Italien hatten sich während der Kämpfe um die Investitur
die ersten Anfänge jener so mächtigen Stadtrepubliken gebildet,
welche aus dem Rahmen des Lehens= und Hofverbandes heraus=
drängten und bald als die Vertreter kommunaler Freiheit und
Selbstverwaltung zu den gefährlichsten Gegnern des Kaisertums
heranwuchsen. In Ungarn, Böhmen und Polen war der Einfluß
des letzteren fast gänzlich verloren gegangen. Das Ergebnis des
langen Haders zwischen Krone und Kirche war also eine beträcht=
liche Machtvermehrung der der ersteren feindlichen Gewalten der
Kirche, des Fürstentums wie der abhängigen Außenländer.

Mit der Beendigung des Kampfes um die Laieninvestitur
war jedoch der Zwiespalt zwischen Staat und Kirche keineswegs
endgültig beseitigt, da die Absichten der letzteren nicht mit der in
dem Wormser Konkordat vollzogenen Scheidung der weltlichen und
geistlichen Gewalt abschlossen, sondern auf die Beherrschung der
ersteren gerichtet waren. Demgemäß trat die Kirche von nun ab

als eine Mitbewerberin um das weltliche Imperium auf, indem
sie dem Kaisertum einen großen Teil des demselben lehenspflichtigen
Ländergebietes streitig machte und die Lehenshoheit über das letztere
für sich in Anspruch nahm. Der Kampf zwischen Kaisertum und
Papsttum nahm demnach späterhin eine viel größere Ausdehnung
an, als er anfänglich hatte. Er verschob sich mehr und mehr von
dem kirchlichen Gebiete auf das Gebiet der weltlichen Hoheitsrechte
und wurde zu einem Kampf um das Imperium. In der Haupt=
sache handelte es sich um den von beiden Seiten erstrebten Besitz
Italiens. Ueber das sizilianische Königreich nahm die Kurie seit
Gregor VII. die Lehenshoheit in Anspruch und den größeren Teil
Mittelitaliens betrachtete sie als Bestandteile des Patrimoniums
Petri. Wenn sie ferner auf Norditalien im allgemeinen auch für
sich keine weltlichen Hoheitsrechte in Anspruch nahm, so suchte sie
doch wenigstens einen sehr maßgebenden Einfluß auf die Politik
und Verwaltung der lombardischen Städte zu gewinnen. Eben
deshalb war sie von Anfang an bemüht, die kaiserlichen Hoheits=
rechte hier in sehr engen Grenzen gebunden zu halten. Freilich
beschränkte die Kurie ihre Machtansprüche keineswegs auf Italien.
Vielmehr war es ihre Absicht, ihre Gewalt über den Erdkreis
auszudehnen und dieselbe womöglich in der den staatsrechtlichen
Verhältnissen der Zeit entsprechenden Form der Lehenshoheit geltend
zu machen. Außer Sizilien erkannten ja auch eine Zeit lang die
Inseln Sardinien und Korsika, sowie die Reiche Portugal, Ara=
gonien und England die päpstliche Lehenshoheit an. Wenngleich
nun diese Bestrebungen der Kurie eigentlich in die Befugnisse des
Kaisertums eingriffen, insofern dem letzteren seiner Bestimmung
nach die Lehenshoheit über alle weltliche Gewalt gebührte, so wur=
den dieselben im allgemeinen doch kein Gegenstand des Streites
zwischen Kaisertum und Papsttum, da das erstere nicht einmal
die Machtmittel besaß, um die angrenzenden Staaten des Ostens
und Südens, Polen, Böhmen, Ungarn und Italien seinem Scepter
dauernd zu unterwerfen, und demnach an eine Erweiterung seines
Machtkreises nur in seltenen und schnell verfliegenden Augenblicken
denken konnte. Schließlich wurde von der Kirche behauptet, daß
das Reich selber ein päpstliches Lehen sei, eine Behauptung, welche

sowohl aus der allgemeinen göttlichen Statthalterschaft des Papst=
tums, als auch aus dem besonderen Pflichtverhältnis des Kaiser=
tums zur Kirche gefolgert wurde. Der Kardinal Roland, der
spätere Papst Alexander III., hatte diese Ansicht einst auf dem
Konzil zu Besançon im Jahre 1157 ausgesprochen. Der Papst
hatte dann freilich diese Behauptung zu mildern gesucht, indem er
das von dem Kardinal gebrauchte Wort Benefizium seinem ur=
sprünglichen Sinne nach auslegte. Da jedoch das Wort Benefizium
in dem Sinne von Wohlthat kaum ein geringeres Abhängigkeits=
verhältnis bezeichnen konnte, als in der dem Mittelalter geläufigen
Bedeutung von Lehen, so hatte jene Erklärung den Anspruch der
Kurie eigentlich in keiner Weise beseitigt. Innocenz III. erklärte
dann später, daß der Kaiser bei seiner Krönung vom Papste mit
dem Reiche investiert werde, eine Ausdrucksweise, welche zwar das
letztere nicht ausdrücklich als ein Lehen bezeichnete, jedenfalls aber
in diesem Sinne ausgelegt werden konnte[1]). Desgleichen erklärte
Gregor IX. dem Kaiser Friedrich II. im Jahre 1236, daß der
apostolische Stuhl dem Kaiser das Reich und die Gewalt des
Schwertes verleihe, ohne doch darum seine eigentliche hoheitliche
Gewalt im mindesten aufzugeben[2]), eine Auffassung, welche also
genau den Grundsätzen des Lehensrechtes entsprach. Auch dieser
Anspruch der Kurie hatte eigentlich mehr einen theoretischen als
einen praktischen Wert. An und für sich ist diese von Seiten der
Kurie dem Reiche gegenüber beanspruchte Lehenshoheit nicht die
Ursache dauernder und entscheidender Mißhelligkeiten gewesen. Viel=
mehr bildete von diesen verschiedenen weltlichen Machtfragen der
Besitz Italiens den eigentlichen und entscheidenden Streitpunkt in
allen Zerwürfnissen des Kaisertums mit dem Papsttum. Wohl
wurden manche Zwistigkeiten durch andere Streitfragen eingeleitet,
indem die Kurie den eigentlichen Grund ihrer dem Kaisertum
feindlichen Stellung durch die Aufwerfung anderer Fragen zu ver=
decken suchte. Aber schließlich zeigte sich doch immer, daß die

---

[1]) Registr. de negot. imp. in den Briefen Innocenz III. ed. Baluz.
nr. 29, p. 697.

[2]) Huill. Bréh. IV, 2, 922.

eigentliche Ursache des Habers auf jene Machtfrage, den Besitz
Italiens, zurückführte.

Im Zusammenhange mit dieser Politik stand die bald nach
Gregor VII. beim Amtsantritt eines Papstes aufkommende päpst=
liche Krönung. Der neu erwählte Papst, dessen Amtsantritt
bisher durch die Inthronisation gefeiert wurde, setzte sich jetzt eine
Krone aufs Haupt, „das Diadem des römischen Erdkreises", wie
Petrus Diakonus dieselbe bezeichnete[1]). „Einen kaiserlichen Schmuck"
nannte der Abt Suger die päpstliche Krone[2]). Die letztere wurde
ihrem Ursprunge nach auf das altrömische Kaisertum zurückgeführt.
Die päpstliche Krone sollte, wie man behauptete, dieselbe Krone
sein, welche einst Kaiser Konstantin dem Papste Silvester geschenkt
habe, eine Legende, welche dem politischen Gedanken des Papst=
tumes, daß ihm die weltbeherrschende Machtfülle der römischen
Imperatoren gebühre, Ausdruck verlieh.

Wie die Zwecke des Papsttums von nun ab um weltliche
Machtinteressen kreisten, so waren auch die Beweggründe, welche
es zur Erreichung der ersteren auf Seiten der anderen Mächte
gegen das Kaisertum wachrief, vorzugsweise weltlicher Natur. Den
deutschen Fürsten gegenüber war der Hinweis auf ihre von dem
Kaisertum gefährdete Freiheit ein insbesondere von Innocenz III.
beliebtes Kampfmittel. Die fremden Staaten machte es auf die
ihr Gebiet bedrohende Eroberungspolitik der Kaiser aufmerksam,
um sie den letzteren zu verfeinden. In Italien trat das Papsttum
wohl als Vorkämpfer der nationalen Freiheit gegen die deutsche
Fremdherrschaft auf. Das Papsttum, die deutschen Fürsten und
die auswärtigen, im Lehensverbande des Reiches stehenden Mächte
waren demnach von jetzt ab natürliche Bundesgenossen gegen die
deutsche Krone. Bis zum Untergange des mittelalterlichen Kaiser=
tums blieb diese unter Heinrich IV. geschlossene Bundesgenossen=
schaft mit nur kurzen Unterbrechungen bestehen. Die beiden ersteren
behaupteten indes hartnäckig, die Zerstörung des Reiches keines=
wegs zu beabsichtigen. Versicherten doch sogar Paschalis II. und

---

[1]) Chron. mon. Cass. IV, c. 64.
[2]) Vita Ludovic. VI, p. 318.

Innocenz III. die Rechte des Kaisertums nicht nur erhalten, son=
dern noch erhöhen zu wollen. Thatsächlich aber arbeiteten beide,
Päpste und Fürsten, fortgesetzt auf die Zerstörung der Reichsgewalt
hin. Durch die Kirche erhielten die gegen die Krone gerichteten
feindlichen Bestrebungen einen religiösen Rechtstitel. Der ver=
brecherische Charakter des Eidbruches wurde durch die Kirche weg=
geräumt, da sie kraft ihrer göttlichen Binde= und Lösegewalt jedes
Treuverhältnis lösen und den Bruch des Eides sogar für eine
Pflicht gegen Gott erklären konnte.

Unter dem Nachfolger Heinrichs V., Lothar von Supplin=
burg, trat allerdings die Kirche noch einmal in eine engere Ver=
bindung mit dem Kaisertum, da die Interessen beider für eine
Weile wieder zusammenfielen. In den Kämpfen Lothars mit den
Fürsten, insbesondere mit den Staufern Friedrich und Konrad von
Schwaben hielt sich die Kirche auf Seiten des Königs, weil der
letztere bereits als Herzog von Sachsen der treueste Bundesgenosse
der päpstlichen Partei gewesen war und sich auch fernerhin den
Forderungen der Kirche sehr willfährig erwies, während anderer=
seits dem Geschlecht der Staufer seit den Tagen Heinrichs IV.
der Ruf einer papstfeindlichen Gesinnung anhaftete. Papst
Honorius II. verhängte über den als Gegenkönig aufgestellten
Herzog Konrad den Bann. Mit Hilfe der klerikalen Partei konnte
Lothar denn auch nach innen wie nach außen nicht unerhebliche
Erfolge erringen. Doch bedurfte es jahrelanger Anstrengungen,
um den Herzog Friedrich zu überwinden, indes es der päpstlichen
Partei in Italien gelang, den anfangs erfolgreichen Konrad mehr
und mehr zu vereinzeln. Auch im Norden und Osten stellte Lothar
das Ansehen des Reiches wieder her. Der König von Dänemark,
die Herzöge von Polen und Böhmen, sowie der König von Ungarn
erkannten den Kaiser als ihren Lehnsherrn an. Der Herzog
von Böhmen leistete dem Kaiser wiederholt militärische Beihilfe
in den Kämpfen desselben gegen die Staufer. Auch hinsichtlich
seiner italienischen Politik fand Lothar im allgemeinen die Unter=
stützung der Kirche, aber nur deshalb, weil seine Waffen nicht nur
seine Feinde, sondern zugleich die des Papstes Innocenz II., den
Gegenpapst Anaklet und seinen Anhang bekämpften. Doch trat

bereits die von Gregor VII. eingeschlagene imperialistische Politik
der Kurie dem Könige entgegen, als der letztere Apulien für sich
in Anspruch nahm, indem Innocenz das Herzogtum als ein päpst=
liches Lehen bezeichnete. Beide einten sich schließlich dahin, den
Grafen Rainulf gemeinsam mit dem Herzogtum zu belehnen. Aber
die Erfolge Lothars waren ebensowenig von Dauer wie die seiner
Vorgänger. Das Einvernehmen zwischen Kirche und Reich hatte
nur einen sehr vorübergehenden Wert, da dasselbe nur auf einer
augenblicklichen, zum Teil sogar zufälligen Gemeinsamkeit der
beiderseitigen Interessen beruhte. Es war dem römischen Stuhle
bei seiner Verbindung mit Lothar nicht darum zu thun, die er=
schütterte Macht des Kaisertums wiederherzustellen, sondern viel=
mehr nur darum, mit Hilfe des letzteren die Zwietracht innerhalb
der Kirche zu beseitigen. Als Innocenz seinen Zweck erreicht und
an der Wahrung der kaiserlichen Macht kein Interesse mehr hatte,
löste sich die mit der letzteren geschlossene Verbindung schnell wieder
auf. Daher gingen die Errungenschaften Lothars sofort wieder
verloren, als er den italischen Boden verlassen hatte. Innocenz
beachtete die von Lothar erhobenen Ansprüche auf Apulien nicht
weiter, nachdem Herzog Rainulf plötzlich verstarb. Noch einige
Monate vor dem Tode Lothars belehnte er aus eigener Macht=
vollkommenheit den König Roger mit Sicilien, Apulien und Capua.

Eine ähnliche Verbindung zwischen der Krone und der Kirche
wiederholte sich unter Konrad III. Doch entstand dieselbe keines=
wegs aus dem Grunde, um die Macht der ersteren zu verstärken,
sondern vielmehr in der entgegengesetzten Absicht. Nur weil die
päpstliche Partei von dem von Lothar zum Nachfolger auserlesenen
mächtigen Herzog Heinrich dem Stolzen ein ihrer Politik gefährliches
Erstarken der Krone befürchtete, erhob sie nicht diesen, sondern
den Staufer Konrad III., den ehemaligen Gegenkönig Lothars, auf
den Thron. Daher kam diese Verbindung der Kurie mit der
Krone denn auch nicht der letzteren, sondern der ersteren, sowie
den partikularen Interessen der Fürsten zu gut. Kurze Zeit nach
der Wahl Konrads war das Reich im Norden und Süden von
Krieg erfüllt, der seinen Mittelpunkt in dem Kampfe des Staufers
mit dem Welfenherzog Heinrich hatte. Da aber die Interessen

der Kirche in diesen Streitigkeiten wenig in Frage kamen, so fand die letztere auch keine Veranlassung, ihre Autorität entschieden zu gunsten der königlichen Gewalt gelten zu machen. Auch war die Autorität der Kirche keineswegs stark genug, um die partikularen Interessen der Fürsten überwinden zu können. Daher war Konrad nicht im stande, die Macht der Welfen und ihres Anhanges zu brechen. Vielmehr sah sich derselbe in dem im Jahre 1142 geschlossenen Friedensvertrage mit den Sachsen genötigt, die Erbfolge des Sohnes des Herzogs Heinrichs des Stolzen in Sachsen anzuerkennen, obwohl die Verneinung derselben die Ursache seines Zerwürfnisses gewesen war. Auch die Erbfolge des Herzogs in Baiern wurde, wenn auch nicht anerkannt, so doch nicht mehr bestritten. Desgleichen wurde die Erbfolge des Sohnes Herzogs Gottfried von Niederlothringen vom Könige bestätigt, so daß demnach die viel umstrittene Erblichkeit der herzoglichen Würde aufs neue eine wiederholte Anerkennung von Seiten der Krone erlangte. Die Macht des welfischen Hauses war bei dem Tode Konrads ebenso groß wie beim Antritt seiner Regierung. Heinrich der Löwe behauptete sich, als Konrad starb, ebenso in dem Besitze der beiden Herzogtümer Sachsen und Baiern, wie einst sein Vater Heinrich der Stolze. Der König hatte an diesem Machtbesitze der Welfen trotz seiner fortgesetzten Bemühungen nichts zu ändern vermocht. Die Umtriebe des welfischen Hauses nahmen den König so sehr in Anspruch, daß er die wiederholt beabsichtigte Romfahrt nicht bewerkstelligen konnte. Nur diese Machtlosigkeit der Krone hatte einen Bruch Konrads mit der Kirche, zu welchem die Absichten desselben gegen König Roger von Sicilien wahrscheinlich geführt haben würden, verhindert. Der römische Stuhl gewann demnach aus der Wahl des wenig mächtigen Staufers jedenfalls soviel, daß die von ihm beanspruchte Lehnshoheit über den König von Sicilien nicht in Frage gezogen wurde. Der stets unsichere Einfluß des Reiches im Osten ging unter der von inneren Kämpfen erfüllten Herrschaft Konrads III. fast gänzlich verloren. Während der letztere im Jahre 1146 einen erfolglosen Feldzug gegen den Polenherzog Boleslaw unternahm, fiel der Ungarnkönig Geisa in das Reich und schlug den Herzog Heinrich von Baiern in einer blutigen Schlacht. Das Ergebnis der Regierung Konrads war ein günstiges für die Kirche,. das Fürstentum und die lehns= abhängigen auswärtigen Reiche, nicht aber für die Krone.

Diese Zeit des Friedens mit dem Papsttum war nur da= durch möglich gewesen, daß Lothar und Konrad nach den ver= heerenden Kämpfen des Investiturstreites viel zu machtlos waren, um den großen Zielen des Kaisertums mit Kraft und Erfolg wieder nachgehen zu können. Konrad hatte es nicht einmal er= möglichen können, sich in Rom die Kaiserwürde zu holen. Sobald aber das Königtum nach der Beruhigung des kirchlichen Habers wieder breiteren Boden gewonnen hatte und die folgenden Könige nunmehr die welterobernde Politik des Kaisertums wieder auf= nahmen, wurde das letztere aufs neue mit seinen bisherigen Gegnern in heftige Kämpfe verwickelt. Zu diesen Gegnern gesellte sich ein neuer, der noch gefährlicher war als die früheren, der lombardische Städtebund. Kein Königsgeschlecht hat die schicksals= volle, in der Idee des christlichen Gottesstaates gegebene Erobe= rungspolitik mit solchem Eifer verfolgt, wie das staufische Haus seit den Tagen Friedrichs I. Die Politik der Staufer war seitdem in solchem Maße von diesem Gedanken beherrscht, daß sie die erste Voraussetzung derselben, die innere Festigung der königlichen Gewalt in den deutschen Reichslanden, weit mehr als ihre Vor= gänger vernachläßigten. Der Widerstand, den die älteren Kaiser der Vererblichung der Reichslehen entgegengesetzt hatten, wurde von den Staufern völlig aufgegeben, da das Interesse der letzteren lediglich von der äußeren Machterweiterung des Reiches in An= spruch genommen war. Um diesen Zweck zu erreichen, waren sie sogar bereit, die Erblichkeit der Reichslehen im weitesten Umfange zu gewähren. Die Periode des staufischen Hauses bildete darum den eigentlichen Höhepunkt des mittelalterlichen Kaisertums, inso= fern der ursprüngliche Berufszweck desselben, das allgemeine Im= perium, in ihr sein höchstes Maß erreichte. Der Schauplatz der kaiserlichen Politik erweiterte sich aufs neue bis nach Burgund im Westen, das Königreich Sicilien im Süden und selbst über das mittelländische Meer hinaus bis zu dem Sitze des oströmischen Kaisertums und zu den christlichen Reichen Palästinas. Italien aber, das klassische Land des weltbeherrschenden Imperiums, wurde der Mittelpunkt der staufischen Politik. Daher machte sich denn auch die zersetzende Wirkung der kaiserlichen Eroberungspolitik unter den Staufern am meisten geltend. Denn die Steigerung der imperialistischen Machtansprüche rief auch auf Seiten der Gegner eine Verstärkung des Widerstandes hervor. Wie jene so erreichte auch dieser unter den Staufern seine höchste Spannung. Mit gesammelter Kraft suchten die Kirche, die Fürsten und die lombar= dischen Städte die Macht der Reichsgewalt zu zertrümmern. Da= her geschah es denn, daß das Kaisertum in dem kurzen Zeitraume des staufischen Regimentes vollends abwirtschaftete, daß dasselbe mehr und mehr die Grundlagen seiner Macht verlor und schließ= lich fast mitten in der scheinbar glänzendsten Entfaltung seiner Weltstellung machtlos zusammenbrach.

Aus der Vorstellung, daß die deutschen Kaiser die Nachfolger der altrömischen seien, zog Friedrich I. die Schlußfolgerung, daß ihm auch die ganze innere Machtfülle des römischen Imperiums gebühre. Auf dem ronkalischen Reichstage des Jahres 1158 war es, wo der Umfang der kaiserlichen Hoheitsrechte aus dem justi= nianeischen Satz hergeleitet wurde: „Was der Fürst für gut be= findet, hat Gesetzes Kraft, da das Volk ihm und auf ihn alle Herrschaft und Gewalt übertragen hat" [1]). Diesem Zurückgreifen Friedrichs auf die imperialistischen Rechtsbegriffe des Römertums war es entsprechend, daß auch die Politik desselben ihren Schwer= punkt auf dem heimatlichen Boden des antiken Römertums suchte. Die ganze Politik Friedrichs bewegte sich eigentlich um den Ge= danken, Italien, insbesondere die lombardischen Städte seinem Machtgebote zu unterwerfen. Wohl spannten sich seine Gedanken weit über das Mittelmeer aus. Nach dem Siege über Mailand war er entschlossen, „die Macht des römischen Reiches nicht nur über das Festland, sondern auch auf dem Meere" auszubreiten. Er gedachte dabei zunächst der Inseln Sardinien und Corsica, sowie des Königreichs Sicilien, welche er seiner Herrschaft zu unter= werfen beabsichtigte. Vielleicht auch dachte er damals bereits daran,

---

[1]) Instit. I, 2, 6.

feine kaiſerliche Schirmherrſchaft über Griechenland und die von
den Saraʒenen gefährdeten paläſtinenſiſchen Reiche auszudehnen.
Jedenfalls hat er ſich mit dieſem Gedanken auf dem gegen Ende
ſeines Lebens unternommenen Kreuʒʒuge ernſtlich beſchäftigt. „Wenn
es nicht, ſchrieb er von Philippopolis aus ſeinem Sohne Heinrich,
gegen den Frieden und ein Hindernis der Pilgerfahrt geweſen
wäre, würden wir ſchon das ganʒe griechiſche Reich bis ʒu den
Mauern von Konſtantinopel unterworfen haben"[1]). Karl der
Große, welcher den Machtbeſiʒ des antiken Imperiums am meiſten
erreicht hatte, war das Vorbild Friedrichs. Die Vorliebe für den
gewaltigen Frankenkönig veranlaßte Friedrich im Jahre 1165 die
Heiligſprechung desſelben ʒu erwirken. Aber die Mißerfolge, welche
Friedrich ſpäter ʒu erleiden hatte, hielten ſeine Pläne in engeren
Grenʒen gebunden. Der hauptſächliche Schauplaʒ ſeiner Thaten
blieb das norditaliſche Gebiet. Die italieniſche Politik hielt ihn
ſo ſehr gebunden, daß er die Unterwerfung der oſtelbiſchen Slaven
dem Herʒog Heinrich dem Löwen unterlaſſen mußte und keine Mög=
lichkeit fand, ſeine vor dem Dänenkönige Knut VI. beſtrittene
Lehnshoheit wieder geltend ʒu machen. Doch ſelbſt in dieſer engen
Umgrenʒung ſtellten ſich ſeiner imperialiſtiſchen Politik unüber=
windliche Schwierigkeiten entgegen. Zunächſt überwarf dieſelbe
den Kaiſer mit dem Papſttume. Die treibenden Urſachen des
Zerwürfniſſes ʒwiſchen der ſtaatlichen und kirchlichen Gewalt waren
jeʒt im allgemeinen anderer Natur als ʒur Zeit Heinrichs V. und
Gregors VII. Wenn auch die rein kirchlichen Differenʒen ſich
noch vielfach wiederholten, ſo lag doch das entſcheidende Gewicht
der Streitfragen jeʒt nicht mehr auf dem kanoniſch rechtlichen Ge=
biete der Laieninveſtitur, ſondern auf dem Gebiete der mit dem
kaiſerlichen Imperium in Wettbewerb tretenden weltherrſchaftlichen
Machtanſprüche der Kurie. Es handelte ſich jeʒt nicht mehr um
die ſogenannte Befreiung der Kirche vom Staate wie ʒu Beginn
des Inveſtiturſtreites, ſondern vor allem um die Ausdehnung des
weltlichen Machtgebotes der Kirche. Die leʒtere wirkte dem einſt=
mals von ihr ſelbſt ins Leben ʒurückgerufenen Kaiſertum entgegen,

---

[1]) Böhmer, acta imperii 162.

weil sie von jetzt an das universale Machtgebot desselben für sich selber in Anspruch nahm. Da nun die Herstellung eines einheit= lichen Weltregimentes der Berufszweck des Kaisertums war, so wurde demnach die Existenzberechtigung desselben von Seiten der Kirche, wenn auch nicht theoretisch, so doch thatsächlich verneint.

Zunächst war es Alexander III. freilich nur um die Behaup= tung seiner von Friedrich bestrittenen päpstlichen Würde zu thun. Aber die Wahrung dieses Interesses führte ihn auf die Seite der= jenigen Mächte, welche die heftigsten Gegner der imperialistischen Politik Friedrichs waren. Alexander wurde der Verbündete des Königs von Sicilien, der lombardischen Städte und des griechischen Kaisers, so daß er infolgedessen den Herrschaftsansprüchen des Kaisers über Italien mit demselben Eifer wie diese entgegenwirkte. Wiederholt erklärte der Papst den Abgesandten des Kaisers, einen Frieden mit dem letzteren nur unter der Bedingung eingehen zu wollen, daß auch mit den Lombarden, dem Könige von Sicilien und dem griechischen Kaiser Friede geschlossen würde. Die grego= rianischen Ansichten Alexanders, welche der letztere einst als Kar= dinal Roland im Jahre 1157 auf dem Reichstage zu Besancon offen ausgesprochen hatte, waren überhaupt nur die Ursache ge= wesen, welche den Kaiser veranlaßte, die Anerkennung desselben so beharrlich zu verweigern. Kirchliche Fragen bildeten auch den Ausgang des Zerwürfnisses Friedrichs mit den Nachfolgern Ale= xanders, den Päpsten Lucius III. und Urban III., der trierische Wahlstreit zwischen Rudolf von Wied und dem Archidiakon Folmar, sowie das von dem Kaiser nach dem Tode des Erzbischofs Arnold von Trier geltend gemachte Spolienrecht. Aber die Verlobung König Heinrichs mit der Tochter des Königs von Sicilien, welche eine dem Papsttume gefährliche Machtvermehrung des staufischen Hauses befürchten ließ, sowie die Besetzung des Mathildischen Erb= gutes von Seiten des Kaisers waren die eigentlichen Gründe, welche die genannten Päpste, insbesondere Urban III. zu neuen Zwistig= keiten mit der Krone veranlaßten.

Der mächtigste Gegner der Eroberungspolitik Friedrichs waren die lombardischen Städte. Die Bekämpfung der letzteren nahm die Kraft des Reiches so sehr in Anspruch, daß die weltumspannenden

Pläne des Kaisers an den Mauern derselben ihre Grenze fanden.
Um aber die gegen das Papsttum wie gegen den lombardischen
Bund gerichteten Pläne auszuführen, mußte Friedrich den deutschen Fürsten, insbesondere dem mächtigsten derselben, dem Herzog
Heinrich dem Löwen weitgehende Zugeständnisse machen. In die
inneren Verhältnisse des Reiches umgestaltend einzugreifen und die
partikularen Gewalten in eine strengere Abhängigkeit von der
Krone zu zwingen, war gar nicht die Absicht Friedrichs. Vielmehr
suchte er seine Zwecke dadurch zu erreichen, daß er dem bisherigen
Laufe der Dinge folgend, die fürstlichen Gewalten noch erheblich
verstärkte. Um seine erste Romfahrt zu ermöglichen, erkannte er
auf dem Hoftage vor Goslar im Jahre 1154 den Anspruch des
Herzogs auf Bayern an, so daß der letztere nunmehr die beiden
Herzogtümer Sachsen und Bayern rechtmäßig besaß. Selbst die
bisher lediglich der Krone vorbehaltene und von der Kirche auch
allein der letzteren zugestandene bischöfliche Investitur stellte Friedrich dem Herzoge für die wendischen Bistümer Oldenburg, Mecklenburg und Ratzeburg in Aussicht. Das Versprechen des Königs
wurde dann einige Jahre später auch erfüllt. Als er im Jahre 1158
sich des Beistandes Heinrichs zu einer neuen Heerfahrt nach Italien versichern wollte, belehnte er denselben noch mit einigen Herrschaften im Harzgebiete. Vom Kaiser begünstigt, strebte Herzog
Heinrich danach, das sächsische Herzogtum, welches seit den Tagen
Ottos I. den Charakter eines vornehmlich mit militärischen Befug-
nissen ausgestatteten Amtes behalten hatte, in einen, dem bayrischen
und schwäbischen Herzogtum ähnlichen territorialen Besitz umzuwandeln und demgemäß die Bischöfe, Grafen und Dynasten
Sachsens sich lehnsabhängig zu machen. Um sodann einen zwischen
Heinrich Jasomirgott entstandenen Zwist zu beschwichtigen, ohne
sich einen von beiden zu verfeinden, belehnte Friedrich den letzteren
im Jahre 1156 mit dem neugebildeten Herzogtum Oesterreich und
gewährte dem letzteren eine ganz exceptionelle Stellung. Er erkannte die Erbfolge in der weiblichen Linie an, übertrug dem
Herzog die ganze Gerichtsbarkeit und beschränkte die Heerespflicht
desselben auf die gegen seine Nachbarländer zu führenden Kriege.
Die Dienstwilligkeit des Babenbergers war also ebenso wie die

Heinrichs des Löwen durch sehr weitgehende, bisher unerhörte Zu=
geständnisse der Krone erkauft worden.

Doch erzielte Friedrich mit diesem Verhalten gegen die Fürsten
auf die Dauer das Gegenteil des beabsichtigten Erfolges. Die
Hebung der fürstlichen Macht gewann diese nicht, wie er er=
wartete, für seine Politik, sondern vermehrte vielmehr die der
letzteren entgegenstehenden territorialen Machtinteressen. Gerade
die bedeutende Machtvermehrung, welche Herzog Heinrich durch den
Kaiser erworben hatte, fesselte denselben immer mehr an seine
eigenen politischen Zwecke. Die Sorge für die Sicherung seiner
Stellung in Sachsen wie in den angrenzenden slavischen Gebieten
mußte ihm eine Teilnahme an den italienischen Feldzügen Fried=
richs als sehr unerwünscht erscheinen lassen. Von diesen Er=
wägungen geleitet, hatte er bereits an dem Zuge Friedrichs im
Jahre 1174 keinen Anteil genommen. Im folgenden Jahre ver=
weigerte er trotz der Aufforderung des Kaisers, ihm Heeresfolge
zu leisten, gleichfalls seine Teilnahme. Das Ausbleiben des Her=
zogs hatte dann im Jahre 1176 den unglücklichen Ausgang der
Schlacht von Legnano zur Folge. Dieser Umstand sowie die Ge=
waltthätigkeiten des Herzogs gegen die ihm benachbarten Fürsten
veranlaßten schließlich den Kaiser, die Macht des Welfenherzogs zu
brechen und den letzteren seiner Herzogtümer zu entsetzen. Aber
die Krone zog aus dem Sturze des mächtigen Welfen keinen Ge=
winn, da die Lehen desselben nicht an jene zurückfielen, sondern
unter den Fürsten verteilt wurden. Die aus dem welfischen Lehen
bereicherten Fürsten erwiesen jedoch dem Kaiser darum keine größere
Treue. Vielmehr wurden dieselben ebenso wie vormals der Welfe,
durch die Vergrößerung ihrer Macht nur desto mehr an ihre terri=
torialen Interessen gebunden. Innerhalb ihres territorialen Be=
zirkes suchten sie ihre Befugnisse möglichst auszudehnen, indes sie
der Krone gegenüber nach einer möglichsten Verkürzung ihrer Ver=
pflichtungen strebten. Auf den Fürsten, welcher bei der Verteilung
der welfischen Hausmacht den größten Anteil erhielt, den Kölner
Erzbischof Philipp von Heinsberg, ging der aufsässige Geist des
Welfen über, obwohl derselbe bis dahin ein eifriger Anhänger
des staufischen Hauses gewesen war. Philipp konspirierte später

sogar mit dem Könige Heinrich II. von England gegen den Kaiser
und vereitelte einen von dem letzteren im Bunde mit dem Könige
Philipp II. August beabsichtigten Feldzug gegen den englischen
König. Daher geschah es denn, daß die Nachgiebigkeit Friedrichs
gegen die Fürsten auf die Dauer nicht einmal seiner auswärtigen
Politik zu gute kam, daß Friedrich also den eigentlichen Zweck,
den er mit jenem Verhalten erstrebte, die Erweiterung seines
Machtbesitzes nach außen, im Grunde verfehlte.

In der Hauptsache mußte Friedrich seinen Gegnern, dem
Papsttum wie dem lombardischen Städtebunde unterliegen. Mit
großer Beharrlichkeit, aber wenig staatskluger Berechnung seiner
Mittel, hatte er dem Papste Alexander III. einen Gegenpapst nach
dem anderen gegenüber aufstellen lassen. Aber der Friede zu
Venedig vom Jahre 1177, auf welchem Friedrich sich vor Alexander III. ebenso demütigte, wie hundert Jahre vorher Heinrich IV.
vor Gregor VII. und denselben als rechtmäßigen Papst anerkannte,
war der Ausgang des langen Streites. Desgleichen gingen die
lombardischen Städte gestärkt aus dem Kampfe mit dem Kaisertum hervor. Die bisher uneinigen, sich gegenseitig befehdenden
Städte der Lombardei einigten sich zu einem alle umschließenden
Bunde, welcher seine Spitze gegen das Kaisertum richtete. Die
absolutistischen Hoheitsrechte des römischen Imperiums, welche
Friedrich einst auf dem ronkalischen Reichstage beansprucht hatte,
wurden völlig preisgegeben und die communale Selbstverwaltung
der Städte in einem solchen Maße anerkannt, daß dem Kaiser
kaum noch erhebliche Machtbefugnisse gegenüber den Städten verblieben. Der Widerstreit zwischen der Reichsgewalt und der auf-
blühenden Städtekultur entschied sich im wesentlichen zu Gunsten
der letzteren. Hatte also Friedrich den leitenden Zweck seiner inneren
Politik, die Machtvermehrung des Reiches nach außen, in der
Hauptsache nicht erreicht, so blieb als das einzige dauernde Ergebnis seines Regimentes die weitere Stärkung des der kaiserlichen
Gewalt widerstrebenden Fürstentums bestehen. Die Regierung
Friedrichs bildete daher trotz ihres äußeren Glanzes eine weitere
Entwicklungsstufe in dem Zersetzungsprozeß der einheitlichen Reichs-
gewalt.

Unter dem Nachfolger Friedrichs, Heinrich VI., dehnte die weltherrschaftliche Politik des staufischen Hauses ihren Flug noch weiter aus. Die Pläne, welche der erstere hinsichtlich des normännischen Reiches gehegt, aber als unerreichbar aufgegeben hatte, wurden von seinem Sohne im Laufe weniger Jahre erfüllt. Selbst die Unterwerfung des griechischen Reiches, welche Friedrich während seines Kreuzzuges erwogen, aber gleichfalls fallen gelassen hatte, wurde in der kurzen, seinem Sohne vergönnten Lebensfrist wenigstens bis zu einer jenem Reiche auferlegten Tributzahlung ausgeführt. Bis nach Cypern und Armenien wurde die Lehnshoheit des Reiches erweitert. Der König von England mußte dem Kaiser huldigen. Die Könige von Frankreich und von Aregon zur Huldigung zu zwingen, war wenigstens die Absicht des Kaisers. Auch Heinrich war demnach ganz von der imperialistischen Idee des Reiches erfüllt. Hatte die Politik seines Vaters ihren Zielpunkt in dem norditalienischen Gebiete, so die Politik Heinrichs in den Landschaften des südlitalienischen Reiches. Seine eheliche Verbindung mit der Erbin des letzteren gewährte ihm den erforderlichen Rechtstitel. Für das lockende Ziel dieses reichen, alten Kulturlandes gab Heinrich die Sorgen um die inneren Aufgaben des Reiches preis. Als der Oheim seiner Gattin im Jahre 1189 gestorben war, eilte er, mit dem Herzog Heinrich dem Löwen, der seines Eides vergessen aus der Verbannung nach Deutschland gekehrt war, um seine ehemaligen Lande während der Abwesenheit Friedrichs zurückzuerobern, Frieden zu schließen. Denn wichtiger als die Niederwerfung des Welfen erschien ihm die Besitznahme seiner normännischen Erbschaft. Wie mit Heinrich dem Löwen schloß Heinrich auch mit dem Erzbischof Philipp von Köln einen Frieden, in welchem er demselben, um seine Beihilfe zur Heerfahrt nach Italien zu erlangen, wichtige Hoheitsrechte abtrat. Er leistete auf die königlichen Münzstätten in der Diöcese Köln mit den beiden Ausnahmen Duisburg und Dortmund Verzicht und befreite die bischöflichen Städte von dem kaiserlichen Zolle zu Kaiserswerth. Zur Erreichung seines Zweckes trug Heinrich ferner kein Bedenken, den ohnehin so geringen Inhalt der kaiserlichen Rechte gegenüber dem lombardischen Städtebunde noch mehr zu verkürzen. Denn

teils um sich vor den Feindseligkeiten der lombardischen Städte
während seines Zuges gegen das normännische Reich zu sichern,
teils um die Beihilfe derselben zum letzteren zu erhalten, verlieh
er einigen Städten erhebliche Privilegien, der Stadt Como die
Gerichtsbarkeit in der ganzen Diöcese, Bologna das Münzrecht,
Cremona eine Bestätigung des bereits in seinem Besitze befindlichen Münzregals. Der Stadt Pisa versprach er Zollfreiheit in
dem noch zu erobernden Sicilien und sogar den dritten Teil des
normännischen Königsschatzes. Die Hilfe Genuas sicherte er sich
dadurch, daß er dieselbe mit der Meeresküste von Portovenere bis
Monaco, mit dem halben Syrakus und 250 Ritterlehen in dem
sicilianischen Val bi Noto belehnte, obwohl er diese Gebiete noch
erst erobern mußte. Nach der Eroberung des normännischen
Reiches scheute er sich dann freilich nicht, diese der Stadt Genua
gemachten Versprechungen zu brechen. Auch einigen großen italienischen Adelsgeschlechtern verlieh er in der gleichen Absicht seine
Gunst, so dem Markgrafen von Este und dem Pfalzgrafen von
Tuscien. Der unglückliche Ausgang des ersten Feldzuges gegen
das normännische Reich entmutigte den Kaiser keineswegs. Die
Eroberung des süditalienischen Reiches blieb nach wie vor der
leitende Gesichtspunkt seiner Politik. Das Lösegeld, welches der
gefangene König Richard von England zahlen mußte, sollte ihm,
wie er erklärte, zur Ausführung derselben dienen. Nach wie vor
ließ er die nächstliegenden und wichtigsten Aufgaben im Inneren
des Reiches unbeachtet, um jenen Zweck zu erreichen. Vergeblich
bat ihn der Graf von Holstein um Beihilfe gegen den die Reichslande bedrohenden König Knut VI. von Dänemark. Als dann
Heinrich im Jahre 1194 aufs neue nach Italien eilte, benutzte der
Dänenkönig die Abwesenheit des ersteren und unterwarf sich die
Grafschaft Holstein. Aufs neue erteilte sodann der Kaiser den
lombardischen Städten Pisa, Cremona, Brescia wichtige Privilegien, um dieselben für seine Pläne zu gewinnen, was ihm hinsichtlich der letzteren Stadt jedoch nicht gelang.

Der Besitz des normännischen Reiches und seiner Schätze war
dem Kaiser aber nur die Grundlage weiterer Eroberungen. Nach
der vollzogenen Eroberung des Normannenreiches gedachte er die

ihm aus seiner Erbfolge erwachsenen Ansprüche im weitesten Umfange geltend zu machen. Demgemäß forderte er von dem oströmischen Kaiser die Herausgabe derjenigen griechischen Provinzen, welche Wilhelm II. von Sicilien im Jahre 1183 erobert, hernach aber wieder verloren hatte. Er gab dann diesen Ansprüchen ein größeres Gewicht und eine noch weitere Ausdehnung dadurch, daß er seinem Bruder Philipp die in Palermo befindliche Tochter des oströmischen Königs Isaak, welche ursprünglich dem Sohne König Tancreds verlobt, vielleicht auch schon vermählt war, zur Braut gab. Durch diese Verbindung wollte er einen Rechtsanspruch auf das gesamte oströmische Reich gewinnen und auf diese Weise das römische Reich in seinem ehemaligen Umfange wieder herstellen. Thronumwälzungen in Konstantinopel hatten zur Folge, daß die Gattin seines Bruders in der That die Nächstberechtigte zum oströmischen Throne wurde. Selbst auf die afrikanische Nordküste, welche einst Roger II. von Sicilien von Tunis bis Tripolis inne gehabt hatte, erhob er als Nachfolger Rogers Anspruch. Auch schickten die maurischen Könige dem Kaiser bereits wertvolle Geschenke. Im Zusammenhange mit seinen Absichten auf das oströmische Reich entschloß sich Heinrich im Jahre 1195 zu einem Kreuzzuge. Palästina aufs neue dem Islam zu entreißen und seinem Machtgebote zu unterwerfen, um sodann von Osten und Westen das griechische Reich zu umfassen, war der eigentliche Zweck des von ihm beabsichtigten Kreuzzuges. Während der Kaiser zum letzteren rüstete, erschien vor ihm bereits ein Gesandter Amalrichs von Cypern, um im Namen seines Herrn den Lehnseid zu leisten. Amalrich empfing dann im Jahre 1197 von dem kaiserlichen Kanzler Konrad von Hildesheim als ein Fürst des Reiches die Königskrone. Auch erwirkte Heinrich von Seiten des griechischen Kaisers die Zusicherung einer bedeutenden Geldsumme, durch welche der letztere den Frieden erkaufte. Endlich gedachte Heinrich auch den Nachbarstaaten gegenüber seine universalen Machtansprüche geltend zu machen. Die im Jahre 1192 erfolgte Gefangennahme des vom Orient zurückkehrenden König Richards von England ermöglichte dem Kaiser den letzteren zur Leistung des Lehnseides zu zwingen. Die gleiche Absicht soll Heinrich auch

gegenüber dem Könige Philipp August von Frankreich gehegt
haben. Desgleichen war er entschlossen, den König von Aregon, der
im Königreich Arelat große Besitzungen hatte und ihm in seiner
Herrschaft über das letztere hinderlich war, sich zu unterwerfen. Der
frühe Tod Heinrichs hinderte die Ausführung dieser großen Pläne.

Diese freilich großartige, aber lediglich auf die äußere Macht=
erweiterung des Reiches bedachte Politik hinderte Heinrich aller=
dings nicht, auch eine festere Begründung der kaiserlichen Macht
ins Auge zu fassen. Aber der dahin zielende Plan des Kaisers
war wiederum lediglich von dem Gesichtspunkte seiner weltherr=
schaftlichen Politik geleitet. Deshalb beschränkte sich der Reform=
versuch Heinrichs auf den Gedanken, die Krone in seinem Hause
erblich zu machen, wie dies in Frankreich und England der Fall
war. Wie weit Heinrich davon entfernt war, der Krone durch
eine Umgestaltung der Reichsverfassung eine größere Machtvoll=
kommenheit zu sichern, ging daraus hervor, daß er den weltlichen
Fürsten als Preis für die Zustimmung zu jener Absicht die Erb=
lichkeit der Reichslehen nicht nur in der männlichen, sondern auch
in der weiblichen Linie, den geistlichen Fürsten aber den Verzicht
auf das Spolienrecht anbot. Er beabsichtigte also seinen Zweck
nicht dadurch zu erreichen, daß er, den bestehenden Verhältnissen
entgegen, die Macht der Fürsten zu beschränken suchte, sondern
vielmehr, dem Zuge der reichsgeschichtlichen Entwicklung gemäß,
dieselbe zu verstärken bereit war. Der fürstliche Machtbesitz würde
durch die Einführung dieser weiten Erbfolge dem lehensrechtlichen
Verhältnisse zur Krone fast völlig entzogen und in einen landes=
herrlichen umgewandelt worden sein. Dennoch konnte Heinrich
selbst für diesen Preis nicht alle Fürsten seinem Plane gewinnen.
Denn da die Erbfolge der Reichslehen sowohl hinsichtlich der
weiblichen Linie als auch der Kollateralen in mehreren Fällen,
wie z. B. in dem Herzogtum Oesterreich und in der Markgrafschaft
Namur bereits anerkannt war, so konnten die Fürsten erwarten,
daß ihnen dieselben Rechte mit der Zeit auch ohne das gleiche
Zugeständnis für die Krone von selbst zufallen würde. Ein Teil
der geistlichen Fürsten aber war für den Verzicht auf das Spolien=
recht um so weniger zu gewinnen, als sie das letztere von jeher

bestritten hatten und demgemäß die Abstellung desselben gleichfalls
ohne weitere Zugeständnisse von der Zukunft erwarten konnten.
Schon im folgenden Jahrhundert zeigte sich dann, daß die Rech=
nung der weltlichen wie der geistlichen Fürsten eine richtige ge=
wesen war. Daß sich Heinrich bei seinen beabsichtigten Neuerungen
lediglich von dem Interesse seiner äußeren Machterweiterung leiten
ließ, bekundete sich an der weiteren Absicht desselben, das nor=
männische Reich dem deutschen Reiche einzuverleiben und somit
Deutschland und Italien zu einem einzigen erblichen Reiche zu
verbinden. Da aber die Ausführung dieses Planes die normänni=
schen Großen den deutschen Fürsten ebenbürtig zur Seite gestellt
hätte und die letzteren für die italienischen Gebiete in demselben
Maße in Anspruch genommen haben würde, wie für die deutschen
Reichsgebiete, so waren viele Fürsten auch diesem Plane entgegen.
Die im Jahre 1196 auf dem Reichstage zu Würzburg versammelten
Fürsten gaben allerdings den Plänen des Kaisers ihre Zustimmung.
Aber der westfälische und lothringische Adel, an dessen Spitze der
falsche Erzbischof Adolf von Köln stand, war dem Plane entgegen,
so daß eine einstimmige Annahme des letzteren nicht erzielt werden
konnte. Auf dem Reichstage zu Erfurt lehnten dann die Fürsten
die Forderungen Heinrichs ab. Der Kaiser mußte sogar erhebliche
Mühe aufwenden, um von Seiten des kölnischen Erzbischofs nur
die Zustimmung zu der Nachfolge seines Sohnes, des späteren
Friedrichs II., zu erreichen.

Das Ergebnis dieser so weitgreifenden Eroberungspolitik war
demnach keineswegs eine festere Begründung der Reichsidee und
der kaiserlichen Gewalt, sondern vielmehr eine Schwächung der=
selben und eine Stärkung der dem Reiche feindlichen Mächte. Nur
deshalb konnte es geschehen, daß die in so kurzem Zeitraume und
mit so kühnem Geiste aufgerichtete Macht des Kaisers unmittelbar
nach dem Tode des letzteren vor den Anfeindungen der Kirche, der
Fürsten und der fremden Nationalitäten zusammenbrach. Gerade
das normännische Reich, auf dessen Besitz der Kaiser seine ganze
Kraft gerichtet hatte, ging, wenn auch nicht dem staufischen Hause,
so doch dem Reiche sofort verloren. Die Deutschen wurden mit
Genehmigung der Kaiserin Konstanze noch im Todesjahre Heinrichs

verbannt und das Normannenreich fiel wieder in die Lehens=
abhängigkeit von der römischen Kurie, welcher es wenige Jahre
vorher entrissen war, zurück. Die dem römischen Stuhle gehörigen
Gebiete, sowie die mittelitalienischen Provinzen, welche der Kaiser
im Besitz gehabt hatte, wurden gleichfalls von dem ersteren, auf
welchen jetzt der kluge und thatkräftige Innocenz III. erhoben
wurde, wiedergewonnen. Die großen Pläne Heinrichs hinsichtlich
des oströmischen Reiches fielen in nichts zusammen. Der Kreuzzug,
welchen Heinrich mit besonderer Rücksicht auf die noch beabsichtigte
Eroberung des letzteren ausgerüstet hatte, endete ohne Erfolg. Der
König von Armenien, welcher dem Kaiser bereits gehuldigt hatte,
wurde, als sich seine Hoffnung auf die Hilfe des Reiches gegen
die Sarazenen und Griechen vereitelte, der Lehnsmann des Papstes.
Das Uebergewicht ferner, welches das Reich den Staaten England
und Frankreich gegenüber behauptet hatte, war gleichfalls dahin
und der kühne Plan einer Unterwerfung der französischen Krone
unter die kaiserliche Lehnshoheit, welchen Heinrich erwogen hatte,
wurde für immer aufgegeben. Keinen besseren Erfolg als die
Eroberungen Heinrichs hatten die inneren Reformpläne desselben.
Gerade die Absicht desselben, die Krone in seinem Hause erblich
zu machen, veranlaßte einen Teil der Fürsten, sich der Nachfolge
seines Sohnes wie seines Bruders zu widersetzen, obwohl dieselben
den ersteren noch bei Lebzeiten des Vaters als König anerkannt
hatten. Um die Erbfolge ausdrücklich zu verneinen, erhoben diese
Fürsten den Welfen Otto auf den Thron und entfachten dadurch
die bereits beschwichtigte Feindschaft zwischen dem staufischen und
welfischen Hause zu neuer Glut. Ebenso entschieden wie die Fürsten
war die Kurie der Thronfolge eines Staufers gerade mit Bedacht
auf die von Heinrich begehrte Erblichkeit der Krone entgegen. Bei
Lebzeiten des Kaisers hatte der römische Stuhl, auf welchem der
gutwillige aber schwache Cölestin III. saß, sich zwar in keinen aus=
gesprochenen feindlichen Gegensatz gegen jenen gestellt. Dennoch
hatten politische Machtfragen das Verhältnis zwischen Kaiser und
Papst auch unter dem Regimente Heinrichs getrübt und einem
ernstlichen Zerwürfnisse wohl nahe gebracht. Der Anspruch Heinrichs
auf die Mathildischen Erbgüter und die Thronfolge desselben im

ficilianischen Reiche waren die wichtigste Ursache der verhaltenen
Mißstimmung auf Seiten der Kurie. Als aber bald nach dem
Tode Heinrichs auch Cölestin verschied und Innocenz III. im Jahre
1198 den päpstlichen Stuhl bestieg, kam die der universalen Macht=
stellung des Kaisertums feindliche Gesinnung des Papsttums aufs
neue wieder zu einer rückhaltloseren Aussprache. Um den Einfluß
auf die deutsche Thronfolge und die durch die Politik der Staufer
bedrohte päpstliche Herrschaft in Italien nicht zu verlieren, erklärte
sich Innocenz gegen die Nachfolge Philipps und gab im Jahre 1201
in der Absicht, um ausdrücklich gegen die Erbfolge der Krone zu
protestieren, dem Welfen Otto seine Anerkennung. Hatten einst
nach dem Tode Lothars die Kurie und die Fürsten dem Welfen
Heinrich dem Stolzen nur deshalb die Krone verweigert, weil
derselbe zu mächtig war, und an seiner Stelle den Staufer Konrad
auf den Thron erhoben, so versagten sie jetzt dem Staufer ihre
Zustimmung und wandten sich wieder dem Welfen zu, weil in=
zwischen das staufische Haus einen zu großen Machtbesitz erworben
hatte. So endete das Regiment Heinrichs VI. mit einem gänz=
lichen Mißlingen aller seiner großen Pläne. Nur das sicilianische
Königreich blieb dem staufischen Hause erhalten. Aber auch dieser
einzige Gewinn sollte nur zum Verderben des letzteren ausschlagen.
Heinrich ahnte auf seinem Sterbebette selber, daß sein Nachfolger
nicht imstande sein würde, sich auf die Dauer im Besitze der von
ihm gemachten Eroberungen zu erhalten, eine Befürchtung, die um
so näher lag, als bei dem zarten Alter seines nachgelassenen
Sohnes ein langes vormundschaftliches Regiment in Aussicht stand.
Um daher das Reich und seinen Nachfolger vor ernsten, den
ganzen italienischen Besitzstand seines Hauses bedrohenden Ver=
wicklungen zu bewahren, suchte er in seinem Testamente vor allem
den gefährlichsten Feind seiner Herrschaft, die römische Kurie, zu
versöhnen, indem er der letzteren Zugeständnisse machte, welche er
selber bei seinen Lebzeiten stets auf das entschiedenste verweigert
hatte. Er stellte dem Papste die Leistung des Lehenseides für das
sicilianische Reich, ferner die Herausgabe des mathildischen Erb=
gutes mit Ausnahme von Medisina und Argelata, des Patrimonium
Petri und der dem letzteren sich anschließenden tuskischen Grenz=

gebiete in Aussicht. Der Reichstruchseß Markward von Anweiler, der von Heinrich bestellte Exekutor seines Testamentes, sollte das Herzogtum Ravenna, die Grafschaft Bertinoro, die Mark Ancona sowie Medisina und Argelata, mit welchen derselbe bis dahin vom Kaiser belehnt war, vom Papste zu Lehen nehmen. Ein gleiches Zugeständnis scheint Heinrich der Kurie hinsichtlich des Herzogtums Spoleto gemacht zu haben, wie sich aus dem späteren Verhalten des Konrad von Uerslingen annehmen läßt. Da aber ein Teil des Testamentes verloren gegangen ist, so entziehen sich die weiteren Bestimmungen des Kaisers unserer Kenntnis. Um ferner auch dem König Richard von England jede Ursache zu feindseligen Handlungen gegen das Reich zu nehmen, hatte er demselben schon vorher die Rückzahlung des ihm abgezwungenen Lösegeldes anbieten lassen. Die Unterhandlungen mit Richard wurden durch den plötzlichen Tod Heinrichs unterbrochen. In seinem Testamente soll der letztere den König sogar von seiner Lehenspflicht losgesprochen haben. Uebrigens blieben die Bestimmungen des Testamentes unbekannt, weil die Testamentsexekutoren dasselbe verheimlichten. Da demnach die versöhnliche Gesinnung des Kaisers nicht bekannt wurde, sannen die Gegner desselben um so mehr darauf, das Werk desselben mit der Leidenschaft eines jahrelang niedergehaltenen Hasses zu zerstören.

Das Reich zerfiel infolge der nun ausbrechenden Wahlstreitigkeiten in eine chaotische Verwirrung. Die gleichzeitig mit der imperialistischen Eroberungspolitik sich vollziehende innere Zersetzung des staatlichen Verbandes ermöglichte es, daß das Reich unmittelbar von dem Höhepunkte seiner Machtstellung in den Zustand einer völligen Auflösung hinabsinken konnte. „Eurer Weisheit," schrieb Philipp, der Bruder Heinrichs, dem Papste Innocenz III. im Jahre 1206, „ist es genugsam bekannt, wie nach dem Tode unseres geliebten Herrn und Bruders, des erhabenen römischen Kaisers Heinrich, das Reich in solche Verwirrung geriet und durch viele Stürme in so jammervoller Weise beunruhigt und zerrissen und in allen Teilen und Grenzgebieten so erschüttert wurde, daß einsichtige Männer nicht mit Unrecht die Wiederherstellung des Reiches in unseren Tagen für unmöglich hielten, da ein jeder ohne Richter

und ohne Gesetz lebte und that, was ihm beliebte, nach dem An=
trieb und dem Gutdünken seines Willens" [1]).

Die Bestrebungen, welche sich stets, vornehmlich aber seit
Gregor VII., der universalen Idee des Kaisertums entgegengestellt
hatten, die konkurrierenden Machtzwecke des Papsttums, die natio=
nalen Abneigungen der dem Reiche unterworfenen Völker und die
partikularen Interessen des Fürstentums machten sich nach dem
Tode Heinrichs, gereizt durch die Ueberspannung der kaiserlichen
Machtansprüche von Seiten des letzteren, mit größerer Wucht
geltend als jemals vorher. Dieselben wirkten diesmal unter der
geschickten Leitung des Papstes Innocenz III. in dem Kampfe gegen
das Kaisertum zusammen. Innocenz hatte die höchste Vorstellung
von der päpstlichen Würde. Er bezeichnete den Papst als ein
Mittelwesen zwischen Gott und Mensch [2]). Ausgehend von dieser
Vorstellung war es seine Absicht, das weltherrschaftliche Imperium
dem Kaisertum zu nehmen und mit dem römischen Stuhle zu ver=
binden. Zur Erreichung dieses Zieles trat er in Italien als der
Verteidiger der nationalen Freiheit gegen die deutsche Fremd=
herrschaft und in Deutschland für die Freiheit des Fürstentums
gegen die einheitliche Staatsgewalt auf. Im Jahre 1200 schickte
er seinen Akolythen Aegidius nach Deutschland mit einem Schreiben,
in welchem er die Fürsten darauf aufmerksam machte, daß „wenn
wie ehemals der Sohn dem Vater, jetzt der Bruder dem Bruder
folge, die Freiheit der Fürsten zu Grunde ginge, da derselbe das
Reich nicht durch ihre Wahl, sondern vielmehr durch die Erbfolge
erlangt zu haben scheine" [3]). Er rechnete in erster Linie mit den
eigennützigen Interessen der deutschen Fürsten. In einem an die
letzteren gerichteten Schreiben vom Jahre 1201, in welchem er
zur Parteinahme für den Welfen aufforderte, stellte er den Folg=
samen die Belohnung mit Gütern und Aemtern von Seiten seines
Kronprätendenten in Aussicht [4]). Die fürstlichen Privatinteressen

---

[1]) M. G. leg. II, p. 210.
[2]) Sermo II in consecr. pontif. max. op. Innocenz III. Coloniae
1575, p. 189.
[3]) Reg. de neg. imp. ep. 21, Baluz. ep. Innoc. p. 695.
[4]) Reg. de neg. imp. nr. 33.

waren denn in der That auch die entscheidende Macht in dem
Streite der beiden Könige. Sie waren es, welche in den ersten
Jahren das Kriegsglück zu Gunsten des päpstlichen Schützlings
wandten. Sie erwiesen sich dann schließlich sogar noch mächtiger
als die Autorität des Papsttums, da sie, entgegen den Bemühungen
des letzteren, seit dem Jahre 1204 den endgültigen Erfolg auf
die Seite Philipps hinüberspielten.

Die hervorragendsten Anhänger der päpstlichen Politik und
Gegner der staufischen Kandidatur waren der Erzbischof Adolf von
Köln, der Landgraf Hermann von Thüringen und der Pfalzgraf
Heinrich, Bruder des Königs Otto von Böhmen. Den ersteren
veranlaßte hauptsächlich seine Verbindung mit England, die Hoff=
nung auf englisches Gold und merkantile Vorteile, sich zu dem
Neffen König Richards, dem Könige Otto, zu halten. Der Land=
graf von Thüringen wurde zu der gleichen Parteinahme mit einer
beträchtlichen Geldsumme und der Belehnung der thüringischen
Reichsgüter gewonnen. Der Pfalzgraf Heinrich wurde durch seine
verwandtschaftliche Beziehung zu Otto, mehr aber durch die Er=
wartung, von dem letzteren mit einem Teile der diesem zugefallenen
welfischen Erbschaft, der Stadt Braunschweig und der Burg Lichten=
berg belohnt zu werden, auf die Seite seines Bruders gezogen.
Da nun für die Stellungnahme der Fürsten lediglich das parti=
kulare Machtinteresse bestimmend war, so änderte sich dieselbe jedoch
infolgedessen je nach dem Machtbesitze der beiden Könige. Als
Adolf von Köln den Besitz der ursprünglich zu den welfischen
Besitzungen gehörenden Herzogtümer Westfalen und Engern durch
die Erfolge Ottos bedroht glaubte, ging er, die eigentliche Seele
der Opposition, im Jahre 1204 zu Philipp über und erhielt von
diesem die Bestätigung seiner Lehen und eine bedeutende Geld=
summe. Der Landgraf von Thüringen wechselte viermal seine
Stellung je nach Lage der Verhältnisse. Der Pfalzgraf Heinrich
trat, da er befürchtete, durch den Sieg Philipps die rheinische
Pfalzgraffschaft zu verlieren und da ihm seine Forderung bezüglich
Braunschweigs von Otto abgeschlagen wurde, gleichfalls zu Philipp
über. Otakar von Böhmen ferner, der anfangs auf Seiten des
letzteren stand, weil er von diesem die Bestätigung der dem bischöf=

lichen Stuhle zu Prag entzogenen herzoglichen Würde und noch
dazu den Königstitel erhielt, fiel im Jahre 1202 von Philipp ab,
um sich den gleichen Gewinn von Seiten des Papstes und Ottos
zu sichern. Als dann aber der Kampf sich zu Gunsten Philipps
wandte, trat er wieder zur Partei des letzteren zurück. Gleichzeitig
mit dem Erzbischof von Köln wandte sich auch der Herzog Heinrich
von Brabant, durch erhebliche Zusagen gewonnen, der Partei des
Staufers zu.

Wenn gleich nun durch den Sieg Philipps über Otto die
Politik des Papstes, welche das Königtum in die Hände des letzteren
zu bringen suchte, völlig fehlgeschlagen war, so hatte Innocenz
dennoch im Laufe des Thronstreites eine solche Stellung erlangt,
daß Philipp die Anerkennung seines Königtums von Seiten des
letzteren für unbedingt erforderlich hielt und demgemäß auf dem
Reichstage zu Augsburg im Jahre 1207 im Einverständnisse mit
den Fürsten die Entscheidung der Thronfolge dem Papste anheim=
stellte, obwohl die Gewalt der Waffen den Streit längst zu seinen
Gunsten entschieden hatte. Innocenz hatte also trotz seiner Miß=
erfolge das von ihm anfangs geforderte Recht, den deutschen
Thronstreit durch seinen Schiedsspruch zu entscheiden, durchzusetzen
vermocht. Nur insofern hatte er sich dem Zwange der Verhältnisse
fügen müssen, daß dieser Schiedsspruch eine seinen ursprünglichen
Absichten entgegengesetzte Wendung nahm. Aber auch dieser Miß=
erfolg wurde für die Kurie dadurch bedeutend ermäßigt, daß die
Zugeständnisse, welche Philipp der letzteren für seine Anerkennung
gewähren mußte, hinter den von seinem Gegner gemachten nicht
erheblich zurückstanden. In den ersten Jahren nach seiner Wahl
war Philipp keineswegs gewillt, die Ansprüche der Krone auf die
italienischen Reichslande aufzugeben. Die Traditionen des Reiches
waren vielmehr noch so mächtig, daß Philipp, während er noch
mit dem welfischen Gegenkönige um die Krone ringen mußte, schon
an die Wiederherstellung der Machtstellung dachte, welche kurz
vorher das Reich unter Heinrich VI. besessen hatte. Im Jahre
1200 richteten die ihm getreuen Fürsten an den Papst eine Er=
klärung, in welcher sie demselben ankündigten, daß sie in kurzer
Frist mit allen Kräften, die sie zur Verfügung hätten, den König

nach Italien begleiten würden, um demselben die Kaiserkrone zu
erwerben. Indem die Fürsten in diesem Schreiben den Markward
von Anweiler als Markgrafen von Ancona, Herzog von Ravenna
und Verwalter des Königreichs Sicilien bezeichneten und den Papst
ersuchten, demselben in der Wahrung der Reichsinteressen behilflich
zu sein, sprachen sie zugleich die Absicht aus, die Ansprüche des
Reiches auf die mittel= und süditalienischen Gebiete in ihrem ganzen
Umfange auch fernerhin behaupten zu wollen [1]). Sobald nun seine
Sache im Jahre 1204 eine entschieden günstige Wendung nahm,
schickte Philipp in der That auch den von ihm als Erzbischof von
Mainz anerkannten und investierten, vom Papst aber verworfenen
Lupold von Worms nach Italien hinüber, um die Rechte des
Reiches wieder geltend zu machen. Im folgenden Jahre schickte
er dem Lupold sogar eine beträchtliche militärische Hilfe zu, welche
denselben in den Stand setzte, in der Mark Ancona und im Herzog=
tum Spoleto einige Erfolge zu erzielen. Um aber zum Frieden
mit dem Papste zu gelangen, mußte Philipp schließlich den Lupold
zurückberufen. An einer erfolgreicheren Geltendmachung der kaiser=
lichen Rechte ist er durch das Schicksal verhindert worden. Doch
würde er, falls ihm ein längeres Leben vergönnt gewesen wäre,
die Ansprüche des Reiches jedenfalls nach denen des Papstes
bemessen haben. Denn, um die Streitfrage zwischen den kaiser=
lichen und päpstlichen Rechtsansprüchen zur Entscheidung zu bringen,
wollte er sich, wie er im Jahre 1206 dem Papste schrieb, dem
Schiedsspruche der Kardinäle und der Fürsten unterwerfen. In=
sofern er die Kirche verletzt habe, gelobte er dem Papste, den
Kardinälen und den Fürsten Genugthuung, während er anderseits
von Seiten des Papstes auf eine solche Genugthuung für das etwa
von diesem dem Reiche oder ihm zugefügte Unrecht verzichtete, da
er sich, wie er sagte, ein Urteil über den, den Gott seinem Ge=
richte vorbehalten habe, nicht anmaßen wolle [2]). Ueber die Ver=
handlungen des Königs, beziehentlich seiner Gesandten mit der Kurie,
ist zwar Näheres und Zuverlässiges nicht bekannt. Doch mußte

---

[1]) M. G. leg. II, p. 202.
[2]) M. G. leg. II, p. 212.

Philipp jedenfalls auf eine Wiedervereinigung Siciliens mit dem
Reiche verzichten. Auch war hierzu um so weniger eine Möglichkeit
gegeben, als ja sein Neffe Friedrich der rechtmäßige Erbe des
sicilianischen Reiches war und als solcher auch längst die Anerkennung des Papstes erhalten hatte. Um auch in Mittelitalien eine
Wiederherstellung der kaiserlichen Herrschaft zu verhüten, ließ sich
der Papst von Philipp die Zusage geben, eine seiner Töchter seinem
Neffen Richard von Segni in die Ehe zu geben und den letzteren
mit dem Herzogtum Tuscien zu belehnen. Sobann verpflichtete
sich Philipp, die der Kirche gehörigen Besitzungen in Tuscien,
Spoleto und Ancona für das Reich nicht zurückfordern zu wollen.
Demütigend war es ferner für ihn, daß er seine beiden Anhänger,
die Erzbischöfe Adolf von Köln und Lupold von Mainz, der Kurie
preisgeben mußte.

Der Machtlosigkeit des Königtums und der inneren Zerrissen-
heit des Reiches entsprechend gestaltete sich das Verhältnis zum
Ausland und zwar zu den Mächten England und Frankreich.
Während Heinrich VI. einen erheblichen Einfluß auf diese Staaten
geübt und das erstere sich sogar lehnspflichtig gemacht hatte,
waren jetzt umgekehrt die Mächte England und Frankreich in
der Lage, in die inneren Angelegenheiten des Reiches einzugreifen.
Die Gegenkönige Otto und Philipp boten selber den beiden Mächten
die Hand hierzu, indem der erstere den englischen König, der letztere
den französischen König zu seinem Bundesgenossen gewann. Philipp
bezahlte die Bundesgenossenschaft König Philipps II. August mit
der Preisgabe der flandrischen Reichslehen. In seinem Vertrage
vom 29. Juni 1198 mit dem französischen Könige sicherte er demselben seine Unterstützung gegen jeden Reichsangehörigen zu, der
dem letzteren Schaden zufüge. Im Falle er verhindert sei, gab
er es sogar dem französischen Könige anheim, sich selber Genugthuung zu verschaffen. Insbesondere bot er ihm den welfisch gesinnten Grafen von Flandern, dessen Reichslehen und Allode als
den geeignetsten Gegenstand seiner Schadloshaltung an. Auch
Innocenz gab sich seinerseits alle Mühe, das Ausland in den
deutschen Thronstreit hineinzuziehen, indem er, freilich ohne nennens-
werten Erfolg, die Könige Richard und Johann von England so-

wie Philipp II. August von Frankreich wiederholt aufforderte, dem Welfen Otto in seinem Kampfe mit Philipp Beihilfe zu leisten.

Einen unmittelbaren Verlust erlitt das Reich während der Thronstreitigkeiten im Norden, als der König Knud und die von ihm lehnsabhängigen Slavenfürsten Borwin und Niklot im Jahre 1201 in Holstein einfielen und das Land nebst der Grafschaft Ratzeburg und der Stadt Lübeck eroberten. Im Jahre 1203 fiel auch Lauenburg in die Hände Waldemars. König Philipp war zu sehr mit dem Kampfe gegen seinen Nebenbuhler beschäftigt, als daß er dem Dänenkönige hätte entgegentreten können. Dem Könige Otto waren die Erfolge des letzteren sogar sehr erwünscht, weil dieselben die Macht des Staufers im Norden erschütterten. Otto schloß kurz darauf eine doppelte verwandtschaftliche Verbindung mit dem dänischen Königshause, von welchen wenigstens eine, die Verlobung seines Bruders Wilhelm mit der Schwester König Knuds zu einer ehelichen Verbindung führte. In der Erwartung, von dem Dänenkönige Beistand gegen Philipp zu erlangen, entsagte er sodann seinen Ansprüchen auf die von dem ersteren gemachten Eroberungen. Zwar beabsichtigte Philipp im Jahre 1208 den auf einen Teil seines Hausbesitzes zurückgedrängten Welfen vollends niederzuwerfen und zugleich mit Heeresmacht gegen den Dänenkönig zu ziehen und von dem letzteren die eroberten Reichslande zurückzufordern. Aber der Pfalzgraf Otto von Wittelsbach, welcher den König mitten in den Vorbereitungen zu seinem Heereszuge im bischöflichen Palast zu Bamberg ermordete, machte den Absichten des Königs, den alten Glanz der Krone und des Reiches wiederherzustellen, ein jähes Ende. Alles in allem endete die Zeit dieses Thronstreites mit schweren Verlusten der Krone und des Reiches nach innen und außen und mit einer weiteren Machtvermehrung des Fürstentums, des Papsttums und der im Lehnsverbande des Reiches stehenden auswärtigen Nationen. Auch Philipp war ein Opfer der kaiserlichen Eroberungspolitik, obwohl er selber an Eroberungen nicht denken konnte, vielmehr nicht einmal den Bestand des von seinen Vorgängern gewonnenen Reichsgebietes zu behaupten vermochte. Doch waren ja die gegen seine Regierung erhobenen Schwierigkeiten insbesondere auf Seiten

des Papsttums von dem Gedanken ausgegangen, den von dem
staufischen Hause verfolgten Machtbestrebungen entgegenzuwirken,
so daß der Kampf gegen ihn nicht in seiner Persönlichkeit und
seiner eigenen Politik sondern vielmehr in der Politik seines Hauses
seinen Grund hatte.

Der Thronstreit Philipps von Schwaben mit Otto IV. bildete
eine ähnliche Wende in der Geschichte des Kaisertums wie einst
der Kampf Heinrichs IV. mit Gregor VII. um die Laieninvestitur.
Hatte in dem letzteren das Kaisertum seinen Anspruch auf die
leitende Stellung in dem christlichen Gottesstaate aufgegeben und
sich dazu verstehen müssen, das Papsttum als eine gleichberechtigte
Autorität neben sich anzuerkennen, so mußte es von jetzt ab noch
eine Stufe weiter herabsteigen und das Papsttum als eine höhere
Autorität über sich anerkennen. Zwar war diese dem Kaisertum
und aller weltlichen Gewalt übergeordnete Stellung des Papsttums bereits von Gregor VII. behauptet und im allgemeinen auch
anerkannt worden; doch hatte das Kaisertum noch an der Gleichberechtigung seiner Autorität mit der päpstlichen festgehalten. Die
auf Philipp von Schwaben aber folgenden Kaiser Otto IV. und
Friedrich II. waren Geschöpfe der römischen Kurie, insofern sie
von der letzteren zum Throne berufen wurden. Unter dem Drucke
dieser veränderten Machtverhältnisse waren sie auch nicht mehr in
der Lage, die im Wormser Konkordate gezogene Grenzlinie zwischen
der weltlichen und geistlichen Gewalt festzuhalten. Otto IV. und
Friedrich II. mußten vielmehr von der letzteren zurückweichen, indem sie auf das der Krone damals vorbehaltene Beaufsichtigungsrecht der geistlichen Wahlen und das Entscheidungsrecht streitiger
Wahlen ausdrücklich Verzicht leisteten. Beide Kaiser trugen kein
Bedenken, sich wenigstens in der ersten Zeit ihrer politischen Laufbahn König der Römer, beziehentlich erwählter römischer Kaiser
„von Gottes und des Papstes Gnade" zu nennen. Otto IV.
nannte seinen Gegner spöttisch einen Pfaffenkaiser, obwohl er selber
einst ein solcher gewesen war. Friedrich II. stand auch später
nicht an, der kirchlichen Autorität eine höhere Wesenheit beizulegen
als der königlichen, wenn er die von der Kirche beliebte Allegorie
übernehmend, das Papsttum der Sonne, das Königtum dem Monde

verglich. Indem die religiöse Idee des christlichen Gottesstaates verwirklicht wurde, sank der Kaiser von dem obersten Herrn der Christenheit allmählich zum Lehnsmanne des römischen Papstes herab.

Otto IV. war gewissermaßen der Einigungspunkt der von
der Kirche, den Fürsten und dem Auslande gegen das staufische
Haus und die deutsche Krone erhobenen Widersprüche. Demgemäß mußte er diesen Mächten aus dem Besitzstande des Reiches
hoheitliche Rechte und Gebietsteile abtreten, um dieselben an sich zu
fesseln. Die Zusagen, welche er einst im Jahre 1201 während
seines Kampfes mit Philipp von Schwaben dem Papste gemacht
hatte, in welchen er auf das Spolienrecht der Krone, die Mathildischen Erbgüter und die zum Patrimonium Petri gehörigen mittelitalienischen Gebiete verzichtet, sowie die Lehnshoheit der Kurie
über das Königreich Sicilien anerkannt hatte, mußte er im Jahre
1209 vor der Kaiserkrönung bestätigen. Er mußte jene damaligen
Zugeständnisse sogar noch durch den Verzicht auf jede Beeinflussung
der geistlichen Wahlen, d. h. auf das der Krone durch das Wormser
Konkordat zugestandene Beaufsichtigungsrecht der Wahlen, ferner
durch die Gewährung der Berufung an die päpstliche Kurie in
allen kirchlichen Angelegenheiten, sowie durch das Versprechen zur
Ausrottung der Häresie behilflich zu sein, vermehren. Die Fürsten
wurden durch Geldzahlungen, die Verleihung von Lehen und Privilegien abgefunden, indem ein jeder seinen Machtverhältnissen entsprechende Preisforderungen stellte. Dem Könige von Dänemark
hatte er Holstein und Lauenburg überlassen, weil diese Schädigung
des Reiches zunächst eine solche seines Gegenkönigs Philipps war
und er den Besitz der Krone höher stellte als das Interesse des
Reiches. Aber eben der letztere Umstand, der Ehrgeiz der Herrschaft, veranlaßte ihn später, als er in den allgemein anerkannten
Besitz der Krone gelangt war, zu dem Versuche, die Verluste der
letzteren nach allen Seiten hin wiederherzustellen. Den Umschwung
seiner Politik bezeichnete in kurzer und treffender Weise ein Wort
seines Gesandten, des Erzbischofs Wolfger von Aquileja, welchen
er im Jahre 1209 mit der Herstellung der kaiserlichen Rechte in
Italien beauftragt hatte. Als die Stadt Siena die Herausgabe
der von ihr eingezogenen Reichsgüter mit der Berufung auf eine

Erklärung des Erzbischofs aus dem voraufgegangenen Jahre be-
anstandete, lehnte der letztere die Gültigkeit dieser Berufung ab,
„da wir", wie er sagte, „nicht mehr sind, was wir waren, da
nicht mehr zwei Könige zugleich regieren, sondern Otto und nochmals Otto, Otto der Vierte nunmehr regiert" [1]). Der vormals
so devote Welfe war seit seiner allgemeinen Anerkennung zur
Geltendmachung der kaiserlichen Rechte selbst für den Fall entschlossen, daß diese Politik ihn mit seinen bisherigen Freunden,
dem Papste und den Fürsten überwerfen würde. Das Ziel des
staufischen Hauses, der Besitz Italiens und Siciliens wurde auch
das Ziel seiner Politik. Ferner gedachte er von Dänemark die
Herausgabe der vorher mit seiner Genehmigung von demselben
eroberten Gebiete zu erzwingen. Auch den deutschen Fürsten gegenüber beabsichtigte er die zerbröckelte Macht der Krone aufs neue
zu festigen. Er hatte sogar einen ganz neuen Weg ausfindig gemacht, um diese schwierige Aufgabe zu lösen. Er soll, wie es
heißt, mit dem Gedanken umgegangen sein, durch die Einführung
einer allgemeinen Reichssteuer und die Einziehung eines Teiles der
geistlichen Güter die finanziellen Mittel der Krone zu vermehren,
um dann mit Hilfe derselben auch die Machtstellung der Krone
zu heben [2]).

Den Traditionen der kaiserlichen Politik folgend, richtete er
sein Augenmerk zunächst auf Italien. Als er im Jahre 1209
zum Römerzuge gerüstet hatte, war er entschlossen die seit dem
Tode Heinrichs VI. dem Reiche entzogenen Gebiete in der Romagna,
Tuscien, dem Herzogtum Spoleto und in der Mark Ancona zu-
rückzufordern. Er beauftragte zu diesem Zwecke den Patriarchen
Wolfger von Aquileja die Huldigung seiner Herrschaft von Seiten
der italienischen Reichsländer entgegenzunehmen und die von dritter
Seite beschlagnahmten Reichsgüter einzuziehen. Nach der Kaiser-
krönung übernahm Otto selber die von seinem Legaten begonnene
Aufgabe, indem er im allgemeinen den Besitzstand der Krone in
Ober- und Mittelitalien zur Zeit Heinrichs VI. als Grundlage

---

[1]) Böhmer, acta imp. Nr. 1137.
[2]) Annal. Reinhardsbr. ed. Wegele p. 128 und 134.

seiner Ansprüche nahm. Im Jahre 1210 dehnte er die letzteren auch auf Sicilien aus und begann zum Kriege gegen den Sohn Heinrichs VI., Friedrich, zu rüsten. Aber an diesen Machtbestrebungen des Kaisertums scheiterte auch unter dem Welfen der Friede des Reiches mit der Kirche. Innocenz verteidigte das Imperium der Kirche mit seinen geistlichen Censuren. Er bedrohte den Kaiser mit dem Banne, falls er auf seinem Wege fortfahre. Aber Otto ließ sich nicht abhalten. Im Herbste des Jahres 1210 brach er zum Zuge gegen Sicilien auf. Innocenz antwortete mit der Verhängung des Bannes über den Kaiser. Um dem Banne ein materielles Gewicht zu geben, suchte Innocenz jetzt wie ehemals gegen Philipp von Schwaben die Hilfe des Auslandes und der deutschen Fürsten. Den König Philipp II. August suchte er dadurch für sich zu gewinnen, daß er demselben die von Otto gehegten Eroberungspläne gegen Frankreich mitteilte. Die deutschen Fürsten aber reizte er ebenso wie im Jahre 1200 durch den Hinweis auf ihre bedrohte Freiheit zum Aufruhr. Der Kaiser würde euch, schrieb er den letzteren, „in dieselbe Lage herabdrücken, in welche sein Großvater und Oheim die Barone Englands gebracht haben"[1]. Desgleichen forderte er die Städte und den Klerus Italiens zum Abfalle vom Kaiser auf. Die Worte des Papstes fanden vielseitigen Anklang. In Italien nahm der Abfall vom Kaiser seinen Anfang. Ein großer Teil der lombardischen Städte, an der Spitze derselben Cremona, sagte sich vom Kaiser los. Der Markgraf Azzo von Este, die Grafen Ludwig und Richard von St. Bonifacio, sowie der Erzbischof Ubald von Ravenna schlossen sich dem Bunde an. Auch in Deutschland zündete der Aufruf des Papstes. Der Erzbischof Siegfried von Mainz, der Landgraf Hermann von Thüringen und der König Otakar von Böhmen traten dem Bündnis gegen den Kaiser bei. Der Landgraf Hermann konspirierte sogar mit dem Könige von Frankreich, welcher ihm das Versprechen gab, eine seiner Töchter zu heiraten. Auf einer Versammlung zu Bamberg im Jahre 1211 sprach der Erzbischof Siegfried den Bann über Otto aus. Noch in demselben

---

[1] Böhmer, acta imp. Nr. 921.

Jahre traten die Herzöge von Bayern und Oesterreich dem Bünd=
nisse bei. In Nürnberg beschlossen sodann die Verschwörer, König
Friedrich von Sicilien an die Stelle Ottos auf den Thron zu
berufen, nachdem dieser Gedanke bereits in Bamberg zum ersten
Male ausgesprochen war.

Aufs neue tobte jetzt der erst wenige Jahre beendete Streit
des staufischen und welfischen Hauses um die Krone. Die weit=
verzweigte Empörung rief den Kaiser von seinem Zuge gegen
Sicilien zurück, als er bereits die festländischen Gebiete des sicilia=
nischen Reiches erobert hatte und eben im Begriff war, nach der
Insel überzusetzen und seine Eroberung zu vollenden. Die Rück=
kehr des Kaisers verhinderte eine Weile die Ausbreitung der Ver=
schwörung. Einige seiner Gegner, wie der Herzog Leopold von
Oesterreich, der Bischof Ekbert von Bamberg, der Herzog von
Meran, der Markgraf Heinrich von Mähren traten sogar zur
Partei des Kaisers zurück. Mit Heeresmacht eilte der letztere
nach Thüringen, brach einige Festen des Landgrafen und war
eben mit der Belagerung von Weißensee beschäftigt, als er die
Nachricht erhielt, daß der Staufer Friedrich auf dem Wege nach
Deutschland sei. In diesem Augenblick starb plötzlich die Gattin
Ottos, Beatrix, die Tochter Philipps von Schwaben. Da nun
der Rechtsanspruch Ottos auf die Krone nach der Ansicht der
Schwaben und Baiern lediglich auf seiner Verbindung mit dem
staufischen Hause beruhte, so erschien derselbe für sie mit dem Tode
der Beatrix erloschen. Die schwäbischen und bayrischen Mann=
schaften verließen daher heimlich in der Nacht das Heerlager des
Kaisers. Das letztere wurde durch den Abzug derselben so geschwächt,
daß er von der bisher erfolgreichen Belagerung Weißensees ab=
stehen mußte. Er eilte jedoch dem Staufer entgegen, um diesem
den Eintritt in sein schwäbisches Erbland abzuschneiden. Aber
die Partei des Staufers wuchs durch den Uebertritt der geistlichen
und weltlichen Fürsten so schnell, daß Otto im Jahre 1213 nicht
einmal stark genug war, um seinem Feinde, der ihm nach Thü=
ringen entgegenrückte, die Spitze bieten zu können. Er zog sich
nach Braunschweig zurück und sann nun darauf, den Thronstreit
mit einem Zuge gegen den auf Friedrichs Seite stehenden fran=

zöfifchen König zur Entfcheidung zu bringen, indem er hoffte, nach
der Befiegung des letzteren die Beihilfe feines Oheims Johann
von England gegen Friedrich zu ermöglichen. Aber am 27. Juli
des Jahres 1214 wurde er zu Bouvines von dem Heere des
franzöfifchen Königs völlig gefchlagen. Mit diefer Niederlage Ottos
wurde zugleich fein Kampf mit Friedrich entfchieden. Jetzt wurden
auch die niederrheinifchen Dynaften, die Grafen von Jülich, Cleve
und Limburg gezwungen, den Kaifer zu verlaffen und mit dem
Staufer Frieden zu machen. Im Jahre 1215 fielen auch die
bisher noch getreuen Städte Kaiserswerth, Aachen und Köln fowie
die Burg Trifels in Friedrichs Hand. Auf einen Teil feiner
welfifchen Stammlande und einen kleinen Kreis treuer Anhänger
zurückgedrängt, endete Otto dann fein an Unruhen und Ent=
täufchungen fo reiches Leben im Jahre 1218.

Keine einzige Hoffnung Ottos hatte fich erfüllt. Denn feine
Macht reichte nicht aus, um die der Krone feindlichen Gewalten,
welche er felber durch den von ihm gegen Philipp von Schwaben
begonnenen Thronftreit unterftützt hatte, zu überwinden. Weder
dem Papfte, noch den Fürften, noch dem Auslande gegenüber konnte
er die Rechte der Krone behaupten. Er mußte dem vereinten
Angriffe derfelben unterliegen. In diefem vergeblichen Ankämpfen
gegen die von ihm felbft verftärkte Gegnerfchaft der Krone lag
gewiffermaßen die tragifche Kollifion der Regierung Otto IV. Die=
felben Mächte, welche ihn einft gegen die Krone und das ftaufifche
Haus erhoben hatten, bedienten fich nunmehr des letzteren, um
jenen niederzuwerfen, als er die gleichen Machtanfprüche fich an=
geeignet hatte. Mit einem Bürgerkrieg begann und endete das
Regiment des Welfen. Mit fchweren Verluften der Krone hatte
er feinen Weg zum Throne begonnen und mit nicht geringeren
Einbußen derfelben befchloß er feine Laufbahn. Denn der Sieg,
welchen Friedrich II. über ihn gewonnen, war kein Sieg der
Krone über die ihr feindlichen Mächte, fondern vielmehr umgekehrt
ein folcher der letzteren über die von dem Welfen aufs neue er=
ftrebte Machtftellung der erfteren.

Noch einen letzten Verfuch machte nunmehr das Kaifertum
unter Friedrich II., um das Traumbild eines weltherrfchaftlichen

Regimentes zu verwirklichen. Noch einmal traten die bisherigen Gegensätze, das Kaiserthum auf der einen, Papsttum, Fürstentum und die fremden Nationalitäten auf der anderen Seite mit einer äußersten Anspannung ihrer Kräfte sich gegenüber. Daß dieser letzte Waffengang mit einem Siege der dem weltlichen Imperium feindlichen Mächte endigen würde, konnte freilich nach dem bisherigen Laufe der Dinge nicht zweifelhaft sein. Jedenfalls aber bildete derselbe einen großartigen, alle Momente der mittelalterlichen Kultur in gedrängter Kürze und höchster Spannung zusammenfassenden Abschluß der mittelalterlichen Reichsidee. Auf beiden Seiten herrschten die höchsten Vorstellungen der eigenen Würde, dort der kaiserlichen, hier der päpstlichen. Die absolutistischen Hoheitsbegriffe des altrömischen Imperatorentums wurden auf jener Seite mehr als jemals vorher mit der religiösen Metaphysik in Verbindung gebracht und als göttliche Glaubenswahrheiten bezeichnet. Daß Friedrich sich als den Nachfolger der römischen Cäsaren betrachtete und seine hoheitliche Gewalt demgemäß ebenso unbegrenzt dachte, wie die der letzteren einst gewesen war, entsprach der Idee des Kaisertums und den herrschenden Anschauungen seiner Zeit. Eine Besonderheit Friedrichs aber war es, daß er, um den göttlichen Charakter seiner Würde zu betonen, zwischen sich und Christus eine Parallele zog, indem er seine Vaterstadt Bethlehem nannte und dieselbe mit Anspielung auf die bekannte Prophezeiung der heiligen Schrift als nicht die kleinste des Landes bezeichnete, da aus ihr der Beherrscher des römischen Reiches hervorgegangen sei [1]). Auf der anderen Seite wurde das religiöse Amt des Statthalters Christi offener und entschiedener als zuvor im Sinne eines weltlichen Herrscheramtes verstanden und ausgeübt. Auf beiden Seiten wurde der Kampf von den größten Männern der Zeit mit den größten Machtmitteln geführt, welche dem Kaisertume wie dem Papsttume jemals zur Verfügung gestanden haben. Zwar hat sich kaum ein Kaiser ernstlicher bemüht, den großen Aufgaben seiner Politik mit Schonung der Kurie nachzugehen, als Friedrich II. Aber da das Papsttum die gleichen Machtbestrebungen verfolgte wie das

---

[1]) Huill. Bréh. V, 1, p. 378.

Kaisertum, so war ein Nebeneinanderbestehen beider nicht möglich. Die weltherrschaftliche Politik der Kurie war es, die schließlich auch unter Friedrich, das Zerwürfnis zwischen beiden Mächten verursachte und zu einer entscheidenden Lösung führte.

Im allgemeinen wiederholte sich unter Friedrich II. dasselbe Schauspiel wie unter Otto IV. Wie dieser so wurde auch jener gegen die erobernde Politik seines Vorgängers von der Kurie als Gegenkönig aufgestellt. Die Traditionen des Kaisertums führten dann auch Friedrich bald nach der Besiegung seines Gegners in Zwiespalt mit seinen bisherigen Freunden. Doch reichten seine Mittel ebensowenig wie die Ottos IV. aus, die vereinigte Macht der von ihm selbst bis dahin begünstigten Gegner zu besiegen. Von einem Teile der Fürsten verlassen, endete auch er wie sein von ihm überwundener Vorgänger unter dem Fluche der Kirche und im Kampfe mit feindlichen Kronprätendenten.

Wie einst Otto mußte auch er sich seinen Weg zum Throne mit der Verleihung königlicher Rechte und Güter an den Papst, die Fürsten und die lombardischen Städte bahnen. Dieselben Versprechungen, welche der Welfe einst in den Jahren 1201 und 1209 dem Papste gemacht hatte, mußte er in der Hauptsache wiederholen. Ehe der Papst seine Einwilligung zu seiner Wahl gab, mußte Friedrich das Lehnsverhältnis Siciliens zur römischen Kurie anerkennen und der letzteren seinen Schutz bezüglich des Patrimoniums Petri zusagen. Im Jahre 1216 mußte Friedrich versprechen, nach der vollzogenen Kaiserkrönung die bisher bestehende Personalunion zwischen dem deutschen und dem sicilianischen Reiche dadurch zu lösen, daß er zu Gunsten seines Sohnes Heinrich auf den sicilianischen Königstitel Verzicht leisten und die Verwaltung des letzteren Reiches bis zur Mündigkeit Heinrichs einem im Einvernehmen mit dem Papste zu bestellenden Kurator übertragen wolle. Im Jahre 1220 erlangte er dann von Honorius III. die Zusage, daß für den Fall, daß sein Sohn Heinrich ohne einen Sohn oder Bruder zu hinterlassen, versterben werde, Sicilien wieder an ihn zurückfallen solle. Freilich äußerte er die Hoffnung, daß der Papst doch noch ihm selber Sicilien überlassen und die bisher nur provisorische Personalunion für die Dauer seiner Lebenszeit bestehen lassen werde. Nach der Wahl seines Sohnes Heinrich zum römischen König im Jahre 1220, welche aufs neue eine Per=sonalunion beider Reiche begründete, erklärte er dem Papste, daß die Wahl ohne sein Wissen geschehen sei und daß ihm eine Real=union beider Reiche fern liege. Die Fürsten bestätigten diese Aussage Friedrichs, indem sie dem Papste versicherten, daß „das Reich keine Gemeinschaft mit dem Königreiche, noch irgend eine Jurisdiktion in demselben haben solle." Im Jahre 1213 mußte er ferner wie einst Otto auf das Spolienrecht, die Beeinflussung der kirchlichen Wahlen und die Einschränkung der Berufungen an den Papst verzichten und diese Zusagen mit Einwilligung der Fürsten feierlich verbriefen. Wie Otto, so nannte sich auch Fried=rich anfänglich in den an den Papst gerichteten Schriftstücken er=wählter römischer Kaiser „von Gottes und des Papstes Gnade" [1]).

Ebenso freigebig erwies sich Friedrich den deutschen Fürsten gegenüber, sowohl denjenigen, welche ihm bei seinem Eintritte in das deutsche Reichsgebiet die erste Beihilfe geleistet hatten, als auch denen, welche später nach seiner im Jahre 1212 erfolgten Wahl zum römischen Könige vom Welfen abfielen und seine Partei er=griffen. Insbesondere schenkte er seine Gunst den geistlichen Fürsten, indem er sowohl auf die Kirchenlehen der Krone als auch auf das Recht, die Einkünfte eines erledigten Bischofsstuhles für die Zeit eines Jahres zu beziehen, Verzicht leistete. Eine Handlung der Anerkennung für die ihm erwiesenen Dienste war ferner jenes große Privilegium, welches er den geistlichen Fürsten auf dem Reichstage zu Frankfurt im Jahre 1220 verlieh. Dasselbe war der Preis, welchen er den Fürsten für ihre Beihilfe in seinem Thronstreite gegen Otto IV. sowie für die Wahl seines Sohnes Heinrich zum römischen Könige zahlte, wie er selbst in dem Ein=gange der Urkunde bemerkte. Wenn auch das Privilegium nicht durchweg neue Rechte gewährte, sondern vielfach nur bestrittene und teilweise sogar schon aufgegebene Rechte der Krone endgültig preisgab, so waren doch die Bestimmungen, in welchen Friedrich

---

[1]) M. G. leg. II, p. 223.

sich des Rechts begab, in den Territorien der geistlichen Fürsten
neue Zölle oder Münzstätten zu errichten, sowie in den Städten
derselben eine königliche Gerichtsbarkeit zu üben, von erheblicher
Bedeutung. Die Territorien der geistlichen Fürsten waren seitdem
jeder unmittelbaren Beziehung zur Krone entzogen. Auch den
Städten gegenüber war Friedrich wenigstens für die ersten Jahre
seiner Regierung sehr bereitwillig in der Erteilung von Privilegien.
Doch erhoben die geistlichen wie die weltlichen Fürsten hinsichtlich der
zu ihren Territorien gehörigen Städte gegen diese Politik Friedrichs bald einen so entschiedenen Widerspruch, daß der letztere sich
mit der Erteilung solcher, die städtischen Ratswahlen, den städtischen
Gerichtsbann u. s. w. betreffenden Privilegien auf die reichsun-
mittelbaren und die zu seinem Herzogtum Schwaben gehörigen
Städte beschränken mußte. Endlich fand sich auch Friedrich, wie
einst unter gleichen Verhältnissen Otto, genötigt, selbst das Ausland zur Beihilfe in seinem Thronstreit herbeizuziehen und dasselbe
für die ihm geleisteten Dienste aus dem Reichsgebiete schadlos zu
halten. Dem Könige von Dänemark, dem einst Otto während
seines Thronstreites mit Philipp von Schwaben die von demselben
gemachten Eroberungen in Holstein und Lauenburg überlassen hatte,
bestätigte Friedrich auf dem Hoftage zu Metz im Jahre 1214 die
eroberten Reichslande, weil diese Eroberungen auf Kosten der Anhänger Ottos, des Grafen von Schwerin und des Markgrafen
von Brandenburg, stattgefunden hatten. Zehn Jahre später, als
der Graf Heinrich von Schwerin den König Waldemar von Dänemark nebst seinem Sohne durch List gefangen genommen, darauf
den dem dänischen Hause verwandten Albrecht von Orlamünde
bei Mölln geschlagen und gleichfalls gefangen genommen hatte, fiel
Holstein allerdings wieder an seine ehemaligen Herren, die Schauen-
burger zurück. Der Sieg der Deutschen über König Waldemar
bei Bornhövde im Jahre 1227 gab dieser Wendung einen dauernden Bestand. Indeß hatte das Reich als solches an demselben
keinen Anteil, da der Kampf lediglich von den niedersächsischen
Großen geführt worden war.

Sah sich Friedrich anfänglich durch den Kampf mit Otto IV.
gezwungen, durch Preisgebung der Kronrechte Verbündete zu ge-

winnen, so veranlaßten ihn nach der Besiegung seines Gegners seine auf Sicilien und Oberitalien gerichteten Machtzwecke zu der gleichen Haltung. Die weltherrschaftliche Idee des Kaisertums, welche kein Herrscherhaus mit solcher Thatkraft aufgenommen hatte, wie das staufische, war auch die Seele der Politik Friedrichs. Von diesem Gesichtspunkte aus bestimmte sich die Politik des letzteren zu allen Mächten seiner Zeit, zum Papsttum, zu den Fürsten, den Städten Deutschlands und Italiens, wie zu den auswärtigen Staaten. Nur von diesem Interesse aus geleitet, nahm er schließlich auch an der größten europäischen Frage der damaligen Zeit, dem Kampfe mit dem Islam teil. Zunächst führten diese weltherrschaftlichen Pläne ihn ebenso wie seine Vorgänger nach Italien. Das letztere und insbesondere Sicilien bildete um so mehr den Schwerpunkt seiner Politik, als dieses ja seine Heimat und das von seiner Mutter ihm anerfallene Erbteil war. Friedrichs Politik nahm deshalb den umgekehrten Weg wie die seines Vaters Heinrich VI. Hatte dieser von Deutschland aus das sicilianische Reich erobert, so hatte sich Friedrich von dem Besitze des letzteren ausgehend der deutschen Krone bemächtigt. Auch in der nachfolgenden Zeit hielt die Politik Friedrichs diese anfänglich durch die Lage der Verhältnisse gegebene Richtung bei. Denn Sicilien sollte ihm zu dem festen Stützpunkt dienen, von welchem aus er die erschütterte Macht der Krone in Oberitalien und Deutschland wiederherzustellen beabsichtigte. Im Jahre 1220 zog er zur Kaiserkrönung nach Rom, und blieb fünfzehn Jahre in Italien, hauptsächlich mit der Ordnung des sicilianischen Reiches beschäftigt. Das letztere wandelte er sodann in einen, von allen bestehenden Formen der mittelalterlichen Staatsverfassung abweichenden, streng monarchischen Beamtenstaat um. Im Jahre 1236 nach Italien zurückgekehrt, blieb er daselbst bis zu seinem Tode. Nur einmal noch im Jahre 1242 soll er heimlich mit geringer Begleitung und auf wenige Tage Deutschland wiedergesehen haben. Nachdem er Sicilien unterworfen und die Verwaltung des Landes geordnet hatte, wandte er sich nach Oberitalien, um dort die während der langen Thronstreitigkeiten zerrüttete Macht der Krone wiederherzustellen. Aber der Kampf mit den lombardischen Städten bildete die Wende

in der Geschichte des Kaisers ebenso wie in der seines gleichnamigen Ahnherrn.

Die universale Reichspolitik brachte ihn in die Lage, die alte
Gegnerschaft der Krone, Papsttum und Fürstentum, aus den eigenen
Mitteln verstärken zu müssen. Aehnlich wie manche seiner Vorgänger in Schenkungsurkunden für die Kirche, äußerte er wohl
die Ansicht, daß durch die Förderung der Kirche und des Fürstentums auch die kaiserliche Gewalt gehoben würde[1]). Die Unterstützung des Papsttums und die Hebung des Fürstentums waren
denn auch die leitenden Grundsätze der Politik Friedrichs. Von
dieser Voraussetzung aus gewährte er der Kirche wie den Fürsten
alle die Rechte, um welche bisher zwischen diesen und der Krone
ein beständiger Streit geschwebt hatte. Dem Papste Gregor IX.
schlug er im Jahre 1232 ein Bündnis auf gegenseitige Unterstützung vor, indem er Kaisertum und Papsttum ihrer Entstehung,
ihren Lebensbedingungen und Zwecken nach aufeinander angewiesen glaubte. Seine Ausführungen gipfelten in dem Vorschlage,
gemeinsam gegen die Zerstörer des Glaubens und die Rebellen
des Reiches vorzugehen und die Rechte der Kirche wie des Reiches
wiederherzustellen[2]). Um sich die Beihilfe der Kirche in seiner
großen Politik zu sichern, ließ er es sich vor allem angelegen sein, sich
derselben seinerseits möglichst dienstwillig zu erweisen. Soweit seine
Macht reichte, trat er der in jener Zeit sich ausbreitenden Häresie
mit größter Entschiedenheit entgegen. Seine Gesetzgebung war
reicher als die irgend eines seiner Vorgänger an Ketzeredikten.
Er erließ solche in den Jahren 1220, 1224, 1232 und 1238[3]).
Und zwar ließ er, um sich den Dank der Kirche besonders zu verdienen, dem Hasse der letzteren gegen ihre Feinde den weitesten
Spielraum, indem er in jenen Edikten Strafen über die Ketzer
verhing, welche an Härte und Grausamkeit die altrömischen Straf-
bestimmungen gegen die Christen erheblich überboten. In den
Privilegien ferner, welche er im Jahre 1220 den geistlichen Fürsten

---

[1]) Vgl. beispielsweise Huill. Bréh. IV, 1, p. 274, 315, 389, 392 etc.
[2]) Huill. Bréh. hist. dipl. IV, 1, p. 40.
[3]) M. G. leg. II, p. 244, 252 f., 287 ff., 326 ff.

gewährte, ging er gleichfalls von der Ansicht aus, daß zwischen seinen Interessen und denen der letzteren ein gegenseitiges Bünd= nis geschlossen werden könne. In dieser Annahme erklärte er in der Einleitung: „Wir erachten, daß diejenigen, durch welche wir erhoben sind, immer zu erheben seien und durch welche wir ge= kräftigt sind, zugleich mit ihren Kirchen stets durch unsere Macht gegen Schäden zu kräftigen seien" [1]. Die Fürsten gingen ihrer= seits begreiflicherweise auf eine solche Auffassung bereitwilligst ein. Sie selber bezeichneten sich in der von ihnen ausgestellten Vermittlungsakte zwischen Friedrich und seinem Sohne Heinrich vom Jahre 1232, als die Schultern, auf welchen der kaiserliche Thron beruhe. Durch ihren Beistand, erklärten sie, würde jener gekräftigt, „daß sowohl das Reich durch seine herrliche Majestät hervorleuchte als auch unser Fürstenstand von ihm zurückstrahle" [2]. Die Worte der Fürsten gingen dann einen Monat später auch in das große Privilegium Friedrichs über, in welchem der letztere jene Ansicht über den Wert des Fürstentums für das Kaisertum noch bestimmter aussprach. „Der erhabene Sitz unseres Reiches," heißt es zu Beginn des Privilegs, „wird erhöht und wir führen die höchste Leitung des Reiches zu aller Gerechtigkeit und Frieden, wenn wir für die Rechte unserer Fürsten und Magnaten mit schuldiger Vorsicht sorgen. Auf diesen blüht und besteht das Reich, wie auf edlen Gliedern das Haupt ruht" [3].

Nur in einer Hinsicht hatte die nach der Besiegung Ottos aufgenommene Eroberungspolitik Friedrichs eine Aenderung seines Anfangs beobachteten Verhaltens zur Folge, nämlich hinsichtlich der städtischen Gemeinfreiheit. Die durchweg von dem Gesichts= punkte der äußeren Erweiterung des Reiches geleitete Politik ver= anlaßte Friedrich, sich in dem Zwiespalte zwischen den Fürsten und den städtischen Gemeinden auf die Seite der ersteren zu stellen, obwohl er sich anfangs den letzteren sehr wohlwollend erwiesen

---

[1] M. G. leg. II, p. 236.
[2] M. G. leg. II, p. 290; Huill. Bréh, IV, 1, p. 325.
[3] M. G. leg. II, p. 291; Huill. Bréh. IV, 1. p. 332. Aehnliche Worte ebenda p. 270, 303, 310, 327 und a. a. O.

hatte. Die Aufsässigkeit seines Sohnes Heinrich beschleunigte und verschärfte die Parteinahme des Kaisers für die Fürsten. Wie immer, so war es auch hier wieder die italienische Politik des Kaisertums, welche dem deutschen Fürstentum zu statten kam. Als Friedrich nach Italien zog, übertrug er die Verwaltung des Reiches seinem Sohne Heinrich und dem Erzbischof Engelbert von Köln. Da nun der erstere, die Abwesenheit des Vaters benutzend, sich von diesem unabhängig zu machen suchte, so bemühte derselbe sich, zu diesem Zwecke die Gunst der Fürsten zu gewinnen. In dieser Berechnung nahm er in den Zwistigkeiten der Fürsten mit den Städten für jene Partei. Bereits im Jahre 1226 hatte Heinrich den Städten die Aufnahme höriger Landsassen, sowie die Abschließung von Bündnissen untersagt. Auf dem Reichstage zu Worms im Jahre 1231 folgten dann jene bedeutungsvollen Gesetze, welche die Fürsten als „Landesherrn" anerkannten, sowie andererseits die Freiheit der Städte zu vernichten bestimmt waren. In der Erhöhung des Fürstentums auf Kosten der Krone und der städtischen Freiheit lag die verhängnisvolle Bedeutung jener Gesetze. Indem Heinrich die städtische Gerichtsbarkeit auf die landesherrliche Gewalt zurückführte, legte er der letzteren eine von der Krone unabhängige, autonome Gerichtsgewalt bei. Ferner begab sich die Krone eines wesentlichen Teiles ihrer militärischen Gewalt, indem sie sich verpflichtete, auf dem Grund und Boden der Kirchen keine neuen festen Plätze anzulegen. Desgleichen beschränkte sie ihr Markt= und Münzregal zu Gunsten der Landesherrn, indem sie erklärte, keine den bestehenden Märkten hinderliche neue Märkte, noch der fürstlichen Münze Schaden bringende neue Münzen in den Territorien des Landesherrn errichten zu wollen. Der hauptsächliche Zweck der Gesetze war indes die Unterwerfung der Städte unter die landesherrliche Gewalt, ein Zweck der auf unmittelbarem und mittelbarem Wege erzielt wurde, jenes durch die Unterstellung der städtischen Gerichtsbarkeit unter die landesherrliche Gerichtsgewalt, dieses durch die Einschränkung des städtischen Wachstumes. Und zwar wurde das letztere in der Hauptsache dadurch erreicht, daß den Städten ihre Verbürgerungen mit den ritterlichen und vollfreien Leute sowie mit dem Landvolke der Nachbarschaft untersagt wurde. Um diese Verbürgerungen gänzlich zu verhindern, wurden den Städten die Ausweisung der sogenannten Pfalbürger befohlen und den Landleuten die Abgaben an die städtischen Behörden untersagt. Das Bannmeilenrecht, welches insbesondere den Zweck hatte, das Landvolk von den Städtern wirtschaftlich abhängig zu machen, indem dasselbe keinen Gewerbebetrieb im Umkreise der Stadt zuließ, wurde aufgehoben. Die städtische Gerichtsbarkeit wurde auf den Umfang des städtischen Weichbildes eingeschränkt und das von den Städten ausgeübte Geleitsrecht innerhalb des landesherrlichen Territoriums denselben entzogen und den Landesherren ausschließlich vorbehalten. Wurde durch diese Bestimmungen das Machtgebiet der Städte auf den engsten Raum zusammengedrängt, so sorgten weitere Bestimmungen dafür, daß auch im Kreise des städtischen Weichbildes der landesherrlichen Gewalt kein Abbruch verursacht werden konnte. Demgemäß bestimmte das Gesetz, daß die in den Städten ansässigen Leute durch ihr Domizil keineswegs von den ihren Herren schuldigen Abgaben befreit, daß vielmehr die letzteren nach wie vor entrichten werden sollten. Ferner sollten die Städte nicht befugt sein, diejenigen der von ihnen aufgenommenen abhängigen Leute, welche zu ihren Herren zurückkehren wollten, zum Bleiben zu zwingen. Endlich wurde den Städten verboten, den von dem Richter verurteilten landflüchtigen Leuten eine Zuflucht zu gewähren [1]). Den Fürsten dafür zu Dank verpflichtet, daß sie trotz jener Privilegien der Aufforderung seines Sohnes zum Aufruhr keine Folge geleistet hatten, andererseits von den aufrührerischen Lombarden im Rücken bedrängt, sah sich der Kaiser gezwungen, im Mai 1232 das den Fürsten von seinem Sohne verliehene Privileg auch seinerseits zu bestätigen. So hatte die Krone sich aller hoheitlichen Rechte innerhalb der fürstlichen Territorien begeben und den Fürsten den ganzen Umfang derselben überlassen.

Der universalpolitische Zug des Kaisertums und die durch denselben veranlaßten Verwicklungen hatten die Entstehung jener Gesetze im letzten Grunde verursacht. Er war es, welcher die Krone

---

[1]) M. G. leg. II, p. 282.

mit allen Mächten überworfen hatte und welcher sie schließlich auch noch ihres letzten Anhanges, des deutschen Bürgertumes, beraubte. Aberdings würde bei der Lage der Dinge auch ein Bündnis des Kaisers mit den Städten der Krone schwerlich einen auf die Dauer vorhaltenden Gewinn gebracht haben. Denn da es den Städten weniger um die Hebung der allgemeinen Staatsgewalt, als vielmehr um die Vermehrung ihrer besonderen, von den Fürsten gefährdeten kommunalen Freiheit zu thun war, so würde ein solches Bündnis aller Wahrscheinlichkeit nach nur den Schwerpunkt der partikularen Machtbestrebungen von dem Fürstentum in das Bürgertum verschoben haben. Die Städte versagten denn auch den Staufern im allgemeinen dort ihren Beistand gegen die Fürsten, wo die letzteren ihnen das geforderte Maß kommunaler Selbständigkeit gewährten. Sie hielten sich im allgemeinen ebenso wie die Fürsten zur Partei des Meistbietenden. Als der Erzbischof Siegfried von Mainz der letzteren Stadt den Freiheitsbrief vom Jahre 1244 bewilligt hatte, hielt sich die Stadt in dem Kampfe des Erzbischofs mit Friedrich II. zur Partei des ersteren. Ebenso handelten die Straßburger, nachdem sie im Jahre 1220 mit dem Bischof Frieden geschlossen hatten. Selbst das eine zeitlang den Staufern getreue Köln trat zur Partei des Gegenkönigs Wilhelm von Holland über, als der letztere der Stadt im Jahre 1247 neue Privilegien verlieh.

Aber indem der Kaiser den Machtbesitz des Papsttums wie des Fürstentums aus den Mitteln der Krone förderte, erzielte er keineswegs einen engeren Anschluß derselben an sich, sondern vielmehr das gerade Gegenteil seiner Absicht, eine erhöhte Widerstandsfähigkeit jener Mächte und demgemäß eine Schwächung der eigenen Machtstellung. Eben die universale Idee des Kaisertums, um deren willen Friedrich alle Opfer gebracht hatte, war es, welche auch ihn ebenso wie Otto IV. allmählich mit seinen bisherigen Freunden, insbesondere mit der einem gleichen Ziele nachstrebenden römischen Kurie überwarf. Den nächsten Anlaß zu einem Zerwürfnisse mit der letzteren gab freilich eine kirchliche Frage, die stetige Verzögerung des von ihm auf seinem Krönungstage im Jahre 1215 gelobten Kreuzzuges. Als nun Friedrich im Jahre 1227 den so oft ver-

schobenen Termin der Fahrt, durch Krankheit verhindert, nicht
innehalten konnte, sprach Gregor IX. zu Anagni den Bann über ihn
aus. Doch lief dieses mit einer kirchlichen Frage beginnende Zerwürfnis schließlich auf eine weltliche Machtfrage aus, welche sich
in den späteren Verwicklungen des Streites immer mehr enthüllte.
Der Kampf um das Königreich Sicilien, welches der Papst als
Lehnsherr dem gebannten Kaiser zu entziehen gedachte, bildete den
Brennpunkt des Streites. Zugleich bemühte sich der Papst das
staufische Haus zu entthronen und aufs neue einen Welfen und
zwar Otto von Braunschweig-Lüneburg von den deutschen Fürsten
als Gegenkönig aufstellen zu lassen. Die Erbfolge Friedrichs und
andererseits die Ergebnislosigkeit der päpstlichen Intriguen zwangen
dann Gregor zum Friedensschlusse mit Friedrich, der im August 1230
vollzogen wurde.

Der eigentliche Streitpunkt zwischen Kaiser und Papst, der
Besitz Italiens wurde von noch entscheidenderer Bedeutung in dem
Kriege des ersteren mit dem lombardischen Bunde. Vom Jahre
1235 an, nachdem Friedrich Sicilien geordnet, die palästinensische
Krone erworben und Deutschland beruhigt hatte, beschäftigte er
sich ganz mit der Unterwerfung der norditalienischen Städte. Der
Kampf mit den letzteren füllte die folgenden Jahre seiner Regierung aus. An den Mauern jener Städte, an welchen sich einst
die Macht Friedrichs I. brach, scheiterten indes auch die weltumspannenden Pläne seine Enkels. Wie damals, so war auch jetzt
der Papst mit den lombardischen Städten verbündet, so daß der
Kampf mit diesen zugleich ein solcher mit der Kirche war. Sobald
die lombardische Frage aufgeworfen wurde, trat die seit dem Abschluß
des Wormser Konkordats maßgebende Ursache alles Haders zwischen
Kaisertum und Papsttum, der von beiden Mächten erstrebte Besitz
Italiens, mit voller Klarheit zu Tage. Die lombardische Frage
entzweite Kaisertum und Papsttum so vollständig, daß das letztere
sich entschloß, den Wettbewerb beider um den Besitz Italiens und
das Imperium endgültig zu lösen, jede Versöhnung mit dem Kaiser
abzuweisen und Friedrich vom Throne zu stoßen, sowie das
staufische Haus überhaupt von der Thronfolge auszuschließen. Bis
zum Ende seines Lebens hat Gregor an dieser Absicht trotz mancher

Niederlagen mit großer Hartnäckigkeit festgehalten. Selbst der Einbruch der Mongolen in das Reich und die von denselben der ganzen christlichen Bildung des Abendlandes drohende Gefahr konnte den Entschluß des Papstes nicht ändern. Im Jahre 1236, als der Kaiser gegen die Lombarden rüstete, schrieb Gregor demselben, daß es, einen Angriff auf jene „gleichmütig aufzunehmen, der Kirche nicht geziemen werde"[1]). Am 23. Oktober 1236 schickte Gregor sodann ein Schreiben an Friedrich, in welchem der zwischen beiden schwebende Streitpunkt mit voller Klarheit ausgesprochen wurde. Mit Berufung auf die konstantinische Schenkung erklärte er, daß dem Statthalter Petri, dem die Leitung der himmlischen Dinge auf Erden anvertraut sei, auch die Leitung der irdischen Dinge und insbesondere der Besitz Italiens gebühre[2]). Als sich der lombardische Krieg durch die vergebliche Belagerung Brescias zu Ungunsten Friedrichs wandte, trat der Papst an die Spitze der dem Kaiser feindlichen Städte. Im Jahre 1239, am Palmsonntage sprach er den Bann über Friedrich aus. Die wichtigsten Klagepunkte, mit welchen der Papst den Bannfluch begründete, betrafen die dem Kaiser zur Last gelegte gewaltsame Entziehung kirchlicher Güter, während der eigentliche Beweggrund, der Krieg gegen den lombardischen Bund, gar nicht erwähnt wurde. Friedrich machte in seiner an die auswärtigen Mächte gerichteten Gegenschrift gegen die Bannbulle Gregors auf diese listige Vorstellung des Papstes mit den Worten aufmerksam: „Die wahre Ursache ist die lombardische Angelegenheit, welche das Herz des Papstes quälte und ihn in Zorn brachte, obwohl er sich hütete, dies offen auszusprechen, da es auch ein Aergernis gewesen wäre[3])." Auch eine Zahl geistlicher Fürsten schrieb dem Papste, daß die allgemeine Meinung die lombardische Frage als die Ursache seiner Feindschaft gegen Friedrich bezeichne[4]). Aber Gregor blieb unversöhnlich. Selbst als sich Friedrich im Jahre 1241 siegreich der Stadt Rom näherte,

---

[1]) Huill. Bréh. IV, 2, p. 826.
[2]) Huill. Bréh. IV, 2, p. 914—923.
[3]) Huill. Bréh. V, 1, p. 305 f.
[4]) Huill. Bréh. V, p. 400.

verlangte der versteinerte Greis die Unterwerfung des Kaisers auf Gnade oder Ungnade. Dem Könige von Ungarn schrieb er, daß er zum Frieden bereit wäre, wenn Friedrich „mit zerknirschtem und demütigen Herzen und in reumütiger Gesinnung ehrfurchtsvoll zu dem Gehorsam gegen die Kirche zurückkehren würde" [1]). Aehnlich schrieb er dem Herzog von Kärnthen [2]).

Unter dem Nachfolger Gregors, Innocenz IV., blieb der Streitpunkt zwischen Kaiser und Papst derselbe. Die lombardische Frage war es, welche den schon allgemein erhofften Frieden im Jahre 1244 zwischen beiden vereitelte, da der Papst die von dem Kaiser verlangten Bedingungen nicht anerkennen wollte. Der Besitz Italiens war auch der leitende Gedanke der Politik des Papstes Innocenz IV. Eine Versöhnung zwischen ihm und dem Kaiser war deshalb unmöglich. Die Entthronung des Kaisers und des staufischen Hauses war vielmehr sein feststehender, durch keine Anerbietungen Friedrichs zu erschütternder Entschluß. Er wurde ein noch unversöhnlicherer Feind des Kaisers als sein Vorgänger, da er eine Beilegung des Streites um keinen Preis, auch nicht um den einer demütigen Unterwerfung Friedrichs wollte. In dieser unversöhnlichen Gesinnung sorgte er dafür, daß der Beschluß des von ihm auf das Jahr 1245 berufenen Konziles zu Lyon seinem Willen gemäß ausfiel, indem er die Einladung zu demselben hauptsächlich an die Gegner des Kaisers ergehen ließ. So geschah es, daß die großen Anerbietungen des letzteren von dem Konzile wie ehedem vom Papste abgelehnt, der über Friedrich verhängte Bann bestätigt und der Kaiser seiner Würden entsetzt wurde. Auch die wiederholten Vermittlungsversuche des französischen Königs Ludwig in den Jahren 1246, 48 und 50, welche mit Hinweis auf die Notlage des heiligen Landes den Papst ersuchte, mit dem Kaiser Frieden zu schließen, wurden von Innocenz zurückgewiesen. Den Bürgern der Stadt Straßburg schrieb Innocenz schließlich im Jahre 1246, daß selbst für den Fall, daß der Friede zwischen der Kirche und Friedrich hergestellt

---

[1]) Huill. Bréh. V, p. 1147, Note 3.
[2]) L. c. p. 1138.

würde, der letztere bennoch nicht Kaiser noch König bleiben dürfe [1]). Inzwischen wogte der Kampf zwischen Friedrich und den Lombarden hin und her. Bald waren die Waffen des Kaisers, bald die der letzteren siegreich, ohne daß auf einer von beiden Seiten entscheidende Erfolge erzielt worden wären.

Diese jahrelangen Kämpfe mit der Kurie und den Lombarden übten schließlich auch auf Deutschland ihre Rückwirkung aus. Schon in den Jahren 1237 und 38 wurde der Fortgang des italienischen Krieges durch die Rebellion des österreichischen Herzogs Friedrich des Streitbaren gehemmt. Dennoch konnte der Aufruhr trotz der im Jahre 1239 über den Kaiser verhängten Exkommunikation und trotz der Umtriebe des päpstlichen Legaten, des Böhmen Albert, keine gefährliche Ausbreitung gewinnen. Vielmehr ersuchten die Fürsten den Papst, wenngleich vergeblich, sich dem Kaiser versöhnlich zu zeigen. Es fand sich von den deutschen Fürsten keiner bereit, die ihm von dem Papste zugedachte Rolle eines Gegenkönigs zu übernehmen. Auch der Bruder des Königs von Frankreich lehnte das Anerbieten Gregors ab. Aber die dauernde Abwesenheit des Kaisers in Italien war die Ursache, daß diese in der Geschichte des deutschen Fürstentums immerhin sehr auffällige und seltene Erscheinung keinen Bestand hatte, daß vielmehr die Fürsten doch schließlich in altgewohnter Weise die schwierige Lage des Kaisers zum Abfalle von dem letzteren und zum Bündnisse mit dem Papste benutzten. Die Erzbischöfe Siegfried von Mainz und Konrad von Köln waren es, welche schließlich, der Aufforderung des Papstes folgend, die Waffen gegen den Kaiser erhoben und die heimlichen Gegner desselben zum offenen Aufruhr bewegten. Nach dem Tode des Erzbischofs Theoderich von Trier stellte sich auch die letztere Diöcese unter dem Erzbischof Arnold auf Seite des Papstes. Der Beschluß des Lyoner Konzils brachte dann die im Reiche sich vollziehenden Gährungen zum Ausbruch. Nachdem bereits der Konzilsbeschluß die Fürsten zur Wahl eines neuen Königs aufgefordert hatte, wandte sich Innocenz im folgenden Jahre an die Fürsten mit der Mahnung, den Landgrafen Heinrich von Thüringen als

---

[1] Huill. Bréh. VI, p. 489.

König aufzustellen. Dem päpstlichen Wunsche gemäß einten sich
die Stimmen der rebellischen Fürsten in der Wahl des Landgrafen.
Doch selbst die Aufstellung eines Gegenkönigs veranlaßte Friedrich
nicht, seinen Kampf gegen die Lombarden einzustellen und zunächst
den Aufstand im Reiche niederzuwerfen. Der Verrat griff daher
weiter um sich. Als König Konrad im Jahre 1246 den neuen
König in der Nähe von Frankfurt angriff, verließen ihn sogar die
schwäbischen Grafen und Ministerialen und gingen zum Feinde
über, so daß Konrad völlig geschlagen wurde. Der Tod, der den
Landgrafen im Jahre 1247 ereilte, machte freilich der Gegnerschaft des neuen Königs ein baldiges Ende. Der Verlust Parmas
jedoch und die mit demselben verbundene Ausbreitung der päpstlichen Partei in der Lombardei, welche den siegreichen Fortgang der
Waffen Friedrichs hemmten und den Kampf zu Ungunsten des letzteren wandten, veranlaßten dann die päpstliche Partei innerhalb des
Reiches zur Aufstellung eines neuen Gegenkönigs, der in dem Grafen
Wilhelm von Holland gefunden wurde. Aber ebensowenig wie
Heinrich von Thüringen konnten die Erfolge Wilhelms von Holland
am Nieder- und Mittelrhein den Kaiser bewegen, nach Deutschland
zu eilen. Er beschränkte sich darauf, die Absicht auszusprechen,
dies zu thun. Da entriß der Tod den Kaiser am 13. Dezember
1250 den Wirren des Kampfes. Noch im Tode aber hielt Friedrich
fest an seinen bei Lebzeiten so thatkräftig verteidigten Rechten, insbesondere an der von ihm wiederhergestellten Vereinigung des
Kaiserreiches mit dem Königreich Sicilien. König Konrad, war sein
testamentarischer Wille, sollte Erbe im Kaiserreich und Königreich
sein [1]). Der römischen Kirche sollten, bestimmte er, alle ihre Güter
zurückerstattet werden, aber unbeschadet aller Rechte und Ehren des
Reiches und unter der Bedingung, daß die Kirche auch dem Reiche
seine Rechte zurückgebe [2]).

So starb Friedrich persönlich zwar unbesiegt, wenn auch seine
Macht in Italien und Deutschland erheblich erschüttert war. Doch
blieb darum der Kampf zwischen beiden Mächten nicht unentschieden.

---

[1]) Huill. Bréh. VI, p. 806.
[2]) L. c. p. 808.

Er endete vielmehr mit einer völligen Niederlage des Kaisertums.
Der Sohn Friedrichs, König Konrad, starb, als er eben im Begriff
war, den Kampf mit dem Papste und dessen Anhang aufzunehmen.
Das staufische Haus aber, welches die Macht und die Ehre der
Nation mit so starker Hand gewahrt hatte, ging mit dem alten
Reiche zu Grunde. Vergeblich suchten der Bruder und der Sohn
Konrads IV., ihrem Hause wenigstens die sicilianische Krone zu
erhalten. Manfred verlor Krone und Leben in der Schlacht von
Benevent im Jahre 1266 und Konradin zahlte zwei Jahre später
seinen Versuch, das sicilianische Reich den Händen Karls von Anjou
zu entreißen, mit dem Tode auf dem Blutgerüste zu Neapel. Mit
Konradin erlosch das ruhmreiche Haus der Staufer als ein Opfer
der weltherrschaftlichen Politik der Kirche. Mit Friedrich II. aber
endete zugleich das edelste und thatenreichste Zeitalter der deutschen
Nation. Denn mit ihm stürzte die von der römischen Kurie und
den territorialen Mächten seit Jahrhunderten unterwühlte Reichs=
gewalt endlich zusammen. Desto siegreicher aber blieben die gegne=
rischen Mächte der letzteren, Papsttum und Fürstentum, bestehen.
Die Gegenkönige Friedrichs II., Heinrich von Thüringen und Wil=
helm von Holland, sowie die nächsten Nachfolger des Staufers,
Richard von Cornwallis und Alfons von Castilien, waren Krea=
turen der Kirche und der Fürsten.

Auch im Auslande hatte sich eine verhängnisvolle Wandlung
der Dinge vollzogen. Während innerhalb des Reiches die Macht
der Krone sich stetig geschwächt hatte, war es derselben in Frank=
reich gelungen, sich die partikularen Gewalten mehr und mehr zu
unterwerfen und sich zu dem beherrschenden Mittelpunkte des
Staates zu machen. England ferner hatte einen bedeutenden Ein=
fluß auf die kontinentalen Verhältnisse gewonnen. Während der
Thronstreitigkeiten zwischen Philipp von Schwaben und dem Welfen
Otto, sowie zwischen diesem und Friedrich II. hatten Frankreich
und England bereits eine solche Bedeutung erlangt und war ander=
seits die deutsche Krone so machtlos, daß die letztere ihren Halt
bei jenen Mächten suchen mußte, die Staufer bei Frankreich, der
Welfe bei England. Der Kampf zwischen Otto IV. und Friedrich II.
wurde sogar durch den Sieg des französischen Königs zu Gunsten

des letzteren endgültig entschieden. Die Niederlage Ottos bei
Bouvines erschütterte den alten Kriegsruhm der deutschen Nation
im Auslande. Die Chronik von Lauterberg gedenkt dieser Wen=
dung mit den bekannten Worten: „Seit dieser Zeit verlor, wie
hinlänglich bekannt, der Name der Deutschen bei den Welschen an
Werth" [1]). Kein deutscher Kaiser hat mehr Rücksicht auf das Aus=
land, insbesondere auf die Mächte Frankreich und England, nehmen
müssen, als Friedrich II. Die Machtverhältnisse zwangen den
letzteren, den Königen von Frankreich und England über alle
Schritte seiner italienischen Politik eine Erklärung abzugeben, teils
um nicht die Ansicht aufkommen zu lassen, als ob er die Rechte
und Interessen derselben zu verletzen beabsichtige, teils um die
Unterstützung derselben zu erlangen. Wiederholt wies er darauf
hin, daß er mit seinen eigenen Interessen auch die der anderen
Monarchen verteidige. Als er im Jahre 1236 gegen die lom=
bardischen Städte zu Felde zog, schickte er einen Brief an den
König von Frankreich, in welchem er die Freiheitsbestrebungen
jener Städte als eine den monarchischen Interessen allgemein
drohende Gefahr darstellte, um einer falschen oder böswilligen
Auslegung seiner Absichten und einer etwaigen Parteinahme des
Königs für die Lombarden vorzubeugen [2]). Desgleichen wandte
sich Friedrich im Jahre 1239 in seinem Zerwürfnisse mit Gregor IX.
an die auswärtigen Mächte, indem er die Ansprüche des Papstes
als eine allen Monarchen drohende Gefahr darstellte [3]). Als
Friedrich im Jahre 1240 die Absicht hatte, auf Rom einen Angriff
zu machen, hielt er es für zweckmäßig, den letzteren vor dem Könige
von England dadurch zu rechtfertigen, daß er denselben gleichfalls
als eine im allgemeinen Interesse der weltlichen Gewalt gegen die
Uebergriffe der römischen Kurie beabsichtigte Unternehmung be=
zeichnete [4]). „Ihr verteidigt das Recht eures Königs in unserer
Sache," schrieb Friedrich den englischen Baronen im Jahre 1245,

---

[1]) Chron. mont. seren. M. G. SS. XXIII, p. 186.
[2]) Huill. Bréh. IV, 2, p. 880.
[3]) Huill. Bréh. V, p. 305.
[4]) Huill. Bréh. V, p. 845.

indem er die Rechtswidrigkeit des von dem Konzile gegen ihn ein=
geschlagenen Verfahrens nachwies [1]). Ebenso hielt er es für not=
wendig, den König Ludwig von Frankreich über die Gründe auf=
zuklären, welche ihn veranlaßten, den vom Papste im Jahre 1241
zur Synode berufenen Geistlichen, den Durchzug durch das Reichs=
gebiet zu verwehren [2]). Die französischen Geistlichen, welche er dann
bei seinem Siege über die genuesische Flotte gefangen nahm, ließ
er auf das dringende Gesuch des französischen Königs frei, obwohl
er dem letzteren die Freilassung derselben bereits vorher abgeschlagen
hatte. Das Schreiben Ludwigs schloß mit einer Wendung, welche
sogar einen ernstlichen Bruch mit dem Kaiser in Aussicht stellte
für den Fall, daß der letztere dem Gesuche keine Folge geben
würde. „Denn, schrieb er, das Königreich Frankreich ist nicht
so schwach, daß es sich von euren Sporen verwunden ließe" [3]).
Im Jahre 1245 war Friedrich bereit, sein Verhalten zur römischen
Kurie dem schiedsrichterlichen Urteile der Könige von England und
Frankreich zu unterwerfen [4]). Noch im Jahre 1248 wandte sich
Friedrich an den König Ludwig mit der Bitte, den Frieden zwischen
ihm und dem Papste zu vermitteln. Die Mächte Frankreich und
England erhoben sich stolz neben dem zerfallenden Dome des
Deutschen Reiches.

So endeten die universalen Machtbestrebungen des deutschen
Kaisertums damit, daß dem letzteren nach allen Seiten hin die
Grundlagen seiner Herrschergewalt verloren gingen. Mit dem
Tode Friedrichs war das Reich in ein Chaos widerstreitender
Parteien zerklüftet und nirgends erschien mehr ein Anhaltspunkt
für die Errichtung einer festen, nationalen Staatsgewalt vorhanden
zu sein.

Die Idee des christlichen Gottesstaates bildete in der Geschichte
des fränkischen wie des deutschen Reiches den Schicksalsfaden,
welcher in allen Niederlagen der Staatsgewalt, sowie in allen Er=

---

[1]) L. c. p. 336.
[2]) L. c. p. 1076.
[3]) Huill. Bréh. VI, p. 19 f.
[4]) Huill. Bréh. VI, p. 260.

folgen der von der letzteren abstrebenden kirchlichen und weltlichen
Mächte verschlungen war. Von den bei dem ersten siegreichen
Ansturm überfluteten Gebieten des alten römischen Reiches hatte
das Germanentum einen Besitz nach dem anderen wieder an das
Romanentum verloren, um schließlich dem letzteren auch noch in
dem seinem Volkstum erhaltenen Gebieten, seiner geistigen und sitt=
lichen Bildung nach zu unterliegen. Die Verbindung des Germanen=
tums mit Rom, welche die Romanisierung desselben in Gallien,
Spanien und Italien beschleunigt und in der Gestalt der christia=
nisierten römischen Reichsidee das fränkische Reich aufgelöst und
auch die Romanisierung des fränkischen Volksstammes verursacht
hatte, zog schließlich auch den Zerfall des letzten mächtigen ger=
manischen Staatswesens, des deutschen Reiches, nach sich und, wie
in alter Zeit, lenkte der Wille Roms wieder die Welt. Die kirch=
liche Reichspolitik hatte also bezüglich der Machtstellung des Staates
das Gegenteil des beabsichtigten Erfolges bewirkt. Die Entwicklung
der gottesstaatlichen Idee hatte die Reichsgewalt ihrer religiösen
Hoheit entkleidet, ihrer leitenden Stellung beraubt und ihre poli=
tische Macht zertrümmert. Denn gerade infolge der universalen
Eroberungspolitik der deutschen Kaiser waren die einzelnen Völker
ihrer nationalen Eigenart bewußt geworden, war ringsum eine
Vielheit von Staaten mit ausgeprägter nationaler Selbständigkeit
entstanden und hatte sich ferner die deutsche Nation selber in zahl=
reiche selbständige staatliche Territorien zersplittert.

Der universale Gedanke des Kaisertums, welcher einst die
deutschen Volksstämme unter einem nationalen Königtum geeinigt
hatte, führte durch seine weitere Entwicklung auch wieder die Zer=
störung des nationalen Staatsverbandes herbei. Das partikulare
Machtinteresse hatte unter der Führung der universalen Reichs=
politik den nationalen Staat in Stücke gebrochen und das nationale
Ehrgefühl erstickt. Das Kaisertum, einst die erhabenste Würde
des Abendlandes, wurde zuletzt von den deutschen Fürsten an den
Meistbietenden ohne Unterschied der Nationalität verkauft. Mit
Verachtung sah das Ausland auf das macht= und ehrlose Volk der
Deutschen herab. Mit Staunen nahm der italienische Dichter

Bertolome Zorgi wahr, daß die Deutschen für die Ehrenpflicht,
die Hinrichtung des letzten Staufers an dem Mörder desselben,
dem Herzog Karl von Anjou, zu rächen, kein Verständnis hatten.
„Wie können,“ sang er in einem Sirvantes, „Deutsche und Ale=
mannen nur leben, wenn sie das Andenken an diesen Verlust im
Herzen tragen! Denn sie haben ihr Bestes mit diesen beiden
(Konradin von Schwaben und Friedrich von Baden) verloren und
große Schmach dadurch gewonnen! Wenn sie nicht sofort Rache
nehmen, bleiben sie stets mit Schande bedeckt“ [1]). Das spätere,
mit Rudolf von Habsburg auf den Thron gelangende Königtum
konnte die nationale Einheit nicht wiederherstellen, da es dem=
selben weniger um die nationalen als um die dynastischen Macht=
interessen zu thun war. Aber unter den Ablagerungen des
alten Reiches blieben noch einige spärliche Keime eines nationalen
Bewußtseins erhalten, welche langsam im Laufe der Jahrhunderte
zu einer neuen Staatsbildung heranreiften. Die dunklen Ahnungen,
daß in ferner Zukunft das Reich von neuem erblühen werde, ge=
staltete sich zu der Vorstellung, daß Kaiser Friedrich II. einst
wiederkehren und die zertrümmerte Macht der Nation wieder auf=
richten werde. Es ging, erzählt der Chronist Johann von Winter=
thur, in allen Kreisen die Rede, „er müsse kommen und wenn er
in tausend Stücke geschnitten, ja wenn er zu Asche verbrannt
wäre und zwar deshalb, weil es nach göttlichem Willen so be=
schlossen und also unabänderlich sei“ [2]).

Die Geschichte des Kaisertums verlief in ihrer aufsteigenden
und abwärtsgehenden Linie in den logischen Folgerungen ihres
transcenbenten religiösen Prinzips. Die religiöse Idee, welche den
Ursprung desselben bildete und seine Machtstellung begründet hatte,
führte durch ihre weitere, folgerichtige Ausbildung auch den Unter=
gang desselben herbei. Mit klarem Blick hatte schon der Bischof
Otto von Freising diese, in ihren eigenen Folgerungen verlaufende
Geschichte des mittelalterlichen Kaisertums erkannt und in dem

---

[1]) Fr. Diez, Leben und Werke der Trobadours, S. 496, und Schirr=
macher, Die letzten Hohenstaufen, S. 670.

[2]) Joh. Vitodur. Chron. ed. Eccard 1, p. 1928.

Satze seiner Chronik ausgesprochen: „Nun ist durch des Reiches Kräfte und durch die Gunst der Könige, daran zweifelt niemand, die Kirche erhöht und reich geworden und es steht fest, daß sie (d. i. die Kirche) nicht eher das Reich so sehr erniedrigen konnte, als bis dieses durch seine Liebe zum Priestertum entnervt und seiner Kräfte beraubt, nicht durch das geistliche Schwert der Kirche, sondern durch sein eigenes weltliches Schwert zerstört war"[1]). Faßt man alles zusammen, so war einerseits der Verlust des ein= heitlichen Staatsverbandes und des nationalen Bewußtseins und andererseits die landesherrliche Selbständigkeit der Fürsten und die weltgebietende Machtstellung der Kirche das Ergebnis der gottesstaatlichen Idee und der Kaisertragödie des Mittelalters. Es stellte sich heraus, daß ein sicheres weltliches Staatsregiment mit der das Mittelalter beherrschenden religiösen Idee der Kirche un= vereinbar war.

---

[1]) Lib. VII, prolog.

Dritter Teil.

Das System des christlichen Gottesstaates.

———

I. Die Grundzüge des Systems.

---

1. Die religiöse Askese.

Der Uebergang des höchsten Weltregimentes von dem deut=
schen Kaisertum auf das römische Papsttum bildete den Angel=
punkt der mittelalterlichen Geschichte. In ihm vollzog sich der
Uebergang des älteren germanischen zu dem jüngeren romanischen
Mittelalter. Erst seitdem der Staat in die Kirche aufgegangen
war und die letztere demnach beides, das weltverneinende und das
weltherrschaftliche Prinzip in sich vereinigte, war ein völliger Aus=
gleich zwischen der Idee und der Wirklichkeit des christlichen Gottes=
staates gefunden, war die Idee dieses Gottesstaates zur Wirklich=
keit geworden. Mit dieser Wendung war die klassische Zeit des
Mittelalters heraufgestiegen, d. h. die Zeit, in welcher die welt=
verneinen und die weltherrschaftlichen Tendenzen des christlichen
Gottesstaates völlig miteinander verschmolzen und in dem Höhe=
punkte ihrer Machtwirkung standen. Die Eigenart des Mittel=
alters, welche eben in dieser Verbindung von Weltverneinung und
Weltbeherrschung beruhte, trat in dem von den römischen Päpsten
geleiteten Gottesstaate noch weit sichtbarer hervor als unter dem
Regimente der fränkischen und deutschen Kaiser. In der Steigerung
jener Grundgedanken des mittelalterlichen Geistes hatte der Ueber=
gang des höchsten Weltregimentes von dem deutschen Kaisertum
auf das römische Papsttum überhaupt seinen Ursprung gehabt.
Der Sieg des letzteren über das erstere war nur eine logische Fort=

entwicklung der transcendenten Idee des mittelalterlichen Gottes=
staates. Die Ziele Gregors VII., welcher die Leitung des letzteren
in die Hände der Kirche, Recht und Gewalt des weltlichen Staates
in den unmittelbaren Besitz des obersten Kirchenfürsten ziehen
wollte, bildeten den logisch richtigen und notwendigen Abschluß
dieser mit dem Merovingerkönige Chlodwig beginnenden Staats=
entwicklung des Mittelalters. Die Aufeinanderfolge des fränkischen,
des deutschen und des päpstlichen Imperiums waren die verschiede=
nen Entwicklungsstufen eines und desselben religiösen Problems.
Der Gottesstaat der christlichen Kirche, welcher seit den Tagen
Augustins das Problem der abendländischen Völker war und
welcher sich in dem Zeitalter der fränkischen Merovinger, unter
dem Regimente des karolingischen und des deutschen Kaisertums
mehr und mehr ausgebaut hatte, wurde durch das Papsttum zu
seiner Vollendung geführt. Indem der Bischof Otto von Freising
vom Standpunkte des Endzieles aus die Geschichte jenes Zeitalters
betrachtete, bemerkte er treffend in dem Vorworte des siebenten
Buches seiner um 1146 geschriebenen Chronik, „daß es von
Theodosius dem Aelteren bis auf unsere Zeit nicht eigentlich eine
Geschichte zweier Reiche, sondern nur eines einzigen Reiches,
nämlich der Kirche, dieser aber in einer Mischung (d. i. des Geist=
lichen mit dem Weltlichen) gegeben habe" [1]).

　　Wie die Periode, in welcher die Idee der antiken Geschichte,
der diesseitige nationale Staat seine reichste Blüte entwickelte, das
klassische Zeitalter des Altertums war, so bildete die Periode, in
welcher die Idee der mittelalterlichen Geschichte, der jenseitige
Gottesstaat seine vollkommenste Verwirklichung fand, die klassische
Zeit des Mittelalters. Wie sich im klassischen Altertume alle Ver=
hältnisse aus der Idee der Einheit von Gott und Natur gestalteten,
so bestimmte sich das klassische Mittelalter in demselben Umfange
aus der Idee des Gegensatzes von Gott und Natur. Der Gegen=
satz der antiken und mittelalterlichen Kultur erreichte in dem
klassischen Zeitalter der letzteren seine höchste Spannung.

　　Der transcendente Gottesbegriff der christlichen Metaphysik

---

[1]) M. G. t. 20, p. 248.

bildete die Spitze des Systems. Aus ihm hatte sich die Welt-
und Selbstverleugnung als das Prinzip der Sittenlehre ergeben.
Indem nun diese weltverneinende Sittenlehre in der Kirche wieder
zu der Welt zurückkehrte, insofern die Kirche als die sichtbare
Wirklichkeit des Göttlichen, als das Reich Gottes auf Erden und
der höchste Bischof derselben als der Stellvertreter Gottes anerkannt wurde, war jene Verbindung von Weltverneinung und
Weltbeherrschung, welche das Wesen der mittelalterlichen Klassicität
bildete, in der Idee der römischen Kirche gegeben.

Da die letztere die Wirklichkeit des Uebersinnlichen, der „Leib
Christi" war, so mußten alle irdischen Güter, welche man dem
Jenseits zum Opfer bringen wollte, der Kirche zugewandt werden.
In der Vermehrung des kirchlichen Machtbesitzes vollzog sich das
Opfer der christlichen Welt- und Selbstverleugnung. Die Verneinung der Welt und die Bereicherung der Kirche waren daher
die beiden sich gegenseitig ergänzenden Formen der Gottesverehrung.
Das Kreuz, das Sinnbild der christlichen Glaubenslehre, war das
Wahrzeichen der asketischen Abtötung wie der hierarchischen Weltherrschaft, jenes, insofern es das Marterholz Christi gewesen war,
dieses, insofern es das Siegeszeichen der Kirche in ihrem Kampfe
mit der Welt bedeutete. Weltverneinung und Weltbeherrschung
hatten in dem Kreuze Christi ihren gemeinsamen Ausgangspunkt.

Die religiöse Metaphysik der Kirche knüpfte bekanntlich an
jenen von dem alttestamentlichen Mythus behaupteten idealen Urzustand des Menschen an, welcher durch die Sünde des letzteren
verloren ging. In jenem Urzustande war der Mensch wie die
Naturwelt das ungetrübte Spiegelbild des Schöpfers gewesen.
Die gegenwärtige Unvollkommenheit der sichtbaren Natur war
ebenso wie die Unvollkommenheit des Menschen erst als eine Folge
des menschlichen Sündenfalles eingetreten. Da nun die göttliche
Erlösung den Menschen zu jenem verlorenen Urzustande zurückführen wollte, so wurde also der letztere zum Vorbild für die
Gesetzgebung des christlichen Gottesstaates genommen. Jener Urzustand war das ideale Wertmaß aller menschlichen Verhältnisse,
er war das Prinzip der praktischen Sittlichkeit. Derselbe aber
hatte die Verneinung der Sünde und des durch die letztere ver-

urfachten gegenwärtigen Zustandes zur Voraussetzung. Denn die
von dem erften Menschen auf alle Nachkommen vererbte Sünd=
haftigkeit hatte ganz andere Ordnungen für die Menschen not=
wendig gemacht, als vordem beftanden hatten. In der fittlichen
Vollkommenheit des Urzuftandes empfand der Menfch kein Begehren
nach Herrfchaft und Gewalt, keinen Trieb nach finnlichem Liebes=
genuß, nach materiellem Güterbefitz. Auch bedurfte er andererfeits
nicht der Strafdrohung der ftaatlichen Gefetze, um Unrecht zu
meiden, nicht der fleifchlichen Liebesverbindung, um die Fort=
pflanzung feines Gefchlechtes zu erzielen, nicht der Standesunter=
fchiede zur Verteilung der Arbeit, nicht des Sondereigentumes zur
Befriedigung feiner leiblichen Bedürfniffe. Darum gab es in
jenem feligen Stande der Vollkommenheit weder Staat, noch
Ehe, noch gefellfchaftliche Stände, noch Arbeit, noch Eigentum.
Vielmehr waren diefe Dinge erft infolge der Sünde entftanden
und notwendig geworden. Indem man nun in der Nachfolge
Chrifti zu dem fündenreinen Urzuftande zurückkehren wollte, mußte
man auch zugleich jene erft durch die Sünde eingeführten Ein=
richtungen zu befeitigen fuchen. Die Aufhebung von Staat, Ehe,
Ständen, Arbeit und Eigentum war alfo ebenfo wie die Ver=
neinung der Sünde das letzte Ziel der Nachfolge Chrifti. Denn
mit der Sünde mußten auch die Folgen derfelben verfchwinden.
In jenem durch Gregor VII. begründeten Gottesftaat konnten
alfo ftreng genommen weder Staat, noch Ehe, noch weltliche
Stände, noch private Güterwirtfchaft einen Raum haben. Vom
Standpunkte diefes Gottesftaates aus ergab fich alfo die grund=
fätzliche Verneinung diefer Einrichtungen als eine notwendige
Forderung.

Die kirchliche Sittenlehre begründete fich demnach nicht auf
der Gegenftellung von felbftfüchtigen und allgemein nützlichen,
fondern auf der Gegenftellung von irdifchen und überirdifchen
Intereffen. Der Gegenfatz von Gut und Böfe wurde auf den in
der chriftlichen Metaphyfik aufgeftellten Gegenfatz von Gott und
Welt zurückgeführt. Der im Jahre 636 verftorbene fpanifche
Bifchof Ifidor erklärte: „Gut ift die Abficht, welche auf Gott,
böfe aber diejenige, welche auf irdifchen Gewinn oder vergänglichen

Ruhm gerichtet ift"[1]). Der Gegenſatz des Allgemeinen und des Eigennützigen war der religiöſen Sittenlehre des Mittelalters von ganz untergeordneter Bedeutung. Das letztere machte zwiſchen dem Allgemeinnützlichen und dem Selbſtſüchtigen eigentlich nur einen Gradesunterſchied. Es ſtellte Vaterlandsliebe, Verwandten= liebe, Eigentumserwerb, Ehrgeiz, Wolluſt u. ſ. w. als gleichartige, nur in verſchiedenartigem Grade verwerfliche Beſtrebungen neben= einander, da dieſelben in den ihrer Natur nach verwerflichen irbiſchen Zwecken ihre gemeinſamen Wurzeln hatten. Die erſteren Beſtrebungen waren dem religiöſen Geiſte· des Mittelalters das= ſelbe, was ſie dem heil. Auguſtin geweſen waren, „glänzende Laſter". Bernhard von Clairvaux mahnte einmal zur Gottes= furcht mit den Worten: „Vergiß dein Volk, dein Vaterhaus, ent= ſage den fleiſchlichen Neigungen, verlerne die weltlichen Sitten, enthalte dich deiner früheren Laſter" u. ſ. w.[2]). Eine ähnliche Zuſammenſtellung von Neigungen, deren einziges Gemeinſames in dem irbiſchen Charakter ihres Gegenſtandes lag, machten die „frommen Betrachtungen· über die Erkenntnis des menſchlichen Standes", welche gleichfalls dem Bernhard zugeſchrieben werden. Dieſelben bezeichnen „die Liebe zum Beſitz, die verwandtſchaftlichen Neigungen, den Ehrgeiz und die fleiſchliche Begierde" als eine Falle des Teufels[3]). Auch Catharina von Siena ſtellte Reichtum und weltliche Ehre auf eine Stufe mit ſündhafter Sinnlichkeit. „Die Welt," ſagte ſie, „iſt Gott entgegen und Gott der Welt, beide haben nichts miteinander gemein. Der Sohn Gottes erwählte ſich Armut, Niedrigkeit, Verhöhnung, Hunger und Durſt. Die Welt ſucht Reichtum, Ehren und Lüſte"[4]). Die bekannte Dichtung Hartmanns von Aue, „der arme Heinrich", läßt ihren Helden in ſchweres, langjähriges Leiden verſinken, nicht weil derſelbe etwa ein frevelhafter, gottloſer Menſch war, ſondern lediglich deshalb,

---

[1]) Isidori sententiar. lib. II, c. 27.
[2]) Vgl. die Predigten Bernhards in der Ausgabe der Benediktiner vom Jahre 1719, Parisiis t. 1, p. 815.
[3]) L. c. t. II, p. 345.
[4]) Lett. t. II, p. 184.

weil sein Sinn auf weltliche Ehren und Tugenden gerichtet war.
Die Dichtung nennt Heinrich sogar einen edlen, ritterlichen Cha=
rakter, der gerecht sei gegen alle, freigebig und hilfreich gegen die
Notleidenden. Sein Leben wird als ohne Makel, er selbst als
„ein ganziu krône der zuht" bezeichnet. Die Tugenden und
Ehren aber, welche Heinrich erstrebte, waren wertlos, weil der
Gegenstand derselben irdischer Natur war. Alle irdischen Güter,
Staat und Vaterland, Ehe und Familie, Geld und Gut, Kunst
und Wissenschaft, bildeten zusammen den Begriff der Welt. Die
letztere mit ihren Netzen war aber das Trugbild des Teufels.

> „din welt ist ûzen schoene, wiz, grüen unde rôt
> und innân swarzer varwe, vinster sam der tôt,"

sang Walther von der Vogelweide [1]). Konrad von Würzburg be=
schrieb in seinem Gedichte „der werlt lohn" die Welt als ein
Weib in blühender Jugend, strahlend von Schönheit, mit reichen
Gewändern und goldener Krone geschmückt. Die Kehrseite des
lockenden Bildes aber war ein Knäuel von Kröten, Nattern und
widrigem Gewürm, von welchem ein „engestlicher smak" aus=
ging [2]). Die Welt war „ein Thal der Thränen" [3]) und das
Leben des Menschen eine Pilgerfahrt durch dieses dunkle, von
tausend Gefahren und Schrecknissen erfüllte Thränenthal zu der
licht= und friedensvollen Geisterwelt des Jenseits. Das Leben der
Seele begann also eigentlich erst in dem Augenblicke, in welchem
das Leben des Körpers ein Ende nahm. Der Tod des irdischen
Leibes war die Befreiung der Seele. Das natürliche Verhältnis
von Leben und Tod wurde in sein Gegenteil verkehrt.

Am vollständigsten klang diese weltverneinende Stimmung des
Mittelalters in der Schrift „über die Verachtung der Welt" aus,
welche der Papst Innocenz III. als Kardinal vor dem Jahre 1198
verfaßte. In derselben heißt es: „Wir sterben indem wir leben

---

[1]) Elegie B. 37 f.

[2]) B. 213 ff. in v. d. Hagen, Gesamtabenteuer Bd. 3, S. 399 ff.

[3]) Otto Frising. Chronic. l. IV, 4. M. G. t. 20, p. 197; Mone,
lateinische Hymnen des Mittelalters Bd. 3 S. 24.

und dann erst hören wir auf zu sterben, wenn wir aufhören zu leben." Mit Sehnsucht harrten diejenigen, welche die Schwäche der Todesfurcht überwinden konnten, ihrer irdischen Auflösung entgegen. „Ich habe," erzählte Cäsarius von Heisterbach, „bei mehreren unserer Mönche, wenn sie krank wurden, eine solche Sehnsucht nach dem Tode um des ewigen Lebens willen bemerkt, daß es ihnen weh that, wenn man ihnen Besserung wünschte" [1]). Als der heil. Servulus in den letzten Zügen lag, vernahm sein der Erbe schon halb entrückter Geist den Gesang der himmlischen Chöre.

Wie man Welt und Leben in den düsteren Farben des Todes darstellte, so wurde umgekehrt der Tod mit den lichten Farben des Lebens geschmückt. Da sproßten, wie die Legende erzählt, mitten im Winterfrost Blumen um den unbestattet liegenden Leich= nam eines Heiligen. Lilien blühten aus dem Munde eines Ent= schlafenen als ein von Gott gegebenes Zeichen für die unverletzte Keuschheit desselben. Aus dem Herzen eines im Grabe ruhenden Laienbruders wuchs ein Baum hervor, dessen Blätter die Inschrift trugen: „Ave Maria" [2]). Das Wunderzeichen war ein Gegengruß der Himmelskönigin für die vielen Grüße, welche der Verstorbene bei seinen Lebzeiten gebracht hatte. Indem die heilige Dorothea vor ihrem Henker kniete, schickte sie die ihr durch einen himmlischen Boten gesandten Rosen und Aepfel dem Rechtsanwalt Theophilus als einen Gruß „aus dem Paradiese ihres Bräutigams". Wenn von den Mönchen zu Altenberg jemand sterben mußte, fand sich jedesmal kurz vorher eine weiße Rose im Chorstuhle des Betreffen= den vor. Es war ein Willkommensgruß aus dem Jenseits, welchen die bereits verklärten Brüder des Konventes dem neuen Ankömm= ling entgegenbrachten. Die Gebeine der Heiligen strömten nicht den Geruch der Verwesung, sondern süße, himmlische Düfte aus. Als der Herzog Boleslaw I. von Böhmen und der Bischof Severus von Prag im Jahre 1039 das Grab des heil. Adalbert in Gnesen öffnen ließen, entströmte demselben ein so stärkender Wohlgeruch, daß die Anwesenden drei Tage lang keiner Nahrung

---

[1]) Hom. III, 87.
[2]) L. c. 60 f.

beburften [1]). Die Heiligengebeine, welche einst der Abt Goswin von
Altenberg auf die Stühle des Kapitelsaales hatte niederlegen lassen,
verbreiteten einen süßen Duft durch alle Räume der Abtei, nach=
dem der fromme Abt einen profanen Knochen, welchen die Tücke
des Teufels unter den Gebeinen verborgen hielt, durch eine Be=
schwörung entfernt hatte.

Das Leben hatte überhaupt nur insofern einen Wert, als
es zu einer Vorbereitung auf das Jenseits gemacht wurde. Das=
selbe sollte demnach eine fortgesetzte Bußübung sein. Das Ge=
fühl einer allgemeinen Sündhaftigkeit sollte die dauernde Grund=
stimmung der Seele bilden. Die Aeußerung desselben wurde gewisser=
maßen zu einer konventionellen Sitte. Der asketische Sinn jenes
Zeitalters nahm unter dem Zwange dieser frommen Sitte einen
sentimentalen Charakter an, welcher an die ästhetische Sentimen=
talität des 18. Jahrhunderts erinnert. Wie das letztere in der
Fähigkeit des Weinens einen Beweis für eine edle und dichterische
Naturanlage fand, so erkannte das Mittelalter in dieser Fähigkeit
das Zeichen einer tiefen religiösen, gottbegnabigten Natur. „Die
Gnabengabe der Thränen" spielte eine nicht geringe Rolle in dem
religiösen Empfindungsleben des Mittelalters. Alle edleren, reli=
giösen Naturen besaßen diese Gabe in größerem oder geringerem
Maße. Gregor VII. hatte die „Gabe der Thränen", wie der
Bischof Wibo von Ferrara berichtete, in solchem Grade empfangen,
daß er täglich beim Meßopfer über seine Sünden in Wehklagen
ausbrach [2]). Als Heinrich V. auf einer Synode zu Nordhausen
im Jahre 1105 seine Empörung gegen seinen Vater zu rechtfertigen
suchte und erklärte, demselben wieder gehorchen zu wollen, wenn
er sich dem Papste unterwerfen werde, da weinte der versammelte
Klerus vor Rührung. Als der heil. Norbert und sein Sakristan
eines Tages während des Gottesdienstes auf der Schale, mit
welcher der Kelch zugedeckt zu werden pflegte, einen Blutstropfen
erblickten und denselben für einen Blutstropfen Christi hielten,
weinte der Sakristan heftig über dieses göttliche Wunderzeichen.

---

[1]) Cosmas chronic. Boemorum II, 3 f. M. G. IX, 68.
[2]) Wido Ferr. l, 1. M. G. t. XII, 155.

Die im Jahre 1201 zu Soissons versammelten Grafen und Barone Frankreichs, welche daselbst über die Ausführung eines Kreuzzuges sowie über die Wahl eines Führers berieten und sich schließlich in der Wahl des Markgrafen Bonifacius von Montferrat einigten, fielen dem letzteren zu Füßen und baten ihn weinend, um Christi willen die Wahl anzunehmen. Da fiel der Markgraf zu den Füßen seiner Wähler nieder und erklärte, ihrem Wunsche willfahren zu wollen[1]). Selbst das gewöhnliche Volk wurde gelegentlich von dieser zarten religiösen Empfindsamkeit berührt. Als einst der heil. Norbert in einer französischen Stadt mehrere sich streitende Männer miteinander versöhnen wollte und einer von ihnen trotzig zu Pferde stieg, um davon zu reiten, brachen manche der Zuschauer in Thränen aus über die Unbußfertigkeit dieses Mannes[2]). Ein größerer Vorgang spielte sich einst im Jahre 1201 in der Markuskirche zu Venedig ab. Von den französischen Baronen waren Boten dorthin geschickt, um mit dem Dogen in Betreff der Ueberfahrt der Kreuzfahrer zu unterhandeln. Der Doge forderte die Boten auf, das in die Markuskirche berufene Volk um seine Zusage zu bitten. Dort fielen die Gesandten nieder und baten mit vielen Thränen um Hilfe für die Befreiung des Grabes Christi. Da weinte der Doge und alles Volk mit ihm in frommem Schmerze und alle riefen: „Wir willigen ein, wir willigen ein." Dabei entstand eine so große Bewegung, daß man glaubte, der Erdboden bräche zusammen.

Fast regelmäßig pflegte diese religiöse Empfindsamkeit bei der Verleihung von hohen Ehren und Aemtern zum Ausbruck zu gelangen. In der Empfindung der eigenen Sündhaftigkeit hielt man sich hoher Stellungen für unwürdig. Diejenigen Männer, welche durch ihren asketischen Ernst am geeignetsten für letztere befunden wurden, waren eben infolge dieser Gesinnung am wenigsten zur Uebernahme derselben geneigt. In vielen Fällen mag das Widerstreben gegen solche Ehren nur äußerer Schein gewesen sein. In den meisten Fällen jedoch war dasselbe zweifellos der

---

[1]) Geoffroi de Ville-Hardouin, conquête de Constantinople c. 43.
[2]) Vita s. Norberti c. 8.

Ausdruck einer wahrhaft empfundenen Demut. Schon der im
Jahre 590 zum Papst erwählte Gregor der Große hatte sich durch
die Flucht seiner Wahl zu entziehen gesucht und dieselbe schließlich
nur mit vielem Weinen über seine Unwürdigkeit angenommen.
Aber noch später klagte er in Briefen über seine Wahl, welche
ihn aus der Stille seines Klosters mitten in die Fluten der Welt
hineingeworfen hätte. Als Bischof Bruno von Toul im Jahre
1048 zum Papst erwählt wurde, lehnte er die Annahme der Würde
unter vielen Thränen und mit dem Geständnisse seiner Sündhaftig=
keit ab. Diese Beichte und diese Thränen aber waren für die
Versammlung gerade ein Beweis dafür, daß sie den rechten Mann
getroffen hatte. Es wurde dem Bischof entgegnet, „Gott wolle
nicht, daß ein Sohn so vieler Thränen untergehe", und Bruno
fügte sich. Ebenso sträubte sich sein Nachfolger, der Bischof Geb=
hard von Eichstedt, als er im Jahre 1054 zum Papst erwählt
wurde. Der Nachfolger des letzteren, Friedrich von Lothringen,
mußte von den Römern mit Gewalt zur Wahlstätte in St. Pietro
in Vincoli geschleppt werden. Auch Papst Alexander II. erklärte
auf der Synode zu Mantua im Jahre 1064, daß er gegen seinen
Willen und trotz seiner Widerreden zum Papst gewählt und ge=
weiht worden sei. Ebenso ließ sich Gregor VII. im Jahre 1073
„wider Willen und unter heftigem Widerstreben", wie er an den
Erzbischof Wibert von Ravenna schrieb, die Bürde des Papsttumes
auflegen [1]). Mit noch größerem und nachhaltigerem Widerstreben
nahm der Abt Desiderius von Monte Cassino seine Wahl zum
Papste an. Erst nachdem er selber eine bereits auf ihn gefallene
Wahl für ungültig erklärt und eine zweite Wahl abgelehnt hatte,
ließ er sich im Jahre 1087 zur Annahme der Würde bewegen.
Als der Bischof Wazo von Lüttich inthronisiert wurde, brach er
in heftige Thränen aus. Der heil. Norbert lehnte im Jahre
1126 seine Wahl zum Erzbischof von Magdeburg standhaft ab.
Mit Gewalt mußte er vor den Kaiser Lothar geführt werden, der
ihm alsdann den Bischofsstab in die Hand zwang. Mit vielen
Thränen erklärte er sich endlich zur Annahme der Wahl bereit.

---

[1]) Reg. I, 3.

Die Verneinung der Welt bildete das Wesen der Tugend, wie die Bejahung derselben das Wesen des Lasters. Auf die Verneinung des Irdischen wurde jede einzelne Tugend zurückgeführt. „Die Klugheit ist die Erkenntnis der zu erstrebenden und zu vermeidenden Dinge," heißt es in einer theologischen Schrift des zwölften Jahrhunderts. Als die ersteren aber wurden die himmlischen, als die letzteren die irdischen Güter bezeichnet[1]). „Die Tapferkeit ist die Festigkeit der Seele gegen die zeitlichen Beschwerden," heißt es ebendort. Als diese Beschwerden wurden die Versuchungen des Fleisches und des Teufels bezeichnet, welche sich der Sorge für das ewige Seelenheil entgegenstellen. „Die Mäßigkeit ist die Zügelung der Begierde gegen die fleischlichen Ergötzungen." Die letzteren wurden „in den Sorgen für diese Welt" zusammengefaßt. Eine Abhandlung über die göttliche Liebe unterschied sieben Tugenden, den Glauben, die Hoffnung, die Mäßigung, die Klugheit, die Tapferkeit, die Gerechtigkeit und die Liebe, welche mit den sieben Wochentagen verglichen wurden. Die ersten sechs Tugenden wurden den sechs Arbeitstagen, die siebente Tugend aber, die Liebe, wurde dem Sabbathtage gleichgestellt. Wie nun die Werktage ihren Abschluß in dem Sonntag der Ruhe finden sollten, so die Tugenden ihre Vollendung in der göttlichen Liebe[2]). Alle Tugenden, die nicht aus dieser Wurzel stammen, sind tot. Die Liebe zu Gott aber wurde als der Inbegriff der Weltverneinung gedacht. „Die Charitas ist die Verachtung der Welt und die Liebe zu Gott," sagte der Cistercienserabt Ogerius[3]). „Die Liebe zu Gott zieht den Menschen von der Welt, die Liebe zur Welt den Menschen von Gott ab[4]). So gipfelten alle Tugenden in der Liebe zu Gott, diese aber in der Verneinung des Irdischen.

Wie nun die Tugend ihren Ursprung in der Liebe zu Gott und in dem Hasse gegen die Welt fand, so hatte umgekehrt das Laster seinen Quell in dem Zweifel an Gott, der Zweifel an Gott

---

[1]) Bernhard v. Clairvaux l. c. t. 2, p. 709.
[2]) Bernhard v. Clairvaux l. c. t. 2, p. 419.
[3]) L. c. p. 625.
[4]) L. c. sermo IX, p. 634.

aber seinen Grund in der Liebe zur Welt. „Wenn wir genauer zusehen, so werden wir finden, daß fast alle Laster aus dem Laster der Ungläubigkeit entstehen" [1]), heißt es in einer dem Bernhard von Clairvaux zugeschriebenen theologischen Abhandlung. Diese Ansicht, daß der Zweifel an Gott der Ursprung der Sünde sei, veranlaßte das Mittelalter, auf das eindringlichste vor demselben zu warnen. Die weltliche wie die geistliche Litteratur hat es darum an Warnungen vor dem Zweifel nicht fehlen lassen. Im Heliand mahnt Johannes der Täufer seine Zuhörer, indem er die Bot= schaft vom Himmelreich verkündet:

> „Ni lātad iwan hugi twiflean" [2]).
> (Nicht laßt euren Sinn zweifeln.)

In der Bergpredigt sagt Christus zum Volke:

> „Ef he im than lātid is mōd twehōn
> Than wirdid im waldand gram" [3]).
>
> (Wenn er sich dann läßt sein Gemüt zweifeln,
> Dann wird ihm der Waltende gram.)

Seine Jünger warnt er,

> „that sie im nie lētin irō hugi twiflian" [4]).
> (Daß sie sich nie ließen ihr Gemüt zweifeln.)

Konrad von Würzburg pries in seiner „Goldenen Schmiede" die göttliche Jungfrau wegen ihres zweifellosen Glaubens mit den Worten:

> „ich prise an dir daz starke dinc
> vür mangen hôhen tugende kraft,
> daz dû nie würde zwîfelhaft
> an der drivaltikeite" [5]).

Auch in der weltlichen Dichtung fand diese Auffassung einen Aus=

---

[1]) Bernhard v. Clairvaux l. c. t. 2, p. 505.

[2]) Deutsche Dichtungen des Mittelalters von K. Bartsch Bd. 4, S. 53, V. 948.

[3]) L. c. S. 72, V. 1374 und 1376.

[4]) L. c. S. 208, V. 4705.

[5]) V. 1142 ff.

druck. Wolfram von Eschenbach begann seine Dichtung Parzival und Titurel mit den Worten:

> „Ist zwivel herzen nâhgebur (Nachbar)
> daz muoz der sêle werden sûr.“

Die Königin Herzeloide bittet den jungen Parzival, seine Gedanken vom Teufel und Zweifel abzuwenden[1]. In der Einleitung zum Willehalm erklärte Wolfram, daß die Taufe ihn „zwivels hât erlôst“[2]. Im Reinfried von Braunschweig heißt es:

> „der âne zwivels flecken
> ie einer (Gottes) helfe ruohte
> und gnâde an in suohte,
> dem was ein trôst und helf bereit“[3].

Die durch den Zweifel der Seele drohenden Gefahren veranlaßten Berthold von Regensburg, in seiner Predigt von den sieben Tugenden seine Zuhörer zu warnen, „zuo vaste in den heiligen kristen glouben“ zu sehen, denn „swer vaste in die sunnen siht, in den brennenden glast, der wirt von ougen sô boese, daz er ez niemer mêr gesiht“.

Die Verneinung des Irdischen bildete demnach das Prinzip der mittelalterlichen Sittenlehre, den Goldgrund in dem gesamten Kulturbilde des Mittelalters. Einer solchen Religiosität mußte der in der Welt- und Selbstverleugnung geschulte Asket als das Idealbild des Menschen erscheinen. Männer wie Gregor VII., Bernhard von Clairvaux, Norbert von Premontré, Franziskus von Assisi, Dominikus, und Frauen wie Elisabeth von Thüringen, Katharina von Siena, waren die beliebtesten Idealgestalten des Mittelalters, Menschen, deren ganzes Streben darauf gerichtet war, alle natürlichen Empfindungen in sich zu ertöten und durch diese Abtötung jene Schranke zu durchbrechen, welche sie von der Welt des Uebersinnlichen getrennt hielt. Viele dieser idealen Menschen haben sich in dem Eifer ihrer körperlichen Ab-

---

[1] Buch 3, B. 113 f.

[2] B. 23 f., herausgeg. von K. Lachmann, Berlin 1833.

[3] B. 52 ff.

tötung frühzeitig verzehrt. Franziskus von Assisi verlor sein
Augenlicht durch das viele Weinen über seine Sünden und Christi
Tod. Der gekreuzigte Christus war der Stern seines Lebens.
Franziskus war in der That auch hinsichtlich seiner geistigen wie
leiblichen Persönlichkeit wohl das vollkommenste Abbild des ge=
kreuzigten Erlösers. Trug er doch, wie die Legende erzählt, die
Wundenmale Christi an seinem Leibe. Katharina von Siena hatte
ihren Körper durch vieles Fasten so geschwächt, daß sie seit ihrem
28. Lebensjahre fortgesetzt leidend wurde und fünf Jahre später,
im Jahre 1380, ihren grausamen Bußübungen unterlag.

Die vollkommenste Verwirklichung fand demnach die religiöse
Idee in dem Mönchstum. Darum galt dem Mittelalter das letztere
als das Ideal des menschlichen Lebenswandels, als das Bild der
Vollkommenheit. Das Klosterleben erfüllte alle Bedingungen der
Nachfolge Christi, indem es in seinen Gelübden der Armut, der
Keuschheit und des Gehorsams Verzicht leistete auf alle irdischen
Beziehungen, auf Eigentum, Familie und Vaterland. Die Mönche
waren „himmlische Menschen oder irdische Engel" [1]. Ein im
Jahre 1137 verstorbener Karthäuserprior, Namens Guigo, schrieb
seinen geistlichen Brüdern: „Euer Beruf ist der höchste, er läßt
die Himmel hinter sich, ist den Engeln gleich, der Reinheit der
Engel ähnlich. Denn ihr habt nicht nur jede Heiligkeit, sondern
die Vollkommenheit jeder Heiligkeit, das höchste Maß aller Voll=
endung gelobt" [2]. Das Kloster war das „Kanaan", welches der
Welt als dem „Aegyptenlande" gegenübergestellt wurde. Der
Austritt aus dem letzteren in das erstere wurde als eine „Be=
kehrung" bezeichnet [3]. Die Mönche nannten sich Konversen, Be=
kehrte, ein Ausdruck, welcher später auf die den Klöstern sich
anschließenden Laienbrüder übertragen wurde. Ein Mönch zu
Petersthal, der Kreuzfahrer gewesen, vor Damiette gefangen worden

---

[1] Vgl. Sudendorf, Registrum oder merkwürdige Urkunden für die
deutsche Geschichte T. 2, Nr. 80.

[2] Ep. ad fratres de monte Dei lib. 1, c. 2 in Bernhard. Clairv.
opp. Parisiis 1719, t. II, p. 206.

[3] Vgl. z. B. die Schrift des Mönches Hermann über die Wunder der
heiligen Maria von Laon l. 3, c. 7; M. G. t. XII, p. 659.

und nach seiner Befreiung in das genannte Kloster getreten war,
bat im Jahre 1244 seinen Freund, einen Domscholaster Namens
Menardus zu Hildesheim, den er wegen seiner Kenntnis und
Weisheit in geistlichen Dingen hochschätzte, flehentlich, daß er sich
„bekehren", d. h. daß er Mönch werden möchte. Selbst das geistliche Amt eines Domscholasters schien diesem Mönche der Welt
noch zu nahe zu stehen. Auch der Uebertritt von diesem in das
Kloster erschien ihm als eine „Bekehrung". Er gab seinem Freunde
die Versicherung, daß er nicht aufhören wolle, „Gott zu bitten,
daß er, der den Saulus bekehrt habe, auch den Menardus bekehren
möge" [1]. Der Propst Gerhof von Reichersberg hielt die Weltgeistlichen geradezu für verlorene Sünder, insofern sie nicht nach
den Regeln des heil. Augustin lebten, welche nicht allein die
Ehe, sondern auch den eigenen Besitz verboten und ein konvent-
artiges Leben vorschrieben. Demgemäß wurde die Rückkehr von
dem Kloster zur Welt als ein Rückfall vom Stande der Gnade
in den Stand der Sünde und des Todes angesehen. Bernhard
von Clairvaux beklagte einen jungen Menschen, der auf Bitten
seiner Verwandten und Freunde aus dem Kloster in die Welt
zurückgegangen war, als einen Verlorenen. Er bat denselben
brieflich, doch wieder in das Kloster zurückzukehren, ehe er mit
gebundenen Händen und Füßen in jene Finsternis des ewigen
Todes geworfen werde, wo Weinen und Zähneklappern sei [2].

2. Die hierarchische Politik.

Aber dieselbe asketische Religiosität, welche auf der einen
Seite in die weltvergessene Einsamkeit der Mönchszelle und zu der
demutsvollsten Selbsterniedrigung führte, war auf der anderen

---

[1] Sudendorf l. c.
[2] Ep. 112.

Seite der Weg zu dem innersten Getriebe der weltlichen Geschäfte und zur Höhe des irdischen Machtgebotes.

Da die Kirche und insbesondere der römische Stuhl nach der allgemeinen Ansicht des christlichen Abendlandes mit der Stellvertretung Gottes betraut war, so erhob der letztere den Anspruch auf den ganzen Inhalt des göttlichen Regimentes für den Umkreis der irdischen Verhältnisse. Es ergab sich aus diesem göttlichen Imperium der Kirche dieselbe Eroberungspolitik, welche auch das Kaisertum verfolgt hatte. Die ganze Kraft der Kirche sammelte sich in dem Bestreben, alle Gewalten der Erde sowohl innerhalb der christlichen als auch der noch nicht christianisierten Völker ihrem Machtgebote zu unterwerfen. Der Kampf zwischen dem Papsttum und den weltlichen Staatsgewalten der Christenheit sowie der Kampf gegen Heidentum und Islam bildeten denn auch die ausschlaggebenden Gesichtspunkte in dem Zeitraume von Gregor VII. bis Bonifacius VIII. Doch hat die Kirche ihre Eroberungspolitik in viel größerem Stile und mit weit größeren Erfolgen durchzuführen verstanden als das Kaisertum. Die unermeßliche Ueberlegenheit des mit gesammelter Kraft wirkenden Romanentums über die individualistische Zersplitterung des Germanentums offenbarte sich in diesem Wettkampfe zwischen dem Papsttum und dem Kaisertum. Indem aber die Kirche die weltlichen Verhältnisse ihrem Machtgebote unterwarf, erhielt ihre verneinende Askese ein positives Korrelat, indem sie eben mit dieser Eroberungspolitik ihre eigenen Ordnungen und Gesetze an die Stelle der verneinten weltlichen Ordnungen einführte. Der religiöse Geist des Mittelalters verneinte Staat, Ehe, Güterwirtschaft, Recht, Kunst und Wissenschaft in ihren selbständigen weltlichen Formen, weil er dieselben nach göttlichen Gesetzen gestalten wollte. Die Idee des in der Kirche verwirklichten übersinnlichen Gottesstaates wurde zum allgemeinen Gesetz der Weltverhältnisse erhoben. Die Ordnung des himmlischen Reiches, welche in diesem Gottesstaate sichtbare Gestalt gewonnen hatte, wurde als das Vorbild aller menschlichen Ordnungen hingestellt. Die Lebensformen der Menschheit sollten zu einem Sinnbild der übersinnlichen Welt gestaltet werden. Staat, Familie, Güterwirtschaft, Recht, Kunst und

Wissenschaft sollten in sinnlichen Formen das Leben der Heiligen abbilden. Die sinnliche Welt sollte ein Gleichnis der übersinnlichen Welt darstellen. Die Gestaltung dieser transcendenten Symbolik der irdischen Dinge war das schöpferische Prinzip der religiösen Metaphysik, der Endzweck der kirchlichen Weltherrschaft.

Daher waren denn die Mönche, eben weil sie die irdischen Dinge am vollständigsten verneinten, die berufensten Organe für den ersteren Zweck der kirchlichen Politik, den Aufbau der neuen göttlichen Weltordnung innerhalb der Christenheit. Sie waren als die größten Eiferer für die weltverachtende Askese die eigentlichen Vertreter der päpstlichen Weltherrschaft. Die Kirche des Mittelalters stand deshalb auch ganz unter der Führung des Ordensklerus. Jahrhunderte lang gingen zahlreiche, vielleicht die meisten Bischöfe aus dem Kloster hervor. Auch manche Päpste dieses Zeitalters waren aus dem Kloster hervorgegangen, Papst Stephan X. aus der Abtei Monte Cassino, Gregor VII. aus dem auf dem Aventin gelegenen Marienkloster, Viktor III. ebenso wie der erstere aus Monte Cassino, Urban II. war Cluniacensermönch gewesen und später Bischof von Ostia geworden. Die Synode zu Nimes vom Jahre 1096 erklärte sogar in einem Kanon, daß die Priestermönche für die Ausübung der geistlichen Funktionen geeigneter seien als die Weltgeistlichen.

Die Geltung des Mönchstumes in der Kirche steigerte sich in demselben Maße wie die asketische Zucht seiner Lebensführung. Die Aufeinanderfolge der Mönchsorden von den Benediktinern bis zu den Franziskanern und Dominikanern stellte eine Entwicklungsreihe dar, welche mit maßvoller Enthaltsamkeit begann und mit einer bis an die Grenze der Selbstvernichtung hinanreichenden Askese endete. Die im Jahre 910 gestifteten Cluniacenser suchten in der Strenge der Zucht die Benediktinerklöster zu übertreffen. Die im Jahre 1084 gestifteten Karthäuser erstrebten dasselbe gegenüber den Cluniacensern, die im Jahre 1098 gestifteten Cistercienser gegenüber jenen beiden. Bernhard von Clairvaux, welcher den letzteren ihre Ordensregeln und einflußreiche Stellung gab, tadelte heftig die Prachtliebe und Ueppigkeit der Cluniacenser, welche vordem die bewunderten Heroen der Askese gewesen waren.

Die im Jahre 1119 gestifteten Prämonstratenser suchten gleich=
falls die bisherigen Orden in der Zucht zu überbieten. Ihr
Stifter, der heil. Norbert, wählte für die Errichtung des Mutter=
klosters Premontré absichtlich eine ungesunde Gegend, damit die
Mönche den Gefahren des Todes recht ausgesetzt sein sollten. Er
selbst machte sich später als Erzbischof von Magdeburg durch seine
mönchische Strenge den Klerikern wie den Laien seiner Diöcese
verhaßt. Ueber allen aber standen die Bettelorden des 13. Jahr=
hunderts, die Franziskaner und Dominikaner, deren Grundsatz
die vollständige Besitzlosigkeit der einzelnen wie der Konvente war.
Diese völlige Mittellosigkeit zwang beide Orden, ihre Nieder=
lassungen, abweichend von allen bisherigen Traditionen des Mönchs=
tumes, nicht in der Einsamkeit der Wälder und Berge, sondern
mitten in den volkreichen Städten zu wählen, weil sie nur hier
ihren Unterhalt durch Betteln fristen konnten. „Wie ein Stern
von dem anderen sich durch seine größere Helligkeit unterscheidet,
so sind die einen heiliger als die anderen", sagte Johannes von
Salisbury von den verschiedenen Mönchsorden [1]).

    In gleichem Verhältnisse mit dem asketischen Prinzip steigerte
sich die hierarchische Politik des Mönchstumes. Wie in den An=
fängen des abendländischen Mönchstumes die asketische Richtung
nur maßvoll vertreten war, so lag auch die hierarchische Politik
desselben noch in unentwickeltem Keime. Auf dem Höhepunkte
seiner Entwicklung aber waren die Mönche die eigentlichen Heiß=
sporne der päpstlichen Eroberungspolitik. In Charakter und
Wirken wesentlich verschieden waren die Gestaltungen, welche die
Geschichte des Mönchstumes im Laufe der Jahrhunderte anein=
ander reihte. Das Leben der alten Benediktiner, welche Wildnisse
rodeten, die Weinrebe pflanzten und sich in das Studium der alt=
christlichen und antiken Litteratur vertieften, hatte wenig mit der
Thätigkeit der Franziskaner gemein, welche keine Scholle Land zu
eigen besaßen und das wissenschaftliche Studium als ein unnützes
Spiel der Eitelkeit betrachteten, oder mit dem Leben der Domini=
kaner, welche mit dem Bettelsack über Land zogen, dem Volk das

_____

[1]) Polycr. l. 7, c. 23.

Reich Gottes verkündeten und zum Kampfe gegen die Ketzer auf=
riefen. Und dennoch war es dasselbe Ziel, an dessen Erreichung
jene wie diese arbeiteten, war es dasselbe hierarchische Ideal,
welches jene wie diese, wenn auch in verschiedenem Maße beseelte.
Nur die wechselnden Zeitverhältnisse nötigten das Mönchstum, den
Schwerpunkt seines Wirkens wiederholt zu verlegen, indem es
jedoch den leitenden Gedanken desselben unwandelbar festhielt und
mit immer größerer Klarheit und Energie zu erreichen strebte. In
den Jahrhunderten, in welchen den weitaus größten Teil der
mittel= und nordeuropäischen Länder eine ungeheure Wald= und
Sumpfwildnis deckte, in welchen der aus dieser rauhen Natur
erwachsene kriegerische Geist der Bevölkerung der christlichen Lehre
die größten Hindernisse entgegenstellte, erlangte die Kirche dadurch
eine so große Bedeutung, daß sie durch die Pflege der Landwirt=
schaft, der Gewerbe und der Wissenschaft die Sitten zu milbern
und die Bevölkerung an eine stetige Kulturarbeit zu gewöhnen
suchte. Darum war der von Benedikt von Nursia im Beginn
des sechsten Jahrhunderts gestiftete Orden, welcher sich außer seinen
asketischen Uebungen vor allem mit landwirtschaftlichen Aufgaben
beschäftigte, das für die damaligen Verhältnisse geeignetste Instru=
ment zur Erreichung der kirchlichen Zwecke. Als die Kirche im
elften Jahrhundert reich und mächtig genug war, um sich aus der
bisherigen Abhängigkeit vom Staate zu lösen und der Kampf
gegen die Priesterehe, die Simonie und die weltliche Investitur die
wichtigste Aufgabe in dem weiteren Ausbau des irdischen Gottes=
staates war, wurde der in den Cluniacensern reformierte Benedik=
tinerorden politisch und stellte jene Aufgabe an die Spitze seines
Programms. Die Trennung von Staat und Kirche war haupt=
sächlich das Werk der Cluniacenser. Als etwa zwei Jahrhunderte
später der Klerus durch seinen Reichtum und seine Ueppigkeit das
Ansehen der Kirche gefährdete und die Entstehung ketzerischer Irrlehren
veranlaßte, übernahmen die beiden Orden der Franziskaner und
Dominikaner die Aufgaben, welche die Erhaltung und Fortbildung der
christlichen Kirche erforderten, indem jene die Christenheit zur evan=
gelischen Armut, diese zur Rechtgläubigkeit zurückzuführen suchten.
Diesen gesteigerten hierarchischen Zwecken entsprechend, hatten sich

die Mönchsorden an immer weitere Kreise des Volkes gewandt
und eine immer breitere seelsorgerische Thätigkeit entfaltet. Die
Benediktiner hatten sich aus der Welt in die Stille ihrer Klöster
zurückgezogen, indem sie vorwiegend die Pflege ihres eigenen
Seelenheiles in Betracht zogen. Die Cluniacenser traten aus den
Klostermauern heraus, um insbesondere den Ordens= und Welt=
klerus in ihrem Sinne zu bekehren. Die Bettelorden des 13. Jahr=
hunderts endlich richteten sich an alle Kreise des Volkes. Die
Missionsarbeit in Stadt und Land war der Zweck ihrer Stiftung,
der bleibende Schwerpunkt ihres Wirkens. Dieser agitatorische
kirchliche Zweck bestimmte sie ebenso sehr wie das Armutsgelübde,
den Ort ihrer Niederlassung nicht in entlegener Einsamkeit, son=
dern in den Mittelpunkten des Verkehres, in den Städten zu
wählen. „Diejenigen, welche zu Beginn ihrer Bekehrung sich ent=
schlossen hatten, in tiefster Demut und Armut Christus zu dienen,
herrschen jetzt unter dem Vorwande der Beratung und Belehrung
in den Pfalzen der Könige und an den Höfen der Fürsten", klagte
die pariser Akademie im Jahre 1255 dem Papste Alexander IV.
über die Dominikaner[1]. Die veränderten Zeitverhältnisse stellten
jedesmal andere Aufgaben an die Spitze der kirchlichen Be=
strebungen. Der Gedanke, diesen wechselnden Aufgaben, welche das
Streben nach dem unverrückt feststehenden Ziele ergab, zu genügen,
veranlaßte die Reformen der alten und die Stiftung neuer mön=
chischer Orden. Das Ideal des Mönchstumes blieb immer das=
selbe, nur die Methode, welche zur Erreichung desselben hinführen
sollte, war je nach dem Wechsel der Zeiten verschieden.

Doch beschränkte sich das Mönchstum keineswegs auf die Be=
lehrung und Bekehrung des Volkes, es nahm selbst an der gewalt=
samen Unterdrückung und Ausrottung der christlichen Häresien
einen entscheidenden Anteil. In den Händen des Cistercienser=
abtes Arnaud lag die Leitung des Krieges gegen die Albigenser
im südlichen Frankreich. Die Briefe desselben an Innocenz III.
bezeugen, mit welcher beispiellosen Grausamkeit der Abt und
die von ihm geführten Mannschaften diesem Geschäfte oblagen.

---

[1] Du Boulay, hist. universit. Parisiens. t. III, p. 291

„Keinen Stand, kein Geschlecht haben die unsrigen verschont, bei zwanzigtausend Menschen haben sie mit der Schärfe des Schwertes getötet. Ein ungeheures Gemetzel wurde unter den Feinden angerichtet, die ganze Stadt ist ausgeplündert und verbrannt. Wunderbar hat Gottes Strafgericht gegen die letztere gewütet". So schrieb Arnaud triumphierend dem Papste über die Erobe= rung der Stadt Beziers im Jahre 1209 [1]). Im gleichen Blut= rausche des religiösen Welthasses erzählte der Mönch Peter von Vaur=Cernay die Ereignisse des Albigenserkrieges. Nach der Er= oberung der Stadt Lavaur im Jahre 1211 verbrannten, wie der Mönch erzählt, die Soldaten des Kreuzzugsheeres „unzählige Ketzer mit ungemeiner Freude" [2]). Bei der Einnahme eines anderen festen Platzes (de Casser) machten die Bischöfe vorher wenigstens einen Bekehrungsversuch, weil der Ort nicht erobert, sondern ver= tragsmäßig übergeben war. Als der Versuch aber ohne Erfolg blieb, fielen die Soldaten über die Ketzer her und verbrannten auch diese „mit ungemeiner Freude" [3]). Dominikanermönche ferner waren es, welche in den dreißiger Jahren des 13. Jahrhunderts die norddeutschen Lande durchzogen und den Vernichtungskrieg gegen die von dem Erzbischof Gerhard von Bremen und dem Inquisitor Konrad von Marburg zu Ketzern gemachten Stedinger predigten. Die letzteren wurden alsdann mit derselben Gründ= lichkeit vertilgt wie die Albigenser.

Die weitere Aufgabe der kirchlichen Eroberungspolitik war die Ausdehnung ihres Herrschaftsgebietes über die noch nicht christiani= sierten Völker, insbesondere über das heilige Land als die Geburts= stätte der christlichen Glaubenslehre, um auch hier den Gottes= staat zu errichten. Nirgends war der asketische, transcendente Charakter des kirchlichen Machtgebotes so sichtbar als in den Kriegs= zügen der christlichen Nationen gegen die Heiden und Ungläubigen. In diesen Unternehmungen erreichte die kirchliche Askese ihre höchste Spannung. Da die Kirche als die irdische Wirklichkeit der religiösen

---

[1]) Ep. Innoc. ed. Baluze t. II, p. 374.
[2]) Bouquet XIX, 46.
[3]) L. c. XIX, c. 47.

Idee galt, so fielen alle Andersgläubigen unter den Begriff der gott=
feindlichen Welt. Sie waren Ungläubige, Atheisten, da ihr Gott
ein selbstgemachter Göße war. „Juden, heiden, keßer", sagte
Berthold von Regensburg, „dienent gote niemer niht, im dienent
niwan kristenluite. Sie waenent im aber dienen, ez ist im
aber widerdienst und ein widerdriez und dā van dienent im
niwan kristenluite" [1]. Als das Heer des lateinischen Kaisers
Heinrich dem Heere der Komnenen gegenüberstand, wies ein
Kaplan mit einem Kruzifix auf den Feind, indem er den Sol=
daten des christlichen Heeres zurief: „alle diese Menschen, welche
ihr da seht, glauben weder an Gott noch an seine Macht" [2].
Da also die Andersgläubigen nicht Gott, sondern der Welt dienten,
so mußten die ersteren ebenso hassenswert sein wie die leßteren.
Wie die Welt, so mußten auch jene bekämpft und überwunden
werden. Das Gebot der Nächstenliebe konnte daher auf diese Un=
gläubigen keinen Bezug haben. Berthold von Regensburg war
folgerichtig genug, für den Begriff des Nächsten in dem neunten
und zehnten mosaischen Gebote das Wort „ebenkristen" einzu=
seßen. Das neunte Gebot lautet ihm zufolge: „du solt dīnes eben=
kristen dinc niht ze unrechte begern" und das zehnte: du solt
dīnes ebenkristen gemahel niht gern" [3]. Den Heiden und Un=
gläubigen gegenüber bestand nur die Verpflichtung der Bekehrung
oder Vernichtung. Wo die Bekehrung nicht erwirkt werden konnte,
oder wo der Kirche sogar ein thätlicher Widerstand entgegen=
gesezt wurde, da erforderte die Erhaltung und Ausbreitung des
göttlichen Reiches die Vernichtung dieser widerstrebenden Mächte.
Insbesondere erschien der Kampf mit dem Islam als ein Kampf
mit Sünde und Welt, als ein „Gottesdienst". „Aus dem Staate
des Herrn sollen alle vertrieben werden, die Unrecht thun, welche
danach verlangen, die in Jerusalem beruhenden, unschäßbaren
Reichtümer des christlichen Volkes zu rauben, die Heiligtümer zu ver=
unreinigen und das Heiligtum Gottes zu besißen. Beide Schwerter

---

[1] Bd. 1, herausgeg. von Pfeiffer, S. 377.
[2] Histoire de l'empereur Henri par Henri de Valenciennes c. VII.
[3] Bd. 2, herausgeg. von Strobl, S. 200.

(das weltliche und das geistliche) der Gläubigen sollen gegen den Nacken der Feinde fahren und allen Hochmut zerschmettern, der sich gegen die göttliche Wissenschaft, das ist gegen den Glauben der Christen erhebt, damit die Heiden nicht sagen können: „Wo ist ihr Gott?" rief Bernhard von Clairvaux den Tempelrittern zu [1]).

An diesem Gedanken entflammte sich die religiöse Begeisterung der Kreuzzüge. Es war im Jahre 1095, als vom Süden Frankreichs her die religiöse Begeisterung der Glaubenskriege aufrauschte, welche bald alle bestehenden Verhältnisse in Familie, Gesellschaft und Staat aufzulösen schien und die abendländischen Völker nur in dem einen Gedanken gefesselt hielt, das heilige Grab den Händen der Ungläubigen zu entreißen. Der Kampf gegen den Islam wurde in allen Beziehungen auf einen transcendenten Ursprung zurückgeführt. Er war nicht auf menschliche, sondern auf göttliche Anregung erfolgt [2]). Christus war der „Herzog" und „Feldherr" des Heeres. Die Kreuzfahrer waren die „Krieger Christi", die „Kämpfer Gottes". „Die Schlachtreihen des Herrn" nannte sie Honorius III. in einer an die Kreuzfahrer der Diöcese Köln gerichteten Bulle vom Jahre 1217. Ihre Kriegszüge waren „Pilgerfahrten", ihre Schlachtgesänge waren „Bußlieder". Ihre Gegner, die Sarazenen und Türken, waren die „Feinde Christi", die „Streitmacht des Teufels". Die Thaten der Kreuzzugsheere geschahen „im Dienste des himmlischen Königs", sie waren die „Thaten Gottes". Der Gegenstand des Kampfes war „das heilige Land", die Stätten, wo „die Füße des Herrn gewandelt hatten", „wo der Leichnam des Herrn geruht hatte". Das Grab Christi hatte gewissermaßen als die Wiege der christlichen Erlösung unter den denkwürdigen Stätten der letzteren den Vorrang [3]). Die Befreiung des heiligen Landes wurde daher in der Regel als die Befreiung des heiligen Grabes bezeichnet. Der Lohn der Streiter war „nicht eine vergängliche Krone und ein zeitlicher Ruhm, sondern eine unvergängliche Krone und ein ewiger Ruhm", wie

---

[1]) Exhortatio ad milites templi c. 3.
[2]) Ekkeh. Hieros. c. 1. 1.
[3]) Bernhard. Clairv. exhortat. ad milites templi c. XI.

Innocenz III. ben Kreuzfahrern der Diöcese Köln erklärte. Gott
selbst, verhieß Honorius III. in jener oben bezogenen Bulle, er=
warte die Streiter am heiligen Grabe mit ausgebreiteten Armen,
um seine geliebten, längst begehrten Söhne zu empfangen. Ueber=
all war dieser heilige Krieg von der religiösen Idee der Kirche
durchstrahlt. Die Krieger des ersten Kreuzzuges, welche nach der
Eroberung Jerusalems im Blute der Sarazenen rasten und nach
Vollendung ihrer Arbeit mit blutigen Schwertern und zerknirschten
Herzen zum heiligen Grabe eilten, um hier der sündenvergebenden
Gnade teilhaftig zu werden, waren eine ergreifende Illustration
jener in der Weltvernichtung sich bethätigenden Weltherrschaft der
Kirche. Die geschichtliche Legende hat den asketischen Charakter
der Kreuzzüge treffend ausgesprochen, indem sie den Einsiedler
Peter als den eigentlichen Urheber des ersten Kreuzzuges bezeich=
nete. Der von asketischen Uebungen abgemagerte, von religiösem
Eifer glühende, an der Spitze der Kreuzfahrer in den Kampf
gegen die Ungläubigen ziehende Eremit war die sagenhafte Per=
sonifikation der zu einer welterobernden Idee gewordenen Askese.

Fast anderthalb Jahrhunderte lang bildeten die Kreuzzüge den
Brennpunkt aller Interessen der abendländischen Welt. Männer
verließen ihre Frauen, Söhne ihre Eltern, Vasallen traten aus
ihrer Lehnspflicht, Hörige aus ihrer Dienstpflicht, um in dem
heiligen Kriege mitzukämpfen. Verbrechern wurde die Strafe
erlassen, wenn sie sich an einer Kriegsfahrt nach dem heiligen
Lande beteiligen wollten. Selbst den Geistlichen, welchen sonst
jede Beteiligung am Kriege aufs strengste verboten war, wurde
hinsichtlich des Kampfes gegen die Sarazenen wohl eine Ausnahme
gestattet. Geistliche nahmen teil an der Leitung der kriegerischen
Operationen oder gingen, wenn auch mit dem Kruzifixe statt mit
dem Schwerte, den in die Schlacht ziehenden Heerhaufen voran [1].
Zu Hause sollten, nach dem Beispiele Gibeons, nur die Unnützen
bleiben, wie Papst Innocenz III. in einer Bulle für die Diöcese
Köln erklärte. Mit Entrüstung wandte sich Ekkehard von Aura

---

[1] Vgl. Gerhoh von Reichersberg, comment. in psalm. 64, c. 53,
Migne t. 194.

gegen diejenigen, welche sich dem göttlichen Kriegsdienste fernhielten
und in „epikuräischer Weise den breiten Weg der Lüste dem
schmalen des göttlichen Dienstes vorziehen, Weltliebe als Klugheit,
Verachtung derselben als Thorheit, d. h. den Kerker als Vater=
land, die Finsternis als Licht, das Böse als Gutes, den Tod, o
Schmach! verblendeten Herzens als Leben ansehen" [1]. Als der
Markgraf Bonifacius von Montferrat im Jahre 1201 die französische
Baronie gegen die Sarazenen führen wollte, sang der provenzalische
Dichter Gaucelm Faidit: „Wer nicht mitzieht, der entehrt sich
selber, denn ich fürchte, Gottes Zorn wird jeden treffen, der ohne
Grund zurückbleibt" [2]. Unsägliche Mühen und Leiden nahmen
diese zahllosen Menschenmassen jahrelang auf sich, um die Feinde
Gottes zu bekämpfen und an den Stätten zu beten, an welchen
sich einst die weltbewegenden Ereignisse der christlichen Heilsgeschichte
abgespielt hatten. Ihre ganze Existenz setzten dieselben als Opfer
ein für die Herrschaft des Kreuzes und der Kirche. Darum sollten
sie auch, sprach Papst Urban zu Clermont, das Zeichen des Kreuzes
an ihre Brust heften. In dieser, alle Interessen in Anspruch
nehmenden Erregung glaubte man Wunderzeichen am Himmel und
auf Erden zu sehen und faßte dieselben als Mahnrufe Gottes zur
Kriegsfahrt gegen den Islam auf [3]. Es ging das Gerücht um,
Karl der Große sei von den Toten auferstanden [4]. Man glaubte,
das Ende der Dinge stehe nahe bevor [5]. „Die ganze Welt,"
sagte Ekkehard, war erschüttert oder schien vielmehr sich umzu=
wandeln."

Während sich für die innere Politik der Kurie, d. h. für die
Unterordnung der christlichen Völker und Staaten unter die Kirche,
der Ordensklerus als das geeignetste Instrument erwies, dienten
der auswärtigen Eroberung gegen den Islam und das Heidentum
am vorzüglichsten die geistlichen Ritterorden, die Johanniter,

---

[1] Chron. universale M. G. t. VIII, p. 211, a. 1099.
[2] Fr. Diez, Leben und Werke der Troubadours, S. 374.
[3] Ekkeh. Hierosol. c. 10; c. 11, 1.
[4] L. c. c. 11, 2.
[5] Ekkeh. chronic. universale c. 43.

Templer und Deutschherren, welche die Bekämpfung jener beiden
Mächte zu ihrem dauernden Berufe wählten. Und eben diese
Ordensgesellschaften ließen jene Vereinigung von asketischer Zucht
und herrschaftlicher Gewalt am sichtbarsten hervortreten. Das
eigentümliche Wesen derselben beruhte gerade auf der Verbindung
von mönchischer und ritterlicher Lebensführung. Um ihrem kriegerischen Zwecke sich ganz widmen zu können, legten die Mitglieder
dieser Orden die mönchischen Gelübde der Armut, Keuschheit und
des Gehorsams ab. Die Ordensherren waren Ritter, welche den
Kampf gegen den Feind als einen Kampf gegen Welt und Sünde
auffaßten; sie waren Mönche, welche den Kampf gegen die letztere
mit dem Schwerte führten. „Ihr seid Mönche den Tugenden und
Krieger den Handlungen nach", sagte der Cluniacenserabt Petrus
Venerabilis zu den Ordensrittern der Templerschaft[1]).

Der Kampf gegen den Islam, der gewissermaßen die auswärtige Politik der Kurie bildete, hatte übrigens eine erhebliche
Rückwirkung auf die erstbesprochene Aufgabe der Kirche, die Unterwerfung der christlichen Staaten unter ihr Machtgebot, zur Folge,
insofern derselbe nicht wenig dazu beitrug, die letztere Aufgabe zu
fördern. Und zwar überstieg der Erfolg, welchen die Kirche durch
diesen heiligen Krieg innerhalb der Christenheit erzielte, den auswärtigen Erfolg um ein Bedeutendes. Während die Eroberung
des heiligen Landes, trotz des großen Aufwandes von Mitteln,
nur in sehr ungenügendem Maße gelang, stellten die Kreuzzüge
den Papst dagegen unbestritten an die Spitze der gesamten christlichen Welt. Vom Papste ging der Aufruf zum Kampfe gegen
die Ungläubigen aus, er erhob allgemeine Steuern zur Bestreitung
der Kriegsunkosten. Er befreite Vasallen von ihrer Lehnspflicht,
Zinspflichtige von ihren Abgaben, er löste Schuldige von ihrer
Strafe, wenn sie seinem Rufe zu den Waffen freiwillig folgten.
Die Güter der Ausziehenden standen unter dem Schutze der Kirche.
So lange die Besitzer auf der Fahrt begriffen waren, durften ihre
Güter nicht berührt oder in irgend einer Weise belastet werden.
Vielmehr sollte denen, welche jenseits des Meeres die gemeinsame

---

[1]) Lib. 6, epist. 26.

Sache der Christenheit führten, ein Teil ihrer Schulden erlassen werden. Auch durften keine Zölle von ihnen gefordert werden. Die Kriegsheere der Kreuzfahrer ferner standen wiederholt unter dem Befehle des Papstes oder seines Legaten. Niemals hat die Behauptung der Kirche, daß der Papst der höchste Herr und Richter des Erdkreises sei, eine so überzeugende Kraft besessen, als im Zeitalter der Kreuzzüge. Niemals standen die Machtmittel der Staaten der Kirche so sehr zur Verfügung, niemals wurden die Zwecke der Staaten denjenigen der Kirche in dem Maße untergeordnet als damals. Der Papst war durch die Kreuzzüge zum höchsten Richter, Gesetzgeber und Kriegsherrn der abendländischen Welt geworden. Das Ideal eines die ganze Christenheit umfassenden Gottesstaates hatte für diesen Zeitraum in dem weltherrschaftlichen Regimente der Kirche eine greifbare Gestalt gewonnen.

In den großen Hierarchen, welche die Begründer und Träger des päpstlichen Imperiums waren, hat der asketisch-transcendente Charakter des letzteren gewissermaßen eine persönliche Verkörperung gefunden. Gregor VII. war Mönch gewesen und lebte in mönchischer Askese, als er die Zügel des Weltregimentes führte. Der zur Gegenpartei gehörige Bischof Wido von Ferrara beschrieb in seiner Schrift „über das Schisma Hildebrands" das enthaltsame Leben des Papstes. „Er duldete," heißt es dort, „freudig Mangel, während er Ueberfluß hatte an den feinsten Gerichten. Er ertrug Durst und alle körperlichen Beschwerden, obwohl auf seinen Wink alles bereit gewesen wäre" [1]). Seine Speise bestand fast nur in gewöhnlichem Gemüse. „Während alle sich mit weltlichen Geschäften zu thun machten und in weltlichen Wünschen und Fragen lebten, ging er mit starkem Geiste über alles hinweg, indem er bedachte, daß dieses Leben eine Pilgerfahrt, nicht aber die Heimat sei." Der religiöse Glaube, der ihn bewegte, sich selber zu einem „Tempel Christi" zu machen, trieb ihn auch dazu, die Welt außer ihm dem göttlichen Willen zu unterwerfen. Er wollte die Herrschaft der Kirche, nicht aber aus persönlicher Herrschsucht, sondern

---

[1]) De scismate Hildebrandi lib. I, c. 1, M. G. t. XII, p. 155.

aus Eifer für die in der Kirche und in seinem Amte geoffenbarte göttliche Idee. Nicht persönliche Willkür, sondern der logische Zwang des Systems war der Leitstern seiner weltherrschaftlichen Pläne.

> „Leben und Lehre standen nicht miteinander in Mißklang,"

sagte das Heldengedicht des Robert Wiskard über Gregor [1]). „Er war ausgezeichnet in jeder Tugend" und „glühend vom Eifer Gottes", bemerkte Lambert von Hersfeld [2]). Dieser Eifer Gottes war es, der ihm im Jahre 1073 in einem Briefe an den Herzog Gottfried den Jüngeren von Lothringen, als er die Verwicklungen mit Heinrich IV. kommen sah, das Wort des Propheten Jeremias in die Feder diktierte: „Verflucht sei der Mensch, der sein Schwert zurückhält vom Blute" [3]). Er stürzte dann die christlichen Staaten und insbesondere das Deutsche Reich in endlose Verwirrungen und verheerende Kriege, um auf den Trümmern der Welt das Kreuz zu pflanzen und den Frieden des Gottesstaates zu gebieten. Petrus Damiani bezeichnete diesen weltvernichtenden Gotteseifer Gregors mit treffenden Worten. Er nannte ihn „seinen schmeichlerischen Tyrannen, der ihn mit der Liebe des Nero hegte, mit Schlägen liebkoste, mit Adlerskrallen streichelte". Den geistreichsten Ausdruck für den Charakter Gregors fand er, wenn er den letzteren in demselben Briefe seinen „heiligen Satan" nannte [4]).

Ein echt mittelalterlicher Charakterkopf war ferner der heil. Norbert, der Stifter des Prämonstratenserordens. Auch in ihm wiederholte sich jenes eigentümliche Gepräge der mittelalterlichen Religiosität. Auch ihn veranlaßte nicht persönlicher Ehrgeiz [5]), sondern die göttliche Idee der Kirche und seines Amtes zur Geltendmachung der kirchlichen sowie seiner persönlichen Autorität. Er

---

[1]) L. 4, B. 266, M. G. t. 9, p. 296.
[2]) Lamberti annales a. 1073, M. G. t. V, p. 194.
[3]) Jerem. 48, 10.
[4]) Petri Damiani epist. ed. Constant. Caetanus Parisiis 1610 p. 35.
[5]) Das Gegenteil behaupten W. Bernhard in „Lothar von Supplinburg" und G. Hertel in seiner Einleitung zu der Uebersetzung der vita S. Norberti.

war von vornehmer Herkunft und reich begütert. Als einst ein
neben ihm in die Erde fahrender Blitzstrahl ihn von der Unge=
wißheit und Flüchtigkeit des menschlichen Lebens überzeugt hatte,
entschloß er sich, der Welt zu entsagen. Er gab dem Erzbischof
Friedrich von Köln seine von demselben empfangenen Lehnsgüter
zurück, verkaufte seine Allodien und schenkte den Gelderlös an die
Armen. In bitterer Winterkälte trat er sodann mit zwei Gefährten
eine Pilgerreise durch Frankreich an. Beide Gefährten aber er=
lagen bald den Mühen der Reise und ein dritter, der sich ihm
nachträglich angeschlossen hatte, zog den Verbleib in einem Kloster
dem Leben mit Norbert vor. Endlich fiel auch Norbert infolge
der Kasteiungen und Anstrengungen in eine Krankheit, die er jedoch
glücklich überstand. Als er dann den Kanonikern der Marienkirche
zu Laon, welche ihn zu ihrem Abt erwählen wollten, seine aske=
tischen Grundsätze mitteilte, standen dieselben erschreckt von der
Wahl ab, indem sie erklären, daß Gott wohl züchtigen, nicht aber
töten wolle [1]). Schließlich stiftete Norbert selber das Kloster
Prämonstratum. Manche seiner neugewonnenen Anhänger aber ver=
ließen bald das Kloster, weil ihnen Norberts Regel zu streng war.
Im Jahre 1126 wurde Norbert zum Erzbischof von Magdeburg
erwählt. Er zog dann barfuß und so ärmlich gekleidet in den
bischöflichen Palast zu Magdeburg ein, daß ihn der Thürhüter
für einen Bettler hielt und ihn von der Schwelle zurückwies. Als
Erzbischof aber waltete er seines Amtes mit derselben Energie
und Härte, mit welchen er sich und andere durch seine asketischen
Uebungen peinigte. Mit rücksichtsloser Strenge trieb er die Güter
und Renten der Magdeburger Kirche ein. Mit derselben Rücksichts=
losigkeit entfernte er die Weltgeistlichen aus dem Besitze der Marien=
kirche, weil dieselben ihm zu weltlich gesinnt erschienen. An ihre
Stelle führte er seine asketischen Prämonstratensermönche ein. Der
Zorn gegen die herrische Gewaltthat Norberts war so groß, daß
die Kleriker seiner nächsten Umgebung ihn wiederholt zu ermorden
trachteten. Schließlich brachen die Magdeburger in offene Em=
pörung aus. Doch gab Norbert den Drohungen des Volkes, welches

---

[1]) 2 Kor. 6, 9.

namentlich die Mönche aus der Marienkirche entfernt haben wollte,
selbst dann nicht nach, als noch ein zweiter Aufstand gegen ihn
ausbrach. Im Jahre 1133 begleitete er den König Lothar nach
Italien und spielte in den Verhandlungen des letzteren mit dem
Papste eine entscheidende Rolle. Als Innocenz II. geneigt schien,
dem Kaiser die Investitur mit Ring und Stab zu überlassen, er=
klärte Norbert in Gegenwart des Kaisers dem Papste ins Gesicht:
„Wenn du thust, was man von dir fordert, siehe, im Angesicht
der Kirche widerspreche ich dir." Und Kaiser und Papst folgten
seinen Worten. Die Brüder von Kappenberg widmeten dem An=
denken Norberts einige Verse, in denen sie jene beiden Charakter=
züge desselben, den Eifer für die asketische Zucht und die Macht
der Kirche mit den Worten aussprachen, daß er „die Höhen der
Welt verachtet" habe und „ein leuchtendes Gestirn zum Schutze
der kirchlichen Rechte" gewesen sei. Der Welt zu Gunsten der
Kirche entsagen, um durch die Kirche wieder die Welt zu be=
herrschen, dieser weltgeschichtliche Zug jener Zeit war auch das
persönliche Schicksal Norberts.

Derselbe religiöse Typus hatte ferner in Bernhard von Clair=
vaux einen hervorragenden Vertreter gefunden. Bernhard war
ein besonderer Freund der mönchischen Askese und des stillen, be=
schaulichen Lebens. Seine zahlreichen Schriften und Briefe sind eine
fortlaufende Predigt über den Vorzug der von der Welt abgezogenen,
in Gott befriedigten Kontemplation vor dem unruhigen, gefahrvollen
Treiben der Welt. Er trat den Cluniacensermönchen als Sitten=
prediger entgegen, weil ihm diese zu weltlich gesinnt erschienen.
Den erst kürzlich gegründeten und noch bedeutungslosen Cister=
cienserorden hob er durch seine asketische Strenge zu Ansehen und
Geltung. In seiner persönlichen Lebensführung befleißigte er sich
einer so strengen Enthaltsamkeit, daß er immer leidend war und
auch infolge seines anhaltenden Fastens und Wachens gefährlich er=
krankte. Aus Demut lehnte er die Würde eines Bischofs ab, welche
ihm wiederholt angeboten wurde. Mit noch größerem Eifer als
gegen die Cluniacenser, wandte sich Bernhard in seiner an den Papst
Eugen III. gerichteten Schrift „über die Betrachtung" gegen die
Habgier der römischen Kurie, welche alle Prozesse der Welt vor

ihr Forum zu ziehen suche, sowie gegen die politischen Macht=
ansprüche des Papsttumes. Der logische Zwang des Systems
aber riß auch ihn mit sich fort und machte ihn zu einem be=
geisterten Anwalt der weltbeherrschenden Eroberungspolitik und
der hierarchischen Machtansprüche, aus welchen er doch der
römischen Kurie einen Vorwurf gemacht hatte. Dieser asketische
Eifer, der ihn selbst ohne Rest in den Dienst der Kirche aufgehen
ließ, war es auch, der ihn trieb, die Welt außer ihm in den
Dienst der Kirche zu zwingen. In den großen öffentlichen Fragen
seiner Zeit übte er im Interesse der Kirche einen entscheidenden
Einfluß aus und verstand es, die weltliche Gewalt dem Interesse
der Kirche dienstbar zu machen. Er erwirkte die Anerkennung
des Papstes Innocenz II. gegenüber dem Gegenpapste Anaklet,
obwohl der letztere dem Könige Lothar II. größere Zugeständ=
nisse zu machen gewillt war. Mit Begeisterung trat er für die
kirchliche Eroberungspolitik im Oriente ein. Derselbe religiöse
Geist, der ihn in die Klosterzelle von Cisterz leitete, führte ihn
auf die Seite der kriegerischen Tempelherren. Bernhard verfaßte
selber die Regeln dieses Ordens und schrieb einen Aufruf an seine
Ritter, in welchem er dieselben über die Heiligkeit ihres Berufes
belehrte. Der Prediger der Weltflucht und Beschaulichkeit wurde
in diesem Aufrufe zu einem Herold des Kampfes und kriegerischen
Mutes. Der Tod im Kampfe gegen die Ungläubigen ist, sagte
er, verdienstvoller und ruhmwürdiger als der Tod im Bette[1].
„Um Christi willen getötet zu werden oder zu töten ist kein Ver=
brechen, sondern höchster Ruhm." „Im Tode der Heiden wird der
Christ verherrlicht, weil Christus verherrlicht wird"[2]. Durch seine
flammende Beredsamkeit überwand er im Jahre 1146 die Abnei=
gung König Konrads III. gegen einen neuen Kriegszug und ver=
anlaßte ihn, mit bewegtem Herzen das Kreuz zu nehmen.

Die höchste Vollendung erreichte dieser religiöse Charaktertypus
in den Ketzerrichtern des dreizehnten Jahrhunderts, insbesondere
in der düsteren Gestalt eines Konrad von Marburg. Die Ver=

---

[1] Exhortatio ad milites templi c. 1.
[2] L. c. c. 3.

tilgungswut des letzteren gegen jede Regung einer freieren Denk=
weise war keineswegs eine häßliche Ausartung der kirchlichen Lehre,
sondern lediglich die vollste Auslabung jenes alle außerhalb der
römischen Kirche bestehenden Mächte als Welt und Sünde ver=
neinenden Geistes. Eine bis zum leidenschaftlichen Hasse gegen
alle natürlichen Empfindungen gesteigerte Askese bildete die Grund=
stimmung dieses Charakters. Und eben dieser wilde asketische Eifer
gegen das Natürliche entflammte denselben zur Mordgier gegen
alles das, was sich dem in der römischen Kirche verwirklichten
Uebernatürlichen gegenüber feindlich verhielt. Das asketisch=hierar=
chische System erschien auf diesem Höhepunkte seiner Entwicklung,
auf welchem Schwert und Scheiterhaufen als die geeignetsten Be=
lehrungsmittel galten und die Menschenliebe des christlichen Reli=
gionsstifters in eine Furie der Tyrannei und des Hasses verwandelte,
als ein Abscheu erregendes Zerrbild religiöser Inbrunst.

Konrad war von mönchischer Strenge gegen sich selbst. Mit
den Worten: „Er verschmähte Reichtum, weltlichen Besitz und
kirchliche Benefizien. Zufrieden mit dem einfachen und demütigen
Kleide eines Priesters, würdig und gemessen in seinen Sitten,
streng von Ansehen, war er gütig, dankbar und freundlich gegen
gute Christen, den schlechten und treulosen aber war er ein ge=
rechter und strenger Richter", äußern sich die Reinhardsbrunner
Annalen über seinen Charakter[1]). Ein würdigerer Gegenstand
seiner geistlichen Bußübungen als er selber, war, wie bekannt, die
Landgräfin Elisabeth von Thüringen, welche ihn zu ihrem Beich=
tiger angenommen hatte. Die harten Bußübungen, in welchen
die Landgräfin sich verzehrte, legen von der grausamen, aller
Natur widerstreitenden Askese ihres Lehrers ein sprechendes Zeug=
nis ab. Die verschwenderische Freigebigkeit der Landgräfin gegen=
über den Armen, ihre aufopfernde Krankenpflege, ihre harten
Kasteiungen und schließlich ihre freiwillige Trennung von ihren
Kindern geschahen unter der Aufsicht und dem Beirate dieses
geistlichen Lehrers. Die Ketzerverfolgung, welche Konrad sodann
betrieb, war eigentlich nur eine Ausdehnung jenes Hasses gegen

---

[1]) Ed. Wegele p. 191.

die Naturtriebe auf die ganze Persönlichkeit. Die blutdürstige Tyrannei dieses Menschen war nichts als eine der römischen Hierarchie dienstbare Weltverneinung. Er vergoß Ströme von Blut, wo er die Autorität der Hierarchie gefährdet glaubte. Den Landgrafen Ludwig von Thüringen überzeugte er, „daß er eine leichtere Sünde begehe, wenn er sechzig Männer töte, als wenn er eine einzige Kirche einem Unwürdigen übertrüge" [1]), eine Ansicht, die von der Voraussetzung aus, daß das letztere Vergehen eine unmittelbar gegen Gott gerichtete Beleidigung und außerdem eine Gefährdung des Seelenheiles für viele Menschen sei, durchaus folgerichtig war. Unzählige wirkliche und vermeintliche Ketzer brachte er dem Machtgedanken der Kirche zum Opfer. Die thüringischen, hessischen und rheinischen Länder waren gelähmt vor Schrecken über die beispiellose Verwegenheit und unerbittliche Strenge, mit welcher der Inquisitor seines Richteramtes waltete. Er war, wie die Wormser Annalen sagen, „ein Richter ohne Barmherzigkeit" [2]). Es entstand durch ihn „eine in der Welt bis dahin unerhörte Verwirrung", heißt es in der Chronik Alberichs [3]) über die Thätigkeit Konrads. Todesfurcht trieb viele schwächere Naturen zu falschen Aussagen. Diejenigen, welche schließlich in ihrer Angst sich reumütig als Ketzer bekannten, wurden in schrecklichster Weise als solche gekennzeichnet und alsbann eingesperrt. Eine Ableugnung der Beschuldigung galt erst recht als ein Beweis der Schuld. Demgemäß wurden solche, die nicht gestanden, verurteilt und verbrannt, ohne daß eine Verteidigung oder Berufung gestattet worden wäre. „Der Magister gewährte keiner noch so hohen Person die Möglichkeit einer gesetzlichen Verteidigung", heißt es in dem Berichte des Erzbischofs Siegfried von Mainz an den Papst [4]). In jedem Falle also wurden diejenigen, welche das Unglück hatten, vor seinem Richterstuhle er

---

[1]) Annal. Reinhardsbr. p. 192.

[2]) M. G. SS. XVII, p. 39.

[3]) Leibnitii access. hist., Leipzig 1698, p. 545.

[4]) Huill. Bréh. IV, Tl. 2, S. 650; vgl. die Annal. Wormat. M. G. XVII, p. 88, 39.

scheinen zu müssen, verurteilt, mochten sie sich als schuldig oder
als unschuldig bekennen. In dem eigenen Blute des Wüterichs
wurde schließlich die Brandfackel, welche die Scheiterhaufen so
vieler Opfer der römischen Hierarchie entzündet hatte, gelöscht.
Im Jahre 1233 von einer Synode zu Mainz, wo der Graf
Heinrich von Sayn sich von der auch gegen ihn erhobenen An=
klage der Ketzerei gereinigt hatte, nach Marburg zurückkehrend,
wurde Konrad und sein gleichgesinnter Begleiter von einigen
Edelleuten erschlagen. Mit den Worten: „Und so wurde mit
göttlicher Hilfe Deutschland von jenem ungeheuren und unerhörtem
Gerichte befreit", schließen die Wormser Annalen ihre Mitteilungen
über den Inquisitor [1]. „Seitdem hörte jene stürmische Verfolgung
und jene schreckliche Zeit, wie seit den Tagen des häretischen Kaisers
Constantius und des Apostaten Julian nicht ähnliche gewesen waren,
auf und man begann wieder mit heiterer Freude zu atmen", fügt
die trierische Chronik der Mitteilung über den Ausgang des Ketzer=
richters hinzu [2].

Wohl waren die deutschen Bischöfe über den letzteren empört
und erklärten sich auf der erwähnten Synode zu Mainz wie auf
dem Reichstage zu Frankfurt im Jahre 1234 gegen denselben. Aber
nicht der Verfolgungseifer, sondern nur das formlose Verfahren
des Inquisitors war der Gegenstand des Tadels. Auch war ihre
Stellungnahme durch die Erwägung beeinflußt, daß die richterliche
Thätigkeit Konrads ihre bischöfliche Jurisdiction mit Genehmigung
des Papstes völlig überging. Selbst der Papst soll seinen Un=
willen über das formlose Verfahren seines Legaten geäußert
haben [3]. Als er aber von der Ermordung Konrads Kunde er=
hielt, zerriß er das Schreiben, in welchem er diese Mißbilligung
ausgesprochen hatte und ließ sich erst durch die Verwendung
der Kardinäle und Dominikaner zur Ausfertigung eines anderen
Schreibens, welches ein gesetzliches Verfahren gegen die Ketzer
vorschrieb, bewegen. Wie weit er aber von einer Mißbilligung

---

[1] L. c. p. 40.
[2] Gesta Trevir. ed. Wyttenbach und Müller, Tl. 1, S. 322.
[3] Annal. Worm. l. c. p. 40.

der Thätigkeit Konrads an und für sich entfernt war, ging aus den Schreiben hervor, welche er im Jahre 1233 an die deutschen Prälaten richtete. „Hat dieser nicht als ein Diener des wahren Moses die Bosheit der Welt wie ein zweites Jericho mit seinen priesterlichen Posaunen umgestürzt", schrieb er in einem dieser Briefe. Den Erzbischof von Mainz, den Bischof Konrad von Hildesheim und den Dominikanerprovinzial Konrad beauftragte er sodann mit der Fortsetzung der von Konrad von Marburg begonnenen Ketzerverfolgung [1]).

Gregor VII., Norbert, Bernhard von Clairvaux und Konrad von Marburg sind nur einzelne Beispiele der der ganzen Kultur des Mittelalters eigentümlichen Verbindung von Askese und priester= licher Weltherrschaft. Diese in der Idee der mittelalterlichen Welt= anschauung beruhende Verbindung trat in jenen Männern nur in besonders scharfer und charaktervoller Prägung hervor. Die asketische Idee des in der Kirche versinnlichten übersinnlichen Gottes= staates war das Prinzip der mittelalterlichen Kultur. Die letztere stand ihrer Idee nach in grundsätzlichem Widerstreit mit allen Bedingungen des menschlichen Lebens, indem sie Staat, Gesell= schaft, Eigentum, Familie u. s. w. verneinte und an ihre Stelle die jenseitigen Ordnungen der Kirche setzte. Außer der letzteren hatte nichts ein Recht des Bestehens.

---

3. Der Widerstand der Weltlichkeit.

Der religiöse Geist des Mittelalters ging also in seiner Meta= physik von der gänzlichen Verneinung des Irdischen aus, um in der Kirche wieder zu dem vollen Besitze der Welt zurückzukehren. Denn bei der Gleichstellung der Kirche mit der religiösen Idee

---

[1]) Vgl. hierzu: Henke, Konrad von Marburg, Marburg 1861; E. Winkelmann, Geschichte Friedrichs II. S. 442 ff.; C. J. Hefele, Kon= ziliengeschichte Bd. 5 S. 905 ff.

mußten alle der letzteren gebrachten Opfer der ersteren zufallen.
Je mehr die Kirche auf der einen Seite die Welt verneinte, desto
mehr mußte sie auf der anderen Seite die Interessen der letzteren
in sich aufnehmen. Indem sich die Kirche in den Besitz der Welt
und ihrer Güter setzte, fiel sie selbst der Verweltlichung anheim.
In diesem Kreise bewegte sich die Geschichte des Mittelalters nicht
minder als die der altchristlichen Zeit. Darin lag der tragische
Konflikt der mittelalterlichen Weltanschauung, der sich gleichmäßig
auf allen Gebieten wiederholte. Die Lösung dieses Widerstreites
war dem Mittelalter unmöglich, da der letztere nicht durch die
Willkür einzelner Persönlichkeiten, sondern durch die logische Ab=
wicklung des Systems verursacht wurde und die Lösung desselben
demnach mit einer Verwerfung des Systems gleichbedeutend ge=
wesen wäre. Dennoch suchte das Mittelalter von Anfang an
sich dem logischen Zwange dieses Zirkels zu entwinden, ein Ver=
such, der freilich zu keinem sicheren Erfolge führen konnte, solange
er sich im Rahmen des Systems bewegte.

Das Evangelium der Welt= und Selbstverleugnung konnte
nicht verwirklicht werden ohne empfindliche Schmerzen in dem
Seelenleben der Menschen zu wecken und ohne den fortgesetzten
Widerstand der gewaltsam unterdrückten Sinnlichkeit herauszu=
fordern. Und zwar ging dieser Widerstand, von einigen sektiereri=
schen Bestrebungen abgesehen, nicht aus von einer dem kirchlichen
Lehrsystem entgegengestellten selbständigen und logisch begründeten
Weltanschauung. Vielmehr war die kirchliche Lehre in die Tiefen
des Volkslebens eingedrungen und war die Kirche im allgemeinen
überall als der sichtbare Gottesstaat unbestritten anerkannt. Der
Widerstand, welchen man der Verwirklichung desselben fast auf
allen Gebieten mehr oder weniger entgegenstellte, entbehrte dem=
nach aller haltbaren logischen Grundlagen und stand in Wider=
streit mit den Folgerungen der eigenen Glaubensüberzeugung.
Er war nur die thatsächliche Gegenwehr der unterdrückten irdischen
Weltverhältnisse, welche sich durch keinen materiellen und logischen
Zwang beseitigen ließen. Die Logik des Systems war so einfach
und zwingend, daß die dürftigen Einwendungen gegen dieselbe
in nichts zerfielen und daß die Gegner der päpstlichen Weltherr=

schaft sogar die kirchlichen Beweissätze ihren eigenen abweichenden Behauptungen zu Grunde legten. Der Widerstand, welchen die an die Bedingungen des irdischen Lebens gebundene menschliche Natur der übersinnlich=weltherrschaftlichen Idee der Kirche trotz ihrer zwingenden Logik entgegenstellte, war nichts als der Aus= bruch des tiefen Schmerzes, welchen die Sinnlichkeit über die ihr zugefügte Gewalt empfand. Dieser der Physiognomie des Mittel= alters tief eingeprägte Schmerzenszug der Weltverneinung war das völkergeschichtliche Reflexbild des am Kreuze sterbenden Er= lösers, in welchem das Mittelalter das ideale Vorbild des mensch= lichen Lebens gefunden hatte. Der Schmerzenszug der von der religiösen Idee der Kirche verneinten Sinnlichkeit gestaltete das weltherrschaftliche Imperium des mittelalterlichen Gottesstaates zu einem Passionsbilde.

Der Welthaß der Kirche hatte einen ununterbrochenen Kampf mit den in ihrer Existenz bedrohten irdischen Lebensbedingungen zu führen. Die Bedürfnisse des materiellen und wirtschaftlichen Lebens widerstrebten der Tugendlehre der freiwilligen Armut, die Triebe der geschlechtlichen Liebesempfindungen der Keuschheit, d. h. der freiwilligen Ehelosigkeit, die Notwendigkeit der Selbsterhaltung zwang den Staat der göttlichen Autorität der Kirche den Gehorsam zu verweigern. Der durch den Schmerz der gewaltsamen Ver= neinung hervorgerufene Widerstand der irdischen Lebensbedingun= gen äußerte sich so nachhaltig, daß die letzteren auf allen Gebieten zur Geltung gelangten und der übersinnliche Gottesstaat demnach in keinem Augenblicke volle Wirklichkeit erreichen konnte. Die Kirche er= reichte nicht einmal die Machtstellung, welche sie thatsächlich innehatte, allein durch die siegreiche Ueberzeugungskraft ihrer religiösen Idee. Vielmehr hatte sie dieselbe zu einem erheblichen Teile anderen und zwar sehr weltlichen Beweggründen zu verdanken. Ihre Erfolge über die staatlichen Gewalten erzielte sie sogar hauptsäch= lich dadurch, daß die der einheitlichen Staatsgewalt wiederstreben= den partikularen Interessen sich mit ihr zu gemeinsamen Handeln verbanden.

Nur durch die Beihilfe der Sachsen und der deutschen Fürsten gelang es Gregor VII. den Kaiser Heinrich IV. zu besiegen. Sachsen

und Fürsten hielten aber nicht aus religiösen Beweggründen,
sondern ihrer politischen und materiellen Interessen wegen zum
Papste. Als später in dem Investiturstreite Heinrichs V. mit der
Kurie die Interessen der Fürsten durch Paschalis II. gefährdet
wurden, wandten sich die ersteren ebenso entschieden gegen den
Papst wie früher gegen den Kaiser. Daher war es in diesem
Falle dem letzteren denn auch möglich einen Teil seiner Forderung
durchzusetzen. Wie zur Zeit Heinrichs VI. war es jedesmal wenn
die Kirche einen Triumph über die Krone erzielte. Die erstere
siegte nur dann, wenn die weltlichen Mächte aus politischen oder
materiellen Gründen sich mit der Kurie verbündeten. Nicht der
Bannstrahl Alexanders III., sondern der dem kaiserlichen Macht=
gebot widerstrebende Freiheitssinn der lombardischen Städte brach
die Macht Friedrichs I. Nur die partikularen Machtbestrebungen
der Fürsten ermöglichten es Innocenz III. nach dem Tode Hein=
richs VI. eine gebietende Stellung im Reiche zu behaupten und die
Krone seinem Willen zu unterwerfen. Nur der lombardische Städte=
bund und nicht die Bannbullen Gregors IX. und Innocenz IV.
setzten der Macht Friedrichs II. eine Schranke.

Selbst die gewaltigste That des religiösen Glaubens, die Kreuz=
züge, führten keineswegs ausschließlich auf religiöse Beweggründe
zurück. Wenn die Kreuzzüge auch in der Idee der Nachfolge
Christi ihren Ursprung hatten und wenn die letztere auch der be=
herrschende Zweck derselben bis zuletzt verblieb, so waren diese
großen Unternehmungen doch zugleich mit unendlich vielen anderen,
sehr weltlichen Interessen durchflochten. Wohl schwerlich würde die
religiöse Begeisterung allein bei den immer wiederkehrenden Miß=
erfolgen und bei der unermeßlichen Zahl von Opfern, welche die
Fahrten jedesmal forderten, so nachhaltig haben wirken können,
wenn sie nicht durch materielle Interessen verstärkt worden wäre.
Persönlicher Ehrgeiz und die Rechnung auf die Eroberung von
Land und Leuten in größerem oder kleinerem Umfange spielten
schon im ersten Kreuzzuge eine bedeutende Rolle. Die großen
Massen des Volkes waren durch wirtschaftliche Vorteile interessiert.
Dieselben befanden sich auf ihrem heimatlichen Boden als Vasallen,
als Ministerialen oder Hörige in größerer oder geringerer Ge=

bundenheit. Durch die Teilnahme am Kreuzzuge wurden sie ihren Verpflichtungen enthoben und ihnen die Aussicht gestellt, im Osten einen größeren oder freieren Besitz als daheim zu erlangen. Denjenigen, deren Grundbesitz verschuldet war, bot sich die Aussicht, einen unbelasteten Grundbesitz zu erwerben und ihre Arbeit, welche bisher mehr ihren Herren oder Gläubigern als ihnen selbst zu gute kam, für sich allein ausnutzen zu können. Solche Hoffnungen mußten um so größere Wirkung ausüben, als man den Orient für die Quelle alles Reichtumes hielt. Zu diesen mehr oder weniger aus wirtschaftlichen Interessen angezogenen Teilnehmern gesellte sich die Schar derer, welche besitzlos waren und durch die Beteiligung an der Fahrt nichts verlieren, wohl aber vieles gewinnen konnten. Endlich befand sich unter der Zahl der Teilnehmer auch ein nicht geringer Prozentsatz von Verbrechern, von Landstreichern und räuberischem Gesindel, welche durch die Annahme des Kreuzes sich der Strafe entzogen, oder in der Ferne unter günstigeren Bedingungen reiche Beute zu machen hofften. Die Dichtung „Reinfried von Braunschweig" sagte von den Rittern, welche den Herzog von Sachsen ins heilige Land begleiteten, der eine gehe aus Abenteuerlust, der andere um zu tjostieren, der dritte weil er die Welt sehen wolle, der vierte seiner Geliebten zu Ehren, der fünfte Gott zu dienen, der sechste um des Herrn Willen zu leiden, der siebente um seiner Armseligkeit daheim zu entgehen und Geld und Gut zu erwerben, der achte zum Zeitvertreib, der neunte endlich aus Ehrgeiz[1]). Nach dem Reinfried würden also von neun Kreuzfahrern nur zwei aus religiösen Beweggründen das Kreuz genommen haben.

Doch wirkten die weltlichen Interessen auch ebenso nachteilig wie fördernd auf den Verlauf der Ereignisse. Schon während des ersten Kreuzzuges übten die Machtinteressen der Heerführer einen entscheidenden Einfluß aus auf den Gang der Operationen. An und für sich stand freilich die Absicht derselben, sich statt der

---

[1]) Bibliothek des litterarischen Vereins in Stuttgart Bd. 108 und 109, B. 14616 ff.; vgl. H. Prutz, „Kulturgeschichte der Kreuzzüge" S. 13 ff. und 120 ff.

in der Heimat verlassenen Fürstensitze neue und reichere im Oriente
zu erobern, mit der religiösen Idee des Zuges nicht eigentlich im
Widerspruch, insofern der Besitz des heiligen Landes nur auf diese
Weise dem Abendlande und der Kirche gesichert werden konnte.
Aber jene Machtbestrebungen drängten sich schon damals so sehr
in den Vordergrund, daß sie den eigentlichen Zweck des Zuges
nicht förderten, sondern wiederholt vielmehr ernstlich gefährdeten.
Entstand doch schließlich zwischen dem Grafen Raimund von Tou=
louse und Gottfried von Bouillon über die Verteilung des eroberten
Landes ein so heftiger Streit, daß ein kriegerischer Zusammenstoß
zwischen beiden nur durch die Vermittlung einiger anderer Fürsten
verhütet wurde.   Weder die Autorität der Kirche noch die religiöse
Begeisterung waren einflußreich genug, um die widerstreitenden
staatlichen und materiellen Interessen sowie die nationalen Gegen=
sätze zu überwinden und eine einheitliche militärische Leitung der
aus verschiedenen Heeren sich zusammensetzenden Massen zu erwir=
ken. Eben diese fehlende einheitliche Leitung hat nicht zum wenigsten
das Scheitern der mit so großen Streitkräften ausgerüsteten
Unternehmungen verursacht.   Auf dem Boden des heiligen Landes
ferner drängten sich die politischen Machtinteressen so sehr in den
Vordergrund, daß die daselbst begründeten christlichen Reiche nie=
mals zu einer einheitlichen und dauernden Gestaltung gelangen
konnten.   Die Fürsten des palästinensischen Reiches vernachlässigten
vielmehr im Hader über ihre persönlichen Machtinteressen die
Sicherung des Landes und versäumten wiederholt in Stunden
der drohendsten Gefahren die Pflichten der gemeinsamen Abwehr
des Feindes so sehr, daß das mit so ungeheuren Opfern des
Abendlandes begründete Reich nach kurzem Bestande dem Ansturm
des Islam wieder unterlag.
    Da nun die Aussichten auf materiellen Gewinn einen so
erheblichen Anteil an den Heerfahrten hatten, so ließ die Teilnahme
an den letzteren auch schnell nach, sobald sich alle jene Hoffnungen
als trügerisch erwiesen hatten.   Als diese Erkenntnis sich befestigte,
gab man es mehr und mehr auf, den Mahnrufen der Kirche Folge
zu leisten.   Es läßt sich daher in der Geschichte der Kreuzzüge
eine nur aus diesen Umständen erklärliche Hebung und Senkung

der religiösen Begeisterung sehr wohl unterscheiden. Bis gegen Ende des zwölften Jahrhunderts, bis wohin das Abendland der Hoffnung auf Erfolg und Gewinn noch voll war, nahm die asketische Begeisterung an Umfang und Stärke zu und erreichte ihren Höhepunkt im dritten Kreuzzuge. Der erste Kreuzzug hatte sich in der Hauptsache auf Frankreich und die nordwestlichen Territorien des Deutschen Reiches beschränkt. Die staatliche Gewalt war vorläufig noch unbeteiligt geblieben. Während des folgenden Jahrhunderts verbreitete sich die Bewegung jedoch über alle christlichen Länder und ergriff die Nationen so mächtig, daß auch die staatlichen Gewalten sich derselben nicht entziehen konnten. Die beiden Kreuzzüge des zwölften Jahrhunderts waren der größte Triumph des asketisch-hierarchischen Systems, der Höhepunkt des klassischen Mittelalters, insofern die Bewegung der Kreuzzüge in diesen die weiteste Ausdehnung genommen und auch die weltlichen Staatsgewalten selber in den Dienst der Kirche gezwungen hatte. Der zweite Kreuzzug sah zwei Könige, Konrad III. von Deutschland und Ludwig VII. von Frankreich an seiner Spitze. Der dritte war ein gemeinsames Unternehmen des ganzen christlichen Abendlandes. Die Deutschen zogen unter der Führung Kaiser Friedrichs I., die Engländer unter ihrem Könige Richard Löwenherz, die Franzosen unter Philipp II. August in den Kampf gegen den Islam. Außerdem nahmen die italienischen Städte Venedig, Pisa und Genua Anteil. Die Fahrt nach Jerusalem hatte zu dieser Zeit, wie der Erzbischof Eberhard von Salzburg in einer Urkunde vom Jahre 1159 sagte, „mit einer wunderbaren, in der Welt unerhörten Begeisterung das ganze Abendland ergriffen"[1]. Aber mit diesem großartigsten und glänzendsten Unternehmen der Christenheit vollzog sich der Umschwung. Die vollständige Erfolglosigkeit der außerordentlichen Mühen und Opfer, welche das Abendland an diesen Zug gewandt hatte, ließ den asketischen Eifer schnell erkalten. Die bisherige Opferwilligkeit verlor immer mehr an Energie wie an Ausdehnung ihrer Schwingungen. Und zwar war es nicht zum wenigsten die Vereitelung der auf materielle Gewinne gerich-

[1] Monum. boic. III, 540.

teten Absichten, welche diese Abnahme der Beteiligung an den
folgenden Zügen verursachte.

In dem Gedichte des Trouvère Rutebeuf wehrt ein Ritter
die Aufforderung das Kreuz zu nehmen, mit den Worten ab:
„Um ein fremdes Land zu erobern, von dem mir doch nichts
zufallen wird, soll ich Weib und Kind, Gut und Ehre verlassen?
Als ob ich Gott in Paris nicht ebensogut verehren könnte wie
in Jerusalem! Der Weg in das Paradies führt nicht notwendig
über das Meer!" [1]) Der Gedanke, mit der Fahrt übers Meer
Gott einen Dienst zu erweisen, erscheint hier bereits völlig über=
wunden. Der einzige Grund, welcher den Ritter allenfalls zur
Teilnahme am Zuge hätte bewegen können, war die Hoffnung auf
materiellen Gewinn. Da aber diese Hoffnung aussichtslos war,
so blieb der Ritter zu Hause. Diese Auffassung stand nicht ver=
einzelt. Die Erfolglosigkeit aller Mühen und Opfer, die Vereitelung
aller Wünsche und Hoffnungen gab vielmehr allgemein Veran=
lassung, den religiösen Wert der Kreuzzüge einer Prüfung zu
unterziehen. Man war der Meinung, daß, wenn Gott die Be=
freiung des heiligen Grabes beabsichtige, er dieselbe auch ohne
die Heerfahrten der Christen erwirken könne. Die Klage über die
bedrängte Lage des heiligen Landes wird, wie der Dichter Albrecht
von Johannsdorf sagte:

> „der tumben spot,
> die sprechent alle, waer' ez unserm herren ande (Ernst),
> er raeche ez an ir aller vart" [2]).

Der Dichter Thomasin von Zirclair suchte in seinem Gedichte
„der wälsche Gast" den gleichen Einwand zu widerlegen [3]). Diese
Bedenken steigerten sich wohl bis zu einem Zweifel an der göttlichen
Barmherzigkeit und Gerechtigkeit. Mit sehr bescheidenen Worten
gaben die kölnischen Annalen in ihrer Klage über den Tod Fried=
richs I. einem solchen Zweifel Ausdruck. Sie fanden, daß Gott,

---

[1]) Siehe H. Prutz, Kulturgeschichte der Kreuzzüge, S. 269.
[2]) v. d. Hagen, Minnes. Tl. 1, S. 322.
[3]) B. 11499 ff.

wenn auch vielleicht gerecht, so doch nicht barmherzig gehandelt habe, als er den Kaiser in den Wellen des Saleph ein so jähes Ende finden ließ und dadurch dem ganzen deutschen Heere den Unter=gang bereitete[1]). Sehr verwegen klang hingegen die Sprache eines Tempelritters, der im Jahre 1266, ein Jahr nach dem Falle Cäsareas seinem Unmute mit den Worten Ausdruck gab: „Schmerz und Zorn erfüllen meine Seele und töten mich fast, denn mit uns sinkt das Kreuz, das wir zur Ehre dessen genommen haben, der an dasselbe geschlagen war. Weder Kreuz noch Glaube hilft und frommt uns gegen die ruchlosen Türken, die Gott ver=fluche. Vielmehr scheint es, daß soweit ein Mensch es ermessen kann, Gott dieselben schützt zu unserem Unheil. — Thöricht ist da=her, wer mit den Türken kämpft, da Jesus Christus ihnen nicht entgegen ist. Gott, der sonst wach war, schläft jetzt; doch Maho=met arbeitet aus Kräften"[2]). Die Teilnahme an den Kreuzzügen zog sich infolge dieser hoffnungslosen und kritischen Stimmung in immer engere Grenzen zusammen. Der vierte Kreuzzug be=schränkte sich bereits auf die französische Baronie und die venetia=nische Stadtrepublik. Der fünfte wurde ausschließlich von Fried=rich II. und zwar mit sehr bescheidenen Machtmitteln unternommen. Und selbst zu dem geringen Aufwand von Mitteln war der Kaiser nur zu bewegen, nachdem er wiederholt vom Banne bedroht und schließlich mit demselben belegt war. König Heinrich von England lehnte die im Jahre 1245 von Innocenz IV. an ihn ergangene Aufforderung zum Kreuzzuge rundweg ab. Die beiden letzten gegen Aegypten gerichteten Züge endlich beschränkten sich im wesent=lichen auf Frankreich. Aber der König Ludwig IX. soll, wie erzählt wird, seine Vasallen nur durch Anwendung einer List zur Teilnahme am Zuge habe veranlassen können. Von Frankreich nahm die Begeisterung der Kreuzfahrten ihren Ausgang, um nach einem Zeitraume von beinahe zwei Jahrhunderten auch hier wieder zu erlöschen.

---

[1]) M. G. t. 17, p. 800.
[2]) Fr. Diez, Leben und Werke der Troubadours, S. 583 f.

Diese energische Behauptung der irdischen Existenzinteressen nötigte die Kirche, denselben im Wirtschafts-, Familien- und Staatsleben eine beschränkte Duldung zu gewähren, welche mit der strengen Logik des Systems in Widerspruch stand. Auch das Mittelalter erkannte die Zugeständnisse an, welche bereits die altchristliche Zeit der Weltlichkeit bewilligt hatte. Obwohl also die Idee des christlichen Gottesstaates eigentlich die völlige Aufhebung jeder weltlichen Staatsgewalt erfordert hätte, so ließ die Kirche die letztere trotzdem bestehen, wenn auch nur unter der Bedingung, daß dieselbe sich ihrem Gebote unterwerfen würde. Nur der unbedingte Gehorsam des Staates gegen die Gebote der Kirche konnte den Makel seiner irdischen Natur entsühnen und die Erhaltung desselben einigermaßen rechtfertigen. Obwohl ferner die Nachfolge Christi eigentlich die völlige Aufhebung der Ehe erforderte, so gewährte die Kirche des Mittelalters ebenso wie die der altchristlichen Zeit der Ehe wenigstens im Laienstande eine beschränkte, nach den Satzungen des kanonischen Rechtes bemessene Duldung. Dieselbe Stellung nahm die Kirche dem wirtschaftlichen Leben gegenüber ein. Wenn auch die Nachfolge Christi eigentlich den Verzicht auf jeden eigenen materiellen Besitz mit klaren Worten verlangte, so gab die Kirche den unüberwindlichen Mächten der materiellen Bedürftigkeit doch insoweit nach, daß sie den Vermögensbesitz dem Laienstande und sogar dem Weltklerus gestattete, wenn auch nur unter der Bedingung, daß dieser Makel des christlichen Lebenswandels durch reiche Schenkungen an die Kirche wieder gesühnt werde. So gebrauchte die Kirche auf allen Gebieten die kluge Vorsicht, die letzten Folgerungen ihres Systems nicht zu allgemeinen und unbedingt verpflichtenden Grundsätzen zu erheben, sondern der Weltlichkeit vielfache Zugeständnisse zu machen, ohne doch deshalb auf die ersteren prinzipiell zu verzichten. Diese Zugeständnisse gewährte sie in der richtigen Erkenntnis, daß ein rückhaltloses Beharren auf der strengen Logik des Systems einen unbesiegbaren Widerstand der Weltlichkeit herausgefordert und das ganze System gefährdet haben würde. Zweifellos würde auch eine solche Haltung der Kirche die innere Unwahrscheinlichkeit und die praktische Unmöglichkeit des Systems sofort haben erkennen lassen, so daß in diesem Falle die Kirche und ihr Lehrsystem nur von kurzer Dauer hätte sein können. Nur jene kluge Nachgiebig= keit, welche der Weltlichkeit die letzten Folgerungen des Systems verhüllte, hat die große Machtstellung der Kirche und die lange Dauer derselben ermöglicht.

Doch leistete die Kirche mit jenen Zugeständnissen keineswegs einen dauernden, sondern nur einen zeitlichen Verzicht auf die volle Verwirklichung ihres Systems. Jene Zugeständnisse wurden nur deshalb gewährt, um durch die volle Forderung nicht alles aufs Spiel zu setzen, sondern um wenigstens einen Teil dessen zu erreichen, was sie erstrebte. Die auf diese Weise errungene Stellung bildete den festen Ausgangspunkt für die weitere Annäherung an ihr endliches Ziel. Jene Zugeständnisse bezeichneten also keineswegs einen Bruch mit der asketisch=hierarchischen Idee des Systems, sondern vielmehr den bestgewählten Weg zur Verwirklichung des letzteren. Die absolute Weltverneinung blieb immer der Stern, welcher der Kirche in allen ihren Zugeständnissen voranleuchtete. Wenn dieselbe auch nicht als ein allgemein verpflichtendes Gesetz des Gottesstaates hingestellt wurde, so wurde sie doch als das Ideal des christlichen Lebens festgehalten. Die absolute Verneinung blieb allen Beziehungen des Gottesstaates zur Welt als leitender Grund= gedanke eingeflochten. Der Konflikt zwischen den Forderungen der religiösen Glaubensüberzeugung und den Bedingungen der irdischen Existenz zog sich daher auch gleichmäßig durch alle großen Kultur= verhältnisse des Mittelalters hindurch. Derselbe hat sich zu keiner Zeit völlig gelöst, sondern vielmehr im Laufe des Mittelalters zunehmend verschärft, so daß die Kirche niemals zu der Höhe ihres reinen Ideales gelangt und also das System des Gottesstaates stets nur ein Bruchstück geblieben ist.

Diese allgemeinen Grundzüge der mittelalterlichen Weltan= schauung, die weltverneinende Askese, die Bethätigung derselben in der kirchlichen Eroberungspolitik und der Widerstand der weltlichen Interessen gegen beide Bestrebungen, die asketische wie die hierarchische, wiederholten sich auf allen Gebieten der mittelalter= lichen Kultur.

II. Der Staat.

1. Ursprung und Charakter des Staates.

Aus den Lehren der religiösen Metaphysik über den Ursprung und Zweck der Menschheit bestimmte sich zunächst die Auffassung des Mittelalters vom Staate, seinem Ursprunge und seinen Zwecken. In jenem glücklichen Idyll, welches die religiöse Metaphysik an den Anfang der Dinge stellte, befanden sich die Menschen unter der unmittelbaren Führung Gottes. Herrschaft und Dienst waren jenem seligen, vom göttlichen Gesetze geleiteten Urzustande fremd. Kein Mensch besaß Gewalt über den anderen. Denn dem göttlichen Gesetze zufolge war dem Menschen nur über die Natur, nicht aber über seinesgleichen Gewalt verliehen. „Durch den Zwang der Sünde herrscht ein Mensch über den anderen, nach göttlicher Ordnung aber herrscht der Mensch über die Fische im Meere und über die Vögel unter dem Himmel", bemerkte einst im Jahre 1158 der Erzbischof von Mailand in einer Ansprache an Kaiser Friedrich I. auf dem roncalischen Reichstage [1]. Der im dreizehnten Jahrhundert gedichtete französische Roman von der Rose entwarf eine verlockende Schilderung von dem Idyll jener ersten Jugendtage der Menschheit. Damals, erzählt er, „war die Liebe lauter und treu, ohne Begehrung und ohne Habgier" [2]. Die

---

[1] M. G. SS. XX, p. 446.
[2] Le roman de la rose, herausgeg. von Francisque-Michel, Bd. 1, S. 277.

Menschen kannten keine kostbaren Gewänder. Ihre Nahrung be=
stand nicht aus Fleisch, sondern aus Obst und Feldfrüchten, ihr
Getränk war nicht Wein, sondern klares Quellwasser. Sie betteten
sich auf Blättern, Moos und Gras und lauschten dem Gesang
der Vögel, welche in ihrer Sprache den Anbruch des Morgens
begrüßten. „Die Menschen liebten sich gegenseitig und thaten sich
niemals untereinander Gewalt an" [1]). Sie wußten recht wohl,
„daß Liebe und Herrschaft kein Bündnis schließen und nicht zu=
sammen wohnen, sondern daß die Herrschaft sie trenne" [2]).

Dieser ursprüngliche Zustand war durch den Sündenfall ver=
loren gegangen. Das göttliche Regiment war nach dem letzteren
durch den von den Menschen eingeführten Staat verdrängt worden.
Der Staat erschien demnach als eine Folge der Sünde, als eine
Schöpfung des sogenannten Heidentums. Herrschsucht und Hab=
gier waren die Entstehungsursachen desselben. Gregor VII. leitete
den Ursprung der Herrschaft unmittelbar vom Teufel ab. „Der
Fürst dieser Welt" erschien ihm gewissermaßen als der Oberlehns=
herr der weltlichen Fürsten. „Wer weiß nicht", schrieb er dem
Bischof Hermann von Metz im Jahre 1081, „daß die Könige
und Fürsten von denen abstammen, die Gott nicht kennen und
durch Hochmut, Raub, Treulosigkeit, Mord, überhaupt durch Ver=
brechen fast aller Art mit Beihilfe des Teufels, als des Fürsten
dieser Welt, in blinder Gier und unleiblicher Anmaßung nach der
Herrschaft über ihresgleichen gestrebt haben" [3]). Innocenz IV.
sprach sich in einem Schreiben an Kaiser Friedrich II. mit gleicher
Offenheit über den sündhaften Ursprung und Charakter des Staates
aus. „Die Tyrannei, die gesetz= und haltungslose Regierung,
schrieb er, welche früher in der Welt allgemeiner Gebrauch war,
legte Konstantin in die Hände der Kirche nieder und empfing das,
was er mit Unrecht besaß und übte, jetzt aus den echten Quellen
als eine ehrenvolle Gabe zurück" [4]). Jedes nicht von der Kirche

---

[1]) L. c. S. 185.
[2]) S. 280.
[3]) Bruno de bello Sax. c. 73, M. G. t. VII, S. 357.
[4]) Codex Palatin. Vatican. Nr. 953, p. 66.

verliehene Staatsregiment erschien ihm also als eine rechtlose, lediglich durch Gewaltthat erworbene Herrschaft. Alvarius Pelagius erklärte mit Beziehung auf die vom heil. Augustin entwickelte Lehre über den Gegensatz des göttlichen und weltlichen Staates: „Nur die Gottlosen haben im Anfange der Welt ein weltliches Regiment erhalten, weshalb vor der Sündflut der erste Herr unter den Menschen Kain gewesen ist. Nach der Sündflut aber stammten diejenigen, welche zuerst ein weltliches Regiment erhielten, von dem verfluchten Geschlechte Hams" [1]). Daß auch der Roman von der Rose keiner anderen Ansicht sein konnte, ergab sich aus den oben mitgeteilten Stellen von selbst. Weil es, heißt es in dem= selben, anfänglich keine Sünde gab, von welcher jetzt die Welt er= füllt ist, gab es auch weder Könige, noch Fürsten, noch Amtmann, noch Vogt, noch Richter. Denn „welchen Zweck würde die richter= liche Gewalt gehabt haben, da es keine Uebelthat gab" [2])? Erst die Bosheit, behauptete der Roman, hat die Könige und Richter gebracht. Die Bosheit war „die Mutter der Herren, durch welche die Freiheit vernichtet ist" [3]). Dieser Ansicht zufolge war also die staatliche Gewalt nicht etwa eine zur Abwehr des Bösen errichtete Ordnung, sondern sie war vielmehr selber ein unmittelbares Werk des Bösen, ein in verbrecherischer Absicht eingeführtes Regiment. Demnach hatte der Staat auch keineswegs den Zweck gehabt, den in der Welt herrschenden Unfrieden zu zügeln, vielmehr hatte er die in Frieden lebenden Menschen erst in Verwirrung gestürzt. Er erschien nicht als der Bezwinger, sondern vielmehr als der Urheber alles Unrechtes.

Da nun die durch Christus vollzogene Erlösung die Wieder= herstellung des ursprünglichen Zustandes beabsichtigte, so hatte dieselbe an die Stelle des aus der Sünde entstandenen Staates, auch wieder ein neues göttliches Regiment auf Erden eingeführt, in welchem die durch Christus erworbenen und der Kirche ver= liehenen Gnadenmittel an die Stelle der bisher durch die Sünde

---

[1]) Vgl. F r i e d b e r g de finium inter ecclesiam et civitatem regun- dorum judicio quid medii aevi doctores et leges statuerint.

[2]) S. 185.

[3]) S. 186.

benötigten Zwangsmittel des Staates treten sollten. Durch die
Vermittlung der Kirche sollte die Menschheit unter die Leitung
Gottes, welcher sie sich seit dem Sündenfalle entzogen hatte, wieder
zurückgeführt werden. Zu diesem Zwecke hatte sich Gott in dem
römischen Papste einen Stellvertreter eingesetzt, welcher für ihn
die Herrschaft der Welt bis an das Ende der irdischen Dinge
führen sollte. Dieses stellvertretende Regiment bildete also die
Uebergangsform von dem ungöttlichen weltlichen Staate der vor-
christlichen Zeit zu dem wieder unter der unmittelbaren Leitung
Gottes stehenden himmlischen Reiche der neuen Welt. Das Reich
der Kirche bildete einen mittelbaren Gottesstaat, „ein niederes
Himmelreich“, wie der Volksprediger Berthold von Regensburg
lehrte [1]). Der Bischof Otto von Freising fand, daß sich dieses
irdische Gottesreich von dem himmlischen nur durch den Mangel
der Unsterblichkeit unterscheide. „Der Staat Christi, sagte er in
seiner Chronik, hat, wie man sieht, fast alles, was ihm verheißen
ist, mit Ausnahme der Unsterblichkeit schon in dem gegenwärtigen
Zustande erlangt“ [2]). Der Machtbesitz und Glanz der weltlichen
Herrschaft war demnach sowohl dem Urzustande des Menschen als
auch dem Gnadenstande der Erlösung widerstreitend.

Die Stiftung der Kirche würde folglich streng genommen
die Aufhebung des Staates zur Folge gehabt haben müssen. Der
Gottesstaat der Kirche war seiner Idee nach die Verneinung des
letzteren. Derselbe konnte sich erst dann in vollem Umfange aus-
bauen, wenn alle staatliche Autorität an die Kirche übergegangen
und die letztere ganz an die Stelle der ersteren getreten war. Die
Verneinung der bestehenden staatlichen Gewalten, beziehentlich die
Auflösung derselben in das System der Kirche erschien als das
Endziel der christlichen Völkergeschichte.

Auch hielt sich das Mittelalter dieser Vorstellung insofern
stets sehr nahe, als der Staat bei ihm fast allgemein in sehr geringer Achtung stand. Die prosaische wie dichterische Litteratur

---

[1]) Bd. 1, herausgeg. von Pfeiffer, S. 143 und 150; Bd. 2, herausgegeben von Strobl, S. 185.

[2] Chronic. l. IV., 4. M. G., XX., p. 198.

enthält zahlreiche Aeußerungen, welche den Gedanken einer gänz=
lichen Verwerfung des Staates als eine notwendige Folgerung
erscheinen lassen, auch wenn die letztere nicht ausdrücklich ausge=
sprochen wird. Noch in bescheidener, doch aber verständlichen Form
trat diese Anschauung in der früheren Zeit des Mittelalters her=
vor. So heißt es z. B. in dem von Syrus verfaßten Leben des
heil. Majolus über Otto I.: „Denn dieser Mann war, obwohl
er sich der kaiserlichen Würde bemächtigt hatte, dennoch von großer
Ergebenheit gegen die Klöster." Der Machtbesitz weltlicher Herr=
schaft erschien also dem Verfasser mit christlicher Frömmigkeit oder,
was in den Anschauungen jener Zeit so ziemlich dasselbe war,
mit der Freigebigkeit gegenüber der Kirche nicht vereinbar zu sein.
Späterhin in der klassischen Zeit erschöpfte man sich in den
schwersten Anklagen über die Fürsten und die obrigkeitlichen Ge=
walten. Gregor VII. fand in der ganzen Geschichte des mensch=
lichen Geschlechtes kaum sieben Fürsten, welche den Heiligen der
Kirche zur Seite gestellt werden könnten. „Denn vom Anfange
der Welt bis auf unsere Zeit," meinte er in seinem oben bezogenen
Schreiben an den Bischof von Metz, „finden wir in allen glaub=
würdigen Schriften nicht sieben Kaiser oder Könige, deren Leben
durch Frömmigkeit so ausgezeichnet und durch Wunderzeichen so
geschmückt wäre, wie die unermeßliche Schar derjenigen, welche
die Welt verachtet haben." Und auch die wenigen Fürsten, deren
Frömmigkeit die Kirche anerkannt hatte, waren nach seinem Ur=
teile bei weitem nicht den Heiligen der Kirche ebenbürtig. „Den
Kaiser Konstantin frommen Angedenkens, Theodosius und Hono=
rius, Karl und Ludwig, die Freunde der Gerechtigkeit, die Ver=
breiter des christlichen Glaubens, die Beschützer der Kirchen lobt
und verehrt zwar die heil. Kirche, doch nimmt sie nicht an, daß
dieselben ein solcher Glanz der Wunderzeichen umstrahlt habe."
„Daher," schrieb Gregor weiter, „sind alle Christen zu ermahnen,
daß sie nicht aus Begierde nach weltlicher Macht der Herrschaft
nachstreben, sondern vielmehr die Ermahnung des seligen Gregorius,
des heil. Papstes vor Augen haben, der in seinem Pastorale sagt:
Unter diesen Umständen also, was ist da anderes zu thun oder zu
meiden, als daß der Tugendreiche nur gezwungen die Herrschaft

nehme, der Tugendlose aber auch gezwungen ihr nicht nahe." Obschon die gregorianische Ansicht über den Staat nicht allgemeine Aufnahme fand, so blieb die herrschende Ansicht der Kirche doch nicht viel hinter der ersteren zurück. Wenn die Päpste Urban II. und Paschalis II. die Leistung des Lehnseides verboten, wenn der Erzbischof Konrad von Salzburg weder dem König Lothar II. noch Konrad III. den Treueid leistete, weil er es für ein Sakrilegium hielt, die priesterlichen, mit dem heiligen Oele gesalbten Hände in die blutbefleckten Hände eines weltlichen Herrschers zu legen und durch die Leistung des Treueides zu beschmutzen [1]), so sprach diese Handlungsweise die denkbar schärffte Geringachtung gegen den Staat aus. Von einer gleich ungemessenen Geringachtung des Staates war auch Johannes von Salisbury durchdrungen, wenn er den weltlichen Fürsten als den Diener des Priestertums bezeichnete, „welcher den Teil der heiligen Pflichten ausüben soll, der den Händen des Priesters unwürdig erscheint" [2]). Der im Jahre 1137 verstorbene Karthäuserprior Guizo von Grenoble schrieb: „Das ist die Weise der Könige und Fürsten, daß sie groß werden wollen nicht durch eigene Besserung, sondern durch anderer Leute Schaden und Erniedrigung" [3]). Cäsarius von Heisterbach nannte Fürsten, Vögte und Richter in der Sprache Johannes des Täufers eine „Schlangenbrut" [4]). Papst Innocenz IV. bezeichnete den Kaiser Friedrich II. als einen „Drachen", die übrigen Könige seiner Zeit als „Schlangen" [5]). Nachdem er im Jahre 1245 die Könige von Aragonien, England und Frankreich vergeblich angegangen hatte, ihm in ihren Ländern einen Aufenthalt zu gewähren, weil er sich der Macht des Kaisers entziehen wollte, sagte er: „Wir müssen uns mit dem Drachen (d. i. Friedrich II.) vergleichen oder ihn zertreten, dann werden wir diese kleinen Schlangen, die widerspenstigen Königlein, leicht bändigen." Berthold von Regens=

---

[1]) Vita Chuonradi c. 15, M. G. t. XI, p. 66.
[2]) Polycratic. IV, c. 3.
[3]) Guizonis scala claustralium meditationes. Tromly III, 140.
[4]) Hom. I, 119.
[5]) Math. Paris, hist. major ed. W. Wats, Paris 1644, p. 441.

burg fand, daß nur wenige Fürsten ein hohes Alter erreichten
und eines natürlichen Todes starben, weil die meisten sich unge=
rechter Gewaltthat gegen ihre Untergebenen schuldig machten.
„Unde dâ von seht ir der hôhen herren gar wênic ze rehte
ir alter nemen unde rehtes tôdes sterben, wande sie manigen
menschen verdruckent mit unrehtem gewalte" [1]). Der Kano=
nikus Konrad von Megenberg wandte in seinem Buche der Natur
ein Wort des Aristoteles, welches den Tieren, die einen rauhen
Schwanz haben, einen kleinen Kopf und große Kinnbacken zuschrieb,
auf die Fürsten an. „Also," sagt er, „sint der fürsten zägel
(d. i. die Schwänze) lanch, wan in volgent vil diener nâch und
ist daz haupt, daz ist der sin oder din vernunft, klain; aber
der kinpach, daz ist din vraezichait, ist grôz" [2]). Die Fürsten,
sagte er, sind Raubtiere, die armer Leute Gut fressen [3]).

In der dichterischen Litteratur fand diese Geringachtung der
staatlichen Gewalten einen vielfachen Wiederhall. In einem aus
der zweiten Hälfte des elften Jahrhunderts stammenden lateinischen
Gedichte, welches über die allgemeine Verderbnis des weltlichen
wie des geistlichen Standes Klage führte, werden die weltlichen
Machthaber und Richter als nur für Geld empfängliche Menschen
dargestellt. „Das Geld wird Kaiser sein, das Geld verehren die
Fürsten, das Geld regiert, das Geld herrscht. Das Geld sitzt
auch zu Gericht. — Nach dem Maße des Geldes werden alle
Richtersprüche gefällt. Vergeblich steht vor dem Richterstuhle die
Einfalt des Armen, vergeblich ruft die Stimme des Mündels,
vergeblich fleht die Witwe. Denn wenn du ohne Geld vor dem
Richterstuhle schwörst, so nützt und hilft es nichts. Die Worte
sind tot. Nur wenn du etwas geben wirst, lächelt die Stirne
des Richters" [4]). Konrad von Würzburg ließ in seinem Gedichte
„der werlt lohn" die als ein verführerisch schönes Weib einge=
führte Welt zu Wirnt von Gravenberg sagen:

---

[1] Bd. 1, herausgeg. von Pfeiffer, S. 89.

[2]) Herausgeg. von Pfeiffer 1861, S. 115.

[3]) L. c. S. 117.

[4]) Sudendorf, registrum etc., 2. Tl., Nr. 3.

„Ich bin sô hôhes muotes
daz keiser unde kuniges kint
alle under miner krône sint,
graven, vrîen unde herzogen
die habent mir ir knie gebogen
und leistent alle mîn gebot" [1]).

Mit größter Geringschätzung urteilte der Roman von der Rose über die Rechtlichkeit der Gewalthaber. „Sie verkaufen," behauptete er, „die Gerechtigkeit, verdrehen, verkürzen, zerpflücken und zerteilen sie. Die armen Leute aber müssen alles bezahlen" [2]). Solche Worte bezogen sich also nicht etwa auf einzelne, besonders gewaltthätige, verbrecherische Persönlichkeiten, sondern auf die weltlichen Gewalthaber überhaupt.

Indessen ließ denn doch der Zwang der praktischen Lebensverhältnisse die völlige Beseitigung des staatlichen Regimentes, welche bei solchen Vorstellungen als das Wünschenswerteste erscheinen mußte, fürs erste nicht zu. Man sah doch wohl ein, daß die Kirche mit ihrem sittlichen Ansehen und ihren geistlichen Censuren allein nicht imstande sein würde, dem Unrecht zu wehren. Die Thatsache der durch priesterliche Belehrung nicht überwindbaren Sündhaftigkeit erforderte also die Erhaltung des weltlichen Regimentes. „Uebrigens," erklärte der Kardinalerzbischof Humbert von Silva Candida, „wären die weltlichen Gewalten innerhalb der Kirche nicht nötig, wenn nicht die Gewalt durch den Schrecken der Zucht das befehlen müßte, was der Priester durch Predigt und Lehre nicht erreichen kann" [3]). Selbst Innocenz III. erkannte die Nützlichkeit des weltlichen Regimentes an. „Denn wir wissen," schrieb er im Jahre 1202 den deutschen Fürsten, „daß das geistliche Schwert häufig verachtet wird, wenn dasselbe von dem materiellen Schwert nicht unterstützt wird" [4]). Insbesondere war die Kirche in ihrem eigensten Interesse zu einer

---

[1]) v. d. Hagen, Gesamtabenteuer Bd. 3, S. 399 ff., B. 200 ff.
[2]) Bd. 1, S. 186.
[3]) Adversus Simoniacos lib. III, 21.
[4]) Reg. de negot. imp. nr. 79, ep. Innoc. III, ed. Baluz. 1, 724.

beschränkten Dulbung des Staates gezwungen, da sie zum Schutze
ihrer Wirksamkeit, ihrer Rechte und Güter des letzteren am meisten
bedurfte. Die völlige Aufhebung des Staates konnte man nur
als ein in noch ferner Zukunft liegendes Ziel ansehen. Insofern
daher der Staat sich als ein nützliches und notwendiges Werkzeug
für die Begründung und Fortentwicklung des Gottesstaates be=
währte, wurde er in das System des letzteren mit aufgenommen.
Der Gottesstaat umfaßte beides, die Kirche und den den göttlichen
Heilszwecken dienenden weltlichen Staat. Das Wormser Konzil
vom Jahre 829 brauchte den Ausdruck Kirche zur Bezeichnung des
die weltliche wie die geistliche Macht umschließenden Gottesstaates [1]).
Der Bischof Otto von Freising wandte den Ausdruck Kirche wieder=
holt in diesem weiteren Sinne an [2]). Auch jene Worte des
Bischofs von Silva Candida über „die weltlichen Gewalten inner=
halb der Kirche" sprachen die gleiche Vorstellung aus. Die prak=
tische Notwendigkeit des Staates zwang demnach das Mittelalter,
der aus der abstrakten Logik des religiösen Systems entnommenen
Theorie von dem verbrecherischen Ursprunge des Staates eine andere,
vom Standpunkte der praktischen Interessen aus gewonnene Ansicht
entgegenzustellen. Diese vermittelnde Lehre erkannte zwar an, daß
der Staat im Notstande der Sünde begründet sei, doch behauptete
sie, daß derselbe nicht aus sündhaften Trieben, sondern vielmehr
als eine Schutzwehr gegen die Sünde errichtet worden sei. Der
Staat war dieser gemäßigteren Theorie zufolge nicht eine Schöpfung
der Sünde, ein Werk des Teufels, wie Gregor VII. meinte, oder
gar die Ursache der Sünde, wie der Roman de la rose behauptet
hatte; er war vielmehr, wie Dante sagte, „ein Heilmittel gegen
die Schwachheit der Sünde." In gleichem Sinne erklärte der
Pariser Kanzler Gerson: „Das bürgerliche oder staatliche Regiment
ist der Sünde wegen eingeführt worden" [3]). Thomas von Aquino
hielt allerdings ein staatliches Regiment auch im Stande der Un=
schuld für möglich und zwar aus zwei Gründen, einmal, weil der

---

[1]) M. G. t. 3, p. 333.
[2]) M. G. t. 20, p. 194.
[3]) Goldast, monarch. S. rom. imp. t. II, p. 1403.

Mensch ein geselliges Wesen sei, ein geselliges Leben aber ohne
den Vorrang eines Einzelnen nicht möglich sei und zum anderen,
weil es im Interesse aller erforderlich sei, daß derjenige, der sich
durch Wissen und gerechten Sinn vor anderen hervorthue, diese
Ueberlegenheit auch ausüben könne [1]. Doch war er weit entfernt
davon, darum den Staat des gegenwärtigen menschlichen Zustandes
als eine göttliche Stiftung anzuerkennen. Der bestehende Staat
erschien vielmehr auch ihm als ein durch den Sündenfall not=
wendig gewordenes Uebel. Thomas zählte denselben zu den Un=
vollkommenheiten des körperlichen Lebens, von welchen die nur die
Rettung der Seelen bezweckende Erlösung den Menschen nicht be=
freit hatte. Wie die Menschen allem leiblichen Leib unterlagen,
obwohl sie der Erlösung teilhaftig geworden waren, so blieb die
Abhängigkeit von den Gesetzen der weltlichen Staatsordnung nach
wie vor für sie bestehen. „Die Abhängigkeit des einen Menschen
vom anderen erstreckt sich auf den Körper, nicht auf die Seele,
welche frei bleibt. In dem Stande des gegenwärtigen Lebens
werden wir durch die Gnade Christi von den Unvollkommenheiten
der Seele, nicht aber von denen des Körpers befreit, wie durch
den Römerapostel erklärt ist, der von sich selber sagt, daß er dem
Geiste nach dem Gesetze Gottes, dem Fleische nach aber dem Ge=
setze der Sünde biene. Und daher sind diejenigen, welche durch
die Gnade Gottes Kinder geworden sind, frei von der geistigen
Knechtschaft der Sünde, nicht aber von der körperlichen Knecht=
schaft, in welcher sie von den weltlichen Herrschern gefesselt sind" [2].

Der Staat wurde demnach auf einen zum Schutze gegen
verbrecherische Gewaltthat geschlossenen Gesellschaftsvertrag zurück=
geführt. Diese letztere Ansicht war im Mittelalter allgemein ver=
breitet und von der staatlichen wie kirchlichen Partei angenommen.
Der infolge des Sündenfalles eingebrochene Unfriede hatte nach
dieser Lehre die Schwächeren gezwungen, sich zum Schutze gegen
räuberische Gewaltthat zusammenzuschließen und die Sicherung
ihres Bündnisses in die Hand eines einzelnen, durch Kraft und

---

[1] Summa theologica I, 1, quaest. 96, art. 4.
[2] Summa theol. II, 2, quaest. 104, art. 6.

Einficht hervorragenden Menfchen zu legen. Diefer durch den
Zwang der Notwehr gefchloffene Vertrag war der Urfprung der
herrfchaftlichen Gewalt. „Wiffe,“ erklärte im Jahre 1158 der
Erzbifchof von Mailand mit Berufung auf die Juftinianeifche Gefetz=
gebung dem Kaifer Friedrich I., „alles Recht des Volkes an der
Gefetzgebung ift dir übertragen. Dein Wille ift das Recht, wie
es heißt: ‚Was der Fürft für gut befindet, hat Gefetzeskraft‘, da
das Volk ihm und auf ihn feine ganze Herrfchaft und Gewalt
übertragen hat“ [1]). Selbft in der weltlichen Gefetzgebung fand
diefe Anficht von dem durch die Sünde aufgezwungenen gefell=
fchaftlichen Vertrage zur Begründung einer ftaatlichen Autorität
einen Ausdruck. So erklärte Kaifer Friedrich II. in dem Vor=
worte feines Gefetzbuches für das Königreich Sicilien: „Durch die
zwingende Notwendigkeit der Verhältniffe und durch den Trieb der
göttlichen Fürforge find die Fürften der Völker erwählt, damit
durch diefe die verbrecherifche Willkür gebändigt werde“ [2]). Im
gleichen Sinne äußerte fich der Kaifer in der Urkunde vom Jahre
1239, in welchem er feinen Sohn Enzio zum Reichslegaten für
Italien ernannte: „Denn,“ heißt es in diefer Konftitution, „der
menfchliche Stand würde gerne das Joch der Herrfchaft entbehrt
haben und die Menfchen würden fich der Freiheit, welche ihnen
von Natur gegeben war, nicht entäußert haben, wenn nicht die
ftraflofe Freiheit der Verbrechen zu offenbarem Verderben des
menfchlichen Gefchlechtes überhand genommen und die Notwendig=
keit dazu geführt hätte, der Juftiz fich zu unterwerfen und die
Freiheit dem Richterfpruche unterzuordnen“ [3]). · Das Regiment der
Fürften beruhte alfo auf einer freiwilligen Unterordnung der Ge=
fellfchaft unter ihren Willen. Da aber diefe freiwillige Unter=
ordnung an ganz beftimmte Bedingungen, nämlich des Schutzes
nach außen und innen, geknüpft war, fo konnte diefelbe folgerichtig
jederzeit rückgängig gemacht werden, wenn der Herrfchende den

---

[1]) Otto Friesing, gest. Frider. imp. IV, c. 4, M. G. t. 20,
p. 446.

[2]) Huillard-Bréholles, hist. diplom. Frider. II, IV, 1, p. 3 f.

[3]) M. G. ll. II, p. 331; Huillard-Bréholles l. c. IV, 1, p. 358.

ihm auferlegten Pflichten nicht nachkam. In dem Streite des Staates mit der Kirche war jene Lehre von der Kündbarkeit des Gesellschaftsvertrages nicht ohne Bedeutung. Wiederholt begründeten die Anhänger der kirchlichen Partei ihre Forderung, den Kaiser abzusetzen, mit dem Hinweis auf diese Lehre und ihre Folgerung. „Ist es nicht klar, daß man denjenigen mit Recht von der ihm anvertrauten Würde vertreiben und das Volk von dessen Herrschaft befreien muß, der den Vertrag, durch welchen er eingesetzt ist, zuerst gebrochen hat?" fragte Manegold von Lauterbach [1]).

Das Mittelalter führte also den Staat auf denselben Ursprung zurück wie später die Renaissance und das 18. Jahrhundert. Doch war der Zweck der mittelalterlichen Vertragslehre wesentlich verschieden von dem Zwecke, welchen die französische Aufklärung mit der Rousseauschen Vertragslehre verband. Die französische Aufklärung wollte mit der Vertragslehre das höhere Recht des Volkes gegenüber dem Königtum, das Mittelalter aber das höhere Recht der Kirche gegenüber dem weltlichen Staate erweisen. War der letztere auf den Willen des Volkes zurückgeführt, so konnte er nicht zugleich in einer göttlichen Stiftung seinen Ursprung haben. „Die weltliche Herrschaft," sagte der Kanzler Ottos IV., „nahm ihren Anfang wohl mit göttlicher Zulassung, nicht aber von einer göttlichen Einsetzung, da sie die Unterdrückung zu ihrem Ausgang hatte" [2]). Da andererseits aber die Kirche auf einer unmittelbaren göttlichen Einsetzung beruhte, so lieferte demnach die Vertragslehre den geschichtlichen Beweis für die unendlich höhere Autorität der Kirche. Innocenz IV. sprach diesen der mittelalterlichen Vertragslehre zu Grunde liegenden Gedanken mit den Worten aus: „Beides, sowohl das Königtum wie das Priestertum, bestand in dem Volke Gottes, das Priestertum durch göttliche Berufung, das Königtum aber durch menschlichen Zwang" [3]). Indem nun die weltlichen

---

[1]) Sitzungsbericht der bayrischen Akademie. Jahrg. 1868, II, S. 325.
[2]) Leibniz, scr. rer. brunsvicens. t. I, p. 882.
[3]) Registr. de neg. imp. nr. 18 in den Briefen Innocenz'. Ed. Baluz. p. 693.

Mächte jene Lehre über den Ursprung des Staates annahmen,
bestätigten sie mittelbar zugleich den Hoheitsanspruch der Kirche
über den Staat. Der geschichtliche Nachweis für den weltlichen
Charakter des Staates und den aus diesem Charakter sich ergeben=
den hoheitlichen Anspruch der Kirche über den Staat war der der
mittelalterlichen Vertragslehre zu Grunde liegende Gedanke. Darum
ging die letztere auch von dem Klerus aus, während die moderne
Vertragslehre von einer Partei ausging, welche die göttliche Auto=
rität des Priestertums nicht minder verneinte als die des Königs=
tums. Wenn nun die Kirche gleich der modernen Aufklärung
aus der Vertragslehre die Kündbarkeit der obrigkeitlichen Gewalten
folgerte, so that sie dies denn auch nicht in der Absicht, um dem
Volke das Kündigungsrecht zuzusprechen, sondern vielmehr um das
letztere für sich selber in Anspruch zu nehmen. Wo sie den Laien
ein solches Recht zugestand, wie beispielsweise im Jahre 1077 zu
Forchheim, geschah dies nur unter der Voraussetzung, daß die
Laien in ihrem Auftrage handelten.

2. Die Aufgaben des Staates und seine Stellung im Gottesstaate.

Die Vorstellung, daß der Staat nicht göttlichen, sondern
menschlichen Ursprunges und Wesens sei, wurde als leitender
Grundsatz für die Bemessung des ihm gebührenden Wirkungs=
und Machtkreises festgehalten. Es entsprach zunächst diesem Grund=
satze, daß die von göttlicher Herkunft stammende Kirche der Ge=
walt und Jurisdiktion des Staates völlig entzogen wurde. Schon
die alte Kirche hatte mit Berufung auf die Worte Christi, „gebt
dem Kaiser, was des Kaisers und Gott, was Gottes ist", nach
ihrer Freiheit, d. h. nach ihrer Unabhängigkeit vom Staate ge=
strebt, indem sie die Verschiedenartigkeit beider Gebiete hervor=
hob. Die Kirche des Mittelalters legte ihrer Politik die Auf=
fassung des christlichen Altertums über das Verhältnis von Staat
und Kirche zu Grunde. Päpste und Bischöfe beriefen sich zur

Erklärung und Begründung ihrer Absichten, stets auf die Aus=
sprüche der alten Kirche. Das Wort, welches einst Ambrosius
dem Kaiser Theodosius entgegengehalten hatte: „Dem Kaiser ge=
hören die Paläste, den Priestern die Kirche", wurde dem Mittel=
alter eine geläufige Beweisstelle [1]). Gregor VII. bezeichnete wieder=
holt mit Berufung auf das Zeugnis der alten Kirche „die Freiheit"
der Kirche als den Zweck seiner Bestrebungen [2]) und Calixt II.
schrieb an Heinrich V.: „Die Kirche soll haben was Christi ist und
der Kaiser was sein ist" [3]). Auf Grund dieser Trennung beider
Gebiete wies man dem Kaiser das Gebiet der irdischen, dem
Papste das der geistigen Interessen zu. „Das Gebäude der Welt
wird dem Zeitlichen nach durch die Fürsten regiert," erklärte
Honorius III. [4]). Der dem vierzehnten Jahrhundert angehörige
Hugo von St. Viktor bemerkte: „Zu der Gewalt des Königs gehören
die irdischen, zu der des Papstes die geistigen Dinge und alles,
was zum geistigen Leben gehört" [5]). Unter den Karolingern und
unter dem Regimente der deutschen Kaiser hatte denn auch der
Staat sich seiner Jurisdiktion über den Klerus mehr und mehr
begeben und dem letzteren eine eigene Gerichtsbarkeit verliehen.
Nur hinsichtlich der Besetzung der hohen Prälaturen wollte die
staatliche Gewalt dem Drängen der Kirche nicht nachgeben, sondern
seine überlieferten Rechte sich vorbehalten, weil es das Interesse
des Reiches erforderte, die Vergebung der mit den Prälaturen
verbundenen großen Reichslehen nicht völlig aus der Hand zu
lassen. Der über diese Frage von Gregor VII. heraufbeschworene
Kampf zwischen dem Staate und der Kirche endete dann mit dem
Wormser Konkordate vom Jahre 1122, welches die ineinander
fließenden staatlichen und kirchlichen Rechtsverhältnisse durch die
Aufstellung einer festen Grenzlinie voneinander zu unterscheiden

---

[1]) Vgl. beispielsweise die Schrift Wibos von Ferrara: de scismate
Hildebrandi 1, c. 4
[2]) Reg. I, 46 S. 64; III, 10 S. 221; IV, 3 S. 246; VII, 14a S. 398.
[3]) Watterich II S. 146.
[4]) Regest. Honor. III, I, 15.
[5]) Vgl. Philipps, Kirchenrecht III, 1, 186.

suchte. Die Wahlen der Bischöfe und Aebte wurden nach den
Bestimmungen des Konkordates den Königen entzogen und ihnen
nur die Verleihung der Regalien und zwar für das deutsche
Königreich vor der Konsekration, für Italien und Burgund aber
nach der Vollziehung der letzteren gewährt. In England war
dasselbe Ergebnis schon einige Jahre früher unter dem Könige
Heinrich I. erzielt worden.

Mit der Geistlichkeit aber wurden zugleich auch alle jene
großen Lebensgebiete, deren Gestaltung die erstere als ihre be=
sondere Aufgabe betrachtete, dem weltlichen Staate entzogen, d. h.
diejenigen Kulturzwecke, welche für den jenseitigen Lebensberuf des
Menschen von mittelbarem oder unmittelbarem Werte und daher
in den Kreis der geistlichen Seelsorge gezogen waren. Zu diesen,
der letzteren zugewiesenen Gebieten gehörten zunächst die idealen
Kulturzwecke. Die Wissenschaft und die Kunst und die das Studium
derselben vermittelnde Schule waren demgemäß vollständig in den
Händen der Kirche. Ferner war der Staat von dem ganzen Ge=
biete der Wohlthätigkeit, der Armen= und Krankenpflege ausge=
schlossen, da die Werke der erbarmenden Liebe in erster Linie als
Sache der Kirche angesehen wurden. Desgleichen waren diejenigen
Gebiete der civilen und peinlichen Rechtspflege, welche den jen=
seitigen Berufszweck des Menschen mittelbar oder unmittelbar in
irgend einer Weise berührten, der Kirche überwiesen. Die letztere
besaß oder beanspruchte wenigstens die Jurisdiktion in Vormund=
schafts= und Testamentssachen, in Zehnt= und Patronatsstreitig=
keiten; sie zog ferner die Delikte der Gotteslästerung, des Kirchen=
raubs, des Ehebruchs u. s. w. vor ihr Forum. In Summa be=
anspruchte sie die Zuständigkeit in allen denjenigen Rechtsfragen,
welche eine Sünde enthielten. Der religiösen Theorie zufolge war
demnach der bei weitem größte Teil der Gesetzgebung und Rechts=
pflege von der Sphäre des Staates ausgeschieden. Nach Abzug
dieser Gebiete verblieb dem Staate nichts als die Aufgabe des
äußeren und inneren Schutzes. Das militärische Aufgebot und
die Kriegsführung, das Münzregal, die Erhebung der Steuern
und Zölle, eine beschränkte Gerichtshoheit und die polizeiliche Straf=
gewalt machten den gesamten Inhalt des mittelalterlichen Staates

aus. Der bedeutendste Regent des klassischen Mittelalters, Kaiser Friedrich II., der doch in seinem sicilianischen Reiche das Gebiet der staatlichen Verwaltung weiter ausdehnte als irgend ein Monarch seines Zeitalters, begnügte sich wenigstens der Theorie nach mit dieser engen Umgrenzung der staatlichen Zwecke. In dem Vorworte zu seinem sicilianischen Gesetzbuche erklärte er, daß die Fürsten deshalb zur Herrschaft berufen seien, um die Kirche mit der Gewalt des Schwertes vor den Angriffen ihrer Feinde zu schützen und um den Völkern nach Möglichkeit Frieden und Gerechtigkeit zu erhalten[1]). Uebereinstimmend hiermit erklärte er in der Konstitution vom Jahre 1239, daß das Kaisertum nicht bloß zum Befehlen eingesetzt sei, sondern damit es dem Wohle des Volkes durch die Gewährung von Frieden und Gerechtigkeit diene[2]). Die Kirche, sagte er in seinem berühmten Briefe an die christlichen Fürsten aus dem gleichen Jahre, ist zur „Fürsorge", der Staat zum „Schutze" auf Erden eingesetzt. Wenn diese Ausdrucksweise auch sehr allgemein und unklar ist, so hat der Kaiser doch offenbar mit dem ersteren Begriff (ad cautelam) die Pflege der geistigen Güter, mit dem zweiten (ad tutelam) die äußere Sicherung des Lebens bezeichnen wollen[3]). Die kirchliche Theorie zog diesen Kreis der staatlichen Aufgaben auch wohl noch enger. Nach der Meinung des Bischofs Wazo von Lüttich bestand der Zweck des Staates sogar lediglich in der Bestrafung der Verbrechen. Als Heinrich III. demselben einst im Jahre 1046 bemerkte, daß auch er mit dem heil. Oele gesalbt sei, antwortete der letztere: „Eure Salbung ist eine andere und von der priesterlichen weit verschieden. Denn ihr habt dieselbe empfangen, um zu töten, wir aber, um nach dem Willen Gottes lebendig zu machen. Um wie viel also das Leben höher ist als der Tod, um so viel überragt ohne Zweifel unsere Salbung die eure"[4]). Der Biograph des Bischofs schätzte die dreiste Thorheit desselben für göttliche Weisheit. Ganz derselben

[1]) Huill. Bréh. l. c. IV, 1, p. 4.
[2]) L. c. V, 1, p. 358.
[3]) L. c. p. 348.
[4]) Anselmi gest. episc. leod., M. G. t. VII, p. 230.

Ansicht wie Wazo war ferner auch Johannis von Salisbury.
Ihm erschien der Staat in der Gestalt des Henkers versinnbild=
licht [1]). Berthold von Regensburg faßte den ganzen Inhalt des
mittelalterlichen Staates zusammen, wenn er allen weltlichen Ge=
walten vom Grundherrn bis zum Kaiser das Amt zuwies, die
Christenheit zu schirmen vor „dieben und vor roubern unde
brennern, vor jüden, vor heiden unde vor ketzern, vor mein=
eidern unde vor unrehtem gewalte" [2]).

Dem Staate waren also in dem System des christlichen Gottes=
staates nur die niederen Aufgaben zugewiesen, während der Kirche
das gesamte Gebiet der höheren geistigen und sittlichen Kultur zufiel.
Außerdem bestanden die dem Staate verbliebenen Zwecke vorwiegend
in solchen Aufgaben, welche den Angehörigen desselben schwere Lasten
und Pflichten auflegten, indessen der Kirche vorwiegend solche Auf=
gaben zugefallen waren, welche den Angehörigen derselben geistige
und materielle Wohlthaten verschafften. Der erstere war seinem
thatsächlichen Inhalte nach nur der Träger der materiellen Ge=
walt, die letztere die Trägerin aller Werke des Friedens und der
Menschenliebe. Das Amt des Priesters, schrieb Petrus Damiani
dem Markgrafen Gottfried von Tuscien, ist ein anderes als das
des weltlichen Richters. Jener muß in seinem Innersten Schätze
der Frömmigkeit bergen und auf dem Schoße der mütterlichen Barm=
herzigkeit an den reichen Brüsten der Weisheit seine Kinder er=
nähren. Des letzteren Amt aber ist es, die Schuldigen zu strafen
und die Unschuldigen den Händen derselben zu entreißen, Recht
und Gerechtigkeit mit Kraft zu behaupten und in dem Eifer um
die Bestimmungen der Gesetze nicht zu erkalten" [3]). In schärferen
Wendungen sprach der päpstlich gesinnte Kanzler Ottos IV., Ger=
vasius von Tilbury, diesen Gegensatz der staatlichen und kirchlichen
Berufszwecke aus. „Durch zwei Gewalten, erhabener Kaiser,"
schrieb er, „wird diese Welt regiert, durch das Priestertum und das
Königtum. Der Priester bittet, der König befiehlt; der Priester

---

[1]) Polycr. l. 4, c. 3.
[2]) Bd. 1, S. 144.
[3]) Ep. ed. Constant. Caetenus, Paris 1610, p. 640.

erläßt die Sünden, der König bestraft die Vergehen; der Priester bindet und löst die Seelen, der König züchtigt und tötet die Leiber"[1]). Die Trennung beider Gebiete lief also darauf hinaus, daß der Staat die groben Vorarbeiten zu verrichten hatte, welche der Kirche den Boden zur Ausführung ihrer göttlichen Kulturzwecke bereiteten. Die Worte, mit welchen die Päpste den Kaisern bei den Krönungsfeierlichkeiten in Rom die Insignien der weltlichen Gewalt zu überreichen pflegten, enthielten gewissermaßen das öffent= liche, von der Kirche aufgestellte Programm der staatlichen Auf= gaben. Der Schwerpunkt der Zwecke, welche nach den bei dieser Gelegenheit abgegebenen Erklärungen der Päpste das kaiserliche Amt in sich faßte, war der Schutz der Kirche, die Wahrung des rechten Glaubens, die Unterwerfung und Christianisierung heid= nischer Völkerschaften und die Vertilgung der Ketzer und Heiden wie aller Feinde der Kirche[2]). Da nun die Pflichten des Kaiser= tums nur dem Grade, nicht aber dem Wesen nach von denjenigen des weltlichen Fürstentums im allgemeinen verschieden waren, so sprachen jene Erklärungen des römischen Papstes zugleich die im Mittelalter zu Recht bestehenden Pflichten des weltlichen Staates im allgemeinen aus. Der Schutz der Kirche, die Gründung und Ausstattung von Bistümern und Klöstern, die Unterwerfung der Ketzer und heidnischen Volksstämme, Romfahrten und Kreuzzüge bildeten thatsächlich ja auch viele Jahrhunderte lang die Brenn= punkte der inneren und äußeren Politik der christlichen Staaten.

Eine solche Teilung der hoheitlichen Gewalten, welche der Kirche alle höheren Zwecke der Kultur, dem Staate aber nur die Herstellung der für die letzteren erforderlichen Vorbedingungen über= wies, hatte freilich die Vorstellung von der höheren Autorität der Kirche zur Voraussetzung. Indem man die Kirche als eine gött= liche, den Staat als eine menschliche Ordnung auffaßte, stellte

---

[1]) Gervas. Tilber. otia imperialia bei Leibniz, SS. rer. Bruns- wic. I, 881.

[2]) Vgl. Waitz, „die Formeln der deutschen Königs= und Kaiserkrönung" in den Abhandlungen der königl. Gesellschaft der Wissenschaften zu Göttingen, 18. Bd, S. 62 ff.; M. G. ll. II, p. 78 und 191.

man die erstere nicht nur als verschiedenartig von dem letzteren,
sondern zugleich als demselben unendlich überlegen hin. Sobald
also die verschiedenartige Natur beider Gebiete zum Maßstab für
die Gestaltung ihres gegenseitigen Verhältnisses angenommen war,
ergab sich das Recht der Kirche auf die Beherrschung aller irdischen
Dinge mit logischer Notwendigkeit. Die sogenannte Freiheit der
Kirche, unter welcher bis zu Gregor VII. die Trennung der Kirche
vom Staate und allen weltlichen Verhältnissen verstanden wurde,
war seitdem gleichbedeutend mit der Herrschaft derselben über den
Staat. Im Namen derselben wurden alle Eingriffe der Kirche in
den Kreis der weltlichen Gewalten gerechtfertigt. Um der „kirchlichen Freiheit" willen gebot Innocenz IV. die Absetzung Friedrichs II. und die Aufstellung eines neuen Königs [1]), predigte er
schließlich den Kreuzzug gegen den Staufer [2]). Sollten doch selbst die
grausamen Ketzerverfolgungen des dreizehnten Jahrhunderts der
Herstellung der „kirchlichen Freiheit" dienen, wie Papst Gregor IX.
in einigen Bullen der Jahre 1233 und 1239 erklärte [3]). Der
übersinnliche Charakter der Kirche war der Rechtstitel für die
weltbeherrschende Machtstellung derselben.

Ebenso wie aus den allgemeinen göttlichen Heilszwecken der
Kirche mußte sich ferner aus der mit der letzteren begründeten
priesterlichen Binde- und Lösegewalt die weltherrschaftliche Macht-
stellung der Kirche ergeben. Die dem Priestertum übertragene
Binde- und Lösegewalt unterwarf dem richterlichen Forum der
Kirche die irdischen Gewalten in allen Fragen, welche für die Kirche
von Bedeutung waren sowie ferner in allen Fragen des religiösen
Glaubens und der sittlichen Lebensführung. Da aber einmal die
Kirche fast in allen Fragen der großen Politik wie des täglichen
Lebens irgend ein Interesse haben mußte, da ferner fast in allen
Streitfragen des öffentlichen wie des privaten Lebens irgend eine
religiöse oder sittliche Beziehung berührt wurde, so unterstanden dem-
nach auch alle diese Verhältnisse der geistlichen Amtsgewalt. Aller-

---

[1]) Huill.-Bréh. VI, 400.
[2]) L. c. 433.
[3]) Henke, „Konrad von Marburg", S. 65; Huill.-Bréh. V, 331 f.

dings würde die letztere an sich allein die Kirche nicht berufen haben, ihrem Richterspruche unmittelbare weltliche Rechtsfolgen zu geben. Vielmehr würde es dem geistlichen Charakter der Binde- und Lösegewalt an und für sich entsprochen haben, wenn die letztere sich auf rein kirchliche Censuren beschränkt haben würde. Allein diese Erweiterung der geistlichen Jurisdiktion auf die weltliche Machtsphäre ergab sich aus dem allgemeinen göttlichen Berufe der Kirche, welcher die Unterstellung aller weltlichen Verhältnisse unter die gestaltende und leitende Hand der letzteren unbedingt erforderte. Bei dieser hoheitlichen Stellung der Kirche mußte sich die geistliche Schlüsselgewalt notwendig zu einer weltherrschaftlichen Gewalt entwickeln. Daher hat denn auch die Kirche des Mittelalters ebenso wie die altchristliche Kirche zur Zeit des Ambrosius und des römischen Bischofs Gelasius das Recht ihrer weltherrschaftlichen Machtstellung aus den göttlichen Zwecken des priesterlichen Lehramtes sowie aus der Binde- und Lösegewalt hergeleitet. Die Vermittlung der göttlichen Gnadengüter und die mit derselben verbundene Binde- und Lösegewalt waren die Grundlagen für die Rechtfertigung des weltherrschaftlichen Berufes der Kirche. „Welcher König oder Kaiser," schrieb Gregor VII. in jenem obenbezogenen Briefe an den Bischof Hermann von Metz, „vermag kraft seines Amtes einen Christen durch das Sakrament der Taufe aus der Gewalt des Teufels zu reißen, ihn unter die Kinder Gottes zu stellen und durch das heil. Salböl zu schützen? Und was das größte ist im christlichen Glauben, welcher von jenen vermag durch sein Wort den Leib und das Blut des Herrn darzustellen, oder welchem von ihnen ist die Gewalt verliehen, zu binden und zu lösen im Himmel und auf Erden? Hieraus ist klar zu entnehmen, um welche Macht die Würde der Priester überragend ist." Den Boten Philipps von Schwaben erklärte Innocenz III.: „Die Könige werden von den Priestern, nicht die Priester von den Königen gesalbt. Derjenige aber, welcher gesalbt wird, ist kleiner als der, welcher salbt" [1]). In einer dem Bernhard von Clairvaux zuge-

---

[1]) Registr. de negot. imp. nr. 18 in den Briefen Innocenz'. Ed. Baluz. p. 692.

schriebenen Anſprache an den zur Synode verſammelten Klerus, heißt es: „Gott ſtellte euch den Königen und Kaiſern vor, euren Stand hob er über alle Stände, ja ſelbſt über die Engel und Erzengel, über Throne und Herrſchaften. Denn wie er nicht die Engel, ſondern den Samen Abrahams auswählte zur Ausführung der Erlöſung, ſo vertraute er nicht den Engeln, ſondern den Menſchen und zwar allein den Prieſtern die Konſekration des Leibes und Blutes des Herrn an" [1]. Zum Schluß dieſer Predigt heißt es: „Zwiefach iſt die Herrſchaft der Prälaten. Denn ſie haben die Schlüſſel der Kirche, mit welchen ſie ſchließen, ohne daß jemand öffnen kann und öffnen, ohne daß jemand ſchließen kann. Sie haben auch die Regalien, weil ſie die Herren der Städte und Ortſchaften ſind. Nicht nur das Epiſkopat, ſondern auch das Konſulat iſt in ihrem Beſitze" [2]. Der Karthäuſerprior Guigo, ein Zeitgenoſſe Bernhards, ſtellte in einem Briefe an einen Kardinal die Frage: „Um wie viel beſſer würden die Kirchen den Höfen anſtatt die letzteren den erſteren Geſetze geben? Sind denn die Kirchen den Höfen oder nicht vielmehr die Höfe den Kirchen zur Belehrung übergeben oder haben etwa die Höfe den Kirchen und nicht die Kirchen den Höfen Chriſtus gegeben?" [3] Auch Thomas von Aquino folgerte die von ihm behauptete Unterordnung des Königtums unter das Prieſtertum aus dem göttlichen Lehramte des letzteren. Bei den heidniſchen Völkern und bei den Iſraeliten freilich war das Verhältnis, wie er bemerkte, ein umgekehrtes, weil bei jenen wie dieſen der Zweck des Kultus in zeitlichen Gütern beſtand. „Aber in dem neuen Geſetze iſt das Prieſtertum ein höheres, weil durch daſſelbe die Menſchen zu himmliſchen Gütern geführt werden. Daher müſſen in dem Geſetze Chriſti die Könige den Prieſtern untergeben ſein" [4]. „Denn," führte er weiter aus, „der Endzweck des gegenwärtigen Lebens iſt die himmliſche Seligkeit. Zum Amte des Königs gehört es, das Leben

---

[1] Bernh. Clairv. opp. Pariſiis 1719 t. II p. 756.
[2] L. c. p. 763.
[3] L. c. p. 1067.
[4] De regimine princip. l. I, c. 14.

der Menge in der Weise zu gestalten, wie es für die Erlangung der himmlischen Seligkeit angemessen ist, daß er das befiehlt, was zu der letzterern hinführt und das verbietet, was derselben ent= gegensteht. Welches aber der Weg zum wahren Heile ist und welches die Hindernisse desselben sind, wird aus dem göttlichen Gesetze erkannt, dessen Lehre zum Amte der Priester gehört" [1]).

Wie nun der göttliche Lehrberuf des Priestertums das letztere im allgemeinen über die weltliche Staatsgewalt emporhob, so galt dies insbesondere von dem höchsten Bischof der Kirche, dem römi= schen Papste. Schon der römische Bischof Gelasius hatte dies in einem Schreiben an den oströmischen Kaiser Anastasius mit den Worten ausgesprochen: „Wenngleich die Gläubigen vor allen Priestern, welche das göttliche Amt recht verwalten, ihren Nacken beugen müssen, so ist doch in noch höherem Grade dem Vorsteher jenes Stuhles zu gehorchen, welchen der höchste göttliche Wille über alle Priester gesetzt und welchen seitdem die gesamte Kirche gläubig verehrt hat." Thomas von Aquino fügte der oben er= wähnten Behauptung, daß das Königstum dem Priestertum unter= geben sein müsse, die Worte hinzu „und insbesondere dem höchsten Priester, dem Nachfolger Petri, dem Stellvertreter Christi, dem römischen Bischof, welchem alle Könige der Christenheit vollkommen gehorsam sein müssen wie dem Herrn Jesus Christus selbst" [2]). Denn dem Petrus und seinen Nachfolgern war nach der Ansicht der Kirche eine allgemeine Schlüsselgewalt übertragen worden. Der Papst war mit der richterlichen Gewalt Gottes über alle Seelen ausgestattet, war von Christus selber zu dem Stellver= treter Gottes auf Erden eingesetzt und demgemäß mit dem vollen Besitz des göttlichen Weltregimentes betraut worden.

Die Päpste betrachteten denn auch den Besitz des letzteren als eine in der Stiftung des apostolischen Primates enthaltene göttliche Willensmeinung. So behauptete Innocenz III.: „Der Herr gab dem Petrus nicht nur die allgemeine Kirche, sondern

[1]) De regimine princip. l. 1, c. 15.
[2]) L. c. c. 14.

ben ganzen Erdkreis zu regieren" [1]). In einem Briefe an einen
französischen Edlen vom Jahre 1213 erklärte derselbe Papst, daß
sich in dem apostolischen Stuhle „die höchste priesterliche Würde
mit der unbeschränkten Gewalt der Könige vereinigt" finde [2]).
Gregor IX. schrieb dem Patriarchen von Konstantinopel im Jahre
1233, daß die Kirche von Christus beide Schwerter, das materielle
und das geistige erhalten habe, nur das letztere aber selber führe,
während das erstere ein Kriegsmann nach ihrem Winke führen
müsse. Auch Innocenz IV. behauptete, daß mit dem dem Petrus
verliehenen bischöflichen Primate eine königliche Herrschaft verbunden
gewesen sei. In seinem Briefe vom Jahre 1245, welchen er als
Erwiderung auf das an sämtliche Fürsten gerichtete Schreiben
Kaiser Friedrichs II. schrieb, erklärte er: „Nicht bloß eine priester=
liche, sondern auch eine königliche Herrschaft gründete Christus und
gab dem heil. Petrus zugleich die Zügel des irdischen und des
himmlischen Reiches, wie durch die Mehrheit der Schlüssel hinläng=
lich angedeutet wird" [3]). Desgleichen behauptete Johannes XXII.:
„Ihm (d. i. dem römischen Bischof) vertraute Gott selbst in der
Person des seligen Petrus die Rechte des irdischen und zugleich
des himmlischen Reiches" [4]).

Aus der Idee der göttlichen Stellvertretung ergab sich die
weltherrschaftliche Machtstellung der Kirche und des römischen
Bischofs mit solcher logischen Notwendigkeit, daß Gregor VII. in
seinem Schreiben an den Bischof von Metz die Frage stellen
konnte: „Wer also, der nur ein wenig Verstand und Wissen hat,
kann Bedenken tragen, die Priester über die Könige zu setzen"
und daß der Biograph Innocenz' IV. behauptete, daß man geradezu
blödsinnig sein müsse, um zu verkennen, daß die Macht des Kaisers
und der Könige den Päpsten unterworfen sei" [5]). Papst Boni=
facius VIII. nannte in seiner Bulle ausculta fili vom Jahre 1301

---

[1]) Epp. II, 209.
[2]) Decret. Gregorii IX., lib. IV, tit. 17, 13.
[3]) Codex epist. Vatic. Nr. 4957, 49.
[4]) Decret. si fratr. in extr.
[5]) Murat. script. III, 592.

denjenigen, der an dieſer Machtſtellung des Papſttumes zweifele,
einen Thoren und Ungläubigen. Aus dem Bewußtſein dieſer
göttlichen Würde konnte Innocenz III. mit Recht behaupten, daß
die Demütigung vor ihm nicht allein nicht ſchimpflich, ſondern
vielmehr ebenſo ehrenvoll ſei wie die Demütigung vor Gott. Es
iſt, ſchrieb er dem Könige Johann von England, nicht verletzend,
ſondern rühmlich, dich vor dem Stellvertreter deſſen zu erniedrigen,
der da iſt ein König der Könige, ein Herr der Herren, durch welchen
die Könige regieren und die Fürſten Gewalt haben"[1]). Er ver=
glich in einem anderen Briefe die päpſtliche Herrſchaft dem „ſanften
Joche" Chriſti, welches nicht belaſte, ſondern ehre[2]). Wie ein
Gott ſchrieb Hadrian IV. im Jahre 1155 in einem Briefe an
den König von Jeruſalem: „Wir ſind nach dem Willen der gött=
lichen Gnade zu dem Zwecke auf die erhabene Warte des apoſto=
liſchen Stuhles erhoben, damit wir unſer betrachtendes Auge über
alle Teile der Welt ſchweifen laſſen und damit wir alles, was
wir gegen den Lauf des Rechtes und das Maß der Ordnung
ſehen, ſorgfältig verbeſſern"[3]). Hadrian betrachtete in der That
die Prieſter als Götter. In einem Breve an Friedrich I. vom
Jahre 1159 ſchrieb er dem Kaiſer, der in einem Briefe an den
Papſt ſeinen Namen dem des letzteren vorangeſtellt hatte: „Indem
du in deinem Briefe deinen Namen dem unſrigen voranſtellſt,
thuſt du etwas Ungewohntes, um nicht zu ſagen Anmaßendes.
Und was ſoll ich über die Treue bemerken, die du dem heil. Petrus
und uns verſprochen haſt, da du von den Biſchöfen, die doch
Götter und Söhne des Höchſten ſind, den Lehnseid verlangſt und
ſie zwingſt, ihre geweihten Hände in die deinigen zu legen."
„Götter" nannte auch Johannes von Salisbury die Prieſter[4]),
indem er wie Hadrian ſich auf den 82. Pſalm berief. Innocenz III.
bezeichnete in einer für die päpſtliche Krönungsfeier verfaßten An=
ſprache den Papſt als ein Mittelweſen zwiſchen Gott und Menſch.

[1]) Epist. XI, 89.
[2]) Epist. II, 4.
[3]) Cafari annales, M. G. t. 18, p. 24.
[4]) Polycr. l. 5, c. 5.

„In Wahrheit," schrieb er, „steht der Stellvertreter Jesu Christi zwischen Gott und Mensch in der Mitte, unter Gott, aber über dem Menschen, er ist kleiner als Gott, aber größer als der Mensch"[1]. Aehnlich dachte der gegen Ende des dreizehnten Jahrhunderts verstorbene englische Franziskanermönch Roger Baco, der doch seiner freisinnigen Anschauungen wegen viele Jahre lang von seinem Ordensgeneral in Gefangenschaft gehalten wurde. Auch er erhob den Papst zu einem überirdischen, zwischen Gott und Mensch stehenden Wesen. In seinem opus majus äußerte er sich über die dem Papste gebührende Autorität mit den Worten: „Einem allein muß die Offenbarung zu teil werden, er muß der Mittler sein zwischen Gott und dem Menschen und der Stellvertreter Gottes auf Erden, dem das ganze Menschengeschlecht sich zu unterwerfen und zu glauben hat ohne Widerspruch. Er ist der Gesetzgeber und oberste Priester, der in geistlichen und weltlichen Dingen die Fülle der Gewalt besitzt als menschlicher Gott, wie Avicenna im zehnten Buche seiner Metaphysik sagt, dem man nach Gott religiöse Verehrung widmen darf"[2]. Der römische Bischof trat so sehr an Gottes Stelle, daß beide eine und dieselbe Instanz bildeten. Der im Jahre 1328 verstorbene Augustinus Triumphus schloß die Appellation vom Papste an Gott als „lächerlich und frivol" aus, weil, wie er hinzufügte, „keiner größer ist als er selber und der Gerichtshof des Papstes und Gottes ein und derselbe ist"[3].

Die Hervorhebung einer graduellen, nicht einer gleichberechtigten Verschiedenheit zwischen der geistlichen und weltlichen Gewalt war auch der eigentliche Zweck der Bilder, in welchen man das Verhältnis von Kirche und Staat auszudrücken beliebte. Diese dem Mittelalter geläufigen Bilder waren die von Seele und Körper, von Sonne und Mond. Die Schlußfolgerung, welche man aus diesen Vergleichen zog, führte stets zu der Behauptung einer un=

---

[1] Sermo II in consecr. pont. max. in Innoc. op. Colon. 1575, p. 189.
[2] Vgl. Roger Baco von J. Langen in v. Sybels historischer Zeitschrift Bd. 51.
[3] De summa potest. eccl. ad Joannem XXII.

gleich höheren Autorität der Kirche hin. In den Worten, mit welchen Johannes von Salisbury [1]), der Kardinalbischof Humbert von Silva=Candida [2]) und Papst Innocenz III. [3]) die Kirche der Seele, den Staat dem Körper verglichen, stellten sie auch die Kirche um ebenso hoch über den Staat als die Seele erhaben sei über dem Körper. Dieselbe Folgerung zog Hugo von St. Victor aus diesem Vergleiche. Der Vordersatz, in welchem der letztere dem Könige die irdischen Dinge, dem Papste die geistigen Dinge überwies, führte ihn sofort zu dem Nachsatze: „Um so viel aber das geistige Leben erhabener ist als der Leib, um so viel ragt die geistliche Gewalt über die irdische oder die weltliche an Ehre und Würde empor." Fast mit denselben Worten äußerte sich Raimund von Sabunde in seiner natürlichen Theologie über das Verhältnis beider Gewalten [4]). Nicht minder scharf wurde die höhere Autorität der Kirche in jenem zweiten, vom Mittelalter vielfach angewandten Vergleiche ausgesprochen. Gregor VII. hatte in einem Briefe vom Jahre 1080 an König Wilhelm den Eroberer die päpstliche und die königliche Würde mit Sonne und Mond verglichen. Papst Innocenz III. verband diesen Vergleich mit jenem ersteren von Seele und Leib. Wie die Sonne für den Tag, der Mond für die Nacht leuchte, so sind, sagte er, „am Firmament der allgemeinen Kirche zwei Würden eingesetzt worden, die eine größere um den Seelen, die andere kleinere um der körperlichen Welt vorzustehen, nämlich die bischöfliche Würde und die königliche Gewalt". Auch dieser Vergleich sollte nicht etwa die Verschiedenartigkeit beider Gebiete, sondern vor allem die Ueberordnung der Kirche über den Staat versinnlichen. „Wie ferner," fuhr Innocenz fort, „der Mond sein Licht nur von der Sonne erhält, da er in der That geringer ist als diese sowohl seiner Quantität als Qualität, seiner Stellung wie seiner Wirkung nach, also erhält auch die weltliche Gewalt von der bischöflichen erst den Glanz ihrer Würde" [5]).

---

[1]) Polycr. l. 5, c. 2.
[2]) Advers. simoniacos libri III.
[3]) Epist. ed. Baluz. de negot. imp. ep. 18.
[4]) Tit. 313.
[5]) Epp. ed. Baluz., Paris 1682, lib. 1, 401.

Dem Inhalte nach umfaßten die von der Kirche gestellten Machtansprüche die gesamten und unbeschränkten Hoheitsrechte der weltlichen Staaten. Die Kirche nahm für sich die Vollmacht in Anspruch, welche einst Jehova dem Propheten Jeremias [1] übertragen hatte: „Ich habe dich heute über die Völker und Königreiche gesetzt, damit du ausreißest und zerstörest, vernichtest und zerstreuest und bauest und pflanzest." Auf diese Worte beriefen sich Innocenz III. [2] und IV [3]), Bonifacius VIII. nahm dieselben in seine an den König Philipp von Frankreich gerichtete Bulle ausculta fili auf. Die Kirche betrachtete sich als die Quelle aller staatlichen Autorität. Das ihr von Gott übertragene irdische Machtgebot verlieh sie zunächst an den Kaiser als an ihren allgemeinen Schirmvogt, damit der letztere die Könige und Fürsten nach Lage der Verhältnisse mit derselben belehnen solle. Der in der zweiten Hälfte des dreizehnten Jahrhunderts verfaßte Schwabenspiegel lehrte in seinen einleitenden Sätzen: „Sit nu got des frides fürste heizet, sô liez er zwei swert hie ûf erderîche, dô er ze himel fuor, ze schirme der kristenheit. Diu lêch got Sant Pêter beidiu, daz eine mit geistlichem gerihte unde daz ander mit wereltlîchem gerihte. Daz wereltliche swert des gerihtes daz lihet der pâbst dem keiser. Daz geistliche ist dem pâbest gesezet, daz er dâ mit rihte." Uebereinstimmend mit dieser Auffassung lehrte Berthold von Regensburg, das Schwert „sol der bâbest dem keiser lihen" [4]). Jeden Zweifel über den Ursprung beider Schwertgewalten löste die berühmte Bulle Bonifacius' VIII. vom Jahre 1302, in welcher derselbe es als einen für das ewige Seelenheil notwendigen Glaubenssatz verkündete, daß der Kirche beide Schwerter verliehen seien. „Beide Schwerter," heißt es in derselben, „sind in der Gewalt der Kirche, das geistliche und weltliche, dieses muß für die Kirche, jenes von der Kirche gehandhabt werden, das eine von der Priesterschaft, das andere von

---

[1] 1, 10.

[2] Sermo II in consecr. pontif. max. op. Innoc. III, Coloniae 1595, p. 189.

[3] Huill.-Bréh. VI, 397.

[4] Bd. 1, S. 362.

ben Königen und Kriegern aber nach dem Willen und Ermeſſen
des Prieſters.“

Unumſchränkt wollte die Kirche über das zur Erfüllung ihrer
göttlichen Aufgaben ihr verliehene weltliche Schwert verfügen. Je
nach ihren Bedürfniſſen wollte ſie Kaiſer und Fürſten zur Herrſchaft
berufen oder vom Throne ſtoßen und andere an ihre Stelle ſetzen,
wollte ſie der einen Nation ihre bevorzugte Stellung nehmen, um
die letztere einer anderen Nation zu übertragen. Für beide Fälle
wies die Kirche auf geſchichtliche Vorgänge hin und zwar hinſichtlich
des erſteren auf die Abſetzung des Merovingerkönigs Childerich III.
unter dem Papſte Zacharias, hinſichtlich des letzteren auf die
Uebertragung des Kaiſertums von den Griechen auf die Franken
unter dem Papſte Leo III. Beide Ereigniſſe ſtellte die Kirche als
lediglich aus ihrer Autorität erfolgt hin. Mit dem Hinweis auf
den erſteren Vorgang erklärte Gregor VII. den Kaiſer Heinrich IV.
ſeines Thrones verluſtig, drohte Bonifacius VIII. im Jahre 1302
den König Philipp von Frankreich „wie einen Knecht“ abſetzen zu
wollen, falls derſelbe ſich nicht unterwerfe, mit dem Hinweis auf
den zweiten Vorgang erklärten die Päpſte wiederholt das Kaiſer=
tum den Deutſchen nehmen und auf Frankreich übertragen zu
wollen. Im Jahre 1239 drohte der päpſtliche Legat, der Böhme
Albert, dem Herzog Otto von Bayern, daß, wenn die Fürſten nicht
einen anderen König an Stelle des gebannten Friedrichs II. wählen
würden, die Kirche, ohne die deutſchen Fürſten zu befragen, ſich
in Frankreich oder in der Lombardei nach einem neuen Könige
umſehen würde, wodurch dann das Kaiſertum, wie dies früher
geſchehen ſei, auf eine andere Nation übergehen werde [1]). Der
Papſt glaubte dann die geeignete Perſönlichkeit in dem Bruder des
Königs von Frankreich, dem Grafen Robert gefunden zu haben.
Der letztere ſchlug aber das Anerbieten auf den Rat ſeiner Mutter
aus [2]). Bonifacius VIII. bot dem Bruder des franzöſiſchen Königs
Philipp die römiſche und griechiſche Krone zugleich an. Die Be=
rufung der Kirche war der einzige Rechtstitel der weltlichen Macht.

---

[1]) Schirrmacher, Kaiſer Friedrich II. Bd. 3, S. 320, Anm. 17.
[2]) Alberici Chronic., M. G., t. XXII, p. 949.

Die Zwecke der Kirche waren demnach das Gesetz, welches das
Maß und die Dauer der weltlichen Gewalt bestimmte. Der Ge=
horsam des Regenten gegen die Kirche war die Bedingung für die
Rechtsgültigkeit seines Machtbesitzes. Aus dieser Voraussetzung er=
gab sich alsdann die Schlußfolgerung, daß der aus der kirchlichen
Gemeinschaft ausgeschlossene Regent seine Krone verwirkt habe.
Der mailändische Geschichtschreiber Arnulf legte in seiner „Ge=
schichte der mailändischen Bischöfe" sogar die Worte des Apostels
Petrus, „fürchtet Gott, ehret den König", dahin aus, daß in den=
selben die Ehrfurcht vor der Person des Monarchen von der
Gottesfurcht, d. h. von der kirchlichen Rechtgläubigkeit des letzteren
abhängig gemacht werde. Aus dem Umstande, daß in dieser Stelle
die Furcht Gottes der Mahnung zur Ehrfurcht vor dem Regenten
vorangestellt werde, zog er die Schlußfolgerung: „Daher ist man
dem Könige keine Ehrerbietung schuldig, wenn der letzteren nicht
eine rechte Gottesfurcht (nämlich auf Seiten des Königs) voran=
geht" [1]. Noch rücksichtsloser drückte sich Johannes von Salisbury
aus, indem derselbe denjenigen Fürsten, der den Gesetzen der
Kirche zuwiderhandle, geradezu für vogelfrei erklärte. Den Sturz
eines solchen Fürsten durch List oder Gewalt bezeichnete er nicht
nur als eine erlaubte, sondern auch als eine rühmliche That [2].
Wie einst Sozomenos, so rechtfertigte auch Johannes den Mord
des abtrünnigen Kaisers Julian. Es ist, sagte er, zwar ungewiß,
wer den Pfeil auf den Kaiser abgeschossen hat, aber, „mag es
ein Mensch oder ein Engel gewesen sein, so viel ist offenbar, daß
er einem göttlichen Befehle gehorcht hat" [3]. Nur so weit es die
Zwecke der Kirche erheischten, verpflichtete die letztere die Unterthanen
zum Gehorsam gegen die obrigkeitlichen Gewalten. Sobald aber
die letzteren jenen Zwecken entgegen waren, verpflichtete die Kirche
die Unterthanen ebensosehr zum Abfall von dem Monarchen. Da die
Kirche die Inhaberin der göttlichen Wahrheiten war, so war ihre
Aufforderung zum Meineid und Treubruch ebensosehr ein göttliches

---

[1] Gesta archiep. mediol. l. V, c. 7, M. G. t. VIII, p. 30.
[2] Polycr. l. 8, c. 20.
[3] L. c., c. 21.

Gebot wie ihre Aufforderung zur Treue und zum Gehorsam. Der auf
Grund eines kirchlichen Gebotes erfolgte Treubruch des Vasallen
gegenüber seinem Lehnsherrn konnte das Gewissen des ersteren
nicht beschweren, da ja die Kirche kraft der ihr von Gott über=
tragenen Binde= und Lösegewalt die Gewissen ebensosehr von Eiden
lösen wie an letztere binden konnte. Denjenigen Vasallen, welche
zufolge ihres Eides ihrem von der Kirche verworfenen Herren treu
bleiben zu müssen glaubten, erklärte Papst Urban II.: „Sollten
sie in der Heiligkeit des Eides eine Ausflucht suchen, so muß ihnen
vorgestellt werden, daß es besser sei, Gott als den Menschen zu
dienen. Denn zur Erfüllung des Eides, welchen sie einem christ=
lichen Machthaber geleistet haben, der ein Feind Gottes und seiner
Heiligen ist und die Gebote derselben mit Füßen tritt, können sie
durch keine Gewalt gezwungen werden." Desgleichen erließ
Gregor IX. um das Jahr 1235 die Bestimmung: „Derjenige,
welcher einem in Ketzerei Gefallenen durch irgend einen Vertrag
verpflichtet gewesen war, soll wissen, daß er von aller Lehns=
und Unterthanenpflicht und überhaupt von jeder Verbindlichkeit
gegen denselben entbunden ist, mögen jene Verträge auch eine noch
so große Festigkeit gehabt haben." Die praktische Politik der Kirche
hat diesen allgemeinen Grundsätzen stets entsprochen. Sie be=
stimmte die Treupflicht des Vasallen gegenüber der Krone und
das Machtgebot der letzteren nach Maßgabe ihrer Zwecke und
Interessen. Derselbe Papst Gregor VII., der einst erklärte: „Im
übrigen wollen wir das nicht anfechten oder verhindern, was den
Dienst und die pflichtschuldige Treue gegen den König betrifft" [1]),
sprach die Absetzung über den König Heinrich IV. aus und ent=
band die Unterthanen desselben von der Pflicht des Gehorsams.
Denn Gregor bezeichnete die Politik des Königs als dem göttlichen
Gebote zuwiderlaufend und demgemäß den Gehorsam gegen den
ersteren als einen Ungehorsam gegen das letztere. Das Gleiche galt
von Paschalis II. Obwohl derselbe erklärte: „Denn wir wollen
das Recht der Könige erhalten und in keiner Weise mindern" [2]),

---

[1]) Reg. V, 5, p. 202.
[2]) Epist. ad Ruthard. Jaffé IV, p. 379.

bannte bennoch auch er ben König und löfte ben Sohn des=
selben, ben späteren Heinrich V. von feinem Treueibe gegen
ben Vater. „Nichts, Heinrich, fucht bie Kirche von beinem Rechte
für sich in Anspruch zu nehmen", schrieb Calixt II. an Heinrich V.
und verhängte über benselben auf ber Generalsynobe zu Rheims
im Jahre 1119 ben Bann, weil er nicht auf bie Investitur der
geistlichen Fürsten bes Reiches verzichten wollte. Die Anerkennung
also, welche bie Kirche bem Machtbesitze bes weltlichen Herrschers
gewährte, ber Gehorsam, welchen sie ben Unterthanen gegenüber
ben staatlichen Gesetzen auflegte, wurden nur bebingungsweise zu=
gestanben und waren jeber Zeit wiberruflich. Das von ber Kirche
als göttlicher Herkunft bezeichnete Recht bes weltlichen Staates
war bemnach nicht im minbesten ein Hindernis für bie Geltend=
machung ber kirchlichen Machtansprüche noch eine Gewährleistung
für ben bauernben Bestanb ber staatlichen Orbnungen. Die
beutschen Fürsten erkannten ihrerseits biese Auffassung ber Kirche
bereits bei ber ersten Exkommunikation, welche bie letztere über
einen beutschen König verhing, in ben Beschlüssen zu Tribur und
Oppenheim vom Jahre 1076 an. Auf Grund älterer Reichsge=
setze gewährten sie Heinrich IV. eine Frist von Jahr und Tag,
um sich vom Banne zu lösen. Während bieses Zeitraumes ent=
zogen sie bem Könige bie Verwaltung ber Reichsgeschäfte mit ber
Bestimmung, baß biese Entziehung eine bauernbe sein werbe, falls
Heinrich innerhalb ber gesetzten Frist bie päpstliche Absolution nicht
erlangt habe. War bieser Satz mit Bezug auf bie Krone aner=
kannt, so war seine Anwendung auf bie Fürsten und bie Beamten
ber Krone selbstverständlich. Die Synobe zu Albi vom Jahre 1254
erklärte alle ber Exkommunikation verfallenen Richter, Räte und
Beamte ihres Amtes entsetzt und sprach zugleich über biejenigen
Machthaber, welche Exkommunizierte in ihrem Amte beließen,
ben kleineren Bann aus. Nach ber Konstitution König Rubolfs I.
vom Jahre 1281 sollten bie im Banne befindlichen Grafen, Freie
und Ministerialen binnen Jahr und Tag, alle anberen aber binnen
sechs Wochen ber Acht verfallen. Den exkommunizierten Vasallen
wurden bie Lehnsgüter entzogen. Alle weltliche Gewalt hatte eine
rechtliche Gültigkeit nur so lange, als bie Kirche bieselbe bestehen ließ.

Nicht minder als das Recht der Krone, ihrer Vasallen und Beamten war auch das Recht der Privaten durch den Gehorsam gegen die Kirche bedingt. Die kirchliche Gemeinschaft war die Bedingung aller staatsbürgerlichen Rechte und Ehren. Der Verlust der ersteren hatte den Verlust der letzteren zur Folge. Wer sich von der Kirche schied, den schied die letztere von der bürgerlichen Rechtsfähigkeit aus. Ebenso wie die Kirche die Unterthanen zur Rebellion gegen die ihr nicht gehorsamen Fürsten aufrief, so mahnte sie andererseits die Fürsten zur Verfolgung und Bestrafung der ihren Geboten widerstrebenden Unterthanen. Auf die von ihr verhängte Exkommunikation sollte, wie sie begehrte, die weltliche Justiz nach einer gewissen Frist die Achterklärung folgen lassen. „Swaz der bâbest mit dem banne gerihten mac, daz sol der keiser und ander wertliche rihter mit dem swerte rihten", lehrte Berthold von Regensburg [1]). Philipp von Schwaben versprach im Jahre 1205 dem Papste Innocenz III. ein allgemeines Gesetz zu erlassen, demzufolge die Reichsacht sofort nach dem vom Papste verhängten Banne eintreten solle [2]). Friedrich II. bewilligte den geistlichen Fürsten Deutschlands in seinem Privileg vom Jahre 1220, daß die Reichsacht binnen sechs Wochen der Exkommunikation nachfolgen und nicht eher aufgehoben werden solle, als bis die letztere aufgehoben sei [3]). Mit dem größten Eifer wandte sich die Kirche begreiflicherweise gegen die Ketzer. Die gegen die Albigenser und Waldenser gefaßten Synodalbeschlüsse des zwölften und dreizehnten Jahrhunderts sprachen denselben jede bürgerliche Rechtsfähigkeit ab. Desgleichen sollten, wie die lateranensische Synode vom Jahre 1213 beschloß, die Beschützer der Häretiker der Exkommunikation und, falls sie nicht binnen Jahresfrist Genugthuung geleistet hätten, der vollständigen bürgerlichen Rechtslosigkeit verfallen. Die weltliche Gewalt bestätigte ihrerseits die von der Kirche geforderten Rechtsfolgen der über die Ketzer verhängten Exkommunikation. Im Jahre 1184 belegte Friedrich I. im Dome

---

[1]) Bd. 1, S. 363.
[2]) M. G. ll. II, p. 208 f.
[3]) L. c. p. 236.

zu Verona alle Häretiker mit der Reichsacht. Heinrich VI. verpflichtete im Jahre 1195 die Stadtbehörden von Rimini zur Ausweisung und Verfolgung der letzteren. Sein im Jahre 1220 er-
lassenes Ketzeredikt verhing über alle Häretiker die Reichsacht,
befahl die Konfiskation ihrer Güter und entzog den Kindern derselben das Erbrecht. Selbst diejenigen, welche nur im Verdachte der
Ketzerei standen, wurden in die Acht erklärt, wenn sie sich nicht
binnen Jahresfrist vom Verdachte gereinigt hatten. Außerdem
sollte jede Kommunität oder Person, welche ein Jahr lang in
der Exkommunikation verharrte, von selbst der kaiserlichen Acht
verfallen [1]).

Die Gewalt des römischen Papstes war demnach unendlich
wie die göttliche. Sie war, lehrte die natürliche Theologie des
Raimund von Sabunde, „ohne Schranke, ohne Grenze und ohne
Maß" [2]).

3. Die Aufhebung des weltlichen Staates.

Doch war auch mit der Leitung des weltlichen Imperiums
der volle Inhalt des gottesstaatlichen Ideales noch nicht erschöpft.
Die letzte Schlußfolgerung desselben, die völlige Aufhebung des
Staates und der Uebergang des weltlichen Machtgebotes in den
unmittelbaren Besitz der Kirche blieb, so unerreichbar dieselbe
auch gegenüber der von irdischen Interessen bewegten Laienwelt
erscheinen mußte, dennoch nicht völlig vergessen. Sie war gewissermaßen der zwar im allgemeinen durch die Sinnenwelt ver-
deckte, doch aber noch immer durchschimmernde Goldgrund des
kirchlichen Systems. Und zwar leitete die Kirche selbst diese
Forderung aus dem Begriffe der Freiheit her. „Man sorgt nicht
besser", schrieb Innocenz III. einst dem Erzbischof von Ravenna,
„für die kirchliche Freiheit, als wenn die römische Kirche die volle

---

[1]) M. G. ll. II, p. 244.
[2]) Tit. 311.

Gewalt sowohl in weltlichen als in geistlichen Dingen behauptet" [1]).
Da die Kirche dem Staate stets eine nur bedingte Anerkennung
gewährt hatte, so stand ihr der Weg zu diesem fernliegenden Ziele
offen, ohne daß sie in Widerspruch mit ihrer Lehre von dem
göttlichen Rechte der Obrigkeit geraten wäre. Wie die Mensch=
heit in ihrem ursprünglichen sündlosen Zustande einen weltlichen
Staat nicht kannte, sondern unter dem unmittelbaren Regimente
Gottes stand, so sollte sie auch bereinst zu dem letzteren zurückkehren,
indem sie sich ohne jede weltliche Vermittlung der Leitung des
Statthalters Gottes unterstellte. Wie am Horizont der sichtbaren
Körperwelt Erde und Himmel sich berühren, so flossen in diesem
Zukunftsbilde des christlichen Gottesstaates Sinnliches und Ueber=
sinnliches zusammen. Alle irdischen Formen waren in demselben
beseitigt und die Welt ganz nach der göttlichen Heilsordnung ge=
staltet. Die Könige und Fürsten hatten ihre Kronen dem römischen
Papste zu Füßen gelegt, so daß eine weltliche Herrschaft überhaupt
nicht mehr bestand und der Stellvertreter Gottes beim Anbruche
des ewigen Tages die ganze Fülle des irdischen Regimentes in
die Hände Gottes zurückgeben konnte.

Indessen machten die thatsächlichen Verhältnisse das Dasein
der Staaten auf eine unabsehbare Zukunft hinaus noch viel zu
notwendig, als daß die Kirche dieses letzte Ziel ihrer Politik mit
klarem Wortlaut hätte aussprechen und an eine unmittelbare
Lösung dieser Frage hätte denken können. Nur in einzelnen,
oben bereits mitgeteilten Aussprüchen der Kirche über den sünd=
haften Ursprung des Staates kam dieser Gedanke mehr oder
weniger verhüllt zum Ausdruck. Insbesondere aber sprach die den
religiösen Idealen sich frei hingebende kirchliche Legende die letzten
Ziele der mittelalterlichen Weltanschauung mit größerer Klarheit
aus, als die durch den Zwang der Verhältnisse vielfach gebundene
Politik der römischen Kurie. Sie folgte lediglich den in dem
religiösen Lehrsystem der Kirche gelegenen Idealen, wenn sie den
weltlichen Machthabern solche Fürsten, welche jenes letzte Ziel der
göttlichen Heilsordnung gläubig anerkannten und von tiefem reli=

---

[1]) Ep. 1, 27.

giöfen Empfinden bewegt, der Welt und ihrer Krone zu Gunften
der Kirche entfagten, als Ibealgeftalten der chriftlichen Vollkommen=
heit vor Augen hielt.   Vor allem pflegte die Kirche auf das von
ihr eben zu diefem Zwecke erdichtete und als eine gefchichtliche
Thatfache behauptete, ruhmreiche Beifpiel Kaifer Konftantins des
Großen hinzuweifen, welcher feine Gewalt über Rom und Italien in
die Hände des römifchen Papftes niedergelegt habe, weil es ihm nicht
für paffend erfchienen fei, daß dort ein weltliches Regiment be=
ftehe, wo der Statthalter Chrifti refidiere.   Ein anderes legen=
darifches Vorbild ftellte die im Mittelalter fo beliebte und in viele
Sprachen, von Rudolf von Ems in die deutfche Sprache über=
tragene Dichtung „Barlaam und Jofaphat" auf.   Barlaam war
der Sohn des indifchen Königs Avenier, welcher von einem Ein=
fiedler zum Chriftentum bekehrt, nach vielen Kämpfen auch feinen
Vater für dasfelbe gewann.   Der letztere nun entfagte, fobald
er fich bekehrt hatte, feinem Throne

> „umb daz ẽwiclîche leben
> in dem himelrîche"

und übergab die Regierung des Landes feinem Sohne.   Der
jugendliche Jofaphat ließ alsbald feine Unterthanen im chriftlichen
Glauben unterweifen, die heidnifchen Tempel zerftören, die Götter=
bilder verbrennen, die Armen befchenken, die Gefangenen befreien,
um darauf gleichfalls der Krone zu entfagen.   In einem Haar=
kleide ging er als Einfiedler in die Wüfte, um fein Leben in
Entbehrungen und religiöfen Betrachtungen zuzubringen.   Den
Fürften aber, die ihren König ziehen ließen und auf ihre weltlichen
Ehren nicht verzichten wollten, rief der Dichter zu:

> „Owê wie sine vürsten stânt,
> daz sie mit im von dan niht gânt!"

Den gleichen Gegenfatz zwifchen chriftlicher Demut und weltlicher
Herrfchermacht ftellte auch die von Rudolf von Ems wahrfcheinlich
nach einer lateinifchen Quelle übertragene Dichtung „der gute
Gehard" auf, deren Held wiederholt die Gelegenheit, eine Königs=
krone zu erwerben, einmal für feinen Sohn, ein andermal für

sich selber aus Demut zurückwies und aus dem gleichen Grunde
jede andere ihm angebotene Herrschaft ausschlug.

Aehnliche ideale Fürstengestalten erfand auch die geschichtliche
Legende. Eine solche war beispielsweise der cambrische König
Gundliew, der um die Mitte des sechsten Jahrhunderts lebte und
ein wildes, kriegerisches Leben führte. „Von seinem Sohne, dem
berühmten celtischen Abte Kadok zum Christentum bekehrt, legte
er seine Herrschaft nieder und begab sich mit seiner Gattin in die
Einsamkeit, um den Rest seines Lebens in religiösen Bußübungen
zu verbringen. Aber selbst das Zusammenleben der Ehegatten
schien dem strengen Sohne ein Hindernis ihrer frommen Uebungen
zu sein und er veranlaßte sie deshalb sich zu trennen" [1]. Die Grafen
Eberhard und Adolf von Berg ferner wandelten, einer im drei=
zehnten Jahrhundert entstandenen Sage nach, ihr altes Stamm=
schloß Berg in ein Kloster um und lebten dort als Mönche in
frommen Bußübungen, wo sie einst als Herren geboten hatten.

Doch blieb diese Idealität nicht auf die Dichtung beschränkt.
Die Wirklichkeit erlebte wenigstens einige solche Persönlichkeiten,
welche dem Ideale der Legende nacheiferten und um ihres Seelen=
heiles willen auf Krone und Herrschaft Verzicht leisteten. So
entsagte im Jahre 1073 Hugo von Burgund auf sein Herzogtum
und wurde Mönch zu Cluny. Wenn Gregor VII. dem Entschlusse
des Herzogs ebensowenig beistimmte, wie einer legendarischen Er=
zählung zufolge der Abt von St. Vito der gleichen Absicht des
Kaisers Heinrich II., so that er dies nur in der Erwägung, daß
unter den Verhältnissen seiner Zeit, welche seinem Ideale noch
fern war, ein so frommer Fürst seinem Zwecke auf dem Throne
mehr dienlich sein könne als im Kloster. Doch konnte selbst der
Wunsch des Papstes den Herzog nicht von der Ausführung seines
Entschlusses abhalten [2]. Auch der Graf Gottfried von Kappen=
berg in Westfalen, seine Gattin Jutta und sein Bruder Otto waren
Fürstennaturen nach dem Herzen des Mittelalters. Um das Jahr
1124 schenkten dieselben ihre Schlösser Kappenberg, Ibbenstadt

---

[1] Vita S. Cadoci c. 24 und 50 ap. Rees, Cambro-British-Saints.
[2] Gregor VII reg. VI, 17.

und Varler dem neu geſtifteten Prämonſtratenſerorden und traten
kurz darauf alle drei ins Kloſter. Die Gemahlin Gottfriebs wurde
ſpäter Aebtiſſin in Herforb. Allerdings hat die Kirche mehrere
Regenten kanoniſiert, als z. B. Karl ben Großen, Kaiſer Heinrich II.
und Ludwig IX. von Frankreich. Doch that ſie bies nicht wegen
der großen Verbienſte, welche bieſelben ſich um ben Staat, ſondern
lediglich der Verbienſte wegen, welche ſich bieſelben um bie Kirche
auf Koſten bes Staates erworben hatten.

Wenn gleich nun bie praktiſche Politik der Kirche bei ber
Lage ber thatſächlichen Verhältniſſe kaum ein Intereſſe baran
hatte, der Frage ber gänzlichen Aufhebung bes Staates näher zu
treten, ſo that ſie boch einen bedeutſamen Schritt auf bieſem Wege,
indem ſie ſeit Gregor VII. ben Gebanken verfolgte, wenigſtens
bas allgemeine Imperium, welches ſie vormals bem mit bem
fränkiſchen, bann mit bem beutſchen Königtume verbundenen Kaiſer=
tume zugeſtanben hatte, bem letzteren zu entziehen und für ſich
ſelbſt in Beſitz zu nehmen, um auf bieſem Wege jenem ibealen
Ziele ſich allmählich zu nähern. Die Kirche trat baher ſeit jener
Zeit mit bem Kaiſertum in einen Wettbewerb um bie Weltherr=
ſchaft. Hatte ſich ſchon ber Kampf Gregors VII. und Heinrichs IV.
um bie Inveſtitur in ben um bas weltherrſchaftliche Imperium
umgewandelt, ſo hatten bie Zerwürfniſſe ber ſpäteren Päpſte mit
ben Kaiſern ihren Grund noch mehr in bem konkurrierenden An=
ſpruch ber erſteren auf ben weltlichen Machtbeſitz. Mit voller
Klarheit ſprach Gregor VII. ſeine, bie weltherrſchaftliche Macht
bes Kaiſertums verneinende, ſowie bie bes römiſchen Stuhles er=
ſtrebende Politik in ben Worten aus: „Das Königreich Ungarn
wie auch bie anderen Königreiche ſollen in ſelbſtänbiger Freiheit
beſtehen und keiner anderen Herrſchaft untergeben ſein als ber
heiligen und allgemeinen Kirche" [1]), ſowie in einem Briefe an ben
König von Dänemark mit ben Worten: „Des Papſtes Fuß ſollen
alle Fürſten küſſen, nur er ſoll kaiſerliche Inſignien tragen." Auch
ber im Jahre 1198 auf ben päpſtlichen Stuhl erhobene Innocenz III.
begnügte ſich nicht mit ber Ueberordnung ber Kirche über ben

---

[1]) Reg. II, 63, p. 183.

Staat. Vielmehr zielte seine ganze Politik auf eine unmittelbare Vereinigung des bisher vom Kaisertum behaupteten weltlichen Imperiums mit dem Papsttume hin. Aehnliche, das Recht des Kaisertums auf das weltherrschaftliche Imperium mittelbar oder unmittelbar verneinende Aeußerungen wiederholten sich nicht eben selten. Der Abt Joachim von Kalabrien, ein Zeitgenosse Kaiser Heinrichs VI., bezeichnete in seiner Schrift über den Propheten Jeremias das römische, beziehentlich deutsche Kaiserreich durchgehends als Babylon, mit welchem Ausdruck er dasselbe als den Inbegriff aller Sünde hinstellte. Den Kaiser nannte er den Verwüster der Kirche [1]), den Fürsten Babylons, der gleich Nebukabnezar berufen sei, das Volk Gottes zur Strafe für seine Sünden in die Knechtschaft zu führen [2]). Die Deutschen nannte er die neuen Chaldäer [3]), die mit grausamer Wut die Kirche verfolgten. Die gänzliche Beseitigung des Kaisertums mußte bei solchen Vorstellungen als die notwendige Folge einer allgemeinen Sinnesänderung erscheinen, wenn der Abt selber diese Schlußfolgerung auch nicht zog. Joachim scheint sich vielmehr gar nicht bewußt gewesen zu sein, welche Schmähungen er über den Kaiser und das Reich ausschüttete, da er die erwähnte Schrift im Jahre 1197 dem Kaiser Heinrich überreichte. Er faßte die Thaten des letzteren als ein über die Kirche verhängtes göttliches Strafgericht und den Kaiser als den von Gott erwählten Vollstrecker dieses Gerichtes auf. Da er jedoch diese Mission des Kaisers nur als den objektiven Erfolg, keineswegs aber die subjektive Absicht desselben darstellte, sondern Heinrich vielmehr lediglich aus den Beweggründen einer maßlosen Herrschsucht und Habgier handeln ließ, so konnte der Vollzug jener göttlichen Sendung den dem Kaiser und seiner Herrschaft beigelegten verbrecherischen Charakter keineswegs abschwächen. In den Schriften des Thomas von Aquino wurde dem Kaisertum bereits keine von den übrigen weltlichen Fürsten unterschiedene Stellung mehr zuerkannt. Thomas überging völlig

---

[1]) Insbesondere K. 4.
[2]) K. 20, p. 277 ff.
[3]) K. 6, p. 104.

die kaiserliche Instanz, wenn er die Könige als „die Vasallen der
Kirche" bezeichnete [1]). Er verwarf das Kaisertum noch bestimmter,
wenn er an einer anderen Stelle erklärte: „Ueberhaupt stellt sich
die einheitliche Gewalt in der Welt nur im Papste dar" [2]). Am
offensten ging Papst Bonifacius VIII. zu Werke. Bei der Nach=
richt von der im Jahre 1298 erfolgten Wahl Albrechts I. zum
deutschen Könige setzte er sich die Kaiserkrone auf mit den Worten
„ich bin Cäsar, ich bin Kaiser, mir ziemt es die Rechte des Reiches
zu wahren". Bei Gelegenheit des großen Jubiläums im Jahre
1300, als zahlreiche Pilger die Apostelgräber besuchten, erklärte
er, daß er als Stellvertreter Christi zugleich das geistliche wie das
weltliche Oberhaupt der Christenheit sei und legte bald die Insignien
der päpstlichen bald der kaiserlichen Würde an. Der Prediger=
mönch Johann von Paris, der in der ersten Hälfte des vierzehnten
Jahrhunderts lebte, bestritt geradezu das Recht der universalen
Reichsidee. Die Allgemeinheit der Kirche erkannte er als ein
göttliches Recht an, der Allgemeinheit des Imperiums aber setzte
er den Einwand entgegen, daß der von Gott den Menschen ein=
gepflanzte natürliche Instinkt die Völker veranlaßt habe, sich in
verschiedenen Staaten voneinander zu sondern [3]).

Diesen allgemeinen Grundsätzen entsprechend, suchte die Kirche
die Machtvermehrung des Reiches möglichst zu verhindern, oder
den bestehenden Besitz desselben zu verkürzen, indem sie sich zur
Erreichung dieses Zweckes wiederholt mit den Feinden des Kaiser=
tums gegen das letztere verbündete. Johann XII. wollte im Jahre
963 außer dem griechischen Kaiser auch sogar die damals noch
heidnischen Ungarn gegen Otto I. zur Hilfe aufrufen. Häufiger
wurden solche Bündnisse zwischen den Päpsten und den reichsfeind=
lichen Mächten zur Zeit der Staufer geschlossen, da diese auf die
äußere Machtvermehrung des Reiches am meisten bedacht waren.
Die Päpste wurden die Bundesgenossen der aufrührerischen deut=
schen Völkerschaften und Fürsten, der lombardischen Städte, der

---

[1]) Quodl. 12, qu. 13 a; 19 ad 2.
[2]) De regim. princip. I, 14; III, 19.
[3]) Tract. de potestate regia et papali c. 3.

normannischen Regenten und selbst der griechischen Kaiser im
Kampfe derselben gegen das Kaisertum.

Einen unmittelbaren Weg zur Einschränkung des kaiserlichen
und zur Erweiterung des eigenen Machtgebotes fand die Kirche
dadurch, daß sie, soweit ihr Einfluß reichte, die weltlichen Staats=
gewalten aus der Lehnspflicht gegenüber dem Kaisertum löste und
sich selber lehnspflichtig zu machen suchte. Gleich mit dem ersten
Streite zwischen der Krone und der Kurie begannen die Versuche
der letzteren, dem Lehnsverbande des Reiches einen solchen des
päpstlichen Stuhles entgegenzusetzen. Bereits im Jahre 1073
nahm Gregor VII. die Fürsten Landulf VI. von Benevent und
Richard von Capua in die Lehnspflicht des römischen Stuhles auf.
Er erhob außerdem den Anspruch auf die Oberlehnsherrschaft über
Rußland, Ungarn, Kroatien, Dalmatien, Sardinien, Korsika,
Spanien und Frankreich. Ein Teil dieser Ansprüche verwirklichte
sich in der That auch im Laufe der folgenden Jahrhunderte. Das
Königreich Neapel wurde im Jahre 1130 römisches Lehen, Por=
tugal im Jahre 1179, Aragon unter Pedro II. im Jahre 1204,
England im Jahre 1213 unter König Johann. Auch Sicilien,
Sardinien und Korsika gehörten zu diesem Zins= und Lehnsver=
bande des päpstlichen Stuhles. Bonifacius VIII. wiederholte und
erweiterte die lehnsherrlichen Ansprüche der Kurie. Als König
Wenzel gegen die Erbansprüche eines Sohnes des Königs von
Neapel auf die ungarische Krone Protest erhob, erklärte Bonifacius
Ungarn als ein päpstliches Lehen. Als Wenzel seinerseits An=
sprüche auf Polen machte, erklärte Bonifacius auch dieses als ein
päpstliches Lehen. Die Päpste bestritten sogar wiederholt die
Lehnsherrlichkeit des Reiches selbst in solchen Fällen, in denen sie
ihrerseits einen lehnsherrlichen Anspruch nicht erhoben. So sah
beispielsweise Cölestin III. die von Seiten Amalrichs von Cypern
im Jahre 1195 dem Kaiser Heinrich VI. geleistete Huldigung mit
ungünstigem Auge an und äußerte seine Mißbilligung mit den
Worten: „Wir glauben, daß demselben (d. i. dem Amalrich) die
cyprische Herrschaft mehr durch göttliche als durch weltliche Macht
verliehen worden ist." Johann XXII. hob sodann in seiner Bulle
vom Jahre 1334 die Verbindung der beiden Stammlande des

Reiches, Deutschlands und Italiens, für alle Zeiten auf, weil, wie er sagte, viele Kaiser „ihr Amt mißbraucht und die Kirche verfolgt" hätten. Auch nach der westlichen Grenze hin wollte er den Bestand des Reiches verkürzen, indem er Burgund von letz= terem zu trennen beabsichtigte. So nahm die Kirche eine lang= same, aber immer weitergreifende Zerstörung des einst von ihr selbst ins Leben gerufenen Imperiums vor, indem sie zugleich ihr weltliches Machtgebot in demselben Maße erweiterte, in welchem sie das kaiserliche verkürzte.

Selbstverständlich konnte es auch den Zeitgenossen nicht ent= gehen, daß die Politik der Kurie trotz der von ihr aufrecht erhal= tenen formellen Anerkennung des Kaisertums doch auf eine that= sächliche Vernichtung des letzteren abzielte. So antwortete bei= spielsweise Kaiser Friedrich I. mit Zustimmung der deutschen Bischöfe auf ein durch die Vorgänge zu Besançon veranlaßtes Schreiben Hadrians IV.: „In der Hauptstadt des Erbkreises hat Gott die Kirche durch das Reich erhöht, jetzt zerstört die Kirche und zwar nicht nach Gottes Willen, wie wir glauben, in der Hauptstadt des Erbkreises das Reich"[1]. In demselben Sinne äußerte sich Otto von Freising über die Politik der römischen Kurie[2].

Der Begriff der Freiheit führte also die Kirche durch alle Stufen ihrer Entwicklung, durch alle Folgerungen ihres Systems. Aus ihm leitete die Kirche die Notwendigkeit ihrer Trennung vom Staate, ihrer Herrschaft über den Staat, sowie endlich der gänz= lichen Aufhebung des Staates her. Freilich konnte sie nicht im entferntesten daran denken, die letzte Folgerung ihres Systems, die Abschaffung des Staates, mit derselben Offenheit auszusprechen und als einen Grundsatz ihrer praktischen Politik aufzustellen, wie jene beiden anderen Folgerungen desselben. Das Schwergewicht der irdischen Lebensbedingungen hinderte das Mittelalter daran, diesen Höhepunkt der reinen Idee auch nur annähernd zu erreichen. Denn solche ideale Fürstengestalten, wie die Legende verzeichnete, kannte die Wirklichkeit selbstverständlich nur in einer verschwindend

---

[1] Muratori scr. rer. ital. VI, 755.
[2] Chronic. l. VII, prolog.

geringen Zahl. Die Zerstörung der kaiserlichen Weltmacht und die Lehnsherrlichkeit über eine Reihe von Staaten blieben die äußerste Rückzugslinie der letzteren und die Grenze der kirchlichen Macht= entwicklung. Eine Verallgemeinerung aber der dem Kaisertum gegenüber verfolgten Politik konnte die Kirche niemals auch nur versuchen, obwohl die letzten Folgerungen des Systems eine solche durchaus gefordert haben würden. Der Versuch einer völligen Aufhebung des Staates und einer unmittelbaren Besitzergreifung des weltlichen Machtgebotes würde der Kirche eine Feindschaft zugezogen haben, welche die Macht derselben weit überstiegen haben würde. Außerdem mußte die Erwägung, daß die Beseitigung der staatlichen Autoritäten auch die Stellung der kirchlichen Autoritäten untergraben würde, die letzteren von diesen äußersten Grundsätzen ihres Systems zurückhalten. Der weltliche Herrschaftsgedanke der Kirche ermäßigte sich daher infolge des unüberwinblichen Wider= standes der Staaten zu der Forderung einer Unterordnung der letzteren unter das Gebot der Kirche. Diese Forderung erschien als das vorläufig allein erreichbare Ziel der christlichen Völker= entwicklung.

4. Der Widerstand des Staates gegen die religiöse Theorie.

Der Anwendung dieser Grundsätze der kirchlichen Theorie leisteten freilich die Staaten einen energischen Widerstand und zwar sowohl einen theoretischen als auch einen praktischen. Das von den Staaten allein anerkannte grundsätzliche Verhältnis zwischen ihnen und der Kirche war die Trennung beider Gebiete. Daher befanden sich denn Staat und Kirche seit der völligen Enthüllung des kirchlichen Systems durch Gregor VII. in einem fast ununter= brochenen Streite, der sich in der Hauptsache zwischen Kaisertum und Papsttum abspielte und dessen Schauplatz demgemäß vorzugs= weise die Länder Deutschland und Italien bildeten. Die Vor= aussetzungen freilich, auf welchen sich die Schlußfolgerungen des

kirchlichen Systems aufbauten, wurden von den weltlichen Mächten
keineswegs bestritten. Der Staat erkannte die Kirche als die
Quelle der göttlichen Offenbarung, als die Wirklichkeit der religiösen
Idee an, während er auf der anderen Seite, gleichfalls in Ueber=
einstimmung mit der kirchlichen Lehre, sich selbst mit der Vertretung
der materiellen Interessen begnügte. Die Sorge um das ewige
Seelenheil war auch für ihn das Prinzip, nach welchem sich alle
irdischen Beziehungen bestimmen sollten. Ferner galt auch ihm der
römische Bischof als der Statthalter Gottes, der mit göttlicher
Machtvollkommenheit auf Erden zu schalten und zu walten habe.

　　Dennoch suchten die Vertreter der staatlichen Partei das Recht
ihrer Stellungnahme auch theoretisch zu erweisen und mit jenen
von ihnen anerkannten religiösen Vorstellungen in Einklang zu
bringen. Von jenen Voraussetzungen aus war aber die Logik des
kirchlichen Systems so klar und zwingend, daß das Beharren des
Staates auf seiner Selbständigkeit und seiner Gleichstellung mit
der Kirche sich nur in offenbarem Widerspruch mit den auch von
ihm anerkannten religiösen Vorstellungen geltend machen ließ.
Daher war denn auch die von Seiten der staatlichen Partei gegen
die Kirche eingelegte Beweisführung dürftig genug. Vergeblich
mühte sich die Dialektik der Partei ab, sich dem logischen Zwange
ihrer eigenen religiösen Anschauungen zu entwinden. Die zu diesem
Zwecke aufgeführten Gründe waren weniger Schlußfolgerungen
aus den metaphysischen Voraussetzungen des Systems als vielmehr
aus den praktischen Bedürfnissen der staatlichen Existenz. Der
Widerstand des Staates war eben lediglich ein Akt der Notwehr,
ein Kampf um die notwendigen Bedingungen seiner Selbsterhal=
tung, welcher die Logik des Systems gewaltsam durchbrach. Trotz
jener zugestandenen Unterstellung der irdischen Dinge unter die in
der Kirche vertretenen göttlichen Zwecke hielt der Staat an der
Forderung seiner Selbständigkeit fest. Er berief sich zur Begründung
seiner Ansprüche auf die in der heiligen Schrift bezeugte göttliche
Einsetzung der staatlichen Obrigkeit und behauptete, daß ihm die
Verwaltung der zeitlichen Dinge mit demselben göttlichen Rechte
gebühre, wie der Kirche die Verwaltung der ewigen Güter. So
berief sich Heinrich IV. auf das göttliche Recht der Krone, wenn

er bem Papfte Gregor VII. fchrieb: „Du haft nicht gefcheut, bich
gegen bie uns von Gott übertragene königliche Gewalt zu erheben
unb uns zu brohen, biefelbe von uns zu nehmen, als ob wir bie
königliche Herrfchaft von bir empfangen hätten, als ob Königtum
unb Kaifertum in beiner unb nicht in Gottes Hanb lägen" [1]). Desgleichen berief fich bie Schrift bes Bifchofs Wibo von Ferrara
auf bie biblifchen Stellen, welche ben göttlichen Charakter ber
weltlichen Obrigkeit ausfprechen. Aus biefen immer wieberholten
Bibelworten zog man bie Schlußfolgerung, baß bas Regiment bes
Papftes lebiglich ein geiftliches, bas bes Kaifers lebiglich ein weltliches fei, baß ber Kaifer aber in feinem Regimente ebenfo unabhängig fei wie bie Kirche in bem ihrigen. Die Worte: „Mein
Reich ift nicht von biefer Welt", hatte Chriftus, wie es hieß, in
Vorausficht ber kommenben Zeiten als eine bleibenbe Mahnung
feinen Nachfolgern hinterlaffen. Die Weltmacht ber Kirche fchien
aber ein Hohn auf bie Armut Chrifti unb ber Apoftel zu fein.
Mit fehr fpitzen Worten erinnerte noch Kaifer Heinrich VII. im
Jahre 1312 ben Papft Clemens V. an biefe Armut bes Erlöfers
unb feiner Jünger. Als ber Papft bas Königreich Sicilien für
ein Erbgut bes apoftolifchen Stuhles erklärte unb jeben Anfpruch
bes Kaifers auf basfelbe zurückwies, erwiberte ber letztere, baß
bem Kaifer bas Regiment ber ganzen Welt gebühre. Das Erbteil bes Apoftelfürften hingegen feien Netze, ein armfeliger Nachen,
nach feiner Erwählung bie Prebigt bes Evangeliums unb fchließlich ber Tob am Kreuze gewefen [2]). Eine ähnliche Antwort gab
Dante, welcher für bie gegenfeitige Unabhängigkeit beiber Gewalten
eintrat, auf feiner Höllenfahrt bem in ber Verbammung fchmach-
tenben Papfte Nikolaus III.:

> Sag' an, wie groß ber Schatz war, ben von Anfang
> Wohl von St. Peter unfer Herr verlangte,
> Als er ber Schlüffel Macht in feine Hanb gab?
> Gewiß, nichts forbert er als: ‚folge nach mir'!" [3])

---

[1]) M. G. ll. II, p. 47.
[2]) Doenniges, acta Henrici VII. imp. Rom. Pars II, 66.
[3]) Inferno, cant. 19, v. 50 ff. in ber Ueberfetzung von Philalethes.

Man fand die Teilung der zwei Gewalten ferner in den Worten des Evangelisten Lukas [1]) bestätigt, aus welchen die allegorisierende Schrifterklärung des Mittelalters die berühmte Schwertertheorie ableiten zu können glaubte. Nach der Auffassung der kaiserlichen Partei hatte die Bemerkung der Jünger „hier sind zwei Schwerter", sowie die Antwort Christi „das ist genug", den Zweck, die gleichgeordnete Stellung beider Gewalten anzudeuten. Schon Heinrich IV. berief sich in diesem Sinne in seinem, an die deutschen Bischöfe gerichteten Konvokationsschreiben vom Jahre 1076 auf jene Schriftstelle. Bekanntlich vertrat später auch der Sachsenspiegel die kaiserliche Schwertertheorie, desgleichen der Kanonikus Jordanus von Osnabrück in seiner Schrift über das römische Reich [2]), sowie die Dichter Freidank [3]) und Reinmar von Zweter [4]). Da aber seit der Aufstellung der Kirche als einer zwischen Gott und Menschheit bestehenden Vermittlungsanstalt die Verhältnisse wesentlich andere waren als in dem Zeitalter der Apostel, so waren jene Berufungen auf die heilige Schrift gegenstandslos. Die Lehren der letzteren konnten den Lehren der Kirche nicht entgegengestellt werden, wenn diese als eine mit der Schrift gleichberechtigte Quelle des göttlichen Wortes angesehen wurde. Völlig unvereinbar ferner war der Anspruch des Staates mit dem Zugeständnisse, daß seine eigenen Zwecke nur zeitliche, die der Kirche aber ewige seien und daß die ersteren den letzteren untergeordnet werden müßten.

Der Widerspruch zwischen den Behauptungen der staatlichen Partei und den Voraussetzungen ihrer Beweisführung trat zuweilen in geradezu überraschender Schärfe zu Tage, wie z. B. in einem Schreiben Kaiser Friedrichs II. vom Jahre 1239, in welchem er sich gegenüber den vom Papste erhobenen Anklagen rechtfertigte. Friedrich behauptete in diesem Briefe die Ebenbürtigkeit des Kaisertums mit dem Papsttume und berief sich zum Beweise dieses Satzes

---

[1]) K. 22, B. 38.
[2]) Abhandlungen der königl. Gesellschaft der Wissensch. zu Göttingen, 14. Bd., S. 45.
[3]) „Bescheidenheit", herausgeg. von Bezzenberger, 152, 12 ff.
[4]) v. d. Hagen, Minnes. Tl. 1, S. 215.

merkwürdigerweise auf das von päpstlicher Seite zur Erläuterung des Verhältnisses von Kirche und Staat stets angewandte Bild von Sonne und Mond. Er verglich die Kirche der Sonne, den Staat dem Monde und stand nicht an, in richtiger Auslegung dieses Gleichnisses, das Priestertum als das höhere, gebende, das Kaisertum als das geringere, empfangende Prinzip zu bezeichnen. „Bei Erschaffung der Welt," sagte er, „hat die göttliche Vor= sehung zwei Lichter hingestellt, ein größeres und ein kleineres, das größere um den Tag, das kleinere um die Nacht zu erleuchten. Beide vollziehen ihre Aufgaben am Sternenhimmel in der Weise, daß, wie oft sie sich auch von der Seite ansehen, dennoch keines das andere verletzt, daß vielmehr das höhere dem geringeren sein Licht mitteilt. Ebenso hat die ewige Vorsehung auf Erden zwei Gewalten hingestellt, das Priestertum und das Kaisertum, jenes zur Fürsorge, dieses zum Schutze" [1]). Friedrich bekannte sich in diesen Worten also zu einer Anschauung, welche alle Ansprüche des Papsttums als logische Schlußfolgerungen in sich faßte. Auch das Bild von den beiden Schwertern gebrauchte er in einem Sinne, mit welchem sich die von ihm behauptete Selbständigkeit der staatlichen Gewalt wenig vereinigen ließ. „Da das materielle Schwert zur Stütze des geistlichen Schwertes eingeführt ist," sagte er in dem berühmten Privileg für die geistlichen Fürsten Deutsch= lands vom Jahre 1220 [2]).

Freibanks „Bescheidenheit" ferner nannte den Papst wohl schwerlich in ironischer Absicht „ein irdesch got" [3]). Obwohl er demselben hiernach eine irdische Allgewalt hätte beilegen müssen, so erkannte er dennoch den Anspruch desselben auf weltlichen Machtbesitz nicht an [4]).

Auch Jordanus von Osnabrück, ein Zeitgenosse König Ru= dolfs I., welcher die göttliche Berufung und die dauernde Not= wendigkeit des Kaisertums nachwies, verglich dennoch das letztere

---

[1]) Huill.-Bréh. hist. dipl. V, 1, p. 348.
[2]) M. G. ll. II, 236.
[3]) Herausgeg. von Bezzenberger 151, 23.
[4]) L. c. 152, 12 ff.

dem Monde, woraus dann die Gleichstellung der Kirche mit der Sonne und also der Machtanspruch des Papsttums sich von selber ergeben mußte [1]).

Schärfer als hier trat der innere Widerspruch der staat= lichen Dialektik in einer der bedeutendsten Verteidigungsschriften zu Tage, welche das mittelalterliche Kaisertum überhaupt gefunden hat, in Dantes berühmter Schrift „über die Monarchie". Im Schlußkapitel des dritten Buches erörterte Dante in kurzen Worten die metaphysische Grundlage des Gottesstaates. Der Mensch, sagte er, besteht aus Seele und Leib und hat dieser Doppelnatur ent= sprechend, einen doppelten Zweck, einen unvergänglichen und einen vergänglichen. Der Papst hat die Aufgabe, das Menschengeschlecht zur Erreichung des ersteren, nämlich der ewigen Glückseligkeit, der Kaiser die Aufgabe, dasselbe zur Erreichung des letzteren, nämlich der irdischen Glückseligkeit hinzuführen. Aus diesen Voraussetzungen zog Dante die vollkommen richtige und mit der kirchlichen Theorie ganz übereinstimmende Folgerung, daß „die Ordnung dieser Welt der Ordnung, welche dem Umschwunge der Himmel innewohnt" folgen müsse, daß „die irdische Glückseligkeit sich immer nach der ewigen Glückseligkeit richten" solle. Obwohl Dante also in diesen Worten die Kirche ausdrücklich als die höhere und leitende Autorität aner= kannte und sich vollständig auf den Boden der kirchlichen Lehre stellte, zog er aus seinen Voraussetzungen doch nur den Schluß, daß der Kaiser dem Papste eine gewisse persönliche Hochachtung erweisen müsse, nämlich die Ehrerbietung, „welche der erstgeborene Sohn dem Vater schuldig ist". Doch forderte er die volle Unabhängigkeit und Selbständigkeit der kaiserlichen Gewalt, ohne in dieser Forderung einen Widerspruch mit seinen Voraussetzungen zu finden [2]).

Die gegnerische Polemik grub sogar bis an die Wurzel der kirchlichen Weltmacht, die Schlüsselgewalt Petri. Von vielen Seiten, erzählt der englische Geschichtsschreiber Mathäus Paris,

---

[1]) De prerogativa imper. Rom., herausgeg. von Waitz in den Ab= handlungen der königl. Gesellschaft der Wissensch. zu Göttingen 14. Bd., S. 49.
[2]) Dantis Alligherii de monarchia libri III, herausgeg. von C. Witte, Wien 1874.

wurde die Binde= und Lösegewalt der Kirche angefochten [1]). Die
Gründe, welche für diesen Widerspruch geltend gemacht wurden,
teilte Mathäus nicht mit. Doch werden dieselben schwerlich wo
anders zu suchen sein als in der Behauptung der mit der Logik
des religiösen Systems eben unvereinbaren Selbständigkeit der
weltlichen Staatsgewalten. Den Brennpunkt dieses Widerspruches
gegen die Schlüsselgewalt der Kirche bildete die Frage der Ab=
hängigkeit beziehentlich der Absetzbarkeit der königlichen und kaiser=
lichen Gewalt durch den Statthalter Christi. Auch hier zeigte sich
indes dieselbe Unhaltbarkeit der zu Gunsten des Staates ange=
strengten Beweisführung gegenüber der Logik des kirchlichen
Systems. Die schismatischen Kardinäle stellten sich im Jahre
1086 ganz auf den Boden der kirchlichen Vertragslehre über den
Ursprung des Staates, wenn sie in ihrem Schreiben erklärten:
„Zunächst hat das Volk zwar die Macht, sich zum Könige zu
wählen, welchen es will." Dennoch waren sie keineswegs geneigt,
aus diesem Vertrage ein Kündigungsrecht der Kirche oder des im
Auftrage der Kirche handelnden Volkes anzuerkennen. Sie er=
klärten vielmehr weiter: „Doch steht es nicht mehr in seiner (des
Volkes) Macht, den einmal Erwählten zu vertreiben. Der Wille
des Volkes wird später zur Notwendigkeit" [2]), ohne es doch be=
greiflich zu machen, wie denn das von ihnen anerkannte Selbst=
bestimmungsrecht des Volkes mit einer einmaligen Ausübung auf
immer erlöschen könne.

Der Bischof Lupold von Bebenburg, welcher in seiner unter
der Regierung Ludwig des Bayern verfaßten Schrift „über das
Recht des römischen Königtums und Kaisertums" für die Unab=
hängigkeit und die unmittelbare göttliche Stiftung der königlichen
Gewalt eintrat, machte für diese Behauptung überhaupt keine
logischen, sondern lediglich zwei thatsächliche Beweisgründe geltend.
Er sagte, daß die übrigen Fürsten der Christenheit ihre Herrschaft
nicht vom Papste zu Lehen trügen und daß demnach auch der von den
Kaisern dem Papste geleistete Eid kein Lehnseid, sondern nur ein

---

[1]) Hist. Angl. p. 482.
[2]) Sudendorf, Registr. 2. Tl., Nr. 32.

Gelöbnis des Schutzes sein könne. Einen zweiten Beweis fand
er in dem Umstande, daß Karl der Große die gesamten Länder-
gebiete des Kaiserreiches bereits vor der Kaiserkrönung kraft eigenen
Rechtes besessen habe und daß demnach auch seine Nachfolger das
Reich kraft ihrer Erbfolge, nicht kraft päpstlicher Belehnung inne-
hätten[1]). Daß mit dieser Berufung auf thatsächliche, von der Kirche
nur zum Teil bestrittene Verhältnisse das Recht auf die Herstellung
eines der religiösen Idee mehr entsprechenden Verhältnisses nicht
widerlegt wurde, blieb ihm fremd.

Etwas mehr Erfolg als auf dem Gebiete der theoretischen
Beweisführung erzielte der Staat durch die Zwangsmittel seines
thatsächlichen Widerstandes gegen die Logik der Kirche. Den
Gegenstand dieser praktischen Beweisführung bildeten sowohl die
allgemeinen Hoheitsrechte des Staates als auch die besonderen
Hoheitsrechte des Kaisertums. An jener Frage waren alle weltlichen Mächte mit Einfluß des Kaisertums, an dieser lediglich das
letztere beteiligt. Das Kaisertum war also in beiden Fragen gleichmäßig interessiert und demnach von dem Kampfe zwischen Kirche
und Staat weit mehr in Anspruch genommen als irgend eine
andere Macht. Den Ausgangspunkt des Streites um die Hoheitsrechte der Krone bildete die Frage der Laieninvestitur. Das
Wormser Konkordat vom Jahre 1122 brachte, wie bekannt, diesen
Streit zu einem vorläufigen Abschluß. Dasselbe hatte die ursprüngliche Forderung der Kirche, daß die Bischofswahl von der Krone
unabhängig und der Eintritt in den Besitz der Kirchengüter ein
Zuwachs der geistlichen Weihe sein solle, dahin verkürzt, daß die
Wahl allerdings dem Einflusse der Staatsgewalt entzogen, daß
aber die Investitur mit den Regalien als ein der Krone verblei-
bendes Recht anerkannt wurde. Das Konkordat bezeichnete also
die Mittellinie zwischen jenen Ansprüchen der kirchlichen Herrschaftsidee und der Forderung des Staates an den Wahlen nach
altem Herkommen mitwirken und den Gewählten vor der Weihe
mit den Regalien belehnen zu wollen. Freilich wurde mit diesem
Uebereinkommen kein endgültiger Zustand geschaffen, sondern nur

---

[1]) De juribus regni et imper. Rom., Heidelberg 1664. p. 89 ff.

die scharfe Spannung beider Gegensätze gemäßigt. Auf der von
dem Wormser Konkordate bezeichneten Grenzlinie fanden fortge=
setzt kleinere, mehr oder weniger heftige Konflikte statt. Die Logik
der religiösen Idee drängte die Kirche immer wieder zu der von
Gregor aufgestellten Forderung der vollkommenen Trennung bei=
der Gebiete zurück. Im allgemeinen betrachtete die Kirche das
Konkordat nur als ein persönliches Zugeständnis für die Könige
Heinrich V. und Lothar, keineswegs aber als ein dauerndes ge=
setzliches Verhältnis. Das Ziel ihrer Politik blieb daher immer
die freie Wahl und die Beseitigung der Investitur. Dieser festen,
klarbewußten Politik der Kurie stellte der Staat zwar keine gleiche
Festigkeit entgegen. Vielmehr mußte er in zahlreichen Fällen das
Konkordat zu Gunsten der Kirche preisgeben. Lothar von Supp=
linburg gab nur in einigen Ausnahmen dem Drängen der Kurie
nach. Im allgemeinen aber behauptete er die durch das Konkordat
festgestellten Rechte der Krone. Konrad III. sah sich unter schwie=
rigeren Verhältnissen zu größerer Nachgiebigkeit gezwungen. Fried=
rich I. aber suchte nicht allein die von seinem Vorgänger aufge=
gebenen Rechte wiederzugewinnen, sondern sogar zu erweitern,
indem er die nur für die deutschen Länder festgestellte Folge von
Investitur und Weihe auch auf die außerdeutschen Reichsländer,
Italien und Burgund, übertrug. Otto IV. leistete dann freilich
im Jahre 1209 auf das in dem Wormser Konkordat gewährte
Beaufsichtigungsrecht der geistlichen Wahlen Verzicht, um von
Innocenz III. die Kaiserkrönung zu erlangen und Friedrich II.
mußte unter gleichen Bedingungen im Jahre 1213 auch seinerseits
dieses Recht der Krone preisgeben.

Der Brennpunkt des Streites aber war auch hier ebenso wie
innerhalb der theoretischen Diskussion die Binde= und Lösegewalt
der Kirche, welche ja auch den eigentlichen Quellpunkt der kirch=
lichen Machtansprüche bildete. Die größte Ausdehnung erreichte
der Widerstreit gegen dieselbe innerhalb des Deutschen Reiches, in=
sofern hier sowohl der Anspruch der Kirche als auch der Wider=
stand des Staates auf die Spitze getrieben wurde. Denn der
Kampf Heinrichs IV. gegen Gregor VII. bewegte sich schließlich
um die Abwehr des von Seiten des letzteren aus der Binde= und

Lösegewalt abgeleiteten Verfügungsrechtes über die Krone. Der=
selbe Kampf erneuerte sich mit gleicher Heftigkeit bei allen nach=
folgenden Königen und Kaisern, gegen welche die Kirche ihre
Bindegewalt geltend machte, unter Heinrich V., Friedrich I.,
Otto IV., Philipp von Schwaben und Friedrich II. Auch der
Adel Frankreichs wehrte sich gegen die kirchliche Exkommunikation.
Da nämlich der Eintritt der auf eine Exkommunikation erfolgenden
bürgerlichen Rechtsverluste zunächst nicht bestritten wurde, so ver=
langten die weltlichen Staatsgewalten wohl eine Prüfung der
ersteren, um die Rechtmäßigkeit der mit derselben verbundenen
weltlichen Strafen beurteilen zu können. So schloß im Jahre 1247
ein Teil des französischen Adels ein Bündnis, durch welches er
den an der Spitze des letzteren stehenden vier Magnaten das Recht
zuerkannte, jede über eines seiner Mitglieder verhängte Exkom=
munikation auf ihre Rechtmäßigkeit hin zu prüfen. Er verpflichtete
sich sodann, jede Exkommunikation, welche von nur zweien dieser
Magnaten als unberechtigt erklärt würde, nicht anerkennen zu
wollen[1]). Ebenso wie in Bezug auf sich selbst weigerten sich die
Staatsgewalten auch wohl die Bindegewalt der Kirche mit Bezug
auf die Kreise der ihr unterstellten Privaten anzuerkennen. Der
fromme König Ludwig IX. bestand darauf, eine Exkommunikation
zuvor auf ihre Rechtmäßigkeit prüfen zu müssen, ehe er derselben
von seiner Seite einen Zwang nachfolgen lasse und verweigerte
den Prälaten, die Exkommunicierten zur Genugthuung gegenüber
der Kirche anzuhalten, als sie seine Forderung ausschlugen.

Ebenso leidenschaftlich wie der Streit um die staatlichen
Hoheitsrechte und die Unabhängigkeit der Krone war der Wider=
stand, welchen speciell das Kaisertum dem Bestreben der Kirche,
seine politische Machtsphäre mehr und mehr einzuschränken, ent=
gegenstellte. Das Jahrhundert des deutschen Kaisertums von Fried=
rich I. bis Friedrich II. war ein fast ununterbrochener Kampf des=
selben gegen die konkurierenden Machtansprüche des Papsttumes.
Das Kaisertum hielt fest an der ursprünglichen, von der Kirche
selbst aufgestellten Idee, der zufolge ihm ebenso das universale

---

[1]) Math. Paris l. c. p. 483.

weltliche wie der Kirche das universale geistliche Imperium ge=
bührte. Einen dauernden Erfolg hat das Kaisertum freilich in
dieser Beziehung nicht zu erringen vermocht. Vielmehr ging das
weltliche Imperium desselben über dem Haber mit der Kirche zu
Grunde. Aber die letztere hat diesen Erfolg, welcher ihr übri=
gens trotz seiner Größe doch immerhin nur einen Bruchteil des
von ihr beanspruchten Machtbesitzes einbrachte, nicht sowohl durch
ihr eigenes Ansehen und die Ueberzeugungskraft ihrer Gründe
errungen, als vielmehr dadurch, daß ihre Ansprüche einen so eif=
rigen Verbündeten fanden in dem allen staatlichen Zwecken wider=
streitenden und für nationale Ehrenfragen so empfindungslosen
individualistischen Grundtriebe der deutschen Völkerschaften. „Wenn
die Fürsten des Reiches dem Kaiser ihre Eide gehalten hätten, so
wäre die Spaltung des Reiches und der innere Krieg, durch
welchen jetzt Kirche und Staat zerstört worden sind, sicherlich nicht
entstanden", bemerkte der im Jahre 1111 verstorbene Bischof
Walram von Naumburg in seiner Apologie Heinrichs IV. [1]). Hat
ja auch die Kirche den nationaler und staatlicher gesinnten Völkern
Frankreichs und Englands gegenüber bei weitem nicht eine solche
Machtstellung erlangen können wie in Deutschland.

Dieser Widerstand des Staates blieb nicht ohne Rückwirkung
auf das System der Kirche, insofern er die letztere zu mannig=
fachen, je nach Lage der Machtverhältnisse bemessenen Zugeständ=
nissen nötigte, welche die an und für sich sehr einfache und klare
Logik des Systems schließlich so sehr verwirrten, daß das Mittel=
alter sich selber über die letzten Ziele seiner Weltanschauung nicht
vollständig klar geworden ist. Verschiedene Schichten der geschicht=
lichen Entwicklung lagerten übereinander, in deren jeder die Stel=
lung der Kirche zum Staate eine andere war. In der älteren
Zeit bezeichnete die Kirche den Staat als eine von Gott gesetzte
Ordnung und überließ dem Oberhaupte desselben die wichtigsten
Hoheitsrechte in ihrer eigenen Sphäre. Dann stellte sie ihre
Trennung vom Staate als den leitenden Grundsatz ihrer prak=
tischen Politik und als ein göttliches Gebot hin und schließlich

---

[1]) Ed. Freher in Germanicar. rer. script. t. 1, p. 217.

erklärte sie ihre Herrschaft über den Staat ebenfalls als eine gött=
liche, schon von dem Erlöser selber vollzogene Stiftung. Da nun
der dogmatische Charakter der Kirche es nicht zuließ, den Stand=
punkt einer älteren Periode als ungenügend und überwunden zu
erklären, sondern vielmehr die Anerkennung ihrer früheren Grund=
sätze und Gewohnheiten erforderte, so ließ sie schließlich über ihr
Verhältnis zum Staate die verschiedensten, sich einander aus=
schließenden Lehren zu gleicher Zeit gelten. Die Unsicherheit des
Systems wurde durch diese gleichzeitige Geltung sich einander
widersprechender Lehren um so größer, als jede Periode ihren
eigenen Standpunkt mit gesuchter Schärfe ausgesprochen hatte, so
daß also eine innere Vereinigung so verschiedener, fest umgrenzter
Grundsätze die größten Schwierigkeiten machte.

Ueber die göttliche Autorität der Kirche sowie über die Not=
wendigkeit der Trennung derselben vom Staate bestand auf keiner
maßgebenden Seite ein Zweifel. Hinsichtlich der Herrschaft der Kirche
über den Staat war man jedoch keineswegs einig. Ein Teil der Geist=
lichen, unter welchen sich hervorragende Männer befanden, glaubten
Staat und Kirche als selbständige und gleichberechtigte Gebiete ab=
grenzen zu können. Dieser Ansicht war beispielsweise der Kanzler
Gregors VII., Petrus Damiani [1]). Auch dem zwischen Paschalis II.
und Heinrich V. verabredeten Vertrag, welcher dem letzteren für
den Verzicht auf die Investitur die Herausgabe der gesamten Re=
galien anbot, lag der Gedanke einer Gleichordnung beider Gebiete
zu Grunde. Mit großer Energie entwickelten Arnold von Brescia
und seine Anhänger diesen Gedanken. Sie forderten den völligen
Verzicht des gesamten Klerus bis hinauf zum römischen Bischof
auf weltliche Güter und weltlichen Machtbesitz. Alle weltliche
Macht wollten sie in Rückerinnerung an antike Verhältnisse dem
römischen Volke und von diesem dem Kaiser übertragen, während
sie die Kirche zu der apostolischen Armut zurückführen wollten.
Der größere Teil des Klerus war freilich anderer Meinung und
hielt an den gregorianischen Gedanken der unbedingten Unter=

---

[1]) Vgl. Fr. Neukirch, „Das Leben des Petrus Damiani". Inaug.=
Dissert. Göttingen 1875, S. 84 ff.

orbnung des Staates unter die Kirche fest. So herrschten über
die Frage nach dem Verhältnisse von Kirche und Staat zu gleicher
Zeit sehr verschiedenartige Ansichten in den maßgebenden Kreisen der
Kirche. In Uebereinstimmung mit den Lehren der heiligen Schrift
und des früheren Mittelalters betrachtete die Kirche den Staat
als eine göttliche Einrichtung zur gleichen Zeit, in welcher sie den=
selben als eine Erfindung des Teufels bezeichnete. Sie erklärte
im Anschluß an eine ältere Periode nichts anderes als ihre Frei=
heit zu erstreben zu derselben Zeit, in welcher sie ihre Herrschaft
über den Staat als eine bedingungslose Forderung aufstellte. Sie
ließ mit Rücksicht auf ältere Traditionen und besondere Verhält=
nisse bezüglich der Bischofswahlen und der staatlichen Gerichtsbar=
keit für den einen Staat andere Grundsätze gelten als für den
anderen. Die Kirche konnte sich daher im allgemeinen trotz so
zahlreicher und scharf formulierter Aussprüche auch niemals voll=
ständig klar darüber werden, ob und in welchem Umfange ihr
System denn eigentlich die Herrschaft über den Staat notwendig
mache, oder ob dasselbe nur die Trennung von dem letzteren be=
zwecke. Der einzige dauernde und feste Gesichtspunkt in diesem
wechselnden Spiele der kirchlichen Politik war das Machtinteresse
der Kirche. Je nachdem das letztere diese oder jene Haltung be=
dingte, stellte die Kirche bald diese, bald jene Forderung auf,
forderte sie bald die Unterthanen zum Gehorsam, bald zur
Rebellion gegen den Staat auf, stellte sie bald die beiderseitige
Trennung, bald die Unterwerfung des letzteren unter ihre Gebote
als leitenden Grundsatz hin. Wenn aber auch die weltgebietende
Machtstellung der unverrückte Zielpunkt der kirchlichen Politik blieb,
so erfolgte dennoch die verschiedene Bemessung der ersteren weniger
aus einer die wechselnden Verhältnisse abwägenden klugen Berech=
nung, als vielmehr aus der mit dem thatsächlichen Machtbesitze
sich stetig steigernden Vorstellung von dem Wesen und den Zwecken
der Kirche.

Ein Beispiel dieser Unsicherheit der Kirche über die letzten
Grenzen ihres Systems war der im Jahre 1169 verstorbene Propst
Gerhoh von Reichersberg. Auf der einen Seite trat derselbe mit
großem Eifer für die unbegrenzten Machtansprüche Gregors VII.

ein. Dem römischen Papste sollte alle weltliche Gewalt untergeben sein, die Könige des Abend= und des Morgenlandes sollten ihm ihre Throne einräumen. Die Kirche sollte sogar, wie er forderte, über die Rechtmäßigkeit eines Krieges entscheiden und den im Unrecht Befindlichen mit dem Banne belegen, so daß er also der Kirche das höchste Richteramt in allen Streitfragen der weltlichen Politik zuwies. Andererseits aber sprach Gerhoh sich in seiner Schrift „Ueber die Erforschung des Antichrists" mit der gleichen Entschiedenheit für die selbständige Nebenordnung der weltlichen und der geistlichen Gewalt aus. Beide sollten sich zwar gegenseitig unterstützen, aber keine Gewalt sollte in die Sphäre der anderen übergreifen. Er warnte sogar den Papst davor, nach weltlichem Machtbesitze zu trachten und sich eine lehnsherrliche Gewalt über den Kaiser anzumaßen. Zur Bestärkung seiner Erörterungen über die Gleichberechtigung beider Gebiete berief er sich auf das Wort des Ambrosius: „Dem Kaiser gehören die Paläste, dem Priester die Kirchen." Von diesem Gesichtspunkte aus verwarf er ferner den Anspruch des Papstes auf eine Beeinflussung der Kaiserwahlen, wie er andererseits eine Mitwirkung der Kaiser bei der Besetzung des päpstlichen Stuhles ablehnte. Ebenso schwankend war seine Ansicht bezüglich des materiellen Güterbesitzes der Kirche und der mit demselben verbundenen Hoheitsrechte. In seiner Schrift „Vom Hause Gottes" befürwortete er die Rückgabe der letzteren an den Staat, da die Kirche sich durch den Besitz derselben ebensosehr einer Sünde schuldig mache wie der Laie, welcher sich eines der Kirche zustehenden Zehntes bemächtige [1]).

In seinem Kommentar zum 64. Psalm hingegen nahm er an diesem Besitztum der Kirche nicht den geringsten Anstoß. Selbst die Kriminalgerichtsbarkeit, welche er in seinen Schriften „Von der Erforschung der Antichrists" [2]) und „Vom Hause Gottes" [3]) der Kirche entziehen wollte, erkannte er hier als ein rechtmäßiges und unumstößiges

---

[1]) De aedif. Dei c. 10.   Migne tom. 194.
[2]) I, c. 29, 38.
[3]) K. 35 u. a.

Besitztum der Kirche an. Daß dieselbe nicht durch die Geistlichen, sondern durch angestellte Beamte der Kirche ausgeübt werden sollte, in welchem Umstande er in den letztgenannten Schriften nicht die geringste Entlastung der Kirche von dem Vorwurfe der Verwelt= lichung fand, erschien ihm in diesem Kommentar eine genügende Sicherung gegen die letztere zu sein[1]).

Derselbe Widerspruch zwischen den theoretischen Voraussetzun= gen des Systemes und den praktischen Schlußfolgerungen für das Verhältnis von Staat und Kirche durchkreuzte auch die Anschau= ungen des Bischofs Otto von Freising. Otto stand ganz auf dem Boden des göttlichen Primates des römischen Stuhles und war ein Gegner aller Eingriffe der weltlichen Gewalt in die Angelegen= heiten der Kirche. Er mißbilligte die Besetzung des päpstlichen Stuhles durch Otto I. und Heinrich III. und nahm für die Kirche den Besitz weltlicher Hoheitsrechte durchaus in Anspruch. Einem Verzichte der Kirche auf weltlichen Machtbesitz, wie derselbe von Paschalis II. dem Könige Heinrich V. angeboten und späterhin von Arnold von Brescia erstrebt wurde, war er abgeneigt. Den= noch wollte er diesen Machtbesitz der Kirche nicht, wie die Grego= rianer, zu einer völligen Beherrschung des Staates erweitert wissen. Er ging dieser Forderung der Gregorianer mit der Wendung aus dem Wege, daß es nicht seine Aufgabe sei, darüber zu entscheiden[2]). Wenn er zu dieser Frage also auch keine unmittelbare Stellung nahm, so erklärte er sich doch für die Gleichordnung der geistlichen und weltlichen Gewalt[3]), ohne den Widerspruch dieser Ansicht mit der der Kirche auch von ihm beigelegten unendlich höheren Auto= rität und der derselben von Gott übertragenen Binde= und Löse= gewalt zu erkennen[4]).

---

[1]) Comment. in ps. 64. c. 31. Vgl. hierzu W. Ribbeck, „Gerhoh von Reichersberg und seine Ideen über das Verhältnis zwischen Staat und Kirche" in den Forschungen zur deutschen Geschichte, Jahrg. 1884, Heft 1.

[2]) Chronic. IV, 3. M. G. t. 20, p. 197.

[3]) Chronic. l. VII. prol. M. G. t. 20, p. 248.

[4]) Vgl. E. Bernheim, „Der Charakter Ottos von Freising und seiner Werke", Mitteilungen des Instituts für österreich. Geschichtschreibung, VI. Bd , 1. Heft.

Es war auch weniger eine liſtige Verſchlagenheit als eine
innere Unſicherheit über die Grenzen der kirchlichen Machtanſprüche,
wenn Innocenz III., der ſeine Regierung doch hauptſächlich dem
Zwecke widmete, die Mittel und Wege ausfindig zu machen, um
der Macht des Reiches und dem Anſehen des Kaiſertums möglichſt
zu ſchaden, wiederholt die Verſicherung gab, daß er die Rechte des
Reiches nicht antaſten werde. Er war die Seele der italieniſchen
Nationalpartei, welche die deutſche Herrſchaft aus Sicilien und
Italien verdrängte. Er war der ausgeſprochene Gegner der erb=
lichen Thronfolge, welche Heinrich VI. vergeblich durchzuſetzen ſich
bemüht hatte. Nur um dieſe von vornherein abzuwehren und um
die Krone in möglichſt machtloſe Hände zu bringen, war er ein
Gegner des Staufers Philipp und der Beſchützer des Welfen Otto.
Dennoch erklärte er im Jahre 1200 den deutſchen Fürſten, welche
ihn erſucht hatten, die Rechte des Reiches zu achten, „wenn doch
uns die Rechte der Kirche ebenſo unverletzt erhalten wären, als
wir die Rechte des Reiches unverkümmert zu erhalten gewillt
ſind" [1]. Zu derſelben Zeit, wo er für ſich das Recht in Anſpruch
nahm, den deutſchen Thronſtreit zu entſcheiden und den von den
deutſchen Fürſten gewählten König auf ſeine kirchliche Geſinnung
hin zu prüfen, erklärte er den Geſandten Philipps: „Wiſſet, daß
wir nicht, wie einige lügneriſche Menſchen fabeln, auf die Er=
niedrigung des Reiches hinwirken, ſondern daß wir vielmehr die
Erhöhung desſelben aufrichtig erſtreben" [2]. An der Aufrichtigkeit
des Papſtes war um ſo weniger zu zweifeln, als er bezüglich
ſeiner italieniſchen Anſprüche auf die ſeit Gregor VII. beſtehenden
lehnsherrlichen Rechte der Kurie hinweiſen konnte. Aber gerade
dieſe Rechte des päpſtlichen Stuhles waren nur begründet und
behauptet worden, um das Kaiſertum zu beſchränken und demſelben
eine konkurrierende Herrſchaft entgegenzuſetzen.

Noch viel weniger klar wurde ſich die Kirche über ihr letztes
Ziel, die völlige Aufhebung der ſtaatlichen Gewalten. Der Idee
nach machte allerdings die in dem Gottesſtaate der Kirche wieder=

---

[1] Registr. de negot. imp. nr. 15, ep. Innoc. ed. Baluz. 1, 691.
[2] L. c. nr. 85, 1, 728; vgl. nr. 79, 1, 724.

gewonnene ursprüngliche Gemeinschaft mit Gott den nur durch den Verlust der letzteren notwendig gewordenen weltlichen Staat überflüssig. Mit klaren Worten sprach die Kirche auch den sünd=haften Ursprung und Charakter des Staates aus. Mit nicht minder deutlichen Worten äußerte sie ihre Abneigung gegen die weltlichen Gewalten im allgemeinen. Gregor VII. hielt die mit dem weltlichen Regimente verbundenen Gefahren für so groß, daß ihm das Amt des Herrschers als unvereinbar erschien mit den Aufgaben des ewigen Seelenheiles. Es war klar, daß, von jenen Voraussetzungen aus, der Staat nur als ein Uebel angesehen werden konnte, welches mit der Fortentwicklung des Gottesstaates mehr und mehr beseitigt werden mußte. Doch hat die Kirche unter dem Druck der praktischen Notwendigkeiten es niemals wagen können, diese Schlußfolgerung offen auszusprechen und den an den Anfang der Dinge gesetzten Urzustand auch als das ferne Ziel der menschlichen Gesellschaft hinzustellen. Vielmehr sah sie sich, um=geben von der hoffnungslosen Verderbtheit der praktischen Verhält=nisse, gezwungen, denselben Staat, den die Logik ihres Systems als eine Folge der Sünde, oder als eine Erfindung des Teufels darstellte, als eine göttliche und notwendige Einrichtung anzu=erkennen. Die Kirche konnte sich daher, so offen auch die Schluß=folgerungen ihres Systems zu Tage lagen, unter dem Zwange der praktischen Politik doch niemals klar darüber werden, ob der weltliche Staat in dem System ihres übersinnlichen Gottesstaates denn eigentlich eine göttliche und bleibende oder nur eine mensch=liche, vorübergehende Autorität besitze. Die erstere Ansicht war allerdings die allgemein verbreitete, die letztere aber, welche nur vereinzelt zur Aussprache gelangte, die logisch allein richtige.

Daher herrschte denn auch über die Absicht, das weltherr=schaftliche Imperium des Kaisertums aufzuheben und in den un=mittelbaren Besitz der Kirche zu bringen, keine genügende Klarheit, wenngleich das kirchliche System diese Schlußfolgerung notwendig bedingte. Thatsächlich wurde dem Kaisertum von Seiten der Kirche keineswegs die Fülle der weltlichen Macht zugestanden. Da dasselbe aber seiner Idee nach die universale weltliche Staats=gewalt bedeutete und auch von der Kirche ursprünglich ausdrücklich

in diesem Sinne den fränkischen wie den deutschen Königen über=
tragen war und da ferner die kaiserliche Würde als solche von
der Kirche bestehen gelassen und Jahrhunderte lang den deutschen
Königen verliehen wurde, so befand sich die Kirche hier in einem
fortdauernden Widerspruch zwischen ihrer Tradition, welche das
Kaisertum als das universale weltliche Regiment hinstellte, und
ihrer praktischen Politik, welche diese Universalität ausgesprochener=
maßen möglichst zu beschränken suchte und das Kaisertum also
seiner Idee nach verneinte.

Je mehr also die Kirche sich den äußersten Schlußfolgerungen
ihres Systems näherte, desto größer wurde der Widerspruch, in
welchen sie sich verwickelte. Die Freiheit der Kirche blieb im all=
gemeinen das Losungswort der Hierarchie in allen Wandlungen
ihrer Politik. Unter dem Begriff der Freiheit verstand die Kirche
sowohl die Unabhängigkeit vom Staate wie die Beherrschung als
endlich auch die gänzliche Aufhebung des Staates. Dieses Be=
harren auf einer geschichtlichen Ueberlieferung in dem stets bewegten
Flusse der Entwicklung hatte eine Trübung des Systems wie der
praktischen Politik zur unausbleiblichen Folge. Völlige Klarheit
herrschte über die Trennung der Kirche vom Staate, nicht einig
war die Kirche in der Ansicht über die Beherrschung des Staates
und ganz verworren waren endlich ihre Ansichten über die allge=
meine Daseinsberechtigung des letzteren. Die Nachgiebigkeit gegen
die Notwendigkeit der praktischen Verhältnisse sowie das in dem
dogmatischen Charakter der Kirche begründete Festhalten veralteter
Grundsätze ließ die letztere niemals zu der Aufstellung eines nach
allen Seiten hin klar durchdachten und endgültig in sich abge=
schlossenen Systems kommen. Wenn das System der Kirche eben
durch diesen Mangel an einer strengen logischen Durcharbeitung
einerseits auch den Vorzug einer großen Dehnbarkeit besaß, so
konnte die Kirche doch andererseits aus demselben Grunde niemals
zu einer vollständigen und sicheren Lösung der Frage über ihr
Verhältnis zum Staate gelangen. Daher konnte die Kirche denn
auch selbst dasjenige Ziel, welches die Mitte hielt zwischen der
reinen Idee des christlichen Gottesstaates und den thatsächlichen
Mächten des Lebens, nämlich die Beherrschung des Staates, nie=

mals vollkommen erreichen. Selbst auf der Höhe der kirchlichen
Machtstellung blieb noch ein weiter Abstand zwischen der empirischen
Wirklichkeit und dem transcendenten Ideale bestehen. Der jen=
seitige Gottesstaat der Kirche ist auch in der klassischen Zeit des
Mittelalters nur ein unvollendetes Bruchstück geblieben.

5. Die thatsächlichen Folgen der religiösen Theorie für den Staat und seine Entwicklung.

Obschon aber die Kirche nur einen Bruchteil ihrer Ansprüche
auf das weltliche Imperium erreichen konnte, so hatten doch die
Grundsätze ihrer Theorie die zerstörendsten Wirkungen auf den
Staat und seine Entwicklung zur Folge. Und zwar machten sich
die letzteren am meisten dem deutschen Reiche fühlbar, weil dieses
durch die Uebernahme der kaiserlichen Schirmvogtei am meisten
unter der Herrschaft der Kirche und ihrer religiösen Idee stand.

Die stetige kriegerische Anspannung der Reichsgewalt und das
durch dieselbe genährte Bestreben der partikularen Mächte, jede
Verlegenheit der ersteren zur Erweiterung ihres Machtbesitzes aus=
zunützen, verursachte in erster Linie die Vernachlässigung einer
festen, gesetzlichen Regelung der ausübenden Gewalten, während
andererseits dieser Mangel wieder die Ursache stetiger Verwirrungen
wurde. Nachdem die karolingische Zeit eine außerordentliche gesetz=
geberische Fruchtbarkeit entfaltet hatte, trat seit der Ausbildung
des Lehnswesens ein fast völliger Stillstand in der Gesetzgebung
ein. Weder über das Wahlrecht des Fürsten, noch über die Erb=
lichkeit der Reichslehen, noch über den Umfang der mit den letz=
teren verbundenen staatlichen Leistungen wurden gesetzliche Bestim=
mungen erlassen, obwohl diese Fragen die Ursache fortgesetzter
Streitigkeiten waren und demnach eine gesetzliche Erledigung drin=
gend wünschenswert erscheinen lassen mußten. Auch das Verhält=
nis des Staates zur Kirche wurde niemals in ausreichender Weise
gesetzlich geregelt, obschon jahrhundertelang die blutigsten Kämpfe

über diese Frage geführt wurden. Der Vertrag von Worms vom
Jahre 1122, welcher den Investiturstreit beendete, war nur eine
sehr ungenügende gesetzliche Lösung der Streitfragen.   Denn ein=
mal hatte derselbe nur die Wahlen der Bischöfe und reichsunmittel=
baren Aebte zum Gegenstand und sodann waren die in demselben
von Seiten der Kirche gegebenen Zugeständnisse an die Krone
lediglich Heinrich V. persönlich verliehen, so daß das Konkordat
demnach eigentlich gar keine allgemeine gesetzliche Lösung der Frage
bildete.

Die wichtigsten staatsrechtlichen Verhältnisse befanden sich
daher in einer ununterbrochenen Bewegung und waren der Bildung
gewohnheitsrechtlicher Grundsätze überlassen.   Da aber die Macht=
verhältnisse der Krone und der Fürsten sich fortwährend verschoben
und diesen entsprechend, die Rechtsansprüche fortgesetzt von beiden
Seiten verschieden bemessen wurden, so konnten sich jene Grund=
sätze nur sehr langsam entwickeln, ohne doch jemals einen klaren
und erschöpfenden Ausdruck zu gewinnen.   Doch bewegten sich die
wechselnden Gestaltungen der staatlichen Ordnung insofern in einer
bestimmten Richtung, als die Macht der Krone sich mehr und mehr
verkürzte, die der Fürsten aber in demselben Maße sich erweiterte.
Der Mangel an festen gesetzlichen Abgrenzungen der ausübenden
Gewalten machte sich demnach am meisten zu Ungunsten der Krone
geltend.   Denn da die letztere infolge der aus der religiösen
Idee der Kirche ihr erwachsenen äußeren Eroberungspolitik ihre
innere Machtstellung mehr und mehr schwächte, so wurden diese
sich zu Ungunsten der Krone gestaltenden Verhältnisse die Grund=
lage für die Bemessung der ihr gebührenden Rechte, ohne daß die
Kaiser ausreichende rechtliche Mittel zur Wahrung ihres Macht=
besitzes geltend machen konnten.   Die universale Eroberungspolitik
des Kaisertums hatte zur Folge, daß das letztere in immer größere
Abhängigkeit von der Kirche und den Fürsten geriet, daß das
Reich im Laufe einiger Jahrhunderte von dem mächtigsten Staate
fast zum machtlosesten herabsank.   Sie hauptsächlich hat es ver=
ursacht, daß die kaiserliche Würde der freien Verfügung des
Papstes anheimfiel, daß die Erblichkeit der königlichen Krone dem
Wahlrecht der Fürsten immer mehr weichen mußte und daß anderer=

seits die Lehen sich in einen erblichen Privatbesitz der Fürsten und
Dynasten umwandelten.

Die kaiserliche Würde war ursprünglich mit der fränkischen
Königskrone erblich verbunden. Karl der Große ernannte seinen
Sohn Ludwig noch bei Lebzeiten zum Mitkaiser, desgleichen der
letztere seinen Sohn Lothar. Die Krönung von Seiten des Papstes
geschah in beiden Fällen mehrere Jahre später und hatte keine
weitere Bedeutung, als die auch mit der Königskrönung verbun=
dene kirchliche Feierlichkeit. Seit Ludwig II. jedoch hatte der Papst
ausschließlich über die Verleihung der Kaiserwürde zu bestimmen.
Auch als die letztere mit dem deutschen Königtum verbunden
wurde, berechtigte nicht die deutsche Thronfolge, sondern lediglich
die Verleihung des Papstes zur Führung des kaiserlichen Titels.
„Das Imperium folgt nicht demjenigen, dem es Deutschland,
sondern dem es der Papst zu übertragen beschlossen hat," erklärte
der Kanzler Gervasius von Tilbury dem Kaiser Otto IV.[1].
Kaiser Albrecht I. bestätigte diese Ansicht und willigte ein, daß
der bei seiner Krönung dem Papste geleistete Eid ein Lehnseid sei,
daß er das Reich vom Papste zu Lehen trage, eine Auffassung,
welche die deutschen Bischöfe noch im Jahre 1157 in einem
Schreiben an Papst Hadrian IV. als eine ganz unerhörte Neue=
rung zurückgewiesen hatten[2].

Für die deutsche Krone wurde der universale Zug der kaiser=
lichen Politik in ähnlicher Weise verhängnisvoll. Bis zu Heinrich IV.
war die deutsche Krone zwar nicht unbedingt erblich, noch weniger
aber wurde sie lediglich durch die Wahl der Fürsten vergeben.
Vielmehr wurde die Thronfolge durch beides, durch die Erblichkeit
wie durch das Wahlrecht der Fürsten, bestimmt. Die Erbfolge war
an die jedesmalige Einwilligung der Großen gebunden. Als aber
Heinrich IV. in dem Kampfe mit der Kirche der letzteren unterlegen
war, wurde unter der Einwilligung der Kurie die Erbfolge aus=
drücklich aufgehoben und an ihre Stelle ausschließlich das Wahlrecht
der Fürsten gesetzt. Die unter dem Vorsitze des päpstlichen Legaten

---

[1] Leibnitz l. c. p. 944.
[2] Muratori scr. rer. ital. VI, 755.

zu Forchheim im Jahre 1077 versammelten Fürsten erklärten mit
voraufgegangener Zustimmung des Papstes, daß von nun ab „die
königliche Gewalt keinem mehr durch Erbfolge, wie es bisher
Brauch gewesen, zufallen solle, sondern daß der Sohn des Königs,
selbst wenn er noch so würdig wäre, nur durch freiwillige Wahl
und nicht durch Succession König werden solle" [1].　Der Umstand
nun, daß der deutsche König zugleich der berufene Träger der
kaiserlichen Würde war, gab dem römischen Stuhle Veranlassung,
gleichfalls eine Mitwirkung bei der Königswahl in Anspruch zu
nehmen.　Die deutschen Fürsten waren dieser Forderung auch nicht
immer abgeneigt.　Nach der im Jahre 1125 erfolgten Wahl Lothars
schickten sie Gesandte nach Rom, welche den Papst ersuchen sollten,
die getroffene Wahl zu bestätigen.　Konrad III. wurde in An=
wesenheit eines päpstlichen Legaten gewählt.　Nur um den Ein=
fluß der Kurie auf die deutsche Thronfolge nicht preiszugeben,
erklärte sich Innocenz III. gegen die Erblichkeit der deutschen
Krone und versicherte, demjenigen, der die Krone kraft seiner Erb=
folge in Anspruch nehme, seine Gunst zu verweigern [2].　Er er=
kannte deshalb weder den Sohn noch den Bruder Heinrichs VI.
als den rechtmäßigen König an, sondern berief, um eben die Erb=
folge ausdrücklich zu verneinen, den Welfen Otto zur Nachfolge.
Innocenz gestand zwar den Fürsten das freie Wahlrecht zu, aber
er verlangte, wie er dem Herzog von Zähringen schrieb, das Recht,
die von den Fürsten zum Könige gewählte Persönlichkeit auf ihre
kirchliche Gesinnung hin zu prüfen.　Und zwar erhob er diesen
Anspruch mit dem ausdrücklichen Hinweis auf das mit dem deutschen
Königtum verbundene Kaisertum.　Denn ohne diese Prüfung könne
er ja, wie er schrieb, in die Lage kommen, einen Häretiker oder
Heiden zum Kaiser krönen zu müssen, wenn die Fürsten einen
solchen zum König erwählt hätten.　Aus dem gleichen Grunde
nahm er für sich das Recht in Anspruch, eine streitige Wahl durch
sein Votum zu entscheiden.　Denn, erklärte er, wenn die Fürsten
zu einem einmütigen Beschlusse nicht gelangen könnten oder wollten,

---

[1] Bruno de bello Saxonic. c. 91, M. G. t. V, p. 365.
[2] Innoc. III, registr. 55.

„so würde ja der apostolische Stuhl seines Anwaltes und Ver=
teidigers entbehren" [1]). Otto IV. erkannte diese Forderung des
Papstes denn auch so sehr an, daß er sich in Briefen an letzteren
als „durch Gottes und des Papstes Gnade König der Römer"
bezeichnete. In der gleichen Lage befand sich Friedrich II. Da
auch er den Besitz der deutschen Krone in erster Linie dem Papste
Innocenz III. verdankte, so nannte er sich in seinen Briefen an
den letzteren wiederholt „erwählter römischer Kaiser von Gottes
und des Papstes Gnade". Späterhin gaben die Fürsten den An=
sprüchen des Papsttums sogar soweit nach, daß sie in ihrem
Willebrief vom Jahre 1279, in Uebereinstimmung mit der kirch=
lichen Legende über die Einsetzung des Kurkollegiums durch Gre=
gor V., ihr eigenes Wahlrecht aus einer Stiftung des römischen
Stuhles herleiteten [2]). Das frühere Verhältnis zwischen Königtum
und Papsttum hatte sich demnach im Laufe der Zeit völlig umge=
kehrt. Hatten die früheren Könige eine Mitwirkung bei der Papst=
wahl ausgeübt, so behaupteten und erlangten jetzt die Päpste eine
solche bei der Königswahl.

Während das Königtum unter dem Einfluß der Kirche das
Recht der Erbfolge verlor, erlangten umgekehrt die Großen des
Reiches, welche ursprünglich nur als Beamte der Krone walteten,
allmählich die Erblichkeit ihrer Aemter und Lehen. Nachdem die
Erblichkeit der Lehnsgüter bereits unter Konrad II. anerkannt war,
wurde während der Kämpfe Heinrichs IV. und V. mit der Kurie
auch die Erblichkeit der großen Reichslehen, welche die Könige bis
dahin eifrigst zu verhindern sich bemüht hatten, gefordert und im
allgemeinen auch erreicht [3]). Zur Zeit Heinrichs VI. hatte sich die
Erblichkeit der Reichslehen schon so festgesetzt, daß dieser Kaiser
seine Absicht, die Landgrafschaft Thüringen nach dem Tode Lud=
wigs als erledigtes Lehen einzuziehen, nicht durchführen konnte und
er dieselbe dem Bruder des Verstorbenen übertragen mußte. Die
Markgrafschaft Meißen zog er im Jahre 1195 nach dem Tode des

---

[1]) Registr. de negot. imp., ep. Innoc. III, ed. Baluz. 1, 715 f.
[2]) M. G. ll. II, 421.
[3]) Lambert a. 1073, M. G. t. V, p. 195.

Markgrafen Albrecht allerdings als erledigtes Lehen ein. Doch
sah sich wenige Jahre später Philipp von Schwaben genötigt,
Albrechts Bruder, Dietrich von Weißenfels, mit der Mark zu be=
lehnen. Heinrich VI. war sogar bereit, unter der Bedingung, daß
die Fürsten die Erblichkeit der Krone in seinem Hause anerkennen
würden, die Erblichkeit der Lehen auch in der weiblichen Linie zu
bewilligen. Die Fürsten waren aber für die Absicht Heinrichs nicht
zu gewinnen, weil sie mit Recht erwarteten, daß sie die weibliche
Erbfolge auch ohne jene vom Kaiser gestellte Bedingung mit der
Zeit durchsetzen würden. Im folgenden Jahrhundert erfüllte sich
denn auch die Erwartung der Fürsten und die letzteren erlangten
eine landesherrliche Selbständigkeit. Der König war demnach
mehr der Idee als der Wirklichkeit nach die Quelle der Macht
und des Rechtes. Thatsächlich übten die Fürsten ihre Gewalt
nicht kraft der ihnen vom Könige übertragenen Amtsgewalt, son=
dern auf Grund ihres eigenen Rechtes aus.

Die durch die Ausbildung des Lehnssystemes entstandene Zer=
splitterung der einheitlichen Staatsgewalt schwächte die letztere so
sehr, daß sie selbst den ihr verbliebenen Aufgaben des Rechts=
und Friedensschutzes nicht mehr nachzukommen imstande war.
In dieser Notlage des Staates mußte es als ein großes Verdienst
der Kirche erscheinen, daß die letztere mit ihrer Autorität für den
öffentlichen Frieden eintrat und somit dem Staate fast die einzige
ihm überlassene Aufgabe auch noch entzog. Im südlichen Frank=
reich, wo das Lehnswesen ursprünglich am weitesten entwickelt und
demgemäß der Einfluß der staatlichen Macht am meisten ver=
kümmert war, machte die Kirche zuerst im Jahre 1031 den Ver=
such, den Fehden und räuberischen Gewaltthaten entgegenzutreten
und allgemeinen Frieden zu gebieten. Zehn Jahre später wurde
dieser Frieden, welcher Treuga Dei, Gottesfrieden, genannt wurde,
weil er von der Kirche, d. h. also von Gott herrührte, auf ein=
zelne Wochentage beschränkt, da die Erfahrung gelehrt hatte, daß
der unbeschränkte Friede eine zu weitgehende Forderung aufstellte
und darum keine Anerkennung finden konnte. Derjenige, der für
diese Frist, welche auf die Zeit von Mittwoch abend bis Montag
früh bemessen wurde, den Gottesfrieden annahm, erhielt Vergebung

feiner Sünden, derjenige, der ihn brach, verfiel der kirchlichen Ex=
kommunikation. Die burgundische Synode zu Montrionb vom
Jahre 1041 nahm den Frieden an und gebot außerdem noch für
die Zeit vom erften Adventssonntage bis zum nächsten Sonntage
nach Epiphanias allgemeine Waffenruhe. Die Bestimmungen dieser
erften Gottesfrieden wurden späterhin noch oftmals wiederholt und
in manchen Punkten weiter gefördert. Die Zeitgenoffen dieser
kirchlichen Friedensbestrebungen waren fich zum Teil darüber
klar, daß dieselben einen Eingriff der Kirche in die Sphäre des
Staates enthielten. So erwiderte z. B. der Bischof Gerhard von
Cambrany auf die Aufforderung, fich den Friedensbestrebungen an=
zuschließen: „Es schiene ihm nicht zwar unmöglich, wohl aber
unpassend zu sein, solche Rechte fich anzumaßen, welche der Krone
gebührten. Es sei der Könige Sache, Aufstände mit Kraft zu
bewältigen, Kriege zu beschwichtigen und die Geschäfte des Friedens
zu fördern. Der Bischöfe Aufgabe aber sei es, die Könige zu
ermahnen, mit männlicher Kraft für das Heil des Vaterlandes
zu kämpfen und für ihre Siege zu beten“ [1]). Solange daher in
Deutschland und Italien das Kaisertum noch mächtig genug war,
fand der von der Kirche gebotene Friede keine Aufnahme, da die
Macht des erfteren ausreichte, den Frieden zu sichern. Als aber
seit dem Zwiespalt Kaiser Heinrichs IV. mit Gregor VII. der
hierarchische Gedanke der Kirche fiegte, verlor die deutsche Krone
mehr als irgend eine andere an Geltung und Macht. Die An=
ziehungskraft der Kirche wirkte hier so zerstörend, daß fich die
Ordnungen des Staates eine Zeitlang gänzlich aufzulösen schienen.

Die Annalen jener Zeit find voll von Klagen über die all=
gemeine Verwirrung, die zahllosen Verlufte an Menschenleben und
Gütern, welche die Kämpfe der partikularistisch=hierarchischen Bünd=
niffe gegen die Krone verursachten. Nur über die Urfache dieser
Zerrüttung waren dieselben verschiedener Meinung, indem fie je
nach ihrer Parteistellung entweder die Kaiser oder die Päpfte und
die Fürsten als die Urheber derselben bezeichneten. Die Partei
der päpftlich gefinnten Sachsen klagte in einem an Gregor ge=

---

[1]) M. G. t. VII, p. 474; gesta episc. Camerac. 1. 3, c. 27.

richteten Briefe vom Jahre 1077 über die Folgen, welche die
Kämpfe Heinrichs IV. mit dem von ihr aufgestellten Gegenkönige
Rudolf von Schwaben über das Land brachten, in den Wehrufen:
„Bürgerkriege, Totschlag ohne Maß, Verheerung, Brand ohne
Unterschied zwischen Haus und Kirche, unerhörte Bedrückung der
Armen, Verwüstung des Kirchengutes wie zuvor nie gesehen noch
vernommen worden ist, Schwinden alles göttlichen und menschlichen
Rechtes ohne Hoffnung auf Besserung; endlich bei dem Kampfe
zweier Könige, deren jeder durch Euch Hoffnung erhalten hat die
Herrschaft zu behaupten, eine solche Verschleuderung des Reichs=
gutes, daß in Zukunft unsere Könige mehr vom Raube als von
den Einkünften des Reiches ihren Unterhalt werden nehmen
müssen" [1]. Gregor selbst erkannte diese Folgen in einem Briefe
an den Gegenkönig Rudolf aus dem Jahre 1079 mit den Worten
an: „Daß ich das Reich der Deutschen, bis auf diese Zeit unter
allen Reichen der Welt das edelste, jetzt durch Mord, Brand und
Raub verwüstet und verwirrt und gar zu Grunde gehen sehe" [2].
Die zum Kaiser haltende Synode zu Brixen vom Jahre 1080
faßte alle unheilvollen Wirkungen, welche die Politik Gregors auf
Staat und Familie zur Folge hatte, in dem Schreiben zusammen,
in welchem sie die Absetzung des Papstes aussprach. „Da es
feststeht," erklärte sie, „daß derjenige nicht von Gott erwählt, sondern
von ihm selber durch Trug und Bestechung in schamloser Weise
aufgestellt ist, der die kirchliche Ordnung umkehrt, der das König=
tum des christlichen Reiches erschüttert, der dem katholischen und
friedfertigen Könige mit dem Tode des Leibes und der Seele
droht, der einen eibbrüchigen König verteidigt, der unter die Ein=
trächtigen Zwietracht, unter die Friedfertigen Streit, unter Brüder
Aergernis, unter Ehegatten Scheidung gebracht hat und was
nur Ruhiges unter den Frommen zu bestehen schien, verwirrt hat"
u. s. w. [3]. Die kaiserlich gesinnten Augsburger Annalen beschrieben
den Zustand des Reiches als ein chaotisches Gemenge entfesselter

---

[1] Brunon. bell. Sax. c. 108.
[2] L. c. c. 119.
[3] Ekkehardi, Chronic. universal. M. G. t. VI, p. 203 f.

Begierden. „O jammervoller Anblick des Reiches," heißt es in denselben bei der Schilderung des zwischen Kaiser und Papst ausgebrochenen Streites [1]). „In dieser Verwirrung der Zeiten war jede Ehre, jede Stufe der Würden, jeder Schimmer von Zucht mißachtet" [2]) — „alle Laster zeigten sich in bunter Mischung, Blut, Mord, Diebstahl und Trug, Verderbnis, Treulosigkeit, Verwirrung, Meineid, Aufruhr, kein Gedächtnis an die Güter des Herrn, Beunruhignng der Seelen, Unbeständigkeit der Ehen, Ehebruch und Unkeuschheit" [3]). Ekkehard von Aura beschrieb in seiner Chronik den Zustand des Reiches zur Zeit des zwischen Heinrich IV. und seinem Sohne schwebenden Streites mit den Worten: „Ein jeder that, nicht was ihm recht schien, sondern was ihm beliebte. Zuerst begann demnach jede der beiden Parteien in beständigen Zusammenrottungen die Aecker der anderen zu verwüsten und die Landbevölkerung zu berauben. Sobann kamen, da die Gelegenheit sich darbot, von allen Seiten Straßenräuber hervor, welche ohne Unterschied der Zeit oder der Personen nur darauf ausgingen, zu rauben und zu stehlen, einzubrechen und zu morden und den Ueberwundenen ganz und gar nichts überzulassen. — Nachdem so überall die Aecker verwüstet, die Dörfer zerstört, Städte und ganze Gebiete fast in eine Einöde verwandelt waren, hörte, da den Geistlichen der tägliche Unterhalt fehlte, in einigen Kirchen sogar der Gottesdienst auf. — Im Jahre des Herrn 1117, fuhr Ekkehard in dieser Schilderung fort, während alle Reiche der Völker umher mit ihren Grenzen und Verhältnissen zufrieden, lange die von Blut triefenden Schwerter und die übrigen Instrumente des Todes in der Scheide der Eintracht bargen — da verharrte allein die teutonische Wut, die es nicht verstand ihre Starrheit abzulegen — allein, sage ich, das Volk unseres Stammes auf dem ganzen Erdkreise unverbesserlich in dem Trotze eingewurzelter Verkehrtheit und daher nahm Meineid und Lüge überhand und eine Blutschuld folgte der anderen und kein geringeres Geschrei als einst

---

[1]) M. G. t. 3, p. 130.
[2]) L. c. p. 133.
[3]) L. c. p. 134.

von ben Einwohnern von Soboma und Gomorra drang zu den Ohren des Herrn Zebaoth." In ähnlicher Weise beschrieb Otto von Freising die Lage des Reiches zur damaligen Zeit [1]).

In der dichterischen Litteratur fanden die Klagen über die durch die Machtbestrebungen der Kirche und der Fürsten verursachte Zerrüttung des Reiches einen vielfachen Wiederhall. Unter dem vierten Heinrich, heißt es in dem gegen Ende des zwölften Jahrhunderts verfaßten Annolied, war das Reich verworren. Mord und Raub erfüllten Kirche und Land.

> „diz riche alliz bikêrte sîn gewêfine (Waffen)
> in sîn eigin inâdere."

Niemand, fügte der Dichter diesen Worten hinzu, würde den Machthabern widerstehen,

> „obi si woltin mit trûwin unsamit gên" [2]).

Walther von der Vogelweide sang im folgenden Jahrhundert über die Verwirrung, welche der Zwiespalt zwischen dem Kaiser, dem Papste und den Fürsten zu seiner Zeit angerichtet hatte:

> „diu sunne hât ir schîn verkêret,
> untriuwe ir sâmen uz gerêret
> allenthalben zuo den wegen:
> der vater bî dem kinde untriuwe vindet,
> der bruoder sînem bruoder liuget,
> geistlich orden in kappen triuget
> diu uns ze himel solten stegen:
> gewalt gêt ûf, reht vor gerihte swindet" [3]).

In gleicher Weise klagte Freibanks „Bescheibenheit" über die Zerrüttung aller gesetzlichen Ordnungen:

> „roup und brant sint ungeriht
> man fürhtet künec noch keiser niht" [4]).

Er beschuldigte die Fürsten, daß sie durch ihre Auflehnung gegen die kaiserliche Gewalt noch das Reich zu Grunde richten würden.

---

[1]) Chronic. c. 9; gesta Friderici I. l. 1, c. 8.
[2]) Herausgeg. von Bezzenberger, S. 87, B. 675 ff.
[3]) Herausgeg. von W. Wilmanns S. 217.
[4]) Herausgeg. von Bezzenberger 46, 13 f.

„Der vürsten ebenhêre
stoert noch des riches êre" [1]).

Auch Reinmar von Zweter legte den Verfall des Reiches den Fürsten zur Last [2]), desgleichen der Meißner [3]). Frauenlobs Gedichte sind voll von gleichen Vorwürfen.

In dieser Auflösung aller Verhältnisse wurde auch im Deutschen Reiche das Friedensgebot der Kirche angenommen, so in den Diöcesen Lüttich, Köln und Mainz, desgleichen in Sachsen und im Elsaß. Jetzt war freilich die Verwirrung und der gegenseitige Haß der Parteien so groß, daß nicht allein die königliche Autorität, sondern, wie Ekkehard von Aura wiederholt klagte, selbst der durch eidliche Verträge gesicherte Gottesfrieden der Kirche nicht mehr geachtet wurde.

Aber auch nachdem der Gegensatz zwischen der kaiserlichen und der päpstlichen Partei längst seine ursprüngliche Spannung verloren hatte, blieben die einmal bis in die kleinsten Verhältnisse entwickelten partikularen Staatsbildungen die Ursache endloser Verwirrungen. Das durch die Ausbildung der Lehnsverfassung verursachte Zusammenwachsen von öffentlichen und privaten Rechten führte zu einer außerordentlich mannigfaltigen, kaum entwirrbaren Verschlingung der verschiedensten Rechtsverhältnisse. Es war namentlich im späteren Mittelalter eine normale Erscheinung, daß ein und dasselbe Territorium verschiedenen Herren unter verschiedenen Rechtstiteln gehörte. Der eine war Landesherr über ein Territorium, in welchem der andere als Unterherr waltete. Fast zur Regel war es geworden, daß ein und dasselbe Gebiet dem einen als Landesherrn, dem anderm als Lehnsherrn zueignete, während es sich in dem Besitze eines dritten, des Belehnten befand. Dazu kam noch gar häufig, daß ein solches Territorium einem vierten in Pfandschaft übergeben war. Endlich war fast ein jedes Gebiet vielfach von den privilegierten Besitzungen auswärtiger Herren und geistlicher Korporationen durchschnitten. Die

---

[1]) 73, 9 f.
[2]) v. d. Hagen, Minnes. XI. 2, S. 203, 142; S. 204, 148.
[3]) v. d. Hagen, l. c. Bl. 3, S. 102, 14.

Verwirrung, welche durch diese Verschlingung verschiedener Rechtsansprüche entstand, wurde erhöht dadurch, daß keines jener Verhältnisse klar umschrieben wurde, sondern zum großen Teil den
gewohnheitsrechtlichen Anschauungen überlassen blieb. Die Urkunden, welche bei Begründung oder Erneuerung eines solchen
Verhältnisses aufgestellt zu werden pflegten, waren meistenteils zu
wenig scharf und erschöpfend im Ausdruck, um verschiedene Auslegungen verhindern zu können. Alle jene Institute der Landeshoheit, der Lehnsherrlichkeit, der Immunität, der Unterherrschaft
und der Pfandschaft hatten in jedem einzelnen Falle einen verschiedenen Inhalt, da es allgemeine Rechtsbestimmungen, sei es
gesetzlicher oder gewohnheitsrechtlicher Art, über dieselben nicht gab.
Das Verhältnis des Landesherrn zum Unterherrn, des Lehnsherrn
zum Belehnten, des Pfandherrn zum Eigentümer, war von Fall
zu Fall verschieden und in jedem einzelnen Falle höchst mangelhaft
festgestellt. Hieraus entstand überall ein unentwirrbarer Knäuel
von Streitigkeiten, welche das ganze Mittelalter hindurch dauerten
und schließlich durch das Schwert oder durch Rechtsspruch entschie-
ben wurden, oft aber ungelöst blieben und sich als eine Quelle
ewigen Habers von Geschlecht zu Geschlecht überlieferten.

Wie ein Gebiet vielen Herren zugleich gehörte, so war umgekehrt das Herrschaftsgebiet eines einzelnen Herren oder eines
geistlichen Stiftes nicht selten in verschiedenen fremden Territorien
versprengt. Die Güter der Abtei Prüm lagen in einzelnen Hufen
zerstreut vom Neckar bis zu den Niederlanden, von der Mosel und
Lahn bis Angers und Rouen. Die Besitzungen der Abtei St. Gallen
waren in Schwaben, Franken, dem Elsaß und in Italien gelegen.
Der Lehnshof der Reichsherrschaft Styrum am Niederrhein umfaßte Güter, welche im Herzogtum Kleve, in der Herrschaft Broich,
in der Grafschaft Mark und in Kurköln zerstreut lagen.

Da nun alle jene Machtinhaber, insbesondere aber die größeren
Fürsten des Reiches nach einer möglichsten Erweiterung ihres Besitzes strebten, so kam zu jenen Streitigkeiten, welche die einzelnen Territorien im Inneren durchwühlten, auch noch der auswärtige Haber mit den Herren der nachbarlichen Territorien hinzu.
Die geistlichen Fürsten suchten ihr weltliches Jurisdiktionsgebiet

auf den Umfang ihres geiſtlichen Jurisdiktionsgebietes zu bringen
und ſich demgemäß die Biſchöfe und die kleineren weltlichen Dy=
naſten innerhalb ihres Stiftes zu unterwerfen. Aus dieſem Be=
ſtreben erwuchſen beiſpielsweiſe am Niederrhein die Streitigkeiten
der Erzbiſchöfe von Köln mit den Herzögen von Brabant und
Limburg, den Grafen, beziehentlich Herzögen von Jülich und Berg
und den Grafen von der Mark. Auch der Biſchof von Münſter
ſtrebte nach der landesherrlichen Gewalt über den Grafen von
der Mark. Die Erzbiſchöfe von Magdeburg kämpften mit den
Welfen und den Askaniern in Brandenburg um die Landesherr=
lichkeit, die Erzbiſchöfe von Mainz mit den Pfalzgrafen und dem
Landgrafen von Thüringen. Auch die weltlichen Fürſten ſuchten
die von ihrem Territorium umſchloſſenen geiſtlichen Territorien
ſowie die kleinern Dynaſten ihrer Landesherrlichkeit zu unter=
werfen. Die Herzöge von Bayern hatten es auf die Biſchöfe von
Regensburg, Augsburg und Freiſingen abgeſehen. Die goldene
Bulle Kaiſer Karls IV. vom Jahre 1356 erkannte dieſe Politik
der größeren Territorialherren als zu Recht beſtehend an, indem
ſie wenigſtens den Kurfürſten die Landeshoheit über die in ihren
Gebieten ſeßhaften Grafen und Herren zuſprach[1].

Dieſer den ganzen Verband des Reiches durchbringende und
in eine Unſumme ſelbſtändiger territorialer Staaten auflöſende
Zerſetzungsprozeß teilte ſich ſchließlich auch der Krone mit. Da
mit jener Zerſplitterung der einheitlichen Staatsgewalten die Macht
der Krone zerbröckelte, ſah ſich die letztere gezwungen, ſich durch
die Erwerbung eines territoritalen Beſitztumes eine neue Grund=
lage zu ſichern. Indem ſie unter Rudolf von Habsburg den ihr
verbliebenen Reſt der Reichsgewalt auf die Erwerbung des König=
reichs Böhmen verwandte, wurden auch die Zwecke der Krone
territorialiſiert. Mit dieſer Wendung entwickelten ſich die erſten
Anfänge jenes Zuſtandes, in welchem die Geſamtintereſſen des
Reiches nicht allein von den Partikularſtaaten, ſondern ſelbſt von
der mit der Vertretung der erſteren betrauten Krone verleugnet
wurden. Die Reichspolitik wurde von jetzt ab mehr und mehr

---

[1] C. XI, § 1, 5.

nach den Interessen der königlichen Hausmacht bemessen. Auch die staufischen Kaiser besaßen in dem Herzogtum Schwaben eine Hausmacht. Während diese aber ihren Hausbesitz als die Grund=lage für die Zwecke ihrer großen Reichspolitik verwerteten, nutzten die späteren Kaiser umgekehrt ihre königlichen Machtbefugnisse im Dienste ihrer dynastischen Zwecke aus. Die praktischen Folgen, welche sich also aus den Grundsätzen der religiösen Theorie und der kirchlichen Politik für das Deutsche Reich ergaben, waren die völlige Durchbildung der Lehnsverfassung und mit dieser der Untergang der einheitlichen Staatsgewalt und die Auflösung aller staatlichen Ordnungen.

Die asketisch=hierarchische Idee der Kirche hatte nacheinander das alte römische Kaiserreich, das karolingische und schließlich das Deutsche Reich zu Grunde gerichtet. Der Machtbesitz dieser Reiche, welcher der religiösen Idee zufolge ein universaler sein sollte, hatte sich in immer engere Grenzen zusammengezogen. Das karo=lingische Reich umfaßte nur einen Bruchteil derjenigen Länder, welche ehemals das Staatsgebiet des römischen Reiches gebildet hatten. Noch geringer als der Umfang des karolingischen war der des Deutschen Reiches. Aber die weltgebietende Machtstellung, welche die religiöse Idee dem Kaisertum als Ideal vorzeichnete, blieb nicht allein unerreicht. Die Eroberungspolitik des Kaiser=tums hatte auch die innere Zersetzung der staatlichen Ordnung zur Folge. Sie führte zur Entstehung einer Lehnsaristokratie hin, welche sich mehr und mehr die hoheitlichen Rechte der Krone an=eignete und die letztere gewissermaßen von ihrem Grund und Boden expropriierte. Die hoheitliche Gewalt der Krone war seit der Erb=lichkeit der Lehen überall zu einem privatrechtlichen Besitz der Lehns=aristokratie geworden. Das persönliche Erbrecht verlieh seitdem den nächsten Rechtstitel für die Ausübung der ·staatlichen Hoheitsrechte.

Das Verhältnis von privatem und öffentlichem Rechte war in dem Verfassungssystem des Staates genau das umgekehrte wie in demjenigen der Kirche. Während in dem letzteren die Privatpersönlichkeit der Beamten durch das Amt fast vollständig zurückgedrängt wurde, erschienen die Hoheitsgewalten des Staates als privative Rechte der Großen, so daß jene als solche

niemals rein zur Erscheinung kamen. Infolgedessen war die Beweglichkeit des staatlichen Verwaltungsapparates außerordentlich
erschwert. Fest an die Scholle gewurzelt waren die Vasallen der
Krone wie die Aftervasallen der ersteren. Nur geringfügig waren
die Eingriffe, welche der Monarch in diese örtliche und privatrechtliche Gebundenheit der staatlichen Gewalten sich gestatten konnte.
Ein Aufsteigen der Gewaltinhaber innerhalb der Stufenreihe der
staatlichen Würden und eine Erneuerung des Personales, wie dies
der Beamtenstaat ermöglicht, war in dem Lehnsstaate des Mittelalters nur insoweit möglich, als es die privaten Rechte der Machtinhaber zuließen. Desgleichen waren die Rechte der höheren
gegenüber den nachgeordneten Behörden überall durch die vielfachen
privatrechtlichen Kompetenzen der letzteren beschränkt. Die Staats-
verwaltung war nach allen Seiten hin ebenso örtlich gebunden
wie die kirchliche Verwaltung den örtlichen Verhältnissen enthoben
war. Die Befolgung einer größeren Politik war mit einem solchen
an private Rechtstitel und an örtliche Verhältnisse gebundenen
Verwaltungssystem nur in sehr ungenügender Weise möglich.
Außerdem waren die Befugnisse und staatlichen Aufgaben der
Lehnsaristokratie, ihre Pflichten gegen die Krone und das Reich in
keinem Punkte fest umgrenzt und gesetzlich geordnet. Dieselben
bestimmten sich vielmehr nach einem unsicheren Herkommen und
nach den jeweiligen obwaltenden Machtverhältnissen.

Ebensowenig wie die Verfassung war auch das bürgerliche
und peinliche Recht des Staates ein einheitliches. Vielmehr war
dasselbe zum weitaus größten Teile dem Herkommen überlassen und
daher nach den Territorien und selbst nach den städtischen und ländlichen Gemeinden unterschieden. So bildete der Staat des Mittelalters nicht ein einheitlich gestaltetes, fest in sich gefügtes System,
sondern eine von privaten Rechten durchsetzte, aus engen, mannigfaltig verschiedenen örtlichen Verhältnissen entwickelte Vielheit von
Gewalten und Einrichtungen, welche nur in der höchsten Spitze
dürftig zusammengebunden waren.

Die Verfassung des Reiches schien zwar äußerlich derjenigen
der Kirche gleichartig zu sein. Wie der Papst durch die höchsten
Würdenträger der Kirche, das Kardinalkollegium, gewählt wurde,

so sollte der Kaiser durch die Fürsten des Reiches gewählt, be=
ziehentlich in dem Rechte seiner Erbfolge bestätigt werden. Wie
die Bischöfe zu Synoden und Konzilien zusammentraten, so die
weltlichen Fürsten zu Hoftagen und Reichsversammlungen. Den=
noch aber waren diese scheinbar gleichartigen Einrichtungen aus
durchaus verschiedenartigen, ja geradezu entgegengesetzten Bestre=
bungen hervorgegangen oder wenigstens von solchen getragen.
Während die Papstwahl dem Kardinalkollegium seit Nikolaus II.
und Gregor VII. nur zu dem Zwecke überwiesen war, um dieselbe
von der weltlichen Gewalt und den Parteibestrebungen des römischen
Adels und Volkes unabhängig zu machen und hierdurch das ein=
heitliche Regiment der Kirche zu sichern, wurde die Thronfolge des
deutschen Königtums seit dem Fürstentage von Forchheim im Jahre
1077 nur darum ausschließlich von der Wahl der Großen ab=
hängig gemacht, um die einheitliche Staatsgewalt des Königtums
zu schwächen und die partikularen Mächte zu größerer Geltung zu
bringen. Während die Kirche sich bemühte, die Papst= und Bischofs=
wahl den Zufälligkeiten der örtlichen Gebundenheiten und Macht=
verhältnisse zu entziehen und überall an feste, gesetzliche Bestim=
mungen zu binden, blieb die Königswahl noch auf lange Zeit
hinaus den Schwankungen der zufälligen Machtverhältnisse der
Wähler ausgesetzt. Eine endgültige feste Tradition hinsichtlich der
zur Wahl berechtigten Großen setzte sich erst fest, als die große
Politik des Kaisertums bereits verlassen und der Zwiespalt zwischen
Krone und Kurie in ruhigere Bewegungen geleitet war. Ursprüng=
lich waren alle Großen mit Einschluß der Grafen in gleichem
Maße zur Wahl berechtigt. Eine Gradesverschiedenheit des Wahl=
rechtes machte sich nur insofern geltend, als der größere Macht=
besitz dem Votum der Stimmenden naturgemäß ein größeres Ge=
wicht beilegen mußte. Da aber die Machtverhältnisse sich fort=
während verschoben, so konnte sich jahrhundertelang eine feste
Tradition hinsichtlich einer bevorzugten Stellung der Mächtigeren
beim Wahlgeschäfte nicht entwickeln. Am frühzeitigsten wurde den
geistlichen Fürsten von Mainz, Trier und Köln ein Vorzug einge=
räumt, da der Ehrenvorrang derselben völlig zweifellos und ihr
Machtbesitz weit geringeren Schwankungen ausgesetzt war, als der

der weltlichen Großen. Der Annalist Lambert von Hersfeld erwähnt
das den rheinischen Fürsten bei der Königswahl zugestandene höhere
Ansehen schon zum Jahre 1073. Weit schwieriger und verwickelter
gestaltete sich das Verhältnis der weltlichen Fürsten. Erst seit der
zweiten Hälfte des zwölften Jahrhunderts begannen sich hinsichtlich
der letzteren allmählich festere Traditionen zu bilden. Seit dieser
Zeit sonderte sich aus dem weiten Kreise der Wahlberechtigten ein
engerer Kreis von Vorstimmberechtigten ab, zu welchen außer jenen
geistlichen Fürsten der Pfalzgraf vom Rhein, der Herzog von
Sachsen und der Markgraf von Brandenburg gehörten. In dieser
Reihenfolge zählte der um das Jahr 1230 geschriebene Sachsen=
spiegel die Mitglieder des Wahlkollegiums auf[1]). Im Beginn
des dreizehnten Jahrhunderts trat als siebentes Mitglied der König
von Böhmen hinzu. Die Ansicht des Sachsenspiegels, welcher den
letzteren ausschloß, weil er kein deutscher Mann sei, war um diese
Zeit bereits veraltet. Der Dichter Reinmar von Zweter, der im
siebenten Jahrzehnt des dreizehnten Jahrhunderts starb, zählte den
König von Böhmen sogar als ersten Wähler unter den weltlichen
Fürsten auf. Als zweiten weltlichen Fürsten nannte er den Mark=
grafen von Brandenburg, als dritten den Pfalzgrafen vom Rhein
und als vierten den Herzog von Sachsen[2]). Die besondere Aus=
zeichnung des Königs von Böhmen erklärt sich wohl aus dem
Umstande, daß Reinmar lange Zeit in Böhmen lebte. Da der
Dichter in seiner Strophe den König direkt anredete, so läßt sich
überdies annehmen, daß die Abfassung derselben gerade in die
Zeit seines böhmischen Aufenthaltes fiel. Die Beschlußfassung
dieser zuerst zur Abstimmung berufenen Fürsten war so entscheidend,
daß das Wahlrecht der übrigen Großen sich auf ein Recht der
Zustimmung zu dem Votum der ersteren einschränkte. Seit der
Wahl König Rudolfs I. fiel endlich auch dieses, dem weiteren
Kreise der Großen vorbehaltene Bestätigungsrecht weg, so daß das
ganze Wahlgeschäft ausschließlich von dem Kurkollegium vollzogen
wurde. Freilich waren auch jetzt noch nicht alle Zweifel über die

---

[1]) III, 57, § 2.
[2]) v. d. Hagen, Minnes. Tl. 2, S. 221.

zur Teilnahme an dem Wahlkollegium Berechtigten, sowie über
die Rangordnung innerhalb des Kollegiums gehoben. Eine voll=
ständige Klarheit wurde über diese Frage erst erzielt, seitdem die
goldene Bulle Karls V. das Kurkollegium gesetzlich festgestellt hatte.
Das Reich brauchte also etwa drei Jahrhunderte mehr, um zu
einer gesetzlichen Ordnung der Königswahl zu gelangen, als die
Kirche, um eine gesetzliche Regelung der Papstwahl zu schaffen.

Ein ähnliches Verhältnis wie zwischen den Papst= und Königs=
wahlen fand zwischen den Konzilien und Reichstagen statt. Wäh=
rend die Konzilien berufen wurden, um die Einheit der Kirche in
Lehre und Verfassung zu begründen und zu erhalten, dienten die
Reichsversammlungen ebenso wie das Wahlrecht der Fürsten in
den meisten Fällen vor allem dem Zwecke, um der Politik des
Königtums gegenüber die partikularen Interessen der Reichsstände
zum Ausdruck zu bringen. Die Konzile waren seit jeher die feste
Stütze der in dem Papsttum vertretenen Einheit der Kirche, indes
die Reichsversammlungen namentlich seit Heinrich IV. sich immer
mehr zu einer, die einheitliche Staatsgewalt der Krone einschrän=
kenden Körperschaft entwickelten.

Den umgekehrten Entwicklungsgang wie der Staat hatte die
Kirche genommen. Und zwar hatte sich die Erstarkung derselben
ebenso durch die Hilfe des Staates vollzogen, wie die Auflösung
des letzteren durch den Einfluß der Kirche. Als im achten Jahr=
hundert der Staat bereits eine einheitlich geordnete Verfassung
besaß, hatte die Kirche nur eine sehr unsichere Verbindung mit
ihren einzelnen Organen. Einmal war der Einfluß der weltlichen
Gewalten innerhalb der Kirche ein bedeutender und zum anderen
war die Stellung der Geistlichkeit gegenüber der monarchischen
Gewalt des Papstes eine sehr selbständige. In beiden Beziehungen
vollzog sich allmählich ein vollständiger Umschwung. Die Aus=
scheidung des Staates und des Laienelementes und die monarchische
Centralisierung der Kirche waren die leitenden, mit Erfolg durch=
geführten Gedanken der kirchlichen Politik.

Die Kirche begann mit dieser Politik in der breiten Schicht
des niederen Ordens= und Weltklerus, um von dieser bis zum
bischöflichen und päpstlichen Amte aufzusteigen. Die Ablösung des

niederen Klerus von der staatlichen Hoheitsgewalt erreichte sie mit
der Beihilfe der letzteren, die des päpstlichen Stuhles wenigstens
ohne den Einspruch des Staates, während sie die des bischöflichen
Amtes nur gegen den heftigsten Widerspruch des letzteren und nach
Ermäßigung ihrer ursprünglichen Forderung erwirken konnte. Die
Befreiung der Papst= und Bischofswahlen bildeten den Abschluß
jenes großen im zehnten Jahrhundert aufgenommenen Reform=
werkes. Die Papstwahl geschah anfänglich durch den Klerus und
das Volk von Rom mit nachfolgender Bestätigung des Kaisers.
Nur die fortgesetzten Eingriffe der letzteren in die römischen Ver=
hältnisse ermöglichten es, daß das Wahlgeschäft ordnungsmäßig
betrieben oder daß vorgefallene Störungen ihren Folgen nach
wieder beseitigt werden konnten. Als aber durch die Beihilfe des
Kaisertums das Papsttum schließlich soweit erstarkt war, daß es
der weiteren Hilfe des ersteren entbehren konnte, wurde der Staat
von dem Wahlgeschäfte ausgeschlossen. Durch das Papstwahldekret
Nikolaus II. vom Jahre 1059 wurde der wählende Klerus auf
die Kardinalbischöfe beschränkt und dem Volke nur die passive
Teilnahme der Acclamation belassen. Die dem Kaiser verbliebene
Mitwirkung erscheint allerdings zweifelhaft. Doch bestand dieselbe
höchstens in einer nachträglichen Anzeige, welche der Gewählte dem
Kaiser über den vollzogenen Wahlakt erstattete. Um schließlich
für das Kardinalkollegium jeden Zweifel zu beseitigen und streitige
Vorgänge innerhalb desselben zu verhüten, beschloß die Lateran=
synode des Jahres 1179, daß zur Gültigkeit der Papstwahl eine
Zweidrittelmehrheit der Stimmen erforderlich sein solle. Dieselbe
Synode beseitigte die bisher bestehen gebliebene Acclamation des
Klerus und des Volkes, indem sie derselben in ihren Beschlüssen
keine Erwähnung that. Von dieser Zeit ab war die Papstwahl
das ausschließliche Vorrecht des Kardinalkollegiums. Derselbe
Vorgang wiederholte sich bei den Bischofswahlen. Die letzteren
wurden ebenso wie die Papstwahlen ursprünglich durch Klerus
und Volk des Stiftes vollzogen mit nachfolgender Bestätigung der
Krone. Vielfach war der Weg auch ein umgekehrter, indem der
Bischof durch den König berufen und nachträglich von Klerus
und Volk bestätigt wurde. Gregor VII. und seine Nachfolger

aber schlossen jede Teilnahme der Krone an den Bischofswahlen
aus und überließen der letzteren nur die weltliche Investitur.
Das römische Konzil vom Jahre 1139 schloß endlich das Laien=
element, welches bisher noch durch die Acclamation sich beteiligte,
von der Wahl vollständig aus und beschränkte den Kreis des
wählenden Klerus auf das Domkapitel und den Ordensklerus der
Diöcese. Die Domherren sollten den Bischof unter dem Beirate
und mit der Zustimmung des Ordensklerus wählen. Schließlich,
und zwar noch im Laufe des zwölften Jahrhunderts, fiel auch der
letztere weg, so daß die Bischofswahlen den Domkapiteln ganz.
überlassen wurden [1]). An Stelle des Königs wurde der Papst
nunmehr die letzte Instanz für die Bestätigung der Wahl. Dem
Papste wurde das Recht vorbehalten, den Gewählten zu konfir=
mieren und zu konsekrieren. Der Bischof mußte den Eid des
Gehorsams unmittelbar in die Hände des Papstes oder seines
Delegaten ablegen. Der Metropolit hatte außerdem zum Zeichen
seiner Verbindung mit dem Mittelpunkte der Kirche vom Papste
das Pallium zu erbitten.

Mit dieser Centralisation der kirchlichen Verfassung wurden
auch manche geistliche Rechte, welche ursprünglich von den Bischöfen
ausgeübt waren, auf den römischen Stuhl übertragen. Schon
seit dem neunten Jahrhundert wurden einzelne Klöster, späterhin
ganze Orden, wie z. B. die Cluniacenser und Cistercienser, von
der bischöflichen Jurisdiktion eximiert und dem päpstlichen Stuhle
unterstellt. Seit Innocenz III. wurde es ferner Regel, daß Dis=
pensationen von einer allgemeinen Bestimmung des kanonischen
Rechtes nicht, wie bisher, durch die Bischöfe, sondern durch den
Papst erteilt wurden. Die Absetzung eines Bischofs, über welche
früher die Provinzialsynoden in erster Instanz zu entscheiden ge=
habt hatten, wurde gleichfalls von Innocenz III. dem Papste vor=
behalten. Die Beschränkung der bischöflichen Jurisdiktion zu
Gunsten der römischen Kurie war schon im zwölften Jahrhundert
soweit vorgeschritten, daß Bernhard von Clairvaux in einem

---

[1]) G. v. Below, „Die Entstehung des ausschließlichen Wahlrechts der
Domkapitel“, histor. Studien, Heft 1.

Briefe an Innocenz II. klagen konnte, „daß das bischöfliche An=
sehen durchaus zu Grunde gerichtet werde, indem kein Bischof
mehr Macht besitze, Beleidigungen gegen den Herrn zu züchtigen,
da es keinem derselben mehr zustehe, Ungebührliches, nicht einmal
in ihrem eigenen Sprengel, zu ahnden" [1]).

Die Kirche stellte ein einheitliches, wie aus einem einzigen
Guß gebildetes System dar. Die Grundlage desselben war das
Beamtentum, eine Institution also, welche ihre Rechte nicht aus
eigener Machtfülle, sondern aus den Zwecken der gesamten Kirche
und der Autorität des höchsten Bischofs ableitete. Und zwar waren
die allgemeinen Zwecke der Gesamtheit so sehr entscheidend, daß
die privaten Rechte und Interessen der Beamten entweder wie
beim Weltklerus teilweise oder wie beim Ordensklerus vollständig
preisgegeben werden mußten. Das Beamtentum der Kirche be=
wegte sich ferner in einer festbestimmten aufsteigenden Ordnung
vom Ostearius bis hinauf zur Höhe des Stuhles Petri. Die Zu=
ständigkeit und Aufgabe jedes einzelnen Amtes waren scharf um=
grenzt. Das Abhängigkeitsverhältnis der Aemter von unten nach
oben war klar bestimmt und in feste Geschäftsformen gebracht.
Nirgends war diese Gleichmäßigkeit des Systems durch örtliche
Eigentümlichkeiten erheblich durchbrochen. Diese Beschaffenheit des
kirchlichen Verwaltungssystems machte dasselbe zu einem außer=
ordentlich beweglichen Instrument für die politischen Zwecke der
Kirche. Die Beamtenhierarchie war fortwährend von einer leben=
digen Bewegung durchströmt. Denn ebensowenig wie der recht=
liche Charakter der Aemter waren die Vertreter derselben örtlich
gebunden. Innerhalb der Diöcese wurden die Pfarrgeistlichen
nach dem Ermessen des Bischofs berufen. In weitgreifendem
Zusammenhang standen auch die Episkopate, indem auf einen er=
ledigten Stuhl nicht nur die Geistlichen der eigenen, sondern auch
solche anderer Diöcesen berufen werden konnten. Auch der päpst=
liche Stuhl wurde ja wiederholt mit Prälaten verschiedener Nationen
besetzt. Eine von unten nach oben aufsteigende Bewegung ging
fortgesetzt durch die ganze Stufenreihe der kirchlichen Beamten=

---

[1]) Ep. 180.

hierarchie, indem die Erwerbung jeder höheren Würde den Besitz aller niederen voraussetzte. Derjenige also, welcher den Stuhl des heil. Petrus bestieg, mußte den ganzen Weg vom Ostearius an bis zum Kardinal durchmessen haben. Wenn gleich diese durchgreifende Einheitlichkeit des Systems in manchen Punkten durchbrochen wurde, so blieb dieselbe doch in der Hauptsache unvermindert bestehen und hat sich im Laufe der Jahrhunderte immer bestimmter und klarer entwickelt. Alle Gebietsteile der Kirche vom skandinavischen Norden bis zu den christlichen Enklaven in den asiatischen und afrikanischen Ländern des Islam wurden allmählich ohne Unterschied mit diesem einförmigen Netz der kirchlichen Beamtenhierarchie überspannt. In dem ganzen Umfange des kirchlichen Gebietes ferner galt dasselbe Recht. Die auf alle Verhältnisse sich erstreckenden Bestimmungen des kanonischen Rechtes hatten ohne Unterschied für alle Länder wie für alle gesellschaftlichen Stände dieselbe Rechtskraft. Der König wie der Hörige war demselben in gleicher Weise unterworfen.

So bildete die Kirche ein organisch entwickeltes, in sich geschlossenes System, welches an fester, plastischer Gestaltung, an klarer, sicherer Zweckbestimmung, wie an leichter Beweglichkeit seiner Organe selbst das Verwaltungssystem des römischen Kaiserreiches weit übertraf. Die Kirche erstrebte eine fortgesetzte Verstärkung der centralen Gewalt und eine Einschränkung der lokalen Organe, der Staat erlitt hingegen umgekehrt eine fortgesetzte Schwächung der einheitlichen Gewalt und eine Befestigung der partikularen Mächte. Jene gestaltete sich aus einzelnen, ursprünglich nur wenig zusammenhängenden Teilen zu einem einheitlichen Organismus, dieser fiel aus einem fest zusammengeschlossenen Ganzen in zahllose Bruchstücke auseinander, welche entweder in gar keiner oder in einer sehr geringen Verbindung miteinander verblieben. Doch war es ein und dieselbe Ursache, die Idee des transcendenten Gottesstaates, welche so entgegengesetzte Wirkungen ausübte, welche nach der einen Seite den weltlichen Staat in Atome zertrümmerte, um nach der anderen Seite die Kirche zu dem mächtigsten Weltreiche aufzubauen.

III. Die Familie.

1. Himmlische und irdische Liebe.

Da der Maßstab für die Beurteilung aller irdischen Werte der ursprüngliche Zustand des Menschen war, so wurden an dem letzteren nicht minder als der Staat auch die Ehe und Familie bemessen. In fleckenloser Reinheit, ohne sinnliche Regungen war der Mensch einstmals aus der Hand des Schöpfers hervorgegangen. Alle sinnlichen Begehrungen, zu welchen in erster Linie die Liebesneigungen gehörten, waren erst mit der Sünde in ihm erwacht. Die Jungfräulichkeit gehörte zum Wesen der ursprünglichen menschlichen Natur. Zwar hatte Gott selber im Paradiese die Ehe gestiftet. Doch war das Ehebündnis des ersten Menschenpaares von dem der nachfolgenden Geschlechter dadurch unterschieden, das jenes von allem sinnlichen Liebesbegehren frei gewesen war. Johannes von Damaskus, der Dogmatiker des Orients aus der ersten Hälfte des achten Jahrhunderts, lehrte in Uebereinstimmung mit dem der altchristlichen Kirche angehörigen Gregor von Nyssa, daß die Jungfräulichkeit in der Natur des ursprünglichen Menschen gelegen gewesen und daß damals die Fortpflanzung des menschlichen Geschlechtes auf eine andere Weise als durch die geschlechtliche Vermischung erfolgt sei [1]). Thomas von Aquino trat allerdings dieser Ansicht entgegen. Er behauptete, daß die Fortpflanzung

---

[1]) Johann von Damaskus von Jos. Langen, Gotha 1879.

auch in der Urzeit durch geschlechtliche Verbindung geschehen, daß dieselbe nur frei von der sinnlichen Begierde der gegenwärtigen Vermischung gewesen sei. In gleicher Weise dachte Vincenz von Beauvais über die ursprüngliche Fortpflanzung des Menschen [1]). Die praktische Folgerung aber, welche Thomas und Vincenz aus dieser Voraussetzung zogen, war von der Ansicht des Gregor von Nyssa, des Johannes von Damaskus und der gesamten Kirche keineswegs unterschieden. „Daher, erklärte der erstere, wird die Enthaltsamkeit, welche im Stande der Unschuld nicht lobenswert gewesen wäre, in gegenwärtiger Zeit gepriesen" [2]). Aehnlich äußerte sich Vincenz [3]). Demnach konnte die Ehe, in ihrer gegenwärtigen Gestalt wenigstens, dem religiösen Geiste des Mittelalters ebenso wie der Staat nur als eine Folge des Sündenfalles erscheinen. Die Rückkehr zu jenem idealen Urzustande bedingte also die Ent= haltsamkeit von irdischer Liebe.

Wie der Urzustand des Menschen, so hatte auch die Wunder= geschichte der christlichen Erlösung, welche ja die Menschen in den seligen Frieden des ersteren zurückführen wollte, mit dem Heilig= tum einer unberührten Jungfräulichkeit ihren Anfang genommen. Auf der Jungfräulichkeit der Maria beruhte das innerste Geheim= nis der christlichen Heilsgeschichte, die Offenbarung Gottes im Fleisch. Die religiöse Mythologie des Mittelalters war das voll= endete Gegenbild der olympischen Mythologie des antiken Griechen= tums. Während das letztere seinen Göttern diejenigen Fähigkeiten beilegte, welche den Menschen an der Möglichkeit eines vollkom= menen Genusses des irdischen Lebens fehlten, ewige Schönheit in ewiger Jugend und also seine Götterwelt zu dem Idealbilde irdi= scher Glückseligkeit gestaltete, war die Götterwelt der mittelalter= lichen Religiosität das Idealbild einer vollkommenen Welt= und Selbstverleugnung. Beide Mythologien standen im äußersten Gegensatze zu einander, beide gleich klassisch in ihrer Art. Dieser Gegensatz der antiken und der mittelalterlichen Mythologie fand

---

[1]) Spec. nat. lib. 30, c. 54.
[2]) Summa theol. I, 1, quaest. 98, art. 2.
[3]) L. c. lib. 30, c. 43.

seine schärffte Zuspitzung in den Liebesgöttinnen Venus und Maria. Wie der Venusdienst des Altertums ein Kultus der irdischen Liebe war, so war der Mariendienst des Mittelalters in demselben Maße ein Kultus der irdischen Liebesentsagung. Venus und Maria waren gewissermaßen die personificirten Gegensätze der antiken und der mittelalterlichen Weltanschauung. Die um die Wende des drei= zehnten und vierzehnten Jahrhunderts gedichtete sogenannte Mei= nauer Naturlehre malte den Gegensatz beider Göttinnen in dem allegorisierenden Geschmacke jener Zeit aus. Als eine zwanzigjährige Jungfrau, gewandlos, in den vollen Reizen ihrer Schönheit, fuhr auf golb= und silberbeschlagenem Wagen einher

> — — „die falsch betrogen minn
> Fro Venus mit irm bösen rat,
> Die oft ein sel verdampnet hat" [1].

Maria hingegen, die „frawen schon und rayn" wie der Sonne Glanz, von einem in vielen Farben strahlenden Mantel umhüllt, saß auf dem Altare einer Kirche, im Arme das Jesuskind haltend. Die christliche Erlösungsgeschichte stellte also ebenso wie der Urzu= stand des Menschen die Jungfräulichkeit als das Ideal der Voll= kommenheit hin. Seit den Tagen der altchristlichen Zeit war dies die herrschende Ansicht der Kirche geblieben. Die Jungfräulichkeit galt als eine den Engeln gleiche Daseinsweise, als die Vorweg= nahme der zukünftigen himmlischen Vollkommenheit. „Was alle Heiligen bereinst zu werden hoffen, was die gesamte Kirche nach erfolgter Auferstehung zu sein sich freut, du bist es jetzt schon," schrieb einst der der zweiten Hälfte des sechsten Jahrhunderts an= gehörende Bischof Leander von Sevilla seiner Schwester Florentina mit Bezug auf die Jungfräulichkeit derselben [2]. Nach Bernhard von Clairvaux unterschied sich der keusche Mensch von den Engeln „nur hinsichtlich der Glückseligkeit, nicht aber der Tugendhaftig= keit" [3]. Im Reiche der Seligen bildeten diejenigen, die sich auf

---

[1] Herausgeg. von W. Wackernagel, Bibliothek des litterar. Vereins in Stuttgart, Bd. 22, S. 62.

[2] Montalembert, Die Mönche des Abendlandes, Bd. 2, S. 208 f.

[3] Bernardi opp. Paris 1719, p. 470; epist. seu tract. ad Henric. Senonens. archiepisc. c. 3.

Erben der Liebe enthalten hatten, den höchsten Chor. „Die habent, lehrte Berthold von Regensburg, als gar übergróze freude ze aller oberste in dem himelrîche, daz ez alliu diu werlt niht volleloben künde noch enmöhte" [1]. Sie tragen, heißt es in einem um das Jahr 1200 verfaßten Marienliede:

> „aleine di schone crone
> die deme magedume wirdet ce lone" [2].

Weder Maria Magdalena, welche doch zu den höchsten Heiligen gehöre, noch Petrus, welcher doch der gewaltigste der Heiligen sei, trügen diese Krone, erklärte Berthold von Regensburg [3]. Mit Recht konnte es demnach in dem erwähnten Marienliede heißen:

> „De magetdum is aller sterren best."

In zahlreichen Erzählungen der geistlichen und weltlichen Dichtung hat die Romantik der Liebesentsagung und die Verherrlichung der Jungfräulichkeit einen Ausdruck gefunden, den zartesten wohl in der Legende vom heil. Alexius. Der letztere war, erzählt die Legende, der Sohn eines reichen Römers, der unter der Regierung Theodosius des Großen lebte. Auf den Wunsch seines Vaters vermählte sich Alexius mit einer vornehmen, schönen Römerin, Namens Abriatica. In der Hochzeitsnacht aber fiel ihm die Sorge für sein ewiges Seelenheil aufs Herz. Da verließ er seine junge Gattin, damit ihn, wie es in der deutschen Uebertragung heißt:

> „der unkiusche suht
> mit ir fiure niht angefige."

Zum Abschied gab er der Abriatica einen goldenen Ring mit den Worten:

> „kume ich zuo dir niht sider
> sô gip mirz in dem himel wider."

Der Jammer der jungen Gattin rührte ihn nicht. Er blieb standhaft bei seinem Entschlusse und floh nach Edessa, wo er als Bettler

---

[1] Bd. 1, S. 336.
[2] Zeitschr. für deutsches Altertum von M. Haupt, Bd. 10, S. 120.
[3] L. c.

von Almosen lebte. Siebzehn Jahre friſtete er zu Ehren Gottes
auf dieſe Weiſe ſein Daſein. Ein Zufall führte ihn nach Rom
zurück. Dort ging er unerkannt zu ſeinem Vater und bat den=
ſelben in des Alexius Namen, ihn in ſein Haus aufzunehmen.
An der Treppe des Hauſes fand er eine bürftige Lagerſtätte und
verrichtete die niederſten Sklavendienſte. Den Spott des Ge=
ſindes ertrug er bemütig, weil er überzeugt war, „daß der alte
Feind des menſchlichen Geſchlechtes ihm dieſe Nachſtellungen be=
reitet“ [1]). Seiner Gattin, der er ſich gleichfalls nicht zu erkennen
gab, erzählte er von Alexius und ſeinem leidensvollen Leben. Am
meiſten ſei ihm, wie er ſagte, zu Herzen gegangen, daß er ſich
von ſeinen Eltern und ſeiner Gattin hatte trennen müſſen. Seines
Seelenheiles wegen habe er allen Gram gebuldig ertragen. Als
Alexius ſein Ende nahen fühlte, ſchrieb er ſeine Lebensgeſchichte
auf. Nach ſeinem Tode wurde der fromme Lebenswandel des
Verſtorbenen durch eine göttliche Viſion enthüllt. Die Kaiſer
Honorius und Arkabius ſowie der Biſchof Innocentius von Rom
kamen in das väterliche Haus des Alexius, um nach dem heiligen
Manne zu forſchen. Vergeblich aber ſuchten Kaiſer und Biſchof
die Schrift des Alexius, welche das Rätſel löſte, aus den Händen
des Verſtorbenen zu nehmen. Als jedoch die weinende Abriatica
ſich niederbeugte, da reichten ihr die Hände des Toten das Schrift=
ſtück entgegen. Als Abriatica geſtorben war und man ſie in den
Sarg ihres Gatten legen wollte, da rückten die ſchneeweiß ge=
bleichten Gebeine des letzteren von ſelbſt zur Seite und winkten
ihr grüßend entgegen [2]).

Mit noch ſchärferen Zügen wurde der Gegenſatz der irbiſchen
und göttlichen Liebe in der Legende von „Barlaam und Joſaphat“
hervorgehoben, welche von Rudolf von Ems in die deutſche Sprache
übertragen wurde. Der Unterſchied zwiſchen ehelicher und ſinn=
licher Liebe hat für dieſe Dichtung jede Bedeutung verloren. Sie
ſieht in der Frauenliebe unterſchiedslos nur ſinnliche Liebe und in
dieſer nur Sünde und Tod. Irbiſche und göttliche Liebe werden

---

[1]) Acta SS.
[2]) Bibliothek der geſ. deutſchen Nationallitteratur Bd. 9, S. 45 ff.

wie Hölle und Himmel als äußerste Gegensätze aufgefaßt. Dem zum Christentum bekehrten jugendlichen Sohne des indischen Königs Avenier, Namens Josaphat, wurde die Tochter eines syrischen Königs, die schönste Jungfrau des Landes zur Ehe angeboten. Die Jungfrau versprach ihm sich taufen zu lassen, falls er sie zum Weibe nehmen wolle. Die Schönheit und Jugendlichkeit des Mädchens sowie der Gedanke, dasselbe zum Christentum zu bekehren, machten Josaphat auch zur Liebe geneigt. Das Mädchen suchte seine noch vorhandenen Bedenken dadurch zu überwinden, daß es ihn auf das Beispiel der Patriarchen und des Apostels Petrus hinwies, welche gleichfalls verheiratet gewesen wären. Josaphat aber suchte der Versuchung durch Fasten und Beten zu widerstehen. Ein Traumgesicht während der Nacht löste ihm alle Zweifel. Er erblickte die Wohnstätte der von irdischer Liebe unberührten Seele, eine von Gold und Edelsteinen glänzende Stadt, aus der ihm süßer Gesang entgegentönte, und andererseits den Wohnort der Unkeuschen, ein Gemisch von Finsternis und Feuerflammen, von Hagel, Pech und Schwefel, von Menschenseelen und Schlangen, aus welchem jämmerliche Weherufe herüberdrangen. Jetzt war Josaphat entschieden. Er erkannte in der Königstochter einen Teufel in Engelsgestalt, welcher ihn zur Ehe, das heißt zur Sünde habe verleiten wollen [1]).

Reich an ähnlichen Beispielen freiwilliger Entsagung war auch die geschichtliche Legendenlitteratur. Die heil. Burgundofara, welche von Columban in frühster Kindheit dem göttlichen Dienste geweiht war und sich durch diese Weihe gebunden glaubte, wurde vor Schrecken zum Tode krank, als ihr Vater sie zwingen wollte sich zu verheiraten. Sobald sie aber durch Vermittlung des heil. Eustasius freien Willen erhielt, wurde Burgundofara wieder gesund. Späterhin wurde der Vater trotz seines Versprechens wieder anderer Meinung. Da flüchtete Burgundofara in die Kirche, von Bewaffneten verfolgt. Den letzteren, welche sie unter Androhung des Todes vom Altare fortschleppen wollten, antwortete das heldenmütige Mädchen, welches sich als Braut Christi betrachtete:

---

[1]) Herausgeg. von Fr. Pfeiffer, Leipzig 1843, S. 302 ff.

„O wie glücklich wäre ich, mein Leben in so gerechter Sache für
denjenigen opfern zu können, der das seine für mich gegeben
hat"[1]. Fribiburga ferner, die Tochter des Herzogs Cunzo, schlug
die Hand eines Königs aus, weil sie ihre Unschuld ihrem himm=
lischen Bräutigam bewahren wollte. Mitten während des Hoch=
zeitsgelages flüchtete sie in die Kirche, legte ihre Festkleider ab
und zog ein Nonnenkleid an. Gedrängt durch die Ermahnungen
der Geistlichkeit gab ihr Verlobter, der fränkische König Sigibert,
dem Wunsche seiner Braut nach und verzichtete auf den Besitz
der letzteren[2]. Gerberga von Gandersheim wurde sogar um
Christi willen ihrem gegebenen Versprechen untreu. Sie hatte sich
bereits einem sächsischen Edlen, Namens Bernhard, verlobt, als
sie das Gelübde der Keuschheit ablegte. Da ihr Bräutigam trotz=
dem von der Hand Gerbergas nicht abstehen wollte, so fiel er,
wie Hrotsuit erzählt, zur Strafe auf einem Kriegszuge[3]. Die
wegen ihrer strengen Frömmigkeit berühmte Klausnerin Sisu war
in ihrer Jugend zur Ehe begehrt worden. Sie aber floh, wie
Thietmar von Merseburg erzählt[4], „eiligen Laufes in die Arme
Christi," um sich „ihrem himmlischen Bräutigam als eine keusche
Jungfrau darzubringen." Vierundsechzig Jahre lang lebte sie nach
dieser Zeit als Klausnerin in den härtesten Bußübungen, „um
die Krone des himmlischen Lohnes zu erlangen." Wie Gerberga
ihrem Verlobten, so wurde der Abt Poppo von Stablo in seiner
Jugend um seines Seelenheiles willen seiner Braut untreu. Auf
dem Wege zur letzteren glaubte er ein göttliches Wunderzeichen zu
erblicken, welches er als eine Mahnung Gottes ansah, „den Lastern
und Begierden," d. h. seiner beabsichtigten·Eheschließung zu ent=
sagen und Mönch zu werden. Er warf seine Waffen ab, ließ
seine Braut im Stich und trat in das Kloster St. Thierry zu
Rheims[5].

---

[1] Vita S. Eustasii c. 1. Acta SS. O. S. B. t. II.
[2] Vita S. Galli, M. G. tom. II, p. 12 f.
[3] Primordia Gandersheim. v. 315 ff. M. G. t. IV, p. 312.
[4] Lib. 8, c. 6.
[5] Vita Popponis abb. Stabul. c. 6 f. M. G. t. XI, p. 297.

Die Tugend der Keuschheit war das poetische Element in dem weltklugen System der römischen Kirche. Das Liebessehnen, welches dieselbe der Erde entzog, richtete sie auf das Jenseits und gestaltete dieses zu einer idealen Wunderwelt aus. Die himmlischen Liebesträume waren es, welche die abstoßenden, herrischen Formen des römischen Katholicismus mit dem Zauber der zartesten Empfindungen umwoben und selbst die fürchterlichen Abgründe des Fanatismus, welche jene Religiösität durchklüfteten, mit der Blumenfülle märchenhafter Dichtungen verhüllten. Die strenge Logik der religiösen Idee würde demnach die völlige Enthaltung von irdischer Liebe als die Bedingung der Nachfolge Christi gefordert haben. Daher waren denn auch dem zu den strengen Grundsätzen der letzteren verpflichteten geistlichen Stande die Freuden der irdischen Liebe schon seit den Tagen der alten Kirche verboten.

2. Bedingungen und Zweck der Familie.

Aber dieses asketische Ideal der Liebesentsagung konnte selbstverständlich niemals zu einem allgemeinen Gesetz erhoben werden. Die unüberwindliche Macht der sinnlichen Leidenschaft und der irdischen Liebesbedürftigkeit zwang den religiösen Geist, auch in diesem Punkte auf die unbedingte Erfüllung der vollkommenen Nachfolge Christi zu verzichten. Auch mußte die praktische Erwägung, daß die allgemeine Einführung der Keuschheitstugend den Untergang des menschlichen Geschlechtes zur Folge haben müsse, die Unmöglichkeit derselben sofort erkennen lassen. Man erzählt, daß einst eine ganze Stadt von einer Predigt des Franziskus von Assisi so ergriffen worden sei, daß sie die Gelübde seines Ordens habe annehmen wollen. Der Heilige sei aber über die Tragweite dieses Entschlusses so erschreckt gewesen, daß er den Bürgern von der Ausführung des letzteren abgeraten habe. Doch soll ihm diese Erfahrung die Veranlassung gegeben haben zur Stiftung eines dritten Ordens, der sogenannten Tertiarier, welche zwar eine geistliche

Brüderschaft bilden, zugleich aber in ihrem weltlichen Stande verbleiben sollten. Die Kirche fand in diesem Zwiespalt zwischen der
religiösen Idee und der Gebundenheit der sinnlichen Natur den
Ausweg, eine Grabesverschiedenheit des sittlichen Lebenswandels
aufzustellen und die freiwillige Ehelosigkeit als den höheren Stand,
die Ehe zwar als einen niederen, jedoch als einen erlaubten Stand
zu bezeichnen. Diese grabuelle Unterscheidung bildete die Mittellinie zwischen den Gegensätzen der übersinnlichen Idee und der
sinnlichen Wirklichkeit. Die erstere blieb durch die Höherstellung
der Ehelosigkeit in ungetrübter Reinheit erhalten, indes zugleich
der letzteren die notwendige Rechnung getragen wurde.

Thomas von Aquino sprach den sittlichen Grabesunterschied
der Ehe und der Ehelosigkeit mit den Worten aus, die erstere sei
zwar „keine Sünde, aber ein geringeres Gut. Der geschlechtliche
Verkehr mit der Frau ziehe den Geist nicht von der Tugend,
sondern von dem Gipfel herab, das heißt von der Vollkommenheit
der Tugend" [1]. Die Ehe war seiner Auffassung nach „ein
Hindernis für die Bethätigung der Liebe zu Gott" [2], aber kein
ausschließender Gegensatz zu der letzteren. Die gleiche Auffassung
vertrat Vincenz von Beauvais. Man wird, sagte der letztere,
durch die Ehe gehindert, Gott ganz zu dienen, weil man zu viel
mit der Sorge für irdische Dinge zu thun hat [3]. Diese Auffassung
bildete den Ausweg, auf welchem das asketische Prinzip behauptet
werden konnte, ohne doch den Naturgewalten zu scharf entgegenzutreten.

Die in diesem Sinne gebuldete Ehe suchte dann die Kirche
dadurch noch mehr mit ihrer religiösen Lehre in Einklang zu
bringen, daß sie die rechtliche und sittliche Natur derselben aus
der letzteren gestaltete. Die Grundlage der von ihr vertretenen
Rechtsanschauungen war das römische Recht. Ausgehend von dem
letzteren, hielt sie an dem Grundsatze fest, daß die Ehe durch die

---

[1] Summa theol. II, 2 qu. 153, art. 2.
[2] L. c. qu. 184, art. 3.
[3] Fr. Chr. Schlosser, Vincenz v. Beauvais, Tl. 1, S. 173; vgl.
spec. nat. lib. 30, c. 43.

Willenserklärung beider Kontrahenten begründet werde, obwohl
dieser Grundſatz ganz außerhalb ihres religiöſen Syſtems lag, in=
ſofern derſelbe die Rechtmäßigkeit der Ehe von dem letzteren völlig
unabhängig machte. Zwar legte die Kirche ſeit alters her die
prieſterliche Einſegnung der Ehe allen Gläubigen als eine Pflicht
auf, um dem geſchloſſenen Bunde eine religiöſe Weihe zu erteilen,
ohne jedoch die rechtmäßige Gültigkeit der Ehe von dem Segens=
ſpruche des Prieſters abhängig zu machen. Auch hinſichtlich der
Grundſätze über die eine rechtmäßige Ehe ausſchließenden verwandt=
ſchaftlichen Beziehungen der Kontrahenten ging die Kirche von den
Beſtimmungen des römiſchen Rechtes aus. Doch erweiterte ſie
allmählich den Umkreis der von der Ehe ausgeſchloſſenen Ver=
wandſchaft über den des römiſchen Rechtes beträchtlich hinaus,
indem ſie bereits im ſechſten Jahrhundert die Ehe im ſechſten Grade
verbot. Dann nahmen die fränkiſchen Konzile die germaniſche
Berechnung der Verwandtſchaft nach Generationen an und ver=
boten die Ehe bis zur vierten Generation einſchließlich. Doch
übten dieſelben auch wohl Nachſicht gegenüber den der chriſtlichen
Lehre noch wenig zugänglichen Völkerſchaften aus, indem ſie den
im vierten Grade verwandten Eheleuten nur eine Buße auflegten,
ohne aber die Ehe zu trennen. Aber ſchon eine Synode zu Tours
vom Jahre 813 befahl, auch die im vierten Grade der Verwandt=
ſchaft geſchloſſenen Ehen zu löſen. Ebenſo entſchied ſich die Mainzer
Synode vom Jahre 847. Die römiſche Kirche unterſagte jedoch
um dieſelbe Zeit die Ehe ſogar bis zur ſiebenten Generation, eine
Beſtimmung, welche das römiſche Konzil vom Jahre 1059 zum
gemeinen Rechte erhob.

Der Grund der letzteren Beſtimmung wurde auf die Zahl
der moſaiſchen Schöpfungstage zurückgeführt, indem man dieſen
eine allegoriſche Bedeutung beilegte. „Bis zur ſiebenten Genera=
tion haben wir die Kopulation bei dem ſeligen ſpaniſchen Biſchof
Iſidor verboten gefunden[1]), weil der Herr am ſiebenten Tage von
allen ſeinen Werken ruhte und weil es ſo in den Novellen und

---

[1]) Vgl. Richter, Lehrbuch des kathol. und evangel. Kirchenrechts,
7. Aufl., S. 928, Anm. 14.

Gesetzen der Römer bestimmt wird," schrieb Papst Leo III. im Jahre 800 an die bayrischen Bischöfe. Auch wo die Zahl der verbotenen Verwandtschaftsglieder auf sechs bemessen wurde, indem man von den Brüdersöhnen an rechnete, berief man sich auf die Analogie der Schöpfungstage. In diesem Falle zählte man nur die eigentlichen Schöpfungstage und rechnete den Ruhetag Gottes nicht mit. Bei der letzteren Rechnung wurde noch eine zweite religiöse Analogie mit zur Begründung herbeigezogen, nämlich die Lehre von den im Mittelalter allgemein angenommenen sechs Welt= altern. „Die Blutsverwandschaft," erklärte das kanonische Recht, „ist aber darum bis zum sechsten Grade der Zeugung bestimmt worden, damit, wie die Erschaffung der Welt und der Zustand des Menschen in sechs Altern beendet wird, so auch die Ver= wandtennähe eines Geschlechtes in so viel Graden ihr Ende er= reiche" [1].

Ein völlig neues, lediglich aus der religiösen Idee der christ= lichen Gemeinschaft konstruiertes Hindernis der Eheschließung war die von der Kirche aufgestellte geistliche Verwandtschaft. Eine solche Verwandtschaft, welche die Ehe ebenso ausschloß wie die leibliche Verwandtschaft, trat dort ein, wo mit der Aufnahme in die Gemeinschaft der Gläubigen ein besonderes, persönliches reli= giöses Pflichtverhältnis begründet wurde, d. h. also zwischen dem Täufling und seinen Paten, sowie den näheren leiblichen Ver= wandten derselben, den Kindern des Täuflings und des Paten, den Eltern des Täuflings und dessen Paten, sowie endlich zwischen den Geschwistern des Täuflings und den Kindern des Paten. Nikolaus I. schrieb im Jahre 866 den Bulgaren mit Beziehung auf dieses Verbot der ehelichen Verbindung zwischen den geistlichen Verwandten: „Wenn also zwischen denen keine Ehe eingegangen werden darf, welche die Adoption miteinander verbindet, um wie= viel mehr müssen diejenigen sich der fleischlichen Vermischung mit= einander enthalten, welche die Wiedergeburt des heiligen Geistes durch das himmlische Sakrament verbindet" [2]. Ebenso entsprang

---

[1] Decr. pars II, caus. 95, qu. IV und V, 2.
[2] Decr. pars II, caus. 30, qu. III, c. 1.

auch aus der Firmelung eine geistige Verwandtschaft, welche eine
eheliche Verbindung ausschloß. Die Zahl der der Ehe gesetzlich
entgegenstehenden Hindernisse wurde also durch die Kirche bedeutend
vermehrt.

Nur in einem Punkte übte die letztere auffallenderweise eine
größere Nachsicht als das römische und germanische Recht, nämlich
hinsichtlich des Lebensalters. Die Kirche duldete, insbesondere bei
fürstlichen Persönlichkeiten, die Verlobung und Eheschließung im
zartesten Alter. Doch hatte auch dieses eigentümliche Verhalten
seinen Grund, wie es scheint, in den Vorstellungen des religiösen
Mythus, und zwar in der Altersschätzung der Jungfrau Maria
zur Zeit ihrer Verehelichung. In der Absicht, die Unberührtheit
der heiligen Jungfrau recht begreiflich zu machen, dachte man sich
nämlich den Altersunterschied zwischen der letzteren und Joseph sehr
beträchtlich. Einerseits wurde Joseph in das Greisenalter hinauf,
andererseits Maria in das zarte Jugendalter der noch unmann-
baren Jungfräulichkeit hinabgerückt [1]). Da demnach die als Vorbild hingestellte heilige Familie mit einer so frühzeitigen Eheschließung des einen Teiles vorangegangen war, so lag kein Grund
vor, die letztere zu verbieten [2]). Die Fälle frühzeitiger Verlobungen
und Eheschließungen sind darum auch in der Geschichte des Mittelalters nicht eben selten. Die Tochter des Grafen Roger von
Sicilien stand noch im Kindesalter, als sie im Jahre 1095 dem
Könige Konrad ihre Hand reichte. Die englische Königstochter
Adelheid war acht Jahre alt, als sie sich im Jahre 1110 mit dem
Könige Heinrich V. verlobte. König Lothars Tochter Gertrud zählte
erst zwölf Jahre, als sie im Jahre 1127 ihre Vermählung mit
dem Herzog Heinrich von Bayern feierte. König Ludwig von
Frankreich verlobte im Jahre 1158 seine noch in der Wiege liegende
Tochter mit dem dreijährigen Sohne König Heinrichs von England.
Zwei Jahre darauf wurden beide Kinder getraut. Der Sohn des
Herzogs von Brabant war sogar erst eben geboren, als er im

---

[1]) Vgl. Wernhers Gedicht zur Ehre der Jungfrau Maria, herausgeg.
von Detter, S. 89.

[2]) Vgl. Jakob Grimm, Deutsche Rechtsaltertümer, 2. Ausg., S. 435 f.

Jahre 1207 mit einer Tochter Philipps von Schwaben verlobt wurde. Eine andere Tochter des letzteren wurde in demselben Jahre mit dem zweijährigen Sohne des Königs Otakar von Böhmen verlobt. Otto IV. verlobte sich im Jahre 1209 gleichfalls mit einer Tochter Philipps, Namens Beatrix, als dieselbe elf Jahre zählte. Die heil. Elisabeth endlich war vier und Ludwig von Thüringen zwölf Jahre alt, als beide ihre Vermählung feierten.

Einen vollständigen Bruch vollzog die Kirche mit den im römischen wie im germanischen Rechte gültigen Bestimmungen über die Auflösung der Ehe. Während die letztere nach römischem wie germanischem Rechte mit beiderseitigem Willen erfolgen konnte, erklärte die Kirche die Ehe ihres religiösen Charakters wegen grundsätzlich für unauflöslich. Da sie die Ehe als einen von Gott geschlossenen Bund ansah, hielt sie den Menschen nicht zur Auflösung derselben berechtigt. Wohl erkannte sie eine Aufhebung des ehelichen Zusammenlebens, eine Scheidung der Gatten von Tisch und Bett an, ohne daß dieselbe jedoch eine Trennung des ehelichen Bandes zur Folge gehabt hätte. Die kirchliche Nichtigkeitserklärung einer Ehe konnte aber nur dann erfolgen, wenn eine nach kanonischen Rechtssätzen gültige Ehe überhaupt nicht bestanden hatte.

Am vollständigsten kam die asketisch-religiöse Idee in den Lehren der Kirche über das Wesen und den Zweck der Ehe zur Geltung. Die letztere wurde aus der transcendenten Zweckbestimmung des Menschen begriffen, indem sie zu einem Sakrament erhoben, das heißt, als ein von Christus selbst eingeführtes, äußeres Abzeichen einer inneren Heiligung erklärt wurde. Auch die Ehe wurde der großen Allegorie eingegliedert, in welche der religiöse Glaube die sinnliche Weltordnung umgedeutet hatte. Der Zweck der Ehe, als welchen Gott bei der Stiftung derselben im Paradiese die Fortpflanzung des menschlichen Geschlechtes bezeichnet hatte, wurde von der Kirche in das Jenseits verlegt. Auch war ja, wie bereits in der alten Kirche behauptet wurde, der ursprüngliche Zweck der Ehe längst erfüllt, da die ganze Erde von Menschen bewohnt war, so daß jenes göttliche Gebot keine unbedingte

Gültigkeit mehr haben konnte [1]). Die Gemeinschaft der Gatten war demnach nicht der eigentliche Zweck der Ehe, sondern nur ein sinnbildliches Zeichen. Der mit dem letzteren bezeichnete Gegen= stand war die durch Christus begründete Gemeinschaft des Men= schen mit Gott. Die Ehe wurde hinsichtlich der durch sie geschlossenen Gemeinschaft der Gatten als ein Sinnbild der Verbindung zwischen Gott und der menschlichen Seele, hinsichtlich der in ihr vollzogenen fleischlichen Gemeinschaft als ein Sinnbild der Verbindung zwischen Christus und der Kirche aufgefaßt. „Wir erwidern dir, geliebter Bruder," schrieb Innocenz III. an den Bischof von Metz um das Jahr 1205, „daß zu der Ehe zwei Erfordernisse gehören, nämlich die Uebereinstimmung der Seelen und die Vereinigung der Körper. Die erstere bezeichnet die geistige Liebe, die zwischen Gott und der gläubigen Seele besteht und auf welche die Worte des Apostels [2]) deuten: „Wer aber dem Herrn anhanget, der ist ein Geist mit ihm," die letztere hingegen bezeichnet die innige fleischliche Ver= bindung zwischen Christus und der Kirche, auf welche der Evan= gelist [3]) mit den Worten hinweist: „und das Wort ward Fleisch und wohnte unter uns" [4]). In breiter Weise sprach sich der der ersten Hälfte des fünfzehnten Jahrhunderts angehörige Raimund von Sabunde in seiner natürlichen Theologie über das Verhältnis des irdischen und überirdischen Zweckes der Ehe aus. Das vor= nehmste Gut des Menschen ist, wie er lehrte, die Verbindung und Gemeinschaft mit Gott. Da nun diese Gemeinschaft „verborgen, unsichtbar und geistig ist, da sie ferner der Zweck und die Voll= endung des Menschen ist, so muß dieselbe so weit als möglich durch sichtbare und sinnliche Dinge bezeichnet, versinnbildlicht und vorgestellt werden, damit der Mensch stets ein deutliches, sinnliches Zeichen vor Augen habe, durch welches sein höchstes Gut, die Liebesgemeinschaft mit Gott wie in einem Spiegel vorgestellt und

---

[1]) Vincenz v. Beauvais, spec. nat. lib. 30, c. 31.
[2]) 1 Kor. 6, 17.
[3]) Joh. 1, 4.
[4]) Decret. Greg. IX, lib. 1, tit. 21, c. 5; Vincenz von Beauvais, spec. nat. lib. 30, c. 36.

bezeichnet werde." Daher wollte Gott, „daß das menschliche Geschlecht sich nicht allein durch Zeugung vermehre, sondern der-
gestalt in solcher Weise zunehme und wachse, daß die Form der
Zeugung und Vermehrung ein sichtbares Zeichen, ein Abbild und
und bildliche Darstellung jener geistigen und unsichtbaren Ver-
bindung und Gemeinschaft sei, welche der Mensch durch die Liebe
mit Gott haben muß. Zu diesem Zweck verordnete und bestimmte
Gott, daß die Fortpflanzung, die Zeugung und Vermehrung des
Menschen durch die Verbindung von Mann und Frau geschehe.
Und das ist die Ehe" [1]). Die Ehe sollte ferner ein Sinnbild der
Verbindung zwischen Christus und der Kirche sein. Die Ehe
„zwischen Christus und seiner Kirche wird mit Recht durch die
Ehe zwischen Mann und Weib versinnbildlicht. Wie Mann und
Weib eine natürliche Gemeinschaft bilden, so auch Christus
und die Kirche, weil Christus Fleisch hat wie die Kirche. Daher ist hier eine doppelte Gemeinschaft, die eine durch Zuneigung und Liebe und die andere durch die Gemeinschaft
des Fleisches wie Mann und Weib einen Bund bilden durch die
Liebe und die Gemeinschaft des Fleisches" [2]). Diese transcendente
Beziehung bildete nach Raimund den Hauptwert der Ehe. „Und
deshalb, sagte er, ist die Ehe ein Sakrament, weil sie ein Sinnbild ist und ein heiliges, unsichtbares und geistiges Verhältnis
bezeichnet. Und weil dasjenige, was bezeichnet wird, ohne Vergleich edler und erhabener ist als das Zeichen selbst, da ja das
Zeichen wegen des Bezeichneten da ist und nicht umgekehrt, so ist
auch jene geistige Verbindung, welche durch die Ehe bezeichnet
wird, unvergleichlich edler als die Ehe selbst." Nicht also ihrer
selbst wegen war die Ehe da, sondern jener höheren, transcendenten Beziehung wegen. „Die Ehe ist, fuhr Raimund fort, eingesetzt und gestiftet zu dem Zwecke, um die geistige Gemeinschaft
und Einheit, welche zwischen der menschlichen Natur oder Seele
und Gott bestehen soll, zu bezeichnen und bildlich darzustellen" [3]).

---

[1]) Tit. 315.
[2]) Tit. 316.
[3]) Tit. 317 und 319.

Da nun die Kirche den Hauptwert der Ehe in die Heiligung legte, so hielt sie ihre asketische Ansicht über die fleischliche Verbindung auch noch innerhalb der Ehe aufrecht, indem sie für die letztere, wenngleich nicht eine absolute, so doch eine möglichste geschlechtliche Enthaltung zur Pflicht machte. Nur der Einschränkung der sinnlichen Begierde wegen war ja der dem religiösen Geiste der Kirche am meisten entsprechenden Ansicht nach das Sakrament der Ehe überhaupt begründet worden. Das Sakrament der Ehe verlieh, wie Abälard erklärte, nicht gleich den anderen Sakramenten ein positives Gut, sondern nur einen Schutz gegen die Sünde; es war kein unmittelbares, sondern nur ein mittelbares Heilmittel der Seele. „Ueber die Ehe ist zu sagen," bemerkte derselbe wörtlich, „daß sie zwar ein Sakrament ist, nicht aber wie die anderen Sakramente ein Gut verleiht, dennoch aber ein Heilmittel gegen die Sünde ist. Denn es (sc. das Sakrament) wird verliehen zur Einschränkung der Unmäßigkeit, weshalb es mehr zur Indulgenz gehört"[1]. Auch nach Raimund von Sabunde hatte die Ehe den aus ihrem sakramentalen Charakter sich ergebenden Zweck, die Einschränkung der sinnlichen Begierde zu erwirken. Und zwar übte sie diese Wirkung, wie er lehrte, in dreifacher Hinsicht. Einmal verbietet sie dem Menschen sich mit vielen Frauen einzulassen und beschränkt ihn auf eine. Zweitens erfordert sie, daß die geschlechtliche Vereinigung nicht der Lust, sondern der Kinderzeugung wegen geschehe und drittens verbietet sie die mit der Frau eingegangene Verbindung nach erreichter Befriedigung wieder zu lösen und verlangt eine untrennbare Gemeinschaft[2].

Es blieb demnach von diesen Voraussetzungen aus die fleischliche Verbindung auch innerhalb der Ehe noch immer mit einem gewissen Makel behaftet. Aus dieser Vorstellung erklären sich mehrere, den geschlechtlichen Umgang der Gatten betreffende Vorschriften. Im Jahre 604 gebot Papst Gregor I., daß die Männer nach Vollziehung des ehelichen Beischlafes den heiligen Ort der Kirche nicht betreten dürften, ohne sich vorher gewaschen zu haben, „weil,

---

[1] Abaelard. epitome theolog. christ. c. 31.
[2] L. c. tit. 318.

wie er erklärte, selbst die erlaubte Vermischung der Ehegatten nicht ohne Lust des Fleisches geschehe" und „weil Wollust niemals ohne Schuld sein kann." Papst Nikolaus I. verbot aus demselben Grunde den Bulgaren im Jahre 866 die eheliche Beiwohnung während des Sonntages. Im Jahre 1396 verbot eine schwedische Synode zu Arboga die eheliche Beiwohnung während der geschlossenen Zeit, weil die letztere ja zum Zwecke der Enthaltung von allen fleischlichen Gelüsten und weltlichen Lustbarkeiten eingeführt sei. Sogar die Niederkunft einer Frau galt bei manchen auf Grund der in den mosaischen Gesetzen [1]) ausgesprochenen Anschauung als eine Verunreinigung, so daß von einigen Eiferern den Frauen der Zutritt zur Kirche für eine bestimmte Frist nach ihrer Entbindung verboten wurde. Aber selbst dem Papst Gregor dem Großen erschien diese Anschauung verletzend und er untersagte deshalb seinem Glaubensboten in England, dem Bischof Augustinus, welcher in den Jahren 597 bis 633 unter den Angeln missionierte, die Anerkennung derselben für die englische Kirche. Noch im neunten Jahrhundert war diese Anschauung bei den Bulgaren herrschend. Nur über die Länge dieser Frist waren die letzteren in Zweifel. Sie ersuchten deshalb den Papst Nikolaus I. um Auskunft in dieser Frage. Nikolaus aber antwortete ihnen: „Ihr fragt wie lange eine Frau nach ihrer Niederkunft die Kirche meiden müsse. Sie darf, wenn sie kann, noch am nämlichen Tage in die Kirche gehen [2]). Wenn also die Kirche jene Anschauung auch nicht zu der ihrigen machte, so war dieselbe doch nichts als eine Folgerung aus einer von der Kirche selbst gegebenen Voraussetzung. Wenn die eheliche Beiwohnung als etwas Unheiliges angesehen wurde, so war es nicht unlogisch gedacht, auch den Folgen derselben einen Makel beizumessen und demnach den Frauen nach ihrer Entbindung die Berührung mit dem Heiligtum der Kirche nicht ohne weiteres zu gestatten.

Indem also die fleischliche Verbindung selbst in der Ehe ihren Makel nicht völlig verlor, mußte die Erhaltung der jung-

---

[1]) B. 3, K. 12.
[2]) Responsa Nicolai I. ad consulta Bulgarum, Mansi t. XIV.

fräulichen Keuschheit auch noch innerhalb der letzteren keineswegs als unstatthaft, sondern vielmehr auch hier noch als ein höherer Grad der chriſtlichen Vollkommenheit erſcheinen. Die Kirche konnte dieſe Anſicht um ſo eher vertreten, als ja nach ihrer Lehre nicht die Fortpflanzung, ſondern die innere religiöſe Heiligung den eigentlichen Zweck der Ehe bildete. Sie ſtellte hierbei nur die Bedingung, daß eine ſolche Enthaltſamkeit nicht gegen den Willen eines der Gatten, ſondern nur auf Grund eines beiderſeitigen Einverſtändniſſes geſchehen dürfe.

Das ideale Vorbild einer ſolchen jungfräulichen Ehe ge= währte die heilige Familie. In der letzteren hat das Mittelalter ſeine Anſicht über das Weſen und den Zweck der Ehe und Familie in einem plaſtiſchen Bilde zuſammengefaßt. Der Familienkreis des Erlöſers, war, wie er ſich in der Anſchauung des Mittelalters darſtellte, von typiſcher Bedeutung für das Verhältnis der Ehe= gatte untereinander ſowie für das Verhältnis der letzteren zu ihren Kindern und dieſer zu ihren Eltern. Die Jungfräulichkeit der Maria, welche die bibliſche Legende nur mit Bezug auf die erſte Schwangerſchaft derſelben behauptet hatte, wurde ſchon von der alten Kirche auf die ganze Dauer ihrer Ehe mit Joſeph aus= gedehnt. Es erſchien der Kirche mit Recht als eine verletzende Vorſtellung, daß die Braut des heiligen Geiſtes ſpäterhin ein Be= gehren nach einer menſchlichen Liebesverbindung empfunden haben ſollte. Chriſtus blieb ihr zufolge das einzige Kind der Maria. In der Erzählung der Evangelien fand dieſe Annahme freilich keinen Anhalt. Wenn die Evangelien des Mathäus [1]) und Lukas [2]) Chriſtus als den erſten Sohn der Maria bezeichnen, ſo erhellt aus dieſer Angabe, daß die letztere auch nachher noch Kinder geboren haben muß. Auch wird in verſchiedenen Stellen der Evangelien ausdrücklich von Brüdern Chriſti geſprochen [3]). Der Evangeliſt Markus nennt die Brüder Chriſti ſogar mit Namen [4]) und ſpricht

---

[1]) K. 1, B. 25.

[2]) K. 2, B. 7.

[3]) Matth. 12, B. 46 und 47; Mark. 3, B. 31 und 32; Lukas 18, B. 19 und 20; Johannes 7, B. 3, 5, 10.

[4]) K. 6, B. 3.

auch von Schwestern desselben. Freilich hat das griechische Wort
ἀδελφός nicht immer die Bedeutung von Bruder, es wurde dasselbe vereinzelt auch wohl zur Bezeichnung eines weiteren verwandtschaftlichen Verhältnisses gebraucht. Die Annahme aber, daß
in allen diesen Stellen nur von weiteren Verwandten, nicht aber
von leiblichen Brüdern Christi die Rede sei, ist selbstverständlich
ohne Berechtigung. In der niedrigen Herkunft der entfernteren
Verwandten Christi würden überdies die Mitbürger des letzteren
kaum einen Grund gefunden haben, auch von Christus gering zu
denken [1]. Und der Evangelist Johannes würde wohl schwerlich
die Bemerkung für mitteilenswert gehalten haben, daß die Vettern
Christi an den letzteren nicht geglaubt hätten [2]. Die Annahme
ferner, daß das Wort Bruder an diesen Stellen als ein bildlicher
Ausdruck für die Bezeichnung einer religiösen Gemeinschaft ge-
braucht sei, ist durch den Zusammenhang vollkommen ausgeschlossen.
Eine solche Annahme würde außerdem um so weniger zulässig
sein, als Christus selber einst seine leiblichen Verwandten, Mutter
und Brüder in Gegensatz stellte zu seinen geistigen Verwandten [3].
Der Ernst des religiösen Glaubenstriebes aber half über diese
Bedenken der geschichtlichen Kritik leicht hinweg. Die Mutter des
Erlösers wurde nicht als das Ideal der Mutter, sondern der
Jungfrau gedacht. Der Kultus der Maria war die Apotheose
der Jungfräulichkeit, seinem innersten Gedanken nach also eine
Verneinung der Ehe und der Familie. Die von Gott befruchtete
jungfräuliche Mutter war das ideale Gegenbild der vom Menschen
befruchteten natürlichen Mutter.

Nach dem Vorbilde der heiligen Familie wurde demnach die
Jungfräulichkeit auch innerhalb des ehelichen Lebens als das Ideal
der christlichen Vollkommenheit festgehalten. Die Legende, welche
die religiösen Vorstellungen der Kirche in allen Stücken am un-
getrübtesten wiederspiegelt, zählte viele Beispiele von Ehebündnissen
auf, in welchen die Gatten wie Bruder und Schwester mitein-

---

[1] Markus 6, V. 3.
[2] K. 7, V. 5.
[3] Lukas 8, V. 21.

anber lebten. Solche heiligen Ehepaare der Legende waren beispiels=
weise Valerian und Cäcilia, Aurelius und Natalia, Chrysanthus
und Daria, Injuriosus und Scholastika. Doch kannte auch die
geschichtliche Erzählung des späteren Mittelalters solche Ehen,
welche jenem Ideale mehr oder weniger entsprachen und den
Liebesverkehr auf Grund einer gemeinsamen Absprache ausschieben.
Einige derselben mögen auch auf Wahrheit beruht haben. Be=
kanntlich sollte Kaiser Heinrich II. mit seiner Gattin Kunigunde
in enthaltsamer Ehe gelebt haben, wie sein Biograph Adalbert,
die Pöhlber Jahrbücher und die Legende des Ebernand von Erfurt
erzählen. Von dem älteren Sohne Kaiser Heinrichs IV., Konrad,
erzählt der Abt Ekkehard von Aura in seiner Chronik, daß der=
selbe sich vorgenommen habe, seine Keuschheit zu bewahren und
nur auf Bitten seiner Freunde sich vermählt habe. Seine Gattin
Konstantia, eine Tochter des Herzogs Ruotker von Sicilien, war
ebenso keusch wie er. Ekkehard nannte sie eine Turteltaube. Daher
pflog Konrad, wie er erzählt, so züchtigen Umgang mit seiner Frau,
„daß man kaum annimmt, daß er dieselbe jemals berührt habe"[1]).
König Ludwig VII. von Frankreich ferner enthielt sich so sehr des
ehelichen Verkehres mit seiner Gattin Eleonore, daß dieselbe er=
klärte, sie habe nicht einen König, sondern einen Mönch zum
Manne bekommen und daher das Recht zu haben glaubte, sich
bei anderen Männern schadlos zu halten. Die Synode zu Beau=
genci löste deshalb im Jahre 1152 die Ehe des Königs mit
Eleonore. Auch der König Eduard der Bekenner von England,
welcher in den Jahren 1042—66 regierte, soll sich, wie behauptet
wird, des geschlechtlichen Umganges mit seiner Gattin Editha ent=
halten haben. Mathilde von Tuscien, mit dem Beinamen der
großen Gräfin, die eifrigste Freundin Gregors VII., war zweimal
vermählt, zum ersten Male mit Gottfried dem Höckerigen von
Niederlothringen, zum zweiten Male mit dem achtzehnjährigen Welf
von Bayern. Aber in beiden Ehen lebte sie in strenger Enthalt=
samkeit. Auch Katharina von Schweden, ein Tochter der heil.

---

[1]) M. G. t. VIII, p. 211.

Brigitta soll mit ihrem frommen Gatten in keuscher Enthaltsamkeit gelebt haben.

So erschien die Ehe in der Auffassung der Kirche lediglich als eine mit Rücksicht auf die menschliche Schwachheit erfolgte Milderung der asketischen Tugendlehre der Nachfolge Christi. Die Ehe wurde nur deshalb gestattet, weil eine grundsätzliche Vermeidung derselben eine thatsächliche Unmöglichkeit gewesen wäre und eine gänzliche Entfremdung des Volkslebens von der kirchlichen Religiosität zur Folge gehabt haben würde. Der Verzicht auf dieselbe wurde darum doch immer als das eigentliche Ideal der Nachfolge Christi festgehalten. Denn indem die Ehe nach der Absicht der Kirche ebensosehr zur Einschränkung wie zur Befriedigung der sinnlichen Begierde dienen sollte, wurde sie als ein dem Zwange der irdischen Lebensverhältnisse angepaßtes Erziehungsmittel zu der übersinnlichen Keuschheitstugend des religiösen Systems verwertet. Die Kirche leistete durch die Gewährung der Ehe keinen Verzicht auf die weltverneinende Tugendlehre der Nachfolge Christi, sondern suchte vielmehr der letzteren durch die Vermittlung der Ehe soweit nahe zu kommen, als dies das Schwergewicht der irdischen Lebensbedingungen gestattete. Die Ehe wurde als ein notwendiges Uebel betrachtet, welches zur Vermeidung des viel größeren Uebels eines gänzlichen Abfalles von der kirchlichen Tugendlehre zugelassen werden mußte. Die Gestattung derselben war ein klug gewählter Ausweg aus dem Widerstreit zwischen der asketischen Idee des religiösen Glaubens und der zwingenden Gewalt der sinnlichen Leidenschaften. Auch die Ehe war deshalb in der von der Kirche zugelassenen Form ein Mittel zur Verwirklichung der gottesstaatlichen Idee. Die Verneinung der irdischen Liebe bildete den letzten Grund für die Anerkennung der Ehe von Seiten der Kirche. Die transcendente Keuschheitstugend war gewissermaßen der überall durchscheinende Goldgrund in den Vorstellungen des Mittelalters über das Wesen und den Zweck der Ehe. Der transcendente Gedanke des christlichen Glaubens war das leitende Prinzip der in Sitte und Recht über die Ehe geltenden Grundsätze des Mittelalters.

Ebenso wie für das Verhältnis der Ehegatten wurde die

heilige Familie als Vorbild für das Verhältnis der Eltern zu
den Kindern hingestellt. Auch das letztere war wie alle Verhältnisse des Mittelalters von dem durch den transcendenten Gottes-
glauben bedingten Gegensatz der göttlichen und menschlichen Liebe
zerklüftet. Es verstand sich von selbst, daß die Liebe zu Gott auch
hier jeder anderen Verpflichtung vorangehen müßte. Christus hatte
selber durch sein Verhalten zu seinen Eltern hierfür das Beispiel
gegeben. Als Joseph und Maria, erzählt das Evangelium, Jerusalem, wohin sie sich des Osterfestes wegen begeben hatten, verließen, folgte Christus ihnen nicht, sondern blieb im Tempel.
Den zurückgeeilten, zürnenden Eltern aber erklärte er, daß der
Dienst seines himmlischen Vaters der ihnen schuldigen Gehorsamspflicht vorangehen müsse [1]). Als er mit seiner Mutter und seinen
Jüngern zu einer Hochzeitsfeier geladen war und Maria ihn um
ein Wunderzeichen ersuchte, wies er sie mit den Worten zurück:
„Weib, was habe ich mit dir zu schaffen" [2]). Als er eines Tages
das Volk belehrte und während seiner Rede von seiner Mutter
und seinen Brüdern gerufen wurde, fragte er, unwillig über die
Störung: „Wer sind meine Mutter und meine Brüder?" Sich
selbst Antwort gebend, bezeichnete er alsdann seine Jünger, die
seiner Rede lauschten, als Mutter und Brüder [3]). Nach Aussage
des Evangelisten Lukas machte er sogar den Haß gegen die eigenen
Eltern und Geschwister zur Bedingung seiner Nachfolge [4]).

Auf das Verhalten Christi gegenüber seinen Eltern hat sich
denn auch die Kirche zur Bemessung der zwischen Eltern und
Kindern bestehenden Pflichten stets berufen. Der Ordensklerus,
der in getreuer Befolgung der Worte Christi und um des letzteren
willen, Eltern und Verwandte verließ, war auch in diesem Stücke das
Vorbild der christlichen Lebensführung. Aus dem Verhalten Christi
zu seiner Mutter auf der Hochzeitsfeier zu Kanaan folgerte Bernhard von Clairvaux, daß nur für diejenigen, welche der Welt

---

[1]) Luk. 2, 49.
[2]) Joh. 2, 4.
[3]) Markus 3, 31—35; Luk 8, 21.
[4] Luk. 14, 26

bienten, Pflichten gegen die Eltern beständen, daß diejenigen aber, welche Gott dienten, von diesen Pflichten frei seien. „Denn so= lange wir," lehrte er, „von der Welt sind, sind wir die Schuldner der Eltern. Aber wenn wir uns selbst verleugnet haben, sind wir noch viel mehr von der Sorge um jene frei"[1]. Die Eltern gaben ja nach der Ansicht des Mittelalters ihren Kindern nur den sinn= lichen Leib mit seiner Sünde und Unvollkommenheit. „Was habe ich von euch außer Sünde und Elend? Diesen verderblichen Körper allein, das gestehe ich ein und erkenne ich an, trage ich von euch. Genügt es euch denn nicht, daß ihr Elenden mich Elenden in das Elend dieser Welt gesetzt habt, daß ihr Sünder mich Sünder in eurer Sünde erzeugt habt, daß ihr mich in Sünde Geborenen von Sünde ernährt habt? Wollt ihr mir auch noch obendrein das Er= barmen mißgönnen, welches ich von dem erlangt habe, der den Tod des Sünders nicht will und mich zu einem Sohn der Hölle machen"[2], läßt Bernhard einen jungen Mönch seinen Eltern schreiben, welche denselben zum Rücktritt aus dem Kloster veran= laßen wollten. „Die echte Nonne," erklärte Katharina von Siena, „soll die Neigung für das Vaterland und das Andenken an die Verwandten fahren lassen"[3]. Die in der göttlichen Liebe Voll= endeten erschienen ihr so sehr eins mit Gott zu sein, daß, „wenn der Vater oder die Mutter den Sohn in der Hölle sieht, oder der Sohn den Vater oder die Mutter, sie sich nichts darum sorgen. Denn sie sind zufrieden, läßt sie Gott sprechen, sie bestraft zu sehen als meine Feinde und all ihr Verlangen ist erfüllt"[4].

Wie die Legende und Geschichte viele Beispiele von enthalt= samen Ehegatten kennt, so erzählt sie auch zahlreiche Fälle, in welchen die Gottesliebe alle Regungen der Kindes= und Elternliebe siegreich überwand. Mustergültig im Sinne der Kirche war das Verhalten der Kaiserin Agnes, als das Schicksal sie in die Not= lage brachte, sich zwischen der Liebe zu Gott und zu ihrem Sohne,

---

[1] S. Bernh. opp. Parisiis 1719, vol. I, p. 815 f.
[2] Bernh. o. l. c. ep. 111, p. 119.
[3] Lett. t. III, p. 209.
[4] Dial. c. 41.

dem Kaiser Heinrich IV. zu entscheiden. Bekanntlich stand dieselbe in dem Streite des Kaisers mit der Kirche ohne Wanken auf Seite der letzteren. Sie selber wohnte den Verhandlungen der römischen Synode über die Exkommunikation und Absetzung ihres Sohnes im Jahre 1076 bei. Der Schmerz der Mutterliebe über diesen Vorgang äußerte sich nur in wenigen Worten. In einem Briefe an den Bischof Altmann von Passau aus demselben Jahre erzählte sie den Hergang der Verhandlungen mit dem Zusatze: „Von größter Betrübnis aber bin ich getroffen, weil ich der Kirche und meinem, den Worten törichter Menschen zu leichtgläubigen Sohne eine große Gefahr drohen sehe"[1]. Der Papst war ihrer Anhänglichkeit an ihn so gewiß, daß er in einem Briefe an die deutschen Fürsten und Bischöfe erklärte, daß bei einer neuen Königs= wahl außer ihm auch die Mutter des Königs in betreff der Person des zu Wählenden befragt werden müsse.

Eine tiefere Spur hinterließ dieser Widerstreit zwischen der Liebe zu Gott und den eigenen Kindern in dem weicheren Gemüt der Landgräfin Elisabeth von Thüringen. Auch dieses Ideal= bild selbstverleugnender Frömmigkeit mühte sich ab, aus Liebe zu ihrem Erlöser ihr Herz den eigenen Kindern zu entfremden. Schließlich erreichte sie ihr Ziel auch soweit, daß, wie sie wenigstens selber behauptete, der Anblick ihrer eigenen Kinder kein größeres Interesse in ihrem Mutterherzen erweckte, als der Anblick fremder Menschen. Sie erklärte einst ihren Dienerinnen, wie ihr Biograph Theoderich von Apolda berichtet: „Gott ist mein Zeuge, selbst die geliebten, meinem Schoße entsprossenen Kleinen, die ich so zärtlich umfaßte, betrachte ich jetzt wie Fremde"[2]. Freilich läßt diese Erinnerung an die einstige Liebe zu ihren Kindern noch den Schmerz des Mutterherzens über die grausame Härte einer solchen Gottesliebe durchfühlen. Dennoch brachte sie es fertig, ihre Kinder im zartesten Alter von sich weg zu geben, um nicht durch ihre Liebe

---

[1] Bertholdi Annales a. 1076, M. G. t. V, p. 283.

[2] VI, 3 in Thesaur. monument. ecclesiast. etc. ed. J. Basnage tom. IV; vgl. die auf Grund dieser Biographie um 1300 verfaßte dichterische Bearbeitung V. 6716 ff. Bibliothek des litterar. Vereins in Stuttgart Bd. 90.

zu denselben in ihren geistlichen Uebungen behindert zu werden [1]).
Andererseits aber wandte Elisabeth alle ihre Künste und Mittel
auf, um die Kinder fremder Leute zu pflegen. Diese Unnatur
ihres Verhaltens erschien dem Mittelalter als Uebernatur. Indem
ihr Biograph ein einzelnes Beispiel ihrer Mildherzigkeit gegen ein
fremdes, von seinen Eltern verlassenes Kind erzählt, fügte er zum
Schluß die Worte hinzu: „Erkenne hieran, wie die Gnade über
die Natur triumphiert und die letztere in herrlicher Weise über=
wältigt. Siehst du nicht, wie sie der Gnade voll, fremde Kinder
um Gottes willen umfängt und die aus ihrem eigenen Schoße
geborenen von sich weist und vergißt?" [2])

Diesen Beispielen von Müttern, welche sich aus Liebe zu Gott
die Liebe zu ihren Kindern aus dem Herzen rissen, standen Bei=
spiele von Kindern zur Seite, welche mit gleicher Willensstärke
die natürlichen Empfindungen ihres Herzens zu ihren Eltern er=
stickten. Dem im Jahre 521 geborenen Apostel der Pikten und
Skoten, Kolumba, rühmte ein aus dem zwölften Jahrhundert
stammender Hymnus nach: „Wie Abraham verließ er seine Heimat
und seine Verwandten Gott zuliebe" [3]). Einer seiner Schüler,
Namens Mochonea, folgte seinem Beispiele. Als Kolumba Irland
verließ und er demselben riet, ihn nicht zu begleiten, sondern bei
seinen Eltern und in seiner Heimat zu bleiben, erwiderte Mochonea:
„Du bist mein Vater, die Kirche ist meine Mutter und mein Vater=
land ist dort, wo ich eine reichere Ernte um Gutes zu wirken und
eine bessere Gelegenheit finde, um Christo zu dienen" [4]). Die Gattin
des Frankenkönigs Chlotar, Radegundis, welche im Jahre 544 den
letzteren verließ und den Schleier nahm, gewann eine solche Zu=
neigung zu den Schwestern des von ihr gegründeten Klosters, daß
sie, wie sie häufig versicherte, vergaß, Eltern und einen König
zum Gemahl zu haben. Der im Jahre 543 geborene Kolumban
verließ seine Mutter mit den Worten des Evangelisten Mathäus:

---

[1]) L. c. VII, 6.
[2]) L. c.
[3]) Mone, lat. Hymnen des Mittelalters Bd. 3, S. 256.
[4]) O'Donnel vita Columbae lib. II, c. 24, 25, 26.

„Haſt du nicht gehört: wer Vater oder Mutter mehr liebt als mich, der iſt meiner nicht wert?"[1] Als die Mutter in ihrem Schmerze ſich ihm zu Füßen warf und die Thürangeln umfaßte, um ihm den Weg zu verſperren, ſchritt der Heilige über ſie mit der Er= klärung hinweg, daß er den Weg des Heiles ziehen wolle und daß ſie ihn niemals wiederſehen werde[2]. Vergeblich flehte auch die Mutter des im Jahre 625 geborenen Ermenfried den letzteren und ihren zweiten Sohn, ihren Wunſch, Mönche zu werden, aufzugeben und ihre Familie fortzupflanzen. Mit der Berufung auf die ver= hängnisvollen, oben erwähnten Worte des Mathäus verſchloß der heil. Wolfgang ſein Herz dem Sirenengeſang ſeiner Eltern, welche ihn bei ſich zurückhalten wollten. Er verzichtete auf Vermögen und weltliche Ehre und ging in ein Kloſter, von welchem er im Jahre 972 zum Biſchof von Regensburg berufen wurde[3]. Für den Franziskus von Aſſiſi war ein geringfügiges Zerwürfnis mit ſeinem Vater, in welchem noch dazu das Unrecht auf Seiten des erſteren lag, genügender Anlaß, um ſich ganz von demſelben los zu ſagen und dem Dienſte Chriſti ausſchließlich zu folgen. Als ſein Vater erzürnt war, weil Franziskus wertvolle Tuchballen verkauft und das eingelöſte Geld ohne weiteres zum Bau einer Kirche verſchenkt hatte, riß der letztere die Liebesbande mit den Worten entzwei: „Hört es alle und vernehmt es: bisher habe ich Pier Bernardone meinen Vater genannt, aber weil ich entſchloſſen bin, Gott allein zu dienen, gebe ich ihm ſein Geld, wegen deſſen er erzürnt iſt und alle Kleider, die ich von ihm habe, zurück. Fortan will ich ſagen: Vater unſer, der du biſt im Himmel, nicht mehr Vater Pier Bernardone." Der fanatiſche Biſchof Philipp von Ferrara, der in den vierziger Jahren des dreizehnten Jahrhunderts päpſtlicher Legat in Deutſchland war, um hier die Rebellion gegen den Kaiſer Friedrich II. zu entflammen, wandte ſich von ſeinen Eltern und Brüdern mit den Worten ab: „Ich kenne euch nicht." Denn er wollte lieber dem höchſten Biſchof folgſam ſein, „als aus

---

[1] Matth. 10, 37.
[2] Vita S. Columb. c. 3.
[3] Othloni, vita S. Wolfkangi episc. M. G. t. IV, p. 529 f.

Liebe zu den fleischlichen Eltern vom Wege der Wahrheit ab=
weichen"[1]). Der große Scholastiker Thomas von Aquino ent=
zweite sich mit seiner ganzen Familie, als er in seinem sechzehnten
Lebensjahre in den Dominikanerorden trat. Eingedenk der von
Mathäus berichteten Worte Christi, widerstand er allen Bitten
seiner Brüder und Schwestern, aus dem Kloster wieder zu seiner
Familie zurückzukehren.

Die Anschauungen der Kirche über das Verhältnis von Eltern
und Kindern blieben auch nicht ohne Einfluß auf die praktische
Rechtsbildung. Indem die Pflichten gegen Gott zu dem leitenden
Grundsatz für das Verhältnis zu den Kindern gemacht wurden,
war jene fast schrankenlose Gewalt, welche das römische Recht dem
Vater über seine Kinder verlieh, der Kirche unannehmbar. Die
Rechte der Eltern, insbesondere des Vaters gegenüber den Kindern,
mußten sich begrenzen durch die Pflichten derselben gegen Gott.
Zum Teil unter dem Einflusse der Kirche wurden denn auch bereits
von den römischen Kaisern wesentliche Befugnisse der ursprüng=
lichen väterlichen Gewalt aufgehoben, wie z. B. das Recht des
Vaters über Leben und Tod seiner Kinder, über die Verheiratung
seines Sohnes und die Ehre seiner Tochter. In dem germanischen
Rechte, deren väterliche Gewalt ursprünglich denselben Umfang
besaß wie die des nationalen römischen Rechtes, wurde dieselbe
gleichfalls unter der Einwirkung der Kirche beschränkt. Die väter=
liche Gewalt wurde als eine erzieherische und schützende Fürsorge,
welche ihren letzten und höchsten Zweck in dem ewigen Seelenheile
der Kinder finden sollte, erklärt und aus dieser Zweckbestimmung
bemessen.

Zwar hielt die Kirche an dem mosaischen Gebote der Eltern=
liebe fest. Wie ihr aber der aus religiösem Beweggrunde erfolgte
Verzicht auf die Ehe höher erschien als die Ehe, so auch der aus
dem gleichen Grunde erfolgte Verzicht auf die Kindes= und Eltern=
liebe höher als diese. So viel Spielraum die Kirche auch der
Familie gewährte, so hat ihre Stellung zu derselben doch stets
den Charakter einer bloßen Duldung behalten. Die weltverneinende

---

[1]) Monach. Patav. Chronic., Muratari VIII, p. 682.

Gottesliebe hielt sie immer als die ideale Norm auch für die Beziehungen der Eltern und Kinder zu einander aufrecht.   Die Kirche
gebot den Gehorsam gegen die Eltern mit derselben Einschränkung,
mit welcher sie den Gehorsam gegen den Staat gebot.   Mit Berufung auf die Worte Christi: „Wer Vater oder Mutter mehr
liebt als mich, ist meiner nicht würdig," stellte sie den Gehorsam
gegen Gott der Eltern- und Kindesliebe voran.   Die von ihr als
Vorbild aufgefaßte heilige Familie ließ den Liebesverkehr der
Gatten untereinander wie der Eltern mit den Kindern als eine
Beeinträchtigung der Liebe zu Gott erscheinen.   Sie war ihrer
Idee nach die Verneinung des ehelichen wie des verwandtschaftlichen Lebens.

Diese transcendent-asketischen Grundsätze über die Ehe und
Familie wurden zu einer Hauptquelle der kirchlichen Macht und
zwar sowohl dadurch, daß dieselben zahlreiche Gläubige von einer
Eheschließung abhielten, als auch dadurch, daß sie die Ehe der
kirchlichen Autorität unterstellten.   Den größten Machtgewinn zog
die Kirche aus dem ersteren Umstande, aus dem durch religiöse
Beweggründe veranlaßten Verzicht auf die Ehe.   Denn seitdem
der Weg zum Jenseits nur durch die Vermittlung der Kirche zu
finden war, bedeutete das der Liebe zu Christus gebrachte Opfer
der Keuschheit nichts anderes, als die Entsagung auf irdische Liebe
zu Gunsten der Kirche.   Demnach traten diejenigen, welche Christus
oder Maria das Opfer der irdischen Liebesentsagung brachten, in
den geistlichen Stand und wurden Religiose oder Weltgeistliche.
Schon der Bischof Leander erklärte es sogar ausdrücklich als notwendig, daß diejenigen Jungfrauen, welche Gott Keuschheit gelobt
hatten, in ein Kloster gehen und nicht im Kreise ihrer Familie
oder in einsamen Zellen wohnen sollten[1]).   Der von allen Pflichten
des Familienlebens ledige Klerus bildete aber die festeste Grundlage des kirchlichen Systems.   Er war das vorzüglichste Instrument
der päpstlichen Politik in ihrem Kampfe mit der Welt.   Nur durch
das Verbot der Ehe gewann die Kirche die Geschlossenheit und

---

[1]) De institutione virginum et contemptu mundi c. 17.

Beweglichkeit ihrer Organisation, welche ihr Uebergewicht allen weltlichen Mächten gegenüber sicherten. Die Ungebundenheit des Klerus gegenüber der Welt machte die strenge Gebundenheit desselben an die Zwecke der Kirche erst möglich. Nur infolge der ersteren konnte der Klerus jenen unbegrenzten Einfluß auf die Laien in allen Fragen des Lebens gewinnen, welchen die Kirche sich bis zur Stunde zu erhalten gewußt hat. Auf Grund des Cölibates ist dann die Kirche die volkstümlichste Macht geworden, welche es wohl jemals gegeben hat, obwohl sie doch in der unvolkstümlichen Idee des sakramentalen Priestertums ihre Wurzeln hatte. Eben aus diesem Grunde bestand auch Gregor VII. mit so schonungsloser Härte auf die Durchführung des Cölibates.

Die asketische Tugendlehre war es ferner, welche die Kirche veranlaßte, die Ehe ihrer gesetzgeberischen und richterlichen Zuständigkeit zu unterstellen und demnach ihren Wirkungskreis auch über die Familie zu erstrecken. Indem die Kirche den sakramentalen Charakter der Ehe in den gesetzlichen Vorschriften über die Eheschließung, sowie über die von der letzteren ausgeschlossenen Verwandtschaftsgrade zur Geltung brachte, erwarb sie die gesetzgeberische und richterliche Autorität auf dem ganzen Gebiete der ehelichen Rechtsverhältnisse. Aus diesem Grunde beanspruchte und erhielt die Kirche schon seit der altchristlichen Zeit eine mitwirkende Thätigkeit bei der Begründung der Ehe, indem sie die priesterliche Einsegnung der Ehe zur Pflicht machte. Auch die Kirche des Mittelalters stellte diese Forderung, wenn sie gleich die Rechtsgültigkeit der Ehe von der priesterlichen Einsegnung nicht abhängig machen konnte. Die Gesetzgebung Karls des Großen recipierte die kirchliche Auffassung, indem sie die öffentliche, vom Bischof, Presbyter und den Senioren ausgehende Prüfung der Ehe mit Bezug auf die Verwandtschaftsgrade der Gatten, sowie die priesterliche Einsegnung der Ehe befahl [1]. Auch trat innerhalb der Kirche das Streben hervor, die priesterliche Einsegnung zur Bedingung für die Rechtsgültigkeit der Ehe zu machen. Es geschah dies im

---

[1] Kapitular vom Jahre 802, K. 35.

v. Eicken, Geschichte und System der mittelalterl. Weltanschauung. 30

Pseudoisidor durch die unechten Kanones der Päpste Evaristus und Calixtus. Eine allgemeine Anerkennung konnte sich diese Ansicht freilich nicht erringen. Doch näherte sich die Kirche des klassischen Mittelalters derselben insofern, als sie die ohne priesterliche Einsegnung geschlossene Ehe mit kirchlichen Bußen ahndete. Papst Alexander III. bezeichnete eine solche Ehe als ein „Verbrechen"[1]). Auch verboten die Konzilien wiederholt die durch Laien vollzogene Eheschließung, so z. B. die Synode zu Trier vom Jahre 1227, zu Lüttich vom Jahre 1287, zu Würzburg vom Jahre 1298 und andere. Das vierte lateranensische Konzil vom Jahre 1215 führte außerdem auch das öffentliche kirchliche Aufgebot ein, welches der Eheschließung voraufgehen sollte. Die kirchliche Trauung fand seit dem elften Jahrhundert in der That auch allgemeinere Aufnahme[2]). Doch beschränkte sich die Kirche nicht darauf bei der Begründung der Ehe mitzuwirken, sie beanspruchte außerdem ihre richterliche Zuständigkeit bei allen aus der Ehe entstehenden Rechtsstreitigkeiten. Der transcendente Charakter der Ehe forderte die Unterstellung der die letztere berührenden Rechtsfragen unter die Kompetenz des geistlichen Richters. Nur die vermögensrechtlichen Fragen innerhalb der Ehe konnten dem Forum des weltlichen Richters verbleiben.

Nicht minder als die rechtlichen, beherrschte die Kirche endlich auch die sittlichen Beziehungen innerhalb der Familie. Da sie mit dem Amte der göttlichen Stellvertretung betraut war, so bedeutete der von ihr allen verwandtschaftlichen Pflichten und Liebesbeziehungen vorangestellte Gehorsam gegen Gott nichts anderes, als die Unterordnung der ersteren unter ihre eigenen Gebote. Sie besaß demnach die Macht, die von ihr gelehrte Gehorsamspflicht der Kinder gegen die Eltern, sowie die Liebespflicht dieser gegenüber jenen je nach ihren Interessen zu bemessen oder auch völlig aufzuheben. Wie einst die rechtgläubigen Israeliten am Fuße des Berges Sinai ihre von Jehova abgefallenen Stammesbrüder ohne Rücksicht auf

---

[1]) Mansi, Conc. 2938.1,

[2]) Vgl. die zahlreichen Stellen bei E. Friedberg, „Das Recht der Eheschließung in seiner geschichtlichen Entwicklung".

verwandtschaftliche Beziehungen um des Herrn willen erwürgten,
so forderte die Kirche in den Ketzerverfolgungen des dreizehnten
Jahrhunderts zu Ehren Gottes die nächsten Verwandten zu gegen=
seitigem Zeugnis über ihre Rechtgläubigkeit auf. Als der von
Gregor IX. zum Ketzerrichter bestellte Konrad von Marburg Deutsch=
land nach Ketzern durchsuchte, löste die Todesangst vor der mord=
gierigen Frömmigkeit des Wüterichs die engsten Familienbande auf.
Um sich selber vor der Brandfackel des rasenden Inquisitors zu
retten, beschuldigte „der Bruder den Bruder, die Frau den Mann,
der Herr den Knecht" der Ketzerei. „Und es entstand eine in der
Welt bis dahin unerhörte Verwirrung" [1]).

Die religiöse Lehre der Kirche war im Grunde durchaus nicht,
wie es den Anschein hatte, eine Stütze der Familie. Vielmehr
lösten sich unter der Machtwirkung der asketisch=hierarchischen Re=
ligiösität die Bande des Familienlebens mehr auf, als sie durch
dieselbe befestigt wurden. Die Macht der Kirche war der Ziel=
punkt der von der letzteren aufgestellten rechtlichen und sittlichen
Ordnungen des Familienlebens. Was das letztere an innerer
Festigkeit verlor, fiel der Kirche als ein Zuwachs ihres Macht=
besitzes anheim.

3. Der Widerstand gegen die religiöse Askese.

So tiefgreifend aber auch der Einfluß der religiösen Welt=
anschauung auf die Ehe und die Familie war, so blieb das Mittel=
alter doch auch in dieser Hinsicht unendlich weit von dem Ideale
des übersinnlichen Gottesstaates entfernt. Die Entsagung auf
irdische Liebe stand dem natürlichen Zuge der menschlichen Em=
pfindungen mehr entgegen als jedes andere Opfer, welches die
asketische Religiösität der Kirche forderte. Darum hat diese For=

---

[1]) Alberici Chronic. ed. Leibniz. access. hist. Leipzig 1698, S. 545.
Vgl. den Brief des Erzbischofs von Mainz an den Papst: Huill.-Bréh. IV.
2, 650.

berung der Welt= und Selbstverleugnung auch die tiefsten Spuren
in dem Seelenleben des Mittelalters hinterlassen, indem sie einen
nachhaltigeren Widerspruch hervorrief, als irgend ein anderes Gebot
der Kirche. Der praktische Erfolg der letzteren ist auf keinem
Gebiete so weit hinter ihrem Ideale zurückgeblieben, als auf dem
Gebiete der geschlechtlichen Liebe. Zunächst äußerte sich der Wider=
stand gegen das Keuschheitsgebot auf Seiten des von dem letzteren
am unmittelbarsten getroffenen Klerus.

Als Papst Gregor VII. auf der Fastensynode des Jahres
1074 das Verbot der Priesterehe erneut hatte und in wiederholten
Sendschreiben an die Bischöfe den Priestern gebot, entweder ihre
Aemter aufzugeben oder ihre Frauen zu verlassen, erhob sich, wie
Lambert von Hersfeld erzählt, der gesamte Priesterstand mit hef=
tigem Unwillen gegen dieses Gebot. Die verheirateten Priester
beriefen sich zu ihrer Verteidigung auf jene Worte Christi, welche
den Verzicht auf irdische Liebe der freien Willensentschließung
einzelner besonders begnadigter Naturen überließ [1]), sowie auf die
Worte des Paulus: „So sie aber sich nicht enthalten, so laß sie
freien, es ist besser freien als Brunst leiden"[2]). Gregor wolle die
Menschen, wie sie erklärten, gewaltsam zwingen, nach Art der
Engel zu leben und, indem er der Natur ihren gewohnten Lauf
verweigere, der Hurerei und Unreinigkeit die Zügel lockern; fahre
er fort, diesen Ausspruch aufrecht zu halten, so wollten sie lieber
das Priestertum als die Ehe aufgeben und dann solle er, dem die
Menschen zu schlecht wären, zusehen, woher er Engel nehmen wollte,
um den Gemeinden in der Kirche Gottes vorzustehen[3]). Der
Mainzer Klerus wollte den Erzbischof Siegfried absetzen oder er=
morden, als derselbe auf einer Synode zu Erfurt im Jahre 1074
die verheirateten Priester seiner Diöcese aufforderte, entweder der
Ehe oder dem Priesteramte zu entsagen. Der Klerus beabsichtigte,
durch eine solche äußerste Gewaltthat auch zugleich alle Nachfolger
desselben vor solchen Gedanken zurückzuschrecken. Der Klerus zu

---

[1]) Math. 19, 11 und 12.
[2]) Korintherbrief 7, 9.
[3]) Lamb. Hersfeld. Mon. G. t. VII. p. 218.

Paffau stürmte in der Kirche auf den Bischof Altmann ein, als derselbe in dem gleichen Jahre von der Kanzel den Geistlichen das eheliche Zusammenleben verbot. Nur die in der Kirche anwesenden Edeln und Ministerialen schützten den Bischof vor dem sicheren Tode. Auf dem Konzil zu Paris im Jahre 1074 verwarf man die Forderung Gregors in betreff des Cölibates fast einstimmig als „unerträglich und darum auch unvernünftig". Ein einzelner Abt, der zum Gehorsam gegen die Gebote des Papstes aufforderte, wurde mißhandelt und mit dem Tode bedroht. Zu Rouen wurde der Erzbischof Johann in demselben Jahre von den Geistlichen mit Steinwürfen aus der Kirche verjagt, als er die verheirateten Kleriker mit dem Banne bedrohte. Auch gegen den Erzbischof Gottfried von Rouen erhob sich im Jahre 1119 ein Sturm des Unwillens, als er die Cölibatsgesetze bei seinem Klerus einführen wollte. Der Erzbischof verließ die Kirche und es kam zu einem blutigen Kampfe zwischen seinen Dienern und dem Klerus, als die ersteren den letzteren auf Befehl des Erzbischofs aus der Kirche treiben wollten. Einen gleichen Widerstand fanden die Reformen Gregors fast in der ganzen Kirche.

Nachhaltiger als dieser äußere Widerstand gegen das Keusch= heitsgebot waren die inneren Seelenkämpfe, welche dasselbe zwischen der religiösen Pflicht und den Begehrungen der sinnlichen Natur hervorrief. Einzelne Vorgänge in dem Leben der großen Büßer= gestalten des Mittelalters zeigen, welche Gluten der Leidenschaft auch in der Seele dieser Menschen brannten und welche gewaltige, schmerzliche Anstrengungen jene Unnatur des kirchlichen Sitten= gesetzes erforderte, um die natürlichen Triebe zu bändigen. Dem Franziskus von Affifi drängte sich einst in nächtlicher Ruhe die Erwägung auf: „Franziskus, du bist jung und hast noch lange Zeit, deine Sünden zu bereuen, was willst du vor der Zeit dich mit Wachen und Beten umbringen?" Der Heilige, welcher diese Stimme seiner Natur für die des Teufels hielt, widerstand freilich siegreich. In der kalten Januarnacht warf er die Kleidung von sich ab und stürzte sich hinaus in dichtes Dornengestrüpp, bis er von Blut überströmt war. Nicht viele Heilige der Kirche werden die Triebe der Sinnlichkeit mächtiger empfunden haben, als gerade

die härteste Asketin des ganzen Mittelalters, Katharina von Siena.
Ihr Biograph, der Dominikaner Raimund von Capua, erzählt,
daß sie sich einst, als sie sich infolge harter Bußübungen leidend
fühlte, gefragt habe: „Was peinigst du dich vergeblich? Du kannst
das nicht so forttreiben, ohne dich selbst umzubringen. Besser, du
läßt diese Thorheit, bevor du ganz zu Grunde gehst. Noch ist
Zeit, dich der Welt zu erfreuen. Du bist jung und bald wird
dein Leib seine Kraft wiedergewinnen. Lebe wie die anderen
Frauen, nimm dir einen Mann und bringe Kinder zur Welt, das
menschliche Geschlecht zu mehren. Waren nicht auch die heiligen
Frauen vermählt? Siehe auf Sara, auf Rebekka, auf Lea, auf
Rahel. Wozu willst du ein absonderliches Leben führen, das du
doch nicht durchführen kannst?" Zuweilen wurde sie durch die
inneren Regungen der gebundenen Triebe bis zur Sinnestäuschung
betäubt. Dann glaubte sie vor sich Männer und Frauen in ge=
schlechtlicher Liebe sich vereinigen zu sehen.

Das berühmteste, gewissermaßen vorbildliche Beispiel dieses
Widerstreites waren bekanntlich Abälard und Heloise. Das ganze
Leben dieses Liebespaares gestaltete sich unter dem Zwange der
den geistlichen Stand bindenden Enthaltsamkeit nach Abälards
eigenem Ausdruck zu einer Leidensgeschichte. Da Abälard sich dem
geistlichen Berufe gewidmet und bereits die niederen Weihen em=
pfangen hatte, so konnte er, ohne sich das Aufsteigen zu den höheren
geistlichen Würden abzuschneiden, nur auf heimlichen, unerlaubten
Wegen in den Besitz der anmutigen und geistreichen Heloise ge=
langen. Als ihre Liebe entdeckt wurde, begann die Geschichte ihrer
Leiden, die sie von nun ab in ununterbrochener Folge bis zum
Ende ihres Lebens verfolgten. „Welche Betrübnis," schrieb Abä=
lard, „ergriff mich da über den Kummer des Mädchens, welche
Trauer erduldete ihre heiße Liebe um meine Scham. Keiner be=
klagte sich darüber, was ihm selber, sondern was dem anderen
bevorstand, keiner ängstigte sich um das eigene Unglück, sondern
um das des anderen"[1]. Als das Mädchen die Folgen ihrer Liebe
verspürte, entführte sie Abälard aus dem Hause ihres Oheims und

---

[1] Bouquet XIV, p. 283.

brachte sie zu seiner Schwester, wo sie einen Sohn gebar. Die Furcht vor der Rache des Oheims zwang Abälard, in die ihm vorgeschlagene Heirat zu willigen. Da die letztere aber seine geist= liche Laufbahn unmöglich gemacht und voraussichtlich auch seine wissenschaftliche Lehrthätigkeit sehr beeinträchtigt haben würde, so stellte Abälard die Bedingung, daß die Ehe geheim bleiben solle. Heloise aber willigte nur nach langem Widerstreben in die Heirat. Das hingebende Mädchen war sich der ungünstigen Folgen, welche ihre eheliche Verbindung für Abälard haben mußte, vollkommen bewußt und wollte, wie sie erklärte, den Ruhm ihres Geliebten, der ihr ganzer Stolz war, nicht verkümmern. Sie hielt an dieser heldenmütigen Selbstverleugnung selbst dann noch fest, als sie mit Abälard getraut war. Als ihr Onkel, seinem Versprechen entgegen, die vollzogene Heirat in Paris kundmachte, erklärte Heloise mit Rücksicht auf die Zukunft ihres Gatten diese Angabe für unwahr. Da der Oheim ihr deshalb wiederholt heftige Vorwürfe machte, entführte Abälard die Gattin aufs neue aus dem Hause desselben und brachte sie in das Kloster Argenteuil bei Paris, wo Heloise als Mädchen erzogen war. Der Oheim aber rächte sich dadurch, daß er den Abälard eines Nachts überfallen und entmannen ließ. Seit dieser Unthat war denn allerdings die Liebesglut Abälards erloschen und er selbst, wie er später der Heloise schrieb, in einen Zustand der Reinheit versetzt, „der nichts mehr zu fürchten hat von der verworfenen Ansteckung des Fleisches". Aber das Liebes= sehnen der unglücklichen Heloise hörte nicht auf. Beide traten jetzt ins Kloster, jener zu St. Denis, diese zu Argenteuil, wo sie sich bisher als Gast aufgehalten hatte. Heloise nahm freilich nur mit widerstrebendem Herzen den Schleier, da sie ihrer Liebe zu Abälard nicht entsagen konnte. Nur aus Gehorsam gegen den letzteren, nicht aus Liebe zu Gott zog sie, wie sie später in einem ihrer Briefe an Abälard schrieb, das geistliche Kleid an. Die Liebe zu ihrem Gatten und die Erinnerung an die wenigen Tage ihres beiderseitigen Glückes verließen sie ihr ganzes Leben nicht. Die Briefe, welche sie jahrelang später als Aebtissin des Klosters Paraklet an Abälard richtete, atmeten noch denselben Geist der treuen, selbst= losen und leidenschaftlichen Liebe, in der sie ihm vormals ergeben

war. Der schmerzliche Widerstreit zwischen ihrer Liebe zu Abälard
und ihren religiösen Pflichten verwirrte ihre Gedanken auch noch
in ihrer klösterlichen Abgeschiedenheit und marterte ihr Herz, so
lange ihre Jugendblüte dauerte. „Selbst während der Feier des
Gottesdienstes," schrieb sie dem Geliebten, „in dem Augenblicke,
wo das Gebet inniger und reiner sein soll, o ich schäme mich
dessen, fesseln die üppigen Bilder unserer Freuden dermaßen dies
elende Herz, daß ich mich mehr mit diesen unwürdigen Dingen
als mit dem heiligen Gebete beschäftige. — Alles beginnt von
neuem wieder, diese ganze Vergangenheit belebt sich wieder und
bewegt mich, selbst im Schlafe habe ich keine Ruhe. Unfreiwillige
Bewegungen, Worte, die mir entschlüpfen, verraten die Verwirrung
meiner Gedanken. — Die Heftigkeit der Sinne und der Leidenschaft, eine Jugend, die immer lodert und zuckt und die so süße
Erfahrung der Genüsse, die ich gekostet, stacheln mich ohne Rast
und betreiben meine Niederlage durch Angriffe, deren Mitschuldige
die Gebrechlichkeit meiner Natur selbst ist." Sie bat Abälard,
ihrer im Gebete zu gedenken. Denn, schrieb sie, „ich bin nicht
geheilt." Heloise bewahrte ihrem Gatten die Treue ihres Herzens
auch noch nach dem im Jahre 1142 erfolgten Tode desselben,
wie ein Chronist ihrem Andenken nachrühmte [1]). Mit Recht hatte
sie einst vorhergesagt, als Abälard sie zum Traualtare führen
wollte, daß der Schmerz, der ihrer Verbindung folgen würde,
nicht geringer sein werde, als die Liebe, welche derselben voraufgegangen wäre [2]). Die Nachwelt hat das Andenken an dieses,
einer edlen Liebe zum Opfer gefallene Paar ebenso in Ehren gehalten, wie die kirchliche Legende die Erinnerung an ihre Heiligen.
Sie verehrte in Abälard und Heloise die Märtyrer der Liebe, wie
die Legende in ihren Helden die Märtyrer der Liebesentsagung.
Die Sage hat sogar den Schluß dieser Tragöde in derselben Weise
ausgeschmückt, wie die religiöse Dichtung das Ende von Alexius
und Abriatica. Als Heloise gestorben war und der Leichnam ihrem
letzten Willen gemäß in das Grab des ihr im Tode voraufgegan-

---

[1]) Bouquet XIII, p. 675.
[2]) L. c. XIV, p. 284.

genen Gatten gesenkt wurde, da streckte das Gebein des letzteren
seine Arme entgegen und umfing den Leib der Geliebten, um nun
auf immer mit ihr vereinigt zu bleiben.

Das Schlimmste aber war, daß selbst mit der äußeren Ueber=
windung der Sinnlichkeit die innere Fortwirkung der letzteren
dennoch keineswegs aufgehoben wurde. Denn die Vorstellung, daß
durch die Enthaltung vom sinnlichen Liebesgenuß die Sinnlichkeit
kraftlos gemacht und außer Thätigkeit gesetzt werde, beruhte auf
einem verhängnisvollen Irrtume. Vielmehr wurden die Menschen
dadurch, daß sie der gewaltigen Naturkraft dieser Empfindungen
die natürliche Befriedigung versagten, erst recht von derselben ge=
fesselt. Die unbefriedigte, nach Befriedigung ringende Sinnlichkeit
brannte im Inneren fort und durchdrang alle Vorstellungen und
Empfindungen, bis sie sich eine Traumwelt gestaltet hatte, welche
die Erfüllung ihrer Begehrungen in glänzenden Farben malte.
Die religiöse Vorstellungswelt entwickelte sich in der heißen Tem=
peratur gebundener Lebenskräfte. Die abstrakte Welt des Ueber=
sinnlichen wurde von einem so persönlichen Gefühlsleben durchglüht,
daß sie sich von der irdischen Körperwelt nur durch ihre voll=
kommeneren Daseinsformen unterschied. Das ganze religiöse Lehr=
system nahm eben infolge seiner übersinnlichen Richtung eine sinn=
liche Färbung an. Die geschlechtlichen Reize gewannen um so
mehr Bedeutung für die transcendente Welt der religiösen Vor=
stellung, als sie für die Sphäre der irdischen Welt verleugnet
wurden. In den Hauptpersonen des religiösen Kultus, in Christus
und Maria, wurden die geschlechtlichen Unterschiede des Diesseits
auf das Jenseits übertragen. Die Beziehungen zu beiden be=
stimmten sich aus der Empfindung der geschlechtlichen Gegensätze.
Christus war dem weiblichen Geschlechte, Maria dem männlichen
Geschlechte der Mittelpunkt des religiösen Kultus. Die Empfindung
und Sprache der irdischen Liebe wurden in sehr ausgedehntem
Maße auf das Gebiet der göttlichen Liebe übertragen.

Mit dem Eintritt in einen religiösen Orden entsagte die
Jungfrau der Welt und der irdischen Liebe, um sich „dem himm=
lischen Bräutigam zu verloben". Sie brachte dem letzteren ihre
„Jungfräulichkeit zum Opfer". Bernhard von Clairvaux wandte

die Worte des Hohen Liedes: „Mein Geliebter wird zwischen
meinen Brüsten weilen" auf das Verhältnis der geistlichen Schwester
zu Christus an. Die Worte bedeuten, wie er erläuterte: „Die
Erinnerung, das Verlangen und die Liebe meines Bräutigams
Jesu Christi wird immer zwischen meinen Brüsten, das heißt in
meinem Herzen sein" [1]. Auch für die Worte des Hohen Liedes:
„Stärkt mich mit Blumen, sättigt mich mit Aepfeln, weil ich vor
Liebe schwach bin," wußte er eine Anwendung auf das Verhältnis
der Konventualin zu Christus. „In Wahrheit," sagte er, „vor
Liebe und Verlangen liegst du kraftlos auf dem Lager der ver=
trautesten und süßesten Liebe, wenn du in heiligen Werken stark
und in irdischen Dingen schwach bist" [2]. Ein Abfall der Jung=
frau von dem einmal gefaßten Entschlusse der lebenslänglichen
Keuschheit oder von dem öffentlich abgelegten Gelübbe derselben
war ein „Ehebruch" gegen ihren „unsterblichen Verlobten", wie
Papst Zacharias in einem Briefe an den König Pippin und die
fränkische Geistlichkeit vom Jahre 747 erklärte. Im Tode beschritt
die „Braut Christi" das Lager ihres himmlischen Bräutigams.
Der Bischof Thietmar von Merseburg berichtete in seiner Chronik
den Tod einer frommen Gräfin Namens Christiana mit den
Worten: „Freudigen Herzens beschritt sie das Lager ihres lang=
ersehnten himmlischen Bräutigams" [3]. Mit den Worten: „O
geliebtester unter den Männern," ging die Aebtissin des Stiftes
Dietkirchen in Bonn, Irmentrudis von Mylendonk, welche in der
ersten Hälfte des dreizehnten Jahrhunderts lebte, heim zu ihrem
himmlischen Bräutigam. Bernhard von Clairvaux verhieß der
geistlichen Jungfrau, daß sie die Verlobte Jesu Christi, „die Ge=
nossin des Tisches, des Reiches und des Schlafgemaches" sein
werde und daß sie „der König zu seinem Lager hinführen werde" [4].
In einer gleichzeitigen religiösen Erbauungsschrift heißt es von
den Jungfrauen: „Züchtig treten sie in das keusche Schlafgemach

---

[1] De modo bene vivendi c. 12.
[2] L. c.
[3] Lib. IV, c. 41.
[4] Opp. tom. I, p. 815.

ihres Verlobten ein oder nehmen vielmehr ihn in das Schlafgemach ihres Herzens auf" [1]).

Die Verlobung mit dem himmlischen Bräutigam wurde in einzelnen Fällen aus einer bildlichen Redewendung zu einem wirklichen Vorgange. Einigen auserwählten Geliebten erschien Christus sichtbar, um mit ihnen sich förmlich und feierlich zu verloben. Schon die Königin und Märtyrerin Katharina von Alexandrien wurde, wie die Legende erzählt, mit dieser Liebe beglückt, desgleichen die heil. Brigitta von Schweden. Katharina von Siena wurde von der heiligen Jungfrau selber ihrem Sohne zugeführt, welcher ihr einen goldenen, mit einem Diamanten und vier Perlen besetzten Ring an den Finger steckte und sie mit feierlichen Worten als seine Braut bezeichnete. Der Evangelist Johannes, der Apostel Paulus, der heil. Dominicus und David bildeten außer der heil. Jungfrau die Zeugen dieser Handlung. König David spielte während der letzteren die Harfe. Die Christusliebe der Katharina von Siena war von einer verzehrenden Leidenschaft durchglüht. Einst wollte sie, wie ihr Biograph Raimund erzählt, vor Liebessehnsucht nach den Umarmungen ihres himmlischen Bräutigams verschmachten. Wie wahnsinnig nannte sie den Namen Christi und brach in die Worte aus: „Süßester und geliebtester Jüngling, Sohn Gottes und der Jungfrau Maria, du mein übergeliebtester Herr . . . Süßer und verliebter Ritter". Als sie eines Tages bei der Pflege einer an einem krebsartigen Geschwür leidenden Frau, um ihren Ekel zu überwinden, das Wasser, mit dem sie das Geschwür gereinigt samt den Eiter getrunken hatte, erschien ihr der göttliche Geliebte in der folgenden Nacht und redete sie mit den Worten an: „Weil du in dieser Handlung über die Natur hinausgegangen bist, will ich dir einen Trunk reichen, der über alle menschliche Natur und Sitte hinausgeht." Dann bot er ihr seine Seitenwunde zum Saugen dar. „Sättigt, berauscht, badet, ersäuft euch im Blute des unbefleckten Lammes," rief Katharina trunken von religiöser Wollust aus [2]). Dieselbe Geschichte wurde

---

[1]) L. c. t. II, p. 482.
[2]) Lett. t. II, p. 200; t. IV, p. 50.

mit unwesentlichen Abänderungen von der aus Thüringen stam=
menden, im Jahre 1264 verstorbenen Jutta erzählt. Auch ihr
reichte Christus, weil sie aus der eiternden Wunde eines Kranken
eine Hostie genommen und verzehrt hatte, seine Seitenwunde zum
Saugen dar.

In noch viel ausgedehnterem Maße als der Christuskultus
der gottgeweihten Jungfrauen trug der Marienkultus der männ=
lichen Asketen den Charakter eines irdischen Liebesverhältnisses.
Maria war das Idealbild der göttlichen Liebe im Gegensatz zur
irdischen Liebe. Sie war gewissermaßen die Personifikation der
irdischen Liebesentsagung, der Mittelpunkt der weltverneinenden
Metaphysik der Kirche. Aber gerade diese Bedeutung Marias
machte den Kultus derselben zugleich zum Ausgangspunkt einer
durchgreifenden Versinnlichung der religiösen Vorstellungen, zum
Sammelpunkt der aus der Sphäre des Irdischen in das Jenseits
sich flüchtenden Liebesbegehrungen. Die Liebe der jungfräulichen
Himmelskönigin sollte im Jenseits den tausendfältigen Ersatz bieten
für die Entbehrungen, welche sich ihre Ritter während ihres Erden=
lebens freiwillig auferlegten. Und zwar nahm der sinnliche Cha=
rakter der Marienverehrung in demselben Maße zu, als auf der
anderen Seite die weltflüchtige Askese gesteigert und die Forderung
der irdischen Liebesentsagung ernstlicher gestellt wurde. Daher war
auch die Periode, in welcher die asketische Sittlichkeit den Höhe=
punkt ihrer Geltung erreichte, die klassische Zeit des Mittelalters,
die Blütezeit des Mariendienstes und war ferner der Stand,
welcher die asketische Tugendhaftigkeit am vollkommensten erstrebte,
das Mönchstum, der besondere Träger und Pfleger des Marien=
dienstes.

Alle Reize der Weiblichkeit wurden in höchster Steigerung
auf Maria übertragen. Maria war die Wunderblume der reli=
giösen Romantik. Wohl hat im Mittelalter vielfach die Ansicht
bestanden, daß die leibliche Persönlichkeit Christi einen von Leiden
und asketischen Uebungen entstellten, unschönen, ja häßlichen An=
blick geboten habe. Maria hingegen, die Braut des heiligen Geistes,
wurde stets als die edelste und zarteste Blüte menschlicher Schön=
heit gedacht. Sie war der „frihô skôniosta", der Frauen Schönste

wie sie der Heliand bezeichnete [1]). Der ältere Notker von St. Gallen
pries sie als „die schönste aller Jungfrauen" in einem Hymnus
auf den Festtag ihrer Reinigung [2]). In dem um das Jahr 1173
gedichteten „Leben der Jungfrau Maria" von Wernher von Tegern-
see [3]) heißt es:

> „Ir antlutze war sô tugentlîche,
> ir ougen alsô kunchlîche,
> ir gebaerde alsô reine,
> daz sich ze ir glîchte deheine
> under allen den frouen,"

„Rosiger als die Rose, weißer als die Lilie" nannte sie Bonaventura in einem der Jungfrau gewidmeten Hymnus [4]).

Mit der Vorstellung einer idealen Leiblichkeit wurde auch das
mit der letzteren verknüpfte sinnlich-ästhetische Empfindungsleben
in die Marienverehrung aufgenommen. Sinnliche und religiöse
Liebesempfindungen schmolzen in der letzteren zusammen. Der
Marienkultus war die Liebespoesie des Ordens- und Weltklerus.
Die männlichen Religiosen betrachteten sich ebensosehr als die
Verlobten der Jungfrau Maria, wie die weiblichen Religiosen sich
als die Verlobten Christi ansahen. Wie Verlobte standen die
Religiosen im trautesten Liebesverkehr mit der Jungfrau Maria.
In Küssen und Umarmungen beglückten sich die Liebenden. „Es
ist dir Jungfrau," rief Bernhard von Clairvaux voll Entzücken,
über seine himmlische Braut aus, „gleichsam ein Kuß, wenn du
den englischen Gruß hörst: Ave. Denn so oft man dich demütig
grüßt, so oft wirst du Seligste geküßt" [5]). Manche Legenden sind
duftige Liebesidyllen und in ihren Vorgängen wie in dem Ausdruck der Empfindungen von weltlichen Liebesgedichten nicht zu
unterscheiden.

---

[1]) Deutsche Dichtungen des Mittelalters von K. Bartsch, Bd. 4, S. 29,
B. 488 u. a.

[2]) Ph. Wackernagel, Das deutsche Kirchenlied Bd. 1, S. 96.

[3]) 2. Lied, V. 67 ff.

[4]) Ph. Wackernagel, l. c. S. 141, Nr. 228.

[5]) Ludolph Saxonius: Oratio de assumptione et laude b. virg.
in desselben vita Christi a. 1556.

Ein Schüler, erzählt ein Ballade des dreizehnten Jahrhunderts, hatte sein Herz an die Welt gehangen, aber eine Tugend bewahrt. Er pflegte nämlich alle Morgen aus Rosen und anderen Blumen einen Kranz zu winden und ihn in der Kirche der Himmelskönigin aufs Haupt zu setzen. Als er später Mönch geworden war, konnte er nicht mehr die Zeit finden täglich nach Blumen zu suchen. Dafür betete er täglich fünfzig Ave Maria mehr. Eines Tages, nachdem er längst Prior des Klosters geworden war, ritt er aus.

> „Es was in den wunnenklîchen tagen,
> die wisen und anger lâgen
> Gruene mit bluomen und mit rôsen,
> diu voglîn hôrte man kôsen
> Und diu liebe nahtigal
> sank, daz in den walt erschal.“

Da konnte er sich nicht mehr enthalten, seiner alten, längst nicht mehr gepflegten Gewohnheit nachzugehen und der Jungfrau einen Kranz zu winden. Ehe er die Blumen pflückte, sprach er fünfzig Ave Maria. Unterdessen waren drei Räuber herangenaht, welche das Pferd des Priors stehlen wollten. Als sie eben im Begriff waren ihre Absicht auszuführen, sahen sie plötzlich eine Frau nahen.

> „Diu was sô schoene und sô licht
> ires antlüzzes angesiht
> benam der sunnen iren schîn.“

Die holde Erscheinung schwebte zum Mönche hin ohne aber von ihm gesehen zu werden, nahm ihm nacheinander „mit ir snêwîzen hant“ fünzig rote Rosen von dem Munde und flocht sie auf einen goldenen Reif. Als der Kranz fertig war, setzte sie sich denselben auf und sah den Prior mit freundlichem Lächeln an, so oft er den Gruß des Engels sprach. Dann verschwand sie. Die Räuber aber, welche den ganzen Vorgang angesehen hatten, bereuten ihre Sünden, folgten dem Prior ins Kloster

> „Und wolten Gotes knehte sîn
> und dienen der himelischen künigin“ [1]).

---

[1]) v. d. Hagen, Gesamtabenteuer Bd. 3, S. 599 ff.

Mit einigen auserwählten Lieblingen schloß Maria ein in aller
Form begangenes Verlobungsfest, wie ihr Sohn ein solches wohl
mit einzelnen besonders geliebten Jungfrauen feierte. Der Prä=
monstratensermönch Hermann im Kloster Steinfeld bei Köln ge=
hörte unter anderen zu der Zahl dieser Glücklichen. Er verlebte
die traulichsten Schäferstunden mit der heiligen Jungfrau. Wenn
er sich bei dem Namen Maria verneigte, sog er den süßesten
Blumenduft ein. Eines Nachts sah er die Jungfrau mit einem
königlichen Mantel umhüllt in Begleitung zweier schöner Jüng=
linge. Der eine der letzteren fragte, wer wird der Verlobte
dieser Jungfrau sein? Der andere wies auf den Mönch und
sagte, niemand anders als dieser hier. Darauf führten ihn die
Jünglinge zur Jungfrau hin mit den Worten: „Dieser erlauchten
Jungfrau mußt du dich verloben". Während der Mönch sich noch
sträubte und solcher Ehre nicht würdig erklärte, legten die Jüng=
linge bereits die Hände beider zusammen mit dem Worten: Diese
Jungfrau geben wir dir zur Braut wie sie einst die Braut des
Joseph gewesen ist, dessen Namen du fortan führen sollst.

Einem jungen Ritter versprach die heilige Jungfrau sogar die
Ehe. Als derselbe, um eine sündhafte Liebesneigung zu unter=
drücken, stets, wenn er die Kirche betrat, die Jungfrau mit dem
Gruße des Engels angeredet hatte, erschien ihm nach Ablauf eines
Jahres die Jungfrau in der Gestalt einer wunderschönen Frau
und fragte ihn, ob ihm ihre Gestalt gefiele. Nachdem der Ritter
die Frage mit Entzücken bejaht hatte, fragte die Jungfrau weiter:
Würde es dir genügen, wenn du mich zur Gattin haben könntest?
Als der Ritter versicherte, daß ein König glückselig über ihren Besitz
sein würde, antwortete jene: So werde ich deine Gattin, komm
zu mir und gib mir einen Kuß[1]. Daher befand sich denn wohl
entweder die Jungfrau oder die Legende in einem Irrtum, wenn
die erstere einem spanischen Cisterciensermönch einen Kuß gab mit
den Worten: „Weil du mir vor allen Sterblichen gedient hast, will
ich dir eine Gunst erweisen, die ich noch keinem erwiesen habe."

---

[1] Vgl. hierzu Cäsarius von Heisterbach: de sancta Maria p. 43,
60, 69.

Eine Eheschließung nach abgelegtem Keuschheitsgelübbe ober
auch nur ein Rücktritt in den weltlichen Stand galt ben Mönchen
ebenso als ein Treubruch gegen ihre göttliche Braut wie den
Nonnen als ein Treubruch gegen ihren göttlichen Bräutigam.
Maria sah auch ihrerseits bie Verehelichung solcher Männer, welche
beabsichtigt hatten, sich ihrem Dienste zu widmen, als einen Bruch
des mit ihr geschlossenen Liebesbundes an.   Eine Ballade des
dreizehnten Jahrhunderts erzählt ein Beispiel von der Eifersucht,
mit welcher Maria bie Treue ber ihr versprochenen Liebe bewachte.
Ein Schüler, der ein besonderer Verehrer Marias war, beschloß
auf den Rat seiner Freunde sich zu verheiraten.   Während des
Hochzeitsmahles gedachte berselbe, daß er bie Hora versäumt habe
und eilte in bie Kapelle.   Dort erschien ihm bie Jungfrau in
lichter Gestalt und tabelte ihn wegen seiner treulosen Gesinnung.
Reumütig verließ der Jüngling seine Braut und seine Gäste und
eilte in ein Kloster.

> „Mit tugentlîcher reinikeit
> opfert er diu kiuscheit
> Marien der Vroûwen sîn
> des sî gelobt diu künegin" [1]).

Der Tob führte bann bie so lange harrenden Brautleute zusammen.
Cäsarius von Heisterbach erzählte ben Tob jenes oben erwähnten
Ritters mit ben Worten: „Er ging heim in das himmlische Braut=
gemach, um bie versprochene Ehe zu feiern." In diesem Ereignisse
zeigte bie Jungfrau, fügte er hinzu, „baß sie vor unserem (b. i.
dem männlichen) Geschlechte nicht zurückschreckt" [2]).

Selbst das Verhältnis Gottes zu Maria wurde als ein
menschlich empfundenes Liebesverhältnis gedacht. So heißt es in
bem in ber zweiten Hälfte bes breizehnten Jahrhunderts von bem
Dominikanermönch Eberhard von Sax verfaßten Marienliebe:

> „Got in sinem hôhen trône
> hat begeret dîner schône,

---

[1]) v. b. Hagen, Gesamtabenteuer Bb. 3, S. 508 ff.
[2]) L. c.

dâ er wil, ô wîbes krône,
mit gelüste dich an sehen."

Die goldene Schmiede des Konrad von Würzburg führte die Menschwerdung Christi, also die ganze Erlösungsgeschichte auf eine persönliche Liebesneigung Gottes zur Maria zurück. Der Dichter redete die Jungfrau mit den Worten an:

„dîn reiner lîp sô wünnesam
alsô schône erlûhte,
daz in des gnuoc niht dûhte,
daz er geschaffen haete dich:
sîn gotheit diu wolte sich
von dir ze menschen bilden" [1]).

Dein Antlitz, heißt es an einer anderen Stelle, war so minniglich,

„daz den himelvürsten
muoz selber nâch dir dürsten" [2]).

Eine Aeußerung derselben religiösen Sinnlichkeit war es, wenn das Hohelied Salomonis, welches Bernhard von Clairvaux auf das Verhältnis der geistlichen Jungfrau zu Christus bezogen hatte, als ein von Salomo zur Vermählungsfeier des heiligen Geistes mit der Jungfrau Maria gedichtetes Brautlied erklärt wurde. Es geschah dies im zwölften Jahrhundert wahrscheinlich von den Aebtissinnen Rilindis und Herrat zu Hohenburg im Elsaß auf Grund der hundert Jahre vorher von dem Abte Williram von Ebersberg erfolgten Uebersetzung des Hohenliedes [3]). Ein Officium der seligsten Jungfrau hielt diese Auffassung fest, indem es sich in Rede und Gegenrede zwischen dem heiligen Geiste und der Jungfrau, der Sprache des Hohenliedes bediente. Eine Antiphone desselben läßt die Jungfrau zum heiligen Geiste sprechen: „Mein Geliebter ist mein und ich bin sein, er wird weilen zwischen meinen Brüsten" [4]).

---

[1]) V. 316 ff.
[2]) V. 591 f.
[3]) Herausgeg. von J. Haupt, Wien 1864.
[4]) Hohel. K. 2, V. 16; K. 6, V. 2.

Der heilige Geist antwortete: „Deine Brüste sind süßer als Honig" [1]).
In einer anderen Antiphone seufzt die schmachtende Braut: „Labt
mich mit Aepfeln, erquickt mich mit Blumen, weil ich schwach
werde vor Liebe" [2]). Die Verneinung der weltlichen Liebe hatte
also nicht eine Vernichtung der sinnlichen Begehrungen, sondern
eine Verstärkung derselben zur Folge; sie führte nicht zur Befreiung, sondern vielmehr zu einer größeren Abhängigkeit von der
Sinnlichkeit hin. Die Christus= beziehentlich die Marienliebe wehrte
zwar den thatsächlichen Genuß der irdischen Liebe ab, doch nahm
sie dafür die Empfindungsweise der letzteren in sich selber auf.
Die asketische Enthaltung war die Ursache, daß die nach außen
abgeschlossenen Kräfte sich nach innen hin einen Ausweg suchten
und das ganze System der religiösen Vorstellungen versinnlichten.
Indem der religiöse Geist des Mittelalters sich der geschlechtlichen
Liebe zu entziehen strebte, fiel er um so mehr der Machtwirkung
der letzteren anheim.

Auch die Laienwelt wurde von jenem Widerstreite zwischen
der geschlechtlichen Liebesneigung und dem asketischen Prinzipe
der kirchlichen Religiösität gelegentlich berührt. Es geschah dies
insbesondere in Veranlassung der Kreuzzüge, welche auch in
dieser Beziehung die größten Opfer erforderten. Der durch die
Kreuzfahrten bei den zu Hause bleibenden Frauen wie bei den
mitziehenden Männern verursachte Liebeskummer fand wohl auch
in der Dichtung seinen Ausdruck. Der der zweiten Hälfte des
zwölften Jahrhunderts angehörige provenzalische Dichter Marcabrun
ließ in einer Romanze die Tochter eines Burgherrn über den
Verlust ihres Liebsten klagen, der dem Aufrufe des Königs zum
Kreuzzuge Folge geleistet hatte. Das Mädchen verwünscht den
König Ludwig als den Urheber ihres Schmerzes und erhebt selbst
gegen Gott einen Vorwurf. Der Hinweis auf das Jenseits, mit
welchem der Dichter die Verlassene zu trösten suchte, vermochte
sie nicht für die Einbuße im Diesseits zu entschädigen [3]). Bertram

---

[1]) Hohel. K. 4, B. 10; K. 7, B. 3.
[2]) Hohel. K. 2, B. 5.
[3]) Mahn, Die Werke der Troubadours rc. Bd. 1, S. 49 f.; vgl. Fr.
Diez, Leben und Werke der Troubadours S. 46.

von Born sagte in einem, dem Grafen Konrad von Montferrat
gewidmeten Liede, daß er sich eigentlich an dem Kreuzzuge der
Könige Philipp II. August von Frankreich und Richard von Eng=
land habe beteiligen wollen, aber beim Anblick seiner blonden
Dame sei sein Herz ermattet [1]. Auch in dem Herzen des Dichters
Gaucelm Faidit zitterte der Schmerz über die Trennung von
seiner Dame nach, als er im Jahre 1201 den Fahnen des Mark=
grafen Bonifaz von Montferrat gefolgt war. „Denk ich, sang er,
im Herzen der lieblichen Mienen, so möcht ich mich tot weinen, daß
ich nicht bei ihr bin" [2]. Reinmar der Alte klagte, daß die Sorge,
während der Kreuzfahrt die Liebesgedanken zu vergessen, ihm und
anderen Leuten Kummer machte. Diese Sorge, sagte er

> „diu ist mîn eines niet
> si tuot ouch mêre liuten wê" [3].

Der Graf Otto von Botenlauben widmete dem Abschied von seiner
Geliebten, als er um das Jahr 1217 in das heilige Land zog,
eines seiner schönsten Gedichte. Nur der süße Lohn Christi konnte,
wie er sagte, ihn bewegen, seine Geliebte zu verlassen [4].

Doch wurde die Bitterkeit der Opfer, welche die Nachfolge
Christi forderte, schwerer empfunden, als es die Dichtung auszu=
drücken vermochte. Der Kampf zwischen der religiösen Askese und
den irdischen Liebesbeziehungen ließ seine Spuren selbst in dem
Seelenleben solcher Naturen zurück, welche stark genug waren,
ihre Begehrungen siegreich zu überwinden. Der Biograph der
heil. Elisabeth, Theodorich von Apolda erzählt die Abschiedsscene
des mit dem Landgrafen Ludwig von Thüringen im Jahre 1227
nach dem heiligen Lande ausziehenden Gefolges mit den Worten:
„Das war eine herzzerreißende Trauer, ein unsäglicher Jammer,
Wehklagen und Thränenfluten. Dennoch war der Sinn ergeben
und der Mund voll von Lobpreisungen Gottes, ein Gemisch von

---

[1] Mahn S. 302; Diez S. 228.
[2] Diez S. 375.
[3] v. b. Hagen, Minnesänger Tl. 1, S. 187.
[4] v. b. Hagen, l. c. S. 31.

frommer Kampfluſt und tiefſter Betrübnis"[1]). Selbſt die gott=
ergebene Eliſabeth ſchmolz in Thränen, als ſie von ihrem Gatten
Abſchied nahm.

Der größere Teil der Laienwelt hielt ſich jedoch von dieſem
ſeeliſchen Konflikte frei, indem er dem natürlichen Zuge des Her=
zens folgte. Die Leidenſchaft der Sinnlichkeit war eben mächtiger
als die Logik der transcendenten Metaphyſik. Die weltliche Dichtung
des Mittelalters hatte ihren edelſten Quell in den Trieben der
geſchlechtlichen Liebe. Die ſchönſten Lieder der mittelalterlichen
Lyrik waren wie die aller Zeiten und Völker, Lieder der Liebe.

> „waz hât diu werlt zu gebene
> under aller creatûre
> dar ûz betrachtet ebene,
> daz lieber, sî sô schoene und so gehiure,
> daz ist nicht silber, gold noch edelgesteine;
> ein wîb in rechter liebe
> daz ist der werlt hort, den ich dâ meine,"

heißt es in dem wahrſcheinlich aus den erſten Jahrzehnten des
vierzehnten Jahrhunderts herrührenden Gedichte „des minners
klage"[2]).

Dieſe gegen die Keuſchheitslehre der Kirche völlig gleichgültige
weltliche Geſinnung verſchärfte ſich auch wohl zu einer ausge=
ſprochenen Gegenſtellung zu der erſteren. Im Gegenſatz gegen
die kirchliche Lehre behauptete Walther von der Vogelweide die
Sündenloſigkeit der Liebe.

> „Swer giht daz minne sünde sî,
> der sol sich ê bedenken wol"[3]).

Ich ſang, ſagte der Dichter an einer anderen Stelle, von der
rehten minne,

> „daz si waere sünden frî"[4]).

---

[1]) De s. Elizabeth. lib. IV, 2 in Thesaur. monument. ecclesiast. etc.
ed. Basnage t. IV.

[2]) Str. 666 in der Bibliothek des litterariſchen Vereins Bd. 20, S. 157.

[3]) Herausgeg. von W. Wilmanns S. 356.

[4]) L. c. S. 342.

Auch der Markgraf Otto von Brandenburg sprach die Liebe von der Sünde frei [1]). Der um 1270 gestorbene Reinmar von Zweter lehrte sogar das von der Kirche angenommene Verhältnis zwischen der Ehe und der Jungfräulichkeit in sein Gegenteil um, indem er jene über diese stellte. „Aller orden," sagte er in seiner hölzernen Metrik, pris ich niht,

> „sô sêre, als die ê aleine, swaz dar ümbe mir geschiht;
> barvuozer, bredigaere, kriuzerorden sint dâ engegen blint.
> grâ, wîs, swarzer münche ist vil,
> hornbruoder unt martere, als ich uich bescheiden wil,
> Schottenbruoder und die mit den swerten sint
> dâ engegen alle gar ein wint
> Tuomherren, nunnen unde leyenpfaffen
> und alle die orden, die got hât geschaffen
> die lebent des diu ê hât erziuget.
> Swer der ê ze rehte pfliget,
> der hât hie und dort gesiget.
> Swerz widerredet, des volget niht, er liuget" [2]).

Der Dichter Barthel Regenbogen war derselben Ansicht, wenn er in einem Gedichte meinte, daß der dermaleinst wiederkehrende Kaiser Friedrich die Klöster zerstören und die Nonnen in die Ehe führen werde. Dann müssen die Nonnen, sagte er:

> „uns bûwen wîn unt korn.
> wan daz geschiht, sô kument uns guotiu jar" [3]).

Die Kirche war also jedenfalls nicht imstande für ihr Keuschheitsideal einen das Maß ihrer Ansprüche erreichenden Anhang zu gewinnen. Es gelang ihr selbst nicht innerhalb der Familie das Ziel ihres Herrschaftsanspruches zu erreichen und die Rechtsverhältnisse derselben zu einer vollen Kongruenz mit ihrer religiösen Idee zu führen. Vielmehr mußte sie in mehreren wichtigen Punkten vor dem Widerstande der Weltlichkeit zurückweichen

---

[1]) v. d. Hagen, Minnes. 1, 12a.
[2]) v. d. Hagen, Minnes. Tl. 1, S. 218.
[3]) L. c. Tl. 3, S. 349, 15; vgl. zu diesen Worten die Chronik des Johannes von Winterthur, ed. Eccard 1. 1928.

und von dem vollen Maße ihrer Forderungen abstehen. Das
nach Analogie der sieben, beziehentlich der sechs Schöpfungstage und
der sechs Weltalter erlassene Verbot einer Eheschließung innerhalb
der sieben Verwandschaftsgrade, verursachte so große Schwierigkeiten, daß Papst Innocenz III. im Jahre 1215 auf diese religiöse
Analogie verzichtete und die Zahl der verbotenen Grade auf vier
wieder ermäßigte. Auch die weitgehenden Bestimmungen des
kanonischen Rechtes über die geistliche Verwandtschaft und der auf
diese gegründeten Eheverbote mußte Bonifacius VIII. ermäßigen,
indem er das Verbot einer Ehe zwischen den Kindern des Paten
und den Geschwistern des Täuflings aufhob. Ferner konnte das
von der vierten lateranensischen Synode angeordnete, der Eheschließung voraufgehende kirchliche Aufgebot nicht überall in Aufnahme kommen. Petrus Lombardus bemerkte über diesen Punkt:
„Die öffentlichen Aufgebote, welche in einzelnen Kirchen einen alten
Ursprung hatten und vor Innocenz allgemein auf die ganze Kirche
ausgedehnt wurden, kamen nicht überall in Brauch und Sitte" [1].
Bis zum tribentinischen Konzil ferner hat die Kirche es nicht ermöglichen können, ihre Mitwirkung bei der Eheschließung zur Bedingung für die Rechtsgültigkeit derselben zu machen. Papst
Alexander III. mußte im Jahre 1179 die nicht im Beisein eines
Priesters und ohne priesterliche Einsegnung geschlossene Ehe ausdrücklich als zu Recht bestehend anerkennen [2]. Er stellte die vor
Notar und Zeugen eingegangene Ehe der vor dem Pfarrgeistlichen
geschlossenen als gleichberechtigt zur Seite.

Die Kirche sah sich zu dieser Nachgiebigkeit genötigt, weil
die den Gläubigen zur Pflicht gemachte kirchliche Trauung sich trotz
aller Vorschriften der Päpste und der Konzilien nicht allgemein
einbürgern wollte. Selbst dort, wo die kirchliche Trauung zur
Sitte geworden war, fand sie in zahlreichen Fällen erst nach voll-
zogenem Beilager statt, so daß sie nur als eine nachträgliche,
feierliche Bestätigung der geschlossenen Ehe angesehen wurde. Das
bergische Ritterrecht erkannte beispielsweise die vor einem Laien

---

[1] Sentent. l. 4, dist. 28.
[2] Mansi, conc. 22, 293.

geschlossene Ehe ritterbürtiger Personen ausdrücklich als eine recht=
mäßige Ehe an [1]). Das jütische und norwegische Landrecht ließen
sogar das Konkubinat nach einer bestimmten Frist zu einer recht=
mäßigen Ehe erjähren, das erstere nach drei, das letztere nach
zehn Jahren [2]).

Der Umkreis des kirchlichen Machtgebotes blieb also auch in
Bezug auf die Familie und die Rechtsverhältnisse derselben weit
hinter dem von der Kirche erstrebten Ziele zurück. Der Gottes=
staat der Kirche hat auch in dieser Beziehung niemals seine volle
Verwirklichung erreichen können. Er ist auch in dem Kreise der
Familie das ganze Mittelalter hindurch ein Bruchstück geblieben.

---

[1]) Lacomblet, Archiv, Bd. 1, S. 95, Art. 38.
[2]) E. Friedberg, Das Recht der Eheschließung in seiner geschichtlichen
Entwicklung. Leipzig 1865, S. 26 ff.

IV. Die Wirtschaftspolitik.

1. Arbeit und Eigentum.

Da für das ewige Seelenheil keine Beziehung des Menschen bedeutungslos sein konnte, so wurde vor allem auch das tägliche Leben, das Volk in seiner wirtschaftlichen Thätigkeit, den Grundsätzen der religiösen Pädagogik unterzogen. Es wurden also die beiden großen Gebiete der Arbeit und des Gütererwerbs nach Maßgabe der religiösen Metaphysik geregelt.

Der Zweck des menschlichen Daseins war der letzteren zufolge ausschließlich im Jenseits gelegen. Das irdische Leben hatte nur insofern eine Bedeutung, als es eine Vorbereitung, eine Erziehung auf die jenseitige Bestimmung des Menschen war. Das Thun und Treiben des Menschen hatte demgemäß nur insoweit Wert und Berechtigung, als es sich auf seinen ewigen Beruf bezog und seine göttliche Vervollkommnung bezweckte. Da nun alle irdische Thätigkeit den Menschen von der Sorge um sein jenseitiges Heil mehr oder weniger abhielt, so war die Betrachtung der ewigen Dinge, das heißt in der Sprache des Mittelalters, „das beschauliche Leben", der höchste und würdigste Beruf, eine Vorstellung, welche von der ganzen Kirche geteilt wurde. In dem sündenlosen Urzustande des Menschen hatte es ja auch keine Arbeit, keine Sorge um das Brot und die Not des täglichen Lebens, sondern nur eine selige Ruhe in Gott gegeben. Die Arbeit war erst als eine Folge der Sünde eingetreten, als eine Folge jenes Fluches, mit welchem

Gott das erste Menschenpaar aus dem Paradiese verstoßen hatte:
„Verflucht sei der Acker um deinetwillen, mit Kummer sollst du
dich auf demselben nähren dein Leben lang." Der Erlöser ferner,
welcher erschienen war, um jenen Fluch der Sünde wieder aufzu=
heben, hatte gleichfalls keine Arbeit verrichtet. Bis zu seinem
dreißigsten Jahre war er beschäftigungslos gewesen, wie man an=
nahm, da er ausschließlich mit seinem himmlischen Vater verkehrte
und die zukünftigen Thaten seiner Sendung erwog. „Man findet
in der Schrift nicht," sagte Bonaventura, „daß er in dieser ganzen
Zeit etwas gethan habe" [1]). Als er die beiden Schwestern Maria
und Martha besuchte, gab er der seinen Worten lauschenden Maria
vor der um seine leibliche Erfrischung bemühten Martha den Vorzug.
Die beiden Schwestern galten daher dem Mittelalter als die Per=
sonifikationen des beschaulichen und des thätigen Lebens [2]). Auch
Thomas von Aquino hielt das beschauliche Leben für weit ver=
dienstvoller als das thätige [3]). Der unbekannte Verfasser des aus
dem vierzehnten Jahrhundert stammenden Buches von geistlicher
Armut erklärte: „Unser herr kan nur mit müssigen lüten ge=
sponrieren, wan sponsieren ist nit andres wan ein biewonunge
des minnenden mit dem gemeinten und die biwonunge mit got
mag nit gesin, danne vor abgescheiden sin von allen creaturen" [4]).
Mit Entrüstung wies einst der im Jahre 1172 verstorbene Cister=
cienserabt Gillebert den gegen diese Ansicht erhobenen Vorwurf,
das beschauliche Leben sei ein Müßiggang, zurück. „Unsere Ruhe
scheint dir," antwortete er dem Zweifler, „müßig und unnütz zu
sein, in welcher doch die Kunst mitgeteilt und geübt wird, auf
geradem Wege zu Gott zu gelangen, sich in einen neuen Menschen,
einen neuen Adam umzuwandeln" [5]).

Auch von diesem Punkte aus also gelangte man zu der Vor=
stellung, daß das Mönchstum, dessen besonderer Beruf ja das be=

---

[1]) Meditat. vitae Christi c. 15 op. tom. 12, p. 405. Venetiis 1756.
[2]) Bonav. l. c. c. 45 p. 452.
[3]) Summa, secunda secundae Quaest. 82. art. 1 und 2.
[4]) 113, 17.
[5]) Ep. 2 in Bernhard von Clairvaux' gesammelten Schriften. Parisiis
1719. Tom. 2, p. 192.

schauliche Leben war, den Stand der höchsten Vollkommenheit dar=
stelle. Bernhard von Clairvaux unterschied[1]) drei Stufen der
aufsteigenden Vollkommenheit. Auf der niedrigsten Stufe standen
ihm die Weltlichen, auf der mittleren die Thätigen, auf der höchsten
die Beschaulichen. „Von diesen drei Ständen," sagte er, „be=
finden sich die einen in der Mühle, die anderen auf dem Acker,
die dritten aber auf dem Ruhebette. Die Mühle ist das weltliche
Leben, der Acker ist die Seele des weltlichen Menschen. Auf diesem
Acker sind die die Prediger des Wortes Gottes. Auf dem Bette
aber ruht die heilige Liebe des Verlobten Christi." Bernhard
bezeichnete mit dieser Stufenreihe die Laien, den Weltklerus und
das Mönchstum. Diejenigen, welche in der Mühle sind und die
Arbeit zu verrichten haben, verwies er auf die unterste Stufe der
Vollkommenheit. Unter dem thätigen Leben der zweiten Klasse
verstand er die Seelsorge des Weltgeistlichen. Die Thätigkeit der
letzteren bestehe," wie er erläuterte, „darin, den Hungerigen zu
speisen, den Nächsten das Wort der Weisheit zu lehren, den Irren=
den zu verbessern, den Stolzen den Weg der Demut zu führen,
die Streitenden zur Einigkeit zu ermahnen, die Kranken zu be=
suchen, die Gestorbenen zu beerdigen, die Gefangenen zu lösen."
Zwar ist, versicherte er, dieses thätige Leben ein gutes zu nennen.
„Aber," heißt es weiter, „seliger und vollkommener als das
thätige Leben ist das beschauliche." Nur der niedrige Zwang der
leiblichen Bedürfnisse veranlaßt den in göttliche Gedanken ver=
sunkenen Religiösen, zuweilen von seinen seligen Höhen zur Erde
zurückzukehren. „Wie der Adler seine Augen auf die Sonne ge=
richtet hält und sich nur abwendet, wenn sein Körper sich zuweilen
durch Speise erfrischen will, so kehren auch die Heiligen manchmal
von der inneren Betrachtung zu dem thätigen Leben zurück, indem
sie erwägen, daß, so heilsam jene erhabenen Gedanken auch sind,
die niedrigen Dinge unserer Bedürftigkeit dennoch in geringem
Maße notwendig sind." Auch das Mitleid kann, wie er eingestand,
die dem beschaulichen Leben Ergebenen veranlassen, sich mitunter an
die anderen Menschen zu wenden. „Die Beschaulichen sind," wie er

---

[1]) „De modo bene vivendi," sermo 53.

sagte, „Engel Gottes, welche auf der Himmelsleiter ihrer Betrachtung
zu Gott emporsteigen und aus Mitleid bewegt, zum Nächsten herab=
steigen." Mit entzückten Worten pries Bernhard das Klosterleben
und stellte demselben das in Arbeit, Sorgen und unreinen Trieben be=
fangene Weltleben gegenüber. „Im Kloster," sagte er[1], „ist das be=
schauliche, in der Welt das arbeitsame Leben, im Kloster ist das heilige,
in der Welt das verbrecherische Leben, im Kloster ist das himm=
lische, in der Welt das irdische Leben, im Kloster ist das Leben
vollkommen, in der Welt tadelhaft, im Kloster ist das Leben reich
an Tugenden, in der Welt reich an Lastern."

Doch erkannte die Kirche trotz dieser Bevorzugung des be=
schaulichen Lebens sehr wohl, daß jener arbeitslose, ideale Urzu=
stand nicht ohne Gefahren erneuert werden könne, weil die Voraus=
setzung desselben, die Sündenlosigkeit nicht mehr bestand. Sie
verhehlte sich nicht, daß die unbeschäftigte Ruhe die Entstehungs=
ursache vieler sündhaften Gedanken sein würde. Sie trug deshalb
dem Zwange der sinnlichen Natur Rechnung und empfahl die
Arbeit als ein Schutzmittel gegen die letztere. Von diesem Ge=
sichtspunkte aus haben die Stifter der religiösen Orden, welche
ja den christlichen Lebenswandel in seiner idealen Vollkommenheit
erstrebten, die Heiligen Benedikt, Columban, Norbert, Bernhard,
Franziskus u. s. w., den Wert der Arbeit beurteilt. Weil ihnen
die letztere als das beste Mittel gegen alle sündhaften Regungen,
als eine Abtötung der Sinnlichkeit galt, haben sie in ihren Regeln
die Brüder ihres Ordens zur fleißigen Ausübung derselben ange=
halten. Der heil. Benedikt bezeichnete den Müßiggang als den
„Feind der Seele" und gab deshalb die genausten Vorschriften
für die tägliche Beschäftigung der Ordensbrüder. „Der Müßig=
gang," sagte er in seiner Ordensregel[2], „ist der Feind der Seele
und darum müssen sie[3] zu gewissen Zeiten mit Handarbeit be=
schäftigt werden." Der Papst Gregor der Große betrachtete die
Arbeit als eine Vorschule für das beschauliche Leben des Glaubens.

---

[1] L. c. sermo 20.
[2] R. 48.
[3] D. i. die Konventualen.

„Wenn man," sagte er, „die feste Burg der Betrachtung ersteigen will, muß man damit anfangen, sich im Felde der Arbeit zu üben." Die aus der zweiten Hälfte des achten Jahrhunderts stammende Regel des Bischofs Chrobegang von Metz bezeichnete die Sicherung der Seele vor den Gefahren der Sünde ausdrücklich als den Zweck der körperlichen Arbeit. In ihrem neunten Kapitel sagte sie: „Da der Müßiggang ein Feind der Seele ist, so müssen die Kleriker nach dem Kapitel an die Arbeiten gehen, welche die Oberen ihnen angewiesen haben" [1]. Von Erzbischof Bruno von Köln heißt es, er habe gesorgt, daß seine Leute mit Arbeit beschäftigt würden, indem er meinte, „daß die scheue Herde vom Abgrunde sorgsam fernzuhalten sei" [2]. Aus demselben Gesichtspunkte mahnte Bernhard von Clairvaux die geistlichen Schwestern zur Arbeit: „Die Magd Christi muß immer beten, lesen und arbeiten, damit nicht unerwartet der Geist der Unkeuschheit das unthätige Gemüt gefangen nehme. Die Lust des Fleisches wird durch die Arbeit überwunden." „Wenn du," fuhr er fort, „aufhörst zu lesen, so mußt du arbeiten, damit du niemals unthätig bist, weil die Muße ein Feind der Seele ist" [3]. Auch der Karthäuserprior Guigo hielt seine Mönche aus diesem Grunde zur Arbeit an. „Denn," sagte er, „die Muße ist die Pfütze aller Versuchungen, aller bösen und unnützen Gedanken" [4]. Ueber den positiven Heilszweck der Arbeit sprach sich Guigo in demselben Briefe mit den Worten aus: „Ein ernstes und kluges Gemüt ist zu aller Arbeit willig. Es zerstreut sich nicht in ihr, sondern sammelt sich vielmehr durch dieselbe, da es immer vor Augen hat, nicht sowohl was es arbeitet, sondern zu welchem Zweck es arbeitet, nämlich zur Erreichung der höchsten Vollkommenheit." Auch Thomas von Aquino erkannte an, daß aus der Muße viele Uebel entständen und hielt daher die Arbeit zur Vermeidung derselben für nützlich [5].

---

[1] Vgl. Hefele, Konziliengesch. Bd. 4, S. 19.

[2] Vita Brun. c. 33.

[3] De modo bene vivendi c. 51.

[4] Epist. ad fratres de monte Dei lib. 1, c. 8 in der Ausgabe der Werke Bernhards von Clairvaux, tom. 2, p. 214.

[5] Summa II, 2, quaest. 187, art. 3.

Diese Stellungnahme des Mittelalters zur Arbeit führte übri=
gens keineswegs immer zu einer lässigen Betreibung derselben.
Vielmehr war die Auffassung der Arbeit als einer asketischen
Uebung, einer Zuchtschule der religiösen Heiligung in unzähligen
Fällen die Ursache unermüdlichen Fleißes. Die Heiligen Benedikt,
Columban, Gallus, Bonifacius, Norbert u. s. w. suchten mit Vor=
liebe die entlegensten Waldwildnisse zur Gründung ihrer Klöster
auf, weil die Mönche dort neben der reichsten Muße zu ihrer reli=
giösen Erbauung auch die reichste Gelegenheit zu der ihrer Heili=
gung so förderlichen landwirtschaftlichen Thätigkeit finden konnten.
Die Mönche des heil. David, des Metropoliten von Wales,
welcher in der zweiten Hälfte des fünften und der ersten Hälfte
des sechsten Jahrhunderts lebte, mußten alle Feldarbeiten mit
eigenen Händen verrichten und selbst den Pflug ohne die Hilfe
eines Ochsen ziehen. „Jeder muß sein eigener Ochse sein," fügte
der Biograph des Heiligen hinzu[1]. Columban schrieb in seiner
Regel den Mönchen vor, sich so müde zu arbeiten, daß sie schon
auf dem Wege zu ihrem Lager einschliefen. Sie sollten ferner
aufstehen, noch ehe sie ausgeschlafen hätten. Selbst Kranke ließ
er Getreide dreschen. Die Absicht, sich durch körperliche Thätig=
keit zu kasteien, hat die Mönchsorden veranlaßt, sich an der Kul=
tivierung des europäischen Bodens in der hervorragendsten Weise
zu beteiligen. Die Mönche haben wesentlich geholfen, die unge=
heuren Waldwildnisse, welche das mittlere und nördliche Europa
bedeckten, zu lichten und uralten Wald= und Sumpfboden in Frucht=
felder und Wiesengründe umzuarbeiten. Sie waren in erster Linie
die Pfleger der Garten= und Obstkultur. Die Schüler und Nach=
folger des heil. Columban, die Heiligen Wandregisel, Philibert,
Fiacrius, Amat lebten treu nach der Vorschrift ihres Meisters.
Sie wandelten die Ufer der Seine, die Thäler der Rhone, der
Mosel und die Wildnisse der Normandie und der Champagne in
Wein= und Gartenland um. Die strengsten Asketen waren also
zugleich die emsigsten Arbeiter. Mit bewunderungswürdiger Auf=
opferung pflegten sich diese Menschen den härtesten und geringsten

---

[1] Ricemarch, ed. Rees p. 127.

körperlichen Arbeiten zu unterziehen und nicht selten diejenigen
am meisten, welche von Jugend auf am wenigsten an letztere ge=
wöhnt waren. Der Zweck, der dieselben bei diesem Verhalten
leitete, war aber stets ihre religiöse Erziehung. Ihrer Demüti=
gung wegen übernahm die Gattin des Frankenkönigs Chlotar,
Radegunde, in dem von ihr gegründeten Kloster zu Poitiers frei=
willig die niedrigsten Hausarbeiten. Sie kehrte die Zimmer des
Klosters, trug Holz und Wasser herbei und besorgte die Küche.
Der Franke Romarich, der sehr reich und am Hofe Chlotars II.
eine einflußreiche Persönlichkeit gewesen, dann aber Mönch im
Kloster Luxeuil geworden war, verrichtete aus demselben Grunde
„alle verächtlichen Arbeiten", welche es im Kloster zu thun gab[1]).
Bischof Adelbert von Prag arbeitete in Mainz, wo er einige Zeit
mit Otto III. gemeinsam verlebte, „als ob er der Knecht aller
wäre". In der Nacht stand er auf und reinigte heimlich die
Schuhe aller, welche im Gefolge des Kaisers waren. „Je niedriger
die Dienste waren, desto lieber unterzog er sich ihnen um der
Demut willen", erzählte sein Biograph[2]).

Alle Arbeit aber, welche über den religiösen Heilszweck hinaus=
ging und einen geschäftlichen Charakter trug, war, da sie irdische
Interessen zum Gegenstande hatte, vom Uebel. Die Arbeit mußte
demnach so bemessen werden, daß sie jenen pädagogischen Zweck
möglichst erfüllte, ohne doch andererseits die seelsorgerischen Auf=
gaben zu hindern. Wurde sie bis zu dem Maße ausgedehnt, daß
die letzteren versäumt wurden, so verlor sie ihren erzieherischen
Zweck und wurde dann zur Ursache eben desselben Uebels, welches
sie verhindern sollte. Die Arbeit durfte nur so betrieben werden,
daß man während derselben die religiöse Beschauung nicht aus
dem Auge verlor. Der „Mönchsspiegel", eine pädagogische Schrift
des zwölften Jahrhunderts, schrieb dem Konventualen vor: „Wenn
du zur Arbeit kommst, so sollst du dieselbe so ausführen, daß die
Sorge für das Werk die Aufmerksamkeit deines Geistes nicht von

---

[1]) Vita S. Romarici A. SS. O. S. B. t. II, p. 400.
[2]) R. 23.

ben göttlichen Dingen abzieht"[1]). Daher war denn auch den Geistlichen die Betreibung der Arbeit zum Zweck eines materiellen Gewinnes untersagt. Die römische Synode vom Jahre 826 verbot dem Klerus die Verrichtung landwirtschaftlicher Geschäfte. Die Synode zu Paris vom Jahre 829 verbot den Geistlichen und Mönchen „weltliche Geschäfte, Pachtungen und schmutzigen Gewinn"[2]). Eine Synode zu Saumur vom Jahre 1253 untersagte den Klerikern die Betreibung eines kaufmännischen Geschäftes oder die Beteiligung an einem solchen. Ein gleiches Verbot erließen die Synoden zu Montpellier im Jahre 1258, zu Köln im Jahre 1260, zu Magdeburg im Jahre 1261 u. f. w. Die Arbeit wurde demnach nicht ihres wirtschaftlichen Wertes, sondern ihres religiösen Erziehungswertes wegen empfohlen. Lediglich aus diesem Grunde wurde dem thätigen Leben eine gewisse Berücksichtigung zuerkannt. Jedoch erhielt dasselbe keinen selbständigen Wert, sondern wurde vielmehr dem beschaulichen Leben untergeordnet. Das thätige Leben hatte seinen Zweck nicht in sich, sondern war nur ein Mittel für die Zwecke des beschaulichen Lebens. „Die geistlichen Uebungen sind nicht wegen der körperlichen, sondern die körperlichen wegen der geistlichen Uebungen da", erklärte der Karthäuserprior Guigo seinen Konventualen[3]). Das beschauliche Leben blieb also immer als der ideale Zweck des menschlichen Berufes bestehen. Der Gedanke, das irdische Leben als eine Vorbereitung, eine Erziehung auf das Jenseits zu gestalten, war das leitende Prinzip der wirtschaftlichen Arbeit. Die letztere wurde als ein Zuchtmittel für die innere Heiligung aufgefaßt und in den Kreis der asketischen Uebungen aufgenommen. Sie bildete nebst Fasten, Nachtwachen und körperlicher Züchtigung den Inhalt der religiösen Bußdisciplin. Berthold von Regensburg lehrte in seiner Predigt „von vier Dingen", Gott befahl Adam, daß er arbeite: „daz gap er im ze einer buoze. wan er also sprach:

---

[1]) Speculum monachorum bei Bernhard von Clairvaux, tom. II, p. 818.

[2]) Hefele, Konziliengesch. Bd. 4, S. 58.

[3]) Bernhard von Clairvaux, opp. tom. I, p. 214 und 219.

nû muezest dû dîn lîpnar iemer mêr mit arbeit gewinnen" [1]).
Indem die Kirche die Arbeit als eine asketische Uebung forderte,
hielt sie die religiöse Aufgabe des Menschen als den leitenden
Zweck derselben fest.

Aus dem gleichen Gesichtspunkte bestimmte sich auch die
Stellung des Mittelalters zu dem anderen wirtschaftlichen Gebiete,
dem Güterbesitz. Dem Zustande der ursprünglichen Sündenlosigkeit
und Gottesgemeinschaft war das Eigentum ebenso unbekannt ge=
wesen wie die Arbeit. Schon die alte Kirche hatte sich zu dieser
Lehre bekannt. „Gott," erklärte Ambrosius, „hat gewollt, daß
der Besitz dieser Erde und der Genuß ihrer Früchte allen gemein=
sam sei, aber die Habgier hat die Besitzrechte verteilt" [2]). Ebenso
lehrte Papst Gregor I.: „Die Erde ist allen Menschen gemeinsam
und bringt daher auch ihre Früchte für den gemeinschaftlichen
Gebrauch aller hervor" [3]). Das Mittelalter bestätigte diese Lehre
der alten Kirche über das Eigentum. Das Wiener Konzil vom
Jahre 1267 äußerte dieselbe in den seine Beschlüsse einleitenden
Worten [4]). „Nach dem Naturrecht sind alle Dinge gemeinsam," er=
klärte Thomas von Aquino, [5]) indem er unter diesem Naturrechte
die ideale Lebensform jenes ursprünglichen sündenlosen Zustandes
begriff. Mit dem Sündenfall aber entstand die Habgier, welche
an Stelle des ursprünglichen Gemeinbesitzes das Sondereigentum
einführte. Die Habgier ist es, „welche das Mein und Dein
machte, dem Naturrechte entgegen, welches alles gemeinsam gemacht
hatte" [6]). Cäsarius von Heisterbach hatte über den Reichtum
dieselbe Anschauung, wie der Socialismus unserer Gegenwart.
In seinen Homilien erklärte er: „Jeder Reiche ist entweder ein
Dieb oder eines Diebes Erbe." [7]) Der Roman „von der Rose"

---

[1]) Berthold von Regensburg, Bd. 1, S. 562.
[2]) Expos. in psalm. 118, sermo 8, 22.
[3]) Pastor curae III. pars, admonitio 22.
[4]) M. G. script. IX, p. 699.
[5]) Summa II, 2, Q. 66, art. 2.
[6]) Summa angelica.
[7]) Hom. III, 66.

leitete von der Entstehung des Eigentums alles Unheil auf Erden
ab. Mit dem Eigentum zerstob der goldene Frieden der Urzeit:
„Alsbald mit dieser Lebensgewohnheit," heißt es in demselben,
„waren die Menschen verdorben und verloren, sie gaben ihr erstes
Leben auf und thaten fortgesetzt Böses, denn sie wurden falsch
und verräterisch. Sie nahmen sich Eigentum, verteilten unter
sich die Erde und stellten Grenzen bei der Teilung auf. Sobald
sie aber die Grenzen setzten, gerieten sie in Haber und raubten sich,
was sie konnten. Die Stärksten nahmen den größten Teil" [1]).
Die Erlösung, welche die Menschheit in jene Gottesgemeinschaft
des ursprünglichen Zustandes zurückführen wollte, hatte die Besitzlosigkeit, die Armut aufs neue als Vorbild aufgestellt. Christus
hatte seine Gläubigen ermahnt, sich keine Reichtümer auf Erden
zu sammeln, sondern vielmehr für einen Schatz im Himmel Sorge
zu tragen [2]). Er wies auf die Gefahren des Reichtums in den
bekannten Worten hin: „Es wird eher ein Schiffsseil durch ein
Nadelöhr gehen, als ein Reicher in das Reich Gottes [3]). In der
Parabel vom reichen Manne und dem armen Lazarus stellte er
den Reichtum der Gottlosigkeit, die Armut der Frömmigkeit gleich.
Der erstere fuhr zur Hölle, weil er reich war, der letztere erwarb
das ewige Leben, weil er arm war. In diesem Sinne faßte auch
das Mittelalter die Parabel auf.

> „sîn armuot im hie erwarp
> die êweclîchen rîcheit,
> diu im ze lône was bereit,"

heißt es in der Dichtung „Barlaam und Josaphat" vom armen
Lazarus [4]). Desgleichen hatte Paulus vor dem Reichtum gewarnt
und die Habgier als die Wurzel alles Uebels bezeichnet [5]). Mehr
noch als die Worte Christi und seiner Apostel war die persönliche

---

[1]) Roman de la Rose, herausgeg. von Francisque Michel, tom. 1,
p. 318 f.

[2]) Matth. 6, 19 und 20.

[3]) Matth. 19, 24.

[4]) Herausgeg. von Fr. Pfeiffer S. 86.

[5]) 1. Timotheus 6, 10; vgl. den Brief Jakobi K. 2.

Armut und Niedrigkeit Christi bestimmend für die Beurteilung des Vermögensbesitzes. Da die Persönlichkeit Christi als der Inbegriff der religiösen Glaubenswahrheiten galt, so war die Armut Christi das ideale Vorbild seiner Nachfolger. „Durch den Gottessohn," lehrte Franziskus von Assisi, „der sich für uns arm gemacht, ist sie (d. i. die Armut) die königliche Tugend, das Siegel der Auserwählten geworden."

Die strenge Logik der Nachfolge Christi ließ daher keine andere Schlußfolgerung übrig, als die Verneinung des Sondereigentums. Der überirdische Beruf des Menschen bedingte die Freiheit von aller Gebundenheit an irdische Interessen und Sorgen. Da aber der Besitz an die letzteren gefesselt hielt, so war derselbe streng genommen eine Verleugnung der Nachfolge Christi und also eine Gefährdung des ewigen Seelenheiles. Deshalb mahnte Bernhard von Clairvaux: „Verachte die irdischen Reichtümer, damit du die himmlischen erwerben kannst" [1]. Der mittelalterliche Apostel der Armut, Franziskus von Assisi predigte: „Nackt (d. i. entblößt von allem irdischen Besitz) mußt du dich in die Arme des Heilandes werfen," da, wie er meinte, „durch das Eigentum, über welches die Menschen sich Sorge machen und gegenseitig bekämpfen, die Liebe zu Gott und dem Nächsten verhindert wird." In gleichem Sinne sprach sich der große Scholastiker, Thomas von Aquino, über das Eigentum aus. „Der religiöse Glaube," sagte er, „ist eine Uebung und Vorschrift, durch welche man zur Vollkommenheit der göttlichen Liebe gelangt. Hierzu aber ist notwendig, daß man seine Neigungen vollständig von den weltlichen Dingen ablöst." — „Daher ist die erste Grundbedingung zur Erwerbung der vollkommenen Liebe die freiwillige Armut" [2]. Der aus dem Anfange des vierzehnten Jahrhunderts stammende Sittenspiegel, welcher früher dem Vincenz von Beauvais zugeschrieben wurde, erklärte kurzweg: „Der Eigentümer frevelt gegen Gott." Die um dieselbe Zeit verfaßte Summa Astesana sagte: „Gänzlich und allenthalben auf alles um Christi willen Verzicht leisten, ist als der Gipfel der

---

[1] De modo bene vivendi c. 8.
[2] Summa theol. II, 2, qu. 186, art. 3.

Vollkommenheit zu preisen." Der Dichter Heinrich von Meißen bezeichnete die Armut als den besten Weg zum Himmel:

> „kein bezzer wec niht zuo dem himelrîche gât" [1]).

Katharina von Siena flehte unablässig zu Gott, daß er den Ihrigen den Reichtum ·nehmen und sie der Armut würdigen solle. Sie selber that durch verschwenderische Wohlthätigkeit ihr möglichstes dazu, um dieses Gebet zu erfüllen [2]). Mehr aber als jeder andere Vermögensbesitz war dem religiösen Geiste des Mittelalters das Geld verhaßt, weil das letztere als das allgemeinste Tauschmittel leichter als irgend ein anderes Gut die Habgier erregte und den Genuß des Weltlebens ermöglichte. „Ihr könnt nicht Gott dienen und dem Mammon," diese Worte Christi [3]) bildeten den leitenden Grundsatz für die Beurteilung des Geldes. Der um die Mitte des dreizehnten Jahrhunderts verstorbene Peraldus bezeichnete den kapitalistischen Reichtum als den „Brennstoff des höllischen Feuers"[4]). Bonaventura sagte in seiner Lebensbeschreibung des Franziskus: „Das Geld ist den Dienern Gottes nichts anderes als der Teufel und eine giftige Schlange."

Ausgehend von diesen Ansichten über das Eigentum und die wirtschaftlichen Güter stellten die einer vollkommenen Nachfolge Christi sich befleißigenden religiösen Orden das Gebot der Armut als ein fundamentales Ordensgesetz auf. „Insonderheit soll dieses Laster (d. i. das Privateigentum) von dem Kloster ferngehalten werden," sagte Benedikt von Nursia mit Bezug auf die Religiosen seines Ordens. Nicht ein Buch, nicht eine Schreibfeder sollte der Einzelne für sich besitzen. Eltern, welche ein Kind ins Kloster schickten, mußten nach den Vorschriften Benedikts einen Eid ab=legen, daß sie in keiner Weise demselben irgend etwas zu seinem Sondereigentum schenken oder vermachen wollten. Nur den ge=

---

[1]) v. d. Hagen, Minnes. Tl. 3, S. 360, 3.
[2]) Vgl. Karl Hase, „Katherina von Siena, ein Heiligenbild".
[3]) Math. 6, 24.
[4]) Vgl. G. Uhlhorn, „Vorstudien zu einer Geschichte der Liebesthätig= keit im Mittelalter", in Briegers Zeitschr. für Kirchengesch. Bd. 4, S. 59.

samten Konventen konnten sie Vermögenswerte übertragen. Benedikt
untersagte den Religiosen selbst den Gebrauch der Worte „mein"
und „dein" und befahl an deren Stelle „unser" zu sagen. Die
Gemeinsamkeit des Besitzes wurde sogar wohl auf die leibliche
Persönlichkeit der Religiosen übertragen. Man stritt wenigstens
darüber, ob der Mönch die Glieder seines Leibes als sein persön=
liches Eigentum ansehen und sagen dürfe: mein Kopf, meine Zunge,
meine Hände, oder ob er sagen müsse: unser Kopf, unsere Zunge 2c.
gleichwie man sage: unsere Kapuze, unsere Kutte[1]). Die Welt=
und Selbstverleugnung des Mittelalters wurde im Mönchtum bis
zum Erlöschen der individuellen Persönlichkeit geführt.

Den Ordensstiftern des späteren Mittelalters war aber dieser
Standpunkt noch nicht genügend. Den älteren Orden war nur
das private, nicht aber das korporative Vermögen verboten. Fran=
ziskus und Dominikus aber untersagten den von ihnen gestifteten
Orden sogar auch das letztere. Die Ordensbrüder sollten ihren
Unterhalt durch Betteln erwerben, um ganz nach dem Vorbilde
Christi zu leben.· „Die Armut ist die Grundlage des Ordens,"
sagte Franziskus von Assisi mit Bezug auf den von ihm gestifteten
Orden der Minderbrüder. Cäsarius von Heisterbach rühmte die
Mönche des Dominikus als Männer, „welche im Geiste über der
Welt erhaben, nichts in dieser Welt besitzend, alle Furcht vor der
Welt abgelegt haben und mit Donnerstimme die Laster strafen"[2]).

Dieses Evangelium der Armut konnte selbstverständlich zu
keinem allgemeinen Gesetz erhoben werden. Wenn aber auch nicht
als Gesetz, so blieb die Armut Christi doch auch für die Laien=
welt als ideales Vorbild bestehen. Die Nachfolge Christi ver=
pflichtete daher die Laien zwar nicht zu einem völligen Verzicht
auf eigenes Vermögen, aber doch jedenfalls zu einer möglichsten
Einschränkung des wirtschaftlichen Gütererwerbes. Der letztere
sollte an dem Ueberfluß seine Grenzen finden, so daß die Befrie=
digung der notwendigen Bedürfnisse als leitender Grundsatz für
die Bemessung des Vermögenserwerbes aufgestellt wurde. Mit

---

[1]) Caesar. v. Heisterb., hom. II, 3 f.
[2]) Hom. III, 175.

dieſer Beſchränkung hatte ſchon die alte Kirche das Eigentum zu=
gelaſſen. Sie geſtattete die Nutznießung des Eigentums für den
Umfang der notwendigen Lebensbedürfniſſe und erklärte alles über
die letzteren hinausgehende Vermögen als Armengut. Auguſtin
ſagte mit kurzen Worten: „Fremdes Gut beſitzt derjenige, der
überflüſſiges beſitzt"[1]). Das Mittelalter ſchloß ſich dieſer Anſicht
der alten Kirche an. Allerdings ſtellte Thomas von Aquino ernſt=
lich die Frage, „ob es jemand erlaubt ſei, eine Sache als Eigentum
zu beſitzen"[2]). Aber ſelbſt Thomas, welcher das Syſtem der
Kirche am vollſtändigſten entwickelt hatte, konnte nicht umhin,
dieſe Frage zu bejahen. Freilich erfolgte dieſe Bejahung nicht
ohne einen weſentlichen Vorbehalt. Thomas verwarf das Eigen=
tum „dem Gebrauche nach", wie er ſich ausdrückte. Doch aber
ſollten die irdiſchen Güter in die beſondere Verwaltung und Ver=
fügung der Einzelnen übergehen können. Obwohl es alſo dem
Menſchen nicht geziemte, etwas dem Gebrauche nach zu Eigentum
zu beſitzen, „ſo iſt es dennoch, wie Thomas erklärte, ein Irrtum
zu ſagen, daß der Menſch kein Eigentum haben dürfe"[3]). Die
Sünde, welche die Entſtehung des Sondereigentums verurſacht
hatte, machte die Feſthaltung desſelben nach ſeiner Anſicht ſogar
notwendig. Weil infolge der Sündhaftigkeit ein jeder einen
größeren Fleiß, eine größere Sorgfalt und eine größere Zufrieden=
heit bekunde, wenn er für ſich ſelbſt, anſtatt für andere arbeite,
ſei die Einführung des Sondereigentums an die Stelle des Ge=
meinbeſitzes erforderlich. Doch ſollte dieſe Nachgiebigkeit gegen
die menſchliche Schwachheit ihre Grenze an dem Maß des Not=
wendigen finden. Sobald die Erwerbsthätigkeit über dieſes Maß
hinausging, werde ſie zur Sünde, zur Habgier. „Die Habgier
iſt," nach der Definition des Thomas, „eine Sünde, vermöge
deren man über das Maß des Notwendigen hinaus Reichtümer
zu erwerben oder zu erhalten ſtrebt"[4]). Und zwar betrachtete

---

[1]) Enarratio in psalm. 147, 12.
[2]) Summa II, 2, qu. 66, art. 2.
[3]) L. c.
[4]) Summa II, qu. 2, art. 118.

Thomas die über das Maß des Notwendigen hinausgehende Sorge um zeitliche Güter deshalb als unerlaubt, weil der Mensch hierdurch „von den geistlichen Gütern, um welche er in erster Linie sorgen soll, abgezogen wird" [1]. Die Einschränkung des Besitzes auf das Notwendige war das für die Laienwelt geltende Maß der Armutslehre Christi.

Die Gestattung eines beschränkten Eigentumserwerbes erfolgte also aus demselben Grunde, aus welchem das Mittelalter auch die Arbeit für notwendig befand. Wie die letztere, so wurde auch der erstere als ein Schutzmittel gegen die Sünde angesehen. Weil die Menschen die Bewirtschaftung des Gemeingutes mit weniger Fleiß, Gewissenhaftigkeit und Interesse betreiben würden als die Bewirtschaftung ihres Sondereigentums, hielt Thomas von Aquino die Einführung des letzteren für zweckmäßig. Wie die Arbeit als ein Schutzmittel gegen die Versuchungen der Fleischeslust, so wurde das Eigentum als ein Schutzmittel gegen die Trägheit, Gewissenlosigkeit und Unzufriedenheit behandelt. So war dies Zugeständnis, welches der religiöse Geist des Mittelalters der Weltlichkeit durch die Gestattung des Eigentums machte, zwar eine Abweichung von der Idee der Nachfolge Christi. Doch aber wurde dieses Zugeständnis nur deshalb gemacht, weil eine gänzliche Verneinung des Eigentums eine thatsächliche Unmöglichkeit gewesen wäre und eine vollständige Abwendung von dem Lehrsystem der Kirche zur notwendigen Folge gehabt haben würde. Die innerhalb der Grenze des Notwendigen erfolgte Anerkennung des Eigentums war ein Uebel, welches nur zur Verminderung eines größeren Uebels zugelassen werden mußte. Indem dieser letztere Zweck, die Verhütung eines größeren Uebels durch die Zulassung eines geringeren, die Ursache der beschränkten Anerkennung des Sondereigentums bildete, gab die Kirche den asketischen Grundgedanken ihres Systems nicht eigentlich preis, sondern wählte vielmehr das nach Lage der thatsächlichen Machtverhältnisse geeignetste Mittel, um den Widerstreit gegen ihr asketisches Tugendideal möglichst abzuschwächen.

---

[1] Summa II, 2, qu. 55, art. 6.

Die beschränkte Zulassung des Sondereigentumes war also im letzten Grunde ein den Umständen entsprechendes Erziehungsmittel zu der vollkommenen Nachfolge Christi. Die Verneinung des Eigentums war der leitende Zweck der partiellen Bejahung desselben.

Wie nun die asketische Auffassung der Arbeit die Ursache einer großartigen, schöpferischen Thätigkeit war, so bildete die verneinende Stellung des Mittelalters gegenüber dem Güterbesitz die Ursache einer ausgedehnten Wohlthätigkeitspflege[1]). Da die Armut die Bedingung der vollkommenen Nachfolge Christi war, so betrachtete das Mittelalter die Armen als Vorbilder des christlichen Lebenswandels. Es erblickte in dem Armen ein Abbild Christi. „In den Armen wird Christus gekleidet und gespeist," schrieb Alcuin einst einem Bischof[2]). Der Gedanke, daß der Arme ein Abbild Christi sei, gab dem Abte Cäsarius von Heisterbach zu der Mahnung Veranlassung, denselben sogar mit Ehrfurcht und Demut zu begegnen. „Vor allen Armen," schrieb er mit Berufung auf Gregor den Großen, „muß man Ehrfurcht haben und um so mehr muß man sich vor allen bemütigen, je weniger man weiß, wer von ihnen Christi ist"[3]). Alle Armen empfahl er wie Christi selber aufzunehmen[4]). „Die Hand des Armen," sagte er, „ist Gottes Opferkasten"[5]). Der mittelalterliche Apostel der freiwilligen Armut, der heil. Franziskus nannte den Armen „ein Bild Christi". „Wer den Armen kränkt," fügte er hinzu, „schmäht Christum." Nicht selten sollte ja, wie man glaubte, Christus sich wirklich in der Gestalt eines Armen verborgen haben, um die Menschen auf die Probe zu stellen und zu einer ernsten Selbstprüfung zu veranlassen. So erging es, wie die Legende erzählt, unter anderen

---

[1]) Vgl. hierüber G. Uhlhorn, „Vorstudien zu einer Geschichte der Liebesthätigkeit im Mittelalter" in der Zeitschr. für Kirchengesch. von Brieger Bd. 4, S. 44 ff.; sowie desselben Verfassers: „Die christliche Liebesthätigkeit im Mittelalter".

[2]) Jaffé Bibl. rer. germ. VI, 192.

[3]) Caes. v. Heisterb. Hom. I, 116.

[4]) L. c.

[5]) Hom. 1, 107.

dem heil. Agilus, der in der ersten Hälfte des siebenten Jahr=
hunderts Abt des Klosters Rebais in Gallien war [1]).

Freilich hätte diese Auffassung der Armut als eines Zu=
standes christlicher Vollkommenheit eigentlich jede Wohlthätigkeit aus=
schließen müssen, da die letztere den Armen ja nur aus einem
höheren in einen niederen Stand, in den Stand der Besitzenden
und materiell Befriedigten versetzte. Die kirchliche Tugendlehre
geriet hier also in einen Widerspruch mit sich selber, insofern der
Schenkgeber um dasselbe Maß, um welches er durch seine Gabe
auf seiner Seite die evangelische Armut förderte, die letztere auf
Seiten des Empfängers verminderte. Indes nahm das Mittel=
alter diese Schwierigkeit gar nicht wahr, weil es die Wohlthätig=
keit überhaupt nicht vom Standpunkte des Armen, sondern von
dem des Besitzenden aus forderte. Dem letzteren aber wurde die
Pflicht der Wohlthätigkeit deshalb auferlegt, um auch ihn jenem
idealen Stande der Armut zu nähern. Der Besitzende teilte dem
Notleidenden mit, um sich selber seines irdischen Gutes zu ent=
äußern. Die Wohlthätigkeit war der Weg, auf welchem der Be=
sitzende sich an der Nachfolge Christi beteiligen sollte. Ganz ebenso
wie der Betrieb der wirtschaftlichen Arbeit seinen Entstehungsgrund
nicht in der Wertschätzung seines materiellen Erfolges, in der Pro=
duktion der wirtschaftlichen Güter, sondern in dem mittelbaren
Nutzen derselben für das ewige Seelenheil hatte, so hatte also
auch die Armen= und Krankenpflege des Mittelalters ihren Grund
weniger in dem Mitgefühl für die Leiden der Armen und Kranken,
als in der Sorge für das eigene Seelenheil.

In allen Schenkungen und testamentarischen Vermächtnissen
pflegte der Bedacht auf das ewige Seelenheil ausdrücklich als der
leitende Zweck derselben bezeichnet zu werden. Die Wohlthätigkeit
des Mittelalters hatte also ihren Ursprung in dem asketischen
Armutsprinzip des religiösen Glaubens. Die Worte, mit welchen
der Biograph der Kaiserin Adelheid die Mildthätigkeit der letzteren
erklärte, sprachen den leitenden Gedanken der mittelalterlichen
Wohlthätigkeit im allgemeinen aus. Die Kaiserin, erzählt der

---

[1]) Vita S. Agili c. 24, Acta SS. O. S. B. t, II.

Biograph, habe aus dem Erlös ihrer Schmucksachen die Armen
unterstützt, um „das Kreuz des Herrn und das Evangelium Christi
auszuschmücken"[1]). Wie die Arbeit, so wurde auch die Wohlthätigkeit in den Kreis der asketischen Bußübungen gezogen. „Die
Buße hat in Fasten, Nachtwachen, Gebeten und Almosen zu bestehen," erklärte eine Synode zu Hohenaltheim im Jahre 916.
„Almosen ist die Würze des Fastens, die Zierde des Gebetes, der
Schmuck der Nachtwachen, das Kennzeichen eines guten Herzens,
ein besonderes Heilmittel der Sünde," sagte Cäsarius von Heisterbach[2]). Auch die „Summa Astesana" betrachtete das Almosengeben als eine Bußübung. In dem Kapitel des fünften Buches
„über die Reue" bezeichnete dieselbe Gebet, Fasten und Almosengeben als die drei Bestandteile der Rechtfertigung.

Diese religiöse Behandlung der Almosenspende, welche die
letztere als den vorzüglichsten Weg des ewigen Heilserwerbes hinstellte, hatte dann zur Folge, daß dieselbe in dem Sittenleben des
Mittelalters eine außerordentliche Bedeutung gewann. Religiöse
Gemüter beeiferten sich derselben mit einer Verschwendung, die
oft genug zum Gegenstand des Anstoßes auf Seiten der eigenen
Familie wurde. Einige deutsche Königinnen lagen beispielsweise
ihrem auf diesem Wege gesuchten Seelenheile mit solchem Eifer
ob, daß sie selbst die Einkünfte des Reiches, soweit sie über dieselben verfügen konnten, an die Armen verschleuderten. Die Gattin
König Heinrichs I. pflegte täglich zweimal eine Schar von Armen
zu speisen. Einmal in der Woche ließ sie Arme und Pilger baden
und bewirten. Auf ihren Reisen führte sie Lebensmittel bei sich,
um die Armen und Siechen zu beschenken[3]). Bei dieser Wohlthätigkeit verfuhr sie aber als Witwe mit den königlichen Einkünften so verschwenderisch, daß ihre eigenen Söhne sie schließlich
nötigen mußten, ihren Witwensitz zu verlassen und den Schleier
zu nehmen[4]). Auch die erste Gattin Otto I., Edgitha, erregte

---

[1]) Vita Adelh. c. 11.
[2]) Hom. III, 67.
[3]) Vita Math. c. 11.
[4]) Vita Math. ant. c. 8.

burch ihre verschwenderische Wohlthätigkeit das Bedenken des letzteren. Otto selbst, erzählt die Sage, habe sie einst auf der frischen That einer thörichten Verschwendung zu ertappen gesucht und sich zu diesem Zwecke in Bettlerkleidung zu ihr begeben. Edgitha, welche ihn nicht erkannte, schenkte ihm einen Aermel ihres kostbaren Gewandes. Als sie dann nachher vor dem Könige in einem anderen Kleide erschien, fragte sie der letztere, warum sie ihr Kleid gewechselt habe. Da Edgitha den wahren Grund verschweigend, andere Anlässe vorschützte, befahl der König, das fragliche Kleid herbeizuholen. Wie das letztere aber gebracht wurde, ergab sich, daß es beide Aermel hatte und unversehrt war. Der König holte dann den ihm in seiner Verkleidung geschenkten Aermel hervor, erzählte den Hergang der Sache und legte der Königin, deren fromme Notlüge durch ein göttliches Wunder geschützt war, fernerhin keine Schranke der Mildthätigkeit mehr auf[1]). Mit nicht geringerer verschwenderischen Freigebigkeit betrieb die zweite Gattin Otto I., Adelheid, in ihrem Witwenstande die Armenpflege. „Als wenn sie," erzählen die Jahrbücher von Quedlinburg, „nicht für sich geboren, sondern nur für die Pflege der Armen von Gott bestimmt gewesen wäre, ließ sie unter anderen hervorragenden Tugenden nicht ab, alles, was sie bekommen konnte, namentlich den Reichszins, welchen sie im ganzen Reiche als Tribut oder Geschenk einforderte, heiteren Sinnes und Antlizes den Händen der Armen zu überantworten, um es in den himmlischen Schatz zu bringen." Der Bischof Gerhard von Toul küßte den Armen Hände und Füße und bewirtete sie regelmäßig[2]). Bekanntlich erregte auch die verschwenderische Wohlthätigkeit der Landgräfin Elisabeth von Thüringen zuweilen einiges Bedenken auf Seiten ihres Gatten. Eine spätere Sage hat dann diesem Zuge dadurch ein etwas stärkeres Relief gegeben, daß sie den frommen Landgrafen als einen harten, habgierigen Mann darstellte, welcher der Wohlthätigkeit der Elisabeth mit strengem Verbote entgegengetreten sei. In der Legende von den in Rosen verwandelten Liebesgaben,

---

[1]) Annalista Saxo a. 937.
[2]) Vita Gerh. Tull. 10.

welche die Landgräfin in ihrem Schoße barg, hat diese legenbarische Umbildung ihren dichterischen Ausbruck gefunden.

Die gleiche selbstverleugnende Aufopferung wurde der Kranken= pflege zugewandt. Der asketische Gedanke der letzteren, der Ge= banke nämlich, nicht sowohl die Kranken zu pflegen, als vielmehr durch die Krankenpflege sich selber zu kasteien, trat nicht selten in einer gerabezu abschreckenden Weise hervor. Die fränkische Königin Rabegunde, welche im Jahre 544 den Schleier nahm, küßte, wie die Legende erzählt, die eiternben Wunden eines Aussätigen, um ihre natürlichen Empfindungen zu überwinden[1]). Konrad von Marburg mußte der Landgräfin Elisabeth von Thüringen die gleiche Gewohnheit verbieten.

> Stupet mundus et miretur
> dum leprosis famulatur
> quondam regis filia,"

sang ein Hymnus des vierzehnten Jahrhunderts zu Ehren der frommen Landgräfin[2]). Katharina von Siena war stolz auf die Leiden, welche sie sich durch die Krankenpflege zugezogen hatte. Als sie sich einst durch die Pflege einer mit Geschwüren bebeckten Frau selber angesteckt hatte, wies sie auf ihre Schwären mit den Worten: „Das sind meine Rosen." Diese Virtuosin der Askese brachte es in der Ueberwindung ihrer Natur noch weiter als jene oben genannten Frauen. Als sie eines Tages vor dem krebs= artigen Geschwüre einer ihrer Pflege übergebenen Frau einen Ekel empfand, führte sie, um diese Anwandlung von Schwäche zu be= kämpfen, ihre Lippen an die eiternde, stinkende Wunde und trank schließlich das Wasser aus, mit welchem sie den Eiter abgewaschen hatte. Ihrem Beichtiger bemerkte sie späterhin: „Niemals hat mir etwas so gut geschmeckt."

Die Armen und Kranken, wie alle von den Menschen Ver= laffenen, die Witwen und Waisen erschienen als die natürlichen Schutzbefohlenen der Kirche. Von Anfang an betrachtete die letztere

---

[1]) Act. SS. Bolland. tom. I, p. 71.
[2]) Mone, latein. Hymnen des Mittelalters Bd. 3, S. 285.

den Schutz der Armen und Elenden, die Wohlthätigkeits= und
Krankenpflege als ihre besondere Mission. Die Kirche widmete
sich dann ihrerseits der Liebesthätigkeit durch die Errichtung von
Spitälern für die Armen, die Kranken und die alten gebrechlichen
Leute. Späterhin besaßen die reicheren und größeren Klöster fast
durchgehends ein besonderes Siechhaus für die Aufnahme der
Leidenden, welches gewöhnlich von dem Siechhause der Konven=
tualen getrennt war. Nach dem Vorgange der altchristlichen Konzile
befahl eine Aachener Synode vom Jahre 816 allen Bischöfen
ein Hospital für Arme und Fremde zu errichten und verpflichtete
die Kleriker, zur Beschaffung der zu demselben erforderlichen Mittel
den Zehnten von allen ihren Einkünften zu geben. Desgleichen
sollte jedes Kloster ein Hospital anlegen und außerdem einen Raum
einrichten für die Aufnahme von Witwen und armen Frauen.
Eine Pariser Synode vom Jahre 846 befahl die Wiederherstellung
der von den Schotten gestifteten Hospitäler. Der im Jahre 965
verstorbene Erzbischof Bruno von Köln bestimmte in seinem Te=
stamente die Errichtung eines Hospitals für alte Männer, welches
mit dem Kloster St. Pantaleon verbunden sein sollte und ver=
machte demselben verschiedene Güter [1]). Das in der zweiten Hälfte
des zwölften Jahrhunderts gegründete Kloster Meer bei Krefeld
besaß schon im folgenden Jahrhundert einen besonderen Raum für
kranke Laien. Die Trierer Synode vom Jahre 1227 erneute
jenes Gebot der Aachener Synode vom Jahre 816. Die Synode
zu Magdeburg vom Jahre 1261 legte den Klöstern die gleiche
Verpflichtung auf.

Indem aber die Liebesthätigkeit des Mittelalters mehr von
dem ewigen Interesse des Gebers als von dem zeitlichen Interesse
des Empfängers aus behandelt wurde, lag derselben der Gedanke,
die Pflege der Armen für die letzteren wirtschaftlich fruchtbar zu
machen und den Hilfsbedürftigen, wo und soweit es eben anging,
die Möglichkeit einer selbständigen Arbeit und Ernährung zu ver=
schaffen, völlig fern. Zunächst lag es in dem religiösen Interesse
des Gebers, daß ihm die Möglichkeit der Almosenspende recht

---

[1]) Vita Brun. c. 49.

häufig geboten wurde, daß also der Versuch, Armut und Not durch
eine planvolle Pflege möglichst einzuschränken, gar nicht gemacht
wurde. Denn würde das letztere mit Erfolg geschehen sein, so
wäre dem Besitzenden ja eine der Hauptbedingungen zur Erwer=
bung seines Seelenheiles entzogen worden.

Nicht minder als des Gebers, forderte es ferner auch das
religiöse Interesse des Empfängers, daß man der Armut und Not
nicht mit wirksamem Erfolge entgegentrat. Denn da die Armen
und Elenden das Vorbild Christi am vollkommensten erreichten,
so würde man dieselben durch eine bessere und selbständigere
Stellung aus einem vollkommeneren Stande in einen niederen
zurückversetzt haben. Die Wohlthätigkeit des Mittelalters konnte
daher gar nicht von der Absicht ausgehen, Armut und Leiden
möglichst einzuschränken, da eine solche Absicht im Widerspruch
gestanden haben würde mit dem Grundgedanken der asketischen
Religiösität, welche Armut und Leiden als erstrebenswerte Zustände,
als Bedingungen der Nachfolge Christi und der Erwerbung des
ewigen Seelenheiles hinstellte. Der religiöse Geist des Mittelalters,
welcher auf der einen Seite das Almosengeben als eine fromme
Handlung forderte, war auch so folgerichtig, auf der anderen Seite
das Betteln zu einem gewissermaßen heiligen Gewerbe zu erheben.
Der Franziskanergeneral Bonaventura vertrat in dem Streit der
Bettelmönche mit der Pariser Akademie die Sache seines Ordens
mit Eifer und verteidigte in seiner Schrift „über die Armut Christi"
das freiwillige Betteln als eine Tugend der christlichen Vollkommen=
heit. Thomas von Aquino nahm an, daß das Betteln einen er=
baulichen und allgemeinen Wert haben könne. „Wenn dasselbe,"
sagt er, „aus Notdurft, aus Demut und zum allgemeinen Nutzen,
nicht aber aus Habgier oder Trägheit geschehe, so solle es allen
und nicht allein den Religiosen erlaubt sein [1]. Auch die Heiligen=
legende hat das Gewerbe des Bettelns als den Zustand der voll=
kommensten Welt= und Selbstverleugnung gefeiert, indem sie unter
ihre heiligen Vorbilder solche Männer aufnahm, welche sich ihres
Eigentums freiwillig entäußert hatten, um „zu Ehren Christi" mit

---

[1] Summa II, 2 qu. 187, art, 5.

Almofen kümmerlich ihr Leben zu friſten. In der Praxis gewann
das Betteln eine noch weit größere Bedeutung als in der Heiligen-
dichtung. Weil die Lebensweiſe des Bettlers dem Leben Chriſti
am nächſten zu kommen ſchien, gründeten Franziskus und Dominikus die nach ihnen benannten großen Orden, welche kein Eigentum beſitzen durften und ihren Unterhalt durch Betteln erwerben
mußten. Durch dieſe großen Ordensſtiftungen gewann das Gewerbe
des Bettelns eine weite Verbreitung. Der Minorit Salimbene
ſagte: „Wir (d. h. die Minoriten) und die Prädikantenbrüder
haben alle Welt betteln gelehrt. Jeder, der ſich eine Kapuze um-
hängt, will auch eine Bettelordensregel machen"[1]. Die überſinnliche Idee der mittelalterlichen Religioſität war alſo die Urſache,
daß die Wohlthätigkeitspflege ſehr verſchwenderiſch auf der einen
Seite und dennoch ſehr erfolglos auf der anderen Seite betrieben
wurde. Das Seelenheil des Beſitzenden wie des Beſitzloſen, des
Gebers wie des Empfängers, erforderte nicht die Beſeitigung,
ſondern die dauernde Erhaltung von Armut und Leiden. Denn
wie ſollte man, fragte Thomaſin von Zirclaria in ſeinem welſchen
Geiſt:

> „erzeigen, daz man milte waere,
> ob dehein biutel waere laere"[2]?

2. Der wirtſchaftliche Güterverkehr.

Dieſe religiöſen Vorſtellungen über die Arbeit und den Ver-
mögensbeſitz übten einen tiefgreifenden Einfluß auf die praktiſche
Wirtſchaftspolitik des Mittelalters aus, welcher die letztere von
der antiken wie der modernen Wirtſchaftspolitik ſcharf unterſchieden

---

[1] Vgl. Georg Voigt, „Die Denkwürdigkeiten des Minoriten Jordanus von Giano in den Abhandl. der königl. ſächſ. Geſellſchaft der Wiſſenſchaften Bd. 12, S. 478.

[2] B. 11517 f.

und zu einem durchaus eigenartigen System gestalteten. Indem
das Mittelalter aus seelsorgerischen Gründen den Güterbesitz auf
das Notwendigste beschränkte und aus denselben Gründen die
Arbeit zur Pflicht machte, stellte es die Notwendigkeit des Bedürf=
nisses und die Aufwendung von Arbeit als die unumgänglichen
Bedingungen für die Erzeugung wie für die Erwerbung von
Gütern auf.

Der Güterwirtschaft war infolgedessen nur ein sehr enger
Spielraum gestattet. Mit dem Grundsatze, daß die Güterpro=
duktion sich auf die notwendigen Lebensbedürfnisse zu beschränken
habe, war eine industrielle Massenproduktion, welche nicht allein
für augenblicklich gegebene, sondern auch für zukünftig mögliche
Nachfragen arbeitet, nicht wohl vereinbar. Das Mittelalter hat
denn auch eine Industrie nur in dem bescheidensten Umfange ge=
kannt. Die Einengung der Güterproduktion in die Schranke des
Notwendigsten schnitt ferner auch der Kunst wie dem Kunsthand=
werk von vornherein die Möglichkeit einer reicheren Entwicklung
ab. Nur insoweit dieselben unmittelbar einem religiösen Zwecke
dienten, fanden sie einen Raum in der Wirtschaftspolitik des
Mittelalters. Eine weltliche Kunst und ein weltliches Kunsthand=
werk aber hat das klassische Mittelalter ebenso wie eine Industrie
nur in den ersten Anfängen besessen. Kunst und Kunsthandwerk
des Mittelalters haben sich nur aus dem religiösen Leben ent=
wickeln können, weil nur dieses denselben eine reichere Ausübung
gewährte. Die Beschränkung auf das Notwendigste veranlaßte
das Mittelalter vor allem, eine verneinende Stellung gegen solche
Arbeitserzeugnisse einzunehmen, welche ausschließlich für die An=
nehmlichkeit und den Luxus des häuslichen und geselligen Lebens
bestimmt waren. Daher waren denn auch die Privatwohnungen
bis gegen Ende des Mittelalters in ihrer äußeren wie inneren
Ausstattung aufs dürftigste hergerichtet. Jede reichere Entfaltung
der kunstgewerblichen Thätigkeit blieb ausschließlich auf die Aus=
stattung der zu gottesdienstlichen Zwecken bestimmten Gebäude und
Räumlichkeiten beschränkt. Die Privatbauten waren bis ins vier=
zehnte Jahrhundert mit vereinzelten Ausnahmen aus Holz herge=
stellt. Noch in Urkunden des fünfzehnten Jahrhunderts pflegen

massiv gebaute Häuser wegen ihrer Seltenheit ausdrücklich als
steinerne bezeichnet zu werden. Auch der Kleidung war keine freie
Bewegung gestattet. Schöne Kleider und schöner Schmuck erschienen
vielmehr als die schlimmsten Erzeugnisse irdischer Eitelkeit, Hoffahrt
und Sinnenlust. Das ganze Mittelalter über richtete die Kirche
gegen den Luxus der Kleidung und des Schmuckes die eindring-
lichsten Warnungen, welche dann bekanntlich in zahlreichen landesherrlichen und städtischen Kleiderordnungen eine Bestätigung erhielten. Die Güterproduktion war also, soweit sie weltlichen Zwecken
diente, auf das kleine Handwerk beschränkt.

Ebenso wie an die Bedingung des Notwendigen, banden
die asketischen Grundsätze der Wirtschaftspolitik den Güterverkehr
auch an die Arbeit. Die erzieherische Notwendigkeit der letzteren
ließ jeden Vermögenserwerb als verwerflich erscheinen, der ohne
dieselbe erzielt wurde. Diese Ansicht hatte zunächst die Ausscheidung
eines weiten Kreises geschäftlicher Thätigkeiten und zwar der eigentlichen Geld- und Spekulationsgeschäfte zur Folge. In gradestem
Widerspruche mit jener Ansicht stand vor allem das Zinsgeschäft.
Da das Geld selber dem Mittelalter nur als eine Ware galt,
welche sich wie jede andere Ware durch den Gebrauch verzehre [1]),
so erschien der Gedanke einer selbstthätigen Vermehrung des Geldes
dem Mittelalter unbegreiflich. Da nun der Darleiher keine Arbeit
bei dem Zinsgeschäfte verrichtete, so mußte demnach das letztere
in den Augen des Mittelalters jeder Berechtigung entbehren. Es
konnte vielmehr in dem Zins nichts anderes erblicken als eine
Prämie für den Zeitverlauf. Derjenige, der für ein Darlehen
Zinsen verlangte, suchte also in den Augen des Mittelalters eine
allgemeine göttliche Einrichtung, nämlich die Zeit, für seinen besonderen Vorteil und zum Schaden seines Nächsten auszubeuten.
Er beging somit einen Frevel gegen Gott und seinen Nächsten und
wurde dem Wucherer gleichgestellt. „Dû hâst halt gote sîne zît
offenliche verkoufet, diu aller der werlte gemein ist unde
waenest dich hân beschoenet, daz dû niht ein wuocherer wilt
heizen," redete Berthold von Regensburg den Zinsnehmern ins

---

[1]) Th. v. Aquino, Summa theol. II, 2, quaest. 78, art. 1.

Gewissen [1]). Demgemäß hatte schon die altchristliche Kirche das Zinsennehmen verboten. Die Synode zu Elvira vom Jahre 305 oder 306 untersagte das Zinsennehmen den Geistlichen wie den Laien. Das Konzil zu Nicäa beschränkte das Verbot auf die Geistlichen. Schon im folgenden Jahrhundert wurde dasselbe jedoch vom römischen Bischof Leo wieder auf die Laien ausgedehnt. Die Kapitulare Karls des Großen recipierten die Auffassung der Kirche und untersagten das Zinsgeschäft zunächst dem Klerus, später jedoch auch den Laien. Die Päpste und Synoden des Mittelalters erneuten das Verbot oftmals, noch Clemens V. erklärte auf dem Konzil von Vieme im Jahre 1311 die städtischen Statuten, welche das Zinsgeschäft gestatteten, für nichtig.

Von demselben Grundsatze aus, daß nur der mit Arbeit verbundene Vermögenserwerb innerhalb der Schranke der notwendigen Lebensbedürfnisse erlaubt sei, verbot das Mittelalter auch eine durch einseitige Interessen veranlaßte Preissteigerung der Güter. Eine solche Preissteigerung erschien demselben ebenso wie die Zinsforderung als die Ausbeutung der Notlage eines dritten. Schon das Kapitular Karls des Großen vom Jahre 794 bestimmte, daß niemand seine Feldfrucht in der Zeit des Mangels teurer verkaufen solle als in der Zeit des Ueberflusses und setzte einen ein für alle Mal gültigen Preis für den Scheffel Hafer, Gerste, Roggen und Weizen, sowie für das Brod fest [2]). Desgleichen untersagte das Kapitular vom Jahre 805 eine Preissteigerung des Getreides [3]). Nicht so radikal verfuhr das Friedensedikt Kaiser Friedrichs I. vom Jahre 1156. Dasselbe gab dem Zwange der Verhältnisse wenigstens insoweit nach, als es eine jährliche Feststellung des Getreidepreises und zwar nach Maßgabe des Ernteertrages forderte. Jede Abweichung aber von dem einmal festgestellten Preise ahndete das Edikt mit einer hohen Geldbuße [4]). Auch der Aufschub des Zahlungstermines konnte eine

---

[1]) Berthold von Regensburg, herausgeg. von Pfeiffer, Bd. 1, S. 438.
[2]) K. 4.
[3]) M. G. ll. I, 132.
[4]) M. G. ll. II, 103.

Erhöhung des Kaufpreises nicht rechtfertigen. Vielmehr erschien eine Preissteigerung in diesem Falle ebenso wie der Zins als eine Zahlungsforderung für den bloßen Zeitverlauf. Deshalb erließ schon das Kapitular vom Jahre 806 die Bestimmung: „Wer zur Zeit der Ernte oder Weinlese nicht aus Bedarf, sondern des Gewinnes halber Vorräte von Getreide oder Wein aufkauft und sich z. B. für zwei Denare ein Maß verschafft, dieses aber so lange aufbewahrt, bis er es zu vier oder sechs Denare, oder auch noch theurer veräußern kann, legt nach unserem Ermessen eine schädliche Habsucht an den Tag. Desgleichen verboten die Päpste Alexander III. im Jahre 1176, Urban III. im Jahre 1186 und Innocenz III. solche Kaufverträge, in welchen für den Zahlungstermin ein höherer Preis ausbedungen wurde, als zur Einkaufszeit der betreffenden Waren gültig war [1]). Der Verkäufer durfte überhaupt den von ihm selbst gezahlten Preis nur dann erhöhen, wenn er den Gegenstand durch seine Arbeit verbessert hatte, es sei denn, das er bei Ueberlassung der Ware zum Einkaufspreise selber einen Schaden erleiden würde. Thomas von Aquino erkannte eine den Naturalwert der Ware übersteigende Preisforderung nur dann als erlaubt an, wenn die Ware sowohl für den Verkäufer als den Käufer einen höheren Wert hatte. Für den Fall aber, daß der Besitz der Ware wohl dem Käufer einen Gewinn brachte, ohne daß jedoch der Verkäufer durch die Veräußerung derselben zu dem Naturalwerte einen Schaden erlitt, hielt er eine über den letzteren hinausgehende Preisforderung nicht für erlaubt [2]). Das Preismaß des Mittelalters bestimmte sich also nicht nach dem wechselnden Verhältnisse von Angebot und Nachfrage, sondern nach dem dauernden objektiven Naturalwerte der Güter, vermehrt um die zur Erhaltung und Verbesserung der letzteren aufgewandte Arbeit. Um für den objektiven Naturalwert der Güter eine feste Grundlage zu erhalten, wurden von den geistlichen und weltlichen Behörden die Preise gesetzlich tarifiert. Die Taxenordnungen des Handwerks entzogen dann den großen kaufmännischen Warengeschäften, welche

---

[1]) Corp. jur. can. decr. Greg. IX lib. V, tit. XIX, c. 6.
[2]) Summa theol. II, 2, quaest. 77, art. 1.

in der Berechnung einer bevorstehenden Preisveränderung abge=
schlossen zu werden pflegen, die Möglichkeit der Entwicklung.

Der Grundsatz, daß nur ein mit Arbeit verbundener Ver=
dienst berechtigt sei, ließ es dem Mittelalter sogar als zweifelhaft
erscheinen, ob der Umsatz von Gütern, ohne daß eine Bearbeitung
derselben voraufgegangen war, überhaupt gestattet sei, ob also
der Käufer befugt sei, eine Ware in derselben Gestalt, in welcher
er sie gekauft hatte, weiter zu veräußern. Wenn diese Meinung
auch keinen gesetzlichen Ausdruck erlangte, so hatte sie doch wenig=
stens die Folge, daß das kaufmännische Gewerbe, welches nur
dem Handel oblag, in arger Mißachtung bei den Vertretern der
strengen kirchlichen Disciplin stand. Duns Scotus wollte das
Kaufgeschäft ganz und gar verbieten, weil es zur Gewinnsucht
verleite. Thomas von Aquino betrachtete den Handel als ein
schimpfliches Gewerbe [1]). Er wünschte, daß derselbe soviel als
irgend möglich eingeschränkt werde [2]). Für ihn hatte der Handel
nur insoweit Berechtigung als er auf Seiten des Verkäufers wie
des Käufers die Befriedigung eines notwendigen Lebensbedürfnisses
bezweckte [3]). Alle diese Geschäfte, die Zins=, Spekulations= und
reinen Handelsgeschäfte fielen dem Mittelalter unter den Begriff
des Wuchers. Karl der Große erklärte in einem Kapitular vom
Jahre 808 den Begriff des Wuchers kurzweg mit den Worten:
„Wucher ist es, wenn man mehr wieder fordert als man ge=
geben hat."

Nach der Ausscheidung der Geldgeschäfte verblieb demnach
nur der Grund und Boden als die berechtigte Unterlage der
Volkswirtschaft bestehen. Auf den Grund und Boden führten
alle wirtschaftlichen Beziehungen und Werthe in privatem und
öffentlichem Leben zurück. Alle Schuldforderungen wurden auf
den Grund und Boden radiciert und in Naturalien entrichtet.
Die älteste Form einer Nutzbarmachung des Geldes war die
Naturalrente. Die letztere erschien aber nicht wie der Geldzins

---

[1]) Summa theol. II, 2. qu. 77, art. 4.
[2]) De regim. princip. II, 13.
[3]) Summa theol. l. c.

als die Frucht, als der zeitliche Ertrag eines Darlehens, sondern
vielmehr als eine für einen bestimmten Kaufpreis erworbene Gegen=
leistung. Denn das Rentengeschäft wurde in der Form eines
Kaufvertrages abgeschlossen. Der Rentenkauf unterschied sich dem=
nach von jedem gewöhnlichen Kaufgeschäft nur dadurch, daß der
Gegenstand des Kaufes nicht sofort bei der Auszahlung des Preises,
sondern in bestimmten, regelmäßigen Terminen erworben wurde.
Auch ging der Kaufpreis auf der einen und die Ware, das heißt
die Rente, auf der anderen Seite ebenso unwiderruflich in das
volle Eigentum der Parteien über, wie bei jedem anderen Kauf=
geschäft. Es gab daher wenigstens bis zum vierzehnten Jahrhun=
dert für keinen der beiden Kontrahenten eine rechtliche Möglichkeit,
das Kaufgeschäft nach einer bestimmten Zeit wieder rückgängig zu
machen. Der Käufer war nicht berechtigt, den Kaufpreis zurück=
zufordern, noch der Verkäufer, die Rente abzulösen.

In Grund und Boden bestanden ferner die Beneficien der
Vasallen und der Ministerialen, die Besoldung der Beamten, der
Lohn des Handwerkers und des Hörigen. In Bodenerträgen be=
standen die Leistungen an den Staat, die Kirche, den Grundherren,
die Gemeinde, sowie die Bußgelder der Gerichte. Die Gerichts=
barkeit, die Polizeihoheit, das Patronatsrecht ferner waren nicht
mit einem bestimmten persönlichen Amte oder einer persönlichen
Würde, sondern mit einem bestimmten Grundbesitze verbunden.
Desgleichen bildeten das Jagdrecht, das Fischereirecht und selbst
die Fährgerechtsame für einen Fluß keine selbständigen privat=
rechtlichen Verhältnisse, vielmehr waren dieselben ebenfalls an ein
bestimmtes Grundstück gebunden. Die gerichtlichen Bußen wurden
vorzugsweise in Vieh, in Pferden, Rindern und Schafen erhoben,
die persönlichen Abgaben an Staat und Kirche wurden in Frucht=
zinsen oder Dienstleistungen vollzogen. Auch die städtischen Ab=
gaben, wie z. B. das sogenannte Ungeld wurde in Naturalien in
Korn, Wein oder Bier eingefordert. Das ganze Gebiet des bür=
gerlichen und staatlichen Rechtes war mit dem Grund und Boden
verwachsen. Diese Bindung aller privaten und öffentlichen Ver=
hältnisse an den Grund und Boden ging soweit, daß nicht nur
die Rechte und Pflichten der Persönlichkeiten, sondern die letzteren

selber an den Grund und Boden gebunden wurden. Da nur der
letztere ernähren konnte, so machte auch nur der Besitz desselben
frei. Der Besitz von Grund und Boden galt als die notwendige
Bedingung der persönlichen Freiheit. Handwerker und Bauern,
welche eigenen Grund und Boden nicht besaßen, standen im Dienste
der Grundherren. Der Besitz von Grund und Boden erhob die
einen zu Herren, der Mangel desselben drückte die anderen zu
Hörigen hinab. Die letzteren arbeiteten ausschließlich im Dienste
der Grundherren und empfingen von diesen Wohnung, Unterhalt
und Land zur Bewirtschaftung. Bis zur zweiten Hälfte des
zwölften Jahrhunderts bestand die Hauptmasse der Stadtbewohner
aus Hörigen und Censualen der weltlichen oder geistlichen Großen.
Die Städte selber waren ursprünglich nichts anders als Höfe des
Königs oder der Fürsten.

Die örtliche Gebundenheit der Personen, ihrer Rechte und
ihrer Arbeit hielt selbstverständlich auch den Handelsverkehr des
Mittelalters in engen Schranken gefesselt. Die Beziehungen der
abendländischen Nationen zu einander waren bis zu Beginn der
Kreuzzüge so unbedeutend gewesen, daß der Bischof Otto von
Freising die Aquitanier, Gascogner, Normannen, Engländer,
Schotten und Irländer, Franzosen, Flandrer und Lothringer
„ganz unbekannte Völker" nennen konnte [1]. Märchenhafte Er=
zählungen von dem Leben dieser „unbekannten Völker" durch=
liefen die deutschen Lande, als der Ruf zum heiligen Grabe die
Massen in Bewegung setzte und miteinander bekannt machte.
Man sagte von den einen, sie lebten nur von Wasser und Brod,
von den anderen, sie seien so reich, daß alle ihre Gerätschaften
aus Silber beständen u. s. w. [2]. Der Warenverkehr der älteren
Zeit war denn auch ein so bescheidener, daß man nicht allein keine
neuen Verkehrsstraßen anlegte, sondern sogar die alten, noch aus
der Römerzeit herstammenden Verbindungen verfallen ließ. So
wurde beispielsweise die von den Römern bei Koblenz erbaute
Moselbrücke, welche bereits in den ersten Jahrhunderten der ger=

---

[1] Otto v. Freising, Chronicon l. VII, c. 2.
[2] L. c.

manischen Völkerwanderung zerstört war, nicht wieder aufgebaut.
Erst der Erzbischof Balduin von Trier ließ eine neue Moselbrücke
herstellen. Karl der Große hatte sich allerdings noch bemüht, die
aus der Römerzeit stammenden Verkehrsstraßen zu erhalten und
neue zu schaffen. Wahrscheinlich auf römischen Unterlagen erbaute
er die Rheinbrücke bei Mainz. Als diese aus Holzwerk bestehende
Brücke im Jahre 813 abgebrannt war, hatte er die Absicht, eine
neue Brücke aus Stein zu errichten. Er erwog sogar, wenn auch
zunächst wohl nur aus militärischen Gründen, den Gedanken,
Donau und Main durch einen Kanal zu verbinden, um durch
denselben eine vom Schwarzen Meere bis zur Nordsee reichende
Wasserstraße zu gewinnen. Die Ungunst der Witterung verhinderte ihn an der Vollendung der begonnenen Arbeiten. Sein
Sohn Pippin gebot als König der Langobarden in den Kapitularen vom Jahre 782 und 789 ausdrücklich die Erbauung von
Brücken und die Ausbesserung der Straßen. Nach dem Tode des
großen Frankenkönigs hat aber auf viele Jahrhunderte hinaus
niemand seine Pläne wieder aufnehmen können. Weder die Rheinbrücke bei Mainz, noch der Donau- und Mainkanal wurden gebaut. Anderthalb Jahrhunderte nach ihm erlitt auch die Rheinbrücke bei Köln ein ähnliches Schicksal wie die von Mainz.
Nachdem Erzbischof Bruno von Köln um das Jahr 962 die von
Konstantin dem Großen bei Köln erbaute Rheinbrücke hatte ab-
brechen lassen, weil er sich der räuberischen Ungarn nicht erwehren
konnte, hat kein Mensch mehr daran denken können, den Verlust
durch den Neubau der Brücke zu ersetzen[1]). Auch würde die in der
Profanarchitektur wenig geschulte mittelalterliche Technik es schwerlich vermocht haben, den Brückenbogen die zu einem guten Durchlaß
der Schiffe erforderliche Spannweite zu geben, so daß eine Ueber-
brückung größerer Ströme den Wasserverkehr wahrscheinlich ebenso
sehr gehemmt wie den Landverkehr gefördert haben würde. Selbst
noch in den Jahrhunderten der hoch entwickelten städtischen Kultur
hat das Mittelalter an dieser örtlichen Gebundenheit seiner Handels-

---

[1]) Vgl. „die Konstantinsbrücke zu Köln" von C. Smebbinck in den
Annalen des histor. Vereins für den Niederrhein Bd. 1 S. 47 ff.

politik festgehalten. Jedes städtische Gemeinwesen wurde als ein
selbständiges Wirtschaftsgebiet mit seinen besonderen handels= und
marktrechtlichen Privilegien anerkannt, so daß sich der Handels=
verkehr nur aus einer Summierung der zahlreichen, vielverzweigten
örtlichen Interessen entwickeln konnte. Innerhalb des Deutschen
Reiches insbesondere wurden erst seit dem Ende des fünfzehnten
Jahrhunderts von Seiten der Landesherren allmählich größere,
einheitliche Wirtschaftsgebiete hergestellt, welche sich jedoch zunächst
nur auf den Umkreis der landesherrlichen Territorien beschränkten.

Das Zusammenwachsen von Personen und Rechtsverhältnissen
mit dem Grund und Boden hatte schließlich auch die Bindung
des Staates an den letzteren zur Folge. Indem der Staat seinen
Vasallen Güter zu Lehen gab, verlieh er denselben zugleich die
mit diesen Gütern verbundenen Personen und Rechte, die niedere
Gerichtsbarkeit, das militärische Aufgebot, die Steuererhebung, das
Patronats= und Präsentationsrecht u. s. w. Mit der Belehnung
gab also der Staat seine hoheitliche Gewalt in den Privatbesitz
der Belehnten. Hieraus ergab sich jene Verschmelzung von pri=
vatem und öffentlichem Rechte, welche die besondere Eigentümlich=
keit der mittelalterlichen Rechtsverhältnisse bildete. Eine gleiche
Wirkung wie die Belehnung hatten die in Pfandbesitz verliehenen
Güter des Staates zur Folge. Auch mit den letzteren wurden
die dem Boden anhaftenden hoheitlichen Rechte in den Privatbesitz
des Pfandgläubigers verliehen. Da das Mittelalter die Rente
nur als Fruchterträge des Grundes und Bodens ansah, so mußte
jedes Darlehen auf ein bestimmtes Grundstück rabiciert und der
Gläubiger für den Bezug seiner Renten auf die Fruchterträge des
betreffenden Grundstückes angewiesen werden. In vielen Fällen
aber wurde dem Gläubiger nicht nur das bedingte Veräußerungs=
oder Eigentumsrecht bezüglich des verpfändeten Grundstückes, son=
dern der thatsächliche Besitz desselben verliehen und zwar auf so
lange, bis die vorgestreckte Summe vom Schuldner zurückgezahlt
worden war. Der Gläubiger trat durch diese Besitzesübertragung
in den Genuß der grundherrlichen Rechte. Um dem Gläubiger
den Bezug seiner Renten zu sichern, wurde derselbe also in solchen
Fällen nicht auf einen bestimmten Anteil an den Einkünften eines

herrschaftlichen Zolles oder Gerichtes u. s. w. angewiesen, sondern
wurden ihm die Ausübung des Zoll= oder Gerichtsregales, die
Erhebung des grundherrlichen Zinses, der Kurmeden u. s. w. selber
übertragen. Auf diese Weise wurden Schlösser mit ihren Zube=
hörungen, ganze Städte und Aemter in Pfandbesitz übergeben.
Solche Pfandverschreibungen waren keineswegs vereinzelte Er=
scheinungen, sondern spielten in der Wirtschaftspolitik des Mittel=
alters eine hervorragende Rolle. Fast kein Grundherr des Mittel=
alters vom Kaiser an bis zum kleinen Dynasten befand sich in
dem vollen Besitz seiner Güter und hoheitlichen Rechte. Nicht
selten bildeten die in Pfandschaft vergebenen Güter und Rechte
einen sehr bedeutenden Bruchteil des herrschaftlichen Territoriums.
In dem kurkölnischen Gebiete beispielsweise befand sich zeitweilig
mehr als die Hälfte des kurfürstlichen Territoriums in dem Besitze
von Pfandgläubigern. Die Zeitdauer des Pfandbesitzes dehnte
sich meist über Jahrzehnte und nicht selten über Jahrhunderte aus.
Wiederholt sind Pfandschaften gar nicht wieder eingelöst worden,
wie z. B. die vom Kaiser dem Kurfürsten von Trier in Pfand=
besitz verliehene Stadt Boppard, ferner das von dem Kurfürsten
Dietrich von Köln im Jahre 1459 den Grafen von Limburg und
Broich in Pfandschaft gegebene Kirchspiel Mülheim an der Ruhr,
so daß die aus einer privatrechtlichen Forderung entstandene Pfand=
verschreibung in solchen Fällen einen dauernden Wechsel des
Territorialherrn zur Folge hatte.

Die wirtschaftlichen Grundsätze des Mittelalters waren also
wie die der altchristlichen Kirche die vollständige Umkehrung der
wirtschaftlichen Begriffe des Altertums. Dem letzteren galt das
am höchsten, was dem ersteren am meisten verhaßt war, Reichtum
und Geld. Während daher dem Altertum die am schnellsten zum
Reichtum führenden Spekulationsgeschäfte in höherem Ansehen
standen als die Landwirtschaft und das Handwerk, galten gerade
die letzteren dem Mittelalter als allein achtungswerte Gewerbe.
Allerdings hat die Kirche die Naturalwirtschaft nicht etwa zuerst
eingeführt. Die Germanen wenigstens kannten kein anderes System
zu der Zeit als sie den Boden des römischen Reiches in Besitz
nahmen. Jedenfalls aber hat die Kirche die Naturalwirtschaft

mit ihren religiösen Vorstellungen in Verbindung gebracht und auf Grund der letzteren zu einem festgeschlossenen System ausgebildet. Sie hat ferner das Mittelalter auf dieser Stufe der Kultur festzuhalten gesucht, als die entwickelteren Verhältnisse über dieselben hinausführten. Der Absicht König Ottos IV., die Reichsregierung auf ein Geldsteuersystem zu begründen, trat der Erzbischof von Mainz mit Erfolg entgegen[1]). Ebensowenig wollten die Bischöfe in den von ihren Ministerialen verwalteten Städten eine Umwandlung der Naturalleistungen in Geldsteuern bewilligen[2]). Vielmehr beabsichtigten dieselben, die Städte in ihrer alten hofrechtlichen Verfassung auch dann noch gebunden zu halten, als die letzteren gewaltsam über diesen engen Rahmen hinausdrängten.

Der specifische Charakter der mittelalterlichen Volkswirtschaft war die Gebundenheit der Personen und Verhältnisse an den Grund und Boden. Diese Gebundenheit hatte ihre Ursache darin, daß der Ackerbau die ausschließliche Grundlage der mittelalterlichen Volkswirtschaft bildete. Diese letztere Erscheinung aber hatte wieder ihren Grund in der durch die religiöse Idee der Kirche bestimmten Stellung des Mittelalters zur Arbeit und zum Eigentum. Auch die Wirtschaftspolitik führte also auf die Idee zurück, in welcher die gesamte Kultur des Mittelalters ihren Ursprung hatte, die Idee des übersinnlichen Gottesstaates der christlichen Kirche.

---

3. Die Armutslehre als die Quelle des kirchlichen Güterbesitzes.

Während aber die transcendente Idee der mittelalterlichen Weltanschauung auf der einen Seite die wirtschaftliche Gebundenheit des Staates wie der Privaten zur Folge hatten, bildete dieselbe auf der anderen Seite die Grundlage des unermeßlichen materiellen Machtbesitzes der Kirche. Die Armutslehre wurde zu

---

[1]) Annal. Reinhardsbr. ed. Fr. Wegele p. 128.
[2]) Vgl. G. Schmoller, Straßburgs Blüte und die volkswirtschaftliche Revolution im dreizehnten Jahrh. S. 24 f.

einer ebenso ergiebigen Quelle der kirchlichen Weltherrschaft wie
die Keuschheits= und Gehorsamslehre. Da die Kirche die Wirk=
lichkeit der übersinnlichen Idee darstellte, so mußten die Opfer an
Arbeit und Gut, welche der Erwerbung des ewigen Heiles gebracht
werden sollten, den Weg zur Kirche nehmen. Man trat in den
Dienst Christi, indem man sich freiwillig in die Dienstbarkeit der
Kirche begab. Man befleißigte sich der Armut Christi, indem man
Geld und Gut der Kirche zum Geschenk machte. Seneca sagte
einmal: „Der kürzeste Weg zum Reichtum ist die Verachtung des
Reichtums" [1]), ein Wort, welches sich an der Kirche in der That
in buchstäblichem Sinne glänzend bewahrheitet hat.

Schon seit dem achten Jahrhundert wurde es bei den Grund=
herren Brauch, einen Teil ihrer Hörigen „zum Heil ihrer Seele"
oder „für eine ewige Vergeltung", oder für das Seelenheil ihrer
Angehörigen der Kirche zu schenken [2]). In den folgenden Jahr=
hunderten mehrten sich diese frommen Schenkungen, durch welche
in den meisten Fällen die betreffenden Hörigen in die gelindeste
Form der Dienstbarkeit, in die sogenannte Wachszinspflicht einer
Kirche traten. Die Wachszinspflicht verpflichtete zu einer jährlichen
Abgabe von sechs Denaren, zu einer gleichen Abgabe für einen etwai=
gen Heiratskonsens und endlich zur Ueberlassung eines Besthauptes
im Todesfalle [3]). Auch vermögende Geistliche machten gleiche Schen=
kungen zum Heile ihrer Seele, d. h. in der Hoffnung, dereinst nach
ihrem Tode von Gott eine entsprechende Vergeltung zu empfangen [4]).

---

[1]) Ep. 63.

[2]) Württembergisches Urkundenbuch Bd. 1 Nr. 20 vom Jahre 778, Nr. 24
aus den Jahren 779—780, Nr. 29 vom Jahre 786, Nr. 37 vom Jahre 790,
Nr. 39 vom Jahre 791 und viele andere.

[3]) Vgl. hierzu zahlreiche Urkunden bei Lacomblet I Nr. 73 und 84 aus
den Jahren 882 und 907; Nr. 159 aus den Jahren 1014—1021; Nr. 173
vom Jahre 1040; Nr. 189 vom Jahre 1054; Nr. 197 vom Jahre 1061;
Nr. 222 aus den Jahren 1056—1075; Nr. 323 vom Jahre 1135; Beyer,
Urkundenbuch des Mittelrheines I Nr. 257 aus dem Ende des zehnten Jahr=
hunderts; Nr. 379 vom Jahre 1084 und viele andere.

[4]) Vgl. Württembergisches Urkundenbuch I Nr. 84 vom Jahre 788; La=
comblet I Nr. 73 und 84 aus den Jahren 882 und 907; Nr. 147 vom Jahre
1015; Beyer I Nr. 430 vom Jahre 1115.

Manche Freie aber gaben nicht ihre Hörigen, sondern sich selbst in die Zinspflicht, insbesondere in die Wachzinspflicht einer Kirche oder eines Klosters [1]). Der Grund einer solchen freiwillig über= nommenen Dienstpflicht war, wenn auch vorwiegend, so doch keineswegs immer die größere Sicherung der Person und des Eigen= tums im Schutze der Kirche, sondern oftmals lediglich die Absicht, mit der freiwilligen Erniedrigung in die Hörigkeit der Kirche, sich in die Knechtschaft des göttlichen Stifters der Kirche zu begeben. Die Aussteller der Urkunden erklärten in solchen Fällen wohl ausdrücklich, daß sie diese Dienstbarkeit „aus besonderer Frömmig= keit" [2]) oder „zum Heil ihrer Seele", oder „aus göttlichem An= triebe bewogen" [3]) oder „zum Nutzen ihrer Seele" [4]) u. s. w. auf sich genommen hätten. So brachte z. B. im Jahre 1086 eine freie Frau Namens Dutha ihre und ihrer Nachkommen Frei= heit „Gott und dem Altare des heil. Adalbert" in Soiron zum Geschenke dar [5]). Im Jahre 1166 begaben sich mehrere freie Familien auf einmal „aus freiem Willen" und „für das Heil ihrer Seele" in die Dienstbarkeit der St. Pantaleonskirche zu Köln [6]). In den Fällen, in welche nebst der Sorge für das Seelenheil auch die irdische Selbsterhaltung die Veranlassung der freiwilligen Hörigkeit gewesen war, wurde dies in den be= treffenden Urkunden bemerkt. So heißt es beispielsweise von drei freigeborenen Schwestern, welche sich im Jahre 1192 dem Marien= altar in der Domkirche zu Köln zinspflichtig machten, ausdrücklich, daß sie dies „zum Heil ihrer Seele und zum Schutze ihrer Person

---

[1]) Vgl. hierzu z. B. Lacomblet, Urkundenbuch Bb. I Nr. 15 aus den Jahren 794—800; Nr. 157 vom Jahre 1020; Nr. 425 vom Jahre 1166; eine Urkunde des Klosters Meer Nr. 31 vom Jahre 1244 im Düsseld. Staatsarchiv; Beyer I Nr. 379; Kindlinger, Münsterische Beiträge 2. Bb., Urk. S. 99 und 189 und viele andere.

[2]) Vgl. Urkunde des Klosters Meer im Düsseld. Staatsarchiv Nr. 29 vom Jahre 1236.

[3]) Lacomblet, Urkundenbuch Bb. I Nr. 15.

[4]) Beyer, Urk. Bb. I Nr. 405 vom Jahre 1102.

[5]) Lacomblet I Nr. 239.

[6]) L. c. Nr. 425.

und ihres Eigentums" gethan hätten [1]). In einem ferneren Falle, in welchem ausschließlich ein wirtschaftliches Interesse maßgebend gewesen zu sein scheint, wird ein religiöses Motiv gar nicht aus= gesprochen, sondern nur bemerkt, daß der betreffende Freie als Gegenleistung für seine freiwillige Hörigkeit die Verwaltung eines der Abtei gehörigen Hofes erhalten habe [2]). Selbst Edle traten aus religiösen Beweggründen in die Wachszinspflicht oder in die Ministerialität der Kirche. So begab sich z. B. in einer Urkunde vom Jahre 905 eine edle Frau Namens Wielbrub in die Wachs= pflicht der St. Martinskirche zu Münster mit den Worten: „Die Autorität der Kirche versichert ausdrücklich, daß, wer sich selbst und alles Vergängliche aus Liebe zu Gott verachtet, die Belohnung einer ewigen Wiedervergeltung besitzen wird" [3]). Eine edle Frau Namens Rycarbis, welche mit einem Ministerialen des Klosters St. Irmin in Trier verheiratet war, begab sich nach dem Tode ihres Mannes „zur Ehre der Himmelskönigin und aus Liebe zu ihrem Gatten" auch für ihre Person in die Dienstpflicht des Klosters. Die aus einer zweiten Ehe derselben Frau mit einem freien Manne entsprossenen Kinder traten gleichfalls aus freiem Willen „in den Dienst der heiligen Gottesmutter", d. h. in die Ministerialität desselben Klosters [4]).

In noch viel ausgedehnterem Maße als die eigene Persön= lichkeit oder die der Hörigen brachte man Geldsummen, Zölle, Renten und liegende Güter der Kirche zum Geschenke dar. Alle, welche eigenes Vermögen besaßen, glaubten der Kirche einen Teil desselben bei Lebzeiten schenken oder testamentarisch vermachen zu müssen, um ihr ewiges Seelenheil zu erwerben. „Denn das Almosen löscht die Sünde wie Wasser das Feuer" heißt es wieder= holt in den einleitenden Worten frommer Schenkungen. Die Geist= lichkeit bestätigte diese Auffassung durch Wort und That. Der Erzbischof Poppo von Trier war bei einer Schenkung für die

---

[1]) Lacomblet I Nr. 536.
[2]) L. c. Nr. 293.
[3]) Beyer I Nr. 151.
[4]) Beyer I Nr. 389 vom Jahre 1095.

Marienkirche daselbst darauf bedacht, „die Wunden seiner Sünde
mit dem heiligen Balsam seiner Almosen zu pflegen". In einer
Schenkungsurkunde für das trierische Domkapitel erklärte er, daß
er durch nichts so sehr für das Heil seiner Seele sorgen könne,
als wenn er mit seinen Gütern sich diejenigen geneigt mache,
welche stets für seine Seele beten wollten. Ein Abt von Sprin=
giersbach erklärte in einer Urkunde, „daß alle Söhne der Kirche
mit größtem Fleiße dafür Sorge tragen müssen, wie die Güter
der Kirchen und die Besitzungen der Klöster bewacht und vermehrt
werden können". Papst Innocenz II. äußerte in einer Urkunde
vom Jahre 1142 für die Abtei Arnstein: „Allen Freunden des
christlichen Glaubens gebührt es, die Religion zu lieben und den
verehrungswürdigen Stätten samt den Personen, welche dem gött=
lichen Dienste gewidmet sind, im besonderen Maße gewogen zu
sein." Erzbischof Heinrich I. von Mainz erklärte in einer Urkunde
vom Jahre 1145, „daß es in diesen vergänglichen Dingen nichts
nützlicheres, nichts angenehmeres, nichts für das Heil der Seele ge=
wisseres gebe, als das zu vermehren, was den Dienern Gottes
verliehen ist". In der Laienwelt fand diese Auffassung allseitigen
Wiederhall. Das „Heil der Seele" oder „die Liebe zu Gott"
war der Beweggrund unzähliger Schenkungen an Kirchen und
Klöster. Nicht selten wurde außer dem eigenen Seelenheil auch
das der verstorbenen Eltern und Vorfahren bezweckt. „Solange
man in der gegenwärtigen Welt lebt, muß man denken und Sorge
tragen, wie man seine Seele erretten und nach dem zeitlichen und
sterblichen Leben in dieser Welt das ewige Heil finden kann", mit
diesen oder ähnlichen Worten pflegte man den Text der Schenkungs=
urkunden einzuleiten. Im Jenseits erwartete man reichen Ersatz
für die Entbehrungen zu finden, welche man sich hier auferlegt
hatte. Darum wurde jenen Worten „für das Heil der Seele"
meist der Zusatz beigefügt „und für die ewige Wiedervergeltung".
Man legte „Kleines für Großes, Irdisches für Himmlisches, Hin=
fälliges für Ewiges auf den Altar des höchsten, allmächtigen
Gottes", wie es in einer Urkunde für das Kloster Prüm vom
Jahre 720 heißt. Auch Könige und Kaiser sprachen bei ihren
Schenkungen die Hoffnung aus, daß sie für ihre Gaben Belohnung

im Jenseits finden würden. König Dagobert bestätigte im Jahre
646 ein von seiner Tochter in Trier gestiftetes und ausgestattetes
Kloster in der Erwartung, daß diese Mildthätigkeit sowohl dem
Zustande seines zeitlichen als auch zugleich für die Erwerbung des
himmlischen Reiches förderlich sein werde. In derselben Absicht
bestätigte der König Pippin im Jahre 760 dem Erzbischof Wiomad
von Trier die Besitzungen und Rechte seiner Kirche. „Wir glauben,
daß das zum Heil unserer Seele gereicht, was wir mit demütigem
Sinne von vergänglichen Dingen dem Herrn geben", sagte derselbe König in einer Urkunde für die Abtei Prüm vom Jahre 762.
König Karl sprach in einer Urkunde für das Kloster Otternburg
vom Jahre 769 in derselben Weise das Vertrauen aus, „daß
das, was wir den Orten der Heiligen geben und bewilligen, zur
Vermehrung unseres Verdienstes und zur Sicherheit unseres Reiches
beitragen wird." Mit den Worten: „Wenn wir für den Vorteil
der Kirche wohlwollende und gerechte Sorge tragen, so wird uns
dies, wie wir hoffen, in der ewigen Seligkeit wiedervergolten
werden", begann Otto I. eine Bestätigungsurkunde für die Abtei
Prüm vom Jahre 948. Otto III. erklärte in einer für das Stift
Essen im Jahre 993 ausgestellten Urkunde, daß es der königlichen
und kaiserlichen Würde wohl anstehe, „für die Wiedervergeltung
eines ewigen Lohnes die Leitung der Klöster sorgfältig in Erwägung
zu ziehen". Desgleichen fand es Heinrich II. als die wesentlichste
Aufgabe seiner kaiserlichen Würde, für den Klerus und die geistlichen Kongregationen Sorge zu tragen, da durch die Gebete derselben seine zeitliche und ewige Glückseligkeit vermehrt werde, wie
er in einer Urkunde für das Florinsstift in Koblenz vom Jahre
1016 erklärte. Nicht minder nahmen die nachfolgenden Kaiser,
insbesondere auch Friedrich II. in seinen zahlreichen Urkunden auf
ihr ewiges Seelenheil Bedacht. Der Pfalzgraf Wilhelm schenkte
der Abtei Springiersbach im Jahre 1136 einen Wald, damit die
Armen Christi, d. h. die Mönche „ihn dereinst in den ewigen
Wohnungen mit einer erfreulichen Wiedervergeltung" empfangen
sollten. In gleichen oder ähnlichen Worten hoben, bis zum Ausgange des Mittelalters, alle Urkunden, welche zu Gunsten von
Kirchen und Klöstern ausgestellt wurden, die Absicht des Schenkers

hervor. Es waren feststehende, allgemein gültige Phrasen geworden, welche sich jahrhundertelang überall in dieser Weise wiederholten. Gerade dieser Umstand aber beweist am besten, wie allgemein gültig die in jenen Wendungen ausgesprochene religiöse Vorstellung war [1]). Wie unermeßlich der Reichtum gewesen sein mußte, welchen das Verlangen nach dem ewigen Seelenheil und die Hoffnung auf die Wiedervergeltung im Jenseits der Kirche zugeführt hat, geht wohl daraus hervor, daß die weitaus größte Zahl der uns erhaltenen Urkunden des Mittelalters bis in die ersten Jahrzehnte des zwölften Jahrhunderts in Schenkungen, Privilegienverleihungen oder Bestätigungen derselben für Kirchen und Klöster bestehen. Erst von jener Zeit ab enthalten die Urkunden mehr und mehr weltliche Geschäfte aller Art. Aber immer noch zahlreich wiederholen sich die frommen Schenkungen und Stiftungen „zum Heil der Seele und für die ewige Wiedervergeltung". Im dreizehnten Jahrhundert endlich werden die für Kirchen und Klöster ausgestellten Schenkungsurkunden seltener und beschränken sich schließlich in den folgenden Jahrhunderten auf vereinzelte Memoiren-, Anniversarien- und Messestiftungen.

Wo jedoch diese frommen Schenkungen den Ansprüchen des Klerus nicht genügten, half der letztere seinem Vermögensbesitze wohl durch ein anderes Mittel, nämlich die Urkundenfälschung nach. Im großen Stile hatte dies ja die Kirche in der sogenannten konstantinischen Schenkungsurkunde sowie in den karolingischen Schenkungsversprechen mit Erfolg versucht. Späterhin ahmten einzelne Kirchen und Klöster diese Fälschungen für den engeren Kreis ihrer Interessen nach. So wurden um die Wende des elften und zwölften Jahrhunderts in der Hamburg-Bremer Kirche Urkunden gefälscht, welche dem Anspruche derselben auf ein nordisches Patriarchat eine historische Grundlage verleihen sollten. Berühmt sind ferner auch die Urkunden der Abtei Brauweiler, welche um die Mitte des elften Jahrhunderts angefertigt wurden, um der Abtei gewisse Güter an der Mosel anzueignen.

---

[1]) Vgl. G. Uhlhorn, „Die christliche Liebesthätigkeit im Mittelalter" S. 44 ff.

Vielfach waren diese Ausfertigungen unechter Urkunden allerdings
nur eine formelle Fälschung, insofern dieselben eine Wiedergabe
wirklich vorhanden gewesener, aber durch irgend welche Unfälle
zerstörter Urkunden waren. Freilich wurde diese Wiedergabe nicht
als solche erkenntlich gemacht. Die nachgemachten Urkunden sollten
nicht als Ersatz für die verlorenen Originale, sondern als die
letzteren selber gelten. Doch wurden des frommen Zweckes wegen
mit solchen formellen Fälschungen nicht selten auch materielle verbunden, insofern in die späteren Abfassungen älterer echter Urkunden vorteilhafte Zusätze eingefügt wurden, welche in den
letzteren nicht enthalten waren. Ein Beispiel dieses doppelten
Betruges sind einige Urkunden des Paderborner Klosters Abbing-
hof, welche in der zweiten Hälfte des zwölften Jahrhunderts angefertigt wurden, nachdem der alte Urkundenbestand des Klosters
durch Brand vernichtet war [1]). In einzelnen Fällen führte man
den Betrug in noch viel dreisterer Weise aus. Man ließ den
Eingang und Ausgang einer echten Urkunde stehen, radierte aber
den dazwischen stehenden Text aus, um einen neuen und geneh-
meren hineinzusetzen. So erging es beispielsweise einer Urkunde
Berengars für das Bistum Triest, ferner einer Urkunde Heinrichs III. vom Jahre 1054 für die Kirche zu Krems an der
Donau [2]).

Indessen wuchs der Vermögensbesitz der Kirche auch ohne
diese Fälschungen lediglich durch die religiöse Opferwilligkeit im
Laufe der Jahrhunderte so gewaltig an, daß der Besitzstand der
Staaten wie der Privaten zum größeren Teile aufgezehrt wurde.
Die Könige schenkten sich für ihr ewiges Seelenheil arm an die
Kirche. Insbesondere war dies im Deutschen Reiche der Fall, wo
die Ergebenheit gegenüber der letzteren am ernstesten genommen
wurde. Dieselbe universale Eroberungspolitik des Kaisertums,
welche die politische Zersetzung des Reiches veranlaßte, hatte in

---

[1]) Vgl. R. Wilmanns, Die Urkundenfälschungen im Kloster Abbing-
hof und die vita Meinwerci in der Zeitschrift für vaterländische Geschichte
Bd. 34, S. 1—36.

[2]) Vgl. Wattenbach, Das Schriftwesen im Mittelalter S. 183.

gleichem Maße die wirtschaftliche Schwächung der einheitlichen
Reichsgewalt zur Folge. Eben diese Politik hatte die sächsischen
Kaiser zu jenen verschwenderischen Schenkungen des Krongutes an
die Bischöfe bestimmt. Die nachfolgenden Könige suchten daher
der stetigen Abnahme der Reichsgüter Einhalt zu thun, indem sie
mit den Schenkungen an die Kirche wenigstens etwas spärlicher
verfuhren. Heinrich IV. äußerte offen seinen Unwillen über die
aus dem Krongut reich gewordenen Prälaten: „Seht, die sind es,
welche die Schätze meines Reiches besitzen und mich mit allen
Meinigen in Armut gelassen haben", sagte er eines Tages zu
seiner Umgebung mit Hinweis auf die Bischöfe und Fürsten [1]).
Aber gerade unter seiner Regierung forderte die hierarchische Politik
die zahlreichsten Opfer aus den Gütern des Reiches. Der Erzbischof Anno von Köln benutzte sein vormundschaftliches Regiment
und die Unerfahrenheit des jungen Königs, um sich ein Neuntel
aller Reichseinkünfte verschreiben zu lassen und beschwichtigte die
neidischen Bischöfe durch weitere Verschwendungen aus dem Reichsgut. In dem späteren Kampfe zwischen dem Reiche und der Kirche
fiel das Krongut massenhaft in räuberische Hände. Wenn die
während dieses Streites der Krone widerrechtlich entzogenen Güter
auch überwiegend in den Besitz der Fürsten und des Adels gelangten, so war der Verlust derselben doch jedenfalls durch die
hierarchische Politik der Kurie veranlaßt worden. Die Verluste,
welche die Krone während ihres Zerfalles mit dem Papsttume zu
erleiden hatte, waren so groß, daß, wie die päpstlich gesinnte
Partei der Sachsen in einem Briefe an Gregor VII. bemerkte,
„in Zukunft unsere Könige mehr vom Raube als von den Einkünften des Reiches ihren Unterhalt werden nehmen müssen" [2]).
Auch waren die direkten Besitzansprüche der Kirche ursprünglich
derart, daß die Ausführung derselben die materielle Grundlage
der Krone zerstört haben würde. Beanspruchte sie doch beim Beginn des Investiturstreites, daß die Reichslehen der Bischöfe mit

---

[1]) Bruno de bell. Sax. c. 63.
[2]) Bruno de bell. Sax. c. 108.

der vollzogenen geistlichen Weihe ohne weiteres in den Besitz derselben übergehen sollten, ein Anspruch, dessen Verwirklichung die
unmittelbare Verfügung über den größten und wertvollsten Teil der
gesamten Reichsgüter in die Hände der Kirche gelegt haben würde.
Der Investiturstreit war also eine Frage von ebenso großer wirt-
schaftlicher wie politischer Bedeutung. Wenn die Kirche in diesem
Punkte ihren Anspruch auch nicht durchsetzen konnte, so ist das
deutsche Kaisertum doch jedenfalls ebensosehr an den wirtschaftlichen wie an den politischen Folgen des asketisch-hierarchischen
Systemes zu Grunde gegangen. Das deutsche Königtum war
durch die unmittelbaren wie mittelbaren Folgen des letzteren
schließlich so sehr aller Mittel entblößt, daß es der durch König
Rudolf I. begründeten Hausmacht bedurfte, um wiederum eine
wirtschaftlich lebensfähige Existenz zu gewinnen. Die Begründung
einer Hausmacht war in demselben Maße eine wirtschaftliche wie
eine politische Erneuerung der deutschen Königtums.

Nicht minder als die materiellen Grundlagen des Staates
bedrohte die asketisch-hierarchische Wirtschaftspolitik die materielle
Existenz der Privaten. Der ungenannte Mönch von Herrieden
veranschaulichte diesen Widerstreit zwischen den Interessen der kirchlichen und der privaten Wirtschaft an einem einzelnen Beispiele.
Ueber den im Jahre 1042 verstorbenen Bischof Heribert von
Eichstädt sagte er: „Derselbe Bischof aber und alle seine Nachfolger bauten entweder neue Kirchen oder neue Schlösser oder auch
feste Burgen und indem sie dies bewerkstelligten, brachten sie zugleich das geringe Volk in die äußerste Armut"[1]. Es war
daher begreiflich, wenn der Klerus, insbesondere der auf die
Vermehrung seines Vermögens am meisten bedachte Ordensklerus trotz seiner vielseitigen Verdienste und trotz des kirchlichen
Glaubenseifers jenes Zeitalters keineswegs immer als willkommene
Gäste angesehen wurde. Als der Erzbischof Philipp von Köln
Cisterciensermönche auf den im Siebengebirge gelegenen Strom-
berg berief, war die ganze Nachbarschaft darüber in Aufregung,
aus Furcht, in ihrem Güterbesitze von den Mönchen beinträchtigt

---

[1] Anonym. Haserens. de episc. Eichst. c. 32.

zu werden[1]). Cäsarius von Heisterbach erzählte, daß, wenn irgendwo klösterliche Niederlassungen hätten gegründet werden sollen, die Weltleute aus Furcht vor der toten Hand geklagt hätten: „Diese Mönche sind gekommen, um uns und unsere Kinder auszuplündern"[2]).

Die Klagen über die Habgier des Klerus waren denn auch allgemein. Kaiser Friedrich II. nahm das gemeinschädliche An= wachsen des kirchlichen Reichtumes mit großer Besorgnis wahr. In einem Briefe an den König von England vom Jahre 1228 beklagte er sich über die Habsucht der römischen Kurie, welche Kaiser und Könige sich tributpflichtig zu machen suche, unerhörte Erpressungen wage und selbst die zu Gunsten der Armen und Fremden errichteten Stiftungen zu ihrem Vorteile verschlinge[3]). In noch bittereren Worten klagte Friedrich in seinem an alle Fürsten gerichteten Schreiben vom Jahre 1245 über die unersätt= liche Habgier der Kurie. Die englischen Magnaten forderten im Jahre 1245 den päpstlichen Legaten, welcher gekommen war, um im Königreiche eine Beisteuer von 10 000 Mark für die römische Kurie zu erheben, auf, binnen drei Tagen das Land zu verlassen, widrigenfalls sie ihn nebst seinem Gefolge töten würden. Als der Legat sich an den König wandte, wies der letztere die Berufung desselben zurück und schickte ihn schließlich mit den Worten aus dem Lande: „Der Teufel mag dich zur Hölle führen"[4]). Auf dem in demselben Jahre stattfindenden Konzile zu Lyon ließen die englischen Barone durch ihre Wortführer erklären, daß sie die „Gott und Menschen verabscheuungswürdigen Erpressungen" der päpstlichen Legaten, welche jährlich mehr als 60 000 Mark aus England ausführten, nicht länger ertragen würden[5]). Die Pa= riser Akademie weigerte sich im Jahre 1255, die Dominikaner in ihre Gemeinschaft aufzunehmen, und zwar unter anderen aus dem

---

[1]) Caes. Heist. dialog. mirac. dist. IV, 64.
[2]) Hom. II, 15.
[3]) Huill. Bréh. III, 49 f.
[4]) Math. Paris. hist. major. ed. W. Wats. Paris 1644, p. 445.
[5]) L. c. p. 451.

Grunde, weil sich dieselben in die Häuser schlichen und das Vermögen der Leute ausspürten[1]).

Auch die Dichtungen des Mittelalters äußerten in zahlreichen
Stellen ihren Unwillen über die Habgier des Klerus. Als
Innocenz III. im Jahre 1213 in den Kirchen Deutschlands Opfer-
stöcke hatte aufstellen lassen, um eine Beisteuer für den Kreuzzug
zu sammeln, während er zugleich Friedrich II. als Gegenkönig
gegen Otto IV. berufen hatte, verfaßte Walther von der Vogelweide ein Spottgedicht, in welchem er den Papst mit folgenden
Worten seine Absicht erklären ließ:

> „ich hân zwên Almân (Deutsche) under eine krône brâht,
> daz siz riche stoeren, brennen unde wasten.
> al die wîle fülle ich die kasten;
> dort hân ich's in den stoc geleit, ir schaz wird aller mîn.
> ir tiuschez silber vert in mînen welschen schrîn.
> ir pfaffen, ezzent hüenr und trinkent wîn
> unde lânt die tiutschen ..... vasten" [2]).

Die Behauptung des Papstes, für die Befreiung des heiligen
Landes Geldbeiträge zu sammeln, hielt Walther für eine Täuschung.

> „Ich waen des silbers wênic kumet ze helfe in gotes lant" [3]).

Hugo von Trimberg spottete in seinem „Renner":

> „der bâbst ist sînen kinden holt
> und nimt ir silber und ir golt" [4]).

Freibanks „Bescheidenheit" meinte, das Netz, mit welchem Petrus
Fische gefangen habe, sei in Rom verachtet. Das römische Netz fange

> „silber, golt, bürge und lant;
> daz was sant Pêter unbekant" [5]).

Die bittersten Worte brauchte wohl der der ersten Hälfte des dreizehnten Jahrhunderts angehörende provenzalische Dichter Peire
Cardenal. „Könige und Kaiser, Herzöge, Grafen, Komtors und

---

[1]) Du Boulay historia univers. Parisiens. T. III, p. 288.
[2]) W. Willmanns, Walther von der Vogelweide S. 279.
[3]) Ebenda S. 280.
[4]) V. 9081 f.
[5]) Herausgeg. von Bezzenberger 152, 20 f.

Ritter pflegten ehemals die Welt zu regieren; jetzt üben Pfaffen die Herrschaft aus mit Raub und Verrat, mit Heuchelei, Gewalt und Ermahnung," sagte er in einem Gedichte [1]). „Aasvögel und Geier wittern nicht so leicht das modernde Fleisch, als Pfaffen und Prediger den Reichen," äußerte er in einem anderen Sirventes [2]). Bekannter ist die Strafrede, welche Dante auf seiner Höllenfahrt dem Papste Nikolaus III. hielt [3]), in deren Schlußworten er die konstantinische Schenkung, welche ja von ihm und seinen Zeitgenossen noch für eine geschichtliche Thatsache gehalten wurde, als die Ursache alles Uebels bezeichnete. Der Dichter Frauenlob äußerte sich in derselben Weise über die konstantinische Schenkung [4]).

Diese Urteile der Laien wurden durch zahlreiche Aeußerungen des Klerus hinlänglich bestätigt. Der Weltklerus beschuldigte den Ordensklerus und umgekehrt dieser den ersteren wegen seiner Habgier und Ueppigkeit. Sie machten sich gegenseitig sowohl den Reichtum an und für sich als den Genuß desselben zum Vorwurf. Doch fehlte es auf beiden Seiten auch nicht an Selbstanklagen. Lambert von Hersfeld äußerte in seinen Annalen zum Jahre 1071 über den Reichtum der Klöster: „Die Welt wunderte sich, woher die Quelle eines so großen Reichtums ströme, woher die Schätze des Kösus und Tantalus auf Privatleute sich gehäuft hätten und noch dazu auf solche Menschen, welche des Kreuzes Aergernis und das Zeichen der Armut trügen und lügnerischerweise behaupteten, daß sie außer ihrem täglichen Brote und ihrer Kutte nichts besäßen" [5]). Aehnlich urteilten die auf der lateranensischen Synode des Jahres 1123 versammelten Bischöfe über das Mönchtum. „Uns," erklärten dieselben dem Papste Calixt, „bleibt nichts mehr übrig, als Stab und Ring niederzulegen und den Mönchen zu dienen. Diese haben die Kirchen, die Höfe, die Ortschaften, die Zehnten, die Oblationen für lebende und tote. Mit Hintansetzung

---

[1]) Fr. Diez, Leben und Werke der Troubadours S. 447.
[2]) L. c. S. 449.
[3]) Inferno, canto 19, v. 90—117.
[4]) v. d. Hagen, Minnes. III, 363, Nr. 11 ff.
[5]) M. G. V, p. 189.

der Sehnsucht nach dem Himmel begehren sie unersättlich nach den Rechten der Bischöfe und die, welche die Welt mit ihren Begierden verlassen haben, hören nicht auf, gierig nach weltlichen Dingen zu haschen." In heiligem Zorn eiferte Bernhard von Clairvaux in seiner Schrift „Apologie an den Abt Wilhelm von St. Theoderich" gegen die Reichtümer und die Ueppigkeit der Cluniacenser. In dem Kapitel über die verschwenderische Pracht der Gotteshäuser rief er ihnen das harte Wort zu: „Auf Kosten der Armen ergötzen sich die Augen der Reichen"[1]. In einem anderen Kapitel derselben Schrift sagte er: „Ich will lügen, wenn ich nicht einen Abt sah, der sechzig Pferde und mehr in seinem Gefolge führte. Man würde beim Anblick der Vorüberziehenden vermutet haben, nicht Väter der Klöster, sondern Burgherren, nicht Leiter der Seelen, sondern Fürsten vor sich zu haben. Es wurde der Befehl gegeben, Servietten, Becher, Schüsseln, Leuchter und Quersäcke, welche nicht mit Lagerstroh, sondern mit einem ganzen Bettstaat vollgepfropft waren, herbeizuholen. Kaum geht ein solcher Prälat vier Meilen von seiner Wohnung, ohne mit seinem ganzen Hausrat ausgerüstet zu sein, als gälte es zum Heere zu reisen oder eine Wüste zu passieren, in der man die notwendigsten Dinge nicht auftreiben kann"[2]. Der auf der Synode zu Mainz im Jahre 1261 versammelte Klerus äußerte seinen Unwillen über die Habgier und den Reichtum der Klöster mit einer alttestamentlichen Kraft des Ausdrucks. Zahlreiche Pfarreien, die größten Güter und Renten hätten die Mönche an sich gezogen. Man verglich das Mönchstum mit dem Behemoth im Buche Hiob[3], der den ganzen Jordan mit seinem Munde ausschöpfen wolle. Ihm, dem Weltklerus, sei nur eine dürftige Nachlese geblieben.

Aber auch der Weltklerus wurde wegen seiner Verweltlichung oft mit harten Worten getadelt. Eine dem Bernhard von Clairvaux zugeschriebene Anrede, welche derselbe auf dem Konzil zu Rheims gehalten haben sollte, sagt von den Geistlichen: „Sie sind Diener

---

[1] K. 12.
[2] Opp. t. I, p. 541 f. Parisiis 1719.
[3] K. 40, V. 18

Christi und huldigen dem Antichrist. Daher stammt, wie wir täglich sehen, jene buhlerische Pracht, jene schauspielerische Haltung und jener königliche Aufwand, daher das Gold an den Zäumen, an den Sätteln und Sporen. Daher stammen die von Speisen und Pokalen glänzenden Tische, daher die Gastmähler und die trunkenen Gelage, daher Zither, Lyra und Flöte, die gefüllten Keller, die vollen Vorratskammern, die Salbenfässer und strotzenden Geldbeutel. Von dieser Art sind und wollen sein die Vorsteher der Kirchen, die Dekane, Bischöfe und Erzbischöfe." Diese Leute weiden nicht die Herde des Herrn, sondern schlachten und verschlingen sie [1]). „Herrschen sie nicht wie Könige, diese stolzen Priester, indem sie in ihrem kirchlichen Dienste statt nach dem Himmlischen zu trachten, schnödem irdischen Gewinne ohne Rast nachjagen," klagte Gerhoh von Reichersperg [2]). Der Kanonikus Konrad von Megenberg bezeichnete in seinem „Buch der Natur" die Geistlichen als Kapaune. „Sie, d. h. „unser prelâten und ander pfaffen" sind, sagte er, „unperhaft (d. i. unfruchtbar) in gaistlichen werken, wan si machent niht gaistlicher kind; wolt got daz si der leipleichen auch niht machten" [3]). In seinem Kapitel über die Bienen klagte er mit Bezug auf die Geistlichkeit: „ach got, wie wênig der peinen (Bienen) ze unsern zeiten ist! ez sint all peinen ze websen (Wespen) und zuo harniz (Horniffen) worden" [4]). Diese Vorwürfe über die gemeinschädliche Habgier des Klerus, welcher als Gegenbild die Armut Christi und seiner Apostel vorgehalten wurde, wiederholten sich von allen Seiten so häufig, daß der im Jahre 1334 verstorbene Papst Johannes XXII. es schließlich für zeitgemäß hielt, um jenen lästigen Hinweis zu beseitigen, die Ansicht, daß Christus und die Apostel besitzlos gewesen seien, als ketzerisch zu verwerfen.

Endlich kam auch die Wohlthätigkeitspflege des Mittelalters zunächst der Kirche zugut, insofern die religiöse Behandlung der=

---

[1]) Ad clerum in concilio Remensi congregatum, opp. t. II, p. 754 f.
[2]) De aedificio dei.
[3]) Herausgeg. von Fr. Pfeiffer 1861, S. 197.
[4]) S. 294.

felben zur Folge hatte, daß die Armen= und Krankenpflege ihren
Weg durch die Kirche nahm. Schon die alte Kirche hatte gelehrt,
daß dasjenige Almosen, welches durch ihre Vermittlung an die
Armen gelangte, einen höheren gottesdienstlichen Wert habe, als
dasjenige, welche der Geber unmittelbar den Armen spendete [1]).
Insbesondere pflegte man die zu Gunsten der Armen errichteten
testamentarischen Schenkungen der Kirche zu überweisen, indem
man die letztere mit der Ausführung derselben beauftragte. Es
geschah dies um so mehr, als solche Schenkungen zumeist mit den
Memorien= und Anniversarienstiftungen verbunden wurden. Der
Testator pflegte zugleich mit dem für seine Seelenmesse ausgesetzten
Legate der Kirche oder dem Kloster, in welchem sein Gedächtnis
gefeiert werden sollte, ein Kapital oder ein Grundstück zu ver=
machen, deren Geld= oder Naturalienrente an dem Tage der Seelen=
messe unter eine bestimmte Anzahl von Armen verteilt werden
mußte. Oder aber es wurden die für die Armen ausgesetzten Legate
den Kirchen und Klöstern zum Nutzen der mit denselben verbun=
denen Armen= und Krankenspitäler vermacht. Bis gegen Ende
des dreizehnten Jahrhunderts war die Kirche auch die einzige In=
stitution, welche eine genügende Sicherheit für die Ausführung
milbthätiger Stiftungen bieten konnte [2]). Das ewige Seelenheil
war der Ausgang und die Kirche das Ziel aller religiösen Liebes=
thätigkeit des Mittelalters.

Das Verhältnis zwischen der wirtschaftlichen Lage der Kirche
und der Laienwelt erhielt gewissermaßen eine sinnbildliche Dar=
stellung in der kirchlichen und weltlichen Architektur jener Zeit. Zu
derselben Zeit, in welcher die Schlösser der Fürsten und des Adels
finstere, eng und winkelig gebaute, aufs dürftigste ausgestattete
Kastelle waren, in welcher ferner die bürgerlichen Häuser selbst
der größten und reichsten Städte fast durchgehends aus Holz oder
Fachwerk erbaut und mit Stroh oder Schindeln gedeckt waren,

---

[1]) Vgl. G. Ratzinger, „Geschichte der kirchlichen Armenpflege," 1. Auf=
lage, S. 55.

[2]) Vgl. G. Uhlhorn, „Die christliche Liebesthätigkeit im Mittelalter"
S. 132 ff.

errichtete man die großen romanischen und gotischen Dome, die
wegen der Erhabenheit des Gedankens, der Großartigkeit ihrer
Raumverhältnisse, der Schönheit und des Reichtums ihrer Arbeit
bis zur Stunde die klassischen Vorbilder des Kirchenbaus geblieben
sind. Wie eine winzige, zerbrechliche Spielware lagerten zu den
Füßen dieser gewaltigen Dome die Häuser einer mittelalterlichen
Stadt.

4. Der Widerstand gegen die wirtschaftlichen Grundsätze der religiösen Theorie.

Der ideale Gottesstaat würde aber erst dann in vollem Um=
fange verwirklicht worden sein, wenn die Kirche die alleinige Eigen=
tümerin aller liegenden und beweglichen Güter und also die Quelle
aller wirtschaftlichen Werte geworden wäre, wie sie die Quelle
alles Rechtes und aller staatlichen Gewalt zu sein erstrebte, um
alsdann ihrerseits alle Güter in der Form des Lehens, der Pacht,
des Darlehens und der Spende in das Volksleben wieder zurück=
führen zu können. So weit aber der thatsächliche Vermögensstand
der Kirche von diesem Ziele entfernt war, so weit war die Wirk=
lichkeit des christlichen Gottesstaates von der idealen Gestalt des=
selben unterschieden. Der Abstand also zwischen der Wirklichkeit
und der abstrakten Idee des Gottesstaates war selbst in den Zeiten
der höchsten kirchlichen Machtstellung ein unendlich großer.

Wie der Staat des Mittelalters vor dem asketisch=hierarchi=
schen System der Kirche nur bis zu einer gewissen Grenze zurück=
wich, so ließen auch die wirtschaftlichen Interessen dasselbe nicht
bis zu seinen letzten Folgerungen zur Geltung gelangen. Auch
auf dem Gebiete der wirtschaftlichen Produktion und Konsumtion
wiederholte sich derselbe Widerstreit zwischen den notwendigen Be=
dingungen der Selbsterhaltung und dem logischen Zwange der
Idee wie auf dem Gebiete der staatlichen Machtverhältnisse.

Doch war diese Gegenwehr der wirtschaftlichen Interessen
keineswegs gegen das religiöse Lehrsystem gerichtet. Vielmehr ver=

meinte dieselbe noch mehr auf dem Boden der kirchlichen Glaubens=
lehre zu stehen, als die wirtschaftlichen Machtbestrebungen der Kirche
und stellte die letzteren, wie jene mitgeteilten Aeußerungen über den
wachsenden Reichtum des Klerus wiederholt hervorhoben, als verwerf=
liche Abirrungen von der Armut Christi und seiner Apostel dar.
Daß aber bei der nirgends in Zweifel gezogenen Gleichstellung
von Kirche und göttlicher Offenbarung die wirtschaftliche Güterver=
mehrung der Kirche der einzige Weg war, um der Armut Christi
nachzufolgen, daß also unter dieser Voraussetzung die wirschaft=
liche Machtstellung der Kirche eine logisch notwendige Folge des
asketischen Prinzips der Nachfolge Christi war, zog jene aus den
Interessen der wirtschaftlichen Selbsterhaltung hervorgegangene
Gegenwehr nicht in Betracht. Der Trieb der materiellen Selbst=
erhaltung wirkte auch hier mächtiger als die Logik des Systems
und führte erfolgreich über die letzteren hinweg. Die völlige Durch=
führung des asketisch=hierarchischen Systems scheiterte auch hier
an der unentrinnbaren Naturgewalt der menschlichen Sinnlichkeit.
Aus dem Widerstreit jener beiden Kräfte, der religiösen Idee auf
der einen und der materiellen Naturgewalt auf der anderen Seite,
ergab sich auch auf dem Gebiete des wirtschaftlichen Lebens eine
zwischen beiden vermittelnde Richtung als der leitende Grundsatz
des praktischen Verhaltens. Wie hinsichtlich der Keuschheit, so
stellte die Kirche auch hinsichtlich der evangelischen Armut eine
Stufenreihe der Vollkommenheit auf. Die letztere ermöglichte es,
die weitesten Zugeständnisse an die irdische Bedürftigkeit des Men=
schen zu machen, ohne doch das höchste Maß der christlichen Voll=
kommenheit, die bedingungslose Welt= und Selbstverleugnung preis=
geben zu müssen. Der Widerstand der Weltlichkeit gegen die wirt=
schaftlichen Grundsätze der Kirche blieb also nicht ohne wesentliche
Rückwirkung auf das religiöse System, wenngleich er das letztere
gar nicht zu berühren beabsichtigte.

Und zwar bezogen sich die Zugeständnisse des religiösen Geistes
an die wirtschaftlichen Existenzbedingungen sowohl auf die Arbeit
als auf das Eigentum. Wenn die übersinnliche Religiosität der
Kirche die Arbeit an und für sich auch nur als ein Hindernis in
der Fürsorge für das ewige Seelenheil betrachten und derselben

nur darum einen Wert beilegen konnte, weil sie als ein Schutzmittel gegen sündhafte Begierden erschien, so waren die materiellen
Lebensbedingungen doch so zwingend, daß die Kirche jenen Standpunkt der reinen Idee verlassen und der Arbeit auch einen Wert
für die materielle Lebenserhaltung beimessen mußte. Freilich geschah dieses Zugeständnis nur zögernd und ließ dasselbe das innere
Widerstreben gegen das Schwergewicht der irdischen Verhältnisse
noch deutlich durchblicken. Thomas von Aquino erkannte ausdrücklich an, daß die Arbeit nicht allein religiöser Zwecke, der
Zügelung sinnlicher Begierden und der Erwerbung von Mitteln
zur Almosenspende wegen heilsam, sondern in erster Linie auch
zur Beschaffung des Lebenunterhaltes erlaubt sei, wenigstens für
denjenigen, der sonst keine Mittel besitze [1]). Da aber der Erwerb
des Lebensunterhaltes sich nur auf das Notwendige beschränken
und keinen Ueberfluß erstreben sollte [2]), so war hierdurch dem
Besitze und folglich auch der Arbeit immerhin nur ein geringer
Spielraum gewährt. Einen sehr heftigen Widerspruch ferner erregte die von den Dominikanern und Franziskanern verteidigte Lehre
über die Verdienstlichkeit des Bettelns auf Seiten der Pariser
Universität. Der Streit zwischen beiden Parteien nahm eine solche
Ausdehnung und Heftigkeit, daß König und Papst mit in denselben hineingezogen wurden. Wilhelm von St. Amour predigte
in Paris öffentlich gegen die Lehre der Bettelmönche und bezeichnete mit Berufung auf die heilige Schrift [3]) das Betteln als eine
Todsünde für denjenigen, der körperlich imstande sei zu arbeiten [4]).
Ebenso wie hinsichtlich der Arbeit konnte sich die asketische Pädagogik auch hinsichtlich des Besitzes nicht durchweg behaupten. Obwohl das Sondereigentum als eine Folge der Sünde erschien und
es demnach denen, welche sich der Nachfolge Christi in vollem Umfange befleißigen sollten, den Mönchen streng untersagt war, Privateigentum zu besitzen, so hat doch die Kirche niemals daran denken

---

[1]) Summa theol. II, 2, quaest. 187, art. 3; quaest. 55, art. 6.
[2]) L. c. quaest. 118, art. 1.
[3]) 1. Thessalonicher 4, V. 11.
[4]) Du Boulay, histor. universitat. Parisiens. t. III, p. 295, 318 f.

können, dieses Verbot zu verallgemeinern. Selbst nicht einmal dem Weltklerus konnte der Besitz von Privatvermögen untersagt werden.

Auch die der Kirche so verhaßten Geldgeschäfte ließen sich trotz aller Verbote nicht beseitigen, in erster Linie das Zinsgeschäft. Die oft wiederholten Verbote des letzteren beweisen am besten das massenhafte Vorkommen desselben. Willigte doch sogar die wegen ihres strengen Büßerlebens heilig gesprochene, aus dem belgischen Huy stammende Juetta im Interesse ihrer Kinder ein, daß ihr Vater ihr Barvermögen auf Zinsen auslieh. Die Legende suchte Juetta zu entlasten, indem sie der Erzählung dieses Umstandes die Bemerkung hinzufügte, daß viele und ehrenhafte Männer dasselbe gethan hätten, weil das Zinsennehmen zur damaligen Zeit als eine sehr verzeihliche Sünde oder gar nicht als solche aufgefaßt worden wäre[1]). In der Zeit aber, in welcher Juetta lebte, war das Zinsverbot seit Jahrhunderten anerkannt und all= gemein eingeführt. Denn Juetta starb im Jahre 1228. Da sich jedoch bei der strengen Verfolgung des Zinsgeschäftes das letztere nicht ohne Gefahren betreiben ließ, so strebte das Verkehrsbedürfnis nach einem gesetzlich gestatteten Auswege aus dieser Zwangslage. Das längst bestehende Rentengeschäft bot hierzu den nächstliegen= den Anhaltspunkt. Und zwar wurde dasselbe dem Verkehre da= durch zweckdienlicher gemacht, daß die Naturalrente in eine Geld= rente umgewandelt wurde. Seit dem Ausgange des dreizehnten Jahrhunderts pflegte der Häuserzins wenigstens teilweise und seit dem vierzehnten Jahrhundert auch die Bodenrente allmählich in Geld entrichtet zu werden. Sodann beseitigte die wirtschaftliche Entwicklung die Schranke der Unkündbarkeit, indem zunächst dem Schuldner die Ablösung der Rente gestattet wurde. Dadurch hatte das Rentengeschäft den Charakter eines Kaufvertrages insoweit überwunden, daß es sich nur noch durch die Gebundenheit des Gläubigers von dem Zinsgeschäfte unterschied. Freilich hielt sich die Ausdrucksweise des Rentenkaufes noch fest, als auch dem Gläubiger die Kündigung des Kapitals längst gestattet war und

---

[1]) Bolland. ad 13. Jan. I, 868.

sich demnach das reine Zinsgeschäft entwickelt hatte. Noch Ur=
kunden des achtzehnten Jahrhunderts wiederholten nicht selten die
Ausdrucksweise jener alten Rentenbriefe, in welchem nicht ein Dar=
lehen gegen einen bestimmten Zins ausgeliehen, sondern eine Geld=
summe als Kaufpreis für eine bestimmte Rente ausgezahlt wurde.
Ferner ließ sich der geschäftliche Umsatz der Güter nicht völlig
der kaufmännischen Spekulation entziehen. Die Absicht des Mittel=
alters, den Preis der wirtschaftlichen Werte nicht nach dem Maße
der vorhandenen Güter und nach dem auf dieses Maß begrün=
deten Verhältnisse von Angebot und Nachfrage, sondern nach festen
Taxen bestimmen zu wollen, war ein vergebliches Ringen gegen
ein wirtschaftliches Naturgesetz. An dem unwiderstehlichen Zwang
der Naturgewalt mußte die transcendente Wirtschaftspolitik des
Mittelalters scheitern. Allenfalls vermochte die letztere durch ihre
Taxenordnungen das Herabsinken der Preise in Zeiten einer guten
Ernte und höchstens auch das Aufsteigen der Preise in den Zeiten
einer mittleren Ernte zu verhindern. Nur dann also konnte jenes
Prinzip der Wertbestimmungen innegehalten werden, wenn keine
besondere Veranlassung zu einer Abweichung von demselben ge=
geben war. In Zeiten des Mangels oder der Not aber, das heißt
also für solche Verhältnisse, für welche jene Taxen eigentlich er=
lassen waren, mußte sich jenes Prinzip des Mittelalters als völlig
machtlos erweisen. Die sich so oft wiederholenden Taxenordnungen
der mittelalterlichen Magistrate beweisen, ein wie starkes Wider=
streben sich gegen den Zwang der festen Preise regte und wie das
Schwergewicht der natürlichen Preisbestimmung nach dem Maße
der vorhandenen Güter und dem Verhältnisse von Angebot und
Nachfrage im letzten Grunde doch immer wieder den Güterverkehr
des Mittelalters beherrschte. Die Wirtschaftspolitik des Mittel=
alters ist daher niemals eine reine Naturalwirtschaft gewesen.
Wenn der Grund und Boden auch den Hauptwert der privaten
wie der staatlichen Wirtschaft bildete, so blieb doch das Geld das
beliebteste Tauschmittel des Güterverkehres.

5. Die Gesellschaftslehre.

Die Vorstellungen des religiösen Glaubens über den Ursprung und Charakter des Staates wie des Eigentums bildeten die Grundlage für die Gesellschaftslehre des Mittelalters. Indem dieselben Herrschaft und Eigentum als dem Urzustande des Menschen widerstreitende, nur durch den Sündenfall verursachte Erscheinungen auffaßten, verneinten sie die Gegensätze von hoch und niedrig, frei und unfrei, reich und arm und demnach ihrem eigentlichen Sinne nach auch die auf diese Gegensätze aufgebauten gesellschaftlichen Stände. Das diesen Voraussetzungen vollkommen entsprechende gesellschaftliche Idealbild wäre demnach eine dem Range und Besitze nach unterschiedslose Gleichstellung aller Menschen gewesen, wie eine solche dem jüdischen Mythus zufolge anfänglich auch bestanden hatte. Wie dem Urzustande ein gesellschaftlicher Standesunterschied unbekannt war, so lag auch der christlichen Erlösung ein solcher fern. Wie alle Menschen aus derselben Schöpferhand hervorgegangen waren, so sollten auch alle ohne Unterschied der Erlösung von Sünde und Tod teilhaftig werden.

Mit dem Hinweis auf diese Gleichheit der Menschen vor Gott hat denn auch die Kirche auf eine möglichste gegenseitige Gleichheit derselben hinzuwirken gesucht. Berthold von Regensburg redete den ungerechten Gewalthaber ins Gewissen, daß er denjenigen unterdrücke, „den got alse wol geschaffen hât als dich und in als wol nâch im gebildet hât als dich und im als wol lîp unde sêle hât gegeben als dir und in alse wol mit sîme tôde erlôst hât als dich" [1]. Die auf ihre adelige Geburt und ihren Reichtum stolzen Edlen wies er darauf hin, daß Gott allein auf Tugend sehe. „Tugent ist bezzer dan edelkeit und rîchtuom, wan der ermeste kneht der tugent hât, ist gote lieber dan alle künige und herzogen, die untugenthaft sint und aller der rîchtuom, den sie hânt, daz sie den allen durch got gaeben, sô waere gote ein almuosen oder ein pater noster lieber von

---

[1] Berthold von Regensburg Bd. 1, S. 89.

einem armen knehte, der tugenthaft waere und einen haller niht haete" [1]). In der Einheit des religiösen Glaubens sollten die ständischen Gegensätze ihren versöhnenden Ausgleich finden. Der aristokratische Charakter der mittelalterlichen Gesellschaft erhielt sein Gegengewicht in dem demokratischen Prinzip der christlichen Religiösität. Demnach wirkte die Kirche von Anfang an dahin, die großen Gegensätze der mittelalterlichen Gesellschaft möglichst zu versöhnen, indem sie nach oben hin die Willkür der Machthaber zu brechen und dem Gesetze zu unterwerfen, nach unten hin aber die Härten der Abhängigkeitsverhältnisse zu mildern und die unfreien Leute aus dem Bereiche des Sachenrechtes herauszuheben suchte. Den bestehenden, von Ungerechtigkeit und Irrtum durchsetzten Ordnungen der Gesellschaft wurden die Ordnungen des göttlichen Reiches als das ideale Vorbild entgegengehalten. So stellte beispielsweise Berthold von Regensburg die Engelchöre als das Vorbild für die Gliederung der menschlichen Gesellschaft hin. Wie die Engel sich in zehn Chöre teilten, so sollte nach seiner Ansicht die menschliche Gesellschaft aus derselben Zahl von Ständen oder Chören bestehen. Die Geistlichen, Weltgeistliche und Ordensgeistliche stellten ihm zufolge die beiden höchsten Stände dar. Nach ihnen folgte als dritter Stand der Adel, welcher Kaiser, Könige, Herzöge, Grafen, Ritter und Herren in sich begriff. Die verschiedenen Innungen der Handwerker bildeten die folgenden sechs Stände „in dem nidern himelriche der heiligen kristenheit" [2]). Den zehnten Chor der Christenheit sollten eigentlich die Spielleute bilden, die „gumpelliute, giger unde tamburer". Doch waren dieselben nach der Ansicht Bertholds von der Christenheit abtrünnig geworden, wie ja auch der zehnte Teil der Engel von Gott abgefallen war. Die beiden ersten Chöre nun, die Geistlichen, sollten die übrigen leiten „mit geistlichem rehte unde gerichte unde mit geistlicher lere, mit bihte unde mit predigen unde mit ander guoter lere" [3]). Auch Sachsen- und

---

[1]) L. c. Bd. II, herausgeg. von Strobl, S. 177.
[2]) Berthold von Regensburg, Bd. 1, S. 150.
[3]) L. c. S. 142.

Schwabenspiegel suchten die gesellschaftlichen Stände aus dem
Gesichtspunkte der christlichen Heilsgeschichte zu begreifen. Beide
Spiegel gliederten die Gesellschaft nach Analogie der sieben Welt=
alter in sieben Stände oder Heerschilde. Der König hebt den
ersten Heerschild, die Bischöfe, Aebte und Aebtissinnen heben
ben zweiten, die Laienfürsten den dritten, die freien Herren den
vierten, die schöffenbar Freien oder Mittelfreien den fünften, die
Dienstmannen ben sechsten, alle übrigen, nicht eigenen Leute den
siebenten Schild [1]). Die sieben Weltalter der beiden Spiegel aber
bedeuteten die Stufen, in welchen sich nach der allgemeinen An=
nahme des Mittelalters die göttliche Offenbarung in der mensch=
lichen Geschichte vollzog. Die Sozialpolitik der Kirche zielte also
barauf hin, die Gesellschaft gewissermaßen zu einer Allegorie der
himmlischen Welt zu gestalten.

Wie nun vor dem Auge Gottes die Unterschiede der von
Menschenhänden aufgebauten Stände jegliche Bedeutung verloren,
so mußten auch vor dem Richterstuhle der mit der Stellver=
tretung Gottes betrauten Kirche alle Unterschiede der Stände als
gegenstandslos verschwinden. Die von der Kirche aufgestellten
Rechtsnormen beanspruchten beshalb den Charakter eines gemeinen
und zwar nicht eines subsidiären, sondern eines absolut gemeinen
Rechtes. Das kanonische Recht hatte eine zwingende Geltung für
alle in das kirchliche Rechtsgebiet hineingezogenen Verhältnisse
und Stände. Die Kirche unterwarf ihrem Recht das gesamte
Volksleben ohne Unterschied des Standes und Berufes. Den
bem kirchlichen Gebote zuwiderhandelnden König traf dieselbe
Strafe wie den geringen Mann, der sich eine gleiche Uebertretung
hatte zu Schulden kommen lassen. „Den Hohen wirst du richten
wie den Geringen und bei dir gilt kein Ansehen der Personen,“
schrieb Innocenz III. an den französischen Klerus mit Bezug auf
seine richterliche Autorität über den König von Frankreich. Die
transcendente Socialpolitik wies bemnach dem Klerus die höchste
Stelle an in dem System der christlichen Gesellschaft, wie dies
Berthold von Regensburg in den oben mitgeteilten Worten ja

---

[1]) Sachsensp. Landr. 1, Art. 3; Schwabensp. Landr. § 2.

auch ausdrücklich gefordert hatte. Die von der Kirche erstrebte Rechtsgleichheit aller gesellschaftlichen Stände bedeutete nichts anderes, als die gleichmäßige Unterordnung aller Stände unter die göttliche Autorität des geistlichen Standes. Die ideale Gestaltung der Gesellschaft, das heißt eine ganz nach dem Vorbilde des himmlischen Gottesreiches aufgebaute Gesellschaft würde also die Begründung einer Reihe dem Range wie dem Besitze nach völlig gleichstehender und gleichmäßig dem Priesterstande unterstellter Berufsstände bedingt haben.

Doch war der Zwang der praktischen Lebensverhältnisse viel zu mächtig, als daß die Kirche daran denken konnte, auf diesem Standpunkte der reinen Idee zu beharren. Die Erwägung, daß bei der allgemeinen Sündhaftigkeit der Menschen eine gesellschaftliche Ordnung ohne jene ständische Gliederung von hoch und niedrig, arm und reich eine Unmöglichkeit sei, nötigte die Kirche, auf eine völlige Ausgleichung der Gesellschaft zu verzichten und jenen ständischen Unterschieden eine beschränkte Geltung zu gewähren. Wohl konnte die Kirche durch den Hinweis auf die Gleichheit aller Menschen vor Gott die Härten der verschiedenen Abhängigkeitsverhältnisse zu mildern suchen. Aber eine Uebertragung der religiösen Gleichstellung auf die irdische Welt war so wenig möglich, daß die Kirche den Versuch einer praktischen Ausführung derselben gar nicht anstellte. Sie ist, gebunden durch den Zwang der praktischen Verhältnisse, sich selber über die socialen Folgerungen ihrer religiösen Theorie nicht einmal klar geworden. Sie hat sich niemals Rechenschaft darüber gegeben, daß die Aufhebung aller ständischen Rangstufen eine notwendige Schlußfolgerung ihrer Lehren über den Ursprung und den Charakter der Herrschaft und des Eigentumes war. Sie hat es überhaupt unterlassen, ihre Socialpolitik eingehend und systematisch zu begründen. Wie hart der Widerstand war, welcher dem demokratischen Gleichheitsbestreben der Kirche bisweilen entgegengestellt wurde, mag aus einem Gedichte des Provenzalen Bertram von Born erhellen, welches in dem Gedanken schwelgt, die der Herrschaft des Adels wiederstrebenden reichen Bürger zu vertilgen und den nach Wohlhabenheit und Unabhängigkeit verlangenden Bauern

in hartherzigster Weise zu unterbrücken. „Rassa,“ wandte er sich
zum Schlusse an den Grafen Gottfried von Bretagne, „das bos=
hafte Gesindel, des Betrugs und des Wuchers, des Stolzes und
des Unmaßes voll, ist nicht länger zu ertragen. Es verachtet
Gott, Redlichkeit und Gerechtigkeit und will den Adam nach=
machen; Gott sende ihm Unheil“[1])! Daß auch die thatsächlichen
Verhältnisse von dem Ideale der Kirche weit entfernt waren, wenn
auch nicht in dem von dem erwähnten Dichter gewünschten Maße,
zeigt die wirtschaftspolitische Geschichte des Mittelalters in reichstem
Maße. Ebenso wie auf dem Gebiete der staatlichen und wirt=
schaftlichen Interessen fügte sich daher die Kirche auch in der
socialen Frage den Machtverhältnissen der bestehenden Zustände,
indem sie die Rangordnung der Stände anerkannte. „Wer solte
uns den acker bûwen, ob ir alle herren waeret? Oder wer
wolte uns die schuohe machen, ob dû waerest als dû woltest?“
fragte Berthold von Regensburg diejenigen, welche mit ihrem
Stande unzufrieden waren[2]). „Haete uns got alle ze herren
gemachet, sô waere diu werlt unverrihtet (ungeordnet) unde
würde ouch selten wol unde rehte stênde in dem lande“ hielt
er in einer anderen Predigt den Ungenügsamen entgegen[3]). Die
Kirche nahm zu der Gesellschaft dieselbe Stellung ein wie zum
Staate. Wie der Zwang der thatsächlichen Lebensverhältnisse die
Kirche veranlaßte dem Staate eine gewisse Dulbung zu gewähren
unter der Bebingung, daß er seine Macht den Zwecken des gött=
lichen Reiches unterorbnete, obwohl der weltliche Staat eigentlich
in dem letzteren keinen Raum haben konnte, so ließ sie aus dem
gleichen Grunde die gesellschaftlichen Stände bestehen unter der
Bebingung, daß dieselben dem Priesterstande unterstellt würden,
obwohl die ständischen Unterschiede an und für sich der Kirche
nur als eine Folge der Sünde erschienen und demgemäß in ihren
Gottesstaat nicht hinein gehörten. Die Anerkennung der ständischen

---

[1]) Mahn, Die Werke der Troubadours Bb. 1, S. 306 f.; Fr. Diez,
Leben und Werke der Troubadours S. 231.

[2]) Berthold von Regensburg Bb. 1, S. 14.

[3]) L. c. S. 271.

Rangordnung unter dem Vorbehalte der geiftlichen Leitung bildete alfo die Mittellinie, welche fich aus jenem Widerftreite zwifchen dem Ideale der religiöfen Metaphyfik und dem Selbfterhaltungs= triebe der weltlichen Stände ergab.

Aber auch diefes Ziel ließ fich in der Wirklichkeit nur fehr unvollkommen erreichen. Die thatfächliche Geltung des geiftlichen Standes blieb fehr weit hinter der in der theoretifchen Konftruk= tion des gefellfchaftlichen Syftems geforderten Stellung zurück. Auch die Ueberordnung des geiftlichen Standes über die anderen gefellfchaftlichen Stände fcheiterte an dem Machtbewußtfein der Ariftokratie fowie an den wirtfchaftlichen Intereffen und dem Freiheitsfinne des Bürgertums. Wenn der Dichter Barthel Regenbogen, ein Zeitgenoffe Frauenlobs, mit den Worten:

„der pfaffe, ritter, bûman, die drie, die sölten sîn gesellen" [1]

dem Gleichheitsgrundfatze der Kirche beipflichtete, fo doch keines= wegs der von der letzteren geforderten Ausnahmeftellung des Klerus, da er jenen Grundfatz auch auf diefen ausdehnte. Hatten doch auch der Sachfenfpiegel und felbft der fo kirchlich gefinnte Schwabenfpiegel in der von ihnen aufgeftellten Reihenfolge der Stände den geiftlichen Stand keineswegs in die erfte Stelle gerückt. Der ideale chriftliche Gottesftaat ift daher auch in den gefellfchaft= lichen Verhältniffen des Mittelalters nur zu einem geringen Teile verwirklicht worden. An dem thatfächlichen Beftande der gefell= fchaftlichen Verhältniffe hat die Kirche nichts zu ändern vermocht. Ihre Wirkung blieb im allgemeinen darauf befchränkt, daß fie die Ueberfpannung derfelben nach oben und unten hin mäßigte und innerhalb der gegebenen Verhältniffe ein alle Stände mit gleichem Maße richtendes Sittengefetz zur Geltung brachte.

---

[1] v. d. Hagen, Minnef. II. 2, S. 309, 1.

V. Das Recht.

---

1. Das bürgerliche Recht.

Die Grundlage der antiken Volksrechte war die Idee des nationalen Staates gewesen. Zwar waren diese Rechtsordnungen der alten Völker mit religiösen Vorstellungen vielfach durchflochten. Da aber die letzteren nichts anderes als den Kultus der nationalen Staatsidee bezweckten, so führten die in den Rechtsordnungen der antiken Welt ausgesprochenen religiösen Vorstellungen im letzten Grunde auf die Idee des nationalen Staates zurück. Das sakrale Recht bildete nicht allein bei den Römern, sondern bei den antiken Völkern überhaupt einen Teil des öffentlichen Rechtes. Desgleichen lagen dem germanischen Rechte mannigfache religiöse Vorstellungen zu Grunde. Doch führten dieselben hier nicht minder als in den antiken Volksrechten auf die Idee der Familie und des staatlichen Gemeinwesens zurück. Seit der Christianisierung der Germanen und namentlich seit der Regierung Karls des Großen wurden jedoch die Vorstellungen der christlichen Glaubenslehre, welche ihre Beziehung nicht auf den weltlichen Staat, sondern auf den übersinnlichen Gottesstaat nahmen, in das germanische Recht aufgenommen. Seit dieser durch die karolingische Gesetzgebung erfolgten Rezeption der religiösen Idee des Christentums erschien das Recht nicht mehr als eine mit dem Staate entstandene und den Zwecken des letzteren unterstellte, sondern vielmehr als eine jeder staatlichen Gewalt voraufgehende und als Naturgesetz der menschlichen Vernunft von Gott einge=

schriebene Ordnung. Mit der Erschaffung des Menschen führte
Gott das Naturrecht ein, heißt es in den einleitenden Worten zu
den Beschlüssen des Wiener Konzils vom Jahre 1267 [1]). Nicht
also der Staat, sondern Gott war die Quelle des Rechtes. „Got
ist selve recht," sagte der Sachsenspiegel. „Got ist recht und
recht komt von got," lehrte das auf der Wende des dreizehnten
und vierzehnten Jahrhunderts niedergeschriebene „kleine Keyser=
recht [2]).

Die bestehenden Rechtsordnungen freilich waren keineswegs mit
jenem von Gott begründeten Naturrechte gleich. Vielmehr waren die=
selben erst nach dem Sündenfalle und mit der Einführung des Staates
entstanden. Seit dem Sündenfalle „gaben sich die Menschen ihrer
Bedürftigkeit wegen gewisse Rechtsordnungen," erklärte das er=
wähnte Wiener Konzil [3]). Dem Naturrechte wohnte demnach eine
göttliche, den geltenden Rechten hingegen lediglich eine menschliche
Autorität inne. Das erstere war demnach dem letzteren übergeordnet
und konnte daher grundsätzlich von diesem nicht verdrängt werden.
Unter dem Einflusse der menschlichen Sünde war dies jedoch that=
sächlich geschehen. Die positiven Rechte der verschiedenen Nationen
waren alle mehr oder weniger von dem ursprünglichen und reinen
Naturrechte abgewichen. Doch hatte sich in dem Völkerrechte, das
heißt in der Gesamtheit derjenigen Gesetze, welche sich in den positiven
Rechten aller Völker gleichmäßig wiederholten, noch ein Zusammen=
hang mit jenem ursprünglichen, allen Menschen gemeinsamen, gött=
lichen Naturrechte erhalten. Es war demnach eine der wesentlich=
sten Aufgaben des der Kirche anvertrauten göttlichen Stellver=
tretungsamtes, das ursprüngliche Naturrecht in seinem vollen
Umfange wiederherzustellen und die durch die menschliche Sünde
verursachten Verdunkelungen desselben zu beseitigen. Und zwar
stand dieses von der Kirche wiederhergestellte Naturrecht seiner
göttlichen Herkunft gemäß nicht unter, sondern über den staat=
lichen Zwecken. Die letzteren bildeten nicht die Norm des Rechtes,

---

[1]) M. G. IX, 699.
[2]) Lib, I, c. 1.
[3]) L. c.

sondern umgekehrt, das Naturrecht war die Norm der vom Staate
zu erstrebenden Zwecke.

Die von der Kirche vorgefundenen Grundlagen des mittel=
alterlichen Rechtes waren das römische und das germanische Recht.
Beiden gegenüber setzte sich die religiöse Anschauung nach zwei
Richtungen hin durch, indem sie teils die vorhandenen rechtlichen
Grundsätze festhielt und in einer ihrem Geiste entsprechenden Weise
fortentwickelte, teils die ihrem religiösen Systeme widersprechenden
Anschauungen und Rechtsinstitute umbildete oder gänzlich beseitigte.
Zunächst machte sich der religiöse Gedanke des kanonischen Rechtes
in den allgemeinen Bestimmungen desselben über die persönliche
Rechtsfähigkeit geltend. Indem das Verhältnis des Menschen zu
Gott die Grundlage desselben bildete, konnten die staatlichen und
gesellschaftlichen Unterschiede keine, die allgemeine Rechtsfähigkeit
beeinflussende Bedeutung gewinnen. Während das römische Recht
die Rechtsfähigkeit im wesentlichen von dem Besitze des römischen
Bürgerrechtes, das germanische von dem Besitze der persönlichen
Freiheit innerhalb der Volksgenossenschaft abhängig machte, fielen
für das kanonische Recht diese Bedingungen weg. Aus demselben
Grunde aber stellte die Kirche eine andere Bedingung der vollen
persönlichen Rechtsfähigkeit auf, nämlich die kirchliche Gemein=
schaft und Rechtgläubigkeit. Dem von der kirchlichen Gemeinschaft
Ausgeschlossenen, der größeren Exkommunikation Verfallenen waren,
sagt die Summa des Sylvester de Prierio, „die Pforten der
Würden nicht geöffnet". Er war von jedem öffentlichen Amte, ins=
besondere vom richterlichen Amte, ausgeschlossen. Papst Nikolaus I.
machte dem oströmischen Kaiser Michael im Jahre 865 Vorwürfe,
daß diese Vorschrift der apostolischen Kanones von ihm nicht be=
achtet und in seinem Reiche Exkommunizierte zu Richtern erwählt
würden. Kaiser Friedrich II. bestätigte den Rechtsgrundsatz der
Kirche, indem er in einer Konstitution vom Jahre 1220 den Ex=
kommunizierten die Fähigkeit zur Ausübung des richterlichen Amtes
entzog. Desgleichen war die Rechtsfähigkeit zur Klage wie zum
Zeugnis nicht allein an die natürlichen Bedingungen des Alters,
des Geschlechtes, der Zurechnungsfähigkeit und der bürgerlichen
Unbescholtenheit, sondern auch an die der Rechtgläubigkeit und

der kirchlichen Gemeinschaft gebunden. Der Exkommunizierte war demnach weder zur gerichtlichen Klage noch zum gerichtlichen Zeugnis befähigt[1]). Selbst die Verteidigung vor Gericht wurde den Exkommunizierten nicht zugestanden. Sie konnten ferner weder ein rechtsgültiges Testament errichten, noch eine Erbschaft antreten. Am schwersten wurden die Häretiker von den bürgerlichen Rechtsfolgen der Exkommunikation betroffen, insofern dieselben außer mit jenen Nachteilen, auch noch mit der Konfiskation ihrer Güter bestraft wurden. Sie waren, wenn sie nicht binnen Jahresfrist Genugthuung geleistet hatten, von selbst infam, d. h. bürgerlich rechtlos.

Als den Zweck des bürgerlichen Rechtes betrachtete die Kirche die Verwirklichung des dem ursprünglichen sündenlosen Naturzustand wiederherstellenden jenseitigen Gottesstaates. Demgemäß erstrebte sie die rechtliche Ordnung des Menschen zur Güterwelt nicht aus den natürlichen wirtschaftlichen Bedingungen der letzteren, sondern aus den übernatürlichen Gesetzen ihrer jenseitigen Welt zu gestalten. Von diesem Standpunkte aus wirkte sie bestimmend ein auf das Gebiet des Sachen= und Vertragsrechtes. Die Bedeutung des Eigentums= und des Vertragsrechtes setzte sich in Beziehung zur transcendenten Bestimmung des Menschen. Im letzten Grunde war die transcendente Lehre der Kirche dem Eigentumsbegriffe überhaupt abgeneigt, weshalb sie das individuelle Eigentumsrecht für den Ordensklerus, als den Vertreter der vollkommenen christlichen Lebensführung, vollständig beseitigte. Eine völlige Ausschließung vom Privateigentum erreichte sie ferner für gewisse, in engerer Beziehung zum kirchlichen Leben stehende Gegenstände. Die Kirche suchte daher den römisch=rechtlichen Begriff der sakralen Gegenstände, der res divinae, res sacrae und sanctae weiter auszudehnen, indem sie alle dem Gottesdienste geweihten und in ihrem Eigentum stehenden Güter und Gegenstände dem Privaterwerb entzog. Da aber der Zwang des praktischen Lebens zu mächtig war, als daß sie die Verneinung des Privateigentums allgemein

---

[1]) Vgl. hierzu u. a. die Summe des Sylvester de Prierio Tl. 1, S. 362 ff.

hätten durchsetzen können, so gewährte sie eine bedingte Anerkennung des letzteren, indem sie zugleich ihre grundsätzliche Stellung
zu demselben festhielt.   Und zwar fand die Kirche diesen Ausweg
aus dem Widerstreite zwischen der praktischen Notwendigkeit und
der strengen Logik ihres Systems dadurch, daß sie dort, wo sie
das Privateigentum selbst nicht beseitigen konnte, dasselbe wenigstens seinem Inhalte und seiner Ausübung nach so viel als möglich einzuschränken suchte.   Die volle Anwendung des Eigentums-
begriffes widersprach der Gleichstellung der Menschen vor Gott.
Daher verdrängte die Kirche zunächst die Grundsätze des römischen
und germanischen Rechtes über Sklaven und Kriegsgefangene und
suchte den Menschen aus dem Sachenrecht herauszuheben.   Bezüglich des dem freien Verkehre belassenen Eigentumes machte sie ihre
Auffassung geltend, indem sie sowohl auf den Inhalt als den Erwerb des Privateigentumes einwirkte.   Den Inhalt, das heißt den
Umfang der im Eigentumsbegriffe enthaltenen Befugnisse und
Nutzungsrechte anlangend, nahm sie von den Nutzungen des
Eigentumes einen Teil für religiöse Zwecke in Anspruch.   Sie erreichte dies durch die Auferlegung von Zehnten, welche sie unter
Berufung auf den alttestamentlichen Levitenzehnten als eine gött-
liche Einrichtung bezeichnete und von jedem nutzbaren Eigentum
forderte.

In gleicher Weise war die Kirche bestrebt, ihren religiösen
Grundsätzen hinsichtlich des Eigentumserwerbes Geltung zu verschaffen.   Da ihr zufolge ein unrechtmäßiger Besitz eine Sünde
war, so konnte derselbe durch den Zeitverlauf, welcher nach römischer Anschauung Mängel des Rechtserwerbes heilte, niemals rechtmäßig werden.   Daher dehnte die Kirche das Erfordernis des
redlichen Glaubens, welchen das römische Recht nur für den Erwerb durch Ersitzung, nicht aber durch Klagenverjährung verlangte, auch auf letzteren aus.   Papst Innocenz III. erklärte in
dem berühmten Synodalbeschluß vom Jahre 1215 [1]), „weil alles,
was nicht in gutem Glauben geschieht, Sünde ist, soll jede

---

[1]) Cap. 20, X, de praescript.

nicht in redlichem Glauben erfolgte Verjährung ungültig sein".
Während ferner das römische Recht den guten Glauben nur für
den Beginn der Ersitzung forderte und das Hindernis des bösen
Glaubens auf Seiten des ersten Ersitzers nicht gegen den Rechts=
nachfolger des letzteren wirken ließ, forderte derselbe Synodal=
beschluß, „daß jeder Ersitzer in keinem Momente der Verjährungs=
zeit das Bewußtsein des Besitzes einer fremden Sache haben dürfe".
Dieselbe Bestimmung wurde auf jeden Rechtsbesitz, insbesondere
den Erwerb von Dienstbarkeiten (Servituten) durch Verjährung
ausgedehnt. Noch weniger erkannte die Kirche den durch gewalt=
thätige Entsetzung eingetretenen Rechtszustand an, welcher im prak=
tischen Leben des Mittelalters eine so hohe Bedeutung hatte. Sie
gab in solchen Fällen nicht nur gegen denjenigen, welcher sich ge=
waltthätig in Besitz einer Sache gesetzt hatte und dessen Erben,
sondern auch gegen dritte Besitzerwerber, welche von der gewalt=
thätigen Entsetzung des früheren Besitzers Kunde hatten, das
Rechtsmittel der Spolienklage. Um unberechtigten Eingriffen in
das Eigentum dritter Personen die Möglichkeit des Erfolges noch
mehr zu erschweren, suchte das kanonische Recht die kurzen Ver=
jährungsfristen der geltenden Rechte, welche oft nur Jahr und Tag
für den Erwerb durch Ersitzung verlangten, zu verdrängen und
die zehn=, beziehentlich zwanzig= und dreißigjährigen Verjährungs=
fristen des römischen Rechtes einzuführen. Hinsichtlich ihrer eigenen
Güter war die Kirche bekanntlich noch vorsichtiger, indem sie für
die Ersitzung derselben durch Laien einen vierzigjährigen, für die
der römischen Kirche insbesondere einen hundertjährigen ununter=
brochenen Besitz zur Bedingung machte. Die Lehre des kanoni=
schen Rechtes über die Verjährung ging auch, wenn gleich nur
vereinzelt, in das weltliche Recht über. Der Schwabenspiegel
forderte für fahrendes Gut drei Jahre, für liegendes Gut unter
Anwesenden zehn, unter Abwesenden zwanzig Jahre, jedoch unter der
ausdrücklichen Voraussetzung eines fortgesetzten guten Glaubens[1].
Wenn diese' gesetzlichen Bestimmungen des kanonischen Rechtes

---

[1] Landr. § 56.

dem Eigentum und dem Besitze einen erheblich höheren Schutz
verliehen, als die des römischen und des germanischen Rechtes, so
war dies mehr der notwendige Erfolg als der beabsichtigte Zweck
der kirchlichen Gesetzgebung. Der letzteren war es vielmehr zunächst
nur darum zu thun, dem Umstande vorzubeugen, daß eine Sünde
jemals die Ursache eines rechtmäßigen Vermögensbesitzes werden
könne.

In derselben Weise wie die Kirche auf das Gebiet der ding=
lichen Rechte einwirkte, bestimmte sie auch das Obligationenrecht,
das heißt den Erwerb durch Vertrag. Nach dem älteren römi=
schen Rechte hatten nur diejenigen Verträge eine rechtlich bindende
Kraft, welche in einer bestimmten gesetzlichen Form geschlossen
waren. Die formlosen Verträge legten daher den Parteien keine
klagbare Verpflichtung auf. Erst das spätere Kaiserrecht durch=
brach den strengen Formalismus der Kontrakte, indem es in zahl=
reichen Fällen von einer bestimmten Form des Vertragsabschlusses
absah. Doch erkannte das römische Recht mit dieser Abschwächung
des alten Formalismus nicht im entferntesten die Rechtsgültigkeit
der formlosen Verträge als allgemeinen Grundsatz an. Auch das
ältere deutsche Recht forderte eine bestimmte Stipulationsform oder
Leistung als Bedingung für die Verbindlichkeit der Verträge. Die
Vertragslehre des kanonischen Rechtes hingegen suchte ihre Grund=
lage in der religiösen Idee der Kirche und zwar in dem göttlichen
Naturrechte des sündlosen Urzustandes, welches mit ungetrübter
Klarheit im menschlichen Bewußtsein gestanden und darum keines
Uebereinkommens, keiner schriftlichen Feststellung, keiner besonderen
gesetzlichen Formen bedurft hatte. Eine Willenseinigung zweier
Menschen erforderte damals keine rechtliche Sicherstellung, da das
gegebene Wort heilig und unverletzlich war. Dieser naturrechtliche
Standpunkt, nach welchem jede erklärte Willensübereinstimmung
zweier Personen einen Vertrag begründete, war der Standpunkt
der kanonischen Vertragslehre. Nach Maßgabe dieses idealen
Naturrechtes erklärte das kanonische Recht das ohne jede Form
gegebene Versprechen als ausreichenden Grund für die Entstehung
eines obligatorischen Vertrages. Nicht die Stipulation, sondern
jedes formlose Versprechen begründete, wie Thomas von Aquino

erklärte, eine natürliche Verpflichtung [1]). Ebenso erklärte der
Apparatus Innocenz' IV. den ohne Stipulation abgeschlossenen
Vertrag für eine natürliche Verpflichtung [2]). Auch die späteren
Juristen des vierzehnten und fünfzehnten Jahrhunderts, wie zum
Beispiel Baldus von Ubaldis und Raphael Cumanus erkannten
eine naturrechtliche Verbindlichkeit als die Folge jedes formlosen
Vertrages an. Die Nichtbefolgung des dem Vertrage zu Grunde
liegenden Versprechens war eine Lüge und ein Bruch des gött=
lichen Naturrechtes. Der Bruch eines formlosen Vertrages war
darum nicht minder eine Sünde gegen Gott, als der Bruch eines
in bestimmten gesetzlichen Formen geschlossenen Vertrages. Denn
„Gott macht keinen Unterschied zwischen der einfachen Rede und
dem Eide", erklärte die Glossa und die Summa des Heinrich von
Segusia. Das Interesse des ewigen Seelenheiles war also der
entscheidende Grund, welcher das kanonische Recht veranlaßte, die
Bedingung des römischen und germanischen Rechtes für die Ver=
bindlichkeit der Verträge aufzugeben und die Verbindlichkeit der
formlosen Verträge als allgemeinen Grundsatz aufzustellen [3]).

In viel höherem Maße als auf das Sachen= und Obli=
gationenrecht hat sich der Einfluß des kanonischen Rechtes auf das
Familienrecht erstreckt, insofern dasselbe nach Maßgabe der reli=
giösen Idee der Kirche die Grundsätze des römischen und germa=
nischen Rechtes hinsichtlich der Zweckbestimmung der Ehe, der Ehe=
schließung und Ehetrennung, sowie der der Ehe entgegenstehenden
Hindernisse und der von derselben ausgeschlossenen Verwandtschafts=
grade wesentlich umgestaltet und ergänzt hat. Diese Bedeutung
des kanonischen Rechtes für das Eherecht des Mittelalters ist, so=
weit dasselbe in dem Zusammenhange der vorliegenden Fragen
überhaupt in Betracht kommt, in dem Abschnitt über die Familie
erörtert worden.

Wie die Ehe, so betrachtete die Kirche auch das Erbrecht,

---

[1]) Summa theol. sec. sec. qu. 88, art. 3.
[2]) Zu cap. 13, X, de judiciis.
[3]) Vgl. hierzu: L. Seuffert, Zur Geschichte der obligatorischen Ver=
träge, Nördlingen 1881.

insbesondere die Testamentserrichtung als eine mit ihrer religiösen Heilsidee in unmittelbarem Zusammenhange stehende Angelegenheit. Deshalb mußte sie zunächst bestrebt sein, die ihrer religiösen Idee widerstreitenden Grundsätze der geltenden Rechte hinsichtlich der Erbfolge und der Testamentserrichtung zu beseitigen. Da nun ferner die letzte Willenserklärung des Menschen vom Standpunkte der Kirche aus für das ewige Seelenheil desselben von entscheidender Bedeutung sein mußte, so betrachtete sie es als ihre positive gesetzgeberische Aufgabe, für die Testamentserrichtung solche gesetzliche Formen zu schaffen, welche dem religiösen Charakter derselben möglichst entsprechend waren. Diese religiösen Zwecke veranlaßten die Kirche in erster Linie das freie Verfügungsrecht des Erblassers über seinen Nachlaß zu sichern, weil der Erblasser nur unter dieser Bedingung imstande war, seine letzten Anordnungen in einer sein Seelenheil berücksichtigenden Weise zu treffen. Nur war dem germanischen Rechte ein testamentarisches Erbrecht ursprünglich überhaupt unbekannt. Vielmehr wurde nach germanischem Rechte die Erbfolge lediglich durch die Blutsverwandtschaft bestimmt, so daß also der Erblasser ein freies Verfügungsrecht über seinen Nachlaß nicht besaß. Der Erblasser konnte ohne Zustimmung der Erben nur über seine fahrende Habe und auch über diese nur mit Ausschluß des Heergerätes und der Gerade letztwillig verfügen. Wegen dieser Gebundenheit desselben, welche die frommen Schenkungen an die Kirche sehr erschwerte, war das germanische Erbrecht für die letztere nicht annehmbar. Vielmehr verdammte der Papst Gregor XI. den Artikel des Sachsenspiegels [1]), welcher jenen Grundsatz des germanischen Erbrechtes aufstellte, weil derselbe nach den Ausführungen des Augustinerprovinzials Klenke den Schenkungen an die Kirche hinderlich und deshalb dem göttlichen Gebote widerstreitend war. Hingegen recipierte das kanonische Recht die Grundsätze des römischen Erbrechtes, weil dieses mit einigen, durch das notwendige Interesse der Familie gebotenen Einschränkungen, dem Erblasser die freie testamentarische Verfügung über seinen Nachlaß gewährte.

---

[1]) Landr. 1, 52.

Aus denselben religiösen Beweggründen war das kanonische Recht bestrebt, das testamentarische Verfügungsrecht möglichst weiten Kreisen zu verleihen und nur solche dasselbe ausschließende Hinderungsgründe gelten zu lassen, welche aus eben demselben religiösen Zwecke erwuchsen. Daher erkannte sie den den Sklaven und Unfreien die Testier= und Successionsfähigkeit absprechenden Grundsatz des römischen Rechtes nicht an. Da die Unfreiheit für sie keine Einschränkung der allgemeinen Rechtsfähigkeit zur Folge haben konnte, so erkannte sie vielmehr allen Menschen das Recht der Erbfolge und Testamentserrichtung zu, soweit die anderen hierzu erforderlichen gesetzlichen Bedingungen erfüllt wurden. Auch haben einige Synoden diesen Grundsatz des kanonischen Rechtes in ihrem Sprengel als gültiges Recht erklärt. Die Synode zu Magdeburg vom Jahre 1266, sowie die Synode zu London vom Jahre 1328 erkannten wenigstens die Testamentserrichtung als ein allgemeines Recht an, die Londoner Synode mit ausdrücklicher Bezugnahme auf die Unfreien. Statt dessen machte die Kirche die Testierfähigkeit und Erbfolge von der Rechtgläubigkeit abhängig, welche sie ja überhaupt als eine Bedingung der allgemeinen Rechtsfähigkeit aufgestellt hatte. Bereits Theodosius hatte die Häretiker und Apostaten von dem Rechte der Erbfolge ausgeschlossen. Nach dem kanonischen Rechte war die Testamentserrichtung, sowie die Erbfolge eines Häretikers auch eine thatsächliche Unmöglichkeit, da das Vermögen desselben der Strafe der Konfiskation verfiel. Der Häretiker konnte ebensowenig als Zeuge einer Testamentserrichtung zugezogen werden. Desgleichen sprach das kanonische Recht den Wucherern die Testierfähigkeit ab, solange dieselben nicht Genugthuung geleistet oder wenigstens versprochen hatten. In diesem Sinne entschied sich auch die Synode zu Bourges vom Jahre 1286. Die Synode zu Forli vom Jahre 1286, zu Benevent vom Jahre 1378 entzogen den Wucherern außerdem die Möglichkeit der Testamentserrichtung, indem sie verboten, denselben zu diesem Zwecke als Zeuge oder Notar behilflich zu sein.

Auch hinsichtlich der Frage, ob den unehelichen Kindern ein Erbanspruch an den Nachlaß ihrer natürlichen Eltern zu gewähren sei, war der religiöse Gesichtspunkt des kanonischen Rechtes ent=

scheidend, während das römische Recht dieselbe vom Gesichtspunkte
der väterlichen Gewalt aus beantwortet hatte. Dem römischen
Rechte zufolge waren demnach die Konkubinenkinder von einem
Erbanspruch gegenüber ihrem natürlichen Vater ausgeschlossen,
weil sie der Gewalt des letzteren nicht unterworfen waren. Da
nun die Mutter eine solche Gewalt nicht besaß, so wurde den
natürlichen Kindern der Mutter gegenüber ein Erbanspruch verliehen. Das kanonische Recht hingegen schloß die Konkubinenkinder auch von einem Erbanspruch an die Mutter aus, weil dieselben aus einer unerlaubten, dem göttlichen Gebote widerstreitenden Verbindung hervorgegangen waren.

Aus den gleichen religiösen Erwägungen nahm das kanonische
Recht ferner die Mitwirkung der Kirche bei Errichtung der Testamente in Anspruch, indem sie zu diesem Zwecke die Zuziehung
eines Geistlichen forderte. Viele Synoden haben sich um die
Durchführung dieser Bestimmung bemüht, so z. B. eine Synode
zu Cashel vom Jahre 1171, zu Narbonne vom Jahre 1227, zu
Toulouse vom Jahre 1229, zu Rouen vom Jahre 1231, zu Arles
vom Jahre 1234, zu Trier vom Jahre 1310. Die Synode zu
Toulouse erklärte sogar jedes ohne Zuziehung eines Geistlichen
errichtete Testament für ungültig. Mit Rücksicht auf das Seelenheil des Testators gewährte das kanonische Recht ferner für die
zu frommen Zwecken errichteten Vermächtnisse eine besondere Er-
leichterung, indem es für diesen Fall nur zwei Beweiszeugen, welche
auch Weiber sein konnten, verlangte. Die von einigen weltlichen
Behörden gesetzlich vorgeschriebene Begrenzung der für fromme
Zwecke ausgesetzten Legate wurde von den Synoden zu Aschaffen-
burg im Jahre 1292 und zu Mainz im Jahre 1310 bei Strafe
des Bannes und Interdiktes untersagt.

Aus dem Gesichtspunkte des ewigen Seelenheiles gestattete
das kanonische Recht ferner, daß ein Haussohn, welcher nach römischem Rechte nur über das peculium castrense und quasi
castrense testamentarisch verfügen konnte, mit Einwilligung des
Vaters auch über das peculium adventicium rechtsgültig solle testie-
ren dürfen. Im Interesse der Ausübung ihres seelsorgerischen Amtes
verlangte die Kirche außerdem von jedem Testamente die sogenannte

kanonische Portion. Eine englische Synode zu London vom Jahre
1268 erhob mit Berufung auf eine ältere, durch weltliches Gesetz
bestätigte Verordnung auch von der Hinterlassenschaft aller ohne
Testament Gestorbenen eine bestimmte Quote zu frommen Zwecken.
Dem Bischof wurde eine Aufsicht über die Vollziehung der Testa=
mente vorbehalten. Auf ihn sollte das Recht der Testamentsvoll=
streckung übergehen, wenn die Exekutoren des Testamentes trotz
voraufgegangener Ermahnungen von Seiten des Bischofs säumig
zu Werke gehen würden. Die längste Frist, welche den Exekutoren
gewährt wurde, betrug ein Jahr, vom Tode des Testators ab ge=
rechnet. Für alle Verfügungen zu frommen Zwecken waren die
Bischöfe bereits nach justinianeischem Rechte die gesetzmäßigen
Testamentsvollstrecker.

---

2. Das Strafrecht.

Viel bedeutender noch als auf dem Gebiete des Civilrechtes
war der Einfluß der Kirche auf das Strafrecht und den Straf=
prozeß des Mittelalters. Da das Strafrecht die Wiederherstellung
der gestörten Rechtsordnung bezweckt, so ergab sich vom Stand=
punkte des Mittelalters als leitender Gedanke desselben die Wieder=
herstellung der durch verbrecherische Handlungen gestörten Rechts=
ordnung des christlichen Gottesstaates. Dieser transcendente Zweck
des Strafrechtes kam in allen Bestimmungen desselben hinsichtlich
der prozessualischen Beweismittel, der strafrechtlichen Gründe für
die verbrecherische Qualität der Handlungen wie endlich hinsichtlich
der Strafmittel zum Ausdruck.

Zunächst stützten sich die prozessualischen Beweismittel, welche
für die Urteilsfindung die thatsächliche Feststellung ergeben sollten,
auf die Vorstellungen des religiösen Glaubens. Und zwar nahm
man zu dem letzteren in allen den Fällen seine Zuflucht, in welchen
der Beweis durch Zeugen, den Augenschein oder durch gerichtliche
Urkunden nicht erbracht werden konnte. Man erwartete, daß in
solchen Fällen Gott selbst die Wahrheit kund machen werde und

wandte sich deshalb unmittelbar an seine Hilfe. Die für solche
Fälle eingeführten gerichtlichen Beweismittel waren der Reinigungseid, der Zweikampf und das Gottesurteil, welche aus dem altgermanischen Gerichtsverfahren' übernommen wurden. In dem
Eide setzte der Beklagte sein ewiges Seelenheil zum Pfand für
seine Unschuld ein. In manchen Fällen mußte der Eid des Beklagten durch eine größere oder geringere Zahl von Eideshelfern
bestärkt werden, welche beschwören mußten von der Wahrheit der
Aussage des Beklagten überzeugt zu sein. Der Zweikampf ferner
war als gerichtliches Beweismittel nicht eine Anrufung der Gewalt, des Rechtes des Stärkeren [1]), sondern der göttlichen Gerechtigkeit. Man erwartete, daß Gott selber den wahren, dem
menschlichen Richter nicht erkennbaren Sachverhalt offenkundig
machen und derjenigen Partei den Sieg verleihen würde, auf
deren Seite das Recht war. Man wollte durch den Kampf nicht
die größere kriegerische Kraft erproben, sondern das Recht zu erkennen suchen. „Dâ von ist der kamph gesetzet, daz ez niemen
weiz wan got eine; unde dâ von suln wir got getriwen. daz
er ez ze rehte scheide“, lehrte der Schwabenspiegel [2]). In diesem Sinne wurde der Zweikampf gestattet von Kaiser Otto I.
im Jahre 967 zum Beweise für die Echtheit einer Urkunde, von
Heinrich II. im Jahre 1019 zur Reinigung vom Verdachte eines
Kapitalverbrechens, von Heinrich III. im Jahre 1054 zur Reinigung von der Anklage des Giftmordes und der Felonie, von
Friedrich I. im Jahre 1156 zum Beweise für den Stand der
Notwehr bei einem während des Landfriedens begangenen Tot-
schlage. Ebenso wie der Zweikampf konnte auch das Gottesurteil
dann in Anwendung kommen, wenn der Beweis des Rechtes auf
anderem Wege nicht erbracht werden konnte. Hier erwartete man
wie dort, daß bei den mit kochendem Wasser oder glühenden Eisen
angestellten Proben durch ein unmittelbares Eingreifen Gottes zu
Gunsten der Unschuldigen, das Recht offenbar gemacht werde.

---

[1]) Wie Planck in seinem Werke, „Das deutsche Gerichtsverfahren des
Mittelalters“ Bd. 2, S. 146, meint.

[2]) K. 340.

Die Kirche freilich verwarf wiederholt die Zulaffung des Zwei=
kampfes sowie des Gottesurteiles im gerichtlichen Beweisverfahren.
Doch berief sie sich für die Verneinung dieser Beweismittel ebenso
auf einen religiösen Beweggrund wie die weltliche Gesetzgebung
für die Zulaffung derselben. Sie bezeichnete jene Beweismittel
als eine vermessene Herausforderung Gottes zur Vollziehung eines
Wunders und als eine Gefährdung des Seelenheiles für die be=
siegte Partei. Statt deffen legte sie dem Beklagten in den Fällen,
in welchem der Beweis auf keine andere Weise geführt werden
konnte, den Reinigungseid und eine Bestärkung des letzteren durch
Eideshelfer auf. Wenn demnach die Kirche den Zweikampf und
das Gottesurteil aus dem Strafverfahren zu beseitigen suchte, so
machte sie doch jedenfalls durch die Einführung des Eides an
Stelle jener Beweismittel die richterliche Entscheidung nicht minder
von der Berufung auf die göttliche Gerechtigkeit und das ewige
Seelenheil abhängig. Der transcendente Charakter der prozeffua=
lischen Beweismittel wurde also durch das Verbot des Zweikampfes
und des Gottesurteiles keineswegs vermindert.

Noch grundsätzlicher und allgemeiner als in den Bestimmungen
über die gerichtlichen Beweismittel kam der religiöse Geist des
Mittelalters in der gesetzlich ausgesprochenen Voraussetzung für
die Strafbarkeit einer Handlung wie in den gesetzlichen Gründen
für die thatsächliche Bestrafung der Verbrechen zum Ausdruck. In
ersterer Hinsicht bemaß das Mittelalter unter dem Einfluffe der
die innerliche Gesinnung des Menschen abwägenden christlichen
Religiösität die Strafbarkeit einer Handlung nicht mehr wie das
ältere germanische Recht nach ihrem objektiven Thatbestande, son=
dern nach dem bem letzteren zu Grunde liegenden subjektiven
Willen. Der Auffaffung des kanonischen Rechtes zufolge erhielt
eine Handlung den Charakter eines Verbrechens nicht durch ihren
objektiven Erfolg, sondern nur durch die mit dem letzteren ver=
bundene verbrecherische Gesinnung. So lange einer Handlung
eine verbrecherische Absicht nicht zu Grunde lag, war überhaupt
kein Verbrechen vorhanden, auch wenn der äußere Erfolg der
Handlung sich von dem Erfolge einer in verbrecherischer Absicht
begangenen Handlung nicht unterschied. Die innere Gesinnung

war der einzige Maßstab des mittelalterlichen Strafrechtes für die sittliche Beurteilung einer Handlung. Und zwar sah das Straf= recht so sehr von dem äußeren Erfolge, dem objektiven That= bestande ab, daß es die verbrecherische Absicht dem Verbrechen völlig gleichstellte, und also bereits dort das letztere als vorhanden an= nahm, wo die erstere noch nicht aus sich herausgetreten und noch gar nicht zur Ausführung gelangt war. Wer also, lehrte das kanonische Recht mit den Worten Christi, nur ein Weib ansieht ihrer zu begehren, der hat schon in seinem Herzen die Ehe ge= brochen. Wer ferner eine Behauptung beschwört, die er selber für falsch hält, die dennoch aber auf Wahrheit beruht, begeht einen Meineid. Denn „das Wort ist es nicht, sondern das Be= wußtsein, welches jemanden zum Meineidigen macht" [1]. Anderer= seits sprach das Strafgericht des Mittelalters denjenigen von aller Verantwortlichkeit frei, der einen dritten in seiner Person oder seinem Vermögen geschädigt hatte, ohne daß demselben in irgend einer Weise die Verschuldung einer solchen Schädigung zur Last gelegt werden konnte. „Niemandem wird eine Schuld bei= gemessen, als die er wissentlich begangen hat", erklärte das kano= nische Recht [2]. Derjenige also, der wider seinen Willen einen Totschlag begangen hat, kann für den letzteren nicht zur Strafe gezogen werden. Auch derjenige, der gegen seinen Willen zu einer verbrecherischen Handlung gezwungen wird, kann für diese nicht verantwortlich gemacht werden. Eine Jungfrau, welche mit Ge= walt entehrt worden ist, hört darum nicht auf eine Jungfrau zu sein. Desgleichen waren solche äußerlich gesetzwidrigen Hand= lungen, zu welchen der Thäter durch einen Irrtum verleitet oder bei welchen die rechtliche Qualifikation der Handlung durch die Mitwirkung eines Irrtums beeinflußt wurde, entweder völlig straf= los oder minder strafbar. Auch wurden die in solchen Fällen sich an die betreffende Handlung oder Bestrafung anschließenden Rechts= folgen in anderer Weise als sonst bestimmt. Beispielsweise wurden im Falle der Putativehe, des Incestes und der ungültigen Ehe

---

[1] Decr. pars II, caus. XXII, qu. 2, c. 3.
[2] Decr. pars II, caus. XV, qu. 1, c. 10.

die schweren Rechtsnachteile, welche ein derartiges Verhältnis nach
sich zog, für den getäuschten oder im Irrtum befangenen Teil,
sowie für die aus den ungültigen Verbindungen erzeugten Kinder
aufgehoben oder gemildert. Diese Auffassung führte auch zu einer
sehr milden Beurteilung derjenigen gesetzwidrigen Handlungen,
welche in dem bewußtlosen Zustande der Trunkenheit verübt
wurden. „Ein weiser Richter wird nicht die Verbrechen bestrafen,
welche in der Trunkenheit begangen worden sind, sondern nur
eine Ahndung wegen der letzteren verhängen", erklärte das kanonische Recht[1]. Selbst derjenige, welcher eine an und für sich berechtigte Handlung z. B. die körperliche Bestrafung eines unge-
horsamen Untergebenen vorgenommen hatte, in der Ausübung
derselben aber zu weit gegangen war, und den Bestraften, ohne
es zu wollen, getötet hatte, sollte, wie das kanonische Recht bestimmte, vor der Gnade unschuldig sein, „weil diese auf den Willen
und nicht auf die Werke sieht"[2]. Infolge dieser Auffassung
war dem kanonischen Rechte der im älteren germanischen wie in
dem modernen Strafrechte so bedeutungsvolle rechtliche Unterschied
zwischen dem vollendeten Verbrechen und dem strafbaren Versuch
nicht bekannt. Das kanonische Recht setzte also nicht, wie das
altgermanische und das heutige Recht, für die Strafbarkeit einer
Handlung den verbrecherischen Erfolg voraus, sondern kehrte zu
dem Grundsatze des römischen Rechtes zurück, daß nur die verbrecherische, durch den Beginn der Ausführung bekundete Gesinnung
die Anwendung der Strafgewalt begründe.

Die Strafrechtsgründe, welche das Mittelalter für die Verfolgung der in verbrecherischer Absicht ausgeführten Handlungen
geltend machte, wurden ebenfalls durchgehends auf die Gebote
der christlichen Glaubenslehre zurückgeführt und das Verbrechen
in erster Linie darum als strafwürdig bezeichnet, weil dasselbe
gegen die göttlichen Gesetze verstieß. Das Verbrechen wurde demnach zunächst nicht als eine Verletzung des Staates, sondern der

---

[1] Decr. pars II, caus. XV, qu. 1, c. 7.
[2] L. c. c. 13.

Gottheit angesehen. Die Verletzung des göttlichen Willens war
der Grund für die strafrechtliche Verfolgung des Verbrechens.
Das Verbrechen in seiner Eigenschaft als Sünde war der Gegen=
stand der strafrechtlichen Gesetzgebung des Mittelalters. Am voll=
ständigsten wurde diese Strafrechtstheorie in dem kanonischen Rechte
entwickelt.   In der weltlichen Gesetzgebung fand dieselbe eine
vielseitige Bestätigung. Die karolingische Gesetzgebung ging in
dieser Beziehung voran. Auch sie pflegte das Verbrechen in seiner
Eigenschaft als Sünde zu betrachten und den inneren Grund ihrer
strafrechtlichen Bestimmungen auf die göttlichen Gebote zurückzu=
führen. Die religiöse Auffassung des Rechtes bildete auch den festen
Grundton in den Gesetzessammlungen des späteren Mittelalters.
Auch die Strafrechtsgründe der letzteren wurzelten in den gött= .
lichen Geboten der christlichen Lehre. Allerdings brachten diese
späteren Sammlungen weniger als das kanonische Recht und die
karolingischen Kapitularien, den religiösen Strafrechtsgrund bei
jedem einzelnen Verbrechen, sondern mehr in den allgemeinen,
auf alle Verbrechen sich beziehenden Worten der Einleitung zum
Ausdruck.   Der Schwabenspiegel gab in seinem Vorwort die
religiöse Metaphysik des Rechtes am vollständigsten wieder. Der=
selbe stellte die Verbrechen im allgemeinen als einen Bruch des
von Gott gebotenen Friedens dar, indem er an den Friedensgruß
erinnerte, mit welchem Gott den Menschen die Fleischwerdung
seines Sohnes verkündet, mit welchen ferner der Gottessohn in
der Zeit seines irdischen Lebens die Menschen angeredet und vor
seiner Himmelfahrt seine Jünger gesegnet hatte. „Daz ist also
gesprochen: alle die diu gebot unsers herren zebrechent, die
habent ouch den rehten fride gebrochen. Daz ist ouch von
gote reht, swer diu gebot unsers herren zebrichet, daz man
dem den himel vor besliuzet, sit uns got nu geholfen hât,
daz wir mit rehtem leben unde mit fridlichem leben daz
himelrich verdienen mügen.“

Den nächstliegenden Anhalt fand der transcendente Gedanke
des Strafrechts bei denjenigen Verbrechen, in welchen eine un=
mittelbare oder mittelbare Beziehung zu Gott enthalten war, bei
dem Meineid, der Zauberei, der Ketzerei und dem Sakrilegium.

Den Meineid verbot das Gesetz zunächst nicht deshalb, weil der=
selbe gegen die Grundbedingung der staatlichen Ordnung, gegen
Treue und Glauben verstieß, sondern weil derselbe eine Belei=
digung Gottes sei und im Gesetze, von den Propheten und im
Evangelium verboten werde [1]. Als eine Lästerung Gottes ver=
bot das Kapitular vom Jahre 789 den Meineid und erinnerte
an das zweite mosaische Gebot. Auch einen falschen Schwur bei
der Liebe und der Wahrheit bezeichnete dasselbe Kapitular als
eine Gotteslästerung, weil Gott die Liebe und die Wahrheit sei [2].
„Got erloubet rehte eide unde verbiutet unrehte eide", sagte
der Schwabenspiegel [3]. Bischof Burkhard von Worms berief
sich in seiner Dekretalensammlung für die Strafbarkeit des fal=
schen Zeugnisses auf ·die Worte Christi im Evangelium [4]. „Wenn
das falsche Zeugnis," sagte er, „kein Kapitalverbrechen wäre, so
würde es der Herr im Evangelium sicher nicht unter die schweren
Verbrechen gerechnet haben" [5]. Die Magie ferner würde nicht
als eine betrügerische Ausbeutung der Leichtgläubigkeit, sondern
als eine Teufelskunst verboten, da man ja auch an der Möglich=
keit derselben nicht zweifelte. Gregor I. nannte die Wahrsager
und Zauberer „Feinde Christi" [6]. Das Kapitular vom Jahre 789
untersagte dieselbe als eine Gott verhaßte Unsitte. Das gefälschte
Kapitular des Benedikt Levita bezeichnete die Magie als „Stricke
und Nachstellungen des alten Feindes, mit welchen dieser Treulose
das menschliche Geschlecht zu täuschen sucht" [7] und verbot dieselbe
mit alt= und neutestamentlichen Wortstellen [8]. Die karolingischen
Kapitularien sowie der sogenannte Canon episcopi unterschieden
sich allerdings von der Gesetzgebung des späteren Mittelalters
dadurch, daß sie die Möglichkeit der Magie leugneten und die=

[1] Decr. pars II, caus. XXII, qu. 2, c. 17.
[2] K. 63.
[3] K. 147.
[4] Decr. XVI, 16.
[5] Vgl. hierzu das 14. Buch der Dekretale.
[6] Lib. 9, ep. 47.
[7] Benedicti capitul. additio III, c. 93.
[8] L. c. additio II, c. 21; M. G. ll. II, pars II, p. 136.

felbe als einen Betrug auffaßten. Aber dieser Betrug erschien
ben ersteren ebenso wie dem an die Wirklichkeit der Zauberei
glaubenden späteren Mittelalter als eine Versündigung gegen Gott.
Der der letzteren Ansicht huldigende Schwabenspiegel gebot: den
Zauberer „sol man brennen, wan der hât gotes verlougent
unde hât sich dem tiuvel ergeben" [1]. Selbstverständlich wurde
auch die Ketzerei als eine Lästerung Gottes verboten und mit
schwerer Strafe belegt. Kaiser Friedrich II. bedrohte die Ketzer
in seiner Konstitution vom 22. November 1220 mit der Acht und
der Entziehung ihres Vermögens, weil „es weit erschwerender ist,
die ewige als die zeitliche Majestät zu beleidigen". Nach der für
die Lombardei erlassenen Konstitution Friedrichs vom März 1224
sollten die Ketzer mit dem Feuertode oder mit dem Ausreißen der
Zunge bestraft werden, „weil es unehrerbietig ist, den kirchlichen
Glauben anzufeinden und den Namen Gottes zu lästern". Das
bereits bezogene unechte Kapitular des Mainzer Diakon Benedikt
Levita gab ferner die Ansicht des Mittelalters über das Sakrilegium in präziser Fassung wieder, wenn es sagte [2]): „Wir wissen
sehr wohl, daß Christus und die Kirche eine Person sind. Was
daher der Kirche gehört, das gehört Christus, was der Kirche dargebracht wird, das wird Christus dargebracht und was der Kirche
genommen wird, das wird Christus genommen" [3]). Ebenso wurde
derjenige als ein Feind Gottes betrachtet, der sich an einer Gott
geweihten Person vergriff. Wer also der Person eines Bischofs
oder eines Geistlichen ein Uebel zufügt, der „legt seine Hand an
den Gesalbten des Herrn und ist darum des Sakrilegiums schul-
big", bestimmte eine Synode von Altheim im Jahre 916. Wer
sich ferner mit einer Gott geweihten Jungfrau oder Witwe fleisch-
lich vergeht, der schändet ein göttliches Heiligtum und ist gleichfalls des Sakrilegiums schuldig. Auch derjenige, der seinem Könige
nach dem Leben trachtete, beging ein Sakrilegium. Er wurde in
erster Linie nicht deshalb bestraft, weil er die Ordnung des Staates

---

[1]) K. 305.
[2]) Lib. II, 404.
[3]) M. G. ll. II. pars II, p. 95.

gefährdete, sondern weil er seine „Hand an einen Gesalbten des Herrn" legte [1]). Die Synode zu Altheim vom Jahre 916 wiederholte diese Auffassung [2]). Aus dem gleichen Grunde bezeichnete Johannes von Salisbury den Angriff auf die Person des Fürsten als ein Sakrilegium [3]).

Doch wurde mit nicht minder klarem Ausdruck der transcendente Strafrechtsgrund der Verbrechen bei denjenigen Handlungen hervorgehoben, in welchen eine solche nahe Beziehung auf Gott nicht gegeben war, bei den Verbrechen gegen die ehelichen Gesetze sowie gegen das Leben und Eigentum dritter Personen. Da zunächst die Ehe auf einer göttlichen Einsetzung beruhte, so wurde jede Uebertretung der ehelichen Gesetze in erster Linie nicht als ein Verbrechen gegen die Bedingungen der staatlichen Ordnung, sondern als ein Frevel gegen das göttliche Gebot aufgefaßt. Das Kapitular vom Jahre 801 [4]) verbot selbst die Ehe zwischen unerwachsenen Personen mit der Begründung, daß durch solche eheliche Verbindungen das Verderben vieler Seelen veranlaßt worden sei. Das spätere Mittelalter dachte hierüber anders, indem es ebenfalls mit Bezugnahme auf seine religiösen Vorstellungen die Ehe zwischen unerwachsenen Personen duldete. Der Gefährdung des Glaubens wegen verbot das kanonische Recht die Ehe mit Juden und Heiden. Die Vielweiberei ferner wurde nicht deshalb verboten, weil man von derselben eine Zerstörung des Familienlebens befürchtete, sondern weil Gott dem ersten Mensch nur ein Weib zugesellt hatte [5]) und weil auch das Neue Testament dieselbe untersage. Der Ehebruch wurde nicht deshalb verboten, weil derselbe eine Auflösung der für das staatliche und gesellschaftliche Leben notwendigen sittlichen Ordnungen zur Folge haben würde, sondern weil ein von Gott geschlossenes Verhältnis von Menschen nicht getrennt werden könne. Wer die Ehe bricht, der

[1]) Corp. jur. can. decr. pars II, caus. 22, qu. 5. c. 19.
[2]) R. 23.
[3]) Polycr. l. 6, c. 25.
[4]) R. 19.
[5]) Decr. Gregor. IX. lib, IV, t. 19, 8.

beleibigt Gott, Christus und die Kirche. „Die Ehe ist daher zu
ehren wegen Gott, der sie eingesetzt hat", lehrte Raimund von
Sabunde in seiner natürlichen Theologie[1]). Ueberhaupt trat der
staatliche und gesellschaftliche Gesichtspunkt namentlich bei allen
Fleischesvergehen zurück. Die letzteren mußten bei der Vorstellung
von der transcendenten Heiligkeit des göttlichen Wesens als der
schwerste Frevel gegen Gott erscheinen. Darum wurden dieselben
auch mit den schwersten kirchlichen Bußen geahndet.

Von dem gleichen Gesichtspunkte aus wurden die gegen die
Person oder das Vermögen anderer Menschen gerichteten Ver=
brechen beurteilt. So wurde der Mord zunächst nicht als eine
gewaltthätige Störung des staatlichen Friedens, sondern als ein
Verbrechen gegen Gott verboten. Da der Mensch ein Ebenbild
Gottes war, so erschien die Tötung eines Menschen in erster Linie
als eine Verhöhnung des göttlichen Urbildes. Aus diesem Grunde
verbot das kanonische Recht auch die Tötung eines Juden und
Heiden[2]) sowie die Tötung eines Räubers oder Diebes bei der
Ausübung eines Verbrechens für den Fall, daß man imstande
sei, denselben gefangen zu nehmen. Die Kirchenversammlung zu
Lyon vom Jahre 1245 bezeichnete den Mord deshalb als ein
schweres Verbrechen, weil derselbe nicht allein den körperlichen
Tod veranlasse, sondern auch den Seelentod des ohne Empfang
der kirchlichen Segnungen Gestorbenen herbeiführen könne. Wie
sehr der staatliche Gesichtspunkt hinter den religiösen Strafrechts=
grund für das Verbrechen des Mordes zurücktrat, geht daraus
hervor, daß der aus religiösem Eifer an einem Exkommunicierten
begangene Mord nicht als ein solcher angesehen wurde. „Denen,"
schrieb Papst Urban II. im Jahre 1090 an den Bischof von
Lucca, „welche Exkommunicierte getötet haben, wirst du diejenige
Strafe auflegen, welche sie nach Maßgabe ihrer Absicht verwirkt
haben. Denn als Mörder wollen wir diejenigen nicht ansehen,
welche, im heiligen Eifer für die Mutter=Kirche entbrannt, Ex=
kommunicierte getötet haben." Auch der Selbstmord, welcher für

---

[1]) Tit. 319.
[2]) Decr. pars I, dist. 50 c. 40.

das heutige positive Strafrecht gegenstandslos ist, wurde aus demselben Grunde vom mittelalterlichen Strafrecht als schweres Verbrechen betrachtet. Der Selbstmörder wurde durch die Verweigerung
des kirchlichen Begräbnisses von der kirchlichen Gemeinschaft und
den kirchlichen Heilsmitteln ausgeschlossen, der mißlungene Versuch
aber wie ein anderes Verbrechen zur Strafe gezogen. Die öffentlichen Waffenspiele des Mittelalters, die Turniere ferner wurden
deshalb untersagt, weil sie außer dem zeitlichen Leben auch das
ewige Leben der Beteiligten gefährdeten. Die dritte lateranensische Synode vom Jahre 1179 verbot dieselben mit der Begründung, „weil sie den Tod vieler Menschen herbeiführen und die
Seelen derselben ins Verderben stürzen können". Ferner wurde
das Verbot des Betruges nicht auf eine staatliche Notwendigkeit,
sondern auf das göttliche Gebot begründet. Das Kapitular vom
Jahre 789 [1]) untersagte die Anwendung von falschem Maß und
Gewicht, weil, wie es mit Berufung auf die Sprüche Salomonis
sagte, Gott dieselben hasse. „Habe rehte mâze, habe rehte
wâge: sô wirt dir got mit der rehten wâge wegende unde
wirt dir got gebende die rehten mâze unde wird dir got gebende lancleben hie unde ûf dem êwigen himelriche", heißt es
im Schwabenspiegel [2]). Desgleichen wurde das Verbot des Wuchers
auf die evangelische Lehre der Nächstenliebe zurückgeführt.

Religiöse Beweggründe waren es schließlich auch, welche das
Mittelalter den verbrecherischen Charakter des an den Küsten-
ländern damals allgemein üblichen Strandrechtes erkennen ließen
und die Aufhebung desselben bewirkten. Wohl wurde vereinzelt
der Strandraub aus handelspolitischen Interessen bestimmten Kaufleuten gegenüber verboten und dieses Verbot von den betreffenden
Landesherren als ein besonderes Privileg verliehen, wie z. B. den
lübeckischen Kaufleuten von Seiten König Waldemars II. von Dänemark im Jahre 1220 und König Heinrich III. von England im Jahre
1238 [3]). Die allgemeine Aufhebung desselben erfolgte jedoch aus

---

[1]) K. 73.
[2]) K. 172.
[3]) Urkundenbuch der Stadt Lübeck Bd. 1, Nr. 20 und 80.

religiösen Gründen. Die Kirche nahm sich der Schiffbrüchigen an,
indem sie das Strandrecht mit Berufung auf das göttliche Gebot
und das von Gott abgeleitete Naturrecht bei Strafe der Exkom=
munikation verbot. Innocenz IV. bezeichnete das Strandrecht in
einer an den Propst zu Ratzeburg gerichteten Bulle vom Jahre
1249 als eine der christlichen Liebe nicht geziemende, unbillige
und schändliche Sitte [1]). Verboten wurde dasselbe sodann im
Jahre 1220 durch Burewin I. von Mecklenburg, der es als eine
fluchwürdige und verabscheuungswürdige, aus dem Heidentume
übernommene Sitte bezeichnete [2]), im Jahre 1253 durch den Er=
bischof Albert II. von Liefland, Estland und Preußen, im Jahre
1254 durch den Bischof Heinrich von Kurland, der sich derselben
Worte bediente wie Burewin von Mecklenburg, im Jahre 1266
durch den Kardinalpresbyter Guido und andere. Eben der reli=
giösen Beweggründe wegen blieb das Verbot des Strandraubes
zunächst auch auf die christlichen Seefahrer beschränkt. Im Jahre
1220 verbot eine Konstitution Kaiser Friedrich II. den Strandraub
für den ganzen Umfang des Reiches, indem sie denselben jedoch
gegenüber den Piraten wie den Feinden des Kaisers und der
Kirche zuließ [3]). Herzog Swantepolk III. von Pommern folgte
diesem Beispiele im Jahre 1248 in einer an alle Christgläubigen
gerichteten Urkunde, so daß demnach das von ihm erlassene Ver=
bot gleichfalls nur den christlichen Seefahrern gegenüber Anwendung
finden konnte [4]). In einer späteren Urkunde vom Jahre 1253
beschränkte er sogar das Verbot ausdrücklich auf die Ausplünderung
der christlichen Seefahrer [5]). Allerdings wurde andererseits von
den Küstenbewohnern auch die Ausübung des Strandrechtes mit
religiösen Gründen belegt, indem dieselben behaupteten, der Schiff=
bruch sei ein göttliches Gericht, durch welches Gott die Menschen
der Bestrafung preisgeben wolle. Das Verbot des Strandraubes

---

[1]) L. c. Nr. 147.
[2]) L. c. Nr. 21.
[3]) M. G. ll. II, 244.
[4]) Urkundenbuch der Stadt Lübeck Bd. 1, Nr. 133.
[5]) L. c. Nr. 202.

erschien demnach vom diesem Gesichtspunkte aus als ein Eingriff in die göttliche Justiz. Der päpstliche Legat Guido sah sich im Jahre 1266 veranlaßt, diese Ansicht zu verwerfen und das Strand= recht für die nordischen Küsten zu verbieten [1]). Endlich wurde auch die Strafbarkeit der richterlichen Bestechlichkeit und Unge= rechtigkeit auf das göttliche Gebot und die Gerechtigkeit Gottes zurückgeführt. Mit dem Hinweis auf die letztere und das ewige Seelenheil mahnte die Gesetzgebung den Richter zu einer gewissen= haften, unparteiischen Prüfung der Klagesachen. Karl der Große erinnerte die Richter an die Worte Christi: „in welchem Gericht ihr richtet, wird über euch gerichtet werden" [2]). Mit der Berufung auf Gottes Gerechtigkeit mahnte der Sachsenspiegel die Richter: „Dar umme sien se sik vore alle die, den gerichte von godes halven bevolen si, das se also richten, alse godes torn unde sin gerichte gnedichlike over se irgan mute." Der Schwaben= spiegel wollte die Richter belehren, „wie sie ze rehte rihten süllen nâch gotes willen".

Aus dieser religiösen Auffassung des Verbrechens ergaben sich notwendig nach verschiedenen Richtungen hin von dem älteren wie von dem neueren positiven Strafrechte abweichende Voraus= setzungen. Das in dem älteren germanischen Rechte umfassende Gebiet der nur auf den Antrag des verletzten Teiles im Wege der Klage zu verfolgenden Rechtsbrüche verschwand fast völlig in der von der kirchlichen Auffassung gebotenen Verfolgung von Amts wegen, welche das sogenannte Offizial= oder Inquisitions= verfahren ausbildete und in der weiteren Entwicklung an die Stelle der formlosen und freien Privatklage die festen Proceduren des kanonischen Gerichtsverfahrens einführte. Denn da durch das Verbrechen nicht zunächst und hauptsächlich der Private geschädigt, sondern Gott beleidigt war, so konnte die Bestrafung desselben nicht dem freien menschlichen Verfügungsrecht und Belieben an= heim gegeben, sondern nur als Recht und Pflicht der mit der Stellvertretung Gottes beauftragten Kirche betrachtet werden.

---

[1]) L. c. Nr. 279.
[2]) Admonitio generalis vom Jahre 802.

Aus der gleichen Auffassung erklärt es sich, daß das im römischen, germanischen und neueren Rechte so bedeutungsvolle Institut der Verjährung des Verbrechens oder der Strafklage im mittelalterlichen Strafrechte kaum in irgend einer Spur sichtbar ist. Denn da ein Verbrechen gegen Gott nicht verjähren, sondern nur in der Büßung seine Sühne finden konnte, so konnte auch die Verjährung keine Anwendung finden. Aus demselben Grunde konnte das Begnadigungsrecht, welches sowohl im römischen, germanischen wie neueren Recht als Strafaufhebungsgrund anerkannt war, dem mittelalterlichen Strafrecht nicht zulässig erscheinen. Die religiöse Idee des Strafrechtes führte das Mittelalter ferner zu dem Grundsatze, die verbrecherische Schuld nicht auf den Verbrecher zu beschränken, sondern in gewissen schweren Fällen auch auf die Nachkommen desselben zu übertragen. Auch in den antiken Volksrechten, insbesondere im römischen Rechte hatte dieser strafrechtliche Grundsatz Geltung gehabt. Im Altertum war derselbe jedoch aus einem staatlichen Interesse und daher insbesondere bei dem Majestätsverbrechen in Anwendung gebracht. Das Mittelalter aber leitete denselben aus den alttestamentlichen Vorstellungen über die göttliche Gerechtigkeit ab. Die Worte Jehovas: „Ich der Herr dein Gott bin ein eifriger Gott, der die Sünden der Väter heimsucht an den Kindern bis ins dritte und vierte Glied", waren die Grundlage dieses strafrechtlichen Grundsatzes. Ausgehend von dieser alttestamentlichen Lehre erklärte das kanonische Recht: „In vielen Fällen werden auch nach Gottes Gericht die Kinder für die Sünden ihrer Väter an zeitlichen Gütern gestraft und auch nach kirchlichen Satzungen fällt zuweilen eine Strafe nicht bloß auf den Verbrecher selbst, sondern auch auf die, welche von ihm abstammen" [1]). Ein solcher Fall, in welchem dieser Grundsatz zur Geltung kam, war die Ketzerei, welche mit Vermögenskonfiskation bestraft wurde und also zur Folge hatte, daß die Kinder des Bestraften ihrer Erbschaft beraubt wurden. Und zwar sollte diese Strafe auch dann eintreten, wenn die Kinder des Ketzers rechtgläubig waren. Innocenz III. gebot ausdrücklich, die Strafe der

---

[1]) Corp. jur. c. decret. Gregor. IX lib. V, tit. VII, c. 10.

Vermögenskonfiskation ohne Rücksicht auf die rechtgläubigen Kinder eines Ketzers in Anwendung zu bringen. Papst Alexander IV. schloß die Nachkommen der Ketzer bis ins zweite Glied von allen geistlichen Aemtern und Pfründen aus. Ferner sollte im dem Falle, daß ein Kirchenpatron, ein Schirmvogt oder Kirchenvasall an dem Geistlichen der betreffenden Kirche einen Mord begangen habe, die Strafe, wie die vierte lateranensische Synode vom Jahre 1216 bestimmte, bis ins vierte Glied der Nachkommenschaft ausgedehnt werden. Bis ins vierte Glied sollte kein Nachkommen des Verbrechers in ein geistliches Kollegium aufgenommen oder zu einem Ordensprälaten erwählt werden. Eine allgemeinere Anwendung fand dieser strafrechtliche Grundsatz in den Bestimmungen über die unehelichen Kinder. Das Mittelalter beschränkte sich nicht darauf, denselben das Recht der Erbfolge abzusprechen; vielmehr wurde den natürlichen Kindern ein lebenslänglicher Makel angeheftet. Sachsen= und Schwabenspiegel bezeichneten die unehelichen Kinder als rechtlos und stellten sie in eine Linie mit Dieben und Straßenräubern. Nur durch eine eheliche Heirat konnten sie den Makel ihrer Geburt auslöschen. Um den Zutritt zu den geistlichen Würden zu erlangen, bedurften sie eines besonderen Dispenses, und zwar zu den vier niederen Graden eines bischöflichen, zu den drei höheren eines päpstlichen.

Die religiöse Auffassung des Verbrechens führte endlich auch zu einer von religiösen Gesichtspunkten ausgehenden Ausbildung und Anwendung der Strafmittel. Da das Verbrechen als eine Versündigung gegen Gott betrachtet wurde, so war der Zweck der Bestrafung desselben in erster Linie nicht eine Genugthuung für den Beschädigten wie nach dem altgermanischen, noch eine solche für die verletzte staatliche Ordnung wie nach dem modernen Rechte, sondern eine Genugthuung für die verletzte göttliche Gerechtigkeit. Während also das altgermanische Recht überwiegend die Wiederherstellung des durch die verbrecherische Handlung verletzten Zustandes bezweckte und demgemäß das Schwergewicht auf die angerichtete Schädigung richtete und diese überall in ökonomische Werte umsetzte, konnte das kanonische Recht seinen Strafzweck nur dadurch erreichen, daß es eine geistliche Büßung des Verbrechens forderte.

Zwar machte der Zwang der praktischen Lebensinteressen auch die
Anwendung weltlicher Strafen notwendig. Da aber der Schwer=
punkt der Strafe in der Genugthuung für die verletzte göttliche
Gerechtigkeit lag, so bildete die kirchliche Büßung auch den Haupt=
zweck des mittelalterlichen Strafverfahrens. Das germanische
Kompositionensystem wurde überwunden durch die Idee einer reli=
giösen Satisfaktion. Die Strafmittel, welche sich die Kirche zur
Erreichung dieses Zweckes bediente, waren Bann und Exkommuni=
kation, das heißt die lebenslängliche oder vorübergehende Aus=
schließung aus der kirchlichen Gemeinschaft, asketische Bußübungen
durch Fasten, Gebet und Almosenspenden, die Ausführung frommer
Stiftungen, Einsperrung in ein Kloster u. s. w.

Die Strafgerechtigkeit des Mittelalters fand ihren festen
Rückhalt in der Strafgerechtigkeit Gottes, in der Lehre vom
jüngsten Gerichte. Das letztere bildete den endgültigen Abschluß,
die Vollendung der strafenden Gerechtigkeit. In diesem Gerichte
sollten alle Verbrechen, welche sich dem irdischen Richter entzogen
und auf Erden keine Sühne gefunden hatten, entlarvt und mit
ewiger Verdammnis bestraft werden. Auf die ewige Verdammnis
wiesen die strafrechtlichen Bestimmungen des Mittelalters als auf
die letzte und unbedingt gewisse Strafe aller Uebelthaten hin. Die
ewige Verdammnis bildete den Schwerpunkt in dem System der
mittelalterlichen Strafmittel. Alle anderen Strafen hatten nur
den Zweck, den Verbrecher vor der Zuziehung dieser letzten furcht=
baren Strafe zu retten. Indem der göttlichen Gerechtigkeit durch
geistliche Bußen Genugthuung geschah, bewirkte der Verbrecher
mit diesem Erfolge zugleich die Rettung seines ewigen Seelen=
heiles. Auch die schwerste Strafe, welche die Kirche über den
Verbrecher verhängte, hatte diesen doppelten Zweck. Die Exkom=
munikation, erklärte Papst Urban II. in einem Briefe, ist etwas
anderes als Vernichtung. „Denn wer exkommuniciert wird, sagt
der Apostel, erleidet diese Strafe bloß deswegen, daß seine Seele
am Tage des Herrn gerettet sei. Daher ist die Exkommunikation
ein Besserungsmittel, aber kein Werkzeug der Vernichtung." Das
mittelalterliche Strafrecht zog also die subjektive Gesinnung ebenso=
sehr bei der Strafe wie der voraufgegangenen verbrecherischen

Handlung in Frage. Der Zweck der Besserung war der leitende
Gedanke der geistlichen Strafmittel. „Die Strenge der Strafe
soll ein Heilmittel sein, um die Uebelthäter zu bessern und zum
Guten zu führen", erklärte das gratianische Dekret[1]).

----

3. Die Jurisdiktionsgewalt der Kirche und der Widerstand des Staates.

Aus dieser transcendenten Auffassung des weltlichen Rechtes
ergab sich mit logischer Folgerichtigkeit die Zuständigkeit der Kirche,
im besonderen des päpstlichen Stuhles über das ganze Gebiet des
bürgerlichen wie des peinlichen Rechtes. Da Gott die Quelle des
Rechtes war, so konnte der Papst kraft des ihm übertragenen
Amtes der göttlichen Stellvertretung die höchste gesetzgebende und
richterliche Gewalt auf Erden beanspruchen. Gesetzgebung und
Rechtspflege mußten als ein Teil der der Kirche übertragenen all=
gemeinen göttlichen Gewalt erscheinen. Alle anderen Gewalten
konnten nach der strengen Logik des religiösen Systems nur aus
dieser Quelle ihre gesetzgeberischen und richterlichen Befugnisse her=
leiten. „Das Gesetz (das weltliche) ist," wie der im Jahre 1271
verstorbene Kardinalbischof Heinrich von Segusio erklärte, „die
dienende Magd des kanonischen Rechtes". Erst mit der Aufrich=
tung einer uneingeschränkten gesetzgeberischen und richterlichen Ge=
walt der Kirche würde also das Ziel erreicht worden sein, welches
die Rechtsidee des übersinnlichen Gottesstaates erforderte. „Von
Rechts wegen," erklärte der Kardinalbischof von Porto in einer
Sitzung des römischen Konsistoriums vom Jahre 1302, „steht die
zeitliche Gerichtsbarkeit dem Papste als dem Stellvertreter Christi
und Petri zu und wer dies leugnet, verstößt gegen den Glaubens=
artikel, daß Christus die Lebenden und die Toten richte"[2]). Jede

----

[1]) Pars II. caus. XXIII, 9, 4, c. 25.
[2]) Hefele, Konziliengeschichte Bd. 6, S. 311.

grundsätzliche Beschränkung ihrer Gerichtshoheit wies die Kirche
zurück. Der Artikel des Sachsenspiegels, welcher der gesetzgebe=
rischen Autorität des Papsttumes in Bezug auf das Sachsenland eine
Schranke zog, indem er erklärte, daß der Papst das Recht des
letzteren nicht mindern könne, wurde von Gregor XI. im Jahre 1374
mit dem Anathem belegt[1]). Der Augustinerprovinzial Klenke be=
merkte in der von ihm verfaßten Zusammenstellung der dem ka=
nonischen Rechte widerstreitenden Artikel des Sachsenspiegels zu
jenem Satze, daß auch der Kaiser seine Gesetze der Prüfung des
Papstes unterbreite[2]). Die Jurisdiktion des Staates wurde nur
mit Rücksicht auf die Anwendung und die Vollstreckung gelten ge=
lassen. Denn das Amt der Rechtsvollstreckung hatte nach der
geltenden Ansicht Christus der Kirche mit den an Petrus gerich=
teten Worten: „Stecke dein Schwert in die Scheide,“ verweigert.
Hinsichtlich der strafrechtlichen Zuständigkeit insbesondere, bildete
der Begriff der Sünde den Rechtstitel der Kirche. Da nach der
Auffassung des Mittelalters jedes Vergehen eine Auflehnung des
Menschen gegen Gott, also eine Sünde war, so nahm die Kirche,
als die ausschließliche Trägerin der sündenvergebenden Gnadenmittel
Gottes, den ganzen Umfang der Strafgerechtigkeit für sich in An=
spruch. „Dem Papste steht zu, über alles Zeitliche, soweit Sünde
im Spiele ist, zu erkennen und zu richten“, erklärte der Kardinal=
bischof von Porto in der erwähnten Sitzung des römischen Kon=
sistoriums.

Die thatsächlichen Verhältnisse entsprachen diesem Anspruche
der Kirche allerdings insofern, als das kanonische Recht eine Haupt=
quelle des bürgerlichen und peinlichen Rechtes des Mittelalters ge=
wesen ist. Die theoretische wie technische Entwicklung des letzteren
ging wesentlich von der Kirche aus. Das materielle wie formelle
Recht beruhte wesentlich auf den von den kirchlichen Organen ent=
wickelten Grundsätzen und dem in den kirchlichen Gerichtshöfen
ausgebildeten Prozeßverfahren. So entschieden sich aber auch die
Kirche als die Quelle alles weltlichen Rechtes bezeichnete, so war

---

[1]) Sachsenspiegel, Landr. 1, 3, § 3.
[2]) Chr. L. Scheidt, Bibl. historica Goettingensis p. 69.

das letztere doch keineswegs seinem ganzen oder auch nur seinem
größeren Bestande nach eine Schöpfung derselben. Vielmehr führte
das bürgerliche wie weltliche Recht auf einen anderen älteren Ur=
sprung, nämlich das staatliche und gesellschaftliche Gemeinwohl
zurück. Die Kirche fand die Grundsätze des Sachen=, Obligationen=,
Familien= und Erbrechtes, sowie die Grundsätze des Strafrechtes
über die persönliche Rechtsfähigkeit, die gerichtlichen Beweismittel,
die Strafbarkeit der verbrecherischen Handlungen wie über die
Strafmittel im großen und ganzen im römischen und in ge=
ringerem Maße auch im germanischen Rechte fertig vor. Die
gesetzgeberische Produktivität der Kirche mußte sich also im wesent=
lichen darauf beschränken, die vorhandenen Rechtsgrundsätze mit
ihrem Lehrsysteme zu verbinden. Die Herstellung dieser Verbin=
dung erforderte allerdings in einzelnen Fällen eine Umgestaltung
oder auch eine gänzliche Aufhebung der bestehenden gesetzlichen
oder gewohnheitsrechtlichen Bestimmungen. Diejenigen Rechtssätze
hingegen, welche sich mit den Zwecken der Kirche deckten oder sich
zu denselben gleichgültig verhielten, blieben von dem religiösen
Geiste unberührt. Das geltende Recht des Mittelalters führte
also seinem Ursprunge nach zum größten Teile nicht auf die reli=
giöse Idee der Kirche, sondern auf die staatlichen und wirtschaft=
lichen Interessen zurück.

Ebenso wie hinsichtlich der Gesetzgebung blieb der Einfluß
der religiösen Idee auch auf dem Gebiete der praktischen Rechts=
pflege trotz seines großen Umfanges doch beträchtlich hinter dem
von der Kirche erstrebten Ziele zurück. Auch auf dem Gebiete
der Rechtspflege widerstrebte der Zwang der praktischen Verhält=
nisse der strengen Logik des Systems. Der tragische Widerstreit
zwischen den logischen Abstraktionen der religiösen Idee und den
empirischen Bedingungen des wirklichen Lebens, welcher auf allen
Gebieten der mittelalterlichen Kultur mit gleicher Schärfe hervor=
trat, wiederholte sich auch in der Rechtspflege des Mittelalters.
Obwohl der weltliche Staat den göttlichen Ursprung des Rechtes
und die göttliche Stellvertretung der Kirche anerkannte, so veran=
laßte ihn dennoch der Zwang der Selbsterhaltung, eine eigene

Jurisdiktionsgewalt in Anspruch zu nehmen und der Kirche gegenüber zu behaupten. Eine staatsrechtliche Grundlage für den Anspruch auf eine selbständige Gerichtsgewalt bot sich dem Kaisertum
in der hoheitlichen Gewalt des römischen Imperiums, als dessen
Fortsetzung ja das erstere gedacht wurde. In der Eigenschaft als
Nachfolger der altrömischen Cäsaren stellten die Kaiser die unein-
geschränkte Hoheitsgewalt derselben den kirchlichen Ansprüchen entgegen. Der justinianeische Satz, „was der Princeps für gut befindet, hat Gesetzeskraft", wurde von Friedrich I. im Jahre 1158
auf den roncalischen Feldern wiederholt. „Dein Wille ist das
Recht", fügte der Erzbischof von Mailand in seiner Anrede an
Friedrich jenem justinianeischen Satze hinzu. Das Kaisertum bezeichnete sich also in demselben Umfange als die Quelle alles Rechtes
wie das Papsttum dies für sich in Anspruch nahm. „Alle Rechte
trägt der Princeps in seiner Brust, der Princeps selber aber ist
von den Gesetzen frei", er ist „das lebendige Gesetz", lauteten die
oft wiederholten Sätze der kaiserlich gesinnten Glossatoren.

Ebenso wie das Kaisertum widerstrebten auch die territorialen
Gewalten der gesetzgebenden und gesetzanwendenden Gewalt der
Kirche. Schon hinsichtlich der über die allgemeine Rechtsfähigkeit
geltenden Grundsätze wichen die territorialen Rechte wenigstens zum
Teil nicht unerheblich von dem kanonischen Rechte ab, insofern dieselben wie z. B. der Sachsenspiegel die Entziehung beziehentlich Verminderung der Rechtsfähigkeit nicht von der Ausschließung aus der
kirchlichen, sondern aus der bürgerlichen Gemeinschaft, der königlichen
Achterklärung, abhängig machten [1]). Gregor XI. verdammte diesen
Satz des Sachsenspiegels in seiner Bulle vom Jahre 1374 [2]).
Um sich gegen die Ansprüche der geistlichen Gerichte zu schützen,
verbot der Sachsenspiegel den Laien, sich gegenseitig in Sachen,
welche zur Zuständigkeit des weltlichen Richters gehörten, an das
geistliche Gericht zu wenden [3]). Der Sachsenspiegel ließ überhaupt,
wie bereits der älteste Uebersetzer desselben bemerkte, das römische

---

[1]) Sachsenspiegel, Landr. 3, 63, § 2.
[2]) Scheidt, l. c. S. 106.
[3]) Landr. 3, 87.

wie das kanonische Recht fast ganz ohne Berücksichtigung[1]). Das
jülichsche Landrecht, dessen erste Abfassung in das vierzehnte Jahr=
hundert zurückreicht, verbot den Laien bei fünf Mark Strafe, sich
gegenseitig vor das geistliche Gericht zu laden. Erst die Unter=
suchung des weltlichen Richters sollte darüber entscheiden, ob die
Streitsache vor das weltliche oder das geistliche Forum gehöre[2]).
Ein Teil der französischen Baronie ferner schloß im Jahre 1246
eine Vereinbarung, nach welcher niemand bei Strafe der Güter=
konfiskation und des Verlustes eines Körpergliedes ein geistliches
Gericht aus anderen Gründen als wegen Ketzerei, Ehesachen und
Wuchers angehen sollte[3]). Um dieselbe Zeit erließ der König
von England das Gebot, daß kein Laie sich den geistlichen Ge=
richten in anderen als in Ehe= oder Testamentsangelegenheiten
stellen solle. Auch die Städte suchten mit großer Hartnäckigkeit
ihre Gerichtshoheit der bischöflichen gegenüber zu behaupten. Das
lübische Recht stellte dasselbe Verbot auf wie der Sachsenspiegel[4]),
desgleichen die Hamburger Statuten[5]).

Doch begnügte man sich vielfach nicht damit, den Laien gegen
die Uebergriffe des geistlichen Richters zu schützen, sondern man
suchte auch wohl den Klerus unter gewissen Voraussetzungen dem
weltlichen Forum zu unterwerfen. König Heinrich II. von Eng=
land setzte im Jahre 1164 in den Konstitutionen von Clarendon
seinen bereits ein Jahr vorher ausgesprochenen Willen durch,
daß die eines Verbrechens schuldigen Geistlichen ihren exemirten
Gerichtsstand verlieren und nach voraufgegangener Amtsentsetzung
dem königlichen Richter überliefert werden sollten. Papst Urban III.
beklagte sich in einem Schreiben vom Jahre 1186 bei Friedrich I.,
daß in Turin und Ivrea Geistliche vor die weltlichen Gerichte ge=
zogen würden. Die gleiche Klage wiederholte Papst Gregor IX.
mit Bezug auf den Klerus des Königreichs Sicilien in den Jahren

---

[1]) Homeyer, Sachsenspiegel Bd. 1. S. 22.
[2]) Lacomblet, Archiv ꝛc. Bd. 1, S. 116, Art. 6.
[3]) Huill.-Bréh., hist. dipl. VI, 467 f.
[4]) Rodez III, Art. 365.
[5]) IX, 15.

1236 und 1238 gegenüber Friedrich II. [1]). ...gen und der Kirche gegen-
von Böhmen machte der Papst Honorius III. ...undlage für den An-
gleichen Vorwurf. Die mehrjährigen Verhandlungen ...ch dem Kaisertum
schlossen allerdings mit dem Konkordate vom Jahre 122... ...uns, als dessen
der König auf die Gerichtshoheit über den Klerus au...enschaft als
Verzicht leistete. ...unein-

In vermögensrechtlichen Streitigkeiten zwischen Geistlichen u... ent-
Laien war es feststehender Grundsatz, daß die ersteren beim geist-...he-
lichen, die letzteren beim weltlichen Richter verklagt werden sollten [2]).
Doch wurde in solchen Fällen auch wohl, wie beispielsweise in
Lübeck, ein aus einer gleichen Zahl bürgerlicher wie geistlicher
Richter zusammengesetzter Gerichtshof berufen [3]). Das von Otto
dem Kinde der Stadt Braunschweig in der ersten Hälfte des dreizehnten Jahrhunderts verliehene Stadtrecht bestimmte hingegen, daß
ein Bürger einen ihm verschuldeten Kleriker festnehmen und pfänden
lassen könne, ohne das bischöfliche Gericht angehen zu müssen [4]).
In vermögensrechtlichen Streitigkeiten zwischen Bürgern und Ministerialen der Kirche war innerhalb des Bremischen Gebietes das
weltliche Forum entscheidend [5]).

Dadurch nun, daß die weltlichen Gerichte ihre Zuständigkeit
für das Gebiet der dinglichen Rechte behaupteten, wurden die
letzteren nach Grundsätzen behandelt, welche von denen des kanonischen Rechtes erheblich abwichen. Es galt dies namentlich von
dem Eigentumserwerb durch Ersitzung. Hinsichtlich des letzteren
gelang es der Kirche nur sehr langsam und unvollständig die zwei
Bedingungen, welche sie für denselben erforderte, die langjährige
Ersitzung und den guten Glauben, zur Geltung zu bringen. Dem
germanischen Recht war die Verjährung ursprünglich unbekannt.
Es entlehnte dieselbe sodann wie z. B. das langobardische, west-

---

[1]) Huill.-Bréh., hist. dipl. IV, 2, p. 812; V, p. 253.
[2]) Vgl. Hamburger Urkundenbuch S. 613.
[3]) Vgl. Urkundenbuch der Stadt Lübeck Bd. 1, Nr. 24.
[4]) Art. 19, Urkundenbuch der Stadt Braunschweig, herausgeg. von L.
Hänselmann, Bd. 1, S. 5.
[5]) Bremisches Urkundenbuch Bd. 1, Nr. 172.

wie das kanonifche Rr und burgunbifche Recht nicht dem kanonifchen, fonbern römifchen Rechte. Das Dekret König Chilbeberts vom Jahre führte biefelbe auch in das fränkifche Recht ein. Die breißig= jährige Verjährungsfrift des Sachfenfpiegels war gleichfalls bem römifchen Rechte entnommen¹). Doch war biefe Verjährung bes Sachfenfpiegels nur eine erlöfchenbe unb keine erwerbende. Sie nahm beshalb auch zu ber vom kanonifchen Rechte geftellten Be= bingung eines ununterbrochenen guten Glaubens keine Stellung. Im füblichen Frankreich war das römifche Recht nie außer Gel= tung gekommen und beshalb auch für die bort üblichen Ver= jährungsfriften maßgebend geblieben. Die hier geltenben Grunb= fätze unterfchieben fich infofern von benen des kanonifchen Rechtes, als fie für die längfte Frift von breißig Jahren die Bebingung des guten Glaubens nicht forberten²). In anderen Gegenben, wie z. B. in ben französifchen Gebieten bes ungefchriebenen Rechtes, waren noch während bes zwölften Jahrhunderts fehr kurze Ver= jährungsfriften üblich. Die rechte Gewere wurde hier nach Jahr unb Tag eines ununterbrochenen Befißes erworben. Später wurde bann freilich unter bem Einfluffe des kanonifchen, beziehentlich bes römifchen Rechtes, das aus einer folchen Befißesbauer erworbene Recht bahin verkürzt, baß basfelbe nur noch von ber Spolienklage befreite und nur einen vorläufigen, unter gewiffen Bebingungen an= greifbaren Befiß gewährte. In biefem Sinne gaben beifpielsweife bas bergifche³) unb bas jülichfche Lanbrecht⁴) ein Erfißungsrecht auf liegenbe Güter nach Verlauf von Jahr unb Tag.

Ebenfowenig wie die vermögensrechtlichen Streitigkeiten, gelang es ber Kirche, die Vertragsklagen vor ihr Forum zu ziehen, ob= wohl fie biefen Anfpruch mit bem Hinweis auf die ben Vertrag begrünbenbe religiöfe Verpflichtung rechtfertigte. Die weltliche Ge=

---

¹) Lanbr. 1, 29.

²) G. d'Espinay, „De l'influence du droit canonique sur la legislation française" p. 200 f.

³) Art. 70, Lacomblet, Archiv für die Gefchichte bes Niederrheins Bb. 1, S. 105.

⁴) L. c. S. 128, Art. 19.

richtsbarkeit hielt sich vielmehr an die Grundsätze des römischen
oder germanischen Rechtes und behauptete ihre Zuständigkeit für
das Gebiet der obligatorischen Verträge mit Erfolg. Aus diesem
Grunde konnte sich auch die Vertragslehre des kanonischen Rechtes
im ganzen nur langsam einbürgern. Vielmehr erhielt sich in
Deutschland die symbolische Form der germanischen Vertrags=
abschließung bis zur Reception des römischen Rechtes, während
dieselbe allerdings in Frankreich schon seit etwa dem Ende des
dreizehnten Jahrhunderts den römisch= beziehentlich kanonisch=recht=
lichen Bestimmungen weichen mußte. Nicht wirkungsvoller war
der Versuch der Kirche, die Lehnsprozesse vor ihr Forum zu ziehen,
indem sie für sich geltend machte, daß das Lehnsverhältnis durch
eine religiöse Handlung, den Eid begründet werde [1]).

Auch auf dem Gebiete des Eherechtes wurden ferner dem
kanonischen Rechte erhebliche Schwierigkeiten entgegengesetzt. Und
zwar bestanden dieselben sowohl darin, daß der Kirche ein kon=
kurrierender Anspruch des weltlichen Richters entgegengestellt wurde,
als darin, daß das kanonische Recht nicht mit allen seinen For=
derungen durchbringen und die herrschenden Sitten beseitigen konnte.
Infolge des letzteren Umstandes mußte Papst Innocenz III. die eine
eheliche Verbindung ausschließenden sieben Verwandtschaftsgrade auf
vier ermäßigen. Bonifacius VIII. sah sich genötigt, auch die aus der
geistlichen Verwandtschaft abgeleiteten Eheverbote zu mildern, indem
er den Satz aufhob, daß zwischen den Geschwistern des Täuflings
und den Kindern des Paten keine eheliche Verbindung stattfinden
dürfe. Das von der vierten lateranensischen Synode vorgeschriebene
kirchliche Aufgebot vor der Eheschließung fand nur eine sehr
zögernde Aufnahme. Es wollte der Kirche ferner nicht gelingen,
die kirchliche Trauung als eine Bedingung der rechtmäßig gültigen
Ehe durchzusetzen, obwohl bereits der Pseudoisidor diese Forde=
rung erhoben hatte. In einem direkten Widerspruche mit den
Grundsätzen des kanonischen Rechtes befanden sich die weltlichen
Gesetzgebungen hinsichtlich der Dauer des ehelichen Bandes. Nicht

---

[1]) Warnkönig und Stein, Französische Staats= und Rechtsgeschichte
Bd. 3, S. 339.

alle geltenden Rechte erkannten die Unlösbarkeit des ehelichen Bandes in der vollen Strenge des kanonischen Rechtes an. Während das letztere den Gatten für den Fall, daß sich einer derselben eines Ehebruches schuldig gemacht hatte, wohl die Trennung, nicht aber die Eingehung einer neuen Ehe erlaubte, gestattete das provencalische Recht dem unschuldigen Teile sich aufs neue zu verheiraten. Die Assisen von Jerusalem ließen das letztere noch unter mehreren anderen Bedingungen zu, hinsichtlich des Mannes auch in dem Falle, daß die Frau sich eines Diebstahles schuldig gemacht hatte [1]). Der Sachsenspiegel ferner stritt demjenigen Manne, welcher eine Frau genotzüchtigt habe oder in einem offenkundigen ehebrecherischen Verhältnisse lebe, die Fähigkeit ab, mit dieser Frau nach dem Tode ihres ehelichen Gatten eine rechtmäßige Ehe eingehen und eheliche Kinder erzeugen zu können [2]). Papst Gregor XI. verdammte diesen, dem kanonischen Rechte widerstreitenden Artikel im Jahre 1374 [3]).

Auf einen noch energischeren Widerstand von Seiten des weltlichen Richters stieß die Kirche hinsichtlich der ihrem Forum ebenfalls ausschließlich vorbehaltenen Testamentssachen. Wiederholt erklärten die weltlichen Gesetzgebungen alle ohne Zuziehung eines weltlichen Richters oder Schöffen errichteten Testamente für ungültig, eine Bestimmung, welche der päpstliche Legat auf der Synode zu Bremen im Jahre 1266 verwarf [4]) und die Synode zu Bourges vom Jahre 1276 mit dem Anathem belegte. Die Stadt Lübeck erreichte aber sogar, daß das weltliche Forum hinsichtlich der zu frommen Zwecken errichteten letzten Willenserklärungen von Seiten des Erzbischofs von Bremen für ebenso zuständig erklärt wurde wie das geistliche Forum [5]). Auch behaupteten sich dem von dem kanonischen Rechte mit Anschluß an das römische Erbrecht geforderten freien testamentarischen Ver-

---

[1]) G. d'Espinay l. c. p. 170 f.
[2]) Landr. 1, 37.
[3]) Scheidt l. c. S. 106 f.
[4]) Hamburger Urkundenbuch S. 586.
[5]) Lübeckisches Urkundenbuch Bd. II, S. 284.

fügungsrechte entgegen bie Grunbfätze bes germanifchen Erbrechtes, welche dem Erblaffer eine fehr enge Schranke auflegten, in vielen Gegenden, insbefondere in den Gebieten bes fächfifchen Landrechtes das ganze Mittelalter hindurch bis zur Reception des römifchen Rechtes. Das jülichfche Landrecht verbot beifpielsweife noch im fechzehnten Jahrhundert bem Teftator fowohl hinfichtlich feiner liegenben wie beweglichen Güter ohne Einwilligung feiner nächften Erben zu verfügen[1]). In ber Diöcefe Afchaffenburg wurde fogar ben zu Gunften ber Kirche errichteten letztwilligen Schenkungen eine befondere Schranke gefetzt, indem benfelben ein Maximalfatz gefetzlich vorgefchrieben wurde. Nach Ausfage einer bortigen Synobe vom Jahre 1292 war biefer Satz auf fünf Solibi bemeffen.

Selbft auf bem Gebiete ber rein kirchlichen Verhältniffe wie z. B. bes Patronatrechtes und bes Kirchenzehnten gelang es dem kanonifchen Rechte nicht feine Anforderungen überall durchzufetzen, wenngleich hier keine eigentliche Konkurrenz bes weltlichen Richters stattfand. Während bas kanonifche Recht ben Patronatsherren nur bas Präfentationsrecht und außerdem einige Ehren= und nutzbringende Rechte zuwies, hingegen bie Einfetzung bes Präfentierten ben verleihungsberechtigten kirchlichen Oberen vorbehielt, nahmen bie Fürften und Grundherren in vielen Fällen auch bas Einfetzungsrecht für fich in Anfpruch, infofern bie Benefizien von ihnen geftiftet waren. Die kirchlichen Synoden fahen fich vielfach genötigt, biefen Anfprüchen ber Patronatsherren entgegenzutreten. Der Bifchof von Olmütz berichtete im Jahre 1273 an ben Papft Gregor X., baß in ber Prager Diöcefe außer bem Könige niemand mehr feine Kanbidaten präfentiere, fondern baß vielmehr ein jeber biefelbe in bie erledigten Pfründen eigenmächtig einfetze. Die Verleihung ber geiftlichen Benefizien bildete bekanntlich auch einen ber Streitpunkte zwifchen bem Papfte Bonifacius VIII. und bem Könige Philipp von Frankreich. Der auf Seite bes letzteren stehende französifche Abel nahm in einem Schreiben an bie römifchen Karbinäle vom Jahre 1302 bas Kollationsrecht ber

---

[1]) Art. 10, Lacomblet, Archiv ꝛc. S. 124.

Benefizien für den König und sich in Anspruch, indem er darauf
hinwies, daß die letzteren von dem Könige oder dem Grundherrn
gestiftet worden seien.

Noch verbreiteter war der Widerstand, welcher dem von dem
kanonischen Rechte mit Berufung auf den alttestamentlichen Levitenzehnten beanspruchten Kirchenzehnten entgegengesetzt wurde. Zwar
hatten bereits die karolingischen Kapitulare den letzteren eingeführt.
Aber die fast auf allen Synoden wiederholten Ermahnungen zur
Entrichtung des Zehnten beweisen, mit welchen Schwierigkeiten
die Durchführung dieses Gesetzes verbunden war. Die Kirche bedrohte diejenigen mit der Exkommunikation, welche die Zahlung
des Zehnten verweigerten, oder die Zehntpflichtigen an der Entrichtung wie die Geistlichen an der Einziehung des Zehnten verhinderten. Solche Bestimmungen erließen beispielsweise die Synoden
zu Mainz vom Jahre 888, zu Rom vom Jahre 1059, zu Breslau
vom Jahre 1248, zu Köln vom Jahre 1266, zu Wien vom Jahre
1267, zu Tours vom Jahre 1282, zu Saumur vom Jahre 1294.
Im folgenden Jahrhundert nahm die Zahl der diese Angelegenheit
betreffenden Synodalstatuten noch erheblich zu. Trotz dieser zahlreichen Erneuerungen des Zehntgebotes haben beispielsweise die
Friesen das ganze Mittelalter hindurch die Zahlung des Zehnten
verweigert, indem sie behaupteten, durch Karl den Großen von
dieser Verpflichtung entbunden zu sein. Die Urkunde, auf welche
sie dieses Vorrecht begründeten, war freilich gefälscht. Schließlich
wurden die Zehntstreitigkeiten dem weltlichen Richter zugewiesen.
So bestimmte beispielsweise das jülichsche Landrecht[1]).

In strafrechtlicher Beziehung wurden dem geistlichen Gerichte
einspruchslos nur diejenigen Fälle unterstellt, welche eine unzweifelhafte Auflehnung gegen die göttlichen Gebote der Kirche enthielten.
Zu diesen sogenannten „rein geistlichen Rechtsfällen“ gehörten die
Ketzerei, das Schisma, die Apostasie und die Simonie. Hingegen
suchte der Staat seine Zuständigkeit für die gemischten Fälle aufrecht zu erhalten. Zu den letzteren gehörten die Gotteslästerung,

---

[1]) Lacomblet, Archiv Bd. 1, S. 144, Art. 60.

das Sakrilegium, der Ehebruch, die Bigamie, das Stuprum, die
Fleischesvergehen, die Zauberei, der Eidbruch, der Meineid, der
Wucher und die Fälschung von Maß, Münzen und Gewicht.
Bereits eine Synode zu Ravenna vom Jahre 898 führte Klage
darüber, daß die vor das bischöfliche Forum gehörenden Fleisches=
vergehen von dem weltlichen Richter abgeurteilt würden und unter=
sagte für die Zukunft die Eingriffe des letzteren in die kirchliche
Gerichtsbarkeit.

So war die kirchliche Gerichtsbarkeit trotz ihrer vollkommen
korrekten und vom Standpunkte der mittelalterlichen Weltanschauung
nicht widerlegbaren Begründung ein viel umstrittenes Gebiet. Es
gab selbst auf der Höhe des kirchlichen Machtbesitzes nur wenige
Rechtsfragen, für welche der weltliche Richter seine Zuständigkeit
nicht ebenso behauptete wie der geistliche Richter. Unbestritten
hinsichtlich der richterlichen Zuständigkeit waren eigentlich nur die
Patronatsstreitigkeiten sowie die Prozesse über kirchliches Eigentum,
auf strafrechtlichem Gebiete die sogenannten rein geistlichen Rechts=
fälle. Aber selbst hinsichtlich dieser dem geistlichen Forum aus=
schließlich vorbehaltenen Rechtsverhältnisse suchte sich die Sitte dem
ersteren mit Erfolg zu entziehen, so daß selbst auf diesem Gebiete
die Gerichtsbarkeit der Kirche wenigstens in vielen Fällen mehr
dem Rechte als der Ausübung nach bestand. Zu einer klaren und
dauernden Lösung des Widerstreites zwischen der religiösen Idee
und den Interessen der staatlichen und gesellschaftlichen Selbst=
erhaltung ist das positive Recht des Mittelalters niemals gelangt.
Die Grenzlinien zwischen der weltlichen und geistlichen Gerichts=
hoheit wurden nirgends mit genügender Sicherheit festgestellt.
Wiederholt wurde von weltlicher Seite der Versuch gemacht, die
streitigen Fragen durch einen Vergleich mit den kirchlichen Be=
hörden zu entscheiden. So schloß beispielsweise die Stadt Köln
mit ihrem Erzbischof im Jahre 1258 einen Vergleich, in welchem
festgesetzt wurde, daß die Jurisdiktion über Zinsen, Meineid und
Ehesachen dem kirchlichen Forum zustehen solle, daß aber über die
Händel, welche an Festtagen in der Stadt und in den Immuni=
tätsbezirken entstehen würden, ferner über falsche Maße und den
„Meinkauf" sowohl der geistliche als der weltliche Richter erkennen

folle[1]). Aber die Bestimmungen dieses Vergleiches waren viel zu
wenig erschöpfend, als daß sie alle Zweifel über die beiderseitige
Zuständigkeit endgültig hätten beseitigen können. Der Versuch,
welchen König Philipp VI. von Frankreich im Jahre 1329 machte,
um eine genauere Abgrenzung der weltlichen und geistlichen Gerichtshoheit zu erzielen, führte zu keinem Ergebnisse. Die Unklar-
heit dieses Verhältnisses mußte um so eher zu zahlreichen Wirren
Anlaß geben, als die geistlichen Gerichte, der weltherrschaftlichen
Mission der Kirche folgend, das Bestreben hatten, ihre Zuständigkeit soweit als möglich auszudehnen. Wo es die Machtverhältnisse gestatteten, unterzogen die geistlichen Gerichte auch weltliche
Sachen ihrer Cognition. Dort nahmen dieselben dann ihre Zuständigkeit für alle Sachen in Anspruch, so daß Kaufverträge über
Renten oder liegende Güter oder Verpfändungen und Verpach-
tungen vor dem Gerichte des bischöflichen Offiziales ebensogut
wie vor dem des städtischen Schultheißen vorgenommen werden
konnten. Wohl erhob sich vereinzelt auch von kirchlicher Seite
her ein Widerspruch gegen die Ausdehnung der geistlichen Jurisdiktion auf weltliche Streitsachen. Auch von der Kirche wurden
Versuche gemacht, eine festere Abgrenzung zwischen der geistlichen
und weltlichen Gerichtsbarkeit zu gewinnen. Gerhoh von Reichersperg erklärte z. B.: „In alle Prozesse, die vor den weltlichen
Richterstuhl gehören, wo es sich handelt um Geldsachen, Unter-
schleif, Betrug und was in der Welt sonst vorgeht, müssen sich
die Bischöfe nicht mischen, sondern sie dem weltlichen Gerichte
überlassen"[2]). Die vierte lateranensische Synode vom Jahre 1215
verbot[3]) denn auch dem Klerus, seine Gerichtsbarkeit zum Nachteil
des weltlichen Richters auszudehnen. Die Kirche stellte auch wohl
den Versuch an, den Kompetenzstreit zwischen dem geistlichen und
weltlichen Richter zu entscheiden, so z. B. eine französische Synode
zu Melun im Jahre 1225. Auch einige deutsche Synoden nahmen
in dieser Frage Stellung. Die Mainzer Synode vom Jahre 1261

---

[1]) Lacomblet, Urkundenbuch Bd. 2, Nr. 452, S. 250.
[2]) De aedificio dei c. 40.
[3]) K. 42.

sowie die Kölner vom Jahre 1266 untersagten dem geistlichen Richter, sich in die Streitsachen der Laien zu mischen, soweit dieselben vor das weltliche Forum gehörten. Eine genaue und vollständige Abgrenzung der beiderseitigen Hoheitsrechte ist der Kirche bei diesen Versuchen freilich ebensowenig gelungen wie den weltlichen Mächten.

So lagen Staat und Kirche über die Frage ihrer Zuständigkeit für die bürgerlichen Rechtsfragen wie für die Aburteilung der einzelnen Delikte das ganze Mittelalter hindurch miteinander im Haber. Obwohl der Staat die von der Kirche aufgestellte Metaphysik des Rechtes anerkannte, zwang ihn dennoch das Interesse seiner Selbsterhaltung, sich der logischen Folgerung derselben, der hierarchischen Allgewalt, möglichst zu entziehen.

> „— si gestênt (helfen) einander niht
> geistlich und wertlîch geriht,"

sagte Thomasin von Zirclaria in seinem „wälschen Gast" [1]. Das Ideal des transcendenten Gottesstaates konnte also in der Rechtspflege des Mittelalters ebenso wie in der Politik und in der Güterwirtschaft niemals eine vollkommene Wirklichkeit erreichen. Das positive Recht ist selbst in der klassischen Zeit immer nur ein Bruchstück des in dem System des Gottesstaates aufgestellten Rechtsanspruches der Kirche verblieben.

---

[1] V. 12745 f.; ebenso 12695 ff.

VI. Die Wissenschaft.

1. Allgemeine Grundsätze.

In noch größerem Maße als die praktischen Lebensverhältnisse bestimmten sich die theoretischen Studien, Wissenschaft und Kunst, nach Inhalt und Umfang aus der asketisch-hierarchischen Idee des christlichen Gottesstaates. Da sich in dem letzteren alle Zwecke des menschlichen Lebens zusammenfaßten, so hatte das wissenschaftliche Studium nur Berechtigung und Wert, insofern es in irgend einer Weise zur Erfüllung dieses Endzweckes diente. Das Objekt des wissenschaftlichen Erkennens war demnach nicht die gegenständliche Welt an und für sich, sondern die in derselben ausgesprochene göttliche Idee der Kirche. Die Zweckbeziehung auf die in der Kirche offenbarte religiöse Idee bildete den leitenden Grundsatz aller wissenschaftlichen Erkenntnis. „Jede Kunst und jedes Wissen," sagte Vincenz von Beauvais in seiner Schrift über die Erziehung der Prinzen, „muß der göttlichen Wissenschaft, welche zur Erbauung d. h. für Glauben und Rechthandeln gegeben ist, dienen und darauf, als auf seinen Zweck und sein Ziel bezogen und gerichtet werden. Denn wie Gott das Ende aller Dinge ist, so ist auch die Gottesgelehrtheit, die von göttlichen Dingen handelt, Endzweck aller Künste" [1]. Die gleiche Ansicht äußerte er in seinem Lehrspiegel [2].

---

[1] Fr. Chr. Schlosser, Vinc. v. Beauv. XI. 1, S. 57.
[2] L. 2, c. 16.

Das Mittelalter vertrat also auch hinsichtlich seiner Stellung zu den idealen Gebieten dieselben Grundsätze wie einst die alt=christliche Kirche. Die Ausscheidung aller den Lehren der Kirche widerstreitenden oder für dieselben auch nur bedeutungslosen Er=kenntnis war demnach die nächstliegende Aufgabe der Wissenschaft, da eine solche Erkenntnis eine mittelbare oder unmittelbare Gefahr für das ewige Seelenheil enthalten mußte. Petrus Damiani, der Kanzler Gregors VII., nannte die weltlichen Wissenschaften „Thor=heiten" und „Possen" [1]). Ein im Jahre 1172 verstorbener Cister=cienserabt Namens Gillebert belehrte einen Freund, den er zum Eintritt in den Mönchsstand bereden wollte, über die Verwerf=lichkeit weltlicher Studien. Die Wissenschaft, sagte er, solle hin=führen zu den „überirdischen, heiligen und innersten Geheimnissen, den verborgenen und süßen Abgründen der Weisheit, zu dem un=nahbaren Lichte, in welchem Gott wohnt. Diese Kunst möchte ich die Kunst aller Künste, das Gesetz, die Form, die Norm, die Vernunft, das allgemeine, einheitliche, unveränderliche Vorbild nennen. Ueber diese Weisheit hinaus können wir nicht bringen, unter derselben dürfen wir nicht stehen bleiben. Im Vergleiche mit dieser ist jede andere Weisheit, welche und wie groß sie auch sei, nicht nur eitel, wenn sie jene nicht erreicht, sondern auch ver=werflich, wenn sie sich nicht zu jener wendet" [2]). Thomas von Aquino bezeichnete das Streben nach Erkenntnis der Dinge als eine Sünde, insofern dieselbe nicht Bezug nehme auf den End=zweck aller Erkenntnis, daß heißt auf die Erkenntnis Gottes [3]). Roger Bacon behauptete, daß die Wissenschaft, welche auf die christlichen Glaubenslehren keinen Bezug nehme, „zur höllischen Finsternis" führe [4]).

Als die Quelle aller Versuchungen für wissenschaftliche Stu=dien galt die antike Litteratur. Es machte sich deshalb fortgesetzt ein energischer Widerspruch gegen dieselbe geltend. Die ablehnende

[1]) Op. 45 praef.; op. 13, 11.
[2]) Gilleberti abb. ep. 2 bei Bernhard v. Clairvaux Tl. 2, S. 192.
[3]) Summa theologiae secunda secundae quaest. 167, art. 1.
[4]) Opus majus ad Clementem IV.

Haltung des Mittelalters bezog ſich auf das ganze Gebiet der antiken Litteratur, da man von demſelben ebenſowohl eine Ge= fährbung der Tugendhaftigkeit als des Glaubens befürchtete. Nicht nur war der größere Teil der philoſophiſchen Litteratur dem Studium entzogen, ſondern auch die juriſtiſche und mediziniſche Litteratur des Altertums. Die Synode zu Rheims vom Jahre 1131 verbot dem Ordensklerus das Studium der Jurisprudenz und der Medizin, das zweite lateranenſiſche Konzil vom Jahre 1139, die Synode zu Tours vom Jahre 1163 ſowie eine Dekret Alexanders III. erneuerten das Verbot. Da zu dieſer Zeit aber der Ordensklerus der Vertreter der wiſſenſchaftlichen Bildung war, ſo kam dies Verbot einem allgemeinen Verbote gleich. Durch das ganze Mittelalter hindurch wiederholte ſich der Widerſtreit zwiſchen der kirchlichen Gelehrſamkeit und den Studien der an= tiken Klaſſiker. Diejenigen, welche ſich durch den Reiz der letzteren hatten anziehen laſſen, fühlten nicht ſelten ſchwere Gewiſſensbiſſe über ihre weltliche Geſinnung und wandten ſich alsbald aus= ſchließlich dem Studium der chriſtlichen Gelehrſamkeit zu. Zahl= reiche . Beiſpiele dieſes Konfliktes werden aus dem Kloſterleben jener Zeit berichtet. Der Erzbiſchof Bruno von Köln, wurde, wie ſein Hofkaplan ſah, vor Gott wegen ſeiner Beſchäftigung mit der Philoſophie verklagt, aber von dem Apoſtel Paulus gerettet. Der Kaplan ſah ſich übrigens gleich darauf ebenfalls wegen ſeiner Beſchäftigung mit der weltlichen Wiſſenſchaft vor Gottes Gericht geſtellt [1]). Den in der erſten Hälfte des elften Jahrhunderts zu St. Emmeran in Regensburg lebenden Mönch Arnold veranlaßte ein Todesfall, ſich von dem Studium der heidniſchen Bücher fern= zuhalten und die Kirchenlehren zu ſtudieren. „Da," ſagte er in ſeiner Vorrede zu dem von ihm verfaßten Leben des heil. Em= meran, „begann ich zum erſtenmale zu erkennen, welch ein Unter= ſchied iſt zwiſchen dem Licht und der Finſternis, zwiſchen dem Herrn und Belial" [2]). Auch der in der zweiten Hälfte des elften Jahrhunderts verſtorbene Otloh von St. Emmeran, welcher das

---

[1]) Thietm. Chron. II, c. 10.
[2]) Mon. Germ. t. IV, p. 546.

Studium der antiken Schriftsteller mit Eifer betrieben hatte, legte, von einer schweren Krankheit genesen, diese sündhafte Neigung ab, beschäftigte sich von jetzt ab nur mit kirchlicher Litteratur und verfaßte als ersten Beweis seiner Bekehrung eine Schrift „über die geistliche Gelehrsamkeit." „Was war mir da Sokrates, Plato und Aristoteles und selbst Tullius der Redner"? sagte er in dieser Schrift [1]), nachdem er den höheren Geist der kirchlichen Gelehrsamkeit gekostet hatte.

Wenn das Mittelalter dennoch einen Teil der antiken Litteratur dem Studium freigab, so geschah dies der Theorie nach nur deshalb, um die antike Bildung als eine Schule des wissenschaftlichen Denkens zu benutzen. Nicht des materiellen Gehaltes, sondern nur der wissenschaftlichen oder dichterischen Form der Darstellung wegen studierte man die Schriften der Alten. Man erstrebte diese geistige Schulung zu dem Zwecke, um sich die für eine wissenschaftliche Begründung der kirchlichen Glaubenslehren erforderliche sprachliche Gewandtheit und formale logische Bildung anzueignen. Nur insoweit die antike Litteratur diesem Zwecke dienen und als eine Vorschule für die kirchliche Gelehrsamkeit verwandt werden konnte, wurde das Studium derselben geduldet und selbst auch empfohlen. In diesem Sinne befürwortete bereits Karl der Große dem Abte Baugulf von Fulda in einem Schreiben vom Jahre 787 das Studium der Wissenschaft. „Deshalb," sagte er, „ermahnen wir euch, das Studium der Wissenschaften nicht allein nicht zu unterlassen, sondern vielmehr in einer demütigen, Gott wohlgefälligen Gesinnung zu dem Zwecke eifrig zu betreiben, damit ihr desto leichter und richtiger die Geheimnisse der göttlichen Schriften zu ergründen vermögt" [2]). Insofern die weltliche Wissenschaft in diesem Sinne betrieben wurde, hielten unter anderen auch der Abt Wilhelm von Hirschau [3]), Petrus Damiani [4]), Johannes von Salisbury und Vincenz von Beauvais [5]) dieselbe für

---

[1]) Mon. Germ. t. XI, p. 388.

[2]) Jaffé, Bibl. rer. germanic. IV, 344.

[3]) Pez, Thesaur. anecdot. cod. dipl. hist. epist. pars I, p. 262.

[4]) Op. 32, 9; 58, 4—6.

[5]) Schlosser Tl. 1, S. 61 ff.

heilsam. Johannes bezeichnete den der weltlichen Wissenschaft Un=
kundigen als einen unnützen Soldaten, der waffenlos gegen einen
geübten und geschulten Feind zöge[1]. Die Dominikanermönche
wurden durch einen Kapitelsbeschluß verpflichtet, sich des Studiums
der Philosophie zu befleißigen. Der Beschluß begründete seine
Forderung mit den Worten: „Das Studium in den freien Künsten
und Wissenschaften nutzt der Christenheit viel. Es dient nämlich zur
Verteidigung des Glaubens, den nicht bloß Heiden und Häretiker
bekämpfen, sondern auch Philosophen. Die Bildung in den freien
Wissenschaften ist also sehr notwendig in der Kirche"[2]. Der
Ordensgeneral, der Dominikaner Humbert de Romanis, der im
Jahre 1277 verstarb, wandte sich deshalb mit scharfer Polemik
gegen diejenigen, deren frommer Eifer das Studium der welt=
lichen Wissenschaften verachtete. „Das Studium der Philosophie,"
erklärte er, „ist zur Verteidigung des Glaubens notwendig, weil
die Heiden gerade sie als Waffen gegen den letzteren anwenden;
es ist ferner notwendig zum Verständnis der Schrift, weil man
durch die Philosophie allein gewisse Stellen verstehen kann"[3].
Die dialektische Schulung in der Erklärung und Apologetik der
kirchlichen Lehren war also der ausgesprochene Zweck der von der
Kirche anerkannten und begünstigten wissenschaftlichen Studien. Da
man diesen Erfolg insbesondere von den aristotelischen Büchern
über die Dialektik erwartete, so wurde das Studium dieser ge=
stattet, während die physischen und metaphysischen Schriften
des Aristoteles durch eine Pariser Synode vom Jahre 1209
sowie durch die Lateransynode vom Jahre 1215 wegen ihres den
Glauben gefährdenden Inhaltes verboten wurden. Gregor IX.
gab jedoch im Jahre 1231 das Studium dieser Schriften wieder
frei, weil er den Nutzen derselben für größer erachtete als ihre
Gefahren[4].

---

[1] Polycr. l. 7, c. 12.
[2] Jourdain, Geschichte der aristotelischen Schriften im Mittelalter,
übersetzt von Stahr, S. 212 f.
[3] A. Stöckl, Geschichte der Philosophie des Mittelalters Bd. 2, S. 318.
[4] Potth. reg. pont. Rom. Nr. 8718, 8719 und 8725.

Da also die Wissenschaft ihrem Inhalte nach von der Kirche beherrscht war, so befand sie sich auch ihrer praktischen Ausübung nach im Alleinbesitze der letzteren. Das gesamte Gebiet der mittelalterlichen Wissenschaft wurde so gut wie ausschließlich von der Geistlichkeit und insbesondere von den Mönchen gepflegt. Philosophen, Rechtsgelehrte, Physiker und Geschichtschreiber waren jahrhundertelang fast ohne Ausnahme aus dem Klerus hervorgegangen. Verschwindend klein war die Zahl derjenigen Laien, welche sich eine gelehrte Bildung angeeignet hatten. Nitharb, der Enkel Karls des Großen, war in einem Zeitraume von ungefähr vier Jahrhunderten der einzige Geschichtschreiber, der kein Geistlicher war. Der größte deutsche Dichter des Mittelalters, Wolfram von Eschenbach, war des Schreibens und des Lesens unkundig:

> „Swaz an den buochen stêt geschriben
> des bin ich künstelôs beliben,"

sagte er von sich selbst im Willehalm [1]). Der dem dreizehnten Jahrhundert angehörige Thomasin von Zirclaria bemerkte in seiner Dichtung „Der welsche Gast" [2]):

> „Bi den alten zîten was
> daz ein ieglich kint las:
> dô wâren gar diu edeln kint
> gelêrt, des si nu niht ensint".

In Deutschland galt es sogar, wie der Annalist Wipo versicherte, für schimpflich, jemanden zur Schule zu schicken, der nicht Geistlicher werden wollte. „Nur den Deutschen scheint es zwecklos, ja schimpflich zu sein, jemanden unterrichten zu lassen, wenn er nicht als Geistlicher aufgenommen werden soll", heißt es in seinem zu Ehren des Königs Heinrich III. gedichteten Tetralogus [3]). Bei den romanischen Völkern, wenigstens in Italien, stand es nach der Aussage Wipos besser. Doch pflegten sich von den Laien im allgemeinen nur hochstehende Personen eine gewisse gelehrte Bildung

---

[1]) 2, 20.
[2]) B. 9197 ff.
[3]) B. 199 f.

anzueignen. Und zwar bestand diese Bildung meist nur in der Erlernung der lateinischen Sprache und Schrift, sowie in dem Studium einzelner biblischen und scholastischen Schriften. Ganz vereinzelt waren die Fälle, in welchen Laien über dieses Maß hinausgingen und sich auch eine Kenntnis der griechischen Sprache aneigneten. Am meisten wurde das Bedürfnis nach einer gewissen Bildung in den fürstlichen und dynastischen Familien empfunden. Am nächsten lag es den Kaisern und Königen wegen ihrer fort= gesetzten Beziehungen zur Kirche und der mannigfaltigen geschäft= lichen Interessen der Verwaltung, sich eine gewisse litterarische Bildung anzueignen. Ludwig der Fromme verstand lateinisch und griechisch, er sprach das erstere wie seine Muttersprache[1]. Auch die deutschen Kaiser und Könige waren im allgemeinen der Schrift und der lateinischen Sprache mehr oder weniger kundig. Nur diejenigen Könige, mit welchen ein neues Haus auf den Thron kam, also Heinrich I. und Konrad II., waren litterarisch meist nicht gebildet. Der Nachfolger Heinrichs, Otto I., lernte wenigstens nach dem Tode seiner Gattin Edgitha noch das Lesen[2]. Ottos gleichnamiger Sohn war, wie Richer erzählt[3], in der Wissen= schaft sogar sehr bewandert. Otto III. empfing eine sorgfältige Bildung, er war des Griechischen wie des Lateinischen kundig. Heinrich II. konnte lesen[4] und besaß eine gute Kenntnis der biblischen Schriften wie der kirchlichen Litteratur[5]. Konrad II., mit welchem die fränkische Dynastie in den Besitz der Krone ge= langte, war, wie bemerkt, ohne wissenschaftliche Bildung[6]. Seine Gattin Gisela aber sorgte dafür, daß ihr Sohn Heinrich unter= richtet wurde[7]. Heinrich IV. war der Schrift so kundig, daß er

---

[1] Vita Ludow., Thegan c. 19.
[2] Widukind, Sächs. Gesch. l. 2, c. 36.
[3] L. 3, c. 67.
[4] Pöhlder, Jahrb. a. 983; Annalista Sax. a. 1002.
[5] Jahrbuch des Deutschen Reiches unter Heinrich II. von S. Hirsch S. 91, Anm. 3 und 4.
[6] Wipon. Vita Chuon. c. 6. M. G. t. XI, p. 262.
[7] Wipon. Tetralog. B. 161 ff. M. G. l. c. p. 250.

alle an ihn gerichteten Urkunden selber lesen und verstehen konnte.
Er benutzte diese Kenntnis zur Lektüre des Psalters und anderer
geistlichen Schriften [1]). Daß die späteren Kaiser im allgemeinen
ihren Vorgängern hinsichtlich ihres Wissens nicht nachstanden,
versteht sich von selbst. Der Staufer Heinrich VI. war sogar in
der Kenntnis des geistlichen und weltlichen Rechtes geschult. Auch
unter den weltlichen Großen fanden sich manche, die einen wissen=
schaftlichen Unterricht erhalten hatten, so beispielsweise der Graf
Acerbo von Kärnten, der im Jahre 1102 starb und dessen Bruder
Boto der Tapfere, ferner der Sohn der Markgräfin Beatrix,
Konrad und Graf Dietrich von Katlenburg, der im Jahre 1106
während der Belagerung der Stadt Köln starb, ferner der Sohn
Herzogs Otto von Nordheim, Namens Kuno, der im Jahre 1103
durch Meuchelmord endete. Bekanntlich beschäftigten sich auch einige
Damen aus fürstlichen Häusern mit gelehrten Studien. Ottos I.
zweite Gattin, Adelheid, wird als eine gelehrte Frau bezeichnet [2]).
Die Herzogin Hedwig von Schwaben, die Nichte Ottos I., war
der lateinischen und griechischen Sprache kundig und las mit ihrem
Lehrer, dem Mönch Ekkehard, die lateinischen Klassiker. Die große
Gräfin Mathilde von Tuscien, die Freundin Gregors VII., war
eine gelehrte Frau, sie führte ihre Korrespondenzen in italienischer,
deutscher und französischer Sprache. Auch die schon erwähnte
Gattin Konrads II. besaß eine gelehrte Bildung [3]), desgleichen die
Gattin Heinrichs III., Agnes von Poitou. Heloise, die Geliebte
Abälards, war in der lateinischen und sogar in der hebräischen
Litteratur vorzüglich unterrichtet und schrieb ein elegantes Latein [4]).
Ein irgendwie selbständiger und förderner Einfluß auf die Wissen=
schaft ist jedoch bis zum vierzehnten Jahrhundert von den Laien
nicht ausgegangen. Die Bildung der letzteren beschränkte sich viel=
mehr in den verhältnismäßig seltenen Fällen, in welchen eine solche

---

[1]) Elbonis. Vita Ottonis ep. Babenb. lib. 1, 6. Mon. G. t. XII,
p. 826.

[2]) Ekkeh. cas. S. Galli SS. II, 146.

[3]) L. c. II, 57, 58.

[4]) Bouquet tom. XIII, p. 675; XX, p. 731.

überhaupt vorhanden war, durchweg auf eine mehr oder weniger vollständige Aneignung der kirchlichen Wissenschaften.

Wie die Bildung, so waren selbstverständlich auch die Bildungs= anstalten eine ausschließliche Schöpfung der Kirche. Die Schulen waren geistliche Stiftungen, mit geistlichen Lehrern besetzt und entweder für die Erziehung zum geistlichen Berufe oder für die religiöse Unterweisung des Volkes bestimmt. Dem ersteren Zwecke dienten die mit den bischöflichen Kirchen verbundenen Dom= und Stiftsschulen sowie die Klosterschulen, dem letzteren die mit den Pfarrkirchen verbundenen Pfarrschulen. Auch die Lehrer der in der zweiten Hälfte des dreizehnten Jahrhunderts entstandenen Stadtschulen, welche unter der Aufsicht der städtischen Magistrate standen, gehörten ursprünglich ausschließlich dem geistlichen Stande an. Der Unterricht derselben beschränkte sich lange Zeit hindurch durchaus auf religiöse Gegenstände. Die Religionslehre bildete den Mittelpunkt des gesamten Unterrichtes und zwar in den latei= nischen wie in den deutschen Schulen der Städte [1]. Nicht weniger als die Schulen waren die Universitäten mehrere Jahrhunderte lang im wesentlichen kirchliche Institute. Sie waren entweder aus den Dom= und Klosterschulen hervorgegangen oder wenigstens durch die Kirche gegründet worden. Die Errichtung einer Uni= versität mußte durch eine päpstliche Bulle bestätigt werden. Von den drei oberen Fakultäten, der theologischen, juristischen und medi= zinischen, war die erste die vornehmste, während die letzte noch im vierzehnten und fünfzehnten Jahrhundert auf manchen Universitäten gar nicht, auf den anderen aber nur durch einen oder zwei Lehrer vertreten war. Der Gegenstand der juristischen Fakultät war bis gegen Ende des vierzehnten Jahrhunderts ausschließlich das Kirchen= recht. Bis dahin wurde das römische Recht nur insoweit behandelt, als es das Verständnis des kanonischen Rechtes erforderte. Auf der Pariser Universität wurde im Jahre 1218 das Studium des römischen Rechtes gänzlich verboten, weil man von demselben eine

---

[1] Vgl. hierzu: Geschichte der Schulen im alten Herzogtum Geldern, von Fr. Nettesheim, S. 134 f.

Beeinträchtigung der kanonistischen Studien befürchtete. Auf der im Jahre 1348 gegründeten Hochschule zu Prag wurden erst im Jahre 1390 Vorlesungen über das römische Recht eingeführt, während bis dahin nur über das kanonische Recht gelesen wurde. Aus diesem bedeutenden Uebergewicht der kirchlichen Gelehrsamkeit ergab sich, daß auch die Lehrer der Universitäten größtenteils aus dem geistlichen Stande hervorgingen. Deshalb geschah auch die Besoldung der Universitätslehrer in der älteren Zeit nicht durch den Landesherrn, sondern durch die Kirche und zwar durch die Dom= und Kollegiatkapitel sowie durch die Klöster, welche die Professuren auf kirchliche Präbenden zu fundieren pflegten. Die Kirche besaß darum auch ein Aufsichtsrecht über die Universitäten und ihre wissenschaftliche Lehre sowie das Recht, die licentia docendi zu erteilen.

2. Die Philosophie.

Da der Gegenstand der mittelalterlichen Wissenschaft nicht die sinnliche, sondern die übersinnliche Welt war, so konnte auch die alle Wissenschaften in sich zusammenfassende Philosophie keinen anderen Inhalt gewinnen. Nicht die Frage nach den diesseitigen Ursachen, sondern nach den jenseitigen Zwecken der Erkenntnis bildete den Ausgangspunkt der philosophischen Spekulation. Der Causalzusammenhang in der Sphäre der irdischen Dinge war der Philosophie nur insofern von Wert, als derselbe auf den Zu= sammenhang mit der Heilsidee der christlichen Erlösung zurück= führte. Wohl forschte auch das Mittelalter nach den Gründen der Erkenntnis. Doch hatten diese Untersuchungen nicht die natür= lichen Gesetze und Bedingungen, sondern vielmehr nur die außer= halb der sinnlichen Natur gesuchten Ursachen der menschlichen Vernunfterkenntnis zum Gegenstande. Nur insoweit die Vernunft die Erkenntnis der göttlichen Wahrheiten vermitteln konnte, war sie ein Gegenstand der philosophischen Kritik. Nur insoweit betrieb die Philosophie des Mittelalters erkenntnistheoretische Studien. Die Philosophie des Mittelalters war darum die Philosophie der deduktiven Methode, insofern sie von den allgemeinen Begriffen der christlichen Heilslehre ausging, um von diesen zu den Einzeldingen der körperlichen Welt herabzusteigen. Duns Scotus, der im Jahre 1308 starb, nannte die von unten aufsteigende Erkenntnis, das heißt also die induktive Methode, eine verworrene. Ihr gegenüber bezeichnete er die von dem Begriff des Seienden ausgehende deduktive Wahrheitserkenntnis als eine deutliche. „Der Begriff des Seienden ist, wie er sagte, der erste deutlich erkannte Begriff" [1]). Die Metaphysik war nicht das Endziel, sondern der Ausgang der Philosophie. Die Glaubenslehren der Kirche waren die logischen Gesetze der Vernunfterkenntnis.

Anselm von Canterbury bestätigte die bereits von Augustin ausgesprochene Ansicht über das Verhältnis von Glaube und Erkenntnis in seinem berühmten Worte: „ich glaube, damit ich erkenne" [2]), mit welchem Worte er den Glauben als das Organ der Erkenntnis hinstellte. „Die rechte Ordnung," erklärte Anselm weiter, „fordert, daß wir aus ganzer Seele der christlichen Lehre glauben, bevor wir uns vornehmen, dieselbe mit der Vernunft zu erörtern" [3]). Der Glaube mußte der Erkenntnis voraufgehen und die Grundlage der letzteren bilden. Die Wissenschaft der Vernunft, die Philosophie, mußte sich der Wissenschaft des Glaubens, der Theologie unterordnen. Die erstere war „die dienende Magd" der letzteren [4]). Die Philosophie hatte den Zweck ihres Daseins in der Theologie. Die Aufgabe der ersteren bestand lediglich darin, die Wahrheit der kirchlichen Lehren zu erweisen [5]), dieselbe der

---

[1]) In libr. sent. 1, dist. 3, qu. 2, 24.

[2]) Proslog. c. 1.

[3]) De fide trinit. c. 2, cur deus homo l. 1, c. 1, 2.

[4]) Petrus Damiani op. ed. Cajetan. Paris 1743, III, p. 312; Thom. v. Aquino contra gentiles l. 2, c. 4.

[5]) Vgl. u. a. Thomas von Aquino: Summa theolog. p. 1, qu. 1, art. 5 ad 2.

Vernunft verständlich zu machen. Für die Zeit des zwölften und
dreizehnten Jahrhunderts, in welcher die aristotelische Philosophie
die wissenschaftliche Forschung beherrschte, war die Unterordnung
der Vernunft unter den Glauben ein feststehender Satz. Die
großen Scholastiker dieser Zeit, Anselm von Canterbury, Hugo
und Richard von St. Viktor, Peter der Lombarde, Albert der
Große, Thomas von Aquino und andere waren einig in dieser
Frage und traten der Behauptung entgegen, daß etwas in der
Philosophie wahr sein könne, was vom Standpunkte der Theologie
aus falsch sei. Die Philosophie des Mittelalters war also nichts
als eine Apologetik der kirchlichen Dogmatik. „Die Philosophie
hat die Beweise für die Wahrheit des christlichen Glaubens zu
geben", lehrte der um 1292 verstorbene Roger Bacon[1]).

Obgleich aber der Schwerpunkt der mittelalterlichen Philosophie von Anfang an durchaus in der Behandlung der religiösen
Glaubenslehren gelegen war, so hat die Philosophie doch ebenso
wie jedes andere Gebiet der mittelalterlichen Kultur eine lange
Entwicklung zu durchlaufen gehabt, bis sie den Standpunkt einer
völligen Kongruenz mit dem System der Kirche erreichte. Den
am meisten hervorspringenden Streitpunkt der mittelalterlichen
Philosophie bildete bekanntlich das der platonischen und aristotelischen Philosophie entnommene Verhältnis der allgemeinen Gattungen und Arten zu den Einzelwesen. Die Bestimmung desselben
bildete gewissermaßen die Erkenntnistheorie der mittelalterlichen
Philosophie. In der Entwicklung dieser Frage vollzog sich die
Entwicklung der philosophischen Forschung. Und zwar wurde dieses
Verhältnis in dreifach verschiedener Weise zu erklären gesucht. Die
ältere, vom Platonismus beherrschte Scholastik erblickte die Substanz der Dinge in den allgemeinen Gattungen und faßte die Individuen als die wechselnden Erscheinungsformen der letzteren auf.
Man bezeichnet diese Richtung als den extremen Realismus. Die
zweite unter dem Einfluß der aristotelischen Philosophie gewonnene Lösung bestand darin, daß man den Universalien wohl eine

---

[1]) Opus majus ad Clementem IV.

wirkliche, aber nur eine in den Individuen wirklich werdende
Existenz beilegte. Es war dies die Anschauung des gemäßigten,
oder des ariſtoteliſchen Realismus. Die dritte Richtung endlich,
welche man als den Nominalismus bezeichnet, kehrte die Lehre
des extremen Realismus um, indem ſie das Weſen der Dinge
ausſchließlich in den Individuen fand und die Univerſalien nur
als ſubjektive Abſtraktionen der menſchlichen Erkenntnis auffaßte.
Die erſte Richtung bildete im allgemeinen den Standpunkt der
Philoſophie bis zum Anfange des zwölften, die zweite bis zum
Anfange des vierzehnten Jahrhunderts, während die nominaliſtiſche
Denkweise die Philoſophie des ausgehenden Mittelalters war. Der
platoniſche oder extreme Realismus wich in vielen, weſentlichen
Fragen von der kirchlichen Glaubenslehre ab. Erſt der ariſtote=
liſche oder gemäßigte Realismus ſetzte die Philoſophie in volle
Uebereinſtimmung mit der letzteren. Die Zeit dieſer rechtgläubigen
Philoſophie fiel zuſammen mit der Blütezeit des kirchlichen Kultur=
ſyſtems überhaupt. Der ariſtoteliſche Realismus war alſo die
Philoſophie der klaſſiſchen Zeit des Mittelalters. Der Nominalis=
mus bildete den Uebergang des letzteren zur Philoſophie der
neueren Zeit und ſtand demnach ebenſo wie der platoniſche Realis=
mus in vielfachem Widerſtreit mit der kirchlichen Glaubenslehre.
Der Uebergang von dem platoniſchen zum ariſtoteliſchen Realismus
und von dieſem zum Nominalismus umſchloß den ganzen Ab=
wicklungsprozeß der religiöſen Metaphyſik des Mittelalters, die
Entwicklung des einer rationaliſtiſchen Denkweise noch mehr zu=
gewandten Geiſtes der älteren Periode des Mittelalters zu dem
vollen Siege der asketiſch=hierarchiſchen Idee der Kirche und die
Auflöſung der letzteren in die immanente Gottesidee der neueren
Philoſophie. Der platoniſche Realismus war die Philoſophie der
zwiſchen der immanenten und transcendenten Gottesidee noch
ſchwankenden religiöſen Metaphyſik, der ariſtoteliſche Realismus
die der völlig entwickelten transcendenten Gottesidee, der Nomi=
nalismus endlich die Philoſophie der durch ihre eigene Steigerung
in ihr Gegenteil umſchlagenden transcendenten Metaphyſik des
Mittelalters. Auch die Entwicklung der Philoſophie hatte alſo,
wie das geſamte Kulturgebiet des Mittelalters, ihren Urſprung

in einer Steigerung des asketischen Geistes der religiösen Meta=
physik.

Die Philosophie des Mittelalters beschäftigte sich demnach
keineswegs mit einer bloßen formalen Begriffsentwicklung. Viel=
mehr führte ihre Dialektik auf das tiefste Problem der mittel=
alterlichen Weltanschauung, auf die Lehre über das Verhältnis
der Welt und des Menschen zur Gottheit zurück und hatte in
dieser ihren eigentlichen Grund. Ebenso bewegte sich der Streit
zwischen den drei Hauptrichtungen der Scholastik keineswegs um
bloße formale Verschiedenheiten der dialektischen Methode. Viel=
mehr erstreckte sich derselbe bis auf die letzten Gründe der religiösen
Metaphysik, so daß die verschiedenen philosophischen Richtungen
nicht unerheblich voneinander abweichende Abschattierungen des
kirchlichen Lehrsystems darstellten. Die Bedeutung, welche Plato
und Aristoteles in der mittelalterlichen Philosophie erlangten,
stand eigentlich im umgekehrten Verhältnisse zu der Stellung,
welche beide in der Entwicklungsgeschichte der griechischen Philo=
sophie eingenommen hatten. Die platonische Philosophie hatte die
Substanz der Dinge in die allgemeinen Ideen verlegt und aus
dieser Voraussetzung die Transcendenz der letzteren, insbesondere
der höchsten Idee, das ist Gottes, gefolgert. Der extreme Realis=
mus des Mittelalters aber nahm die platonische Ideenlehre nicht
deshalb an, um aus derselben die Transcendenz der höchsten Idee,
sondern vielmehr den einheitlichen Zusammenhang aller Dinge in
der letzteren herzuleiten und gelangte eben von dieser Absicht aus
zu einer Gotteslehre, welche im Vergleiche mit der strengen Trans=
cendenz der kirchlichen Lehre einen pantheistischen Charakter trug.
Andererseits hatte die aristotelische Philosophie die Wirklichkeit der
allgemeinen Ideen in den Individuen behauptet, um die trans=
cendente Ideenlehre Platos zu widerlegen. Der aristotelische Rea=
lismus jedoch schloß sich der aristotelischen Lehre zu dem Zwecke
an, um durch die Wahrung des substantiellen Charakters der In=
dividuen das außergöttliche Bestehen derselben und demnach die
mit der kirchlichen Lehre übereinstimmende göttliche Transcendenz
zu erweisen. Diese, das geschichtliche und logische Verhältnis der
platonischen und aristotelischen Philosophie völlig umkehrende

Auffaſſung hat ſich bis zum Ausgange des Mittelalters feſt=
gehalten.

Die Philoſophie des Mittelalters begann mit dem Syſtem
des Erigena, welches die neuplatoniſche Lehre der göttlichen Kraft=
wirkungen mit der chriſtlichen Glaubenslehre zu verbinden ſuchte.
Indem aber Erigena den transcendenten Gottesbegriff nicht mit
der Schärfe des Neuplatonismus behauptete, erhielt das Syſtem
desſelben einen emanatiſtiſchen Charakter. Das Eingehen Gottes
in die Welt des Endlichen wurde nicht wie im Neuplatonismus
als eine Mitteilung ſeiner Kraft, ſondern ſeines Weſens gedacht.
Erigena faßte die Welt als einen Kreislauf des göttlichen Weſens
auf, der ſich dadurch bilde, daß Gott aus ſich herausgehe in das
allgemeine Weſen, ſich darauf in die Vielheit der Gattungen bis
zu den Einzeldingen entfalte, um alsdann von den letzteren in
derſelben Stufenfolge nach aufwärts wieder zu der einfachen Ein=
heit, zu ſich ſelber zurückzukehren. Die Welt war daher eine
Selbſtoffenbarung Gottes. „Gott,“ ſagte der Philoſoph, „ſchafft
ſich ſelbſt, indem er die Dinge ſchafft“ [1]. Die pantheiſtiſche Auf=
faſſung dieſes extremen Platonismus ſuchte ihre erkenntnistheoretiſche
Grundlage in der Verhältnisbeſtimmung der individuellen Einzel=
weſen zu den ſogenannten Univerſalien, den allgemeinen Arten
und Kategorien. Die letzteren bildeten nach der Lehre derſelben
das unveränderliche und ewige Sein, die Einzelweſen die wechſeln=
den mannigfaltigen Erſcheinungsformen des allgemeinen Urgrundes
der Dinge. Das allgemeine Sein der Gottheit war alſo dieſer
Auffaſſung nach das wahre Weſen aller Einzeldinge. In dieſem
Sinne faßten der im Jahre 908 verſtorbene Remigius von Auxerre
ſowie der im Jahre 1121 verſtorbene Wilhelm von Champeaux
das Verhältnis des Individuellen zu den allgemeinen Begriffen
auf. Bernhard von Chartres, der bis zur Mitte des zwölften
Jahrhunderts lebte, ging gleichfalls von dieſer Auffaſſung aus
und erklärte auf Grund derſelben das Leben des Weltalls als
einen Kreislauf, der ſich von Gott durch den Himmel, die Ge=
ſtirne, die ſinnliche Welt und den Menſchen bewege, von dieſem

---

[1] De divisione naturae I, 13.

aber wieder zur Gottheit zurückkehre. Auch die Philosophie des
gleichzeitigen Wilhelm von Conches gründete sich auf den pan=
theistischen Gedanken der Emanation, indem sie in Uebereinstim=
mung mit Bernhard von Chartres den heiligen Geist als die
Quelle alles Lebens, als die Weltseele bezeichnete. Abälard ver=
warf zwar die Ansicht des Wilhelm von Champeaux über das
Verhältnis der Universalien zu den Individuen eben ihrer zum
Pantheismus führenden Folgerungen wegen. Aber er selber konnte
eine klare Lösung dieser Frage nicht finden, er war weder Realist
noch Nominalist. Ihm waren die Universalien weder Dinge wie
den Realisten, noch Namen wie den Nominalisten, sondern Be=
griffe (conceptus) des Geistes. Abälard war demnach Concep=
tualist, freilich auch dies nicht mit sicherer Folgerichtigkeit. Doch
stand er, der als Denker ebensowenig folgerichtig war wie als
Mensch, hinsichtlich seiner Ansicht über das Verhältnis Gottes zur
Welt dem extremen Realismus am nächsten. Seine Philosophie
lief im Grunde ebenso wie der letztere auf eine pantheistische Welt=
auffassung aus. Wenn er die Schöpfung als ein notwendiges
Werk Gottes lehrte [1]), so konnte er dieselbe nur in dem Sinne
einer Emanation des göttlichen Wesens erklären. Da nun für
die emanatistische Theorie ein Gegensatz zwischen Gott und Welt
nicht bestehen konnte, so hatte ein solcher auch für Abälard keine
Berechtigung. Abälard scheute sich auch nicht, die Folgerung dieser
Voraussetzung zu ziehen, indem er die absolute Notwendigkeit der
göttlichen Offenbarung leugnete, da nach der emanatistischen Lehre
die Vernunft ausreichen mußte, um auch die übernatürlichen Wahr=
heiten zu erkennen. Auch das christliche Sittengesetz enthielt, wie
er behauptete, keine Lehren, welche der Mensch nicht aus sich selbst
habe gewinnen können. Er betrachtete die sittlichen Vorschriften
des Christentums nur als eine Erneuerung des ursprünglichen
Naturgesetzes. „Denn wenn wir," sagte er, „genau die sittlichen
Vorschriften des Evangeliums prüfen, so werden wir finden, daß
dieselben nichts anderes sind als eine Wiederherstellung des Natur=

---

[1]) Theol. christ. l. 5, p. 1330.

gesetzes" [1]). Indem er nun das letztere dem natürlichen Menschen für erreichbar hielt, behauptete er, daß die alten Philosophen in ihrem Leben und ihrer Lehre eine evangelische Vollkommenheit besessen hätten, welche von der christlichen Lehre gar nicht oder nur sehr wenig unterschieden sei [2]). Er fand sogar ebenso wie Bernhard von Chartres die christliche Trinitätslehre bei den Platonikern wieder, indem er den Nous Platos dem Gottessohn, die Weltseele Platos dem heiligen Geiste gleichstellte [3]).

Die Vorstellung von der substanziellen Einheit Gottes und der Welt verschob den Gottesbegriff des extremen Realismus nicht unwesentlich von der Linie der kirchlichen Gotteslehre. Hildebert von Lavardine, Bischof von Mans in der ersten Hälfte des zwölften Jahrhunderts, gab eine Begriffsbestimmung des göttlichen Wesens, in welcher die Ueberweltlichkeit und Innerweltlichkeit desselben völlig in eins zusammenflossen. „Gott ist," sagte er, „über allem, unter allem — außer allem, in allem — in allem, doch nicht eingeschlossen — außer allem, doch nicht ausgeschlossen — über allem, doch nicht darüber hinaus — unter allem, doch nicht darunter hinweg — ganz darüber, weil beherrschend — ganz darunter, weil tragend — draußen ganz, weil umfassend — drinnen ganz, weil erfüllend" [4]). Noch deutlicher sprach der im Jahre 1207 verstorbene Amalrich von Chartres den pantheistischen Gedanken des extremen Realismus aus, indem er den Satz aufstellte, daß alles eins und alles Gott sei. Gott sei das Wesen aller Kreatur und das Sein aller Dinge" [5]). Durch die Liebe zu Gott hörte nach seiner Lehre der Mensch auf Kreatur zu sein, er verlor sein eigenes Sein, um in Gott aufzugehen und Gott zu werden [6]). Insbesondere erhielt die Trinitätslehre des extremen Realismus eine von der kirchlichen Lehre wesentlich abweichende Gestalt, insofern

---

[1]) L. c. l. 2, p. 1179.

[2]) L. c.

[3]) Introd. ad theol. l. 1, c. 17, p. 1012 ff.

[4]) J. H. Löwe, Der Kampf zwischen dem Realismus und Nominalismus im Mittelalter S. 48.

[5]) Gerson, Concord. metaph. cum logic.

[6]) Gerson, De mystic. theol. spec. consid. 41.

diese Philosophie die substantielle Einheit in dem trinitarischen
Wesen Gottes so sehr betonte, daß die Unterschiede der drei Per=
sonen aufgehoben wurden und die letzteren zu bloßen Begriffen
des einen göttlichen Wesens verblaßten. In diesem Sinne hatte
Abälard die kirchliche Trinitätslehre in seiner Schrift „Einführung
in die Theologie" zu erklären versucht.

Die Gegenstellung der christlichen Religion von Gott und
Welt hatte in dieser Philosophie des platonischen Realismus offen=
bar keinen sicheren Boden. Die Auffassung, welche dieselbe über
das Verhältnis der Universalien zu dem Individuellen lehrte, war
im Grunde eine pantheistische und also je nach ihrer stärkeren
oder schwächeren Durchführung dem mittelalterlichen Dualismus
mehr oder weniger entgegenstehend. Die Platoniker pflegten im
allgemeinen der Welt göttliche Eigenschaften beizulegen, indem sie
dieselbe als unendlich der Zeit wie dem Raume nach betrachteten.
Da demnach ein Gegensatz zwischen beiden nicht bestand, so be=
durfte es eigentlich auch keiner besonderen göttlichen Offenbarung
noch einer priesterlichen Stellvertretung Gottes auf Erden. Die
menschliche Vernunft war ein Teil des göttlichen Geistes und da=
rum auch, wie Abälard lehrte, befähigt, die göttlichen Wahrheiten
aus sich selber zu begreifen. Die Platoniker des Mittelalters
stellten daher die Vernunft über die Autorität der Kirche. Aeu=
ßere Rücksichten oder innere Zweifel haben freilich manche vor
dieser Folgerung zurückgehalten. Doch haben mehrere sich offen
zu der letzteren bekannt. Zuerst hatte dies Erigena gethan. Der
der ersten Hälfte des elften Jahrhunderts angehörige Berengar
von Tours sah in der Gabe der Vernunft das Wesen der gött=
lichen Ebenbildlichkeit des Menschen. Wer, sagte er, zu derselben
nicht seine Zuflucht nimmt, „der gibt seine Ehre preis, da er hin=
sichtlich der Vernunft nach dem Bilde Gottes geschaffen ist" [1].
Othlo von St. Emmeran hob mißbilligend hervor, daß einige
Dialektiker die Worte der heiligen Schrift nach Maßgabe der
Dialektik auslegen zu müssen glaubten, daß sie „in den meisten

---

[1] De sacra coena p. 100, ed. Vischer.

Sätzen dem Boethius mehr glaubten als den heiligen Schriften"[1]). Abälard stellte zwar ursprünglich den Glauben über die Vernunft. Doch führte ihn die Logik seiner eigenen Deduktionen bald zu der entgegengesetzten Behauptung. Da er die Vernunft für befähigt hielt, die göttlichen Mysterien des christlichen Glaubens zu be= greifen, so konnte er die Behauptung eines zwischen Glaube und Vernunft bestehenden Widerspruches nicht anerkennen. Vielmehr ergab sich ihm von diesem Standpunkt aus die folgerichtige An= sicht, daß man nicht verpflichtet sei etwas zu glauben, was man nicht einsehe. So war ihm trotz seiner entgegenstehenden Erklä= rung die Vernunft die höhere Quelle der Erkenntnis. Die Ver= nunft ging nach ihm dem Glauben voran. „Der Glaube kommt nicht durch die Gewalt, sondern durch die Vernunft", schrieb er seinem Sohne Astralabius. Amalrich von Bena wollte sogar das Priestertum und die Sakramente abgeschafft wissen. Er lehrte, daß die göttliche Dreieinigkeit eine dreifache Periode der Herrschaft Gottes bezeichne. Gott Vater habe sich im Alten Testamente durch das Gesetz, Gott Sohn im Neuen Testamente durch die Stiftung der Sakramente offenbart. Jetzt sei das Zeitalter des Geistes ge= kommen. Wie nun mit der Herrschaft des Sohnes das Gesetz aufgehoben sei, so müsse jetzt mit der Herrschaft des heiligen Geistes das Priestertum und die Sakramente beseitigt werden.

Der pantheistisch=rationalistische Zug dieses platonischen Realis= mus forderte schon im neunten Jahrhundert den Widerspruch des asketisch=hierarchischen Systems heraus. Doch gelangte diese letztere Richtung, welche sich auf die aristotelische Philosophie gründete, erst in der klassischen Zeit des Mittelalters zu einem voll ent= wickelten Ausdruck. Die Aristoteliker des Mittelalters suchten die emanatistische Theorie der Platoniker dadurch zu widerlegen, daß sie die aristotelische Theorie über das Verhältnis der Universalien zu den Individuen zur Hilfe zogen. Indem sie von der sinn= lichen Erfahrung ausgingen, behaupteten sie, daß nur das Indi= viduelle ein wahres, objektives Sein besäße, daß hingegen die Universalien nicht an sich, sondern nur in den Individuen existent

---

[1]) Migne curs. patrol. tom. 146, p. 60.

und also nur eine subjektive Bezeichnung des menschlichen Ver=
standes seien, in welcher der letztere das den gleichartigen Indi=
viduen gemeinschaftliche Wesen zusammenfasse. Der Kanonikus
Roscellin von Compiegne nahm sogar als eine vereinzelte Er=
scheinung bereits gegen Ende des elften Jahrhunderts die nomi=
nalistische Theorie vorweg, welche auch die Behauptung bestritt,
daß in den Individuen die allgemeinen Begriffe wirklich seien und
die letzteren demnach schlechtweg als subjektive Begriffe bezeichnete.
Doch hielt sich die Philosophie dieses Zeitalters durchgängig an die
aristotelische Begriffsbestimmung. Anselm exemplificierte zum Be=
weise für die von Roscellin bestrittene Wirklichkeit der Gattungs=
einheit auf die Dreieinigkeit, in welcher eine Wesenseinheit der
unterschiedenen Personen bestehe. Eine anonyme Schrift aus der
ersten Hälfte des zwölften Jahrhunderts, „de generibus et spe-
ciebus" betitelt, bezeichnete in Uebereinstimmung mit der ansel=
mischen Theorie das allgemeine Sein als das einheitliche, ver=
wandtschaftliche Wesen in der Vielheit des Individuellen. In
ähnlicher Weise erklärten der im Jahre 1180 gestorbene Johannes
von Salisbury sowie der im Jahre 1264 gestorbene Vincenz von
Beauvais und Albert der Große das Verhältnis der allgemeinen
Begriffe zu den Einzelwesen. Der letztere nannte die Universalien
menschliche Vorstellungen, in welchen das unter den Formen der
Erscheinungen verborgene Wesen der Dinge ausgedrückt werde,
so daß also der allgemeine Begriff zwar objektive Wirklichkeit
habe, jedoch nicht außerhalb, sondern nur innerhalb der individu=
ellen Einzelwesen bestehe. Ebenso lehrte Thomas von Aquino.

Indem nun die Aristoteliker das Wesen der Dinge aus dem
Allgemeinen in das Individuelle verlegten, lösten sie die als eine
unendliche Summe von Individuen sich darstellende sinnliche Welt
aus einer unmittelbaren Verbindung mit dem göttlichen Wesen
ab und entzogen dadurch der emanatistischen Theorie ihre eigent=
liche Grundlage. Gott wurde, entsprechend der kirchlichen Lehre,
als der außerhalb und über der Welt thronende Schöpfer der
Dinge begriffen. Ausgehend von dieser neuen Verhältnisbestim=
mung der Universalien und Individuen verwarfen Albert der
Große und sein Schüler Thomas von Aquino die Ansicht der

Platoniker, daß Gott das allgemeine Wesen der Dinge sei und die aus dieser Ansicht gezogene Schlußfolgerung, daß die Welt zeitlich und räumlich unendlich sei. Auch die Aristoteliker Anselm von Canterbury, Hugo und Richard von St. Victor, Wilhelm von Auvergne und Bonaventura lehrten die zeitliche und räumliche Endlichkeit der Welt. Thomas von Aquino lehrte zwar, daß die zeitliche Entstehung der Welt durch die Vernunft nicht in zwingender Weise bewiesen werden könne, daß sich vielmehr vom Standpunkte der natürlichen Erkenntnis ebensogut die Annahme einer anfangslosen Dauer der Welt rechtfertigen lasse. Doch erkannte er die erstere These als eine notwendige Forderung des Glaubens an. Wie hinsichtlich des Verhältnisses Gottes zur Welt, so konnte der aristotelische Realismus auf Grund seiner Erkenntnistheorie auch hinsichtlich der Trinitätslehre eine vollkommene Kongruenz mit dem kirchlichen Dogma erreichen. Indem er die Wesensgleichheit und zugleich die Verschiedenheit der Individuen lehrte, war es ihm möglich, die von der Kirche behauptete Verschiedenheit der drei Personen der Gottheit in der Einheit derselben wissenschaftlich festzuhalten. Dadurch aber, daß der aristotelische Realismus die Philosophie ganz auf den Standpunkt des in der christlichen Metaphysik behaupteten Gegensatzes von Gott und Welt stellte, erwies er zugleich die Notwendigkeit einer besonderen göttlichen Offenbarung. Denn da auf Grund jenes Gegensatzes das Wesen Gottes als ein übernatürliches erscheinen mußte, so konnte dasselbe, wie Thomas von Aquino mit Recht folgerte, für die an die Schranke der Sinnlichkeit gebundene Erkenntnis des Menschen nicht erreichbar sein. Wenn dem Aquinaten auch das Dasein Gottes an und für sich durch die Vernunft beweisbar erschien, so doch nicht das trinitarische Wesen der Gottheit und die göttlichen Offenbarungslehren der Kirche, die Erbsünde, die Menschwerdung Christi, die Auferstehung des Fleisches u. s. w. Der Erkenntnis dieser Dinge mußte vielmehr der Glaube an die im Besitze der Kirche befindliche Offenbarung vorausgehen. Aus diesem Grunde stellte er wie alle Aristoteliker die Autorität der Kirche mit noch größerer Entschiedenheit über die Vernunft, als die Platoniker das umgekehrte Verhältnis behauptet hatten. Von der Voraussetzung der jenseits der

menschlichen Vernunfterkenntnis liegenden übernatürlichen christ=
lichen Erlösungsidee aus mußte die Kirche als die notwendige Mittel=
instanz zwischen der Gottheit und der menschlichen Vernunft erscheinen.

Der aristotelische Realismus bezweckte also mit der Wider=
legung des Platonismus und der Aufstellung der aristotelischen
Lehre über das Verhältnis der allgemeinen Gattungen zu den
Individuen keineswegs die Einführung einer neuen formalen logi=
schen Methode an und für sich. Er trat dem platonischen Rea=
lismus vielmehr nur deshalb entgegen, weil mit der emanatistischen
Theorie des letzteren die transcendente Weltanschauung der reli=
giösen Metaphysik und die göttliche Autorität der Kirche unver=
einbar waren und weil er selber eine philosophische Grundlage
der letzteren gewinnen wollte. Der Widerstreit beider Richtungen
bewegte sich um die tiefsten Fragen der religiösen Metaphysik.
Auch in der Philosophie führte also die transcendente Metaphysik
zur Begründung der weltherrschaftlichen Autorität der Kirche. Die
Darstellung der letzteren als der Quelle aller Wahrheit war das
Endziel der philosophischen Spekulation des Mittelalters. Eben
deshalb war die Widerlegung des platonischen Realismus durch
den aristotelischen ein logisch notwendiger Entwicklungsprozeß des
mittelalterlichen Denkens.

Doch hatte die Kirche einen ihrem Lehrsystem noch viel feind=
licheren Gegensatz zu überwinden als die Philosophie des extremen
Realismus. Mit dem Eindringen der arabischen Philosophie in
das christliche Abendland hatten in dem letzteren Lehrsätze Auf=
nahme gefunden, welche nicht sowohl eine häretische Auslegung
der kirchlichen Glaubenslehre enthielt, als vielmehr die ersten Vor=
aussetzungen derselben in Zweifel zogen. Die Zusammenstellung
der philosophischen Sätze, welche der Pariser Klerus in den Jahren
1269 und 1277 verdammte, enthalten Behauptungen, welche die
Erschaffung der Welt, die göttliche Weltregierung, die Annahme
eines ersten Menschen, die freie Willensbestimmung des Menschen,
die Auferstehung des Leibes und die Unsterblichkeit der Seele
bestritten [1]), so daß also die dem System der Kirche entgegen=

---

[1]) Bulaeus, histor. universit. Parisiens. Bd. II, 79; III, 434 ff.

gesetzte philosophische Kritik sich in ihren letzten Schlußfolgerungen
bereits in der klassischen Zeit des Mittelalters bis zu einer gänzlichen Verneinung des Christentums und der Kirche zuspitzten.
Der Widerstreit des Mittelalters zwischen Diesseits und Jenseits,
der die Welt der praktischen Lebensverhältnisse bis in ihre Tiefen
aufwühlte, durchdrang auch die Philosophie, um hier zu einem
abstrakten Gedankenbilde zu verblassen.

3. Die Naturanschauung.

1. Die religiöse Idee als Bauplan der Schöpfung.

In dem alttestamentlichen Schöpfungsmythus hatte die Naturlehre des Mittelalters wie die christliche Weltanschauung überhaupt
ihren ersten Anknüpfungspunkt. Die Natur war demselben zufolge
das Werk, die Ideenwelt Gottes. Durch den Sündenfall in Mit-
leidenschaft gezogen, war freilich das ursprünglich reine Spiegelbild des Schöpfers in ihr getrübt worden. Die verwischten Spuren
der Gottheit waren aber der menschlichen Erkenntnis um so schwerer
verständlich, als durch den Sündenfall auch die letztere verdunkelt
und verwirrt war. Doch mit Hilfe der in der Erlösung geoffenbarten
Glaubenswahrheiten ließ sich die Gottheit in den Werken der Natur
noch wiederfinden. Die Heilswahrheiten der christlichen Lehre waren
die notwendige Voraussetzung der Naturerkenntnis, wie aller Erkenntnis überhaupt.

Das Mittelalter ging demnach nicht aus von einer empirischen Kenntnis der Natur, um von dieser zu den Gründen der
Dinge zu gelangen, vielmehr nahm es seinen Ausgang von dem
fest behaupteten Besitze der letzteren, um nach Maßgabe derselben
die Wirklichkeit zu begreifen. Der Weg seines Denkens führte
nicht von der sinnlichen Erfahrung zu den übersinnlichen Ursachen
der Dinge, sondern umgekehrt von diesen zu jener. Sein Beweis-

verfahren war in der Naturlehre ebenso wie in der Philosophie
nicht die induktive, sondern die deduktive Methode. Es konstruierte
die sinnliche Welt aus den Vorstellungen seiner religiösen Metaphysik. Die Physik war nur eine Hilfswissenschaft der Metaphysik.
Sie war die sinnliche Veranschaulichung der allgemeinen Lehrsätze
der letzteren. Die Natur war das große Bilderbuch zu den Heilswahrheiten der göttlichen Offenbarung. Der Gegenstand der Naturerkenntnis war demnach nicht die Naturwelt an und für sich,
sondern die Zweckbeziehung derselben auf das große Thema der
Weltschöpfung, die Erlösung der Menschheit und das jenseitige
Gottesreich. „Die Naturwissenschaft," lehrte Vincenz von Beauvais in seinem Geschichtsspiegel, „handelt über die unsichtbaren
Ursachen der sichtbaren Dinge" [1]). Die Erforschung der Dinge
nach ihrem selbständigen, inneren Wesen war entweder verboten,
oder für wertlos geachtet. Das anatomische Studium des menschlichen Körpers galt mit Rücksicht auf die Auferstehung des Fleisches
als ein todeswürdiges Verbrechen. Für die Heilkunde hatte dasselbe ohnehin keinen Wert, da die Gebrechen und Leiden des Körpers nach dem Vorbilde des Erlösers und der Heiligen in erster
Linie nicht durch medizinische Mittel, sondern durch göttliche Wunder
gehoben werden konnten. Für heilwirkender als alle Arznei hielt
man Gebete und die Reliquien der Heiligen. Völlig wertlos erschien dem Mittelalter das Studium der übrigen organischen und
anorganischen Natur, soweit demselben nicht eine Beziehung für
das ewige Seelenheil zu Grunde lag. Das theoretische Wissen an
sich hatte für das Mittelalter keinen Wert. Den letzteren erhielt
die Naturerkenntnis erst durch die Verbindung mit dem praktischen Zwecke der religiösen Heilserwerbung. „Das Wissen aller
Weisheit hat keinen Nutzen, wenn es ohne die Erkenntnis Gottes
bleibt," sagte Vincenz [2]). Der größte Dogmatiker des Mittelalters, Thomas von Aquino, lehrte mit Berufung auf ein Wort
des heil. Augustin, „daß in der Betrachtung der Kreaturen nicht
eine eitle und vergängliche Wißbegierde zu üben, sondern eine

---

[1]) L. 1, c. 53.
[2]) Spec. natur. lib. 29, c. 33.

Annäherung an die unfterblichen und dauernden Dinge zu fuchen fei"[1].

Da nun Gott jenfeits der Natur gedacht wurde, fo hatte die Naturwiffenfchaft ihren Zweck nicht in fich, fondern außer fich liegen. Die mittelalterliche Naturanfchauung ftand demnach im äußerften Gegenfatze zu der antiken, obwohl jene in der letzteren ihre wiffenfchaftliche Grundlage hatte. Das klaffifche Altertum hatte fich einft die Welt von der Gottheit durchwaltet, alle Dinge von Göttern belebt gedacht. Ihm war die Natur die Wirklichkeit, dem Mittelalter war fie das Sinnbild der Gottheit.

Der religiöfen Metaphyfik der Kirche zufolge war der Menfch der von Anbeginn an befchloffene Endzweck der Schöpfung. Er war der eigentliche Gegenftand der göttlichen Weltregierung. Auch der Widerpart Gottes, der Teufel und fein Anhang, machten ihn zum Ziel ihres Beftrebens. Das Schickfal des Menfchen war die Frage des Alls. Um diefe Frage zu löfen, ftieg endlich Gott zur Erde nieder, indem er in Menfchengeftalt für die Menfchheit den Fluch der Sünde, den Tod erlitt und eben durch diefe Opferung Sünde und Hölle überwand. Mit Recht folgerte der Franziskaner Bonaventura aus diefer Vorausfetzung, daß die Welt ohne den Menfchen gar nicht denkbar fei, da ohne ihn die Welt zwecklos fein würde[2]. Aus diefen religiöfen Vorftellungen geftaltete fich das Weltbild des Mittelalters zu einem einheitlich und logifch durchdachten Ganzen. Die Ordnungen der Welt wurden demnach als in dem Verhältniffe einer vollkommenen Kongruenz mit der religiöfen Idee der Kirche ftehend, gedacht. Die Erkenntnis diefer Kongruenz zwifchen dem religiöfen Mythus und der Ordnung der Körperwelt bildete den eigentlichen Inhalt des mittelalterlichen Naturftudiums.

Die göttliche Zweckbeftimmung des Menfchen war das fchöpferifche Prinzip der Weltordnung. Um des Menfchen willen waren Erde, Sonne, Mond und Sterne, war die ganze fichtbare Körper-

---

[1] Summa theologiae, secunda secundae quaest. 167, art. 1.
[2] In libr. sent. 2 dist. 1, art. 1, quaest. 2.

welt ins Dasein gerufen. „Alle dise werelt, die sunnen unde
den mânen, die sterne unde diu vier element, viur, wazer,
luft unde die erden, die vogel in den lüften, die vische in
dem wazer, diu tier in dem walde, diu würme in der erden,
golt unde edelgesteine, der edeln würze süezen smac, der
bluomen lichte varwe, der boume fruht, unde alle crêatûre:
daz hâst du herre allez dem menschen ze nuze unde ze dienste
geschafen durch die triuwe unde durch die minne, diu du ze
den menschen hetest," heißt es in den einleitenden Worten des
Schwabenspiegels. „Alle Dinge der Welt sind für den Menschen
geschaffen und arbeiten Tag und Nacht für den Menschen und
dienen ihm beständig. So ist das Universum für den Menschen
und wegen des Menschen und zu seinem Nutzen so wunderbar
geordnet," lehrte „die natürliche Theologie" des Raimund von
Sabunde [1]). Der Mensch bildete den Mittelpunkt der unsichtbaren
und der sichtbaren Welt.

Die Beziehung der gesamten Körperwelt auf den Menschen
mußte zunächst die centrale Lage der dem letzteren angewiesenen
Erde im Weltenraume bedingen [2]). Die Wohnstätte des Menschen
war ja der Ort der Handlung in dem Drama der Weltgeschichte.
Die Erde stellte die Schaubühne dar, auf welcher sich das Zusammen=
spiel von Gott, Teufel und Mensch vollzog. Auf dem Erdenraume
trafen die sonst so streng geschiedenen Parteien zusammen, um hier
gemeinschaftlich die große „göttliche Komödie" der Erlösung ab=
zuspielen. Hier kamen die jenseits der Erde, im Himmel und in
der Hölle beschlossenen Pläne zur Ausführung. Die Erde war
der Kriegsschauplatz für die Gegensätze der unsichtbaren Welt.
Mit Recht folgerte das Mittelalter aus dieser centralen Bedeutung
der Erde, daß der Mittelpunkt der letzteren im Mittelpunkte des
Weltalls gelegen sein müsse. Albert der Große suchte auch nach
einem wissenschaftlichen Beweise für diese, aus der religiösen Lehre
sich ergebenden Schlußfolgerung. Er fand denselben in dem Satze,
daß das Schwergewicht des Erdkörpers notwendig nach dem Mittel=

---

[1]) Tit. 97.
[2]) Honorius Augustodunens. imago mundi lib. IV, c. 1.

punkte hindränge[1]). „Die Mitte der Erde, behauptete die genannte
Schrift des Raimund von Sabunde, iſt das Centrum der Welt"[2]).
Die Erde war der Mittelpunkt aller Lebenskräfte des Weltalls.
Der Mittelpunkt der Welt, alſo die Erde, war der Ort, „in
welchem die Kräfte der ganzen Weltkugel zuſammenfließen", wie
Albert der Große ſagte[3]). Von den Geſtirnen ſtrömten Kräfte
zur Erde nieder, indes von der letzteren ſelber wieder Kräfte zur
Sternenwelt hinaufſtiegen. Der Saturn brachte der Erde Kälte
und Trockenheit, der Mars Hitze und Trockenheit, der Morgenſtern
erquickenden Tau, der Merkur, der Stern der Kaufleute, machte
die Menſchen geſprächig, der Mond war der Stern der Feuchtig=
keit, er kühlte der Sonne Glut.[4]). Selbſt der jenſeits der Pla=
neten gelegene Fixſternhimmel hatte ſeine Beſtimmung in irdiſchen
Verhältniſſen. Derſelbe, welcher wie alles Seiende aus den vier
Elementen, Feuer, Erde, Luft und Waſſer gebildet war, ſtand
dieſen Elementen vor. Und zwar bedeuteten die in drei Zonen
verteilten zwölf Bilder desſelben drei verſchiedene Stufen der
Elemente. Die erſte, aus den Sternbildern des Widders, des
Stieres, der Zwillinge und des Krebſes beſtehende Zone bedeutete
die höchſte Stufe der Elemente, der Widder des Feuers, der Stier
der Erde, die Zwillinge der Luft, der Krebs des Waſſers. Die
zweite Zone, welche die Sternbilder des Löwen, der Jungfrau,
der Wage und des Skorpions umfaßte, bedeutete in derſelben
Reihenfolge die mittlere Stufe der Elemente. Der Schütz, der
Steinbock, der Waſſermann und die Fiſche endlich, welche die dritte
Zone darſtellten, bedeuteten ebenfalls in dieſer Reihenfolge die
Elemente in ihrer verderblichen Erſcheinung[5]). Insbeſondere
wirkten die Sterne auf die Pflanzenwelt ein. Die unendliche
Mannigfaltigkeit der letzteren erſchien aus einer verſchiedenen

---

[1]) De caelo et mundo lib. II, tract. IV, c. 8.

[2]) Theol. naturalis tit. 91; vgl. Vincenz von Beauvais, spec.
natural. lib. II, c. 1; lib. VI, c. 2 und 4.

[3]) Physic. l. I, tract. 1, c. 3.

[4]) Vincenz von Beauvais, spec. natural. lib. XV, c. 45.

[5]) L. c. c. 36.

Miſchung der ſogenannten vier Elemente allein nicht erklärlich. Die Einwirkung der Sterne auf die Elemente war die andere Urſache, welche die Differenzierung der Pflanzen begreiflich machte. Jede einzelne Spezies hatte ihren beſonderen Stern, oder wie Konrad von Megenberg in ſeinem im weſentlichen aus Thomas von Contimpré geſchöpften Buche der Natur ſagte, „ir eigen sternes kraft in dem himel" [1]).

Umgekehrt gingen auch Kräfte von der Erde nach oben aus. Die Kometen ſollten aus den von der Erde aufſteigenden Dünſten entſtehen, welche ſich oben in der Luft entzündeten und je nach der Maſſe des Dunſtes groß oder klein ausfielen [2]). Desgleichen ſollten die Meteore aus Dünſten entſtehen, welche infolge der Wärmeſtrahlung der Sonne von der Erde ausſtrömten, ſich hoch in der Luft entzündeten und als Feuer zur Erde niederfielen [3]).

Jenſeits des in konzentriſchen Kreiſen, den ſieben Planeten= himmeln, dem Fixſternhimmel und dem Kryſtallhimmel ſich ab= ſtufenden Weltenraumes lag das Empyreum, das Reich der ſeligen Geiſter. Unten in der Tiefe, beziehentlich im Mittelpunkt der Erde lag die andere Grenze der ſichtbaren Welt, das Reich der böſen Geiſter. Schon der im Jahre 636 verſtorbene Biſchof Iſidor von Sevilla verlegte im vierzehnten Buche ſeiner Ethymologien die Hölle in die Mitte der Erde, desgleichen Honorius von Autun in ſeinem „Bild der Welt" [4]). Die Hölle, lehrte ebenfalls Bert= hold von Regensburg, „iſt enmitten dâ daz ertriche aller sumpfigest iſt" [5]). Dasſelbe lehrte der franzöſiſche Gelehrte Omons in ſeiner in der zweiten Hälfte des dreizehnten Jahr= hunderts verfaßten Schrift, das Bild der Welt, ſowie ferner Konrad von Megenberg. „Wizz," ſagte der letztere, „als daz herz ze

---

[1]) Herausgeg. von Fr. Pfeiffer 1861, S. 379.
[2]) Albert. mag., meteorum lib. I, tract. III, c. 5; Konrad von Megenberg, Buch der Natur S. 75.
[3]) Albert. mag. l. c. tract. IV, c. 1; Konrad von Megenberg l. c. S. 77.
[4]) Lib. I, c. 14.
[5]) Bd. 2, S. 264.

mittelst in dem tier ist, also ist diu hell ze mittelst in dem ertreich"[1]). Dante dachte sich in seiner göttlichen Komödie die Hölle als einen trichterförmigen Krater, dessen Spitze im Mittelpunkte der Erde lag. Desgleichen legte die „natürliche Theologie" des Raimund von Sabunde die Hölle in die Mitte der Erde[2]). Diese Vorstellung war demnach allgemein verbreitet.

Die beherrschende Bedeutung der Erde im Bauplane der Welt bedingte ferner die Vorstellung, daß die dem Auge wahrnehmbaren Veränderungen in der Stellung der kosmischen Körper durch eine Bewegung der letzteren und nicht der Erde veranlaßt werde. Da jene der Erde dienten, so würde die Annahme einer Erdbewegung das logische Verhältnis von Mittel und Zweck in sein Gegenteil verkehrt haben. Es war demnach eine von dieser Voraussetzung aus vollkommen richtig entwickelte Folgerung, wenn das Mittelalter behauptete, daß der Sternenhimmel die Erde im Wirbelstrome umkreise, indes diese selber in majestätischer Ruhe verharre. Der Himmel, dachte man, bewege sich um die Erde, wie das Rad um seine Achse. In dem von dem Pfaffen Lamprecht nach einer französischen Vorlage gegen Ende des zwölften Jahrhunderts gedichteten Alexanderepos heißt es, daß Alexander auf seinem Zuge in den Orient bis an das Ende der Welt vorgedrungen sei, wo der Welt Abgrund steht

> „unde der himel umbe gat
> alse umbe di alssen daz rat"[3]).

Albert der Große machte verschiedene wissenschaftliche Gründe für die Unbeweglichkeit der Erde in ihrer centralen Lage geltend[4]). Freidanks „Bescheidenheit" verehrte in diesem Verhältnisse ein großes Wunder der Schöpfung. Das ist, sagte er

---

[1]) Buch der Natur S. 107.

[2]) Tit. 91 und 245.

[3]) Maßmann, Bibl. der ges. deutschen Nationallitteratur Bd. 3, Tl. 1, S. 124, B. 5493 ff.

[4]) De caelo et mundo l. II, tract. III, c. 14; tract. IV, c 8: Vincenz von Beauvais, spec. nat. lib. VI, c. 2.

„— — ein michel wunder
daz himel ist obe und under
und doch diu erde stille stât
sô der himel umbe gât“ [1]).

Der Volksprediger Berthold von Regensburg verglich die Welt
einem Ei. Die äußere Schale des Eies verglich er dem alles
umschließenden Himmel, das Eiweiß den Lüften, b. h. den freien
Raum zwischen Himmel und Erde. Um die letztere drehe sich,
wie er erklärte, der „himel ze allen ziten umbe sam ein rat“ [2]).
Dieser wenig geschmackvolle Vergleich wird in der Litteratur des
Mittelalters häufig wiederholt. Honorius von Autun bediente
sich desselben in seinem „Bild der Welt“ [3]), desgleichen der Kanzler
Ottos IV. Gervasius von Tilbury in seiner dem Kaiser gewid=
meten Schrift, otia imperiala [4]), ferner Vincenz von Beauvais
in seinem Naturspiegel [5]).

So war die sichtbare Körperwelt zeitlich und räumlich von
der unsichtbaren Welt des Jenseits umschlossen. Dem Raume
nach war sie nur ein kleiner Ausschnitt in der Unendlichkeit der
letzteren wie sie der Zeit nach nur eine von der Ewigkeit umschlossene,
flüchtig vorübereilende Episode bedeutete. Aber ringsum einge=
schlossen von den Reichen der guten und bösen Geister, bildete die
Erde den Mittelpunkt beider.

Ihrer Gestalt nach wurde die Erde gemeinhin als eine runde
Scheibe gedacht. Von den wissenschaftlichen Autoritäten wurde
jedoch die Kugelgestalt derselben schon frühzeitig erkannt, bei=
spielsweise von dem Bischof Virgilius von Salzburg schon im
achten Jahrhundert. In einer Randbemerkung eines aus dem
zehnten Jahrhundert stammenden Codex von St. Germain des
Prés, welcher mehrere Auszüge aus den Schriften des Philo=
sophen Johannes Scotus Erigena enthält, wird die Erde als ein

---

[1]) Herausgeg. von Bezzenberger 11, 7 ff.
[2]) Bd. 1, S. 392.
[3]) Basileae 1544 lib. I, c. 1; IV, c. 1.
[4]) Leibniz, scriptor. rer. Brunsvicens. t. I, p. 885.
[5]) Lib II, c. 1.

Sphäroid bezeichnet[1]). Doch war diese Erkenntnis um jene Zeit im allgemeinen noch vereinzelt und unsicher. Der Chronist Rudolf Glaber erwähnt dieselbe bei der Beschreibung des vom Papste Benedikt VIII. dem Kaiser Heinrich II. geschenkten Reichsapfels mit den Worten: Der Reichsapfel war „ein Bild des Erdkörpers, welcher wohl für rund gehalten wird"[2]). Mit völliger Sicherheit aber wurde die Kugelgestalt der Erde in der späteren Zeit erkannt. Schon der in der zweiten Hälfte des zwölften Jahrhunderts verstorbene Honorius von Autun konnte in seinem „Bild der Welt" die Vorstellung von der Flächengestalt der Erde auf „Manche" beschränken. „Wenn," sagte er daselbst, „die Erde eine Ebene wäre, wie manche meinen" u. f. w.[3]) Der Franzose Omons sagte, die Erde sei rund, so daß ein Mensch um sie herumgehen könne wie eine Fliege um einen Apfel.[4]) Albert der Große erwies die Kugelgestalt der Erde aus demselben Grunde, aus welchem er auch die Lage der letzteren im Mittelpunkte des Weltalls gefolgert hatte, aus dem von allen Seiten nach einem Punkte hindrängenden Schwergewicht der Körper[5]). Thomas von Aquino hatte ebenfalls die Vorstellung von der Kugelgestalt der Erde[6]). Vincenz von Beauvais berief sich auf die verschiedenen Stellungen der Sonne zu den verschiedenen Gegenden der Erde, sowie auf die verschiedenen Sternbilder des südlichen und nördlichen Himmels zum Beweise, daß die letztere keine Ebene sein könne, sondern eine Kugel sein müsse[7]). Auch Berthold von Regensburg dachte sich die Erde als eine Kugel. „Diu erde ist rehte geschaffen alse ein bal," sagte er in einer Predigt[8]).

Selbst die schon dem Altertum geläufige Vorstellung, daß die

---

[1]) V. Cousin, ouvrages inédits d'Abélard p. 618.
[2]) M G. tom. VII, p. 59.
[3]) Lib. IV, c. 1.
[4]) Fr. Ch. Schlosser, Vincenz von Beauvais Tl. 2, S. 172.
[5]) De caelo et mundo l. II, tract. IV, c. 9.
[6]) Summa theol. t. II, quaest. 54, art. 2.
[7]) Spec. nat. lib. VI, c. 8 f.
[8]) Bd. 1, S. 392.

uns abgewandte Hälfte der Erdkugel von Menschen bewohnt sei,
war dem Mittelalter nicht verloren gegangen. Doch war die
Kirche derselben sehr abgeneigt, weil sie die erste Voraussetzung
ihres religiösen Systems, die Einheit des Menschengeschlechtes, zu
gefährden schien. Der Bischof Virgilius von Salzburg, welcher
ein Anhänger dieser Vorstellung war, wurde deshalb vom Papste
Zacharias in einem Briefe vom 1. Mai 748 ein schändlicher Irr=
lehrer genannt. Jene oben bezogene Randbemerkung des Codex
von St. Germain des Prés, behauptet gleichfalls das Dasein von
Gegenfüßlern, jedoch mit dem Zusatze, daß dies dem Glauben
nicht widerstreite. Dieselbe lautet: „Es ist offenbar, daß die Anti=
poden über sich den Himmel haben. Man sagt, die Antipoden
seien Menschen auf der anderen Erdseite, von uns durch den Ocean
geschieden. Dieselben sollen nach den Sitten und dem Kultus der
Perser leben. Daß es Menschen unterhalb der Erde gebe, wider=
streitet aber nicht dem Glauben, weil dies die Natur der Erde
mit sich bringt, welche ein Sphäroid ist"[1]). Desgleichen behauptete
Honorius von Autun das Dasein von Gegenfüßlern, welche um
dieselbe Zeit Tag hätten, in welcher es bei uns Nacht sei. Doch
fügte er hinzu, daß der die Erde umschließende Ocean die Gegen=
füßler nicht zu uns und uns nicht zu jenen gelangen ließe.[2])
Berthold von Regensburg jedoch wehrte, obwohl er die Kugel=
gestalt der Erde behauptete, die Lehre von den Gegenfüßlern
ab. „Unde des enist in deheine wise niht,“ sagte er[3]). Vincenz
von Beauvais, der mit so guten Gründen die Kugelgestalt der
Erde behauptet hatte, fand doch die Annahme von Gegenfüßlern
mit der Lehre von der Einheit des Menschengeschlechtes nicht ver=
einbar, da es ihm nicht denkbar erschien, daß Menschen von dieser
Seite der Kugel durch die ungeheure Weite des Oceans zur an=
deren Seite hätten gelangen können und die Gegenfüßler demnach
ein zweites Menschengeschlecht bilden müßten[4]). Auch Albert der

---

[1]) V. Cousin l. c.
[2]) Imago mundi lib. IV, c. 3.
[3]) L. c. p. 393.
[4]) Lib. VI, c. 10.

Große ſuchte die ihm aus der antiken Litteratur bekannte Vor=
ſtellung von den Gegenfüßlern zu widerlegen[1]).

Desgleichen war dem Mittelalter durch die griechiſche Wiſſen=
ſchaft die Lehre überkommen, daß die Erde nicht in der Mitte
des Alls, ſondern außerhalb derſelben gelegen ſei, daß ſich ferner
nicht der Himmel um die Erde bewege, ſondern daß vielmehr dieſe
nur ein Stern gleich anderen Geſtirnen ſei und wie dieſe, den
Mittelpunkt des Alls umkreiſe. Albert der Große teilte dieſe dem
ganzen religiöſen Syſtem des Mittelalters widerſtreitende Anſicht
antiker Philoſophen mit, indem er ſie aber zu widerlegen ſuchte[2]).
Doch fand dieſe Lehre auch wohl vereinzelte Anhänger. Albert
von Saxen, welcher um die Mitte des vierzehnten Jahrhunderts
an der Pariſer Univerſität lehrte, erzählte wenigſtens, daß einer
ſeiner Lehrer dieſe Behauptung aufgeſtellt habe. Er ſelber be=
zeichnete dieſelbe freilich als unwahrſcheinlich. Einer Unterordnung
der Erde unter die Mehrzahl der Sterne hinſichtlich ihrer Größe
wurde hingegen nicht widerſprochen. Honorius von Autun be=
hauptete, daß die Sonne achtmal ſo groß ſei als die Erde[3]). Er
hielt ſelbſt die Mondkugel für viel größer als die Erde.[4]). Vincenz
von Beauvais erwähnte in ſeinem Naturſpiegel eine dem Solinus
entnommene Anſicht, welche die Erde hinſichtlich ihrer Größe in
die ſiebente Stelle ſetzte. „Wenn demnach," ſetzte er hinzu, „der
kleinſte Fixſtern größer iſt als die Erde, und der erſtere bennoch
von der Erde aus geſehen, nur wie ein Punkt erſcheint, ſo wird
um ſo mehr die Erde vom Himmel aus betrachtet, nur als ein
Punkt erſcheinen"[5]).

Wie das Bild des Weltalls, ſo wurde auch die Geſtalt der
Erdoberfläche aus dem religiöſen Mythus der Kirche konſtruiert.
Die geographiſchen Vorſtellungen der antiken Völker hatten ſich
nach Maßgabe ihres nationalen Staatsbewußtſeins gebildet, indem

---

[1]) De caelo et mundo l. II, tract. IV, c. 2.
[2]) L. c. und c. 7.
[3]) Imago mundi lib. IV, c. 5.
[4]) L. c. lib. 1, c. 55.
[5]) Lib. XV, c. 20.

ein jedes derselben sein Staatsgebiet oder den wichtigsten Punkt desselben in die Mitte der Erdscheibe legte. In derselben Weise gestalteten sich die geographischen Vorstellungen des Mittelalters aus der religiösen Idee der christlichen Erlösung. Wie die letztere die Vorstellung von der centralen Lage der Erde im Weltenraum veranlaßte, so führte sie weiterhin zu der Ansicht, daß diejenige irdische Oertlichkeit, von welcher die Erlösung ihren Ausgang genommen, den Mittelpunkt der Erdscheibe bilden müsse. Schon der heil. Hieronymus folgerte aus einem Worte des Propheten Hesekiel [1]), daß Jerusalem in der Mitte der Erde gelegen sein müsse. „Daß Jerusalem," sagte er, „in der Mitte der Erde gelegen ist, bezeugt der Prophet, indem er dasselbe als den Nabel der Erde bezeichnet." Desgleichen behauptete der Papst Urban im Jahre 1095 zu Clermont in der Rede, durch welche er die Franken für die Befreiung des heiligen Grabes begeisterte: „Jerusalem ist der Mittelpunkt der Erde, das zweite Paradies" [2]). Cäsarius von Heisterbach meinte: „Wie das Herz in der Mitte des Leibes, so ist Jerusalem in der Mitte unserer bewohnten Erde gelegen" [3]). „Also," folgerte er an einer anderen Stelle, „ist Christus im Mittelpunkte der Erde gekreuzigt worden" [4]). Dante suchte diese Vorstellung von der centralen Lage Jerusalems auch mit der von ihm erkannten Kugelgestalt der Erde in Einklang zu bringen und zwar in der Weise, daß er sich Jerusalem auf dem Höhepunkte des die Hölle bildenden Kreisausschnittes, also gerade senkrecht über der Spitze des Höllentrichters gelegen dachte.

Um eine noch vollständigere Kongruenz zwischen dem religiösen Glauben und der irdischen Geographie zu erzielen, suchte man auch den Anfang des menschlichen Geschlechtes mit jenem vermeintlichen Mittelpunkte der Erde in Verbindung zu bringen. Zwar ließ sich das Paradies selber seiner im Alten Testamente gegebenen Ortsbestimmung wegen nicht nach Judäa verlegen. Man mußte

---

[1]) K. 5. B. 5.
[2]) Roberti, historia Hierosol. bei Bongars gesta Dei per Francos.
[3]) Hom. II, 120.
[4]) Hom. I, 21.

fich baher bamit begnügen, nur eine perfönliche Verbinbung zwifchen bem erften Abam unb ben Leibensftätten bes fogenannten zweiten Abams zu gewinnen. Es ging bie Sage, baß Abam bort begraben fei, wo Chriftus gefreuzigt worben war, auf bem Berge Golgatha. „Abam ftarb," erzählte Honorius von Autun, „im Alter von 930 Jahren zu Jerufalem unb wurbe auf bem Calvarienberge beerbigt"[1]).

2. Der Zweck der Naturerkenntnis und der Widerstand gegen die religiöse Symbolik.

Wie ber äußere Aufbau ber gefamten Naturwelt, fo wurbe auch bas perfönliche Verhältnis bes Menfchen zur Natur aus ber religiöfen Jbee ber Kirche begriffen. Da bie Natur bes Menfchen wegen gefchaffen war, fo hatte ber Schöpfer bie Naturwelt bem Menfchen in erfter Linie zu einem Wegweifer nach bem alles be= ftimmenben Enbziele feines Lebens, ber Welt bes Jenfeits gefetzt. „Die fichtbare Welt," lehrte Albert ber Große, „ift bes Menfchen wegen gefchaffen, bamit ber Menfch burch bie Betrachtung ber= felben zur Erkenntnis Gottes gelange"[2]). Der Schwerpunkt ber Dinge wurbe alfo nicht in biefe felbft, fonbern in ben jenfeits ber Natur gebachten Schöpfer gelegt. Da nun, folgerte Thomas von Aquino, „ber Anfang ber Dinge außerhalb ber Welt, näm= lich in Gott gelegen ift, fo muß auch ber Enbzweck ber Dinge ein Gut außerhalb berfelben fein"[3]). Die Natur führte über fich felber hinaus zur übernatürlichen Welt. Die letztere war ber Gegenftanb unb Zweck ber mittelalterlichen Naturerkenntnis. Man fuchte in bem Natürlichen bas Uebernatürliche. Die fichtbare Körperwelt unb bas Stubium berfelben hatten bemnach einen bauernben Wert nur infofern, als fie eine Förberung ber Liebe zu Gott unb bes ewigen Seelenheiles gewähren konnten. Das Ueberfinnliche bilbete ben allgegenwärtigen Hintergrunb ber finn= lichen Körperwelt. Wie bie heutige Wiffenfchaft in allem Ge=

---

[1]) Imago mundi lib. 5.
[2]) Summa theol. pars II, tract. XII, quaest. 63, m. 2.
[3]) Summa theol. II, 1, quaest. 103, art. 2.

schehen der sichtbaren Natur das Walten unwandelbarer Gesetze
erkennt, so nahm das Mittelalter in demselben Umfange in der
ganzen Naturwelt die geheimnisvolle Wundermacht des Göttlichen
wahr. Auf Schritt und Tritt suchten die ernsten Geister jener
Zeit den Spuren desselben zu folgen. Als der heil. Martinus
an dem Ufer der Loire eine Schar Wasservögel erblickte, welche
den Fischen des Flusses nachstellte, sagte er zu seinen Begleitern:
„Seht da das Bild des Teufels; seht, wie er den Unvorsichtigen
Schlingen legt, wie er sie verschlingt und doch nie gesättigt
wird“ [1]). Wenn Franziskus von Assisi Blumen sah, so freute er
sich nicht über diese selbst, sondern gedachte der Blume aus der
Wurzel Jesse, welche Jesaias prophezeit hatte [2]). Beim Anblicke
eines Wurmes erinnerte er sich der Psalmworte: „Ich aber bin
ein Wurm und kein Mensch, ein Spott der Leute und Verachtung
des Volkes“ [3]). Berthold von Regensburg predigte seinen Zuhörern: „Ir sult an der erden lernen und an böumen und an
dem korne und an den bluomen und an dem grase. Als tet
der guote sant Bernhard: ‚ich suoche den gehiuren an allen
krêatiuren‘. Sô möhten alle krêatiure wol sprechen ob sie
kunden sprechen: unser vil manicvalten wunder enhaben wir
von uns selben niht, wir haben sie von dem, des dîn sêle
gernde ist, sô suoche ich den gehiuren an allen krêatiuren.
an aller seiten klange“ [4]). Wenn du eine Blume siehst, welche
schöner ist als eine andere, so sollst du benken, fuhr er fort: ‚ô
wol dir, lieber got, wie schoene unde genaeme dû eine bluome
wider die andern hâst geschaffen und alsô hâst dû einer wurze
mêr kraft gegeben danne der andern und alsô hâst dû einem
menschen mê tugende gegeben danne dem andern“ [5]). Wenn
die heil. Katharina von Siena rote Blumen erblickte, so gedachte
sie der roten Wunden ihres Erlösers [6]).

[1]) Sulp. Sever. epist. III.
[2]) K. 11, V. 1.
[3]) Psalm 22, 7.
[4]) Bd. 1, S. 157.
[5]) L. c. S. 158.
[6]) Ampl. Coll. p. 1375.

Dieser religiöse Verkehr mit der Natur hat in einer uner=
schöpflichen Legendenlitteratur, welche vor allem den Verkehr des
Menschen mit den Tieren zum Gegenstand hatte, seinen dichterischen
Ausdruck gefunden. Da alles Lebende dem Schoße des Schöpfers
entsprossen war, so mußten, wie man glaubte, auch die Tiere für
den Geisterhauch des Uebersinnlichen empfänglich sein. Die in
der Einsamkeit der Wüste oder Waldwildnis lebenden Asketen
suchten die wilden Tiere an sich zu gewöhnen, um die Wunder=
macht Gottes an ihnen zu erfahren und zu beobachten. Die
Legende zählte zahlreiche Beispiele aus dem Verkehre dieser from=
men Männer mit den Tieren als Beweise für die Heiligkeit und
göttliche Wundergabe der ersteren auf. Schon aus dem Leben
der altchristlichen Anachoreten in der Thebais oder in der syrischen
Wüste werden Wundergeschichten erzählt über das Empfindungs=
vermögen der wilden Tiere für das Göttliche. Da kamen Löwen
und scharrten dem Anachoreten Paulus das Grab. Hirsche ver=
sammelten sich jährlich einmal am Grabe des heil. Regulus.
Eine Hyäne brachte dem heil. Macarus ein blindes Junges, damit
er es sehend mache[1]). Ein Löwe fraß Datteln aus der Hand
des heil. Theon. Der Löwe des Abtes Gerasimus lebte von Milch
und Gemüse wie die Mönche des Klosters und diente dem letzteren
als Haustier. Auf dem Grabe seines Herrn endete das fromme
Tier. Aehnliche Wundergeschichten über das religiöse Empfindungs=
vermögen der Tiere erzählen die Legenden des Mittelalters. Als
Kolumban die Wälder des Vogesengebirges durchwanderte, sprangen
Eichhörnchen von den Bäumen und bargen sich in den Falten seines
Gewandes. Bären und Wölfe gehorchten seinen Worten. Als die
Mönche des Abtes Leonor den letzteren verlassen wollten, weil er
sie mit schweren körperlichen Arbeiten belastete, kamen Hirsche aus
dem Walde herbei und stellten sich dienstwillig an die Pflüge.
Ein Wolf schleppte dem Abte Thegonnec in der Bretagne die
Steine zum Bau seines Klosters herbei und fand Nachts sein

---

[1]) Vgl. Lecky, Sittengeschichte Europas von Augustus bis Karl dem
Großen, Bd. 2, S. 135 ff.

Lager im Schafftall. Bienen kamen auf Befehl des Antonius
von Padua und formten um eine in den Kelch gelegte Hostie
eine Monstranz aus Wachs.

Nicht selten waren die Fälle, in welchen die Tiere sogar ein
feineres Empfindungsvermögen für das Göttliche bekundeten als
die Menschen und in welchen die ersteren die letzteren zum Glauben bekehrten. Als Childebert, der Sohn Chlodovechs, den Anachoreten Karilef aus dem Forste vertreiben wollte, blieb sein Pferd
festgebannt an der Stelle stehen, obwohl er mit den Sporen die
Flanken des letzteren blutig riß. Da stieg der Jäger vom Pferde,
küßte ehrfurchtsvoll die Hand des Heiligen und schenkte ihm zum
Bau eines Klosters so viel Land, als der Heilige auf einem Esel
in einem Tage umreiten konnte. Ein Eber veranlaßte die Bekehrung des Thüringers Brake [1]. Die Fische, welche der Predigt
des Antonius von Padua lauschten, waren die Ursache, daß die
Bürger von Rimini sich ihrer Gottlosigkeit schämten und sich bekehrten. Ein Maulesel, der niederfiel, als derselbe Antonius ihm
das heilige Sakrament entgegenhielt, veranlaßte einen Häretiker,
von seinem Irrglauben zu lassen.

Dieses Suchen nach einer übersinnlichen Beziehung der sinnlichen Natur ließ die letztere zu einer Zeichensprache des Uebersinnlichen verblassen. Man beschränkte sich nicht darauf, in einzelnen
Fällen eine Offenbarung des Göttlichen zu erblicken, vielmehr betrachtete man die ganze Natur als eine allgemeine und fortdau-
ernde Offenbarung desselben. Man erblickte in jedem einzelnen
Naturwesen ein bestimmtes Zeichen für eine freundliche oder feindliche Beziehung des Menschen zu Gott. In allen Dingen, in
jedem Tiere, jeder Pflanze, jedem Steine und Gestirne sah man
eine besondere Tugend oder ein besonderes Laster des Menschen
versinnbildlicht. Auf allen Gebieten des Lebens hat diese Natursymbolik eine mannigfache Anwendung gefunden. Die wissenschaftliche und die theologische Litteratur wie die Kunstwerke des
Mittelalters enthalten einen unerschöpflichen Reichtum symbolischer

---

[1] Vgl. hierzu Graf von Montalembert, Die Mönche des Abendlandes vom heil. Benedikt bis zum heil. Bernhard, Bd. 2, S. 351 ff.

und allegorischer Beziehungen. Selbst die große Politik suchte
Auskunft bei der übersinnlichen Symbolik der Natur. Und zwar
betrachtete das Mittelalter diese Symbolik keineswegs als eine
willkürliche, subjektive Beziehung der Menschen. Vielmehr sah es
die symbolische Zeichensprache der Natur als den vom Schöpfer
beabsichtigten, objektiven Zweck derselben an. Schon Johann von
Damaskus, der klassische Dogmatiker des Orients aus der ersten
Hälfte des achten Jahrhunderts, hob den objektiven Charakter
der Natursymbolik hervor, indem er erklärte, daß der Mond sein
Licht nur darum von der Sonne erhalte, weil Gott in diesem
Verhältnisse dem Menschen die Standesunterschiede habe begreiflich
machen wollen. Die sinnbildliche Bezeichnung des menschlichen
Verhältnisses von Herrschaft und Dienst, von Hoch und Niedrig
wurde von ihm also ausdrücklich als der Entstehungsgrund für
das Verhältnis von Sonne und Mond aufgefaßt. Desgleichen
schloß der Philosoph Johannes Scotus Erigena, welcher in der
zweiten Hälfte des neunten Jahrhunderts lebte, aus dem Wesen
des Menschen auf den objektiven Charakter der Natursymbolik.
Da, erklärte er, im Menschen alles, was die Natur enthalte, zu=
sammengefaßt sei, so sei auch in allem, was geschaffen worden,
nur der Mensch geschaffen. Mit den Tieren, welche Gott am
sechsten Tage schuf, war darum der Mensch nach seiner leiblichen
Seite gemeint. Die Lasttiere deuteten auf die fünf Sinne, welche
der Vernunft für die Erkenntnis der materiellen Welt eine wesent=
liche Hilfe leisteten. Das Gewürm deutete auf die geheimen und
gleichsam schleichenden Funktionen hin, durch welche die Seele den
Leib beherrsche, ohne daß sie in das Bewußtsein des Menschen
träten. Die wilden Tiere bezeichneten die vernunftwidrigen Triebe
der menschlichen Natur, Wut, Begierde u. f. f.[1]). War ja doch
auch nach der biblischen Erzählung der Regenbogen zu dem Zwecke
von dem Schöpfer in die Wolken gesetzt worden, um den Menschen
ein Zeichen der göttlichen Gnade zu sein.

Die Vorstellung, daß die Symbolik nicht nur eine subjektive
Vorstellung des Menschen, sondern den objektiven Zweck der Dinge

---

[1]) Ed. Migne l. 4, 5, p. 751 ff.; l. 4, 10, p. 782 ff.

ausdrücke, bildete den mehr oder weniger sichtbaren Hintergrund in dem ganzen Naturleben des Mittelalters, soweit dasselbe von dem religiösen Geiste der Kirche beherrscht war. In diesem Sinne wurden die Erscheinungen der gesamten organischen und unorganischen Natur, zum Teil auf Grund alt= und neutestamentlicher Stellen, als Personifikationen der himmlischen und höllischen Kräfte, der Tugenden und Laster gedacht. Zunächst trug der Mensch selber in seiner leiblichen Gestaltung das Abzeichen seiner göttlichen Herkunft. Daß der Mensch von Gott geschaffen ist, das hat ihm Gott, wie Berthold von Regensburg predigte, „rehte mit geflörierten buochstaben an das antlitze geschriben". In diesem Antlitze sind diese Worte zu lesen: homo dei, Mensch Gottes. Die zwei Augen bedeuten zwei O. Die Augenbrauen und die zwischen denselben stehende Nase zeigen die Form des Buchstabens M „schöne mit drin stebelînen". Da das H kein eigentlicher Buchstabe, sondern nur eine Aspiration ist, so kann dasselbe ergänzt werden. Es ergibt sich also aus dieser Figurenbildung das Wort homo. Das Ohr ferner zeigt die Form des D, die Nasenlöcher mit ihrer Scheide bilden in wagerechter Lage das E, der Mund hat gleichfalls in wagerechter Lage die Gestalt des I. „Nu sult ir mir lesen ein O und ein M und aber ein O zesamen: sô sprichet ez Homo. Sô leset mir ouch ein D und ein E und ein I zesamen: so sprichet ez Dei. Homo Dei, gotes mensche, gotes mensche!"[1] Auch Dante that in seinem Purgatorium dieser dem Antlitze des Menschen eingeschriebenen göttlichen Zeichensprache wenigstens bezüglich des aus der Bildung der Augen und der Nase erkennbaren Wortes homo Erwähnung[2], so daß diese Vorstellung demnach nicht gerade vereinzelt gewesen zu sein scheint. Vincenz von Beauvais fand eine ähnliche sinnbildliche Beziehung in der Stellung der Augen und Ohren des Menschen ausgedrückt. Die letzteren, sagte er, dienen dazu, um die Worte der Menschen, die die Schöpfung betrachtenden Augen dazu, um das Wort Gottes in sich aufzunehmen. „Diesem Zwecke

---

[1] Bd. 1, S. 404.
[2] Canto 23, v. 32.

entſprechend, fuhr er fort, ſitzen die Augen vorne, die Ohren aber
zur Seite, als ob hierdurch bedeutet werden ſollte, daß unſere
Aufmerkſamkeit ſich erſt in zweiter Linie auf den Nächſten, in
erſter Linie aber auf Gott richten ſolle"[1]).

Den mannigfaltigſten Stoff fand die religiöſe Symbolik in
der Tierwelt. Das Lamm und das Einhorn galten als Sinn=
bilder Chriſti. Der ſeine Jungen mit ſeinem Blute tränkende
Pelikan war das ſtehende Sinnbild des Opfertodes Chriſti. Die
Taube war das von der ganzen Kirche angenommene Sinnbild des
heiligen Geiſtes ſowie der gläubigen Seele im allgemeinen. Schafe
und Fiſche bedeuteten die Nachfolger Chriſti, der Hirſch die heils=
begierige Seele. Der Drache, die Schlange und der Bär waren
Sinnbilder des Teufels. In reichſter Auswahl verwandte man
die Tiere als Perſonifikationen der Tugenden und Laſter. Das
Lamm, das Bild Chriſti, insbeſondere auch des heiligen Sakra=
mentes, war zugleich das Zeichen der Reinheit und Unſchuld, der
Hahn der Buße und Wachſamkeit u. ſ. w. Die ſogenannten
unreinen Tiere, Schwein, Haſe, Hyäne waren die Figurenzeichen
der Schwelgerei und Unzucht. Auch die ſogenannten letzten Dinge
fanden ihr Wahrzeichen in der Tierwelt. Der Schwan bedeutete
den Tod, der Phönix die Auferſtehung. Eingehender wurde dieſe
Symbolik der Tierwelt in den ſogenannten Phyſiologis behandelt,
d. h. in den Naturbeſchreibungen der Tiere. Das empiriſche
Material derſelben war urſprünglich antiken, insbeſondere griechi=
ſchen Schriften entnommen und bereits zur Zeit der alten Kirche
in religiöſem Sinne umgedeutet worden. Das Mittelalter bildete
die Allegoriſierung weiter aus und überſetzte dieſelbe ſeit dem
elften und zwölften Jahrhundert auch in die Volksſprache. In
dieſen Phyſiologis nun, von welchen noch mehrere in althoch=
deutſcher Sprache erhalten ſind, wurden die Eigenſchaften der
Tiere in Parallele geſtellt mit den Beziehungen des Menſchen
zu Gott, Teufel und Welt. So heißt es beiſpielsweiſe von dem
Löwen, derſelbe pflege, wenn er von Jägern verfolgt würde, ſeine
Spur mit dem Schwanze zu verwiſchen, daß ihm niemand nach=

---

[1]) Spec. nat. lib. 29, c. 29.

spüren könne. Wenn er schlafe, so halte er seine Augen offen.
Der neugeborene Löwe endlich sei anfänglich leblos und werde
erst am dritten Tage durch das Gebrüll des männlichen Löwen
erweckt. Der Physiologus zog aus diesen Eigenschaften des Löwen
folgende Nutzanwendung. Die erste Eigenschaft beziehe sich auf
Christus, der, als er auf Erden erschien, Menschengestalt ange=
nommen habe, damit der Teufel nicht erkennen sollte, daß er
Gottessohn sei. Desgleichen bezog er die zweite Eigenschaft auf
den letzteren, insofern derselbe nach seiner Gottheit gewacht habe,
während er nach seiner Menschheit ruhte. Die dritte Eigenschaft
endlich bedeute Gott Vater, welcher seinen Sohn am dritten Tage
vom Tode auferweckt habe[1]).

Auch die Pflanzenwelt bot der religiösen Symbolik vielfache
Beziehungen. Der Weinstock bedeutete Christus, der sich selber
als solchen bezeichnet hatte, die Olive, deren Krone sich weit aus=
dehnte, die göttliche Liebe, die Lilie die Keuschheit, die Cypresse
die Demut, die Ceder wegen der Dauerhaftigkeit ihres Holzes die
Beständigkeit des Glaubens, der Apfelbaum die Erbsünde, die
Palme den Sieg des Gerechten über den Tod u. s. f.

Mit besonderer Liebe wurde die religiöse Symbolik der Edel=
steine behandelt. In den zwölf Edelsteinen der Offenbarung
Johannes[2]), auf welchen die Mauern des neuen Jerusalems er=
richtet waren, Jaspis, Saphir, Chalcedon, Smaragd, Sardonyr,
Sardis, Chrysolith, Beryll, Topas, Chrysopras, Hyacinth und
Amethyst, fand diese Symbolik eine biblische Grundlage. Die ver=
schiedene Bedeutung der Steine wurde aus ihrem Farbenglanze
abgeleitet. So bezeichnete beispielsweise Innocenz III. in einem
Schreiben an den König Richard von England vom Jahre 1198,
mit welchem er dem letzteren vier goldene, mit je einem Edelstein
geschmückte Ringe übersandte, den Smaragd seines grünen Lichtes
wegen als das Sinnbild des Glaubens, den hellen Saphir als

---

[1]) Vgl. H. Hoffmann, „Fundgruben" Tl. 1, S. 17 f.; S. 22 f.;
desgleichen Maßmann, Deutsche Gedichte des zwölften Jahrhunderts in der
Bibliothek der ges. deutschen Nationallitteratur 3. Bd., 2. Tl., S. 311 ff.

[2]) K. 21, V. 19.

das der Hoffnung, den rotfunkelnden Granaten als das der Liebe und den leuchtenden Topas als das der Werkthätigkeit [1]). Ausführlicher äußerte sich über die Symbolik der Edelsteine Bonaventura [2]) und Konrad von Megenberg. Der erstere teilte die oben aufgezählten zwölf heiligen Steine in vier, aus je drei Steinen gebildete Gruppen, welche die vier Tugenden der christlichen Vollkommenheit versinnbildlichen sollten. Die erste Gruppe bedeutete den Glauben, die zweite die Hoffnung, die dritte die Liebe, die vierte die Gerechtigkeit. Innerhalb jeder dieser vier Abteilungen bezeichnete jeder einzelne Stein wieder eine verschiedene Eigenschaft der betreffenden Tugend. Der Jaspis bedeutete die Lebendigkeit, der Saphir die himmlische Reinheit und der Chalcedon die Standhaftigkeit des Glaubens. Von den zur zweiten Gruppe gehörigen, die Hoffnung versinnbildlichenden Steinen bezeichnete der Smaragd die Hoffnung auf Vergebung der Sünden, der Sardonyx die Hoffnung auf Gnade, der Sardes die Hoffnung auf die ewige Seligkeit. In der dritten, die Liebe versinnbildlichenden Gruppe bedeutete der Chrysolith die Reinheit, der Beryll die Werkthätigkeit, der Topas die Wahrhaftigkeit der Liebe. Von den die vierte Gruppe bildenden Steinen bezeichnete der Chysopras die Strenge, welche die Gerechtigkeit dem Menschen gegen sich selber auferlegt, der Hyacinth die Freundschaft, welche die Gerechtigkeit dem Nächsten gegenüber fordert, der Amethyst die Bereitwilligkeit, Gott in allen Dingen die Ehre zu geben. Die dichterische Litteratur beschäftigte sich vielfach mit diesem Gegenstande. So behandelte beispielsweise ein lateinischer Hymnus des elften Jahrhunderts die Symbolik jener zwölf heiligen Steine. Doch war die Tugendsymbolik desselben von der des Bonaventura im einzelnen nicht unwesentlich verschieden [3]). Eine reichere Auskunft über die Symbolik der Edelsteine enthält ferner ein um 1200 verfaßtes Marienlied [4]). Der Dichter erzählt, daß die Jungfrau

---

[1]) Epp. ed. Baluzius lib. I, 206.
[2]) Diaetae salutis tit. X, c. 5.
[3]) Mone, Latein. Hymnen des Mittelalters 3. Bd., S. 28 f.
[4]) Zeitschr. für deutsches Altertum von M. Haupt Bd. 10, S. 114 ff.

das himmlische, mit neun Edelsteinen bedeckte Gewand des Lucifer erhalten habe, welches dem letzteren nach seinem Abfalle von Gott genommen sei, und geht dann zur Deutung der Steine über. So mannigfach verschieden diese Auslegungen im einzelnen auch waren, so war man doch jedenfalls einig in dem Glauben an den allgemeinen symbolischen Wert der Steine.

Daß diese Symbolik keineswegs als ein bloßes Spiel der Phantasie, sondern als eine objektive Beschaffenheit der Dinge verstanden wurde, erhellt aus dem praktischen Werte, welchen die Heilkunde aus derselben folgerte. Die letztere legte den Edelsteinen zahlreiche heilkräftige Wirkungen bei, welche sie jedoch nicht auf eine stoffliche Analyse, sondern eben auf jene symbolischen Charaktereigenschaften derselben zurückführte. Und zwar waren die Leiden, welche die Edelsteine heilten, nicht bloß leiblicher, sondern auch seelischer Natur. Die seelische Heilkraft der Steine bildete gewissermaßen den vermittelnden Uebergang von der religiösen Symbolik zu den körperlichen Heilkräften derselben. Albert der Große überging zwar in seinen fünf Büchern über die Mineralien die symbolische Bedeutung der Edelsteine, da er, wie er bemerkte, sich in dieser Schrift nicht mit den letzten Gründen, sondern lediglich mit den nächstliegenden Ursachen der Dinge beschäftigen wolle[1]). Doch legte auch er den Steinen seelische und körperliche Heilkräfte bei und suchte den von manchen Seiten geäußerten Zweifel an die letzteren zu widerlegen[2]). In sehr eingehender Weise besprach er sodann die mannigfaltigen Kräfte der Edelsteine. Bonaventura stellte in der erwähnten Schrift die medizinische Heilkraft der Edelsteine in Parallele mit ihren symbolischen Beziehungen. „Wie der Jaspis," sagte er, „die Traumgestalten verscheucht, so überwindet der durch gute Werke lebendige Glaube alle Versuchungen des Teufels". In derselben Weise leitete Konrad von Megenberg die Heilkraft des Steines aus seiner symbolischen Bedeutung ab. „Der gruen jasp," sagte er, „der daz leiplich gesiht kreftigt, bedäutt den gelauben, der daz gaistleich

---

[1]) De mineralibus lib. 1, tract. 1, c. 4.
[2]) L. c. tract. 1, c. 1.

gesiht sterkt"[1]). Vom Saphir behauptete Bonaventura, er vertreibe das Gift und töte die Spinne, wie der wahre Glaube den bösen Erregungen widerstehe und die Sünde im Herzen töte. Nach Konrad von Megenberg durchflammte der Saphir mit göttlicher Liebe und lehrte die Welt verachten. Daher hatte denn ihm zufolge der Stein die Kraft, die innere Brunst zu besänftigen und Leiden der Stirn, der Zunge und anderes Siechtum zu heilen[2]). Ueber den Smaragd äußerte sich Bonaventura: „Wie der Smaragd das Fieber vertreibt und die fallende Sucht heilt, so verscheucht die Hoffnung auf Vergebung die Versuchungen und heilt jegliche Sünde." Nach Konrad von Megenberg bedeutete der Smaragd die Keuschheit. „Er bricht in Stücke." sagte er, „wenn man sich in seiner Gegenwart einer Liebessünde schuldig macht." Daher schrieb er ihm die Kraft zu, die unkeusche Lust zu bändigen. Albert der Große behauptete, daß der Smaragd sogar den geschlechtlichen Umgang der Eheleute nicht ertragen könne. Dem Könige von Ungarn, erzählte er, sei der Stein am Finger zersprungen, als er einst seiner Gattin beiwohnte[3]). Ueber den Sardonyx versicherte Bonaventura, daß er den Menschen demütig, züchtig und liebesthätig mache, wie die Hoffnung auf die göttliche Gnade, welche derselbe versinnbildlichen solle, den Menschen demütig macht und ihn vor Ueberhebung bewahrt. Konrad von Megenberg, welcher den Sardonyx als ein Sinnbild der heiligen Geduld auffaßte, legte ihm die Kraft bei, vor Zanksucht zu schützen[4]). Der Sardes erfüllt nach Bonaventura mit Freude, vertreibt die Furcht und macht den Menschen kühn, wie die durch ihn versinnbildlichte Hoffnung auf die ewige Seligkeit in dem Menschen eine geistliche und himmlische Freude erweckt und die weltliche Furcht vertreibt. Nach Konrad von Megenberg endlich bedeutete der Sardes die Standhaftigkeit der um ihres Glaubens willen getöteten Märtyrer und hatte derselbe daher die Kraft, den roten

---

[1]) L. c. S. 449.
[2]) S. 457 f.
[3]) De mineralib. lib. 2, tract. 2, c. 17.
[4]) S. 460 f.

Fluß zu stillen[1]). Die Ausführungen des Vincenz von Beauvais über die Natur der Edelsteine[2]) stimmen mit diesen Ansichten im allgemeinen überein.

Aber die Steine verloren ihre Kraft, wenn sie von unreinen Händen berührt wurden. Die Kraft konnte indeß wieder herge-stellt werden, wenn der Besitzer der Steine Buße that und die letzteren von einem Priester am Altare einsegnen ließ. Der Priester hatte für solche Fälle ein besonderes Gebet zu sprechen, welches Konrad von Megenberg mitteilte[3]). Diese Verbindung seelischer Kräfte mit der anorganischen Natur bildete die besondere Eigentümlichkeit der mittelalterlichen Chemie oder nach damaligem Sprachgebrauche der Alchimie sowie der praktischen Heilkunde, so daß demnach auch diese Disciplinen der Naturwissenschaften mit ihren letzten Wurzeln in den religiösen Mythus der Kirche zurück-reichten.

Nicht minder als in die Erscheinungen der Erde hatte Gott die Geheimnisse der übersinnlichen Welt endlich auch in die Sterne geschrieben. Der oft erwähnte Volksprediger Berthold von Regensburg, lehrte seine Zuhörer: „Wan nû iu leien himel-riches alse nôt ist als uns pfaffen, dar umbe hât iu got zwei grôziu buoch gegeben, dâ ir an lernen unde lesen sullet alle die wisheit, der iu nôt ist unde die iuch in daz himelrîche wisen sullen: daz ist der himel unde diu erde"[4]). Sodann bezeichnete er die sieben Tugenden, die „ze dem himelrîche wisen". Die Sonne, welche er als den ersten Planeten be-trachtete, erschien ihm als das Sinnbild des Glaubens, der Mond, der niedrigste Planet, als das der Demut, der Mars, der Stern des Kriegsgottes, als das der Geistesstärke, der Merkur, welcher „ein mitteler ist", als das der Friedfertigkeit, der Jupiter, dessen Name bedeutet „ein helflich vater", als das der Mild-thätigkeit, die Venus als das der Liebe, der Saturn wegen der

---

[1]) S. 461.
[2]) Spec. nat. l. VIII, c. 37 ff.
[3]) S. 473; vgl. Vincenz von Beauvais, Spec. nat. l. VIII, c. 29.
[4]) Bd. 1, S. 48.

Langſamkeit ſeiner Fortbewegung als das der Beharrlichkeit. An
den Sternbildern des großen und kleinen Wagens lehrte er die
vier Tugenden Glaube, Hoffnung, Liebe, Beharrlichkeit beachten.
Auf dem großen Wagen mußten, wie er lehrte, die erwachſenen
Leute, auf dem kleinen Wagen die Kinder zum Himmelreich fahren.
Das nicht fern vom Sternbilde des großen Wagens ſtehende Stern=
bild der Krone bezeichnete ihm zufolge: „die himeliſchen krône, die
der almehtige got wil geben allen den, die diſe vier tugende
habent, daz ſie ûf dem himeliſchen wagen ze himelriche komen".
In dem der Krone naheſtehenden Sternbilde des Rieſen erblickte
er das Wahrzeichen des Teufels: „der ſtêt bî der krônen unde
weret iuch die krône: er ſtêt unde dröuwet iu mit dem
kolben" [1]).

In den ungewöhnlichen Naturerſcheinungen fand man eine
ſymboliſche Beziehung zu außerordentlichen Ereigniſſen des menſch=
lichen Lebens. Als im Jahre 1207 die Sonne durch eine eigen=
tümliche Brechung der Strahlen in drei Teile zerſpalten erſchien,
legte Cäſarius von Heiſterbach dieſe Erſcheinung ſofort in folgender
Weiſe aus: Die Sonne bedeute das römiſch=deutſche Reich, die
drei Teile derſelben aber bedeuteten die dreifache Spaltung des=
ſelben, welche durch die Wahl der drei gleichzeitigen Könige,
Friedrichs II., Ottos IV. und Philipps entſtanden war. Kometen
galten als Vorboten kommender großer Ereigniſſe. Sie kündeten
an, daß ein Mächtiger ſterben müſſe, daß Krankheit, Krieg, Sturm
und Hungersnot die Sterblichen heimſuchen würden[2]). Albert
der Große verſuchte die gegen die prophetiſche Bedeutung der
Kometen erhobenen Zweifel zu widerlegen[3]). Dieſe Deutung
außergewöhnlicher Naturerſcheinungen war alſo zunächſt nicht der
Ausfluß einer geängſteten Phantaſie, ſondern ſtand ebenſo wie
die Auffaſſung der dauernden Naturerſcheinungen in unmittel=
barem Zuſammenhange mit dem Syſtem der mittelalterlichen
Weltanſchauung.

---

[1]) Bd. 1, S. 168.
[2]) Honor. Augustodunensis, imago mundi, lib. 1, c. 63.
[3]) Meteor. l. 1, tract. III, c. 11.

So gewährte jeder Ausblick in die Natur die vielseitigsten Beziehungen zum Uebersinnlichen. Wald, Feld und Firmament redeten in Gleichnissen die Geheimnisse der unsichtbaren Welt. Sie waren die Bildersprache der in der Erlösung kund gewordenen göttlichen Offenbarung.

Endlich mußte das Weltall in seinen Tiefen auch einen Auf= schluß bergen über die Bedeutung derjenigen Institutionen, deren Aufgabe es war, die Geheimnisse dieser göttlichen Offenbarung den Menschen zu vermitteln, über die Bedeutung von Kirche und Staat. Das System des Kirche und Staat umfassenden, irdischen Gottes= reiches war denn auch nach der Ansicht des Mittelalters mit ge= waltigen Zügen in dem Aufbau der Körperwelt ausgesprochen und zwar in einer Schrift, welche sich täglich dem Auge des Menschen aufdrängen mußte, in den Gestirnen. Für die Kirche als die Quelle des geistlichen Lichtes und Lebens konnte es am Firmament nur ein entsprechendes Sinnbild geben, die Sonne als die Quelle alles irdischen Lichtes und Lebens. Diejenige Institution aber, deren Aufgabe es war, die durch die Kirche geoffenbarten göttlichen Wahr= heiten in sich aufzunehmen und zurückzustrahlen, der weltliche Staat, konnte nur sein Sinnbild finden in dem Gestirne, welches das Licht der Sonne empfängt, um es nach dem Untergange der letzteren der Erdenwelt zurückzugeben, in dem Monde. Das Verhältnis von Sonne und Mond enthielt eine allegorische Darstellung des Verhält= nisses von Kirche und Staat. Wie die Sonne das gebende, der Mond das empfangende Gestirn war, so war auch die Kirche die gebende, der Staat nur die empfangende Macht. Die transcendente Symbolik wurde demnach zu einer Quelle praktischer Werte für das Verhältnis der geistlichen und weltlichen Macht. Gregor VII. verglich in einem Briefe vom Jahre 1080 an den König Wilhelm den Eroberer zum Beweise seiner alle weltliche Gewalt überragenden Hoheit die päpst= liche und königliche Würde mit Sonne und Mond. Innocenz III. wiederholte diesen Vergleich zu dem gleichen Zwecke. Das Bild von Sonne und Mond wurde seitdem allgemein als das von dem Schöpfer hingestellte Sinnbild für das Verhältnis von Kirche und Staat festgehalten. Gott selbst hatte die alles beherrschende Machtstellung der Kirche mit Flammenschrift an das Firmament

geschrieben. Die transcendente Natursymbolik schloß den welt=
herrschaftlichen Gedanken der mittelalterlichen Kirche in sich.

Die ganze sichtbare Natur erschien dem Mittelalter als ein
allegorisches Lehrgedicht der religiösen Idee, als ein Gleichnis des
asketisch = hierarchischen Systems des irdischen Gottesstaates. Sie
war, wie Vincenz von Beauvais sagte, „gleichsam ein von dem
Finger Gottes geschriebenes Buch"[1]). Die Vorstellungen des
Mittelalters über die Ordnung der sichtbaren Dinge hatten also
zunächst durchaus nicht ihren Grund in einer unter dem Schutze
der Unkenntnis sich frei bewegenden Phantasie, sondern vielmehr
in den Glaubenslehren der Kirche und in der logisch doch gewiß
sehr richtigen Annahme, daß der Bauplan der Körperwelt dem
eigentlichen Zweck, der leitenden Idee der letzteren, der jenseitigen
Bestimmung des Menschen, kongruent sein müsse. Und zwar hatte
der religiöse Glaube einen um so entscheidenderen Anteil an jenen
Vorstellungen, als ja dem Mittelalter die naturwissenschaftlichen
Lehren des Alterthums wenigstens zum großen Teile bekannt
waren und als er dieselben eben aus religiösen Gründen in vielen
Stücken bestritt.

Selbstverständlich aber fand diese Auffassung nur auf den
Höhen der Weltverachtung und religiösen Begeisterung eine prak=
tische Geltung. Sie sprach nur die Anschauung der Kirche und
der völlig in ihrer Machtsphäre stehenden Gläubigen aus. Sie
bildete das ideale Maß des Mittelalters für die Erkenntnis der
Natur und das persönliche Verhältnis des Menschen zur letzteren.
Doch war das wirkliche Naturleben des Mittelalters von diesem
Ideale weit entfernt. Auch auf diesem Gebiete befand sich das
Volksleben des Mittelalters in weitem Abstande von seiner in
der kirchlichen Lehre ausgesprochenen religiösen Weltansicht. Die
lebenskräftigen Triebe der menschlichen Sinnlichkeit waren mäch=
tiger als die Logik der religiösen Metaphysik. Selbst das wissen=
schaftliche Studium, welches sich doch im Alleinbesitze der Geist=
lichkeit befand, betrachtete die Natur auch noch unter anderen
Gesichtspunkten als dem des ewigen Seelenheiles und zwar vor

---

[1]) Spec. nat. lib. 29, c. 23.

allem unter dem Gesichtspunkte des leiblichen Wohles, der prak=
tischen Heilkunde.

Die trotz aller Reliquien und Wunder fortdauernden physischen
Leiden drängten zur Anwendung natürlicher Heilmittel. Daher
waren die Klöster, denen die Krankenpflege als eine religiöse
Pflicht oblag, die Pflegestätten der medizinischen Studien. Die
Mönche verstanden sich nicht nur auf die heilende Wirkung der
Reliquien, sondern auch auf die der Kräuter und Mineralien.
Die meisten Klöster besaßen in ihren Gärten eine besondere Kultur
der heilkräftigen Pflanzen. Vincenz von Beauvais gab in seinem
Naturspiegel für die zweckmäßigste Anlage solcher Gärten einige
allgemeine Vorschriften, welche vorzugsweise den Angaben des
Plinius folgten [1]. Auch hat sich die Litteratur des Mittelalters
vielfach mit der medizinischen Botanik beschäftigt, so z. B. Otho
von Cremona, welcher über die letztere in leoninischen Hexametern
handelte, ferner die Aebtissin Hildegard von Bingen, welche um
die Mitte des zwölften Jahrhunderts in ihrer „Physica" eine
Sammlung von Rezepten für alle möglichen Krankheitsfälle ver=
faßte und viele andere [2]. Und zwar stützte sich diese Heilkunde
keineswegs bloß auf die religiöse Symbolik, sondern zugleich auch
auf die medizinischen Lehren des griechischen und römischen Alter=
tums, der arabischen Wissenschaft wie auf eigene Beobachtungen.
Der Naturspiegel des Vincenz von Beauvais leitete seine medi=
zinischen Vorschriften sogar vorzugsweise aus der antiken und
arabischen Litteratur her. Dasselbe gilt von Konrad von
Megenberg, dessen Buch der Natur sonst überall eine symbolische
Beziehung der organischen und unorganischen Natur herauszu=
finden weiß.

Außerdem hatte das Mittelalter auch ein bedeutendes ästhe=
tisches Interesse an der Natur, um von den landwirtschaftlichen
Interessen, welche ja die Hauptthätigkeit des ganzen Lebens in
Anspruch nahmen, ganz abzusehen. Insbesondere machte der lange
Winter, welcher wegen der dürftigen Wohnungsverhältnisse in

---

[1] Lib. X, c. 1 ff.
[2] H. Haeser, Lehrbuch der Geschichte der Medizin rc. 1. Bd., S. 635 ff.

Stadt und Land allgemein als eine ſehr freudloſe Zeit empfunden
wurde, den Sinn für die Reize der im Frühling neu erwachenden
Natur um ſo empfänglicher. Wie von ſchwerer Gefangenſchaft
erlöſt, atmeten die Menſchen auf, wenn der Froſt ſich löſte und
Wald und Felder grünten. Der Frühling hatte infolge der un=
entwickelteren Kultur für die Seelenſtimmung des Mittelalters
eine noch größere Bedeutung als für diejenige der Gegenwart.
Es iſt daher begreiflich, wenn das Naturempfinden des Mittel=
alters auch in der Dichtung vor allem den Anbruch des Frühlings
begrüßte. Die Frühlingslieder der mittelalterlichen Lyrik empfan=
den dieſelben Dinge, welche die geiſterhafte Abſtraktion der reli=
giöſen Symbolik nur einer mittelbaren, überſinnlichen Beziehung
wegen beachtete, als unmittelbare, ſinnliche Lebenswerte.

Dieſes unmittelbare Naturempfinden äußerte ſich auch wohl
in einem ausgeſprochenen Gegenſatze zu der asketiſchen Weltver=
achtung der Kirche. Allerdings erſtreckte ſich dieſe Gegenſtellung
keineswegs auf das religiöſe Lehrſyſtem. Vielmehr glaubte die=
ſelbe mit dem letzteren ebenſo ſehr im Einklang zu verbleiben wie
die Gegenwehr des Staates gegen die politiſchen Herrſchaftsan=
ſprüche der Kirche. Der in den achtziger Jahren des dreizehnten
Jahrhunderts verſtorbene Dichter Friedrich von Sonnenburg war
der Meinung, die Weltverachtung der Kirche vom Standpunkte
der chriſtlichen Glaubenslehre aus zurückweiſen zu können. Wer,
äußerte er in einem Gedichte, die Welt tadelt, der tadele Gott,
den Schöpfer der letzteren.

> „Schülte ich gotes hohiu wunderwerc, an diu er hât geleit
> ûz alre ſinre almehtekeit, êre unde mangiu werdekeit,
> ſô ſchülte ich got ieſâ ze hant,
> an der geſchepfde ſîn.“

Die Welt erſchien ihm als „gotes wundertal“, als „zarter gotes
garte“, welchem Gott die Menſchheit, ſeine Mutter und ſeine
Heiligen entnommen habe. Aus dem Umſtande, daß der Sohn
Gottes täglich in dem vom Prieſter geweihten irdiſchen Brote
ſeinem Vater geopfert werde, glaubte er ſogar einen Vorzug der
Welt vor dem Himmel ableiten zu können.

„Aldâ ze hant diu erde hât die himel überstigen.
Al selber gabe sint die hôhen engel gar verzigen,
sine mugen niht den gotes sun dem vater geopfern alse wir:
Vrou welt, diu êre haben wir von gote und ouch von dir."

Selbst den zukünftigen Besitz des Himmelreiches glaubte er außer Gott auch der Welt danken zu müssen, da er von der letzteren seine Existenz empfangen habe.

„O wol dir Welt, o wol dir hiute und iemer mêre wol!
O wol dir des, daz ich daz himelrîche noch besitzen sôl!
Daz ist von gote und ouch von dir:
dar zuo gebaer du mich."

Er verwarf überhaupt die asketische Sittenlehre, da dieselbe eine thatsächliche Unmöglichkeit sei und da außerdem ja auch der irdische Leib dem Menschen selbst noch nach dem Tode bei der Auferstehung des Fleisches nachfolgen werde.

„Man tuot sich vrîes lebenes wol und ouch der sünden abe.
ân got und ân der welte küele und ouch ir werme und ouch ir labe
geleben nieman niht enmac."

So bestand also auch in dem Verhältnis des Mittelalters zur Natur derselbe Widerstreit zwischen dem Ideale und der Wirklichkeit des übersinnlichen Gottesstaates, zwischen dem Jenseits und Diesseits, welcher sich auf allen Gebieten desselben geltend machte.

4. Die Geschichtsschreibung.

Die Idee des in der Kirche offenbarten göttlichen Reiches war endlich auch für die Geschichtschreibung der Zielpunkt, dessen unverrücktes Festhalten den eigentlichen Charakter derselben nach Form und Inhalt bestimmte. Die Naturlehre suchte zu erkennen, wie sich die religiöse Idee im Raume gestaltete, die Geschichts= schreibung, wie sich dieselbe in der Zeit entwickelte. Die Historik war ebenso wie die Philosophie und die Naturlehre eine Hilfs= wissenschaft der Theologie, eine Apologetik der christlichen Glaubens= lehren.

Dieser Standpunkt der Geschichtschreibung hatte zunächst eine grundsätzliche Ausscheidung aller derjenigen Gegenstände zur Folge, welche in keiner mittelbaren oder unmittelbaren Beziehung zu dem eigentlichen Gegenstande der Darstellung standen. Daher bieten die Geschichtsquellen des Mittelalters fast durchgehends ein so ge= ringes Material für die nähere Kenntnis der weltlichen Kultur= verhältnisse in Staats= und Privatleben. Nur gelegentlich, im zufälligen Zusammenhange mit jenem Hauptthema geschieht der= selben wohl eine kurze Erwähnung. Den Gegenstand der Geschichts= schreibung bildeten das Leben und die Thaten der Heiligen, die Bekämpfung und Bekehrung heidnischer Volksstämme, die Be= ziehungen zwischen Staat und Kirche, die Kämpfe zwischen Kaiser und Papst, die Kriegsfahrten nach dem heiligen Lande u. s. f., so daß also die Kirche und die christliche Heilslehre stets im Mittelpunkte der Darstellung stand. An diesen Kern schloß sich der gesamte In= halt der Geschichtschreibung an. Alle anderen Dinge kamen der klassischen Zeit des Mittelalters nur insoweit in Betracht, als sie irgend eine Beziehung zu diesen Fragen enthielten. Die christliche Erlösung erschien als der gesamte Inhalt der menschlichen Ge= schichte, so daß die christliche Heilsgeschichte im weiteren Sinne den Gesamtinhalt des geschichtlichen Bewußtseins bildete.

Die Geschichtschreibung betrachtete den Gottesstaat der römi= schen Kirche als das Ziel der menschlichen Entwicklung, in welchem sich alle Völkergeschichte zu einer Einheit zusammenfaßte. Die

zeitliche Aufeinanderfolge der Nationen erschien ihr als eine fort=
gesetzte Annäherung an dieses Ziel aller Dinge. Insofern also
die Historik ,die Schicksale der Völker unter dem Gesichtspunkt
des christlichen Gottesstaates betrachtete, kannte sie den Begriff
der Entwicklung. Die Darstellung des sich fortschreitend ent=
wickelnden Gottesreiches bildete die mittelalterliche Philosophie der
Geschichte. Nur vereinzelt freilich wurde die Geschichte von diesem
Gesichtspunkte aus in großen Zügen zusammengefaßt. Die Grund=
lage der mittlalterlichen Geschichtsphilosophie bildete die Litteratur
der alten Kirche. Bereits Lactantius hatte in seiner im ersten
Jahrzehnt des vierten Jahrhunderts verfaßten Schrift „sieben
Bücher göttlicher Einrichtungen" die Geschichte der Menschheit der
Idee der göttlichen Erlösung unterstellt und mit Hinweis auf die
sechs Schöpfungstage den Zeitlauf der irdischen Dinge auf sechs
Jahrtausende bemessen[1]), eine Analogie, welche in die Litteratur
des Mittelalters überging und dauernd von derselben festgehalten
wurde nur mit dem Unterschiede, daß die letzteren die Jahrtausende
zu Weltaltern von unbestimmter Zeitdauer verlängerte. Den groß=
artigsten Entwurf einer christlichen Geschichtsphilosophie lieferte
Augustin in seinem berühmten Werke „über den Gottesstaat",
dessen Anschauungen die Grundlage für die Geschichtsphilosophie
des ganzen Mittelalters geblieben sind. Augustin betrachtete die
Geschichte der Menschheit als einen einheitlichen Organismus, der
sich in demselben Rhythmus entwickele wie das Leben des einzelnen
Menschen. Er unterschied von dieser Betrachtung aus in dem
Verlaufe der Geschichte dieselben sechs Lebensalter, welche der
einzelne Mensch zu durchmessen habe und erkannte in demselben
eine fortschreitende Entwicklung des Gottesstaates auf der einen
und des Weltstaates auf der anderen Seite. Der sich stetig
steigernde Gegensatz dieser beiden Reiche bildete den Gegenstand
der menschlichen Geschichte. Er fand seinen Abschluß einerseits
in der Kirche Christi, andererseits in dem römischen Weltreiche.
Auch das Mittelalter führte den in seiner Gegenwart bestehenden
Dualismus der weltlichen und geistlichen Macht auf das Altertum

---

[1]) Divinarum institut. libri VII, l. 7, c. 14 ff.

und zwar bis zum Anfange des menschlichen Geschlechtes zurück. Aus der Aufeinanderfolge der großen Reiche des Altertums, des assyrischen, medischen, persischen, griechisch-macedonischen und rö= mischen Reiches zog die Historik die im Geiste der religiösen Meta= physik ihrer Zeit gedachte Schlußfolgerung, daß von je her einem einzelnen Volke der Besitz der höchsten weltlichen Macht ver= liehen worden sei. Anderseits war sie auf Grund der biblischen Schriften der Meinung, daß auch eine einzelne Nation zum Träger der göttlichen Offenbarung berufen worden sei. Während aber hinsichtlich des weltlichen Imperiums ein steter Wechsel statt= fand, ruhte die Tradition der göttlichen Wahrheit dauernd bei einem Volke, dem jüdischen. Ihren Abschluß fand diese Aufein= anderfolge von Reichen in dem Gottesstaate der römischen Kirche, welcher die beiden im Altertum völlig getrennt bestehenden Ge= biete in sich vereinigte. Wie nun die Historik den Schwerpunkt ihrer Gegenwart in die Kirche legte, so fand sie den Schwerpunkt der Vergangenheit in der Geschichte des jüdischen Volkes. Die ganze Geschichte des Altertums verkürzte sich der Historiographie zu einer Geschichte des jüdischen Volkes, indem die Geschichte der übrigen Völker den verschiedenen Zeiträumen der ersteren einge= flochten wurde.

Von den mittelalterlichen Chronisten war der im Jahre 606 verstorbene Bischof Isidor von Sevilla der erste, welcher in seinem Buche de discretione temporum die Geschichte unter den Gesichts= punkt dieser Entwicklung stellte. Er begriff nach dem Vorgange des Lactantius und Augustin die Geschichte als eine Zeitfolge von sechs Weltaltern, von welchen das erste mit Adam, das zweite mit Noah, das dritte mit Abraham, das vierte mit David, das fünfte mit der babylonischen Gefangenschaft der Juden, das sechste mit der Fleisch= werdung des Erlösers begonnen haben sollte. Isidor faßte also die ganze Weltgeschichte in dem Rahmen der jüdischen Geschichte zu= sammen. Die durch Ereignisse der letzteren bezeichneten sechs Welt= alter waren die Stufen der göttlichen Offenbarung, welche mit der Menschwerdung des Gottessohnes ihren Abschluß fanden. Die menschliche Geschichte erschien ihm also wie dem Augustin als eine fortlaufende Entwicklung auf die Erlösung, deren allgemeine Ver=

fünbigung und Aneignung die Aufgabe des letzten Weltalters sein
sollte. Isidor stellte diese Zeitalter der menschlichen Entwicklung
in Parallele mit den sechs Tagen der Weltschöpfung und mit den
Altersstufen der individuellen Lebensentwicklung. Der hundert
Jahre jüngere Angelsachse Beda nahm gleichfalls die Lehre von
den sechs Weltaltern in seinem „Chronicon sive de sex hujus
saeculi aetatibus" an. Auch ihm erschien von der Voraussetzung
aus, daß die menschliche Geschichte eine Entwicklung auf die gött=
liche Erlösung sei, die jüdische Geschichte, als die Trägerin der
letzteren, gleichbedeutend zu sein mit der allgemeinen Geschichte.
Dem Beda wird auch ein religiöser Hymnus zugeschrieben, welcher
die Schöpfungswerke der einzelnen Tage als vorbildliche Hand=
lungen auf die geschichtliche Bedeutung der einzelnen Weltalter in
dem Entwicklungsgange der göttlichen Offenbarung hinstellte. Der
Hymnus fügt in Uebereinstimmung mit der Bedaschen Weltchronik
jenen sechs Weltaltern noch zwei hinzu, von welchen das siebente
dem Ruhetage Gottes nach den sechs Schöpfungstagen verglichen
wurde. Wie Gott an jenem Tage ruhte, so ruhte in diesem Zeit=
alter die Menschheit in dem Frieden, welchen sie durch den Opfer=
tod Christi mit Gott gefunden hatte. Das achte Zeitalter aber
hatte seinen Schauplatz nicht mehr im Diesseits, sondern im Jen=
seits. Es war die Zeit der neuen Welt, welche nach der Aufer=
stehung der Toten folgen sollte [1]). Das Chronikon des dem
zwölften Jahrhundert angehörigen Honorius von Autun hielt sich
im allgemeinen an diese von Augustin und Isidor nach Maßgabe
der jüdischen Geschichte vorgezeichnete Einteilung der Weltge=
schichte [2]). Desgleichen nahm Vincenz von Beauvais in seinem
um die Mitte des dreizehnten Jahrhunderts verfaßten Natur=
spiegel, entsprechend den sechs Schöpfungstagen und den sechs
menschlichen Lebensaltern, die gleiche Zahl und Reihenfolge der
Weltalter an wie Isidor [3]), damit man, wie er in seinem Ge=

---

[1]) Der Hymnus ist u. a. abgedruckt bei Mone, „Lateinische Hymnen
des Mittelalters" 1. Bd., S. 1 f.

[2]) Imago mundi lib. 5.

[3]) Lib. 32, c. 26.

fchichtsfpiegel bemerkte, erkennen könne, „daß der Erlöfer derfelbe
fei wie der Schöpfer"[1]. Thomas von Aquino unterfchied auf
Grund der Danielifchen Vifion fünf Weltmonarchien. Die erfte
war die affyrifche, welche um die Zeit Abrahams von Minus gegründet war und bis Sardanapal dauerte. Die zweite war die
medifche und perfifche, welche durch Arbaces gegründet wurde und
mit Darius endete. Die dritte war die griechifch = macedonifche,
welche durch Alexander errichtet wurde. Auf diefe folgte die
römifche. Die fünfte endlich war die Monarchie Chrifti. Diefe
letztere wird die ganze Welt umfpannen und bis an das Ende
derfelben beftehen bleiben[2]. Diefelbe begann zwar gleich mit
der Fleifchwerdung des Gottesfohnes, aber eine fichtbare Geftalt
gewann fie erft mit Conftantin dem Großen[3]. Das Regiment
diefer Monarchie hat feitdem mehrfach gewechfelt. Von den oft-
römifchen Kaifern wurde das Imperium auf den Frankenkönig
Karl den Großen übertragen. Nach dem Verfall des Frankenreiches ging das Imperium auf die deutfchen Könige über. Die
höchfte Autorität in diefer Monarchie Chrifti gebührt aber nicht
den Kaifern, fondern den römifchen Päpften, als den Stellver-
tretern Chrifti[4]. Die Bedeutung diefer Aufeinanderfolge von
Reichen für die Monarchie Chrifti hat Thomas allerdings nicht
weiter ausgeführt, noch überhaupt angedeutet. Doch ift es offenbar, daß er in derfelben die Stufenreihe einer fortfchreitenden
Annäherung an das Reich Gottes und das letztere als die Vollendung der voraufgegangenen Weltmonarchien hatte hervorheben
wollen.

Auch in die deutfche Annaliftik ift die Lehre von den fechs
Weltaltern übergegangen. Der im Jahre 1054 verftorbene Her-
mann der Lahme nahm diefelbe zum Einteilungsprinzip feiner
Chronik. Lambert von Hersfeld begann feine Annalen mit der
Theorie von den fechs Weltaltern. Auch der in den zwanziger

---

[1] Lib. 1, c. 53.
[2] De regimine princip. lib. 3, c. 12, 13.
[3] L. c. c. 15.
[4] L. c. c. 19.

Jahren des zwölften Jahrhunderts verstorbene Ekkehard von Aura nahm in seine Weltchronik diese Lehre auf, indem er die Welt= alter nach den sechs Monarchien der Assyrer, Aegypter, Meder, Perser, Macedonier und Römer unterschied. Freilich haben diese Chronisten nicht den Versuch gemacht, in der Aufeinanderfolge der sechs Weltreiche eine Entwicklung nachzuweisen, wenngleich diese ganze Lehre auf der Annahme einer solchen beruhte. Den bedeutendsten Versuch, die Geschichte unter dem Gesichtspunkte jener Weltalter darzustellen, unternahm der im Jahre 1158 ver= storbene Bischof Otto von Freising. Derselbe legte seiner Chronik die augustinische Lehre von dem Gegensatze des göttlichen und des weltlichen Reiches zu Grunde. Die Entwicklung des letzteren voll= zog sich, wie er mit Berufung auf die Danielische Weissagung erklärte, in vier Hauptreichen, dem assyrischen, dem medisch=per= sischen, dem griechischen und endlich dem römischen Reiche. Dem Wandel der irdischen Reiche stellte er das Gottesreich als den festen Zielpunkt gegenüber. „Denn wer," schrieb er in seinem Briefe an den Mönch Ifingrim, „wollte mit gesundem Verstande leugnen, daß der Weise sich bei dem Wechsel der Zeiten nicht zu dem stetigen und bleibenden Reiche der Ewigkeit wenden müsse? Das ist das Reich Gottes, das himmlische Jerusalem, nach welchem die auf der Pilgerschaft befindlichen Kinder Gottes seufzen, durch die Verwirrung der zeitlichen Dinge wie durch eine babylonische Gefangenschaft belastet" [1]). In dem Gegensatz dieser beiden Reiche vollzog sich aber eine fortschreitende Bewegung, insofern nach der Ansicht Ottos der Gottesstaat an Ausdehnung gewann und der Weltstaat in demselben Maße verlor. „Sieh," sagte er, „mit dem Wachsen des Reiches Christi das Reich der Welt allmählich zusammenschrumpfen" [2]). In dieser allmählichen Verschiebung der gegenseitigen Machtverhältnisse beider Staaten lag also der Ent= wicklungszug der menschlichen Geschichte.

Uebrigens lag der bei den Chronisten des Mittelalters üblichen Sitte, die Erzählung ihrer Zeitgeschichte mit einer bis zur Er=

---

[1]) Mon. Germ. t. 20, p. 118.
[2]) Otto Frising lib. IV, c. 5; Mon. Germ. t. 20. p. 198.

ſchaffung der Welt zurückgehenden Einleitung zu beginnen, offen=
bar der Gedanke zu Grund, den einheitlichen Zuſammenhang der
menſchlichen Geſchichte in Gott und der ſchon im Paradieſe be=
ſchloſſenen göttlichen Erlöſung anzudeuten. Auch pflegte die Ge=
ſchichtſchreibung an dieſen Zuſammenhang wohl in der Dar=
ſtellung der einzelnen geſchichtlichen Vorgänge zu erinnern. Die
Vorſtellung alſo, daß der Gottesſtaat der Kirche das Ende aller
Dinge bilde, war der leitende Gedanke der mittelalterlichen Hiſtorik.
Sie war die ausgeſprochene oder ſtillſchweigende Vorausſetzung
der geſamten Annaliſtik.

Eine eingehende, ſyſtematiſch durchdachte Ausführung des Zu=
ſammenhanges der menſchlichen Geſchichte in der Idee des Gottes=
ſtaates hat das klaſſiſche Mittelalter allerdings nicht hinterlaſſen.
Keines der mittelalterlichen Geſchichtswerke hat in jener Reihen=
folge der dem Erſcheinen Chriſti voraufgehenden und nachfolgen=
den Weltalter eine eigentliche Entwicklung nachzuweiſen geſucht.
Auch die Chronik des Otto von Freiſing, welche der letztere ſelber
„das Buch von den zwei Staaten" nannte, hat einen ſolchen Nach=
weis nicht geliefert, noch überhaupt verſucht. Sie hat im höchſten
Falle den Gedanken einer Entwicklung in ganz allgemeiner Form
ausgeſprochen. Der Mangel eines ſolchen Nachweiſes hatte ſeinen
Grund eben in dem religiöſen Prinzip der mittelalterlichen Hiſtorik,
inſofern dasſelbe die letztere verhinderte, die Dinge zunächſt und
grundſätzlich unter dem Geſichtspunkte von Urſache und Wirkung
zu begreifen. Die Beziehung der Dinge auf den göttlichen End=
zweck der Erlöſung war in der Geſchichtſchreibung ſo vorherrſchend,
daß die Beziehung derſelben auf ihre irdiſchen Urſachen nur ſehr
unvollſtändig in Erwägung gezogen wurde. Die Hiſtorik faßte
weniger den urſächlichen als den endzwecklichen Zuſammenhang
der Dinge ins Auge. Um den letzteren zu gewinnen, gab ſie die
Verbindung des Lebens mit dem Diesſeits preis. Der innere
Zuſammenhang der Ereigniſſe beſtand für ſie eben nur in der
Beziehung derſelben zu dem in der Zukunft gelegenen Endzweck
aller Dinge. Die mittelalterliche Hiſtorik verſtand demnach unter
der Entwicklung der menſchlichen Geſchichte keineswegs eine den
Verhältniſſen von Urſache und Wirkung unterſtellte Annäherung

der Dinge an das Ziel der göttlichen Erlösung. Es ließe sich daher auch kaum eine klare Vorstellung gewinnen über die Bedeutung, welche die Geschichtsschreibung der menschlichen, insbesondere der antiken Geschichte mit Bezug auf die christliche Erlösung denn eigentlich beimaß, wenn der in der Historik fehlende Aufschluß über diese Frage nicht an anderer Stelle und zwar in der theologischen Litteratur zu finden wäre.

Die letztere aber löste diese Frage nicht dadurch, daß sie in der alten Geschichte das allmähliche Heranreifen der für die göttliche Erlösung erforderlichen Vorbedingungen, noch weniger darin, daß sie die Erlösung als das Ergebnis der ersteren nachwies, sondern vielmehr darin, daß sie der alten Geschichte eine vorbildliche Bedeutung auf die christliche Heilsgeschichte beilegte. Sie stellte also die alte Geschichte nur insofern in Beziehung zur letzteren, als sie in den wichtigeren Persönlichkeiten und Begebnissen derselben eine prophetische Hinweisung auf die bevorstehende Erlösung aufzudecken suchte. Sie betrachtete die alte Geschichte im wesentlichen unter dem Gesichtspunkte eines Parallelismus mit der christlichen Heilsgeschichte. Vor allem wurde die der letzteren am nächsten stehende Geschichte des jüdischen Volkes in diesem Sinne aufgefaßt, indem die wichtigeren Begebnisse derselben mit den Ereignissen der ersteren in Parallele gestellt wurden. So wurden beispielsweise die Opferung Isaaks, sowie die Errichtung der ehernen Schlange durch Moses als Vorbilder der Kreuzigung Christi, die Ueberwältigung des Löwen durch Simson, die Tötung Goliaths durch David als Vorbilder des Sieges Christi über die Hölle betrachtet. Der Ringkampf des Engels mit Jakob, sowie die Unterredung des Engels mit Gideon wurden in Parallele gestellt mit der Ueberführung des ungläubigen Thomas durch Christus u. s. w. Die christliche Theologie hat diesen Parallelismus zwischen der jüdischen und christlichen Heilsgeschichte bekanntlich bis zur Stunde festgehalten. Es hat auch nicht an Versuchen gefehlt, die Geschichte der übrigen Völker im Interesse des religiösen Lehrzweckes ebenfalls mit den Ereignissen der christlichen Erlösungsgeschichte in Parallele zu stellen. So legte beispielsweise der aus der ersten Hälfte des vierzehnten Jahrhunderts stammende „Spiegel der menschlichen Erlösung" den

Traum des Königs Astyages als ein Vorbild der dem Vater der
Maria geschehenen Verkündigung aus. Mandane, die Tochter des
Königs, aus deren Schoß der letztere einen ganz Asien beschat=
tenden Weinstock erwachsen sah, wurde in Parallele gestellt mit
Maria, welche der Welt den wahren Weinstock gebar. Cyrus,
welcher die Juden aus der babylonischen Gefangenschaft befreite,
wurde mit Christus verglichen, welcher die Menschen aus der Ge=
fangenschaft des Teufels erlöst hatte [1]). Das Selbstopfer des
athenienfischen Königs Kobrus bezeichnete der Spiegel als ein
Vorbild der freiwilligen Selbstopferung Christi [2]). Der römische
Krieger Antipater, welcher einst dem Cäsar zum Beweise seiner
Treue und Hingabe seine Wunden zeigte, galt ihm als ein Sinn=
bild des die Menschen bei Gott Vater vertretenden Erlösers [3]).
Die gegen Ende des vierzehnten oder Anfang des fünfzehnten
Jahrhunderts verfaßte Verteidigungsschrift für die unverletzte
Jungfräulichkeit der Jungfrau Maria suchte die Analogien zur
christlichen Geschichte sogar in der griechischen Mythologie, indem
sie die wunderbare Befruchtung der Danae durch den goldenen
Regen Jupiters in Parallele stellte mit der wunderbaren Be=
fruchtung der Maria [4]). Wenn diese Auffassung auch weniger in
der eigentlichen Historik, als in der theologischen Litteratur zur
Aussprache kam, so kann dieselbe dennoch um so mehr als ein
Ausdruck des mittelalterlichen Geschichtsbewußtseins angesehen
werden, als ja die Theologie die leitenden Ideen für den ganzen
Umkreis der wissenschaftlichen Forschung und insbesondere auch
für die Historik lieferte.

Der religiöse Geist des Mittelalters löste im letzten Grunde
die menschliche Geschichte ebenso wie die Naturwelt in eine Alle=
gorie der göttlichen Heilsgeschichte auf. Wie die Welt ihrer räum=
lichen Ausdehnung nach der Naturwissenschaft gewissermaßen als
ein Ausschnitt aus der Welt des Ueberfinnlichen galt, so erschien

---

[1]) K. 3.
[2]) K. 24.
[3]) K. 39.
[4]) Vgl. F. Piper, Mythologie der christlichen Kunst Bd. 1, S. 149 ff.

fie der Geschichtschreibung auch in der zeitlichen Aufeinanderfolge
ihrer Entwicklung ringsum vom Jenseits umschlossen. „Ausgehend
von der Ewigkeit," sagte Bernhard von Chartres, „fließt die Zeit
wieder in den Schoß der Ewigkeit zurück, müde der langen Um=
kreisung" [1]).   Den Anfangspunkt bildete jener Tag, an welchem
der Mensch aus der Hand des Schöpfers hervorging, den fernen
Endpunkt aber der Tag des letzten Gerichtes, dessen gewaltiger
Feuerschein gewissermaßen die Folie in dem Geschichtsbilde des
Mittelalters war.

Das Mittelalter begriff wie jedes Zeitalter die Vergangen=
heit vom Gesichtspunkte der seine Gegenwart beherrschenden Ideen
aus.   Das Ziel der auf die Gegenwart gerichteten praktischen
Politik war auch das Ziel der der Vergangenheit zugewandten
Historik.   Der transcendente und hierarchische Gedanke des kirch=
lichen Gottesstaates waren die beiden logischen Kategorien der
mittelalterlichen Geschichtschreibung.

In gleicher Weise wie für die Darstellung der allgemeinen
Verhältnisse war die asketisch=hierarchische Idee auch der leitende
Gesichtspunkt für die Behandlung der biographischen Darstellung.
Die kirchlich religiösen Beziehungen bildeten auch den beherrschen=
den Inhalt der letzteren.   Die Bußfertigkeit, Demut, Wohlthätig=
keit u. s. w. waren gewissermaßen feststehende Kategorien, nach
welchen die Biographien entworfen wurden.   Daher erhielten die
letzteren so selten eine individualisierende plastische Durcharbeitung.
Vielmehr tragen die Biographien fast durchgehends einen abstrakten,
typischen Charakter.   Am meisten trat dies selbstverständlich in den
Lebensbeschreibungen solcher Männer hervor, welche sich durch ihre
asketische Strenge auszeichneten, in den Lebensbeschreibungen frommer
Geistlichen und Laien.   Das Leben dieser frommen Menschen wurde
eigentlich nur als eine Illustration zu den allgemeinen Lebensregeln
der Kirche, als ein vorbildliches Beispiel für die asketisch=hierarchischen
Tugendlehren erzählt.   Die letzteren also bildeten den eigentlichen
Gegenstand, den bestimmenden Zweck der Biographie.   Die Lebens=
beschreibung des Erzbischofs Bruno von Köln, des heil. Adalbert,

---

[1]) Vict. Cousin, Ouvrages inédits d'Abélard p. 631.

der Königin Mathilde, der Kaiserin Adelheid, die biographischen
Mitteilungen der Lütticher Bistumsgeschichte, das Leben des heil.
Anno von Köln, die beiden Lebensbeschreibungen des heil. Bardo
von Mainz, das Leben und Leiden des Erzbischofs Konrad von
Trier und zahlreiche andere Biographien wurden in diesem Sinne
abgefaßt. Alle großen wie kleinen Züge des persönlichen Lebens
wurden in denselben immer nur insofern mitgeteilt, als in ihnen
irgend eine Beziehung zu dem Hauptzwecke der Darstellung ent=
halten war. Alles außerhalb dieses Gesichtskreises gelegene Leben
hat in denselben keine Aufnahme gefunden, so daß diese Bio=
graphien für die genauere Kenntnis der betreffenden Persönlich=
keiten wie der Zeitverhältnisse im allgemeinen nur ein geringes
Material bieten.

Die Stellung der betreffenden Persönlichkeiten zur Kirche war
ferner auch der Maßstab für die Beurteilung und Wertschätzung
derselben. Die Anhänger der Kirche wurden zu gefeierten Größen
und Heiligen erhoben, auch selbst dann, wenn nicht religiöses
Empfinden, sondern eigennützige Beweggründe die Ursache ihrer
Parteinahme waren. Andererseits wurden die Gegner der Kirche
als schändliche Menschen gebrandmarkt, auch wenn dieselben durch
die triftigsten Gründe zu dieser Gegenstellung gezwungen waren.
Schon der Bischof Gregor von Tours erklärte die Erfolge des
listigen und verbrecherischen Chlodovech, der zum katholischen
Christentum übergetreten war, aus der frommen und rechtschaffe=
nen Gesinnung desselben. „Gott,“ lauten die bekannten Worte
Gregors, „gab täglich seine Feinde in seine Hand und vermehrte
sein Reich, weil er rechten Herzens vor ihm wandelte und that,
was seinen Augen wohlgefiel“ [1]). Andererseits nannte er den
klugen und thatkräftigen Frankenkönig Chilperich, welcher dem be=
denklich anwachsenden Reichtum des romanischen Klerus in seinem
und in des Landes Interesse wehren wollte, den Nero und Herodes
seiner Zeit. Der gewaltige Karl Martell, der mehrere aufsässige
Bischöfe ihres Amtes entsetzt und die geistlichen Güter zu staat=
lichen und militärischen Leistungen herangezogen hatte, wurde in

---

[1]) Lib. 2, c. 40; M. G. Scr. rer. Merov. t. 1.

der Lebensbeschreibung des Bischofs Rigobert eben deshalb ein
Tyrann genannt. Zur Strafe für jene Thaten wurde er von
dem Verfasser der Schrift in die Hölle verwiesen. Dort sah ihn
einst der heil. Eucherius, der zu den abgesetzten Bischöfen gehörte.
Ein Engel, der den Bischof in die Unterwelt begleitete, erklärte
ihm, daß Karl wegen seiner Gewaltthaten gegen die Kirche schon
von dem jüngsten Gerichte zu ewigen Höllenstrafen verdammt sei.
Als Eucherius nachher zur Prüfung der Wahrheit das Grab des
Fürsten untersuchen ließ, fuhr ein Drache aus demselben heraus.
Der Leichnam aber fehlte, und das Grab war inwendig, wie wenn
es ausgebrannt wäre [1]). Auch die gesta Trevirorum [2]) und selbst
die Schrift des kaiserlich gesinnten Kanonikus Jordanus von Osna=
brück, eines Zeitgenossen Rudolfs von Habsburg, „über das Vor=
recht des römischen Reiches," nahmen diese Erzählung über das
Ende Karl Martells auf, nur mit dem Unterschiede, daß die
letztere jene Vision nicht dem Bischof Eucherius, sondern dem
römischen Papste zuschrieb [3]). Die gesta Trevirorum nennen
Karl gar einen „Zerstörer der Kirche". Der Sachse Bruno erhob
in seinem Sachsenkrieg den eidvergessenen Gegenkönig Rudolf, der
den gebannten Heinrich IV. bekämpfte, zu einem Märtyrer des
Glaubens, indes er Heinrich IV. der schändlichsten Verbrechen
beschuldigte. Der letztere sollte, wie der fanatische Priester er=
zählt, seine eigene Gattin zum Ehebruch haben verführen wollen,
um einen Vorwand für die Auflösung seiner Ehe zu erhalten [4]).
Er sollte ferner seine leibliche Schwester, die Aebtissin Adelheid
von Queblinburg, mit eigenen Händen festgehalten haben, bis sie
ein dritter entehrt hatte [5]). Den Bischof Wilhelm von Utrecht,
der zum König hielt, auch nachdem der letztere gebannt war, läßt

---

[1]) Surius de probat. sanctorum hist. 1, p. 114; vgl. Vita S. Eucherii
bei Mabillon, Acta SS. B. secl. III, t. I.

[2]) M. G. SS. VIII, p. 162.

[3]) Abhandl. der königl. Gesellschaft der Wissensch. zu Göttingen 14. Bd.,
S. 65 f.

[4]) K. 7.

[5]) K. 9.

er in Verzweiflung sterben und von Teufeln zur Hölle ab=
führen [1]). Die sämtlichen Anhänger Heinrichs IV. erschienen ihm als
gottlose, verbrecherische Menschen. „Es ist ja offenkundig," sagte er,
„daß fast alle Gesellen und Anhänger Heinrichs ihr Leben in
ebenso elender Weise geendigt haben und um so elender, je mehr
sie ihm treu gewesen waren, weil diese Treue in Wahrheit nichts
anderes war als Untreue" [2]). Ekkehard von Aura, der in dem
ersten Teile seiner Chronik eine kaiserliche Gesinnung bekundete,
stellte sich im zweiten Teile derselben auf die Seite der päpstlichen
Partei und nannte jetzt Heinrich IV. einen „Räuberhauptmann,
Sektierer und Abtrünnigen". Nachträglich spielte Ekkehard auch
noch bestätigend auf die verbrecherischen Neigungen des Kaisers
an, welche demselben von der päpstlichen Partei zur Last gelegt
wurden, obwohl er dieselben vorher als „lästernde und unerhörte
Beschuldigungen" zurückgewiesen hatte. Die Chronik Hugos von
Flavigny konnte sich nicht genugthun in Schmähungen auf Hein=
rich IV. Der Verfasser raste förmlich in frommer Wut gegen
den die Ehre des Reiches und des Kaisertums fest behauptenden
Kaiser. Die gegen ihren Vater aufrührerischen Söhne Heinrichs IV.,
Konrad und Heinrich, bezeichnete Ekkehard als Muster tugend=
hafter Gesinnung. Dem ersteren rühmte er wunderlicher Weise
sogar noch im Stande der Rebellion die von der heiligen Schrift
gebotene Achtung vor seinem Vater nach. Er rühmte ferner die
leutselige, milde Gesinnung und die Gerechtigkeit seines Charakters.
Ekkehard erhob ihn fast zu einem Heiligen, indem er ihm die Ab=
sicht beilegte, sich nicht zu verheiraten, um seine Keuschheit zu
bewahren und indem er die Vermutung aussprach, Konrad habe,
nachdem ihn die Umstände gezwungen, von seiner Absicht abzu=
stehen und sich zu verheiraten, seine Gattin niemals erkannt.
Selbst die für die Heiligsprechung erforderlichen Wunder blieben
nach Ekkehards Darstellung nicht aus, als Konrad im Jahre 1101
starb und beerdigt wurde. Die Erklärung dieser Beurteilung des

---

[1]) K. 74.
[2]) K. 74.

aufrührerischen Sohnes geben die Worte Ekkehards: „Denn er war ein durchaus katholischer und dem apostolischen Stuhle ergebener Mann." Der Verrat Heinrichs an seinem Vater ferner hinderte Ekkehard nicht, denselben wegen seiner Frömmigkeit, seiner Demut und hohen Gesinnung zu rühmen. Nachdem Heinrich aber ebenfalls in Streit mit dem Papste geraten war, in welchem derselbe die Ehre und das Recht des Staates zu wahren suchte, erschien dem Ekkehard nicht mehr Frömmigkeit, sondern Herrschsucht die Ursache jenes Verrates zu sein. Zum Schlusse seiner Chronik sagte er über Heinrich: „Unter dem Schein der Frömmigkeit beraubte er den gebannten Vater der Herrschaft" [1]. Den Pfalzgraf Friedrich von Sachsen, der sich mit Heinrich V. versöhnt hatte, läßt Ekkehard nach dem im Jahre 1120 erfolgten Tode desselben zur Hölle fahren.

Als unter Friedrich II. der Kampf zwischen Kaisertum und Papsttum noch einmal mit derselben wilden Leidenschaftlichkeit entbrannte wie unter Heinrich IV., ließ es auch die päpstliche Geschichtschreibung an denselben unflätigen Verleumdungen nicht fehlen, mit welchen sie einst das Andenken Heinrichs IV. entehrt hatte. Die zahlreichen Unwahrheiten, welche Gregor IX. und Innocenz IV. bei Lebzeiten des Kaisers über den letzteren verbreitet hatten, fanden ihre Fortsetzung in der von priesterlicher Rachsucht diktierten Geschichtschreibung. Der welfische Teil der Placentiner Annalen schildert den Kaiser im Stile des aus dem Meere aufsteigenden Ungeheuers der johanneischen Offenbarung, welchem Gregor IX. denselben in seiner Bulle vom 21. Juni 1239 verglichen hatte. Er wird als ein gottloser, boshafter, unnatürlichen Lastern hingegebener Mensch bezeichnet, dessen Absichten darauf hingezielt hätten, die Kirche zu vernichten und Italien zu verwüsten [2]. Noch gröber verunglimpfte der Biograph des Papstes Innocenz IV., der Minorit Nicolaus be Curbio das Andenken des Kaisers. Zum Abschlusse seiner Mitteilungen über Friedrich

---

[1] Ekkeh. Chronicon. Mon. Germ. t. VI, p. 265.

[2] Annal. Placent. Guelfi, M. G. XVIII, p. 443 f.

zählte er alle die Verleumbungen auf, mit welchen der Haß der
römiſchen Päpſte und ihrer Partei den Kaiſer bei Lebzeiten ver=
folgt hatte. Daß der letztere als ein Apoſtat bezeichnet wird,
verſtand ſich von ſelbſt, da ja dieſer Vorwurf fortwährend gegen ihn
erhoben wurde. Der Biograph malte das Schreckensbild dieſes
Abtrünnigen mit denſelben Farben, deren ſich Gregor IX. in
ſeinen bekannten, von Unwahrheiten und Entſtellungen erfüllten
Bullen vom 20. März, 7. April und 21. Juni des Jahres 1239,
ſowie Innocenz IV. auf dem Konzile zu Lyon im Jahre 1245
zur Charakterſchilderung des Kaiſers bedient hatten. Friedrich war
der Verfolger der Kirche, der den Klerus mordete, die Kirchen
zerſtörte, Altäre umſtürzte und zur Verhöhnung des Heiligtums an
die Stelle eines Altares eine Latrine, an die Stelle zerſtörter Kirchen
Häuſer für ſeine Freudenmädchen erbauen ließ. Der Verfaſſer legte
dem Kaiſer ſogar eine Vorliebe für die Ketzer zur Laſt, obwohl doch
bekanntlich Friedrich II. die grauſamſten Strafgeſetze gegen dieſelben
erlaſſen hatte. Die Charakterſchilderung gipfelt ſchließlich in dem
Vorwurfe, daß der Kaiſer unnatürlichen Laſtern ergeben geweſen ſei.
Der Tod war dem Leben desſelben entſprechend. Der giftige Pfaffe
beſchreibt die letzten Stunden des unglücklichen Kaiſers mit den
Worten: „an heftigem Ruhranfalle leidend, mit den Zähnen knir=
ſchend, mit Schaum bedeckt, ſich ſelbſt zerfleiſchend und mit fürchter=
licher Stimme brüllend, hauchte er, gebannt und abgeſetzt, in elender
Weiſe ſein Leben aus, ſo daß ein grauſamer Tod die Schand=
thaten ſeines Lebens gebührend bezeugte" [1]). Kürzer, aber kaum
minder abſprechend ſind die Worte, mit welchen die Chronik des
pataviniſchen Mönches den Tod Friedrichs erzählt. „Im Laufe
des vorgenannten Jahres," ſagt dieſelbe, „ſtarb der mächtige
Friedrich in Apulien am Tage der heil. Lucia. Er ging zur
Unterwelt, nichts mit ſich nehmend als einen Sack voll Sünden" [2]).

Der Grundſatz der praktiſchen Politik, daß der Ungehorſam
gegen die göttlichen Lehren der Kirche die Verwerflichkeit des ſitt=

---

[1]) Muratori rer. scr. ital. t. III, p. 592.
[2]) Muratori VIII, p. 685.

lichen Charakters in sich schließe, war also in demselben Maße auch ein Grundsatz der Geschichtsschreibung.

Diese lediglich nach dem Interesse der Kirche bemessene Beurteilung der Personen und Verhältnisse war die Hauptquelle der legendarischen Erzählungen, an welchen die mittelalterliche Geschichtsschreibung so reich war. Die letztere gestaltete den gegebenen Stoff nach Maßgabe der religiösen Idee, sie verkürzte denselben durch Uebergehung der für letztere nicht geeigneten Dinge und vermehrte denselben durch Erdichtung von Begebnissen und Charakterzügen, welche der Kirche zur Bestärkung dienen konnten. Die Dogmatik überwand schon damals die Geschichte.

In einzelnen Fällen beruhten diese legendarischen Bildungen sogar auf einer bewußten Erfindung. Die religiöse Idee der Kirche war in diesen Fällen so mächtig, daß sie selbst über die Gewissensbedenken des Betruges siegreich hinweg führte. Die bedeutendsten Denkmale dieser legendarischen Erfindungen waren die sogenannten konstantinische Schenkungsurkunde und die pseudoisidorischen Dekretale, welche nur mit dem vollen Bewußtsein der Erfindung entstanden sein konnten. Die konstantinische Schenkungsurkunde hatte den Zweck, den fehlenden Rechtstitel für das in Anspruch genommene Patrimonium Petri zu beschaffen. Die Dekretale sollten den fehlenden, bis auf die apostolische Zeit zurückgehenden urkundlichen Rechtstitel für die göttliche Einsetzung des päpstlichen Primates und des bischöflichen Lehramtes liefern. Eine weitere bedeutungsvolle, im Interesse der Kirche unternommene Geschichtsfälschung waren jene Schenkungsversprechen, welche dem anonymen Biographen des Papstes Hadrian I. zufolge Pippin und Karl der Große der römischen Kirche gemacht haben sollten. Die Gebiete, welche der erstere dem Papste Stephan II. auf dem Reichstage zu Quierzy und der letztere bei seiner Anwesenheit in Rom im Jahre 774 geschenkt, beziehentlich versprochen haben soll, umfaßten ungefähr zwei Drittel des ganzen Italiens mit Einschluß der Insel Corsika, so daß diese Fälschung der konstantinischen Schenkungsurkunde, welche dem Papste ganz Italien überließ, nicht viel nachgab. Die Fälschung ist von dem Verfasser der Biographie selber gemacht worden oder wenige Jahrzehnte später entstanden. Das Schenkungsverſprechen Karls des Großen ſoll übrigens nach einer anderen Anſicht [1]) nicht voll=ſtändig, ſondern nur hinſichtlich der Angaben über den Umfang des Gebietes in einer ſpäteren Zeit interpoliert ſein.

Blieben die Fälle einer ſolchen bewußten Geſchichtsfälſchung auch vereinzelt, ſo war die Zahl der in naivem Glauben er=dichteten Legenden deſto maſſenhafter. Dieſelben erzählten nicht allein unwahres, ſie verwiſchten auch häufig den geſchichtlichen Charakter der betreffenden Perſönlichkeiten, indem ſie denſelben religiöſe Beweggründe beilegten, welche ihnen oder überhaupt ihrem ganzen Zeitalter noch unbekannt geweſen waren. Wie die bil=dende Kunſt des Mittelalters Perſonen und Gegenſtände des Alter=tums in dem Koſtüm und Charakter ihrer Gegenwart darzuſtellen pflegte, ſo ſtiliſierte auch die Geſchichtſchreibung die religiöſe Ge=ſinnung ſolcher Perſönlichkeiten, welche ſich in irgend einer Weiſe um die Kirche verdient gemacht hatten, im Geiſte ihrer Gegen=wart, indem ſie dieſelben mehr oder weniger zu kirchlichen Heiligen=figuren umgeſtaltete. Einige Beiſpiele mögen dieſe fromme Selbſt=täuſchung der geſchichtlichen Darſtellung veranſchaulichen. Gregor von Tours ſagte in ſeinen zehn Büchern über fränkiſche Geſchichte von Theodoſius dem Großen, daß er die Angriffe vieler Völker „nicht ſo ſehr durch das Schwert als durch Nachtwachen und Gebet" abzuwehren vermocht habe [2]). Ebenſo erzählt die in der zweiten Hälfte des achten Jahrhunderts verfaßte Geſchichte der Langobarden von Narſes, dem Feldherrn des oſtrömiſchen Kaiſers Juſtinian, daß er ſeine Siege mehr durch Faſten und Beten als durch ſeine Kriegswaffen errungen habe [3]). Der Verfaſſer der ſächſiſchen Geſchichten, Widukind von Korvey, ein Zeitgenoſſe Ottos I., leitete die Kriege Karls des Großen gegen die Sachſen lediglich aus der Abſicht her, die letzteren zum chriſt=lichen Glauben zu bekehren. Karl erwog, ſagte er, „daß ſein

---

[1]) Vgl. Scheffer=Boichorſt in den Mitteilungen des Inſtituts für öſterreich. Geſchichtsforſchung 5. Bd., 2. Heft.

[2]) L. 1, c. 42.

[3]) Pauli hist. Langobard. lib. 2, c. 3; M. G. t. 2, p. 74.

ebles Nachbarvolk in dem leeren Irrglauben nicht dürfe befangen
bleiben und bemühte sich auf alle Weise, dasselbe auf den rechten
Weg zu bringen" [1]). Auf dieselbe Ursache führte der Verfasser
des älteren Lebens der Königin Mathilde den von ihm völlig
sagenhaft erzählten Sachsenkrieg zurück [2]). Die historische Veranlassung der Sachsenkriege waren bekanntlich die fortgesetzten Raubzüge der Sachsen in das fränkische Reichsgebiet. Im Jahre 775
faßte Karl, wie Einhard erzählt, allerdings den Entschluß, nicht
eher zu ruhen, als „bis die Sachsen besiegt, und entweder zum
christlichen Glauben bekehrt, oder völlig ausgerottet wären" [3]).
Aber diesen Entschluß faßte Karl erst, nachdem ein neuer Einfall
der Sachsen in das hessische Grenzgebiet voraufgegangen war.
Uebrigens läßt auch diese Absicht mit genügender Deutlichkeit erkennen, daß es Karl zunächst auf die Sicherstellung des Landes
ankam, da in derselben nicht die Bekehrung als einziges Ziel,
sondern die Alternative einer Bekehrung oder einer gänzlichen
Vernichtung ausgesprochen wird. Die Bekehrung der Sachsen
war dem Frankenkönige also nicht der ausschlaggebende Zweck,
sondern nur das Mittel, durch welches derselbe den eigentlichen
Zweck seiner Kriegszüge, die Sicherstellung des Landes, am besten
zu erreichen hoffte. Die um das Jahr 1000 geschriebene Chronik
des Mönches Benedikt vom Andreaskloster am Berge Soralte
ließ sogar Karl den Großen mit einem zahlreichen Heeresgefolge
einen Kreuzzug nach dem heiligen Lande unternehmen, eine Vorstellung, welche allmählich allgemeine Verbreitung fand und auch
in die epische Dichtung überging.

Aehnlich wie Karl der Große wurde auch Kaiser Heinrich II.
in eine Heiligengestalt umgewandelt. Die kirchlich-gläubige Gesinnung des letzteren steigerte sich in dem Andenken der Nachwelt,
bis der Kaiser zu einer Mönchsnatur idealisiert war. Etwa hundert Jahre nach seinem Tode fand diese Auffassung auch in der Geschichtsschreibung ihren Niederschlag. Die im Anfang des zwölften

---

[1]) L. 1, c. 15.
[2]) R. 1.
[3]) Einh. annales, M. G. t. 1, p. 153.

Jahrhunderts entstandene Lebensbeschreibung des Abtes Richard von St. Vito in Verdun legte dem Kaiser eine innere Abneigung gegen sein weltliches Herrscheramt und die Absicht bei, in ein Kloster zu gehen und Mönch zu werden. Dieselbe erzählt, daß Heinrich bei einem Besuche des genannten Klosters von dem stillen, gottseligen Leben der Mönche so entzückt gewesen sei, daß er sich entschlossen habe, seiner Krone zu entsagen und sich in den Konvent aufnehmen zu lassen. Der Bischof Heymo, der zuerst die Absicht des Kaisers bemerkt haben sollte, machte den Abt auf dieselbe aufmerksam. Der letztere entschloß sich nach reiflicher Ueberlegung, den Kaiser in Gegenwart der Brüder zu erforschen. Unter Thränen antwortete der Kaiser, daß es allerdings sein Entschluß sei, sein weltliches Kleid abzulegen, um mit den Mönchen von St. Vito ein Streiter Gottes zu werden. Auf diese Erklärung hin nahm der Abt, wie die Lebensbeschreibung erzählt, den Kaiser als Mönch in den Konvent auf. Nachdem aber der Kaiser das Gelübde des Gehorsams geleistet hatte, befahl ihm der Abt auf Grund desselben wieder in die Welt zurückzukehren und das ihm von Gott über= tragene Regiment weiterzuführen. Der kluge Abt erkannte, daß ein so frommer Mann der Kirche auf dem Throne dienlicher sein würde als im Kloster. Dem Befehle seines Abtes gehorsam, regierte Heinrich weiter und war also „Kaiser und wirklicher Mönch" zugleich. Auch führte er fortan die wichtigeren Geschäfte des Reiches nach dem Rate seines Abtes [1]). Weitere Verbrei= tung hatte die Erzählung von der enthaltsamen Ehe des Kaisers mit seiner Gattin Kunigunde gefunden. Die Kinderlosigkeit dieser Ehe ließ ja der Legendenbildung einen freien Spielraum. Die um 1146, also etwa 120 Jahre nach dem Tode des Kaisers Heinrich von einem Bamberger Diakon Namens Adalbert ver= faßte Lebensbeschreibung desselben erwähnte die Legende mit den Worten: „Er wählte sich Gott allein zum Erben, damit dieser ihn in die Gemeinschaft der ewigen Erbschaft aufzunehmen würdige. Kinder nach dem Fleische hatte er nicht, noch erwartete er solche. Denn es ist auf das sicherste bestätigt, das er Kunigunde, die er

---

[1]) M. G. XI, p. 281.

als eine Gattin zu besitzen schien, niemals erkannt, sondern wie
eine Schwester geliebt hat"[1]). Als Heinrich seinen Tod nahen
fühlte, gab er seine Gattin ihren Verwandten mit den Worten
zurück: „Diese hier, die mir von euch und von Christus anvertraut
ist, gebe ich unserem Herrn Christus und euch als Jungfrau
zurück[2]). Aehnliche Worte lassen auch die Pöhlder Jahrbücher
den Kaiser reden. Es ist die Sprache der Legende, welche hier
dem Kaiser in den Mund gelegt wurde. Schon Gregor von
Tours bediente sich fast derselben Worte in der Erzählung der
Legende von Injuriosus und Scholastica[3]) Die der Zeit Heinrichs näherstehenden Quellen wissen denn auch nichts von der
jungfräulichen Ehe desselben. Thietmar von Merseburg, ein Zeitgenosse des Kaisers, läßt ihn Worte sagen, welche der Legende
durchaus widersprechen[4]). Der etwas spätere Arnulf weiß in
seiner Geschichte der mailändischen Erzbischöfe gleichfalls nichts von
der Sache. Er berichtete den Tod des Kaisers mit den einfachen
Worten: „Die Herrschaft Heinrichs ging zu Ende, ohne daß er
eine Nachkommenschaft hinterließ"[5]). Der wirkliche Grund der
Kinderlosigkeit Heinrichs lag in anderen Umständen und wohl nicht
zum wenigsten in seiner schwächlichen Gesundheit[6]).

In derselben Weise verfuhr die Legende mit dem Andenken
des bergischen Grafen Eberhard. Das bergische Ritterrecht erzählt,
daß einst ein bergischer Graf sein Land verschuldet und verpfändet
habe und daß er schließlich, als ihm nichts mehr geblieben, in die
Fremde gezogen sei. In einem Kloster fand er seine Zuflucht.
Ritterschaft und Städte des bergischen Landes lösten aber die verpfändeten Güter wieder ein und suchten ihren verlorenen Herrn
wiederzufinden. Als sie denselben endlich entdeckt hatten, führten
sie ihn zurück und übergaben ihm das Land frei und unverschuldet.

---

[1]) Adalberti vita Heinr. II. imp. c. 21; M. G. t. IV, p. 805.

[2]) L. c. c. 32.

[3]) L. 1, c. 47.

[4]) L. VI, c. 23.

[5]) Gesta archiep. Mediol. l. 2, c. 1; M. G. t. VIII, p. 12.

[6]) Vgl. hierzu Giesebrecht, Geschichte der deutschen Kaiserzeit Bd. 2,
3. Aufl., S. 600.

Alsbann schlossen sie, um sich für eine Wiederholung eines solchen Falles zu sichern, den Vertrag mit dem Grafen, daß in Zukunft kein Landesherr mehr das bergische Land verkaufen oder versetzen dürfe[1]). Es scheint, daß der Graf aus Dankbarkeit für diese Wendung seines Geschickes, dem Kloster, welches ihn aufgenommen hatte, das Stammschloß seiner Familie geschenkt hat. Wenigstens war dasselbe schon seit dem Jahre 1133 im Besitze des Cistercienserordens. Diese Vorgänge bildeten den geschichtlichen Kern einer späteren Erzählung, welche den religiösen Gehalt der ersteren wesentlich verstärkte, indem sie die Zuflucht im Kloster, welche dort nur als eine Folge seiner Notlage erschien, als die Folge einer mönchischen Gesinnung darstellte. Levolds von Northof „Chronik der Grafen von der Mark und der Erzbischöfe von Köln"[2]) erzählt auf Grund einer bereits im dreizehnten Jahrhundert entstandenen schriftlichen Aufzeichnung[3]): Als der Graf Eberhard von Berg im Jahre 1129 von einem siegreichen Zuge gegen den Herzog von Brabant, welchen er gemeinsam mit seinem Bruder Adolf und dem Herzog Walram von Limburg unternommen hatte, zurückgekehrt war, empfand er bittere Reue über die Blutthaten des Krieges. Ueberwältigt von dieser Stimmung zog er geringe Kleider an, schlich heimlich davon und pilgerte nach Rom zu den Gräbern der Apostel. Darauf vermiethete er sich bei einem Pächter des Klosters Morimund als Schweinehirt. Als ihn dort einige seiner auf einer Pilgerreise begriffenen Ministerialen entdeckten, trat er in das Kloster Morimund als Conventuale ein. Sein Bruder Adolf schenkte ihm sodann die Burg Altenberg zur Stiftung eines Klosters und einer seiner Verwandten, ein Graf Zizo, schenkte ihm den Georgsberg in Thüringen zu gleichem Zwecke. Eberhard wurde darauf von dem Mutterkloster Morimund mit mehreren Brüdern nach dem letzteren Orte gesandt und daselbst zum Abt erwählt. Die Legende kehrte also hier ebenso wie in der oben

---

[1]) Archiv für die Geschichte des Niederrheins von Lacomblet Bd. 1, S. 82.

[2]) Herausgeg. von Troß S. 50 ff.

[3]) L. c. S. 315.

mitgeteilten Erzählung über den Sachsenkrieg Karls des Großen das geschichtliche Verhältnis von Ursache und Wirkung in sein Gegenteil um, indem sie nicht den Verlust der Heimat als die Ursache der mönchischen Weltflucht, sondern umgekehrt die letztere als die Ursache des ersteren darstellte.

Ein weiteres Beispiel dieser auf die Verherrlichung frommer Persönlichkeiten bedachten Geschichtsschreibung ist die Darstellung, welche der Streit des heil. Norbert und des Grafen Gottfried von Kappenberg mit dem westfälischen Grafen Friedrich, dem Schwiegervater des letzteren gefunden hat. Sowohl die Lebens= beschreibung des heil. Norbert[1]) als auch die des genannten Grafen Gottfried[2]) behandeln diesen Streit. Die erstere, der es vor allem darum zu thun war, das überirdische Ansehen und die göttliche Wunderkraft Norberts hervorzuheben, läßt den der ver= schwenderischen und mönchischen Frömmigkeit seines Schwieger= sohnes sich widersetzenden Grafen Friedrich sterben, sobald Norbert das Gebiet desselben betreten hat[3]). Nach der Lebensbeschreibung des Grafen Gottfried hingegen, welcher nicht die Idealisierung Norberts, sondern die des letzteren in erster Linie stand, wurden Norbert und seine Mönche zuvor vom Grafen Friedrich in ihrem Kloster belagert und aufs härteste bedrängt. Erst als sie ihr Ende jeden Augenblick erwarteten und in dieser Befürchtung sich bereits gegenseitig die Beichte abgelegt hatten, starb Friedrich[4]).

An solchen, durch kirchlichen Eifer veranlaßten legendarischen Umgestaltungen geschichtlicher Vorgänge war die Geschichtsschreibung des Mittelalters unerschöpflich reich. Der religiöse Wunderglaube überschüttete die letztere namentlich in dem Zeitalter der Kreuz= züge mit einer solchen Fülle von legendarischen Erzählungen, daß einzelne geschichtliche Darstellungen, wie z. B. die im zwölften Jahrhundert entstandene Kaiserchronik und die Weltchronik des

---

[1]) M. G. t. XII p. 663 ff.

[2]) L. c. p. 514 ff.

[3]) l. c. p. 689.

[4]) l. c. p. 524 f.; vgl. R. Rosenmund, „Die ältesten Biographen des heil. Norbert". Inauguraldissert. Göttingen, S. 50 ff.

Rudolf von Ems zu einer völlig freien dichterischen Bearbeitung des geschichtlichen Stoffes ausarteten. Die religiöse Phantasie jenes Zeitalters leitete die Geschichtschreibung so sehr in das Gebiet der Dichtung hinüber, daß zwischen jener und den Erzählungen der religiösen und ritterlichen Epik jede feste Grenzlinie zerfloß. Die Kaiserchronik dichtete die römische Kaisergeschichte in christliche Legenden um. Das Strafgericht Gottes über die Feinde Christi und der Sieg des Kreuzes sind die leitenden Gedanken der den geschichtlichen Stoff mit märchenhafter Freiheit behandelnden Erzählung. Und wo dem Stoffe eine Beziehung auf die christliche Heilsgeschichte fehlte, legte der Verfasser demselben eine solche bei. Beispielsweise wird der Krieg der Römer gegen die Juden und die Zerstörung Jerusalems nicht als eine Folge des jüdischen Aufstandes, sondern als eine von Seiten des Kaisers Tiberius wegen der Hinrichtung Christi über die Juden verhängte Züchtigung dargestellt. Tiberius selber wird, wenn auch nicht als ein Bekenner des christlichen Glaubens, so doch als ein Mann bezeichnet, der seine Seele gerettet habe[1]).

Die Geschichtschreibung befolgte also im allgemeinen keine anderen Grundsätze als die Legende. Das Gedächtnis des Geschehenen zu erhalten zur Verherrlichung Gottes und der Kirche, war der leitende Zweck der Geschichtschreibung wie der Legende. Die erstere begnügte sich ebensowenig wie die letztere damit, das Geschehene an und für sich zu überliefern. Vielmehr gab auch die Geschichtschreibung das Geschehene zunächst nur insoweit wieder, als dasselbe Beweise und veranschaulichende Beispiele für die Glaubenslehren der Kirche enthielt. Dieser Zweck schimmert selbst bei den dürftigsten annalistischen Aufzeichnungen durch, wenn derselbe auch nicht immer mit logischer Schärfe festgehalten wurde. Deutlicher drängt sich derselbe bei den biographischen Arbeiten hervor. Die Prüfung und Sonderung des Materiales nach Maßgabe dieses Zweckes war gewissermaßen die historische Kritik des Mittelalters. Die Darstellung der religiösen und kirchlichen Beziehungen war in der Geschichtschreibung so vorherrschend, daß die

---

[1]) Kaiserchronik, herausgeg. von Maßmann, II. 1, V. 696.

letztere ebenso wie die Legende die vielfältigen weltlichen Be=
ziehungen nur flüchtig zu streifen pflegte. Zweck und Methode der
Darstellung waren also in der Geschichtsschreibung dieselben wie
in der Legende. Eine grundsätzliche Verschiedenheit des Stand=
punktes wie der Behandlung zwischen beiden war nicht vorhanden.
Nur darin unterschied sich die Historik von der Legende, daß der
eigentliche Zweck, die Verherrlichung Gottes und der Kirche, für
die letztere in ausschließlicherem Grade maßgebend war als für
die erstere.

Aus dem inhaltlichen Zweck der Historik ergab sich ferner
die formale Gestaltung derselben. Die durch die religiöse Idee
veranlaßte Nichtbeachtung des Verhältnisses von Ursache und
Wirkung, welche die Geschichtsschreibung von einer eingehenderen
Begründung ihrer Entwicklungsidee ablenkte, ließ die Historik
überhaupt zu keiner pragmatischen Bearbeitung ihres Stoffes ge=
langen. Ausgehend von der transcendenten Zweckbestimmung der
Menschheit suchte die Historik das Problem der von ihr ange=
nommenen Entwicklung nicht durch die Erforschung der aus den
vielseitigen Konflikten der menschlichen Gesellschaft hervorspringen=
den Antrieben, sondern durch die Hervorhebung der diese Konflikte
durchbrechenden göttlichen Offenbarungen zu lösen. Der Fortschritt
ging ihrer Auffassung zufolge nicht von dem Menschen, sondern
von Gott aus. An die Stelle der seelischen Beweggründe trat
das göttliche Wunder. Das letztere mußte die verborgene Ursache
und den innneren Zusammenhang der für die Entwicklung des
Gottesstaates bedeutungsvollen Erscheinungen erklären. Da also
der psychologische Zusammenhang der Ereignisse die Entwicklung
der Geschichte allein nicht erklären konnte, so hatte derselbe für
die Historik auch keinen erststelligen Wert. Darum hat die mittel=
alterliche Geschichtsschreibung auch niemals den Versuch gemacht,
die Ereignisse der Zeit in einem großen Gesamtbilde zusammen=
zufassen, in welchem die vielfältigen Verschlingungen von Ursache
und Wirkung bloßgelegt wären. Sie begnügte sich im allge=
meinen mit einer beziehungslosen Zusammenstellung der Ereignisse,
indem sie die Darstellung der ursächlichen Beziehungen nur auf
einen sehr engen zeitlichen und örtlichen Rahmen beschränkte. Im

übrigen stellte sie die ihrer ursächlichen Beziehung nach verschieden=
artigsten Dinge nebeneinander. Die Form der Geschichtschreibung
war daher die Annalistik, diejenige Darstellung also, welche die
Ereignisse ohne Rücksicht auf ihren ursächlichen Zusammenhang
lediglich nach ihrer Zeitfolge berichtet.

Und auch dieses leitende Prinzip der Geschichtserzählung, die
Zeitfolge, wurde nach dem Angelpunkte der Weltgeschichte, der
göttlichen Erlösung, bemessen. Da der einzige Gegenstand des
Zeitlichen die Geschichte des Reiches Gottes bildete, so wurde die
Zeitfolge des Geschehenen gewissermaßen nach den Stationen des=
selben berechnet. Die Zeitrechnung der mittelalterlichen Annalistik
wurde vom Jahrhundert bis hinab zum Stundenlauf des Tages
mit den Ereignissen der christlichen Heils= und Heiligengeschichte
in Verbindung gebracht. Die frühesten Chronisten des Mittelalters
hielten noch die römische Zeitrechnung bei. Seit der Mitte des
neunten Jahrhunderts aber kam die sogenannte dionysische Aera,
d. h. die Zählung der Jahre von der Geburt Christi an in Auf=
nahme. Wie die ganze Aera, so wurde ferner auch jedes einzelne
Jahr derselben nicht mit dem im römisch=julianischen Kalender
üblichen ersten Januar, sondern mit der Geburtsstunde der christ=
lichen Erlösung, mit der Fleischwerdung Christi begonnen. Ueber
den Zeitpunkt der letzteren war man freilich verschiedener Ansicht.
Ursprünglich wurde in der kaiserlichen und päpstlichen Kanzlei,
in England sowie im Deutschen Reiche, mit Ausnahme der Diö=
cesen Köln und Trier, das Jahr mit dem 25. Dezember be=
gonnen. In den letzteren Diöcesen wurde der Jahresanfang auf
die Verkündigung Mariä, das ist den 25. März, verlegt, weil die
Fleischwerdung Christi bereits mit diesem Tage begonnen habe.
Mit der im elften Jahrhundert erfolgenden Zunahme des Marien=
dienstes kam dieser Jahresanfang allgemeiner in Brauch. Die
päpstliche Kanzlei führte den 25. März schon in der Mitte des
zehnten Jahrhunderts als Jahresanfang ein, in England ging
man seit der Mitte des dreizehnten Jahrhunderts zu demselben
über. Seit dieser Zeit verließ man auch in der Bezeichnung der
Monatstage die Rechnung des römischen Kalenders. Die Monats=
tage wurden nicht mehr wie im letzteren nach den Kalenden, Nonen

und Iden, sondern nach den kirchlichen Festtagen bestimmt. In der zweiten Hälfte des dreizehnten Jahrhunderts war diese Datierung allgemeine Sitte geworden, von der sich nur die in dieser Hinsicht noch an den römischen Kalender festhaltende kaiserliche und päpstliche Kanzlei ausschlossen. Für die Bezeichnung der Wochentage ferner wurde die feria dominica der „Tag des Herrn" zum Ausgangspunkt gemacht. Von dem Sonntage an wurden die nachfolgenden Tage als zweiter, dritter Tag u. s. w. gezählt. Selbst der Stundenlauf des Tages wurde schließlich in die christliche Zeitrechnung gezogen und nach Maßgabe des kirchlichen Gottesdienstes eingeteilt. Der Tag von sechs Uhr Morgens bis sechs Uhr Abends wurde in vier kanonische Zeiten, die horae canonicae eingeteilt, welche je drei Stunden umfaßten. So war der ganze Zeitlauf, in welchem sich die Annalistik bewegte, in den Rahmen der kirchlichen Weltanschauung gespannt. Das größte wie das kleinste Zeitmaß wurde mit der christlichen Erlösung in Verbindung gebracht.

Das Zusammenspiel der asketischen und hierarchischen, der weltverneinenden und weltbeherrschenden Tendenz, welches den Charakter der gesamten mittelalterlichen Kultur bildete, wiederholte sich also auch in der Geschichtsschreibung. Die letztere stand ihrem Inhalte wie ihrer Form nach unter der Herrschaft der religiösen Idee. Die Ansicht über den Endzweck der geschichtlichen Entwicklung, die Nichtachtung der an die Erdenwelt bindenden Kausalitätsbeziehungen, die Wertschätzung der allgemeinen Verhältnisse wie der einzelnen Persönlichkeiten nach ihrer Beziehung zur Kirche, die Einschiebung göttlicher Offenbarungen an die Stelle seelischer Beweggründe, sowie endlich die annalistische Form der Erzählung und die Berechnung der Zeitfolge waren die Rückstrahlungen des asketisch=hierarchischen Geistes in der Geschichtsschreibung des Mittelalters.

Doch machte sich auch in der Geschichtsschreibung derselbe Widerstreit zwischen der Idee und der empirischen Wirklichkeit geltend, der die praktische Politik durchzog. Zwar wurde der Glaube an die in der Kirche verwirklichte religiöse Idee, von der Geschichtsschreibung keineswegs in Zweifel gezogen. Dennoch wurde

die logische Folgerung dieser Vorstellung, die Unterordnung der
weltlichen Staatsgewalt unter die göttliche Autorität der Kirche,
wie von der praktischen Politik, so auch von einem Teile der Ge=
schichtschreibung nicht anerkannt. Die Parteibildungen des poli=
tischen Lebens warfen ihren Schatten auch in die Annalistik des
Mittelalters. Persönliches Empfinden und die Erwägung praktischer
Notwendigkeiten waren auch hier teilweise mächtiger als die ab=
strakte Logik des Systems. Nicht allein die kirchliche, sondern auch
die kaiserliche Partei fand in der Geschichtschreibung ihre Ver=
tretung. Solche, die kaiserliche Sache verteidigenden Geschichts=
werke waren z. B. das Epos vom Sachsenkriege, das Leben Kaiser
Heinrichs IV., des Bischofs Benzo von Alba Lobschrift auf Hein=
rich IV., des Kardinals Beno Leben Gregors VII., die Augs=
burger Annalen, die Fortsetzung der Schicksale des heil. Gallus,
die Chronik des Sigebert von Gembloux, die von Jocundus ver=
faßte Ueberführung des heil. Servatius, die Schrift des Bischofs
Wido von Ferrara „über das Schisma Hildebrands," die Chronik
des Bischofs Otto von Freising, die Chronik des Abtes Otto von
St. Blasien, die Schrift des Kanonikus Jordanus von Osnabrück
„über das Vorrecht des römischen Reiches" und viele andere.

Von dem Gesichtspunkte des Staates aus ergab sich für die
Geschichtschreibung zunächst ein von der Auffassung der Kirche
wesentlich verschiedenes geschichtsphilosophisches Weltbild. Zwar
hatte die staatlich gesinnte Geschichtschreibung dieselbe Ansicht über
Ziel und Zweck der menschlichen Geschichte wie die päpstlich ge=
sinnte Geschichtschreibung. Die Entwicklung des übersinnlichen
Gottesstaates erschien jener ebenso wie dieser als die Idee der
menschlichen Geschichte. In dieser Auffassung hatten beide Rich=
tungen ihre gemeinsame Grundlage. Doch unterschied sich die
erstere von der letzteren darin, daß jene in diesem irdischen Gottes=
reiche dem weltlichen Staate eine selbständige Stellung neben der
Kirche gewahrt wissen wollte. Dieser Ansicht war beispielsweise
Ekkehard von Aura in dem ersten Teile seiner Chronik. Er sagte
in derselben zum Jahre 1074 über Gregor VII. und seine
Politik: „Unter ihm begann das römische Reich und die ganze
Kirche durch neue und unerhörte Spaltungen und Wirren ge=

fährbet zu werden." Einen philosophischen Ausdruck fand die
Gleichstellung von Staat und Kirche innerhalb des christlichen
Gottesreiches in der Chronik des Bischofs Otto von Freising.
Obwohl die letztere ausging von der augustinischen Gegenstellung
des göttlichen und weltlichen Staates, so bog sie doch in ihrer
Darstellung weit ab von den kühnen, staatsverneinenden Schluß=
folgerungen Augustins. Otto besaß ein über alle Logik siegreiches
staatliches Empfinden, so daß er jene Ansicht ausdrücklich verwarf,
welche die Spitze des augustinischen und gregorianischen Systems
bildete, daß nämlich der Gegensatz von Gott und Welt in Kirche
und Staat verkörpert sei, daß die Kirche auf einer göttlichen, der
Staat aber auf einer teuflischen Einsetzung beruhte. Otto von
Freising betrachtete den Gottesstaat vielmehr als eine Verbindung
der zwei gleichberechtigten Institutionen des Staates und der
Kirche und bezeichnete die Herrschaftsansprüche der letzteren über
den ersteren als unberechtigte Uebergriffe derselben. Des Wider=
spruches zwischen dieser Gleichstellung beider Institutionen und
der auch von ihm nicht in Zweifel gezogenen göttlichen Idee der
Kirche wurde er sich nicht bewußt. Jordanus von Osnabrück
ferner war der Ansicht, daß mit dem Aufhören des Kaisertums
eine beispiellose Verwirrung einbrechen und der Antichrist auf=
treten werde, daß alsdann auch die Kirche gefährdet sein würde [1].
„Wie der römische Adler," meinte er, „nicht mit einem Fittig
fliegen kann, so vermag auch das Schifflein Petri in den Stürmen
und Wirbeln dieser Zeit mit einem Ruder keine Richtung zu
halten" [2]. Deshalb richtete er den bringenden Mahnruf an die
Fürsten und Völker Deutschlands, das Kaisertum zu behaupten
und dem Kaiser als dem Diener Gottes Ehrfurcht und Gehorsam
zu erweisen [3]. „Wenn," äußerte er gegen Ende seiner Schrift,
„die deutschen Fürsten mit ihren Getreuen dem römischen Kaiser
als dem Vogt der Kirche standhaft zur Seite stehen, wie sie es

---

[1] Abhandlungen der königl. Gesellschaft der Wissensch. zu Göttingen
14. Bd., S. 47 f.
[2] L. c. S. 41.
[3] S. 49.

ehemals zu thun pflegten, dann wäre ohne Zweifel alle feindliche
Macht gering, dann würde Griechenland, Chaldäa und Aegypten
erzittern. Denn die Vögel schweigen und fliehen beim Anblicke
des Adlers" [1]).

Wie das Gesamtbild der geschichtlichen Entwicklung, so war
auch das Urteil über einzelne geschichtliche Persönlichkeiten wesentlich anders in der staatlich als in der kirchlich gesinnten Geschichtsschreibung gestaltet. Die erstere suchte die Ehre der von der
letzteren verkannten und geschmähten Persönlichkeiten zu retten
So standen die Urteile beider Parteien über die an der Spitze
des Kampfes stehenden Männer oft im äußersten Gegensatz zu
einander. Ueber den rebellischen Konrad, den Sohn Heinrichs IV.,
welchen Ekkehard von Aura mit der Glorie der Heiligkeit aus-
schmückte, äußerten die Augsburger Annalen, daß er durch schlechte
Menschen „aus teuflischem Antriebe" zum Abfalle von seinem
Vater verführt worden sei. Da aber die Geschichtschreiber der
staatlichen Partei eine viel weniger verneinende Stellung zur
Kirche einnahmen, als die Geschichtschreiber der päpstlichen Partei
zum Staate, indem jene nur die staatliche Unabhängigkeit, die
letzteren nicht nur die Unabhängigkeit, sondern die Herrschaft der
Kirche forderten, so waren auch die Urteile der ersteren im allgemeinen nach beiden Seiten hin ungleich maßvoller als die Urteile
der letzteren. Die staatlich gesinnten Historiker hatten mit ver-
schwindenden Ausnahmen weder die Absicht, die Vertreter der
Kirche als verbrecherische Menschen zu brandmarken, noch die
Absicht, die Vertreter des Staates in überschwenglichen Lobeserhebungen zu schildern. Die schmachvollen Nachreden über Heinrich IV., welche der Annalist Bruno in seinem Sachsenkriege
wiedergab, haben kein ebenbürtiges Gegenstück in der Beurteilung
kirchlicher Persönlichkeiten auf Seiten der reichsfreundlichen Historiker
gefunden. Die Ausnahmen von dieser maßvolleren Haltung der
letzteren sind ganz vereinzelt, wie z. B. das Lobgedicht des Bischofs
Benzo von Alba und die Apologie des Kardinals Benno, von denen
die letztere jedoch kaum zu der historischen Litteratur zu rechnen

---

[1]) S. 85.

ift, während die Verurteilung Heinrichs IV., feiner Anhänger und
gleichgefinnten Nachfolger in der gefamten kirchlich gefinnten Ge=
fchichtsfchreibung einen faft gleich ftarken Ausdruck gefunden hat.
Die Augsburger Annalen, der erfte Teil der Chronik Ekkehards,
waren ebenfo maßvoll in ihrer Polemik gegen die Vertreter der
Gegenpartei, wie befcheiden in der Anerkennung ihrer Freunde.
Selbft das mit der wärmften perfönlichen Empfindung verfaßte
„Leben Kaifer Heinrichs IV." enthält kaum ein Wort der Anklage,
viel weniger der Befchimpfung Gregors VII. Vielmehr flocht der
ungenannte Verfaffer dort, wo er die Abficht Heinrichs, feinen
Gegner abzufetzen, mitteilte, die rednerifche Wendung ein: „Stehe
ab, ich befchwöre dich, ruhmreicher König, ftehe ab von diefem
Wagnis, das Haupt der Kirchen von feiner Höhe zu ftürzen und
durch Vergeltung des Unrechtes, dich zum Schuldigen zu machen[1]).
Die Worte des antipäpftlichen Hiftorikers Landulf: „mit Ver=
achtung des Friedens und der Eintracht der gefamten Kirche und
der ganzen Welt" u. f. w.[2]) gehörten zu den härteften Anklagen,
welche er gegen Gregor VII. erhob. Otto von Freifing, der in
feiner Chronik für die Gleichberechtigung des Staates mit der
Kirche eintrat, der alfo ein Gegner der gregorianifchen Politik war
und die durch die letztere entftandenen Wirren tief beklagte, äußerte
fich dennoch in Worten hoher Anerkennung über Gregor VII., die
Chronik des Abtes Otto von St. Blafien machte in ihren Mit=
teilungen über den Konflikt Friedrichs I. mit den Päpften keine
Ausfälle gegen die letzteren, obwohl der Verfaffer gut ftaufifch ge=
finnt und von einem lebendigen nationalen Empfinden befeelt war.
Das befte Zeugnis für die größere Objektivität der ftaatlichen
Hiftorik war die Schrift des Bifchofs Wido von Ferrara „über
das Schisma des Hildebrand"[3]). Wenngleich die gegnerifche
Stellung des Bifchofs zu Gregor VII. in dem erften Buche diefes
Traktates nicht zu verkennen ift, fo entwickelte der Verfaffer in
demfelben dennoch den Standpunkt und die Gründe feiner Gegner

---

[1]) M. G. t. XII, p. 275.
[2]) Hist. Mediol. l. 3, c. 31; M. G. VIII, p. 98.
[3]) M. G. XII.

mit einer Ruhe und Sachlichkeit, welche im Vergleich mit der wilden Leidenschaftlichkeit der letzteren in jedem Falle überraschend ist und der päpstlich gesinnten Historik niemals auch nur im entferntesten möglich gewesen wäre. Wenn demnach der Gegensatz der kaiserlich gesinnten Historik gegen das Papsttum auch keineswegs ein ausschließender war, so vertrat dieselbe doch immerhin die Ehre und das Interesse des Staates mit Entschiedenheit.

Die Geschichtschreibung war also ebensowenig wie die übrigen Kulturverhältnisse des Mittelalters vollständig von der asketisch-hierarchischen Religiosität der Kirche beherrscht. Vielmehr regte sich auch in ihr der die ganze Kultur des Mittelalters durchziehende Widerstreit zwischen dem Zwange der praktischen Lebensinteressen und dem weltverneinenden Ideale des hierarchischen Gottesstaates. Auch hier hatte sich noch eine Empfindung für die sittlichen Pflichten des irdischen Lebens erhalten. Von dieser, allerdings in der Minderheit befindlichen Geschichtschreibung wurde in den Fällen, in welchen die staatlich-weltliche und die hierarchisch-asketische Sittlichkeit in Widerstreit traten, der ersteren der Vorzug gegeben. Die Erhaltung des Staates wurde von derselben höher gestellt als die Weltherrschaft des Papsttumes. Die treue Anhänglichkeit an Staat und Vaterland ging ihr über die Interessen der päpstlichen Eroberungspolitik.

So blieb auch in der Geschichtschreibung des Mittelalters noch eine wesentliche Differenz bestehen zwischen dem Ideale und der Wirklichkeit des priesterlichen Gottesstaates.

VII. Die dichterische Litteratur.

1. Die Lyrik und Epik.

Die dichterische Litteratur war der flüssigste Ausbruck des
mittelalterlichen Geistes. Die transcendente Weltanschauung des
letzteren wie nicht minder die derselben entgegenstehenden Stimmungen fanden in der Dichtung den reichsten und mannigfaltigsten
Ausbruck. Der alles beherrschende Gedanke der mittelalterlichen
Kultur, die Idee der christlichen Erlösung, stand auch im Mittelpunkte des dichterischen Schaffens. Die Verherrlichung der Heilsthaten Gottes und die Erbauung der Seele an denselben waren
nach der strengen Logik des religösen Systems die ausschließlichen
Zwecke der Dichtung. „Zu wessen Lob würde die Kunst wohl
würdiger und richtiger verwandt, als zum Lobe dessen, welcher das
Wissenswerte geschaffen und das Wissen verliehen hat?" fragte
der Eremit Pafnutius in dem gleichnamigen Drama der Nonne
Hrotsuit von Gandersheim.

Die nächste Aufgabe des Mittelalters war daher die Verneinung aller Dichtung, welche diesem Zwecke entgegenstand oder denselben auch nur nicht zu fördern vermochte. Allerdings ließ Karl
der Große die alten Volksgesänge sammeln und niederschreiben[1].
Aber sein Sohn Ludwig der Fromme, der mehr von dem asketischen Geiste der kirchlichen Religiosität ergriffen war, „verachtete

---

[1] Einh. c. 29.

die Volksgesänge, welche er in der Jugend gelernt hatte und wollte sie weder lesen, noch hören, noch lehren"[1]. Um den „obscönen Gesang" der Laien zu verdrängen, dichtete Otfried seine Evangelienharmonie, wie er selber in seiner an den Erzbischof von Mainz gerichteten Vorrede zur letzteren erklärte. Das aus dem Ende des zwölften Jahrhunderts herrührende Annolied wollte, wie es in den einleitenden Versen ankündigte, den von kriegerischen Thaten meldenden weltlichen Gedichten, die über göttliche Dinge handelnde Lebensgeschichte des Erzbischofs Anno von Köln entgegensetzen,

> „wante wir noch sulin varin
> von disime ellendin libe hin ei'n ewin,
> dâ wir iemr sulin sîn[2].

Der Geistlichkeit gegenüber konnte die Kirche diese Abneigung gegen das Volkslied in direkten Verboten Ausdruck geben. Schon im achten Jahrhundert geschah dies durch die Konzilien und Kapitulare der fränkischen Könige. Das Kapitular vom Jahre 789 verbot den Frauenkonventen das Singen wie das Niederschreiben der weltlichen Lieder. Noch mehr als den letzteren war der religiöse Geist den dramatischen Spielen der fahrenden Leute abgeneigt. Ludwig der Fromme ließ es wohl geschehen, daß bei großen Festen Schauspieler, Possenreißer und Mimen mit Sängern und Zitherspielern zum Vergnügen des Volkes bei Tisch vor ihm erschienen. Während aber bei solchen Gelegenheiten alles um ihn her sich über die Vorträge belustigte, „zeigte er nicht einmal die weißen Zähne beim Lachen", wie sein Biograph Thegan ihm nachrühmte[3]. Der Erzbischof Adalbert von Bremen war nicht so duldsam wie Ludwig. Er wollte überhaupt solche Spiele nicht sehen, „welche mit unzüchtigen Körperbewegungen den großen Haufen zu ergötzen pflegen"[4]. Bekannter ist die Abneigung Kaiser Heinrichs III.

---

[1] Thegani vit. Lud. c. 19.
[2] „Maere von Sante Annen", herausgegeben von Bezzenberger, B. 16 ff.
[3] C. 19.
[4] Adami gest. l. III, c. 38.

gegen die Schauspieler. Als derselbe im Jahre 1043 zu Ingel=
heim seine Hochzeit mit Agnes von Aquitanien feierte, ließ er die
Schauspieler, welche sich zur Belustigung des Hofes und der Volks=
menge eingefunden hatten, unbeschenkt wieder abziehen [1]. Der
Chronist Hermann von Reichenau bezeichnete dieses Verhalten des
Kaisers als ein nützliches Vorbild für jedermann. Ebenso wie
Heinrich III. behandelte König Philipp von Frankreich die Schau=
spieler, weshalb ihm Vincenz von Beauvais in seinem Geschichts=
spiegel dasselbe Lob spendete, wie Hermann von Reichenau dem
ersteren [2]. Unter den Spielleuten, welche Vincenz „Diener des
Teufels" nannte [3] und welche der Sachsen= und Schwabenspiegel
als rechtlos bezeichnete, werden gewiß auch solche Schauspieler in=
begriffen gewesen sein, welche durch das Land zogen, um in den
Städten oder auf den Höfen der Grundherren und Bauern dra=
matische Scenen aus der Sagenwelt zur Aufführung zu bringen.

    Gefährlicher aber noch als die eigenen Dichtungen erschienen
die des klassischen Altertums. Und zwar galt dies nicht allein von
den leichteren Dichtungen der antiken Litteratur, von den Schriften
des Ovid, Catull, Terenz u. s. w., sondern auch von den Versen
des Vergil. Diese wie jene waren nichts nütze, wie Notker von
St. Gallen dem jungen Salomo einredete [4]. Der Clunyacenser
Majolus hatte wohl einst in jüngeren Jahren „die Lügen der
alten Philosophen und des Vergil" gelesen, wie sein Bio=
graph mitteilte [5]. Späterhin aber mahnte er seine Schüler: „Be=
gnügt euch mit den göttlichen Dichtern und begehret nicht, euch mit
der üppigen Beredsamkeit des Vergil zu beflecken" [6]. Der päpst=
liche Legat Hugo wies einst in einem Brief vom Jahre 991 den
Spott des gelehrten Gerbert, daß in Rom niemand eine littera=
rische Bildung habe und folglich nach den kanonischen Vorschriften
niemand auch nur die Weihe zum Thürhüter empfangen könne,

---

[1] Hermanni Augiens. M. G. V, 124.
[2] L. 29, c. 41.
[3] L. c.
[4] Dümmler, Formelbuch S. 73.
[5] Vita S. Majoli I, c. 14.
[6] L. c.

mit der äußersten Geringschätzung gegen die dichterische und philo=
sophische Bildung des Altertums zurück. Er sagte, daß allerdings
die Stellvertreter Petri weder den Plato, noch Vergil, noch Te=
rentius, noch „das übrige Philosophenvieh" zum Lehrer haben
wollten, daß aber auch Petrus bergleichen nicht gelernt habe und
dennoch der Pförtner des Himmels geworden sei. „Und von An=
fang der Welt an," fuhr er fort, „erwählte Gott nicht die
Redner und Philosophen, sondern die Ungebildeten und Land=
leute" [1]).

Wenn die Geistlichkeit bennoch das Studium der antiken
Dichter betrieb, so geschah dies aus demselben Grunde, aus wel=
chem sie auch die wissenschaftlichen und insbesondere auch die philo=
sophischen Schriften des Altertums las. Nicht des Inhaltes son=
bern der schönen Kunstform wegen studierte man die Gedichte
Vergils, die Komödien des Terenz u. s. w. Die antike Dichtung
sollte eine Schule der Aesthetik werden, in welcher der Klerus die
dichterische Technik erlernen sollte, um dieselbe im Dienste Gottes
und seiner Heiligen zu verwerthen. Wie die Kirche das Material
antiker Bauwerke benutzte, um aus demselben kirchliche Gebäude
zu errichten, so suchte sich der Klerus die Kenntnis der antiken
Dichtungen anzueignen, nicht um die weltliche Kunst zu pflegen,
sondern vielmehr um die letztere mit ihren eigenen Mitteln zu ver=
brängen und an ihrer Stelle die religiöse Kunst zu setzen. Ermenrich,
ein Elwanger Mönch des neunten Jahrhunderts, der wahrscheinlich
als Bischof von Passau sein Leben beschloß, bemerkte einst: „wie
der Dünger den Acker zur Hervorbringung des Getreides be=
fruchtet, so dienen die Worte der heidnischen Dichter, die ja garstig
sind, weil sie nicht wahr sind, bennoch viel zum Verständnisse des
göttlichen Wortes" [2]). In diesem Sinne las der Erzbischof Bruno I.
von Köln die Komödien und Tragödien der antiken Klassiker.
„Ihren Inhalt hielt er," wie sein Biograph Rutger erzählt,
„für nichtig, ihre Sprache und stilistische Darstellung jedoch schätzte

---

[1]) M. G. III, p. 687.
[2]) Dümmler, St. Gallische Denkmale in den Mitteilungen der anti=
quarischen Gesellschaft in Zürich 12. Bd., S. 208.

er sehr hoch." [1]) Die Quelle seiner Studien waren nach den
Worten des Biographen die Heiligen, die Mittel derselben die
heidnischen Schriften. Zu demselben Zwecke studierte die berühmte
Zeitgenossin Brunos, Hrotsuit von Gandersheim, die Komödien des
Terenz. Sie eignete sich, wie sie selbst in dem Vorworte zu ihren
Komödien erklärte, die dichterische Form des Terenz an, um in
eigenen dramatischen Dichtungen den unzüchtigen Charakteren desselben die idealen Tugendgestalten der Heiligen entgegenzustellen
und um auf diese Weise die Bildung des Heidentums der christlichen Lehre nutzbar zu machen. Die Stellung der religiösen Idee
zur weltlichen Dichtung war demnach trotz des erwähnten Zu-
geständnisses im letzten Grunde eine verneinende. Die religiöse
Mythologie bildete denn auch wenigstens bis zur Mitte des zwölften
Jahrhunderts den Hauptinhalt der dichterischen Litteratur. Die
Heilsthaten der Erlösung, das Leben der Heiligen, sowie das Verhältnis der Menschen zu Gott und seinen Heiligen waren fast die
einzigen Stoffe des dichterischen Schaffens. Jahrhundertelang bestand die Lyrik in religiösen Hymnen, die Epik in kirchlichen
Legenden, die Dramatik in einer Darstellung der Leidensgeschichte
Christi und seiner Heiligen.

Schlicht und groß sind die aus allen Jahrhunderten des
Mittelalters herüberklingenden Lieder der religiösen Lyrik. Sie
waren Gebete in gebundener Rede, welche an die einzelnen Personen der Dreieinigkeit, an die göttliche Mutter Christi, die Apostel
und die Heiligen gerichtet waren. Die göttliche Erlösung war das
große Thema der unerschöpflichen Fülle des religiösen Gesanges.
Die dunkle Folie derselben bildete die Sündhaftigkeit der Menschen
und die Vergänglichkeit des irdischen Lebens. In lichtem Glanze
erschien auf dieser Folie die Leidensgestalt Christi und das von
ihm erschlossene Paradies der jenseitigen Welt. In allen Tönen
erklang der Dank für die durch Christus wiedergewonnene Liebe
Gottes und die Freude über die Errettung aus Sünde und Tod.
Am vollsten sprach sich diese Stimmung in den Adventsliedern aus,
diesen mannigfaltigen Variationen des Gesanges, welchen einst die

---

[1]) Vita Brun. c. 8.

Engel über den nächtlichen Feldern Bethlehems angestimmt hatten. Das Gebet um Beistand in der Nachfolge Christi und in der Erwerbung des von Gott dargebotenen ewigen Heiles bildete den stehenden Ausgang aller Lieder zur Ehre Gottes, der Jungfrau Maria wie der Heiligen. Die Kreuzigung des Fleisches nach dem Vorbilde des göttlichen Erlösers war der Schwerpunkt der gesamten Lyrik. Das Leiden Christi und die Marterinstrumente seiner Kreuzigung, die Dornenkrone, die Nägel, die Lanze und das Kreuz, desgleichen die einzelnen Wunden des Erlösers, sein von Dornen zerrissenes Angesicht, seine durchbohrten Hände und Füße und die Speerwunde der Seite waren die mannigfach besungenen Trostmittel auf der leidensvollen Pilgerfahrt zum ewigen Lichte. Außer den Leiden Christi behandelte die Lyrik die Leiden der Heiligen, insbesondere der Märtyrer aus der altchristlichen Zeit. Die schwermutsvollen Gedanken über die Sündhaftigkeit und Nichtigkeit des Erdenlebens fanden ihre harmonische Auflösung in den freudigen Empfindungen über die von ferne grüßenden Zinnen des neuen Jerusalems. Beide Stimmungen erhielten ihren erhabensten Ausdruck in den Hymnen auf das bevorstehende große Weltgericht. Wie feierliche Glockenklänge tönte die Mahnung an die letzten Dinge in die Christenheit hinein. Bis zur Stunde hallt der ernste Ruf des berühmten, angeblich von dem Franziskaner Thomas von Celano verfaßten Liedes in der ganzen Christenheit fort:

> „Dies irae, dies illa
> Solvet saeclum in favilla" [1]).

Die Blume der religiösen Lyrik war die Marienbichtung, welche ihrem ganzen Umfange nach recht eigentlich im Brennpunkte der transcendenten Metaphysik und der asketischen Tugendlehre stand. Die Dichtung erhob Maria zu demselben Idealbilde jungfräulicher Anmut und lilienartiger Holdseligkeit, wie die bildende

---

[1]) A. v. Reumont hält in dem Märzheft der Zeitschrift „Nord und Süd", Jahrgang 1886, S. 323, freilich ohne den Schimmer eines Beweises, den Dominikaner Fra Latino Malabranca für den wahrscheinlichen Verfasser des Liedes.

Kunst. Maria war „die Jungfrau der Jungfrauen" [1]). Die ge=
samte Marienbichtung war eine Apotheose der Jungfräulichkeit.
Die bichterische Phantasie konnte sich nicht erschöpfen in Aus=
brücken, um die Jungfräulichkeit Marias zu verherrlichen. Wen=
bungen, wie „Brunne besigelter, garte beslozzener, rôse âne
dorn, morgenroet des ewigen lychtes, porta clausa", u. s. w.
waren die Bilbersprache der Jungfräulichkeit, welche in ber reli=
giösen Lyrik allgemeine Aufnahme fanden. Die Jungfräulichkeit
Mariens war das göttliche Mysterium ihrer Mutterschaft. Das Wunder
ber unbefruchteten Fruchtbarkeit unb ber auch in der Geburt ihres
göttlichen Sohnes unverletzt erhaltenen Jungfräulichkeit suchte man
sich burch ben Vergleich mit bem ein farbiges Glas burchscheit=
nenben Sonnenlichte verständlich zu machen. So heißt es beispiels=
weise in einer ber berühmtesten Marienbichtungen des Mittelalters, in
ber in ber zweiten Hälfte bes breizehnten Jahrhunderts von Konrab
von Würzburg verfaßten golbenen Schmiebe: Wie bas Sonnen=
licht bie Farbe bes bunten Glafes annimmt, ohne boch bas letztere
zu verletzen, so nahm Gott in Maria Fleisch unb Blut an:

> dô Krist, diu wâre sunne
> mit lebelicher wunne
> schein durch dînen ganzen lîp,
> alsô daz dû nie mannes wîp
> würde und in gebaere doch" [2]).

Das gleiche Bilb wanbte ber Dominikanermönch Eberharb von Sax
an. Maria, sagte er, habe Gott geboren:

> „âne scham (Schanbe) und âne swaere (Not)
> dâ bî alles sêres (Verletzung) laere (rein)
> sam diu sunne dur daz glas."

Die Verneinung ber irbischen Liebe war bas eigentliche Thema
ber Marienpoesie. Die asketische Tugenblehre ber Nachfolge Christi,
welche bas Leitmotiv ber gesamten religiösen Dichtung bilbete, fanb
in ber letzteren ihren vollsten unb schönsten Ausbruck. Gewisser=

---

[1]) Mone, Lateinische Hymnen des Mittelalters Bb. 2, Nr. 366.
[2]) Herausgeg. von Wilh. Grimm S. 24, V. 787 f.

maßen eine Erweiterung der Marienbichtung waren die den hei=
ligen Jungfrauen, welche wie Maria der irdischen Liebe entsagt
hatten, gewidmeten Hymnen. Die letzteren ließen das in der
Marienbichtung angeschlagene Thema in zahlreichen Variationen
ausklingen.

Ebenso reich als in der Lyrik waren die Schöpfungen der
religiösen Dichtung auf dem Gebiete der didaktischen und epischen
Dichtung. Während die weltliche Heldenbichtung verstummte, oder
sich auf eine kümmerliche Erhaltung des Vorhandenen beschränkte,
trat die religiöse Dichtung schon im neunten Jahrhundert mit zwei
großen Lehrgedichten hervor, welche gewissermaßen an der Spitze
der mittelalterlichen Litteratur stehen und der Abschließung des
weltlichen Epos um drei Jahrhunderte voraufgingen. Es waren
dies der altsächsische Heliand und die althochdeutsche Evangelien=
harmonie des Benedictiners Otfried. In den folgenden Jahrhun=
derten wurden diese Versuche, die biblischen Schriften in dich=
terischer Form wiederzugeben, erneut, zunächst in der, dem zehnten
Jahrhundert angehörenden Passion Christi, welche auf der Grenze
des norb= und südfranzösischen Idioms entstand. Im zwölften Jahr=
hundert wurden die biblischen Erzählungen auch in die deutsche
Sprache übertragen. Es geschah dies in dem Gedichte der Frau
Ava, welches die Evangelien in Reimen nacherzählte[1]), sowie in
einer dichterischen Wiedergabe der vier ersten mosaischen Bücher[2]).

Der Zweck, welchen diese in der Volkssprache gehaltenen dich=
terischen Bearbeitungen erstrebten, war jedoch keineswegs ein
ästhetischer, sondern lediglich ein religiöser, nämlich die Einführung
der christlichen Heilsgeschichte in die mit der lateinischen Gelehrten=
sprache nicht bekannten weiteren Kreise des Volkes. Sie sollten
also demselben Zwecke dienen, wie späterhin die Bibelübersetzung.
Die Evangelienharmonie sprach es, wie oben mitgeteilt wurde,
offen aus, daß sie beabsichtige, die weltlichen Gesänge des Volkes
zu verdrängen. Demgemäß lag es den Verfassern dieser Dich= .

---

[1]) Abgedruckt in H. Hoffmann, Fundgruben 1. Tl., S. 130 ff.
[2]) Abgedruckt in Maßmann, Bibliothek der ges. deutschen National=
litteratur 3. Bb., 2. Tl.

tungen fern, ihren Stoff zu einer freien, epischen Darstellung um=
zugestalten. Vielmehr hielten sie sich möglichst an die Erzählung
der biblischen Schriften gebunden, da eben die Popularisierung der
letzteren der leitende Gesichtspunkt war. Wenn der Heliand seine
Darstellung in die Sprache und Vorstellungen des germanischen
Mythus kleidete, so geschah auch dies keineswegs aus ästhetischen,
sondern lediglich aus religiösen Gründen, bekanntlich deshalb, um
die der germanischen Anschauung so fernstehenden Leidensgestalten
Christi und seiner Jünger dem Volke verständlicher und sym=
pathischer erscheinen zu lassen. Die religiöse Idee der Kirche war
demnach für die Sprache und den dichterischen Ausdruck der Dar=
stellung ebenso entscheidend, wie für die Auswahl des Stoffes.
Die dichterische Schönheit stand völlig unter der Herrschaft der reli=
giösen Glaubenswahrheit. Auch die übrige, ziemlich reiche Lehr=
dichtung des Mittelalters war mehr oder weniger von dem reli=
giösen Geiste der Kirche erfüllt und hatte die religiöse Erziehung
des Menschen zum Zweck. Das Leben Christi und seiner gött=
lichen Mutter, sowie die durch Christi Menschwerdung vollzogene
Erlösung der Menschheit waren die Hauptthemata der größeren
Lehrgedichte. Nicht gering war freilich auch die Zahl derjenigen
Lehrdichtungen, welche nicht bestimmte religiöse Stoffe, sondern
lediglich allgemeine, auf alle Verhältnisse Bezug nehmende Lebens=
wahrheiten aufstellen wollten, wie z. B. das aus dem zwölften Jahr=
hundert stammende Lehrgedicht des österreichischen Dichters Hein=
rich „von des todes gehugde" (vom Gedächtnis des Todes), das
dem breizehnten Jahrhundert angehörende Gedicht „der Winsbecke",
der „welsche Gast" des Thomasin von Zirclâre, Freidanks „Beschei=
benheit" und andere. Doch war die religiöse Lehre der Kirche in
allen diesen Dichtungen der durchziehende Gedanke. Die auf welt=
liche Verhältnisse bezogenen Betrachtungen derselben wurden dem
Gedanken der ewigen Heilserwerbung untergeordnet. In diesem
Verhalten fanden die vielseitigen Erwägungen jener Lehrgedichte
gewissermaßen ihre innere Einheit.

Den größten Wert für die religiöse Erziehung des Volkes
hatte die außerordentlich fruchtbare, bis in die alte Kirche zurück=
reichende Legendenlitteratur, deren schlichter Thatbestand sich dem

Volke am leichteften einprägen konnte. Die Legendenlitteratur war die heroische Epik der Kirche. Die Heiligen der Legenden waren „die Athleten Gottes", die idealen Heldengestalten des religiösen Geistes. Das Heldentum dieser Mythologie stand im äußerften Gegenfaße zu demjenigen der antiken und altgermanischen Mythologie. Nicht der Genuß der Jugend und Schönheit, nicht die fiegreiche Behauptung einer edlen Kraft, sondern der freiwillige Verzicht auf die Freuden des Erdenlebens und die bis an die Grenze der Selbftvernichtung gesteigerte Abtötung der sinnlichen Empfindung waren die Charakterzüge dieser religiösen Epik. Das von der Erdenwelt abstrebende legendarische Heldentum wurde durch die aus dem Jenseits fallenden Lichtftrahlen göttlicher Wunder= zeichen gewissermaßen zu einem transparenten Bilde verklärt. Askefe und Wunder wirkten gleichmäßig in dem Heiligenleben der Legenden zusammen. In der Askefe wurde die Welt und ihre Ordnung von Seiten der Menschen, in dem Wunder von Seiten Gottes verneint. Beide zusammen bildeten das Wesen der kirch= lichen Heiligkeit. Die Heiligen der Legende standen in lofester Verbindung mit dem Diesseits und in der innigften Fühlung mit dem Jenseits. Die Heiligenepik spielte fich auf der Grenzlinie zwischen der sinnlichen und der übersinnlichen Welt ab. Die körperlichen Formen der Erdenwelt verflüchtigten fich in ihr zu den körperfreien Lebensformen der Geifterwelt.

Asketische Bußwerke und göttliche Wunder bildeten die ele= mentaren Beftandteile dieser Litteratur. Der Gegenstand der Le= genden war die Erzählung der Martyrien, welche die „Athleten Gottes" in der Welt zu erdulden, fowie der fiegreichen Kämpfe, welche diefelben mit der Welt und ihrem eigenen Fleische zu be= ftehen gehabt hatten. In zahlreichen Fällen endete die Paffions= geschichte der Heiligen, ebenfo wie die ihres Erlöfers mit dem Märtyrertode. Namentlich beftanden die älteren Legenden vor= wiegend aus den Biographien der Märtyrer. Sie berichteten das Leiden und den Tod der in den Jahrhunderten der römischen Verfolgungen getöteten Christen. Aber auch die Legenden des Mittelalters enthielten noch zahlreiche Märtyrerbiographien. Nicht gering ift die Zahl der Legenden, welche die Schickfale der von

ben Germanen, Slaven, sowie von den Völkern des Islam ge=
töbteten Glaubenshelben erzählen. In den zahlreichsten Fällen
aber war das Martyrium nicht in bem Tobe, sondern in bem
Leben ber Heiligen gelegen. Eine große Zahl ber Legenben be=
richtet von Jünglingen unb Jungfrauen, welche ihrem elterlichen
Hause, ihrem Vermögen ober bem Glück einer jungen Liebe frei=
willig entsagten, um ihre Seele von allen Erbenwünschen zu rei=
nigen unb in berselben nur ben Gebanken an bas jenseitige Heil
bestehen zu lassen. Unter ber warmen Sonne bes Sübens flohen
biese Heiligen in bie Einsamkeit ber Wüste ober ber Walbwilbnis,
unter bem kalten Himmel bes Norbens in bie engen Mauern
ber Klöster. In harten Bußübungen verbrachten sie ihr stilles Da=
sein. Ihr Leben war ein fortgesetztes Absterben. Vielfach wurben
sie noch bei Lebzeiten mit göttlicher Wunberkraft begnabigt. In
anberen Fällen bekunbete sich bie letztere erst nach bem Tobe ber
Heiligen. In einzelnen selteneren Fällen, wie z. B. in ben Erzäh=
lungen von ber heil. Elisabeth von Portugal unb ber heil.
Genovefa ließen bie Legenben ihre Helben mitten in weltlichen
Verhältnissen, in ihrer Familie ober ihrer Berufsarbeit beharren.
Den Schwerpunkt ber Erzählungen bilbeten bann bie Anfein=
bungen unb Verspottungen, welche ber Heilige von Seiten seiner
Umgebung zu erleiben hatte. Ein göttliches Wunber ließ zuweilen
ein plötzliches Strafgericht über bie Feinbe bes Heiligen ergehen
unb bie Unschulb bes letzteren in überirbischer Verklärung strahlen.
Verhältnismäßig selten nahm bie Legenbe Verheiratete in bie Zahl
ihrer Heiligen auf. Die Ausnahmen würben bei ben tausenben
von Legenben kaum in Betracht kommen, wenn nicht einige ber=
selben zu ben schönsten unb zartesten Erzählungen gehörten, wie
z. B. bie Legenben von ber Lanbgräfin Elisabeth von Thüringen,
von ber gleichnamigen Königin von Portugal unb ber Gräfin
Genovefa. Doch wurben biese Heiligen nicht ihrer häuslichen
Tugenbhaftigkeit, nicht ihrer ehelichen ober elterlichen Verbienste,
sonbern gleichfalls jener asketischen Lebensführung wegen gefeiert,
welche im Grunbe eine Verneinung ber Familie bezweckte. Ins=
besonbere wurben jene Heiligen wegen ihrer Enthaltsamkeit hinsicht=
lich ber Liebesfreuben als Vorbilber christlicher Frömmigkeit verehrt.

Uebrigens führte die Legende die Erzählungen solcher Heiligenleben doch fast immer in den Mauern eines Klosters zu Ende.

Die legendarischen Erzählungen waren die Illustrationen zu den abstrakten Lehrsätzen der religiösen Metaphysik. Die asketischen Tugenden der Nachfolge Christi, der freiwillige Verzicht auf Reichtum, Ehre und Liebe, die körperlichen Kasteiungen durch Fasten und Nachtwachen, die Pflege der Kranken und Armen, die widerstandslose, demutsvolle Erduldung von Kränkungen, Verleumbungen und Verfolgungen waren die festen Kategorien, in welche die individuellen Umrisse der einzelnen Legenden flüchtig hineinschattiert wurden. Doch hoben sich einzelne wenige Legenden durch ihre feinere Empfindung und plastischere Gestaltung aus der einförmigen Masse dieser Litteratur hervor. Solche Perlen der legendarischen Epik waren beispielsweise die Legende vom heil. Alexius, welche fast in alle Sprachen übertragen wurde, die Legende von der heil. Elisabeth von Thüringen, eine der ergreifendsten Dichtungen der asketischen Litteratur, Barlaam und Josaphat, welche nicht nur einen indischen Stoff behandelt, sondern auch auf indisch-buddhistischen Ursprung zurückweist, die Legende von der heil. Genovefa, wohl die volkstümlichste Erzählung des ganzen Mittelalters.

Aus den inhaltlichen Zwecken gestaltete sich die Methode, die künstlerische Form der Erzählungen. Das allgemeine Schema der religiösen Askese trat so sehr in den Vordergrund der dichterischen Erfindung oder der historischen Erzählung, daß die individuelle Ausbildung der einzelnen Legenden gar nicht in Betracht gezogen wurde. Die Eigenartigkeit der einzelnen Erzählungen beschränkte sich in unzähligen Fällen auf wesenlose, äußere Dinge, auf die Besonderheit des Namens, der Herkunft, der Zeit und der Stellung des Heiligen. Da die Vernichtung der persönlichen Eigenart das Ziel der christlichen Nachfolge war und da die legendarische Litteratur ihre Heiligen als Vorbilder dieses Bestrebens hinstellen wollte, so lag die Darstellung des Individuellen mehr oder weniger außerhalb ihres Bereiches. Die Charakterköpfe der Heiligen erhielten nur typische Züge, den allgemeinen Typus der kirchlichen Heiligkeit. Die Legendenlitteratur

bestand demnach im Grunde aus unzähligen, nur durch gering-
fügige Abwechslungen unterschiedenen Wiederholungen derselben
Vorgänge. Die einzelnen Erzählungen waren nur die mehr oder
weniger breit ausgeführten Anwendungen allgemeiner religiöser
Anschauungen und Grundsätze. Eine geschichtliche Entwicklung
des religiösen Typus gab es in der Legende nicht. Der Gedanke,
daß die asketische Religiosität den ersten Jahrhunderten des Mittelalters nicht in demselben Maße bekannt war, wie der altchristlichen Zeit und dem hohen Mittelalter, war der Legende fremd.
Die letztere stilisierte vielmehr die geschichtlichen Persönlichkeiten
ohne Unterschied der Zeitfolge in dem feststehenden Typus der
kirchlichen Heiligkeit. Sie gestaltete die geschichtlichen Lebensbilder
der verschiedensten Zeiten in denselben Farben und Maßverhältnissen, so daß ein Heiligenbild aus den wilden Zeiten der ersten
Frankenkönige genau so aussieht, wie ein solches aus den Tagen
der weltbeherrschenden Kirche Innocenz III. Auch die Dichtung
des Heliand hatte einst die Persönlichkeiten der neutestamentlichen
Erzählungen dem germanischen Volkscharakter ihrer Zeit entsprechend umgestaltet, doch standen die Umbildungen des Heliand
in umgekehrtem Verhältnis zu denen des späteren Mittelalters.
Während der Heliand der Leidensgestalt Christi das heroische Gepräge des alten Germanentums verlieh, modellierten die Dichtungen
des späteren, von der Kirche vollständig beherrschten Mittelalters
heldenhafte Persönlichkeiten der Geschichte in mönchische Büßer-
gestalten um.

Ein Beispiel dieser kirchlichen Idealisierung war der Graf
Wilhelm von Toulouse, der sich unter Karl dem Großen im
Kriege mit den Arabern rühmlich ausgezeichnet hatte. Die Legende
stellte den auf Befehl Karls des Großen im Jahre 793 unternommenen Kriegszug desselben als einen Glaubenskrieg dar und bezeichnete den Grafen als den „Bannerträger Christi" [1]. Allerdings
würde die Christianisierung der Araber die weitere Folge einer
dauernden Eroberung des Landes gewesen sein. Aber keineswegs
war dieselbe die Ursache jenes Feldzuges. Der geschichtlichen Tra-

---

[1] Acta SS. t. XVII, p. 157.

dition nach war der letztere vielmehr lediglich aus politischen
Gründen unternommen. Er war kein Kreuzzug, wie die Legende
erzählt, sondern ein Grenzkrieg. Die Chronik von Moissac[1]) be=
richtet, daß der Maurenkönig Ega im Jahre 793, in der Erwar=
tung, daß Karl durch die aufständischen slavischen Völkerschaften
an der Elbe abgehalten werde, seinen Feldherrn Abbel Melek
mit einem großen Heere einen Ueberfall in das fränkische Gebiet
habe machen lassen. Graf Wilhelm rückte den Mauren entgegen
und wurde mit ihnen bei der Stadt Carcassone handgemein.
Nach tapferer Wehr mußte er sich aber mit dem Verluste vieler
Mannschaften zurückziehen. Ebenso stellen die Lorscher Annalen,
sowie der Poeta Saxo den Krieg Wilhelms als die Abwehr eines
feindlichen Ueberfalles dar[2]). Auch der Krieg mit den Wasko=
niern und den ihnen verbündeten Arabern im Jahre 801, an
welchem Graf Wilhelm gleichfalls einen entscheidenden Anteil nahm,
mußte aus derselben Ursache geführt werden. Das Lobgedicht des
Ermoldus Nigellus bezeichnet in breiter Rede die fortgesetzten
Raubzüge der Araber und der aufständischen Wasken als die
Veranlassung jenes Feldzuges.

> „Eine abscheuliche Stadt noch lieget in jenen Gebieten,
> Die sich so übeln Geschickes Ursach' beharrlich gesellt.
> Wenn in der Liebe zu Gott mit deiner erwirkenden Arbeit
> Wir sie erobern, so hat Ruhe und Frieden dein Volk,"

läßt der Dichter den Grafen zum König Ludwig sprechen vor dem
Zuge gegen die Stadt Barcelona, welche der Mittelpunkt des
Kampfes wurde[3]). Die Legende, welche den Grafen Wilhelm als
einen ruhmreichen Vorkämpfer für die Ausbreitung der kirchlichen
Lehre darstellte, kehrte das geschichtliche Verhältnis von Ursache
und Wirkung um, indem sie die Folge der Eroberung Aquitaniens
als den ursprünglichen Zweck derselben hinstellte.

---

[1]) M. G. t. I, p. 300.

[2]) M. G. t. I, p. 35 und 250; vgl. ferner die Annales Alammanici
l. c. p. 47 und die Enhardi Fuldensis annales p. 351.

[3]) L. I, v. 151 ff. Nach der Uebersetzung von Dr. Th. G. Pfund in
den Geschichtschreibern der deutschen Vorzeit.

Die Legende zog überhaupt keine geschichtlichen Vorgänge in Be=
tracht, soweit dieselben ihrem religiösen Geiste widerstreitend waren.
Sie sah in den Personen und Verhältnissen nichts als den Wider=
schein ihrer eigenen religiösen Vorstellungen. Sie gestaltete mit
märchenhafter Erfindung geschichtliche Verhältnisse zu einem Rah=
men für ihre Idealfiguren um und legte den Persönlichkeiten Be=
weggründe unter, welche denselben völlig fremd gewesen waren,
um sie als Vorbilder ihrer religiösen Lehren aufstellen zu können.
In den Fällen, in welchen die geschichtliche Ueberlieferung das
wahre Bild der Persönlichkeiten und Verhältnisse noch erhalten
hat, lassen sich die Spuren dieses Verfahrens der Legende noch
erkennen. Solche Beispiele waren König Heinrich II. und seine
Gattin Kunigunde, welche von der Legende zu transparenten
Heiligengestalten verflüchtigt wurden. Die um die Zeit der Kanonisation Kunigundes, im Beginne des dreizehnten Jahrhunderts
gedichtete Legende läßt König Heinrich in der Brautnacht seine
Gattin mit den Worten anreden:

> „Vrou Kuniginne
> sô getâner minne
> sô man in der werlde phlit,
> der bin ich lûter unde quit
> und alsô muoz ich immer sîn,
> ich hân ergeben die kûscheit mîn
> mîme schephêre."

Ueber diese Gesinnung ihres Gatten war die Gattin hocherfreut
und legte auch ihrerseits das Gelübde der Keuschheit ab [1]):

> „ir stuonden doch ir sinne
> nâch himelrîches gewinne
> mêr dan ze der werlde minne."

Ebenso wie jede zeitliche und geschichtliche, mußte auch jede indi=
viduelle Eigenart in der Abstraktion des religiösen Typus ver=
schwinden. Der letztere blieb überall der nämliche, ob nun die

---

[1]) Heinrich und Kunegunde von Ebernand von Erfurt, herausgeg. von
Reinold Bechstein, S. 39 und 43. Quedlinburg und Leipzig 1860.

betreffenden Heiligen aus den niederen Schichten des Volkes oder aus den ersten Kreisen der Gesellschaft hervorgegangen waren, ob dieselben Anachoreten, Mönche, Krieger oder Fürsten, ob Männer oder Frauen waren. Dieselbe Innigkeit und ätherische Zartheit der religiösen Empfindung wiederholten sich unterschiedslos bei allen. Der gewaltige Karl der Große und sein Feldherr Wilhelm von Aquitanien zeigten in der Legende dieselbe Weichheit und Zartheit der religiösen Empfindung, wie etwa die Landgräfin Elisabeth von Thüringen. In einer abgelegenen Gebirgsgegend Aquitaniens hatte der Graf Wilhelm das Kloster Aniane gegründet. Als er von diesem frommen Werke wieder zu seinen weltlichen Geschäften zurückgekehrt war, ergriff ihn, wie die Legende erzählt, ein sehn= süchtiges Verlangen nach der Gemeinschaft mit den Mönchen, welche er in seiner Stiftung angesiedelt hatte und vergoß viele Thränen des Heimwehs. Endlich entschloß er sich, seinem Verlangen Folge zu geben und aus einem Vasallen des weltlichen Königs ein Streiter des himmlischen Königs zu werden. Als er dem Kaiser Karl seinen Entschluß mitteilte, da weinte auch der letztere bitterlich, gewährte ihm aber seine Bitte. Selbst die Grenze des Lebens= alters wurde beliebig übersprungen und manchmal dem noch im frühesten Keime der Kindheit schlummernden Geiste ein ahnendes Empfinden der göttlichen Wahrheiten beigelegt. Die auserwählten Naturen der Legende waren von frühester Jugend an mit einem göttlichen Instinkte der Heiligkeit begnadigt. So sollte beispiels= weise der heil. Johannes von Matha schon als Säugling an Fast= tagen sich der Nahrung enthalten haben, indem er die ihn nährende Brust an solchen Tagen verschmähte. Der heil. Adalbert von Prag hatte schon als kleiner Knabe ein Verständnis für die höhere Heiligkeit des ehelosen Standes. Als er einst von einem seiner Kameraden im Spiele auf ein am Boden liegendes Mädchen ge= worfen wurde, begann er bitter zu weinen und zu klagen: „O weh mir, nun bin ich verheiratet." Dann zeigte er auf seinen Genossen und rief: „Dieser da hat mich verheiratet!"[1]). Der

---

[1]) M. G. t. IV, p. 583.

heil. Bitus sollte schon als Knabe ben Heiden die Lehre vom Erlöser geprebigt und mehrere berselben bekehrt haben.

Alle irbischen Beziehungen der inbividuellen Eigenart, bes ge= schichtlichen Zeitalters, ber geschlechtlichen Natur, wie bes persön= lichen Lebensalters und der gesellschaftlichen Verhältnisse erloschen in ber Glorie bes Ueberfinnlichen. Die Legenben sinb alle gleichmäßig aus ben zartesten Golbfäben ber religiösen Empfindung gesponnen.

Außer biefen, kirchliche Heiligengestalten behanbelnben Legenben hat bie epische Litteratur bes Mittelalters noch anbere legenbarische Dichtungen hervorgebracht, welche sich von ben ersteren baburch unterschieben, baß sie ber Schilberung weltlicher Beziehungen unb Verhältnisse einen größeren Raum gewährten. Der Zweck aber, welchen dieselben in der Darstellung ihrer Persönlichkeiten ver= folgten, war berselbe wie der Zweck der kirchlichen Legenbe, die Verherrlichung ber asketischen Tugenben ber Nachfolge Christi. Zu ben bebeutenbsten Dichtungen dieser mehr weltlichen Heiligenheroik zählen beispielsweise bas im zehnten ober elften Jahrhunbert entstan= bene provencalische Gebicht Boethius, sowie bas gegen Enbe bes zwölften Jahrhunberts in althochbeutscher Sprache gebichtete Anno= lieb. Das letztere schlägt zwar in seinem ersten Teile mit vielem Geschick ben Ton bes Volksepos an, ber biographische Teil ber Dichtung aber ist von berselben asketischen Bläffe, wie die kirch= liche Heiligenlegenbe. Auch bie höfische Epik behanbelte ihre Stoffe nach Maßgabe der religiösen Idee. Die letztere bilbete mehr ober weniger ben Angelpunkt ber Hanblung auf ben verschiebenen Stoff= gebieten ber ersteren, so vor allem im Kreise ber französischen Rolanbsage. Die letztere, welche von bem Pfaffen Konrab aus ber französischen in bie beutsche Sprache übertragen wurbe, stellte ben spanischen Felbzug Karls bes Großen ganz ebenso als einen Glaubenskrieg bar, wie bie Heiligenlegenbe ben Kriegszug bes Herzogs Wilhelm von Aquitanien in einen Kreuzzug umwanbelte unb machte bie christlichen Wasconier, welche bie von Rolanb ge= führte Nachhut bes Heeres angriffen, zu Sarazenen. Der Kaiser, erzählt bie Dichtung, habe lange erwogen, auf welche Weise er bie Araber Spaniens aus ber „nebelvinstere naht" ihres Unglaubens erretten könne.

„Thô ther gotes thienestman
vone Yspaniâ vernam
wie unkûschlîchen sie lebeten,
thie apgot ane beteten,
thaz sie got niene vohrten,
harte sih verworhten (schwer sich versündigten)
thaz clagete ther keiser hêre" [1]).

Gott flehte er an „mit trânenden ougen" [2]), den Ungläubigen das Licht seiner Wahrheit aufgehen zu lassen. Da erschien ihm ein Engel mit der Verkündigung, daß sein Gebet erhört sei und forderte ihn auf, nach Spanien zu eilen. Die mit ihm ziehenden Krieger waren „gotes thegene". In dem Kampfe, den Roland mit den Sarazenen zu bestehen hatte, rief der erstere seinen Mannen zu, daß derjenige, der in dem Streite fiele, Christi Kreuz auf sich genommen habe.

„sô weme got thie genâthe givet,
thaz er thurch sînen herren (d. i. Christus) hie beliget,
ther hât thaz criuze an sih genommen" [3]).

Der Tod Rolands und seiner Kampfgenossen wird als ein Martyrium gepriesen. Die Engel, heißt es:

„— fuorten then ire lieben
zuo the marterâre kôre,
zuo theme oberisten trône" [4]).

Die Kirche soll später auch diesen tapferen Helden zum Lohn für seine Thaten unter die Schar der Seligen versetzt haben. Doch ist es zweifelhaft, ob die Kanonisation wirklich vollzogen ist, so daß der Held zur Zahl der ungewissen Heiligen gehört.

Die Rolandslieder waren im Zeitalter der Kreuzzüge entstanden und im Geiste der letzteren gedichtet. Sie standen gewissermaßen im Mittelpunkte der den Kampf des Christentums mit dem Heiden-

---

[1]) Rolandslied, herausgeg. von K. Bartsch, 1874, V. 31 ff.
[2]) V. 51.
[3]) V. 5819 ff.
[4]) V. 6766 ff.

tum behandelnden Dichtungen und waren hierzu um so geeigneter, als sie sich an die Persönlichkeit des großen Frankenkönigs Karl knüpften, der mehr als irgend ein anderer Monarch die Gesamt= kraft des christlichen Abendlandes unter seinem Scepter vereinigt hatte, der weit abstand von dem Streit zwischen Staat und Kirche und demgemäß von allen christlichen Völkern und auch von der Kirche als das Ideal eines weltlichen Herrschers gefeiert wurde.

Selbst die dem religiösen Ideenkreise der Kirche so fern lie= genden antiken Sagenstoffe der höfischen Epik liefen zum Teil, wie z. B. das Alexanderlied, welches der Pfaffe Lamprecht nach einem französischen Texte in die deutsche Sprache übersetzte, auf eine Apologie der biblischen Glaubenslehren aus. Auch manche der außerhalb der großen Sagenkreise der höfischen Dichtung gele= genen epischen Erzählungen bildeten sich nach dem Typus der kirchlichen Heiligenlegende, so beispielsweise Hartmanns von Aue „Der arme Heinrich" und Rudolfs von Ems „Der gute Gerhard", beide dem dreizehnten Jahrhundert angehörend. Die Jungfrau im armen Heinrich ist von todesmutigem Glaubenseifer beseelt, wie nur irgend eine Heilige der Legende, der gute Gerhard ist ein Spiegel der Demut und Selbstverleugnung.

---

2. Die Dramatik.

Dieselben Charakterzüge wie die Epik zeigte auch die Dra= matik des Mittelalters. Die Grundlage der letzteren war ebenso wie die der ersteren die transcendente Metaphysik der mittelalter= lichen Religiosität. Die Geburt, das Leiden und Sterben, die Auferstehung und Himmelfahrt Christi, die Lebensgeschichte und die Leiden Marias, wie die Martyrien der Heiligen waren die Quelle der dramatischen Stoffe. Die Verherrlichung der christ= lichen Erlösung war der Zweck der Dramatik wie der lyrischen und epischen Dichtung. Die dramatische Dichtung war eine un= mittelbare Veranschaulichung der großen Thaten Gottes und seiner

Heiligen. Was die Predigt und die Legende nur in der Form der Ueberlieferung bieten, die Malerei nur in leblosen Bildern darstellen konnte, das sollte das Drama als gegenwärtige Handlung erscheinen lassen.

Aus diesem inhaltlichen Zwecke der dramatischen Dichtung bestimmte sich die künstlerische Komposition derselben. Der religiöse Zweck des Dramas verbot die freie dichterische Gestaltung der Charaktere und der Handlung; er machte vielmehr den möglichst vollständigen und wortgetreuen Anschluß an die biblische oder legendarische Erzählung zur notwendigen Bedingung. Der Gedanke, die Stoffe der heiligen Geschichte selbständig und frei zu bearbeiten, hätte vom Standpunkte jenes Zweckes aus als eine Entweihung, ein Sacrilegium erscheinen müssen. Das Drama ließ vielmehr seine Handlung abspielen, wie dieselbe in der biblischen oder legendarischen Erzählung berichtet wird. Es blieb demselben infolge dieser Gebundenheit der epische Charakter seiner Quelle anhaften. Die Gesetze der antiken und modernen Dramatik waren deshalb für das Mittelalter nicht vorhanden. Die Einheitlichkeit der Handlung, die psychologische Entwicklung, die individuelle Zeichnung der Charaktere, waren keine unumgänglichen Bedingungen der mittelalterlichen Dramatik. Das Vorhandensein derselben war vielmehr nur ein Zufall. Das Drama brachte dieselben eben nur dann, wenn solche auch in seiner Quelle enthalten waren. Die Legende, welche die Lebensgeschichte einzelner Persönlichkeiten darstellte, legte eben darum die Beachtung jener Verhältnisse, also eine dem antiken und modernen Drama verwandte Behandlung näher als die biblische Erzählung, welche eine ganze Reihe von Persönlichkeiten und Handlungen umschließt. Wo der religiöse Stoff gar keine Handlung, sondern nur Reflexionen enthielt, brachte auch das Drama nur letztere. So war die Dramatik des Mittelalters eigentlich nichts anderes, als eine Umsetzung der biblischen oder legendarischen Erzählung in die Form des Dialogs. Das geschichtliche Drama der göttlichen Erlösung war in Inhalt und Form das Vorbild der dramatischen Kunstdichtung des Mittelalters.

Die frühesten dramatischen Dichtungen des Mittelalters waren

die sechs Komödien der Nonne Hrotsuit von Gandersheim aus
der zweiten Hälfte des zehnten Jahrhunderts, deren, von dem Huma=
nisten Konrad Celtis eingeführte Titel lauten: Gallicanus, Dul=
citius, Calimachus, Abraham, Pafnutius, Sapientia. Die erste
Komödie behandelt die Bekehrung des römischen Feldherrn Galli=
canus, die zweite die Leidensgeschichte der drei Schwestern Agape,
Chionia und Irene, die dritte die Wiedererweckung des Calimachus
und der Drusiana und die Bekehrung des ersteren, die vierte den
Fall und die Bekehrung der Maria, die fünfte die Bekehrung der
Buhlerin Thais und die sechste die Passion der Jungfrauen Glaube,
Hoffnung, Liebe. Der Stoff der Komödien war also der alt=
christlichen Legende entnommen. Im allgemeinen hielt sich Hrot=
suit streng an die Erzählung der letzteren und gestattete sich nur
unwesentliche Aenderungen, welche meist durch die dialogische Form
veranlaßt wurden. Wie in der Legende gaben auch in der dra=
matischen Nachbildung die Bosheit und Thorheit der altgläubigen
Römer den dunklen Untergrund ab, auf welchem die Tugend=
haftigkeit der Christen in überirdischer Verklärung strahlte. Von
den asketischen Tugenden der christlichen Weltanschauung nahm
die Jungfräulichkeit den breitesten Raum ein. Sämtliche Komödien
waren der Hauptsache nach eine Apotheose derselben. Ebenso wie
in der Legende wurde die letztere durch göttliche Wunderzeichen ver=
klärt. Christus selber und sein Jünger Johannes greifen wieder=
holt in den Gang der Handlung ein, um die jungfräuliche Keusch=
heit zu beschützen und zum Siege zu führen. Askese und Wunder
waren also im Drama wie im Epos die leitenden Gesichtspunkte
der Darstellung, die Goldfäden der dichterischen Entwicklung. Die
Darstellung derselben beherrschte die ganze Komposition dieser
Komödien. Sie bildete das Gesetz der Dramatik, außer welchem
kein anderes dramatisches Gesetz für die Dichterin bindend war.
Allerdings hat die letztere die Einheit der Handlung durchgehends
gewahrt, da sie dieselbe ja in ihrem antiken Vorbilde vorfand
und da dieselbe ferner auch in dem biographischen Stoffe der
Legende gegeben war. Eine psychologische Charakterentwicklung hin=
gegen, welche ja auch der Legende fremd war, ist in keiner Ko=
mödie erreicht oder auch nur erstrebt worden. Da es Hrotsuit

nur um die Verherrlichung des christlichen Glaubens zu thun war,
so lag ihr das Studium der menschlichen Empfindungen ebenso
fern, wie der Legende. Der religiöse Zweck der Dichtung erhielt
ein noch viel kräftigeres Relief in der sieghaften Gewißheit fest
in sich abgeschlossener Charaktere und in dem unmittelbaren Ein=
greifen Gottes, als in der allmählich sich klärenden und festigenden
menschlichen Einsicht.

Die christlichen Gestalten Hrotsvits treten daher entweder von
vornherein als fertige, absolut sichere, oder aber als durch plötzliche
göttliche Erleuchtung umgewandelte Charaktere auf. Die schöne
jugendliche Constantia im Gallicanus, die holde Drusiana im
Calimachus lassen sich in der Festigkeit ihrer keuschen Gesinnung
nicht einen Augenblick durch Liebeswerbungen beirren. Die drei
Jungfrauen im Dulcitius, Agape, Chionia und Irene, sind Cha=
raktere von unbeweglicher Festigkeit, welche sich durch Verlockungen
ebensowenig wie durch die grausamsten Folterqualen erschüttern
lassen. Sie fordern vielmehr den Kaiser Diocletian und seinen
Statthalter zur Anwendung möglichst bitterer Torturen heraus,
um denselben die unüberwindbare Sicherheit ihres Glaubens zu
beweisen. Ebensowenig zeigen die drei Schwestern in der Sapientia
auch nur die Spur eines Widerstreites zwischen der Schwachheit
des Fleisches und ihrem Glauben. Auch sie fordern den Zorn
des Richters heraus, um den letzteren zur Anwendung möglichst
grausamer Qualen zu veranlassen. Die Aussprache menschlicher
Schwächeempfindungen hätten der Dichterin auch als eine Befleckung
ihrer glänzenden Heiligenbilder erscheinen müssen. Ebensowenig
hat Hrotsvit in die Darstellung ihrer dem Christentum neugewon=
nenen Helden menschliche Empfindungen einfließen lassen. Der
Uebergang vom Heidentum zum Christentum, von Sünde zur
Tugend vollzieht sich infolge eines göttlichen Wunders oder einer
göttlichen Erleuchtung, ohne jede Regung eines inneren Wider=
strebens gegen die asketischen Grundsätze des neuen Bekenntnisses.
Der im Heidentum befangene Feldherr des Constantius, Galli=
canus, der um die Hand der Constantia, der Tochter des Kaisers,
geworben hat, wird mitten in der Schlacht durch ein göttliches
Wunder bekehrt. Von diesem Augenblicke an entsagt er zur Ehre

Gottes der Hand der schönen Constantia, welche er zuvor so glühend geliebt hatte und bestärkt auch noch die letztere in der längst gefaßten Absicht, eine Jungfrau zu bleiben und eine Braut Christi zu werden. Von den tiefen inneren Bewegungen, welche einer so vollständigen Sinnesänderung vorausgegangen sein würden, ist keine Rede. Die Bekehrung des Calimachus ferner von seiner verbrecherischen Liebe zur Drusiana wird nicht durch eine selbstthätige innere Läuterung, sondern durch ein mehrfaches wunderbares Eingreifen Gottes bewirkt. In der Gruft der Geliebten, gerade in dem Augenblicke, in welchem Calimachus den Leichnam schänden will, erscheint Christus, um den letzteren zu beschützen und jenen zu entseelen. Kurz darauf werden Calimachus und die fromme Drusiana vom Apostel Johannes wieder zum Leben erweckt, um dem ersteren die Möglichkeit zu gewähren, durch ein bußfertiges Leben seine Sünde zu sühnen.

Die einzige, etwas individueller gezeichnete Gestalt ist die Nichte des Eremiten Abraham, Maria. Hier werden allerdings einige Streiflichter auf die inneren Seelenkämpfe der fallenden und der reumütigen Jungfrau geworfen. Aber in beiden Fällen werden diese inneren Kämpfe nicht aus dem Widerstreite zwischen der Sinnlichkeit und dem religiösen Glauben, sondern aus dem Zweifel an der Sühnbarkeit ihrer schweren Sünden abgeleitet. Außerdem werden die Kämpfe der fallenden Maria nicht als Handlung dargestellt, sondern nur in der Erzählung des Abraham geschildert. In der Thais endlich ist von einem seelischen Kampfe nicht das mindeste zu verspüren. Mit Leichtigkeit reißt sie sich auf die Ermahnungen des Eremiten Pafnutius von ihrem gottlosen Lebenswandel los, um sich sofort zu dem harten Büßerleben der Eingeschlossenen bereit zu finden. Das wichtigste Bedenken, welches sie beim Eintritt in die Klosterzelle dem Eremiten entgegenstellt, ist der Gedanke, daß sie in einer und derselben Zelle beten und ihre Bedürfnisse verrichten soll. Aber ein Wort des Pafnutius genügt, um auch dieses einzige Bedenken zu heben. Die Regungen der sinnlichen Natur bleiben also auch im Abraham wie im Pafnutius soviel als möglich verhüllt. Die Hervorhebung eines Widerstrebens der Sinnlichkeit gegen die opferwillige Lebensweise

der Nachfolge Christi war auch hier ausgeschlossen, weil eine
solche realistische Lebenswahrheit eine Abschwächung des den Neu=
bekehrten aufgegangenen göttlichen Lichtes zur Folge hätte haben
müssen.

Wunderzeichen und göttliche Erleuchtung treten überall an
die Stelle der psychologischen Entwicklung. Mit dem Widerstreben
des natürlichen Empfindens gegen das asketische Ideal der Nach=
folge Christi mußte aber überhaupt jede individuelle Eigenart der
Persönlichkeit und der Handlungen vor dem Lichtglanze göttlicher
Wunderzeichen verbleichen. Die abstrakte Idee der christlichen
Tugendhaftigkeit trat im Drama ebenso wie in der Legende so
sehr in den Vordergrund, daß eine eigenartige Gestaltung der
einzelnen Persönlichkeiten nur in flüchtigen Umrissen skizziert zu
werden brauchte. Die asketischen Tugenden waren die feststehenden
allgemeinen Kategorien, in welche jede dramatische Komposition
sich hineinfügen mußte. Dem transcendenten Geiste der mittel=
alterlichen Religiösität war es nicht um lebenswahre Porträts,
sondern vielmehr um typische Vorbilder der christlichen Vollkommen=
heit zu thun. Die drei Schwestern in der Sapientia, Glaube,
Hoffnung und Liebe, waren ja überhaupt nur allegorische Figuren.
Der allgemeine Gedanke der Hrotsuitschen Dramatik war im
wesentlichen in allen sechs Komödien der nämliche. Die einzelnen
Stücke waren nur die verschiedenen Variationen desselben Themas,
der Verherrlichung der göttlichen Liebe im Gegensatz zur irdischen.
Dieser Gegensatz ließ sich darstellen als ein siegreiches Beharren
in der ersteren, als ein Abfall von derselben und als eine Be=
kehrung zu derselben. Die sechs Komödien bestehen also in drei
verschiedenen Nüancierungen eines und desselben dramatischen Mo=
tives. Je zwei derselben gehören zusammen, insofern je zwei eine
Wiederholung des gleichen Themas enthalten. Der allgemeine
Gedanke war eben so wertvoll und maßgebend für diese Dramatik,
daß die Dichterin an einer Wiederholung der einzelnen Variationen
desselben nicht den mindesten Anstoß nehmen konnte. Dulcitius
und Sapientia behandeln das siegreiche Beharren in der gött=
lichen Liebe, Abraham und Pafnutius den Abfall und die Rück=
kehr, Calimachus und Gallicanus die Bekehrung aus dem Irrtum

des heidnischen Glaubens zum christlichen Glauben.   Ebenso wie
die leitende Idee war ferner auch der Gegensatz gegen dieselbe, die
Folie, auf welcher sich die Handlung abspielte, der Dichtung im
allgemeinen vorgeschrieben: die heidnische Welt in ihrer sündhaften
Verstockung.   Daher wiederholen sich die allgemeinen Grundzüge
der Komposition bei den zusammengehörigen Stücken mit ziem=
licher Gleichmäßigkeit.   Die drei Jungfrauen im Dulcitius, Agape,
Chionia und Irene, kehren in der Sapientia als Glaube, Hoffnung,
Liebe wieder.   Jene stehen vor dem Richterstuhle Diocletians,
diese vor dem des Hadrian.   Die Ueberlegenheit der christlichen
Bekenner über ihre heidnischen Richter wird dadurch verschärft,
daß dort Diocletian als eine komische Figur und daß hier Hadrian
als ein unwissender Mensch gezeichnet wird.   Beide Komödien
enden mit dem Martyrium der Heldinnen.   Eine ähnliche Wieder=
holung findet im Abraham und Pafnutius statt.   In beiden Ko=
mödien handelt es sich um die Bekehrung einer gefallenen Sün=
derin durch einen Eremiten.   Beide Charaktere sind legendarische
Wiederholungen der Magdalena aus der Evangeliengeschichte.
Verschiedenartiger sind Calimachus und Gallicanus.   Dennoch ist
das hauptsächliche Motiv in beiden das nämliche.   In beiden
Komödien bringen zwei zum Christentum bekehrte Jünglinge ihre
irdische Liebesneigung der göttlichen Liebe zum Opfer dar.   Der=
selbe Gedanke, welcher das Thema der religiösen Lyrik und Epik
bildete, der Gegensatz der göttlichen und irdischen Liebe, war also
auch das Leitmotiv der Hrotsuitschen Dramatik[1]).

Noch deutlicher als in diesen, nach antikem Vorbilde kompo=
nierten Komödien der Hrotsuit, traten die Charakterzüge der mittel=
alterlichen Dramatik in den geistlichen Schauspielen des späteren
Mittelalters hervor.   Waren jene der dichterischen Form nach den
Komödien des Terenz nachgebildet, so entstanden die letzteren der
Form wie dem Stoffe nach lediglich aus dem religiösen Geiste der
Kirche.   Der liturgische Gottesdienst, die Wechselgesänge zwischen

---

[1]) Vgl. aus der zahlreichen Litteratur über die Komödien der Hrotsuit
vor allem die Schrift R. Köpkes: „Hrotsuit von Gandersheim" in desselben
Ottonischen Studien II.

dem Priester und der Gemeinde gaben die erste Anregung zu
einer dramatischen Gestaltung der religiösen Tradition. Zunächst
wurden dramatische Aufführungen aus der heiligen Geschichte an
den bischöflichen Kirchen veranstaltet. So gab beispielsweise der
Augsburger Klerus im Anfange des zwölften Jahrhunderts, in
den Tagen des Propstes Gerhoh von Reichersberg eine dramatische Darstellung des bethlehemitschen Kindermordes und anderer
biblischer Stoffe. Von jenen ersten geistlichen Schauspielen ist
uns nichts erhalten. Die ältesten uns überlieferten Schauspiele
sind in der ersten Hälfte des vierzehnten Jahrhunderts verfaßt
worden. Da dieselben aber nur der Niederschlag längst vorhan-
dener Kompositionen waren, so reichen sie ohne Zweifel ihrem Ursprunge nach in eine weit frühere Zeit zurück.

Der Zweck der Schauspiele, die unmittelbare Vergegen-
wärtigung der christlichen Heilsgeschichte, hielt auch die Dramatik
des späteren Mittelalters fest an die kanonischen und apokryphischen
Schriften des Alten und Neuen Testaments wie an die Heiligenlegende gebunden. Die Schauspiele unterschieden sich im wesentlichen nur durch die Form des Dialogs von der Erzählung jener
Schriften. Einige derselben waren denn auch lediglich Gespräch-
spiele, wie z. B. die „Himmelfahrt Christi" und „Der jüngste
Tag". Von einer Einheitlichkeit der Handlung, einer psychologischen Entwicklung und individuellen Zeichnung der Charaktere
war daher in denselben keine Rede. Wie in der Erzählung der
heiligen Schriften wurde Handlung an Handlung gereiht, deren
jede mehr oder weniger den Charakter einer selbständigen Dichtung erhielt. Die Vollständigkeit der Wiedergabe war wichtiger
als die einheitliche Durcharbeitung des Stoffes. Der Umfang
eines Schauspieles pflegt daher in der Regel weit über den Umfang einer einzelnen Handlung hinauszugehen. Ein Osterspiel des
vierzehnten Jahrhunderts behandelt das ganze Leben Jesu von der
Hochzeit zu Kanaan bis zur Auferstehung. Das Schauspiel „Himmelfahrt Mariä" besteht aus fünf Handlungen, welche mit der Scheidung der Apostel beginnen und mit der Zerstörung Jerusalems
endigen. „Die Kindheit Jesu" beginnt gar mit den Propheten
des Alten Testamentes. Aus dem erbaulichen Zwecke erklärt sich

ferner der nicht minder lose Zusammenhang des Dialogs. Da
das Schauspiel eine veranschaulichte Predigt sein sollte, so war
die Sprache desselben oftmals unmittelbar an die Zuschauer gerichtet. Der Dialog bestand demnach in solchen Fällen nicht aus
Satz und Gegensatz, sondern vielmehr aus mehr oder weniger
selbständigen, an die Zuschauer gerichteten Monologen, welche nur
insofern einen Zusammenhang hatten, als sie sich auf einen und
denselben Gegenstand bezogen. Ein gutes Beispiel dieses mittelalterlichen Dialoges ist der erste Akt des oben erwähnten Schauspieles „Himmelfahrt Mariä", welcher die Scheidung der Apostel
zum Gegenstand hat. In demselben einigen sich die Apostel vor
ihrer Trennung über die Lehre, welche sie der Welt verkünden
wollen. Diese Einigung wird aber nicht als eine gemeinschaftliche
Beratung dargestellt, aus welcher schließlich die festen Grundzüge
der Lehre gewonnen werden. Vielmehr trägt jeder Apostel ein
Glaubensstück des kirchlichen Katechismus vor, bis schließlich das
ganze sogenannte apostolische Glaubensbekenntnis abgeschlossen ist.
Eine Diskussion, ein Ausgleich verschiedener Ansichten würde dem
dogmatischen Sinne durchaus zuwiderlaufend gewesen sein, da bei den
vom heiligen Geiste inspirierten Aposteln eine Verschiedenheit der
Meinungen nicht vorhanden gewesen sein konnte. Die einzelnen
Apostel wenden sich demgemäß auch nicht zu einander, sondern
vielmehr an die Zuschauer. „Man sal ouch glouben", beginnen
sie der Reihe nach ihre Rede. Nach ihrer Scheidung begeben sie
sich zu den Juden und den heidnischen Völkern, um diesen das
Evangelium zu verkünden. Auch diese Scene stellt nicht einen
Widerstreit der Meinungen zwischen den Heiden und den Aposteln
dar, sondern führt die Apostel Petrus, Andreas, Mathäus und
Simon der Reihe nach als Prediger vor. Jeder erklärt seinen
heidnischen und jüdischen Zuhörern die Hauptlehren des christlichen
Glaubens und tauft sodann die Bekehrten. Kein Widerspruch
wird von den Heiden erhoben. Nur zwischen den Juden und dem
Mathäus spinnt sich eine Diskussion an, in welcher die ersteren
dem letzteren einmütig widersprechen. Aber auch diese Ausnahme
erklärt sich nicht aus einer freieren dramatischen Behandlung,
sondern vielmehr gleichfalls aus dem strengen Anschluß an die

heilige Schrift. Denn für diesen Fall bot ja die letztere in den
Gesprächen Christi mit den Juden eine ausreichende Vorlage.
Dramatischer ist allerdings der Dialog in dem „Leben Jesu" und
in der „Auferstehung Christi". Das Schauspiel „Fronleichnam"
hingegen besteht lediglich aus einer Reihenfolge einzelner selbstän=
diger Vorträge, welche mit Adam beginnen und mit dem römischen
Papste schließen und die Glaubenslehren des Christentums, die
Martyrien Christi und die Einsetzung des heiligen Abendmahles
erklären. Auch in dem Schauspiele „Die Kindheit Jesu" wird
der Dialog wiederholt durch eingeschaltete Monologe unterbrochen.
Die Exposition der Schauspiele ferner bestand durchgehends nicht
aus einer, die besondere Lage erklärenden Handlung, sondern in
einem Prologe des Herolds, welcher den nachfolgenden Gegen=
stand der Darstellung in kurzen Worten zusammenfaßte. In
gleicher Weise endete das Stück mit der Rede einer der handelnden
Personen, welche die Bedeutung desselben für das ewige Seelen=
heil der Zuschauer in einigen Sätzen erläuterte.

Eine psychologische Entwicklung der Charaktere war bei dieser
Anlage der Schauspiele ausgeschlossen. Die Dramatik des Mittel=
alters entzog einer solchen schon durch die Wahl ihrer Stoffe den
erforderlichen Boden. Die Vorgänge der Heilsgeschichte waren
übernatürlichen Ursprunges und also gar nicht aus menschlichem
Wollen hervorgegangen. Die Handlung entwickelte sich demnach
nicht aus einem Widerstreite seelischer Beweggründe, sondern aus
den Heilszwecken der göttlichen Offenbarung. Selbst in dem Cha=
rakter der Maria Magdalena, welcher den Gedanken einer ein=
gehenderen psychologischen Behandlung sehr nahe legte, ist die Be=
gründung der Bekehrung dennoch entweder gar nicht oder nur sehr
flüchtig berührt worden. Das Alsfelder Passionsspiel hat eine
solche versucht. Aber hier wird der Uebergang vom Laster zur
Buße vermittelt durch eine Predigt Christi. Diese Predigt aber
enthält gar keine Beziehung auf den Seelenzustand der Maria
Magdalena. Sie enthält nicht etwa eine Warnung vor der Sünde
und deren ewiger Strafe, sondern die Seligpreisungen der Berg=
predigt. Nachdem Maria Magdalena diese gehört, versinkt sie,
die noch eben in größter Ausgelassenheit die Warnungen ihrer

Schwester Martha verspottet hatte, in die tiefste Reue über ihr
sündhaftes Leben. Sie wirft ihren Schmuck, ihren Spiegel von
sich, verwünscht ihre verführerische Schönheit, um von nun an der
Buße zu leben. Jede Regung ihrer bisherigen Liebeslust ist von
diesem Augenblicke an spurlos verschwunden. Nicht sowohl die
Predigt als vielmehr die göttliche Erscheinung Christi ist es, welche
hier wie im Gallicanus und Calimachus der Hrotsuit die Wendung bewirkte. Die letztere wird also auch hier mehr durch ein
göttliches Wunder als durch eigene Betrachtung erklärt. Ebensowenig wie eine psychologische Entwicklung war mit den im Lichtglanze göttlicher Vollkommenheit strahlenden Persönlichkeiten der
Erlösungs= und Heiligengeschichte eine durch Schatten= und Licht-
verteilung erstrebte individuelle Charakterzeichnung vereinbar. Die
Personen handelten überhaupt nicht nach Maßgabe ihres eigenen
subjektiven Empfindens, sondern vielmehr nach der Bestimmung
der in ihnen vertretenen göttlichen Offenbarung.

Die letztere war die Idee, aus welcher sich die Dramatik nach
Inhalt und Form in demselben Maße bestimmte, wie die Lyrik
und Epik des Mittelalters. Nicht die Verschlingungen der menschlichen Seele in den Interessen der Erdenwelt, sondern vielmehr
die Befreiung derselben aus den letzteren und die Erhebung der
Seele zu der Sphäre der überirdischen Dinge war der Zweck der
Dramatik. Da also der Gegenstand der letzteren kein diesseitiger,
sondern ein jenseitiger war, so konnte dieselbe auch absehen von
den psychologischen Gesetzen, in welchen sich die Dramatisierung
weltlicher Stoffe bewegen muß. Einheitlichkeit der Handlung,
psychologische Entwicklung und Individualität der handelnden Personen waren bedeutungslos in dem Drama der göttlichen Erlösung.

Das Bild, welches sich die religöse Epik und Dramatik von
den menschlichen Seelenzuständen machte, war ganz aus dem asketischen Lehrbegriff der christlichen Erlösung gestaltet. Die Dichtung zeichnete das menschliche Seelenleben in denselben Verren-
kungen, wie die bildende Kunst die Anatomie des menschlichen
Körpers. Nicht die Psychologie des menschlichen Lebens, sondern
der göttlichen Offenbarung, nicht die Wahrheit der diesseitigen,

sondern der jenseitigen Welt bildeten das Gesetz der mittelalter=
lichen Dichtung [1]).

---

3. Der Widerstand der weltlichen Dichtung.

Der religiöse Charakter der dichterischen Litteratur führte die
letztere notwendig in den Alleinbesitz der Kirche. Indem die welt=
lichen Stoffe aus dem Kreise der Dichtung verdrängt wurden,
wurde auch dem Volke eine schöpferische Mitarbeit an der dich=
terischen Litteratur entzogen und dieselbe dem Klerus allein vor=
behalten. Das Mönchstum war der Dichter und der Gegenstand
der Dichtung zugleich. Die religiösen Lieder, die legendarischen
Erzählungen wie die vereinzelten dramatischen Versuche sind mit
wenigen Ausnahmen in der Klosterzelle entstanden. Nahezu drei
Jahrhunderte und zwar vom neunten bis zur Mitte des zwölften
Jahrhunderts haben die Klöster die dichterische Litteratur fast
gänzlich beherrscht. Innerhalb dieses Zeitraumes war die Litteratur
wesentlich nichts anderes als eine Verherrlichung der religiösen
Metaphysik und des geistlichen Berufes. Der Begriff des Schönen
und Idealen fiel mit dem Begriffe der kirchlichen Heiligkeit zu=
sammen.

Diese Zeit war denn auch in der weltlichen Dichtung ärmer
als irgend eine Zeit vorher und nachher. Die weltliche Epik fristete
unter dem Drucke der religiösen Stimmung ein kümmerliches Da=
sein. Wohl lebten in der Tiefe der Volksseele die alten Helden=
lieder noch fort, die Sagen von Siegfried, Dietrich von Bern,
Hildebrand, Walther von Aquitanien, Gudrun, dem angelsäch=
sischen Beovulf und andere. Auch wurden einige dieser Dichtungen
niedergeschrieben, wie das Hildebrandslied und das Lied von

---

[1]) Vgl. „Altdeutsche Schauspiele", herausgegeben von Fr. J. Mone in
der Bibliothek der gesamten deutschen Nationallitteratur 21. Band, Quedlin=
burg und Leipzig 1841, und desselben „Schauspiele des Mittelalters", Karls=
ruhe 1846.

Walther von Aquitanien und Hilbegund, jenes im neunten, dieses
in der zweiten Hälfte des zehnten Jahrhunderts, das letztere freilich in der Sprache der Kirche und in dem Versmaße der antiken
Epik.   Selbst einzelne neue weltliche Dichtungen entstanden in
diesem Zeitraume, so das auf den Sieg über die Normannen im
Jahre 881 gedichtete Ludwigslied, das auf einer bayerischen Sage
beruhende Gedicht Rudlieb, das Lied von dem Siege der Sachsen
bei der Eresburg über den fränkischen Herzog Eberhard im Jahre
912, der halb lateinisch, halb deutsch geschriebene Leich auf Otto
den Großen und die beiden Heinriche, das Lied von dem Verrate ·
des Erzbischofs Hatto gegen Adalbert von Babenberg, von Konrad
dem Kurzen, von der Jagd des bayerischen Herzogs Erbo, von den
Ungarnkriegen Heinrichs III. und andere.   In den romanischen
Sprachgebieten entstanden die Sagen von Roland, vom Grafen
Girart von Rossiloh, von Guillaume von Orange, von Aucasin
und Nicolette.   Wenn aber von jenen im deutschen Sprachgebiete
entstandenen neuen Dichtungen alle bis auf das Ludwigslied, den
Leich auf Otto den Großen und ein in leoninischen Hexametern verfaßtes Bruchstück des Rudlieb mit dem Geschlechte jener Zeit ver-
klungen sind, so mag eben dieser Umstand den geringen dichterischen
Wert derselben und also wiederum das geringe Interesse des Volkes
für die weltliche Dichtung beweisen.   Die weltliche Dramatik endlich blieb in ihren ersten und rohesten Anfängen stecken, da die
gebildeten und vornehmen Kreise des Volkes sich wegen der auf
ihr und ihren Jüngern lastenden Mißachtung von derselben fern
hielten.   Ueber die Beschaffenheit dieser ersten Anfänge der dramatischen Kunst ist uns nichts näheres bekannt, da keine Spur
der letzteren auf uns gekommen ist.   Man könnte somit zweifeln,
ob es in dieser Zeit des Mittelalters überhaupt dramatische Spiele
außer den geistlichen Schauspielen gegeben habe, wenn eine solche
Annahme nicht psychologisch sehr unwahrscheinlich wäre und wenn
nicht einzelne mittelalterliche Schriftstellen, wie beispielsweise jene
oben mitgeteilten, der Existenz professionierter Schauspieler ausdrücklich Erwähnung thäten.
    Mit den Kreuzzügen aber erwachte der mehrere Jahrhunderte
lang in Traum versunkene dichterische Geist zu neuem Leben.   Das

zwölfte und dreizehnte Jahrhundert waren trotz der herrschenden Machtstellung der asketisch-hierarchischen Idee eine Glanzzeit der dichterischen Litteratur. Die Heldengestalten der alten Volkslieder lebten wieder auf und neue glänzende Gestalten reihten sich an die nachgedunkelten Bilder aus der epischen Heldenzeit des Germanentums. Seit diesem Erwachen der Volksdichtung suchte die Laienwelt ihre Ideale mehr in den Heldengestalten der alten Sagen als in den Heiligengestalten der Legende. Mitten in der Glanzzeit der kirchlichen Herrschaft, im zwölften und dreizehnten Jahrhundert wurden die alten Sagen in einen einheitlichen Zusammenhang gebracht und durch schriftliche Aufzeichnung der Nachwelt erhalten. Fremdartig ragten allerdings die gewaltigen Gestalten der altgermanischen Helden in die von der Askese und der Hierarchie beherrschte Zeit hinein. Die Handlung der Dichtungen blieb in ihren Beweggründen so unberührt von dem religiösem Geiste der Kirche, wie sie vor Alters entstanden war. Die erhabenste Dichtung des Germanentums, das Niebelungenlied, stand in dem sie beherrschenden Grundgedanken, der Rache Krimhilds, im schneidigsten Widerstreit mit dem christlichen Gebote der Feindesliebe. Nur vereinzelt wurde der Dichtung eine leichte Beziehung zur Kirche eingeflochten. Aber sobald eine Gemütsbewegung die Helden ergriff, zerrissen sie das Gewebe der kirchlichen Zucht und Sitte und standen in der vollen Größe ihrer ursprünglichen Kraft und Leidenschaft da. Die zur Kirche gehende Brunhild war noch immer die Walküre, welche sie ursprünglich gewesen. Der wilde Hagen warf auf der Ueberfahrt über die Donau den Kaplan, der die Burgunden begleitete, ins Wasser, um eine Prophezeiung der Wasserfrauen unwahr zu machen. Nicht durch Kasteiung, sondern im Kampfe büßte Wolfdietrich seine Sünden. Am Ende seines abenteuerlichen Lebens beschloß er, wie die Dichtung Hug- und Wolfdietrich erzählt, zur Abbüßung seiner Sünden in das Kloster Titschal zu gehen. Dort wollte er in einer einzigen Nacht seine Buße erledigen. Die Mönche legten ihn nach seinem Willen auf eine Totenbahre und ließen ihn allein. Da erschienen dem alten Recken die Geister aller derer, welche er im Kampfe erschlagen hatte und kämpften aufs neue mit ihm.

„Daz treib Wolfdieteriche, ein winterlange naht
mit manigem toten er bitterlichen facht.
von müde und von hitze ward im des nahts so we,
daz har uf dem hopte ward im wis also der sne“ [1]).

Die Mönche aber, bie ben tobesmüben Büßer am anderen Morgen wieber zu Kräften brachten, sprachen:

„des loben wir got vom himel, daz ir uwer sünde gebüszet habet“ [2]).

Diese mit bem Schwerte verrichtete Sündenbuße bes alten Recken erscheint, wenngleich sie an bie Religiösität ber Kreuzzüge erin= nert, bennoch als eine volkstümliche Travestie ber asketischen Buß= bisciplin ber Kirche. Die Abneigung bes Volkes gegen ben aske= tischen Gebanken ber religiösen Lehre fanb in bem Helben bes Rosengarten zu Worms, in bem Mönche Ilsan einen noch berberen, humoristischeren Ausbruck. Der religiöse Geist ber Kirche führte aus ber Welt in bas Kloster. Der Mönch Ilsan aber kehrte aus bem Kloster in bie Welt zu Kampf unb Abenteuer zurück. Er war bie volkstümliche Personifizierung bes in bem Bußzwange ber religiösen Askese gebundenen altgermanischen Helben, ber Kutte unb Brevier von sich warf unb bas Schwert als „Prebigerstab“ er= griff, sobalb bie altgewohnten Waffenklänge wieber an sein Ohr tönten. Die Dichtung war gewissermaßen eine heroische Humo= reske, in welcher bas Volk ben Gegensatz bes alten kriegerischen Helbentums unb bes asketischen Mönchtums sich in einer einzelnen Persönlichkeit veranschaulichte, ein Spiel ber bichterischen Phantasie, in welchem bas Volk sich bas Benehmen eines kriegsharten Recken in ber ihm so wenig sympathischen mönchischen Disciplin ber Kirche ausmalte. Auch bie Orbensritter ber Kreuzzüge waren Mönche unb Krieger zugleich. Bei biesen aber stanb Mönchstum unb Ritter= tum in innerem Zusammenhange, während bei Ilsan sich beibes in lächerlichem Wiberspiele befanb.

Wohl stanben bie ritterlichen Dichtungen bem religiösen Geiste

---

[1]) Der große Wolfbietrich, herausgeg. von A. Holtzmann, Heibelberg 1865, Str. 2239.

[2]) L. c. Str. 2241.

der Kirche näher als die Volksepen, da die ersteren ja aus der religiösen Idee des Mittelalters und zwar aus der religiösen Bewegung der Kreuzzüge erwachsen waren, während diese noch in dem alten Volksglauben ihre Wurzeln hatten. Auch war das Land, in welchem die Kreuzzüge ihren Ausgang nahmen, das südliche Frankreich, die Wiege der ritterlichen Poesie. Daher kam denn der religiöse Geist der Kirche in der ritterlichen Dichtung auch mehr als in der Volksepik zum Ausdruck. Haben sich doch die höfischen Dichter durch Marien- und Kreuzzugslieder auch unmittelbar an der religiösen Dichtung beteiligt. Doch hielt sich die höfische Poesie zum weit überwiegenden Teile dem asketisch-hierarchischen Geiste der Kirche gegenüber völlig unabhängig, indem sie sich des Widerspruches zwischen dieser ihrer Stellungnahme und ihren eigenen Glaubensüberzeugungen ebensowenig bewußt wurde wie alle an den notwendigen Folgerungen des kirchlichen Lehrsystems Anstoß nehmenden Bestrebungen jener Zeit. Sie verneinte die mönchische Askese und die Machtzwecke der Kirche ohne sich, wie ihre Zeit überhaupt, darüber klar zu werden, daß diese Erscheinungen nur die folgerichtigen Ergebnisse der von ihr selbst in vollem Umfange angenommenen religiösen Lehren der Kirche waren.

Die ritterliche Lyrik war, insofern die Verherrlichung der irdischen Liebe den Hauptstoff derselben bildete, eine grundsätzliche Verneinung der von der Kirche erstrebten Jungfräulichkeit. Leidenschaftliche Sinnlichkeit durchströmte vor allem die Lieder der provencalischen Troubadours, des Grafen Wilhelm von Poitiers, Bernarts von Ventadour, Jaufres Rudel, Guillems von Cabestaing und anderer. „Tot ist derjenige, der nicht das süße Regen der Liebe im Herzen fühlt. Und wer möchte anderen zu Gefallen ohne Liebe leben? Möge mich Gott niemals so hassen, daß ich noch Tag oder Monat lebe, wenn ich zur Liebe nicht mehr Neigung hätte", sang Bernart von Ventadour[1]). Der Graf Rambourt

---

[1]) Mahn, Die Werke der Troubadours 36, 19; Fr. Diez, Leben und Werke der Troubadours S. 38.

von Orange behauptete, daß das Lächeln seiner Freundin ihn
fröhlicher mache, als wenn ihn vierhundert Engel anlachten [1]).

Nicht anders verhielt sich die ritterliche Epik. Zwar stand
auch diese ganz auf dem Boden der kirchlichen Religiösität und
entnahm vielfach ihre Stoffe dem Sagenkreise der Kreuzzüge.
Dennoch war es weniger der religiöse Gedanke der letzteren als
vielmehr die durch dieselben veranlaßten Kriegsfahrten und Abenteuer, welche dem dichterischen Geiste neue Anregung gaben. Die
gewaltigen, bis in die innersten Tiefen des Volkslebens bringenden
Bewegungen, welche diese Kriegszüge im Abenlande verursachten,
die bunten, wechselnden Bilder von Menschen und Landschaften
und insbesondere die fremdartige Welt des Orients mit ihrem
tropischen Klima, dem Reichtum und der Farbenpracht ihrer Kultur
waren die Dinge, welche vor allem den dichterischen Geist aus
seinem Zauberschlafe erweckten. Nicht der kriegerische Glaubenseifer, sondern die durch den letzteren erschlossenen Reize des Erdenlebens, von deren Dasein man bisher in den engen Mauern der
Burghöfe, in den düsteren Gassen der Städte und in der waldigen
Einsamkeit der Bauerngehöfte nichts hatte ahnen können, waren
die Antriebe des dichterischen Schaffens. Wanderfahrten nach
fremden Höfen, Liebesabenteuer, Waffenspiele und Kampf waren
die Bedingungen der ritterlichen Lebensführung.

> „Swer schildet ambet ueben wil,
> der muoz durchstrichen lande vil,"

sang Wolfram von Eschenbach in seinem Parzival [2]). Der Genuß der Welt, nicht aber die Flucht aus der Welt war das Leitmotiv der in den ritterlichen Lebenskreisen erstandenen Poesie.
Riesen und Helden zu werfen und die Gunst schöner Frauen zu
gewinnen, war das vielfach variierte, aber immer durchklingende
Thema der höfischen Dichtung. Zwar standen die ritterlichen Epen
insofern unter der Entwicklung der religiösen Idee als sie ihre
Abenteuer mit Vorliebe in den Orient verlegten. Aber selbst dort,
wo die Schwerter der Christen und Sarazenen sich kreuzten, war

---

[1]) Mahn l. c. S. 67; Diez l. c. S. 63.
[2]) IX, B. 1989 f.

nicht der Sieg des Kreuzes über den Halbmond, sondern die sieg=
reiche Kraft des epischen Helden der leitende Gedanke der Dichtung.
Der Trieb des epischen Heldentums war keineswegs die Absicht
in den Dienst Christi zu treten und um Christi willen Entbehrung,
Gefahr und Tod zu erleiden. Die Fahrten der Helden waren
keine Bußfahrten, ihr Kampf kein Glaubenskampf. Nicht aske=
tischer Eifer, sondern weltliche Thatenlust führte die Helden in
den Kampf gegen den Halbmond. Der religiöse Gedanke der
Kreuzzüge warf hier und da nur vereinzelte Schlaglichter auf die
Abenteuer der fahrenden Ritter. Aber nicht Kreuz und Kirche,
sondern das Abenteuer in Kampf und Liebe bildete das vor=
springende Relief der Dichtungen. Das Verhältnis zwischen reli=
giösem Glauben und weltlichem Heldentum war in der ritterlichen
Epik die Umkehrung des in der Auffassung der Kirche und in der
geistlichen Litteratur bestehenden Verhältnisses. Hier war das
Heldentum im Dienste der religiösen Idee, dort diente die letztere
nur dazu, um dem ersteren eine höhere Weihe zu verleihen.

Derjenige ritterliche Sagenkreis, in welchem der religiöse Ge=
danke des Mittelalters am meisten zur Geltung kam, war die
Gralssage. Aber trotzdem ist in dieser von dem asketisch=hierar=
chischen Charakter der geistlichen Poesie nur wenig zu verspüren.
Die beste Bearbeitung, welche die Gralssage gefunden hat, war
bekanntlich Gottfrieds von Eschenbach Parzival. Die Idee der
göttlichen Erlösung bildete in dem letzteren allerdings die Unter=
lage der Handlung. Aber einmal ist der innere Zusammenhang
der zu Grunde liegenden religiösen Idee mit der größten Masse
des Stoffes ein überaus lockerer. Der weitaus größere Teil der
Erzählung ist so selbständig und ohne Beziehung auf den religiösen
Gedanken behandelt, daß der letztere durch die Fülle der ersteren
fast erstickt wird. Das ritterliche Abenteuer in Liebe und Kampf
bildet den wesentlichsten Gegenstand der Dichtung. Außerdem
aber trägt der religiöse Gedanke in der letzteren einen durchaus
anderen Charakter als in der Kirche und in der geistlichen Poesie.
Der Grundgedanke der kirchlichen Religiösität, der Gegensatz des
Uebersinnlichen und Sinnlichen, ist der Dichtung Wolframs unbe=
kannt. Die Erdenwelt wird in der Gralsdichtung nicht zurück=

gestoßen wie in der geistlichen Poesie, sondern vielmehr auf
wunderbare Weise verklärt. Der Gral war nach Wolframs Erzählung nicht die Abendmahlschüssel Christi, sondern ein Stein
von edelster Art, der alles gewährte, was man von ihm erbat.
Wofram nannte den Gral:

> „— den wunsch von pardis (Paradies)
> bêde wurzeln unde rîs (Anfang und Ende)
> datz was ein dinc, daz hies der Grâl
> erden wunsches überwal" [1]).

Durch die Zauberkraft des Grals erhielten die Ritter desselben
an Speisen und Getränken, was sie nur wünschen mochten. Der
bloße Anblick des Grals verlieh neue Jugendkraft. Wer ihn sah,
konnte in derselben Woche nicht sterben [2]). Fülle des Lebensgenusses und irdische Unsterblichkeit waren die Wundergaben des
Grals. Der letztere gewährte eine irdische Glückseligkeit, welche
der himmlischen nahe kam:

> „wan der grâl was der saelden fruht
> der werelde süeze ein sôlh genuht,
> er wac vil nâch gelîche
> als man saget von himelrîche" [3]).

Der Dienst desselben erforderte also keine asketische Enthaltung,
keine Abtötung des irdischen Daseins, er gewährte vielmehr eine
wunderbare Bestärkung und Bereicherung des letzteren. Die Gralsdichtung suchte nicht wie die Legendenpoesien die Erde zu Gunsten
des Jenseits ihrer Schönheit zu entkleiden, sie zog vielmehr umgekehrt das Wunderland des Jenseits zur Erde nieder, um die
letztere mit märchenhaftem Zauber zu schmücken. Nur insofern
schimmert der asketisch-hierarchische Gedanke des geistlichen Ritter-
tums durch, als der Dienst des Grals ebenso wie der Dienst des
Kreuzes von irdischer Liebe ausschloß.

> „Swer sich diens dem grâle hât bewegen
> gein wîben minne er muoz verpflegen" [4]).

---

[1]) V, B. 351 ff.
[2]) IX, B. 1095 ff.
[3]) Parzival und Titurel, herausgeg. von K. Bartsch V, B. 441 ff.
[4]) Parzival IX, B. 1867 f.

Doch galt diese Verpflichtung nicht ohne Ausnahme. Die Ritter, welche der Gral in herrenlose Länder aussandte und der König der Gralsritterschaft waren sogar verpflichtet sich zu verheiraten [1]. Ferner lag auch der Konflikt der Wolframschen Dichtung durchaus nicht innerhalb der asketischen Sittenlehre des religiösen Glaubens. Die Schweigsamkeit Parzivals bei seinem ersten Besuche auf der Gralburg war die Verschuldung desselben. Und zwar fragte Parzival nicht nach den Wundern, die ihn dort umgaben, nicht nach den Leiden des alten Königs Anfortas, weil ihn sein alter Lehrmeister Gurnemanz belehrt hatte, nicht viel in seinem Leben zu fragen. Und diese Lehre des Greises befolgte Parzival wiederum deshalb, weil ihn seine Mutter beim Abschiede gelehrt hatte, alten, grauen Leuten Folge zu leisten. Nur in der Bescheidenheit und Blödigkeit seines Charakters, sowie in seiner Unerfahrenheit war also die Ursache seines Schweigens gelegen. Aus der demütigen Bescheidenheit Parzivals, also aus einer christlichen Tugend machte die Dichtung ihrem Helden einen Vorwurf. Der Dichter hob selber das Ungewöhnliche dieses Falles hervor, wenn er den an Gott und der Vernunft seines Schicksales zweifelnden Parzival fragen ließ:

> „Sol ich durch miner zuht gebot
> hoeren nu der werelde spot" [2].

Auch die folgenden Jahre seines Lebens, in welchen Parzival das Verlangen hegt, den Gral wiederzufinden und durch seine Frage den alten König von seinen Leiden zu befreien, enthalten durchaus nicht eine Bekehrung des fahrenden Ritters zum geistlichen Leben im Sinne der Kirche. Er schweifte in der Welt umher nach Abenteuern; sein Aufenthalt bei dem Einsiedler Trevrizent war nur eine kurze Episode, in welcher er sein Herz wieder zu Gott wandte, ohne aber darum auf die Dauer seinem ritterlichen Abenteuerleben zu entsagen. Nach wenigen Wochen zog er wieder in die Ferne auf kriegerische Abenteuer aus, bis ihm an König Artus' Hofe mitgeteilt wurde, daß er des Grales Herr werden solle.

---

[1] L. c. B. 1872.
[2] VI, B. 1501 f.

Der Held der geistlichen Ritterschaft führt also ein durchaus welt=
lich ritterliches Leben, in welches der mönchische Ernst der Kirche
nur ab und zu einen Schatten wirft.

Der Unterschied zwischen der ritterlichen Dichtung und dem
religiösen Geiste der kirchlichen Poesie wird am ersichtlichsten in
einem Falle, in welchem beide denselben Gegenstand behandelten.
Ein solcher Gegenstand war das Leben des Grafen Wilhelm von
Aquitanien, welches sowohl von der Legende als von der höfischen
Dichtung dargestellt wurde. Die Legende hatte, wie oben ausgeführt
wurde, aus dem tapferen Feldherrn Karls des Großen einen Vor=
kämpfer des Kreuzes und eine asketische Büßergestalt gemacht.
Das ritterliche Epos, welches von Wolfram von Eschenbach nach
einem provenzalischen Vorbilde in die deutsche Sprache übertragen
wurde, führte gleichfalls seinen Helden in den Kampf mit den
Ungläubigen. Aber der Gegenstand dieses Kampfes war nicht
das Kreuz, sondern die schöne Heidin Arabel, welche Willehalm
ihrem Vater entführt hatte. Die auf Willehalm bezogenen Worte
Wolframs:

> „durch minne eines wibes
> er dicke herzenôt gewan"[1]),

enthalten das Leitmotiv der ganzen Dichtung. Die Heldenkämpfe
um die schöne Arabel bilden den Gegenstand der Handlung. Der
religiöse Gegensatz zwischen Willehalm und dem Vater der Arabel,
dem heidnischen Könige Terramer, dienen nur dazu, den Liebes=
und Kampfesabenteuern des Helden einen ernsteren Hintergrund
zu geben.

Es war nur der offenherzigste Ausdruck dieses höfischen Geistes,
wenn Ulrich von Lichtenstein in seinem „Frauendienst" erklärte,
daß er seine Kreuzfahrt allein im Dienste seiner Dame mache.

> „und wizt bî got, daz ich die vart
> sunderlich al eine
> iu ze dienste meine"[2]),

---

[1]) Str. 3, V. 6 f. in der Ausgabe von Lachmann, Berlin 1833.
[2]) Herausgeg. von Karl Lachmann S. 390, V. 12 ff.

verficherte er feiner Schönen. Die Weifen hätten ihn, wie er
fagte, belogen, wenn fie behaupteten, daß Chriftus die Fahrt nur
für fich allein in Anfpruch nehme [1]. Nur aus den Händen feiner
Dame und nicht des Papftes wollte er Kreuz, Stab und Tafche
nehmen. Lieber wollte er ohne Kreuz fahren, als dasfelbe aus
anderen Händen empfangen [2]. Der Zweck feiner Fahrt war demnach in erfter Linie die Huld der angebeteten Dame und in
zweiter Linie erft die göttliche Gnade [3]. Er nannte fich Pilger
und Ritter feiner Dame. Nicht alfo, um der Welt und irdifcher
Liebe zu entfagen, fondern vielmehr um die letztere zu gewinnen,
wollte der Lichtenfteiner das Kreuz nehmen, da er, wie er verficherte, lieber im Herzen feiner Geliebten, als im Himmelreich
wohnen wollte:

> „In dem himelrîche
> waere ich gewislîche
> sô gerne niht" [4].

Er machte die Kreuzfahrt zu einem höfifchen Frauendienft, einem
ritterlichen Liebesabenteuer.

So erlitt der religiöfe Gedanke des Mittelalters in denjenigen
weltlichen Dichtungen, in welchen er überhaupt zur Aufnahme gelangte, eine bis zur Unkenntlichkeit gehende Umgeftaltung. Manche
Dichtungen aber ließen die religiöfe Idee der Kirche völlig unbe-
rückfichtigt oder ftellten fich gar in einen fcharfen Gegenfatz zu
derfelben. Das bedeutendfte Epos der letzteren Richtung war die
dem britifchen Sagenkreife angehörende Erzählung von Triftan
und Ifolt, welche ihre befte Bearbeitung durch Gottfried von
Straßburg erhielt. Die jede Schranke der Sitte überflutende
Leidenfchaft der finnlichen Liebe war der Gegenftand diefer
Dichtung.

Der Grundgedanke der höfifchen Poefie war alfo, ebenfo
wie der der Volksdichtungen, die dichterifche Verklärung des
irdifchen Lebens. Die ritterliche Dichtung ftand demnach ihrem

---

[1] L. c. B. 25 ff.
[2] S. 392.
[3] S. 387, B. 26 ff.
[4] S. 152, B. 15 ff.

innerſten Empfinden nach in demſelben Widerſtreite mit dem reli=
giöſen Geiſte des Mittelalters wie die Volksdichtung. Während
der religiöſe Geiſt die Verneinung der irdiſchen Liebe in den
Mittelpunkt des chriſtlichen Lebens ſtellte und die religiöſe Poeſie
den Gegenſatz der göttlichen und irdiſchen Liebe zu ihrem eigent=
lichen Leitmotiv erhob, war die ritterliche Dichtung ihrem weitaus
größten Beſtande nach ein Hymnus auf die irdiſche Liebe. Die
Lyrik wie die Epik der höfiſchen Dichtung war im weſentlichen
nichts als eine unendliche Variation der geſchlechtlichen Liebe und
zwar einer Liebe, welche ſich in ſehr freier Weiſe über die kirch=
lichen und geſellſchaftlichen Schranken derſelben hinwegzuſetzen
pflegte. Die Dichtung des Mittelalters bewegte ſich zwiſchen
zwei äußerſten Gegenſätzen. Der eine Teil derſelben verwarf die
irdiſche Liebe als eine Verunreinigung der göttlichen Natur der
menſchlichen Seele, der andere Teil pries ſie als das edelſte
irdiſche Gut. Da alſo der asketiſche Gedanke der religiöſen Welt=
anſchauung in die höfiſche Dichtung nur eine ſehr verkürzte Auf=
nahme fand, ſo konnte der auf jenen gegründete hierarchiſche
Gedanke der Kirche in der letzteren noch weniger zur Geltung
gelangen. Selbſt der Gralsdichtung Wolframs iſt der hierarchiſche
Gedanke vollkommen fremd. Die Diener des Grals ſind keine
von der Kirche beſtellte Geiſtliche, ſondern Ritter. Ein kirchliches
Prieſtertum gibt es in dieſem Kreiſe überhaupt nicht. Die ſcharfe
Gegenſtellung gegen den asketiſchen Grundgedanken der kirchlichen
Lehre führte die höfiſche Dichtung oftmals in eine gleiche Gegen=
ſtellung zu den hierarchiſchen Beſtrebungen der Kirche. Die welt=
liche Dichtung jener Zeit pflegte ſich in letzterer Beziehung ſehr
kritiſch zu verhalten. Die provencaliſchen Dichter Peire Cardenal,
Guillem Figueira, Bertram Carbonel, Bertram von Alancanon,
die deutſchen Dichter Walther von der Vogelweide, Friedrich von
Sonnenburg, Bruder Werner[1]), der Marner[2]), Reinmar von
Zweter, Heinrich von Meißen, Frauenlob und andere ſpotteten in
freier Rede über die weltlichen Machtbeſtrebungen des Papſtes

---

[1]) v. d. Hagen, Minneſänger Tl. 2, S. 227.
[2]) L. c. S. 241.

und des Klerus, indem sie dieselben als einen Abfall von der religiösen Idee der christlichen Heilslehre betrachteten.

Selbst in der Geistlichkeit konnte die Freude an der weltlichen Dichtung nicht völlig überwunden werden. Auch hier regten sich die natürlichen Empfindungen gegen den Zwang der religiösen Idee. Die Dichter des römischen Altertums Vergil, Lucan, Horaz, Ovid, Terenz, Plautus, Persius, Juvenal und Statius wurden das ganze Mittelalter über in den Klöstern gelesen. Die Gewissensbisse aber, welche so manche Kleriker über ihre klassischen Studien empfanden, beweisen am besten, daß die letzteren doch nicht, wie sie eigentlich sollten, lediglich die Aneignung der Sprache und der künstlerischen Form im Auge hatten, sondern auch dem Inhalte mit Wohlgefallen folgten. Der Mönch Ermanrich von Elwangen, der eines Nachts mit dem Vergil unter dem Kopfkissen ruhte, träumte vom Teufel verhöhnt zu werden. Als einst ein Mönch des Lorenzklosters in Lüttich mit seinen Schülern den Terenz las, erschien ihm in der Nacht der heil. Laurentius, um ihn zu züchtigen [1]). Auch der Abt Odo von Clugny wurde durch einen Traum von dem Studium des Vergil abgeschreckt [2]).

In der dichterischen Litteratur bestand demnach gleichfalls ein tiefgreifender Zwiespalt zwischen der Idee und der Wirklichkeit des übersinnlichen Gottesstaates. Auch hier überwand der Zwang der sinnlichen Natur siegreich die abstrakte Logik des religiösen Systems.

---

[1]) Reineri Palmar. Virginale bei Pez, Thesaur. IV, 385.
[2]) Vit. auct. Joh. mon. I, 12.

VIII. Die bildende Kunst.

Die Klaſſicität der antiken Kunſt beruhte auf dem Studium und der Nachbildung der ſinnlichen Natur. Die bildende Kunſt des Mittelalters erſtrebte in demſelben Maße die Verneinung, wie die Kunſt des Altertums die Bejahung der Sinnlichkeit. Der an die ariſtoteliſche Kunſtlehre ſich anſchließende Satz des im Jahre 458 verſtorbenen Biſchofs Theodoret: „Natur iſt der Ur= typus, Kunſt das Abbild. Jedes Abbild kann nur dann Ruhm haben, wenn es dem Vorbilde ähnlich iſt", wurde mit dem Anathem belegt.

Mit der Verneinung des Natürlichen wurde der weltlichen Kunſt ihre Lebensquelle entzogen. Die Behandlung weltlicher Stoffe mußte der abſtrakten Logik des religiöſen Syſtems als ein Kultus vergänglicher und ſündhafter Dinge erſcheinen. Wiederholt wurde denn auch die weltliche Kunſtthätigkeit ausdrücklich verworfen. Als die Cluniacenſer ihre Säle mit Figurenbildern aus der an= tiken Mythologie ausgeſtattet hatten, eiferte Bernhard von Clair= vaux gegen dieſe profanen Gebilde mit den bekannten Worten: „Was ſollen übrigens in den Klöſtern in Gegenwart der mit Leſen beſchäftigten Brüder jene lächerlichen Ungeheuer, jene ſelt= ſamen, mißgeſtalteten Schönheiten und jene ſchönen Mißgeſtaltungen? Was ſollen dort die ſchmutzigen Affen, die wilden Löwen, die ungeheuerlichen Centauren, die Halbmenſchen und die fleckigen Tiger, die kämpfenden Soldaten und die Hörner blaſenden Jäger? Man erblickt unter einem Haupte mehrere Körper und umgekehrt

auf einem Körper viele Köpfe. Hier sieht man einen Vierfüßler
mit dem Schwanz einer Schlange, dort einen Fischleib mit dem
Kopfe eines Vierfüßlers. Dort erscheint eine Bestie vorn als
Pferd, von hinten als Ziege, hier stellt sich ein gehörntes Tier
von hinten als Pferd dar. Kurz, es bietet sich ringsum eine so
große und seltsame Abwechslung der verschiedensten Formen, daß
man lieber in den Marmorsteinen als in den Codices lesen und
den ganzen Tag lieber mit der Verwunderung über alle jene
Einzelheiten, als mit der Betrachtung über das Gesetz Gottes zubringen möchte. Bei Gott! Wenn sie sich nicht über diese Narre-
teien schämen, so sollten sie doch wenigstens ihre Verschwendung
bereuen"[1]). Auch der Karthäuserprior Guigo eiferte gegen die
verschwenderische und künstlerische Ausstattung der Klöster, welche,
wie er bemerkte, aus den Almosen der Armen bestritten würde[2]).
Ebenso tadelten die Statuten der Karthäuser „die scherzhaften
Malereien und Bilder in den Kirchen und Ordenshäusern, sei es
auf den Fensterscheiben, auf Tafeln, Steinen oder anderen Stellen"[3]).
Die Prämonstratenser verboten die Darstellung solcher Bilder,
welche einen Gegenstand der Eitelkeit, d. h. weltliche Stoffe enthielten. Ein Kapitelsbeschluß der Cistercienser vom Jahre 1213
bestimmte, daß im Orden fernerhin keine Bildnisse und Skulpturen
außer dem Bilde Christi angefertigt werden sollten. Allerdings
waren diese verwerfenden Urteile über die weltliche Kunst zunächst
nur an die Mönche gerichtet. Da aber das Mönchstum als die
von allen zu erstrebende, höchste Stufe der christlichen Vollkommenheit galt, so sprachen jene Worte auch ein allgemein gültiges Urteil über die weltliche Kunst aus. Die letztere mußte der asketischen Anschauung des Mittelalters als ein Weltdienst erscheinen,
der für alle Christen, für das Mönchstum nur in höherem Grade,
verwerflich war.

Der nach der strengen Logik des Systems allein gestattete

---

[1]) Apologia ad Guilelmum S. Theoderici abbatem in Bernh. op.
Parisiis 1719. T. I, p. 545, c. 12.

[2]) Ep. ad fratr. de monte Dei lib. I. c. 12; l c. t. II, p. 221.

[3]) Compilatio statutor. Carthusian. c. 3.

Gegenstand der bildenden Künste waren die Heilsthaten der christ=
lichen Erlösung. Jahrhundertelang entnahmen denn auch Malerei
und Skulptur der alt= und neutestamentlichen Geschichte, sowie
der Heiligenlegende in demselben Umfange die Stoffe ihrer Dar=
stellungen, wie die epische und dramatische Dichtung. Die trans=
cendente Allegorie, in welche das Mittelalter die Erdenwelt auf=
löste, erhielt durch die Kunst eine bildliche Darstellung. Menschen,
Tiere und Pflanzen sollten nicht ihrer selbst wegen, sondern nur
insofern in den Kreis der bildlichen Darstellung aufgenommen
werden, als ihnen eine Beziehung zu dem letzten Zwecke aller
Dinge, dem jenseitigen Gottesreiche beigelegt wurde. Die Figuren=
bilder der Kunst sollten nichts anderes sein, als die sinnliche
Zeichensprache des Uebersinnlichen. Die an den Kapitälen, auf
Friesen und Portalen in das Rankenwerk verschlungenen Tier=
figuren waren als Sinnbilder der religiösen Lehren, sowie der
Tugenden und Laster gedacht. Selbst die zum Schmucke der kirchlichen
Geräte, der Leuchter, Teppiche, Gewänder u. s. w. abgebildeten
Figuren wurden nach Maßgabe der allgemeinen kirchlichen Tra=
dition als Sinnbilder der christlichen Heilsidee dargestellt, das
Lamm als Sinnbild Christi, die Taube als Sinnbild des heiligen
Geistes, der Drache als Sinnbild der sündigen Welt u. s. w.
Der transcendente Gedanke der christlichen Religiosität, welchem
der ganze Bau der Kirche gewidmet war, wurde in dieser Weise
bis in die kleinsten ornamentalen Gegenstände ausgeführt. Wie
die Malerei und die Skulptur, so sollte ferner auch die Architektur,
soweit sie über die notwendigsten Bedürfnisse der Wohnlichkeit und
des Schutzes hinausging und künstlerische Aufgaben zu lösen
suchte, lediglich den gottesdienstlichen Zwecken dienen.

Der ausschließlich für religiöse Zwecke empfängliche Kunstsinn
stand übrigens nicht allein einer selbständigen Entwicklung der welt=
lichen Architektur hindernd entgegen, er gab auch die Veranlassung,
daß die noch aus der Römerzeit erhaltenen profanen Bauwerke in
ausgedehntem Maße zu Grunde gerichtet wurden. Da der religiöse
Geist den letzteren keinen künstlerischen oder technischen, noch we=
niger einen kunstgeschichtlichen Wert beilegte, so glaubte man die
beste Verwendung für dieselben gefunden zu haben, wenn man

ihr Material zum Bau von Kirchen und Klöstern benutzte und
auf diese Weise die Arbeit, des heidnischen Altertums noch nach
Jahrhunderten dem Ruhme Gottes und seiner Kirche dienst=
bar machte. Aus den Trümmerstücken antiker Tempel, Paläste,
Theater und Festungswerke sind überall, wo solche vorhanden waren,
zahlreiche christliche Heiligtümer erbaut. Rom selbst ging bereits
gegen Ende des zehnten Jahrhunderts, als, angeregt durch die
von Cluny ausgegangene große religiöse Bewegung, das christliche
Abendland seine erste selbständige Kunstblüte entwickelte, mit gutem
Beispiele voran. Denn um diese Zeit wurden die Trümmer der
antiken Weltstadt in Masse zum Bau von christlichen Gottes=
häusern verwandt. An Stelle und aus dem Materiale der heid=
nischen Göttertempel entstanden zahlreiche Kirchen und Klöster.
Aus dem Teufelsreich des Altertums wurde Rom in die Gottes=
stadt der Nachfolger Petri umgewandelt, wie es in der von dem
Mönch Arnold verfaßten Geschichte des Klosters St. Emmeram
heißt [1]). In den übrigen Ländern folgte man später dem Bei=
spiele Roms nach. So brach man beispielsweise in Trier das
Amphitheater ab, um aus den schönen Quadersteinen nebenan ein
Kloster zu bauen. Die ehrwürdige Porta Nigra daselbst wurde
der Nachwelt nur durch den glücklichen Umstand erhalten, daß der
Anachoret Simeon in ihren Räumen eine Kirche zurichtete. Die
Quadern der Saalburg bei Homburg wurden gleichfalls zum Bau
benachbarter Kirchen verwandt. Ebenso erging es der römischen
Nachlassenschaft zu Xanten, wo dieselbe Jahrhunderte lang das
Material zum Bau der St. Viktorkirche liefern mußte. Des=
gleichen wurde die alte Abtei Deutz aus den Mauersteinen des
dortigen römischen Kastells erbaut. Die alte, vor der Stadt Bonn
gelegene Dietkirche wurde aus dem Material des römischen
Kastells und im unmittelbaren Anschluß an dasselbe errichtet.
Die dortige Münsterkirche befindet sich der Tradition zufolge an
der Stelle eines ehemaligen Marstempels. Zweifellos sind auch
die ältesten Kirchen Kölns aus den Quadern der dortigen römischen
Bauten errichtet. Die Maria=Kapitolkirche steht ja, wie dies der

---

[1]) L. II, c. 34; M. G. t. IV, 567.

Name besagt, auf dem Grunde des römischen Kapitols. Der
älteren, im dreizehnten Jahrhundert abgebrannten Domkirche daselbst soll, ebenso wie der Münsterkirche in Bonn, ein Marstempel
haben weichen müssen. In ähnlicher Weise hat sich die Kirche
überall in den Besitz der römischen Nachlassenschaft gesetzt und
dieselbe der Kenntnis der Nachwelt entzogen. Nicht der zer-
störenden Hand der alten Germanen, sondern dem religiösen Eifer
der späteren Jahrhunderte ist der bei weitem größte und wert-
vollste Teil der antiken Bauwerke und Kunstschätze erlegen. Wohl
mochten auch einzelne Private sich das herrenlose Material derselben zu nutze gezogen haben. Da aber die bürgerlichen und
bäuerlichen Wohnhäuser bis zum fünfzehnten Jahrhundert hin
zum weitaus größten Teile aus Holz oder Fachwerk bestanden,
so konnten dieselben für die Verwendung der gewaltigen römischen
Quadern nur in seltenen Fällen eine Gelegenheit bieten. Nur
die Burgfesten des Adels konnten zur Benutzung des römischen
Baumaterials eine Veranlassung geben. Diesen lag aber die Ver-
wertung der römischen Warttürme und Kastellbauten viel näher,
als die der römischen Kunstbauten und zwar um so mehr, als
dieselben sich dort, wo es anging, unmittelbar an jene anzu-
schließen pflegten. In Folge dieser Nichtachtung antiker Vorbilder blieb die weltliche Baukunst in den ersten, dürftigsten
Anfängen stecken, indes die kirchliche Baukunst die größten Meister-
werke schuf.

Mit der weltlichen Kunst verneinte der religiöse Geist auch
die profane Aesthetik und stellte ein eigenes, aus seiner transcendenten Lehre geschöpftes Schönheitsideal auf. Das ästhetische
Ideal der antiken Welt, die schöne Sinnlichkeit, erschien der transcendenten Religiosität des Mittelalters als ein Gegenstand des
Hasses. Die Abneigung der altchristlichen Asketen gegen die leibliche Schönheit, welche Clemens von Alexandrien in dem Satze
aussprach: „Wie das Brandmal den entlaufenen Sklaven, so
verrät das blühende Antlitz die Buhlerin", wurde in derselben
Schärfe vom Mittelalter wiederholt. Die Freude an der leiblichen
Schönheit erschien ihrer sinnlichen Versuchungen wegen unvereinbar mit der die Verneinung der Sinnlichkeit erfordernden Nach-

folge Christi. Bernhard von Clairvaux bezeichnete die an sinn=
licher Schönheit sich erfreuenden Jungfrauen als „Töchter Baby=
lons", welche äußerlich durch prächtige Gewänder glänzten, inner=
lich aber verdorben seien[1]. „Wenn," lehrte Bernhard an derselben
Stelle, „der Mensch sich über die Schönheit des Körpers erfreut,
wird sein Herz von der Liebe des Schöpfers entfernt. Je mehr
wir uns an der Bildung des Körpers ergötzen, desto mehr scheiden
wir uns von der übersinnlichen Liebe." Der Karthäuserprior
Guigo bemerkte in einem Briefe an seine geistlichen Brüder, daß
die Schönheit des Körpers ein Gut sei, „welches die heiligen
Männer mehr fliehen als wünschen"[2]. Ricardus Hampole ver=
warf die leibliche Schönheit mit den Worten: „Die Schönheit des
Fleisches ist der Schleier des Lasters, der Zunder der Ver=
derbnis"[3]. Die praktischen Lebensregeln der Conventualen suchten
auch streng nach den schönheitsfeindlichen Grundsätzen dieser
asketischen Aesthetik zu verfahren. Den Jungfrauen, welche sich
Christus verlobten, wurden die Haare abgeschnitten, um ihnen den
Reiz der körperlichen Schönheit möglichst zu nehmen. „Damit
sie Christo, dem himmlischen Bräutigam, mehr gefallen, werden
sie in Ansehung seiner Liebe in dem zerbrechlichen und ver=
führerischen Fleische entstellt," heißt es in der um 1149 verfaßten
Schrift des Mönches Hermann „von den Wundern der heiligen
Maria von Laon"[4].

Den sinnlichen Schönheitsidealen der weltlichen Kunst stellte
das Mittelalter die Idealgestalten der Heiligen als den Inbegriff
seiner Aesthetik entgegen. Die Hauptpersonen der christlichen Er=
lösung, Christus und Maria, waren die vorbildlichen Typen der
mittelalterlichen Kunst. Der Unterschied der leiblichen Erschei=
nung, welchen Kultus und Dichtung zwischen beiden aufgestellt
hatte, wurde von der bildenden Kunst sichtbar veranschaulicht.

---

[1] De modo bene vivendi c. 9.

[2] Ep. ad fratres de monte Dei lib. III, c. 2 in der Ausgabe der
Werke Bernhards von Clairvaux, Parisiis 1719, Tom. II, p. 237.

[3] De emendatione vitae sive de regula vivendi c. 2, Ausgabe vom
Jahre 1512.

[4] K. 7.

Die Gestalt Christi war die Verneinung der körperlichen Schön=
heit. Auf Grund der als eine messianische Weissagung verstan=
denen Worte des Jesaias [1] fand die Vorstellung eine weite Ver=
breitung, daß die äußere Erscheinung Christi einen häßlichen
Anblick geboten habe. Die Gestalt des Erlösers war das Gegenbild
zu den idealen Göttergestalten der antiken Kunst. Während die
letzteren den abstrakten Begriff leiblicher Schönheit personifizierten,
ohne daß die innere Empfindungswelt des Gemütes in demselben
zum Ausdruck gelangte, wurde umgekehrt der ganze Wert der
Idealgestalt Christi, deren von Leiden und Wunden entstellter
Körper die Fülle der Gottheit barg, in die Tiefe der inneren
Persönlichkeit gelegt. Der asketischen Christusgestalt gegenüber
stand die Gestalt der Jungfrau Maria. Wie die religiöse Dich=
tung, so stellte auch die bildende Kunst die letztere als den In=
begriff weiblicher Holdseligkeit und Schönheit dar. Der leibliche
Typus der Marienbilder stand also im äußersten Gegensatz zu
dem Typus der Christusgestalt. Dennoch enthielt diese Ideali=
sierung der leiblichen Erscheinung Marias keinen Widerspruch mit
dem asketischen Prinzip des Mittelalters, sondern hatte vielmehr
gleichfalls in dem letzteren ihren Entstehungsgrund. Denn ebenso
wie die Dichtung stellte auch die bildende Kunst Maria nur deshalb
als das schönste Frauenbild dar, um die körperliche und seelische
Unberührtheit der Jungfrau auszudrücken. Die leibliche Anmut
und Schönheit war die Rückstrahlung der inneren, von Welt und
Sünde unbefleckten göttlichen Reinheit der Jungfrau. Der aske=
tisch=übersinnliche Gedanke der mittelalterlichen Religiösität war
demnach auch durchaus das bestimmende Prinzip der künstlerischen
Abbildungen Marias. Beide, die Leidensgestalt Christi wie die
Idealgestalt Marias, waren die künstlerischen Personifikationen der
asketisch=übersinnlichen Idee.

Der transcendente Typus dieser Hauptfiguren der bildenden
Kunst entwickelte sich in derselben Steigerung, wie das asketische
Prinzip der religiösen Weltanschauung auf den praktischen Lebens=
gebieten. Bei der Abbildung des Erlösers zeigte sich diese Stei=

---

[1] K. 53.

gerung des asketischen Charakters insofern, als sich die Kunst
immer mehr auf die Darstellung des leidenden, insbesondere des
gekreuzigten Erlösers beschränkte und in diesem den Schmerzenszug
immer sichtbarer zum Ausdruck brachte. Die altchristliche Kunst
hatte unter den Nachwirkungen antiker Schönheitsbegriffe den Er=
löser in jugendlicher Gestalt und göttlicher Hoheit aufgefaßt, indem
sie ihn als guten Hirten in seiner Lehrthätigkeit oder in seiner
wunderwirkenden Allmacht Hungrige speisend, Kranke heilend,
Tote erweckend, oder im Glanze seiner Göttlichkeit auf einem
Thron oder der Weltkugel sitzend, umgeben von Engeln, Aposteln
und Aeltesten mit dem Attribute der Herrschermacht, dem Scepter
in der Hand, darstellte. Auch die Kunst der karolingisch=ottonischen
Periode behandelte im Anschluß an die altchristliche Kunst mehr
die Wunderthätigkeit als das Leiden des Erlösers [1]). In der fol=
genden Zeit aber wurde weniger der Triumph Christi über die
Welt, als vielmehr das Leiden Christi zum Gegenstande der bild=
lichen Darstellung gewählt. Seitdem wurde mit Vorliebe der ge=
kreuzigte Christus abgebildet. Die Kunst suchte weniger nach
einem Ausdrucke für die Majestät des Göttlichen als nach einem
solchen für die Sündhaftigkeit und Nichtigkeit des Irdischen. Aber
auch in der bildlichen Darstellung des gekreuzigten Erlösers machte
sich eine Steigerung der asketischen Auffassung geltend. Die
älteren Abbildungen pflegen den Gekreuzigten darzustellen mit wage=
recht ausgebreiteten Armen und offenen Augen, ohne einen Zug
des Leidens zu zeigen. Die Seitenwunde ist selten angedeutet.
Dadurch, daß die Füße meist auf einem vorspringenden Sockel
ruhen, scheint der Körper mehr am Kreuz zu stehen, als zu hängen.
Von den Marterwerkzeugen fehlt die Dornenkrone durchgehends.
Statt der letzteren trägt Christus häufig, namentlich auf den
Darstellungen norddeutscher Künstler, eine ausgezackte Königskrone.
In einzelnen Fällen sind selbst Hände und Füße nicht mit
Nägeln durchbohrt. So tritt auf den älteren Darstellungen durch
die zwang= und schmerzlose Haltung des Gekreuzigten, wie durch

---

[1]) Vgl. A. Springer, Die deutsche Kunst im zehnten Jahrhundert,
Westdeutsche Zeitschrift Jahrg. III, Heft 3.

das Auslaſſen der Marterwerkzeuge weniger der Schmerz des Todes als vielmehr die freiwillige Aufopferung Chriſti hervor. Die letztere erſcheint als das leitende Motiv der Abbildungen aus der romaniſchen Kunſtperiode. Mit dem dreizehnten Jahrhundert, ſeit der Entwicklung der gotiſchen Kunſt hingegen, wird der von der Welt gewaltſam zu Tode gemarterte Erlöſer zum Gegenſtande der künſtleriſchen Darſtellung. An die Stelle der Königskrone tritt die Dornenkrone. Das Haupt iſt ſchmerzvoll zur Seite geneigt, Hände und Füße ſind mit Nägeln durchbohrt. Der Körper vom Antlitz an iſt mit Blut überſtrömt. Er ruht nicht mehr auf einem Sockel, ſondern hängt in den durch Hände und Füße geſchlagenen Nägeln. Der Eindruck des Schmerzes wird dadurch noch erhöht, daß der Leib ausgebogen und ſehr tief an den Armen niederhängend dargeſtellt wird[1]). Der Gekreuzigte wurde der Welt als ein Mahnzeichen der Abtötung, als ein „Signum mortificationis", vor Augen geſtellt.

Den umgekehrten Weg wie die Abbildung Chriſti hat die künſtleriſche Entwicklung des Marientypus genommen. Während der überſinnliche Charakter der Chriſtusgeſtalt dadurch ſchärfer hervorgehoben wurde, daß man den Schmerzenszug ſteigerte, erzielte man dieſelbe Wirkung bei der Maria durch eine Steigerung der Zartheit und Holdſeligkeit ihrer Erſcheinung. Die älteren, ohne techniſches Geſchick entworfenen Marienbilder laſſen von der idealen Schönheit, welche die Dichtung der Himmelskönigin beilegte, wenig erkennen. Die altchriſtliche Kunſt ſtellte Maria annähernd in dem Lebensalter dar, welches ſie der Tradition zufolge erreicht hatte, als Matrone von 40—50 Jahren. Die romaniſche Kunſt unterſchied in ihren Darſtellungen, ſoweit ihre Technik dies ermöglichte, einigermaßen die verſchiedenen Lebensalter derſelben. In zarteſter Anmut erſcheint die Jungfrau auf den Darſtellungen der techniſch entwickelteren Kunſt des vierzehnten und fünfzehnten Jahrhunderts. Die Gotik enthob Maria dem natürlichen Geſetze des Alterns und ſtellte ſie auf allen Lebensſtufen in derſelben holden Jugendlichkeit dar.

---

[1]) Vgl. „Handbuch der kirchl. Kunſtarchäologie des deutſchen Mittelalters" von H. Otte, Bd. 2, S. 909 f.

Maria blieb dieselbe mädchenhafte Erscheinung bei ihrem Tode, wie bei der Verkündigung des Engels. Dieselbe Kunst also, welche den asketischen Charakter der Leidensgestalt Christi am herbsten ausdrückte, erhob Maria zu dem idealsten Typus jungfräulicher Schönheit.

In dieser Entwicklung der Leidensgestalt Christi und der Idealgestalt Marias faßte sich der allgemeine Entwicklungsgang der christlichen Kunst von der altchristlichen Zeit bis zur Gotik zusammen, insofern derselbe auf eine immer strengere Durchführung der transcendenten Idee abzielte. Die Verleugnung der Welt war das Gesetz der bildenden Kunst, wie sie das Gesetz des Glaubens und der Wissenschaft war. Das ästhetische Ideal des Mittelalters war demnach ein ausschließlich innerliches. „Christus, der unsichtbare Bräutigam," erklärte Bernhard von Clairvaux seinen Ordensschwestern, „fragt nicht nach äußerer, sondern nach innerer Schönheit. Daher bemühe dich, Christo nicht durch die Schönheit des Fleisches, sondern des Herzens zu gefallen" [1]. Die bildende Kunst suchte nicht nach schönen Körperformen, sondern nach dem Ausdrucke der religiösen Empfindung. Auch dort, wo die Kunst schöne Formen zu bilden suchte, waren die letzteren nicht Selbstzweck, sondern nur das Mittel für den Ausdruck des religiösen Gedankens. Statt der sinnlichen Schönheit des Körpers wurde die innerliche Schönheit der Seele der Gegenstand der künstlerischen Abbildung. Nicht die sinnliche Harmonie der Körperformen, sondern die göttliche Harmonie der Seele war das Gesetz der bildenden Kunst. Ausgehend von diesem seelischen Schönheitsprinzip, strebte die Kunst in ihren figürlichen Abbildungen nicht nach sinnlicher Naturwahrheit. Wie das sittliche Leben suchte auch die bildende Kunst insbesondere das Nackte ängstlich zu vermeiden. In wunderlicher Weise kam die Scheu vor dem Nackten wohl im Leben zum Ausdruck. Viele christlichen Anachoreten mieden ängstlich jedes Bad, ja die Waschung der Füße, um ihren Körper nicht zu entblößen. Fromme Nonnen schauderten bei der Aussprache des Wortes Bad, weil sie bei demselben an nackte Leiber denken

---

[1] De modo bene vivendi c. 9.

mußten. Der jugendliche Narziſſus war entzückt über ſeine eigene Schönheit, als er ſeinen Körper im Waſſerſpiegel erblickte[1]). Der chriſtliche Anachoret Ammon rief einen Engel herbei, der ihn über einen Fluß tragen mußte, damit er ſich nicht zu entkleiden brauchte. Das Studium des Nackten, dieſe Lebensbedingung jeder nach Naturwahrheit ſtrebenden Kunſt, erſchien dem religiöſen Geiſte des Mittelalters ebenſo ſündhaft, wie der Arzneikunde jener Zeit das anatomiſche Studium des menſchlichen Körpers. Die Malerei wie die Skulptur umgaben deshalb ihre Figuren mit einer falten= reichen, weitſchichtigen Gewandung, um die Formen des Körpers möglichſt zu verhüllen. Nicht die äußere Erſcheinung, ſondern die Tugenden der Weltverleugnung waren der eigentliche Gegenſtand der künſtleriſchen Darſtellung. Bernhard von Clairvaux beſchrieb das asketiſche Schönheitsideal der chriſtlichen Jungfrau mit Worten, welche gewiſſermaßen als eine Erläuterung zu den figürlichen Dar= ſtellungen des Mittelalters gelten könnten. „Geliebteſte Schweſter,“ redete er die Conventualinnen ſeines Ordens an, „züchtige deinen Körper durch Enthaltſamkeit, faſte und enthalte dich der Speiſe. Bleich ſeien deine Wangen, nicht roth. Dein Körper ſei mager, nicht üppig, du ſollſt ſo eſſen, daß du immer hungerſt“[2]).

Entſprechend den die ſinnliche Natur verleugnenden Lebens= regeln der Asketen ſtand die Figurenzeichnung der bildenden Kunſt oft in argem Widerſpruche mit der Natur. Die Figuren der karolingiſch=ottoniſchen Kunſt zeichneten ſich aus durch ihre dünnen Beine und Knöchel, ſowie durch ihre großen Füße. Auch die Haltung des Körpers, des Kopfes, der Hände und Füße wurde meiſt verzeichnet. Nicht ſelten, namentlich in der gotiſchen Kunſt, wurden die Figuren über das natürliche Maß hinaus hager und ſchlank gehalten. Selbſt auf den Siegelbildern, denen doch eine naturwahre Körperbildung weit näher lag, als den idealen Dar= ſtellungen, liebte man über das natürliche Maß hinausgehende zarte und ſchlanke Geſtaltung. Wohl nur vereinzelt waren freilich ſolche Siegel, wie das der Gräfin Pironetta von Arnsberg aus

---

[1]) Ovid, Metamorph. III, 416 ff.
[2]) De modo bene vivendi c. 24.

dem Jahre 1279, sowie das der Gräfin Margaretha von Cleve[1]) vom Jahre 1315, auf welchem der Oberkörper der Figur vom Kopf bis zur Hüfte nur den dritten Teil der Körperlänge bildet. Wenn ein so auffallender Widerspruch gegen die Naturwahrheit auch immerhin selten bleiben mochte, so kam man jenen Maß= verhältnissen doch wenigstens sehr nahe. Selbst auf den sitzenden Siegelfiguren suchte man den schlanken Körperbau hervorzuheben. Auf diesen Siegeln aber erreichte man den letzteren durch das umgekehrte Verfahren, dadurch also, daß man nicht wie bei den stehenden Figuren den Unterkörper, sondern den Oberkörper über das natürliche Maß hinaus in die Länge zog. Die Thronsiegel der hohen Prälaten wie die Reitersiegel der weltlichen Dynasten liefern hier= für zahlreiche Illustrationen, wie z. B. das Siegel eines Propstes Werner von St. Gereon in Köln aus dem Jahre 1267[2]), ferner das Reitersiegel der Gräfin Irmgard von der Mark aus dem Jahre 1291, auf welchem die Länge der Beine nur ein Drittel der ganzen Körperlänge beträgt[3]), ferner das Reitersiegel des Herzogs Johann II. von Lothringen=Brabant aus dem Jahre 1315[4]), welches den letzteren in knabenhafter Jugendlichkeit darstellt. Die Hagerkeit der mittelalterlichen Figurenzeichnung wird durch die lange Gewandung jenes Zeitalters wohl erhöht, jedoch keineswegs verursacht.

Diese Verzeichnung der Körperformen entsprang weniger einer technischen Ungeschicklichkeit als vielmehr jener transcendenten Aesthetik der religiösen Kunst, welche die erste Bedingung einer richtigen Zeichnung durch die Verneinung des Naturstudiums un= erfüllt ließ und lediglich nach einer Vergeistigung des Materiellen strebte. Es läßt sich auch nicht verkennen, daß gerade durch diese Unwahrheit der den figürlichen Abbildungen des Mittelalters eigen= tümliche zarte, seelenvolle Ausdruck erreicht wurde, welcher eben

---

[1]) An einer Urkunde des Klosters Meer, Staatsarchiv in Düsseldorf.

[2]) An einer im Düsseldorfer Staatsarchiv befindlichen Urkunde des Apostelstiftes zu Köln Nr. 281.

[3]) Vgl. die westfälischen Siegel des Mittelalters 1. Heft, 1. Abt., Taf. 10, Siegel 5.

[4]) Düsseldorfer Staatsarchiv, Heinsberg=Löwenberg, Nr. 4.

der einzige Zweck der Darstellung war. Am meisten ist die Ver=
zeichnung der natürlichen Verhältnisse auf der einen und die
seelische Vertiefung auf der anderen Seite der gotischen Kunst eigen=
tümlich. Die figürliche Darstellung war so sehr von dem reli=
giösen Gedanken beherrscht, daß die Persönlichkeit völlig in dem=
selben verschwand. Eine individuelle Empfindung kam daher in
den Figurenbildern wenig oder gar nicht zum Ausdruck. Wie die
Geschichtschreibung, die Legende und die dramatische Dichtung die
Heiligen der Kirche in so gleichförmigen Zügen darstellten, daß
dieselben nicht als individuelle Persönlichkeiten, sondern nur als
allgemeine Typen des kirchlichen Systems erschienen, so lag es
auch der bildenden Kunst fern, den individuellen Charakter der
Persönlichkeiten scharf umrissen hervorzuheben. Vielmehr war es
auch der bildenden Kunst nur darum zu thun, den religiösen Ge=
danken der dargestellten Handlung in seiner allgemeinsten Ab=
straktion zur Darstellung zu bringen. Daher pflegte die Malerei
ihre Figuren nicht mit plastischer Schatten= und Lichtwirkung aus=
zuführen, sondern in Umrissen zu zeichnen und alsdann farbig zu
kolorieren, ein Verfahren, welches ihrem Zwecke vollkommen genügte
und bis zum vierzehnten Jahrhundert festgehalten wurde. Die
Malerei konnte sich um so mehr mit diesem Verfahren begnügen,
als sie infolge ihrer religiösen Beschränkung in der klassischen
Zeit des Mittelalters hauptsächlich nur Wandgemälde darstellte,
welche ihrer Natur nach nur eine einfache und flache Behandlung er=
forderten. Außerdem fand die Kunst auch insofern eine geringere
Veranlassung zu einer plastischen Durcharbeitung des Stoffes, als
sie ihren Darstellungen keinen landschaftlichen oder architektonischen,
sondern einen schlichten farbigen oder goldigen Hintergrund zu
geben pflegte. Die Kunst fand für einen realistischen Hintergrund
keine Verwendung, weil es ihr eben ausschließlich um den Aus=
druck der transcendenten Beziehung ihres Gegenstandes und nicht
um die Andeutung eines irdischen Zusammenhanges des letzteren
zu thun war. Insofern gab der religiöse Charakter der Kunst
die Veranlassung, daß der letzteren das schwierigste Problem jeder
noch unentwickelten Kunst, die Darstellung der Raumtiefe, jahr=
hundertelang fast unbekannt blieb. Wie die plastische Charakter=

zeichnung, so wurde ferner auch die künstlerische Einheit der Dar=
stellung dem religiösen Gedanken untergeordnet. Es kam dem
Künstler mehr darauf an, den letzteren getreu nach der legen=
darischen oder biblischen Erzählung als in einer einheitlichen, in
sich abgeschlossenen Handlung darzustellen. Wie die dramatische
Dichtung in der Aufeinanderfolge der Scenen, ohne Bedacht auf
die Einheit der Komposition, Handlung an Handlung reihte, um
den Verlauf der heiligen Geschichte möglichst vollständig wieder=
zugeben, so faßte der bildende Künstler aus demselben Grunde
nicht selten die verschiedensten Momente der christlichen Erlösungs=
geschichte in einer einzigen Darstellung zusammen.

Die bildende Kunst behandelte eben dieselben Motive in der
nämlichen Form, wie die dramatische Kunst. Wie für diese, so
war auch für jene nicht die lebenswahre, plastische Charakterzeich=
nung, noch die Einheit der Handlung, sondern die transcendente
Idee der christlichen Heilsgeschichte das oberste Gesetz der künst=
lerischen Darstellung. Wie die Idealgestalten der antiken Kunst
allgemeine Typen der sinnlichen Schönheit darstellten, so waren
die Idealgestalten der mittelalterlichen Kunst allgemeine Typen
der weltverneinenden Askese. Die Figurenzeichnungen der bil=
denden Kunst standen daher der wirklichen Anatomie des mensch=
lichen Körpers ebenso fern, wie die Charakterzeichnungen der drama=
tischen Dichtung dem wirklichen Seelenleben des Menschen.

Das transcendente Prinzip der mittelalterlichen Weltanschau=
ung nun bildete in der Kunst ebenso wie auf den anderen Ge=
bieten der mittelalterlichen Kultur die Grundlage der Hierarchie.
Die Ausscheidung weltlicher und die ausschließliche Behandlung
religiöser Stoffe hatte zur Folge, daß die bildende Kunst ebenso
wie die Dichtung, vom neunten bis zum dreizehnten Jahrhundert
ausschließlich in der Hand der Kirche ruhte. Wie kein weltlicher
Dichter, so wird in diesem Zeitraume auch kein weltlicher Künstler
genannt. Um so mehr war es dem Klerus ermöglicht, ihr
hierarchisches Ideal in der Kunst zum Ausdruck zu bringen. Am
deutlichsten sprach sich jenes Verhältnis zwischen dem asketischen
und dem hierarchischen Prinzip in derjenigen Kunst aus, welche
in den Jahrhunderten des klassischen Mittelalters die höchste Gel=

tung hatte und deren Formenprinzip die ganze bildende Kunst beherrschte, in der Architektur.

Die erste Form der christlichen Kirche war die aus dem Altertum übernommene Basilika. Nachdem sich das Priestertum von den Laien als der besondere Träger des göttlichen Wortes geschieden und der christliche Kultus sich entwickelt hatte, wurde die antike Form der Basilika nach Maßgabe dieser neuen Verhältnisse umgebildet. Die Apsis, in welcher der Altar stand und die Geistlichkeit ihren Platz hatte, welche also das besondere Heiligtum der Kirche bildete, wurde seit der durch Konstantin den Großen gegründeten Petersbasilika in Rom von dem Langhause durch ein eingeschobenes sogenanntes Querschiff geschieden und um einige Stufen über das erstere erhöht. Diese seit Konstantin dem Großen eingeführte Basilikenform enthielt die Idee der kirchlichen Architektur in ihrer frühesten, noch unentwickelten Gestalt. Die Idee des auserwählten Priestertums hatte durch die Umwandlung des antiken Schemas zum erstenmale einen Ausdruck in der christlichen Architektur gefunden. Der romanische Kunststil führte die Entwicklung der kirchlichen Architektur in diesem Sinne fort. Die seit der Wende des zehnten und elften Jahrhunderts sich über das Abendland verbreitende asketische Sinnesrichtung, welche die weltherrschaftliche Machtstellung der Kirche begründete, führte auch zu einer glänzenderen äußeren Darstellung der Kirche, zu einer künstlerischeren Gestaltung der dem religiösen Kultus geweihten Gebäulichkeiten. Während die letzteren bisher meistenteils aus Holzbauten bestanden, wurden dieselben jetzt allmählich durch Steinbauten ersetzt und in einer neuen, selbständigen Kunstform ausgeführt. „Als das Jahr 1003 herannahte,“ schrieb der Cluniacensermönch Rudolf Glaber, „begann man fast auf dem ganzen Erdkreise, vorzüglich aber in Italien und Gallien, die kirchlichen Gebäude zu erneuern.“ — „Damals wandelten die Gläubigen fast alle Kirchen der Bischofssitze, sowie die Klöster der verschiedenen Heiligen und die kleineren Bethäuser in schönere um“ [1].

---

[1] Hist. lib. III, 4 bei Duchnese, Histor. Francor. script. T. IV, p. 27 und 28.

In Rom verwandte man zu diesen Zwecken das so massenhaft
gebotene Material antiker Kunstbauten[1]).   Auch Deutschland be=
teiligte sich an dieser gesteigerten Pflege der kirchlichen Architektur.
Der anonyme Mönch von Haseried erzählte mit Bezug auf die
Diöcese Eichstädt, daß man unter dem Bischof Heribert, welcher
in den Jahren 1022—42 regierte, zuerst angefangen habe, die
alten Kirchengebäude abzubrechen und neue an deren Stelle zu
setzen[2]).   Konrad II. erbaute die Abteikirche zu Limburg in der
Hardt, die St. Johanniskirche zu Speier.   Auch wurde der Bau
des Speierschen Domes unter seiner Regierung begonnen.   Die neue,
als romanisch bezeichnete, obwohl vorwiegend durch den deutschen
Klerus ausgebildete Kunstform setzte an die Stelle der in der
Basilika festgehaltenen flachen Decke allmählich das hochgezogene
Gewölbe und erhöhte noch mehr als bisher die Lage des Chores.
Hinter dem Altartische ferner wurde eine etwas erhöhte Steinwand
aufgeführt, durch welche dieses Heiligtum noch bedeutender hervor=
gehoben wurde.   Da der Chor der Sitz der Geistlichkeit, das
Schiff aber der Sitz der Laien war, so sprach sich in dem archi=
tektonischen Verhältnisse von Chor und Langschiff das Verhältnis
von Kirche und Welt noch weit deutlicher als in der altchristlichen
Basilika aus.   Wie der Klerus seines göttlichen Amtes wegen
über der Welt erhaben war, so bildete der Chor einen von
dem Schiffe der Kirche abgesonderten und dasselbe hoch über=
ragenden Raum.

Den vollendetsten künstlerischen Ausdruck erreichte die religiöse
Idee des kirchlichen Gottesstaates in der Gotik.   Beide Tendenzen
der Kirche wurden in der letzteren am höchsten entwickelt.   Die
Verneinung der materiellen Bedingungen in Stil und Technik war
der leitende Gedanke der gotischen Kunst.   Die letztere gewann
durch ihre Raumverhältnisse und ihr Gewölbesystem den Anschein,
als hätte sie das irdische Schwergewicht der Materie siegreich über=
wunden.   Auf möglichst schmaler Grundlage suchte sie möglichst
hoch hinaufzubauen.   Das Gewölbesystem des gotischen Kirchen=

---

[1]) Arnold, De S. Emmeramo l. II, 34; M. G. IV, 567.
[2]) De episc. Eichstetens. c. 29; M. G. VII, 261.

baues scheint nicht auf den Pfeilern zu ruhen, wie in dem roma=
nischen Bau, sondern die aufstrebende Richtung der Pfeiler in
leicht geschwungener Linie fortzuführen. Dasselbe gilt von dem
Spitzbogen, der gleichfalls in seiner Rundung die vertikale Rich=
tung festhielt. Die außerordentliche Leichtigkeit der Architektur
wurde durch das Bestreben nach einer möglichst hellen Beleuchtung
des Innenraumes wesentlich gefördert. Man durchbrach die Wände
mit so zahlreichen und hohen Fenstern, daß man die Außenmauern
der Seitenschiffe mit Strebepfeilern, welche mit den Mauern des
Hauptschiffes durch Strebebögen in Verbindung gesetzt wurden,
stützen mußte, um die geschwächte Widerstandskraft der Mauern
auf diese Weise wieder zu verstärken. Die Ausführung der sehr
komplizierten Konstruktionen, welche sich aus diesem Bestreben nach
möglichster Auflösung der Massen ergaben, konnte die Gotik nur
durch die scharfsinnigsten mathematischen Berechnungen erzielen.
Wie in der Stilform so trat dieser nach einer Durchbrechung der
irdischen Bedingungen strebende Geist auch in der Technik hervor.
Die gotische Kunst behandelte ihr Material in einer der Natur
desselben durchaus widerstreitenden Weise, insofern die filigran=
artige Arbeit der Türme, das durchbrochene Maßwerk der Galerien
und das feine Stabwerk der Fenster wohl der Natur des Holzes
oder des Metalles, am wenigsten aber dem spröden Materiale des
Steines entsprach.

Wie die asketische, so wurde auch die hierarchische Richtung
der Kirche in der gotischen Kunst noch weiter als in der roma=
nischen entwickelt. Obwohl der Chor durch den Wegfall der
Krypta weniger hoch lag als in der romanischen Kirche, so wurde
er dennoch bedeutungsvoller hervorgehoben. Vom Schiffe der
Kirche war er durch eine Balustrade getrennt, so daß die Ab=
sonderung des Klerus von der Laienwelt trotz der geringeren
Höhenlage des Chores nicht weniger als früher bestehen blieb.
In der Breite und Tiefe wurde der Chor vergrößert, mit einem
Umgange und einem Kapellenkranze umrahmt und durch die Glas=
malereien der anliegenden Fenster mit farbigen Lichtern bestrahlt.
Der Altar erhielt einen Aufsatz, der sich durch seine mächtige
Größe und seinen glänzenden Schmuck als den Schwerpunkt des

Innenraumes darstellte. Das ganze System strebte nach dem Chor als seinem Zielpunkte hin.

Die Flucht von der Sinnenwelt war auch in der bildenden Kunst die Quelle der hierarchischen Macht.

So bedeutend aber der Einfluß der religiösen Idee auf die bildenden Künste war, so ging der Umfang der letzteren doch wesentlich über das enge Grenzgebiet der ersteren hinaus. Auch innerhalb der bildenden Kunst regte sich ein sichtliches Abstreben aus dem engen Kreise der religiösen Idee. Die letztere war nicht imstande, die künstlerische Schaffensthätigkeit völlig zu beherrschen, so daß auch auf dem Gebiete der bildenden Kunst ein merklicher Abstand zwischen dem Ideale und der Wirklichkeit des christlichen Gottesstaates verblieb. Auch hier war der Reiz der sinnlichen Natur zeitweilig mächtiger als die strenge Logik der weltverneinenden Idee. Während die letztere nur die Darstellung religiöser Stoffe gestattete, begehrte namentlich die an antiker Dichtung geschulte Bildung auch die Darstellung weltlicher Motive.

Zwar blieb der Umkreis der weltlichen Kunst immer ein sehr beschränkter. Die Gebiete, welche die moderne Kunst am meisten pflegt, das Landschafts= und Genrebild, blieben der ersteren völlig unbekannt. Doch hatte diese Einschränkung ihre Ursache weniger in dem Widerstande der religiösen Idee, als in den unentwickelten Kulturverhältnissen, welchen ein Bedürfnis nach einer Darstellung der landschaftlichen Natur wie der gesellschaftlichen Beziehungen noch fern liegen mußte. Das Porträtbild hingegen war der Kunst bekannt, wenn freilich auch nur in sehr beschränktem und unvollkommenem Maße. Die persönlichen Empfindungen der Lebenden zu einander oder der Lebenden zu den Toten waren zu mächtig, als daß die dem Naturstudium abgeneigte transcendente Richtung der Kunst den Wunsch nach dem Besitze eines Porträtbildes geliebter und verehrter Persönlichkeiten hätte gänzlich austilgen können. Daß das Porträtbild lediglich auf den kleinen Kreis hochstehender weltlicher oder geistlicher Persönlichkeiten beschränkt blieb, hatte seinen Grund in den gesellschaftlichen Verhältnissen der Zeit. Aber auch in dem kleinen, der Porträtkunst verbliebenen Kreise kam die letztere, allerdings vorwiegend nur aus praktischen Gründen, in

Anwendung. Die früheste und zahlreichste Anwendung fand das Porträtbild auf den Siegeln und Münzen fürstlicher Persönlichkeiten. In diesen Fällen aber hatte dasselbe weniger den Zweck, die Erinnerung an eine bestimmte Persönlichkeit zu bewahren, als vielmehr öffentlichen und wirtschaftlichen Zwecken zu dienen. Diese praktischen Zwecke der Siegel- und Münzbildnisse erklären es, daß auf denselben nicht eine lebenswahre, individuelle, sondern höchstens eine typische Aehnlichkeit erstrebt wurde. Der Künstler begnügte sich damit, den Körperwuchs, das Lebensalter, sowie den Bartwuchs der betreffenden Persönlichkeit im allgemeinen richtig wiederzugeben. Es war dem Künstler bei diesen Bildnissen überhaupt nicht darum zu thun, die Person des regierenden Königs, Fürsten oder Bischofs naturgetreu darzustellen, sondern nur den amtlichen Charakter derselben auszudrücken, da der praktische Zweck ja lediglich die Erscheinung des letzteren erforderte. Daher wurde auch bei den Siegeln, welche sich durch ihre größere Bildfläche mehr für eine ausgeführtere Darstellung eigneten als die Münzen, die amtliche Würde in feierlicher Form hervorgehoben. Eben deshalb wurden auch im elften und zwölften Jahrhundert auf den Siegeln die den antiken Münzen und Gemmen nachgebildeten Brustbilder verlassen und zuerst bei den Königs-, später auch bei den Bischofssiegeln das der Porträtierung viel ungünstigere Thronbild eingeführt. Das letztere stellte Könige und Bischöfe in ganzer Person dar, auf dem Thronsessel sitzend, ausgestattet mit den Insignien ihrer Würde, so daß die künstlerische Technik des Mittelalters gar nicht die Möglichkeit gehabt haben würde, in dem verkleinerten Kopfbilde eine Porträtähnlichkeit auszudrücken. Uebrigens würde die Absicht einer porträtähnlichen Wiedergabe der betreffenden Persönlichkeiten auf den Siegeln oder Münzen eine schon sehr entwickelte Porträtkunst vorausgesetzt haben, da die Porträtierung auf dem Metall der Siegel- und Münzstempel ungleich schwieriger gewesen sein würde als auf dem Pergament, der Holztafel oder der Kalkwand. Auch würden lebenswahre Siegel- oder Münzbilder gute Porträtzeichnungen vorausgesetzt haben, weil der Künstler das Bild selbstverständlich nicht unmittelbar nach der Natur, sondern nur nach einer Zeichnung auf das Metall hätte übertragen können. Die einzigen Fälle, in welchen wenigstens die Möglichkeit einer individuellen Porträtbildung vorliegt, sind mehrere Siegel des Staufers Friedrich II., deren Abdrücke noch vielfach an den Urkunden des Kaisers erhalten sind. Die Gesichts= bildung zweier dieser, aus den ersten Regierungsjahren Friedrichs II. stammenden Siegel ist, soweit sich wenigstens aus den noch vor= handenen, mehr oder weniger verletzten Abdrücken erkennen läßt, von so lebenswahrer Jugendlichkeit, daß die künstlerische Aus= führung derselben eine solche Annahme wohl rechtfertigen könnte. Doch stimmen diese Siegelbilder mit den Urteilen der Zeitgenossen über die äußere Erscheinung Friedrichs II. nicht wohl überein. Während einige zeitgenössische Chronisten Friedrich, wenigstens seiner Figur nach, als unansehnlich beschreiben, ohne seiner Ge= sichtsbildung besondere Erwähnung zu thun, stellen jene den Staufer als einen Menschen von ausgezeichneter Schönheit dar [1]). Jeden= falls lag der Kunst die Absicht, in diesen, aus praktischen Gründen angefertigten Bildnissen eine naturgetreue Abbildung zu erreichen, völlig fern, da eben der amtliche Charakter der Persönlichkeiten und nicht die letztere an und für sich der eigentliche Gegenstand der Abbildung war.

Außerdem kam das Porträt noch in den Illuminationen der Handschriften, sowie vereinzelt auch auf Glasbildern in Anwen= dung. Auch in diesen Fällen beschränkte sich das Porträt auf die Abbildung vornehmer Persönlichkeiten. Die Illuminationen stellen Könige, Päpste, Bischöfe, Aebte in irgend einer geschicht= lichen oder frei erfundenen Handlung dar. Der Künstler beab= sichtigte aber hier ebensowenig wie auf den Siegelbildern ein getreues, lebenswahres Bildnis zu geben. Die Illuminationen be= stehen durchgehends in einer viel zu flüchtigen Skizzierung, als daß der Künstler nur den Gedanken an eine Porträtähnlichkeit gehabt haben könnte. Vielmehr kam es dem Maler wie dem Siegel= schneider nur darauf an, die weltliche oder geistliche Hoheit der betreffenden Persönlichkeit zum Ausdruck zu bringen. Im gün=

---

[1]) Vgl. E. Winkelmann, Philipp von Schwaben u. s. w. Bd. 2, S. 91, Anm. 1.

ftigsten Falle strebte der Künstler auch hier danach, den all=
gemeinen Eindruck wiederzugeben, den die betreffenden Persönlich=
keiten in ihm hervorgerufen hatten. In manchen Fällen wird die
Abbildung nur eine völlig freie Phantasie des Künstlers gewesen
sein. Auch würde das an eine naturwahre, korrekte Zeichnung
nicht geübte Auge des Künstlers schwerlich imstande gewesen
sein, eine menschliche Gesichtsbildung richtig aufzufassen und wieder=
zugeben. Ein berühmtes Beispiel dieser Illuminationen ist die
aus dem Anfange des vierzehnten Jahrhunderts stammende Chronik
de passagiis in terram sanctam, welche fast sämtliche hervorragende
Persönlichkeiten der Kreuzfahrten in Abbildungen gibt. Die flüch=
tigen, mit kindlicher Hand skizzierten Umrisse beweisen aber, daß
der Künstler, welcher überdies seiner Zeit nach den geschichtlich
berühmten Persönlichkeiten der Kreuzzüge fern stand, an eine
einigermaßen naturgetreue Porträtbildung gar nicht gedacht haben
kann. Dasselbe gilt von den Aquarellzeichnungen des Codex
Balduineus, welche auf Veranlassung des Erzbischofs Balduin von
Trier entstanden und den Römerzug Heinrichs VII. illustrierten.
Der Mangel einer naturgetreuen Charakteristik ist hier um so auf=
fälliger, als der Künstler ein Zeitgenosse jener Ereignisse und
höchst wahrscheinlich ein Augenzeuge der von ihm illustrierten Be=
gebenheiten war.

Ganz dasselbe gilt von den Grabsteinen, welche die Ver=
storbenen in ganzer Figur darzustellen pflegten. Dieselben konnten
nicht nach lebenswahren Porträtbildern kopiert werden, da letztere
entweder gar nicht oder nur in der oben bezeichneten Form
existierten. Sie konnten daher nur aus der Erinnerung, welche
der Künstler von dem Verstorbenen hatte, entstanden sein und
folglich ebenso wie die anderen Porträtbilder im günstigsten Falle
nur eine allgemeine, typische Aehnlichkeit erreichen. Sie hatten
gewissermaßen den Zweck, die den Namen und das Geschlecht des
Verstorbenen angebende Inschrift des Grabsteines plastisch zu
veranschaulichen.

Doch ist uns durch die St. Galler Chronik wenigstens ein
Beispiel einer wirklichen, lebenswahren Porträtierung erhalten.
Der Gegenstand der letzteren war die Nichte Ottos I., die schöne

Hedwig von Schwaben, welche im Auftrage des griechischen Kaisers von einem griechischen Eunuchen gemalt werden sollte. Der Künstler beabsichtigte das Bildnis getreu nach der Natur auszuführen. Er „faßte sie," wie der Chronist erzählt, „angelegentlich ins Auge, um das Bild der Jungfrau zur Uebersendung für den Herrn so ähnlich wie möglich zu malen" [1]). Die Herzogin vereitelte diese Bemühungen allerdings aus Abneigung gegen ihren griechischen Bräutigam. Doch war die Abbildung der Hedwig von Schwaben auf viele Jahrhunderte hinaus der einzig geschichtlich beglaubigte Versuch eines nach der Natur aufgenommenen Porträtbildes. Außerdem wurde dieselbe, wie bemerkt, nicht durch einen abendländischen, sondern durch einen griechischen Künstler und auf Veranlassung des griechischen Kaisers unternommen. Thietmar von Merseburg erzählt zwar auch von Kaiser Otto II., daß derselbe dem Magdeburger Domkapitel ein Buch geschenkt habe, in welchem sein und der Kaiserin Theophanu Bildnis, in Gold ausgeführt, sich befunden habe [2]). Eine nähere Auskunft über die Worte „in Gold gebildet," gab der Chronist nicht. Doch geht aus denselben jedenfalls soviel hervor, daß hier an eine eigentliche Porträtierung ebensowenig zu denken ist, als bei den Siegelbildnissen dieses Kaisers. Aus der späteren Zeit des Mittelalters sind uns freilich mehrere Bildnisse erhalten, welche den Gedanken einer genaueren Wiedergabe der betreffenden Persönlichkeiten nahe legen. Solche Bildnisse sind beispielsweise die Statue Heinrichs des Löwen, sowie sein und seiner Gattin Mathilde Grabdenkmal im Dome zu Braunschweig, der Grabstein Rudolfs von Habsburg zu Speier u. a. Daß in diesen Bildern eine wirkliche Porträtähnlichkeit erreicht worden sei, dürfte jedoch kaum anzunehmen sein, da dieselben nach dem Tode der betreffenden Persönlichkeiten und demnach zweifellos nur aus der Erinnerung angefertigt worden sind. Das Grabdenkmal Heinrichs des Löwen ist sogar wahrscheinlich erst in der Mitte des dreizehnten Jahrhunderts entstanden. Auch das in weißem Marmor ausgeführte Grabdenkmal

---

[1]) Cas. s. Galli c. 90.
[2]) M. G. III, 758.

des im Jahre 1313 verstorbenen Kaisers Heinrich VII. zu Pisa
ist von individueller Lebenswahrheit. Dennoch wurde dasselbe
erst mehrere Jahre nach dem Tode des Kaisers von dem Meister
Tino da Camaino angefertigt, so daß, da ein wirkliches Porträt=
bild dem Künstler nicht vorgelegen haben wird, die Annahme
einer Porträtähnlichkeit desselben sich schwerlich rechtfertigen ließe.
Doch zeigen die Gesichtsbildungen dieser Bildnisse bereits ein ernst=
liches Naturstudium und die unverkennbare Absicht, eine individuelle
Wahrheit zu erreichen, so daß dieselben also alle Vorbedingungen
der Porträtkunst erfüllten und, wo sie ihren Zweck nicht völlig
erreichten, dies nur aus zufälligen Gründen nicht ermöglichen
konnten.

Wenn demnach die Porträtkunst im allgemeinen nur eine sehr
unvollkommene war und unter der Einwirkung der den Geist der
Zeit bestimmenden religiösen Idee ihre erste Lebensbedingung, die
Naturwahrheit, nur in wenigen Ausnahmefällen erstrebte, so be=
zeugte sie doch durch ihr Vorhandensein, daß die Kunst des Mittel=
alters keineswegs ganz in die von der religiösen Idee gesetzten
Zwecke aufging.

Wie das Interesse an einzelnen hochstehenden oder berühmten
Persönlichkeiten, so war auch das Interesse an großen geschicht=
lichen Vorgängen zu groß, als daß die künstlerische Darstellung
derselben durch die Logik der religiösen Idee gänzlich hätte aus=
geschlossen werden können. Das Geschichtsbild war daher dem
Mittelalter ebensowenig unbekannt, wie die Porträtkunst. Aller=
dings war der Einfluß des religiösen Geistes so mächtig, daß
dasselbe immer eine außerordentliche Seltenheit blieb. Dennoch
sind fast aus allen Jahrhunderten des Mittelalters einzelne Bei=
spiele der historischen Kunst dem Gedächtnisse erhalten. So war
Karl der Große, wie ein Freund der weltlichen Dichtung, auch
ein Freund der weltlichen Malerei. Die Wände seiner Pfalzen
zu Aachen und Ingelheim ließ er mit den bildlichen Darstellungen
seiner großen Thaten schmücken. Der hundertsäulige Palast zu
Ingelheim enthielt außer einem Cyklus bildlicher Darstellungen
aus dem Alten und Neuen Testamente auch eine Reihe profan=
geschichtlicher Abbildungen von der Zeit des Ninus bis auf Karl,

über welche Ermoldus Nigellus in seinem Lobgedicht auf Ludwig
den Frommen mit überschwenglicher dichterischen Phraseologie be=
richtet. Auch König Heinrich I. ließ in seinem Palast zu Merse=
burg seinen Sieg über die Ungarn malen[1]). Die Königin Mathilde
von England, die Gattin Wilhelms des Eroberers, ließ die Thaten
des letzteren, die Eroberung Englands, auf einen großen, in
Bajeux bestellten Teppich weben. Guido von Bologna ließ im
Jahre 1177 mehrere Bilder aus dem Leben Ezelius des Stammlers
malen[2]). Die Gattin König Heinrichs III. von England ließ um
die Mitte des dreizehnten Jahrhunderts ein Zimmer ihres Palastes
zu Nottingham mit bildlichen Darstellungen der Thaten Alexanders
des Großen ausschmücken. Eine reichere Anregung erhielt die welt=
liche Geschichtsmalerei durch die das Abendland so mächtig be=
wegenden Kreuzzüge. So ließ beispielsweise Kaiser Heinrich VI.,
wenn man der Dichtung des zeitgenössischen Petrus de Ebulo in
diesem Punkte Glauben beimessen kann, die Wände seines Palastes
außer mit Darstellungen alttestamentlicher Erzählungen auch mit
einer Abbildung des Kreuzzuges seines Vaters Friedrich I. aus=
schmücken. Der Aufbruch des letzteren zum Kreuzzuge, der Marsch
des Heeres durch einen Wald, die Zusammenkunft mit dem Könige
von Ungarn, sodann mit dem griechischen Kaiser Isaak, die Be=
lagerung von Konstantinopel, die Schlacht bei Ikonium und der
Tod Friedrichs im Saleph waren die Gegenstände dieser Malereien.
Da freilich der Dichter den Ort des Palastes gar nicht nennt, so
kann man es allerdings bezweifeln, ob diese Bilder jemals in
Wirklichkeit existiert haben[3]). Die Illuminationen der in jener
Zeit angefertigten Handschriften ferner versuchten sich gleichfalls
in Darstellungen der einzelnen hervorragenden Ereignisse jener
Kriegsfahrten. Selbst die Glasmalerei unternahm gelegentlich
wohl die Darstellung der den letzteren entnommenen Stoffe. Die

---

[1]) Otto Frising, Chron. l. VI, 18.
[2]) Verci Eccl. I, 55.
[3]) Petrus de Ebulo, herausgeg. von E. Winkelmann. Der Heraus=
geber erklärt diese bildlichen Darstellungen für Phantasien des Dichters.

Glasmalereien in der Kirche zu St. Denis, welche angeblich schon
gegen Ende des elften Jahrhunderts angefertigt sein sollten, stellten
unter anderen auch Kampfscenen zwischen den Rittern des Kreuz=
zugsheeres und den Sarazenen dar.   Freilich stand dieser Stoff
dem religiösen Gedanken der Kirche insofern sehr nahe, als jene
Kämpfe ja in erster Linie im Dienste der letzteren unternommen
waren.

Der weltliche Kunstsinn war so regsam, daß er sich nicht nur
in weltlichen Stoffen versuchte, sondern daß er sogar weltliche
Motive in die religiöse Kunst hineintrug oder religiöse Motive in
weltliche umgestaltete.   Die Phantasie des Künstlers überwucherte
die Tradition der kirchlichen Symbolik, so daß die letztere unter
den Erfindungen der ersteren fast verloren ging.   Jene anfangs
erwähnten seltsamen Gestalten in den Klosterräumen der Clunia=
censer drängten sich auch in den künstlerischen Schmuck der Gottes=
häuser hinein.   Halb versteckt unter dem Blatt= und Rankenwerk
der Kapitäle, der Friese und Portalbögen zeigten sich jene Unholde
antiker Kunstwerke, mehrere Tierleiber, die von einem Kopfe aus=
gingen, sowie jene aus Menschen= und Tierleib zusammengestellten
Centauren und Sirenen.   Mit Affen, Kobolden und anderen nichts
weniger als symbolischen Figuren wurden die Chorstühle der
Kirchen verziert.   Selbst für ganze Scenen aus der äsopischen
Tierfabel und dem altgermanischen Tierepos fand der Witz des
Künstlers eine Stelle in der ornamentalen Ausstattung der Kirche
und des gottesdienstlichen Gerätes.   Zwar mochten manche dieser
figürlichen Darstellungen ursprünglich als religiöse Symbole gedacht
sein, wie z. B. die dargestellten Jagdscenen die Bekehrung der
Sünder bedeuten sollten.   Doch verloren dieselben allmählich jede
symbolische Beziehung, so daß sie schließlich nur als Zierformen
dienten.   Daß solche Darstellungen auch keineswegs immer als
symbolische aufgenommen wurden, beweisen jene oben erwähnten
Worte Bernhards von Clairvaux über die Kunstwerke der Clunia=
censer [1]).

---

[1]) Vgl. Otte, Handbuch der kirchlichen Kunstarchäologie des deutschen
Mittelalters, 2. Abt., S. 877, Anm. 4.

Wenn demnach die religiösen Stoffe auch den überwiegenden Inhalt der mittelalterlichen Kunst bildeten und die Klassizität der letzteren überhaupt nur auf ihren religiösen Schöpfungen beruhte, so nahmen die weltlichen Abschweifungen doch immerhin einen ziemlich breiten Raum ein. In jedem Falle hatte der das ganze Mittelalter durchziehende Widerstreit zwischen Jenseits und Dies= seits auch in der bilbenden Kunst eine tiefe Spur hinterlassen.

Schlußergebnis.

Der religiöse Geist des Mittelalters verneinte demnach grund=
sätzlich alle weltliche Kultur, um an ihre Stelle die göttlichen
Ordnungen der kirchlichen Hierarchie zu setzen. Die Kirche war
ihrer Idee nach nicht, wie sie im Unklaren über ihre eigenen Ziele
wohl behauptete, die Stütze der weltlichen Bildung und der staat=
lichen Rechtsordnungen, sondern vielmehr die grundsätzliche Feindin
derselben. Staat und Familie, weltliche Kunst und Wissenschaft
hatten nur insoweit Bestand, als sie sich von der religiösen Idee
der Kirche freizuhalten vermochten. Die Auflösung der bestehenden
weltlichen Ordnungen und die Neugestaltung der Gesellschaft nach
dem Vorbilde des idealen Gottesstaates war der sich gleichmäßig
auf allen Gebieten wiederholende Grundzug der mittelalterlichen
Kultur. Die letztere baute sich zu einem großartigen, alle Ver=
hältnisse umspannenden System auf, dessen Grundgedanke, die Idee
der christlichen Erlösung, bis in die kleinsten Beziehungen des
menschlichen Lebens durchgeführt wurde. Aus diesem Gedanken her=
aus waren alle Verhältnisse des Mittelalters gestaltet. Das ge=
samte Gebiet der Kultur wurde in ein irdisches Gottesreich, in eine
Allegorie des himmlischen Gottesreiches umgewandelt. Die Aus=
arbeitung dieser transcendenten Weltallegorie war der leitende Ge=
danke, die Idee der mittelalterlichen Geschichte. Die Kirche war in
demselben Maße das Centrum der mittelalterlichen Kultur wie einst
der Staat der Mittelpunkt der antiken Kultur gewesen war.

Aber dieser Gottesstaat trug seine Widerlegung in sich selbst.

Indem die Kirche der religiösen Idee gleichgestellt und als die Trägerin der göttlichen Offenbarung aufgefaßt wurde, führte die transcendente Metaphysik durch die Vermittlung der Kirche in die irdische Sinnenwelt wieder zurück. Die Kirche war der für das Gedankenbild der übersinnlichen Welt eingesetzte positive Wert. Die Idee des Gottesreiches bedeutete nichts anderes als die welt= herrschaftliche Macht der Kirche. Indem also das Mittelalter auf der einen Seite von der Welt abstrebte, kehrte es auf der anderen Seite in demselben Maße zur Welt zurück. Die Verneinung der Welt war gleichbedeutend mit der Uebertragung aller weltlichen Macht auf die Kirche. Die Weltherrschaft der Kirche war der Mittelpunkt des religiösen Systems. Das Evangelium der Liebe hatte sich seit der Errichtung der Kirche in ein Lehrsystem der Herrschaft und Gewalt umgesetzt. Wie bereits am Ausgange der alten Welt, so hatte auch im Laufe des Mittelalters die kirchliche Dogmatik die edle Humanität der Sittenlehre Christi vernichtet. Die letztere hatte sich durch die Vermittlung des hierarchischen Systems in ihr völliges Gegenteil verkehrt. Hatte Christus sich einst gegen die weltlichen Begehrungen des eigenen Ich gewandt, nach außen hin aber zur Duldung und Liebe gemahnt, so kehrten seine Nach= folger die Spitze der Weltverneinung nach außen hin und erlagen eben hierdurch der größten Nachsicht gegen sich selber. Denn je mehr der religiöse Geist des Mittelalters die Welt überwand, desto mehr mußte die Kirche zur Welt werden. Die weltverneinende Idee war selber die Quelle für die Verweltlichung der Kirche. Je mehr der religiöse Geist sich einerseits von der Welt flüchtete, desto mehr mußte er andererseits in die Welt versinken. Die Verneinung auf der einen bedingte eine gleichstarke Bejahung der Welt auf der anderen Seite. Durch das Evangelium der Armut erwarb die Kirche unermeßliche Reichtümer; durch die Verneinung der geschlechtlichen Sinnlichkeit gestaltete sich die religiöse Meta= physik zu einem System der gröbsten sinnlichen Vorstellungen; durch das Evangelium des Gehorsams wurde die Kirche zu dem größten und mächtigsten Staatswesen der Zeit. In dieser Selbst= zersetzung des übersinnlichen Gottesstaates lag der tragische Konflikt der mittelalterlichen Entwicklung. Der religiöse Geist des Mittel=

alters suchte dem Schwergewicht der irdischen Materie zu entfliehen
und fiel eben dadurch dem Zwange derselben anheim.

Die Kirche machte von Zeit zu Zeit ernsthafte Anstrengungen
sich dieser, von ihr selbst sehr wohl wahrgenommenen Verwelt=
lichung zu erwehren. Sie lag eigentlich mit sich selbst in einem
fortgesetzten Hader, indem sie eine Wirkung nicht wollte, deren
Ursache sie als einen grundlegenden Glaubenssatz ihres Systems
festhielt. Am meisten machten sich in diesem Ringen gegen die
Verweltlichung des Klerus diejenige Macht verdient, welche die
erste und leitende Stelle in dem System der Kirche behauptete,
das Mönchstum. Aber gerade das letztere wurde eben deshalb,
weil es sich am meisten einer asketischen Sittenstrenge befleißigte,
auch am meisten von der Verweltlichung ergriffen. Seit dem
zehnten Jahrhundert erstrebte das Mönchstum eine fortgesetzte
Erneuerung und Verschärfung der religiösen Askese. Die seit
jener Zeit sich vielfach wiederholenden Ordensreformen und Stif=
tungen hatten gerade in dem letzteren Zwecke ihren eigentlichen
Entstehungsgrund. Aber jeder dieser Orden hatte nach einer
kurzen Blütezeit einer Verfall seiner Sitten zu erleiden und ver=
anlaßte hierdurch die Stiftung eines neuen Ordens, welcher
wiederum nach kurzer Zeit demselben Schicksal erlag. Auch die
strengen Sittenpredigten eines Joachim von Calabrien, der in der
zweiten Hälfte des zwölften Jahrhunderts das weltliche Treiben
des Klerus mit der Schonungslosigkeit eines Arnold von Brescia
aufdeckte, konnten die Kirche dem logischen Zwange dieser Ent=
wicklung nicht entziehen. Denn gerade die asketische Strenge der
Orden wurde die Ursache ihres materiellen Wachstumes. Die
größere religiöse Heiligkeit eines Ordens war eben die Ursache,
daß ihm in besonderem Maße von allen Seiten Schenkungen und
Privilegien verliehen wurden, in denen die Geschenkgeber ihrerseits
die von der Kirche gelehrte Selbstverleugnung bethätigen zu müssen
glaubten. Mit dem Erwerb von Reichtum und Macht ging aber
auch die ursprüngliche asketische Zucht verloren. Jede Ordens=
stiftung trug wie das Kultursystem des Mittelalters überhaupt
seine eigene Widerlegung in sich. Diese Selbstvernichtung der
Askese wurde vereinzelt schon von Zeitgenossen mit voller Klar=

heit begriffen. Bernhard von Clairvaux bemerkte einst, daß die
Mächtigen und Reichen die Kirchen mit Gütern überhäuften, um
sich „mit dem Mammon der Ungerechtigkeit Freunde zu erwerben,
von welchen sie in die ewigen Zelte aufgenommen werden möchten."
Aber, fuhr er fort, „diese Fürsorge wird zu einer Versuchung des
Fleisches und diejenigen, welche für sich und zugleich für andere
die ewigen Wohnungen im Himmel bereiten sollten, erwerben auf
Erden Haus um Haus und Acker um Acker"[1]). Der Cistercienser=
abt Cäsarius von Heisterbach erklärte den Verfall des Mönchstums
mit den Worten: „Der religiöse Glaube war die Ursache des
Reichtums, der Reichtum aber hat den Glauben untergraben"[2]).
An einer anderen Stelle seiner Homilien bemerkte er, nachdem er
die Verweltlichung des Mönchstums besprochen hatte: „Aus allen
diesem geht hervor, daß Zucht Ueberfluß erzeugt, der Ueberfluß
aber, wenn man nicht sehr auf der Hut ist, die Zucht lockert
und die Lockerung der Zucht den Ueberfluß vernichtet"[3]). Ein
anderer Mönch faßte die Geschichte des Klosters Prüm in einem
von ihm gemalten Codex mit den kurzen Worten zusammen: „Der
religiöse Glaube brachte uns die Reichtümer ein, aber die Tochter
hat die Mutter verzehrt." Auch die geistlichen Ritterorden, welche
die Vorkämpfer der Christenheit gegen die Ungläubigen und die
berufensten Träger der kirchlichen Eroberungspolitik waren, ver=
loren eben durch die Ausübung ihres Berufes mehr und mehr
ihren geistlichen Charakter, indem sie ihre eigene politische, wirt=
schaftliche und militärische Machtstellung zum Mittelpunkte ihrer
Thätigkeit machten. So erging es dem Johanniterorden und in
nach größerem Maße dem Orden der Tempelherren. Die religiösen
Zwecke wurden den Ritterorden ebenso wie den Mönchsorden zur
Ursache eines reichen Güter= und Machterwerbs. Der außer=
ordentliche Umfang dieses Besitzes zwang dieselben aber zur Be=
folgung einer den letzteren in erster Linie berücksichtigenden Politik,

---

[1]) Gaufridi abbatis declamationes ex Bernardo in der Ausgabe der
Werke Bernhards vom Jahre 1719. Parisiis t. II, p. 301.
[2]) Homil. III, 96.
[3]) Homil. IV, 56.

also zur Entfremdung von der Kirche und ihren ursprünglichen Zwecken.

Von der Kirche selbst führte demnach kein Weg aus diesem Zirkel heraus, so sehr sie sich auch von Zeit zu Zeit um eine sittliche Reform des Klerus bemühte, da sie den Ausgangs= punkt desselben, ihre Gleichstellung mit der religiösen Idee, unver= rückt festhielt. Bei dieser Vorstellung von dem Wesen der Kirche mußte vielmehr jede innere Reform die Ursache einer neuen Ver= weltlichung werden. Eine Befreiung aus dem Zwange dieser Verhältnisse war erst von dem Augenblicke an möglich, in welchem die Ursache derselben, die Gleichstellung von Kirche und religiöser Idee, überwunden wurde. Nur von außen heraus also ließ sich der Zirkel des kirchlichen Systems lösen. Dieser von außen eingreifende Widerspruch wurde allerdings durch die Kirche selber ins Leben gerufen und zwar durch die weltlichen Machtzwecke der= selben, welche auf allen Gebieten einen ziemlich gleichmäßigen Widerstand der weltlichen Interessen veranlaßten. Doch ent= wickelte sich derselbe nur allmählich zu einer grundsätzlichen Ver= neinung der Kirche. Zunächst richtete sich derselbe keineswegs gegen die theoretische Grundlage der kirchlichen Politik. Vielmehr wurde die religiöse Lehre der Kirche sowie · der Charakter der letzteren als einer von Gott gestifteten Vermittlungsanstalt nicht im mindesten in Zweifel gezogen. Der gegen die weltlichen Be= strebungen der Kirche gerichtete Widerstand entbehrte deshalb zu= nächst eigentlich jeder logischen Begründung. Derselbe war viel= mehr lediglich empirischer Natur und nur durch den Zwang der praktischen Verhältnisse veranlaßt. Das Schwergewicht der irdischen Lebensbedingungen war zu groß, als daß es hätte über= wunden werden können. Auf allen Gebieten sah sich die Kirche zur Nachgiebigkeit gegen die Mächte des weltlichen Lebens ge= zwungen. Nirgends war das Mittelalter in der Lage, das System seiner transcendenten Weltanschauung bis zu seinen letzten logischen Folgerungen zu behaupten. Es mußte den weltlichen Staat, die Ehe, die gesellschaftlichen Stände, den wirtschaftlichen Güterbesitz, die staatliche Jurisdiktion, das wissenschaftliche Studium weltlicher Gegenstände, die weltliche Liebes = und Heldendichtung bestehen laffen, obwohl die Logik feines Syftems die völlige Befeitigung derfelben forderte. Allerdings ftand die Kirche in diefen Zuge= ftändniffen keineswegs von dem Streben nach einer vollen Aus= führung ihres Gottesftaates ab. Vielmehr hielt fie auf allen Gebieten die abfolute Verneinung der Weltlichkeit und die völlige Auflöfung derfelben in das Syftem des Gottesftaates als das ideale Ziel feft und behandelte fie alle ihre Zugeftändniffe nur als die dem Zwange der Verhältniffe entfprechend bemeffenen Mittel zur Erfüllung ihrer letzten Zwecke. Doch wurde der Ausbau des Syftems über diefen Zuftand niemals hinausgeführt. Die Kirche hat fogar um den Gewinn und die Behauptung diefes einge= fchränkten Machtbefitzes unausgefetzt kämpfen müffen. Die welt= lichen Mächte begnügten fich keineswegs mit den ihnen von der Kirche belaffenen Gebieten. In der Theorie erkannten fie die Grenzbeftimmungen der Kirche zwar an, in der Praxis aber gingen fie weit über diefelben hinaus und behaupteten ihre Intereffen dem Einfpruch der Kirche zum Trotz. Auch nahm der Wider= ftand derfelben von Jahrhundert zu Jahrhundert an Umfang und Stärke zu. Und zwar fteigerte fich derfelben genau in dem gleichen Maße, in welchem die Verweltlichung der Kirche zunahm. Da nun die weltlichen Machtintereffen die Kirche in dem Zeitalter der Kreuzzüge mehr und mehr erfüllten, fo drang der Widerftand der weltlichen Mächte allmählich von dem äußeren Umkreife in das Innere des Syftems vor, bis er fchließlich den Mittelpunkt des letzteren, das fakramentale Prieftertum, erreichte.

Der ftete Widerftreit mit fich felber, der Widerftreit zwifchen der transcendenten Idee des religiöfen Glaubens und den Exiftenz= bedingungen des irdifchen Lebens bildete das Charakterbild der mittelalterlichen Kultur. Das Syftem der letzteren ift daher nie= mals volle Wirklichkeit geworden. Die Weltallegorie des hierar= chifchen Gottesftaates ift ein erhabener Torfo verblieben. Keine der großen Erfcheinungen des Mittelalters, weder das Kaifertum noch das Papfttum konnte eine ihrem Ideale entfprechende Ver= wirklichung erreichen. Das Kaifertum befaß auch in der Zeit feiner größten Machtentfaltung nur einen winzigen Bruchteil der von ihm erftrebten weltbeherrfchenden Stellung. Und wenn auch das päpstliche Imperium das kaiserliche an Umfang und Inhalt weit überragte, so blieb doch auch dieses in unermeßlichem Ab= stande von seinem Ziele entfernt. Die Herrschaftsideen beider Institutionen hatten ihren Grund in der weltverneinenden Idee der christlichen Erlösung und befanden sich deshalb in einem viel zu durchgreifenden Widerstreit mit den gegebenen Dingen, als daß eine volle Verwirklichung derselben sich jemals hätte erreichen lassen.

Die Verweltlichung der Kirche war die Selbstkritik der über= sinnlichen religiösen Idee des Christentums. Die weltverneinende Idee der letzteren setzte sich durch ihre eigene Steigerung in ihr Gegenteil um. Wie einst das diesseitige Kulturprinzip des Alter= tums, der nationale Staat, sich durch seine höchste Steigerung im römischen Weltreiche vernichtet hatte, so führte auch die Ueber= spannung des jenseitigen mittelalterlichen Kulturprinzips über sich selbst hinaus zu entgegengesetzten Bestrebungen hin.

Vierter Teil.

Die Auflösung des christlichen Gottesstaates.

———

I. Die Selbstzersetzung des asketisch-hierarchischen Systems.

In der Vollendung des asketisch-hierarchischen Systems war bereits die Ursache seiner Auflösung enthalten. Denn eben die Kreuzzüge, in welchen das System seinen höchsten Triumph feierte, führten das Mittelalter aus dem Zwange desselben hinaus. Seit den Tagen Gregors VII. hatte die Kirche zur Durchführung ihrer religiösen Ideale die Volksmassen aufgerufen, sei es, um die widerspenstigen Priester und weltlichen Großen mit Hilfe derselben ihrem Gebote zu unterwerfen, sei es, um das heilige Land den Ungläubigen zu entreißen. Vor der Hand hatte die Kirche auf diesem Wege in der That auch ihre Zwecke erreicht. Mit Hilfe des Volkes hatte sie Priester und Könige bezwungen und das heilige Land der Herrschaft des Kreuzes zurückerobert. Aber die einmal in Bewegung gesetzten Volksmassen blieben bei den ihnen von der Kirche vorgezeichneten Zielen nicht stehen. In der Ausführung der kirchlichen Zwecke hatte sich ihnen eine Welt neuer Lebensinteressen eröffnet, welche, einmal ergriffen, dauernd festgehalten wurden und das ursprünglich für die religiösen Ideale der Kirche begeisterte Volk immer weiter von der letzteren ablenkten. Denn eben die Kreuzfahrten waren es, welche das Abendland mit tausend neuen Fäden an das Diesseits verknüpften. Darum waren jene größten Errungenschaften der religiösen Askese und der hierarchischen Macht zugleich die Quelle einer neuen weltlichen Kultur, welche das System des klassischen Mittelalters zerbrach. Die weltherrschaftliche Politik der Kirche hatte eine Bereicherung des wirtschaftlichen und geistigen Lebens zur Folge, welche den enggespannten Rahmen der asketischen Sittenlehre zersprengte. In demselben Verhältnisse aber als die abendländischen Völker mit der Weltlichkeit zusammenwuchsen, machten sie sich von dem Machtgebote der römischen Hierarchie frei. Wie sich die Kirche auf der Grundlage ihrer asketischen Sittenlehre aufgebaut hatte, so mußte ihre Macht mit dem Verfalle der letzteren auch mehr und mehr eingehen. Denn mit der Abnahme der vom Irdischen abstrebenden Religiosität wurde der Kirche die Quelle ihrer Macht entzogen. Das Ergebnis der Kreuzfahrten, durch welche die Kirche Abendland und Morgenland dem Kreuze und ihrem Machtgebote zu unterwerfen gedachte, war, daß das Papsttum seine bisherige Geltung verlor und an seine Stelle andere Mächte in den Vorder= grund traten, die städtische Kultur und die weltliche Staatsgewalt. Die entscheidende Wendung in der Entwicklung des Mittelalters ging von der ersteren aus, insofern diese die wirtschaftliche Grund= lage der abendländischen Kultur völlig umgestaltete.

Die weltherrschaftliche Idee des christlichen Gottesstaates hatte, indem sie die fränkischen und deutschen Könige in die Bahn einer universalen Eroberungspolitik leitete, die Auflösung des altgerma= nischen, freien Gemeindeverbandes und die Entstehung herrschaft= licher Verbände an Stelle desselben veranlaßt. Die Masse der Altfreien lichtete sich mehr und mehr, indem die Mehrzahl derselben freiwillig oder zwangsweise in die Dienstbarkeit der Grundherren traten und hinsichtlich ihrer Person wie ihrer Arbeit von den letzteren abhängig wurden. Die asketische Sittenlehre des christ= lichen Gottesstaates hatte diese Gebundenheit der Person und ihrer Arbeit an die Scholle des Grundherrn befestigt, insofern sie die Entwicklung der Geldwirtschaft verhinderte und den Ackerbau zur ausschließlichen Grundlage der Volkswirtschaft machte. Die Kreuz= züge aber riefen eine wirtschaftliche Produktion und einen handels= politischen Verkehr hervor, welche die bisherige Naturalwirtschaft nach allen Richtungen durchbrachen. Die Kreuzzüge selber hätten sich auf Grund des alten Systems nicht durchführen lassen. Natu= ralien konnten sich nicht als Zahlungsmittel für die von weit herkommenden und in weite Ferne ziehenden Volksmassen eignen.

Das einzige Tauschmittel für diesen weitgreifenden Verkehr war das Geld. Als dann der kaufmännische Verkehr in die von den Kriegsheeren aufgerissenen internationalen Verbindungen hinein= flutete, begann das Geld als Zahlungsmittel eine bisher ganz unbekannte Bedeutung zu gewinnen.

Um die Zeit, in welcher die Kreuzzugsbewegung ihre weiteste Ausdehnung gewonnen hatte, in der zweiten Hälfte des zwölften Jahrhunderts, entstand das Wechslergeschäft. Und zwar wurde das letztere zuerst in dem Lande ausgebildet, welches im Mittelpunkte des durch die Kreuzzüge erschlossenen Verkehrs mit dem Oriente gelegen war, in Italien. Das Wechslergeschäft hatte zunächst den Zweck, einen Ausgleich der so zahllosen verschiedenen und verschieden= wertigen Münzsorten zu ermöglichen, indem es den Umtausch fremder Münzen gegen die in den betreffenden Territorien 'gültigen ver= mittelte. Doch drängte der zunehmende Handelsverkehr bald auf eine Erweiterung des Wechslergeschäftes hin, indem derselbe die Wechsler veranlaßte, den Umtausch der eingezahlten Münze nicht nur an einem und demselben, sondern auch an einem fremden Platze, desgleichen auch die Auszahlung der Valuta in derselben Geldmünze, in welcher eingezahlt wurde, an einem fremden Platze zu vermitteln. Diese Zahlungsvermittlung, welche durch briefliche Geldanweisung auf den Platz hin, auf welchem das Geld gewünscht wurde, geschah, hatte insofern einen außerordentlichen Wert, als sie bei den damaligen Verkehrsverbindungen große Unkosten und Gefahren ersparte. Wenn nun das Wechslergeschäft auch an und für sich nicht wie das Zinsgeschäft in Widerstreit stand mit den religiösen Grundsätzen der Kirche, so führte es doch ebenso wie das letztere über die Naturalwirtschaft des klassischen Mittelalters hinaus, indem es das Geld in weit höherem Maße als bisher zu einem allgemeinen Tauschmittel erhob. Denselben Zweck hatten die Banken, welche gleichfalls in Italien ihren Ursprung hatten. Die durch viele Kriege erschöpfte Staatskasse hatte den Senat von Venedig im zwölften Jahrhundert genötigt, bei den Bürgern eine Zwangsanleihe zu machen. Andere italienische Städte folgten dem Beispiele der Venetianer aus gleicher Veranlassung nach. Diese Zwangsanleihen der städtischen Kommunen waren die älteste Grund=

lage der Bankinstitute. Allerdings verwarf die religiöse Theorie
die Verzinsung der Depositen ebenso wie den Darlehnszins. Da
aber das Staatsinteresse die Erhebung von Depositen erforderte,
so mußte die strenge Logik des Systems sich fügen. Man be=
zeichnete den Zins als Rente und ließ die Depositengeschäfte gelten.
Nachdem die Verzinsung der Zwangsanleihen sich einmal durch=
gesetzt hatte, erlangte schließlich auch die Verzinsung der bald
nachfolgenden freiwilligen Depositen Anerkennung, indem man auch
diese als Rentengeschäfte oder aber als Societätseinlagen auf=
faßte [1]). Das beste Zeugnis für den außerordentlich gesteigerten
Geldverkehr war das auf der Wende des dreizehnten und vier=
zehnten Jahrhunderts eintretende Sinken des Geldwertes, welches
sich in dem auffällig starken Sinken des Zinsfußes geltend
machte. Während im dreizehnten Jahrhundert der Zinsfuß durch=
gängig zehn Prozent betrug, war derselbe bereits im Beginne des
vierzehnten Jahrhunderts im allgemeinen auf fünf Prozent herab=
gesunken. Niemals, weder vorher noch nachher, hat der Zinsfuß
eine so außerordentliche und schnelle Herabsetzung erfahren, wie
in diesem Zeitraume. Selbst die Erschütterung, welche der Zins=
fuß später durch die Einfuhr des amerikanischen Goldes erlitt,
kam der Zinsreduktion in jenem Zeitraume bei weitem nicht gleich.

Der Schwerpunkt der wirtschaftlichen Kultur, welcher vor=
mals auf dem platten Lande beruht hatte, verlegte sich nunmehr
ganz in die Städte. Die letzteren wurden die Mittelpunkte für die
Herstellung wie für den Umsatz aller wirtschaftlichen Güter. Jene
große sociale Umwälzung freilich, welche sich nach der bisherigen
Ansicht während des zwölften und dreizehnten Jahrhunderts in den
Städten vollzogen haben sollte, nämlich das Aufsteigen des städtischen
Handwerkers vom Stande der Hörigkeit zur Freiheit, hat über=
haupt nicht stattgefunden, da der städtische Handwerkerstand von
Anfang an frei war. Auch der Eintritt des Handwerkerstandes
in das Stadtgericht war nicht erst eine Folge der größeren Macht=
entwicklung desselben. Vielmehr hat der Handwerkerstand von

---

[1]) Vgl. hierzu W. Endemann, „Studien in der romanisch=kanonistischen
Wirtschafts= und Rechtslehre", Bd. 1, S. 431 ff.

Anfang an Anteil am Stadtgericht gehabt[1]). Doch blieb der
mächtige Aufſchwung des ſtädtiſchen Gewerbes und Handels nicht
ohne einen durchgreifenden Einfluß auf die ſocialen Verhältniſſe,
ſowie auf die Verfaſſungen der Städte. Durch den ſtarken Zuzug
von auswärtigen Unfreien, welche im Schutze der ſtädtiſchen
Privilegien ihre Freiheit ſuchten, wurden die Städte, welche bisher
Gärten und Felder in ihren Mauern umſchloſſen und demnach
auch in ihrer äußeren Phyſiognomie einen ländlichen Charakter
trugen, mehr und mehr ausgebaut und der landwirtſchaftliche
Betrieb aus der Stadt zurückgedrängt. Die ſtädtiſchen Einwohner,
welche früher durchgehends neben ihrer gewerblichen Thätigkeit
auch den Ackerbau betrieben hatten, konnten ſich mit dem Wachstum der Einwohnerſchaft und des Verkehres ausſchließlich mit ge-
werblicher Arbeit beſchäftigen. Stadt und Land, Ackerbau und
Gewerbe begannen ſich nunmehr von einander zu ſcheiden. Es
war der Anfang einer reichen induſtriellen Thätigkeit gemacht,
welcher in der außerordentlichen Zunahme des materiellen Wohl-
lebens eine reiche Abſatzquelle fand. Die wachſende wirtſchaftliche
Machtſtellung des Handwerkerſtandes blieb ſodann nicht ohne
Wirkung auf die politiſche Verfaſſung. Denn dieſelbe veranlaßte
den Handwerkerſtand, Sitz und Stimme im ſtädtiſchen Rate neben
den Altfreien und Patriciern zu fordern, welche Forderung im
Laufe des vierzehnten Jahrhunderts faſt in allen Städten auf
gewaltthätigem oder friedlichem Wege erreicht wurde. Perſönliche
Freiheit und Anteil am Stadtgericht hatte der Handwerkerſtand
nicht erſt zu erringen brauchen; der Eintritt in den Stadtrat und
die Beteiligung an der ſtädtiſchen Verwaltung vollzog ſich indes
zum großen Teil nur unter den heftigſten Zerwürfniſſen und
Kämpfen mit dem ſtädtiſchen Patriciat. In den zur Pflege und
Sicherung des gemeinſamen Gewerbebetriebes geſchloſſenen Innungen, welche durch Erwerbung einer ſelbſtändigen Gerichtsbarkeit
zu öffentlichen Korporationen erwuchſen, fanden die Handwerker den

---

[1]) Vgl. die bahnbrechenden Unterſuchungen G. v. Belows in v. Sybels
Hiſtor. Zeitſchrift Bd. 58, 2. Heft, 1887.

festen Stützpunkt für die Wahrung ihrer gewonnenen Rechte gegen=
über dem Patriciat.

Die innere Erstarkung der Städte änderte in vielen Fällen
auch die äußere politische Stellung der Städte. Nicht wenigen
Städten als Köln, Mainz, Worms, Speier, Straßburg, Basel,
Regensburg, Lübeck und Hamburg gelang es, sich im Laufe des
dreizehnten und vierzehnten Jahrhunderts von der bischöflichen,
beziehentlich landesherrlichen Gewalt gänzlich zu befreien. Ihre
Ratskollegien eigneten sich die hoheitlichen Rechte der Landesherren,
die Gerichtsbarkeit, das Markt=, Münz= und Zollrecht an und ge=
langten hierdurch in den Besitz der Reichsunmittelbarkeit. Gegen=
seitige Bündnisse der Städte gewährten den letzteren die Möglich=
keit, sich der wachsenden Macht des Fürstentums zu erwehren und
in die großen Fragen der Zeit nach Maßgabe ihrer handels=
politischen Interessen einzugreifen. Die bedeutendsten dieser Städte=
bünde waren der schwäbische, rheinische und hanseatische Bund,
von welchen der letztere dem deutschen Handel auf lange Zeit
hinaus eine beherrschende Stellung, insbesondere in den nördlichen
Staaten, England, Skandinavien, Polen und Rußland errang.

Die Städtekultur hatte also ihre Grundlage in Bestrebungen,
welche sich mit der Volkswirtschaft des klassischen Mittelalters in
durchgreifendem Widerspruche befanden. Daher waren die Städte
die natürlichen Gegner der Kirche, ihrer mönchischen Askese, wie
ihrer hierarchischen Machtzwecke. Die ganze Blüte der städtischen
Kultur im vierzehnten und fünfzehnten Jahrhundert war über=
haupt nur dadurch ermöglicht, daß die letztere sich von der Kirche
und ihrem Lehrsystem ablöste. Nur insoweit das letztere geschah,
gelangten die Städte zu Freiheit, Reichtum und Macht. Und
wenn auch dieser Abfall sich nicht immer zu einem ausgesprochenen
feindlichen Gegensatz gegen die Kirche zuspitzte, so wurde doch durch
einen äußeren Zusammenhalt mit der letzteren der völlige Bruch
mit den wirtschaftlichen Grundsätzen des asketisch = hierarchischen
Systems nicht im mindesten abgeschwächt. Die Ansichten des
Bürgertums über Arbeit und Eigentum, über Handels= und Geld=
geschäfte standen mit den wirtschaftlichen Grundsätzen, welche sich
folgerichtiger Weise aus dem Lehrsystem der Kirche ergaben, darum

in nicht geringeren Widerspruch, daß sich Laien und Klerus des letzteren nicht immer bewußt waren. Oft genug aber brach die in dem Wesen der städtischen Kultur gelegene Gegenstellung zur Kirche in offene und heftige Zerwürfnisse mit der letzteren aus. Die meiste Veranlassung zum Streit gab die geistliche Gerichts= barkeit, indem die Städte die Zuständigkeit ihrer Gerichte für viele bisher der ersteren vorbehaltenen Fälle behaupteten. Im all= gemeinen war es ihre, freilich niemals völlig erreichte Absicht, der geistlichen Gerichtsbarkeit jede Zuständigkeit in weltlichen Rechts= fragen zu entziehen und dieselbe lediglich auf die geistlichen Cen= suren zu beschränken. Eben deshalb setzten sie der von Seiten der geistlichen Behörden verhängten Exkommunikation oftmals einen entschlossenen Widerstand entgegen, da sie wegen der mit der Exkommunikation verbundenen bürgerlichen Rechtsfolgen den Anspruch erhoben, eine solche zuvor auf ihre Rechtmäßigkeit hin prüfen zu müssen, ehe sie dieselbe als zu Recht bestehend an= erkennen wollten. Dieser Weg führte dann zu der weiteren For= derung, daß die Geistlichen in weltlichen Rechtsfragen der städtischen Gerichtsbarkeit unterworfen sein und gleich den Bürgern zu den städtischen Steuerleistungen herangezogen werden sollten. Das letztere geschah in den sächsischen Landen, insbesondere in den Hansestädten, bereits um die Mitte des vierzehnten Jahrhunderts. Auch wurde dort von den den Geistlichen zugehenden Waren= sendungen der übliche Eingangszoll erhoben. Dieser Umstand ver= anlaßte dann Kaiser Karl IV. im Jahre 1359 zu einer Kon= stitution, in welcher er die Belastung des Klerus bei Strafe der kaiserlichen Acht verbot [1]).

Das materielle und politische Wachstum der Städte führte ferner mit Notwendigkeit auch zu einer Erweiterung des städtischen Verwaltungskreises. Dieselbe konnte aber nur dadurch ermöglicht werden, daß solche Gebiete, welche bis dahin ausschließlich der Kirche unterstanden, der letzteren entzogen wurden. Es waren dies vor allem die Schulen, sowie die Armen= und Krankenpflege. Das Aufblühen der Gewerbe und des Handels machte ein höheres

---

[1]) Brem. Urkundenbuch Bd. 3, Nr. 146.

Maß von Bildung und Wissen, vor allem die Kenntnis der ele=
mentaren Disciplinen, Lesen, Schreiben und Rechnen, erforderlich.
Zu diesem Zwecke wurden dann in solchen Städten, wo keine
Dom=, Stifts= oder Klosterschulen bestanden, oder wo die bestehen=
den geistlichen Schulen dem Bedürfnisse nicht genügten, städtische
Schulen errichtet. Bereits gegen Ende des dreizehnten Jahrhun=
derts entstanden solche Schulen in Dortrecht und Brüssel. Im
Laufe des vierzehnten Jahrhunderts waren dann alle größeren
und mittleren Städte im Besitze eigener Schulen. Neben diesen
städtischen Schulen entstanden auch Privatschulen, Winkel= oder
Klippschulen genannt, welche freilich nicht überall die Bewilligung
der städtischen Magistrate erzielten. Auch wurden bereits im
vierzehnten Jahrhundert in manchen Städten, teils von den letzteren,
teils von Privaten besondere Mädchenschulen eingerichtet. Die
geistlichen Behörden verlangten nun zwar, daß diese neuen Schulen
ihrer Aufsicht und Leitung unterstellt werden sollten. Indes gingen
die Magistrate auf diese Forderung nicht ein und in den meisten
Fällen gelang es ihnen auch, sich in den Besitz des Schulpatronats
zu setzen. Wo letzteres nicht eintrat, erhielten sie wenigstens das
Recht, die Lehrer zu ernennen oder zu präsentieren, so daß der
geistlichen Behörde, beziehentlich dem sogenannten Scholaster nur
das Bestätigungsrecht verblieb. In vielen Fällen übertrugen auch
die Landesherren das ihnen zustehende Schulpatronat den städtischen
Magistraten.

Wie die Schulen so ging auch die Armen= und Kranken=
pflege in die städtische Verwaltung über, sei es, daß die Städte
eigene Hospitäler gründeten oder die bestehenden Hospitäler all=
mählich ihrer Aufsicht unterzogen. Schon im zwölften Jahr=
hundert entstanden in Italien städtische Hospitäler, so z. B. in
den Städten Alessandria, Bologna, Mailand, Modena, Monza,
Parma, Verona und vielen anderen, welche nicht mehr der Auf=
sicht der Bischöfe, sondern den städtischen Magistraten unterstellt
wurden. Auch in Deutschland gab es vereinzelt schon im zwölften
Jahrhundert von Laien begründete und verwaltete Hospitäler. In
Köln wurde bei einer um die Mitte des zwölften Jahrhunderts
errichteten Hospitalstiftung die Streitfrage aufgeworfen, „ob es

zweckmäßiger sei, wenn unter der Aufsicht des Abtes die Verwaltung und die Armenpflege von einem Mönche oder einem Laien
geführt werde". Der Erzbischof Arnold I. entschied sich zwar für
einen Mönch. Die Abtei St. Martin aber, auf deren Grund und
Boden das Hospital von kölnischen Bürgern errichtet war, gab
einem Laien den Vorzug. Der Erzbischof fügte sich dem Wunsche
der Mönche, behielt dem Abt jedoch die Aufsicht vor [1]). Im folgenden Jahrhundert nahm die Zahl der in bürgerlicher Verwaltung
stehenden Hospitäler bedeutend zu, so daß damals bereits jedes
der sieben kölnischen Kirchspiele ein eigenes Hospital besaß. Ebenso
gab es um diese Zeit in Passau und Ulm unter der Leitung der
Magistrate stehende Hospitäler [2]). Die einzige Mitwirkung, welche
den Geistlichen an diesen Hospitalstiftungen belassen wurde, war
die Seelsorge für diejenigen, welche in den letzteren Aufnahme
gefunden hatten. Auch der im Jahre 1254 geschlossene rheinische
Landfriedensbund nahm Bedacht auf die Errichtung von städtischen
Armenhäusern und die Einführung einer bürgerlichen Armenpflege [3]). Infolge dieses Ueberganges der Armen- und Krankenpflege von der Kirche auf die städtischen Verwaltungsbehörden
geschah es denn auch, daß die Privaten die Ausführung ihrer zu
Gunsten der Armen errichteten Schenkungen mehr und mehr den
letzteren übertrugen. In Regensburg gab ein solcher Fall die
Veranlassung, daß die Armenpflege auf den Rat der Stadt überging, indem der Schenkgeber in seiner Stiftungsurkunde ausdrücklich
bestimmte, daß die Verwaltung des von ihm ausgesetzten Fonds
niemals in geistliche Hände übergehen solle [4]).

Die andere Macht, welche ihr Wachstum aus den durch die
Kreuzzüge geschaffenen Verhältnissen zog, war die weltliche Staatsgewalt. Wie schon die universale Eroberungspolitik des Kaisertums nicht die Auflösung der nationalen Einzelstaaten in den uni-

---

[1]) Lacomblet I, S. 247.

[2]) Vgl. G. Ratzinger, Geschichte der kirchlichen Armenpflege 1. Aufl.,
S. 279 ff.

[3]) Weizsäcker, Der rheinische Bund von 1254, Aktensammlung Nr. IV,
Art. 1; Nr. XI, Art. 7.

[4]) Kriegk, „Städteleben im Mittelalter" I, 163 und 168.

versalen Gottesstaat, sondern vielmehr das Gegenteil, eine schärfere
Sonderung derselben, zur Folge gehabt hatte, so war dies in noch
höherem Grade die Wirkung der in viel weiteren Kreisen sich be=
wegenden universalen Politik des Papsttums. Gerade die Kreuz=
züge, in welchen sich die christlichen Völker zu großen, gemein=
samen Unternehmungen vereinigten, haben eine kräftigere Ausbildung
der nationalen und territorialen Staaten zur Folge gehabt.
Während die Kreuzzüge hinsichtlich des wirtschaftlichen und handels=
politischen Verkehres weitgreifende internationale Beziehungen her=
stellten, veranlaßten sie hinsichtlich der staatlichen Entwicklung eine
schärfere Sonderung der einzelnen Nationen von einander. Bereits
gleich nach der Eroberung des heiligen Landes traten die nationalen
Gegensätze unter den daselbst zurückgebliebenen Kreuzfahrern hervor.
„Gottfried von Bouillon," erzählt Otto von Freising, „vermittelte
zwischen den romanischen Franken und Deutschen, welche sich
häufig in bitteren und gehässigen Neckereien zu streiten pflegten,
da er selber an den Grenzen beider Völker aufgewachsen und
beider Sprachen kundig war" [1]. Auch Ekkehard von Aura rühmte
von dem Herzog, daß er es durch seine verbindlichen Formen und
seine Sprachkenntnis ermöglicht habe, den gegenseitigen Neid der
beiden Nationen zu beschwichtigen [2]. Als treue Waffengenossen
waren der deutsche König Konrad III. und Ludwig von Frankreich
im Jahre 1147 gegen die Sarazenen ausgezogen und als politische
Gegner kehrten sie zwei Jahre später wieder heimwärts. Der
dritte Kreuzzug, in welchem das Einheitsbewußtsein der Christen=
heit seinen Höhepunkt erreichte, insofern dieser Zug das ganze
christliche Abendland gegen den Islam in Bewegung setzte, hat
zur Verschärfung der nationalen Gegensätze am meisten beigetragen.
Schon auf der Heerfahrt entzweiten sich Richard und Philipp II.
August, Engländer und Franzosen. Insbesondere zeichneten sich
bereits damals die Franzosen durch den herausfordernden Charakter
und andererseits durch die Reizbarkeit ihres nationalen Empfindens
aus. Im Lager vor Akkon hatten die Reste des deutschen Heeres,

---

[1] Lib. VII, 5; M. G. t. 20, p. 250.
[2] Hierosolymita c. 19, p. 196 f., ed. H. Hagenmeyer.

welche ſich aus der nach dem plötzlichen Tode Friedrichs I. ein=
getretenen Kataſtrophe gerettet hatten, dieſen nationalen Stolz der
Franzoſen in ſehr bitterer Weiſe zu empfinden.   Der Dichter
Freidank klagte, die Welſchen hätten die Deutſchen verhöhnt und
ſie aufgefordert, ſich nach Hauſe zu ſcheeren.

> nû spottent s' unser z' aller zît:
> si sprechent „aleiz unde rît
> in dîn lant hin über mer" [1]·

Das Gedicht des „Landgrafen Ludwig des Frommen Kreuzfahrt"
enthält mehrere Einzelzüge dieſer nationalen Eiferſucht zwiſchen
den vor Akkon liegenden Deutſchen und Franzoſen.   Die letzteren,
heißt es, waren neidiſch auf die politiſche Machtſtellung der
erſteren,

> „der Dutschen ere unlidelich
> in (den Welschen) ist, sie wesen in gehaz" [2].

Die Deutſchen faßten ihrerſeits infolge dieſer nationalen Gegen=
ſtellung der Franzoſen eine ſolche Abneigung gegen die letzteren,
daß ſie, nach der Aeußerung Freidanks, die heiligen Stätten
Paläſtinas lieber in den Händen der Sarazenen, als in denen
der Franzoſen geſehen haben würden.

> „Und möhten tiusche liute
> daz lant gewinnen hiute,
> die Walhe sint in sô gehaz
> sie gunnens den heiden michels baz" [3].

Zu derſelben Zeit, in welcher das deutſche Nationalbewußtſein in=
folge der territorialen Staatsbildungen zerbröckelte, griff um=
gekehrt das franzöſiſche Nationalbewußtſein über die ihm entgegen=
ſtehenden politiſchen Grenzen hinaus.   Gegen Ende des dreizehnten
Jahrhunderts gab es in Frankreich ein nationales Bewußtſein,
welches den Norden und Süden, das Land der langue d'oui wie
der langue d'oc umfaßte.

---

[1]) Freidanks Beſcheidenheit, herausgeg. von Bezzenberger 155, 7 ff.
[2]) B. 7829 f.
[3]) L. c. 162, 9 ff.

Ebenso wie die Kreuzzüge die nationalen Gegensätze der
abendländischen Völker unter einander verschärften, erweiterten sie
auch den bisherigen, zwischen der Gesamtheit derselben und dem
oströmischen Reiche bestehenden Gegensatz, obschon der Kampf gegen
den Islam anfänglich von beiden Seiten, von dem römischen
Papste wie dem griechischen Kaiser, als ein gemeinschaftlicher ge=
plant war. Zu der bisher bestehenden Verachtung, welche die
Griechen gegen die ihnen an Bildung unterlegenen Abendländer
empfanden, kam jetzt infolge der fortgesetzten Durchmärsche der
Kreuzzugsheere durch das griechische Gebiet, sowie infolge der
Errichtung abendländischer Herrschaften in den vormals zum
griechischen Reiche gehörigen syrischen Gebieten, die Entrüstung
über die ihnen widerfahrene materielle Schädigung hinzu. Diese
für die Griechen teilweise zwar schmerzlichen, an sich aber durch=
aus notwendigen Folgen der Kreuzzüge veranlaßten die ersteren,
sich zu den Kreuzfahrern mehr und mehr feindlich zu verhalten, den=
selben möglichst große Schwierigkeiten zu bereiten, mit den Sara=
zenen Bündnisse gegen sie zu schließen und ihnen wiederholt in
offenem Kampfe entgegenzutreten. Diese feindliche Haltung der
Griechen sammelte allmählich auch im Abendlande einen glühenden
Haß gegen die ersteren an, einen Haß, der sich endlich im Beginne
des dreizehnten Jahrhunderts in einem Kriegszuge gegen das
griechische Reich entlud und die Gründung des lateinischen Kaiser=
tums veranlaßte. Aber auch dieses Unternehmen, deren vor=
nehmste Aufgabe die Unterwerfung der griechischen Kirche unter
die römische bezweckte, diente nicht zur Beschwichtigung, sondern
vielmehr zu einer noch größeren Entflammung der nationalen
Leidenschaften. Der Haß der Griechen gegen die Abendländer
steigerte sich unter dem fränkischen Regimente zu solcher Hitze, daß
der Kaiser Balduin dem Papste Innocenz III. schreiben konnte:
„Ein Grieche betrachtet alle Lateiner nicht als Menschen, sondern
als Hunde; ihr Blut zu vergießen, gilt ihm fast als verdienstlich"[1]).
Der im Jahre 1208 verstorbene Augustinermönch Wilhelm von

---

[1]) Vitae pontif. Roman. Muratori Script. rer. Ital. III, 536.

Newburgh schrieb[1]) über diesen Haß der Griechen gegen die Lateiner: „Es ist bekannt, daß die Griechen, obwohl sie Christen sind, die Lateiner nicht in demselben, sondern in weit höherem Maße verabscheuen, als die Sarazenen." Diesem unversöhnlichen Hasse des Griechentums mußte denn auch das lateinische Kaisertum nach kurzer Frist erliegen. Die Eroberungspolitik der römischen Kirche hatte also nur die Folge, daß die Spaltung zwischen ihr und der griechischen Kirche erweitert und die Wiedervereinigung beider, welche eine Zeitlang als nahe bevorstehend gehalten werden konnte, völlig unmöglich gemacht wurde.

Die schärfere nationale Differenzierung der christlichen Völker machte ein Zusammengehen derselben unter der Führung der römischen Kurie, wie dies in den Kreuzzügen in gewissem Maße erreicht wurde, fernerhin zur Unmöglichkeit. Wenn demnach die bewußtere Unterscheidung des einen Volkes vom anderen auch nicht eine unmittelbare Absonderung der Nationen vom päpstlichen Imperium zur Folge hatte, so wurde durch dieselbe doch der ein= heitliche Zusammenhang der Völker in dem Verbande des christ= lichen Gottesstaates vollständig aufgelöst. Die nationalen Inter= essen gewannen den Vorrang vor den hierarchischen Zwecken der Kirche. Daher machten sich die ersteren denn auch dort, wo die päpstlichen Herrschaftsansprüche die staatliche Ehre einer Nation gefährdeten, in einer ausgesprochenen Gegenstellung gegen die Kirche geltend.

In den Zerwürfnissen der französischen Könige mit der Kirche und dem Papsttum spielte das nationale Empfinden eine sehr be= deutende Rolle. Als König Philipp von Frankreich im Jahre 1100 von der Synode zu Poitiers gebannt wurde, warf das über die Exkommunikation empörte Volk mit Steinen nach den Bischöfen. Für den Ausgang des Streites zwischen Philipp IV. von Frank= reich und Bonifacius VIII. war das nationale Ehrgefühl der Franzosen sogar entscheidend. Auf dem im Jahre 1302 berufenen ersten französischen Reichstage erklärten sich die Barone, Städte und Prälaten einmütig für den König und gegen den Papst.

---

[1]) Ed. Hamilton II, 32.

Im folgenden Jahre beschloß die Pariser Reichsversammlung, Bonifacius nicht mehr als Papst anerkennen zu wollen. Gestützt auf den Willen der Nation konnte der König seine Forderungen gegenüber der Kirche siegreich behaupten. Die Ausbildung der Nationalität, sowie der landesherrlichen Gewalt gewann ebenso wie die Entwicklung der städtischen Kultur nur dadurch und nur insoweit einen freien Spielraum, als das nationale Bewußtsein und die staatliche Gewalt sich von der hierarchischen Politik der Kirche ablöste.

In dem gesteigerten nationalen Bewußtsein fand die Staatsgewalt einen festen Anhalt gegen die kirchlichen Machtansprüche. Das nationale Staatsbewußtsein bildete die Grundlage der sich entwickelnden Staatsgewalt. Die letztere aber war sich ihrer Gegenstellung gegen die römische Kurie klar bewußt. Sie behauptete grundsätzlich ihre Unabhängigkeit gegenüber der letzteren. Am sichtbarsten liegt der Zusammenhang zwischen der erstarkenden monarchischen Gewalt und den Kreuzzügen in der französischen Geschichte zu Tage. Der französische Adel war infolge seiner regen Beteiligung an den Kreuzzügen verarmt, während die Städte hier ebenso wie in Deutschland wohlhabend und mächtig geworden waren. Beide Umstände, die Verarmung des Adels wie das Wachstum der Städte, kamen der Krone zu statten. Denn da die Städte auf Seiten der letzteren standen, so war es den französischen Königen möglich, das zu erreichen, was die deutschen Kaiser, durch ihre universale Eroberungspolitik behindert, nicht auszuführen vermochten, die großen Vasallen des Reiches mit Hilfe der Städte zu unterwerfen. Die Könige Philipp II. August und Ludwig IX. hatten in diesem Sinne regiert und der letztere hinterließ das Programm sterbend seinem Sohne Philipp. Ludwig empfahl dem letzteren, den Städten seine Gunst zu erhalten und sie in ihren erworbenen Freiheiten zu schützen, da, solange er die Städte auf seiner Seite habe, die Barone aus Furcht vor der Macht und dem Reichtum derselben sich hüten würden, ihm entgegen zu sein. Sehr bedeutend war ferner der Gewinn, welchen die Krone aus dem unter dem Zeichen des Kreuzes geführten Albigenserkriege zog, indem ein großer Teil des dem gebannten Grafen

Raimund VI. von Toulouse entzogenen Gebietes, welches die frucht=
barsten und reichsten Landschaften Frankreichs umschloß, in den
unmittelbaren Besitz der französischen Krone fiel.

Die verstärkte Machtstellung des französischen Königtums
machte sich dann auch sehr bald dem Papsttum und dem Klerus
gegenüber geltend. Selbst der wegen seiner Frömmigkeit kanoni=
sierte Ludwig IX. von Frankreich behauptete die Unabhängigkeit seiner
Herrschaft vom römischen Stuhle. Er sagte, daß er von niemandem
anders als von Gott und seinem Schwerte abhängig sei. Er er=
reichte von Alexander IV. das Zugeständnis, daß die königlichen
Richter nicht mehr der Exkommunikation verfallen sein sollten, wenn
sie Priester in der Ausübung eines Kapitalverbrechens verhafteten,
vorausgesetzt, daß sie dieselben den geistlichen Gerichten zur Ab=
urteilung überlieferten. Er bestand ferner darauf, daß die Ex=
kommunikation nur dann bürgerliche Rechtsfolgen nach sich ziehen
sollte, wenn die weltlichen Gerichte zuvor die Strafwürdigkeit des
Exkommunizierten festgestellt hätten. Im Jahre 1268 erließ er
schließlich die sogenannte pragmatische Sanktion, welche unter an=
deren, die geistlichen Wahlen und den geistlichen Aemterkauf be=
treffenden Bestimmungen, festsetzte, daß die Gelderhebungen des
römischen Stuhles nur zu frommen und bringenden Zwecken und
nur mit Genehmigung der Krone und der französischen Kirche
stattfinden dürften. Nachdem die Krone den Klerus erst aus dem
ihr gebührenden Machtkreise zurückgewiesen hatte, ging sie unter
Philipp IV. einen Schritt weiter, indem sie nunmehr von der Geist=
lichkeit positive staatliche Leistungen und zwar die Beteiligung an der
staatlichen Steuerleistung forderte. Der Streit, der über diese
Forderung zwischen der französischen Krone und dem Papste Boni=
facius VIII. entbrannte, endete mit der Niederlage des letzteren.
Als der Papst im Jahre 1296 eine Bulle erließ, welche mit An=
drohung des Bannes jede Geldzahlung von Seiten der Geistlichen
an Laien verbot, erließ der französische König ein Dekret, welches
bei schweren Strafen jede Ausfuhr von Geld, Edelmetall, Wert=
papieren, Pferden und Waffen verbot. Nachdem aber der zur
Krone haltende Klerus erklärt hatte, die zum Zwecke des Krieges
gegen den englischen König erhobenen Steuern tragen zu wollen,

bewilligte Bonifacius dem Könige das Recht, für dringende Staats=
bedürfniſſe den franzöſiſchen Klerus beſteuern zu dürfen. Als
dann ſpäter neue Zerwürfniſſe zwiſchen dem Könige und dem
Papſte entſtanden und der letztere auf dem römiſchen Konzil vom
Jahre 1302 ſeine berühmte Bulle „unam sanctam" erließ, welche
die Unterwerfung der ſtaatlichen Gewalt unter die Autorität des
römiſchen Stuhles als einen für die ewige Seligkeit erforderlichen
Glaubensſatz erklärte, beſchloß, wie oben bemerkt, im folgenden
Jahre eine franzöſiſche Reichsverſammlung, Bonifacius als Papſt
nicht weiter anerkennen zu wollen. Schließlich ließ der König den
Papſt mit Hilfe der von dem letzteren verfolgten Colonnas in
Anagni verhaften. Zwar wurde Bonifacius wenige Tage ſpäter
befreit, doch ſtarb er noch in demſelben Jahre, nachdem er ſeine
großen, weltherrſchaftlichen Pläne hatte ſcheitern geſehen. Mit
dem zweiten Nachfolger Bonifacius' VIII., Papſt Clemens V.,
fielen dann die Päpſte, welche über ſiebzig Jahre lang ihre Reſi=
denz in Avignon nahmen, ganz in die Gewalt der franzöſiſchen
Könige. Die erſten Folgen dieſer Abhängigkeit des Papſttums
waren jene beiden ungeheuerlichen Prozeſſe, welche das letztere auf
Veranlaſſung Philipps IV. gegen den Templerorden und gegen
Bonifacius VIII. einleiten mußte. Der erſtere, welcher nur zu
dem Zwecke unternommen wurde, um die Macht des Königs aus
den reichen Mitteln des Ordens zu mehren, endete mit der im
Jahre 1312 erfolgten Aufhebung der Templer. Der Prozeß gegen
Bonifacius ſchloß allerdings in demſelben Jahre mit der Frei=
ſprechung desſelben von aller Ketzerei, jedoch nur deshalb, weil
der König ſelber von der Verurteilung des Papſtes Abſtand ge=
nommen hatte.

Weſentlich anders geſtaltete ſich die politiſche Entwicklung
Englands, inſofern hier nicht wie in Frankreich die Macht der
Krone ſich mehrte, ſondern vielmehr durch die im Jahre 1215
errichtete Magna Charta beſchränkt wurde. Die wichtigſten Be=
ſtimmungen dieſer erſten Verfaſſungsurkunde zielten darauf hin,
den jurisdiktionellen Befugniſſen der Krone gegenüber den Ständen
eine Grenze zu ziehen und die Erhebung außerordentlicher Steuern
an die Zuſtimmung des aus geiſtlichen und weltlichen Großen zu=

sammengesetzten großen Rates zu binden. Darum aber war der
Widerstand der Staatsgewalt gegen die Kurie hier nicht geringer
als in Frankreich, nur daß derselbe in England mehr noch von
den Ständen als von der Krone ausging. Schon in der Magna
Charta behaupteten die Magnaten der Kurie gegenüber eine selb=
ständige Haltung, indem sie entschlossen waren, an den Bestim=
mungen der Urkunde auch gegen den Willen des Papstes festzu=
halten und indem sie dem Könige Johann das Gelöbnis auferlegten,
niemals einen päpstlichen Widerruf der Urkunde vorzubringen. Als
dies dennoch geschah und der König sich rüstete, um die Autorität
der Krone in der alten Weise wieder herzustellen, riefen die eng=
lischen Barone den französischen Thronerben zum König aus. Unter
dem Nachfolger Johanns, König Heinrich III., wiederholte sich der
Gegensatz der Stände gegen die römische Kurie in noch schärferer
Form. Die Stände hielten an den zu Oxford im Jahre 1257
beschlossenen Statuten, welche die Rechte der Krone noch weiter
verkürzten, trotz der Bannbulle des Papstes fest und verboten dem
päpstlichen Legaten den Eintritt ins Reich. Die niedere Geistlich=
keit stand auf Seiten der Magnaten. Der Widerstand des Königs
und des Papstes veranlaßte den Grafen Simon Montfort, den
Führer der Magnaten, sich dadurch eine breitere Unterstützung zu
sichern, daß er aus dem Adel der Grafschaften und den Städten
Abgeordnete berief, welche seitdem neben den weltlichen und geist=
lichen Magnaten die Vertretung des Landes bildeten. Allerdings
konnte sich diese Spannung zwischen den Ständen einerseits, der
Krone und dem Papsttume andererseits auf die Dauer nicht be=
haupten. Die Autorität der Krone wurde schließlich wieder her=
gestellt und der päpstliche Legat in London aufgenommen. Aber
der letztere mußte auch den Bestimmungen der Magna Charta
seine Zustimmung erteilen. Der Ausgang des Streites war also
der, daß die Kurie in der Hauptsache nachgeben mußte. Unter
Eduard I. nahm schließlich auch die Krone eine widerstrebende
Haltung gegen die Kurie ein. Als Bonifacius VIII. der Absicht
des Königs, die Schotten zur Unterwerfung zu zwingen, mit der
Erklärung entgegentrat, daß Schottland ein Lehen des römischen
Stuhles sei, wandte sich der König an die Stände. Die letzteren

aber erklärten im Jahre 1301, daß der Papst sich nicht in die weltlichen Angelegenheiten der Krone zu mischen habe und daß sie es der letzteren nicht gestatten würden, den Anforderungen des Papstes nachzugeben, selbst wenn dieselbe ihrerseits dazu bereit wäre. Desgleichen waren die Stände entschlossen, eine Einmischung der Kurie in das Verhältnis der Krone zu Frankreich abzuwehren. Sie forderten im Jahre 1848 den König auf, den Krieg gegen den französischen König zu führen, auch für den Fall, daß der Papst gegen denselben Einspruch erheben sollte. Als später Papst Urban V. mit Berufung auf den von König Johann geleisteten Lehnseid die Zahlung des Lehnszinses verlangte und zur Durchführung seiner Forderung mit einem gerichtlichen Verfahren drohte, erklärten die Stände, daß jenes Lehnsverhältnis ohne Beistimmung der Stände eingegangen und deshalb ungültig sei und daß sie sich einer etwaigen Erzwingung der päpstlichen Forderung einmütig mit Gewalt widersetzen würden. Jene Verbindung, welche die Krone ehemals zur Sicherung ihrer Autorität gegenüber den Ständen mit dem Papsttume geschlossen hatte, wurde seitdem dauernd gelöst. Gemeinschaftlich mit den Ständen vertrat die Krone die Interessen des Landes gegenüber der Kurie.

Auch kleinere Fürsten waren nicht mehr gewillt, die weltliche Gewalt des Papsttumes anzuerkennen. So löste sich König Pedro IV. von Aragon aus der Vasallenschaft des päpstlichen Stuhles, in welche sich einst sein Vorfahre Pedro II. freiwillig begeben hatte. Als er im Jahre 1336 von dem Erzbischof von Saragossa gekrönt werden sollte, ergriff er die Krone, um sie sich selber aufzusetzen und erklärte sodann, unter keiner Bedingung päpstlicher Vasall werden zu wollen.

Anders als in Frankreich und England vollzog sich die staatliche Entwicklung in Deutschland. Während dieselbe dort, wenngleich in verschiedenen Formen, auf eine Befestigung der nationalen Staatsgewalt abzielte, zogen in Deutschland lediglich die territorialen Mächte, die Fürsten und die Städte, einen Gewinn aus den Kreuzzügen. Innerhalb der engen Grenzen der deutschen Territorialstaaten machte sich jedoch dieselbe Erscheinung geltend, wie in den großen Nationalstaaten England und Frankreich. Auch in

jenen wurde die Lehnsverfassung des mittelalterlichen Staates
beseitigt und die einheitliche Staatsgewalt wesentlich gekräftigt.
Die Territorialherrschaften setzten sich ursprünglich aus einer
Reihe von Bestandteilen zusammen, welche der Gewalt des
Dynasten unter verschiedenen, teils öffentlichen, teils privaten
Rechtstiteln unterstellt waren. Die Hoheitsansprüche der Territorialherren gründeten sich auf den Erwerb durch Erbschaft, Belehnung, Vogteischaft, Pfandschaft u. s. w. Ein einheitlicher
öffentlich-rechtlicher Besitztitel hingegen mit Bezug auf diese ver-
schiedenen Gebietsteile eignete den Territorialherren noch nicht an.
Erst seit der Mitte des vierzehnten Jahrhunderts schmolzen diese
verschiedenen Besitzrechte in dem Begriffe der Landesherrschaft
zusammen. Das verschiedenartige Abhängigkeitsverhältnis der
Landesinsassen fand in dem Begriffe der Unterthänigkeit einen
Gesamtausdruck [1]).

Einen wesentlichen Anteil an dieser Entwicklung nahmen die
Landstände, welche im Laufe des vierzehnten Jahrhunderts und
zwar in engem Zusammenhange mit dem großen, durch die Kreuzzüge verursachten wirtschaftlichen Umschwunge in allen deutschen
Territorialstaaten entstanden. Das außerordentliche Wachstum der
Städte nötigte die Landesherren die letzteren bei der Forderung
neuer Leistungen zu berücksichtigen. Die Vermehrung der öffentlichen Leistungen war aber um so mehr erforderlich, als das
Sinken des Geldwertes, welches gerade auf der Wende des dreizehnten und vierzehnten Jahrhunderts eintrat, sowie ferner die bedeutende Steigerung des Grundwertes die zum großen Teil aus
festen Grundzinsen bestehenden Einkünfte der Landesherren erheblich
minderten. In diesen landständischen Korporationen nun, welche
in allen wichtigeren Fragen der Landesverwaltung, insbesondere
hinsichtlich der Kriegs- und Steuerleistung von den Landesherren
zu Rate gezogen wurden, gewannen die verschiedenen, zu einem
und demselben Territorium gehörigen autonomen Personen und

---

[1]) v. Below, „Die landständische Verfassung in Jülich und Berg bis
zum Jahre 1511" im 21. Bd. der Zeitschrift des bergischen Geschichtsvereins,
Jahrg. 1885.

Körperschaften, Prälaten, Adel und Städte, zum ersten Male eine gemeinschaftliche Verbindung. Während der Zusammenhang der verschiedenen territorialen Bestandteile einer Herrschaft bisher allein darin bestanden hatte, daß dieselben dem nämlichen Landesherren untergeben waren, wuchsen sie mit der Ausbildung der landständischen Vertretung zu einem einheitlichen Territorium zusammen. Die allgemeinen Interessen der Landschaft drängten sich in den Vordergrund und wurden von den Interessen des Landesherren grundsätzlich unterschieden. Indem die Landstände das allgemeine Interesse des Landes gegenüber dem fürstlichen Familieninteresse vertraten, erhoben sie zunächst Einspruch gegen jene privatrechtliche Erbfolge der fürstlichen Familien, nach welcher das Gebiet und die Hoheitsrechte des Staates unter den nachgelassenen Erben eines Fürsten genau ebenso aufgeteilt wurden wie ein privater Güterbesitz.

Gleich im Beginn der landständischen Vertretungen erhob sich von Seiten der letzteren ein Widerspruch gegen jene Erbteilungen. Die Stände vertraten die Ansicht, daß die Töchter sowie die jüngeren Söhne in der Erbteilung mit Gütern und Renten abgefunden werden sollten, daß hingegen das Territorium selber ungeteilt auf den ältesten Sohn übergehen müsse. Die Sicherung des Landes gegen die mit den Erbteilungen verbundenen Fehden sowie die ungeschmälerte Erhaltung der erworbenen territorialstaatlichen Macht war der ausgesprochene Grund des Einspruchs der Stände. Als Eberhard von der Mark, der jüngere Sohn des im Jahre 1347 verstorbenen Grafen Adolfs II., auf einer Versammlung zu Hörde kraft seines Erbrechtes einen Teil der Grafschaft forderte, willigten die Stände ein, daß demselben von den Gütern und Einkünften der Grafschaft ein angemessener Teil überwiesen werden sollte. Hingegen schlugen sie demselben seine Forderung auf einen Teil der Grafschaft ab, indem sie erklärten[1]), „daß die Grafschaft selbst ungeteilt und in der Hand eines einzigen Grafen, dem sie Treue zu leisten verbunden wären,

---

[1]) Levold von Northofs Chronik der Grafen von der Mark, herausgeg. von Troß, S. 34.

verbleiben sollte". Der in der zweiten Hälfte des vierzehnten
Jahrhunderts verstorbene Bischof von Lüttich, Levold von Northof, der Verfasser der Chronik der Grafen von der Mark, richtete
in der Einleitung zu der letzteren an die Landstände der Grafschaft die sehr eindringliche Mahnung, im Interesse des allgemeinen Friedens und Wohles doch stets dahin zu wirken, daß die
Grafschaft ganz und ungeteilt erhalten bliebe. Die Teilung derselben müßte, wie er ausführte, eine allgemeine Frieblosigkeit im
Lande hervorrufen, den Besitzstand aller gefährden, sowie die Macht
des Staates zerstören. „Dann würde," sagte er wörtlich, „die
Grafschaft Mark ganz und gar in nichts zerfallen und Namen
und Ruhm, Kraft und Ehre verlieren, sie, die durch die bisherigen
Grafen von der Mark bis auf den heutigen Tag mit höchster
Sorgfalt und Arbeit vergrößert und mit Hilfe ihrer Ritter, ihrer
Edelleute und ihrer anderen Unterthanen, welche ihnen kräftig und
getreulich beistanden, mannhaft und tapfer verteidigt worden ist" [1]).
Desgleichen erhoben die bayerischen Landstände bereits in der
ersten Hälfte des vierzehnten Jahrhunderts Einspruch gegen die
Erbteilungen des herzoglichen Hauses [2]). Auch führten die Söhne
Ludwigs nach dem Tode des letzteren eine Zeitlang die Regierung
des Landes gemeinsam. In den welfischen Landen wurde der erste
Versuch, die Erbteilungen zu beseitigen, im Jahre 1367 von dem
Herzog Magnus von Braunschweig gemacht. Derselbe erklärte in
einer Urkunde aus dem genannten Jahre den Landständen gegenüber, daß in Zukunft die Lande Braunschweig und Lüneburg mit
ihrem gegenwärtigen Besitzstande und allen etwaigen zukünftigen
Erwerbungen ewig ungeteilt bleiben und nur unter dem Regimente
eines einzigen Fürsten stehen sollten. Und zwar sollte der älteste
Sohn des regierenden Fürsten der berufene Thronfolger sein [3]).

---

[1]) L. c. S. 30.

[2]) v. Lerchenfeld, „Die altbayerischen landständischen Freibriefe mit
den Landesfreiheitserklärungen" S. 68.

[3]) Sudendorf, Urkundenbuch zur Geschichte der Herzöge von Braunschweig-Lüneburg Bd. 3, S. 224.

Die Reichsgesetzgebung nahm den Gedanken der Unteilbarkeit des
staatlichen Gebietes frühzeitig auf, indem sie im Jahre 1356 durch
die goldene Bulle Karls IV. wenigstens für die weltlichen Kur-
fürstentümer die Unteilbarkeit des Landes und die ausschließliche
Erbfolge des Erstgeborenen festsetzte.

Desgleichen suchten die Landstände jene im Mittelalter auf
Seiten der Landesherren so allgemein übliche Verpfändung staatlicher Gebietsteile, welche die letzteren ebenso wie privaten Grundbesitz den Gläubigern zu ihrer Sicherheit überwies, und demgemäß
sowohl einen Wechsel der Herrschaft als eine Verschuldung der
Landschaft zur Folge hatte, nach Möglichkeit zu beschränken.
Das aus der zweiten Hälfte des vierzehnten Jahrhunderts herrührende bergische Ritterrecht erwähnt eines zwischen dem Landesherrn und den Ständen abgeschlossenen Vertrages, welchem zufolge
der Landesherr „dat Land van dem Berge nimmer me ver-
kouffen noch versetten sulle, furder dan in diesem Ridderbuch
geschreven steht" [1]. Auch die bayerischen Herzöge Stephan,
Friedrich und Johann verpflichteten sich in ihrer Erbteilung vom
Jahre 1392 ihren Ständen gegenüber, das Land nicht mehr in
Pfandschaft zu vergeben [2].

Einen dauernden Erfolg konnten freilich diese von den Ständen ausgehenden Anregungen nicht immer erzielen. Sowohl die
Erbteilungen als auch die Verpfändungen des Territorialgebietes
mit ihren unausbleiblichen Streitigkeiten dauerten noch jahrhundertelang fort und verhinderten nach wie vor einen ununterbrochenen Fluß der staatlichen Entwicklung. Die Primogeniturordnung des Herzogs Magnus von Braunschweig-Lüneburg konnte
nicht einmal für die nächste Generation eine Bedeutung erlangen,
da bereits die Söhne desselben eine neue Teilung des Landes
vornahmen. Im Herzogtum Bayern wie im klevischen Lande
fanden noch in der zweiten Hälfte des fünfzehnten Jahrhunderts
Erbteilungen statt. Der Markgraf Albrecht Achilles von Brandenburg ging mit einer endgültigen Erledigung dieser Fragen voran,

---

[1] Archiv für die Geschichte des Niederrheins Bd. 1, S. 83.
[2] G. v. Lerchenfeld l. c. S. 78.

indem er im Jahre 1473 jenes berühmte Hausgesetz, die soge=
nannte dispositio Achillea erließ, welches für den brandenbur=
gischen Staat die Primogeniturordnung einführte und zugleich
jede Verpfändung und Veräußerung von Land und Leut aufs
strengste untersagte. In den welfischen Herzogtümern gab die
wachsende Verschuldung des Landes im Jahre 1610 Veran=
lassung, die Unteilbarkeit des Landes aufs neue festzustellen. Es
geschah dies in einem Vergleiche der regierenden Herzöge des
welfischen Hauses, in welchem diese auf Drängen der Landstände
einem von ihnen, nämlich dem Herzog Ernst II. die Regierung
des Fürstentums Lüneburg übertrugen und beschlossen, daß das
Fürstentum hinfort „stets und alle Zeit bei einem regierenden
Fürsten unzertrennt und unabgeteilt verbleiben soll" [1]. Aber
auch dieser Erbvergleich hatte keine nachhaltige Bedeutung, da der
Sohn Herzogs Ernst II., Herzog Georg, die Herzogtümer Kalen=
berg und Celle unter seine Söhne wieder verteilte. Erst das
testamentarische Hausgesetz des Kurfürsten Ernst August vom
Jahre 1692, welches freilich auch nur mit vielen Schwierigkeiten
durchgesetzt werden konnte, machte diesen Erbteilungen des wel=
fischen Hauses für immer ein Ende. In den thüringischen Staaten
setzten sich die Erbteilungen sogar bis in das achtzehnte Jahrhundert
fort. Es war namentlich die Mutterliebe, welche den Sieg des
staatlichen Interesses gegenüber dem privatrechtlichen Interesse der
regierenden Häuser so lange zu verhindern verstand. Die Gräfin
Anna von Ostfriesland konnte es trotz der Testamentsbestimmung
des Grafen Edzards I. vom Jahre 1512 und 1517 nicht ertragen,
daß ihre jüngeren Söhne zu Gunsten des ältesten übergangen
werden sollten. Sie erreichte es denn auch, daß der Kaiser in
seinem Lehnsbriefe vom Jahre 1558 ihren drei Söhnen die Graf=
schaft übertrug. Ließ sich doch selbst der große Kurfürst durch
seine Gattin Dorothea veranlassen, in seinem im Jahre 1686 er=
richteten Testamente eine Teilung des Staatsgebietes zu Gunsten
seiner Kinder aus zweiter Ehe zu verordnen, wenn er allerdings
auch die Souveränität über die den letzteren zugewiesenen Gebiete

---

[1] Jacobi, Landtagsabschiede Tl. 2, S. 57.

seinem Nachfolger in der Kurwürde vorbehielt. Gleichwohl haben
die Landstände die erste Anregung zu dieser Entwicklung gegeben
und insofern an dem Siege der öffentlich=rechtlichen Interessen des
Staates über die privatrechtlichen Interessen der fürstlichen Familien
einen erheblichen Anteil genommen.

Das partikulare Interesse der fürstlichen Familien und der
Landschaften, welches einst die Einheit des Reiches zersprengt hatte,
führte durch seine eigene Steigerung zu einer rückläufigen Be=
wegung der bisherigen staatlichen Entwicklung, indem es sich
einer weiteren Zersplitterung widersetzte und das allgemeine In=
teresse als den leitenden Grundsatz der staatlichen Verwaltung
aufstellte. Indem diese territorialen Bestrebungen die Entwicklung
größerer und einheitlich geordneter Staatswesen ermöglichten, gaben
sie schließlich die Veranlassung zu einer neuen staatlichen Gestaltung
des Deutschen Reiches.

Die erstarkende landesherrliche Gewalt geriet dann bald in
dieselben Zerwürfnisse mit der Hierarchie wie in den großen Staaten
die Krone. Auch jene machte ihre Jurisdiktion unabhängig von
dem geistlichen Richter, indem sie die Verhängung der bisher mit
der kirchlichen Exkommunikation verbundenen Rechtsfolgen ver=
weigerte. Sie erkannte ferner das seit Alters her bestehende Asyl=
recht der Kirchen und Kirchhöfe nicht mehr an, indem sie die zu
den letzteren flüchtig gewordenen Verbrecher trotz des Einspruchs
der geistlichen Behörden verhaften ließ. Auch setzte die landes=
herrliche Gewalt wohl ähnlich wie Philipp IV. von Frankreich
den von Seiten der römischen Kurie ausgeschriebenen Steuern ein
Verbot entgegen, wie dies beispielsweise von Herzog Stephan dem
Aelteren von Bayern im Jahre 1367 geschah. Der Herzog von
Berg erwirkte im Jahre 1401 vom Papste Bonifacius IX. eine
Bulle, welche seine Unterthanen in allen bürgerlichen und pein=
lichen Streitsachen von den geistlichen Gerichten befreite. Die
Staatsgewalt erweiterte ferner ihre Jurisdiktion, indem sie der=
selben solche Rechtsverhältnisse unterstellte, für welche das geistliche
Gericht seine ausschließliche Zuständigkeit behauptete, Testaments=
sachen und fromme Stiftungen, sowie das Schulwesen und die
Armenpflege. Zwar nahm Kaiser Karl IV. durch eine Konstitution

vom Jahre 1359 die Geistlichkeit, ihre Güter und Gerichtsbarkeit gegen diese Bestrebungen der staatlichen Gewalten in Schutz, ohne jedoch den letzteren wehren zu können. Die Landesherren griffen sogar in die inneren Angelegenheiten der Kirche ein, indem sie die Besetzung geistlicher Stellen in Anspruch nahmen und Visitationen der Klöster anordneten. Die staatliche Verwaltung hatte demnach einen ungleich größeren Wirkungskreis gewonnen, als sie ehemals besessen hatte. Während dieselbe sich vormals im wesentlichen auf militärische Aufgaben und eine sehr eng bemessene jurisdictionelle Thätigkeit beschränkt hatte, zog sie jetzt auch die bisher der Kirche vorbehaltenen Rechtsverhältnisse und kulturellen Zwecke an sich. Alle Interessen des allgemeinen Wohles fielen allmählich in den Bereich der staatlichen Verwaltung. Die mit der größeren Aus= dehnung des staatlichen Geschäftskreises wachsenden Schwierigkeiten der Verwaltung veranlaßten dann im sechzehnten Jahrhundert eine einheitlichere, systematischere Gestaltung der letzteren. Das Finanz=, Gerichts=, Kriegs= und Polizeiwesen wurden neu geordnet insbe= sondere dadurch, daß ein Centralorgan der Verwaltung errichtet, oder daß der Geschäftskreis der bereits bestehenden Centralorgane über den ganzen Umfang des betreffenden Verwaltungsgebietes ausgedehnt wurde. Desgleichen wurden Handel und Gewerbe durch allgemeine Verordnungen geregelt. Jene Lehre des Mittelalters, der zufolge der Staat das materielle, die Kirche aber das geistige Prinzip vertrat, welche auch jahrhundertelang den thatsächlichen Verhältnissen im ganzen entsprochen hatte, war längst hinfällig geworden.

Die Wissenschaft kam diesen Bestrebungen der Staatsgewalten zur Hülfe. Während des vierzehnten Jahrhunderts entstand die sogenannte organische Staatstheorie, welche die staatliche Ordnung in Parallele stellte mit dem beseelten Organismus. Die Theorie wollte mit diesem Vergleiche die Selbständigkeit des Staates gegen= über der Kirche, den einheitlichen Zusammenhang der staatlichen Verwaltung und die politischen Rechte des Volkes erweisen. In allen drei Punkten stand diese Theorie demnach in Widerstreit mit den Staatsverfassungen des klassischen Mittelalters. Der erste Punkt widerstritt der gottesstaatlichen Idee, der zweite der Anarchie

des Lehnsstaates und der dritte den bestehenden Abhängigkeitsver=
hältnissen der unteren Stände. Was den ersten Punkt anlangte,
so wurde der Kirche in dieser Theorie kein Organ übrig gelassen,
dem sie sich hätte vergleichen können. Schon früher war der Staat
wohl mit dem körperlichen Organismus verglichen worden. So
bezeichnete beispielsweise Johannes von Salisbury in seiner Schrift
Polycraticus[1]) den Fürsten als das Haupt, den Senat als das
Herz, die Richter und Verwaltungsbeamte als die Augen, Ohren
und Zunge, die Krieger als die Hände des Körpers u. s. w.
Die Füße verblieben für die Bauern. Aber der leitende Gesichts=
punkt dieses Vergleiches war die Absicht, die Lehre von der Unter=
ordnung des Staates unter die Kirche zu erweisen. Denn die
Seele des Staatskörpers war, wie er diesem Vergleiche voran=
stellte, das Priestertum. Nach der Theorie des vierzehnten Jahr=
hunderts aber trug der Staat die Seele in sich selbst. Der ein=
heitliche Wille der Gesamtheit war nach Marsilius von Padua
die Seele desselben[2]). Von diesem Mittelpunkte aus, erklärte er,
strömt die den Staat belebende Wärme aus wie von dem Herzen
das Leben und die Wärme des Körpers. Desgleichen verglich der
im Jahre 1331 verstorbene Abt Engelbert von Vollersdorf die
leitende Gewalt des Staates mit der Seele des Körpers. Der
Schwerpunkt der Theorie aber lag in der Aufstellung eines idealen
Vorbildes hinsichtlich der inneren Ordnung des Staates.

Der Staat in seiner Gesamtheit, lehrte sie, bildet einen or=
ganischen Körper. Der Regent ist das Haupt oder das Herz, die
Behörden und Unterthanen sind die Glieder des Körpers. Jeder
Teil des Staates hat ebenso wie jedes Glied des Körpers seine
besondere Aufgabe und Bedeutung. Alle diese verschiedenartigen
Funktionen der einzelnen Teile aber dienen wie die einzelnen
Glieder des Körpers nur dazu, um die Lebenszwecke des Ganzen
zu erfüllen. Der Staat ist wie der Organismus von einer einzigen,
alles durchbringenden Vernunft beseelt. Von dieser centralen Ver=
nunft geht alle Thätigkeit des Staates aus, wie alle Thätigkeit

---

[1]) L. 5, c. 2.
[2]) Defensor pacis I, 15.

des Körpers von dem individuellen menschlichen Willen. Jede Störung in diesem harmonischen Zusammenwirken des Ganzen ist wie die Störung in den Funktionen des körperlichen Organismus, eine Krankheit, welche durch Anwendung besonderer Heilmittel gehoben werden muß. Nikolaus von Cues verglich den Kaiser mit dem Haupte des Körpers, den geheimen Rat mit den Zähnen, den großen Rat mit dem Magen, das Richterkollegium mit der Leber, die festen Formen des Staates mit dem Knochengerüst, die Gesellschaft mit dem Fleische und die Gesetze mit den Nerven [1]).

So geschmacklos diese, auf die aristotelische Staatslehre zurückgehenden Ausführungen im einzelnen auch waren, so hatten sie doch insofern einen praktischen Wert, als sie den unvollkommenen bestehenden Staatsordnungen ein sehr verständliches Vorbild entgegenstellten. Dem letzteren konnte nur das feste Gefüge des Beamtenstaates entsprechen, dem ja auch die thatsächlichen Verhältnisse immer mehr entgegengingen. Indem nun die Theorie den Schwerpunkt und die Seele des Staates in die Gesamtheit der Bürger legte, mußte sich folgerichtig auch der Monarch der letzteren unterordnen. Der Monarch war, wenn auch das vornehmste Glied, so doch jedenfalls nur ein Glied in dem Organismus des Staates. Die Theorie führte also in demselben Maße, als sie eine einheitliche Gestaltung des Staates entwarf, zu einem freiheitlichen Verfassungssystem hin. Fürst und Volk sollten zusammenwirken an den großen Aufgaben des Staatslebens. Das Volk hatte die beschließende, der Fürst die ausübende Gewalt. Das Volk war dieser Theorie zufolge der eigentliche Souverän. Das Volk ist nach Marsilius von Padua der eigentliche Gesetzgeber. Ihm steht das Recht zu, den Herrscher einzusetzen, zu korrigieren und wieder abzusetzen. Ebenso lehrte der im Jahre 1387 verstorbene Johannes Wycliffe. „Das Volk kann," wie er sagte, „nach seinem Ermessen die verbrecherischen (delinquentes) Herren zurechtweisen." Nikolaus von Cues leitete zwar die irdische Herrschergewalt von

---

[1]) De concord. cathol. I, c. 10, 14—17 und III, c. 41; vgl. über diese Theorie die sehr eingehende Darstellung bei O. Gierke, „Das deutsche Genossenschaftsrecht", 3. Bd., S. 510 ff.

Gott ab, doch nur infofern diefelbe durch den von Gott infpirierten Gefamtwillen des Volkes eingefetzt werde. Auf den Volkswillen führte alfo auch er die Gefetzgebung und Verwaltung des Staates zurück[1]. Das Volk ift „größer als der Fürft," lehrte Leopold von Babenberg. Die organifche Staatslehre war die wiffenfchaft= liche Begründung der ftändifchen Staatsverfaffung, welche fich im Laufe des vierzehnten Jahrhunderts faft in allen europäifchen Staaten einführten.

Die Städte und die Staatsgewalten kamen alfo darin über= ein, daß fie das asketifch=hierarchifche Syftem des Mittelalters in gleichem Maße durchbrachen, obwohl beide in ihren Grunblagen und Zielen bis zur Gegenfätzlichkeit voneinander verfchieben waren. Die Staatsgewalten beruhten auf dem Gehorfamszwang der Unterthanen, die Städte auf dem zu gemeinfamer Thätigkeit und Erwerb gefchloffenen Genoffenfchaftsverbande. Königtum, be= ziehentlich Fürftentum und Städte bildeten daher auf mehrere Jahrhunderte hinaus die beiden Pole der ftaatlichen Entwicklung. Aus dem freundlichen und feindlichen Zufammenwirken diefer beiden Mächte haben fich die Anfänge des modernen Staates entwickelt. Der ftaatliche Beruf der erfteren beruhte in der Zu= fammenfaffung der verfchiedenen Stände zu einem einheitlichen Verbande und in der Ausbildung der ftaatlichen Macht, der des anderen in der Durchbildung der inneren Verwaltung, der Be= gründung eines einheitlichen Staatshaushaltes. Die Städte konnten ihre anfängliche politifche und handelspolitifche Macht zwar auf die Dauer nicht behaupten. Die Niederlage des fchwä= bifchen Städtebundes bei Döffingen, Worms und Efchborn im Jahre 1388 hatte den Sieg der fürftlichen Landesherrfchaft zur Folge. Die kurzfichtige Handelspolitik der Hanfa und die durch diefelbe veranlaßten auswärtigen Kriege der letzteren mit dem Herzog Karl dem Kühnen von Burgund, den fkandinavifchen Staaten, England und den Städten des Oftens erfchütterten die Macht diefes Bundes fchon im fünfzehnten Jahrhundert. Die Lebenskraft des ftädtifchen Handwerks und Gewerbebetriebes er=

---

[1] De concord. cathol. II, c. 12—13; III, c. 4 unb 41.

starrte dann in den folgenden Jahrhunderten durch die Abschließung der Zünfte zu privilegierten Korporationen. Aber hinsichtlich der inneren Verwaltung, des Schulwesens, der Armen= und Kranken=pflege, der Besteuerung, der Markt= und Polizeiordnung sind die Städte das Vorbild des modernen Staates gewesen. Beide, Städte und Staatsgewalten, waren ihrem Ursprunge wie ihren Zwecken nach die grundsätzlichen Gegner der gottesstaatlichen Idee der mittelalterlichen Kirche.

II. Die religiöse und kirchliche Reform.

———

Von allen Seiten also drängten die weltlichen Mächte darauf hin, der Kirche ihre bisherigen Machtbefugnisse zu entreißen und dieselbe auf ihre lehramtliche Thätigkeit einzuschränken. Aber der durch die Eroberungspolitik der Kirche einmal entfesselte Strom blieb bei diesem Ziele nicht stehen. Er begnügte sich nicht damit, die Kirche aus dem Umkreise der weltlichen Interessen hinaus zu drängen, sondern flutete dem zurückgeworfenen Gegner in sein eigenstes Heiligtum nach. Von der kirchlichen Wissenschaft erhielt dieses Vordrängen des Laientums in die Sphäre der religiösen Glaubensfragen seine erste Anregung und verbreitete sich alsbann mit immer größerer Wucht bis in die untersten Schichten des Volkes.

Die Scholastik war in dem Bestreben, die vernunftgemäße Beweisführung für die Wahrheit der christlichen Lehren und die göttliche Autorität der Kirche zu gewinnen, durch die nominalistische Theorie zu der Erkenntnis gekommen, daß die göttlichen Dinge dem menschlichen Verstande unbeweisbar seien. Der Nominalismus war zu diesem Schluß, welcher die bisherige Philosophie ihrem Grundgedanken nach als verfehlt hinstellte, durch eine Fortbildung der aristotelischen Erkenntnistheorie gelangt. Der aristotelische Realismus hatte die Universalien als Abstraktionen des menschlichen Verstandes bezeichnet, in welchen das den Einzelwesen zu Grunde liegende allgemeine Wesen zusammengefaßt werde. Er war also der Ansicht, daß die allgemeinen Arten zwar keine an und für sich bestehende Wirklichkeit hätten, wie der platonische Realismus behauptet hatte, daß dieselben aber, wie der Ausdruck lautet, in re, das heißt in den Einzelwesen selber, existent seien. Der Nominalismus verneinte die letztere Annahme und bezeichnete die Universalien als völlig existenzlose, subjektive Begriffe des menschlichen Denkens, als flatum vocis, wie seine Gegner sich ausdrückten. Indem nun der Nominalismus das allgemeine Sein von den Dingen völlig ausschied, beseitigte er dadurch jede unmittelbare Verbindung des Urgrundes der Dinge, der Gottheit, mit der sinnlichen Körperwelt und erhob die erstere zur absoluten Transcendenz. In der Bestimmung des Verhältnisses von Gott und Welt gipfelte also die nominalistische Theorie ebenso wie die realistische.

Schon Thomas von Aquino hatte aus dem übernatürlichen Charakter der göttlichen Offenbarung die Unbeweisbarkeit derselben für die menschliche Vernunft gefolgert und gab dadurch die erste Anregung zu der Auflösung der zwischen Glaube und Vernunft bestehenden Harmonie und zur Abtrennung der Wissenschaft von der Theologie. Der Nominalismus, der den Gegensatz zwischen Gott und Welt am weitesten spannte, erweiterte das von Thomas von Aquino gelockerte Verhältnis von Glaube und Vernunft zu einem vollständigen Bruch. Der im Jahre 1308 verstorbene Franziskaner Duns Scotus, dessen Philosophie den Uebergang vom aristotelischen Realismus zum Nominalismus bildete, war es, der den Riß zwischen Glaube und Vernunft weiter führte. Die schöpferische Thätigkeit Gottes, lehrte er, ist eine absolut freie. Es gibt kein Verhältnis der Notwendigkeit zwischen Gott und der Welt. Gott ist an die von ihm gesetzte Ordnung nicht gebunden. Er kann derselben auch nach seiner Willkür entgegen handeln. Da also die Macht Gottes absolut frei wirkt, so ist dieselbe, wie er folgerte, dem menschlichen Verstande auch unerkennbar. Die Allmacht Gottes ist ein Gegenstand des Glaubens, aber nicht der Vernunfterkenntnis. Ebenso bestritt Duns Scotus die Beweisbarkeit der Unsterblichkeit der menschlichen Seele. Auch diese ist, wie er lehrte, nur eine Glaubens-, nicht aber eine Vernunftwahrheit. Die Vernunft kann überhaupt die Glaubenswahrheiten

nicht beweisen. Der Provenzale Franzikus von Mayronis, ein
Schüler des Duns Scotus, der im Jahre 1325 starb, entwickelte
das System seines Lehrers weiter. Er behauptete, daß die all=
gemeinen Ideen der Dinge ihren Ursprung gar nicht in dem
Wesen Gottes hätten. „Gott ist zwar," lehrte er, „das Vorbild
der Wesenheiten, und in Gott sind diese Vorbilder; doch aber muß
man nicht glauben, daß diese Wesenheiten deshalb so beschaffen
sind, weil sie von Gott vorgebildet sind" [1]). Vielmehr sind die=
selben umgekehrt deshalb in Gott so vorgebildet, weil sie eine
solche Beschaffenheit haben. Die allgemeinen Ideen waren also
der Bestimmungsgrund für die schöpferische Thätigkeit Gottes.
Als die einzige Verbindung zwischen Gott und Welt blieb sonach
nur der äußere Willensakt Gottes bestehen, der die bereits gege=
benen Ideen der Dinge in die körperliche Wirklichkeit rief. Ihrem
inneren Wesen nach würde die Welt, der Lehre des Mayronis
zufolge, auch ohne Gott bestehen können.

Da nun bei dieser völligen Geschiedenheit des Uebernatürlichen
und Natürlichen die göttlichen Wahrheiten für die menschliche
Vernunft nicht begreiflich sein konnten, so wurde folgerichtig die
letztere lediglich auf die Erkenntnis der sinnlichen Dinge, die
Wahrheitsbeweise der religiösen Glaubenslehren aber auf die innere,
subjektive Erfahrung verwiesen. Die Wege der Wissenschaft und
des Glaubens gingen seitdem weit auseinander. Die verschiedenen
Methoden der wissenschaftlichen und der religiösen Erkenntnis
wurden zum erstenmale von dem um das Jahr 1292 verstorbenen
Engländer Roger Bacon entwickelt. Freilich hielt Bacon an den
Traditionen seines Zeitalters fest, insofern er die Theologie als
den eigentlichen Zweck der Wissenschaften bezeichnete. Insofern er
aber die Unsicherheit der deductiven Erkenntnis nachzuweisen und
an ihre Stelle das inductive Verfahren einzuführen suchte, nahm
er wenigstens· für die Methode der wissenschaftlichen Wahrheits=
erkenntnis eine selbständige Stellung in Anspruch. „Es gibt,"
sagte er, „zwei Arten der Erkenntnis, die, welche durch den Be=
weis und die, welche durch die Erfahrung gewonnen wird. Die

---

[1]) In libr. sentent. I, dist. 42, qu. 3.

Demonstration läßt uns zwar die Wahrheit eines Satzes durch
Schlußfolgerungen beweisen, doch gewährt sie keine Gewißheit und
entfernt nicht den Zweifel, so daß der Geist in der Anschauung
der Wahrheit ausruhen könnte, wenn sie die letztere nicht auf dem
Wege der Erfahrung findet. — Ohne Erfahrung kann man nichts
genügend wissen"[1]. Die Erfahrung allein „ist die Herrin der
spekulativen Wissenschaften". Neben diese äußere Erfahrung stellte
er die innere Erfahrung, welche durch göttliche Erleuchtung ge=
wonnen werde, als den anderen Weg der Wahrheitserkenntnis
hin. Zur Erkenntnis der göttlichen Wahrheit ist, wie er sagte,
der menschliche Geist an sich unfähig. Er muß dieselbe vielmehr
aus einer anderen Quelle, nämlich aus Gott, hernehmen, der uns
zur Wissenschaft und Tugend erleuchtet. Bacon unterschied sieben
Stufen dieser inneren Wahrheitserkenntnis, deren letzte der un=
aussprechliche Zustand der religiösen Ekstase sei. Während den
bisherigen Mystikern des Mittelalters, Bernhard von Clairvaux,
Bonaventura u. s. w. die Ekstase als eine nur wenigen begna=
digten Naturen zugängliche, höchste Stufe der religiösen Empfin=
dung galt, wurde dieselbe von Bacon als ein allgemeiner Weg
der religiösen Erkenntnis hingestellt. Der im Jahre 1332 ver=
storbene Predigermönch Durand von St. Pourçain kam zu den=
selben Ergebnissen wie Bacon. Er behauptete, daß es ein un=
mittelbares Wirken Gottes in den Geschöpfen nicht gebe, daß die
Geschöpfe nicht gleicher Art mit Gott seien und daß es daher un=
möglich sei, durch die Geschöpfe zu einer vollkommenen Erkenntnis
Gottes zu gelangen. Er nannte die aus den kreatürlichen Dingen
gewonnene Gotteserkenntnis eine „verworrene". Aus diesem scharf
gefaßten Dualismus von Gott und Welt ergab sich auch ihm als
Schlußfolgerung die Trennung von Glaube und Wissenschaft.
Die auf die innere Erfahrung angewiesene Theologie sei, wie er
behauptete, überhaupt keine eigentliche Wissenschaft. Die Wissen=
schaft aber könne andererseits die Wahrheit der Glaubenslehren
nicht erweisen.

Eine abschließende Ausbildung erhielt das nominalistische

---

[1] Opus majus ad Clementem IV, P. 6, c. 1.

Prinzip durch den englischen Franziskaner Wilhelm von Okkam, welcher im Jahre 1347 starb. Auf Grund der von ihm sehr scharf formulierten nominalistischen Erkenntnislehre folgerte er, daß die Ideen, eben weil ihnen keine objektive Existenz zukomme, auch nicht in dem Wesen, sondern nur in dem Denken Gottes beruhen konn= ten. Gott hat die Dinge gedacht und alsdann in die Wirklichkeit übertragen. Da die Dinge also nicht aus dem göttlichen Wesen hervorgegangen sind, so läßt sich das letztere auch aus der geschöpf= lichen Welt nicht erkennen. Die religiösen Glaubenswahrheiten lassen sich demnach durch die Vernunft nicht erweisen. Selbst das bloße Dasein Gottes läßt sich durch die letztere nicht mit zwingender Logik nachweisen, ebensowenig die Erschaffung der irdischen Dinge durch Gott. Die übersinnlichen Lehren des reli= giösen Glaubens können allein durch den Glauben begriffen werden. Der Wahrheitsbeweis für den letzteren ist demnach nur dem Ge= biete der inneren Erfahrung zu entnehmen, während die Wissen= schaft, wie Okkam in Uebereinstimmung mit Bacon lehrte, auf die äußere Erfahrung angewiesen sei. Die letztere sollte die Grund= lage der Erkenntnis bilden. Denn da es in der Welt der Wirk= lichkeit keine Universalien gibt, so kann die Erkenntnis ihren Aus= gang auch nicht vom Allgemeinen, sondern nur vom Besonderen nehmen. „Die abstraktive Erkenntnis setzt," wie er sagte, „die anschauende voraus" [1]. Dem Satze, daß die Glaubenswahrheiten nicht durch die Vernunft erwiesen werden könnten, folgte bald die Behauptung, daß die ersteren der letzteren widerstritten. Aus der Uebervernünftigkeit der göttlichen Offenbarungslehren folgerte der Nominalismus die Widervernünftigkeit derselben. Die Trennung von Wissenschaft und Theologie, von Vernunft und Glauben führte zur Gegenstellung beider. So lehrten nach der Angabe des im Jahre 1315 verstorbenen Scholastikers Raymundus Lullus die Anhänger des arabischen Philosophen Averroes, daß der katho= lische Glaube vom Standpunkte der Philosophie aus „irrig und falsch" sei [2].

---

[1] Quodlibeta sept. I, qu. 14.
[2] Duodecim principia philosoph. c. 4.

Der Nominalismus bildete das Mittelglied zwischen der Philosophie des klassischen Mittelalters und der der neueren Zeit. Indem derselbe den Gegensatz der übersinnlichen und sinnlichen Welt weiter zu entwickeln unternahm, führte er durch seine eigenen Schlußfolgerungen zur Auflösung desselben. Er leitete auf der einen Seite zu dem religiösen Gefühlsleben der Mystik und auf der anderen Seite zum wissenschaftlichen Studium der sinnlichen Welt, zu der Erfahrungswissenschaft der neueren Zeit. Da derselbe die religiöse Glaubenserkenntnis auf das Gebiet der inneren, subjektiven Erfahrung verwiesen hatte, so erlangte das religiöse Gefühlsleben eine viel breitere und tiefere Bedeutung als bisher. Die mystische Contemplation galt von jetzt an als eine allen religiösen Naturen zugängliche Erkenntnisquelle der göttlichen Wahrheiten. Man unterschied zwischen mystischer und spekulativer Theologie und stellte die erstere weit über die letztere, da ja die Spekulation doch keine unanfechtbar sichere Schlußfolgerungen gewinnen könne. Der Gedanke der Mystik war die Vereinigung des Menschen mit Gott und zwar eine Vereinigung, welche das völlige Erlöschen der menschlichen Persönlichkeit in dem trinitarischen Leben der Gottheit zum Ziel hatte. Die kirchliche Mystik ließ die menschliche Persönlichkeit neben Gott bestehen und verstand unter der Einigung beider die Einigung des menschlichen Willens mit dem göttlichen. Die deutsche Mystik ließ die menschliche Persönlichkeit völlig in Gott untergehen, indem sie die Einheit beider als eine Verschmelzung des menschlichen mit dem göttlichen Wesen begriff. Die menschliche Seele soll, wie der im Jahre 1329 verstorbene Dominikanermönch Eckhart lehrte, „übergesetzt" werden in Gott und „ein substantz und ein wesen und ein natur" mit ihm werden. „Und nachdem das diss geschehen ist, so ist nicht verborgen in got, das nit offenbar werde, oder das nit mein werd. Denn so werd ich weis, mechtig und alle ding als er und ein und dasselb mit im" [1]. Eckharts Schüler, der Dominikanermönch Johannes Tauler, der im Jahre 1361

---

[1] Eckharts Predigten, Anhang zu den Predigten Taulers, Basel 1521, fol. 264.

starb, stellte gleiche Ansichten über das Verhältnis des Menschen
zu Gott auf. Der Mensch muß sich mit seinem ganzen Sein in
Gott verlieren; er muß, wie Tauler sagte, sich stürzen in den
lauteren Abgrund Gottes, er muß ertrinken in dem grundlosen
Meer der Gottheit. Mensch und Gott müssen so einander eins
werden, daß sie sich gegenseitig nicht außer sich, sondern in sich
suchen und finden. „Eyn göttlich mensch nimpt nimmer got
noch endenkt uf got auswendig sich selbs. Dan wa er got
nympt, da nympt er auch sich selbs. Dan got und er seind
eyn worden. Er fyndet got in sich selbs.“ Und umgekehrt,
Gott nimmt sich „in den menschen und rueret und wircket
alle seyn werck durch in und nempt den menschen als sich
selber. Darumb wa sich got nympt und rueret, da nympt
und rueret er den menschen und wirckt durch in“ [1]).

Die Gottesidee der Mystik war demnach eine durchaus
pantheistische. Das göttliche Wesen, sagte Eckhart, fließt in alle
Kreaturen aus, soweit jede Kreatur dieses Wesen fassen kann und
folglich ist alles Gott, was geschaffen ist [2]). In Gott heben sich
alle Gegensätze auf, denn alle Wesen sind in ihm ein Wesen [3]).
„In der Wahrheit alles ist eins und eins ist alles in Gott,“
heißt es in dem im vierzehnten oder fünfzehnten Jahrhundert verfaßten Buch „von der deutschen Theologie“ [4]). Die Gottwerdung
des Menschen war das Ziel dieser mystischen Contemplation [5]).

Dem tiefen Gemütsempfinden der Mystik mußte die asketische
Werkthätigkeit der kirchlichen Rechtfertigungslehre als völlig wertlos
erscheinen. Die Ruhe der Gerechten in Gott, lehrte Eckhart, ist
besser als alle Werke, welche je gewirkt werden. „Ein einiger
anblick zu verstand der blossheit, die Gott ist, der einiget die

---

[1]) Taulers Predigten, Köln 1543, fol. 90 v.

[2]) Predigten l. c. fol. 264, 1 b.

[3]) L. c. fol. 249, 2 a.

[4]) Ausgabe von Pfeiffer, 2. Aufl., K. 46, S. 196; Ausgabe von
Grell, K. 44, S. 74.

[5]) Vgl. den von Johannes Ruysbroek mitgeteilten Ausspruch eines
Mystikers in Engelhardts „Richard von St. Victor und Ruysbroek“, Erlangen 1838, S. 226 f.

-sel mer zu gotte, denn sie geeingt möchte werden von allen
den werken, die die heilige Christenheit gewürcket von aussen"[1]).
Die Werke, welche der Mensch verrichtet, dürfen überhaupt nicht
zur Errichtung irgend eines, auch nicht eines guten Zweckes geschehen. Sie dürfen sogar nicht einmal um der ewigen Seligkeit
willen verrichtet werden. Die guten Werke müssen lediglich ihrer
selbst wegen gesucht werden. Denn wer um Lohn wirkt, der
sündigt, sagte Eckhart[2]). Mit gleicher Geringachtung sprach Tauler
von dem äußeren Werkdienst. Wie sich ein Heller zu hundert-
tausend Mark Gold verhält, sagte Tauler, so verhält sich alles
auswendige Gebet, das heißt die Werke, zu dem inwendigen Gebet,
nämlich der wahren Einigung mit Gott[3]). Die Werke haben ihm
nur dann einen Wert, wenn sie „aus der Liebdenbrand" gewirkt
werden. „Unser seligkeit leyt nit fürderlich an unserm wyrcken,
sondern an grössheit der liebe"[4]). Die Ethik des klassischen
Mittelalters betrachtete die Liebe zu den irdischen Dingen als die
Verneinung der Liebe zu Gott. Das Buch „von der deutschen
Theologie" bezeichnete die Eigenliebe als die Verneinung der
Gottesliebe[5]). Die Behauptung des individuellen Eigenwillens
war das Prinzip der Sünde in der mystischen Ethik. Ohne Eigen-
willen, lehrte die letztere Schrift, gibt es keine Hölle. Denn in
ihr brennt nur eigener Wille, „je mehr Selbstheit und Ichheit,
desto mehr Sünde und Bosheit"[6]). „Teufel, Sünde, Adam,
alter Mensch, Ungehorsam, Ichheit, Selbstheit, Mein, Mir, Mich,
Natur, Eigenwille und dergleichen ist alles eins; alles dieses ist
wider Gott und bleibt ohne Gott"[7]). Andererseits bezeichnete
diese Schrift das Aufgehen des individuellen Eigenwillens in den
Allgemeinwillen der Gottheit als das Prinzip des sittlich Guten
mit den Worten: „So Mein, Ich, Mir, Mich, das ist Ichheit und

---

[1]) Predigten fol. 248, 2 a.
[2]) Predigten fol. 245, 1 a.
[3]) Predigten fol. 34, 2 b.
[4]) Fol. 41 v.
[5]) Ausgabe von Pfeiffer K. 42; von Grell K. 41.
[6]) Bei Pfeiffer K. 16; bei Grell K. 14.
[7]) Grell K. 41.

Selbstheit, so daß je mehr in dem Menschen abnimmt, so Gottes-
Ich, das ist Gott selber, je mehr zunimmt in dem Menschen" [1].

Der Gegensatz von Gott und Welt, auf welchem die religiöse
Ethik des klassischen Mittelalters beruhte, hatte sich zu dem Gegen=
satz von Gottheit und Ichheit zugespitzt. Das selbstische Ich trat
an Stelle der Welt in den Mittelpunkt der religiösen Contemplation.
Statt der Verneinung der Welt wurde die Verneinung der eigenen
Persönlichkeit, beziehentlich die Vereinigung der letzteren mit Gott
das Prinzip der christlichen Ethik. Die individuelle Persönlichkeit
trat aus ihrer bisherigen kirchlichen Gebundenheit heraus in eine
unmittelbare Verbindung mit Gott. In diesem Ergebnisse gipfelte
der Entwicklungsgang der religiösen Spekulation.

Die unmittelbare Verbindung mit Gott hatte nun vor allem
die unmittelbare Bekanntschaft mit den Quellen der göttlichen
Offenbarung, den biblischen Schriften, zur Voraussetzung. Sollte
der religiöse Glaube zu einem Gegenstande der eigenen Erfahrung
und Empfindung werden, so mußten sich auch die Laien mit dem
Worte Gottes vertraut machen, anstatt sich wie bisher mit der
priesterlichen Vermittlung des letzteren zu begnügen. Um diesem
von der Philosophie und der Mystik angeregten Bedürfnisse zu
genügen, entstanden dann trotz des kaiserlichen Verbotes vom
Jahre 1367 Uebersetzungen der biblischen Schriften in der Volks=
sprache. Die wichtigste dieser Uebersetzungen war die bis heute
erhaltene, nach ihrem Fundorte, dem Kloster Tepl in Böhmen, be=
nannte Tepler Bibel, welche das Neue Testament und den Brief
des Paulus an die Laodicäer enthielt. Außer diesen Uebersetzungen
kamen um dieselbe Zeit die sogenannten Plenarien auf, welche
Erklärungen der Evangelien und Episteln in der Volkssprache ent=
hielten [2]. Die durch den Niederländer Gerhard Grote begründete
„Brüderschaft vom gemeinsamen Leben" hat seit dem vierzehnten
Jahrhundert zur Uebersetzung der heiligen Schriften in die Volks=
sprache und zur Verbreitung derselben am meisten beigetragen.

---

[1] Pfeiffer K. 16; Grell K. 14.
[2] L. Keller, „Die Waldenser und die deutschen Bibelübersetzungen"
S. 42 ff.

Einen durchschlagenden Erfolg erhielt die Verbreitung der biblischen Schriften und die Popularisierung der religiösen Reformbewegung jedoch erst durch die um die Mitte des fünfzehnten Jahrhunderts von Gutenberg in Mainz erfundene Kunst des Buchdruckes, welche es ermöglichte, die bisher nur wenigen vermögenden Leuten zugänglichen Uebersetzungen in die weitesten Volkskreise einzuführen. Im Jahre 1466 erschien die erste deutsche Bibel im Druck. Im Jahre 1473 wurde eine neue Ausgabe derselben veranstaltet. Seit dieser Zeit erschienen die deutschen Bibeldrucke in schnellerer Folge und zwar in den Städten Augsburg, Nürnberg und Straßburg. Niederdeutsche Uebersetzungen wurden in Köln, Lübeck und Halberstadt herausgegeben. Sämtliche bis zum Jahre 1522 erschienenen deutschen Bibelausgaben hatten jene erst erwähnte Tepler Uebersetzung zu ihrer Grundlage genommen.

In demselben Maße aber als man sich dem Studium der biblischen Schriften zuwandte, mußte die Autorität der Kirche verblassen. Beide wurden scharf unterschieden, jene als die ursprüngliche, diese als eine abgeleitete Quelle angesehen. Die Brüderschaft vom gemeinsamen Leben betrachtete die Bibel als die allein zuverlässige Quelle des Glaubens. Der im Jahre 1475 verstorbene Prior der Augustiner Kanonissinnen, Johannes von Goch, vertrat dieselbe Ansicht. „Die kanonische Schrift allein," sagte er, „besitzt eine unzweifelhafte und unverbrüchliche Autorität. Die Schriften der alten Väter haben nur soviel Autorität, als sie mit der biblischen Wahrheit übereinstimmend sind. Die Schriften der neueren Lehrer aber, zumal die Schriften der Bettelorden, dienen mehr dem Nichtigen als der Wahrheit" [1]). Der Friese Johann Wessel war noch kühner, wenn er die Autorität der Evangelien über die der Kirche stellte. Er kehrte den Satz des Augustin, welcher einst gesagt hatte, daß er dem Evangelium um der Kirche willen glaube, in sein Gegenteil um. „Um Gotteswillen," sagte er, „glauben wir dem Evangelium und um des Evangeliums willen der Kirche und dem Papste, nicht aber dem Evangelium um der Kirche willen."

---

[1]) Vgl. Ullmann, Die Reformatoren vor der Reformation, Hamburg, F. Perthes, 1841.

Indem man aber zu den Quellen der göttlichen Offenbarung zurückging, ergab sich notwendig der Gedanke, die Kirche auf ihre Uebereinstimmung mit jenen hin einer Prüfung zu unterziehen und dieselbe, wo sich eine Abweichung ergab, nach Maßgabe der biblischen Schriften zu reformieren. Die Reform des religiösen Glaubens mußte eine Reform der Kirche zur notwendigen Folge haben. Eine solche Prüfung veranstaltete bereits der Minorit Marsilius von Padua in seinem berühmten, um das Jahr 1324 verfaßten defensor pacis. Marsilius kam dann zu dem Schlusse, daß zwischen der Kirche der apostolischen Zeit und der römischen Kirche ein wesentlicher Unterschied bestehe, daß jene in der Gesamtheit aller an Christus Glaubenden, in der Gemeinde aller Gläubigen bestanden habe [1]), während diese sich zunächst nur auf die römische Hierarchie beschränkte. Er ließ es sich daher angelegen sein, eine Reform der Kirche, jener weiteren Fassung der apostolischen Zeit gemäß, in Vorschlag zu bringen und die ausgedehnte geistliche Amtsgewalt des römischen Klerus als der heiligen Schrift zuwiderlaufend nachzuweisen. Er bestritt demnach die nach der Lehre der Kirche in der Binde- und Lösegewalt enthaltene sündenvergebende Macht des Priestertums. Die Vergebung der Sünde stehe vielmehr, wie er sagte, allein bei Gott. Mit dem Hinweis auf jene Aussätzigen, welche Christus zu den Priestern schickte, erklärte er, daß die Schlüsselgewalt den Priestern lediglich den Auftrag erteile, die Gnade Gottes öffentlich kundzugeben. Er verglich den Priester dem Thürschließer, welcher wohl die Thüre des Gefängnisses zu schließen oder zu öffnen habe, dies aber nicht kraft eigener Machtvollkommenheit, sondern kraft eines richterlichen Urteiles thue [2]). Die höhere Instanz aber, kraft welcher der Priester die Binde- und Lösegewalt zu vollziehen habe, sei nach dem Vorbilde der apostolischen Kirche die ganze Gemeinde. Nur der letzteren, beziehentlich den Vertretern der letzteren stehe es zu, jemanden aus der Gemeinschaft der Kirche auszuschließen, während es dem Priester lediglich obliege, den Spruch der Gemeinde öffentlich zu verkünden.

---

[1]) Tl. 2, K. 2, Frankfurt 1592.
[2]) Tl. 2, K. 6.

Die Exkommunikation eines weltlichen Fürsten aber, sowie die Verhängung des Interdiktes über eine Stadt oder eine Landschaft solle einem allgemeinen Konzile vorbehalten bleiben [1]). Die Aufgabe des Priestertums beschränke sich ausschließlich auf die Ausübung der geistlichen Lehrzwecke, die Predigt und die Spendung der Sakramente. Da diese Aufgabe allen Priestern gleichmäßig zugewiesen sei, so dürfe auch kein Unterschied der Autorität innerhalb des Priestertums bestehen. Der römische Bischof könne daher keine höhere Autorität in Anspruch nehmen, als der einfache Priester. Marsilius wies auf die älteste Kirche hin, welche einen Rangunterschied innerhalb des Priestertums auch nicht gekannt habe. Auch Petrus habe keine höhere Autorität besessen als die anderen Apostel und eine solche sich auch nicht angemaßt [2]). Nicht Petrus, nicht der römische Bischof, sondern Christus ist das Haupt der Kirche [3]). Der römische Bischof besitzt wegen des apostolischen Ursprunges der römischen Gemeinde und des Ansehens der Stadt Rom nur einen Ehrenvorzug vor den übrigen Bischöfen. Doch hat dieser Vorzug in der Hauptsache nur die Bedeutung, daß er dem römischen Bischof als den Nächstberechtigten zur Leitung der allgemeinen Konzile und zur Verkündigung der von dem Konzile gefaßten Beschlüsse, beziehentlich zur Mitteilung der letzteren an den weltlichen Gesetzgeber, hinstellt [4]). Die Quelle der göttlichen Wahrheit ist demnach nicht das Priestertum, noch die Tradition, sondern allein die heilige Schrift [5]). In zweifelhaften Glaubensfragen soll darum auch nicht der römische Bischof, sondern ein allgemeines, das heißt ein unter der Leitung der weltlichen Obrigkeit aus allen Gläubigen, den Priestern wie den Laien, berufenes Konzil entscheiden [6]).

Indem aber Marsilius das priesterliche Amt lediglich auf seine geistlichen Lehrzwecke beschränkt wissen wollte, sprach er dem-

---

[1]) K. 21.
[2]) XI. 2, K. 15 und 16.
[3]) K. 22.
[4]) K. 22.
[5]) K. 19.
[6]) K. 18—20.

felben vor allem ben Befitz weltlicher Machtbefugniffe unb mate=
rieller Güter ab. Den Schriftstellen, aus welchen bie Kirche ihre
herrschaftliche Gewalt ableitete, stellte er eine Reihe anderer Stellen
entgegen, welche entweder eine ausbrückliche Verneinung einer
solchen Gewalt enthielten, ober ber weltlichen Obrigkeit eine all=
gemeine, auch bas Priestertum in sich begreifenbe autoritative
Stellung zusprachen [1]). Kein Priester barf bemnach eine weltliche
Gewalt besitzen, oder eine weltliche Jurisbiktion ausüben [2]), viel=
mehr ist ein jeder bis hinauf zum römischen Bischof ber weltlichen
Gewalt unterworfen [3]), wie ja auch Christus selber sich ber
Obrigkeit unterorbnete [4]). Desgleichen soll ber Priesterstanb seine
Hanb von irbischen Gütern fernhalten unb in berselben Armut
leben wie Christus [5]). Die Pflicht ber weltlichen Staatsgewalt,
für bie Erziehung bes Volkes Sorge zu tragen, verleiht berselben
auch bas Recht, bei ber Anstellung ber Priester mitzuwirken. Es
bleibt ihr bas Recht vorbehalten, bie Wahlen ber letzteren, ein=
schließlich bes römischen Bischofs, zu bestätigen ober zu verwerfen
unb schlechte Priester ihres Amtes zu entsetzen [6]). Ihr allein
steht es ferner zu, ein Konzil zu berufen [7]). Eine weltliche Straf=
gewalt kann bie Kirche nicht besitzen, ba ber Gehorsam gegen bas
göttliche Gesetz burch zeitliche Strafen nicht erzwungen werden
barf [8]). Auch bie Ketzer sinb nur insoweit straffällig, als sie sich
gegen bas weltliche Gesetz vergangen haben [9]). Daher kann auch
niemanb zum Gehorsam gegen bie päpstlichen Dekretale verpflichtet
sein, soweit bie letzteren nicht vom weltlichen Gesetzgeber bestätigt
sinb [10]). Selbst bie geistliche Strafgewalt unterliegt ber Aufsicht

---

[1]) Tl. 2, K. 4 unb 5.
[2]) K. 9 unb 29.
[3]) K. 8.
[4]) Tl. 2, K. 4 unb 29.
[5]) K. 11.
[6]) Tl. 2, K. 17, 21 unb 25.
[7]) K. 18 unb 21.
[8]) K. 9.
[9]) K. 10.
[10]) Tl. 1, K. 12; Tl. 2, K. 28.

der weltlichen Obrigkeit. Die Exkommunikation darf nicht ohne die Genehmigung der letzteren verhängt werden [1]).

Marsilius brach demnach mit allen Ueberlieferungen des Mittelalters über Staat und Kirche, indem er das ganze Gebiet der Weltlichkeit, welches das Mittelalter der Kirche einverleibt hatte, von der letzteren ablösen und dem Staate übertragen wollte, indem er ferner den Laien eine dem Priestertum gleichberechtigte Stellung innerhalb der Kirche zuwies. Sein Ideal war die Kirche der apostolischen Zeit, welche von allen irdischen Machtinteressen frei, auf breitester Grundlage sich aufbauend, allein ihren gött= lichen Lehrzwecken ergeben war.

Die Gedanken des Marsilius bezeichneten den Weg, den die Entwicklung des geistigen Lebens in Staat und Kirche einschlug. Die Befreiung der weltlichen Interessen von dem Zwange der Hierarchie und das Eindringen des Laienelementes in die bisher so streng abgeschlossene kirchliche Verwaltung und geistliche Amts= führung, diese leitenden Gesichtspunkte des Marsilius, waren die bewegenden Gedanken seines Zeitalters. Die reformatorische Lehre des sechzehnten Jahrhunderts wiederholte in folgerichtiger Fort= bildung dieselben Gedanken. Der im Sinne des Marsilius erwei= terte Begriff der Kirche war auch der Ausgang der reformatorischen Lehre. Die letztere unterschied sich der Hauptsache nach nur da= durch von den Lehren des Marsilius, daß jene den Gedankenkreis des Marsilius vervollständigte, indem sie von der Idee der aposto= lischen Kirche aus vor allem das Verhältnis der individuellen Persönlichkeit zur Kirche und der christlichen Glaubenslehre ent= wickelte, während Marsilius seine Schlußfolgerungen lediglich auf das Verhältnis des Staates zu der Kirche und ihre Lehre be= schränkt hatte.

Die Theologen der Pariser Universität, welche gegen Ende des Jahrhunderts den Primat als die Ursache alles Uebels bezeich= neten, den allgemeinen Konzilen das Recht zuschrieben, Päpste ein= und abzusetzen, sowie der weltlichen Staatsgewalt das Recht zu= erkannten, ein Konzil zu berufen, gruben den Lehren des Marsilius

---

[1]) R. 21.

ein breiteres Strombett. Gerson, der Kanzler der Universität, bezeichnete die Kirchenversammlung als die gesamte Kirche; der Papst habe sich derselben unterzuordnen wie ein Teil dem Ganzen, ein Glied dem Körper. „Wenn das allgemeine Konzil," erklärte Gerson, „die gesamte Kirche ganz und vollkommen darstellt, so schließt dasselbe notwendig die päpstliche Autorität in sich" [1]. Nikolaus von Cues stellte in seiner Schrift de concordantia catholica die Kirche in Parallele mit dem Staate. Wie in dem letzteren, so beruhe, lehrte er, auch in der ersteren alle Obrigkeit auf der freiwilligen Unterordnung, also auf dem gesellschaftlichen Vertrage. Allerdings erkannte er die göttliche Stiftung der kirchlichen Ge= walten an, aber nur insofern die letzteren durch den von Gott begründeten Körper der gesamten Kirche berufen worden seien. Die ganze Stufenreihe der kirchlichen Gewalten führte er auf die Gesamtheit der Kirche, als auf die Quelle der Autorität zurück. Und zwar kommt seiner Theorie zufolge der Gesamtwille auf allen Stufen durch die Wahl zum Ausdruck. Aus der Wahl des all= gemeinen Konzils leitet der Papst seine Autorität her. Das Kardinalkollegium, welches die Wahl zu vollziehen pflegt, ist eine Delegation des allgemeinen Konzils. Der Metropolit geht aus der Wahl des Provinzialkonziles hervor, der Bischof aus der Wahl des Diöcesansprengels, der Pfarrer aus der Wahl des Pfarr= sprengels. Der Engländer Okkam stellte bereits die Notwendigkeit des päpstlichen Primates und der monarchischen Form der Kirche in Frage [2]. Andreas von Ranbuf bekannte sich positiv zu dieser Ansicht. Er erklärte den Primat nicht als eine göttliche, sondern als eine geschichtlich gewordene Institution und legte dem Konzil das Recht bei, die monarchische Verfassung in eine beliebige andere umzugestalten [3].

Die sich immer weiter verbreitenden Reformgedanken erlangten schließlich ein solches Gewicht, daß sie die Berufung allgemeiner

---

[1] De pot. eccl. c. 7 und 11.

[2] Dial. III tr. I, l. 2, c. 20—27.

[3] De modis uniendi ac reformandi ecclesiam in concilio universali c. 5.

Konzile und zwar der Konzile von Pisa, Konstanz und Basel ver=
anlaßten. Freilich war die Reform der Kirche nicht die nächst=
liegende Entstehungsursache dieser Konzile. Vielmehr wurden die
letzteren zunächst zu dem Zwecke berufen, um das durch streitige
Papstwahlen verursachte Schisma der Kirche zu beseitigen. Indem
aber die Ursache der Spaltungen in der Verweltlichung des Klerus
gesucht wurde, richteten sich die Einigungsbestrebungen der Konzile
zugleich auf eine Heilung des letzteren Uebelstandes. In diesem
Sinne äußerte sich bereits eine Denkschrift der Pariser Universität,
welche im Jahre 1394 dem Könige Karl VI. von Frankreich über=
reicht wurde. Die Denkschrift schlug die Berufung eines all=
gemeinen Konziles zur Herstellung der durch die Doppelwahl der
Päpste Clemens VII. und Bonifacius IX. gestörten Einheit der
Kirche vor. Da sie aber die Ursache der Spaltung in der Zucht=
losigkeit des Klerus erblickte, befürwortete sie zugleich eine Reform
des letzteren. Indessen war eben die Verweltlichung des Klerus,
welche man zu reformieren beabsichtigte, gerade die Ursache, daß
die beabsichtigten Reformen nicht zu Stande kamen. Das Pisaner
Konzil vom Jahre 1409, welches zunächst zur Herstellung der kirch=
lichen Einheit berufen war, wollte schließlich zu einer Reform der
Kirche an Haupt und Gliedern übergehen. Aber es gelang ihm nicht
einmal, die Spaltung zu beendigen und dem von ihm gewählten
Papste Alexander V. die allgemeine Anerkennung zu verschaffen.
Zur Bewerkstelligung einer Reform machte es kaum einen Versuch.
Der weltliche Sinn des Klerus sorgte dafür, daß außer dem
Schisma und der neuen Papstwahl nur solche Fragen, welche sein
eigenes, materielles Interesse, die Sicherung der Benefizien und
Aemter, die Verkürzung seiner Abgaben und dergleichen betrafen,
zur Sprache kamen. Das im Jahre 1414 eröffnete Konstanzer
Konzil hatte sich noch weit mehr mit der Einigungsfrage zu be=
schäftigen, da damals die Kirche von oben und unten gespalten
war, von oben durch eine dreifache Papstwahl, von unten durch
die wiclifitischen und husitischen Lehren. Nach der Herstellung der
Einheit beabsichtigte auch dieses Konzil die Ursachen der Spal=
tung zu heben und zu einer Reform überzugehen. Wohl erhoben
die deutschen Bischöfe im Jahre 1417 die Forderung, mit der

Reform den Anfang zu machen und erst hernach zur Papstwahl zu schreiten. Aber diese Forderung scheiterte an dem Widerspruche der übrigen Mitglieder des Konzils. Doch einigte man sich dahin, daß die Reform nach der vollzogenen Papstwahl beraten werden solle. Die Reformen, welche dann schließlich erzielt wurden, beschränkten sich in der Hauptsache auf eine Verkürzung der päpstlichen Einkünfte und der päpstlichen Jurisdiktion. Die Verselbständigung der Diöcesankirchen gegenüber dem römischen Stuhle war eben der leitende Gedanke der von dem Konzile erstrebten Reformen. Selbst die Einigung der Kirche konnte nicht vollkommen wieder hergestellt werden, da einer der drei Päpste, Benedikt XIII., nicht zur Abdankung zu bewegen war, obwohl das Konzil seine Absetzung ausgesprochen hatte und da ferner mit der Verurteilung der wiclefitischen und husitischen Lehre, sowie mit der Hinrichtung des Huß und des Hieronymus von Prag noch keineswegs die husitische Partei zum Schweigen gebracht war.

Zur Erreichung des letzteren Zweckes, sowie zur Durchführung der bisher vergeblich erhofften Reform trat dann das Baseler Konzil zusammen. Die Einigung der Kirche mit den Böhmen wurde allerdings erzielt, mehr aber durch die Entscheidung der Waffen als durch die Verhandlungen des Konzils. Das letztere nahm sogar den bereits vom Konstanzer Konzil gefaßten Plan wieder auf, auch das zwischen der abendländischen und morgenländischen Kirche bestehende Schisma zu beseitigen und eine Einigung zwischen beiden herzustellen. Die gleichzeitig mit dem Baseler Konzil tagenden Synoden zu Ferrara und Florenz brachten dann in der That auch im Jahre 1439 eine Einigung zu Wege, welche die zwischen beiden Kirchen bestehende Verschiedenheit hinsichtlich der Glaubenslehren über den Ausgang des heiligen Geistes, sowie hinsichtlich des beim heiligen Abendmahle konsekrierten Brotes, des Fegefeuers und des päpstlichen Primates beglich. Der Grund freilich, welcher die Griechen zu diesem Schritte bewog, war weniger ein religiöses Bedürfnis, als vielmehr die Absicht, sich für die Preisgabe ihrer kirchlichen Sonderstellung die Hilfe des Abendlandes gegen die Türken zu sichern. Andererseits aber zerfiel das Baseler Konzil mit dem Papste Eugen IV., da dasselbe seine Autorität über den Papst, der letztere aber die seinige über das Konzil stellte, so daß infolgedessen das Konzil den Eugen absetzte, einen neuen Papst erwählte und somit ein neues Schisma veranlaßte. Alle diese Fragen, die Verhandlungen mit den Hufiten, den Griechen und das Zerwürfnis mit dem Papste nahmen das Konzil so sehr in Anspruch, daß es hinsichtlich der beabsichtigten Reformen ebensowenig zu einem Ergebnis gelangte, wie das Konstanzer Konzil. Seine Reformen beschränkten sich ebenso wie die des Konstanzer Konziles darauf, den Episkopat dem päpstlichen Stuhle gegenüber unabhängiger zu machen und dem Klerus eine strengere Sittenzucht vorzuschreiben. Hinsichtlich des ersteren Punktes war das wichtigste Dekret das Verbot der von der päpstlichen Kurie erhobenen Annaten. Jedoch führten die auf eine Aenderung der kirchlichen Verfassung abzielenden Neuerungen des Baseler Konziles zu keinem bleibenden Ergebnisse. Vielmehr hatten diese Versuche und die aus denselben erwachsenden Streitigkeiten mit dem Papste in erster Linie die Erfolglosigkeit des Konziles verursacht. Papst Eugen IV. und sein Nachfolger Nikolaus V. wurden allgemein als rechtmäßige Päpste anerkannt, indes der vom Konzile aufgestellte Papst einen geringen Anhang fand und schließlich im Jahre 1449 auf seine Würde verzichtete.

Die von den Konzilen zu Pisa, Konstanz und Basel mit steigender Energie vertretene episkopale Politik war gescheitert und das monarchisch-papale System behielt den Sieg. Die Reformversuche der Konzile ergaben also in Summa lediglich einige dürftige Beschlüsse über eine strengere Disciplin der persönlichen Lebens- und Amtsführung des geistlichen Standes. Wohl sollten die von Seiten der Konzile gegen den päpstlichen Absolutismus und die Verweltlichung des Klerus gerichteten Beschlüsse den aus dem Zwange der Hierarchie und der Veräußerlichung des religiösen Lebens herausdrängenden Reformbestrebungen Rechnung tragen. Zugleich aber hielten sie an den Grundlagen des kirchlichen Systems fest und verwarfen daher die wiclefitische und hufitische Lehre. An diesem Widerstreite zwischen den von dem asketisch-hierarchischen System abstrebenden Reformgedanken und dem

Beharren auf der Grundlage des ersteren scheiterten die Reform=
bestrebungen der großen Konzile des fünfzehnten Jahrhunderts.
Eine Reform der Kirche auf Grundlage des bisherigen Systems
konnte immer nur zu einer schärferen Anspannung der asketisch=
hierarchischen Lehrsätze führen, also zu einem Ziele, welcher in
entgegengesetzter Richtung von den jene Zeit bewegenden Reform=
gedanken ablag.   Die Reformen der Konzile liefen dann auch in
der That lediglich auf eine Verschärfung der asketisch=hierarchischen
Disciplin aus.   Durch die Verdammung der husitischen Lehre
machten sie den hierarchischen Zwang der Kirche mit einer an die
Zeit der Albigenserkriege erinnernden Gewalt geltend, mit ihren
Reformbeschlüssen erzielten sie lediglich eine der asketischen Sitten=
lehre entsprechendere Lebensführung des Klerus.   Nur insofern
wichen die Konzile von der Kirche des klassischen Mittelalters ab,
als sie den Schwerpunkt des kirchlichen Lebens von der Spitze in
die breite Grundlage des hierarchischen Systems, in den Episkopat
zu verschieben suchten.   Die Konzile von Konstanz und Basel er=
klärten das allgemeine Konzil als die höchste, auch dem römischen
Stuhle übergeordnete Instanz der Kirche.   Sie wollten die absolut
monarchische Verfassung der Kirche in eine aristokratische um=
wandeln.   So sehr diese Bestrebungen auch von der bestehenden
Verfassung der Kirche abwichen, so hielten sie sich dennoch in der
Umgrenzung des kirchlichen Systems gebunden.

Nachdem die Konzile mit diesem Ergebnisse den Beweis ge=
liefert hatten, daß eine Reform der Kirche im Sinne der die Zeit
bewegenden Ideen auf Grund des herrschenden Systems unmöglich
war, mußte sich der Gegensatz zwischen dem letzteren und den
reformatorischen Ideen immer schärfer zuspitzen, bis schließlich die
Erkenntnis obsiegte, daß eine Reform des religiösen Lebens sich
nur auf einer außerhalb des kirchlichen Systems gelegenen Grund=
lage ermöglichen lasse.   Die letztere war in der die hierarchische
Kirche des Mittelalters zur Gemeinschaft aller Gläubigen erwei=
ternden Lehre vom allgemeinen Priestertum gefunden.   In Eng=
land hatte bereits die der Lehre Wiclifs folgende Sekte der Lol=
larden die hierarchische Form der Kirche und des Gottesdienstes
auf Grund der evangelischen Schriften verworfen.   In Böhmen

verbreitete sich die von religiösem und nationalem Fanatismus
durchglühte husitische Lehre, welche die Hierarchie der römischen
Kirche verwarf und die Kirche als die Gesamtheit der Gläubigen,
beziehentlich der Prädestinierten begriff, ohne sich freilich in diesen
Punkten zu klaren und folgerichtigen Vorstellungen durchringen zu
können. Auch in den deutschen Ländern fand die Lehre vom all=
gemeinen Priestertum und der Haß gegen die Hierarchie einen
Anhang in den Volksmassen. Denn jene wirtschaftlichen und
socialen Bestrebungen, welche im Laufe des fünfzehnten Jahr=
hunderts die untersten Schichten des Volkes, in den Städten die
Kleinbürger, auf dem Lande die Bauern in Unruhe brachten,
nahmen auch die kirchlichen Reformideen in sich auf. Die revolutionären Ideen dieser Kreise suchten ihren Anhalt in der aposto=
lischen Gemeinde, wenn dieselben die Aufteilung alles Eigengutes
verlangten. Aufsässige Bauernhaufen in Schwaben, Franken und
am Oberrhein erwiesen ihre kommunistischen Lehren aus der
Bibel und bedienten sich der letzteren als der besten Waffe gegen
die Hierarchie. Sociale und religiöse Gedanken waren in diesen
revolutionären Bestrebungen derart in einander verflochten, daß
die letzteren oft als die eigentliche Entstehungsursache der ersteren
erscheinen könnten. Die Anführer der Volkshaufen beriefen sich
wohl auf göttliche Visionen wie jener Pfeifer Hans Böhaim von
Helmstadt, der sich im Jahre 1476 als einen Boten der Jungfrau
Maria ausgab. Aber wenn auch nicht die Bibel das Volk zu
socialen Reformbestrebungen führte, so wurde dasselbe doch umge=
kehrt von der Brotfrage zur Bibel geleitet. Deshalb richtete sich
die Spitze dieser Bewegungen zumeist gegen den Klerus. Die
einen forderten die Einziehung der geistlichen Güter, feste Gehalts=
bezüge der Geistlichen, Abschaffung der Klöster, der geistlichen Ge=
richte, der Ohrenbeichte u. s. w., die anderen, wie jener Pfeifer,
setzten sogar die Abschaffung des geistlichen Standes auf ihr
Programm.

Die Reformbestrebungen des Laientums hielten sich also nicht
mehr, wie die der Konzile, in dem Rahmen des kirchlichen Systems,
sondern durchbrachen die festen Umwallungen des letzteren, indem
sie den Schwerpunkt der kirchlichen Verfassung in die Gemeinde

der Gläubigen hinausrückten und somit zu der einst von Marsilius
von Padua als Ideal aufgestellten apostolischen Kirche, welche,
eine grundsätzliche Verschiedenheit zwischen Priestern und Laien
nicht kennend, unter dem Begriff der Kirche die ganze Gemeinde
verstand, zurückgingen. Die reformatorischen Gedanken, welche
die Zeit bewegten, hatten also eine Vertiefung der kirchlichen
Rechtfertigungslehre und eine Umgestaltung der kirchlichen Ver=
fassung, beides nach Maßgabe der christlichen Quellenschriften, zum
Gegenstande. Es kam nur darauf an, diese bereits oftmals aus=
gesprochenen Gedanken in ihren Folgerungen zu entwickeln, um
einen sicheren Maßstab für die Reform der bestehenden Zustände
zu erhalten. Indem die Reformation des sechzehnten Jahrhunderts
die folgerichtige Ausbildung und praktische Gestaltung dieser Ideen
übernahm und demnach einen vollständigen Bruch mit dem System
der Kirche vollzog, führte sie nur jene seit dem vierzehnten Jahr=
hundert sich mehr und mehr ausbreitende volkstümliche Unter=
strömung der Kirche zum Durchbruch.

Der ganze Strom des Lebens drängte nach einer unbegrenzten
Erweiterung. Die weltlichen Interessen und Zwecke, welche bisher
von der Kirche verneint, sich nur in engsten Grenzen hatten geltend
machen können, nahmen mit dem Vordringen des Laientums bald
die ganze Tiefe und Breite des Volkslebens ein. Die weltlichen
Mächte und das Volk ferner, welche bisher nur den großen Chor
der Christenheit gebildet hatten, eigneten sich mehr und mehr eine
Mitwirkung an den kirchlichen Geschäften und eine selbständige
Erfassung der religiösen Heilsfragen an. Die Befreiung des welt=
lichen und des religiösen Lebens aus dem Zwange des asketisch=
hierarchischen Systems waren die bewegenden Gedanken jenes
Zeitalters. Die weltlichen wie die religiösen Reformen drängten
zurück zu dem so lange Jahrhunderte verschüttet gewesenen Quell
ihres Daseins, jene zu der Bildung und Kultur der alten Welt,
diese zu dem Glauben und der Kirche der apostolischen Zeit. So
trafen diese Gegensätze, antike Bildung und Christentum, welche
sich anderthalb Jahrtausend zuvor zum erstenmal berührt hatten,
aufs neue zusammen. Während dieselben sich aber damals gegen=
seitig ausgeschlossen hatten, suchten sie jetzt nach einer Versöhnung,

selben bösen Zusatzes und falscher verkehrter Meinung willen, welche macht, daß sie nur gut scheinen und sind doch nicht gut." Luther erklärte sich demgemäß auch gegen den Cölibat und bezeichnete denselben als einen der heiligen Schrift widerstreitenden, von den Päpsten eingeführten Zwang[1]). Daß er das Betteln nicht als eine Nachfolge Christi ansah wie die Bettelorden der Kirche, verstand sich bei der tieferen Auffassung seiner Rechtfertigungslehre von selbst. Die Apologie der augsburgischen Konfession sprach die reformatorische Ansicht über den Wert der Askese in einem Urteil über das Mönchswesen kurz und bestimmt mit den Worten aus: „Das Mönchsleben ist um nichts mehr ein Stand der Vollkommenheit als das Leben des Ackerbauers oder Handwerkers"[2]). Auch der Kölner Erzbischof Hermann von Wied, der bekanntlich den kühnen, aber vergeblichen Versuch machte, in seinem Erzstift die Reformation einzuführen, erklärte sich in seiner Reformationsordnung vom Jahre 1543 gegen die asketische Werkthätigkeit der kirchlichen Rechtfertigungslehre. „Darum," sagte er mit Berufung auf Jesaias[3]), „sollen die Prediger thun, wie die alten lieben Väter gethan haben und für allen Dingen auf das Fasten treiben von Sünden und allem Ueberfluß und fleischlichem Mutwillen." Die Sakramente, sagte er in dem Kapitel vom christlichen Opfer, „fragen nit nach Gold." Die Reformation suchte den Wert der Religiösität nicht in der objektiven Rechtgläubigkeit, sondern in der subjektiven Innerlichkeit des Glaubens.

Die asketische Sittenlehre der Kirche, welche Staat, Ehe, Eigentum und Erwerb auf einen sündhaften Ursprung zurückgeführt hatte, wurde demnach durch die reformatorische Rechtfertigungslehre überwunden. Die letztere stellte den religiösen Glauben und die Sorge für das ewige Seelenheil nicht in Gegensatz zu den weltlichen Geschäften wie die römische Kirche, sondern betrachtete

---

[1]) „An den christlichen Adel" S. 45 ff.

[2]) Libri symbolici eccl. Luther. rec. Meyer, Goettingae 1830, apologia conf. XIII de votis monasticis p. 170 f. Vgl auch Ibid. cat. major p. 295.

[3]) K. 58, V. 6 ff.

dieselben gerade als das eigentliche praktische Wirkungsgebiet des
Glaubens. Der Staat galt der reformatorischen Lehre nicht als
eine durch die Vermittlung der Kirche bedingte, sondern als eine
unmittelbare göttliche Stiftung. Der Gehorsam gegen die Obrig=
keit erschien ihr demnach nicht als eine von dem Willen der Kirche
abhängige, sondern als eine von Gott unbedingt vorgeschriebene
Pflicht. Luther bestritt ferner die sakramentale Natur der Ehe,
er löste demnach die letztere ihrer rechtlichen Beziehung nach
von der Kirche ab und faßte sie als ein der staatlichen Gesetz=
gebung und Gerichtsbarkeit unterstehendes Verhältnis auf. Er
that dies aber nicht deshalb, weil er von der Ehe geringer, sondern
vielmehr umgekehrt, weil er von derselben höher dachte als die
Kirche. Die letztere hatte die Ehe ja nur deshalb zu einem Sakra=
ment erhoben, um den vermeintlichen sündhaften Charakter der
mit derselben verbundenen fleischlichen Vermischung zu löschen.
Der Reformator aber, der die letztere als zur Natur des Menschen
wie zum Wesen der Ehe gehörig anerkannte [1]), war weit entfernt
davon, in derselben einen der Ehe anhaftenden Makel der Sünde
zu finden. Daher fiel denn für ihn auch der eigentliche Grund,
welcher die Kirche zu der Sakramentalisierung der Ehe veranlaßt
hatte, hinweg, ganz abgesehen von den anderen, der heiligen Schrift
entnommenen Gründen. Eben deshalb aber fand er keine Ver=
anlassung, die Ehe dem Stande der freiwilligen Keuschheit nachzu=
stellen, wie dies die Kirche trotz des derselben von ihr beigelegten
sakramentalen Charakters that. Er betrachtete endlich auch die
wirtschaftliche Arbeit nicht als ein nur mit Rücksicht auf die sünd=
hafte Natur des Menschen erforderliche, dem Stande der christlichen
Vollkommenheit aber hinderliche Einrichtung, sondern als eine
unbedingte Voraussetzung für die Daseinsberechtigung des Men=
schen. Religiöse Erbauung und irdische Thätigkeit waren ihm die
unzertrennlich verbundenen Aufgaben des Menschen. „Wer nicht
arbeitet, soll auch nicht essen," sagte er in seiner Schrift an den
christlichen Adel mit Bezug auf das von der Kirche geschützte
Bettelwesen der Armen und der Mendikantenbrüder.

---

[1]) Vgl. die Schrift „Wider den falsch genannten geistlichen Stand".

Da nun die reformatorische Rechtfertigungslehre den Menschen
in eine unmittelbare Beziehung zu Gott führte, so verwarfen die
Reformatoren das sakramentale Priestertum und die Kirche im
Sinne einer zwischen Gott und Mensch aufgerichteten Vermittlungs=
anstalt. Aus demselben Grunde verwarfen sie die Verehrung der
vom Katholicismus als Mittler zwischen Gott und der mensch=
lichen Seele gedachten Heiligen. Der römischen Hierarchie stellten
sie die Lehre vom allgemeinen Priestertum entgegen, welches keinen
Unterschied kenne zwischen Geistlichen und Laien. Das Vorbild
ihrer Kirche war die apostolische Gemeinde. „Demnach so werden
wir durch die Taufe allesamt zu Priestern geweiht," schrieb Luther
in seiner Schrift „an den christlichen Adel deutscher Nation von
der christlichen Standesbesserung" [1]. Zwischen Priestern und Laien
besteht nur ein Unterschied des Berufes oder des Amtes, wie
Luther sagte, nicht aber des Standes. Der character indelebilis
sei eine menschliche Erfindung. Demgemäß erschien es dem Refor=
mator am angemessensten und der apostolischen Kirche entsprechend
zu sein, wenn die Geistlichen aus den Wahlen der Gemeinden
hervorgingen. Die letzteren sollten, wünschte er, einen geeigneten,
d. h. einen gelehrten und frommen Bürger aus ihrer Mitte
wählen und demselben das Pfarramt übertragen [2]. Der Priester
sollte nur der Bevollmächtigte der Gemeinde sein. Marsilius von
Padua hatte bereits zwei Jahrhunderte früher den Gedanken des
allgemeinen Priestertums der römischen Hierarchie entgegengestellt.
Späterhin war derselbe oft wiederholt worden, noch zuletzt von
Johannes Wessel und Johannes von Goch. Während letztere aber
trotz dieser Lehre das sakramentale Priestertum und die römische
Hierarchie, wenn auch mit beschränkterer Amtsgewalt als bisher
bestehen lassen wollten, ohne sich des Widerspruches ihrer Ansichten
bewußt zu werden, zogen die Reformatoren des sechzehnten Jahr=
hunderts die logischen Folgerungen jener Voraussetzung, indem sie
das sakramentale Priestertum und die auf dasselbe begründete
römische Hierarchie verwarfen. Luther erkannte weder das Papst=

---

[1] Herausgeg. von R. Benrath, 1884, S. 7.
[2] L. c. S. 45 f.

tum noch den Episkopat, noch eine andere geistliche Würde mit alleiniger Ausnahme des Pfarramtes als eine göttliche Stiftung an. „Ich lasse hier," schrieb er in seiner Schrift an den christlichen Adel, „anstehen Papst, Bischöfe, Stifter, Pfaffen und Mönche, die Gott nicht eingesetzt hat" [1]). Erst mit dieser folgerichtigen Ent= wicklung jener Gedanken wurde die reformatorische Kraft derselben entfesselt und die neue Rechtfertigungslehre zu einem praktischen Grundsatze des religiösen Lebens erhoben. Mit dem sakramen= talen Charakter wurde der Kirche selbstverständlich der Rechtsboden ihrer weltherrschaftlichen Machtstellung entzogen und dieselbe, wie schon Marsilius gewollt hatte, lediglich auf ihr geistliches Lehramt eingeschränkt. Der Papst ist, lehrte Luther „nicht ein Statthalter des erhöhten, sondern des gekreuzigten Christus" [2]), d. h. nicht ein Statthalter des vom Himmel aus regierenden, sondern des einst als Mensch in Armut und Niedrigkeit erschienenen Christus. Denn, sagte er, für die Weltregierung bedürfe Christus keines Statt= halters, da er diese selber besorge, wohl aber bedürfe er eines Statthalters für seine auf Erden verrichtete Arbeit und erduldeten Leiden. Anstatt zu herrschen müssen die Priester ebenso wie die Laien, da ja zwischen beiden ein grundsätzlicher Unterschied nicht bestehen darf, der weltlichen Obrigkeit unterstehen. „Darum soll," sagte Luther, „weltliche Gewalt ihr Amt üben frei, ungehindert, unangesehen obs Papst, Bischof, Priester sei, den sie trifft. Wer schuldig ist, der leide" [3]).

Die Reformation löste demnach das Gebiet der bürgerlichen Lebensordnung, Staat, Familie und Wirtschaftspolitik ihrer recht= lichen Natur nach von der Kirche ab, um dieselben ihrer eigenen Führung zu überlassen. Die Apologie der augsburgischen Kon= fession sprach sich über diese Frage in folgenden Worten aus: „Dieser ganze Punkt von dem Unterschied des Reiches Christi und des bürgerlichen Reiches ist durch die Schriften der Unseren mit Nutzen dahin erläutert worden, daß das Reich Christi geistlich

---

[1]) S. 46 f.
[2]) An den christlichen Adel 2c. S. 18 f., 37.
[3]) L. c. S. 10.

ist, d. h. im Herzen die Erkenntnis Gottes, die Furcht Gottes und
den Glauben, die ewige Gerechtigkeit und das ewige Leben beginnen macht, inzwischen läßt es uns draußen uns der gesetzlichen und
staatlichen Ordnungen der Völker bedienen, unter denen wir leben,
gerade wie es der Arzneikunst, der Baukunst oder der Speise, des
Trankes und der Luft uns bedienen läßt"[1]). Die Reformation
erstreckte demnach ihren Wirkungskreis nicht minder auf den
Staat, die Familie, die wirtschaftliche Arbeit als auf den religiösen
Glauben. Luther war der Reformator der ersteren nicht weniger
als des letzteren. Die innerliche Rechtfertigungslehre der Reformation war somit der Angelpunkt einer neuen Weltanschauung.

Die christliche Kirche hatte den Kreislauf ihrer Geschichte vollendet. Mit einer allen weltlichen Interessen fernstehenden, lebiglich durch die gemeinsame Gottesliebe verbundenen Gemeinschaft
der Gläubigen hatte sie einst ihren Weg begonnen, war dann
zu einer mit unermeßlichen Machtmitteln ausgestatteten, weltge-
bietenden Anstalt geworden, um schließlich durch die Reformation
wieder zu jenem ursprünglichen Zustande der apostolischen Gemeinde zurückzukehren. Diese grundsätzliche Gegenstellung der
Reformation zu der Kirche rief aber auf Seiten der letzteren
eine gleiche starke Gegenströmung gegen die erstere hervor. Es
wiederholte sich hier dieselbe Erscheinung wie einst am Ausgange des Altertums. Wie damals das antike Volkstum auf dem
Wege seiner Entnationalisierung und Entstaatlichung in dem
Augenblicke Halt machte, in welchem es alle seine bisherigen
Ueberlieferungen durch die weltflüchtige Glaubenslehre des Christentums bedroht sah, so kehrte jetzt ein großer Teil der christlichen
Nationen in dem Augenblicke von seiner Entkirchlichung zurück,
in welchem derselbe sich durch die Reformation der Tragweite
seiner bisherigen Abwendung von der Kirche bewußt wurde. Ein
berühmtes Beispiel dieser Wendung war bekanntlich Erasmus
von Rotterdam. Obwohl derselbe anfänglich den Bestrebungen
Luthers nicht abgeneigt war und sich auch in seinem „Lob der

---

[1]) Libri symbolici ecclesiae Lutheranae rec. Meyer, Goettingae 1830,
apologia Conf. VIII de traditionibus humanis p. 130.

Thorheit" mit bitterstem Spott über den Klerus vom Papste bis
herab zum Bettelmönch geäußert hatte, trat er doch später in
Opposition gegen Luther, als der letztere zu einer völligen Absage
von der Kirche überging. Auch die Geistlichkeit hatte sich bis zu
dieser entscheidenden Wendung der reformatorischen Bewegung dem
kirchlichen Geiste des Mittelalters mehr und mehr entfremdet. Sie
hatte die herbe Askese des letzteren verlassen und sich teilweise
einem sehr anstößigen Genußleben ergeben. Mit dem asketischen
Eifer hatte sie auch den Anspruch auf die politische Machtstellung,
welche sie ehemals innegehabt hatte, aufgegeben und verwirkt. Die
weltumspannenden Ideen des älteren Papsttums waren zu der
kleinstaatlichen Hauspolitik der Borgia, Rovere, Piccolomini und
anderer zusammengeschrumpft. Das Interesse der Familie war der
leitende Gesichtspunkt eines Sixtus' IV. und Alexanders VI. So=
bald aber nun die Reformation einen grundsätzlichen Widerspruch
gegen die Hierarchie und ihre weltherrschaftliche Politik erhob,
kehrte die der letzteren nur thatsächlich, keineswegs aber grund=
sätzlich abgewandte Kirche wieder zu den längst verlassenen Idealen
der mittelalterlichen Theokratie zurück. Die Erneuerung der letzteren,
die Gestaltung der Lebensverhältnisse nach Maßgabe des asketisch=
hierarchischen Systems des klassischen Mittelalters, war das Ziel
der von der Kirche eingeleiteten Gegenreform.

Jetzt wo die Kirche sich in ihrem Dasein bedroht sah, wurde
endlich eine Reform zu Wege gebracht, um welche die Konzile des
fünfzehnten Jahrhunderts sich vergeblich bemüht hatten, aber frei=
lich in einem den Absichten der letzteren entgegengesetzten Sinne.
Während die Konzile geneigt waren, den Schwerpunkt der Kirche
in die breite Grundlage des zur Synode versammelten Episkopats
zu verlegen, führte die zum Kampf sich rüstende Kirche denselben
wieder in ihre Spitze, das Papsttum, zurück. Während ferner die
Reformgedanken des fünfzehnten Jahrhunderts eine Verinnerlichung
des religiösen Lebens bezweckten, machte die jetzt beginnende Reform
den asketischen Werkdienst mehr als jemals zur eigentlichen Sub=
stanz des religiösen Glaubens. Das Tridentiner Konzil war die
Gegenerklärung der zur Politik der Gregore und Innocenze zu=
rückkehrenden Kirche. Dasselbe stellte mit Verwerfung der refor=

matorischen Lehre über die Rechtfertigung und das allgemeine Priestertum den Lehrbegriff der mittelalterlichen Kirche in umständlicher Breite fest. Desgleichen trat das Konzil den autokratischen Ansprüchen der Staatsgewalten entgegen und zwar nicht allein der evangelischen, sondern auch der katholischen Staaten. Es verneinte die im Laufe der Jahrhunderte von den Staaten zur Einschränkung der kirchlichen Macht eingeführten Gesetze, das königliche Placet gegenüber den päpstlichen Bullen, die Berufung an die weltlichen Gerichte gegenüber den bischöflichen Erlassen, die Prüfung der durch die Kirche verhängten Exkommunikationen von Seiten des weltlichen Richters, die den klösterlichen Stiftungen auferlegten Beschränkungen u. s. w. Der Gegensatz der Reformation führte die Kirche dann schließlich zu einer Fassung der asketisch-hierarchischen Grundsätze, welche an Schärfe die des Mittelalters noch übertraf.

Diese Fortbildung des kirchlichen Systems wurde insbesondere von dem neu gestifteten Orden der Jesuiten bewirkt, welcher überhaupt die Leitung in dem Kampfe der Kirche gegen die Reformation und die weltlichen Mächte übernahm. Die asketischen wie die hierarchischen Grundsätze des kirchlichen Systems wurden von den Jesuiten zur äußersten Schärfe zugespitzt. Der innerlichen Rechtfertigungslehre der Reformation entgegen wurde der asketische Charakter der katholischen Rechtfertigungslehre noch entschiedener betont als vormals. Wenn die asketische Werkdisciplin im Mittelalter wenigstens der Theorie nach zunächst nur als ein Erziehungsmittel für die innere Bußfertigkeit und als ein Zeugnis der letzteren geschätzt wurde, so legte man derselben jetzt einen Selbstzweck bei. Schon der Reformationsordnung des kölnischen Erzbischofs Hermann von Wied gegenüber, welche die leibliche Kasteiung der inneren Bußfertigkeit als Mittel unterordnete, stellte das kölnische Domkapitel in seiner: „christlichen und katholischen Gegenberichtigung" vom Jahre 1544 den Satz entgegen: „Denn ob wol das fasten vornemblich zum gebet sol gericht werden, so ist es doch vor sich selb auch als eyn casteiung und töbtung des Fleisches eyn gut werk." Die Jesuiten sprachen den Selbstzweck der körperlichen Kasteiung noch entschiedener aus. Ein Jesuit des siebzehnten Jahrhunderts bemerkte in der von ihm verfaßten Biographie seines

Ordensbruders Bernardinus Realinus: „Der Gipfel der Heilig=
keit besteht, wie die Heiligen bekennen, nicht darin, daß wir den
Körper nur von Genüssen fernhalten, sondern daß wir denselben
mit allen möglichen Plagen und Martern abquälen." Nach der
Ansicht des im Jahre 1580 verstorbenen Jesuiten Balthasar
Alvarez beruhte „die Substanz der Religion in der freiwilligen
Armut", wie sein Biograph, der spanische Jesuit Ludwig de
Ponte [1]) erzählt. Die Rechtfertigung des Menschen wurde dem=
gemäß unter der Behandlung der Jesuiten zu einer methodisch
ausgebildeten Gymnastik der Selbstpeinigung. In den berühmten
geistlichen Uebungen des Ordens wurde diese Bußgymnastik mit
einem erstaunlichen Raffinement ausgearbeitet.

Ignatius von Loyola, Balthasar Alvarez und Franz Borgia
waren Asketen, welche an Erfindungsgabe und Virtuosität die
Anachoreten der thebaischen und syrischen Wüste weit überboten.
Ignatius verband seine gymnastischen Bußübungen selbst mit dem
Gebet. Er soll, wie sein Biograph Ribadeneira, selbstverständlich
mit Uebertreibung, erzählt, sieben Stunden hintereinander gebetet
haben und zwar mit gebogenen Knieen. Die Kasteiungen des
Alvarez waren mit solchen Kraftübungen verbunden, daß das
Haus, in welchem er dieselben vornahm, erzitterte. So wenigstens
erzählt sein genannter Biograph Ludwig de Ponte. Aber Franz
Borgia war ihm hinsichtlich der methodischen Behandlung der
asketischen Uebungen noch überlegen. Er war, wie sein Ordens=
bruder und Biograph Ribadeneira erzählt, der Meinung, daß man
sein ganzes Leben in der Betrachtung der Höllenqualen zubringen
müsse. Er hat es dann auch verstanden, sein Leben zu einer
wahren Hölle körperlicher Qualen zu machen. In einer Abhand=
lung „über die christlichen Werke" entwarf er eine Tagesordnung,
welche bei der Ausübung jedes einzelnen Geschäftes die Gedanken
an die Leiden Christi fesseln sollte, vom frühen Morgen an, wo
wir beim Anziehen des am Kreuze hängenden, nackten Erlösers
gedenken sollen bis zum Abend, wo wir beim Schlafengehen uns
erinnern sollen, daß Christus nicht hatte, wo er sein Haupt hin=

---

[1]) Köln 1616.

legen konnte. Die Abneigung gegen die eigene Familie und das
Vaterland ferner, welche die asketische Disciplin der Kirche von
jeher gefordert hatte, erhielt von den Jesuiten gleichfalls eine
systematische Pflege. Man rühmte es dem Alvarez nach, daß er
jede Regung des Herzens für seine Eltern und Verwandten zu
ersticken vermocht habe. Er nannte niemals die Namen seiner
Eltern und meinte, es sei am besten wie Melchisedeck ohne Vater
und Mutter zu sein. Auch in diesem Punkte erwies sich indeß
Franz Borgia als der Meister. Der letztere, welcher erst nach
dem Tode seiner Gattin im Jahre 1548 in den Orden eintrat,
eignete sich alsbald eine solche Gleichgültigkeit gegen seine Kinder
an, daß er vollkommen empfindungslos blieb, als ihm der Tod
eines derselben gemeldet wurde. Auch der Tod seiner zweiten
Tochter machte keinen Eindruck auf ihn. Als er einst erkrankt
war, verweigerte er die Pflege seiner Tochter, weil er sich von
einem Weibe nicht berühren lassen wollte.

Insbesondere war der seiner Zusammensetzung wie seinem
Zwecke nach internationale Orden ein ausgesprochener Gegner
jeder vaterländischen Empfindungen. Den deutschen Mitgliedern
gelang diese Verleugnung des Vaterlandes am leichtesten, da sie
ja von Haus aus keine patriotischen Gesinnungen mitzubringen
pflegten. Wohl aber regten sich die letzteren bei den romanischen
Ordensbrüdern. Dieser Umstand veranlaßte den Jesuitengeneral
Vincentius Carrafa im Jahre 1646 die Gesellschaft an jenes
Wort aus dem Briefe an Diognet zu erinnern: „Jedes Land und
kein einziges Land ist unser Vaterland." Der von deutschen
Eltern und zwar aus dem Herzogtum Jülich stammende Jesuiten=
general Goswin Nickel erließ zehn Jahre später einen langen
Protest gegen die Vaterlandsliebe, in welchem er die letztere als
eine „Pest und den sichersten Tod der christlichen Liebe" bezeich=
nete [1]). „Wie können," rief er der Gesellschaft zu, „Menschen,
welche der Welt abgestorben, mit Christus gekreuzigt sind, welche
sich Gott ganz ergeben haben, welche durch soviele Vorschriften und

---

[1]) Epist. praepositor. general. ad patres et fratres societat. Jesu.
Pragae 1711.

Einrichtungen geschult, soviele wissenschaftliche Beweisführungen gebildet, soviele erlauchte Beispiele ermahnt sind, durch soviele jährliche Versammlungen, soviele Betrachtungen, Studien und tägliche Ermahnungen, soviele heilige Sakramente, Gelübde, gött= liche Worte und Vorbilder erbaut werden, so schimpflich sinken, daß sie im heiligen Lande an Aegypten zurückdenken" u. s. w. Der deutsche Jesuit war jeder vaterländischen Empfindungen so ledig, daß er nicht einmal die Möglichkeit derselben innerhalb seines Ordens begreifen konnte.

In demselben Verhältnisse wie die asketische Sittenlehre er= hielt auch die hierarchisch=weltherrschaftliche Politik der Kirche von dem Jesuitenorden eine schärfere Fassung. Der Gegensatz gegen das allgemeine Priestertum der reformatorischen Lehre veranlaßte den Jesuitismus den von der Kirche behaupteten sakramentalen Cha= rakter des Priestertums noch stärker zu betonen als das Mittel= alter und die priesterliche Würde bis zur Vergottung zu steigern. Schon die mittelalterliche Theologie hatte die Worte des 81. be= ziehentlich 82. Psalmes: „Und ich sage euch, ihr seid Götter," auf den Klerus bezogen. Die Dialektik der Jesuiten schwelgte in der Vorstellung von der Göttlichkeit des Priesterstandes. Ein Beispiel dieser jesuitischen Apotheose des Priestertums war die im Jahre 1629 zu Paris erschienene Schrift des Jesuiten Ludwig Cressolius, „mystagogus de sacrorum hominum disciplina", be= titelt. Die Priester, heißt es in derselben, werden durch die Konsekration zu Göttern [1]). Und zwar, versicherte der Verfasser, werden sie, „nicht nur göttlich oder unverletzlich, sondern in Wahrheit Götter" [2]). Sie verhalten sich zu Gott wie der Senat zum Könige [3]). Der Verfasser konnte kaum Worte genug finden, um die Herrlichkeit des Priestertums hervorzuheben. Er nannte die Priester Leuchten und Augen, Fundamente und Elemente der Welt, Sterne und flammende Blitze. David hat, meinte er, in dem Verse „die Himmel erzählen die Ehre Gottes," unter dem

---

[1]) S. 11.
[2]) S. 12.
[3]) S. 9.

Worte Himmel die Priester verstanden[1]). Infolge dieser gott=
gleichen Wesenheit der Priester war denselben dann auch eine
göttliche Gewalt übertragen. Sie haben, sagte der Verfasser,
„das Recht über Leben und Tod, sie, die mit unerhörter und ein=
ziger Gewalt durch ihre Befehle die Thore des Himmels öffnen oder
mit diamantenen Riegeln verschließen"[2]). Daß der Verfasser aus
dieser absoluten Schlüsselgewalt ebenso wie die Kirche des Mittel=
alters, das Recht des Priestertums auf die Beherrschung aller
weltlichen Gewalten ableitete, verstand sich von selbst. Die Priester,
sagte er, „sind zu Fürsten über die ganze Erde eingesetzt"[3]). Der
Orden hat denn auch von diesem vermeintlichen Rechte einen so
ausgedehnten und verhängnisvollen Gebrauch gemacht wie niemals
ein kirchlicher Orden vor ihm. Seine ganze Thätigkeit war der
Wiederherstellung der mittelalterlichen Theokratie gewidmet. Sein
asketisches System diente nur dazu, um die zu diesem großen
politischen Zwecke geeigneten Persönlichkeiten zu erziehen, insofern
dasselbe jede Eigenartigkeit und Eigenwilligkeit der Persönlichkeit
nur deshalb zu brechen suchte, um die letztere zu einem willen=
losen Werkzeuge der kirchlichen Eroberungspolitik zu machen. Die
Jesuiten gestalteten ihr eigenes Leben nur deshalb zu einem
Martyrium, um unzählige andere Menschen zu Märtyrern ihres
Glaubens zu machen. Mit dem Wunsche im Herzen, „die katho=
lische Wahrheit lieber mit ihrem Blute als mit Schriften zu er=
weisen," wie der Kardinal Cäsar Baronius sagte, haben sie dieser
„katholischen Wahrheit" zahllose Opfer geschlachtet. Die Kriegs=
führung gegen alle der Kirche feindlichen Mächte, gegen die soge=
nannte Welt, prägte sich dem ganzen Sein und Wesen des
Ordens auf.

Der letztere steckte selbst die heilige Jungfrau in die Kriegs=
rüstung und wandelte sie in eine christliche Diana um, welche mit
Pfeil und Bogen auf die Ketzer Jagd machte. In dieser Figur
erscheint die Jungfrau „voller Gnade und Anmut" in einem

[1]) S. 35 ff.
[2]) S. 12.
[3]) S. 23.

Werke des Jesuiten Hadrian Lyräus, welches derselbe unter dem Titel „Trisagion Marianum" herausgab. Ein anderer verglich die Jungfrau nach dem Verse des Hohenliedes [1] „dem Turme Davids, an welchem tausend Schilde hangen und allerlei Waffen der Starken." Der Stifter des Ordens pflegte diejenigen Brüder, welche er zu einer Mission aussandte, mit den Worten zu entlassen: „Geht hinaus und setzt alles in Feuer und Flammen." Die Gesellschaft hat dann die Worte ihres Stifters buchstäblich in Ausführung gebracht. Um die Welt mit Feuer und Schwert dem römischen Stuhle zurückzuerobern, nisteten sie sich an allen europäischen Fürstenhöfen ein und hielten fast zwei Jahrhunderte lang die Fäden der europäischen Politik in ihren zum Gebet wie zur blutigen Gewaltthat stets gleich bereiten Händen. Hiermit nicht zufrieden, spannten sie die Fäden ihrer Politik weit über die Grenzen Europas aus, indem sie in allen Ländern der Erde, in China, Japan, Indien, Afrika, in Nord- und Südamerika ihre Missionshäuser errichteten. Ueberall, wo sie festen Fuß faßten, haben sie mit Einsetzung ihrer ganzen Kraft, ihres Gutes und Blutes, nur dem einen Ziele zugestrebt, die Welt durch diplomatische Künste, durch litterarische und mündliche Belehrung der Herrschaft des römischen Stuhles zu unterwerfen und überall haben sie Haß und Zwietracht unter bisher einträchtige Völker gesät und den Worten ihres Stifters gemäß alles in Feuer und Flammen gesetzt. Der nächste und wichtigste Zielpunkt ihres Angriffs war aber Deutschland und die reformatorische Lehre. Schon im sechzehnten Jahrhundert ging das Wort um, die Jesuiten hätten gesagt, sie wollten Deutschland mit Feuer und Schwert vertilgen und die lutherische Lehre im Blute der Deutschen ersticken [2]. Den Bemühungen der Gesellschaft ist es denn auch gelungen, diese Rede wahr zu machen. Die reformatorische Lehre, welche um die Mitte des sechzehnten Jahrhunderts sich fast über das ganze Reich verbreitet hatte, wurde aus einem großen Teil des letzteren zumeist mit blutiger Gewalt verdrängt. Die konfessionelle Spannung,

---

[1] K. 4.
[2] Vgl. die Verteidigungsschrift des Jesuiten Gretser vom Jahre 1595.

welche infolge der jesuitischen Wirksamkeit eingetreten war, entlud
sich dann schließlich in jenem unseligen breißigjährigen Kriege, der
die Blüte der deutschen Nation in einem Meer von Blut und
Trübsal erstickte. Desgleichen wurden in Italien, Frankreich,
Spanien und Polen die Ansätze der neuen Lehre unter Anregung
und Leitung der Jesuiten mit erbarmungsloser Grausamkeit vernichtet.

Germanisches und romanisches Wesen standen sich im Protestantismus und Jesuitismus in einer so scharf ausgesprochenen
Form gegenüber wie niemals zuvor, bort die jeder Autorität in
Lehre und Verfassung widerstrebende individuelle Persönlichkeit,
hier der bis zur Vernichtung der Individualität gesteigerte Staatsgedanke der Kirche. Der Ausgang dieses Widerstreites war für
das Germanentum im großen und ganzen berselbe wie in allen
Fällen, in welchen germanische und romanische Art sich feindlich
entgegentraten. Der für große politische Ziele und eine plastische
Gestaltung der Lebensverhältnisse so unzugängliche individualistische
Freiheitstrieb der germanischen Rasse und insbesondere der deutschen
Nation mußte auch biesmal dem so außerordentlich überlegenen,
im Jesuitenorden verkörperten politischen Genie des Romanentums
unterliegen. Das Wachstum der reformatorischen Lehre, welche
eine Zeitlang das ganze Abendland dem römischen Stuhle zu entreißen schien, wurde durch die Gegenreformation bauernd zum Stillstand gebracht und in ihrer inneren Lebenskraft erschüttert. Um bieselbe Zeit, in welcher die hierarchische Ordnung der Kirche mit Hilfe
der Jesuiten ihre alte Geschlossenheit und Festigkeit zurückgewann,
zersplitterte der Protestantismus seine Kraft in einzelne Sekten, in
Lutheraner, Zwinglianer, Calvinisten, Anabaptisten, Mennoniten
u. s. w., welche zu einander in einem kaum minder feindlichen
Gegensatze standen als zur katholischen Kirche. Dem germanischen
Individualismus war es nicht möglich, einen Ausgleich der verschiedenen Lehrmeinungen zu erzielen und für die religiöse Lehre
sowie für die kirchliche Verfassung eine einheitliche Gestaltung zu
finden. Diese hartnäckige, auf der eigenen Meinung beharrende
und an den nächstgelegenen eigenen Interessen festhaltende Eigenwilligkeit, welche die Protestanten unfähig machte, sich einem kleinen

Zwange zu fügen, um einen viel größeren zu verhüten, ließ die=
selben auch die Gefahr ihrer Lage, die Notwendigkeit eines festen
Zusammenhaltens und einer geschlossenen Abwehr gar nicht be=
greifen und ermöglichte es infolgedessen der Kirche und ihrer Partei,
denselben fast die Hälfte des bereits von ihnen gewonnenen Bodens
wieder zu entreißen.   Die stets mit großem sittlichen Pathos auf=
tretende staatliche Zuchtlosigkeit des germanischen Individualismus
brachte die deutsche Nation damals wie zu allen Zeiten um den
besten Teil ihrer bereits errungenen Erfolge.   Da die Nation sich
eigenem Zwange nicht fügen konnte, mußte sie schließlich feindlichem
Zwange unterliegen.   Die eine kurze Zeit so gewaltig und siegreich
aufschwellende Bewegung endete durch ihre eigene Zuchtlosigkeit
damit, daß ein großer Teil der germanischen Nationen in eine
noch viel strengere Gebundenheit zurückgeführt wurde, als vordem
bestanden hatte, und daß das der individuellen Unterordnung unter
gemeinsame Zwecke am meisten widerstrebende deutsche Volk in das
unermeßliche und schmachvolle Elend des dreißigjährigen Krieges
gestürzt wurde.   Aber selbst mit dieser Folge war das Maß des
über Deutschland einbrechenden Elendes nicht erschöpft.   Das
politisch so zerfetzte Reich war nun auch hinsichtlich des religiösen
Glaubensbekenntnisses in Stücke zerrissen.   Eine staatliche Neu=
gestaltung Deutschlands wurde durch die jetzt eintretende konfessionelle
Spaltung auf Jahrhunderte hinaus unmöglich gemacht.   Und selbst
gegenwärtig, wo endlich die erlösende That geschehen ist und das
Reich eine neue einheitliche Ordnung erhalten hat, blutet die Nation
noch immer an dieser damals gerissenen und, wie es scheint, un=
heilbaren Wunde.   Denn der infolge der Zerfahrenheit und Zucht=
losigkeit der protestantischen Stände wieder zu Kräften gelangte
Katholicismus fügt sich nur mit Widerstreben in die von dem
evangelischen Kaiserhause der Hohenzollern begründete Neuordnung
des Reiches und sucht die für die Erhaltung des letzteren und die
Wahrung der nationalen Ehre notwendigsten gesetzlichen Maßregeln
zu erschweren oder gänzlich zu verhindern.   Die Reformation,
welche bei einer von nationalem Empfinden geleiteten und einer
dem Zwange der Verhältnisse Rechnung tragenden Selbstzucht für
die staatliche und geistige Entwicklung Deutschlands der größte

Segen hätte werden können, wurde durch den vernunftlofen, zu
jeder feften und klaren Formbildung unfähigen individualiftifchen,
germanifchen Freiheitstrieb in das größte Unheil umgewandelt,
welches Deutfchland jemals betroffen hat. Freilich hat die Re=
formation der durch die Schwäche ihrer Vertreter verurfachten
konfeffionellen Spaltung inferne wieder eine einigende Kraft
gegenübergefetzt, als fie die fprachliche Einigung der Nation herbei=
geführt hat. Denn durch die Vermittlung der lutherifchen Bibel=
überfetzung wurde die Sprache der fächfifchen Hofkanzlei die Schrift=
fprache aller deutfch redenden Volksftämme. Da nun ferner die
Dialekte auch im mündlichen Verkehre mehr und mehr vor diefer
Schriftfprache zurückwichen, fo ift fchließlich die fprachliche Einigung
der Nation in Wort und Schrift das große Verdienft der luthe=
rifchen Reformation. Doch konnte diefe fprachliche Einigung der
konfeffionellen Spaltung um fo weniger das Gegengewicht halten,
als diefelbe ja beiden Konfeffionen und ihrer Propaganda in gleicher
Weife zu gute kam.

Aber trotz der grundfätzlichen Gegenftellung der Kirche zur
reformatorifchen Lehre hat fie durch ihre Gegenreform dennoch in
einer Beziehung die von der Reformation gegebene Anregung ge=
fördert, nämlich hinfichtlich des Staates. Die Politik der Kirche
und des Jefuitismus bezweckte an und für fich freilich nicht allein
die Vernichtung der reformatorifchen Lehre, fondern zugleich auch
die Unterwerfung des Staates unter das Machtgebot der Kirche.
Indem aber der Jefuitenorden zur Erreichung des erfteren Zweckes
die Hilfe der Staatsgewalt zu gewinnen fuchte, fpielte er der
letzteren das Beftimmungsrecht über das religiöfe Bekenntnis der
Staatsangehörigen in die Hände. Die Einwirkung der Gegen=
reformation auf die ftaatliche Entwicklung vollzog fich alfo in der
Begünftigung des fürftlichen Abfolutismus, wenngleich die wiffen=
fchaftliche Lehre der Jefuiten, auch in diefem Punkte dem klaffifchen
Mittelalter nachfolgend, den Gefellfchaftsvertrag und demnach die
Idee der Volksfouveränetät vertrat. Auch thaten diejenigen Fürften,
welche fich auf die Seite des Jefuitenordens und der Kirche ftellten,
dies ihrerfeits zunächft im Intereffe ihrer hoheitlichen Gewalt.
Die Vertreter des Katholicismus waren die eigentlichen Schöpfer

des fürstlichen Absolutismus. Der Kampf zwischen dem Prote=
stantismus und dem Katholicismus war zugleich ein solcher zwischen
den Ständen und der monarchischen Gewalt. Die Protestanten
verfochten mit ihrem Glauben und zur Wahrung desselben zugleich
ihre ständischen Freiheiten, indes der Katholicismus überall zur
Niederwerfung der ersteren auch die letzteren bedrohte. Diese
Verbindung von ständischen Freiheitsbestrebungen und reforma=
torischem Glaubensbekenntnis auf der einen, von Katholicismus
und fürstlichem Absolutismus auf der anderen Seite wiederholte
sich gleichmäßig in Deutschland, Oesterreich, der Schweiz, den
Niederlanden, in England, Frankreich, Spanien und Portugal, in
dem Kampf der deutschen Bauern, der rheinischen Ritterschaft und
der freien Städte gegen die landesherrliche und kaiserliche Gewalt,
der protestantischen Stände Böhmens und der deutsch=österreichischen
Landschaften gegen die habsburgische Dynastie, in dem Kampfe
zwischen den Zwinglianern und den katholischen Fünforten in der
deutschen, zwischen den Calvinisten und den savoyischen Herzögen
in der französischen Schweiz, der niederländischen Geusen gegen
die spanische Herrschaft, der englischen Stände gegen die Könige
aus dem Hause Stuart, der Hugenotten gegen die Guisen in
Frankreich, der Arragonier gegen Philipp II. von Spanien, der
portugiesischen Städte gegen König Johann III. Die thatkräftig=
sten und rücksichtslosesten Anhänger des Katholicismus, Philipp II.
von Spanien, Ferdinand II. von Oesterreich, Ludwig XIV. von
Frankreich, waren zugleich die typischen Repräsentanten des fürst=
lichen Absolutismus.

Schon im Laufe des sechzehnten Jahrhunderts änderte sich
allerdings in Deutschland auf protestantischer Seite dieses ursprüng=
liche Verhältnis, insofern auch hier das Glaubensbekenntnis der
Verstärkung der Staatsgewalt Vorschub leistete. Jedoch geschah
dies erst als eine Folge der katholischen Gegenreformation. Der
Einspruch des Kaisers und der katholischen Mächte gegen die
reformatorische Lehre hatte die Vertragsbestimmung des Religions=
gespräches zu Speyer vom Jahre 1526 zur Folge, welche den
evangelischen wie den katholischen Reichsständen, d. h. den Kur=
fürsten, Fürsten und Städten, das Recht gab, das religiöse Be=

kenntnis ihrer Territorien nach eigenem Ermeſſen zu beſtimmen. Der Augsburger Religionsfriede vom Jahre 1555 beſtätigte dieſe Beſtimmung. Die gewaltſamſte Aeußerung der katholiſchen Gegen= reformation, der Dreißigjährige Krieg, hob zwar das landesherr= liche Reformationsrecht auf, doch hatte derſelbe nach einer anderen Richtung eine bedeutende Verſtärkung des fürſtlichen Abſolutismus zur Folge. In dem langjährigen Kriege, welcher den größten Teil des Reiches nahezu in einen Trümmerhaufen verwandelte, gingen die letzten Reſte der ſtändiſchen Freiheiten zu Grunde. Die Ausnahmeverhältniſſe, welche der Krieg geſchaffen, blieben dauernd beſtehen, indem die Fürſten das während des Krieges ausgeübte Recht der eigenmächtigen Steuererhebungen auch nach demſelben behaupteten und indem ſie ferner die geworbenen Kriegs= mannſchaften wenigſtens zum Teil als eine ſtehende Truppe bei= behielten. Die Fürſten machten durch das Recht der eigenmächtigen Steuererhebung ihre Gewalt von den Ständen unabhängig und hatten in den ſtehenden Heeren für die Durchführung ihrer inneren wie äußeren Zwecke ein vorzügliches Inſtrument.

Die Gegenreformation der Kirche war demnach die eigentliche Urheberin des fürſtlichen Abſolutismus. Indem nun der letztere durch die Auflöſung der ſtändiſchen Verfaſſungen den rechtlichen Ausgleich der Staatsangehörigen und die Herſtellung einer ein= heitlich geordneten Landesverwaltung erheblich förderte, hat ſich auch die katholiſche Gegenreformation, ihren innerſten Abſichten allerdings durchaus entgegen, um die Entwicklung des modernen Staates ein gewiſſes Verdienſt erworben. Die Kirche hatte durch ihre Gegenreformation ihre mittelalterliche Machtſtellung zurückerobern wollen und hatte eben hierdurch zu der Entwicklung des modernen Staates nicht unerheblich beigetragen. Inſofern hat die Gegen= reformation im letzten Grunde auch an der Fortbildung des von der Reformation begonnenen Problemes, der Verſchmelzung des mittelalterlichen und des antiken Kulturprinzips, mitgewirkt. Die theoretiſche Begründung dieſes Problems ging alsbann von den empiriſchen und philoſophiſchen Wiſſenſchaften aus.

Die zur Lehre und Kirche der apoſtoliſchen Zeit zurückkehrende reformatoriſche Lehre hatte doch zugleich eine Anſchauungsweiſe in

sich aufgenommen, welche der ersteren fremd war und welche nach
weiterer Ausbildung schließlich über die christliche Erlösungslehre
hinaus zu einer neuen Weltanschauung führen mußte. Das apo=
stolische Christentum hielt sich den weltlichen Interessen fern, weil
es dieselben verneinte, weil in ihm bereits jene asketischen Grund=
sätze enthalten waren, welche später den Antrieb der Welteroberung
von Seiten der römischen Kirche bilden sollten. Die Reformation
aber löste die weltlichen Interessengebiete von der Kirche ab, nicht
weil sie dieselben verneinte, sondern vielmehr umgekehrt weil sie
dieselben als für sich selbst berechtigt anerkannte. Der Gegensatz
zwischen Göttlichem und Weltlichem, welcher in dem katholischen
Lehrsysteme alle Gebiete des Lebens durchzog, wurde von der
reformatorischen Lehre aus dem letzteren entfernt und lediglich auf
die religiöse Metaphysik zurückgedrängt. Indem der Staat und
das gesamte Gebiet der bürgerlichen Rechtsordnung als eine selb=
ständige göttliche Einrichtung aufgefaßt wurde, setzte die Refor=
mation der jenseitigen Ethik des Katholicismus eine diesseitige,
auf dem Grundsatze des allgemeinen Wohles, der allgemeinen
Menschenliebe beruhende Sittenlehre entgegen. Da aber die refor=
matorische Lehre die Metaphysik des kirchlichen Lehrsystems fest=
hielt, befand sie sich in der Lage, eine transcendente, ihrem Grund=
gedanken nach die Welt verneinende religiöse Glaubenslehre mit
einer immanenten, die Welt bejahenden Sittenlehre zu vereinigen.
An diesem Punkte setzte die moderne Wissenschaft ein, indem sie
diesen Widerstreit zwischen der immanenten Ethik und dem trans=
cendenten Religionssystem durch die Ausbildung einer immanenten
Gotteslehre und einer monistischen Weltanschauung auflöste.

Die großen Entdeckungen der Zeit hatten Erkenntnisse über
die Ordnung des Weltalls, die Gestaltung der Erde und die Ge=
schichte des Menschen erschlossen, welche mit der christlichen Er=
lösungsidee und der transcendenten Gottesidee des Christentums
unvereinbar waren. Zunächst hatte die Entdeckung Amerikas die
Ansicht bestätigt, daß die Erde eine kugelförmige Gestalt habe und
hatte die von der Kirche verdammte Behauptung, daß die bisher
unbekannte Hälfte der Erdkugel von Menschen bewohnt sei, als
richtig erwiesen. Nachdem die Kugelgestalt der Erde offenkundig

geworden war, führten Kopernikus, und in vollenbeterer Form
Johannes Kepler, ben Nachweis, baß nicht die Sonne sich um die
Erbe, sondern die letztere sich um die erstere bewege. Giordano
Bruno ferner lehrte, baß die Erbe nicht im Mittelpunkte des Alls
gelegen sei, baß vielmehr das irbische Sonnensystem nur eins von
unendlich vielen Sonnensystemen sei, baß die Fixsterne Sonnen
seien wie diejenige, welche unsere Erde beleuchte und wie diese von
Planeten umkreist würden. Mit dieser Erkenntnis hatte die reli=
giöse Idee des Mittelalters in der sichtbaren Körperwelt ihre bis=
herige Grundlage verloren. Die religiöse Glaubenslehre und die
Naturwelt standen in keiner erkenntlichen Beziehung mehr zu ein=
ander. Die Erbe, welche in der ersteren ben Mittelpunkt des
göttlichen Regimentes bildete, war nach ben Ergebnissen der neuen
Naturerkenntnis nicht einmal der Mittelpunkt des irbischen Sonnen=
systems, viel weniger der Mittelpunkt der gesamten sichtbaren
Körperwelt. Die Ordnung der Welt, in welcher man eine Paral=
lele zu der Ordnung des christlichen Gottesstaates gefunden hatte,
erschien jetzt plötzlich als eine von der letzteren völlig verschiedene.
Die sinnliche Welt konnte nicht mehr als ein allegorisches Abbild
der übersinnlichen Welt gelten. Die Erlösung der Menschheit,
welche der religiösen Anschauung des Mittelalters als der Zweck
der Weltschöpfung galt, erschien nicht mehr als der Zweckgedanke
der äußeren Weltordnung. Die auf Grund der christlichen
Metaphysik angenommene Idee der Welt stand also in einem
durchaus unlogischen Verhältnisse zu der thatsächlichen Ordnung
der Welt. Die sichtbare Naturwelt war vom Standpunkte der
christlichen Lehre aus nicht mehr zu begreifen.

Die neuen Erkenntnisse der Naturwissenschaft standen aber
nicht allein im Wiberstreit mit der christlichen Erlösungsidee, son=
dern auch mit der Voraussetzung derselben, der transcendenten
Gottesanschauung des Mittelalters. Durch die Lehre des Gior=
dano Bruno von der Unendlichkeit der Welt war die mittelalter=
liche Gegenstellung zwischen der letzteren und Gott hinfällig ge=
worden. Die Scholastik hatte diese Lehre, welche die arabische
Philosophie aufgestellt hatte, bekämpft und ihr gegenüber die Enb=
lichkeit der Welt in Raum und Zeit behauptet. Nachdem sich jetzt

die Richtigkeit jener Lehre erwiesen hatte, wurde der Welt eine
Eigenschaft beigelegt, welche bisher nur dem göttlichen Wesen zu=
erkannt war. Die Lehre von der Existenz einer außerhalb der
Körperwelt gelegenen übersinnlichen Welt ließ sich mit der Unenb=
lichkeit der ersteren nicht mehr vereinigen.

Eine weitere Erschütterung erlitt der Glaube an die Jen=
seitigkeit Gottes durch die von Newton gemachte Entdeckung des
Schwergewichtes der Materie, durch welche die bewegende Kraft
der Weltkörper gefunden wurde. Man erkannte, daß dasselbe
Naturgesetz der Schwere und Anziehung der Materie, welches die
Bewegung unseres Planeten bestimmt, den Lauf der Gestirne auch
in den unermeßlichen Tiefen des Weltenraumes lenke. Man
erkannte das Weltall als einen auf einheitliche, unwandelbar feste
Gesetze begründeten Kosmos. Wie durch die Lehre von der Un=
endlichkeit der Welt die räumliche Existenz einer jenseitigen Geister=
welt widerlegt war, so wurde durch die Lehre von der Schwerkraft
der Materie die Kraftwirkung derselben auf die Naturwelt bis
auf den kümmerlichen Rest eines ersten Anstoßes beseitigt.

Indes aber auf der einen Seite der Weltanschauung des
Mittelalters jeder sichere Boden innerhalb der Natur entzogen
wurde, bildeten die Erkenntnisse der letzteren auf der anderen Seite
die Elemente einer neuen Weltanschauung. Während das klassische
Mittelalter sich seine Naturanschauung nach Maßgabe seiner reli=
giösen Glaubenslehre gestaltet hatte, mußte sich jetzt die religiöse
Weltanschauung den Erfahrungssätzen der Naturwissenschaft gemäß
umgestalten. Durch die Lehre von der Unendlichkeit der Welt
wurde das Jenseits der religiösen Metaphysik in das Diesseits
aufgenommen. Die sinnliche Körperwelt wurde als das Reich
Gottes, die Gottheit als Weltgeist gedacht. Durch die Lehre von
der Anziehungskraft der Materie ferner wurde das Walten der
Gottheit als ein der Welt unmittelbar innewohnendes begriffen.
Das Leben der Welt war das Leben der Gottheit. Die Natur
erschien als die unmittelbare Offenbarung, die Sichtbarwerdung
Gottes. Wie der Organismus des Einzelwesens in dem Ich
gipfelt, so der Organismus des Gesamtwesens in Gott. Gott ist
die Wirklichkeit der Welteinheit. Der Gegensatz von Gott und

Welt, auf welchen sich das religiöse System des Mittelalters auf=
gebaut hatte, wurde in eine harmonische Einheit aufgelöst. Mit
der Aufhebung des Gegensatzes von Gott und Natur erschien auch
die menschliche Persönlichkeit nicht mehr als eine Vereinigung
zweier wesensverschiedener Prinzipien, sondern als ein in sich ein=
heitliches Wesen. Die sittliche Idee wurde demnach nicht mehr
auf ein außerhalb, sondern auf ein innerhalb der Sinnenwelt
gelegenes Verhältnis zurückgeführt. Aus der religiösen Metaphysik
der innerweltlichen Gottesidee, welche alles Werden als ein Heraus=
strömen der Vielheit aus der Einheit und ein Zurückströmen der
ersteren in die letztere begreift, ergab sich als sittliches Grundgesetz
die organische Einfügung des Einzelwesens in die Gesamtheit.
Der innere Widerstreit der Seele beruhte demnach nicht mehr auf
dem Gegensatze des Uebersinnlichen und Sinnlichen, sondern auf
dem der Einzel= und gesamtheitlichen Interessen.

Da nun in dem Staate sich die Zwecke der Gesamtheit ver=
körpern, so wurde, wie einst im Altertum, der Zweck des Staates
das Gesetz des Sittlichen. Die Idee des Staates war es, aus
welcher Kant das sittliche Gesetz ableitete, wenn er die Vorschrift
aufstellte: „Handle so, daß die Maxime deines Willens zugleich
als Prinzip einer allgemeinen Gesetzgebung gelten könne." Noch
bestimmter sprach Hegel das staatliche Prinzip des Sittengesetzes
in dem Worte aus, der Staat ist „die Wirklichkeit der sittlichen
Idee". Unter der Einwirkung der christlichen Lehre aber gewann
der Staat einen umfassenderen und tieferen Gehalt, als er im
Altertum besessen hatte, indem er den christlichen Gedanken der
allgemeinen Menschenliebe zum leitenden Grundsatz seiner Gesetz=
gebung machte. Die Gleichstellung aller Staatsangehörigen vor
dem Gesetze und die sociale Gesetzgebung der Gegenwart, welche
auch einen gewissen materiellen Ausgleich der Staatsangehörigen
erstrebt, indem sie die vom Altertum so gering, vom Mittelalter
so hoch geachtete Arbeit in den Vordergrund stellt und den Miß=
brauch der Arbeit von Seiten des Kapitales zu verhindern sucht,
sind nichts als eine praktische Ausführung der christlichen Sitten=
lehre. Die socialpolitische Gesetzgebung der Gegenwart, welche die
christliche Pflicht der Menschenliebe zum obersten Grundsatze der

praktischen Politik macht, ist eine entscheidende That, um das Problem der neuen Geschichte, die Verschmelzung der christlichen Sittenlehre mit der antiken Staatsidee, die Aufhebung des mittelalterlichen und des antiken Kulturprinzips in einer höheren Einheit, zur Lösung zu bringen.

Die Menschheit, welche einst ihren Ausgang in dem Dunkel des unbewußten Friedens mit der Natur nahm und sich zum Lichte bewußter Erkenntnis emporrang dadurch, daß sie sich unter der Herrschaft des Kreuzes von der sinnlichen Erscheinungswelt schied, kehrt wieder zu jenem Ausgang zurück, indem sie zugleich das Ergebnis der mittelalterlichen Geschichte mit herübernimmt und demnach den ihr einst unbewußten, gegebenen Naturzustand mit selbsterkennendem Bewußtsein begreift. Die europäische Geschichte bildet von ihren ersten Anfängen bis zur Gegenwart hin ein organisches Ganzes. Altertum, Mittelalter und Neuzeit sind die Entwicklungsreihen eines und desselben Problemes, dessen Gegenstand das Verhältnis des Menschen zu Natur und Gott, zu den sichtbaren Dingen und ihren letzten Gründen ist.

Milton Keynes UK
Ingram Content Group UK Ltd.
UKHW022000160823
426941UK00005B/102